书名手迹：毛泽东

黄克诚传

《黄克诚传》编写组　著

当代中国出版社
Contemporary China Publishing House

图书在版编目(CIP)数据

黄克诚传 /《黄克诚传》编写组著 .—北京：当代中国出版社，2012.9（2024.8 重印）

（当代中国人物传记丛书）

ISBN 978-7-5154-0177-5

Ⅰ．①黄… Ⅱ．①黄… Ⅲ．①黄克诚（1902~1986）—传记 Ⅳ．① K825.2

中国版本图书馆 CIP 数据核字（2012）第 228699 号

出 版 人	王　茵
责任编辑	姜楷杰　陈　莎
责任校对	康　莹
封面制作	古　手
出版发行	当代中国出版社
地　　址	北京市地安门西大街旌勇里 8 号
网　　址	http://www.ddzg.net
邮政编码	100009
编 辑 部	（010）66572180
市 场 部	（010）66572281　66572157
印　　刷	北京润田金辉印刷有限公司
开　　本	720 毫米 × 1060 毫米　1/16
印　　张	40.75 印张　4 插页　插图 95 幅　844 千字
版　　次	2012 年 10 月第 1 版
印　　次	2024 年 8 月第 3 次印刷
定　　价	148.00 元

出 版 说 明

1982 年，中共中央书记处讨论通过、中共中央宣传部发文布置在全国范围内编写出版《当代中国》丛书。根据编写计划，《当代中国》丛书依内容共分为五类，人物传记是其中之一。由于人物传记涉及方方面面，情况繁杂，且编写时间长，1991年人物传记从《当代中国》丛书中分立出来，确定为《当代中国人物传记》丛书。

《当代中国人物传记》丛书编辑委员会在丛书总序中说：

"二十世纪的中国，是一个风云际会、英杰辈出的时代。正是伟大的时代造就出灿若群星的历史伟人；也正是历史伟人们艰苦卓绝的奋斗历程和忘我建树的光辉业绩，才能充分地体现着潮流之所趋、人心之所向，才最深刻最生动地反映着奔腾前进的伟大时代。他们一生的业绩，恰恰构成了从旧中国到新中国这一旷古未有的历史性大变革的缩影。正因为这样，修撰作为中华人民共和国缔造者的一代杰出历史人物的传记，其意义自是远远超越记述个人身世的范围。这套传记丛书，无疑应当看作是，当代中国千百万爱国志士、革命先驱的杰出代表用毕生的血和汗谱写出的挽救祖国、振兴中华的可歌可泣的历史画卷，它将是永远矗立于世世代代人民心中的革命丰碑。《当代中国人物传记》丛书中的每一部传记，都可读作当代中国的救国史，中华人民共和国的开国史、建国史；每一部传记都可读作结束中国苦难危亡命运的革命史，披荆斩棘建设社会主义的奠基史、创业史。"

"《当代中国人物传记》丛书，首批编撰的是中华人民共和国建国时期的开国元勋和各方面的最杰出人士的传记。这批传记的主人公将包括：党和国家的主要领导人（其中毛泽东、周恩来、刘少奇、朱德、邓小平、陈云的传记，将由中共中央文献研究室编写、出版）、人民军队中功勋卓著的元帅、参与新中国创建大业的各民主党派的领导人和各方面的著名爱国人士、贡献突出的著名科学家、文学家和艺术家，以及为中国民主革命事业和社会主义事业做出重大贡献的国际主义战士，等等。毫无疑问，他们既是当代中国最卓越的代表，同时也是彪炳千秋青史的历史巨人。当然，如同一切历史人物一样，我们时代的杰出代表也不可能不受到历史条件的限制，也必然会具有这样那样的弱点、短处，一生中也不免会发生这样那样的某些过失。但是，所有这些，当如日月之蚀，堂堂正正公之于众亦无损于他们形象的光辉。他们为中华民族创建的功业，他们的革命精神、高尚情操，他们的鸿才睿智、嘉言懿行，无不震古铄今，垂范后世。这是中华民族一份永远值得倍加珍摄的宝贵精神财富。"

"愿人们从这部《当代中国人物传记》丛书中，以这些历史人物的光辉业绩为典范，学习他们的革命献身精神、爱国主义情操和坚定的社会主义信念，为中华民族的历史伟业做出更大的贡献。"

我社有幸承担了《当代中国人物传记》丛书的编辑出版工作，自1991年以来陆续出版了一批中华人民共和国开国元勋的传记，获得很好的社会影响。我们将继续按照丛书的编辑出版方针，把《当代中国人物传记》丛书编辑出版工作做好，以飨读者。

书中图片绝大部分为本书编写组提供，因时间仓促等，有的图片未能注明著作权，特致歉。请相应著作权人知晓后，与当代中国出版社总编室联系（电话：010-66572131），以便我们再版时准确署名及支付稿酬。

当代中国出版社

2021年11月

黄克诚

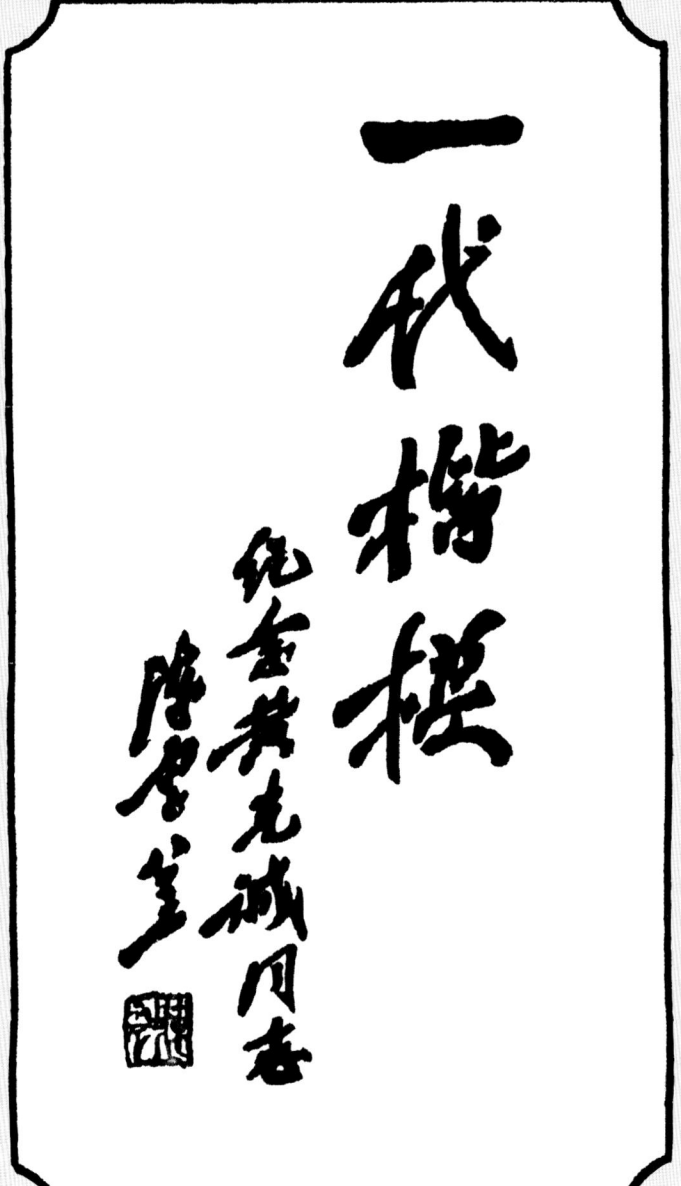

一代楷模

纪念谢先殿月吾

陶碧笙

目　　录

第一章 从穷学生到共产党员

一、家世与童年

黄克诚，原名黄时瑄，1902年（清光绪二十八年）10月1日生于湖南省永兴县油麻圩（今三塘乡）下青村一个普通农民家庭。

地处湘南丘陵区的下青村坐落在后龙山下，坐西面东。村的东边是蔡岭山，西边是边家岭，村北的杨家江和村南的沙子江都发源于后龙山，两条小溪自西向东流入便江。溪水冬夏长流，可引水灌溉。那时下青村有一百余户人家，这里山清水秀、林茂田丰。

黄克诚故居

　　黄克诚的父亲叫黄清主，生于1867年5月23日，卒于1940年11月13日，享年73岁。母亲姓邓，名龙桃，人们很少叫她大名，习惯称她黄邓氏。邓龙桃生于1866年11月8日，卒于1937年4月14日，享年71岁。他俩都是穷苦人出身。黄清主夫妇共育有四个孩子，黄克诚是老三，他上面有一个姐姐，一个哥哥，下面有个弟弟。黄清主为了养家糊口，辛辛苦苦、勤勤恳恳，成年累月地在贫困中挣扎。那时全家有水田三亩，旱田三亩，正常年景粮食刚刚够吃。农作之余，黄清主常常与乡亲结伴，跑几百里路到广东省乐昌县坪石镇挑盐贩卖。往返一趟大约需要十几天，除掉路上开销，赚到手的只有块把钱。举家就靠黄清主挑盐和养猪赚点钱解决穿衣和买灯油等零用，日子过得紧巴巴的。黄清主安分守己，胆小怕事，树叶掉下来都怕砸了头。这个村子里虽然都姓黄，但人与人之间并不总能和睦相处。有人欺负他老实，他从来不敢抗争，总是忍气吞声。自从生下黄克诚后，家里又增加一口人，生活越发困难，只得借高利贷，年复一年的"驴打滚"利息，给黄清主套上枷锁，总也还不清。他对孩子们说："欠别人的债如果今生今世还不清，来世就得变牛变马去抵偿。"他为了全家老小来世不作牛马，心一横，忍痛卖掉仅有的三亩水田抵偿了债务。

　　黄克诚的母亲邓龙桃娘家的家境要比黄家好些，她的长辈中曾出过几个秀才。邓氏自幼受封建礼教影响很深，《三字经》《女儿经》她都能背诵如流，鬼神的故事、民间格言俗语也知道不少。她相信命运，相信佛祖，常给子女讲鬼神的故事，教育子女不许冒犯神灵，要安分守己，循规蹈矩，勤奋诚实，不说谎话，不要讲别人坏话，来世才能托生一个好人家。贫穷、劳累，使这位从较富裕人家嫁过来的女人，变得体弱多病，满脸愁容。由于她从小缠足，不能下田干活，只能在家里烧饭、做针线活儿、操持家务。收成好的年景，在人不害病、牲畜不死亡的情况下，一年劳动所得，勉强可以过上半年糠菜半年粮的日子。如遇天灾人祸，就要靠借高利贷求生存。

　　黑暗的封建社会，贫困的家庭生活，给黄克诚幼小的心灵烙上了深深的伤痕。他从5岁起开始参加劳动，每天除拾粪、打猪草外，还得陪伴比他大10岁的姐姐到地里做农活。姐姐很小的时候，就害上了羊角风（癫痫），发作时会突然昏倒，面色青紫，口吐白沫，手脚抽搐，人事不知。因家里无钱给她求医买药，病情一年比一年加重。家里实在没办法，只好让黄克诚伴随姐姐下田劳动，以便在她发病时能喊人救助。姐姐很小就订了娃娃亲，但到她16岁可以出嫁时，婆家却不肯来接她过门。她心里明白，得了这种病，连亲生父母都厌烦了，哪还有人敢来娶？随着年龄的增长，她变得越来越消沉，除闷着头干活，就没有笑过，时不时地对黄克诚说：姐姐命苦啊！生不如死！有一次她偷偷上吊自杀，脚下踩的凳子还没有踢倒，恰巧被父亲黄清主看到了，他非但没去救女儿，反而上前将她脚下的凳子踢倒，让她早点结束这痛苦的生命。就在这时又有人进来了，才把她救下。打这以后，黄克诚更加可怜姐姐了，总在她身前身后盯着。可后来姐姐还是上吊死了。姐姐死后，黄清主感到松了口气。邓氏虽然心疼女儿，但熬了这么多年，眼泪已干了。她把黄克诚叫到身边，叮嘱道：你到外边不要说姐姐上吊死的，家有吊死鬼不吉利，人家就都不理我们了，你要说姐姐是犯病时跌死的。年仅6岁的黄克诚，亲眼看见了环境是怎么把人逼上绝路。这件事在他幼小的心灵留下深深的印记。

然而家里并没有因死去一个多病的姐姐而轻松，日子照样越过越困难。黄清主更是在外面受了什么气都跑回家里发泄。他时常对家人发脾气，于是黄克诚便成了父亲的"消气筒"。他拾粪回来父亲要检查，拾少了要挨打，吃饭时掉了米粒要挨打，吃红薯时扒掉一块烂皮也要挨打。有一次，黄克诚到山坡上放牛，和别的孩子偷空玩了一会儿，割的草、砍的柴比以往少了，回到家里被父亲看出来了，不问青红皂白，伸出手就是一巴掌，把小小年纪的黄克诚打翻在地。从此，小朋友再不敢找他玩了。还有一次，黄克诚出去放牛，独自一个人坐在树下总想打瞌睡。他怕自己睡着了，把牛放丢了，就用一根长绳子把牛拴在自己腰上，牛可以在他身边转圈吃草。他睡着了，可牛没吃饱肚子，父亲发现后暴跳如雷，大声吼着"你小小年纪，鬼点子倒不少，我饶不了你"，上去就是一阵拳脚。

黄克诚晚年回忆自己的童年生活时说：父亲对我的打骂，"使我想起苏联十月革命前夕，工人中流传的一首歌——'生活像流着的泥河，无处泄恨无奈何，常见父亲打他儿子，丈夫敲他们老婆'。我的童年、少年的生活对我后来性格的养成影响很大，它使我经受了磨练，不怕吃苦，也受得住委屈"。

二、读私塾上高小

下青村的百余户人家都姓黄，在宽敞古朴的祠堂里，全村人供奉的是一个先祖。但黄清主这一支为弱房，经常受同族旺门人家的欺辱。为了与强者争个高低，黄清主和几个兄弟商量，大家集资培养一个男孩读书，学点文化，不求飞黄腾达，光宗耀祖，只图日后能写个状子、祭文什么的。于是，议定从祭田里每房抽一担谷子作为束脩，供一个男孩上私塾。当时几位叔伯像开民主选举会一样，把有关的孩子都摆出来，最后一致推选9岁的黄克诚为"培养对象"。

私塾是旧时中国私人办学的一种形式。在北方，有"南北大炕，书桌摆上"之说；在南方，一般都有间人房子，摆几张桌子。老先生就在这样的环境下教孩子们读书。黄克诚在先生的眼里，是个十分聪明的孩子，记忆力很强，又十分用功，第一年快结束时，就读到了《孟子》的"离娄章"，多次受到夸奖。父亲和叔父们感到十分满意，认为这个苗子选对了，决心继续让他读下去。这一读就是五年。除读完"四书"外，又读了《劝学》《鉴略》《诗经》《书经》《左传》等。黄克诚对这些书做到了背诵如流，却不知其含义。他不满意这种读书方法，时常向先生提些"为什么"，老先生有时也讲不明白。于是，黄克诚就提出换先生的要求。那位老先生感到很没面子，不仅不同意被换掉，也不准黄克诚到别的地方去读书。否则，这里的束脩必须照交。黄清主知道儿子把事闹大了，很害怕，只得

■ 黄克诚曾就读的下青村黄氏私塾

让黄克诚停学在家务农。黄克诚虽然读了五年私塾，但农活并没有丢。在读书之余，特别是寒暑假期间，他都参加田间劳动。在停学的一年中，整天在田间劳作，顶得半个劳力。除扶犁、播种专业性较强的活还不够在行外，其他农活他都能拿得起。割草一天能割二三百斤，有时还从15公里外的小煤窑挑五六十斤煤回来。

黄克诚15岁那年，父亲和叔伯们觉得让这孩子失学太可惜，又安排他到一位姓邓的先生那里读书。这先生虽学识较高，能教给黄克诚一些新知识，但他非常懒，毫无责任心，通常只讲几句，敷衍了事。黄克诚耐着性子跟着他学习了两年，又通过堂伯父的关系，换到一位史先生处读书。哥哥把黄克诚送到史先生面前，代表黄家人对他说：我弟弟脑子很灵，你要多教给他功课，他读了快7年私塾了，总是觉得"吃不饱"。史先生看了看黄克诚，收下了这个学生。史先生是前清的秀才，写得一手好字，对学生要求严格，责任心很强。他给黄克诚讲解古诗文，教读《了凡纲鉴》之类的经史书，教写毛笔大字，做文章，黄克诚感到很满意。在史先生这里认认真真读了两年书，黄克诚有了比较扎实的史学知识和写作功底。

黄克诚读了八年多私塾，对社会上发生的变化却知之甚少。他在晚年回忆读私塾时的思想状况时说："这个时期，我的思想是大大落后于时代的。我的家乡地处湘南偏僻的丘陵地区，风气闭塞，很不开通。那时已经是民国十年，而我家乡的人们对于君主、民主、总统、皇帝还分不清楚。"黄克诚常常问自己：人到底是为什么活着？活着就是为了受苦受累吗？生活的意义究竟何在？他从读过的书中没有找到答案。他开始相信孔孟之道，后又崇拜东晋田园诗人陶渊明和南宋名臣、文学家文天祥，对陶渊明的《归去来兮辞》和文天祥的《正气歌》十分欣赏，总想学习他们，做一个淡泊名利、忠诚正直的不阿之士。

到了 18 岁，黄克诚对继续读私塾已没兴趣了。他开始思考今后怎么办。村子里仅有的两名中学生黄锡珍和黄廷珍给他带来了新的启示。黄锡珍中学毕业后在县里劝学所当所员（相当于今天的县教育局职员）；黄廷珍中学毕业后在县立高等小学当算术教员。1920 年春节时，黄锡珍从永兴县城回家过节，他听完黄克诚苦闷地述说后，便动员他到县城读书。在那个年代，到县城读书对黄家这支弱房来说，实在是件了不起的大事。黄清主决定同家人商量后再定。黄克诚的母亲首先表示不赞成，她一怕儿子离家远没人照顾，二怕家里供不起学杂费。黄清主听邓氏这么一说，也很犹豫，拿不定主意。只有黄克诚的哥哥黄时玑坚决支持弟弟进县城上学。在家里意见不尽一致时，族房会商开始了。黄克诚的堂伯、叔叔们对培养这个孩子坚定不移。他们说：我们用了 8 年多时间，花了许多谷子供这个孩子读书，决不能半途而废。于是大家议定：每年由嫡堂公房继续凑六七担谷子，供黄克诚进县城读书。当时家里无钱买衣服、备行李，族里各家纷纷资助。黄廷珍把自己读书时用过的书箱子借给了黄克诚，还送给他一套穿旧了的学生制服和一件粗布夹袄、一件机纺布长衫。其他人又送来了几担谷子和生活学习用品。春节过后，黄时玑挑着书箱和行李，走了几十里路，一直把黄克诚送到永兴县城。

1920 年春，18 岁的黄克诚开始在永兴县立高等小学读书。黄克诚学习十分刻苦，又有多年私塾的底子，每学期考试都是第一名，还能得到几块钱的奖学金。

他的文章也写得好，老师常将他的作文拿给同学作范文，颇得好评。

黄克诚沉稳诚实，有正义感，很能团结人，在同学中威信很高。当时学生中

■ 1920 年春，黄克诚到永兴县立高等小学读书。

以便江为界划分为江左、江右两派，互相瞧不起，常因小事起哄发生争执，黄克诚从不介入，并劝说那些带头滋事的同学说："四海之内皆兄弟，都是安陵学子，何分江左江右。"在他的劝说调处下，两派学生逐渐消除了隔阂。

为了减轻家里负担，黄克诚还用课余时间为黄锡珍所在的劝学所抄写材料，这样又能多收入几块钱。抄写工作不仅给黄克诚补贴了部分学习费用，也使他看到了丑恶的社会现象，了解了不少在课堂上学不到的东西。比如，帮助华洋筹赈会编造灾民册，为省长赵恒惕的省宪选举编造选民册，名册上的名字多是伪造的，达官要人们以此来骗钱、骗地位，还美其名曰"兴办慈善事业""实行民主政治"等。这些使他感到愤懑不平。

三、就读湖南第三师范

1922年上半年，黄克诚在永兴县立高等小学读到第五个学期时，黄锡珍发现他对这所小学已不满足了，便动员他报考衡阳省立第三师范（亦称湖南省立第三师范）。这是一所公立学校，免收学费，对黄克诚这样的穷学生来说很合适。于是，他下定决心，一定要在暑期招生时考入这所学校。这年暑假他没有回家，就住在县城劝学所黄锡珍那里，一边替劝学所抄写文件挣钱糊口，一边补习未学完的高小课程，为报考师范做准备。经过一个暑期的努力，他读完了高小三年的课程。但学校并不允许他提前毕业，他只好借了一张同姓学生的毕业文凭办理了报考手续。初试复试都顺利通过了，随后被正式录取。1922年夏秋之际，20岁的黄克诚来到了衡阳省立第三师范。

湖南省立第三师范的前身是南路师范学堂，始建于1904年。校址建在巍巍衡岳、泱泱湘水之间的衡州古城。辛亥革命后改名为湖南省立第三师范学校，是当时湘南地区很有影响力的一所中等专业学校，它和毛泽东曾就读的长沙湖南省第一师范校际关系甚好。

湖南省立第三师范又是一所具有革命传统的学校。从开创到1922年黄克诚入学，历任八名校长中，曾熙、殷廷珪、吴启凡、罗传矩、颜方珪等都具有不同程度的爱国反帝思想，特别是五四运动后，颜方珪对进步学生的革命活动和新文化的传播概不阻挡，而且还聘请了恽代英、陈书农、彭瘁夫、黄和钧、吴鸣岗、易克嶷及老同盟会会员谢彬等一批有进步思想的人士来校任教。中国共产党创建初期就在这里播下了革命火种。早在1920年8月，毛泽东在长沙创办文化书社时，就在第三师范设立了衡阳分社，并开办书报贩卖部，几个月的时间就售出《社会主义史》《俄国革命纪实》《马克思主义解说》《劳农政府与中国》《共产主义ABC》《阶级斗争》《白话书信》《新青年》《新教育》《新中国》等书刊四五千册。1921年10月，毛泽东在贺恕、夏明翰的陪同下到第三师范，由三师学生蒋先云、黄静源迎接入校。毛泽东在该校对三百多名学生作了《中国历史上的农民战争》的讲演。1922年4月29日，毛泽东再次来到三师，在雨草坪向一千多人作了关于社会主义学说

湖南省第三师范学校旧址

的讲演。这期间，毛泽东在三师建立了党支部，发展了一批共产党员，蒋先云、黄静源、雷晋乾、唐朝英等都是其中的优秀分子。同年 8 月，毛泽东写信给党中央，经陈独秀同意，派中国共产党早期著名的社会活动家和杰出的宣传鼓动家张秋人来三师任教。三师逐渐成为湘南地区中共党团组织和革命学生运动的中心。

1922 年黄克诚入学时，这所学校已建校 18 年。这一期共招生近 130 名，他被编入第 23 班。入学之初，他情绪很高。一个穷人家的农村青年，能到这样一所有影响力的学校读书，还免收学费、膳食费、讲义费，真是求之不得啊！有钱人家的学生说伙食差，而黄克诚则很满意，因为要比在家吃得好。

学校当时设有公民学、国文、英语、数学、社会科学、自然科学、艺术、体育、儿童学、哲学、心理学、教学法等几十门课程。这些课程对黄克诚来说是全新的，他在读私塾和高小时成绩突出的优势在这里荡然无存。第一学期成绩不理想。他逐渐产生了自卑感，变得孤僻、不爱说话，常常一个人坐在那里思前想后，情绪低落。特别是一场重感冒之后，由于无钱就医，又患上了慢性支气管炎，时常咳嗽，有钱人家子弟歧视他，说他是"痨病鬼"。黄克诚回忆那段情况时说："展望将来，不知向何处去。读了师范又如何？对国家、社会、家庭能起什么作用？当时社会上就业很困难，我这个贫苦农民子弟有什么办法去谋个职业？脑子像一团乱麻，总也理不出个头绪。"他当时写了一首打油诗：人生总共有几何？何必苦苦学几何？学了几何能几何？不学几何又几何？这在一定程度上反映了他那时的苦闷与彷徨。

衡阳城比永兴县城大得多，也很繁华，可以听到、看到很多信息。黄克诚经常到学校的书报室读书看报，他视野远了，思路宽了，开始考虑许多"大"问题，如社会的弊端、国家的前途、个人的出路等，面对黑暗的社会现实，他感到十分忧虑。

第二学期，也就是1923年春天，三师爆发了一次轰动湖南全省的学潮。起因是，1922年4月7日，省长赵恒惕让自己的亲信刘志远接任第三师范校长，而深受学生爱戴的校长颜方珪被解雇。刘志远顽固守旧，惯用封建专制手段压制学生，学生们早就恨他，但又抓不住他的把柄。这时，校方克扣学生伙食费的事败露了。按规定，每个学生每天伙食费为2角钱，而校方只拿出8分钱用在伙食上，余者均被刘志远及经办人员克扣。学生们以要求改善伙食为突破口，开始大闹学潮。对校长刘志远及同伙克扣学生伙食费中饱私囊的行径，发起了猛烈抨击。黄克诚本来对伙食好坏从不在意，当知道真相后十分气愤，也随即投入了学潮。学生们举行罢课，纷纷走上街头，游行示威，发表宣言，通告第三师范学潮的真相，揭露刘志远等人的种种劣迹。学校当局大为恼火，训诫学生"行动越轨"，并将领导学潮的袁痴、唐朝英、罗严3名学生开除，这就激起同学们的更大义愤。同学们推选代表到省城长沙向教育司请愿，省教育司司长李剑农出面处理此事不果，赵恒惕看到事态越闹越大，不好收拾，便派出50多名兵丁对学生进行镇压，又开除了50名学生。但学潮并没有因此平息，反而更加剧烈，全省中等以上学校于同年6月1日举行总罢课，声援三师学生的革命行动。事情震动了全湖南，撼动了赵恒惕的强权统治。后来经以刘愈、夏曦、夏明翰、刘基永为首的省学联和湘南学联出面，在省议会中的有识之士和教育界贤达何炳麟等调解下，省教育司撤销了开除53名学生的成令，将刘志远免职。

1923年6月，毛泽东赴广州参加中共第三次代表大会，路经衡阳，会见了领导学潮的夏明震等人，并在三师的一间教室里发表了演讲，对学潮斗争给予高度评价。

黄克诚在这场斗争中受到深刻教育。他回忆说："三师学潮是我接触的第一次群众性的斗争，它给我的教育很深，感触甚多。虽然当时我还不能理解这场斗争的意义，但那些为首的学生们不畏强暴、奋不顾身的斗争精神，使我由衷地钦佩。"[1]后来，他才知道，这次学潮的背后有中国共产党和社会主义青年团的影响，为首参加学潮的积极分子多是中共党员和团员、具有革命思想的进步学生。这次学潮，给黄克诚以很大震撼，使他开始认识到，学校不是一块净土，社会充满不公与腐败，但群众一旦有组织地起来斗争，是可以改变的。他对社会改革产生了兴趣。

从1924年春开始，黄克诚在完成学业的同时，认真地阅读了《向导》《新青

---

[1]《黄克诚自述》，人民出版社2004年版，第14页。

年》等革命刊物以及国民党第一次全国代表大会宣言和孙中山的一些著作，开始明白了一些道理：只有打倒帝国主义列强和军阀，中国才会有出路；要救中国，必须进行革命；而要革命，就必须有革命党，领导全国人民进行革命斗争。当时，孙中山实行"联俄、联共、扶助农工"三大政策，并在中国共产党的帮助下，着手改组国民党，实行国共合作，国民党在全国各地大发展。黄克诚阅读了国民党一大宣言，决定去找国民党。1925年春节前，黄克诚找到了由共产党人贺恕等领导的国民党衡阳党部，加入了国民党。

加入国民党后，黄克诚参加了一些有组织的革命活动，思想似乎有了寄托，精神也为之一振，成了学校的一名活跃分子。从1924年下半年起，他先是自发成立进步学生团体，在校内组织了一个讲演会，后又联合其他学校的永兴籍进步学生，组织了永兴县旅衡学友互助社，其宗旨是联络互助，读书讨论，共同学习新思潮。大家凑钱买了一批书刊，由黄克诚任图书管理员，负责购书和保管。后来参加湘南暴动的共产党员黄平、刘申、刘木、李卜成、黄庭芳等，都是当年学友互助社的成员。

黄克诚为大家购买了马克思和恩格斯合著的《共产党宣言》《社会主义从空想到科学的发展》《通俗资本论》《剩余价值论》《价值、价格和利润》《工银、劳动与资本》《唯物史观浅释》等书，通过认真阅读这些书籍，黄克诚的思想产生了新的飞跃，开始接受阶级斗争理论和社会主义思想，并认识到孙中山的革命思想是不彻底的，不能从根本上解决中国社会的诸多问题。他在《自述》中这样写道："从

■ 1924年下半年，黄克诚联络在衡阳的各校永兴籍进步学生二三十人，成立永兴县旅衡学友互助社。图为部分学友互助社成员。

1922年到1925年在衡阳省立第三师范这段时期，可以说是我一生中的一个转折点。在此之前，我受古书的影响，眼界不宽，思想狭窄，只想独善其身，做一个淡泊正直的人，随遇而安，知足常乐。来到第三师范之后，我才开始接触到时代的脉搏，开阔了视野，就如同从一个狭小的圈子里突然进到广阔的天地，别开生面。经过三年的摸索、探求，先是在国内的各种救国方案之中，我选择了孙中山国民革命的道路，进而又在国际的各种思潮之中，选定了马克思主义无产阶级革命的道路。我的这个决心不是轻易下定的，而是认真的、郑重的，经过长期考虑的，因而是不可动摇的。"

四、加入中国共产党

黄克诚下决心要加入中国共产党的组织，便想方设法去寻找入党的途径。当时衡阳三师虽已建立了中国共产党的组织，但由于处于秘密阶段，黄克诚要找到并非容易的事。他想来想去，想到了永兴县旅衡学友互助社的成员黄庭芳。黄克诚对黄庭芳说：你是大同中学学生运动的领导人，接触面广，认识的人也多，你能不能帮我想办法找到共产党的组织，争取早日入党。黄庭芳听后表示赞成，并说自己也很想加入共产党。黄克诚接着说：我还请你帮我做件事，把我的情况介绍给第三师范学生运动的领导人刘寅生、蒋元斋，如果刘、蒋二人是共产党员，就请他们做我的入党介绍人。

1925年金秋时节，黄庭芳兴冲冲地告诉黄克诚：我已找到了共产党的关系了，并把我俩的情况向党组织做了介绍，我还代你提出了入党申请。同年10月的一天，黄庭芳通知黄克诚说，中共衡阳区委的同志约我们二人一起去谈话。他俩按约定的时间、地点，与中共衡阳区委的龚际飞见了面。龚际飞郑重地说：党组织接受了你们入党的申请，我们请第三师范党组织对黄克诚同志进行了考查，认为具备了共产党员的条件，由刘寅生和蒋元斋作为介绍人介绍你入党，今后你与党组织的关系，由黄庭芳与你直接联系。

黄克诚参加了中国共产党，格外兴奋，顿觉豁然开朗，精神上有了真正的寄托和希望，思想上更加充实，就像换了一个人似的。

加入中国共产党，成为黄克诚人生中的一次最重要的转折，奠定了他为实现共产主义奋斗终生的基础。他在《自述》中说："我再不是盲目地参加各种活动，而是在党组织的直接领导下，为着一个伟大理想去斗争，这是多么有意义的人生。从此，我在任何时候、任何情况下，再也没有消极过。实现共产主义，成了我终生不渝的追求目标，不论遇到什么样的艰难困苦，此志不移。"[1]

---

[1]《黄克诚自述》，人民出版社2004年版，第19页。

第二章　大革命的洗礼

一、政治讲习班的优秀学员

1924 年第一次国共合作正式形成不久，在广州的湘籍高级领导人成立了以研究有关湖南革命运动为宗旨的湖南政治研究会。随后，为了给国民革命军准备政治工作干部，国民党中央提出了举办短期政治讲习班的建议。

1925 年 12 月 15 日，国民党中央决定开办国民党中央政治讲习班，并指定由湖南政治研究会具体领导讲习班的工作。研究会即推定谭延闿、程潜、陈嘉祐、鲁涤平和当时在广州的共产党人毛泽东、林祖涵（即林伯渠）、李富春七人组成理事会，谭延闿为理事会主席，李富春为讲习班主任。实际上主持讲习班的是共产党人毛泽东、林伯渠和李富春。为了培养中国共产党的政治工作干部，向湖南以至全国

国民党中央政治讲习班所在地旧址

进军做准备，中共中央指示湖南党组织选送一批学生去报考国民党中央政治讲习班。衡阳党组织推荐了黄克诚和黄庭芳。经过考试，两人均被讲习班录取。

1926年1月，黄克诚离开衡阳来到广州政治讲习班报到，从此开始了他的职业革命家生涯。

讲习班有近350名学员，编为一个大队，由中共党员、黄埔军校第一期毕业的湖南人刘楚雄任大队长；朱剑凡任教育干事，彭国钧任管理干事。讲习班的班址设在广州惠爱东路国民党中央党部。

2月28日举行开学典礼时，毛泽东、李富春、林伯渠、谭廷闿、陈嘉祐等理事都参加了。他们相继发表了讲话，勉励学员加强学习，准备投身到即将发动的北伐战争中去，为革命贡献力量。

毛泽东在讲话中指出：开办讲习班的重大意义在于表明革命分子团结起来反对帝国主义、军阀和反革命派，"在炮火中制造革命人材"。参加讲习班的学生，"必也是感受不自由而来此作革命工作"，"望诸位忍苦耐劳，大家联合起来，努力国民革命，努力世界革命！"[①]毛泽东的演讲给黄克诚留下了深刻印象。

讲习班以学习革命理论为主，共设有二十多门政治课，也有一部分军事训练科目。到讲习班讲课的有：汪精卫、陈公博、高语罕、张太雷、毛泽东、邓中夏、萧楚女、恽代英、蒋先云、朱剑凡等人。宋庆龄、蒋介石、吴稚晖、彭湃等也都来作过讲演。共产党员学员还经常到广东省农民协会上党课，讲党课的主要是广东省委书记陈延年，周恩来也给大家讲过党课。学员大队长刘楚雄对军事训练抓得很紧，除学习军事理论外，还进行军事训练，从单兵教练到连教练，从制式教练到战斗教练，每天都不间断。黄克诚由此掌握了军事方面的基本知识。

在学员中，年龄最小的只有18岁，年龄最大的是陈墨西（台湾著名女作家

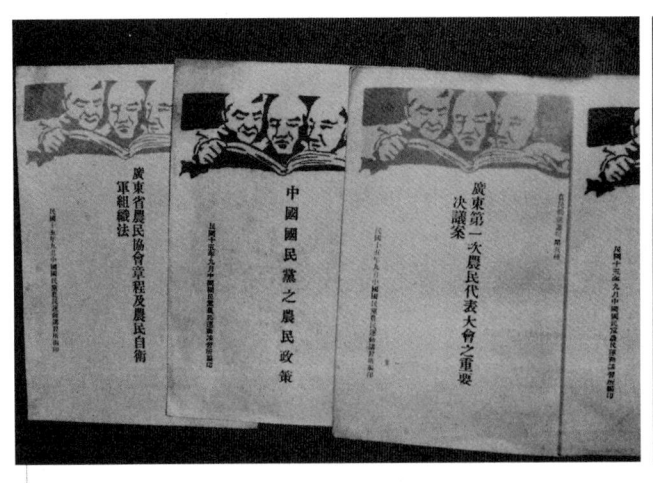

■ 1926年，黄克诚参加国民党中央政治讲习班时使用的部分教材及同学录封面。

---

① 中共中央文献研究室编、逄先知主编：《毛泽东年谱》上卷，人民出版社、中央文献出版社1993年版，第157页。

琼瑶的祖父），时年已 57 岁，他同 24 岁的黄克诚编在一个班，两人在学习中取长补短，互相帮助，成为难能可贵的忘年之交。陈长期在国民党政府中任职，大革命失败后，他曾受黄克诚之托营救过中共党员。全国解放前夕，陈墨西未去台湾，留在衡阳。黄克诚主持湖南工作时曾帮助他解决生活困难，1953 年初，他被湖南省人民政府聘为文史馆员，还当选为省第一届、第二届人大代表。

黄克诚在政治讲习班学习期间，在北京和广州发生了几起重大事件，这在他的思想深处产生了极大震动。第一件是震惊全国的"3·18"惨案；第二件是中山舰事件；第三件是整理党务案。

黄克诚面对这一系列事件，感到不解和震惊，找不出正确的答案。但他开始懂得：革命斗争是残酷的、复杂的，自己的头脑不能简单。他告诫自己要有充分的思想准备，要尽快提高自己认识问题的能力和水平，成为革命的先锋战士。

二、在北伐战争的烈火中锤炼

1926 年 5 月，广东国民政府命令以共产党员叶挺为团长的国民革命军第四军独立团和第七军钟祖培第八旅，分别自广东和广西向湖南进军，支援遭北洋军阀吴佩孚大举进攻的唐生智部，揭开了北伐序幕。6 月 4 日，国民党中央通过出师北伐案。6 月 23 日，国民政府军事委员会通过苏联顾问加伦将军帮助起草的北伐军作战计划。7 月 6 日，国民党二届中央执行委员会临时全会通过《国民革命军出师宣言》（即北伐宣言）。7 月 9 日，国民革命军在广州隆重举行北伐誓师阅兵典礼，北伐战争正式开始。按照北伐作战计划，北伐军兵分三路从广东向北方挺进。西路军由第四、第七、第八军和第一军两个师组成，为北伐军主力，进攻两湖，直指吴佩孚巢穴武汉，消灭吴部主力；中路由第二军、第三军、第六军组成，担任警戒，保障两路军侧翼安全，并准备进攻江西孙传芳部；东路由第一军第三师担任，向敌兵力空虚的福建、浙江进军；第五军留守广东。

这是一场以打倒直系吴佩孚、孙传芳和奉系张作霖为骨干的北洋军阀为直接目的反帝反封建的革命战争。

北伐前夕，即 1926 年 6 月下旬，国民党中央政治讲习班学员提前结业，并可申请参加北伐。黄克诚向中共党组织写了参加北伐的申请报告。党组织很快就批准了他的请求，并将他的组织关系转到北伐军总政治部办的训练班，在这里他接受了两周的军队政治工作训练。政治工作的主要任务是，宣传国共合作和北伐战争反帝反封建的意义，扶助地方工作。在训练班里，黄克诚结识了共产党员段德昌[①]，两人很投缘，认识问题比较一致，经常在一起谈论国家和军队的大事。

---

① 段德昌，1904 年生，湖南南县人，1925 年加入中国共产党，黄埔军校毕业。北伐期间，任国民革命军第三十五军第一师政治部主任。大革命失败后，在湖北领导了著名的公安暴动。随后与周逸群创建红六军和洪湖革命根据地，历任纵队司令、军长、政委、中华苏维埃共和国中央政府执行委员、中共湘鄂西省委委员和军委分会主席团成员。1933 年肃反中被诬为"阴谋分裂红军的反革命分子"遭杀害。

　　黄克诚被编入北伐军前敌政治部宣传队。他的组织关系也随之转到宣传队。这个宣传队共一百多人，由前敌政治部主任刘文岛和秘书长张其雄领导。刘文岛是国民党员，而张其雄则是共产党员。黄克诚到宣传队仅几天的工夫，队伍就从广州直抵衡阳。这时，唐生智的第八军正与直系吴佩孚下属叶开鑫部在衡山以北对峙。唐生智部正缺少政治工作干部，于是黄克诚所在的宣传队全部编入了唐生智部。黄克诚被分配到第八军第四师第十三团，担任团指导员办公室政治助理员。

　　在北伐军的强大攻势下，叶开鑫所部被击溃，北伐军于 1926 年 7 月 11 日进占长沙。

　　黄克诚自广东出发到攻下湖南长沙，一路上和宣传队一起组织召开群众大会，张贴标语，散发传单，向人民群众宣传北伐的性质、目的和意义。北伐军所到之处，均受到当地群众的热烈欢迎，他们敲锣打鼓，鸣放鞭炮，为将士送水送饭，这使黄克诚第一次感受到了人民在战争中的力量。

　　黄克诚在第十三团紧随部队猛打猛冲。开始时，他没有作战经验，听到枪炮声不免有些紧张，身边的战友告诉他：听到嗖嗖的声音，不需要卧倒，这时子弹已从头顶上飞过去了；听到噗噗的声音，要立即卧倒，这是子弹落在身边的声音；炮弹爆炸时，弹片呈扇面形向上四射，只要卧倒快，就可以躲过去。听了这一席话，黄克诚心里有底了，再听到枪炮声也很沉着了。在随军作战中，黄克诚看到许多战友倒在血泊之中，这给他上了战场的第一课，使他切身体会到战争是残酷的，革命与反革命的较量就是流血的战争。由此，他对革命要流血牺牲也有了心理准备。

　　在第四军、第七军没有攻打武昌之前，黄克诚所在的第八军于9月上旬迂回攻击汉阳、汉口，击败吴佩孚所部，攻下了武汉三镇的两座。10月10日，第四军、第八军占领武昌，俘守敌1万多人。群众纷纷走上街头，热烈欢迎北伐军。至此，吴佩孚的军队基本被消灭，其残部逃往河南郑州。湖北战事告一段落后，唐生智遂将其所辖的第八军扩编为三个军，即第八军、第三十五军、第三十六军，共计6万余人。黄克诚所在的第十三团改编为第二师第四团，第三营营长凌兆尧升任第四团团长。为了培养下级军官，凌兆尧决定办教导队，让黄

■ 北伐战争时期的黄克诚

克诚担任政治教官。这个教导队办了三四个月，先后轮训了 100 多名军士。这些学员回部队后，许多人被提拔为军官。教导队因继续北伐而停办后，黄克诚被派到第三营任政治指导员，营长是保定军校第八期毕业的彭光间。

1927 年 4 月 12 日，蒋介石在上海发动震惊中外的四一二反革命政变，东南各省陷入白色恐怖之中，北伐战争的胜利果实被蒋介石攫取。北方的奉系军阀张作霖也向共产党人开刀，李大钊等著名共产党员先后被杀害。此时，武汉的国民政府面临东有蒋介石集团、北有奉系军阀、南有广东新军阀李济深[①]包围的严峻形势，4 月 18 日国共联席会议决定继续北伐，希冀同已进至河南的冯玉祥国民军相配合，南北夹击，消灭奉系军阀，打通同苏联的交通线，然后回过头讨伐蒋介石。4 月 19 日，武汉的国民革命军第四军、第十一军、第三十六军、第三十军、第三十五军等部共 8 万人举行第二次北伐，继续北进。黄克诚所在的第三营随部队由新店、柳林出发北进，不发一枪一弹，便占领了信阳、驻马店等地。当部队进至郾城、漯河时，形成与奉军对峙局面，双方隔河炮击。此时黄克诚随部队驻守在漯河。一天拂晓，奉军约一个营的兵力突破前沿阵地，进入漯河街上。黄克诚同营长彭光间立即指挥部队反击，经激烈战斗，将这一小股部队击溃。

正当北伐军与奉军在豫南展开激战之时，冯玉祥的国民军东出潼关，策应北伐军会攻河南，奉军见势不妙，向北溃退。北伐军沿京广铁路尾敌追击，6 月 1 日进至郑州，与国民军一部会师，2 日，冯玉祥率部抵达开封会师。至此，第二次北伐胜利结束。此间，两湖地区的夏斗寅[②]和许克祥[③]叛变，武汉政府危机，无力再实施第二期计划，北伐军撤回武汉。

二次北伐中，黄克诚同第三营的官兵在河南转战数月，作战中身先士卒，平时同基层官兵同吃同住，谈心交心，帮战士写信，教战士学战术、学文化，与官兵建立了密切的关系，得到他们的信任。战士们说："这个指导员不错！有什么心里话也愿意对他讲！"[④]黄克诚深切体会到：政治工作人员只有深入第一线，处处起模范带头作用，与基层官兵打成一片，同甘共苦，才能得到他们的信任，带出有战斗力的部队。

由于得到上下一致好评，黄克诚参加北伐军不到一年，即被晋升为上尉。

三、大革命失败后的思考和抉择

在第二次北伐取得一个又一个胜利的同时，武汉国民政府的危机日益加深。一

① 李济深，北伐战争中任国民革命军总参谋长，但未随军出征，而在广州任国民革命军总司令留守主任。四一二反革命政变时，他参与发动了广州"四一五"大屠杀。

② 1927 年 5 月 13 日，驻宜昌的国民革命军独立第十四师师长夏斗寅，乘武汉大部分军队北伐进抵河南之际，率部向武汉政府发动进攻，19 日被赶到的叶挺部击退。

③ 1927 年 5 月 21 日，驻长沙的国民革命军独立第三十三团团长许克祥叛变，屠杀大批共产党人和革命群众。

④《黄克诚自述》，人民出版社 2004 年版，第 28 页。

方面，蒋介石对武汉实行包围、封锁；帝国主义列强也度过了第一次世界大战后的危机，开始以较多的力量来干涉中国革命，其中，英帝国主义者充当了武力镇压中国革命的急先锋，他们调集大批军舰停泊长江中下游，以武力相威胁。另一方面，武汉国民政府内部以汪精卫为首的国民党领导集团的反动面目逐渐暴露出来。他们以"纠正农民运动过火"为借口，采取了一系列压制工农的政策。武汉政府管辖地区的国民党反动军官的叛变也接踵而来。国民革命军第五方面军总指挥、江西省主席朱培德也于5月底6月初把共产党员和国民党左派逐出江西，禁止工农运动。

6月10日，汪精卫、孙科、唐生智等人与冯玉祥举行郑州会议，策划"分共"，并以"东征讨蒋"为口号，将北伐军唐生智部和张发奎部由河南前线调往武汉地区。

唐生智率部回师武汉，其真实目的是准备反共，镇压两湖工农运动。7月9日，武汉国民党举行中执委扩大会议，决议限制共产党在国民党内的活动。7月15日，汪精卫召开"分共"会议，正式宣布和共产党决裂，公开背叛革命。汪精卫集团在"宁可错杀一千，不可使一人漏网"的口号下，对共产党员和革命群众进行血腥屠杀。

此时，黄克诚所在的第二师第四团驻湖北孝感，他任该团政治指导员。对于当时所发生的这一系列事件，黄克诚非常震惊，极为愤慨。由于得不到党组织的明确指示，无法了解事变的全貌和真相。他看到：和他一起在军队工作的共产党员纷纷离去，党员的秘密碰头会也不开了，和他单线联系的组织关系也断了。他陷入迷惘之中，心情很沉重，也很矛盾。他反复问自己：该何去何从？留下来会不会出问题？离开又该到哪里去？左思右想，总也拿不定主意。他急切地盼望能得到党组织的指示，却总不见党派人来与他联系。随后，他找了一个借口，请了几天假，到武汉去找党。

武汉形势正处于剧变之中，黄克诚感觉到空气异常紧张，变化莫测。他找到第二师政治部主任曹壮父（黄克诚在党内的联系人），问曹现在该怎么办。曹询问了黄克诚和团长凌兆尧相处的情况后，认为他一时还不会有危险，就嘱咐他仍回凌团，并答应随后派人和他联系，最迟不会超过三个月。这样，黄克诚从武汉回到孝感团部。这时他接到一封家信，得知永兴县农民协会委员长黄庭芳已被反动派杀害，这使他感到痛心不已。此时，黄克诚真正认识到革命已经到了一个紧要关头，他头脑中存在的革命军打到哪里革命就会在哪里取得胜利的幼稚想法一扫而空。他对唐生智等完全失望了，认为靠他们取得革命胜利是根本不可能的，决心离开唐部。他急切地等待着上级党派人来联系，然而三个月过去了，望眼欲穿，始终杳无音讯。他担心日子久了，会失掉党组织关系，于是决定再去武汉找党。

黄克诚把要走的决定告诉了团长凌兆尧，凌挽留说："你继续留在我这里工作，安全会有保障。"但黄克诚决心已定，遂向军政治部请长假。军政治部主任皮作琼准了他的假。黄克诚急忙收拾行李直奔武汉。

10月的武汉，笼罩在一片白色恐怖之中，报纸天天登载杀人的消息和共产党员脱党的启事。在这种情况下找党的关系非常困难。当时第三十六军第二师第四团在汉口大智门车站附近设有留守处。黄克诚在留守处住下之后，就天天到街上转悠，希望能够碰到熟识的党员，找到党组织。为了行动方便，他身着唐生智部队的军装，尚不致引起敌人的注意。一天，他在江汉关附近的马路上突然碰见熟人何家兴——何是四川人，留法勤工俭学时加入共产党，后来又到莫斯科学习过。黄克诚一把将他拉住，悄悄告诉他说："我是专为找党组织而来武汉的，你知道党组织现在何处？"何家兴一言不发，双眼闪射出警觉的目光。等黄克诚说明来意后，何往周围看了看，见无人注意，便从身上掏出一个小本子，撕下一页纸，匆忙写了一个地址，递到黄克诚手里就扭头走开了。黄克诚按地址来到武昌长江边附近的一条小街上，找到了接头地点，接头的人正好是他相识的曾在广州国民党中央政治讲习班学习过的刘镇一、朱国中夫妇。刘镇一问明了他的住处后，即让他先回住地等候，过几天组织上会派人找他联系。没有几天，党组织就派人来和黄克诚接头，并交给他一封组织介绍信，介绍他到长沙去找中共湖南省委，参加湖南地方党的工作。他于是离开汉口，奔赴长沙。

黄克诚到达长沙后，先在永兴旅省同乡会的公寓住下，然后就到湖南省委接头处接组织关系。当时党组织活动已转入地下，他与省委接上组织关系后，又回到原住处等候分配工作。过了几天，省委派人给他送来一封组织介绍信，介绍他到衡阳找湘南特委。于是，黄克诚又赶往衡阳。他按照预先约定的接头方式前去接头，不料接头处的人见黄克诚穿一身国民党军装，便产生了怀疑，不肯与他接头。他先后去过几次，与接头人搭话，他们都不理睬。没有办法，黄克诚只好决定先回家乡去。永兴的熟人多，或许能够找到当地的党组织，然后再设法与上级党取得联系。

1927 年 11 月，黄克诚回到了永兴，开始了大革命失败后的革命活动。

失败的沉痛教训，往往比正面的经验对人教育更深。后来，黄克诚在总结大革命失败前后这段历史时说："深感自己的政治水平太低，思想幼稚，在许多问题上都带有盲目性，更不懂得阶级斗争的复杂性和革命运动的曲折性。因而，我对大革命失败，对蒋介石、汪精卫、唐生智等相继叛变革命，毫无思想准备。当时，我曾对陈独秀颇为迷信，以为此人很有本事，在党内很有威望。但后来的事实告诉我，陈独秀所推行的右倾投降路线，正是大革命失败得如此惨痛的原因之一。当然，我并不认为陈独秀是存心出卖党，但他那右倾的埋论和错误的指导思想，确使我们党深受其害。他又固执己见，坚持错误立场，听不得逆耳的正确意见，这就必然使他的错误犯得愈加严重，对全党的危害就愈大。""从大革命失败以后，我学到了不少东西，不再像从前那样盲目了，自然而然地、更多地动脑筋思考各种问题。我认识到，作为一个革命者，自己应该有独立的思考和见解，不能一味地盲从，人云亦云。这样才是真正对革命事业负责。"[1] 严酷的斗争，复杂的形势，使黄克诚逐渐成熟起来。

---

[1]《黄克诚自述》，人民出版社 2004 年版，第 33、35 页。

第三章　参加湘南起义

一、发动和领导永兴暴动

在中国革命遭受严重失败的极为严峻的形势下，为坚持革命，中共中央于1927年7月作出决定，组织中国共产党掌握和影响的国民革命军的一部分力量，发动起义。

8月1日，周恩来和贺龙、叶挺、朱德、刘伯承等领导北伐部队3万余人，在南昌举行起义，打响了武装反抗国民党反动派的第一枪。从此，开始了中国共产党独立领导革命武装斗争的新时期。8月7日，中共中央在汉口召开紧急会议，总结了大革命失败的经验教训，改组了中央领导机构，撤销了陈独秀的领导职务，确定了土地革命和武装反抗国民党反动派的总方针，并把发动农民举行秋收起义，作为当前党最主要的任务。

根据八七会议的决定，是年9月，毛泽东在湖南领导了湘赣边界秋收起义。此后，中国共产党还发动和领导了广东琼崖武装起义，海陆丰农民自卫军武装起义，湖北黄（安）、麻（城）武装起义和广州武装起义等。

南昌起义部队撤离南昌之后，南下广东。在攻占广东三河坝地区和潮汕一带后，起义军在敌人优势兵力的围攻之下，遭到失败，队伍被打散。

湘赣边界秋收起义部队的主力，由于执行"会攻长沙"的计划，受到了严重损失，大部被打散。毛泽东收拢不足千人的队伍，在江西永新县三湾村进行改编后，争取了井冈山地区袁文才、王佐的地方武装，于1927年10月将起义部队全部拉上了井冈山，建立了井冈山革命根据地，开创了井冈山地区"工农武装割据"的局面。

从大革命失败，到各地起义烽火四起，黄克诚不再像从前那样盲目了，更多地动脑筋思考各种问题。他回到永兴家乡后，一边了解情况，一边设法寻找大革命时期的共产党员、青年团员和革命积极分子，然后再设法与上级党取得联系，开展革命活动。

马日事变后的湘南各县，革命力量受到严重摧残，大批党、团员和革命群众遭到杀害，幸免于难者也都隐蔽起来，不敢露面了。在外地读书的一批青年学生，也陆续返回家乡。他们当中有共产党员、青年团员、革命积极分子。由于永兴县党的创始人、县农民协会委员长、黄克诚的好友黄庭芳在马日事变中被国民党反动派捕杀，县农民自卫军负责人尹子韶被反动派称作"暴徒头子"，正遭通缉而潜伏了起来，从外地回来的青年学生无法与党组织取得联系，只好暂时在家里躲藏。黄克诚回来后，首先与这批青年学生建立了联系，商量找党和开展革命活动的办法。他当时主要联系了八个人，他们是：刘申，原衡阳成章中学的学生，1925年在北京中国大学读书时加入了中国共产党。邝振兴，衡阳省立第三师范的学生，在衡阳加入中国共产党。黄平（原名黄景潘），衡阳省立第三中学的学生，在衡阳加入中国社会主义青年团，是当时学生运动的积极分子。李卜成，衡阳省立第三师范的学生，学生运动的积极分子。刘木、何宝成、刘明初，三人都是衡阳大同中学的学生，学生运动的积极分子。这七人又都是黄克诚在三师读书时永兴县旅衡学友互助社的成员。此外，还有一个是尹子韶，是黄克诚读高小时的老师。由于这些人彼此早就互相了解，所以黄克诚一串联，他们马上走到一起，形成一股力量，像一团红色的火焰，在白色恐怖的黑暗中燃烧。他们决定首先找到上级党组织，然后再按照党的指示开展革命活动。过了些日子，黄平打听到湘南特委已派人到了永兴县城。于是，黄克诚便和刘申、邝振兴、黄平、李卜成五人，于1927年12月初进城，找到了湘南特委派来永兴担任特支书记的向大复。黄克诚持湖南省委的介绍信同特支接上了组织关系，并介绍李卜成、尹子韶、刘木、何宝成、刘明初等人加入中国共产党。原来已是党员、团员的，则承认其组织关系。

向大复是湖南衡山人，也曾在衡阳读过书，马日事变后被湘南特委派来永兴，以开照相馆作掩护进行革命活动。在黄克诚找他联系之前，他联系到的人还不多。看到黄克诚带这么多人主动来找，他非常高兴。12月下旬，就在永兴县城北一座塔上，向大复主持召开了中共永兴特别支部扩大会议，有十多人与会。会议的主要议题是传达11月由瞿秋白主持召开的临时中央政治局扩大会议的决议。该决议提出反对军阀战争，反对帝国主义，组织工农武装暴动，一切权力归工农兵代表会议，建立工农革命军，实行土地革命等主张。这个决议在当时具有非常大的指明道路、鼓舞人心的作用。听传达之后，与会人员群情激奋，一致赞成组织农民暴动，大部分人要求立即开始进行。黄克诚发言表示，坚决拥护中央关于组织暴动、建立工农政权和工农武装的决定，但主张先做群众工作，积聚革命力量，为举行暴动准备条件，待机而动。未等黄克诚说完，邝振兴即指责说："你胆小怕死，是右倾机会主义。"黄克诚不顾指责，还是实事求是地反复说明："目前立即举行暴动的时机还不成熟，缺乏群众工作基础，我们人数太少，连'暴徒'都没有联系上几个，单凭我们少数几个人干，是不可能把暴动搞起来的。"[1]但由于当时与会者多数赞成邝振兴的意见，黄克诚第一次被当做右倾机会主义者而受到批评。后

---

①《黄克诚自述》，人民出版社2004年版，第38页。

来永兴县委也认为他右倾，以致暴动胜利之初不让他参加县委。

尽管多数人员主张立即举行暴动，但毕竟没有多少力量，立即暴动只能是一个口号而已。在研究具体部署时，向大复同意按黄克诚的意见进行，先做准备工作，党员分头下去联络骨干，发动群众，发展党员，壮大组织，积极准备武装暴动。会议决定永兴全县以便江（即耒河）为界，江东的工作由向大复负责，江西的工作由黄克诚负责。

准备工作进行了一个多月，有一天，几个到广东乐昌县坪石镇挑盐的农民告诉黄克诚："坪石来了红军，为首的姓朱，打垮了白军，实行土地革命，平时一担盐卖九到十块钱，现在红军按一块钱一担的价钱卖给农民，群众非常拥护。"黄克诚听到这个消息，心里非常高兴。他意识到举行暴动的时机到来了，立即找刘申、黄平、尹子韶等人商议，决定发动农民暴动响应红军。考虑到尹子韶曾担任过县农民自卫军的负责人，在广大农运积极分子和农民群众中有号召力，遂决定仍由尹子韶公开出面领导武装暴动。

1928年1月，朱德、陈毅率南昌起义保存下来的部队800余人，自粤北转战到湘南宜章县境。1月12日，在当地党组织配合和帮助下，智取宜章县城，举行了著名的宜章暴动，23日（农历除夕）朱德率队伍从坪石彭家进驻宜章县城，所部改编为中国工农革命军第一师，朱德任师长，陈毅任党代表，王尔琢任参谋长，并成立了宜章县苏维埃政府和宜章农军。这给湘南人民以强烈振奋，各县农民纷纷准备举行暴动。

应湘南特委和各县县委的要求，朱德、陈毅率第一师由宜章北进，2月5日攻占郴县，建立了苏维埃政权。曾任郴县农民协会委员长的李才佳担任了县苏维埃委员长，夏明震任县委书记。郴县暴动拉起了2000余人的武装，组成工农革命军第七师，由参加过辛亥革命的老同盟会员邓允庭担任师长。

然后，朱德、陈毅率部乘胜向耒阳挺进。路过永兴时，留下一个主力排，由张山川带领，协助刘木在油榨圩地区领导当地农民暴动，武装攻打永兴县城。

在朱德、陈毅部攻取宜章时，宜章挨户团总吴国斌带领残部22人，携18支枪潜逃至永兴县三区板梁村，投靠大土豪刘尧卿。此时，黄克诚、尹子韶等正在策划暴动事项，令他们发愁的是没有枪弹，恰在此时，吴国斌送上门来，黄克诚当机立断，作出"巧夺枪支，歼灭吴国斌，举行暴动"的决定。经周密策划，2月4日，利用刘尧卿为吴国斌举办接风宴的机会，里应外合，未费一枪一弹，解决战斗，共缴获17枝长枪，1枝短枪，4枚手榴弹，1000多发子弹。接着，打开刘尧卿的粮仓，把大批稻谷分给了农民。农民们欢呼雀跃，青年农民纷纷参加农军。当日中午，在板梁村召开群众大会，宣布举行武装暴动，正式成立永兴县工农革命军第一师，尹子韶任司令员，黄克诚任党代表兼参谋长，队伍很快发展到1000多人。这支队伍虽然只有10多枝枪，绝大多数拿着大刀、梭标、铁叉，有的甚至拿着锄头、木棍、杀猪刀，队伍也很不整齐，但黄克诚看到1000多名汉子，飒爽英姿，心里非常高兴，认为这是人民的力量，革命的希望，相信一定能培养成英

■ 黄克诚、尹子韶等决定举行武装暴动的板梁旧址。

勇善战的革命队伍。黄克诚、尹子韶对这支队伍进行简单的动员之后，带领他们浩浩荡荡地向油麻圩挺进，沿途群众拍手称好。在马田圩，他们组织队伍边整训，边开仓济贫。

2月9日，领导油榨圩地区农民暴动的刘木、李藩周、刘湘初等率领600多人，在朱德、陈毅留派永兴的张山川排配合下向永兴县城挺进。

永兴县城只有一些民团驻守，一击即溃，工农武装占领永兴县城。黄克诚听到这个消息，非常振奋，他要尹子韶先率部速入永兴城。2月11日，他也抵达永兴城。13日，中共永兴县委把黄克诚、尹子韶领导的工农革命军和刘木领导的农军合编为永兴县赤色警卫团，尹子韶任团长，陈伯诚任副团长，黄克诚任中共党代表兼参谋长，下设3个营和1个特务连，共1420人，长短枪231枝，梭标、人刀1189把。全县15个区、137个乡先后成立赤卫大队、赤卫队，共有常务队员10920人，预备队员62163人，武器多为梭标、大刀、鸟铳，还有少量抬铳和松树炮。同时，重建百余人的工人纠察队，除站岗放哨、维持社会治安外，还出兵支援过周围兄弟县的武装斗争。

2月19日，中共永兴县新县委正式成立。李一鼎任县委书记，刘申任组织部部长，李卜成任宣传部部长，黄平任青年团县委书记，黄克诚为县委委员。同时成立永兴县苏维埃政府。随即，县委又派邝振兴、何宝成、刘明初、龙先图等人分赴各区去发动群众，进行土地革命，建立区乡苏维埃政权，组建群众武装。不久，全县各区乡的苏维埃政权纷纷建立起来，并成立了农民赤卫队。许多农民臂缠红箍，打着红旗，开展了轰轰烈烈的打土豪、分田地的革命斗争，全县上下一片欢腾。

继永兴暴动之后，资兴也举行了暴动。领导资兴农民暴动的是原衡阳第三师范的学生曹亮华。由于资兴的群众工作基础比较薄弱，农民武装比较弱小，缺少枪支，暴动遭到了镇压。曹亮华满身血迹只身跑到永兴县城来搬救兵。经县委研究后确定，由尹子韶率警卫团主力赶往资兴，很快歼灭守城之敌，攻占了资兴县城，成立了资兴县苏维埃政权。此后，尹子韶又率部队支援安仁县农民暴动，打开了安仁县城，建立了安仁县及各区乡苏维埃政权。

二、反对大烧大杀

1928 年 2 月 16 日，朱德、陈毅领导的部队攻占了耒阳县城。耒阳是湘南各县中党的群众工作基础最好的一个县，那里的干部素质也很高。当时耒阳暴动组建的武装有 2000 余人，枪支也多，是一支很强的武装力量。攻占耒阳后，湘南特委自衡阳迁到耒阳。此时，湘南暴动风起云涌，但也面临着遭到国民党反动派镇压的危险。在此形势下，中共湘南特委由于受中央和湖南省委"左"倾盲动错误的影响，在对付敌人"会剿"前，提出了"杀杀杀，杀尽土豪劣绅！"和"坚壁清野，烧尽郴（县）、宜（章）大道两侧 5 里内民房，不给敌人半点东西"等错误口号，并决定从郴县开始，向两端大烧大杀，不管是衙门、机关、土豪劣绅的房子，还是县城的商店、民宅，统统烧掉，特别是要把衡阳至坪石公路两侧 15 里内所有村庄，一烧而光，使敌人无房住，无粮吃，以此阻止敌人的"会剿"。黄克诚听到这种命令，很不理解，表示反对。农民对这种乱烧的做法也极力反对。黄克诚的哥哥是个同情革命的老实农民，他悄悄对黄克诚说："老弟呀！你们为什么要烧房子呢？把这么多、这么好的房子烧掉多么可惜！即使是土豪劣绅的房子也不应该烧掉，可以分配给穷人住嘛！烧房子的做法很不得人心啊，老百姓不得安生。"黄克诚听了哥哥的话后，更加坚定了自己的态度。当永兴县委开会讨论贯彻湘南特委的指示时，黄克诚坚决反对，他说："烧房子不得人心呀！脱离群众，这样做太危险了！烧掉了人心，我们怎么立足呢？"他建议永兴县不执行这个错误的命令。李一鼎严厉地指责他"右倾"，并责成他负责烧永兴县城，他拒绝执行。李一鼎以组织名义命令他"必须执行，否则将受到严厉处分"。所谓严厉处分，不是坐牢，就是杀头。黄克诚无奈，采取了折中的办法，只烧了县衙、祠堂、庙宇，而且亲临现场监督，不准殃及民宅和商铺。这样把永兴县城的大部分房屋、商店保留了下来。

郴县、耒阳县委都按照湘南特委的指示，把县城烧得面目全非。郴县县委在动员群众烧掉城郊房子时，地主豪绅趁机策动农民"反水"，将县委书记夏明震等一批干部打死。此时陈毅正在永兴参加湘南工农兵代表大会，闻讯立即率领红一师赶来，才将骚乱平息下去。陈毅即留驻郴县主持县委的工作，规定今后不准烧群众的房屋。

就在这期间，永兴县马田圩高亭司一带的农民，受到邻县农民"反水"的影响，在地主豪绅的策动下，也打出白旗，反对苏维埃政府。县委当即派尹子韶率领警卫团主力和张山川排前往平息。尹子韶带队伍出发之后，黄克诚在县城总是放心不下，担心他们会对"反水"农民采取乱烧滥杀的报复行动。于是，他连夜去追赶尹子韶的队伍。待黄克诚于拂晓前赶到马田圩时，尹子韶正指挥部队放火焚烧马田刘家。马田刘家是打白旗的村子，全村有300多户人家，此时已笼罩在一片火海之中。黄克诚赶忙找到尹子韶问明情况，原来他们还准备去焚烧另外几个打白旗的大村子。黄克诚坚决予以制止，他说，这种蛮干的做法太脱离群众，只会造成农民的尖锐对立，并被反动派所利用。黄克诚先说服了尹子韶，然后召集干部开会，宣布今后不许烧农民的房子，并将此作为部队的一条纪律，严格遵守。

为防止类似事件再次发生，在黄克诚提议和参与下，永兴县苏维埃发布《告工农书》的布告，布告说："抄、烧、杀三字，只向土豪劣绅为之。对于你们真正的工友们、农友们，一切被压迫的民众们，万万不能乱抄、乱烧、乱杀一人。"[1]

队伍返回永兴县城，正赶上桂阳派人来报告说，桂阳北乡发生了农民"反水"骚乱，要求永兴县派部队前去平息。永兴县委决定由尹子韶带领警卫团主力和张山川排去桂阳，平息"反水"骚乱，协助桂阳暴动武装夺取桂阳县城。

尹子韶率部队走后，永兴城里只留下不足三分之一的部队和妇幼老小，枪支20余条，由黄克诚负责县城的安全。

3月，在蒋介石策动下，湘粤军阀调集6个师的正规军，从南北两个方向向湘南发起"协剿"。湘南地区的土豪劣绅纷纷跳出来反攻倒算，对参加暴动的积极分子和广大群众进行血腥报复；部分群众"反水"。朱、陈部和湘南暴动成立的农军面临着严峻的局面。

在这种形势下，湘南特委却强调"守土有责"，"共产党员应该不避艰险"，在湘南同敌人拼斗到底。在耒阳的朱德同在郴县的陈毅分析了当时敌我情况，鉴于南昌起义部队南下失败的教训，认为在敌兵力数倍于己的情况下，同敌硬拼是愚蠢的，是对革命不负责任。同湘南特委协商后，决定避敌锋芒，主动转移，向井冈山靠拢。

4月上旬，朱德率领第一师主力和部分农军由耒阳出发，经安仁、茶陵，进至酃县地区，等待与陈毅部会合。陈毅率第一师一部及湘南特委、郴县县委、县苏维埃、农军4000多人由郴县向资兴转移，刚到资兴还没站稳，就遭到从永兴来敌一个团的猛攻，陈毅指挥所部击退敌人进攻后，继续东进，在酃县的沔渡、十都地区与朱德会合。随后，朱、陈率领万余人的队伍向井冈山开进。

继陈佑魁任湘南特委书记的杨福涛等，不愿上井冈山，他带领特委机关几十

---

① 湖南永兴史志办公室编：《永兴英杰》，1996年，第29页。

名干部向衡阳进发。这些干部离开资兴后没走多远，就被民团包围，全部牺牲。

4月6日，敌军从南北方向逼近永兴城。黄克诚仅带领少数部队在永兴县城留守。县委书记李一鼎对敌人大举进攻的情况应该是了解的，但不知出于什么原因，他对黄克诚始终守口如瓶。直至敌军快打来了，黄克诚还蒙在鼓里。后来黄克诚回顾这段历史时说，估计当时李一鼎已对他不信任了，"觉得我太右倾，处处与县委、特委唱反调，所以，他知道情况也不告诉我"。

黄克诚得知敌军逼近永兴城的消息时，情况已非常紧迫。他急忙找到李一鼎，建议速将警卫团和分散在各区的干部及武装收拢来，到县城里集中，以抗击敌人的进攻，一旦情况严重，也便于组织撤退，免遭损失。李一鼎一听，就大骂黄克诚右倾，是怕死鬼，敌人还没有到就考虑撤退等。当敌军接近永兴县城时，黄克诚又建议县委乘夜暗撤离县城，李一鼎执意不撤。直至敌人将县城包围，李一鼎才慌了手脚，命令黄克诚指挥仅有的部队，掩护县委机关和部分家属向资兴方向撤退。黄克诚一边指挥农军英勇抗击，把敌人堵在城外，一边指挥县委机关和家属撤退。所幸敌军不甚明了城里的情况，攻势不算太猛，县委机关、干部和家属总算安全撤出去了。但分散在各区乡的党员、干部由于事先毫无准备，被敌人打散，大部分都牺牲了。刘木、李腾芳、邝振兴、黄楚魁、龙先图、唐乐尧、罗树梅、刘芳全、何宝成、刘明初等一批干部，都是在这次敌人进攻时遇害的。还有一大批参加暴动的农民群众，也惨遭敌人的报复屠杀。更令黄克诚痛心的是，尹子韶所带领的警卫团主力和张山川排共千余人尚在桂阳，由于事先没有得到县委的通知，毫无准备，全部被敌人消灭了。

在敌人这次"会剿"中，永兴县共牺牲2000多名干部，许多党、团员和革命群众被杀害，党团组织和其他革命组织均被摧毁。

对这一严重损失，黄克诚非常痛心。他在回忆这段历史时说："虽然不能原谅李一鼎那种刚愎自用、固执己见的不负责任作风，但作为县委主管军事工作的负责人，我还是深深地责备自己被胜利冲昏了头脑，过于麻痹大意，缺乏应有的警惕性，未能做到及时掌握敌情，以致在敌人迫近的情况下，来不及采取应变措施，而使我们的同志付出了重大牺牲。"[1]

黄克诚率领从永兴县城撤出的部队和干部、家属共800余人，先到资兴县三都集结，再撤至彭公庙，与陈毅部会合，然后到达郴县县城与朱德部会师。在郴县，永兴县农军编为永兴独立团，由黄克诚任团长，李一鼎任党代表，县委委员刘申、李卜成、黄平等人分别担任独立团组织、宣传和青年团的工作。邓孝榜、刘在南也随军行动，邓仍负责财政。由于人少枪更少，独立团之下只设两个营，刘承高、黄时楷分别任第一营、第二营营长。这时候黄克诚比较有决定权了。他下令严禁部队乱烧滥杀，部队纪律比以前好多了。

---

[1]《黄克诚自述》，人民出版社2004年版，第44—45页。

三、北上井冈，重返湘南

改编后，黄克诚带领独立团，在朱德、陈毅率领下，向井冈山进发，于4月下旬经沔渡到达井冈山下的大陇。这里已属江西省宁冈县的地界。4月28日，朱、陈率领的工农革命军第一师及改编的湘南五县农军8000余人与毛泽东率领的工农革命军第一军第一师在宁冈砻市会师。5月4日，在砻市河滩上举行了两军胜利会师庆祝大会，毛泽东、朱德在会上都作了重要讲话。黄克诚心情激荡，他从毛泽东、朱德的讲话中，看到了革命的前途和胜利的希望。

朱毛大会师后，部队整编为中国工农革命军第四军，下辖第十、第十一、第十二共3个师。朱德任军长，毛泽东任党代表。第十师师长由朱德兼，辖第二十八、第二十九两个团。第十一师师长由毛泽东兼，辖第三十一、第三十二、第三十三团。第十二师由陈毅任师长，该师主要由湘南农军5000余人组成，辖第三十四、第三十五、第三十六团。第三十五团由永兴独立团编成，团长黄克诚，党代表李一鼎。全师仅有枪百余支，人称"梭标师"。

部队整编完毕，师长陈毅到第三十五团视察工作。黄克诚考虑到自己身体弱、视力差，遂向陈毅提出希望上级派一个团长来，他仍以做政治工作较为适宜。陈毅思量片刻说："要得！有机会调整就是了。"

送走陈毅后，黄克诚奉命率第三十五团离开大陇经茅坪上井冈山。此时，江西军阀朱培德一部正向工农革命军第四军攻来，朱德命令陈毅指挥第十二师消灭这股敌人。担任主攻的第三十五团，在黄坳将朱培德部的一个营击溃，残敌逃向五斗江。当晚朱德在黄坳召开了团以上干部会议，表扬第三十五团作战勇敢，指

中国红军第四军组织系统表
一九二八年五月

军长	党代表	参谋长	士委会主任
朱德	毛泽东	王尔琢	陈毅

第十师师长	第十一师师长	第十二师师长
朱德	张子清	陈毅
党代表	党代表	党代表
宛希先	何挺颖	邓宗海

三十五团组织系统表
（永兴独立团）

团长	党代表
黄克诚	李一鼎
副团长	宣传委员
陈伯诚	李卜成
组织委员	青年委员
刘申	黄景藩

财务委员
邓孝榜

一营营长	二营营长	三营营长
刘承羔	黄时楷	曹福昌

1928年，黄克诚上井冈山后编入中国工农红军第四军第三十五团，任团长。

挥得当。次日，第四军直捣五斗江，将溃敌全歼。5月6日，黄克诚率第三十五团随第十二师进至永新县的拿山，做发动群众的工作。第十、第十一师则发起对永新县城的攻击，即日攻占永新县城。

在拿山，上级派戴诚本任第三十五团团长。戴是浙江人，黄埔军校第三期学生。几天之后，部队又进行整编，第三十四、第三十五、第三十六团合编为第三十团，由第十二师原参谋长刘之致任团长。原来的各团依次改编为第一、第二、第三营。黄克诚先是被派到第三营（资兴暴动武装）任党代表，没过几天，又调回第二营（永兴暴动武装）任党代表。不久，部队即由拿山撤回井冈山。

5月，中共湖南省委作出建立罗霄山脉中段根据地、深入进行土地革命、建设苏维埃政权的决定。5月22日，工农革命军第四军在龙奎召开湘南各县党政军负责人会议，传达湖南省委五月指示，并决定把耒阳、永兴、郴县、资兴等县起义的农军编成四路纵队，立即返回湘南开展斗争。

一天晚上，李一鼎突然把上述消息告诉黄克诚。黄克诚觉得，撤离湘南后对那里的情况不明了，部队匆忙分散回去活动把握不大，因而对上级作出的这个决定心里犯嘀咕。但由于曾一再被批判为右倾，所以这次他没有贸然提什么意见，然而心里总觉得不踏实。

很快上级就正式宣布了这个决定，任命黄克诚为第二路游击司令，李一鼎任党代表并担任永兴县委书记。原来的两个营长刘承高、曹福昌任副司令。黄克诚服从命令，并于第二天率部踏上回湘南之路。

永兴和耒阳的部队走的是同一条路线，经郴县中村和安仁船形，到达永兴县界。当部队在向永兴龙形前进的途中，李一鼎告诉黄克诚说，他要到衡阳去找特委，让黄克诚代理县委书记的工作，并负责将部队带回永兴打游击。说完他就带着妻子走了。从此，黄克诚再也没有见到他的踪影，也不知道他的下落。

黄克诚所带的部队和耒阳的部队走到离永兴县城30里的树头下村宿营。在这里，两县的部队将要分路。这时，黄克诚已得知永兴县城里驻有国民党正规军1个团。而黄克诚所带的这支游击队只有几百人，枪支极少，战斗力很弱，而且还带着一些妇女老幼，机动性差。李一鼎一走，黄克诚便成为唯一的主要领导，他必须对这几百人负责，下一步如何行动，需要迅速作出决定。于是，他召集县委和游击队的干部开会，研究部队的行动部署。黄克诚分析了当时的形势，认为敌我力量悬殊，不仅没有力量攻打县城，而且部队也不能打到便江西岸；即使侥幸过到便江西岸，敌人发觉后，也不可能站得住脚。因此，他提议先动员妇女老幼分散回家，留下精干力量在江东岸，活动于永兴、资兴、安仁县边界一带，机动作战。一旦形势不利，也便于向井冈山靠拢。黄克诚的这个意见是正确的，县委的几位干部都赞成，但部队中的干部却极力反对。尤其是以副司令刘承高为首的一些人，坚持要去攻打永兴县城，一定要回到便江西岸。他们向黄克诚发牢骚说："你既然把我们从家乡带出来，就得把我们带回去。"当时部队都是刚刚组织起来的农民，组织纪律观念很差，而家乡观念极重，思乡心切。加之暴动后即忙于开展工作，接着就是仓促撤退、改编、上山、下山、作战等，没有来得及进行必要的整顿和训练教育。经刘承高带头一煽动，大家异口同声要求过江回家，尤其是部队背枪的多系便江西岸人，都听从刘承高的话，谁也不想到三县交界处打游击。黄克诚再三陈说利害关系，终不能扭转大家的情绪。这时夜已经很深，有些人亦是很不耐烦了，说是太累，要休息。黄克诚看意见一下子很难统一，只好宣布散会，先宿营休息，第二天再议。

黄克诚疲劳已极，躺下不大工夫就睡着了。一觉醒来，天已放亮。他翻身起来一看，除了刘申、黄平、李卜成三人之外，其他人都不知去向。原来在拂晓前，刘承高就悄悄拉着队伍跑掉了，副司令曹福昌也带着一些人走了，邓孝榜、刘在南也随他们去了。黄克诚急忙叫醒剩下的几个人，他们醒来一看就明白出了问题。大家又惊又气，你看我，我看你，一筹莫展。没有别的办法，只能去追赶部队，设法把部队拉回来。

黄克诚等四人离开宿营地没追多远，就听见前边传来枪声。于是加快了脚步往前赶，又走了一阵，就见有两个背枪的战士上气不接下气地跑了回来。一问，才知道刘承高带着部队还没有接近县城，一听到枪响，就乱了阵脚，各人奔自己的家乡，跑散了。一支几百人的队伍，就这样垮掉了。这些人跑回家乡以后，陆续被民团抓住杀掉，刘承高亦未能幸免。

黄克诚在他的《自述》中说："我这个人一向被领导视为右倾，考虑问题总是要反复据量有利条件和不利因素。但眼前所发生的这种突然变故，却是我做梦都没有想到的。一支几百人的部队，说垮一下子就全部垮掉了，什么组织纪律性，全然不顾了。思想的涣散竟然会起到如此大的破坏作用，这对我的教训实在是太深刻了！"

四、家乡潜伏

黄克诚和刘申、黄平、李卜成以及刚跑回来的两名战士共6人，重新回到原来的宿营地。黄克诚组织他们召开军事民主会，每个人都谈了自己的意见，令黄克诚感到欣慰的是几个人的想法不约而同，一致认为必须马上去追赶耒阳的部队。耒阳部队骨干较强，枪也多，其领导人刘泰、邝鄘、邓宗海与黄克诚很熟悉，希望借助他们的力量在附近先立住脚，再图发展。因耒阳部队刚出发不久，所以很快就追上了。

黄克诚等6人随耒阳部队渡过耒阳河，到了耒阳南乡后，即与耒阳部队分了手，来到永、耒交界一带。黄克诚一行因力量单薄，只好昼伏夜行，白天在山林隐蔽，夜间下山到村子里找点吃的。两天之后，他们就潜回到下青村附近。先在黄平家附近的山上隐蔽起来，到了夜间，找到黄平的父亲黄开桂。黄克诚知道自己的父亲反对他参加革命，因此，不敢告诉父母他回来的消息，便通过黄开桂和黄克诚大哥黄时玑、大嫂刘德姬取得了联系，了解到这一阵子敌人搜查很紧，白色恐怖很厉害。为了便于存身，经过商量，决定分开活动。刘申、黄平带枪到桂阳、常宁两县交界的太平山区活动。太平山一带人烟稀少，是土匪出没地。他们打算在那一带串联群众，并相机做土匪的工作，搞点武装，以求建立一个活动基地。黄克诚与李卜成以及两名战士暂回下青村潜伏，进一步了解情况，并设法与上级党取得联系，开展工作。几个人商量决定之后，约定了互通情况的联络办法，就分头行动了。

黄克诚和李卜成等4人潜回下青村后，黄克诚的哥嫂对他们十分同情和关心，帮助他们在附近一座山上找了个地方潜伏，每天由嫂子偷偷送饭。哥哥还帮黄克诚找到了远房堂叔黄品清，帮助他们打探消息。黄品清是个有胆识、讲义气的人，同情共产党，好打抱不平。他与"三教九流"都有交往，关系颇多。因此，他能方便地打探到各种消息，对黄克诚帮助很大。

同黄克诚在一起活动的两名战士，其中一名叫廖子厚，是永兴城里人，要求设法送他回家。黄克诚和李卜成商量后，给了他20块钱，通过黄品清找了一个可靠的人，把廖子厚送到永兴县城。另一名战士是衡阳人，原来在永兴城里当铁匠，永兴暴动胜利时，他参加了警卫团。他见廖子厚回家了，也要求回衡阳老家。黄克诚和李卜成把身上仅余的二三十块银元都给了这名战士，让他回家。

永兴暴动后的千人武装，到1928年8月，就剩下黄克诚和李卜成两个人，他们在下青村附近的山上继续潜伏。白天他俩躲进树林深处，以防被人发现。到了夜深人静之时，便悄悄摸回村里，趴在黄克诚家房后的猪栏上边睡上一会儿觉。不等天亮，就由黄克诚的嫂子来喊醒，赶快回到山上躲藏。他俩的行动，必须非常小心缜密，不但不能让村里人知道，而且还得瞒着黄克诚的父母。

■ 黄克诚的大哥黄时玑及大嫂刘德姬

他俩请黄品清到处打探各地的情况，寻找保存下来的革命力量，以便进行联络，开展工作。从黄品清打探到的消息中知道，自撤离永兴城后，国民党反动派进行了疯狂的报复性屠杀，永兴全县被杀3000多人。原来旅衡学友互助社的成员，凡留在永兴的，几乎全部被杀害了。邓孝榜、刘在南回去后也牺牲了。尹子韶正被通缉，不知下落。曹福昌夫妇二人回到家乡后就分手了，曹妻跑到南京，背叛了革命。曹福昌在家乡存身不住，也跑到南京，被其妻出卖而牺牲。和永兴相邻的几个县的情况，与永兴差不多，仅耒阳一个县，被杀的有上万人。耒阳游击队在同黄克诚分手以后不久，也被打散了，刘泰、邝鄘等领导人遇害。此时的湘南，到处血雨腥风。

黄克诚和李卜成藏匿了两个来月，千方百计寻找上下级关系，却一无所获，听到的都是坏消息。他俩在村子附近隐蔽活动的时间久了，挨户团已听到了一些风声，不断搜山围捕。生活上全靠黄克诚哥嫂暗中接济，终非长久之计。于是他俩决定离开家乡，去找党组织。在离开下青村之前，他俩找到刘申、黄平，把去找党的想法同他们谈了，他们都赞成，并商定黄克诚和李卜成两人先走，等找到党组织后，再与他们联系。

黄克诚和李卜成回到下青村附近的山上，做着外出的准备。因为整天在山林里生活，不见阳光，两人脸色十分苍白。如果就这样出去，容易引人注意。于是，他们便每天到山下去晒一阵太阳。有一天，他俩正在山下晒太阳，黄克诚的弟弟送饭来了。黄克诚对李卜成说："这几天风声很紧，我们还是把饭拿到山上去吃稳当些。"李卜成还想多晒一会儿太阳，他不以为然地说："你怕什么？难道吃顿饭的工夫，敌人就会来吗？"黄克诚没有跟他多说，端起饭就往山上走。李卜成只好跟着上了山。就在他俩刚刚爬上高坡，尚未进入树林之中时，山下的村子突然被民团包围起来。他俩见势不妙，急忙钻进树林之中。吃过饭之后，一直不敢出来。到了深夜，估计敌人已经撤走了，便下山摸进村子里探听动静。这才知道，黄克诚的弟弟送饭回去的路上，被敌人抓住了。敌人问他黄克诚家在什么地方，并让他带路。来到黄克诚家附近，黄克诚的弟弟把家指给他们，敌人一窝蜂似地冲入黄克诚家搜查，黄克诚的弟弟趁机溜走了。敌人在黄克诚家里翻腾了一阵子，没有找见要抓的人，就逼迫全村男女老少到一个打谷场上集合。敌人在人群中逐个辨认，并派兵在全村逐户搜查，折腾了大半天没抓到黄克诚，就把他的父亲抓起来拷问。这位老人确实不知道儿子回来的消息，拷问了一通，最终一无所获。撤走时，敌人要把黄克诚的父亲带走。有人说：这老家伙一点油水也没有，带走也没有用，还得白管饭吃。其他乡亲也一再说好话求情，敌人这才把黄克诚的父亲放了。

敌人的这次围捕，使黄克诚和李卜成提高了警觉性，促使他们加快了出行准备。他俩让黄品清到李卜成家，设法筹措到几十块钱作路费。

临走前，黄克诚十分小心谨慎地回家去见了父母一面。父亲一见到读书的儿子不但没能光宗耀祖，反倒弄了个"暴徒"的名声，气得暴跳如雷，大骂一通。

骂着骂着，气噎胸喉，骂不成声。母亲在一旁讲风凉话："这都是你们让他出去读书的报应！"黄克诚一见这种场面，知道不能再说什么，就扭头走出家门。从此，他再也没有见过父母。

轰轰烈烈的湘南暴动，就这样失败了。暴动后拉到井冈山上的湘南八千子弟兵，除保留下来少量干部和第二十九团少数部队外，其余都损失掉了，没能形成一支武装力量。黄克诚始终认为，当暴动队伍拉上井冈山之后，上级作出让各县武装返回湘南打游击的决定，过于匆忙草率，欠缺周密的考虑。当时上级作出这样的决定，固然是因山上生活给养不济、环境困难所迫，但这个决定实非上策，如同驱羊群进狼窝，后果应该是能预料到的。先行下山的四县武装相继垮掉后，留在井冈山上的宜章暴动武装（第二十九团），又于同年 8 月和第二十八团一起，随朱德下山到了湘南。虽曾一度打下郴县县城，但时隔不久，乡土观念很重的第二十九团就在敌人集结兵力反攻下瓦解。这支拥有两千余人的暴动武装，只保存下来一小部分，由胡少海、胡士俭、李子超、萧克等带领着随第二十八团返回井冈山。这一血的教训，黄克诚一辈子都刻骨铭心。

第四章　千里找党

一、辗转武汉、南京和上海

1928 年 10 月初，黄克诚和李卜成选定一个黑夜离开家乡，打算取道武汉、南京，到上海去找党。黄品清找了两个可靠的农民一起护送他们到常宁县白沙镇。在白沙河的下游，找到开往衡阳的民船后，两农民即转回家，由黄品清一人扮作小商贩，送他俩去衡阳。船驶到衡阳，黄克诚和李卜成都没有下船，只有黄品清一人上岸买了两张去长沙的船票。把他俩送上开往长沙的轮船后，黄品清才告别回家。从回永兴潜伏到送他们脱离虎口的这段日子，黄品清对他们的帮助真可谓侠肝义胆。黄克诚说：他那种助人为乐、支持革命、认真负责的精神，令我感念终生。

黄克诚和李卜成乘船到了长沙，没有停留，直奔火车站，爬上一列开往武昌的煤车，向武昌而去。来到武昌，刚过双十节没有几天，街上庆祝双十节的标语、牌匾举目皆是。他俩用化名黄彬、李天赞住进汉阳门附近的斗级营旅馆。他俩已半年多没有洗澡、理发了，头发长得盖住了耳朵。住下后，就上街理了发，痛痛快快洗了个澡，买了点衣服、鞋袜等生活用品，黄克诚还配了一副高度数的近视眼镜。他们整理好外表仪容，感到与常人没什么两样了，就去逛大街，撞大运，希望能碰上个把熟人，设法寻找党的关系。但转悠了三四天，一个熟悉的人也没碰到。他们不敢到处乱闯，手头的钱也不多，认为不便在此地久留，遂决定赶往南京。

他们买好去南京的船票，在去码头的路上，遇见了一个过去和黄克诚在唐生智部共过事的小军官，那人能叫出黄克诚的名字，可黄克诚一激动，怎么也想不起他的名字了。他告诉黄克诚说，唐部失败后，他转到桂系军队工作，现驻武汉，并邀黄克诚到他那里玩。黄克诚怕引出麻烦，没有去找他，当即同李卜成乘船到南京，在下关一个比较偏僻的巷子，找到一家旧式旅馆住下。巧得很，他们在这里与曾希圣不期而遇。曾希圣是黄克诚在衡阳读书时的同学，后来又同进广州政治讲习班。他比黄克诚早来南京几天，也住在这家旅馆。相见之下，都非常高兴，互相畅谈了别后的情形。从交谈中，黄克诚知道曾希圣到南京来也是为了寻找党的关系，但至今都没有找到。

黄克诚离开永兴时，因家里穷，又受到挨户团的搜抢，临走时没有弄到一点钱，从李卜成家里筹借的钱也花得差不多了。为了今后的生活，他们一边打听党组织的消息，一边了解是否有同乡好友在南京，以便求得经济上的帮助。过了几天，他们打听到有个名叫曹日晖的永兴同乡，是黄埔军校第一期的学生，已提升为国民党军队中团一级的军官，在南京有公馆。黄克诚和李卜成在衡阳读书时曾与曹同学，彼此关系不错。李卜成主张去找曹日晖，一方面想向曹了解些情况，另一方面想向曹借点钱。黄克诚表示赞同。

一天晚上，黄克诚同李卜成到了曹日晖的公馆，李进到宅内，黄克诚留在外边观察动静，以便发生不测好有个照应。李卜成进去没有几分钟，就出来了，匆忙拉着黄克诚离开曹宅，转回下关旅馆。进到房间以后，李卜成告诉黄克诚去见曹日晖的情形：曹日晖一见到李卜成，十分惊愕，张口便说："你真好大胆！竟敢到南京来！这里同乡人很多，正在到处通缉你们。前不久曹福昌逃到南京，当即被人告发枪毙了。幸好今天我这里没有别的同乡在，算你幸运，否则，真是太危险了！你赶快离开，不要在南京了。"李卜成见曹日晖这种神情，也不便向他打问什么情况，就干脆要求他接济点路费，好离开南京。曹日晖不肯拔毛，就介绍李卜成去找另一个同乡刘乙光。说刘乙光现在国民党中央军校工作，人靠得住，可以帮助你们。

黄克诚和李卜成按照曹日晖介绍的地址，找到了刘乙光。

刘乙光是黄埔军校第四期的学生，曾就读于衡阳省立第三师范，他们早就相识，彼此关系不错，是黄克诚鼓动他去投考黄埔军校的。从黄埔军校毕业后，他到北伐军中做政治工作。大革命失败时，他逃离原来的部队，来到武汉，黄克诚曾在汉口的马路上碰到过他。那时他说他是从江西逃来武汉，并说江西方面的形势很紧张，难以存身。黄克诚告诉他武汉的形势也不妙，革命左派人士已纷纷离武汉去江西，黄克诚劝他还是回江西去。刘说身上已无盘缠。黄克诚便把身上所有的钱都给了他，此后便再无联系。不知他怎么到的中央军校。这次找到刘乙光，一见面，刘也感到愕然。黄克诚开门见山地说明来意：一是了解各方面的情况，二是请他帮助解决去上海的路费。刘对黄克诚和李卜成谈了他所了解的情况后说，你们不能在南京久留，如果碰到同乡，可能会出危险。但刘也不愿意出这笔路费，他说过几天他要到上海公干，可以把他俩一起带到上海。黄克诚和李卜成考虑随刘乙光去上海比较安全些，就答应了。

两天后的夜里，黄克诚和李卜成同刘乙光乘火车去上海。一路上既不用买车票，也没有受到盘查，很顺利地到达上海。刘乙光把他俩送出车站，就告别而去。临别时刘说，在上海找下固定住所后，就给他写信，他每月会寄几块钱的生活费。

上海是当时中共中央所在地，黄克诚和李卜成相信在这里一定能够接上组织关系。但由于白色恐怖气氛很浓，党的活动是在极为秘密的状况下进行的，究竟何时才能找到党组织，他们心里没有把握。考虑到身上的钱很少，他们不敢住旅馆，就白天逛大街，晚上在小店里租张床位过夜，以节省开支。一连过了几天，也没有遇见一个熟人，这样没有固定住所，到处游荡也不是个办法，于是他们设法找了一间出租房，价钱很便宜，房东是个家庭妇女，她丈夫不在家。但没住几天，房东的丈夫回家来，看到他们无行李，也不像考大学的学生，就起了疑心，不准他们在那里住了，他们只好另找地方栖身。很快地他们在闸北一个茶馆的后楼上租下一间小房子，老板是个警察兼流氓，他不怕房客不交房租，就同意他们住下了。因为没有行李，他们就到街上买了一块苇席，铺在地板上睡觉；又买了几件简单的炊具，自己烧饭吃。

这时已是1928年10月下旬。黄克诚和李卜成都是第一次来上海，人生地疏，每天除了上街东碰西撞想遇见熟人外，就是钻书店看书。起初他们进书店，店员以为是来买书的顾客，热情地招呼。后来，见他们光翻书不买书，就怀疑是偷书的扒手，店员的两只眼睛紧紧盯着他们。以后他们来的次数多了，书店的人明白了这两个穷小子是来揩油白看书的，便不大管了，由他们自己随便翻阅。

黄克诚和李卜成在上海住了两个月，还是没有找到党组织，生活也越来越拮据，心里更加焦急。开始，刘乙光还给他们寄来几块钱的生活费，后来他也失业了，于是又另外给黄克诚、李卜成介绍了一个在上海的永兴同乡厉良圭。厉是黄埔军校毕业的，在复旦大学任军训教官。黄克诚和李卜成到复旦求助，厉良圭给了3块银元后，就再不理了。别的关系又找不到，房东天天催逼房租，真是到了山穷水尽的地步。这期间，他们尝尽了厚脸皮求人告助的难堪滋味，但依然一筹莫展。

他们决定先去找个职业谋生，再慢慢寻找组织关系，但几乎跑遍了所有的佣工行，所得到的答复都是：女工尚可考虑，男工一概不招。

人到了走投无路的时候，真是连稻草也要抓。他俩偶然听说衡阳人聂云台是上海一家纱厂的资本家，就以湖南大同乡的名义给聂云台写信，说是来上海考大学的学生，费用花尽，生活无着，请他收留在他的纱厂里做工。可是信发出去之后，如石沉大海，杳无音讯。

有一天，黄克诚在报纸上看到永兴著名的留学生黄璧的名字。

黄璧毕业于日本东京帝国大学，回国后在上海兵工厂炮弹部任主任。黄克诚以黄楚坽的化名给他写了一封信，冒称是程潜所部下级军官，在江西被缴械后漂流上海，因找不到职业，想到南洋谋生，请他给予帮助。几天之后，黄克诚接到黄璧的回信，约他到厂里面谈。黄克诚喜出望外，立即赶到上海兵工厂，找到黄璧的办公室，同他见了面。刚坐下没谈上几句，就有人进来找黄璧。黄璧出去了一会儿，回来对黄克诚说自己有要事，不能继续同他谈话，委托一个亲戚、同事来谈。说完他就走了。

不大工夫，黄璧委托的谈话人来了。这个人一进屋，黄克诚就认出了他。此人叫邓丰立，是湖南桂阳县北鸦山村有名的大恶霸。黄克诚有个姑夫是北鸦山村人，他在姑夫去世时曾去过北鸦山吊丧，见过邓。黄克诚在史先生处读私塾时，邓因与史先生有亲戚关系曾来过私塾。湘南暴动失败后，这个邓丰立在北鸦山杀了很多参加暴动的农民和共产党员。幸而黄克诚这几年变化较大，邓丰立已认不出了。他与黄克诚寒暄过后，首先问黄克诚过去的情况，如何当的兵。黄克诚竭力保持镇静，装作素不相识的样子与他胡扯一气。他突然问黄克诚："下青村黄清正的侄子黄时瑄你认识吗？"黄克诚一听到他提起自己谈读私塾时用过的名字，不由一愣，但马上平静下来，沉住气淡淡地回答道："过去在家时认识的。"邓又问道："黄时瑄现在什么地方你知道吗？"黄克诚说："我离家出来当兵很久了，从没与他联系过，不知他后来怎么样了。"邓恶狠狠地说道："黄时瑄是个杀人放火的共产党，他领头搞暴动，当局正在通缉他。我要是找见他，决不能轻饶了他！"黄克诚又感叹道："他那样的人也会搞暴动，可真看不出来。"接着黄克诚把话题一转，问了问邓一家人的情况。最后黄克诚问邓，黄璧先生什么时候能回来。邓说今天不一定能回来了。黄克诚就势说道："黄璧先生今天不回来，那么我改日再来拜访，今天就告辞了。"说完站起身就往外走，邓丰立一直送到工厂大门口才回去。黄克诚手心里一直捏着一把汗，离了工厂，才如释重负，长长地舒了一口气。此后他再也不敢去找黄璧了。

黄克诚有个朋友叫曹勤余，是大革命时期的共产党员，曾和他同在北伐军一个团里当营指导员。听说他家住在上海法租界，黄克诚设法找到他家。曹勤余不在家，黄克诚见到曹的哥哥，要了曹勤余的通信处，并说好用曹家作为他在上海的通信地址。黄克诚与曹勤余通过信后，才了解到他于大革命失败后脱党，又参加了第三党，现在福建漳州的一个部队里工作。曹知道黄克诚目前处境困难，就劝黄克诚到漳州他所在的部队做事，条件是必须改变信仰。黄克诚回信告诉他，信仰决不会改变，从这以后就不再回信。到了1929年春节前，黄克诚去了曹家一趟，想看看有无信件，恰巧曹探亲回家，两人相见了。黄克诚先劝他继续干革命，回到共产党的队伍中来。他沉默了一阵子，才向黄克诚表示不愿再干共产党了，但保证不会出卖党，他的家可继续做黄克诚的通信地址。但黄克诚已不再想与他联系了，从此就断绝了来往。

此时的黄克诚经济来源断绝，天气又冷，然而天无绝人之路。一个偶然的机会他在一张报纸上看到了凌兆尧的名字。当时凌在国民革命军第五十三师第一五八旅当旅长，驻防唐山，所部归桂系白崇禧指挥。黄克诚见到这个消息，一下子兴奋起来，北伐时两人工作配合得不错，利用这个关系可能得到一些资助。于是他立即给凌兆尧写了一封信，介绍了自己在上海的困境。凌兆尧很快就回了信，并寄来20块银元。这对困境中的黄克诚来说，不仅是雪中送炭，而且是绝处逢生，使他得以度过最困难的关头。

天下事贵在坚持，最困难的时候也往往是出现转机的时候。也在找党的曾希圣由南京来到上海后，通过他的哥哥曾钟圣[1]，同党组织接上了关系。1929年1月

---

[1] 曾钟圣，即曾中生，时任中共中央军委参谋科科长。

间，曾希圣找到黄克诚和李卜成，告诉他们已接上组织关系了。三个人高兴得几乎要蹦起来。真是踏破铁鞋无觅处，得来全不费工夫。曾希圣还告诉他俩说，袁策夷（即袁仲贤）和徐德二人也在上海。黄克诚一听更加兴奋！袁策夷是黄埔军校第一期的学生，北伐时曾任前敌政治部宣传队总队长，他当时就认识黄克诚，彼此都知道是共产党员。徐德与黄克诚更熟，都是广州政治讲习班的学员，后来同在唐生智部做政治工作，曾多次一起参加党的会议。

■ 曾希圣

黄克诚和李卜成当即给党中央写了一个报告，由曾希圣通过曾钟圣转交党中央，请求接通组织关系，并请袁策夷、徐德两人作证明。党中央很快承认了他们的身份，并派人来看望，还给他们每人 30 块银元。黄克诚终于找到了党，身心都有了归宿。时值隆冬，黄克诚和李卜成身上还只穿两件单衣。他们上街买了棉衣，付清了房租，过了一个非常愉快的春节。

节后，他俩在法租界租了一个亭子间，集中精力阅读中央派人送来的中共六大会议文件。在中央军委工作的徐德也住在法租界，几个人常常在一起交谈各自了解的情况。黄克诚从党的六大文件中，第一次见到"大革命失败"的提法。组织上还不断送来大批学习资料，其中包括共产国际的有关文件、各种革命刊物等。有许多是黄克诚过去没有接触到的，如列宁的《两个策略》《国家与革命》《无产阶级革命与叛徒考茨基》《左派幼稚病》以及斯大林的《列宁主义概论》等等。黄克诚如饥似渴地阅读，从中懂得了许多新的道理。这是他初次听到中国革命正处于低潮，懂得了什么是右倾机会主义，什么是"左"倾盲动主义，也了解到共产国际内部关于中国革命问题的争论，中共党内对过去问题的检讨和解决等。这使他对中国革命问题的认识提高了一大步。

不久，中央军委派人同黄克诚谈话，告诉他，他的组织关系属军委系统，李卜成属地方系统，并说中央已发出党员职业化的号召，要求党员自找一份职业，解决生活来源问题。因为党的经济来源很困难，只能保障少数职业革命家最低限度的开支，不可能把所有党员的生活都包起来。更重要的是可以借职业作掩护，联系各方面的群众，开展革命活动。

根据党中央的这个指示，黄克诚又写信给凌兆尧，说在上海几个月没有找到职业，请他考虑能否在他那里谋个差事做。凌兆尧回信让黄克诚来唐山，工作问题来后再想办法。黄克诚将这个情况报告了中央军委，中央军委同意黄克诚到凌部工作。

几天后，中央军委派一位负责人与黄克诚谈话，指示找到凌部后如何了解敌情，开展革命工作，如何在敌营发展党的力量，为武装斗争的胜利准备力量，并告诉他同中央军委保持联系。谈话后，中央军委派人给他送来路费，并告诉他与中央军委联络的地址。

李卜成因属于地方组织系统，暂留在上海工作。黄克诚和李卜成自湖南永兴家乡出来找党，奔波数千里，历时近半年，朝夕相处，患难与共，这时他们恋恋不舍地分别了。

二、在凌兆尧旅开展革命活动

1929 年五一前后，黄克诚与曾希圣、徐德等告别后从上海乘海轮抵塘沽。由于他不懂得旧社会那套走码头、闯江湖的规矩，一路上受了不少的窝囊气。本来在上海买的是卧铺船票，不料上船后还得另花钱打关节才能给铺位。他不肯花这个冤枉钱，只好认倒霉，在又闷又热、空气混浊、杂乱无章的船底舱坐了三天三夜。在塘沽上岸后，因没给港口检查站送钱，惹恼了检查站的兵丁，除把他全身上下搜个遍外，还用锋利的铁钎子把他仅有的一点东西戳个稀烂。

当天，黄克诚到了唐山，直奔凌兆尧旅旅部。凌旅驻扎在唐山附近的乡村。凌兆尧派一位副官把黄克诚领到军需处和军医处合住的一所大院内住下，并让军需官给黄克诚做了两套衣服，发了些零用钱。

北伐战争时期，黄、凌两人共同带兵打仗，很合得来，如今相会，仍有说不完的话。凌兆尧有空就找黄克诚聊天，从国民党聊到共产党，从唐生智聊到蒋、桂、冯、阎各派。黄克诚察觉，凌兆尧是在摸他的底，想了解他目前的政治态度究竟如何。

黄克诚很快给上海中央军委写了信，报告他到达凌兆尧旅的情况。

在凌部，黄克诚知道了吴永钦的下落。吴永钦是北伐时凌兆尧团

凌兆尧

的书记官，黄克诚在该团当指导员时，介绍他加入了中国共产党。吴离开凌兆尧后，到天津中山中学当教员。黄克诚给吴永钦写了封信，取得了联系。

在凌兆尧的部队里，有许多黄克诚过去认识的中下级军官，特别是当年在教导队教过的学生，现在都是连排长。他们听说教官黄克诚回来了，纷纷前来看望。黄克诚还到当年工作过的第四团，会见了现任团长张嗣基和该团的营连长。

黄克诚在凌旅边熟悉情况，边开展革命工作。平时接触最多的是军需处长和军医处长这两个处过去的熟人。军需官凌旭是黄克诚在衡阳省立第三师范读书时的同学，大革命时他曾在湖南郿县搞过农民运动。马日事变后他逃到堂兄凌兆尧处，当了军需官。大革命失败后，他受的刺激很深，情绪低落。黄克诚来后常跟他在一起交谈，想争取他继续为革命工作，但他始终未表明态度。

黄克诚除了接触凌部的中下级军官外，还抽空去过几次开平、唐山一带的煤矿，接触一些煤矿工人，了解矿区的情况，为今后开展党的工作做些调查和准备。

1929年3月，蒋介石集团和桂系为争夺两湖地盘发生了战争。桂系败北后，蒋、桂、阎、冯又在酝酿一场大战。此间，凌部奉命由唐山向山东兖州和河南商丘地区开进，参加讨伐冯玉祥的作战。出发前，凌让黄克诚起草了一个进军的白话文布告，并印发全旅。凌对该文颇为赞赏，暗示到河南后委任黄任政治部主任。

在商丘驻防期间，凌兆尧仍和往常一样找黄克诚聊天，但对安排黄克诚的工作问题却只字不提，好像根本就没有这回事。黄克诚暗暗责怪凌兆尧食言。过了一段时间，黄克诚看凌兆尧仍无安排工作之意，就当面向他提出这个问题，凌兆尧则以"不要急，慢慢想办法"相推诿，而且总是询问黄克诚到底是不是共产党员。黄克诚猛醒，意识到自己做了一件蠢事，即在做争取凌旭的工作时，觉得对方是自己的老同学，靠得住，便将参加湘南暴动、上井冈山和学习党的六大文件精神等情况都告诉了他。没想到，凌旭将黄克诚同他谈话的内容和盘告诉了凌兆尧，这让凌兆尧有了戒心。凌兆尧当然害怕收留一个共产党员在身边惹火烧身，此外，也知道黄克诚与部下军官士兵的关系很好，担心黄克诚挖他的墙脚，破坏他的部队。黄克诚摸清了凌的心思，觉得继续留下来毫无必要了。经过几天考虑，黄克诚决心离开凌部。

恰在此时，吴永钦从天津来信，询问黄克诚在凌部的情况，并说如能在凌部争取一份工作当然最好；如不行，就来天津，设法当个教员作掩护。黄克诚复信吴永钦，说凌兆尧不想给自己分配工作，他决定离开凌部。

当黄克诚向凌兆尧提出离开时，凌表面上予以挽留，说："留在我这里吃饭、零花不成问题，工作慢慢地总会有的嘛！我这根枪杆子还真挺喜欢你这支笔杆子！"黄克诚暗想：我又不是来混饭吃的，怎么能在这里当食客？没有实际工作岗位，就没有开展工作的条件，光有饭吃没有多大意义。他向凌表示决心要走。凌兆尧见状也就不再挽留了，遂给黄克诚开了一张护照，送了一些路费，放行了。过去曾在教导队学习过的一批学员，听说黄克诚教官要离开，纷纷前来送行，大家还为他凑了一笔钱，以备今后生活之用。

黄克诚在凌部前后不到 3 个月。他离开凌部后，立刻向中央军委作了汇报。

三、武汉脱险

1929 年 8 月，黄克诚离开商丘乘火车到了天津，直奔中山中学找到吴永钦。见面一谈，才知道中山中学因为闹学潮已停课，校长逃走了，学生散了，吴永钦也失业了。因为学潮是吴永钦鼓动起来的，所以在这里他已不能安身，正设法另谋出路。

他俩分析了当时新军阀混战的态势，认为驻扎河南的唐生智部有向两湖发展的可能，考虑到在唐军中关系较多，将来开展工作比较便利，于是商定先去武汉，在那里等待唐军到后，再相机打入唐军，继续完成党交给的任务。

恰在此时，黄克诚接到李卜成的来信，说他已回到武汉，接上了组织关系，要黄克诚和吴永钦都来武汉。这样，黄、吴二人便立即动身南下武汉。

黄克诚和吴永钦在武汉见到了李卜成，此时他在汉口的一所学校里受训。吴永钦因为在唐生智部队的历史关系较久，所以很快返回河南到了唐生智部。黄克诚暂时没找到关系。李卜成告诉黄克诚，刘乙光在武汉已经当上了陆军某团少校训练官。黄克诚当即写信与刘乙光联系，请他帮助设法谋个职业。刘乙光此时已随部队驻在孝感，他接到黄克诚的信后，即派人接黄克诚到了驻地。

刘乙光向黄克诚介绍说："我所在的部队，是蒋介石的嫡系陆军第二师第二旅，师长顾祝同，旅长郑洞国。"黄克诚一听，感到在蒋介石的嫡系部队里开展工作有困难；且一旦唐生智部南下武汉，自己想从蒋的嫡系部队退出转到唐生智部就不容易了。想到这里，黄克诚没有急于要求刘乙光介绍工作，表示暂住一时再说。

一天，刘乙光对黄克诚说："你这么闲着也不是个办法，还是找个工作先干着，有了薪水，慢慢积蓄点钱，将来做什么都方便。"黄克诚看唐生智部迟迟没有南下的消息，也感到长期闲着不是个办法，便同意了刘乙光的意见。

刘乙光给黄克诚编造了一份师范学校毕业、当了几年小学教员的履历，以黄仕诚的化名，介绍他到陆军第二师政治训练处训育科当少尉科员，具体工作就是管理图书。黄克诚在大革命时期就是北伐军上尉军官了，如今两年过去了，却戴上了少尉的牌牌，对此他并不在意，因为他心里牢记的是：我是中国共产党党员，是来革命的，不是来当官的。现在穿的军服，戴的军衔只不过是革命的"道具"。

黄克诚上班后，每天除忙于办理借阅图书，整理登记书籍，剪贴书报杂志外，就抓紧一切机会接触政训处的工作人员，摸他们的政治思想倾向，相机开展工作。

这个处的人员相当复杂，既有死心塌地效忠于蒋介石的反革命骨干分子，如政训处主任康泽之流，也有像刘乙光那样暗中同情和支持共产党的左派军人，还有坐牢刚出来的大革命时期的革命者，以及共产党的脱党分子。例如，上尉科员申孔国，是黄埔军校第五期学生，对现实很不满，经常发牢骚，具有一定的革命倾向。还有一个是江苏徐州地区人，家里很穷，为了糊口才出来当兵，他不满现状，有反抗精神。黄克诚把这两个人作为主要工作对象，经常同他们谈心，启发他们的革命觉悟。但他汲取了以往的教训，没有暴露自己的真实身份。

不久，黄克诚随部队回到了武汉。他立即到李卜成受训的学校去找他，李卜成不在。此时有一个学员用手势警告他：你赶快走，这里十分危险！黄克诚立时意识到李卜成可能出了问题，便准备离开武汉。后经刘乙光了解到，李卜成被关押在武汉警备司令部内，原因是中共武汉特别支部遭到破坏，特支书记刘家驹被捕后叛变，带领便衣特务将李卜成抓捕。李卜成说，黄克诚与特支没有发生过关系，他也没向特支介绍过黄的情况，刘家驹根本不知道黄的情况，估计黄暂时不会有危险。据此，刘乙光劝黄克诚暂时不要离开武汉。刘还说他问过警备司令部的熟人，说李卜成不会有生命危险。黄克诚请刘乙光设法保释李卜成。刘乙光说暂时不可能，须等等再看。

黄克诚经过考虑，决定暂时不离开武汉，遂先写信给中央军委，报告武汉发生的情况，并请示自己的去向。在等待中央答复之前，他决定再筹集点钱，以安顿李卜成在狱中的生活，同时还要为其出狱后的生活做些必要的准备。

在"虎狼窝"里工作，随时都可能发生危险。一天，黄克诚同刘乙光上街闲逛，在闹市区突然与刘雄迎面相遇。刘雄是湖南永兴县一个大地主的儿子，黄埔军校第四期学生，曾和黄克诚在衡阳省立第三师范同过学。湘南暴动时，刘家被农民抄没，刘雄有个兄弟也被杀掉。湘南暴动失败后，刘雄带领还乡团和国民党警察，到处捕杀共产党员，对参加过暴动的农民进行血腥报复，干尽了坏事。黄克诚的情况刘雄完全清楚，也是他日夜搜捕的目标之一。

黄克诚已来不及躲避，他急中生智，先发制人，乘刘雄还没反应过来，上前一把拉住他的手，装作很亲热的样子说道："啊！老朋友，多年不见了，一向可好？"黄克诚一边说着话，一边紧紧地攥住他的手。刘雄被黄克诚这突如其来的举动，弄得瞠目结舌，一时说不出话来。他想抽开手，被黄克诚更加用力地攥住。黄克诚说完便一松手，快步消失在人群之中。这时，刘乙光又上前拉住刘雄，纠缠着，问长问短，他估计黄克诚已远遁，才放手而去。

黄克诚脱险以后，再也不轻易上街了，有空就看别人下围棋。在这里，他学到了一些关于围棋的知识。

1929 年底，黄克诚随部队由武汉乘轮船到了南京。

这期间，黄克诚反复思考着大革命失败的沉痛教训，党组织到处遭受敌人的严重破坏，共产党员和革命者的鲜血流成了河。这让他深深地感到，革命必须抓军权，掌握枪杆子，否则，共产党仍为敌人的俎上肉，任人宰割。他决心离开国民党军队，离开城市，到游击区去，重回红军搞武装斗争。

他到南京一下船，就找了个借口请了假，连夜乘火车赶到上海，立即找到联系人徐德，详细地作了汇报，并请他立即转报中央军委，希望迅速得到答复。

当天晚上，徐德告诉黄克诚，中央军委同意他去游击区的请求，要他速做准备。徐德还说："根据军委的决定，我将到赣东北方志敏处工作，你是否可以同我一道前往？"黄克诚说："我得先回南京办理请假或辞职手续，不告而辞会使介绍人刘乙光受到牵累的；同时我还必须回一趟武汉，去看看正在狱中的李卜成，待把他的事情安排一下之后，才能再回上海听候军委分配工作。"徐德说："你下次来上海时，我可能已经离开了。如果我不在了，要去家里看看我的夫人。"并要黄克诚离上海时，设法给他夫人留下点钱，以接济今后的生活。黄克诚答应了徐的要求。

1930 年元旦前夕，黄克诚从上海回到南京，他正准备请长假时，得知政训处已奉命宣布解散，工作人员领一个月的薪饷作为遣散费，自寻出路。这样一来，他也不用请假了，就着手打点行装准备去武汉。政训处主任康泽和每个遣散人员谈话，询问他们的去向。当问到黄克诚时，黄克诚回答说："我过去当过小学教员，这次打算回家乡去，仍设法觅个小学教员的差事干。"康泽点点头，不咸不淡地说了句："那很好嘛。"

黄克诚与刘乙光这位同乡可算是有点患难交情了。通过这一段的相处，黄克诚感到他是一个热情助人又同情革命的人。因此，在临分别时，他对自己的去向据实告之。刘乙光听后对黄克诚说：我也有去当红军的想法，等将家属安顿好后，再考虑去苏区参加红军。但他没有这样做，从此黄克诚同他失去了联系。1936 年 12 月 12 日西安事变后，刘乙光受军统局长戴笠派遣，担任软禁中的张学良的警卫队长兼秘书，少将军衔，实际上长期担负看管张学良的任务。1949 年 5 月以后，刘乙光在台北"国防部"任职，1986 年在台湾病故，终年 87 岁。

1930 年 1 月 10 日，黄克诚由南京来到武汉，在永兴同乡刘参[①]的家里落下脚。在刘参家里，黄克诚见到了李卜成的弟弟李翔，谈了些李卜成被捕的情况，然后到监狱探视李卜成。黄克诚告诉李卜成：我已决定去苏区，这次来武汉就是为了看你，并为你准备了行李、衣物和一部分钱，放在刘参家里，你出狱后就到刘参家里去取。黄克诚一再嘱咐李家兄弟：出狱后，你们立即离开武汉，最好去苏区参加红军，或到上海找党中央，要求分配到其他地区工作，如果能争取到北平去读书也好。千万不要留在武汉，也不要回湖南，你们在湖南和武汉都很难站住脚。不幸的是，李卜成出狱后并没有离开武汉，继续在武汉搞革命活动，结果被刘雄发现，于 1930 年夏秋之际惨遭杀害。

正当黄克诚准备离开武汉再去上海之际，与吴永钦在汉口街头不期相遇。

吴永钦说，他离开武汉到河南唐生智部工作不久，就赶上唐生智起兵反蒋。战争打起来以后，原来与唐联合反蒋的一些地方杂牌部队，分别被蒋介石分化，纷纷附蒋讨唐，唐部四面受敌，很快遭到惨败，所部官兵全被蒋军缴械、收编或遣散。

黄克诚陪同吴永钦到武昌领了遣散费，顺便到凌兆尧旅第四团下级军官的驻

---

① 刘参，黄埔军校第四期学员，同情革命，与黄克诚私交很好。1930 年，他在武汉任职时，蒋介石给汉口特务机关下了一道手令，要在一个晚上将武汉的共产党地下人员一网打尽。刘参将这个情报告诉了黄克诚，黄克诚立即转报党组织，从而避免许多共产党员被杀害。解放前夕，刘参任湘赣边区"反共救国军"第一纵队第七支队队长兼永兴县长，湖南解放之初，率部投诚。镇反运动时，黄克诚将他保护起来。

地，找了一些熟人，动员他们去苏区当红军。黄克诚考虑，他们大部分有实战经验，如果能参加红军一定会成长为战斗骨干。经过动员，有三个连长愿意跟黄克诚去参加红军。这三个连长都是北伐时黄克诚在教导队的学员，其中一个是迫击炮连连长；另两个是步兵连长，一个名叫刘玉生，另一个名叫张高寿。

1930年2月上旬，黄克诚带着三位连长，搭轮船离开武汉到达上海，在英租界一家小旅馆里住下。在同中央军委取得联系后，等候分配工作。随后，他赶到法租界徐德家里。此时徐德已离开上海去了赣东北，他的夫人刚生小孩不久。黄克诚给徐德夫人留下一部分钱。

直到2月中旬，中央军委才派人与黄克诚接头。他像离乡久别的游子见到了亲人一样，既高兴又激动。他向军委来人详细汇报了一年来的情况，再次提出到苏区去的问题。来人告诉黄克诚，去苏区的请求已经批准，具体到哪里去，何时动身，要等候通知。几天后，军委通知黄克诚到鄂南游击区去，并指示立即启程。原来，中央军委得到一个情报，国民党军有一批军火最近要从南京运往汉口，遂决定让活动于鄂南阳新、大冶一带的红五军截夺这批军火。黄克诚领了一笔路费，带上中央给鄂南特委的密信，立即动身去鄂南。

从此，黄克诚结束了一年来流离辗转于白区的生活，走上新的战斗征程。

第五章　转战湘鄂赣

一、重返红军

　　1930 年 2 月下旬，黄克诚一行人从上海搭乘轮船，沿长江逆水而上，驶到湖北武穴镇下船。由于四人都身穿国民党军队服装，一路上也无人盘查。在武穴镇他们雇了一只小划子，渡江到对岸阳新县与鄂南特委接头。这时，码头上过来一名警兵，问他们到哪里去。他们知道阳新县城驻军是罗霖的第七十四师，原是唐生智的旧部，便以找罗霖师长为由混了过去。

　　接头地点位于长江边上约有百十户人家的一座小村庄，这里离武穴镇有五十多公里。黄克诚一行很顺利地来到这座村庄，心情颇为欢畅。他们来到交通站，按事先约定的暗语上去接头，但交通站一个四五十岁农民打扮的人却不肯接应。那人上下反复打量这四个人的衣着、表情，见他们都穿着国民党军装，起了疑心。黄克诚把接头暗语复述了好几遍，他始终不理睬。这时已经围拢上来好多农民，也是用同样的目光上上下下打量这四位"国军"。他们在交通站等了好长时间，围观的农民也渐渐散去，最后只剩下几个年岁比较大的人还没走。黄克诚就悄悄问他们是否知道鲁连在什么地方。鲁连是鄂南特委的一位负责人，黄克诚在上海曾见过他。但无论黄克诚怎么问，这几个老人都只是摇头不搭话。天渐渐黑下来了，与黄克诚同行的刘玉生、张高寿等人直催黄克诚回武汉再想办法。黄克诚无奈只好同意先回武汉。

　　他们四个人又雇划子回武穴镇。在武穴镇住了一夜后，就搭轮船去武汉。这次没能与鄂南特委接上头，黄克诚心里很是不安。身上带着秘密文件，生怕夜长梦多，出什么问题。事后他很后悔，想到当初还不如就在交通站里赖着不走，把事闹大，让他们捆送到游击队，总可以接上关系的。现在到武汉去，又不知要耽搁多少时日。

　　他们到武汉后，住进江汉关一家旅馆。这时，那个迫击炮连连长表示不愿与大家同行了，坚决要求回湖南家乡去。黄克诚劝勉也不起作用，只好让他走了。黄克诚怕刘玉生、张高寿受到影响，就对他俩作了一番说服、鼓励的工作。黄克诚说："人这一辈子什么困难都会遇上，想方设法坚持到底的人就一定会成功，而动摇者必定半途而废，你们都是带过兵的人，看我说的对不对？"两位连长直点头，表示赞同，更加坚定了信心。

他们在江汉关住了两天，突然有人主动找上门来联系。先问他们是不是从上海来的，然后就讲了接头暗语，与事先约定的分毫不差。黄克诚相信不会有什么差错了，便交出从上海带来的信件。来人看过信件后，又还给了黄克诚，并说："你们在这里等着，明天有交通带你们去特委。"原来是那个交通站将发生的情况报告了特委，特委派人追踪到武汉，这才接上头。第二天来了一位交通，带他们乘轮船到黄石，准备在这里雇划子过江。

黄石驻有国民党郭汝栋的部队。黄克诚一行在黄石渡口被哨兵发现，并端着枪气势汹汹地向他们走过来。这时，护送的那位交通机警地溜走了。黄克诚悄悄嘱咐刘玉生、张高寿二人不要作声，由他一个人出面应付。哨兵见他们三位身着国民党军官服，态度马上和缓下来，问"你们到哪里去？"黄克诚告诉他到阳新县城找罗霖师长。哨兵看了看护照，又看了看刘玉生、张高寿二人的遣散证书，便很客气地说，南岸是共产党活动的地盘，从这里过江到不了阳新县城，得坐船往下游去，到富池口再打听去阳新县城的路。黄克诚即向哨兵表示谢意。他们坐上划子，向下游划去，对哨兵作出要去富池口的样子。待划到江心，黄克诚就叫船工直接划向南岸。靠岸后，他们付了船钱，来到离岸边约一公里的一条小街上，找了一家店铺吃东西。不大一会儿，那位交通突然来了，同黄克诚一起吃过饭，就带领他们一行三人到鄂南特委所在地大王店，找到特委机关。黄克诚把带来的密件交给特委负责人，就在特委机关的院子里住下了。这是黄克诚自从离开井冈山后，第二次来到这样的新天地，他呼吸着新鲜的空气，心情格外舒畅！

1930年春，红五军的部队已离开鄂南转战到江西泰和、安福、分宜等地，因此，原定截夺敌人军火的计划不能实施，鄂南特委让黄克诚等三人先在当地组织训练游击队，刘、高负责军事训练，黄克诚做政治工作。4月中旬，红五军第五纵队自江西返回鄂南，驻在阳新龙港，纵队长李灿，政治委员邓乾元。黄克诚等三人被派到第五纵队。刘玉生（已改名刘瑜）任第四大队大队长，张高寿（已改名张焘）任第八大队大队长，黄克诚任第八大队政治委员。不久，第五纵队奉军部命令离开阳新，经江西修水马场、渣津，于5月3日进到湖南平江县长寿街，同红五军主力会合。部队到达长寿街时，适逢5月5日马克思诞辰。在纪念马克思诞辰的大会上，红五军军长彭德怀作了演讲，并在会上作了攻打平江县城的战斗动员。这是黄克诚第一次见到彭德怀。大会结束之后，黄克诚根据军部的统一部署组织第八大队进行了两三天的战前准备，便随全军向平江县城开进。在当地农民的大力支持下，一举攻克平江县城，守敌何键部余贤立团及平江县城里的地主武装民团大部就歼。红五军在平江县城停驻五六天时间，敌人增兵反扑，红五军又撤回到长寿街。

平江战斗后，刘瑜对黄克诚说："看来我们来到这里就别想活着回去啦。"黄克诚问他何以出此言。他说："红军打仗这么勇敢！干部又要带头冲锋，我们准得把命丢在这里。"黄克诚知道，刘瑜刚刚脱离旧军队，对红军的战斗生活还不大适应，尚缺乏为革命献身的精神，便耐心地帮助他，鼓励他树立革命到底的决心。后来他一直表现不错。张泰后来在攻打长沙战斗中负了重伤，伤愈后他参加了阳新地方武装，任游击队大队长。后又在鄂东南地方红军中任师长。苏区肃反扩大化，他有些恐慌，便离开革命队伍。全国解放以后，他回到湖南祁阳家乡，土改中表现很积极，当了农村基层干部。

打完平江之后，部队稍事休整，即向江西开进。5月15日，红五军将修水县城团团围住。经一夜激战，全歼守敌，占领了修水县城。这次战斗中，第五纵队担任主攻，黄克诚身先士卒，率领攻城部队冒着敌人的枪林弹雨，爬云梯登上城头。这是黄克诚到红军后，第一次参加攻城战斗。此役歼敌1个营，活捉敌营长和保安队长，缴枪300多枝。彭德怀对黄克诚的表现十分赞赏，他对一些领导干部说：打一仗就能识别一个干部，修水这一仗，我们认识了黄克诚。

打开修水之后，红五军撤回阳新、三溪口一带。在阳新县境内，红五军进行了整编。黄克诚调到第三纵队第二支队任政治委员，支队长是比他小一岁的湖南湘乡人黄云桥。黄云桥是一名出色的红军指挥员，后任红军师长，于1932年在战斗中英勇牺牲。

在当地群众的要求下，5月28日，红五军决定攻打阳新县城。29日拂晓，红五军集中全力对阳新县城发起攻击。阳新守敌罗霖部，虽调出两个旅，但仍然很有战斗力，工事也比较坚固。而红五军的武器装备很差，更缺乏攻城器材。虽经指战员一整天的奋勇冲杀，终未能奏效，这时敌人又调来"威胜"号军舰，用重炮轰击红五军，造成很大伤亡，再打下去亦很难奏效，于是黄昏时红五军撤出战斗。众多伤员被群众抢救下来，进行医治。刘瑜负了重伤，被抬下来时，伤口已经包扎不住，血流如注。黄克诚跑过去看他，他只说一句"我不行了"，便因失血过多而献出年轻的生命。

阳新县城虽未攻下，但给敌人以沉重打击。部队撤出战斗之后，群众纷纷前来慰问。当地青年踊跃报名参加红军，面对这种热烈的场面，黄克诚深深地认识到，人民群众是红军的命根子。如果没有根据地群众的大力支持，红军不要说打仗，连立足生存也不可能。

二、反对攻打大城市

1930年6月初，滕代远、何长工参加中共中央先后在上海秘密召开的全国红军代表会议和全国苏维埃区域代表大会后回到鄂南。此时，中央军委又派周桓、谭政文、彭雪枫等10多名干部来到红五军工作。

6月11日，中共中央政治局在上海召开会议，通过了李立三起草的《目前政治任务的决议》（即新的革命高潮与一省或几省的首先胜利），制订了一个以夺取武汉为中心的举行全国中心城市武装起义和集中红军攻打中心城市的冒险计划。为了实现这一计划，提出了"会师武汉，饮马长江"的口号，确定红军的总任务是"配合工人、农民、士兵的暴动"，"直到全国政权的夺取"。决议要求红军"无条件扩大，8月以前扩充到50万"。至此，李立三"左"倾冒险错误开始统治中央。

6月6日，根据全国红军代表会议精神，中共湘鄂赣特委和红五军军委在湖北大冶果城山的刘仁八村召开扩大会议，以不足8000人的红五军为基础，和新编的红八军①合编为红三军团，彭德怀任军团总指挥，滕代远任政委，邓萍任参谋长，袁国平任政治部主任。会议讨论了中共中央下达的进攻武昌、配合红一、红二军夺取汉口、汉阳的任务。对攻打武昌，军团总指挥彭德怀表示异议，最后会议通过了一个折中的方案：先消灭鄂东南六县的地主武装，发动群众，建立政权，扩大红军，伺机攻占岳阳为后方，然后再做攻打武昌的实际准备。

黄克诚听了中央政治局会议精神传达后忧心忡忡，感到情况不妙。他从自己的亲身经历中意识到，夺取中心城市的计划，是很不现实的。

自湘南失败之后，黄克诚几经辗转，颠沛流离，慢慢悟出了一个道理：红军的发展壮大，是与根据地的建立、巩固和发展密切相关的。没有根据地作依托，红军无法生存。不下大力建立巩固的根据地，单凭攻打几座城市求发展，是不可能持久的。南昌起义、广州起义、湘南暴动都企图夺取城市，结果都失败了。目前，形势虽然有所好转，红军也得到发展壮大，但敌强我弱的总形势并没有根本改变。靠我们现有的力量去夺取中心城市，无异于以卵击石，很有可能重蹈以往几次失败的覆辙。

基于上述考虑，黄克诚给彭德怀写了一封信，陈述现在不能够去攻打大城市的理由。在此期间，黄克诚经常同纵队政治委员张纯清②争论，争论的问题就是围绕中央关于夺取以武汉为中心的大城市的计划。他俩一路行军一路吵，宿营时接着吵。黄克诚说："我刚离开武汉时间不久，知道我们党在武汉没有多少力量，那里的党组织大部遭到破坏。因此，现在搞以武汉为中心的城市暴动，不具备条件；采取军事进攻的手段，靠现有红军的力量，也不足以夺取武汉！"张纯清说："你黄克诚过高估计敌人的力量，是十足的右倾机会主义！"他俩吵来吵去，谁也说服不了谁。

尽管当时要去攻打武汉的呼声颇高，但彭德怀考虑到确实没有足够力量攻取武汉，又看到黄克诚的信和一些人的不同意见，就没有下令去攻打武汉，而是率红三军团沿粤汉路北段行动，向湖南发展，相继占领了通山、崇阳、蒲圻、通城、临湘一带，控制了粤汉路一大段，并对粤汉路进行破坏。7月1日，完成了对岳阳的包围。4日，红八军向岳阳守敌发起总攻。经两小时激战，歼敌两个营，攻克了

---

① 1929年，红五军第五纵队进入鄂东南大冶、阳新一带游击，发展壮大根据地和部队。1930年4月，根据中央决定，第五纵队和部分当地红军编为红八军。何长工任军长，邓乾元任政委，副军长李灿，参谋长卢匿才，副参谋长陈毅安，政治部主任柯庆施。随即编入红三军团。1932年，撤销番号，编为红三军团第五师。

② 1930年6月，红三军团成立，辖第一、第二、第三、第四纵队，张纯清任第四纵队政委。7月，红三军团平江整编，纵队、支队改为师、团，张纯清任第五军政委。

岳阳城。

红三军团攻占岳阳，切断了武汉至长沙的铁路交通。敌急调长沙第十五师一部及咸宁罗霖、钱大钧两部，联合向岳阳反扑。红三军团乘敌主力尚未集中之际，主动撤出岳阳，即乘胜向东开进，扑向平江。平江城守敌见红三军来势很猛，未敢抵抗，弃城而逃。红三军团未经战斗，即占领了平江城。嗣后，红三军团前委、湖南省委、湘鄂赣特委在平江城里举行联席会议。

会上一部分人员，尤其是红八军的干部，极力主张按照中央的部署，实行武装夺取武汉的行动；另一部分干部，主要是军团部和省委的干部，则提出暴动夺取长沙、再移兵夺取武汉的主张。双方争论非常激烈，相持不下。时任支队政治委员的黄克诚在这次会议上又发表了反对攻打中心城市的意见。他说："现在提出夺取武汉的主张是不现实的，因为目前我们根本不具备夺取武汉的条件。"他进一步指出："长沙不是不可以打，但不是暴动夺取长沙，也不可能是先取长沙后取武汉，而只能是采取游击军事行动，设法将长沙守敌吸引到野外歼灭之。若打胜了，相机占领长沙，可以达到扩大政治影响和扩军筹款之目的。"①

黄克诚上述意见，立即受到与会人员的严厉批评，指责他的观点是严重右倾机会主义。领导认为他目前的思想状态已不适宜担任重要领导工作，于是，撤销了黄克诚担任纵队政治委员的任命，决定他继续留在支队工作。

三、参加攻打长沙误闯敌阵

1930 年 7 月中旬，红三军团在平江作短期休整，以消除部队因战斗频繁造成的极度疲劳。这期间，红三军团补充新兵 5000 多人，还帮助县委在 18 个区县建立和恢复了苏维埃政权，并派出部分兵力进驻新市、长乐、伍公市和平江西乡、浏阳北乡及金井等地，一面做群众工作，一面侦察和监视浏阳、长沙方面的敌情，为攻打长沙做准备。

红三军团的这些举动，震撼了湘敌。国民党湖南省主席兼第四路军总指挥何键急调 2 个旅共 7 个团的兵力，分三个梯队于 7 月 19 日由长沙向平江进犯，企图先发制人，破坏红军攻打长沙的计划。

彭德怀得悉这一情况后，立即将红三军团主力移至平江城南十公里外之晋坑就敌。晋坑一带是山地，适合红军集结隐蔽，待机歼敌。7 月 25 日清晨，战斗打响后，敌我双方很快即成混战胶着状态。从早晨一直激战到黄昏，红军在近 20 万农民赤卫队的帮助下，经反复勇猛冲杀，终于将敌军击溃。

晋坑战斗开始不久，黄克诚所在支队的支队长黄云桥就与部队失去联络，不知去向，作为支队政委的黄克诚只好一个人指挥部队与敌军交战。正当敌我混战在一起，黄克诚突然发现身后有一支队伍向自己逼近。由于他高度近视，而且天

① 《黄克诚自述》，人民出版社 2004 年版，第 85 页。

气炎热，眼镜片上已沾满了汗水，视线更加模糊，无法辨清对方究竟是什么部队。再看周围，遍是厮杀拼搏的人群，已无法进行联络。情况紧迫，容不得他多作思考，便迎着向红军逼近的这支部队走过去，心想待弄清情况后，再见机行事。当双方快靠近时，黄克诚模模糊糊地看见对方许多黑洞洞的枪口瞄着他作射击姿势。黄克诚意识到是碰上了敌人，便机警地向敌人摆摆手，大喊："别打枪！"同时他伏地一个转身，顺着山坡滚了下去。他听到子弹在耳边嗖嗖作响，料定此番必死无疑。但是到了坡底，感到自己还有知觉，用手在周身上下摸了一遍，没有中弹，没有大伤，只是眼镜、帽子和挎包不见了，实属侥幸。警卫员在山顶上见他倒地滚下山去，以为他中弹牺牲，急三火四地跑回去报告了部队。

黄克诚一个人在山脚下，没了眼镜，周围一片模糊，什么也看不清，只好摸索着前进。天黑下来时，他爬到公路边上的树林中，看见许多人在公路上奔跑呼喊："冲啊！不让敌人跑掉！捉活的！"黄克诚定神仔细辨认，恍惚看见奔跑的人群都佩戴着袖标，断定是自己人，于是，他便上了公路，找到自己的部队，参加了追击溃败敌军的战斗。

26日拂晓，红三军团的官兵们在军团长彭德怀的指挥下，一直追残敌到长沙附近的金井，又与长沙出援之敌两三个团遭遇。红军猛打猛冲将敌冲垮，歼灭其大部，残敌向长沙奔逃。红军继续尾敌猛追，在朗梨市架设浮桥渡过浏阳河，直扑长沙近郊，27日凌晨5时向长沙城发起猛攻。长沙守敌凭借坚固城防工事，负隅顽抗，以猛烈火力向红军扫射，红五军和红八军遭到很大伤亡，渐渐不支，这时，彭德怀果断地下令拆掉浏阳河边浮桥，并传令部队：有后退者，军法从事，格杀勿论！部队稳住了。长沙守敌以为红军攻击受挫后准备撤退，便派一支部队出击。红八军即迂回到该敌侧翼，歼灭其大部，残敌掉头向城里溃逃。红军紧追不舍，尾敌猛追入城。经过激烈战斗，长沙守敌全部被击垮，何键率其余部退守岳麓山，红军于7月28日占领了长沙。29日，成立了湖南省苏维埃政府。

红三军团以8000兵力，在地方红军和赤卫队的配合下，打败了3万多的优势敌军，第一次攻下长沙，并俘敌4000多人，缴获了大批枪支弹药和其他作战物资。黄克诚在《自述》中这样评价了长沙之役："此役我军获胜，突出表现两点：一是红军作战勇敢顽强，一往直前；二是彭德怀军团长指挥沉着果断，有进无退。"

部队在长沙城里驻扎下来后，黄克诚急忙上街配了两副眼镜。两天之后，黄云桥、黄克诚奉命率部队进抵易家湾一线，担负向南警戒任务，以防御敌何键部由湘潭方向反攻长沙。

红三军团占领长沙后，打开了监狱，放出来大批被关押的革命同志、工农群众和青年学生。这些人出狱后，大多参加了红军，其中不少人后来成为红军的骨干。与此同时，还吸收了一大批俘虏来的国民党下级军官和士兵加入红军，红三军团迅速扩大到1.7万多人，并将新组建的红军第十六军编入红三军团。

部队进入大城市后，缺乏明确的城市政策，为了筹款，曾想把长沙城里的资本家、商人统统抓来，以杀头和烧房子相要挟，迫其交出款来。结果，吓得长沙城里的资本家、商人纷纷逃离。这时,躲藏在城里的敌何键部溃兵和地痞流氓勾结起来,趁机作乱。红军迅速将其镇压下去,并杀掉了一批为非作歹分子,长沙市区秩序暂时安定下来。

红军攻占长沙使国民党反动派和帝国主义者大为震惊,他们纠集重兵向长沙反扑,红军不敢恋战,乃趁夜晚撤出城去。红军在长沙只停留了10多天,撤出长沙时,丢弃了大批物资装备,刚吸收进来的俘虏兵也乘机逃掉不少。每当回忆这段经历时,黄克诚总是说:"我们那个时候的经验不足。如果打开长沙后,达到扩军筹款的目的,不等敌军反攻,就及时撤退,当不至于受此损失。"

红三军团撤离长沙后,经浏阳,到达平江长寿街。

部队在长寿街进行了整编。为了加强部队的团结,便于统一指挥,彭德怀决定第五、第八军混编,取消纵队建制,将原四个纵队分别编为第一、第三、第四、第六共四个师。第五军辖第一、第三两个师,第八军辖第四、第六两个师。第十六军辖第七、第九师,奉命向岳阳、长沙、平江边境游击,一面保卫苏维埃政权,一面开辟白区工作。

由于黄克诚屡次发表所谓"右倾"主张,领导认为他不宜担任师一级重要领导职务,遂将他从第五军调到第八军第四师第三团任政治委员,团长是谢振亚。

红三军团在平江长寿街整编后,于8月下旬南下浏阳,在23日前后,与红一军团会合。两军团会合后,召开了两军团前委联席会议,决定成立中国工农红军第一方面军,朱德任方面军总司令,毛泽东任方面军总政委、总前委书记和中国工农革命委员会主席,红一方面军辖红一、红三两个军团。红一军团司令部由方面军司令部兼,红三军团仍由彭德怀任军团长,滕代远任政治委员。

根据中央"会师武汉、饮马长江"的行动计划,红一方面军总前委决定方面军以"消灭何键部队、进占长沙"为行动目标,于8月底第二次攻打长沙。

毛泽东、朱德率红一方面军进抵长沙近郊,组织指挥对长沙城的攻击。此时长沙守敌已增至10万人,并筑有坚固的防御工事。

红一、红三军团以猛打猛冲的战法,先后发动了两次总攻,均未奏效。红军遭到很大伤亡,尤其是红三军团伤亡更重。黄克诚所在的第四师第三团团长谢振亚牺牲,由副团长胡金生继任团长。第四师师长卢匿才反对攻打长沙,以"托派"罪名被枪毙,由红一军团派黄叶珍来接任第四师师长。

鉴于长沙久攻不克,毛泽东提议撤围。经毛泽东耐心说服,红一方面军乃于9月12日撤除对长沙之围,部队转移至醴陵、萍乡一带。不久,红一、红三军团分头行动,进行发动群众,建立苏维埃政权,扩大红军、筹粮筹款等工作。黄克诚带领第三团在这一带打了个大土豪,从他家地窖里挖出6000多块银元和几十两黄金。这为解决红军的经费困难发挥了很大作用。

在敌强我弱的形势下,红军去夺取敌人重兵把守、坚固设防的长沙,是错误的。黄克诚一直反对这种不顾客观实际的蛮干。但由于被指责为"右倾",没有发言的机会,有些决策会议也不让他参加,黄克诚无奈,有时只好缄口不语。

第六章　在中央苏区

一、参加第一次反"围剿"与苏区肃反

中央苏区的发展和红军队伍的不断壮大，使国民党当局十分不安。

1930 年 11 月，蒋介石调集 11 个师（旅）约 10 万兵力对中央苏区进行第一次"围剿"。红一方面军 4 万余人在毛泽东、朱德指挥下，展开了反"围剿"斗争。

1930 年 10 月 25 日，红一方面军总前委和江西省委在江西省新余县罗坊镇召开联席会议（史称罗坊会议）。出席会议的有红一方面军总前委书记毛泽东，总司令朱德，参谋长朱云卿；中共中央长江局代表周以栗；红三军团军团长彭德怀，政治委员滕代远，政治部主任袁国平；红四军军长林彪，政治委员罗荣桓；红三军军长罗炳辉，江西省苏维埃政府主席曾山等 10 余人。会议的中心议题是纠正李立三"左"倾冒险错误在中央红军的影响，制定正确的战略方针，集中兵力打败国民党军对中央苏区的围攻，巩固和发展革命根据地。会议正确分析了当时的政治形势，总结了攻打长沙的教训，说服了多数持攻打中心城市观点的干部，提出了红军东渡赣江、实行战略退却、诱敌深入，利用革命根据地的优越条件，粉碎敌人围攻，扩大根据地的方针。

根据这个方针，会议决定，主力红军全部渡过赣江，在各方面条件都比较有利的赣江以东地区与敌作战。

然而，红三军团中仍有一部分干部，对李立三"左"倾冒险错误缺乏足够认识，以为攻打大城市的观点是正确的。

11 月 4 日，根据红一方面军总部命令，彭德怀、滕代远率部从临江出发南下，渡过袁水，陈兵于新淦（今新干）至峡江的仁和一线，准备渡赣江东进。此时，部队中不愿渡江的思想突出地暴露出来，有的主张红一、红三军团分兵夹赣江而阵，认为这样既可以消灭敌人，也可以团为单位，分散于湘赣边界和湘鄂边地区打游击，对今后夺取湘、鄂、赣三省政权有利；还有的认为，红三军团已在湘鄂赣边地区转战了两年多，有大片巩固的根据地，有较充足的人力和给养保障，又有该地区人民的拥护，不应说走就走，离开亲人，跟着红一军团东去。彭德怀、

滕代远认为这些分兵的主张是错误的，影响罗坊会议精神的贯彻，也影响两个军团的团结，对粉碎敌人的围攻非常不利，遂决定召开团以上干部会议进行讨论，以统一认识。此时，黄克诚仍任红三军团第八军第四师第三团政治委员。他参加了这次会议。

会上，周以栗以中央代表的名义传达了罗坊会议决定。在讨论中，许多干部，包括军师干部在内，表现出地方观念很强，纷纷反对过江，对渡江诱敌的战略意义认识不足。针对这些错误认识，彭德怀、滕代远在干部会上明确指出："1、3 军团分开，两军团夹江而阵，兵力分散，对目前粉碎蒋介石的大举进攻不利。""为了坚持根据地，红军要有地方性，但要反对地方主义。""红军要打遍全中国，现在过赣江到东面去打，将来需要时还可以回到西面来打，但要服从命令。""至于说 1、3 军团分家，则是影响两个军团的团结问题，更不是党领导的军队所能允许的。"① 由于彭、滕过江的态度坚决，加上耐心细致的思想工作，绝大多数干部愉快地接受了过江的决定。

会后，黄克诚坚决拥护军团领导的讲话，回到团里对干部战士进行了细致入微的宣传教育，带领全团做好迎战"围剿"的充分准备。

11 月 5 日，红三军团按方面军命令于拂晓前在新淦对河附近先行摸渡赣江。同日，朱德率领方面军总部在峡江县城附近渡江。6 日，红四军、红十二军也渡过赣江，实现了红一方面军主力向赣江以东转移、集中兵力迎战"围剿"的计划。黄克诚率第三团随大部队过江后，经新淦的南头、车头、香炉等地向七琴进发。

12 月中旬，敌军开始向苏区中心区进攻。28 日有 5 个师深入宁都以北的黄陂、小布、麻田地区，向红军发起总攻。29 日，敌第十八师师部率 2 个旅深入龙冈。红一方面军首长决定，兵分两路攻击龙冈之敌：左路红三军向龙冈正面攻击，红十二军（欠三十五师）向龙冈西南方向攻击；右路红三军团和红四军以主力向上固、下固前进。红三十五师插至南垄、龙冈间，配合红十二军主力攻击龙冈。当日晚，红军各部抵达预定阵地，对龙冈敌军实施严密包围。30 日 10 时，战斗打响，红军以优势兵力突然向龙冈发起围攻，激战至黄昏，全歼敌第十八师师部及 2 个旅共 9000 余人，活捉前敌总指挥兼第十八师师长张辉瓒。敌军纷纷撤退，红军乘胜追击，1931 年 1 月 3 日，在东韶地区又歼敌第五十师 1 个多旅。至此，国民党军发动的第一次"围剿"被彻底粉碎，共歼其 1 个师部、3 个旅，约 1.5 万人。

在龙冈、东韶两次作战中，黄克诚同团长胡金生坚决执行朱德、毛泽东下达的"诱敌深入赤色区域，待其疲惫而歼之"的命令，带领部队身先士卒，勇猛作战，受到上级的好评。

1931 年 1 月，红三军团第四师政治委员石恒中患病住进后方医院，上级决定黄克诚任第四师政治部主任并代理师政治委员。黄克诚到任后，立即利用第一次

---

① 《中国工农红军第三军团史》编委会编：《中国工农红军第三军团史》，国防大学出版社 2010 年版，第 125—126 页。

反"围剿"胜利后休整部队的机会，在东韶办了一个短期军事政治训练队，抽调20多名优秀的班长进行培训。训练队的主要任务是教练学员如何做部队的政治工作，为部队培养基层骨干。这批学员经过训练之后，便被派到连队任政治委员。他们当中不少人后来成为人民解放军的优秀指挥员。1955年被授予上将的杨勇，就是其中之一。

3月，红三军团任命黄克诚为第三师政治委员兼政治部主任。

对第一次反"围剿"作战旗开得胜，黄克诚同广大指战员一样受到极大鼓舞，对毛泽东的军事指挥才能十分佩服。然而，几乎同时进行的中央苏区的肃反扩大化却给大批干部包括黄克诚本人，留下了沉痛的教训与痛苦的记忆。黄克诚在他的《自述》中写道："还在第一次反'围剿'之前，毛泽东同志曾根据中央的精神，代表总前委提出'阶级决战'的口号。其内容一是动员反'围剿'，并相应地提出'诱敌深入'的军事方针；二是动员肃反打'AB团'①。毛泽东当时针对国民党军队对中央革命根据地所进行的大规模'围剿'而提出的'诱敌深入'的军事方针，无疑是完全正确的。第一次反'围剿'就是运用这一方针，取得了红军有史以来对敌作战中最大的胜利。以后，红一方面军相继取得了第二、第三、第四次反'围剿'作战的伟大胜利，同样是在这一正确方针指导下进行的。'阶级决战'作为一个政治口号，在当时确实起到了振奋人心，鼓舞士气的作用。但是，在肃反打'AB团'的问题上，却出现了扩大化的偏差，造成了不应有的重大损失。"

正当国民党军大举进攻中央苏区，红一方面军抓紧进行第一次反"围剿"准备的时候，中央根据地内部发生了震撼苏区的"富田事变"。

富田事变是由肃"AB团"引起的。1930年初，赣西南根据地按照中共中央关于彻底清除混进革命队伍内部的地主、富农和"AB团"分子的指示，在赣西南地区的各级党组织、各级苏维埃政府中逐步开始了以肃清"AB团"为主要对象的肃反斗争。同年11月初，又在红一方面军中肃清"AB团"。12月7日，红一方面军总前委根据一些人在逼供下的假口供，派红一方面军总政治部秘书长（肃反委员会主任）李韶九带领一个连，到富田拘留了省行委、赣西特委的许多负责人和红二十军的一些领导干部。李韶九对这些人刑讯逼供，造成人人自危、人心浮动的局面。12月12日，红二十军政治部主任谢汉昌、第十七团政治委员刘敌率领一个营，在富田包围中共江西省行委和省苏维埃机关，缴警卫连的枪，释放在肃清"AB团"中被捕人员。与此同时，谢汉昌等认为，李韶九是红一方面军总前委派来的。于是他和江西省委的段良弼密谋，模仿毛泽东的笔迹，伪造信件，制造矛盾，企图在总前委书记毛泽东与朱德、彭德怀、黄公略、滕代远之间制造分裂。

① 1927年1月，江西省国民党召开第三次代表大会，蒋介石指使陈果夫由国民党右派分子段锡朋、周利生等人纠集右派分子，组织了专门排斥江西省各级党部共产党人和国民党左派分子的AB团，并以特派员身份派往各地，宣传反共主张，进行反共活动。"A"代表省级组织，"B"代表县级组织，"AB团"是反"布尔什维克的政治集团"。1927年四一二反革命政变后，"AB团"即行解体。红军中不存在"AB团"。

结果被朱德、彭德怀等识破。

富田事变给红一方面军总前委以极大震惊，以为革命阵营内部混入大批反革命分子，若不首先清理内部，便会葬送革命。于是，把富田事变定性为"AB团"里应外合的公开叛乱。3月28日，中共中央政治局作出了《关于富田事变的决议》，认定富田事变是"AB团"的反革命活动。这一定性，进一步导致错误地运用对敌斗争的手段去处理本属于党内的矛盾。总前委采取"坚决进攻的策略"，发表宣言和公开信，号召进行反击和镇压。中央苏区打"AB团"的肃反运动，在"阶级决战"的口号之下，不断升格，导致严重扩大化，给党和红军造成了难以估量的惨痛损失。

在这次肃反打"AB团"扩大化的错误行动中，黄克诚对"AB团"的存在及其危害性、对"阶级决战"的口号和所谓"地主富农钻进革命阵营内部破坏革命"的事实，开始深信不疑，对上级的指示和部署，完全是自觉地遵照执行，铸成了遗憾终生的大错，他在《自述》中说："至今回想起来犹感沉痛不已。如果要细算历史旧账，仅此一笔，黄克诚项上这一颗人头是不够抵偿的。由于这次错误的教训太惨痛了，使我刻骨铭心，毕生难忘，所以，以后凡是碰到搞肃反、整人之类的政治运动时，我就不肯盲从了。"

第二次大规模肃反打"AB团"运动，是在第二次反"围剿"之后开始的。由于有前一次的沉痛教训，黄克诚对打"AB团"由怀疑而进行抵制，上边命令抓捕所谓"AB团"分子，他拒绝执行。但是，当时的肃反委员会权力大得很，黄克诚虽是第三师政委，但有些干部他还是没保住，如组织科长周鉴、政务科长盛农、宣传科长何笃才等，都是这次被肃的。其中何笃才是黄克诚很熟悉的优秀干部，大革命时期在南昌第一师范加入共产党，参加过南昌起义。井冈山会师以后，他任红二十八团迫击炮连党代表。当红二十八团第二营营长袁崇全胁迫该营及机关枪连、迫击炮连叛逃，在团长王尔琢追赶叛军时被叛徒打死的情况下，何笃才等设法把部队拉了回来。何笃才十分佩服毛泽东的政治主张和军事才能，但对毛泽东用人问题很有意见，特别是对使用李韶九这样品质很坏的人有意见。

何笃才等几个干部被肃反杀掉之后，黄克诚更加意识到这种肃反路线是胡来。

一天，黄克诚正在看一份油印材料，肃反委员会主任带着两名保卫战士找上门来，给黄克诚一份所谓"AB团"分子的名单，要他按名单抓人，进行审查处理。黄克诚硬着头皮顶，坚决不肯抓人。他对肃反委员会主任说："不能随便抓人，枉杀了自己的同志，不仅会遗恨千古，而且对革命会造成痛心的损失啊！""以前是说地主富农钻进革命阵营破坏革命，要进行阶级决战，可是在你们所要抓捕的人当中，没有一个是地主富农，全都是经过我们自己培养起来的干部，他们怎么会是反革命呢？"肃反委员会主任指着名单说："已经有人供出了他们，一定要抓起来审查。"黄克诚也指着名单说："他们都是连长、连政委，基层干部，我敢担保，他们没有一个'AB团'分子。如果有，你枪毙我黄克诚。""我请求上级网开一面，刀下留人。"

肃反委员会这次提供的所谓"AB团"分子名单上的人，确实大多是连队基层干部。其中有两个连政治委员，一个名叫石元祥，是井冈山上的"小鬼"，原是当号兵，人很机敏；另一个名叫曾彬农，农民出身。这两人都是黄克诚到第三师以后提拔起来的基层干部，平时表现很不错，打起仗来非常勇敢。黄克诚根本不相信他们会是反革命，决心保护他们。既然肃反委员会一定要抓捕他们，黄克诚自知硬顶无济于事，便派警卫员悄悄告诉他们暂时上山找个地方躲起来。肃反委员会几次来抓捕，都未能抓到，也就无可奈何。

石元祥、曾彬农二人在山上躲藏，每天由黄克诚派人偷偷地给他们送饭吃，打起仗来就派人叫他们下山，各回自己的连队带兵参加战斗。战斗一结束，马上再上山躲藏。他们明知上边要抓捕他们，但并不逃跑，打起仗来更加勇敢地冲锋陷阵。他们曾向黄克诚表示，宁肯牺牲在战场上，决不当逃兵，以此表明自己无愧于党和革命。黄克诚愈加坚信他们是革命的忠诚战士、党的好干部，决心把他们保护好。可是，大约过了两个星期，事情最终被肃反委员会发觉了。在一次战斗刚刚结束之时，石元祥、曾彬农几个人尚未来得及上山躲避就被肃反委员会抓捕杀掉了。黄克诚痛惜万分，深深责备自己没有能够保护好他们。黄克诚悲愤地质问肃反委员会，何以滥杀无辜，并同他们大吵了一通。黄克诚因此而被怀疑"有问题"，有人怀疑他是"AB团"分子，也有的说他是"托陈取消派"，于是决定将黄克诚抓起来进行"审查"。幸好彭德怀得知情况后，进行了干预。彭德怀问肃反委员会，为什么把他的师政治委员抓起来？肃反委员会自然拿不出黄克诚是"AB团"和"托派"的证据，只好说黄克诚是右倾机会主义分子。彭德怀说，对右倾机会主义分子可以批判斗争嘛，怎么可以采取捕抓的办法来处理呢？肃反委员会理屈词穷，只得将他释放。这样，黄克诚才幸免被捕。但是，兵是不准他带了，撤了他第三师政治委员职务。

黄克诚没有事情可干，又不想赋闲，就向彭德怀提出请求，随便分配点工作干。彭德怀就让他到军团司令部当秘书。1931年11月，彭德怀、滕代远等军团主要负责人都到瑞金去参加全国第一次苏维埃代表大会，他们就让黄克诚代理处置前委的日常工作。他们开完会回来以后，大约是在11月底，派黄克诚到寻邬（今寻乌）县去调查打"AB团"的情况。黄克诚回到军团部后，把在寻邬所见到的情况，如实地向前委作了汇报。黄克诚说：我们不能再搞自相残杀的蠢事了，否则，我们将变成孤家寡人。

1931年8月30日，由周恩来为中共中央起草的一封《中央给苏区中央局并红军总前委的指示信》，明确指出，中央苏区在反"AB团"斗争中犯了简单化和扩大化的错误。苏区中央局接到中央指示信后，于11月初，在中央苏区举行的第一次党代表大会上，检查了肃反工作简单化、扩大化的错误，随后制定了纠正简单化、扩大化的若干规定。周恩来到中央苏区后，主持作出了《关于苏区肃反工作决议案》，要求"以自我批评精神，承认对于过去肃反工作中路线错误的领导责任"，并提出给予"纪律上的制裁"。此后，苏区中央局还专门作出了关于处罚李韶九的决议，给他留党察看六个月的处分，下放基层工作。1931年12月，肃反扩大化问题开始纠正以后，黄克诚又被起用，调任第一师政治委员。

二、建宁战斗遇险

蒋介石对中央苏区的第一次"围剿"失败后，又于1931年2月调集重兵20万人，在何应钦指挥下，采取"稳扎稳打，步步为营"的方针，积极准备对中央苏区发动第二次"围剿"。

这时，红三军团已奉命进行了整编，取消第五军、第八军军部，所辖各军分别编为第一、第三、第四、第六师，由军团直辖。总兵力有10705人。黄克诚被任命为第三师政治委员，师长是彭遨。

整编后，根据总司令部的统一部署，第三师在宜黄、南丰、乐安地区打土豪、扩军和筹款，发动群众全面展开反"围剿"的各项准备工作。黄克诚和彭遨带领部队在该地区打土豪、扩军和筹款，并协助地方党委开展群众工作。他们还把第一次反"围剿"中缴获的一批枪支弹药分给乐安县独立团；召开县、乡各级武装工作会议，部署游击战，使地方部队、赤卫队、少先队，担负起扰敌、堵敌、毒敌、捉敌、侦敌、饿敌、盲敌、消灭地主武装、保卫苏区等十大任务。

根据方面军总政治部《二次战争的意义目前敌我的形势和争取二次战争胜利的工作》第4号通令，红三军团召开了政治工作会议。黄克诚参加会议回到师部后，立即召开会议，部署在全师进行第二次反"围剿"作战动员工作，并和驻地群众一起召开反"围剿"誓师大会。黄克诚在动员讲话中，阐明了当时敌我形势和红军应对之策，号召部队和群众紧密配合，贯彻毛泽东提出的"诱敌深入"方针，粉碎敌人"围剿"。

4月1日，国民党军分四路向中央苏区腹地大举进攻，企图"于月内克服各县，会师广昌"。但在红军一部和地方武装广泛开展游击战的袭扰下，行动缓慢。

红一方面军主力集中在龙冈、东固地区待机。

4月下旬，红三军团进至龙冈以西两公里处，追敌而居，部署是：军团指挥部进至六度，黄克诚和彭遨带领第三师奉命进至万寿宫，与第一师、第四师、第六师分别对富田、崇贤、良村各方向严密警戒。第三师积极展开敌前军政练兵活动，反复进行思想动员，说明一定要让敌来就我，而不要我去就敌的道理，克服急躁情绪，坚定"隐蔽稳得住、出击能打好"的思想；进行抢山头和山地开进、集结、冲锋、追击等临战训练。

国民党军由于沿途遭到袭扰，每天只前进2.5—10公里。至5月中旬，敌第五路军右路军第二十八师和第四十七师第一旅，脱离富田阵地，分两路向东固进攻。

红一方面军在东固山区待机20多天，终于发现敌右翼第五路军脱离了坚固的富田阵地东进，红一方面军首长抓住这一良好战机，于16日上午，乘敌第二十八师、第四十七师在运动中，以主力突然发起猛攻，歼灭第二十八师的4个团全部及第四十七师大部，活捉第二十八师师长公秉藩（后混入俘虏中逃跑），残敌向富田方向逃窜。

北路敌第四十三师见势不妙，便掉头溜走。黄克诚和彭遨率第三师迂回100余公里，于19日赶到富田，兜住该师尾部，歼其1个旅，俘敌3000余人，缴获大批武器装备。

接着，红军乘胜向北运动，进至永丰县境内的藤田一线。守敌郝梦龄的第五十四师未敢抵抗，望风而逃。5月21日晚，红军迅速挥师南指，经沙溪于翌日进至中村一线，发现敌第二十七师八十一旅正在这一带山上构筑阵地，以掩护其主力撤退。红一方面军首长决定以红三军团为左翼，红四军为右翼，歼灭该敌。22日凌晨，红三军团以黄、彭指挥的第三师为前锋，其他各师跟进，于8时30分向敌发起攻击，激战一上午，歼敌第二十七师师部和八十一旅，俘敌2300余人。其他各路之敌纷纷后撤。红军在红一方面军临时总前委指挥下，挥师向东急进，27日晨，直逼广昌城下，随即发起总攻，激战至21时，守敌第五师师长胡祖玉被击毙，该敌失去主帅，即弃城溃逃，红军遂占领广昌城。

之后红军乘胜继续向东挺至福建建宁城下。6月1日，由红三军团担任主攻，红一军团打包抄，经半日激战，歼敌刘和鼎第五十六师4个团大部，俘敌3000余人。

在攻打建宁县城时，第三师指挥所抵近城下，黄克诚在师前沿阵地与彭遨一起视察敌情，不料黄克诚的眼镜反光，被守敌发现，敌人两挺机枪对准师指挥所扫过来。黄克诚因眼神不好并未察觉。彭遨眼疾手快，猛地拉黄克诚后退两三米卧倒。还未等黄克诚定神，敌人的子弹正打在他们原先站立的位置上，击起的沙土，溅了他们一身。彭遨开玩笑地说："敌人的子弹是冲你这副眼镜来的，知道戴眼镜的必定是个大官，想捡个大便宜，差一点儿把我也捎带上了。"

攻克建宁城之后，毛泽东、朱德率方面军总部进驻建宁，红三军团则前进至黎川一线驻防。

第二次反"围剿"作战，从5月中旬歼敌王金钰、公秉藩[①]两师开始，至6月1日攻克建宁城，红一方面军半个月横扫七百里，连战皆捷，歼敌3万多人，缴获了大量枪支、弹药和各种物资装备。尤其是打高树勋的第二十七师和刘和鼎的第五十六师时，该两部敌之武器装备悉被红军缴获。红军粉碎了敌人的第二次"围剿"，乘胜转入反攻，占领了赣东、闽西的黎川、南城、南丰、建宁、泰宁、将乐等广大地区，进一步巩固和扩大了根据地。

第二次反"围剿"胜利之后，毛泽东振奋之余写下《渔家傲·反第二次大"围剿"》：

> 白云山头云欲立，
> 白云山下呼声急，

---

① 王金钰，时任国民党第五路军总指挥；公秉藩，时任国民党第二十八师师长。

枯木朽株齐努力。

枪林逼，

飞将军自重霄入。

七百里驱十五日，

赣水苍茫闽山碧，

横扫千军如卷席。

有人泣，

为营步步嗟何及！

黄克诚亲历了这次反"围剿"作战，对毛泽东这首词格外喜爱，晚年忆及中央苏区反"围剿"，常信口吟诵。

三、参加第三次反"围剿"作战

蒋介石并不甘心第二次"围剿"的失败，遂自任"围剿"总司令，坐镇南昌行营指挥，调集 23 个师又 3 个旅共 30 万人，采取"长驱直入"的战略，从 1931 年 7 月 1 日开始，分路对中央革命根据地进行第三次大规模"围剿"。

当时红一方面军共 3 万余人正展开于闽西北和赣南地区开展工作，部队尚未来得及休整和补充。面对敌人新的"围剿"，红一方面军在毛泽东、朱德指挥下，迅速收拢主力，向苏区中心回师，7 月下旬转移到赣南兴国地区。敌军发现后，以主力分路向兴国进逼，企图压迫红军于赣江边歼灭之。

7 月 31 日，红一方面军获悉，敌主力正向兴国急进，其富田、陂头、新安一线兵力薄弱，据此，方面军首长决定："'避敌主力，打其虚弱，胜后再追'。开始准备在富田一线兜敌军的尾部打，首求突破一点，尔后由西而东，向敌之后方联络线上横扫过去，使敌主力深入我赣南根据地置于无用之地，我再乘隙打其可打者。"①

8 月 5 日晚，黄克诚、彭遨率领红三师，随红三军团等部主力利用夜暗从高兴圩出发，通过崇贤、兴国两敌之间 40 里空隙地带，转到兴国莲塘，抓住了敌上官云相的第四十七师。8 月 7 日拂晓，彭遨、黄克诚指挥第三师同兄弟部队协同向该敌发起猛烈攻击，特别是第三师第七团，勇敢逼近敌人。当战斗进行到最激烈之时，林彪率领红一军团的红四军赶到。经一阵猛攻，全歼第四十七师 1 个旅，余敌纷纷溃退，红军即尾敌猛追。途中与良村出援莲塘之敌第五十四师遭遇，敌 1 个团被歼后，退回良村。红军继续猛追敌第四十七师，该师是北方部队，爬山的本领远不如红军。该敌到永丰的良村时，已精疲力竭，被红军压迫到一条沟里，大部就歼，敌副师长魏我威被击毙。红军歼灭了敌第四十七师后，立即又向敌第

---

① 《黄克诚自述》，人民出版社 2004 年版，第 102 页。

五十四师发起猛攻，歼其师部及 2 个旅。

红一方面军在莲塘、良村战斗中，取得第三次反"围剿"的首战胜利，俘敌 7000 多人。不幸的是红三军团第一师师长李实行在莲塘战斗中负重伤牺牲，由团长侯中英接任第一师师长。

良村战斗结束后，彭遨、黄克诚率领红三师随同红三军团乘胜向东挺进黄陂，8 月 11 日攻克黄陂，歼守敌毛炳文第八师 1 个多旅，俘敌旅长曾志达以下 3000 多人。至此，蒋介石用来参加"围剿"的军队已被红军歼灭近 3 个师。而红军则愈战愈勇，情绪更加高涨。

8 月 15 日夜，红军主力又从敌军十公里间隙的大山中穿越过去，西返兴国崇贤镇以北之枫边地区，隐蔽休整。

黄克诚自 7 月初开始投入第三次反"围剿"以来，除了在平安寨休息了两三天外，一个多月来，几乎每天都是在山地、树林里行军打仗，已相当疲劳，这时才得到一个喘息休整的机会。他早就没有草鞋穿了，只好打赤脚行军打仗。到进入枫边地区时，他打赤脚已跑了 20 多天的路。他回忆当年打赤脚行军打仗的感受时说："起初赤脚跑路，感到脚板疼痛难忍，尤其害怕茅草茬、树茬和荆棘刺扎脚。后来，脚板磨硬了，什么都不怕了，在碎石子路上和树林里可以行走如飞。"

那时红军行军打仗，经常要奔跑。在莲塘到良村的路上，敌人在前面逃跑，黄、彭率第三师在后面紧紧追赶，敌机就在头顶上轰炸扫射。第三师的官兵们既要追击敌人，还得设法躲避敌机的轰炸扫射。由于红军没有对空射击的武器，敌人的飞机十分疯狂，在离地面只有百多米的低空盘旋，追逐杀伤红军。即使部队伏在地面不动，敌机也很容易找见目标。因此，敌机投弹、扫射的命中率比较高，一颗重磅炸弹投下来，往往可以毁掉红军一连人。这样，红军只好以快速奔跑来躲避敌机。有一次，黄克诚眼见一颗炸弹在头顶上落下来，赶快向前奔跑躲避。谁知，当他跑出四五十米远的时候，这颗炸弹就落地了，但不是落在原先的位置上，而是不偏不倚恰好落在了刚刚跑到的地方。他一时不知所措，心想这一次可逃不掉了。事有凑巧，这颗炸弹落地之后竟没有爆炸。

黄克诚和师长彭遨率红三师在枫边地区休息了一个多星期，指战员们都穿上了草鞋，部队又继续西进至兴国以西之均村地区休整待机。

8 月底，敌军发觉红军在兴国地区，遂冉掉头向西追来，此时，红军已经休息了半个多月时间。而敌军则是东跑西奔，疲于奔命，饥渴沮丧，被拖得精疲力竭，狼狈不堪。敌军指挥官纷纷抱怨："肥者拖瘦，瘦者拖死。"最后只好收兵退却。红军乘机于 9 月 7 日在兴国老营盘歼敌蒋鼎文第九师 1 个独立旅，俘敌团长王铭以下 3000 多人。接着，红三军团和红一军团的红四军相互配合，在高兴圩同敌第十九路军展开激战。第十九路军是一支战斗力比较强的部队，红三军团发起攻击时，正值骄阳似火，加之高兴圩河水猛涨，红军突击部队无法迂回，只能与敌正面争夺，彻夜激战。黄克诚和彭遨所率领的红三师分梯队与敌轮番作战。8 日拂晓，红三军团终于夺占了敌在高兴圩以西、以北的外围阵地。两军对战，十分惨烈。第十九路军受到沉重打击，红军也付出重大伤亡。敌第一军团总指挥蔡廷锴在叙述这场血战时写道："敌（指红军）以其最强悍之部队及彭德怀之军官队，向我猛冲。我军突受此强烈压逼，全线略为动摇，六十师沈（光汉）师长及师部不明前线情况，又不沉着，在此千钧一发之际，竟受溃兵之影响，擅自向兴国方向退去十余里。甚至总部人员及我之随从亦有逃跑，颇为紊乱，无线电亦放出紧急电。当时我见此情景，危殆万分，愤欲自杀以殉，……"[1]

而黄克诚在《自述》中也感触颇深地写道："这一仗结果敌我双方打了个平手，伤亡都很大。这对红军来说，是一次不利的战斗。红军作战的原则是，打得赢就打，打不赢就走；于我有利的就打，于我不利的不打。不能恋战，更不能同敌人拼消耗。因为我们不仅要靠打仗来消灭敌人的有生力量，同时还要靠打仗来装备壮大红军。胜负难分的战斗，显然对红军不利。我参军作战以来，目睹了两次伤亡惨重的战斗：一次是在大革命时期，北伐军攻打汀泗桥之役，战场上的尸体横倒竖卧，比比皆是；再一次就是这次高兴圩之役，满山遍野摆满了尸体，指战员们浑身上下都被汗水和鲜血浸透。此役红三军团担任主攻，伤亡更重。彭德怀的脚上也挂了花，但他未下火线，坚持指挥战斗。"

高兴圩之战，红军虽歼敌 2000 多人，但自身伤亡亦较大，仅红三军团就伤亡1158 人。由于红三军团减员太多，即将所辖的 4 个师缩编为 3 个师，原第四师编散，原第六师改为第二师。黄克诚仍任第三师政治委员。

红军撤离高兴圩之后，进至崇贤与东固之间的方石岭。随后与韩德勤的第五十二师展开激战，9 月 15 日，将之全歼，俘敌师长韩德勤、旅长张忠颐以下万余人。红军对待俘虏的政策是，愿意留下的欢迎，不愿意留下的，发给路费放走。韩德勤装扮成士兵，混在俘虏堆里，领了路费被放掉了。

方石岭战斗打完，第三次反"围剿"即告结束。红一方面军在两个多月的连续作战中取得了 5 次战斗的胜利，歼敌 17 个团又 2 个营，共 3 万多人，其中俘敌1.8 万人，缴获长短枪 1.48 万多枝，机关枪 175 挺，迫击炮 55 门，子弹 250 多万发，电台 6 部，骡马 500 匹。红军的声威大振，根据地得到进一步巩固扩大。

9 月 16 日，黄克诚带领第三师参加了红一方面军在水头庄召开的庆祝第三次反"围剿"胜利大会，并沉痛哀悼在敌机轰炸中不幸牺牲的红三军军长黄公略烈士。

第三次反"围剿"胜利后，红一方面军奉命从兴国出发转向瑞金集中。黄克诚同彭遨率领红三师到了西江镇地区后，即确定全师以连为单位，组成若干个工作队，深入发动群众，分配土地，建立地方苏维埃政权，并以西江镇为中心，建立了中共西江县委和西江县苏维埃政府。在该地区活动了三四个月的时间，打掉了境内的白色据点，群众也普遍发动起来，根据地得以巩固扩大。

蒋介石在发动军事"围剿"的同时，施展阴谋手段，妄图策反红军高级将领，分裂红军。

---

[1]《蔡廷锴自传》，黑龙江人民出版社 1982 年版，第 252 页。

在红一方面军取得第一次反"围剿"胜利之后，蒋介石曾派黄公略的同父异母哥哥潜入中央苏区，游说红军军长黄公略倒戈附蒋。黄公略不为所动，说客被杀掉了。第二次大规模"围剿"失败后，蒋介石又派黄公略的叔父到中央苏区，妄图策反彭德怀。

当时黄克诚率第三师驻扎在硝石。黄公略的这位叔父带着一个勤务兵作随从，刚一踏入硝石第三师防地，就被哨兵查获。此人被带到师部后，自称是黄公略的叔父，要面见彭德怀总指挥，有要事相告云云。黄克诚当即从师部给在黎川的彭德怀打电话报告说："有个黄某人现在到了我的师部，要求见你。我看来者不善。"彭德怀听完报告后说："知道了。你立即派人把他给送来。"黄克诚随即派人把这个人送到黎川城。彭德怀与此人见面之后，先是盛情款待，宴以酒席。席间彭德怀单独作陪，频频劝酒，虚与周旋，以探明其来意。此人有了几分酒意，便将其奉蒋介石之命，以高官厚禄收买彭德怀的意图和盘托出。第二天，彭德怀打电话告诉黄克诚和彭遨，说那个黄某人已押送去你们师部。黄克诚和彭遨就按照彭德怀的吩咐将其处死。从此以后，就再没有听说蒋介石派说客来策反红军高级将领的事了。

四、赣州战役果断突围

第三次反"围剿"胜利后，中央苏区和红一方面军得到了很大的发展。苏区的范围扩大到近 30 个县境，占有 15 座县城，形成了一个拥有 300 万人口、连成一片、比较巩固的革命根据地。1931 年 11 月，在中央苏区先后成立了中华苏维埃共和国临时中央政府和中华苏维埃共和国中央革命军事委员会（简称中革军委），直接领导红军第一方面军，并将其改称中央红军。

九一八事变之后，中共临时中央[①]一方面站在坚决反对日本帝国主义侵略和反对蒋介石卖国政策的正确立场上，发表了《关于日本帝国主义强占满洲事变的决议》，提出了发动群众，组织群众，武装群众，反对日本帝国主义侵略的方针，号召进行民族革命战争，组织指导了各地的抗日反蒋运动。但另一方面，又从"左"倾教条主义指导思想出发，对九一八事变后的政治形势作了错误估计，提出错误的方针和口号。就在九一八事变发生后的第三天，以王明为代表的"左"倾冒险主义者统治的党中央就作出《由于工农红军冲破第三次"围剿"及革命危机逐渐成熟而产生的党的紧急任务》的决议，决议过分夸大国民党统治的危机和革命力量的发展，断定革命势力急速发展与反革命统治日益崩溃，出现了争取革命在一省或数省首先胜利的前途，要求红军不停顿地进攻，"不要再重复胜利后休息"。这个决议，不仅在政治上发展了"左"倾冒险主义，而且在军事上重新提出夺取中心城市的冒险主张。12 月上旬，中共临时中央相继给红军发出训令和指令，指

① 1931 年 9 月，以博古为首的中共中央政治局在上海成立，史称中共临时中央。

出争取一省或数省的首先胜利，"已经不是遥远的前途，而是今天行动的'总方针'和'总任务'"。为此，命令红军"首取赣州""迫吉安"，沿赣江向北发展。1932年1月9日，中共临时中央又发布了《关于争取革命在一省与数省首先胜利的决议》，号召红军为扩大苏区，将几个苏区连成一片，为占领几个中心城市以开始革命在一省与数省首先胜利而斗争。

王明"左"倾冒险主义错误逐渐在全党推行，在中央苏区毛泽东的正确领导开始受到排斥。1931年11月，在江西瑞金召开了全国苏维埃第一次代表大会，选举毛泽东为中华苏维埃共和国临时中央政府执行委员会主席。接着成立了中华苏维埃共和国中央革命军事委员会，由朱德任主席，王稼祥、彭德怀任副主席，统一领导各革命根据地红军的作战和武装建设。红一方面军总司令、总政委和总前委书记的名义被取消，所属部队归刚刚成立的中革军委指挥。这样，就排除了毛泽东对中央苏区红军的领导和指挥权。临时中央一批干部自上海陆续进入中央苏区，开始系统地批判毛泽东之前在中央根据地实行的一整套方针政策。

此时，赣南的红军在临时中央错误的战略方针指导下，作出了首先攻打赣州的决定。

1931年11月，黄克诚由红三军团第三师政委调任第一师政委。他到任不久，就赶上打赣州。尽管他对王明、博古的"左"倾冒险主义主张很反感，但必须服从命令，遂同师长侯中英率领红一师投入了攻打赣州的战斗。

赣州为赣南的政治经济中心，是连接赣粤两省的军事要地，位于赣江上游章、贡两江汇合处，东、西、北三面环水，城高约7米，城墙坚厚，易守难攻，俗称"铁赣州"。驻守赣州的国民党军为江西绥靖公署主任朱绍良直接指挥的第十二师第三十四旅，辖第六十七、第六十八2个团和1个独立连，共3000多人；另有赣西南17个县的逃亡地主武装5000多人。在赣州以北的峡江、安福、吉安一带有蒋介石嫡系陈诚部4个师，万安地区有敌二十八师，赣州以南的大庾（今大余）、南雄、韶关一带有广东军阀陈济棠部10多个团。赣州如遭红军攻击，蒋、粤两敌能随时支援。

红三军团包围赣州后，守敌拆毁了城外工事，撤兵进城，以集中兵力，缩短战线。其守城部署是：第六十八团防守大南门、西津门、北门一带；第六十七团防守东门、小南门、建春门一带；独立连等部防守涌金门、八境台至北门一带。各县地主武装组成的民团大队协同守城。守城敌军积极构筑城上碉堡，挖掘环城壕沟和出击坑道，埋设听音缸，并在城墙大垛口遍布铁刺、木马和滚木，以加强防御能力，准备固守待援。

中革军委根据临时中央和苏区中央局指示，于1932年1月10日下达攻打赣州的军事训令，各参战部队陆续开至赣州城郊阵地。攻打赣州的战役，由彭德怀任前敌总指挥，红三军团担任主攻，林彪率领红四军担任打援任务。同时调江西、闽西军区的地方部队担任游击、警戒任务，由江西省军区司令员陈毅任总指挥。

黄克诚、侯中英率红一师进抵赣州城郊后，占据有利地形，待命攻城。他们抓紧进行政治动员、战斗编组、阵前练兵、挖掘坑道等各项攻城准备工作，组织了爆破队、冲锋队、政治侦察队。紧接着，各团营连依据不同任务展开练兵，进行坑道作业。

在进行战前政治动员时，黄克诚专门对全师政工干部提出要求：教育干部战士要遵守城市政策，保护工商业，保护贸易，不许没收商店，不许逮捕老板等。但部队还未攻入城内，就发生了一起违反政策的事：一天，有人向黄克诚反映，一团四连没收了一家商店，黄听后直奔四连而去。连政委张震见师政委来了，立即迎上去报告，未等张震讲完，黄克诚就对他发了火："张震，谁让你没收商店？杀你的头！杀你的头！"连着两个"杀头"，弄得张震莫名其妙，张震说："我没有没收商店，你杀不了我的头！"说完，一赌气走了。黄克诚也在气头上，临走时还气呼呼地说："查清了，还要找你张震算账！"后来弄清是三团一个连队干的。那时，红军的上下级关系就是这样，有话说在当面，说重说轻都没关系，说过了也就完了。

2月4日战斗打响后，红军首先扫除了敌外围工事，迅速分兵向赣州城垣推进。红三军团的部署是：红七军攻打城东门；第三师位于城东门与南门之间，占领附近一带高地，监视守敌动向；第二师攻打城南门；黄克诚、侯中英所率领的第一师攻打城西门。城西门以西是漳水河，第一师正面是城墙，攻城部队就摆在城墙与漳水河之间。攻城的方法是掘坑道爆破和架梯爬城强攻。首次进攻由于爆破未成功而受挫，攻城部队受到很大伤亡。

赣州战役开始之前，黄克诚就对此次攻打中心城市持反对态度。待抵达赣州城下，他发现地形条件对攻城部队十分不利，越发感到这个仗打不得。第一次攻城受挫后，黄克诚立即向军团司令部提出撤围的建议，但未获批准。

各攻城部队在坑道内增添了大量炸药，再次实施爆破。位于城东门附近的红七军首先将炸药引爆，炸开城墙60多米，炸死敌营长以下官兵200多人，但落下来的石土杂物正好压住了预伏在城下的红军突击队，一支200多人的突击队被埋掉了。敌人很快作了兵力调整，加强了突破口处的守备力量。红军重新组织突击队进攻时，战机已失，第二次攻城又未奏效。黄克诚再次提出撤围的建议，仍未获准。此后，红军又连续组织了两次爆破攻城，均未奏效。

红军屡攻不克，伤亡越来越多。这时，敌第十一师师长罗卓英率部自吉安驰援赣州。敌援兵到达遂川以后，即架设浮桥渡江。红军战士驾"火船"阻止敌人渡江未能奏效。敌第十一师渡江后，由北门潜入赣州城，加强了守城兵力。敌另一部援兵则分路包抄红军侧后。黄克诚见敌援兵已入城，并对红三军团攻城部队形成分割包抄之势，攻城显已无望，若继续滞留赣州城下，后果将不堪设想。于是，黄克诚直接向彭德怀建议撤围，并批评彭德怀是"半立三路线"。彭德怀对黄克诚的建议和批评又气又火，但都压住了，因为他也对打赣州有想法，怎么办？只能是依然不予理睬。

援敌第十一师一部进城后，连夜在城墙底下打了许多洞口，并趁夜暗从洞口出城，突然向红军发起反攻，城外援兵也一齐向红军进攻。红军陷入腹背受敌的不利境地。

在敌人发起攻击之前，红军一无所知，根本没有想到敌人会在夜里出击。当时黄克诚正在师指挥所里，师长侯中英已经睡熟。黄克诚一到打仗不利的时候，就睡不稳觉，心里总放心不下。他隐约听到枪声，感到不对头，估计是敌人乘夜出击了。他立即把侯中英唤醒，告诉他说可能是敌人开始向我们进攻，让他到前边去看看情况，指挥部队。侯中英刚睡醒，有点迷糊，黄克诚硬是把他拖起来。他听到枪声大作，急忙跑出去指挥部队。

原来，3月6日午夜，城墙上的灯光突然全部熄灭。第一团四连政治委员张震和连长立即将情况报告了团部，同时命令全连占领阵地。7日2时许，敌人从刚刚挖好的坑道出击，由叛徒带路，直接突袭第一师指挥部。四连就在指挥部旁边，张震和连长立即指挥全连与敌展开激战。

侯中英走后，黄克诚仍放心不下，就带着通信排长和通信班，离开师指挥所，走出百多米，在一个比较隐蔽的地方设立了新的指挥所，并立即架线与军团司令部联系。电话接通后，黄克诚向军团部报告说，情况相当紧急，应下令部队立即撤退突围。接电话的是军团参谋长邓萍，他告诉黄克诚说不准撤退。这时，四周一片漆黑，只听见枪声越来越近，敌人已打过来了。情况已相当危险，黄克诚只好采取机动措施，先让师参谋长和师政治部主任江华带领师直属队撤到南门以东的山上去。然后，他让通信排长去通知特务连速作应急准备。特务连长刘少卿带领特务连刚撤离原来的师指挥所，敌人就到了那里，并燃起了熊熊大火。于是，黄克诚就带通信班离开了临时指挥所，摸索向前移动，设法去找部队。在一所学校门口，黄克诚先收拢二团一连，抗击敌人进攻。紧接着又找到一团四连，张震向他报告说：敌人带着白袖章做标记，从三面对我们实施包围，距离我们最近的只有百十米，看来只有向南门撤退这一条路了。黄克诚匆忙中将眼镜掉在地上，张震手疾眼快，马上拾起来帮他戴上，一起往南门跑。南门街上，军团参谋长邓萍正在督战，战斗异常激烈，部队边打边撤，挤在一条街上，敌人一枪就可以打倒好几个红军战士。黄克诚率部沿街道突围，忽听两旁的房子里也响起激烈的枪声。看来南门也不能去了，遂决定改向飞机场突围。这时，敌人的十余挺重机枪朝红军疯狂扫射。

黄克诚带部队又往前冲了一段路，发现军团部原来派在第二师和第三师之间负责联络的特务团的一个营还在原地未动，就让他们赶快撤走，留在这等于白白送死。营长姚喆说没有接到军团部撤退命令，不敢撤走。黄克诚就对他说，你赶快带部队撤走就是，一切由我负责。这样姚喆才带领全营撤出险地。

黄克诚带着通信班继续去寻找其他被打散的部队，黑夜中误入南门外敌人的飞机场。机场守军大声喝问："哪一部分？"黄克诚随口说了声"是一师的"。敌人没有听清楚黄克诚的湘南永兴口音，大概误以为是罗卓英的第十一师的，就没有细问。黄克诚趁机带领通信班迅速穿过机场，到了南关外。在这里恰好碰见师长侯中英，他正在指挥部队撤退。黄克诚对侯中英说，应该同第二师联系一下，看他们撤了没有，如果还没有撤，告诉他们趁夜暗快撤离，否则到天明突围就困难了。侯中英说他还要到前边去，看看有没有第一师的部队还没有撤出来，说完就走了。黄克诚只好自己赶到第二师指挥所，见第二师仍在原地未动，就建议第二师师长郭炳生①指挥部队撤退。郭炳生说他没有接到命令，不能撤退。黄克诚说现在部队已被敌人分割包围，能突围出去就是胜利，留下来怕要做无谓牺牲。郭炳生仍不同意撤走，坚持等候上级命令再行动。因为郭炳生曾是黄克诚的上级，他不肯撤走，黄克诚也就不便多说什么，便转回南关外去找侯中英和第一师的部队。找了一阵，没见侯的踪影。

此时，黄克诚的四周都是敌人。在靠近河边的一座城楼上，敌人的两挺机枪正对着街面猛扫，红军尚未撤出来的部队已被打散，失去了指挥建制，正在乱跑，黄克诚已无法和他们联系。他意识到自己也已经处在非常危险的境地，必须设法马上转移。于是带领通信班的几名战士钻进临街的一家店铺里，关上前门，打开后窗跳了出去，一气跑到城南的山上，才得以脱险。黄克诚迅即将零散部队收拢起来，就地组织抗击。这时，敌人开始从南街向外攻击前进，黄克诚指挥部队将敌击退。接着，敌人又组织进攻，恰好红五军团及时赶到，与敌人展开肉搏战，才将敌压了下去。攻城部队重新收拢，于3月7日被迫撤出战斗。

赣州之役，历时月余，红军遭到巨大伤亡，红三军团损失在3000人以上。黄克诚指挥的第一师损失掉八九百人，师长侯中英被俘后遭杀害。就义时很壮烈。黄克诚曾在当时红军总政治部主办的《红星报》撰文介绍侯中英的生平事迹，号召学习他的革命精神，发展革命事业。

此战在面临敌重兵猛烈夹击下，黄克诚及时而果断地采取了一些应急措施，在未接到上级命令的情况下指挥部队撤退，从而减少了部队损失，显示了他在紧急情况下的决断能力。在发现作战条件不利时多次向上级提出撤退建议也是很有胆识的，正确的。

黄克诚对于"左"倾中央不采纳毛泽东的主张而招致打赣州的失败，非常痛心。他在《自述》中写道："毛泽东是不赞成打赣州的。他主张中央红军应在支援第十九路军抗战的口号下，集中力量向敌人统治比较薄弱、党和群众基础比较好、地形条件比较有利的赣东北方向发展，在赣江以东、闽浙沿海以西、长江以南、五岭山脉以北广大地区发展革命战争，消灭白色据点，逐步扩大巩固根据地。但这一正确主张未被采纳。"

1932年3月中旬，苏区中央局在赣州东北之江口举行扩大会议，继续讨论中央红军的行动方针问题。会议否定了毛泽东关于集中兵力打运动战，向赣东北发展的主张。决定兵分东西两路，夹赣江而下，夺取赣江流域中心城市。3月18日，

---

① 郭炳生，湖南湘潭人。1928年加入中国共产党，同年7月参加平江起义。曾率部参加中央根据地一、二、三次反"围剿"作战。1932年任红三军团第二师师长，率部攻打赣州。同年8月在江西乐安叛变投敌，任国民党军新编第三十七师师长。1933年7月，在广昌被红军击毙。

中革军委决定以红一、红五军团组成东路军，林彪任总指挥，聂荣臻任政治委员，在赣江以东地区活动，相继入闽作战；以红三军团、湘赣军区和湘鄂赣军区所属地方武装组成西路军，彭德怀任总指挥，滕代远任政治委员，进至赣江以西的上犹、崇义，继而进至湘南的汝城、桂东、茶陵一带活动。

3月30日，红三军团在过赣江之前，军团政治部主任袁国平在田村召开会议批判黄克诚，指责他反对攻打中心城市是对抗中央路线，主张打"土围子"、扩大苏区和反对"左"的土地政策是右倾机会主义等。黄克诚不服，与他们发生激烈争论。3月31日，部队过赣江向西运动中，仍然一路走，一路批，黄克诚同他们争吵了一路。尽管对黄克诚批判得很厉害，但彭德怀心中有数，他认为像黄克诚这样敢于坚持实事求是的将领实在太少，没有给他处分，更没有撤职。5月，红三军团恢复了红五军的番号，邓萍任军长，贺昌任政治委员，8月，调黄克诚任红五军政治部主任。

黄克诚随邓萍、贺昌率红五军过江后到茶陵、莲花、永新一带活动了一个时期，本想收编一些地方武装以扩充主力部队，但收获不大。随即兜了一个大圈子，到了上犹地区，决定巩固上犹苏区，加紧桂东、遂川工作，打通与湘赣两省的联系。

6月，红三军团接到同东路军会合的命令，以解决进犯赣南、闽西中央苏区之粤敌，并相机攻夺赣江流域中心城市。于是，西路军即回师赣南，向南康、大庾开进。行军中，黄克诚同军政治委员贺昌在一起，贺昌继续批判黄克诚的"右倾机会主义"，黄仍然不服，跟他争论。部队宿营时，他俩住到一块，继续争论，各持己见，谁也说服不了谁。黄克诚对贺昌表示，准备同他争论20年。贺昌待人宽厚，作为上级，黄克诚无论怎样同他争吵，他都不在乎。争吵归争吵，吵过之后，照样相处，毫不计较，也不影响工作。贺昌心里明白，黄克诚是真正的共产党人，襟怀坦荡，眼光犀利、稳重，敢于坚持真理。他喜欢黄克诚这种性格。

7月2日，红三军团在大庾东北池江地区击溃由南康向大庾集结之敌4个团，溃敌退守大庾。3日，红一军团一部击溃梅岭关守敌1个团，占领梅岭关要隘。4日，红三军团开始围攻大庾之敌。8日到10日，中央红军主力在江西、闽西两军区地方武装配合下，发起水口战役。粤军的战斗力比较强，同粤军作战是硬碰硬，加之这次作战红军没有集中兵力打歼灭战，遂使水口之役打成了击溃战，未能大量歼灭敌人有生力量，也没有缴获到多少东西，而红军自己还受到一些伤亡。这对红军作战来讲，是得不偿失的。

8月8日，苏区中央局接受周恩来的提议，重新任命毛泽东为红一方面军总政委。也就是在这一天，中革军委根据苏区中央局有关指示精神，下达了发起乐安、宜黄战役的军事训令。在江西、闽西两军区所属地方部队的配合下，红一军团于8月17日攻占乐安，全歼守敌1个多旅。红三军团于8月20日攻占宜黄，歼守敌近2个旅。乐宜之役红军共歼高树勋部第二十七师3个旅，俘敌5000多人，缴枪4000余枝，击落敌机1架。这一胜利是在毛泽东、朱德、周恩来等指挥下取得的。乐宜战役胜利后，他们没有按照临时中央和苏区中央局的意图去攻打中心城市，这就避免了可能造成的损失，使红军保持了战略主动。

乐宜战役之后不久，红一方面军全部撤回宁都、广昌地区休整。10 月，黄克诚又被派到第三师任政治委员。

10 月上旬，苏区中央局在江西宁都召开全体会议，把毛泽东"诱敌深入"的方针指责为"专去等待敌人进攻的右倾主要危险"，是对中央"夺取中心城市"方针的消极怠工，否定了毛泽东实行的战略战术原则。会议决定继续贯彻王明"左"倾冒险主义的进攻路线，以自己的进攻去粉碎敌人的进攻，夺取中心城市，实现江西省首先胜利。

会后，毛泽东在红军中的领导职务即被免除，被迫离开了红军，由周恩来兼任红一方面军总政治委员。

宁都会议之后不久，红三军团政治部在广昌召开干部会议，贯彻宁都会议精神，反"右倾"。黄克诚不赞成中央关于夺取中心城市的方针，被集中进行批判。王稼祥作为中央和中革军委的代表出席了广昌会议，并在会上作了讲话。广昌会议之后，黄克诚即被撤销第三师政治委员职务，调到红三军团政治部任宣传部部长。一个星期以后，又把黄克诚调到教导营任政治委员。

1932 年底，红三军团政治部主任袁国平调任红一军团政治部主任，贺昌又回到红三军团任政治部主任。贺昌回来之后，又把黄克诚从教导营要了回来，12 月，任命他为红三军团政治部组织部部长。两个人重新相处后，都还是老样子，谁也没有改变自己的观点，因此，每天还是"吵架"，争论问题。贺昌批黄克诚右倾机会主义，黄批贺盲动主义。但彼此之间仍然相处得很融洽，工作配合默契。

五、随东方军入闽作战

1933 年 2 月 27 日至 3 月 21 日，红一方面军在朱德、周恩来指挥下，在闽赣边界地区进行了第四次反"围剿"作战，取得歼灭国民党军 3 个师、俘敌 1 万余人的重大胜利。这期间，黄克诚任红三军团政治部组织部部长，没有直接带兵参战。在这次反"围剿"作战中，他主要是配合反"围剿"做政治工作。

第四次反"围剿"结束之后，红一方面军奉命向永丰、乐安之间的大湖坪地区开进。在行进途中，红三军团政治部主任贺昌不慎坠马跌伤了腿，被送往瑞金后方医院治疗。4 月，黄克诚任红三军团政治部代主任。

5 月，红一方面军到达大湖坪。6 月上旬，部队开始进行整编。由于部队受到削弱，各部均进行了缩编。红一军团所辖各军编为第一、第二 2 个师；红三军团所辖各军编为第四、第五 2 个师。地方部队编成 3 个新的师，即兴国模范师、瑞金师、宁都师（即少共国际师）。不久"兴国模范师"编入红三军团建制，为第六师。宁都师编入红五军团建制，为第十五师。上述这几个师，就是当时中央红军的主力部队。

黄克诚对大湖坪整编之后部队的情况很是担忧。他看到，由于推行"左"倾路线，主力红军削弱了，兵力也不充实，军事指挥上连连失误，基本上没有打过像样的胜仗，俘获也很少。想到即将面对的蒋介石更大规模的军事进攻，黄克诚寝食难安。

6月，袁国平回到红三军团任政治部主任，黄克诚调任第五师政治部主任。

"左"倾冒险主义的领导人被第四次反"围剿"的胜利冲昏了头脑，提出"全线出击""两个拳头打人"的战略，并于6月13日发出《对今后作战计划之指示》，要求红一方面军分成两部分：以红一军团为主，组成中央军，在抚河、赣江之间的宜黄、乐安、南丰一线作战，破坏敌人的作战计划，看守中央苏区的北大门；以红三军团组成东方军，入闽作战，打击驻闽敌军。临时中央的打算是，在两个战略方向上同时取胜，进而夺取抚州、南昌等中心城市，以实现革命在江西省的首先胜利。

这是违背毛泽东一贯集中优势兵力"一个拳头打人"的战术原则的。毛泽东指挥作战时，总是将红一军团和红三军团相互配合，打击敌人，所以屡战屡胜。

7月1日，东方军由红三军团和第十九师（属红二十七军）组成。彭德怀兼司令员，滕代远兼政治委员，邓萍兼参谋长，袁国平兼政治部主任。不久滕代远调任中革军委武装动员部部长，由杨尚昆接任红三军团政治委员。东方军仍归红一方面军司令员朱德、政委周恩来指挥。

部队在大湖坪举行东征誓师大会，彭德怀在会上讲话号召"筹款百万，赤化千里"，"把红旗插到福建去，开辟新的根据地"。7月2日，部队分左、中、右三路，向福建挺进，很快抵达宁化县西部地区。

此时，驻福建的国民党军为蒋光鼐、蔡廷锴第十九路军，辖第六十、第六十一、第七十八师，分别驻龙岩、新泉、泉州、永春、连城地区；同时指挥第四十九、第五十六、新二师等师，分别驻永定、上杭、将乐、顺昌、延平、建瓯、建阳、龙溪、永安、清流、宁化、归化等地区。

7月7日，第五师奉命向宁化县泉上镇这个"土围子"进攻，开始久攻不下，后用爆破的方法，才炸开围墙，冲入镇内，激战至19日，歼敌近2000人，缴获一批武器、弹药和大批粮食、食盐。东方军首战得胜。

7月30日至31日，东方军又以第四、第五师和第十九、第三十九师进攻连城县朋口地区第十九路军第七十八师，歼其两个团。东方军乘胜追击残敌50余公里，占领了连城、清流、归化等县城。

东方军在连城地区进行为期10天的休整。其间，举行了体育运动会。赛前黄克诚组织师政治部机关干部下到各团组织参赛队伍，该师军体比赛取得出色成绩，受到军团首长表扬。

在这两次战斗期间，黄克诚体力明显下降了。他患了痢疾，病得相当厉害。没有药，卫生队长就给他反复灌肠，导致他全身瘫软。尽管如此，黄克诚仍然坚持随部队行动。战斗结束后，卫生队长买了一只鸡，加上一点人参须子，熬了一锅汤，这在当时已是很不容易的。黄克诚吃下以后，才慢慢恢复了一些体力。

连城休整后，东方军奉命北进至闽江流域的延平（今南平）、顺昌之线，并在夏茂镇、高桥镇一带搞扩军、筹款。

夏茂镇当时比较繁华，商品很丰富，黄克诚带领师政治机关干部，向社会宣传红军的宗旨，请求人民给以支援。在这里筹集到不少物资，也吸收了一批新兵。

离开夏茂镇之后，第五师在闽江南岸，第四师、第六师在闽江北岸，夹江而下，攻占洋口，进逼延平城下，取得"围城打援"的胜利。此后第四师、第五师进至延平、福州一线。

东方军从7月入闽，战至9月中旬，先后攻占归化、清流、泉上、朋口、洋口、峡阳、连城、白沙等地，俘敌3000余人。但围攻延平、将乐、顺昌等地未克。东方军酷暑远征，连续作战，缺粮缺药，自身受到很大削弱。

9月下旬，国民党军开始了对中央苏区的第五次"围剿"。东方军奉命由福建的将乐、顺昌地区北上就敌，入闽作战至此结束。东方军苦战三个月一度攻占的部分地区相继丢失。黄克诚在《自述》中总结入闽作战时写道："红一方面军历来作战都注重协同配合，集中相对优势兵力打歼灭战，所以，屡战屡胜。经验证明，红一、红三军团分离作战，就打不好仗，就要吃亏。这次东方军入闽作战三个月，基本上没有打过好仗，部队受到很大的损失和消耗。当时，蒋介石已在部署对中央革命根据地的第五次大规模'围剿'，红一方面军分离作战的结果，不仅未能取得预期的胜利，反而丧失了进行反第五次'围剿'准备工作的宝贵时间。"

六、参加第五次反"围剿"

1933年9月下旬，蒋介石不顾日本帝国主义进一步扩大侵略、大片国土沦丧的事实，竟然调集65个师近100万人的兵力对中央苏区及邻近的闽浙赣、湘赣、湘鄂赣苏区进行第五次"围剿"。9月28日，攻占中央苏区北大门——黎川。

冒险主义的临时中央领导人震惊于一城之失，提出"御敌于国门之外""不失寸土"的错误方针，否定毛泽东正确的战略战术，急令东方军"首先消灭黎川之敌，进而会合我抚西力量，全力在抚河会战"。

东方军入闽作战遭受较大损失。奉命北进后，于10月4日在闽西泰宁地区集结完毕。5日，东方军分左右2个纵队向黎川以北的硝石开进，预定于8日攻击硝石之敌第二十四师，为收复黎川创造条件。东方军在开进途中与敌第十八旅旅长葛钟山率领的3个团在洵口地区遭遇，经激战，全歼该敌3个团，俘旅长葛钟山以下1100多人。彭德怀高兴地说："好啊！路上捡了一个旅，这算是第五次反'围剿'中取得的一个意外的序战胜利吧！给中革军委发报。"

"左"倾冒险主义者本来就被第四次反"围剿"的胜利冲昏了头脑，又得到东方军在洵口歼敌一个旅序战胜利的捷报，头脑更加昏然了。就在这个时候，李德从上海来到中央苏区的瑞金。

李德，原名奥托·布劳恩，笔名华夫，德国人，德共党员、秘密工作人员，

1926 年被捕入狱，出狱后，1928 年秘密前往苏联，入伏龙芝军事学院学习，1932 年受共产国际派遣来华，同年秋到上海，任中共中央机关军事顾问。由于"左"倾冒险主义者不懂军事指挥，又排斥了毛泽东的正确军事路线，所以拱手把军事指挥权让给了这个外国人，李德以"太上皇"自居，发号施令。1933 年 9 月，正当第五次反"围剿"序幕刚刚拉开之际，李德来到了中央苏区，当了中革军委的顾问，成为第五次反"围剿"的实际最高指挥者。当时他只有 33 岁，而且从来没有带过兵，打过仗，更不了解中国的国情和红军的特点。

博古、李德看到彭德怀的捷报，高兴地说：东方军在路上就消灭敌人一个旅，看来敌人的堡垒战也并不那么可怕嘛！李德当即命令：东方军攻击硝石，收复黎川；其他各军团穿插到敌堡垒中去，消灭敌人，在资溪桥地区同敌决战！

硝石位于黎川、南城之间，扼黎、南交通要冲，战略地位十分重要。敌第二十四师在此筑垒固守，师长是反共先锋、1927 年马日事变的发动者许克祥。硝石附近的黎川有敌 3 个师，南城、南丰有敌 4 个师，随时可速援硝石。"左"倾冒险主义的中革军委无视敌军密集的严峻态势，急于收复黎川，遂不待东方军休整备战，强令东方军攻打硝石。彭德怀急忙部署。

10 月 9 日，东方军第四、第五师从北面，第十三师从东面向硝石发起攻击。敌凭工事顽抗，战斗异常激烈，东方军连续多次攻击均未成功，打援亦未实现，不得不改进攻为围困。此时彭德怀发现，东方军已处于敌堡垒群中，感到有被消灭的危险。战至 13 日，敌 4 个师增援硝石，东方军不得不撤出战斗。

黄克诚参加了攻打硝石的作战。他在《自述》中写道："按照毛泽东指挥作战的经验，打完一仗之后，部队要进行必要的休整，养精蓄锐，再寻机歼敌。但此时临时中央完全听命于军事顾问李德的瞎指挥，命令已相当疲惫的红 3 军团，立即向黎川以北敌人的巩固阵地硝石进攻。硝石镇的守敌兵力很强，而且敌人可以随时机动策应。当红 3 军团奉命进至硝石附近集结后，发现我军已钻入敌堡垒群纵深之中，受到四面之敌重兵夹击，有被歼灭之危险。彭德怀意识到这一险况后，连电中央，陈请取消攻打硝石的作战计划，终获批准。这才使红 3 军团撤离险境，幸免于难。"

红三军团已在硝石作战中被拖得相当疲劳，且受到一定损失。1933 年 11 月初，李德又命令红三军团远离苏区，去攻打位于抚州附近的浒湾。

进驻浒湾之敌徐廷瑶的第四师，系由张发奎部改编的广东部队，战斗力很强。待红三军团赶至浒湾，守敌已建立了巩固的阵地，以逸待劳；而红军则疲于奔命。黄克诚所在的红五师，连续行军 40 多公里，才到达指定位置。11 月 11 日，红三军团和红七军团相配合对浒湾、八角亭之敌发起强攻，敌凭工事顽抗。第五师第十三团突入敌阵地与敌肉搏达 40 分钟之久，因后援不继，于 13 日拂晓前撤出战斗。上午 8 时，敌机 12 架对红军轮番轰炸扫射，第五师转移时，不断遭敌机袭扰，5 公里路程走了 8 小时。经三天激战，终未攻克浒湾和八角亭，红军遭到很大伤亡，只好撤出战斗。

此次战斗，毙敌 520 人，俘敌只有 7 人。东方军伤亡和失踪合计 1095 人，其中阵亡 309 人，失踪 151 人。第四师十一团政治委员吴宗泰牺牲，师政治委员彭雪枫和第十一团政治处主任甘渭汉负伤。

这次战斗失利，临时中央不检讨自身的错误，反而怪罪作战部队，追究部队指挥员的责任。他们又不好对战功卓著的彭德怀直接下狠手，便拿红七军团政治委员萧劲光开刀，将其撤职、开除党籍，并交付审判。黄克诚所在的第五师第十四团政治委员麦农本也被当作替罪羊，撤销职务，并被处死。其实，浒湾战斗失利，完全是上边瞎指挥的责任，与萧劲光、麦农本等毫不相干。处理萧劲光、杀掉麦农本，实在是天大的冤枉。

打完这一仗，黄克诚对"左"倾的军事指挥几乎完全失去信心，他在《自述》中写道："我明显地预感到红军的前途不妙了。过去红军作战，前线部队有很大的机动性和主动权，估计能打得赢就打，打不赢就走；明知道会吃亏，就决不蛮干。可现在不同了，不管大仗小仗，统统由上边制定作战方案，下达具体作战命令，前线部队在执行过程中，不允许有一丝一毫的机动。本来是按照上边的命令行事，但仗没有打好时，却要追究下边同志的责任，真是咄咄怪事。李德这个人治军完全照搬德国军事学上那一套，毫不顾红军当时的具体情况，不考虑敌强我弱的特点，一味搞正规化，打阵地战，与敌人拼消耗。这样搞法，红军实在是吃不消。我们可以从破译敌台的密码中获取敌军的情报，李德却利用这个好的条件，搞瞎指挥，今天命令部队去攻打这里，明天又命令部队去攻打那里，而又不集中兵力，结果，哪里也吃不掉，白白疲劳、消耗了部队。"

第四师政治委员彭雪枫在浒湾战斗中负伤，到瑞金后方医院治疗后，11 月中旬，上级派黄克诚到第四师任政治委员。师长是张锡龙，四川人，毕业于莫斯科步兵学校，军事素质很好，有一定文化水平，打仗勇敢顽强，是位很难得的军事指挥员。吕振球任师政治部主任。

11 月 20 日，国民党第十九路军将领陈铭枢、蒋光鼐、蔡廷锴等，在福州发动福建事变，实行联共抗日反蒋政策，同红军签订了停战协定。蒋介石慌忙抽调 11 个师，编成"入闽军"，进攻第十九路军。另以 7 个师的兵力对中央苏区加紧封锁，限制红军与第十九路军的联系。

12 月 10 日，敌第五、第八纵队共 7 个师由黎川地区出发，企图经团村、德胜关向福建泰宁进攻，以隔断红军与福建人民政府的联系。

红一方面军得悉上述情况后，决心以红三军团等部主力于团村、东山地区设伏，以短促而有力的突击，消灭其先头部队，打破敌人进犯企图。

团村位于黎川与德胜关之间，在黎川城东约 30 公里，是一个小盆地，地理位置十分重要。彭德怀根据方面军的指示，决定在此与敌一战。红三军团等部部署完毕，各师进入预定位置。12 日拂晓，敌第六师在左，第九十六师在右，第五师为第二梯队，由黎川地区出动，向团村、东山进犯。11 时许，设伏在团村以东的红三军团第四、第五师，在红九军团第三师协助下，向敌第二梯队第五师实施猛烈反击。敌遭此突然打击，乱作一团，3 个师纷纷向黎川地区逃遁。红三军团因兵力不足，未能追歼溃敌，只好撤到团村、东山之线与敌对峙。13 日，敌又调 4 个师增援溃敌，共 7 个师再向团村地区发起攻击。红三军团等部顽强抗击后被迫后撤。两军又在德胜关激战两日，因敌在兵力、火力方面占优势，红军则弹药用尽，16 日撤出战斗。此战共毙伤俘敌 1000 余人，红军亦伤亡失踪 1000 多人。

黄克诚到第四师工作不到半个月就投入这场战斗。在这次战斗中，黄克诚和师长张锡龙亲自到阵地前沿察看敌情，选择攻击地点。由于他们过于暴露，被在侧面不到 1000 米远的一座山头上的敌人发现。敌人用机枪对准他俩扫射过来，一颗子弹从张锡龙的头部穿出，之后又打掉了黄克诚的眼镜。黄克诚就什么也看不清楚了。他赶忙蹲下身去摸眼镜，就听到张锡龙发出呼噜呼噜的声响。他急忙掏出那副备用的眼镜戴上，定眼一看，张锡龙已牺牲了。这位才德兼备、英勇过人的红军指挥员，就这样为革命献出了自己年轻的生命。黄克诚心情十分沉重。张锡龙牺牲后，由 25 岁的洪超接任师长。

此战后，彭德怀召开师以上干部会议。他说：“我们以 1 万人击溃敌人 4 万多，算是击溃战，也是胜利嘛！只可惜，我们牺牲了一位德才兼备的英勇过人的张师长，损失太大了！”坐在一旁的黄克诚此时表情严肃，十分痛苦，以沉重的语气说：“张师长牺牲我有责任，我们太大意了，没有隐蔽好。”他又说：“博古不懂军事，李德没有经验，瞎指挥，还是毛主席有办法。这次作战如果按毛主席的办法，红一、红三军团配合起来打，肯定会取大胜。”彭德怀说：“我同意克诚同志的看法。如果按老毛的战法，红一、红三军团靠拢作战，敌最初 3 个师 15 个团定能消灭，敌人增援也来不及……这样，敌人的第五次‘围剿’不愁打不破。这是教训，也是经验。”[①]

在蒋介石集中兵力对付第十九路军而对中央苏区暂时采取守势的情况下，临时中央继续实行分兵作战的错误方针，将红一、红三军团分开行动。红一军团被调至黎川、泰宁之间，进攻敌人的堡垒阵地，与优势敌军拼消耗。红三军团再次被调往福建攻打沙县。

1934 年 1 月 2 日，中革军委电示红三军团于 3 日开始向闽西沙县地域进发，攻击敌卢兴邦部第五十二师，占领沙县。这是红三军团第二次奉命进入闽西。当日，红三军团由闽赣边境之头陂地区出发，8 日抵达归化，进逼沙县，当夜，向沙县之敌发起攻击。守敌为国民党新编第五十二师卢兴邦两个团。红三军团连续几次攻击均未奏效。黄克诚、洪超率第四师同兄弟部队一道采取挖坑道爆破的方法，炸开城墙，奋勇突入城内，将守敌全歼。继之，又乘胜攻占尤溪县城，缴获了卢兴邦的一座兵工厂，还搞到一大批盐。红军战士在群众的协助下，兴高采烈地把缴获的大批物资和机器搬运回瑞金。这是红三军团在第五次反“围剿”中打的第二个胜仗，毙伤敌 700 多人，俘敌 1300 多人，缴获大批物资。

---

① 郭晨：《彭德怀大传》（上），中国工人出版社 2003 年版，第 131—132 页。

尽管第二次入闽作战屡战皆捷，但由于临时中央继续推行错误路线，红三军团在闽浴血奋战所取得的胜利只是在战术上的一点胜利，对第五次反"围剿"的全局并无多大影响。红一方面军粉碎敌人第五次反"围剿"的有利时机也随之丧失了。

蒋介石平定了福建事变之后，迅速重新集结兵力，向中央革命根据地大举进攻。这时，临时中央由进攻中的冒险主义变为防御中的保守主义，命令红一方面军处处设防，节节抵御。临时中央完全听命于李德，提出实行"短促突击"的战法，以支持那种消极防御的错误方针。

不久，红三军团奉命从闽北西返，在黎川与泰宁交界处的山地地带，与红一军团会合。

第五次反"围剿"打了一年多时间，这是红一、红三军团首次会合。兄弟部队的战友们相见之下，感慨万端。红一军团向红三军团要盐，他们已经好久吃不到盐了。林彪见到黄克诚后，头一句话就问："有盐没有？快支援一点吧。"过去，红军每人每天有五钱盐吃。第五次反"围剿"时，吃盐发生了极大的困难，前线部队每人每天勉强能吃到八分盐，后方则无盐吃。红三军团与红一军团会合时，将在福建沙县、尤溪缴获到的盐分给他们一些。红一军团将防御阵地移交给红三军团之后，又奉命离去。红三军团在这一带山地与敌人对抗了一个多月，被迫放弃阵地，撤到南丰、广昌以北地区，继续与敌军对抗。这里遍地是堡垒，红军无法进攻，一仗打下来，就是一大批伤亡。

1934年4月中旬，敌人集中兵力进攻广昌。红一、红三军团奉命在广昌一线固守。李德亲临前线指挥与敌军决战。敌军从堡垒群里轮番出击，并用炮火猛烈轰击红军阵地，敌人的飞机也在空中投弹扫射。敌我双方反复拼杀攻夺，整天是炮声隆隆，枪声不断。

同敌军搞堡垒对阵的结果，虽然也杀伤了不少敌人，但红军总拼不过在数量和装备上都占绝对优势的敌军，红军伤亡日增，仗打得越来越艰苦。看到这种情况，黄克诚实在忍不住了，主动找到了彭德怀说："照这个样子打下去，红军要被搞垮的，一点儿出路也没有。你现在讲话还能起点作用，是不是你向中央提个建议，请毛泽东出来指挥，或许可以扭转危局。"彭德怀只点点头，一言不发，广昌战斗后，彭德怀与李德见面时，当面说李德是"图上作业的战术家"，"崽卖爷田心不痛"。红三军团政委杨尚昆当即表示赞同彭德怀对李德的批评。

红一方面军在广昌苦战了18天之后，被迫放弃。红三军团奉命向广昌以南撤退，在撤退途中，依然是处处设防，搞阵地防御，几乎每天都在打仗，有时一天要打几个仗。由于战斗频繁，打得又相当艰苦，部队伤亡大而得不到补充，尤其是干部损失严重，使部队元气大伤。

第五次反"围剿"后期，每天光是行军打仗，上边也不召集干部开会了。黄克诚对红军的前途非常担忧，但又没有发表自己意见的机会，很苦恼。那个时候党内的政治空气很紧张，黄克诚不敢贸然提意见，只在下面发些"短促突击，红军送死"之类的牢骚话。有人把黄克诚的这些话向上边报告了。军团一位领导找他谈话，劝他不要随便乱讲，并没有给黄克诚处分。

第五次反"围剿"整整打了一年，红三军团始终战斗在第一线。在第五次反"围剿"的 18 次重大战役、战斗①中，黄克诚参加了 12 次。他在《自述》中对第五次反"围剿"作战作了这样的总结："在第五次反'围剿'之前，红一方面军连续取得四次反'围剿'作战的胜利，部队发展壮大超过了以往任何一个时期，中央苏区更加巩固。而敌人连遭失败，损兵折将；加之第五次反'围剿'开始不久，发生了'福建事变'打乱了蒋介石的阵脚。如果我们仍然坚持毛泽东的正确军事方针和作战原则，积极支援第十九路军的反蒋行动，蒋介石就将首尾不得相顾，我们粉碎第五次'围剿'是不成问题的。然而，'左'倾冒险主义者把持下的临时中央，把李德这个教条主义者捧为'太上皇'，任其总揽红军的军事指挥大权，一意孤行，搞瞎指挥。打一场战斗，我军阵地上每一挺机枪的配置位置，都得绝对按图作业，不许前线部队有任何机动权，真是机械得出奇。结果，把中央革命根据地的家当消耗殆尽，几乎断送了红一方面军。"这一年，"红三军团除了在洵口、沙县两次战斗中打了胜仗之外，其余的仗都没有打好。单就打仗来讲，这一年多来，红军指战员确实经受了前所未有的锻炼和考验，不会打仗的学会了打仗，没有战斗经验的取得了经验。凡是参加了第五次反'围剿'作战的红军战士，大概比世界上任何一个国家的将军、元帅所打的仗都要多。可是，由于整个军事战略方针上的失误，红军越打越削弱，根据地越来越缩小，以至于到后来在苏区无法立足，被迫放弃坚持了七八年之久的中央革命根据地，开始了艰苦的长征。"

---

① 18 次重要战役、战斗，系指洵口遭遇战、硝石攻坚战、资溪桥攻坚战、浒湾—八角亭攻坚战、云盖山—大雄关防御战、团村—德胜关防御战、丁毛山战斗、邱家隘—平寮反击战、沙县攻坚战、鸡公山阵地防御战、凤翔峰阵地防御战、三溪圩—三坑反击战、新桥反击战、广昌保卫战、古龙岗—银龙下反击战、大寨垴阵地防御战、高虎垴—驿前阵地防御战、温坊袭击战。

第七章　长征路上

一、预感中央实行战略转移

第五次反"围剿"作战至 1934 年 9 月下旬，红军已处于十分不利的困境。中央苏区仅存瑞金、会昌、雩都（今于都）、兴国、宁都、石城、宁化、长汀等县的狭小地区，人力、物力十分匮乏，红军已丧失在内线打破敌军"围剿"的可能。

此时，黄克诚已预感到，在这种十分艰险的处境下，中央苏区很难保留下来。但是，下一步棋怎么走，红军向何处去，他不清楚。1934 年 9 月 29 日，中华苏维埃共和国中央政府机关报《红色中华》上发表了张闻天的署名文章《一切为了保卫苏维埃》。黄克诚反复阅读了这篇文章，从中感觉到，中央红军的战略转移已势在必行。

10 月初，各路敌军又加紧对中央苏区中心地区的围攻，中共临时中央、中革军委领导人决定撤离中央苏区，率领中央红军主力到湘西去与红三军（红二军团）和红六军团会合。

10 月 7 日，苏区地方部队接替防御任务后，主力红军向瑞金、雩都、会昌集中。下旬，中央机关和主力红军 5 个军团共 8 万余人开始向西突围，实行战略转移。持续了一年又一个月的第五次反"围剿"作战由于"左"倾教条主义的错误指导，以失败而告终。

黄克诚率领第四师随红三军团于 10 月 8 日到达宁都以南的渡头、二坑底、罗屋底、九垴下、黄石贯、长胜等第一集结地域，对部队进行了政治教育，让官兵正确认识"目前我们正处在紧急的转变关头"，要"发扬部队攻击精神，准备突破敌人的封锁线，进行长途行军与战争。"同时进行了人员、弹药、装备的补充，全军团由原有的 15205 人，补充到 17805 人。干部也进行了调整。黄克诚仍任第四师政治委员，师长洪超，参谋长杜中美，政治部主任吕振球，下辖第十、第十一、第十二团。

10 月 12 日晚，红三军团由第一集结地域出发，于 14 日晨到达雩都东北的水头圩、石溪坝、车头圩、禾田、仙露观等第二集结地域，做好突围前的准备工作。

这期间，博古来到红三军团，在团以上干部会议上作了一个报告，声称部队准备突围，转移阵地。但他并没有讲明要转移到何处。此时，黄克诚联系张闻天的那篇文章来理解博古的报告，他觉察到临时中央已打算放弃中央苏区，向外线转移了。于是，他急忙赶到红三军团医院里，去动员伤病员立即出院。当时红三军团的伤病员有 1 万余人，他们对部队马上准备向外线转移一无所知，绝大多数伤病员不想或不能出院，只有少数人当即出院归队，其中有张震、甘渭汉、钟伟等人。张震在回忆录中这样写道：

"一天，师政委黄克诚来医院看望伤员，一见面，就指名要我跟他回前方。当时我的伤口还在化脓，担心拖累部队，有点犹豫。黄克诚用不容置辩的口气说：'你的脚能走，回前方也能养好伤。'许多重伤员都羡慕我们能回部队，医院副院长方圆等同志一直送到村口，还嘱咐我们说：反攻胜利后，别忘了给送些胜利品来。后来听说，红军主力走后，医院被敌人打掉，医院的同志和伤病员都牺牲了。我们在雩都赶上了部队。我仍回到 10 团，留在团部当作战参谋。部队正忙于补充兵员、弹药、刺刀、棉衣。原来，中共中央和中革军委在各路敌军加紧向我中心区推进的严重形势下，已决定撤离中央苏区，到湘西去同红二、红六军团会合，由于这个决定极端保密，我们这些人只听说要进行'反攻'，根本不知道要放弃中央苏区，进行战略大转移。多年来，我一直认为黄克诚同志可能知道部队要走的情况，才到后方医院接我们。近年看他的《自述》，方知他当时也不知真情，而是从中央领导同志的讲话、文章中判断的，实在难能可贵！人到晚年，易思往事。当年，如果不是黄克诚同志把我从医院里接出来，带上长征路，哪里还会有今天！"

二、连续突破封锁线

10 月 17 日，黄克诚与师长洪超率红三军团第四师作为军团前卫，在雩都河畔同中央苏区人民依依惜别，踏上了西去的征途。在长征的头两个月，第四师官兵与兄弟部队密切协同，英勇拼杀，先后突破敌人四道封锁线。

10 月 19 日，红军进到信丰河（桃江）东岸的牛岭坳、牛岭及图岭地域，接近国民党南路军陈济棠部沿信丰河向南，经大埠、王母渡、新田等地修筑的第一道封锁线。

10 月 21 日红军发起攻击，双方战斗相当激烈。洪超和黄克诚指挥第四师同守卫新田、固陂之敌展开激战，突破该敌封锁线。接着，师长洪超率第十一团为前锋，向百室圩挺进。一支敌军突然向部队左侧攻击，企图截断红军前锋部队与后续部队的联系。洪超直接指挥部队，将敌军击退，却不幸中弹牺牲，年仅 25 岁。在短短几个月中，第四师先后牺牲三位师长，黄克诚十分悲痛。洪超牺牲后第四师师长由张宗逊继任。张宗逊，陕西渭南县人，黄埔五期生，秋收起义随毛泽东上井冈山，是红军中有勇有谋、英勇善战的指挥员。黄克诚比他大 6 岁。

21日至25日，敌人设置的第一道封锁线被突破，中央红军各部队从信丰城南北先后渡过信丰河。

国民党并未弄清红军的战略意图，遂采取"两头堵"的战略，一面令"围剿"北路军主力集结待命，一面电令南路军和西路军火速调兵，在湘粤边境组成第二道封锁线。

29日，中革军委电令各军团应取先机，于11月1日进到沙田、汝城、上堡、文英、长江圩等地域，突破敌由沙田到城口的第二道封锁线。红三军团奉命分左、右2个纵队前进。黄克诚和张宗逊率领第四师为右纵队，由崇义经黄竹洞、古亭、集龙向汝城前进；军团主力为左纵队，由稳下、左溪、关田、文英、热水向汝城进击。

当日，红三军团左、右两个纵队均接近汝城地域。3日，黄克诚、张宗逊率第四师在第五师、第六师的配合下，向汝城守敌2个团发起进攻，未能奏效，在援敌已进至汝城以北的情况下，红三军团领导报请中革军委同意后，决定放弃进攻汝城的计划，留下第四师一部分兵力监视汝城之敌，掩护主力转进。4日，红三军团主力于汝城以南的天马山、大来圩、官路下地域突破敌人第二道封锁线，向西挺进。5日起，中央红军分左、中、右三路由汝城、城口之间陆续通过敌人封锁线，至8日，全部通过第二道封锁线，进入湘南、粤北地域。

此时敌人在郴县、良田、宜章、乐昌已设置第三道封锁线。这里有敌正规军3个团、湘军1个团和一些民团的散兵游勇扼守。中革军委决定中央红军于宜章以北的良田及宜章东南的坪石间突破敌人第三道封锁线。

彭德怀、杨尚昆根据中革军委的决定作出部署，令各师立即行动。

黄克诚、张宗逊率第四师同兄弟部队协同作战，于11日拂晓攻克宜章县城，突破敌第三道封锁线。中革军委特通报表扬红三军团。

接着，第四师同第五师协同，在万会桥、良田、两路司地域，向郴县加强侦察警戒，掩护中央红军右侧安全，等待红一军团主力。15日，中央红军全部通过敌人第三道封锁线，继续西进。

此时，蒋介石已判定红军经兴（安）全（州）间西去；遂任何键为"追剿"军总司令，率五路军共16个师77个团，"追剿"中央红军，并利用湘江这一天然屏障，设置了第四道封锁线；同时令粤、桂、黔军分头堵截，妄图围歼中央红军于湘江、漓水以东地区。

11月25日，红军在道县与江华（今水口）间全部渡过潇水。此时，迅速突破湘江，冲出敌人重围，是关系中央红军生死存亡的关键一战。

这时，中革军委决定，乘兴安、全州一线敌防守兵力减弱之机，以红一军团主力及红三军团、红八军团组成进攻部队，迅速占领营山山脉的各关口隘路，并于全州、兴安之间渡过湘江，消灭敌人第一、第二路军及与红军接触的桂军部队；其他各组成掩护部队，于潇水、营山诸隘口，阻止敌第三、第四、第五路军前进。中革军委并决定全军分4个纵队前进，其中，红三军团、军委第二纵队及红五军团 1 个师为第三纵队，向灌阳山道前进，相机占领灌阳，然后向兴安前进。

　　红军很快抵达湘江边，并开始与敌抢占渡江要点，遭到很大伤亡。

　　当灌阳战斗打得正激烈之时，黄克诚奉命到界首红一军团司令部，接收红一军团的防务。红一军团军团长林彪向黄克诚交代了任务和敌军的情况后，黄克诚问林彪："我们是否仍照红一军团这样在湘江北岸布防？"林彪说："不行，要过江在南岸构筑防御阵地，阻止桂敌侧击，以掩护我军主力和中央、军委纵队通过湘江。"11 月 27 日，师长张宗逊率第四师紧急赶到界首地区，黄克诚同其决定按照林彪的意见，在湘江南岸靠近山麓布防，遂立即命令第十团首先渡过湘江进至界首。第十团在团长沈述清、政委杨勇的率领下，在界首以南光华铺、枫山铺地区构筑工事，保障渡河点，担负掩护军委纵队和红九、红五军团渡河的任务，并要求部队坚守阵地，没有命令，不准撤出阵地。11 月 30 日，敌军向第十团阵地连续发动了十几次冲击，战斗十分激烈。团长沈述清壮烈牺牲。当天下午，第四师参谋长杜中美接任第十团团长，在指挥部队与敌反复争夺阵地的战斗中殉职。第十团在政委杨勇指挥下，与数倍于己的敌人激战两昼夜，完成了掩护兄弟部队渡江的任务，却付出了包括两任团长在内的 400 多人牺牲的代价。

　　12 月 1 日，中央红军主力和中央、军委纵队全部渡过湘江。但第四师还没有接到上级的撤退命令。黄克诚对张宗逊说："我师的阻击任务已经完成，应该撤离了。"张宗逊说："没有接到命令，不能撤。"黄克诚说："现在不撤，再拖延下去想撤也撤不走了，会被敌人吃掉的。"当时在红军中，政治委员有最后决定权。黄克诚十分坚定地对张宗逊说，"你迅速指挥部队撤离，去追赶主力，一切由我负全

■ 1934 年 11 月，黄克诚率红四师参加湘江战役，该师在界首湘江南岸布防，阻击桂军，掩护中央红军过江。图为界首渡口。

部责任。"这样，张宗逊急速把部队撤走，使第四师免遭被歼灭的危险。

湘江战役是红军离开中央苏区以后最激烈的一仗。红军由于"左"倾领导的逃跑主义错误，付出了极其惨重的代价，全军由出发时的8.6万多人锐减到3万多人。红三军团以伤亡4000多人的重大牺牲，为冲破敌军的围追堵截，粉碎蒋介石围歼红军于湘江以东的企图，作出了重要的贡献。

三、两占遵义四渡赤水

1934年12月1日，黄克诚、张宗逊率第四师最后撤离界首，沿山地继续西进，沿途仍不断遭到桂系军队的截击。在两渡桥战斗中，由于四师抢先占领据隘口，桂军侧击未能得手。接着又在龙胜（今资源）县境之两河口，与桂军激战两天。

中央红军主力离开两河口之后，张宗逊仍然命令四师坚持固守在山头上，在未接到上级命令之前，不许撤离。黄克诚冷静分析了红军主力前行的进程，觉得等待上级的命令已很渺茫，于是他再次和张宗逊指挥部队撤离险境，并让师政治部主任张爱萍带领一支部队先撤走，其余部队随后跟进。部队脱离险境后，向西翻越西延山脉海拔2000多米的主峰老山界等，摆脱了桂敌，进入苗族聚居地区，部队得以喘息。黄克诚爬上一座小木楼，由于过度疲劳，倒头便睡着了。待到半夜，小木楼突然起火。黄克诚惊醒后，已被大火包围，楼内浓烟呛人，什么也看不清。他费了好大力气才摸索着下了楼，但眼镜被大火烧毁了，他成了"瞎子"。

红军突破敌四道封锁线后，蒋介石已判明红军的行动意图，遂调集40万大军追堵。形势仍然严峻。

12月11日，红军攻占湖南通道县。当日，中共中央在这里召开会议，讨论红军进军的方向问题。会议同意毛泽东放弃与红二、红六军团会合的原定计划，通过了红军向敌薄弱的贵州前进的决定，使中央红军避免了与六倍之敌决战而陷入被歼灭的绝境。

15日，红军攻占黎平。18日，中央政治局在黎平召开会议，再次研究红军的行动方向问题。这是通道会议上没有解决好的问题。会议再次肯定了毛泽东的正确主张，通过了在川黔边建立根据地的决定。这次会议是改变红军进军方向的开始，否定了"左"倾领导的错误主张，使红军避免了覆灭的危险。

第四师在黎平未做停留，继续西进，12月底进至瓮安县境，在这里进入1935年。过元旦时，黄克诚千方百计地想搞一点好吃的东西，让全师干部战士们稍许改善一下伙食，结果连一点豆腐也没能搞到。身为师政治委员的黄克诚心里真不是滋味。那年过元旦时的窘迫景状，使他许多年都不能忘记。

黎平会议后，中央红军继续深入贵州，突破乌江，于1月7日凌晨智取遵义城。第四师随红三军团进至遵义以南地区，一边休整，一边打土豪、扩军。然而，这个地区太贫穷，部队难以立足。

1月15日至17日，中央政治局在遵义召开扩大会议，集中解决了当时最迫切的具有决定意义的军事问题和组织问题。会议批判了博古、李德在军事指挥上犯的一系列错误，肯定了毛泽东等关于红军作战的基本原则，取消了博古、李德的最高指挥权，增选毛泽东为政治局常委。会后，根据这次会议的精神，中央政治局常委进行了分工，以张闻天代替博古负总责（习惯上也称为总书记），以毛泽东、周恩来、王稼祥组成军事指挥小组，全权负责处理最紧迫的军事指挥工作和红军的作战行动。

黄克诚听了会议精神的传达后非常振奋。他看到中国革命在最危急的关头解决了军事路线和军事指挥问题，重新确立了毛泽东在红军中的领导地位，党有了光明，红军有了希望，长期以来压抑的心情开始轻松起来。

遵义会议后，红三军团在懒板凳等地区集结期间进行了整编工作。军团下属的三个师，保留第四、第五师番号，将第六师缩编为独立团。黄克诚仍任第五师政治委员，张宗逊为师长，下辖第十、第十一、第十二团，第十团团长陈连华、政治委员杨勇，第十一团团长邓国清、政治委员王平，第十二团团长谢嵩、政治委员钟赤兵。

1月20日，中革军委命令中央红军迅速转移到赤水、土城及其附近地域，渡过赤水河，夺取蓝天坝、大渡口、江安之线的各渡河点，以便迅速渡过长江。如因川敌阻挡不能渡过长江，红军应暂留川南地域进行战斗，并准备在宜宾上游渡过金沙江。

21日，中央红军分左、中、右三路纵队开始向土城、赤水地区前进。红三军团为左纵队，奉命率先出发，向土城、赤水方向推进。途中，担任掩护任务的第五师突遭黔敌王家烈部袭击，部队受到一些损失。第五师师长李天佑因此而被撤职，由彭雪枫接任。第五师旋与军团直属队一起行动，黄克诚、张宗逊率第四师担任掩护任务。

这一任务是很艰巨的，一是敌王家烈所部紧紧咬住不放，跟在红军后面猛追。二是第四师已很疲劳，既没东西吃，也没地图可用，每前进一步，都要费很大力气。指战员们要一面寻找吃的东西，一面侦察地形，摸索前进的路线。张宗逊负伤后住卫生所疗伤，第四师只有黄克诚一个人指挥。为摆脱这种困境，黄克诚抓住时机，果断地集中杨勇、王平的两个团，向尾追之敌发动了一次猛烈反击，将敌击溃。经过这次反击，敌人不敢紧紧追赶了，只是远远地跟在红军后边移动，红三军团的处境有所改变。

1月下旬，中央红军主力在赤水河边的土城东皇庙，与川军刘湘所部打了一仗。此役由红一军团担任主攻，黄克诚率第四师部署在土城以东30里处待敌。当时黄克诚生了病，躺在担架上坚持指挥部队作战。适逢总司令朱德前来督战，看到部队疲惫不堪的样子，非常恼火，对黄克诚大发了一通脾气。

土城这一仗没有打好，红军受到一些伤亡。中央红军旋即西渡赤水河，向川南的叙永、古蔺前进。川军以8个旅分路追截，另以4个旅沿长江两岸布防；黔滇之敌也向川南追击。2月上旬，红军攻打叙永未果后，中革军委鉴于在泸州、宜州之间渡江北进计划难以实现，遂令各军团向川滇边的扎西（今威信）地区集中。

在向扎西集中的途中，黄克诚一路上看到的尽是大山，漫山遍野的橘树，枝头上挂满熟透了的橘子。尽管指战员又饥又渴，然而，没有一人采摘。

2月9日，红三军团全部到达扎西附近。10日，中革军委发布《关于各军团缩编的命令》，红三军团取消师一级组织，从师长、师政治委员到连、排长层层下放。全军团编足4个团，直属军团指挥。黄克诚指挥的第四师师部撤销后，保留了第十、第十一、第十二团这三个团的番号。黄克诚任第十团政治委员，团长张宗逊，参谋长钟伟剑，政治处主任杨勇。

红军进入川滇边境后，蒋介石调整部署，以第二路军约4个纵队12个师又4个旅"进剿"中央红军，其中一部已迫近扎西地区。此时，黔北地区敌兵力空虚，中革军委决定迅速摆脱敌人的夹击和追击，掉头东进，向敌人力量薄弱的桐梓、遵义地区进攻。2月18日，红三军团抢渡赤水河成功，至21日，中央红军其他部队亦渡过赤水河（二渡赤水）。这完全出敌意料。就这样，红军将敌军主力甩在川南，进至桐梓地区。此时，黔敌王家烈所部有3个团居守娄山关，并已占据制高点，对红军进行堵截。

娄山关雄踞大娄山脉的最高峰，是遵义通川南、黔北的大门。周围群峰如剑，直插云霄，有"一夫当关，万夫莫开"之势。只要占领娄山关，遵义就如囊中之物，因而历来为兵家必争之地。

2月26日，红军对娄山关发起猛攻。这一仗以红三军团担任主攻，黄克诚、张宗逊率第十团攻敌左翼，第十二团攻敌正面。第十团首先突破敌阵地，将守敌压下关去，守敌被迫退守关后一线阵地。红军再次发起猛攻，遂将敌击溃，当日攻占娄山关。

攻占娄山关后，毛泽东、周恩来、朱德策马来到红三军团部指挥所，随即在彭德怀、杨尚昆、邓萍等陪同下向关口走去。

毛泽东健步来到镌刻着"娄山关"三个大字的石碑旁，停下了脚步，感慨地说："好一座铁关啊，被我们敲开了！"

此时，天边的晚霞正红，透过舒卷的云层，照射着娄山群峰，霞光万道，尽落苍山之中，凸现出"苍山如海，残阳如血"的画面。毛泽东停立关上，抚摸着石碑，听着山下踏踏的马蹄声和时断时续的军号声，联想长征以来接连的挫折，心中不禁升起一腔胜利者的从头越的豪情。他那首气势磅礴的词作《忆秦娥·娄山关》就是描述这一壮阔景象和豪迈情怀的。

周恩来对彭德怀说："估计现在遵义城比较空虚，趁敌援军还未到，你们要马不停蹄，兵不卸甲，直捣遵义城。"

2月27日凌晨2时30分，彭德怀、杨尚昆向红三军团下达攻击遵义城的命令。红一军团集结在遵义东南及东北地区，随时准备打援，并协同红三军团作战。

当日黎明前，战斗打响。指战员只有一个心愿，尽快在敌人增援前结束战斗，拿下遵义城。进攻遭到守城之敌的顽强抵抗。战至下午，红三军团第十一团攻占了遵义新城及周边村落，并迫近城下河滩。此时，军团参谋长邓萍和团政委张爱萍至河滩边观察地形及敌守城部署，不幸的是，邓萍中弹牺牲。这激起了红三军团将士复仇的满腔悲愤，一鼓作气，于28日晨再度攻占遵义城。人民群众兴高采烈，奔走相告，热烈欢迎红军又回到遵义城。

邓萍是一位很优秀的共产党员，牺牲时年仅27岁。他牺牲后，彭德怀、黄克诚、张爱萍及红三军团将士无不悲痛万分。张爱萍挥笔写下："遵义城下洒热血，三军征途哭奇男。"至今遵义城里邓萍的雕像依然巍然屹立。

当红军重占遵义时，蒋介石调集吴奇伟和周浑元的第九十三、第五十九师已分别进抵遵义城南。中革军委决心集中兵力歼灭孤军冒进之敌。28日上午，第十一团在遵义以南地区的红花岗与敌展开激战，敌人受阻后，将主攻方向转向老鸦山，并攻占了主峰。彭德怀急了："敌人占据老鸦山主峰，居高临下，不仅对我军团构成威胁，也严重地威胁着城内的中央首脑机关。"遂令第十一团等部配合第十团夺回老鸦山。

黄克诚和张宗逊率第十团奉命向敌人占据的山头发起进攻，一举攻下两座山头。敌人组织反扑，第十团被迫退了下来。接着，第十团再次发起进攻，终将这两座山头的敌人赶了下去。敌人凭着人多武器好，不断地组织反扑，敌我双方在山上山下反复攻夺，战斗异常激烈。第十团当时有2500多人，善于打硬仗。面对敌人兵临城下，严重威胁中央首脑机关安全的情状，指战员都明白自己肩上的重担，个个英勇顽强，一往无前，攻势一次比一次猛烈。敌人溃退，死伤累累。黄克诚和张宗逊趁机组织部队勇猛追击。张宗逊看黄克诚高度近视，又没有眼镜，跑山路很困难，就让他带领少量部队守在山头阵地上，自己和参谋长钟伟剑率领第十团主力向溃退之敌猛追。此时，逃敌发现红军兵力并不很大，便稳住阵脚，重新调整部署，向第十团追击部队反攻过来。敌凭优势兵力，又出动了飞机狂轰滥炸，攻势异常猛烈，追击部队顶不住了，吃了很大的亏。张宗逊再次负伤，腿被打伤，钟伟剑英勇牺牲。

这时黄克诚身边只有两个班的兵力守在山头阵地上。当黄克诚发现溃退的敌军突然像潮水般又压过来时，情知不妙，便对战士们大声呼喊："同志们！山下就是遵义城，领导机关就在城里，我们一定要守住阵地，决不能后退一步！"他带领这两个班连续打退了敌人数次进攻。但敌军轮番冲锋，攻势越来越猛，黄克诚及其部属陷入寡不敌众的危境。就在这时，陈赓、宋任穷率干部团赶到，打退了敌人，接下了黄克诚的山头阵地，控制了主峰。

陈赓说："红一军团已包抄了敌军的后路，敌人很快将被打垮。"不大一会儿，黄克诚就发现敌军的阵脚大乱，纷纷溃退。他赶忙从山上下来收拢部队。在山下黄克诚见到红一军团军团长林彪。他对林彪说："好险啊！"林彪说："你们当初守卫在山头上就是了，张宗逊不应该去追击。"黄克诚说："敌人已逼近遵义城，不将敌人赶跑怎么得了！"林彪说："当敌军正在向你们进攻的时候，红一军团的部队已向敌军侧后包抄过去，我军已化险为夷；陈赓到了你那里时，敌军的败局已定。"说话之间，果然传来敌军已全线崩溃的消息。林彪当即派一支部队去追击溃退之敌。黄克诚基于前次追击吃亏的教训，建议林彪多派些部队追击。林彪说："全线溃败之敌，已无斗志，我有少量精干部队追歼即可解决问题，无需动用大部队。"就这样，溃敌一直被红军追到乌江边上，大部就歼。这次战斗，红军共歼灭和击溃敌人 2 个师 2 个团，毙敌 2400 多人，俘敌约 3000 人，缴枪 2000 多枝，是中央红军长征以来最大的一次胜利，打乱了蒋介石的"追剿"部署。

黄克诚进到遵义城，在一些报纸上看到方志敏、寻淮洲、刘伯坚和湘鄂赣省委书记陈寿昌、军区司令员徐彦刚等被俘、牺牲的消息和照片，才知道留在中央苏区的干部和红军部队损失严重，而项英、陈毅等人的情况不明。黄克诚非常痛心，深为留在中央苏区的红军担心。联想到部队减员严重，他对军团一位领导人说："老根据地已被敌人摧残殆尽，主力红军又受到重大挫折，剩下的部队已经不多了。当前保存革命力量十分重要，应该尽量避免与敌人打硬仗，因为红军再也经受不起消耗了。必须与敌人作战时，当要注意掌握时机，作周密考虑，找出打开新局面的办法来。"①

黄克诚长期以来就被批判为右倾。他没想到，这次同领导人谈话又引起了误会，被认为缺乏信心，不适宜继续担任领导工作。于是，他被调到军团司令部赋闲。

黄克诚是个闲不住的人，在他的恳求下，不久，又被任命为军团司令部侦察科长。由于他视力太差，又没了眼镜，搞侦察工作困难太大，曾几次遇到险情，差一点就被敌人打死，但他还是克服各种困难坚持干下去。

中央红军攻占遵义后，蒋介石速调嫡系周浑元、吴奇伟两个纵队约 7 个师以及黔、川军云集遵义西北地区，企图一举围歼红军于遵义、鸭溪狭窄地区。3 月初，根据毛泽东的提议，中革军委决定，红军撤离遵义地区。部队进至鸭溪时停留了两天，黄克诚在这里认识了陈云，听了他关于遵义会议精神的传达。

中央红军长征队伍离开鸭溪后，挥师西进，把云集在遵义、鸭溪地区之敌甩开。3 月 15 日，红军攻击遵义西北的鲁班场未能奏效，遂转北上，到达茅台。3 月 16 日在茅台三渡赤水河，进入川南古蔺地区。敌人又向川南调动兵力，进行堵截。为进一步打乱敌人的部署，中央红军又于 3 月 21 日由太平渡等地东渡赤水河，是为"四渡赤水"。旋即从敌军空隙中插过，向南疾进。3 月 31 日，红军突破乌江天险，直逼贵阳，将敌主力甩在乌江以北地区。当时蒋介石正坐镇贵阳指挥"追剿"红军，红军突然逼近贵阳，使得他惊慌失措，急忙调滇军进行堵截。中央红军乘虚于 4 月 9 日从贵阳以东越过公路，向云南疾进。

随后，中央红军占领了贞丰、兴义等滇黔交界的几座县城，摆脱了尾追之敌，才得以停下来稍事休整补充。两个多月来备受无眼镜之苦的黄克诚，这时才设法找到了一副近视眼镜戴上，尽管不大合适，但总比不戴眼镜好多了。

黄克诚随部队离开贞丰、兴义后，即向西进入云南境内。红三军团先占领了

---

① 《黄克诚自述》，人民出版社 2004 年版，第 150 页。

沾益、寻甸。在沾益火车站缴获到一批待运的宣威火腿，解决了部队的部分给养。

蒋介石发现中央红军已进入云南，急忙调集兵力保卫昆明。红军乘虚直抵金沙江畔，5月3日至9日，红三军团同红一、红五军团及军委纵队，在云南省禄劝县皎平渡，与敌川康边防军暂编军第七师打了一仗，击溃敌2个团，歼敌一部，俘敌600多人。然后，红军兵分三路于5月中旬全部渡过金沙江，向川西重镇会理进发。至此，中央红军终于甩掉了数十万敌军的围追堵截，摆脱了长征以来的被动局面，取得了战略转移中具有决定意义的胜利，实现了北上的意图。

四、爬雪山，过草地

5月12日，中央在会理附近的铁厂召开了一次政治局扩大会议，史称会理会议。会议由张闻天主持，他肯定了毛泽东的军事指挥，严厉批评了部分领导干部的右倾情绪，特别指出林彪给中央写信，对毛泽东的军事领导表示怀疑和动摇。会上，毛泽东等对林彪、刘少奇、彭德怀、杨尚昆及黄克诚进行了严厉的批评。

遵义会议之后，毛泽东为摆脱被动局面和敌人的重重包围，指挥部队四渡赤水，在频繁的战斗中大踏步回旋转移，从而改变了红军的被动局面，但红军极度疲劳和困累，因此，当时上上下下都有一股埋怨情绪，牢骚怪话一大堆，有的甚至于对毛泽东的决策和指挥能力产生怀疑。此时，林彪给毛泽东写了封信，埋怨中革军委尽走"弓背路""拖垮了部队"，提出：毛泽东、朱德、周恩来随军主持大计，由彭德怀来指挥。

毛泽东看了信，当时又听到个别中央领导人对三人团也有嘲讽，憋了一肚子气。会上，毛泽东严厉地批评他们是"对失去中央苏区不满和右倾情绪"，是"违背遵义会议决定，企图改变中央的军事指挥。"其他中央领导也对此提出批评。

其实，这是一场误会。

刘少奇、杨尚昆挨批评是因为一封电报引起的。1月下旬的土城战斗失利后，刘少奇到红三军团任政治部主任。那时因红三军团损失较大，部队对上有埋怨情绪，提出希望早建根据地，减少损失。刘少奇根据部队反映起草了给中央的电报，红三军团政委杨尚昆签了名。电报认为革命正处低潮，红军正处于被动时期，应改变方针，不能在贵州一带打圈子太久。

黄克诚虽未参加会议，但刘、杨的电报反映了他的观点，他本人也给中央写了信，所以也被点名批评。时任红三军团政治委员的杨尚昆回忆说："在土城战斗中担任主攻的三军团四师政委黄克诚，在和少奇同志交谈中表示，这一仗（土城战斗）打得不合算，既没有达到目的，又造成很大伤亡；后来又直接向中央写了信。""在会理会议上，我们电报反映的事例和黄克诚的意见及信，都被批评为'右倾错误'和'右倾言行'。"他还说："我会上挨了批，但还领了一项任务，要黄克诚写书面检讨。回来和黄谈话，他就是不写。尽管如此，大家还是讲原则，顾全大局，工作上能服从，没有影响以后的行动。"黄克诚性格爽直，毛主席对他做过这样的评价：上自中央，下到支部，有意见他都要讲。他有些意见讲得不错。[①]

会理会议，通过批评林彪的信和刘、杨的电报，维护了新的中央领导权威，统一了高层领导的思想，增强了团结，是有积极意义的。缺点是"会上批评的有些事实没有核实或弄清，把一时思想认识上的错误上纲为右倾机会主义"。

5月15日、16日，红军撤会理之围北上。17日，攻占了会理以北的德昌，红三军团在此召开干部会议，贯彻会理会议精神，开展反右倾思想教育。会上把黄克诚提出来狠批了一通。当时黄克诚仅是一名小小的侦察科长，不知道中央领导之间的矛盾。对于会上指责他思想右倾表示难以接受。会后，把他侦察科长的职务撤了，安排他到军团教导营任政治委员。当时教导营已有政治委员，是李志民，营长是彭绍辉。这个安排，实际上是把黄克诚"晾"起来了。

从这以后，黄克诚只能跟着部队行军打仗。但他一如既往，认真负责。他拖着瘦弱、疲惫的身躯，积极做好职权范围内的工作。

6月初，中央红军突破敌人天全、芦山防线后，根据政治局的决定[②]，准备翻越夹金山。为此，部队进行了轻装，丢掉不需要的赘物，以便爬山。这时山下已有些热，因此，教导营有人准备把保暖衣物丢弃。黄克诚看到这种情况，立刻制止，他向大家介绍说：夹金山是我们翻越的第一座雪山，山高海拔4000多米，终年积雪，气温很低，零下十几度，冷得很。我们不能把保暖用品扔掉，过雪山用得着。我原来有一件皮大衣，前一段天气较热，我背不动，就扔掉了，很后悔呀！同志们，爬雪山途中千万别停留，要一鼓作气。

黄克诚的一席话提醒了大家，也鼓起了大家翻越雪山的勇气。

中央红军翻越夹金山，进入藏民区，16日到达懋功地区，和先期到达的红四方面军胜利会师。在这里稍作休整后，于6月24日从懋功、达维地区出发北进，26日抵达懋功以北的两河口地区。中央政治局在这里召开扩大会议。28日作出《关于一、四方面军会合后战略方针的决定》：集中主力向北进攻，首先取得甘肃南部，创建川陕苏区根据地。

会后，中革军委率中央红军主力向北挺进。红三军团又翻越长坂、打鼓、仓德、梦笔四座大雪山，于7月2日抵达芦花地区。该地区藏民不知红军是什么队伍，纷纷躲到深山密林之中，偶尔还朝红军打枪，放冷箭。见此情况，黄克诚十分着急，没有藏族同胞的理解和支援，红军的处境就更困难了。于是，他带上一名翻译，费了很大劲找到一位藏民小头人，请他吃饭，给他讲红军的性质和共产党的民族政策，试图打消他的对立情绪，请他帮助红军筹集粮食以便过境。但是，黄克诚费了许多口舌，他就是不通，只是回答："不行！"黄克诚的劝说使他不耐烦了，他大声喊起来："你们赶快离开这里，否则我们只有打！"

---

① 《杨尚昆回忆录》，中央文献出版社2001年版，第134页。

② 1935年5月30日，中共中央政治局在泸定城召开会议，分析敌情，部署行动，决定红军翻越夹金山继续北进。

看到这种情况，黄克诚意识到，他们同汉人的民族隔阂太深了，这是反动政府造成的，不能责怪藏族同胞，遂很礼貌地送走这位小头人。

由于得不到当地群众的支持，教导营和大部队一样都只好找到什么吃什么。黄克诚根据总部的指示，组织教导营收麦子等，弄到一批青稞，但水磨芯子被藏民破坏掉了，无法磨面，就只好发动战士用手脱粒，然后把青稞粒炒干了吃。吃了炒青稞，再喝雪水，很难消化，尤其是肠胃不大好的人，怎么吃下去，又原样排泄出来。拉肚子的人越来越多。

7月21日，中革军委作出《关于一、四方面军组织番号及干部任免的决定》统一了红军的编制，将中央红军第一、第三、第五、第九军团番号依次改为第一、第三、第五、第三十二军；红四方面军番号不变。红三军军长彭德怀、政委杨尚昆（8月下旬李富春继任），参谋长萧劲光，政治部主任袁国平。

8月上旬，黄克诚才同教导营随红军主力离开芦花，翻越又一座雪山——沙窝山。这座雪山山势虽不算陡，可就是爬不动，因为大家的体力已相当衰弱，每前进一步，都相当吃力。谁要是停下来休息一下，就再也动弹不得了。黄克诚一再鼓励战友们"要挺得住，不要停留下来"。尽管如此，仍然有不少人倒在路旁，再也没爬起来。一路上死者相继，惨不忍睹。

红军翻过沙窝山，就进入毛儿盖。中央政治局于8月4日至6日在这里召开会议（史称毛儿盖会议），通过了《中央关于一、四方面军会合后的政治形势与任务的决议》，提出"创造川陕甘的苏区根据地"的历史任务，号召"全体党员与红色指战员像一个人一样的团结在党中央的周围"，完成这一历史任务。会议决定将红一、红四方面军混编成左、右两路军，兵分两路北上。毛泽东、张闻天、周恩来等中央领导人随右路军行动，从毛儿盖地区出发，向巴西、班佑地区前进；红军总司令朱德、总政委张国焘、总参谋长刘伯承随左路军行动，从毛儿盖南下卓克基再向阿坝地区前进。

黄克诚和教导营随右路军行动，他们从毛儿盖出发北行20公里就到了一望无际的草地。整个草地没有树木，没有石头，天空不见飞鸟，地上没有走兽，到处是一丛丛野草，一个个泥潭，一片片污水；气候多变，时而晴空万里、骄阳似火，时而狂风四起，大雨滂沱，天地昏暗，时而漫天飞雪，冰雹骤降。在草地里行军，一不小心，就会陷入泥沼之中，愈陷愈深，人马俱没。当时如有一块油布用树枝架起来遮遮风雨，就算是极好的条件了。一天，黄克诚突然看到不远的地方，身体虚弱、连续高烧的周恩来躺在担架上，心里很难过，又很担心，本想过去说几句话，但这不长的距离实在难行，只好多望几眼。

进草地的头几天，吃一把炒青稞，喝一口冷水，还可以填填肚子。后来粮食断绝，只能靠野菜充饥。再后来野菜也难得吃上，饥饿和疾病威胁着每一个人的生命。许多身经百战的英雄，在战场上没有倒下去，却倒在了草地里，默默地死去。在艰难的跋涉中，死亡越来越多。后边的人无需向导，寻着横躺竖卧的尸体走，就可以准确地找到行军路线。

一天晚上，突然风雨交加，气温骤降。黄克诚仅有的一块油布挡不住风雨，遮不住寒冷，他只好在暴雨淋浇之下过了一夜。黄克诚和他的战友们在如此艰难困苦的环境中，忍受着饥饿、疲劳的折磨，顽强抵抗死亡的袭击，终于挣扎着走出了300多公里的草地。8月底，进入阿西、巴西地区，才找到了吃的东西。但当地藏民听说汉人来了，都跑光了。

9月上旬，中共中央发现张国焘分裂和危害中央的阴谋后，于10日凌晨率红一、红三军和中央纵队迅速从阿西、巴西出发继续北上，脱离险境。

11日，到达川甘边境的拉界。部队休息时，黄克诚看到让他宽慰的一幕：毛泽东和彭德怀坐在一起，摆弄着一张地图，比比画画讨论着，看样子，他们是在筹划着下一步的行军路线。9月12日，党中央在红一、红三军护卫下，到达俄界，并于当日召开政治局扩大会议，听取了毛泽东《关于与四方面军领导者的争论及今后战略方针》的报告，作出了《关于张国焘同志的错误的决定》。会上，为了提高部队的战斗力和机动性，彭德怀根据形势和战略方针的变化，提出了改变红军的编制问题：红军团不设营，每团四个步兵连，团以上不设师，直属军，军改为纵队，上层机关尽量缩小。会议采纳了彭德怀的建议，作出了将北上的红军改编为中国工农红军陕甘支队（即北上抗日先锋队）的决定，彭德怀任司令员，毛泽东兼政治委员，林彪任副司令员，叶剑英任参谋长，张云逸任副参谋长，王稼祥任政治部主任，杨尚昆任政治部副主任。同时，由毛泽东、周恩来、彭德怀、林彪、王稼祥组成五人团，作为红军全军的最高领导核心。会议还决定成立编制委员会，负责北上红军的整编工作。

9月13日，陕甘支队离开俄界继续北上。17日，红军一部攻克腊子口天险，打开了进入甘南的门户；另一部乘胜占领了哈达铺。中央红军顺利地翻越岷山，于18日到达哈达铺。

哈达铺是甘肃省岩昌县的一个小镇，比较繁华。黄克诚随第二纵队到达这里。自5月中旬进入藏民区以来，就没见到过老百姓，到哈达铺之后，黄克诚看到遍地都是老百姓，红军战士如鱼得水，高兴的心情实在无法用语言来形容。哈达铺的街上卖东西的地摊、店铺很多。当时一个馒头卖到5角大洋，虽然价钱贵，但黄克诚看到经过长期饥饿折磨的红军指战员能够买到吃的东西，可以饱餐一顿，真是打心底里感到高兴。

更使黄克诚高兴的是，在哈达铺他找到了一些报纸。从报纸上他得知刘志丹、高岗等在陕北开辟了一块红色根据地，建立了人民政权。正是"山重水复疑无路，柳暗花明又一村"。这真是一个突如其来的大喜讯，大家高兴得跳了起来。

红军领导人也是从敌人的报纸上了解到这一情况。五人团在哈达铺驻定后，毛泽东对彭德怀说：老彭啊，你在俄界会议上提的整编建议，政治局同意了的，现在哈达铺实施吧。彭德怀说，时间不多，要抓紧，这次整编要特别强调整顿作风。

20日，部队全部集中到哈达铺地区，红军只有1万多人了。经中央研究决定后，22日，在团以上干部会议上宣布了编制命令：红一方面军正式改称陕甘支队，辖三个纵队：第一军改为第一纵队，林彪任司令员，聂荣臻任政委；第三军改称第二纵队，彭德怀兼司令员（10月以后由彭雪枫接任），李富春任政委；军委纵队改称第三纵队，叶剑英任司令员，邓发任政委。

黄克诚所在的教导营编入第三纵队。教导营编掉了，黄克诚的政委职务自然随之免了。"部队开始整编时，上级拟派我担任第2纵队政治部组织部部长，因当时有位领导同志说我反对整顿纪律，历史上一贯右倾，不适宜做领导工作，因而作罢。"[1]

其实，黄克诚并不反对整顿纪律，他反对的是以"整顿纪律，审查干部"为由，不顾当时实际情况，采用最严厉惩罚甚至处死的手段对待那些违纪的人。他说："红军出了草地之后，中央派了几位领导干部到红3军工作。红3军即原红3军团，在彭德怀的言传身教下，始终保持着艰苦朴素的本色，尤其是在长征途中极端困难的条件下，上下一致，官兵平等，共同过着艰苦的生活，领导干部和士兵的伙食完全一样。可是从上面派来的几位领导干部，常聚在一起改善伙食，红3军有些同志就对这种作风看不惯，为此干部战士也常常发点牢骚，讲些怪话。那时一般伙食条件很差，有的同志饿得受不住，偶尔会发生违反群众纪律，偷吃群众东西的现象。这些本来是属于教育问题，但是，从上面派来的个别领导干部却把这类问题看得过于严重，认为这是对革命丧失信心的表现，因而提出来要在红3军整顿纪律和审查干部，对那些被认为问题严重的人甚至要采取处死的办法予以惩罚。"对这种做法，黄克诚提出了反对意见。他说："某些干部战士表现得情绪不高，发点牢骚，这与领导者平时教育不够有关系。同时，有些领导干部在生活非常艰苦的时候，不能以身作则，对下面有不良影响，不能够完全责怪下边的同志。下面同志偶尔违反群众纪律，固然是不对的，但还是应以教育为主，不能采取对待敌人的办法来对待自己的同志。何况我们刚刚走出草地，大家已经被拖得精疲力竭，目前的情况仍然很困难，马上进行整顿纪律和审查干部的工作，是很不适宜的。"[2]

黄克诚的上述意见，符合当时的实际情况，这对于稳定仅有1万多人的红军队伍，以取得即将到来的长征的最后胜利，是非常必要的。但有的领导因此认为他不可靠，不适宜担任领导工作，更不能带兵。遂安排他担任第二纵队政治部军事裁判所所长。

9月23日，陕甘支队从哈达铺出发北进，以急行军渡过渭河，27日占领通渭县的榜罗镇。28日，中共中央在榜罗镇召开常委会议，决定率陕甘支队进至陕北，同西北红军和红二十五军会合，保卫和扩大苏区，并准备到前线抗日。29日，陕甘支队由榜罗镇出发，向北进军。

部队由于在哈达铺休息时间太短，体力消耗尚未得以恢复，所以，在向陕北

---

① 《黄克诚自述》，人民出版社2004年版，第158页。
② 《黄克诚自述》，人民出版社2004年版，第159页。

进军途中，掉队的人一路不断。保卫机关认为掉队者与情绪不振作有关系，并怀疑掉队的人会投敌叛变，于是，又采取残酷的惩罚措施，不少掉队者被杀。

黄克诚任军事裁判所所长，上级机关把那些掉队的人抓起来交给他审判处理。有一位姓周的管理科长，在战斗中被打掉了一只胳膊，因为在过草地时丢掉了几名伤兵，这时也被抓起来交付审判。黄克诚去找纵队司令员彭雪枫讲情，认为这种情况情有可原，不应处死。恰巧碰到保卫部门的两位领导人，他们见黄克诚替被交付审判处死的人讲情，就把他狠狠地训斥了一顿，说："你还当过师政治委员呢，连这点小事情都处理不了，真不中用！"说完，就派人将那位管理科长押走杀掉了。这以后，黄克诚这个裁判所长自然就被夺权了。

黄克诚回忆说：原第四师管理科长邱湘、曾担任过团长的康声扬、任过卫生部部长的曹企贤等，都在长征即将胜利结束时，被自己人处死，令人痛惜。

因为黄克诚反对用对待敌人的手段对待有过失的同志，某些领导人对他产生了极不好的印象，一位领导人曾毫不客气地说："像黄克诚、吴溉之这样的人，年龄大了，干不了什么工作了，当红军战士也不够格。"其实，黄克诚此时年仅33岁。听了这个话，他不敢再讲什么，只是小心翼翼地跟着部队行军，生怕掉队而遭到"处理"。9月29日，陕甘支队由榜罗镇出发继续北进，一路上黄克诚虽然疲劳已极，还是咬紧牙关挣扎着随部队往前走。

10月19日，中共中央和陕甘支队到达陕北革命根据地的吴起镇（今吴旗县城），并决定休息七天。在那里黄克诚看到了陕北红军张贴的标语和苏维埃的布告，感到格外亲切，心里又高兴，又激动。

此时，西北的马鸿宾、马鸿逵和东北军的骑兵3个团尾随而至。彭德怀指挥红军奋起迎战，将敌击溃，俘敌700余人，缴获战马1000余匹，迫使敌人停止追击。毛泽东兴奋地题诗一首：

> 山高路险沟深，骑兵任你纵横。
> 谁敢横刀立马，唯我彭大将军。

诗赠彭德怀。彭将末句改为"唯我英勇红军"送还毛泽东。

至此，中央红军主力在中共中央的坚强领导和人民群众的大力支援下，克服了险恶的自然条件，战胜了张国焘的右倾分裂主义，粉碎了国民党几十万军队的围追堵截，历时一年，纵横11个省，行程两万五千里，胜利完成了战略大转移！

长征途中，黄克诚以病弱之躯，率领部队奋勇拼杀，破关夺隘，几度遇险；也曾因提意见而屡受误解，连遭批判，历尽坎坷。但他置生死于度外，坚忍不拔，紧随自己的队伍，走完了漫漫长征路。

第八章　在陕北的两年

一、出任中革军委卫生部长

陕甘支队在吴起镇进行短期休整后，于 1935 年 11 月初抵达甘泉地区的下寺湾同红十五军团① 会师。11 月 3 日，中华苏维埃共和国中央政府决定，成立中国工农红军西北革命军事委员会②，毛泽东、彭德怀、周恩来、王稼祥、聂洪钧、林彪、程子华、郭洪涛为委员（后又增补叶剑英、聂荣臻、刘志丹为委员），毛泽东为主席，周恩来、彭德怀为副主席。

同时，西北革命军事委员会发布命令：恢复红一方面军番号，彭德怀任司令员，毛泽东任政治委员，叶剑英任参谋长，王稼祥任政治部主任。下辖两个军团：陕甘支队第一、第二纵队编为第一军团，林彪任军团长，聂荣臻任政治委员，朱瑞任政治部主任，辖第二、第四师和第一、第十三团；红十五军团编入方面军建制，徐海东任军团长，程子华任政治委员，周士第任参谋长，郭述申任政治部主任，辖第七十五、第七十八、第八十一师和一个团。全军共一万余人。

这次整编中，开始没有任命黄克诚新的职务。这大概是因为他长征中先被批为右倾，后又反对审干和整顿纪律的缘故。但毛泽东并没有忘记这位部下。11 月 30 日，他专门找彭雪枫谈话，了解黄克诚的情况。毛泽东问道："我听说黄克诚带头反对整顿纪律，有没有这回事？"彭雪枫如实回答说："当时他的确对那种做法提出过反对意见，而且态度坚决。他不仅找我说了他的看法，而且也找了审查干部和整顿纪律的领导同志，提出了自己的意见和看法，……"彭雪枫汇报了黄克诚的意见之后，直言不讳地说："我认为黄克诚同志的意见是正确的，我支持他的意见！但由于黄克诚同志提了意见，领导就认为他不可靠，不宜担任领导工作，更不能带兵，并开会对他批判，那是不对的。"彭雪枫还向毛泽东谈了黄克诚为准

---

① 红十五军团是由先期长征到达陕甘苏区的红二十五军和在陕甘苏区的红军第二十六、第二十七军于 1935 年 9 月合编而成的。徐海东任军团长，程子华任政治委员，刘志丹任副军团长兼参谋长，高岗任政治部主任。全军团共 7000 余人。

② 西北革命军事委员会，由中共中央直接领导，实际上是中央革命军事委员会。

备处决的干部说情的问题。毛泽东听后点点头说："黄克诚这个人，优点很突出，但缺点也突出，是个敢讲真话的人。"

几天之后，黄克诚被任命为军委卫生部长。这180度的大转弯，迎来了黄克诚政治生命的春天。他离开红一军团，来到军委卫生部所在地瓦窑堡上任。他首先巡视了后方医疗卫生工作情况，了解到后方医疗卫生条件很差。医生、药物奇缺，医疗器械更少，住房拥挤，而负伤的人员很多需转到后方医治，黄克诚深深意识到，上述问题不解决，就会影响伤病员的医疗，影响部队战斗力。红军要在这一带长期立足并发展，后方医疗卫生工作一定要跟上去。于是，他发动后方机关的同志，在群众的协助下，因陋就简地办起了一批医院，并开办了一所卫生学校，专门培训医疗卫生工作人员。

当时已是12月的隆冬天气，夜里气温最低可达零下20多度，可黄克诚和工作人员的被服都很单薄。住窑洞，睡冷炕，对黄克诚这个南方人来说，真是太难熬了。他夜里冻得睡不着觉，只好爬起来跑步取暖。尽管条件艰苦，但他有了工作做，心情很舒畅。他还发动机关工作人员和医院医务人员上山打柴，打铺草，为伤病员取暖。

二、随军东征

中共中央到达陕北、两支红军胜利会师后，经过直罗镇战役，陕甘根据地得到巩固。此时，全国形势正在发生急剧变化，日本帝国主义为独占中国，加紧扩大侵略；国民党政府却积极推行卖国内战政策，对日妥协退让。在此情况下，中国共产党及其领导人，先后发表了《八一宣言》《为日本帝国主义并吞华北及蒋介石出卖华北出卖中国宣言》，号召全国人民，在国家存亡之际动员起来，反对日本侵略和蒋介石卖国政策。全国抗日运动出现了新的高潮。

为适应新的形势需要，1935年12月17日至25日，中共中央在陕北瓦窑堡召开政治局扩大会议。12月23日，会议通过了毛泽东起草的《中央关于军事战略问题的决议》。决议明确提出：在以坚决的民族战争反对日本帝国主义进攻的总形势下，必须把国内战争同民族战争结合起来，直接准备对日作战力量，猛烈扩大红军。红　方面军的行动部署，应放在打通抗日路线和巩固扩大苏区两个任务之上，并以前者为中心。红军行动和苏区发展以山西和绥远为主要方面。24日，毛泽东、周恩来依据会议确定的东征战略签发了《关于四十天准备行动计划》。25日，通过了《中央关于目前形势与党的任务的决议》，指出，目前形势的基本点，就是日本帝国主义要变中国为它的殖民地。党的策略任务就在于发动、团结和组织全中国和全民族一切革命力量去反对当前的主要敌人——日本帝国主义与卖国贼蒋介石。党内的主要危险是"左"倾关门主义，同时要防止右倾机会主义复活。这次会议确定了抗日民族统一战线的政策和"以发展求巩固"的军事战略方针，为中国共产党领导全国人民迎接伟大的抗日战争奠定了基础。

瓦窑堡会议结束后，红一方面军在毛泽东、周恩来、彭德怀领导下，加紧准备，渡过黄河，东征山西。

1936年2月，方面军政治部组织部长李弼廷不幸牺牲，军委急调黄克诚接任组织部长之职。

黄克诚到任后立即带领政治部组织部的人员，投入东征作战的组织工作和政治思想工作，参与起草下发了《关于东进抗日行军中政治工作的指示》。《指示》对东征作战的意义和胜利条件作了阐述，对部队的思想动员和行动中的政治工作提出了具体要求，并规定了对敌军、对战区地方工作的有关政策。东征参战各部队据此对指战员进行了深入的动员和教育。

2月18日至20日，红一方面军下达了东征作战命令和补充指示。在毛泽东、彭德怀的率领下，红军先头部队于20日20时乘夜暗开始东渡黄河。21日拂晓，占领了山西省中阳县三交镇和石楼镇贺家凹。

2月23日晨，黄克诚随总部来到清涧县西辛关，在房儿沟乘小船过黄河，在距石楼县义牒镇西北约5里的关子岇休息时，黄克诚聆听了毛泽东的一次讲话。毛泽东说：我们现在已进入山西石楼地界，阎锡山在这里统治几十年，"白地"一块嘛！群众对我们红军不够了解，你们要想办法多接触群众，做好宣传工作，遵守三大纪律、八项注意，不拿群众的一针一线，要帮助群众做好事，院子、房子都要打扫得干干净净，就是同志们常说的"缸满地光"嘛！

黄克诚带领机关工作人员积极投入群众工作中，努力抓好部队和地方党的组织建设。

■ 1936年，黄克诚（右二）在陕北。

2月24日，黄克诚在石楼县西卫村参加了红军总部召开的会议，研究部署了宣传发动群众，建立地方政权，扩大红军队伍，创建根据地和筹款等工作。从2月下旬到3月，红军所到之处先后成立了5个区苏维埃政府和一批村苏维埃政权，还在晋西各地积极发展中共党员，组建了中共中阳工委、河东工委、贡石支部和中阳县关上村支部、石楼县辛关村支部、交口县明志沟支部等一批地方党组织，还成立了数支地方游击武装，广泛播下了抗日的火种。

3月12日，黄克诚在孝义县郭家掌村（今属交口县）参加了东征红军团以上干部会议。会议着重研究进一步发展胜利，扩大东征战果，创建河东抗日根据地等问题。决定东征红军兵分三路，实施新的战略展开：以总部特务团和红三十军为中路军，转战隰县、交口、石楼、永和一带，牵制晋西晋绥军，策应主力行动；以红一军团和红十五军团第八十一师为右路军，沿汾河和同蒲路南下临汾地区，相机东出上党、转战河北；以红十五军团主力两个师为左路军，北上直逼太原，并向晋西北发展，掩护右路军南下，配合红二十八军控制黄河渡口，创建晋西北根据地。

在三路红军展开期间，黄克诚一直随红一方面军总部行动。

4月下旬，由于阎锡山集中兵力向红军反攻，蒋介石又增派十几个师开入山西参战，还命令驻陕西的东北军、西北军向陕甘根据地进犯。红军为避免不利决战，保存革命有生力量，遂于5月2日至5日，从清水关、铁罗关西渡黄河，返回陕甘根据地。

红军东征作战75天，先后进行了关上村、兑九峪、师庄、三角庄等战斗，给阎锡山的晋绥军以沉重打击，共消灭阎军7个团，俘官兵4000余人，缴获各种枪4000余枝（挺）、火炮20余门；迫使"进剿"陕北的晋绥军撤回山西，恢复和巩固了陕北苏区；有8000多青壮年参加红军，壮大了红军的力量；筹款30余万元，缓解了红军抗日经费缺乏的困难；部队经受了作战锻炼，特别是取得了渡河作战的宝贵经验，提高了战斗力。在政治上，红军在山西20余县开展群众工作，宣传了共产党的抗日主张，激起了山西和全国人民抗日救国热情，推动了全国的抗日救国运动和抗日民族统一战线工作的开展。

三、率部参加西征

红一方面军东征回师陕北后，蒋介石仍拒绝红军关于停战议和的要求，坚持内战政策。西北军委为适应当时已出现的新形势和继续贯彻"以发展求巩固"的战略方针，扩大西北抗日根据地，决定西征，向陕、甘、宁三省边界地区坚决反共的马家军①进攻。遂以红一方面军第一、第十五军团和第八十一师、骑兵团共1.3万余人组成西方野战军，由彭德怀任司令员兼政委。5月，黄克诚奉命离开总

① 马家军，指马鸿逵、马鸿宾部，当时分别任国民党军新编第七师师长和第七十五师师长。

政治部，任红一军团第四师政委，同师长李天佑率部参加西征。

5月14日，黄克诚参加了红一方面军在陕北延长县大相寺召开的团以上干部会议。中共中央和西北军委领导人毛泽东、张闻天、博古、彭德怀等出席会议。毛泽东作了形势与任务的报告，总结了东征作战的经验，进行了西征战役的动员。这次会议使团以上干部加深了对中共中央和中央军委战略决策的认识，明确了任务。

会后，西方野战军各部立即投入西征作战的准备工作。

黄克诚回到第四师，立即组织传达动员，对全师指战员进行形势教育，讲解西征作战的意义。他针对部分新战士怕丢掉老苏区、怕远离家乡等顾虑，进行了耐心的说服教育；同时，传达一方面军政治部《关于回民工作的指示》，特别解释了其中规定的对回民的"三大禁条"和"四大注意"①，要求全师指战员坚决遵守，严格执行党的民族政策。

在进行政治动员的同时，黄克诚还同师长李天佑等一起研究了当面敌情、行军路线，派出了侦察分队，组织了以打敌骑兵和防空袭为重点的临战训练。

5月19日20时，西方野战军分左、右两路由永坪、延长之间驻地出发，开始西征。黄克诚、李天佑率领的第四师属红一军团为左路军，在吴起镇集结；红十五军团为右路军，在新城堡集结；第八十一师、军委骑兵团和野战军机关、直属队随右路军跟进。

5月28日，第四师由吴起镇向元城镇、曲子镇方向攻击前进，很快进至甘肃东部的环县、庆阳一线；右路军红十五军团则向宁夏出击。6月1日，红一军团第一、第二师抵曲子附近，第四师则进至曲子以东60里的阜城地区。

曲子镇驻有马家军骑兵第一○五旅旅部，旅长冶成章，诨号"冶骡子"。当日15时，第二师对曲子镇发起攻击，歼敌一部。敌驰援曲子的骑兵1个营到达阜城地区。黄、李指挥第四师已预先占领山头阵地。敌军为夺路增援曲子，疯狂地向四师阵地进攻。当敌骑兵进至离四师阵地前沿只有30米时，黄、李带领部队突然发起冲锋，出敌不意地将敌骑兵冲垮，消灭其一部，占领阜城。6月2日，马鸿宾又以6个营、1个骑兵团向阜城反击。左路军向敌猛攻，激战3小时，歼敌1100余人，生俘敌旅长"冶骡子"。

曲子、阜城战斗，给敌第三十五师以严重打击，据守环县、洪德城之敌军闻风撤退。黄克诚、李天佑派出1个团和1个骑兵连及电台西进攻取三岔；并率主力乘胜北上，于4日进占环县城，5日进占洪德城，随即西进固原（今属宁夏）以北及豫旺县地区。

在西征作战期间，毛泽东多次致电彭德怀，指示要做好东北军工作，原则上不与东北军正式作战。毛泽东指出：我们与东北军关系现有进一步开展可能。二、四方面军北上后局面当有变化，也许就在此时开动西北政府。毛泽东在电报中还

---

① "三大禁条"指禁止驻扎清真寺，禁止吃大荤，禁止毁坏回文经典；"四大注意"指讲究清洁，尊重回民的风俗习惯，不准乱用回民的器具，注意回汉两民族的团结。

提到选人做东北军的工作：请先在前方征集干部（如邓小平、黄克诚等），经过你的训练，派遣出去往来于彼我之间。

黄克诚根据毛泽东、彭德怀的指示，专门派人到东北军第一〇八师做工作。7月11日12时，黄克诚致电彭德怀等领导人，报告了工作情况：派去的人"先到连部，官兵围上来，谈话情绪很高，要求传单宣言总嫌太少。后到营部，营长不在，各连长、营副官等均到，招待很好。关于抗日问题有许多辩论，后经答辩表现很好，并说他们不愿打红军，确受压迫，请特告贵军长官等语"，"最后到团部"团长将去的人"扣留一室，不准与任何人接近，到第二天下午该师长打电话得放。该团官兵对该团长不满"。

西方野战军在向西进攻，扩大占领区域的同时，还遵照毛泽东的指示，抽出一部兵力，协同陕甘宁军区地方武装清剿盘踞和流窜在占领区域内的反动民团、土匪，配合陕甘宁地方党组织开展创建苏区的工作，使新苏区逐步得到巩固。

第四师以环县为中心开展曲子、阜城地区群众工作，创建苏区。

黄克诚在该地区进行了一番调查研究，6月20日11时，他给彭德怀、刘晓[①]并转陕甘宁省委发去一急电，对省委派到曲子的工作团提出了批评，认为他们的工作作风不扎实，"好似国民党县长一样"。"不坚决提拔和耐心培养当地干部。"他说，一切工作均应提拔当地群众领袖承担，上边派来的人只应帮助他们，不能包办代替。

黄克诚深深懂得，根据地是革命的大本营，是红军立足、扎根之地。没有根据地，红军就没有"家"，就没有群众，就变成"流寇"。所以，他率领第四师在曲子、阜城等回族集居区，发动回族群众开展反对军阀马鸿逵的斗争，打击群众痛恨的官僚、土豪；坚决执行党的民族政策，尊重回民风俗习惯，得到了占领地区广大回族人民的热烈拥护，为扩大和巩固根据地创造了条件。

7月27日，西北革命军事委员会确定结束西征战役，西方野战军在豫旺地区转入休整备战。

西方野战军西征作战两个月，俘敌旅长以下1000余人，相继解放陕甘宁边区的环县、豫旺、定边、盐池等10余座城镇，缴获了大批军用物资装备，开辟了纵横200多公里的新区，将陕甘苏区扩展为陕甘宁根据地，为迎接红二、红四方面军北上创造了有利条件。

1936年10月，红一、红二、红四方面军在陕甘边界胜利会师后，蒋介石不顾中国共产党一再提出的"停止内战，一致抗日"主张，亲赴西安督战，调集5个军分四路进攻红军。毛泽东等领导人决定调红军主力给蒋介石嫡系胡宗南的第一军以坚决打击。11月，黄克诚、李天佑奉命率第四师在红一军团首长左权、聂荣臻统一指挥下，参加了著名的山城堡战役。此役给胡宗南之第一军以沉重打击，迫使国民党军停止了对陕甘苏区的进攻，为实现中共中央"逼蒋抗日"的方针起

---

① 刘晓，时任红一方面军西方野战军政治部主任。

到了重要的促进作用。

此后，红军大规模的作战行动减少，主要任务转为清剿土匪和军政训练。

四、西安事变后重返军委总政治部

1936 年 12 月 12 日，黄克诚从彭德怀的前敌司令部开会回到师部，已是深夜时分，他正要躺下休息，电话铃响了，上级通报发生了西安事变。身在前线的黄克诚异常高兴，他预感到中国的局势将发生重大变化。在那段不平常的日子里，黄克诚对党中央和平解决西安事变的方针持赞成态度。但他对蒋介石是否真心接受和平协议，特别是"停止剿共政策、联合红军抗日"表示疑虑，因此，1937 年 1 月 1 日，他从前线给毛泽东发了一份电报，全文如下：

毛主席：

（一）南京已将张学良十年徒刑赦免，是分化联军与欺骗群众的策略。

（二）估计蒋介石有以援绥名义，将东北军、十七路军调离陕，孤立红军，充分可能。如不执行则加以违抗援绥命令讨伐之。

（三）建议我们第一须单独与亲日派作持久战的布置：A.拆毁苏区周围碉堡，取消保甲及武装，特别全水铁路。B.设法取得耀县以南各城市，为将来与亲日派决战之重阵地。C.积极筹备持久战之粮食弹药经济等。D.集中陕南、关中游击队编制为独立军加强领导，使成为牵制敌人之有力支队。E.南京政府亲日派占优势，绝对排除国内和平抗日空想。

黄克诚这份电报，充分显示出他对时局的担心和对南京政府的不信任，并提出要做好同"亲日派作持久战的布置"。这反映出黄克诚在社会大变动中冷静的政治头脑和深邃的政治目光，实属可贵。

就在给毛泽东发电报的第二天，黄克诚又致电左权、聂荣臻、邓小平、彭德怀、任弼时、杨尚昆，报告了栒邑（今旬邑）、土桥、通润根据地建设情况，并明确提出："原苏区各村各镇子均有碉堡及保甲武装驻守，如照联军区域工作指示听其存在，则苏区不能恢复，如叫我游击队拆毁，则保甲地主大喊大叫，要求取缔。我的意见被占区域不能与联军区域同样看待，应消灭地主武装，焚烧碉堡，建立政权，恢复苏区，只在执行方式上和平一点。"

电报内容清晰地反映了黄克诚建设根据地的思想及革命的原则性与灵活性的巧妙结合。

西安事变和平解决之后，红军从盐池、定边南下，进至陕西省三原地区。黄克诚率红军第四师进驻鲁桥镇，领导部队进行军政训练。

1937 年初，中央军委任命黄克诚为红军总政治部组织部长。黄克诚接到命令后，带上简单的行李和书箱，离开第四师驻地，重返红军总政治部工作。

中共中央为实现国共合作，共同抗日，于 2 月 10 日致电即将举行的国民党五届三中全会，就两党合作抗日问题向国民党提出五项要求四项保证："（一）停止一切内战，集中国力，一致对外；（二）保障言论、集会、结社之自由，释放一切政治犯；（三）召集各党各派各界各军的代表会议，集中全国人才，共同救国；（四）迅速完成对日抗战之一切准备工作；（五）改善人民的生活。"并明确提出，如果国民党确定上列国策，中国共产党愿作出以下四项保证："（一）在全国范围内停止推翻国民政府之武装暴动方针；（二）工农政府改名为中华民国特区政府，红军改名为国民革命军，直接受南京中央政府与军事委员会之指导；（三）在特区政府区域内，实施普选的彻底民主制度；（四）停止没收地主土地之政策，坚决执行抗日民族统一战线之共同纲领。"

■ 1937 年，时任八路军总政治部组织部部长的黄克诚。

黄克诚走马上任后，把组织机关干部学习、领会中国共产党关于国共合作的有关方针政策作为头等要务。他对机关的人员说：党中央 2 月 10 日致国民党五届三中全会电明确了我党的立场，提出了切实可行的方针政策，有理、有利、有节，我们要在实践中深刻领会，切实贯彻。

2 月 15 日至 22 日，国民党五届三中全会原则地决定通过谈判来谋求和平统一和国共合作，准备抗日。这就在实际上初步接受了中国共产党抗日民族统一战线的政策，为国共两党合作抗日的正式谈判铺平了道路。

自 2 月中旬起，中共代表周恩来、博古、叶剑英等，以中共致国民党三中全会电内容为基础，在西安等地同国民党政府代表张冲、西安行营主任顾祝同及贺衷寒等，就两党合作、苏区改制、红军改编等问题多次进行正式谈判。经过长达半年的艰苦曲折的斗争，至 8 月 19 日，国共达成红军改编为国民革命军的协议。22 日，国民政府军事委员会正式宣布红军改编为国民革命军第八路军，辖 3 个师，每师 2 个旅，每旅 2 个团，每师 1.5 万人，朱德为八路军总指挥，彭德怀为副总指挥。

这是中国共产党以抗日大局为重，同国民党当局斗争的结果。

其实在这之前，即 7 月 14 日，中央军委主席团为尽快出动抗日，向红军各部下达了自行改编的命令："即以军为单位，改组为国民革命军编制……限十天完毕，听候出动命令"；以红一方面军第一、第十五军团和陕南第七十四师共 1.55 万人，改编为国民革命军第一一五师，林彪、聂荣臻任正副师长，下辖第三四三、第三四四旅，其中第七十四师编为该师之炮兵、辎重两营，留驻宁县、正宁、栒邑三县担任防务，以陈先瑞任该师留守主任，各军团编余之指战员编成补充旅；红一方面军之第二十七、第二十八军，骑兵第一团和特务团之1个营及独立第一、第二师，编入以红二方面军为基础改编的国民革命军第一二〇师，贺龙、萧克任正副师长；红一方面军之第二十九、第三十军、骑兵第三团及陕甘宁军区独立一师所辖之第一、第二、第三、第四团，编入以红四方面军第四、第三十一军为基础改编的国民革命军第一二九师，刘伯承、徐向前任正副师长。

叶剑英任八路军参谋长，左权任副参谋长，任弼时任总政治部主任，邓小平任副主任。黄克诚仍留在总政治部任组织部长。

黄克诚为贯彻中共中央制定的《关于红军中党及政治机关在新阶段的组织的决定》，在红军总政治部和前敌总指挥部首长的直接领导下，分别组织召开了组织工作会议和红军党的高级干部会议，着重讨论红军改编为国民革命军第八路军以后，如何坚持党对军队的绝对领导，党的组织形式和工作方式，保持与发扬红军

1937年，黄克诚同杨尚昆（前排坐者）等在陕西三原县云阳镇。二排左起：李伯钊、邓小平、杨奇清、陆定一；三排左起：罗荣桓、黄克诚。

光荣传统，正确对待改编等问题。

　　红军改编为八路军时，指战员们不少人思想不通，发牢骚，讲怪话，闹情绪，尤其是不愿意穿国民党军队的服装，不愿意戴青天白日帽徽。黄克诚组织机关干部下部队协同各级干部对指战员进行教育，要求党团员要带头正确认识改编的意义，不要过分看重外表和形式，而要看抗战大业，看事物的本质。经过各级领导反复做工作，说服动员，大家才勉强穿上国民党制发的军装，但还是有不少人把帽徽揪下来扔在地上。有许多人一边穿衣服，一边流泪，场面令人感动。

　　8月25日，红军改编完毕。当月下旬，八路军三个师先后挺进华北抗日前线，陆续展开。

　　在部队改编过程中，涉及不少中高级干部的大调整、大调动。凡是调动比较大的中高级干部都要到八路军总政治部组织部办理组织关系手续。身为组织部长的黄克诚，总是非常热情地接待他们，亲切地同他们谈话。

　　抗大第一期学员谢振华，从延安出发，经过三天行军赶到了位于陕西省泾阳县云阳镇的八路军总部。他手持着抗大介绍信来到政治部组织部报到。黄克诚亲切会见了这位老部下。这是谢振华参加红军后第二次向黄克诚报到。第一次是1932年夏秋之际，中央红军连续粉碎敌人三次"围剿"后，革命形势大发展。当时谢振华是江西省崇义县委少先队队长。县委决定要他带一百多名少先队员去参加红军。他在红三军团组织部见到了部长黄克诚。黄克诚热情地握着谢振华的手说："欢迎你们的到来。你们是红军的新鲜血液，是红军的新生力量。"黄克诚的平易近人一下子打消了谢振华这个红小鬼的拘谨。五年过去了，谢振华又一次见到黄克诚，心如潮涌，他把自己在抗大学习和工作的情况向黄克诚作了汇报。黄克诚听后很满意，派他到山西去做统一战线工作，并鼓励他到新的工作岗位后，要认真贯彻党中央的战略方针和统战政策。谢振华到太原，任第二战区敌工科科长，工作表现突出，四个月后调回八路军总部任特务团政治委员。

　　红军改编后，黄克诚也随军从陕西云阳出发，到达山西抗日前线。

第九章　转战晋冀豫鲁边

一、建议恢复八路军政治委员制度

1937 年 9 月 6 日，黄克诚随朱德、任弼时等率领的八路军总部离开云阳镇，经陕西蒲城、澄城、合阳，在韩城之川镇东渡黄河入晋，在侯马镇转乘火车北上，于 21 日抵达太原。随后，又骑马东进，于 23 日抵达五台县南茹村。八路军总部就设在这个小山村。

9 月 25 日，第一一五师在平型关战斗中一举歼灭日军 1000 多人。这是抗战以来中国军队的第一次大胜仗，粉碎了日本侵略军"不可战胜"的神话，全国军民为之振奋。朱德、任弼时指示八路军总部机关立即下部队总结这次战斗的经验教训。黄克诚主要是调查研究部队政治工作方面的情况。就是在这次调研之后，黄克诚提出了恢复政治委员和政治机关的建议。

在国共谈判中，国民党代表一再提出，红军改编为八路军后取消政治委员和政治机关，由国民党向红军派辅佐人员和政训人员。

红军中的政治工作是共产党实现对这支队伍绝对领导的可靠保障。对此，蒋介石非常明白，他知道，只有削弱红军的政治工作，才能从根本上动摇共产党，最终达到吃掉共产党和八路军的目的。

共产党也看清了蒋介石这一企图。所以，在谈判中，中共代表非常坚定地表示：政工人员不变，设政治机关。斗争是激烈的。但是，为了联合国民党抗战，为了民族的利益，中共很策略地作出了暂时的让步，同意取消政治委员，但拒绝国民党派政训人员。

部队改编开赴前线对日作战已过去一个多月了，取消政治委员制度之后，部队思想政治工作有没有受到影响呢？带着这个问题，9 月 26 日黄克诚来到一一五师驻地河边村。他先同旅团领导座谈，然后到第三四三旅第六八五、第六八六团的部分营、连检查了解情况。这两个团都是具有光荣传统的红军老部队。经过半个多月的调查研究，他发现，就是这样一支好的部队，与改编前相比，作风明显变得松垮，军阀习气开始滋长蔓延，有的以国民党的委任为荣，党对军队的绝对领导受到不同程度地干扰。黄克诚将发现的问题进行认真的梳理后，向林彪、聂荣臻和罗荣桓作了汇报，并明确提出恢复政治委员制度、开展反对军阀主义的建议。林彪等也对政治工作受到削弱后出现的问题表示忧虑，同意黄克诚的看法，并嘱咐黄克诚回总部后反映他们的意见。

黄克诚回到总政治部后，汇报了林、聂、罗对部队目前政治工作的意见和他检查第六八五、第六八六团了解的情况，明确提出恢复部队政治机关和政治委员制度的建议。任弼时听后让黄克诚立即就了解的情况和建议整理一份电报发中央和军委。电报稿拟出后，经朱德、彭德怀、任弼时审定签署后，于1937年10月19日报中央并周恩来、邓小平。电报原文如下：

> 部队改编，政治工作人员的公开地位降低……因而影响到政治工作人员积极性，政治工作已开始受到若干损失。而在各级指挥方面，仍有个别同志因为改单一领导不大接受他人意见，多数单一首长感（到）自己能力不够，致使军队建设上也受到某些损失。对此现象，我们认为，除教育干部反对地位观念及轻视政治工作外，还需各级积极从组织上得到适当的解决，以红军的传统，并以此传统影响友军。同时，最近阎锡山、胡宗南、陈诚、张发奎[1]等，感觉大革命时期党代表及政治部组织有恢复之必要，且闻已向蒋（介石）提议。阎已要我们起草政治组织条例，并在其决死队[2]内已设立政委，故我们更不应迁就友军。组织的具体改变如下：
>
> 一、团以上或独立营执行党代表制度，争取党代表名义的公开。党代表的职权一般与过去政委相同。应是负责保证党的路线与上级命令之执行，领导政治工作和党的工作。对党及政治工作有最后决定权力。
>
> 二、估计到山地游击战争任务和方式，部队分开活动，旅应设政治处，负责全旅政治工作之领导。
>
> 三、各营独立行动时，可临时派遣营党代表，并由团政治处分配一部分工作人员，在营代表或教导员指挥之下，进行政治工作。
>
> 四、师政训处改为政治部，连仍为指导员。
>
> 五、军政委员会书记如不是党代表兼任，则党代表应任副书记职。
>
> 六、以上改变意见，请即考虑电复。

电报发出三天后，即10月22日，张闻天、毛泽东复电朱德、彭德怀、任弼时、邓小平告周恩来，明确指出：

----

① 阎锡山，时任国民党军第二战区司令；胡宗南，时任国民党军第一军军长；陈诚，时任国民党军第十五集团军总司令；张发奎，时任国民党军第八集团军总司令。

② 决死队，即山西青年抗敌决死队。它是抗日战争初期由中国共产党人与阎锡山建立统一战线的过程中组建和领导的山西人民抗日武装，也是山西新军的主力部队。

关于恢复政治委员及政治机关原有制度，我们完全同意，请即速令执行。惟党代表名义不妥，仍应名为政治委员。

10月24日，朱德、彭德怀、任弼时转发中共中央关于加强党在军队中领导的决定的命令：

1. 为加强党在军队中的领导，保持党和红军的光荣传统，以此推动全国抗日军队之改进，特决定军队中恢复政治委员及政治机关原有制度，团以上及独立营设立政治委员。

2. 各师政训处立即改为政治部，各团政训处改为政治处，其职权和工作与过去政治处同，旅设政治处，由政委兼主任。

10月28日，朱德等下达了关于八路军三个师政治委员的委任令：聂荣臻兼一一五师政委，关向应兼一二〇师政委，张浩兼一二九师政委（因张病，随后由邓小平任政委）。

同月，中央军委和八路军总部还任命了各旅、团的政治委员，黄克诚被任命为第一一五师第三四四旅政治委员。

政治委员制度恢复不久，毛泽东在延安一次报告中特别指出："因受国民党干涉而取消的政治委员制度，因受国民党干涉而改为政训处的政治部的名称，现在已经恢复了。"

黄克诚在红军改编为八路军的历史转折关头，以他高度的政治敏锐性，及时发现部队开始滋长的军阀主义倾向，明确提出恢复政治委员和政治机关制度的建议，并迅即被党中央、中央军委所采纳，在全军贯彻执行，从而保证了中国共产党对八路军的绝对领导，保持了党领导的人民军队的性质和优良传统。这是黄克诚对军队政治工作建设作出的一个历史性贡献。

二、出任第三四四旅政治委员

1937年10月下旬，在日本侵略军的猛烈进攻下，国民党军已放弃雁门关到平型关的内长城防线，退守忻口东西一线阵地。第三四四旅则遵照八路军总部和第一一五师首长命令，在敌后阻击、伏击敌人，破坏交通运输，牵制和迟滞敌人，配合忻口国民党军作战。

战事紧张，黄克诚接到任第三四四旅政治委员的命令后，简单整理了行装，随即带上配给他的两名警卫员，策马离开八路军总部驻地，直奔盂县芟池而去。此时，第三四四旅旅部就驻在芟池附近的一个村子里。南茹村距芟池镇只有几十公里，黄克诚当天即赶到了旅部驻地。

第三四四旅旅长是原红十五军团军团长、著名战将徐海东。部队自三原改编从陕西开赴晋东北抗日前线以来，由于实行一长制，旅以下取消了政治委员，旅领导除徐海东外，只配了一名参谋长。军政工作全由徐海东负责，又要指挥作战，又要进行思想政治工作，他着实有些招架不住了。得知黄克诚来当政委，他很高兴，亲自带领机关干部到村口迎接。徐、黄虽未一起工作过，但相互认识。当时虽已至深秋，天气很凉，黄克诚仍穿一身单军衣，打着绑腿，身体有些瘦弱，戴一副深度近视眼镜，俨然是一位儒将。初识，即给人以亲切、温和的印象。徐海东大步向前，紧紧握住黄克诚的手，亲切问候，然后向机关干部介绍说："他就是我们的黄政委，原来是中央红军的，有文化，来之前是我们总政治部的组织部长。"黄克诚一边向大家招手致意，一边说："同志们辛苦了。上个月我们在平型关打了一个大胜仗，总部首长十分满意，全国人民都为之振奋。此役证明，我们八路军战士是英勇的，是任何敌人都能战胜的。但是，也要告诉大家，日寇野心很大，它不仅要占领华北、占领山西，而且正在向长江以北发动进攻，抗战将是长期的。党中央、中央军委指示我们，要做长期斗争的准备，在集中主力对日军作战的同时，要分出一定力量，开展地方工作，发动武装群众，广泛地开展独立自主的山地游击战。"

　　早在 9 月中旬离开三原之前，黄克诚就学习过党的洛川会议精神，对党中央和毛泽东提出的关于坚持持久战的基本方针，关于战略上坚持实行独立自主的山地游击战，关于分散发动群众，创建根据地，及建立和扩大抗日民族统一战线等，都有了初步认识。从陕北到达晋东北抗日前线后，他受命深入部队调查研究，耳闻目睹了战地情况，接连听到八路军总部首长传达的党中央和毛泽东根据战局形势所作的指示，对毛泽东关于实行战略转变的认识在不断加深。9 月 21 日，毛泽东给彭德怀的电报指出："今日红军在决战问题上不起任何决定作用，而有一种自己的拿手好戏，在这种拿手好戏中一定能起决定作用，这就是真正独立自主的山地游击战（不是运动战）。要实行这样的方针，就要战略上有有力部队处于敌之翼侧，就要以创建根据地发动群众为主，就要分散兵力，而不是以集中打仗为主。"[①]战场的形势和战局的发展证明，党中央和毛泽东的战略方针和部署是正确的。在忻口会战期间，八路军在雁门关、平型关等要隘阻击敌人，一度切断了敌人运输线，对于支援国民党军在忻口战役中坚守 21 天起了重要作用。但担负正面作战的国民党军，未能顶住敌人的进攻。11 月 1 日，几十万国民党军从忻口一线撤退南移。11 月 8 日，太原失陷。形势发生很大变化。"在华北，以国民党为主体的正规战役已经结束，以共产党为主体的游击战争进入主导地位。"[②]在敌后开展游击战争成为八路军唯一正确的方针。

　　黄克诚正是在抗日战争战局急剧恶化、八路军实行战略转变的重要时刻到第三四四旅履任的。他自知，在这一转折关头，领导部队学习贯彻党中央和毛泽东的指示，树立持久战的思想，团结带领部队坚持独立自主的山地游击战的战略方针，发动群众，创建根据地，发展抗日武装，是自己基本的首要的职责。到任后，

①《毛泽东军事文选》第 3 卷，军事科学出版社、中央文献出版社 1993 年版，第 53 页。
②《毛泽东选集》第 2 卷，人民出版社 1991 年版，第 388 页。

1937 年 10 月，时任八路军第一一五师第三四四旅政治委员的黄克诚（右）在山西五台山。

他立即全身心地投入工作，通过找干部谈话，下部队检查工作，很快掌握了全旅的情况，逐步熟悉了这支部队的特点。

当时，第三四四旅下辖第六八七、第六八八两个团和一个警卫营，共 6200 多人。该旅以红十五军团改编而成，营团干部大部分是原鄂豫皖苏区红二十五军的，还有少部分是陕北红军的。这支部队在直罗镇战役和东征、西征作战中英勇顽强，猛打猛冲，很有战斗力。但这时还不太适应游击战的打法，在与装备精良、个人技术好的日军作战时，仍沿用过去与国民党军作战时打运动战的战法，猛打猛扑。用这种战法，虽然在平型关战斗和随后的破袭战中，取得了几次胜利，消灭了一些日军，但自己也付出了不小的牺牲。

还有一个问题是，原从鄂豫皖苏区出来的部分干部"有点山头主义，对由中央红军来的干部不大欢迎"。加之部队改编后实行一长制，政治工作人员职权降低，政治工作受到削弱，部队纪律有些松弛。平型关战斗取胜后，在敌后作战中又取得几次小胜，有些干部生出一些骄气。黄克诚到任初期由于关系不熟，就遇到了不少麻烦，工作很难开展。他说："一些干部对我这个政治委员不大理会，不仅我讲话他们不怎么听，而且平时在生活上也有些故意为难的地方。"①对于上述情况，黄克诚不急不躁，总是耐心地做工作，以大局为重、团结为重，诚恳待人，以理服人。他坚信，日子久了，关系一定会搞好的。关于作战方面的事情，开始一段时间黄克诚一般不多发表意见，表示支持军事干部的决定，但他参加研究作战问题时从不忘提醒两点：一是强调我们是配合国民党军在侧翼作战，在敌强我弱的形势下，要尽量避免与敌硬拼，而采取避强击弱的方针，利用有利地形打伏击；二是战后一定要及时组织总结经验教训，不断研究新战法，避免打被动仗和阵地战，尽可能地达到消灭敌人保存自己的目的。对此，有些军事指挥员注意听，认真研究战法，总结经验；有的则认为是老生常谈，纸上谈兵，不怎么理会，仍照老一套打，结果吃了亏。对于仗打得好又注意总结经验的，黄克诚就及时给予宣传表彰；对仗打得不好、吃了亏的，他也不批评，而是耐心诚恳地帮助总结经验教训，一起研究日军的特点和对付敌人的办法，从而逐渐赢得了大家的信任和尊敬。黄克诚后来回忆说："在整个抗日战争和解放战争中，我一直和这支部队同患难，共生死，结成了最亲密、最深厚的战斗情谊。"②

三、率部从晋东北向冀西进击

太原失陷前后，日军继续大举南侵，其华北兵力减少，为八路军展开敌后游击战争造成有利机会。按照中共中央和毛泽东的指示及八路军总部的部署，八路军第一一五、第一二〇、第一二九师三支主力迅速向敌后实行战略展开，同共产党地方组织紧密配合，放手发动群众，创建根据地，发展壮大抗日武装。第一二〇师在晋西北活动；第一二九师在正太路以南活动，第一一五师独立团、骑兵营、教导队和总部特务团等部，在政治委员聂荣臻领导下，以五台山为中心向四面发展，较快地建立起了晋察冀抗日根据地；第一一五师师部率第三四三旅，以吕梁山为依托，创建晋西南抗日根据地。第三四四旅则在徐海东、黄克诚率领下，作为八路军总部的机动部队，先是在五台地区参加了晋察冀根据地的反围攻作战；之后，于12月中旬，奉八路军总部命令，从山西五台地区出发，开赴冀西平山地区。任务是在曾国华支队和地方部队配合下，相机打击正太、平汉铁路之敌，牵制日军继续南下，并在该地区发动群众，征集给养，扩大队伍，建立抗日民主政权。

12月底，部队到达平山县城以西的洪子店、东黄泥和山西盂县的牛村地区，旅部驻洪子店。

部队到达指定地域后，徐海东、黄克诚立即指示各团派出侦察人员侦察敌情，

①《黄克诚自述》，人民出版社2004年版，第178页。
②《黄克诚自述》，人民出版社2004年版，第178页。

并亲自带领参谋人员到附近察看地形。黄克诚迅速同中共平山县委取得联系，研究开展群众工作。他指示各团抽调得力干部，分散到平山附近村庄，与当地干部密切配合，深入发动群众，组织建立各级抗日民主政权，没收汉奸财产，废除苛捐杂税，实行减租减息。各部队派出的干部运用多种形式，宣传党的抗日主张。黄克诚出席群众大会，发表讲话，动员群众团结抗日。部队很快赢得人民群众的拥护和信任，大批青年自动要求参加八路军，在这一地区的两个多月里，共扩充兵员5000多人。曾在新四军三师给黄克诚当过多年秘书的姚书梅就是这时参军的。他回忆说："我那时在平山一家店铺帮忙，有一天，第六八七团民运股长崔建功带队伍组织抗日活动，我看他们穿着简朴，态度和蔼，作风平易近人，特别受感动，就主动接近，还把他们领到我家乡征粮、收税、动员青年参军。崔建功还带我听过一次黄克诚的动员讲话。在场的多是年轻人。黄克诚说：'日本鬼子占了我们东北，现在又占了华北，还妄想占领我们全中国，我们决不能当亡国奴，要全民动员，全民抗战，组织起来，有钱出钱，有粮出粮，有枪出枪，有志爱国的青年要参加八路军，拿起枪来打日本鬼子，把他们赶出去！'黄克诚南方口音虽重，但我基本能听懂，很有号召力。多数青年同我一样，积极报名参加八路军。"[1]

在地方党组织的配合下，发动群众的工作很有成效。黄克诚、徐海东向八路军总部报告说："我们在平山、井陉、灵寿地区筹款、收枪，伙食月内无问题。"这期间，还收编了一些地方抗日武装。12月底，根据党中央、毛泽东关于每师扩大三个团之方针，不靠国民党发饷，而靠自己筹集给养的指示，徐海东、黄克诚报经八路军总部批准，以原红十五军团第七十八师的人员为基础，组建了第六八九团，任命韩先楚为团长，崔田民为政治委员，胡继成为参谋长，康志强为政治处主任，下辖三个营。此时全旅已发展到近万人，战斗力大大增强。

三四四旅在平山、井陉、灵寿、盂县一带活动期间，为牵制日军继续抽调兵力南下，打击日军的嚣张气焰，振奋军民的抗日斗志，徐海东、黄克诚指挥各团连续派出部队，破坏被日军控制的铁路、矿山和交通通信设施，袭击敌据点，伏击敌运输车队，取得许多战果。

当时，在平山地区北面的蔚县、广灵、紫荆关共有日军500多人；东面的蒲城、望都、唐县、定县共有日军600余人；南面敌人800余人。日军控制着正太路。第三四四旅虽人数不少，但武器装备太差，打击敌人只能选择有利地形，打游击战、破袭战。

正太路井陉至阳泉段，沿途多山，地形于第三四四旅有利。徐海东、黄克诚决定在这里部署兵力，袭击日军。12月26日晚，第六八八团炸毁驴岭以北的铁路桥两座，使正太路交通中断五天。

煤矿是八路军袭击的重要目标。1938年1月30日，第六八八团袭击了凤山煤矿，随后又摧毁了井陉煤矿。井陉煤矿是华北著名的煤矿之一。该矿煤炭储量丰

---

① 采访姚书梅笔录，2007年5月20日。

富，煤质优良，日军占领华北后，被日本兴中公司侵占，进行掠夺性开采。生产的煤炭除供华北日军需用外，大部分被运回日本国内。井陉煤矿驻有日军三四十人，他们与伪矿警、汉奸紧密勾结，残酷地奴役、打骂矿工。矿主还在附近村庄招收童工，当有人出来抵制时，就遭到血腥屠杀。当地老百姓对日伪军恨之入骨。徐海东、黄克诚得知后，命令第六八八团捣毁该矿，歼灭守矿日军。

1月中旬，第六八八团民运股长高农斧首先到煤矿与地下党组织取得联系，研究了协同配合方案。随后，由团政治处副主任吴信泉率两个连趁夜暗突袭该矿。在工人的大力协助下，一举歼灭守敌，破坏了竖井绞车、变电房、自来水塔，引爆了火药库，煤矿变为一片废墟。待敌人闻讯向矿区炮击时，部队和矿工已安全撤出。

日军遭袭后，恼羞成怒，于20日从石家庄调兵300多人，加上井陉兵力500多人，向驻平山的第三四四旅扑来。进到温塘以东，搜索后知道八路军兵力较多，遂退回。侦悉敌人动向后，徐海东、黄克诚判断，敌人不会善罢甘休，遂决定集中兵力，借助有利地形，在温塘地区，歼灭进犯日军。正在此时，徐海东因劳累过度，吐血不止。黄克诚安排他休息治疗，自己承担起作战指挥任务。他急令第六八八团、曾国华支队及地方武装一部，于22日拂晓前进至温塘镇南红岸寨和辛庄之间山地设伏，负责歼灭井陉之敌；令第六八九团及地方武装一部于温塘镇东之孟耳庄山地，阻击平山之敌。第六八八团等部（曾国华支队因执行另外的任务，未能参加）急行军50余公里，按时到达预定作战地域隐蔽待敌。

设伏地区辛庄，位于马家山北麓，与红岸寨相距1.5公里，两村之间有一条小河与井陉至温塘谷道并行南北，蜿蜒穿过。谷道两侧山势西陡东缓，第六八八团主力埋伏于谷道东西两侧有利地段。团指挥所设于距伏击阵地两三公里的西凉山。

22日上午9时多，井陉之敌先头部队穿过辛庄北行，进入第六八八团伏击圈。整个行军纵队2000多人。由于设伏部队隐蔽较好，未被敌军发现。10时，第六八八团团长陈锦秀下令发起攻击，伏击阵地的战士们步枪、机枪一齐开火，打得敌人晕头转向，措手不及。指战员们冲下山坡，与敌展开激战，把日军行军队伍截为数段。日军死伤惨重，残敌纷纷向山坡和附近村庄退去。战至14时，由平山增援之敌五六百人携八门大炮增援。担负阻击任务的第六八九团虽顽强阻击，但敌火力猛烈，终被突破。而此时待援之敌负隅顽抗，援敌逐渐接近，重炮进行轰击。陈锦秀沉着指挥，决心再次组织攻击，彻底歼灭被围之敌。15时左右，敌人的一发炮弹击中团指挥所，陈锦秀和该团一营营长刘国清等阵亡。黄克诚遂命令部队撤出战斗。

此役歼敌400余人，余敌退回平山、井陉。

战后，第三四四旅进行了总结。2月2日，徐海东、黄克诚在给朱德、彭德怀、任弼时和第一一五师首长的电报说：此战行动秘密，突击亦猛烈，本可将敌人消灭，结果仅击溃，自己反而被迫退出，还受到杀伤。主要原因是：突击首长未明确规定各营动作、任务、攻击道路；突击队未协同动作；钳制部队未采取攻击吸引增援；干部个人勇敢、不知道指挥；通信联络差；无避炮经验，四处乱跑。

陈锦秀1930年参加红军，牺牲时年仅26岁。他参加过鄂豫皖根据地历次反

"围剿"作战，到陕北后参加了东征、西征，曾任红七十五师师长，是一位优秀的指挥员。他的牺牲令黄克诚十分心痛，黄克诚参加陈锦秀的葬礼时，号召全旅官兵英勇杀敌，为烈士报仇。

温塘战斗后，第六八八团撤至洪子店附近休整，八路军总部任命韦杰接任该团团长，刘震任该团政治委员。其间，黄克诚、徐海东又指挥部队连续袭击了正太路南北窑敌据点及附近的伪组织，破坏正太路交通。驻盂县的第六八七团在牛村给进犯的日军以沉重打击。当时日军近千人分两路出动，向驻牛村附近的第六八七团发动进攻，在团长张绍东①指挥下，歼灭由河底出击之敌200余人。

第三四四旅在徐海东、黄克诚指挥下，对正太路沿线日军频频发动破袭、伏击，有力地牵制打击了日军，支援了友军；同时部队在活动地区发动群众，提高了人民群众的抗战热情，自己也得到了战争锻炼和考验，并发展壮大了队伍。

四、参加反九路围攻作战

就在八路军配合国民党军在山西积极抗战，牵制日军南进时，日军也在实施新的作战行动。从1938年开始，日军华北方面军为使华北、华中连接起来，开始了向黄河北岸的中国军队的进攻。2月初，日军分两路向晋南大举进攻，一路由太原沿同蒲路南下，一路由平汉路沿邯（郸）长（治）路西进，威逼晋南重镇临汾。企图打通同蒲线，夺取风陵渡，聚歼中国军队于黄河北岸。此时，阎锡山的第二战区长官公署、卫立煌的第十四集团军总部、山西省绥靖公署、中共中央北方局和八路军办事处等党政军机关都驻在临汾。

为抵御日军西进，组织东线防御，稳定晋东南局势，朱德、彭德怀受命以右翼集团总、副指挥名义，统一指挥八路军第一二九师、三四四旅和国民党友军，阻击东线日军。

2月20日，朱德、彭德怀命令徐海东、黄克诚率第三四四旅向晋东南开进，配合第一二九师南北夹击日军，相机占领娘子关旧关。

日军凭借其优势装备，来势汹汹，疯狂进攻，长治于2月20日失守。21日，黄、徐奉朱德命令率第三四四旅向正太路以南转移。26日，在娘子关至井陉间的驴桥岭南伏击日军，毙伤敌三十余人。

2月25日，第三四四旅主力进入昔阳附近地区，第六八七团在东冶头镇宿营。是日晚，团长张绍东伙同参谋长兰国清，以看地形为名，裹胁一营、三营部分营、连干部和少数团机关人员携械叛逃。史称张、兰事件。

张、兰事件发生后，黄克诚、徐海东立即抽调干部加强了第六八七团的领导，并亲自到该团做了安抚工作。

---

① 张绍东，湖北红安人。1930年参加红军，1934年加入中国共产党。历任红二十五军连长、营长、团长，先后参加了鄂豫皖、鄂豫陕苏区反"围剿"作战和长征。红军到达陕北后，任红二十五军团师长，参加过东征、西征战役。抗战开始后，任八路军第一一五师三四四旅六八七团团长。

　　战事紧急，部队继续南进。3月中旬，部队到达武乡县大有镇。黄、徐召开会议，对第六八七团进行整顿。总司令朱德莅临指导。他在营以上干部会上讲话指出：三四四旅是一支好部队，六八七团的绝大多数干部战士革命意志坚定，张、兰等少数人叛逃影响不了大局，当然，领导也要好好总结经验教训。

　　黄克诚在主持整顿中，始终强调坚持正面教育。他要求大家提高对张、兰事件的危害及其影响的认识，坚定抗战必胜的信念。与此同时，他与徐海东研究决定，重组第六八七团领导班子，由该团副团长田守尧任团长，第六八八团政治处主任吴信泉任政治委员，旅警卫营营长何振亚任参谋长，教导员李雪三任政治处主任，营、连干部也做了补充调整，健全和加强了基层党组织。经过整顿和调整，第六八七团的精神面貌焕然一新，在随后的反九路围攻等作战中打得很顽强。

　　黄克诚自从接到南移参加山西东线防御的命令后，一面组织部队迅速依令行动，继续袭击西进的日军；一面联系近半年来与日军作战的情况、敌我力量对比，分析战局走势，从全局上思考着应对的举措。他分析认为，目前日军已控制平汉路，正太、同蒲路也基本被其控制，敌装备精良，机械化程度高，气势正盛；而担任正面战场作战的国民党军，接连失利，一退再退；八路军数量少，装备差，第三四四旅全旅只有2门迫击炮，炮弹110发，可供联络的电台只有2部。其他部队也基本如此。在此形势下，主力过于分散，不利于集中与敌作战。2月25日，也就是在南进的路上，黄克诚给朱德、彭德怀发电，表明了他对战局的看法，并提出建议。电报说：（1）平汉路敌人集中西进，晋局危机，恐难挽回；（2）在现代技术和交通条件下，日寇的军事指挥敏捷，没有主战线钳制敌主力，大部队进行游击极端不利。因此，八路军主力应集中，相机与敌决战，只留小部队准备长期活动于晋东南和晋西北。

　　战局的发展证明，黄克诚的分析判断是准确的，所提建议虽不够详尽和完善，但基本精神符合党中央和八路军总部当时的作战方针。

　　战局急剧恶化。日军进占长治后，继续西进，八路军在沿途英勇阻击，迟滞敌人，但国民党军不断溃退。2月28日，日军进占临汾，并陆续增兵，由临汾向蒲县、吉县、乡宁、永和等黄河沿线进攻，国民党军第六十九军军长陈长捷所部万余人大部溃逃。山西境内抗日军队转入敌后游击作战已势在必行。朱德、彭德怀一边指挥部队阻击日军进攻，一边向晋东南转移，精心谋划着下一个阶段的作战方针和部署。他们分析认为，日军虽装备精良，抢占了大城市和交通要道，但兵力不足，而八路军加上友军，在东线有10个师，只要统一战略战术，在敌后开展游击战、运动战，把人民群众发动起来，组织起来，一定能站稳脚跟。3月24日至28日，朱德、彭德怀以东路军总、副司令名义，在当时的八路军总部驻地——沁县的小东岭，召开了东路军将领会议。国民党军将领李家钰（第四十七军军长）、曾万钟（第三军军长）、李默庵（第十四军军长）和八路军将领左权、刘伯承、徐海东等共38人出席会议。朱德在会上向与会将领分析了华北抗战形势，阐明了粉碎敌人进攻、坚持敌后作战的条件和游击战争的战略战术，鼓励国民党军将领为坚持抗战作出贡献。彭德怀作了《第二期抗战与我们的任务》的报告。报告指出：敌第二期作战的总企图是占领武汉及其以北要镇，以封锁我内陆。我们在第二期抗战中，转入到敌人的后方作战是保卫武汉、保卫西北，借以争取持久作战的重要方针之一。我们必须在敌人的前后左右开展广泛的游击战和运动作战。他还分析了华北抗战的有利条件，对作战方针、战略战术、军队政治工作、群众工作等作出了明确规定。

小东岭会议是在华北抗战处于又一次转折时刻召开的，它以中国共产党和毛泽东的战略思想为指导，充分表现了中国共产党和八路军坚持敌后抗战的决心，阐明了在敌强我弱的形势下应采取的唯一正确的战略方针和作战原则。

黄克诚留旅部主持工作，未参加这次会议。他听了徐海东对会议精神的传达，很振奋。他认为，朱、彭两位老总的讲话，对鼓励和帮助友军坚持敌后抗战，开展游击战争将起到重要作用；对稳定晋东南各方面的抗战情绪，指导八路军在敌后开展游击战争等极为重要。黄克诚召集全旅营以上干部，请徐海东作了传达。黄克诚要求大家，要结合前一段开展游击战的情况，总结经验教训，在今后作战中更注重扬长避短，机动灵活，力求更好地保存自己，更多地消灭敌人。

3月上旬，日军从山西北、东分两路向晋西南的黄河边奔袭，企图歼灭中国军队于黄河边。而此时，八路军第一二九师和第三四四旅，已遵照八路军总部的命令从容转移到晋东南敌后，凭借太行天险，建立起新的抗日支点。

晋东南地处太行山南部，东临河北，南接豫北，境内多高山峻岭，也分布着平原湿地。1937年10月，八路军第一二九师等部进入该区，发动群众，开展游击战争，并建立了同蒲路以东、黄河以北、正太路以南、平汉路以西的晋冀鲁豫抗日根据地。1937年底以后，该师在第三四四旅的配合下，先后取得了长生口、神头岭、响堂铺等战斗的胜利，搅得日军坐卧不宁。如今，朱德、彭德怀又把八路军总部移驻晋东南，指挥包括友军在内的东路军抗战。晋东南成为日军的心腹大患。日军决心孤注一掷，欲将八路军总部、第一二九师、第三四四旅及部分国民党军队围歼于辽县（今左权县）、榆社、武乡、襄垣地区。

4月4日，日军集中了3万余人，由同蒲、正太、平汉铁路线及长治、屯留等地出动，分九路向晋东南地区八路军和国民党军大举围攻，妄图摧毁抗日根据地。其中，以第一〇八师团3个联队为主力，由长治、屯留及平定各出动1个联队，分三路向沁县、武乡和辽县进攻；以第二十师团出动1个联队由洪洞向沁源进攻；以第一〇九师团1个联队和另2个大队，由太谷、祁县和榆次出动，分两路向沁县和马坊进攻；由第十六师团一部由元氏、赞皇、邢台及涉县分三路出动，向九龙关、浆水镇和辽县方向进攻。

八路军总部在日军出动前即已做好应敌准备。参加这次反围攻作战的部队，有八路军第一二九师，第三四四旅，决死第一、第三纵队及属于东路军序列的国民党军各部。根据朱德、彭德怀的命令，第三四四旅第六八九团由团长韩先楚、政委康志强率领，配属第一二九师主力，由辽县以南东进至敌合击圈以外的涉县北隐蔽集结，寻机歼敌；徐海东和黄克诚则在左权统一指挥下，率第六八七团、第六八八团与总部特务团、决死第一纵队及友军高桂滋部配合，在沁县附近阻击和袭扰沿屯留、虒亭、沁县向武乡进犯之敌，并组织群众坚壁清野，破路藏粮，配合主力，开展游击战，消耗与疲惫敌人，阻止日军深入，为外线部队创造战机。

4月8日，日军1个联队2000余人占领沁源；10日，又占领虒亭、襄垣一线。徐海东、黄克诚一面指挥主力部队阻击、围攻敌人，一面组织游击队、自卫队配合主力对敌袭扰。同时，沿线一些城镇在八路军组织下，老百姓在撤离前运走了粮食，掩盖了水井。日军在八路军和群众打击下，疲惫不堪，消耗日增，进展迟缓。

至10日前后，有六路敌军均被八路军和友军阻止，只有从长治、屯留出动的第一〇八师团3个联队分三路侵入晋东南根据地腹地。日军合击八路军主力于辽县、榆社、武乡地区的计划落空。八路军总部抓住有利战机，即令转入外线的第一二九师主力及第三四四旅六八九团，迅速由涉县以北隐蔽地返回武乡以北地区集结，伺机歼灭侵入武乡地区的疲惫孤立之敌。

侵入武乡的日军第一〇八师团第一一七联队有3000余人，是日军此次围攻的主力，指挥官为骄狂的"反游击战专家"步兵第一〇四旅团长苦米地。4月15日，这支日军北犯榆社，企图与北面之敌会合，发现被八路军阻滞后仓皇撤回武乡，并于当日黄昏放弃武乡，携辎重骡马连夜沿浊漳河向襄垣方向退去。第一二九师首长命令该师主力和第六八九团分左、右两路纵队，沿浊漳河迅速追击。次日拂晓，左、右两路纵队超越日军，并把该敌夹击在武乡以东的长乐村地区。日军被截为几段，困在狭窄的河谷里无法展开，被打得狼狈不堪。已通过长乐村的日军掉头救援，集中1000余人，向八路军第七二团戴家垴阵地发动猛烈进攻，阵地大部被敌占领。此时，第六八九团紧急增援，连续九次冲击，夺回被占阵地。激战至当日黄昏，发现援敌，遂撤出。此役共歼灭日军2200余人，给敌人以沉重打击。战斗结束的当日，第一二九师师长刘伯承向该团颁发嘉奖令，指出："在这次马庄、长乐村战斗中，你们表现出非常英勇顽强、前仆后继、死打硬拼的大无畏的高尚品质，特予嘉奖。"黄克诚得知后，也与徐海东联名致电韩先楚、康志强表示慰问表彰和祝贺，勉励他们继续发扬英勇顽强的战斗作风，取得新胜利。此后每每提及韩先楚，黄克诚总是称赞说："韩先楚是一位很优秀的指挥员，很能打仗。"

长乐村战斗之后，围攻晋东南根据地的各路日军在八路军频繁打击下纷纷撤退。八路军各部乘胜追歼逃敌。徐海东、黄克诚率第三四四旅第六八七、第六八八团在西线追击撤退日军，先后于虒亭、张店一带给敌以重大打击。

4月19日，徐海东、黄克诚接到报告：沁县之敌约3000人于晨5时许由城南撤退，8时先头部队进到白家沟。徐、黄立即命令旅主力在敌两侧分段夹击其后尾部队。第三四四旅指战员勇猛追击，连续战斗4小时，歼敌100余人。

20日，派往虒亭的侦察分队报告，虒亭之敌也向南撤退。徐、黄命令部队沿途侧击。侧击部队在段村以南、峰岩附近，发现敌人野营地。于是分路隐蔽接敌，朝密集的敌营地发起猛烈射击,毙伤敌200余人。沿途老百姓亲眼看到骄狂凶残的日军遭到八路军痛击,奔走相告,庆祝胜利,他们提着鸡蛋、红枣,热腾腾的馒头、火烧,慰问作战部队,不少青年自动报名参加八路军。

经八路军及友军各部英勇作战,至4月25日,已相继收复榆社、武乡、沁源、辽县、和顺、襄垣、沁县、安泽、屯留、壶关、潞城、黎城、长子、平顺等10余座县城。退守长治的日军第一〇八师团陷于孤立,27日向同蒲路南段撤退。第三四四旅和决死第一纵队奉八路军总部命令,继续追击,28日10时,将日军第一〇八师团截堵于长子县南部的张店附近。

张店与高平县交界,白(圭)晋(城)公路从这里通过。公路两侧山峦起伏,虽草木稀疏,但地形险要,有利作战。徐海东、黄克诚决定,以第六八七团抢占张店以北之漳珠岭(今丹珠岭)有利地形,置于公路东西两侧,对敌形成夹击之势;以第六八八团占领张店西侧高地,对敌形成堵截之势。部队依令迅速进入指定位置。

第六八七团进入阵地后,发现敌人正在公路上集合训话。团长田守尧立即指挥部队发起进攻,并亲率第三营冲下公路,将日军截为数段,同敌人展开肉搏战。敌见来势凶猛,便组织兵力向公路两侧的第一、第二营高地连续冲击,企图占领制高点,均被击退。残敌见阵势不利,急忙向南龟缩至张店镇,固守待援。第六八八团第二、第三营乘机向张店发起攻击,打算一举歼灭敌人,但由于敌火力猛烈,而"我弹药消耗已尽",虽数次攻击,未能奏效,遂撤回原阵地与敌对峙。

29日,张店之敌在少数兵力掩护下,偷偷乘汽车南逃。此时,敌后续部队进至张店以北,并向第六八七团第二、第三营高地发起猛烈进攻。两个营的指战员凭借有利地形英勇阻击,将敌击退。敌遂向公路东侧的第六八八团阵地进攻,企图占领第二营高地,居高临下控制公路。敌炮火猛烈,第二营六连指战员英勇阻击,几经争夺,终因敌火力太强,两面受敌撤出阵地。而掩护撤退的第二营六连两个班的战士陷入敌人包围圈,与敌战至黄昏,全部壮烈牺牲。

此时,由高平来援之敌已占领漳珠岭,且兵力不断增加。徐海东、黄克诚下令撤出战斗。

经28日、29日两天的英勇拼杀,第三四四旅共歼敌500余人,缴获重机枪2挺、轻机枪5挺、步枪60枝,还有一批文件。但第三四四旅因火力薄弱,伤亡与敌相当。

黄克诚回忆说:虒亭、张店这两仗都是按照游击战的原则部署进行的,战斗打响后,我军似猛虎下山一般,猛扑敌群,与敌拼搏在一处,予敌以大量杀伤,但我们自己亦受到不小伤亡。[①]

张店战斗是抗日军民粉碎日军九路围攻的最后一仗。至此,反九路围攻结束,先后收复18座县城,共歼敌4000余人,大大提高了八路军的军威,坚定了晋东南人民夺取抗战胜利的信心,巩固和发展了太行山根据地。

反九路围攻作战结束后,徐海东、黄克诚奉命率第三四四旅部和第六八七、

①《黄克诚自述》,人民出版社2004年版,第180页。

第六八八团与第一二九师相配合，开辟太岳山脉南部地区；第六八九团则与曾国华支队组成东进纵队，在第一二九师副师长徐向前率领下，挺进冀南地区，开展平原游击战争，建立抗日民主政权。

五、町店战斗和端氏整训

经过连续 20 多天的反围攻作战，部队十分疲劳，特别是张店战斗，减员较多。黄克诚、徐海东报请八路军总部批准，决定趁日军处于防御态势，将旅部和第六八七、第六八八团集中于长治附近的西大营进行整训，总结反九路围攻中历次战斗的经验教训，进行战术技术训练和抗日战争形势的教育，健全党的生活。

整训开始前，黄克诚、徐海东召集团以上干部开会作了部署。黄克诚要求，要在总结经验的同时，大力表彰宣扬先进个人和战斗集体，鼓舞斗志；各部队要在抓训练的同时，抽调得力骨干，由政工干部带队，深入农村，开展群众工作，宣传党的抗战政策和主张，号召动员青年参军，补充扩大兵员。根据他的指示，各部队均派出大批 3 至 5 人的工作小组，到长治、长子一带的农村、学校和街道，进行深入细致的宣传动员工作，鼓动人民群众的抗战热情。许多青年踊跃报名参军，短短一个多月时间，该旅就在这一地区扩充新兵 2000 余人。其间，黄克诚还亲自同地方政府领导人协商，筹集了一批粮食。

1938 年 6 月底，国民党第一战区司令长官兼第二战区副司令长官卫立煌指挥所部向驻侯马日军发起反攻。此时，日军第一〇八师团二十五旅团的一个联队，从陇海路北上入晋，企图打通晋城至侯马的交通运输线，把战略物资运往晋南驰援侯马日军。应卫立煌要求，八路军总部命令徐海东、黄克诚率第三四四旅两个主力团，并指挥唐天际的晋豫边游击支队，进至阳城以北、晋城以西地区，截击西援日军。

接到命令后，徐海东、黄克诚立即进行动员部署。7 月 2 日晨 4 时，部队从长子、长治出发，昼夜兼程，急行军 100 余公里，于 4 日上午到达晋城西北的东沟一线。派出的侦察人员报告：由晋城向西开进之敌从 1 日至 4 日一直未停，有步兵、骑兵、炮兵共 2000 余人，汽车约 250 辆，满载步兵和弹药。由于公路两侧多为山地，公路又遭游击队破坏，路况很差，敌派出多架飞机掩护，边修路边缓慢西行。徐海东、黄克诚据此决定，立即尾敌前进，在晋、阳之间选择有利地形，伏击敌交通部队。伏击地点选在町店、义城地区。

町店位于阳城县境内的芦苇河北岸，距县城 10 余公里，是一个只有几十户人家的小山村。村子北面、南面均为连绵不断的山地，南山、北山之间是谷地，沁水支流芦苇河自西向东蜿蜒流过。北山山坡较缓，晋城至侯马的公路从山下沿河边通过。南山陡峭峻拔，地势险要，极有利于打伏击战。

7 月 5 日，徐海东、黄克诚率部队到达沁河西之五龙沟、汤街一线宿营。获悉敌 4 日出阳城向沁水西进，判断 6 日将继续路经町店地区，遂决定在附近区域伏击敌人，并立即召集营以上干部作出部署：以第六八七团一营和二营占领町店以北之富家坪以东的北庄一带高地，向敌主力进攻；三营进至町店东南10公里处之美泉村，占领公路两侧高地，阻击阳城援敌；以第六八八团前出至町店西北3公里处之上、下黄岩，冲击敌先头部队，并阻击敌人；旅指挥部设在町店以北之苏家岭。限设伏部队6日上午12时前赶到预定区域。

参战各部队情绪高昂。6日拂晓前，设伏部队即先后进入指定地域待机。狡猾的日军警惕性很高，自上午8时起即派出飞机在芦苇河上空盘旋侦察，并在上孔、八甲等要地反复轰炸。部队隐蔽较好，敌以为安全，随后大队人马开始通过。前面有骡马车100余辆、骑兵三四百人和部分步兵，从町店缓慢通过后，又有50多辆汽车由义城向町店开来，大量为辎重车辆，有五六百人的装甲步兵护卫，陆续进入伏击圈内。

时值盛夏，又近中午，烈日当空，酷热难耐，日军看到此处开阔，河水清澈，便停下来休息，有的用餐，有的睡觉，还有不少人把枪架在河滩上，脱光衣服，下河洗澡，周围也无警戒。徐海东决定抓住这一有利时机，围歼这支辎重部队。攻击命令一下达，第六八八团凭借居高临下的有利地形，率先向敌军猛烈扫射、投掷手榴弹。敌群被打得人仰马翻，血肉横飞，顿时乱作一团。此时，突然从东边出来100多名日军，与在义城、美泉警戒的第六八七团三营接火。随之全线打响。町店河边的日军在六八八团猛烈打击下很快集结，冲上岸边。迅速赶来的第六八七团一、二营指战员冲入敌阵，与敌人展开白刃格斗，把敌赶向对岸。敌反扑，往来激烈搏杀，反复冲击达七八次。至黄昏，因敌增援部队赶来，攻击部队伤亡过大，遂撤出战斗。余敌逃窜。

此役，共歼日军500余人，击毁汽车20余辆，缴获重机枪8挺、八二迫击炮18门、轻机枪30挺，及一批军用物资。敌遭打击后，不敢长驱直入。此战达到了迟滞敌人、策应友军的目的。第三四四旅也付出伤亡500多人的代价。7月15日，《新华日报（华北版）》以《町店浴血战》为题，在第1版作了报道。

町店战斗结束后，黄克诚

■ 町店战斗结束后，当地军民修建的烈士纪念塔。

率第六八七团和旅直属队收容安置了伤员、清理了战场，于10日移驻沁水的端氏镇；徐海东率第六八八团尾敌追击至沁水附近后，亦于次日到达端氏镇。部队在端氏镇进行了整训。

端氏镇位于沁水、高平之间，属沁水县境，旅部就驻在这里的一座古朴典雅的小院里。不远处即是一座宽敞明亮的关帝庙，这里就成为旅部的会议室。

12日，准备赴延安参加中共六届六中全会的朱德从八路军总部到达端氏镇检查第三四四旅工作。黄克诚、徐海东向朱德汇报了町店战斗的详细经过和经验教训。在分析经验教训时，他们说：这次作战，从旅、团领导看，在下定作战决心、确定作战部署、组织火力准备等方面，都有进

1938年7月，在黄克诚主持下，八路军第三四四旅在山西沁水县端氏镇进行了整训。图为第三四四旅旅部驻地旧址。

步，干部的模范作用较好。但作战未能取得预期胜利，且伤亡较大，许多都是骨干。未能大胜的主要原因是：有轻敌思想，对敌人的顽强性缺乏认识；部队新战士多，害怕白刃格斗；队形密集；相互协同很差，后方勤务工作未跟上，伤员收容比较慢。

朱德听了汇报，一方面肯定了部队英勇顽强的战斗作风和不怕牺牲的精神，另一方面指出了在战斗组织和战术运用上存在的问题，旅团干部未能很好地学习运用游击战争的战略方针和战术原则。他明确要求，要紧密联系半年多以来，特别是反九路围攻以来作战的实际，认真总结经验教训。

朱德在端氏镇住了十多天，亲自领导第三四四旅整训。黄克诚十分敬重朱德，他建议朱德给干部们讲讲形势、任务，讲讲开展游击战争的问题。他说，第三四四旅的团、营、连干部大都是二十五六岁的年轻人，作战很勇敢，但缺乏组织指挥经验，特别是开展游击战的经验，反围攻作战以来干部减员较多，又新补充了一些，极需要学习充实头脑，提高组织指挥水平。朱德采纳了黄克诚的建议。

当时，毛泽东所著《抗日游击战争的战略问题》一文刚刚发表，《论持久战》也已印成单行本下发。朱德紧密结合晋东南反九路围攻以来的形势和第三四四旅

的情况，根据毛泽东关于坚持持久战和开展游击战的论述，向全旅连以上干部作了报告。他对持久战的战略思想，抗日游击战争的战略作用、游击战的战术原则、抗日游击队的组织等问题，作了精辟论述，结合前一段作战的经验教训，对今后作战和开展群众工作、政治思想教育等，都作了重要指示。

在谈到第三四四旅的情况时，朱德说：自平型关战斗到粉碎九路围攻半年多时间，总的情况是好的，但也存在着分兵不够的问题，表现为全旅统一行动、集中指挥较多，分散活动、独立指挥较少；集中兵力打运动战多，化整为零、游击作战较少。他强调指出，要坚决贯彻党中央和毛泽东关于发动群众开展游击战争的指示，敢于大胆分兵，因为我们有群众作坚实后盾。朱德十分感慨地说："太行山区的老百姓有多好啊！八路军无论走到哪里都有饭吃，有房子住，你们的伤病员不都是老百姓养活好的吗？'母亲教儿打东洋，妻子送郎上战场'的动人情景到处可见。有了这样好的群众，还愁打不败侵略者吗！？你们三四四旅的老战士，大多数是红军时期入伍的，打过游击，有丰富的群众工作经验，要把他们撒到群众中去，就像种子撒到春天的大地里，很快就会生根、开花、结果的。"朱德要求第三四四旅，要深入敌后，在晋东南的太行山区、冀鲁豫边的平原地区，创立游击根据地，开展独立自主的游击战，疲惫消耗敌人，在游击战争中发展壮大自己。朱德讲话深入浅出，朴实生动，在座的干部们无不为之振奋，顿觉信心倍增，连续作战带来的疲惫与紧张也一扫而光。

端氏镇整训，在朱德的教诲和指导下，通过联系实际，学习党中央、毛泽东关于游击战争的战略战术，对于加速各级干部对战略思想的转变和组织指挥水平的提高，起到极其重要的作用。为下一步深入发动群众、开展游击战，巩固和扩大抗日根据地，奠定了更加牢固的思想基础。

端氏镇整训期间也发生了一件令黄克诚始料未及的风波。旅长徐海东因身体一直不太好，此前已向朱德、彭德怀提出到延安学习、休养一段时间。町店一仗打得不很理想，又受到朱德的批评，他感到有些支持不住了，便再次请求离开部队，到延安治病、学习。朱德批准了他的请求。

徐海东一走，旅长一职空缺，需有人接替。朱德征求黄克诚的意见。黄克诚认为：第六八七团团长田守尧是原红十五军团的干部，虽只有 23 岁，但到陕北后当过团长、师长，能力也比较强，由他代理旅长比较合适。朱德也是这样考虑的。于是朱老总便找田守尧谈了话，明确告诉田守尧代理第三四四旅旅长职务，仍兼第六八七团团长，等候总部任命。与此同时，朱德发电报给八路军总部和中央军委，建议由田守尧任第三四四旅副旅长、代理旅长。没有料到，彭德怀和毛泽东都不同意由田守尧担任这一职务，在给朱德、黄克诚的回电中说：田守尧在资历和领导能力方面，指挥近万人之旅，似乎不够，将另派人前来任职。黄克诚看完来电，当即向朱德建议说："老总，这件事恐怕不大好办了。你还是再拍一封电报，把详细情况报告延安和八路军总部，说明事先已同田守尧本人谈过话，田代理旅长之事不好再改变了。否则会影响情绪和今后的工作。"一向虚怀若谷的朱德不以为然地说："这有什么关系！戏点到谁谁就唱，共产党员嘛！"

事情正如黄克诚预料的那样发生了。过了几天，总部通知，从第三四三旅调杨得志来第三四四旅任副旅长、代理旅长。而此前由田守尧任代旅长的消息已经传开，这一下让田守尧这位自尊心极强的年轻干部觉得大失颜面，不禁闹起了情绪，旅部为徐海东送行举办的聚餐会他拒绝参加。朱德得知后指示黄克诚："召开旅党委会，开展批评与自我批评，对田守尧进行帮助。"

旅党委会由黄克诚主持，朱德出席。黄克诚说：今天的党委会是党内生活会，主要内容是帮助田守尧正确对待这次职务调整问题，通过交心通气，开展批评与自我批评，端正态度，提高认识，增强团结。黄克诚讲完后，会场上一片沉默，竟然无一人开口讲话。几十年之后，那场面黄克诚依然记忆犹新，他说："我是旅政治委员，又是党委书记，看到与会同志都闷在那里不吭气，我只好带头发言，对田守尧进行了批评。由于我当时考虑部队的关系和今后的工作，因而对田守尧的批评比较婉转，不够深刻和尖锐。我发言之后，朱老总就发火了，站起来，一个一个指着我们说：'你们这是什么鸟党委会？！不敢进行批评和自我批评，算什么共产党员！'接着，朱总司令就对田守尧进行了严厉批评。最后又说：'戏点到谁谁就唱，没点到你就不能出台。共产党员嘛！我们都要听党中央的，不能闹情绪。'"[1]

在这次旅党委会上，第三四四旅的干部中只有黄克诚一个人对田守尧提出了批评，因而引起了不小的误会。田守尧以为上级没有批准他代理旅长是黄克诚从中作梗，从此，心里结下了疙瘩。而黄克诚组织观念极强，认为不能去解释，那样会扩大矛盾。黄克诚始终对田守尧以诚相待，他认为田是一位优秀的青年干部，不能因为闹了点情绪影响使用。1939年春，杨得志到冀鲁豫任支队司令员，黄克诚向八路军总部请求任命田守尧为第三四四旅副旅长，代理旅长。在黄克诚推荐下，同年6月，田守尧被任命为第三四四旅副旅长，1940年2月，八路军第二纵队成立时，田守尧被任命为新二旅旅长，1941年部队在苏北改编为新四军三师后，田守尧又被任命为第八旅旅长。其间，黄克诚对田守尧一直很关心。日久天长，田守尧的误解终因黄克诚的坦诚相助消除了。

六、指挥部队分散开展游击战，发展壮大抗日武装

1938年7、8月间，侵华日军为了实现其迅速灭亡中国的计划，正集中兵力于国民党军正面战场，大举进攻长江南北武汉的外围地区，武汉陷入危机；同时，日军在华北大举进犯中条山，以巩固其在山西的占领区，并企图南渡黄河，出兵潼关、洛阳。为钳制企图进攻潼（关）洛（阳）之敌，巩固扩大太行山抗日根据地，

---

[1]《黄克诚自述》，人民出版社2004年版，第183页。

配合国民党军武汉保卫战和潼洛作战，根据朱德在端氏整训时的指示和八路军总部的统一部署，黄克诚召集团以上干部开会，就下一步行动作出了安排，提出了要求，决定从7月下旬开始，以团、营为单位分散活动，广泛开展游击战，打击日伪军，深入发动群众，发展壮大自己。

派出最早的一支部队是第六八八团政治委员刘震率领的第三营。其任务是开赴中条山地区，配合国民党第三军曾万钟部作战，袭扰、阻击日军南下。7月下旬，这支精干的队伍从沁水出发，带着朱德的亲笔信面见了曾万钟。在垣曲、夏县、安邑地区，该营配合中共领导的地方武装，开展游击战，不断打击日伪军，牵制了敌人南下。同时，广泛发动群众，建立和扩大地方抗日武装。

8月，第六八七团开赴豫北焦作一带，第六八八团（欠第三营）开赴安阳一带，寻机打击日伪军，发展壮大人民抗日力量。第六八九团则在豫北配合第一二九师作战。

同月，杨得志到第三四四旅任副旅长、代旅长。杨得志比黄克诚小8岁，质朴敦厚，作战经验丰富，又会带兵，这令黄克诚十分高兴。他详细地向杨得志传达了朱德的指示，介绍了部队的情况和下一步打算。杨得志回忆说："他如同老大哥对待小弟弟一样耐心、周到、细致。"[1]谈话中，黄克诚提出，根据八路军总部意图和部队分布情况，为便于指挥，旅部必须由晋东南移往豫北，可分为两摊，一摊在太行山南部，靠近第六八七团；另一摊过平汉路以东到滑县濮阳一带与第六八九团会合，开辟冀鲁豫边。杨得志完全同意。经研究并报八路军总部同意，黄克诚率旅直属队进驻林县，指挥驻豫北部队；杨得志和旅政治部主任崔田民带部分人员前往平汉路以东活动。

各部队在分散活动中都取得了一系列作战胜利，配合了国民党军正面战场作战，同时自己也得到了很大发展。

第六八七团在田守尧率领下，在博爱以东铲除了民愤极大的恶霸武装100余人，尔后进至修武、武陟一带，于蒋村消灭高希文匪部300余人，继而攻克木栾店，又于段屯北及苑桥击溃修武出犯之敌。同时，为阻敌修复黄河大桥南犯郑州，还多次向道（口）清（化）路西段展开破袭战。8月12日至25日的10多天里，在修武狮子营间，两次破路2公里，炸毁铁路桥1座，颠覆敌1列火车。9月，该团在沁阳、济源间，开展以连排为单位的小分队活动。9月9日，1个连趁驻永乐店镇日军在操场游戏之机发动突然袭击，当场击毙日军50余人；当日晚，又配合当地抗日武装袭击柏香镇，毙伤日军数十人，缴获小炮1门，炮弹360发。20日，该团1个排在高村伏击敌汽车运输队，击毁汽车2辆，毙伤日军几十人。在此期间，该团在武陟、修武广泛发动群众，扩充新兵700多人，编为独立支队。鉴于部队扩大后，供给困难，且无电台联络，黄克诚报请八路军总部同意，于9月底，由田守尧率团主力与独立支队北上临淇地区休整；把祖籍河南、熟悉当地情况的

---

①《黄克诚纪念文集》编委会编：《黄克诚纪念文集》，湖南人民出版社2002年版，第304页。

团政治处主任李雪三留在修武地区，率第二营继续坚持斗争。李雪三有文化，既会带兵打仗，又善于宣传和统战工作，他带领二营深入发动群众，打击汉奸土匪，团结争取友军抗日，在开明人士段永和的帮助下，争取了愿意接受共产党领导的国民党获嘉县大队大队长邓文魁，邓率300多人的县大队加入八路军。

第六八八团（欠第三营）在团长覃健率领下，在平汉路东、道（口）清（化）路北的内黄、浚县、滑县、淇县一带活动，与第一二九师配合，开辟豫北平原。9月底，在安阳以东辛安集一带歼灭伪军赵海清部千余人，改善了装备，振奋了士气。8月下旬至9月下旬，遵照总部命令，第六八八、第六八九团与第一二九师主力一部在王新亭[1]、杨得志统一指挥下，举行了漳南战役，歼灭了伪军扈全禄部和土匪7800余人，缴获各种枪支3200余枝。肃清了平汉路东、漳河以南、卫河两岸，南北近50公里的伪军和土匪，并建立了安阳、内黄、汤阴等县的民主政权，为此后建立冀鲁豫边抗日根据地奠定了基础。

漳南战役后，第六八九团先后移驻临淇、辉县，靠近旅部活动。第六八八团则进至濮阳，配合地方党组织解救被国民党顽固派围困的黄河支队。

黄河支队是中共领导的一支抗日武装，活动于濮阳、清丰一带。因曾经查获国民党顽固派濮阳专员丁树本倒卖军火的行为，引起了丁的不满，于是派兵在牛寨将黄河支队包围，并缴了部分战士的枪。事件发生后，中共直南特委、河北省委派人与黄克诚、杨得志联系，黄、杨遂令第六八八团驰援。丁树本迫于政治、军事压力，遂撤兵，并退还武器。事件解决后，为加强黄河支队，第六八八团派第一营教导员鲍启祥带一个排到该支队，鲍启祥任支队司令员。不久，该支队又收编了一支地方抗日武装，组成了冀鲁豫游击第二支队，兵力达1000余人。

经过7、8、9三个多月的分散活动，至10月上旬，除刘震率领的第六八八团第三营外，第三四四旅大部集中在豫北地区，一面开展游击作战，一面做发动和宣传群众的工作。当时，部队面临着两个突出的问题，一是由于连续作战，伤亡很大，且多是骨干，而新增兵员数量虽大，但未来得及训练整顿；二是豫北驻军太多，除八路军外，还有国民党军、地方抗日武装，而国民党顽固派又不断制造事端，筹粮十分困难，黄克诚不得不以很大精力同地方官员交涉。特别是驻山区部队，因入冬早，天气寒冷，棉衣筹措也迫在眉睫。更让黄克诚忧虑的是，当时华北日军正在围攻聂荣臻领导的晋察冀抗日根据地，下一步随时会向八路军的核心根据地晋东南发动进攻，第三四四旅作为总部的一支机动作战部队，如不抓紧时机训练整顿，将难以担负起重大作战任务。为此，10月8日，黄克诚以杨、黄名义给主持八路军总部工作的副参谋长左权、政治部副主任傅钟及在延安参加中共六届六中全会的朱德、彭德怀发电，提出："敌人大举进攻聂（荣臻）区后，有可能转移兵力，进攻晋东南，大的战斗即在目前。我旅抗战以来未进行过有计划的训练，致干部战士伤亡过半，新的成员占多数，战术差，政治上巩固亦较弱，

---

[1] 王新亭，时任八路军第一二九师第三八六旅政治委员。

如不有计划地整理训练，进行大的战斗将有困难。豫北驻军太多，粮食困难，房子狭小，不便训练。"电报建议除留刘震、李雪三等带领的几支独立部队继续在平汉、道（口）清（化）路活动外，"7、8、9 三团主力移至长治附近训练"。在给总部发电的同时，黄克诚先后到驻临淇、辉县的第六八七、第六八九团检查部队工作。他要求部队利用作战间隙，抓紧军政训练。

黄克诚对日军将对晋东南发动进攻的判断很快被证明是准确的，他关于立足应对将来作战需要对主力部队集中训练的建议是适时的。

就在给八路军总部的电报发出 10 多天之后，广州、武汉先后被日军占领。武汉、广州失陷，使中国的抗战形势发生了重大变化，日军停止对正面战场的战略进攻，转为以保守占领区为主，抗日战争由战略防御阶段逐渐进入战略相持阶段。日本侵略者在继续坚持灭亡中国的总方针下，将侵华的战略策略进行了调整，在政治上，把对国民党政府以军事打击为主、政治诱降为辅的方针，改变为以政治诱降为主、军事打击为辅的方针。在军事上，日军基本上停止对正面战场的战略性进攻，而逐渐将其注意力集中于打击和消灭共产党领导的八路军和新四军，尤其把进攻的重点放在了华北各抗日根据地，以求把对点、线的占领，即对中心城市和主要交通线的占领，扩大为对面的占领。为此，从 11 月开始，日军陆续增兵华北，至 1939 年 4 月，华北日军的总兵力已占其侵华总兵力的二分之一以上。

黄克诚从驻豫北各部队反映的情报中已明显感到这种变化。他在 10 月下旬至11 月间给八路军总部的电报中说："沿道清路敌人对铁路保护日见精密，每隔 5 里筑房派队伍严守，并在沿途拉铁丝网。"临淇、修武、焦作等地，敌人陆续增多；"敌大作广州、武汉陷落之宣传，汉奸活动积极"，"武汉失守后，平汉线汉奸活动更积极"，汉奸与土匪勾结，抗粮、抗捐，拒绝我军入境；我军收编的有些地方武装也发生叛变。鉴于上述情况，黄克诚于 10 月 29 日再次向左权发电建议，第六八七团训练地点北移。他还建议刘震率领的第六八八团一营到林县归建。命令在修武活动的李雪三北上归建，集中整理。

黄克诚期盼党中央很快作出明确指示。

11 月 19 日，参加中共中央扩大的六届六中全会①的彭德怀从延安回到八路军总部，黄克诚听取了会议精神的传达。

黄克诚完全拥护六中全会确定的战略方针，并随即向八路军总部汇报了当前部队的情况和打算。根据总部的统一部署和第三四四旅的情况，研究决定，为发展主力，扩大抗日武装，适应敌后斗争的需要，以刘震率领的第六八八团三营、旅警卫营（2 个连）、李雪三从获嘉县争取的愿意接受中共领导的国民党获嘉县大队，组成第三四四旅独立团，刘震任团长、李雪三任政治委员，下辖 3 个营。该

---

① 1938 年 9 月 16 日至 11 月 6 日在延安召开的中共六届六中全会，是中国共产党在抗日战争新阶段召开的一次具有重大历史意义的会议。毛泽东代表中央政治局作了《论新阶段》的政治报告和总结。会议确定了坚持抗战，坚持持久战，巩固与扩大抗日民族统一战线，以便克服困难，停止敌人进攻，准备力量，实行我之反攻，实现最后驱逐敌人的全国抗战的总任务；制定了"巩固华北，发展华中"的战略方针。

团于 12 月在临淇镇成立。编成后即于 12 月底进至豫鲁边之东明地区，与冀鲁豫游击第二支队（即原黄河支队）会合，一起活动于考城、民权、曹县、成武之间。独立团连续在许河、考城、单县打击敌人，歼灭伪军共 1000 余人，并建立了一批地方武装。

黄克诚同时还决定，除旅独立团和第六八八团配属陈赓的第三八六旅坚持冀鲁豫边区的斗争外，旅部和第六八七、第六八九团均撤至晋东南整训一段时间，以利下一步作战。

1939 年元旦前夕，黄克诚召集驻林县的部队和旅机关干部，开了一个团拜会，他吩咐供给部门买了些红枣、花生招待大家。会上，他简要传达了党的六届六中全会精神，对前一段工作作了讲评，号召大家牢固树立长期抗战的思想，在抗战中继续发展壮大自己，把日本侵略者赶出中国。元旦这一天，他和杨得志领衔，以全旅指战员名义致电毛泽东和中央领导人，表达他们对领袖的深切敬意和抗战到底的决心。电报说："在党的正确领导下，我军配合了友军，坚持了华北抗战，巩固了诸抗战根据地，巩固扩大了自己。我们准备了一切力量，为了完成六中全会的新任务而奋斗到底！"

是年初，黄克诚率旅直属队从林县回到长治，后驻高平；第六八七、第六八九团分别移驻高平、长治和屯留；第六八八团配合第三八六旅在冀鲁豫边执行反"扫荡"、反摩擦作战任务后，也于 2 月下旬回到晋东南屯留一带。

这期间，侵华日军不断增兵华北、山东，向各抗日根据地发动进攻。为反击日军"扫荡"，巩固和发展平原根据地，八路军总部派出第一一五师第三四三旅等主力挺进山东，第一二九师主力挺进冀南。第三四四旅主力留晋东南，保卫和巩固晋东南抗日根据地。

自返回晋东南以后，黄克诚就一直思考着部队下一步的发展和部署问题。当时，全旅已发展到 1 万余人，独立团在冀鲁豫又组建和接受了一些地方抗日武装，如果全部集中于晋东南，不仅供给困难，而且不利于今后的发展，根据抗战转入相持阶段的整个形势和党中央的战略方针，黄克诚认为，可分出一部分力量，利用前一段分散活动的基础，到冀鲁豫边区发展。经充分考虑，他向八路军总部建议："将三四四旅分成两摊子，我和杨得志二人，一人留守旅部，一人过平汉路东开辟新区。"总部很快回电，采纳了黄克诚的意见，明确指示，黄克诚在旅部留守，主持工作；杨得志过路东活动。

黄克诚为杨得志再次挺进平汉路东考虑得十分周到。他让政治工作经验丰富又善于团结同志的旅政治部主任崔田民继续配合杨得志一起前往，并嘱咐崔田民，要在旅机关挑选能力最强、思想最好的参谋人员和政工干部随行；平原地区搞游击战离不开爆破，从各团选调一些工兵技术好的，还要选些懂炮的；要切实搞好警卫安全，选配好警卫人员，枪支要好，多配些子弹。干部很快选配起来，并组成包括工兵排、炮兵排、警卫排的一个连队。加上机关干部，共 100 多人。黄克诚担心人太少，要杨得志再多带些人。杨得志感动地说："这 100 多人都是挑选的，路上是够了，到冀鲁豫边那边还有刘震同志的独立团等部队，再发展嘛！旅部这边的任务也很重，太行山是日军'扫荡'的重点，更需要部队，你身上的担子比我重。"他请黄克诚放心，一定不负重托，尽快在冀鲁豫边打出一个局面。

杨得志于2月中旬从长治出发。到达鲁西南后，将活动在冀鲁豫边区的部队逐步统一编为八路军冀鲁豫支队，杨得志任支队长，崔田民任政治部主任（后为政治委员），卢绍武任参谋长，下辖三个大队。随后，又改编了两支地方抗日武装，从旅主力部队抽调了部分骨干，编组了第四、第五大队。冀鲁豫支队编成后，以冀南为依托，坚持豫北的游击活动，开辟鲁西南的抗日根据地，该区很快便结束了抗日武装分散活动、各自为政的局面。冀鲁豫边抗日根据地得到巩固发展。

杨得志、崔田民东进后，军政领导工作都落到了黄克诚一人身上。他对当前部队面临的形势作了分析，对下一步工作重点是什么，怎么抓，作了通盘的考虑。他从掌握的敌情了解到，日军对晋东南的"扫荡"是肯定的，但其尚有一段准备时间。他认为，目前集中于晋东南的三个主力团，应紧紧抓住当前的有利时机，做好迎击敌人大规模进攻的准备，这是全旅最急迫的中心任务。抓什么？重点应是抓军政训练，由于新成分多，军事训练应着重战术技术训练，刺杀、投弹、地雷、爆破和土工作业；干部要真正掌握游击战的战术原则，会组织指挥。

■ 抗日战争初期，黄克诚（左一）同邓小平（左二）、傅钟（左四）等在一起。

黄克诚特别重视政治思想教育。他明显感到，部队在半年多分散活动后，一些不良现象时有发生，遇事只考虑小山头的利益，缺乏全局观念，如选调骨干加强新组建的部队，有些单位就是不放；调拨多余武器弹药和物资给一些有困难的部队，有些单位就是不给；还有的甚至对上级下达的任务找各种理由不执行或不认真执行。针对上述问题，黄克诚提出，要在全旅主要是团以上干部中开展批判山头主义、本位主义的斗争，树立全局观念，加强纪律性。为稳妥起见，黄克诚将他的想法和意见当面向朱德、左权、傅钟作了汇报，得到了他们的支持和赞同。也就在这期间，八路军总部发出了关于整军计划的训令。训令提出，为提高部队战斗力和执行纪律的自觉性，特别是提高干部的军事、政治、文化水平，规定分期整训，每期3个月。

2月下旬，黄克诚主持召开旅党委扩大会作了部署。部队的军政训练全面展开。

在安排了部队军政训练工作以后，黄克诚主持召开了团以上干部参加的旅党委扩大会。他要求与会干部紧密联系本人、本单位实际，批判山头主义、本位主义，开展批评与自我批评，以此提高思想认识，加强党的领导。

会议开始时，有些干部借故不来参加会议。黄克诚不急不躁，极有耐心。他说："我不管人来得齐不齐，反正每次都按时开会，该讲什么我就讲，该批评的我就批评，我相信那些不来参加会议的同志总会听得到。有的干部不服气，我就耐心讲道理，做说服工作。"朱德也几次到会讲话，要求大家克服山头主义。党委扩大会议连续开了十几天。黄克诚回忆说：那段时间"几乎把我累垮。以前行军作战不论多么疲劳，晚上睡一觉，就能恢复过来，但这次开会，把我搞得精疲力竭，会议结束之后好多天都没有恢复过来"[1]。

在统一思想、提高认识的基础上，4月上旬召开了全旅党员代表大会，出席代表两百余人。黄克诚总结了抗战以来旅党委的工作，提出了今后的任务。朱德、左权专程到会，就形势、任务和作战问题作了重要讲话，对第三四四旅前段的成绩给予充分肯定，同时提出了要求。

经过两个多月的全面整训，使全旅指战员的政治觉悟和战术、技术水平得到很大提高，为随后取得反"扫荡"和反顽斗争的胜利提供了重要保证。

七、指挥部队参加第二次反九路围攻作战

自1939年2月起，华北侵华日军日益加紧对晋东南根据地的包围、集结。敌北侵和顺，西占安泽；灵石、霍县、浮山、翼城之敌也不断东犯；同蒲路南段之敌向横水镇、横岭关集结，窥视垣曲；新乡、安阳之敌猬集万余人；临城、赞皇、石家庄之敌也不断增兵，形成了对晋冀鲁豫根据地太行山区的四面包围。至4月，祁县、平遥之敌万余人突破八路军防线，沿白晋路推进至故城镇，一部进至石盘镇。

---

[1]《黄克诚自述》，人民出版社2004年版，第184页。

为保卫太行山南段晋冀豫边抗日根据地，坚持华北抗战，八路军总部决定以主力兵团迅速隐蔽集结于待机地域，歼灭分散孤立之敌，粉碎敌人的分区"扫荡"。4月10日、21日，朱德、彭德怀先后致电黄克诚，对第三四四旅的作战区域、作战要求作了明确指示。21日的电报指示"该旅以太行山南端为作战基础，力求该地区工作之深入与巩固，造成发展豫北条件"。"上述地区一二九师之地方工作人员受黄克诚同志指导"，并要求黄克诚帮助太南特委动员新兵500名补充第一二九师。黄克诚据此迅即作了部署，将旅主力集结于晋（城）高（平）大道翼侧山地隐蔽待机。黄克诚要求各团领导，要认真贯彻八路军总部分遣游击、避敌锋芒、待其深入后打其侧背和分割围歼的作战计划，要周密侦察，充分利用有利地形伏击敌人，尽量减少损失。配属作战的部队要发扬积极协同的精神，听从指挥，服从大局。与此同时，他与太南特委取得联系，抽调干部帮助动员500多名新兵，及时补入第一二九师。考虑到太南地区战略地位十分重要，驻军较多，为加强对这一地区的统一领导，深入开展各项工作，黄克诚向八路军总部建议，成立太南军政委员会。7月24日，八路军总部致电黄克诚，同意组成太南军政委员会，统一党政军民的领导，并指令黄克诚为书记。战略方针上直接受总部指挥，地方工作归军党委领导。

7月初，日军第一军司令官梅津美治郎指挥5万余重兵，先后从同蒲、正太、平汉、道清等铁路沿线各县出发，开始对晋冀豫边抗日根据地太行山区进行第二次九路围攻。日军企图依托前一段深入根据地的点线，打通白（圭）晋（城）、邯（郸）长（治）、平（定）辽（县）等路，控制主要城镇，分割和缩小八路军的机动范围，尔后加以消灭。第一二九师和第三四四旅等主力部队已按照八路军总部的指示，作了周密准备。此时，第六八七团在高平以东山区分散游击，打击由博爱北犯之敌；第六八八、第六八九团进至涉县响堂铺以南以北地区，与第一二九师相配合，夹击由涉县西进之敌。黄克诚则率旅部进驻平顺山区。

第三四四旅各主力团，在反"扫荡"中打得主动、机智，接连取得胜利。

8月中下旬，由已提升为副旅长的田守尧和团政委吴信泉率领的第六八七团在高平地区连续袭击敌人，战果不断，搅得敌人惊恐万状。8月15日，该团四连在高平以南上、下玉井村伏击由晋城向北窜扰的日军第一〇九师团一部，毙伤敌50余人。敌惊恐不安，再次进入高平时不敢进住民房，全部露宿城墙脚下。这股北上敌人是去长治换防的，不会在高平久留。第六八七团决定在敌北上的必经之路南、北李村之间的桑树林设伏。8月17日8时，敌先头部队300余人进入伏击圈，指挥员一声令下，指战员迅即向敌展开猛烈攻击，敌人措手不及，就地抵抗。激战15分钟，部队迅速转移。此战毙伤敌100余人，缴获机枪3挺、步枪20余枝、文件1箱，还有战马10多匹。战后《新华日报》于8月21日作了报道，称这次战斗是"提高千百万群众杀敌热忱、巩固太行山南段抗日根据地的模范战斗"。随后，第六八七团以营、连为单位分散活动，不断袭扰、打击敌人。8月29日，该团侦知，日军第二十师团师团长牛岛实常中将于30日晨率师团部由高平去长治。

吴信泉遂命令第一营在高平县东北的赤祥村东仓河边设伏待机。30日拂晓，第一营营长傅春早、教导员关盛志率该营赶至赤祥村北东山下构筑工事，隐蔽待机。11时，敌尖兵连进入伏击区，后边是师团部。吴信泉一声令下，各连集中火力，猛烈打击敌师团部，最后冲下河滩，与敌展开拼搏，毙伤敌军官20余人、士兵40余人，缴获长短枪8枝及部分物资和1箱文件。师团长牛岛因于战前一天已到长治，幸免一死，但因损失惨重被撤职。

令黄克诚兴奋不已的是，从第六八七团在高平三甲镇战斗中缴获的文件中，发现了好几份机密性极高的作战文件，其中牛岛7月8日到8月8日的全部作战情报记录最具价值，黄克诚立即找懂日语的干部译出来，分别上报八路军总部和第一二九师首长。朱德又派专人将文件送到了延安。

在响堂铺以南活动的第六八八、第六八九团，一直坚持在邯长路长治至东阳关一带及其以南地区，寻机打击敌人。9月，在潞城微子镇给敌以沉重打击。尔后，继续活动于长治、黎城间，配合第一二九师夹击敌人。第六八九团在壶关、平顺地区掩护旅部，多次袭击进犯之敌。为配合第一二九师行动，该团第三营三次袭击神头岭，给敌人以重创。

12月初，八路军总部获悉：在晋冀豫边区抗日根据地进行"扫荡"之日军进行调动、换防。日军驻守白晋路南段的第二十师团调离，白晋路及邯长公路西段由原在同蒲路的第三十六师团接防。因日军在8月的大举进攻中，打通了邯长公路，并修复遭到破坏的白晋铁路（指同蒲线上的白圭车站到长治之间的铁路），将晋冀豫根据地的太行、太岳分割为二，太行区也被分割为太南、太北两部分，这给晋东南的斗争造成极大困难。为打破南北分割的局面，八路军总部决定，乘日军换防后兵力减少、战斗力减弱的时机，由第一二九师和第三四四旅第六八八、第六八九团发起邯长战役。

接到总部命令后，黄克诚指示第六八八、第六八九团立即行动，按照总部统一部署，机智勇敢地打击敌人。从12月8日开始，首先向邯长公路展开全线破击。在地方游击队配合下，连续袭击潞城、赵店镇、黎城、东阳关等据点，在公路上袭击东运之敌及其运输队，使敌沿线据点之间交通中断，互相不能支援，粮弹不能接济。12月23日，全线向日军发起攻击。第六八八、第六八九团与第一二九师特务团密切协同，向日军发起猛烈进攻，至25日，共歼日伪军700余人，收复黎城、涉县，使太南、太北两区连成一片，巩固了晋冀豫根据地，为以后的斗争创造了有利条件。

八、组织开展反顽斗争

经过两年多的艰苦斗争，中国共产党领导的敌后抗日根据地不断发展和巩固，八路军也从四万多人发展成为数十万人的抗日劲旅。这不仅成了日本侵略者的心腹大患，也使国民党顽固派极度忧虑和不安，反共气焰日益嚣张。

国民党在联共抗日问题上，本来就具有两面性，既抗日又妥协，既联共又反共。全国抗战之初，国民党政府对日作战尚较努力，在国共关系上承认了共产党的合法地位，同意建立以国共合作为基础的抗日民族统一战线，全国抗战局面曾出现一片生机。但是，1938年10月广州、武汉失守，中国抗战逐步转入战略相持阶段后，国民党内的失败情绪比较普遍，对共产党领导的革命力量的发展壮大产生了巨大疑惧，甚至仇视。顽固派在日本帝国主义的政治诱降和英、美对日采取绥靖政策的影响下，逐步由对外转向对内，对抗日的态度日趋消极，而对人民抗日运动的限制则日益加强，反共倾向明显增长。1939年1月国民党召开的五届五中全会，确定了溶共、防共、限共的方针。不久，制定了《限制异党活动办法》，成立了防共委员会，又颁布《共产党问题处置办法》《沦陷区防范共产党活动办法》等文件。从此，国内的政治局势迅速逆转，国民党顽固派开始在全国各地限制、迫害共产党人，制造流血惨案，逐步发展到用军事手段，从共产党手里"收复失地"。形势越来越恶化。11月中旬，国民党召开五届六中全会，通过了以"军事限共为主，政治限共为辅"的新方针。接着，国民党顽固派以此为指导，发布了《处置共产党问题的新办法》和《剿办冒充抗日军的命令》，随之调兵遣将，加紧对陕甘宁边区和八路军、新四军和山西新军发动进攻，制造了一系列反共摩擦事件。

山西是国民党顽固派制造反共摩擦的一个重点。抗战开始后，身为国民党第二战区司令的阎锡山，最早得到共产党、八路军的支持和帮助，并合作抗日。但随着八路军和与八路军紧密配合共同抗日的新军决死队的发展，阎锡山遂生惧怕和仇视。他于3月下旬至4月下旬在陕西宜川县秋林召开历时29天的山西军政民高级干部会议，史称"秋林会议"。阎锡山在会上抛出"中日不议而和，国共不议而战"的谬论，公开提出"困死八路军，消灭决死队，取消牺盟会"的口号，宣称与日军和平妥协和反对共产党及八路军的组织，让旧军来合并新军。会后，他以抗日为名，专门成立了所谓"敌区工作团""政治突击队""暗杀团"等特务团体，派往决死队和八路军活动地区，进行监听、绑架、暗杀等活动。阎锡山还向旧派势力发出准备反共事变的暗语："天要下雨了，要赶快准备雨伞！"其意是说，准备对共产党开刀。经过紧锣密鼓地筹划，12月，阎锡山向新军和八路军大规模进攻的计划开始实施。他密令第六集团军总司令陈长捷为"讨逆军总司令"，统辖山西旧军，于12月3日分三路，向晋西地区的决死第二纵队和第一一五师第一独立支队发动进攻。与此同时，阎锡山又命令在晋西北的两个军向决死第四纵队进攻。这就是"十二月事变"（又称晋西事变）。

十二月事变发生后，八路军和新军奋起抗击；同时，中共中央派出代表王若飞、萧劲光等前往秋林同阎锡山谈判，阎被迫停止武装斗争，实行团结抗战，双方正式达成协议。阎锡山发动的事变遂被粉碎。

太行山地区是国民党顽固派制造摩擦的又一个重点地区。就在阎锡山向新军和八路军挥舞屠刀时，蒋介石调集十几万反共大军向太行、太岳、冀南、冀鲁豫抗日根据地进犯。11月下旬，国民党第九十七军军长朱怀冰，取代因通敌而被撤职的张荫梧的位置，兼任冀察战区政治部主任和河北省民政厅长之职，随即率部从豫北北进，于 12 月初进入冀西赞皇地区，配合鹿钟麟[①]控制冀西。朱怀冰自恃是正规军主力，到冀西后，抢占要点，包围平汉路以西的八路军青年纵队，摧残抗日政权，反动气焰十分嚣张。国民党军第十军团石友三部，早在 1938 年 12 月即被划入鹿钟麟的冀察战区，调至冀南和冀鲁边，1939 年春，又被任命为冀察战区副总司令兼第三十九集团军司令。这个在抗战之初曾得到过八路军帮助的国民党军高官，这时也向八路军挥戈相向，向冀南根据地进攻。

面对国民党顽固派动摇妥协、分裂倒退的危险和猖狂反共的罪恶行径，7 月 7 日，中共中央为纪念全国抗战两周年发表对时局宣言，明确提出："坚持抗战到底，反对中途妥协""巩固国内团结，反对内部分裂""力求全国进步，反对向后倒退"的方针，号召全国人民向顽固派作斗争。8 月 19 日，中共中央给八路军发出指示："我党我军对于局部武装冲突的立场是明确的，人不犯我，我不犯人，人若犯我，我必犯人。"12 月 23 日，中共中央对时局的指示中指出：现在国民党在各地发动的反共军事进攻，带有准备投降的性质，我党应极力发展统一战线的工作，力争中间阶层；进一步依靠群众，极力发展与巩固自己的力量，在一切地方准备对付局部的突然事变。

黄克诚一直关注形势的发展。他身处局部，心系全局。在这段时间里，他一方面根据八路军总部的部署，掌握部队思想情况，指挥部队袭击日军，迎击国民党顽固派的进攻，并运用多种形式揭露日本侵略者的绥靖政策，发动群众，反对分裂和对日妥协；同时，认真阅读中央和八路军总部的文件、电报和各种报纸，就时局走向和应取对策，向八路军总部领导和机关谈看法，提建议。1940 年元旦，黄克诚还给毛泽东发出了一份建议电。电报开门见山地提出："建议天下大雨[②]之时，我党政治主要打击方向是日本帝国主义，军事主要打击方向是卖国贼。要有十五万主力在西北出现，以迅速手段取得甘肃、宁夏根据地，打通国际交通。只有大块巩固的根据地与取得苏联帮助，才能团结人民与一切抗日力量，继续抗战。"黄克诚在电报中还提出："华北在日本与国民党联合进攻之下大兵团是不能存在的，现在边区应将主力部队应付可能猛烈的进攻。只有吸引全国部队与日军所占区域，我军也才能在敌占区支持和发展。"

黄克诚给毛泽东的这份电文只有 180 多个字，作为战略策略性的建议显得有些简略，但他的主旨十分明确，在国民党顽固派大举反共之时，要把军事斗争的主要方向指向顽军；从长远考虑，要大力发展主力，要创造大块根据地；要取得苏联帮助。这些主张是极有气魄、极有战略眼光的，也是符合党中央的战略方针的。

就在给毛泽东的建议电发出的第五天，也就是元月 5 日，黄克诚接到彭德怀的电报，要黄克诚派些人到距平顺不远的路上接应他。彭德怀是 10 月中旬受命去延安向中共中央汇报情况、商讨对策的。11 月，他从延安经西安、洛阳返回晋东

---

① 鹿钟麟，时任河北省政府主席、冀察战区总司令、河北省保安司令。
② 指国民党向八路军大举进攻之时。

南，只带了少数警卫和一部电台。他沿途视察八路军各部准备迎战的情况，访问国民党军政大员程潜、卫立煌等。到达山西垣曲时，彭德怀获悉，国民党顽固派准备分三路进攻八路军总部，沿途很不安全，于是避开隘路，爬山走小路。黄克诚亲自带一支分队出平顺去迎接彭德怀。彭当晚住在第三四四旅旅部。黄克诚在他的《自述》中回忆说："我与彭德怀一见面，别的什么也顾不上讲，就向他汇报国民党军队向我摩擦进攻的情况，我们两人边走边说。一到旅部，彭德怀的反摩擦作战方案已成竹在胸，立即下命令调动部队打朱怀冰。"黄克诚对鹿仲麟、朱怀冰指使驻赞皇、元氏以西地区的侯如墉部和驻束鹿、宁晋间的乔明礼部向八路军平汉游击纵队大举进攻极为愤慨，赞成狠狠打击，但他认为，要打与我有统战关系的国民党军队，而且是个大仗，应先向中央报告一下。他对彭德怀说："老总，这么大的事情，你不请示延安就动手干，怎么行呢？"指挥作战历来坚定果断的彭德怀说："来不及了。"于是他一面发电报调动部队，一面同时报告延安。根据他的命令，在第一二九师首长的指挥下，第三八五旅主力和冀西、冀中部队于1940年1月12日向侯、乔两部发起反击，歼其大部。傲气十足的朱怀冰见其爪牙被剪除，自觉孤军难保，于是率部与鹿仲麟一起，由冀西南撤至冀豫交界的磁县、武安、涉县、林县地区。

蒋介石对朱怀冰、鹿仲麟溃败南撤十分恼火，公然于1940年1月中旬命令八路军撤至白（圭）晋（城）路以东，邯（郸）长（治）路以北，并随即调动国民党军向太岳、太南地区推进；令晋绥军孙楚部"讨伐"三、五专区的决死队，企图把八路军挤出这两个地区。朱德、彭德怀向蒋介石提出抗议，拒绝执行，并于19日致电毛泽东并转陈赓、黄克诚等，提出了反顽计划，要陈赓率第三八六旅移驻太岳，与决死第一纵队会合，统一指挥太岳八路军及决死队，如对方进犯，坚决打击。"黄克诚指挥太南八路军及决死第三纵队，寻找有利时机消灭决死三纵队叛军及其八旅。"

黄克诚此前已按八路军总部关于集中兵力打击阎军、中立蒋军、巩固太岳、逐步恢复太南的方针作了部署。1月19日，晋绥军孙楚的独立第八旅和冯钦哉的第二十七军一部，在国民党军第四十军庞炳勋部配合下，向高平、陵川、长子、壶关等地区进攻，包围八路军第三四四旅及抗日决死队第三纵队，企图逼迫第三四四旅和抗日决死队退出上述地区。在太南地区活动的第三四四旅、晋豫边支队、独立游击支队、决死第三纵队和河北抗日民军第四团，按照八路军总部和黄克诚的指示，向顽军展开英勇反击，连续重创孙楚的独立第八旅及其他反动武装和特务组织，部分地恢复了十二月事变中失去的原有地区。陈赓也率部保卫了太岳根据地。

太岳，特别是太南抗日根据地，与冀南、鲁西相连，是八路军总部所在地，也是华北与华中联系的重要通道。在朱怀冰部南移后，蒋介石指令其北进，向太南发动进攻。为粉碎国民党顽军进攻，进一步巩固和扩大太岳、太南抗日根据地，朱德、彭德怀于1月24日给黄克诚发出指示电，决定对太岳、太南及冀鲁豫杨得志支队活动区之八路军和抗日决死第三纵队等部进行统一编组，成立五个旅，编为八路军第二纵队，以黄克诚任纵队司令员兼政治委员，杨得志任纵队副司令员（仍在平汉路东指挥部队）。电报对各旅主要干部的配备和部队组成也作了明确规定，要求黄克诚立即对所缺团以上干部提出意见报批。

关于成立第二纵队的问题，事先朱德、彭德怀曾同黄克诚讲过，原拟由陈赓任司令员、黄克诚任政治委员，这次的电报确定由黄克诚任司令员兼政治委员，黄克诚自感有些力不从心。他说："我考虑到自己的实际情况，身体弱，高度近视，这都是作为一个军事指挥员的不利条件。而且，我个人偏于谨慎，选择战机时，对可能造成较大牺牲的作战行动有时果断不足，这也是作为一个高级军事指挥员在指挥大兵团作战中的不利条件。于是，我请求总部另行考虑纵队司令员人选，我只担任政治委员一职。"[1] 黄克诚还就部分旅团干部的配备提出了建议。朱德、彭德怀采纳了他的意见。2月2日，报经毛泽东批准，同意太南组织纵队司令部，以左权为司令员，黄克诚为政治委员。

2月6日，左权从八路军总部到达平顺县西沟村第三四四旅旅部。黄克诚遂与其一起部署部队编组整理和反顽作战准备等事宜，同时宣布八路军第二纵队成立。原第三四四旅旅部机关编为纵队部，将第三四四旅、晋豫边支队、独立游击支队、抗日决死第三纵队和河北民军第四团等部统一编入第二纵队，共编为四个旅：新编第一旅旅长韦杰、政治委员唐天际；新编第二旅旅长田守尧（因在延安学习，由杨得志兼），政治委员崔田民（兼）；新编第三旅旅长赵基梅、政治委员谭甫仁；第三四四旅旅长刘震、政治委员唐亮。2月15日，朱德、彭德怀正式发出电令，命令左权兼任八路军第二纵队司令员，黄克诚为政治委员，杨得志为副司令员仍兼冀鲁豫支队司令员，韩振纪为参谋长。第二纵队直属八路军总部指挥。

第二纵队刚成立时，太南根据地正面临着严峻的形势。在高平、晋城一带，晋绥军孙楚部继续大搞摩擦活动，不断袭击八路军和抗日决死队。在东南面，蒋介石指令朱怀冰、鹿钟麟、孙殿英等部据守磁（县）武（安）涉（县）林（县）地区，与平汉路东的石友三、沈鸿烈[2]等部相互策应，由南而北，向太行山发动新的进攻，矛头直指八路军总部；蒋介石并增调第四十一、第七十一军为后援，由黄河以南向太南开进。1月29日，朱德、彭德怀、杨尚昆[3]电示黄克诚：壶关、长治、潞城、黎城、平顺等基本地区必须巩固，并尽可能争取巩固陵川，以及高平、晋城（不含以东山地），并贯彻坚决打击叛军、争取中央军中立的方针。黄克诚在左权到达之前即召集所属部队和太南军政委员会作了传达部署，他要求各部队对进犯根据地现有阵地的，不管什么军队，坚决予以打击；立即宣传动员群众和各抗日武装，加紧战斗准备；明确指出，凡是向八路军、决死队和抗日根据地发动进攻和进行破坏活动的，均是汉奸，应坚决打击。同时，对筹集粮食问题提出了具体要求。左权到达后，两人又根据八路军总部确定的先打石友三，再打朱怀冰，

---

① 《黄克诚自述》，人民出版社2004年版，第457页。

② 沈鸿烈，时任鲁苏战区副总司令兼山东游击总司令。

③ 杨尚昆，时任中共中央北方局书记。

中立孙殿英、鹿钟麟的策略，研究了第二纵队所属部队的作战部署。待有利时机一到，即按总部命令发起反击。

2月18日，朱怀冰部向驻磁县西贾壁、大湾的八路军发动突然袭击，打死打伤八路军干部战士150多人，并抢走大批军用物资。为严惩朱怀冰，2月21日，朱德、彭德怀致电左权、黄克诚、刘伯承等，就如何消灭朱怀冰部的准备工作下达指示。反击国民党顽固派进攻的作战随即打响。

在彭德怀和第一二九师首长的统一指挥下，3月4日至11日，冀鲁豫、冀南八路军首先发起打击石友三的卫东①战役，共毙俘石友三顽军3600余人。战役结束后，中共冀南地委乘机迅速恢复了濮阳、东明、清丰、濮县、内黄、滑县、观城等根据地。卫东战役之后，冀晋豫八路军又于3月5日发起磁（县）、武（安）、涉（县）、林（县）战役。第二纵队的任务是在陵川、壶关一带钳制驻长治以南的国民党庞炳勋第四十军，驻阳城的陈铁第十四军，驻漳河以南、任村集以东山地的鹿钟麟部，监视驻林县西南地区及漳河以北的孙殿英新编第五军。同时，对策应庞军而进行"扫荡"的日军第三十六师团给予坚决反击。在第二纵队的有力配合下，第一二九师集中兵力作战，经过四天激烈战斗，共歼灭朱怀冰第九十七军及游击武装1万余人。朱怀冰率残部2000余人向林县以南溃逃，朱本人因慌乱中摔伤了腿，化装逃入沦陷区。第九十七军番号被撤销。朱怀冰部第九十四师参谋长、鹿钟麟的参谋长，连同他们的部分家眷，都成了八路军的俘虏。鹿钟麟本人也在林县被第三四四旅部队活捉。黄克诚根据总部的指示，经教育后将其释放。

卫东战役和磁、武、涉、林战役，给那些"善于吃摩擦饭"的"摩擦专家"以致命打击，标志着八路军反击国民党顽固派发动的第一次反共高潮取得了决定性胜利。

石友三、朱怀冰部被歼之后，左权、黄克诚乘胜命令第三四四旅主动出击，于3月18日，全歼晋绥军孙楚的独立第八旅第十三团，俘其团长以下200余人。孙楚被迫逃往晋西。

随后，蒋介石集中第二十七军、新编第五军、第四十军、第九十三军，从晋城、阳城、高平一线向八路军进逼。国民党军这次进攻采取修筑堡垒的办法，小心翼翼地步步进逼，以防八路军吃掉其一路。

第二纵队所属部队与顽军对抗了十几天。黄克诚分析了敌情和这一区域的地形、民情，向彭德怀、左权建议，将晋城、高平经陵川的一条大道让开，八路军主力分散活动，避免在不利条件下与顽军决战。彭德怀、左权采纳了黄克诚的建议。随后，黄克诚率第三四四旅转移至打虎山一带山区活动。由于八路军正确执行中共中央关于在有理有利条件下坚决打击顽军的方针以及中共中央积极同友军上层开展统战工作，国民党顽军未再敢轻举妄动。

---

① 卫东，指卫河以东清丰、范县地区。

九、东出太行挺进冀鲁豫边

1940 年 3 月，中央军委根据中共六届六中全会确定的"巩固华北、发展华中"根据地的方针和华中根据地当时的形势，决定从华北抽调八路军部分兵力南下，发展华中根据地。

4 月 7 日，中央军委电示八路军总部：左权、黄克诚率领八路军第二纵队，由太行出发，在冀鲁豫边界会合冀鲁豫支队争取消灭石友三，然后准备随时调往陇海路南，配合彭雪枫部行动。

根据军委指示，八路军总部决定，对第二纵队领导干部进行调整，左权回八路军总部工作，杨得志代理纵队司令员。总部确定，黄克诚率纵队机关、第三四四旅和教导营，过平汉路，到冀鲁豫边根据地，与新二旅和新三旅会合，留下新一旅坚持晋东南根据地的斗争。

4 月 20 日，黄克诚率部从平顺、高平地区东出太行山，从邢台、邯郸间穿过平汉路，经永年、魏县、大名，徒涉卫河，又向东绕道山东境内的莘县、朝城，再入冀南的南乐、清丰，于 4 月底进入濮阳地区，与新二旅和新三旅会合。

部队向冀鲁豫开进中，黄克诚对侦察、警戒等提出了明确要求，但路上还是遭遇了日军的一次严重袭击。那是路经河北永年县时，一天晚上，纵队机关在辛寨村宿营。驻永年县城的日军侦知后，便于清晨向辛寨发动袭击。纵队教导营奋起抗击，掩护纵队机关转移。黄克诚指挥机关干部投入战斗，并多次击退敌人的进攻。战斗一直持续到黄昏。凶残的日军看久攻不下，便向村寨内施放毒瓦斯，由于是猝不及防，不少人中毒，黄克诚因体质弱，又患支气管炎，结果中毒昏迷，被抢救脱险。入夜，日军怕八路军主力增援，遂抬着死伤人员撤退。黄克诚率部队离开永年，一路急行军，走了 100 多里，到达新编第二旅（冀鲁豫支队）活动地区，才驻下来休息。

在分别一年多之后，黄克诚与杨得志又见面了。杨得志向他汇报了冀鲁豫边地区开展抗日和反顽斗争的情况。黄克诚向杨得志转达了朱德、彭德怀和左权等八路军首长对他的问候，以及中央军委和八路军总部对发展抗日根据地、开展反顽斗争的指示，并告诉杨得志，军委已决定他任第二纵队司令员。

此时，除新一旅留晋东南外，第二纵队旅团部队都集中于冀鲁豫边根据地。黄克诚根据八路军总部的指示和部队情况，与杨得志研究调整了部分旅、团干部的任职。调整后，第二纵队辖第三四四旅，旅长刘震，政治委员康志强，下辖第六八七、第六八八、第六八九 3 个团；新编第二旅，旅长田守尧（在延安学习，暂由副旅长常玉清代理），政治委员吴信泉，下辖第四、第五、第六 3 个团；新编第三旅，旅长韩先楚、政治委员谭甫仁，下辖第七、第八、第九 3 个团；纵队教导营，营长陈发鸿、政治委员邓逸凡。全纵队 2.5 万人。

根据八路军总部和中共中央北方局的决定，为统一领导冀鲁豫边区的抗日斗争，黄克诚到达后立即成立冀鲁豫军区，由第二纵队机关兼军区机关，黄克诚兼任军区司令员和军政委员会书记，崔田民任军区政治委员，副司令员谭甫仁，参谋长卢绍武，政治部主任唐亮。下辖直南、豫北、鲁西南三个军分区。与此同时，组成了以黄克诚为书记的军政委员会，对冀鲁豫边区党政军实施统一领导。

5月14日，朱德、彭德怀电示黄克诚给国民党顽固派石友三以严厉打击。此前黄克诚已同杨得志研究了打击石友三部的作战部署。

连续遭八路军打击的石友三，不甘心失败，他勾结日军，在蒋介石的纵容下，对驻地菏泽、曹县、定陶、东明、考城、巨野、单县，实行"清剿"，进攻抗日武装，捕杀中共党政人员，并集结重兵于菏泽、东明一线，妄图切断鲁西南与冀南根据地之间的联系。为粉碎石友三部的"清剿"，恢复对鲁西南地区的控制，打开南下华中的通道，遵照八路军总部的指示，黄克诚、杨得志集中纵队3个旅7个团的兵力，发起第三次讨伐顽军石友三的战役。

5月15日，战役全面展开。当日晚，3个旅全部涉过黄河，分三路向敌发起攻击。顽军大部向南溃逃。第三四四旅实施追击作战。16日，退守东明集以西的顽军第一八一师企图凭借预先构筑的工事负隅顽抗。第六八八团在团长张天云指挥下，于次日凌晨4时发起猛烈攻击，激战至6时许，歼顽军1个加强营，残敌逃往陇海路以南。此役共毙伤顽军2000余人，俘500余人，缴获大批武器。同时消灭了与石友三狼狈为奸的丁树本保安旅大部。基本恢复了对鲁西南地区的控制，使冀鲁豫边区根据地扩大到南至东明、北至朝城、西起卫河、东抵运河的广大区域。

在指挥打击石友三部的同时，黄克诚即开始做南下华中的准备工作。当时，第二纵队已发展到2.5万余人，他认为，在冀鲁豫边区集中这么多部队，不利于今后的发展，回旋的余地也不大。黄克诚向中共中央和八路军总部建议："将第2纵队分成两摊子，我和杨得志各带领一摊子，一部分坚持冀鲁豫斗争，另一部分越过陇海路，向华中发展。"①八路军总部同意黄克诚意见，原拟由杨得志率部分主力过陇海路南下，后来中央明确由黄克诚亲率"第2纵队全部或至少两个旅南下"，要杨得志留在冀鲁豫坚持斗争。据此，黄克诚和杨得志研究确定，第三四四旅、新二旅和教导营随黄克诚南下华中与彭雪枫支队会合，留下新三旅坚持冀鲁豫，并对干部的配备和行动计划作了安排。第三四四旅旅长刘震、政治委员康志强于5月底率旅主力作为第一梯队先行；新二旅和纵队教导营均随黄克诚行动，作为第二梯队，计划于6月初出发，向华中挺进。就在第三四四旅刚刚出发不几天，黄克诚正准备率队向南挺进时，一场反"扫荡"斗争又开始了。

6月5日，日军第三十五师团和骑兵第四旅团共6000余人，从开封、商丘等地出动，分三路向冀鲁豫边抗日根据地之濮阳地区进行大规模"扫荡"，企图消灭八路军主力。天上是飞机，地上是坦克、大炮、汽车，以及摩托化步兵及骑兵，来势凶猛。黄克诚同杨得志沉着冷静地分析敌情。根据敌人的战法特点，他们向

---

①《黄克诚自述》，人民出版社2004年版，第188页。

部队提出了四项要求："行动要轻装、秘密、迅速；侦察要日夜进行，情报要确实可靠；部队要多分散，多移动，四处迷惑敌人；不攻城，不占村，随时以有准备的遭遇战的形式消灭其有生力量。"[①] 黄克诚还特别提出，要坚决执行打游击战的原则，发动群众，充分发挥游击队的配合作用；在强敌面前一不要怕，二不要硬拼，打得赢就坚决打，打不赢就走。部队按照纵队的部署，在地方武装的配合下，英勇机智地打击敌人。

部署完毕后，黄克诚遂率纵队机关和新编第二旅离开冀鲁豫根据地向华中推进。出发次日，黄克诚接到杨得志来电说，刚得到确切情报，驻兖州、泰安等地日军1.5万人分多路向清平、濮阳合击，感到留在冀鲁豫的主力部队不足，请求从南进部队中再抽回一个主力营，以应对日军进攻。黄克诚看过电报后沉思片刻，对参谋长韩振纪说：形势这么严峻，一个主力营能起多大作用？干脆抽一个主力团回冀鲁豫根据地。经研究确定，新二旅第四团调回冀鲁豫，归杨得志指挥。接到黄克诚的复电，杨得志感慨不已。

新编第三旅和第二旅第四团、河北民军第一旅等部，在杨得志指挥下，分散打击袭扰敌人，而敌人四处扑空，遂于6月中旬结束"扫荡"。

---

① 《黄克诚纪念文集》编委会编：《黄克诚纪念文集》，湖南人民出版社2002年版，第305页。

第十章　挺进华中会师苏北，开创抗战新局面

一、挥师南下，接连组织合编整编

1940年春，国民党第一次反共摩擦在华北被打退后，蒋介石就把摩擦中心移向华中。3月，蒋介石密令国民党安徽省政府主席、第五战区副司令兼第二十一集团军司令李品仙向皖东新四军进攻，欲消灭彭雪枫、张云逸部；密令国民党江苏省政府主席、苏鲁战区副总司令韩德勤与李品仙配合，进攻江北新四军，企图驱逐华中新四军，以实行其对这一地区的控制，切断八路军与新四军的联系。

3月9日，中共中央中原局书记刘少奇致电中央书记处，提出"华北八路军可否准备三个以上的主力团""来华中作战"，配合在豫东、皖东的新四军第六支队彭雪枫部创建根据地，并向苏北发展。

中共中央同意刘少奇的建议，决定从华北抽调兵力开辟苏北抗日根据地。

3月16日，毛泽东致电彭德怀，"提议调344旅至陇海、淮河之间，协助彭雪枫创立根据地，并策应胡服（即刘少奇——引者注），将来再调一部深入苏北，使八路军、新四军打成一片"。3月21日，中央军委确定："八路军有坚决迅速援助新四军，打破李品仙的反动进攻，创立皖东、淮北、苏北抗日民主根据地，巩固新四军与八路军联系之一紧急任务。""具体布置请朱、彭速作决定。"朱德、彭德怀研究决定，上述任务由在太行的黄克诚的第二纵队和在山东的彭明治、朱涤新支队担任。

3月29日，毛泽东致电刘少奇、朱德等，指出："华中之皖东、淮北、苏北成为顽方必争之地。""将来八路军到达华中后，则应坚决争取全部苏北在我手中。陈毅部队，应当加紧向苏北发展。"毛泽东首次提出了八路军南下和陈毅部队北上、争取全部苏北的基本设想。

4月1日，中共中央和中央军委在致刘少奇和八路军、新四军各将领的电报中，更明确地提出：由于某方现在鄂中、皖东、淮北三区大举进攻新四军，"我八路军有抽调足够力量南下华中增援新四军，打退反动进攻，消灭投降反共势力，建设新的伟大抗日根据地之任务。此根据地以淮河以北、淮南铁路以东、长江以

北、大海以西为范围"。

4月5日，毛泽东、王稼祥又致电彭德怀、黄克诚、刘少奇等，就发展和巩固华中根据地的重要性及黄克诚部南下后的隶属关系作了指示，提出："华北敌占领区日益扩大，我之斗争日益艰苦，不入华中不能生存。在可能发生全国性的突变时，我军决不能限死黄河以北不入中原。故华中是我最重要的生命线。"指示黄克诚率第三四四旅遵朱德、彭德怀令南下，并指示"凡军事行动，统归朱彭两总及胡服同志指挥之。一切具体部署，政治口号，政权建设，发展计划及统一战线方针，统由胡服负责，会商克诚、雪枫考虑决定，报朱彭及中央军委"。

遵照中央军委和八路军总部的指示，黄克诚从太行山到达冀鲁豫根据地，在指挥第二纵队歼灭国民党顽固派之后，征尘未洗，又于6月上旬告别了冀鲁豫抗日根据地军民，率纵队机关、新二旅和六八八团、纵队教导营挥师南下。

部队从濮阳以南的黄河渡口渡河南进。

黄克诚站立黄河岸边，只见滔滔的黄河之水奔流向东，一泻千里。他心潮澎湃，感慨万千。他对身边的纵队参谋长韩振纪说：千百年来，黄河浇灌了中原大地，哺育了中华儿女。她是中华民族不屈的象征！如今，日寇的铁蹄践踏祖国大地，人民涂炭。但中华民族是不可侮的，我们一定会把日寇赶出国土！这是中国军民誓死抗敌的钢铁意志，这也同奔腾不息的黄河之水一样，是不可阻挡的！

部队渡过黄河之后，经东明、菏泽、金乡，向单县、丰县前进。

6月20日，先期出发的第一梯队第三四四旅在刘震、康志强率领下，抵达豫皖苏边区的安徽省涡阳县新兴集，与彭雪枫率领的新四军第六支队会合。27日，黄克诚和纵队部、新二旅也到达这里。

此时，彭明治、朱涤新率领的苏鲁豫支队也奉十八集团军总部的命令，从陇海线以北的丰县、沛县、单县一带出发，南进皖东北，支援新四军。他们冲破日伪军的围追堵截，于6月初到达苏皖边区。不久，支队主力在南双沟、郑集与先前挺进苏皖边区的胡炳云、田维扬的第一大队会合。这样，为建立与发展华中抗日根据地，又增添了一支重要的主力部队。

6月27日这一天，皖北涡阳县的新兴集，蓝天白云，红旗如林，锣鼓声、歌声、口号声、欢笑声在这英雄小镇的上空回荡。这是小镇历史上一个永远值得纪念的光辉的日子。

新四军第六支队司令员兼政治委员彭雪枫率领驻地军民热烈欢迎由黄克诚指挥的一路风尘仆仆的八路军第二纵队的指战员们。

"一路辛苦了，欢迎欢迎！"彭雪枫紧紧地握着老战友黄克诚的双手，十分高兴地说。

"雪枫，我们又在一起战斗了！"黄克诚见到久别重逢的老战友也分外喜悦，紧紧握着彭雪枫的手，操着浓重的乡音说："谢谢！谢谢你们了！"

八路军与新四军的战友们相见，热烈握手、拥抱，不断振臂高呼：

"欢迎南下的老大哥部队！"

"向新四军学习、致敬！"

"团结奋斗，夺取抗战的最后胜利！"

惊天动地的口号声震撼了小镇，也震撼着军民的心扉，鼓舞着军民的抗日斗志！

新四军第六支队当日在新兴集召开连以上干部会议，欢迎南下八路军。彭雪枫致欢迎词，黄克诚致答词。当晚，第六支队拂晓剧团还为黄克诚部队慰问演出。两支部队的指战员亲密无间，其乐融融。

彭雪枫显得异常高兴，他与黄克诚彻夜长谈，十分投机。33 岁的彭雪枫身材魁梧，英俊潇洒，文武兼备，且热情、爽朗，十分健谈。他是河南镇平人。1925年加入中国共产主义青年团，翌年加入中国共产党。1927 年后在天津、上海等地从事秘密工作。

从 1930 年 5 月起，他与黄克诚同在中国工农红军第一方面军第三军团任职。在彭雪枫先后担任二师、四师政委时，黄克诚则先后担任一师政委和五师政治部主任。1933 年 11 月，彭雪枫在浒湾战斗中负伤后，黄克诚继彭雪枫任四师政委。在中央苏区，在长征路上，两人曾并肩战斗，生死与共，结下了深厚的战斗友谊。

会合的同一天，中共中央军委电示彭雪枫、黄克诚，两部合编为一个纵队，"活动于津浦路西、陇海路以南，以对日寇作战，巩固豫皖根据地，扩大与整训部队为中心任务"，并"设法抽调一部兵力过津浦路东帮助苏北发展，俟彭（明治）朱（涤新）支队到达后，苏北部队再行合编"，彭雪枫部对外保留新四军番号。

7 月初，彭雪枫、黄克诚两部合编为八路军第四纵队，司令员彭雪枫，政治委员黄克诚，参谋长张震，政治部主任萧望东。原新四军第六支队司令部、政治部、供给部、卫生部改为纵队机关，下辖四个旅：第二旅（原新二旅）、四旅（原三四四旅）、五旅（六支队一、二团）、六旅（原六支队第一、第三总队各缩编为一个团），另设豫皖苏边区保安司令部，领导和指挥地方武装。

当时，豫皖苏边区斗争局面相当艰难。其当面是日军，背后是国民党顽军，处于敌伪顽夹缝间隙中。彭雪枫部兵力不足，苦苦支撑。他曾多次致电中央、中原局建议抽调八路军主力一部南下支援，创建和巩固抗日根据地。就在黄克诚部尚未到达的 6 月 21 日，他还打电报给刘少奇并报中央倾诉苦衷，电文中称：

"豫皖苏边区自上个月以来敌人不断施行扫荡烧杀抢掠之下，我部队及群众均遭损失。加以本年久旱至今未雨，二麦欠收，秧苗枯黄，人心不安，纷纷逃荒，因之对我军政民运工作影响殊甚。"

"为了支援豫皖苏局面，以便彻底与路北路东及保持淮太区域联系，则这一地区之巩固与发展当有战略意义，因此建议：一、黄克诚及新二旅留豫皖苏边区开展局面，皖东北及苏北并皖东在敌我力量对比下，我增加三四四旅八千人，彭朱支队之五千人，以上部队当可应付。二、我个人能力精力均不够用，而这一区域任务繁重，缺乏分忧共谋之人。加以某些干部责任心薄弱，我个人则顾此失彼，军事政治财政民运地方党及各学校虽自尽量推给同志们做，但又不能不督促与检查，致心烦意乱做不出什么头绪。倘克诚同志留此（他的身体也不好）加强地方党及政治工作之领导，我可专注军事作战及地方武装之建设与培养，则武装之发展前途更大。"

电文最后彭雪枫强调："这是我早已提议而终未得允准的问题，兹将两次提出请中原局示复。"

现在，黄克诚率部5个团1.2万多人到达豫皖苏边，大大增强了根据地的抗日武装力量。彭雪枫的愿望终得实现。

6月29日，中原局（1941年5月改为华中局）书记刘少奇电示黄克诚做东进准备。"20天后派3个团过津浦路活动。"刚刚联手准备大干的彭、黄都不想分开。彭是因处境艰难，部队不多，坚决不同意黄克诚走。他几次致电中原局并报中央，极力挽留黄克诚。

事实上，对于黄克诚部到达华中后如何使用的问题，中央军委、八路军总部与中原局曾有过不同的考虑。毛泽东、彭德怀的意见是：黄克诚部与彭雪枫部合并，巩固豫皖苏这一重要战略地区；同时，派南下华中的苏鲁豫支队进至泗县、淮阴地区，向苏北发展，并要求山东鲁南地区派出部队南下苏北。而刘少奇的意见是：豫皖苏边区不必投放较多兵力，主力应集中皖东北地区，并向苏北发展。在八路军第二纵队主力南下途中，他提出了"向东发展、向西防御"的方针与部署，并要黄克诚率纵队主力到津浦路东去，首先解决苏北问题。①

黄克诚后来回忆道："他（彭雪枫）起草了一份电报略谓：与敌伪顽长期斗争，以向西发展为有利，平原作战须有山地作依托；黄部应留下，培养主力，建立巩固根据地；一旦形势有变，即可西入伏牛山，南进大别山，等等。我刚刚到达豫皖苏，尚不明了毛泽东关于控制陇海路以南、津浦路以东、长江以北、大海以西地区的战略意图，以为我仍受八路军总部和北方局直接指导。彭雪枫所起草的电报内容与我自己原来的看法比较一致。我也曾电报中央，提过类似建议，我们遂于7月1日以彭黄联名电复中原局。"②

7月15日、17日、18日、20日，刘少奇连续致电彭雪枫和黄克诚，进一步解释建立苏北根据地的战略意义，催促黄克诚率部东进。他在18日的电报中指出：

"华中可作我战略根据地之地区有三，即：（一）大别山，（二）伏牛山，（三）苏北之兴化盐城东西地区，该地即现韩德勤之后方，有纵横数百里之水网，大部队及重快速部队完全不能活动，物产丰富，有水道交通。此三个地区，前两个目前我们不能取得，但后一个地区我们可能取得。且我华中各部队迫切需要取得苏北，建立巩固的总的根据地与后方，以便开办学校，开办工厂，安插伤兵，建立财政等，这对我长期坚持华中抗战和发展有决定的意义。""根据华中及全国目前的形势看来，我以首先解决苏北问题再解决皖东皖北问题为有利"，"所以八路军

---

① 《张震回忆录》，解放军出版社2003年版，第171页。
② 《黄克诚自述》，人民出版社2004年版，第166页。

部队到苏北，不是通常的所谓开辟工作，而将是比较迅速的解决苏北问题"。

当时，彭雪枫、黄克诚均有顾虑。因第四纵队隶属八路军总部建制，归中央军委、总部指挥，但中央军委也曾电示要受中原局、刘少奇指挥。在上级意见未完全一致的情况下，黄克诚便报告、请示了毛泽东，很快得到了回复。毛泽东要黄克诚按刘少奇意图执行。

黄克诚说："此时我对中央的战略意图已经明了，决心遵照中原局指示东进。"[①]

彭雪枫舍不得黄克诚离开，但他也深知黄克诚的坚强党性，挽留不住这个短暂的搭档。在惋惜道别时，彭雪枫提出：

豫皖苏的部队太少了，装备又差，希望黄克诚不要把带来的部队全部带走，能给他留下一点……

黄克诚十分理解彭雪枫的要求。他二话没说，决定将其主力第三四四旅（欠第六八七团）和教导营的一半留给彭雪枫部。第三四四旅于皖南事变后改编为新四军第四师第十旅。彭雪枫对此十分感动。

在新兴集驻了一个月，先是合编，接着又分编，有些干部难免发点牢骚。黄克诚耐心地做思想工作，教育大家服从大局需要。经过简单动员，黄克诚遂率新二旅和第六八七团开始东进。

7月27日，黄克诚所部顶着炎炎烈日，经过八九天的艰苦行军，终于到达目的地皖东北地区的半城、魏营子、双沟镇一带。纵队机关暂驻双沟镇。

8月10日，黄克诚不顾行军的疲劳，前往中原局所在地盱眙南边的莲塘，向刘少奇汇报。

长征途中，刘少奇曾任红三军团政治部主任，与同时任师政委的黄克诚多次交谈过。黄克诚的军事才干和对党忠诚在他脑海里留下了深刻印象。这是长征后两人的第二次相见，也是一次历史性的会见。

黄克诚与老领导刘少奇战地阔别重逢，都格外高兴。两人稍作寒暄，即转入正题，研究起苏皖边区的党政军方面有关问题。两人连续畅谈三天三夜。黄克诚详细汇报了部队情况。刘少奇向黄克诚谈了开辟华中的战略设想和目前华中敌我顽的态势。接着研究苏皖边部队统一指挥问题。

当时，中国共产党领导的部队2.2万余人云集皖东北，主要有：

张爱萍领导的新四军第六支队第四总队，已发展成近千人的队伍，张爱萍任总队长兼政治委员。

八路军第一一五师第三四三旅第六八五团主力改编而成的苏鲁豫支队，在支队司令员彭明治、政治委员朱涤新（此前为吴法宪）率领下，于1940年5月由苏鲁豫边区南下，6月初抵达苏皖边区。该支队的胡（炳云）、田（维扬）大队已先期挺进皖东北。

钟辉、韦国清、孙象涵、李浩然等领导的山东八路军陇海南进支队进驻皖

---

①《黄克诚自述》，人民出版社2004年版，第190页。

东北。

苏皖纵队司令员兼政治委员江华，也从山东带来一批干部和部队到达皖东北。

……

这时，最迫切的是必须解决军事统一指挥的问题。刘少奇早就感到华中部队由于来自不同系统，指挥不统一，对开展工作妨碍很大。"后来，刘瑞龙奉命来到皖东北，成立了以他为主任的军政委员会，但号令仍不行于军队。"为此，刘少奇曾于 6 月 6 日给中央发电建议："我在皖东北之部队，系统指挥不统一，内部外部情况均复杂，请中央及朱、彭令黄克诚同志速来苏皖地区统一指挥，任军区司令。如能多带兵力来为更好，否则不能完成任务。"

黄克诚到达皖东北后，统一军事指挥的条件基本具备。8 月 16 日，中原局宣布：根据中央指示，所有涡河以北、津浦路以东中国共产党领导的各部队统一编制和指挥，隶属于中原局，合编为八路军第五纵队，以黄克诚为纵队司令员兼政治委员、政治部主任，下辖第一、第二、第三支队，共 2 万多人。

同时，在苏皖区成立军政委员会，以黄克诚为书记，金明、刘瑞龙、彭明治、朱涤新、张爱萍、韦国清、韩振纪为委员，统一领导苏皖地区党、政、军的工作；由金明担任苏皖区党委书记，由刘瑞龙任苏皖行署主任。

中原局还宣布了八路军第五纵队的组成和支队主要干部的任命：

第五纵队参谋长韩振纪，政治部副主任邓逸凡，供给部长宋乃德，卫生部长张化一。原八路军第二纵队领导机关改为第五纵队领导机关。

第五纵队的第一支队，由苏鲁豫支队组成，支队长彭明治，政治委员朱涤新，政治部主任吴法宪。第一支队下辖三个团（又称大队）。

第二支队由新二旅和第六八七团组成，支队长田守尧，政治委员吴信泉，副支队长常玉清，政治部主任李雪三。下辖第五、第六团和第六八七团。

第三支队由新四军第六支队第四总队和八路军陇海南进支队组成，支队长张爱萍，政治委员韦国清，副支队长孙象涵，参谋长杨志雅，政治部主任张震球。下辖第七、第八、第九团。

8 月 26 日，刘少奇以中原局名义致电黄克诚：第四纵队政委仍由黄克诚兼任。

二、开辟淮海、盐阜，与陈毅部会师

8 月下旬，八路军第五纵队在黄克诚的率领下，遵循中原局和刘少奇的指示，随时准备挺进淮海、盐阜地区，打击顽军，支援新四军，共同开辟苏北抗日根据地。

黄克诚在部队组建、准备东进时，即对苏北的自然条件、人口、政治派别、文化、财政、敌顽等情况，进行了调查研究，东进过程中又派出干部边走边调查了解社情民情，并随时向党中央和中原局报告。

苏北东濒黄海，南临长江，北接山东，西至京杭大运河。境内地势平坦，水网密布，盛产盐、粮、棉、麻，商业较发达，人口近 2000 万，是连接山东与华中

■ 1940 年，八路军第五纵队司令员兼政治委员黄克诚（前排左四）同部分领导干部一起。

的通道，具有极其重要的战略地位。在这个地区，日军只占领扬州、南通、高邮、宝应、淮阴、徐州等重要城镇和交通要道，但无力控制广大农村。伪军极为孤立，势力不强。当地老百姓热烈支持抗战部队。所以该区是当时华中敌后抗战最有利、最能发展的地区。

然而，创建苏北抗战根据地并非易事。

盘踞在苏北的韩德勤部，拥兵十万，以兴化、东台、盐城、阜宁一带为据点，一贯保存实力，敌来则仓皇溃逃，敌去则残害百姓。在泰州驻有国民党苏鲁皖游击总指挥李明扬、副总指挥李长江部，在姜堰驻有财政部税警总团陈泰运部。这些地方实力派，名义上受韩德勤指挥，实际上矛盾重重，保持着一定的独立性。

第五纵队组建后，黄克诚遵照中共中央关于"八路军到华中后，坚决争取控制全苏北"的指示，立即着手开辟苏北地区的工作。他要求，除第二支队一个团留皖东北以外，其余陆续挺进淮（阴）海（州）、盐（城）阜（宁）地区。

根据黄克诚的命令，8 月 18 日，第五纵队第一支队第一团即由皖东北出发，在淮阴西边豆瓣集强渡运河进入淮海区。接着第一支队第二团进入淮海区，并向东高沟、杨口一带推进。第三团（湖西大队）则向西北胡集、马厂推进，警戒沭阳之顽军。

第一支队在进入淮海区的过程中先后同顽军进行多次战斗，歼灭顽军一部，给王光夏部以沉重打击。

9月8日，八路军第五纵队第一支队奉命南下增援陈毅、粟裕部，部队到达盐河西岸之大、小金圩集结后，准备翌日东渡盐河。又奉命返回高沟、杨口。

9月8日至17日，在高沟、杨口与进犯之日伪军展开激战，歼日伪军110余人，狠狠打击了日伪军的锐气，使八路军军威大振，苏北广大人民群众备受鼓舞，抗日情绪高涨。

当时，淮海区有一部分与中共党组织失去联系的干部，联络知识青年与爱国人士，组织了一支抗日武装。第一支队到达后，很快与当地抗日武装取得联系，控制了这一地区。随即与同时到达的苏皖区党委负责人之一的杨纯以及李风、唐棣华三位女干部共同筹划，建立了淮海地委、行署。杨纯任地委书记。

9月16日晚，张爱萍、韦国清率领的第三支队第七、第八、第九三个团，强渡运河，挺进至宿迁、沭阳边区，首战宿迁榆林庄，歼国民党顽固派常备第六旅鲁桐轩部的大部，开辟了沭（阳）宿（迁）海（州）地区，建立了宿迁县抗日民主政府。

9月中旬，黄克诚率八路军第五纵队机关、第二支队第五、第六八七团进到淮海区，在淮阴五里庄与第一支队会合。纵队机关在钱集东面老陈圩办公。第二支队第六团留皖东北、盱眙地区坚持斗争。

第五纵队奋战一个月，开辟了淮海区，协助地方党组织建立了沭阳、泗阳、宿迁、淮阴、涟水、灌云、灌南、东海8个县的抗日民主政权，使淮海区初具规模。

随后，中共苏皖区党委书记金明率领区党委机关从皖东北进入淮海区，直接领导淮海各县工作。18日，苏皖区党委在钱集召开淮海区士绅和各界代表会议，通过了成立淮海专员公署的决定，推选八路军第五纵队第一支队政治部主任吴法宪为专员。10月，金明为代专员。

就在黄克诚率第五纵队在钱集一线休整待命行动时，于9月28日接刘少奇急电，要第五纵队火速向东南推进，控制阜宁、益林地区，支援陈毅所部在黄桥地区反击国民党顽固派军队的进攻。

在第一支队驻地，黄克诚主持召开了全纵队团以上干部会议，进行战前动员。他指出：韩德勤焚毁涟水、淮阴间老黄河各渡口的船只，企图阻止八路军南下，阴谋集中力量先攻击陈毅、粟裕的新四军部队。根据中央指示，中原局已作出了南北配合、反击韩顽的部署。如果韩德勤胆敢攻击陈毅、粟裕的新四军，我们八路军第五纵队将与兄弟部队一起，不顾一切牺牲，克服一切困难，全力增援陈毅、粟裕，消灭韩德勤顽军。我们要立即准备南下，策应、支援新四军，使敌人首尾不能相顾，共同粉碎顽固派的进攻！

会上，黄克诚作出了第五纵队南进支援陈粟部作战的部署。

9月30日，中原局明确划分了陈毅部和黄克诚部的作战区域和任务：黄克诚部发展阜宁、淮安、盐城以北地区；陈毅部发展泰县、如皋及其以东地区。不仅扩大主力，并且应努力与地方党共同建立无数的小游击队，建立政权，把这些地区抗日民主化。

为控制苏北这一战略要地,1940 年 7 月 8 日,遵照中共中央指示,粟裕率领江南指挥部及老二团、新六团渡江北上。随后将江南指挥部改为苏北指挥部,陈毅任指挥兼政委,粟裕任副指挥,把部队统一改编为 3 个纵队,共辖 9 个团 7000 余人。7 月 25 日,全军开始东进,开辟了以黄桥为中心的抗日根据地,协同地方党组织发动群众,进行抗日民主根据地的建设。

8 月底,韩德勤利用秋水暴涨、苏北和皖东洪水泛滥、交通受阻、八路军和新四军各部不便相互支持的时机,集中主力第八十九军、独立第六旅及保安第二、第八、第十旅等部大举南下,企图乘陈毅所部立足未稳而一举消灭之。

9 月 3 日,韩德勤果然以两路大军开始向陈毅部发动进攻。刘少奇立即致电陈毅、粟裕说:"韩德勤已开始向你们进攻,这已给了我们解决苏北问题的极大可能。现决以九个团参加,由苏北全部南下,配合你们解决韩之主力,完全占领盐城、东台、兴化、阜宁四点,这对我八路军新四军今后在华中之作战地位具有决定意义。"

9 月下旬,韩德勤不顾陈毅部一退再退,反而得寸进尺,调集 26 个团共 3 万余兵力南下,企图歼灭陈毅部于黄桥地区。

27 日,刘少奇致电黄克诚,速令第五纵队一支队东出阜宁,首先控制阜宁益林,同五支队打通,以便在必要时南下增援和在敌人扫荡时转移。陈毅也致电黄克诚要求迅速出兵支援。

9 月 30 日,韩德勤 3 万多兵力进攻黄桥。陈粟部采取集中兵力,诱敌深入,各个击破的战法在黄桥地区进行自卫反击。

10 月 2 日,中共中央致电在重庆的周恩来:"韩德勤又大举压迫陈毅,据陈毅称战事不可避免,要求黄克诚增援。因此,我部署方针,韩不攻陈,黄不攻韩;韩若攻陈,黄必攻韩。望先告何应钦停止韩的行动,否则八路军不能坐视。"①

10 月 4 日,黄克诚遵照刘少奇和陈毅要求支援的电报,率第五纵队 2 个支队 5 个团,从淮海区出发,日夜兼程,分路向阜宁、盐城攻击前进,一路上势如破竹,一举突破韩军的盐河、旧黄河等多道防线,连克东沟、益林、阜宁等城镇,直逼盐城,切断了韩军的后路,威胁其大本营兴化。从战略上有力地策应了陈粟部的作战。

苏北指挥部 3 个纵队在陈毅、粟裕指挥下,以区区 7000 余人,粉碎韩军 3 万余人优势兵力的进攻,歼灭韩军 1 万余人,取得黄桥决战的巨大胜利。

为尽早与新四军北上部队会师,黄克诚即令第一支队急速攻击前进,攻占盐城后继续南下。

10 月 10 日,第五纵队第一支队第一团第三营何玉祥、石瑛部与新四军第二纵队第六团迟义标、吴嘉民部,在东台城北的刘庄、白驹镇间的狮子口村胜利会师。两军战友激情满怀,齐声高唱《会合歌》:

---

① 中共中央文献研究室编、金冲及主编:《刘少奇传》(上),中央文献出版社 1998 年版,第 397 页。

会合、会合，

我们会合起，

新四军八路军都是工农兵。

为了完成党的新任务，

今天我们会师在这里，

大家要齐努力，

争取抗战早胜利。

大家要团结，早把日寇赶出去。

晚上，两军指战员在白驹镇召开了会师联欢会。

白驹镇狮子口胜利会师，标志着新四军、八路军协力开辟苏北的战略任务基本完成，打开了华中抗战的新局面。

狮子口会师后，即 10 月 21 日，陈毅特从海安新四军苏北指挥部驻地乘汽艇沿串场河北驶盐城，并带着文工团和东台人民的 10 万法币，北上慰问南下的八路军指挥员。黄克诚代表部队从东沟赶到盐城相迎。

这是黄克诚同陈毅 1932 年在井冈山分手后首次相逢。阔别 8 年，今日相见，分外亲热。他们在盐城相聚几天，阔叙别情，感慨交集。

第一支队召开营以上干部会议，陈毅作重要讲话，他说：八路军、新四军两大主力会师，对开辟华中抗战局面、坚持全国抗战、反对投降有伟大的意义。黄桥战役的胜利是和八路军第五纵队南下支援分不开的。陈毅称颂第一支队的骨干来自井冈山时期的红四军，是久经战火的铁军，久经疆场的一支党军。他号召，第一支队全体指战员在中原局和黄克诚的领导下，继续发挥模范作用，团结广大人民群众，坚决粉碎日伪军的进攻，打退国民党顽固派的反共摩擦，夺取抗战的胜利。

文工团给第一支队指战员演出了精彩新戏《惊弓之鸟》。

黄克诚与陈毅在盐城会晤后即返回纵队司令部所在地东沟。他思忖着：南下支援新四军开辟苏北抗日根据地已打开新局面，下一步的任务便是依托苏北，做出一篇辉煌的华中抗战的大文章。于是，黄克诚给时在皖东的中原局书记刘少奇发电报，请他率中原局机关移驻苏北，以便统筹华中全局。

此时，刘少奇也接到中共中央"去苏北与陈会合，布置一切"的电令。刘少奇随即率中原局机关、江北军政干校大部分学员共 1000 多人，日行夜宿，风尘仆仆，于 10 月 31 日抵达阜宁东沟八路军第五纵队司令部驻地。

闻知刘少奇的到来，黄克诚十分兴奋，他立刻前往迎接。在欢迎刘少奇的营以上干部大会上，黄克诚怀着敬重的心情，介绍了刘少奇的革命历史，他说："少奇同志在白区工作时，哪儿困难，党就派他到哪儿开展工作，他是白区执行正确路线的代表，也曾受过'左'倾路线的伤害。"黄克诚带领大家一起呼喊："欢迎胡服同志"的口号。

■ 1940年10月初，为支援新四军进行黄桥战役，黄克诚率八路军第五纵队南下盐城。图为黄克诚在干部大会上作战前动员讲话。

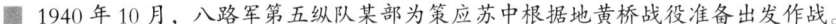

■ 1940年10月，八路军第五纵队某部为策应苏中根据地黄桥战役准备出发作战。

会上，刘少奇讲话，他肯定了八路军第五纵队在开辟苏北中所作出的重要贡献，同时高度评价黄克诚："黄克诚同志从小参加革命，在历史上坚持正确路线，曾几次受'左'倾路线的打击，他对党忠诚，艰苦朴素，为人正直，坚持真理……"

当晚，黄克诚专门交代炊事班加了几样菜，设便宴款待刘少奇一行。

黄克诚向刘少奇详细汇报了当地的情况，并就当前的军事斗争、政权建设和民生问题详细交换意见，共商今后发展大计。

刘少奇到达阜宁与黄克诚会合协商后，接着联袂南下，11月5日抵海安，同陈毅相见，共商开辟苏北抗战大计。陈毅兴奋不已，写下豪迈诗句赠刘、黄：

> 十年征战几人回，
> 又见同侪并马归。
> 江淮河汉今谁属？
> 红旗十月满天飞。

黄克诚兴奋地对陈毅说道："你这首诗，既是叙旧又是今日的写照。豪情壮志，激励人心。我们能有今日，来之不易啊！"陈毅拉着黄克诚的手说："你来和我的诗呀！"黄克诚摇摇头说："我可没你那样的文采，气壮山河。我不敢写诗，就是写出来，也不过是顺口溜罢了。"言罢，二人哈哈大笑。

三、曹甸战役之争

黄桥决战的胜利，八路军与新四军的胜利会师，使华中敌后形势有了好转，初步打开了苏北抗日斗争的局面。然而，国民党顽固派害怕八路军、新四军抢占其地盘，处心积虑地加以排挤，破坏抗战。

蒋介石指示何应钦将国民党中常委1940年7月16日通过的《关于陕甘宁边区及第十八集团军、新四军作战地境编制问题的提示案》交中共谈判代表，要求八路军、新四军：

冀察两省及鲁北、晋北，非奉军事委员会命令，不得擅自越出地境线外。又除军事委员会别有命令规定外，在其他各战区以及任何地方，一律不得再有十八集团军及新四军名义之部队。①

10月19日，何应钦、白崇禧将这一提示案作为皓电发出。他们还准备"一月满期后，拟宣布取消新四军番号，及八路军、新四军的各地办事处。然后实行局部讨伐"②。

---

① "中华民国"史事纪要编委会：《中华民国史事纪要》（1940年7—12月），台北，1993年版，第93页。
② 毛泽东致彭德怀、胡服、项英、陈毅电，1940年10月29日。

兵败黄桥的国民党顽固派头子韩德勤，退至兴化、曹甸、东桥地区后，继续坚持其反共政策，一方面要求新四军退出东台，恢复黄桥战前的状态；一方面积极构筑层层防线，企图截断苏北与皖东新四军、八路军的联系。

在这样的形势下，刘少奇认为要在敌后建立抗日的、民主的新江苏，成立苏北抗日政府，必须驱走或消灭韩德勤部。目前应乘胜一举攻克兴化，彻底消灭韩部。

刘少奇将这一想法征得陈、粟同意后电报中共中央。10月20日，毛泽东、朱德和王稼祥致电刘少奇："必须保留兴化及韩德勤方有文章可做，否则我重庆办事处有被攻击危险。"不同意彻底驱韩。刘少奇复电："决照来示办理"[1]，但并没有放弃驱逐韩德勤的想法。

随着苏北紧张形势的加剧，刘少奇和黄克诚联名于1940年11月4日致电中央："我们意见迅速消灭韩德勤统一苏北与皖东于我手中以后，再行全部主力增援皖东，如此较为有利。"[2]

中共中央仍认为，此时动手打韩德勤在政治上极为不利。

11月中旬，国民党从山东调东北军霍守义部第一一二师共4000余人，以"武装调停苏北摩擦"为由，南下苏北，并已进至淮阴以东苏家咀一带，即将同韩德勤部会合，企图隔断皖东根据地同苏北之间的联系。

形势的突变，令刘少奇担忧。11月18日，他又致电中央：建议采取主动。

11月19日，中央复电刘少奇、陈毅、黄克诚并告叶挺和项英指出：大局有变动的可能，在目前一个短时期内的总方针是积极整军，沉机观变。第五纵队主力须置于韩、霍两军之间，隔断其联络；同时，你们应立即准备一个局部战斗，以八路军第五纵队主力，突然攻占凤谷村、车桥两点，再行攻占平桥、安丰等地区，打通皖东、苏北联系，限电到5日内准备完毕，待命攻击。[3]

华中总指挥部[4]接电后，立刻调动部队进行准备。

根据形势的变化，中共中央于11月26日又指示，把实行攻击时间推到下月上旬。

在日、韩、我三足鼎立的错综复杂局势面前，究竟是应该先巩固根据地，发动群众，把脚跟站稳，还是应该先吃掉韩德勤部，彻底解决苏北问题，总指挥部和中原局领导人之间有不同意见。

刘少奇希望彻底驱逐韩德勤，建立抗日民主的新江苏。陈毅也想挟胜利之师的余威一举歼灭逃到曹甸地区的韩德勤余部。刘少奇、陈毅想到了一起。但谁也没有想到，在召集华中新四军、八路军的各路将领开会研究部署此事时，第五纵

---

① 刘少奇致毛泽东、朱德、王稼祥电，1940年10月26日。

② 刘少奇、黄克诚致毛泽东、朱德、王稼祥并陈毅电，1940年11月4日。见中共中央文献研究室编，金冲及主编：《刘少奇传》（上），中央文献出版社1998年版，第403页。

③ 毛泽东致胡、陈、黄并告叶、项电，1940年11月19日。

④ 华中新四军、八路军总指挥部之简称，1940年11月17日成立，叶挺任总指挥（未到职），陈毅任副总指挥（代理总指挥），刘少奇任政治委员，赖传珠任参谋长。

队司令员黄克诚却反对仓促攻打曹甸。

黄克诚坦诚地说：陈军长、刘政委的愿望是好的，曹甸我们迟早要打，但目前情况下攻打是不妥的。

第一，政治气候不成熟。现在正在搞统一战线，我党对国民党的斗争策略是有理有利有节。这次打曹甸和黄桥决战不同。黄桥决战是韩顽主动犯我，我们自卫。而现在韩顽并没有来犯我，我们跑去打人家会造成被动。我们要站在自卫立场，不要主动进攻。

第二，我们刚刚占领淮海、盐城地区，没有站稳脚跟。当务之急是发动群众，巩固根据地，站稳脚跟。等到我们把苏北的伪顽残部、土匪、特务、反动地主武装消灭了，再去打韩德勤也不迟。

第三，曹甸是韩德勤的老巢，韩在那里苦心经营了多年，形成了坚固的防御体系。而且又是水网地带，易守难攻。我军缺少攻坚武器，火力薄弱。因此，我们现在贸然去打曹甸，政治上不利，军事上也没有把握，打下来了被动，打不下来更是被动。我建议还是暂时不打为上策。

黄克诚的意见没有被采纳。11月26日，陈毅、刘少奇又一次把攻打曹甸的计划上报中央。

由于华中局和华中总指挥部一再坚持，中央最终同意攻打曹甸的计划。11月27日，毛泽东、朱德等复电刘少奇、陈毅："26日电悉，同意你们意见，惟不得攻击兴化。"

中央命令既下，黄克诚坚决服从中央决定和总指挥部的作战命令，令八路军第五纵队中战斗力最强的第一支队和第二支队第六八七团，分别参加攻打曹甸和车桥的战斗。

11月29日夜，曹甸战役打响。

在陈毅统一指挥下，八路军、新四军猛打猛冲，分兵突击，连续攻破韩军三道防线，重创韩第八十九军所部，切断了韩部与东北军的联系。韩顽守军猝不及防，溃败不支，不得不收缩兵力，固守曹甸、安丰一线。

曹甸是宝应县东北的一个集镇，是控制通过运河与皖东联系的战略要地。韩德勤主力在曹甸已筑有坚固的工事，驻有5000多兵力，易守难攻。在曹甸以北还驻有韩部三—三师和东北军霍守义部，随时可以策应曹甸。

苏北的战况牵动着延安。毛泽东电示周恩来、叶剑英和华中总指挥部："只待曹甸、安丰等地占领，此次战役即可结束，仍留兴化、高邮及它处不打，保存韩德勤与蒋介石讲价钱。"[①]

12月5日晚，第五纵队第一支队两个团在向曹甸、安丰攻击时受阻。12月8日晚，陈毅亲临前线指挥，调集部队首先扫除曹甸外围小据点，然后再向纵深发展。

曹甸之战局势的进展果然不出黄克诚所料，攻城部队久攻未克，双方僵持不

---

① 毛泽东、朱德、王稼祥致周恩来、叶剑英电，1940年12月6日。

下。黄克诚目睹一大批八路军、新四军官兵前赴后继、冲锋陷阵，倒在血泊和水网泥泞之中，心急如焚。他觉得再这样死打硬拼下去绝非良策。12月11日，黄克诚发电给华中局并报中央，对曹甸战役的具体打法提出建议：

> 我军无攻坚武器，历史上用速战速决、猛打猛冲战法攻击坚固据点，极少成功……曹甸、车桥等处工事较前坚固，兵力更多，如猛攻猛打，不但胜利把握不大，且有招致重大伤亡可能。我的意见是用持久作战的方法攻击，并提出六条具体战法：
>
> 一、首先在四个据点间（指曹甸、安丰、车桥、泾口）构筑据点，截断其联系与增援。
>
> 二、肃清四据点周围之敌据点及附近村落中的敌人，将其完全逼入四据点内。
>
> 三、逐步筑垒掘沟推进。
>
> 四、用小部队不断接近，消耗其弹药，增加其疲劳。
>
> 五、派小组潜入，放火烧其房屋。
>
> 六、探悉到有弱点可乘时，即以主力猛击而消灭之。我如决强攻，请集中新四军、五纵全部迫击炮、小炮轰击之。①

黄克诚的建议被否决。华中总指挥部遂于12月12日下达总攻曹甸的命令。

13日19时30分总攻开始。各参战部队奋勇作战，但最终未能突破顽军阵地。攻城部队遭受重大损失。刘少奇终于冷静下来。12月15日，他电告中央调整部署：“我攻曹甸未下。至此战役，我伤亡共约两千名，消耗甚大，平桥虽被我占，但韩部及东北军尚有八千多人在车桥、泾口、安丰、曹甸一带。”“至此战役大概只能如此结束。苏北问题已成僵局，急切不能彻底解决。”“苏北问题的解决，仍须执行以前战略，吸引韩德勤对我进攻而消灭之，或围攻其一点而消灭其增援部队，并以政治方法瓦解之。”第二天，毛泽东复电同意刘少奇的部署意见，指出：“依大局看，大举‘剿共’是不可能的，局部进攻是必然的。华中斗争是长期慢性斗争，我们要有决心与耐心。”

12月19日，陈毅、刘少奇命令各参战部队撤出战斗，历时18天的曹甸战役结束了。

曹甸一役没有达到预期目的，华中局认为原因是黄克诚右倾保守，攻击时不够猛不够狠，造成曹甸久攻不下。因此，撤了他第五纵队司令员一职，由陈毅兼任。保留了黄克诚的政治委员职务。实际上，由于陈毅军务繁忙，第五纵队仍由黄克诚负责。

后来，华中局在阜宁召开领导干部会议时，陈毅又把黄克诚批了一通，还要

---

① 《黄克诚军事文选》，解放军出版社2002年版，第116—117页。

他做检查。

黄克诚据理力争，坚决不认错。他说：

"我为什么要检讨。我两次建议至今也不认为自己有错。曹甸未打下来纯属你们不听取别人意见，要做检查也是由你们来做。

"我把部队几乎都用上了。第五纵的部队伤亡最大。"

会后，黄克诚找到陈毅掏出心窝里的话：

"从井冈山时起，你就是我的老上级，我什么时候不服从你的指挥了？"

"战前你不同意打，战中你又对具体打法提出异议，你自始至终就不想打。"陈毅说。

"想不想打是一码事，打的时候使不使劲是另一码事。我把部队交给了你，没打下来怎么能怪我呢？"

……

争来争去，最后还是黄克诚委曲求全，违心地做了检查。这样，打曹甸的事情也就算过去了。

1942年，陈毅痛定思痛，在《曹甸战斗总结》一文中坦承：曹甸一役错在自己。他说：

> 曹甸之战是我去攻人家，缺少理的。统一战线就未如黄桥战斗那样成功，而且战斗部队也未详细解释动员，仓促作战。我很轻敌，准备非常不够，变成了浪战。我们的战斗手段是攻坚，这就要有很好的准备和按攻坚战原则作战才行。当时我们这方面就差了，光是猛攻是解决不了问题的。如果我们采取坑道作业，就有可能成功。[1]

陈毅胸怀坦荡，以大将风度承认了当时黄克诚的建议是正确的，指出曹甸之战的深刻教训，就在于"少理""轻敌""仓促""猛扑"八个字上。

1945年10月，陈毅在山东临沂欢送黄克诚出征东北时，当着政委罗荣桓的面，对黄克诚说："过去我也有批评错的地方，请你多加原谅。例如曹甸战役，我和少奇没有认真听取你的意见，坚持要打，结果没有打下，我军伤亡很大。最后批评你三师配合不力，撤了你的职，其实责任在我……不看你的功劳，指责你态度不好，指责你把问题直捅延安。……是我有错，向你道个歉。"黄克诚见陈毅主动承担责任，感动地说："军长不必过于自责。"

对于曹甸之战，刘少奇也曾多次做过不同程度的自我批评。

1944年7月10日，刘少奇在给黄克诚的信中又做了诚恳的自我批评："至于曹甸战役，本来是可以不举行的，因当时过分估计了汤恩伯东进的威胁，二师

---

[1] 北京新四军研究会三师苏北分会编，黄炜华主编：《新四军第三师》，军事科学出版社2001年版，第594页。

（指当时的新四军第四、第五支队——引者注）在桂军进攻下呼救甚急，使我没有细心考虑，急促下决心向顽军进攻，这是我负责任的，后来强攻曹甸，也是不应该的。""当时你反对强攻是对的。至于曹甸战役未能完成任务，当然不能由你负主要责任，当时有此说法是不妥当的。"

实际上曹甸战役也取得了一定成果。八路军、新四军激战 18 个昼夜，共歼韩德勤主力 8000 余人，粉碎国民党顽固派东西夹击华中八路军、新四军的阴谋，给予韩德勤又一次沉重打击。它使韩德勤部从此一蹶不振，蛰居一隅，再也没有力量同八路军和新四军分庭抗礼。

曹甸战役后，苏北敌后抗日根据地出现了一段暂时的平静。半个月之后，震惊中外的皖南事变发生了！

四、部队改编，出任新四军第三师师长兼政治委员

1941 年 1 月 7 日，皖南新四军军部及所属皖南部队 9000 余人奉命北移途中，遭国民党顽固派 7 个师 8 万余人突然袭击。新四军除 2000 余人突围外，大部牺牲或被俘。1 月 17 日，国民党政府宣布新四军为叛军，撤销番号。中共中央迅速作出强烈反映，针锋相对，全面揭露顽固派制造的皖南事变的真相，提出严惩祸首、取消 1 月 17 日反动命令等 12 条要求。1 月 20 日，中央军委发布命令，重组新四军军部，任命陈毅为新四军代理军长，张云逸为副军长，刘少奇为政治委员，赖传珠为参谋长，邓子恢为政治部主任。

1 月 25 日，由黄克诚领衔，华中八路军 18 名将领致电八路军总部和中共中央，严厉声讨国民党顽固派一手制造的这起反共卖国事变，建议采取紧急措施，反击国民党顽固派的进攻。电文说：

> 江南新四军遵令北移，惨遭当局下令围歼。消息传来，全军震愤！……克诚等为国家生存、民族解放计，特提出……"调必要的武装加强陕甘宁边区，保卫陕甘宁边区"，"我全党全军应紧急动员起来，以应付事变的继续发展。""联合抗日党派及军队，……坚持抗战大业。"

电文表示"克诚等谨率全华中八路军，随时准备待命行动，誓在我党中央领导之下奋斗到底"[1]。

1 月 25 日，新四军重建军部大会在盐城隆重召开。当时，黄克诚率部驻扎在阜宁东沟未能出席。根据中央军委命令，新四军、八路军各部队，统一改编为新四军，共 7 个师和 1 个独立旅。

2 月 18 日，中央军委公布委任令，黄克诚被任命为新四军第三师师长兼政治

---

[1]《黄克诚军事文选》，解放军出版社 2002 年版，第 118—119 页。

1941 年 1 月，黄克诚（左）同刘少奇在新四军军直干部大会上。

委员，彭雄任参谋长，吴法宪任政治部主任。八路军第五纵队第一、第二、第三支队，依次改编为新四军第三师第七、第八、第九旅。全师共 2 万余人，是新四军 7 个师中人数最多的一个师。

七旅旅长彭明治、副旅长田文扬，政委朱涤新，政治部主任郭成柱；八旅旅长田守尧、副旅长常玉清，政委吴信泉，政治部主任李雪三；九旅旅长张爱萍，政委韦国清，参谋长杨志雅，政治部主任张震球。

另辖淮海军区，司令员覃健，政委金明。9 月，又成立盐阜军区，司令员洪学智，政委刘彬。同年 12 月，成立抗日军政大学第五分校，黄克诚兼任校长。

根据华中局决定，第三师活动于陇海路以南，淮安、大冈、斗龙港一线以北，东濒黄海，西至运河的苏北抗日民主根据地。这里地处日本侵略军华北、华中派遣军的结合部，是联系华北、华中两大抗日根据地的枢纽。第三师担负着苏北抗日游击战争和作为新四军主力部队进行机动作战的任务。

八路军改编为新四军后，官兵的臂章要由"八路"字样变成蓝色的"N4A"字样，不少官兵思想上转不过弯来。黄克诚认为，合编要合心，才能并肩打胜仗。他一方面向刘少奇汇报了部队反映，另一方面积极做思想工作，统一全师官兵思想。

2 月 26 日，刘少奇致电黄克诚、彭雪枫等原八路军系统的将领，要求他们耐心解释：（1）皖变后新四军已成为全国人民心目中最荣誉之军队，这是我们一笔可宝贵的政治资本，是皖变中许多烈士流血的代价，应该充分加以利用，加强新四军。（2）我们要加强新四军，以粉碎亲日派、反共派取消新四军的企图。（3）中央为统一华中战区各战斗部队的建制与指挥，所以将华中八路军一部编为新四军，这将更加强我们的力量。（4）重庆当局取消新四军番号，反使新四军更可自由活动，不受限制，更利我们的发展。（5）八路军、新四军同在中共中央委员会直接指挥之下，本为不分彼此，在情况需要时，新四军固可改为八路军，八路军亦可改为新四军。[①]

黄克诚接电后，立即召开会议，传达刘少奇上述指示精神，广泛宣传改编重大意义，做耐心的说服工作，消除指战员们的疑虑。第三师上下很快统一了思想，顺利地接受了改编。

黄克诚率部进入苏北的半年中，按照中共中央和毛泽东抗日民族统一战线的政策和中原局的指示，配合新四军取得了黄桥战役的胜利，开辟了淮海、盐阜两区，控制了盐城、阜宁、沭阳全境，及淮阴、泗阳、宿迁、东海、灌云等县的广大乡村，沟通了与苏中、皖东北各根据地的联系；先后组建了一批地方武装，为坚持苏北抗战，反对投降，开展敌后游击战争，建立巩固的苏北根据地创造了条件。

在开辟苏北、指导和帮助地方党组织建党建政的过程中，黄克诚结识了一批优秀的年轻干部，他们常到黄克诚那里汇报工作，请求指示和帮助。淮海区委书记杨纯、区委的女部长唐棣华（后任阜宁县委书记）、李风，当时被人们称为"女中三杰"。她们也是黄克诚的座上客。爽朗、泼辣的杨纯得知 38 岁的黄克诚依然单身，便把唐棣华介绍给他。唐棣华曾就读于山东大学，性格文静，又有文才。虽年龄有些差距，但唐棣华觉得黄克诚胆识超群而又平易近人，便表示同意了。1941 年春，他们举办了一个简单的婚礼。从此，这对革命夫妻患难与共，相伴终生。

[①] 中国人民解放军历史资料丛书编审委员会编：《新四军·文献》（2），解放军出版社 1994 年版，第208—209 页。

第十一章 粉碎日伪"扫荡"和反顽斗争

一、回师皖东北

皖南事变后不久，日军调集兵力准备对苏中进行"扫荡"，国民党军汤恩伯集团的 10 万大军，陈兵豫皖苏边，伺机东进；韩德勤部 1.7 万余人为策应汤恩伯集团东进，由兴化移至淮安以东地区。此外，苏北的土匪、海匪十分猖獗。日、伪、顽、匪交相为患，致使苏北形势紧张，局面错综复杂。

中原局和新四军军部要求第三师坚持苏北，坚决粉碎日伪顽的进攻，占据广大乡村，组建强大的地方武装，巩固苏北抗日根据地。为此，黄克诚对第三师部队作如下部署：

第七旅为机动部队，准备反击日顽之进攻；第八旅和独立旅一部，在盐阜区和淮海区清剿土匪，巩固抗日根据地；第九旅恢复皖东北地区。

早在 1940 年秋，黄克诚率第五纵队进入皖东北地区时，就曾建立起 8 个县级政权。9 月，第五纵队东进，仅留第二支队第六团（后改编为新四军第三师第八旅第二十四团）坚持斗争。日伪军乘机大举进攻，根据地大部丧失。皖东北的中共党政军机关及部队被挤压在洪泽湖边，南北仅五六十里，东西二三十里的狭长地带。

据此，新四军军部决定，由第三师派出部队肃清当地日伪军及土匪、顽固派武装，恢复与巩固皖东北根据地，以保障第四师彭雪枫东向之后路的安全。黄克诚报请军部批准，由熟悉这 地区情况的张爱萍率第九旅执行此任务。

1941 年 2 月，黄克诚召集第九旅旅长张爱萍研究部署了作战计划。随之张爱萍率第二十五、第二十七团进入皖东北泗县地区。该县青阳镇（今属泗洪县）驻有伪军 1 个团及特务总队的 2 个大队，共 900 余人。第九旅决心以第二十五、第二十七团为主攻，以第八旅第二十四团阻援，突袭青阳，尔后再向四周扩大战果。

2 月 18 日拂晓，第九旅突然发起攻击，一举突破城防，但巷战受阻，拂晓前仍未解决战斗。张爱萍亲临火线指挥部队继续攻击。

盘踞在青阳镇南小街北端炮楼的敌人，负隅顽抗，拒不投降，战斗进入胶着状态。张爱萍从望远镜里看到敌人炮楼下堆放了不少芦苇，遂心生一计：火攻！

指战员立即点火。顿时，烈火四起，浓烟滚滚，炮楼里的敌人被烧得抱头鼠窜，乖乖投降。至9时许全歼青阳守敌，首战告捷。

接着，第九旅乘胜向四周扩张战果，连续作战40余天，基本上恢复了皖东北抗日根据地的中心区。第二十七团一部伸展至沱河以西，第四师后路有了安全保障。

4月，新四军军部指示：以第九旅为主，以第二师第五旅一部配合，铲除长期盘踞洪泽湖地区的伪顽和土匪，打通淮北、淮南、苏北、苏中的联系。

张爱萍受命后，立即筹集船只，进行战前应急训练。经过半个月的战前准备，于5月1日发起攻击。经激烈战斗，守敌有的被击毙，有的缴械投降，有的向泗阳逃窜。此后，又经过近一个月的战斗，洪泽湖地区800多顽匪，大部被肃清，只有少量湖匪逃往盱眙投奔日寇。洪泽湖地区匪患被肃清，皖东北根据地有了一个比较可靠的后方。

皖东北的恢复和发展，为阻击国民党顽军东进准备了战场。

4月下旬，在皖东北坚持斗争的第八旅第二十四团奉命东返盐阜区归建，就地休整。26日，该团二连与敌人遭遇了一场恶战。

第一营副营长巩殿坤率第二连至茭陵镇一带活动，监视淮阴、涟水方向之敌。25日晚，第二连移驻茭陵镇南之大胡庄，为日伪奸细所探知。26日拂晓，由涟水出动的日军200余人和伪军400余人突然将第二连包围，并把该连的阵地拦腰截断。

二连是一支具有光荣革命传统和丰富作战经验的连队，排长以上干部大多为红军老战士。危急关头，指战员们就地展开，奋起还击，连续打退了日伪军多次冲击，顽强坚守着阵地。经数小时激战，第二连伤亡过半，子弹、手榴弹也将用尽。当日伪军再次冲上来时，副营长巩殿坤率先一跃而起，冲入敌群，干部战士与敌展开肉搏，子弹打光了就用刺刀捅，刺刀弯了就用石头砸。日伪军胆怯后退，改用火攻，整个村庄火光冲天。第二连干部战士拆毁手中的武器，有的抱着敌人滚进烈火，有的跃入敌群拉响最后一枚手榴弹，与敌同归于尽。全连83名干部战士，除一排二班小战士刘本诚因身负重伤被压在烈士遗体下得以幸存外，全部壮烈牺牲。

■ 大胡庄战斗牺牲的革命烈士纪念碑

大胡庄战斗打响数小时后，第二十四团才得到消息，即令第二营和团警卫连跑步赶赴葵陵增援，但至大胡庄时，战斗已经结束。日伪军正撤到村边进行休整。增援部队当即向敌发起猛烈攻击，日伪军趁黄昏仓皇撤退。

大胡庄血战，第二连指战员以视死如归的大无畏精神，毙伤日伪军100余人，为中华民族的解放流尽了最后一滴血。他们的浩然正气永垂青史！

二、盐城保卫战前后

盐城是华中抗日根据地军事、政治、经济、文化的中心，中共华中局和新四军军部所在地，有"苏北小延安"之称。

淮海[①]、盐阜[②]根据地的不断发展壮大，引起日伪军的极大不安。盐城犹如一根钢针插在日伪军的心脏，使敌必欲除之而后快，并为此作了长时间的精心准备。

1941年初，日军独立第十二混成旅团增调至苏中沿江及运河沿线。同时，诱降了原苏北地方实力派李长江部7000余人和国民党江苏保安第八旅杨仲华部3000余人。5月底，日军又向东台增兵千余，向泰州增兵1个联队并修筑了机场。至7月中旬，日军又从浙江、苏南抽调第十五师团、第十一旅团各一部，接替了第十二混成旅团的防务。苏北各地日伪军兵力明显增强。

至此，日军已基本完成对盐城地区"扫荡"的兵力部署。直接用于"扫荡"的兵力近2万人，其中以独立第十二混成旅团为主力。

苏北新四军兵力部署是：军独立旅坚持淮海区；第三师除第九旅坚持皖东北外，第七旅驻湖垛、建阳、秦南仓之线，打击由射阳、兴化方向出犯之敌；第八旅位于东沟、益林地区和盐城以北地区，牵制由陈家洋南下之敌，并监视韩德勤部的行动；以第一师第二旅于盐城以南地区拦阻由东台北犯之敌；以第一师主力在苏中地区相机发动攻势，策应苏北作战。直接担负起保卫盐城任务的只有第七旅和第八旅一部，加上第一师第二旅一部及抗大分校和军特务团，全部兵力也只有近1万人，而且武器装备落后，敌我力量对比悬殊。

7月上旬，日伪军以1.7万人的重兵对盐城构成三面合围之势。设在南京的日军总司令部也狂言："要以闪击战打击陈毅将军即今重建的新四军军部及其主力。"

大军压境，如何应对？

黄克诚在日伪军"扫荡"开始前就建议：华中局、军部机关及早撤离盐城，转移到阜宁地区；主要部队跳出敌人包围圈，把主力隐蔽起来，避开敌人锋芒，展开分散的游击战；等敌人兵力分散、精疲力竭之时，再相机集中兵力，一口一口吃掉敌人。但是，一些指挥员认为：盐城是军部和华中局所在地，是华中敌后根据地的政治、军事、经济中心，失守影响太大。为此，提出"保卫盐城"的口号。

---

① 淮海区，指陇海路以南，宿迁、新安镇以东，盐河以西地区。

② 盐阜区，指江苏省东部地区，东临黄海，西靠盐河，北依陈家港、响水口、涟水县城，南接大纵湖、射阳、东桥等地。

陈毅、刘少奇在盐城城西泰山庙紧急召开作战会议，研究制定作战方案。

陈毅斩钉截铁地说：

"我们的政治口号是保卫盐城，保卫苏北根据地，给予日军以狠狠打击，决不让敌人占领盐城！盐城是我们华中根据地的大本营，全国人民注视着这里，保不住盐城，我们不好向党中央、向全国人民交代，这次反'扫荡'也是一场政治仗，一定要打好盐城保卫战！"

听了陈军长慷慨激昂一席话，与会的一些师长、旅长们不由地热血沸腾，纷纷表示，坚决执行军部命令，用生命和鲜血保卫盐城，保卫苏北根据地！

然而黄克诚明确表示："我不同意这个作战方案，不同意'保卫盐城'的口号！"

刘少奇见如此表态，便说："克诚同志，谈谈你的意见。"

黄克诚坦率地说："我从八路军里来，参加过华北的反'扫荡'。基于华北反'扫荡'的经验教训，我认为在目前敌强我弱的情况下，不宜对日军搞正面阻击，'保卫盐城'的口号是不适宜的。"

黄克诚继续说，现在的任务，第一是保存部队实力，第二才是保卫根据地。根据地丢了，以后可以夺回来，而部队损失了，短期内难以恢复。"我建议华中局与军部尽快从盐城撤离，转移到农村去，跳出敌人的包围圈。至于部队，则应实行分散游击，待机反击。"

一石激起千层浪。黄克诚的意见引起不少人的反对，有的说根据地是千辛万苦打下来的，怎能不打就让给日本鬼子？有的说华中不是华北，华北的经验怎能搬到华中来？部队撤了，根据地的干部群众可就遭殃了……

刘少奇耐心地解释说，要从政治的高度看待这次战斗，看到它的政治意义。我们打的是人民战争，有广大后方依托，有广大民兵的协助，我们得人心就能得天下、守天下。

刘少奇的话没有说服黄克诚。黄克诚依然坚持说："那是美好的愿望，要守是肯定守不住。"

陈毅也作了解释，但黄克诚还是坚持己见，说着说着，两人争执起来，声音也越来越大。

军情如火，不容长久讨论。陈毅以军长身份下了命令："军部决定，你率三师与一师共同保卫盐城。必须全力保卫，否则按军纪处置。"

黄克诚立即表示，三师坚决执行军部命令，并严格按军部作战部署调动部队布防。

战局发展大致如黄克诚所料。虽然第三师将士打得非常顽强，取得了不小的胜利，但部队伤亡严重。

黄克诚忧心如焚。个人对错事小，部队拼光了，军部损失了事就大了！他一面指挥作战，一面紧急给延安发报，直接向党中央、毛泽东建议：新四军军部必须尽快转移，撤离盐城。电文中，他还直言不讳地谈了自己和军部领导的分歧。

毛泽东看了黄克诚的来电，立即发电报给新四军军部，询问情况。

此时敌人的攻势更加猛烈，反"扫荡"作战的前景非常严峻。有的指挥员开始认识到，如果这样硬拼下去，部队主力会拼光，盐城还是保不住。刘少奇复电毛泽东，报告了军部的争论和当前的情况，表示军部已在重新考虑黄克诚的意见。

7月10日，华中局和新四军军部开始撤离盐城，转移到阜宁县农村。其他后方机关、学校、医院、工厂也分别疏散，避开敌人进攻的锋芒。

黄克诚命令第三师第七旅、第八旅以阻击、侧击、伏击等战术，积极打击敌人，掩护华中局和军部转移。第七旅、第八旅指战员浴血奋战，坚守阵地，直至华中局和军部机关安全转移。

7月22日，日军占领盐城，得到的只是一座空城。自23日起，日伪军对盐城四周进行梳篦式大"扫荡"。敌人的装甲汽艇在河流中南北游弋，横冲直撞；空中出动大量飞机，不断进行低空扫射和轰炸；陆地上投入大量步兵、骑兵，水陆空立体"扫荡"，寻歼新四军主力和军部。

新四军军部不得不一再进行转移。在连续转移中，鲁艺分院的师生经历了血与火的考验，遭到了重大损失，"八女投江"就是其中最悲惨壮烈的一幕。7月24日拂晓，鲁艺分院二队师生在北秦庄与大批日伪军遭遇，他们与敌人展开了一场惊心动魄的生死搏斗。剧作家许晴、邱东平壮烈牺牲，八名赤手空拳的女学员被日军逼到河边。面对滔滔河水和凶残的日军，她们意识到已无退路，但不甘作日军俘虏，毅然决然地一起跳入河中。惨无人道的日军把五名女学员的遗体从河里捞上来，用刺刀挑破肚皮，其行为令人发指。

为了打破日军对盐阜区的"扫荡"，第一师在新四军军部的统一部署下，在苏中地区发动猛烈攻势。第一旅先后袭击靖江、

1941年12月，时任新四军第三师师长、政治委员的黄克诚。

如皋、南通、海安、泰州地区日伪军据点，攻克蒋垛、黄桥、古溪、加力、季家市、天星桥、孤山等据点，共毙伤日伪军1000余人。接着又围攻姜堰和泰兴。有力地牵制了"扫荡"苏北的日伪军，迫敌顾此失彼，被动挨打。

8月上旬，日军将"扫荡"盐阜地区的大部兵力南调苏中。对苏中进行凶残的报复性"扫荡"。

在日军回师苏中之际，黄克诚指挥北线的第三师和第一师第二旅，乘机进行反击，先后收复阜宁、东沟、湖垛、上冈等地，使盐城之敌极为恐慌。

日军为保持盐城附近的占领区，又被迫从苏中抽调部分兵力北返。至8月底9月初，日伪军的"扫荡"部队陆续撤返原防。

黄克诚乘势命令第八旅第二十二团拔除了插在淮海、盐阜两根据地之间、严重妨碍两根据地联系的郑潭口据点。此时，除盐城及其周围重要市镇和交通线外，新四军第三师部队控制了阜宁全境及盐城周围广大农村。

与此同时，按照军部命令，新四军第四师、第五师、第六师等部队也主动出击，牵制了日伪军的大量兵力。到9月上旬，日军被迫先后停止对苏北、苏中根据地的"扫荡"，战局有所缓解，赢得了相对平静的时期。

在一个多月的反"扫荡"作战中，新四军第一师、第三师和苏北、苏中人民共作战135次，毙、伤、俘日伪军3800余人，击沉日军汽艇30余艘，缴获步枪3324支以及其他武器装备，并获得了在水网地区反"扫荡"的作战经验，进一步提高了坚持敌后斗争的信心。新四军在战斗中亦伤亡近千人。由于国民党顽固派

1941年粉碎敌伪大"扫荡"胜利后，黄克诚和部分旅团长合影，前排黄克诚（左二）、李雪三（左一）、金明；后排左起：沈铁兵、庄林、张天云、刘震。

韩德勤趁日军"扫荡"之机，先后侵占了阜宁的益林地区和泗阳的程道口地区，使新四军腹背受敌，未能及时收复盐城。

此次反"扫荡"战役，给新四军提供了重要的经验教训。1942 年 3 月，刘少奇从华中返回延安途中，在给陈毅、张云逸的电报中说："当敌人合击与扫荡时，主力应切实避免与敌人作战，不要企图去阻止或打击敌人之一路，应主动分散向周边区及敌占区行动。主动地打击敌人空虚的据点及交通，或择地隐蔽。只留小部队在中心区游击周旋；待敌撤退时，主力再转回中心区。"[1] 刘少奇的这个电报，实际上肯定了黄克诚在讨论作战方案时所坚持的意见是正确的。

三、领导淮、盐军民反击日伪军大规模"扫荡"

1942 年冬，日军为了巩固长江以北、陇海铁路以南、淮南铁路以东的占领区，将"扫荡"的重点由山东转向华中，其矛头首先指向淮海、淮南和淮北抗日根据地，企图摧毁在这一地区的新四军领导机关和主力部队。日军发动的这次"扫荡"先由北部的淮海区和淮北区开始，紧缩对盐阜区的包围圈，而后南北合击，企图聚歼新四军于东海之滨。

为粉碎敌人疯狂的"扫荡"，加强集中统一领导，华中局和新四军军部对苏北区党政军领导作出调整，1942 年 11 月成立苏北区党委，黄克诚为区党委书记，以统一淮海、盐阜两个行政区内党政军一元化领导。12 月，成立苏北军区，领导机关由第三师兼，黄克诚兼司令员和政治委员，张爱萍兼副司令员，彭雄兼参谋长，吴法宪兼政治部主任。原盐阜、淮海军区改为军分区，第八旅兼盐阜军分区，副师长张爱萍为盐阜地委书记兼分区司令员；第十旅[2] 兼淮海军分区，旅长刘震兼任军分区司令员，淮海地委书记由苏北军区党委副书记金明兼任。

11 月 7 日，第三师在师部驻地阜宁县羊寨孙河庄举行了盛大阅兵式，陈毅、黄克诚等检阅了受阅部队。这是为纪念俄国十月革命 25 周年举行的阅兵，更是为粉碎即将开始的日伪军大"扫荡"而进行的紧急动员。

1. 淮海区反"扫荡"

11 月 14 日，日军第十七师团一个旅团及伪军第三十六师等共 7000 余人，由淮阴、泗阳、新安镇、沭阳同时出动，分五路采取分进合击的战法，直趋淮海根据地中心区，奔袭淮海军分区机关所在地沭阳小胡庄、张圩子等地。

在黄克诚的亲自指挥下，新四军驻淮海区部队为避免与敌决战，决定以主力一部配合地方武装和民兵就地分散进行游击战，以疲惫、削弱敌人；其余主力分路隐蔽，伺机歼敌。部署是：以沭阳独立团于小店子、塘沟、马渡一线，阻击与

---

① 转引自《黄克诚纪念文集》编委会编：《黄克诚纪念文集》，湖南人民出版社 2002 年版，第 564 页。

② 原归新四军第四师建制，1941 年 9 月与第三师第九旅对调，即第九旅归第四师建制，第十旅归第三师建制，辖第二十八、第二十九团。

牵制北路之敌;以第七旅第十九团于淮阴县丁集一带,阻击由淮阴出犯之敌;以第十旅第二十九团于涟水县杨口佯动,以迷惑敌人;淮海军分区机关及主力一部,从合围圈的间隙跳出,转移至泗(阳)宿(迁)地区。

15日下午,日军合围小胡庄、张圩子扑空后,立即分路在根据地中心区进行"搜剿",寻求新四军主力决战,仍无所获。于是,在淮涟及六塘河两岸地区构筑据点,成立维持会,进行反共宣传,建立防共自卫队,实施各种伪化措施。

遵照黄克诚使主力地方化、游击化,发动群众,依靠群众,以达到长期坚持淮海的指示,转移至外线的淮海军分区机关及主力陆续返回根据地,分散进行游击。他们派出便衣小分队,袭击日伪据点,截击分散之敌。第十九团、第二十九团、各县独立团及民兵,到处打击出扰之敌,半个多月内进行大小战斗73次,毙日军军官2人,士兵70余人,伪军156人,伤日伪军270余人,先后攻克宋圩、姜圩、永兴圩、小钱圩、孟头庄、小金圩等据点,日伪军被拖得精疲力竭,被迫撤回原防。

2. 盐阜区反"扫荡"

1942年冬,日伪军在"扫荡"淮海、淮北、淮南抗日根据地告一段落后,重新调整部署,于1943年1月至2月,又调集第十七、第十五、第三十五师团和独立混成第十二旅团各一部及伪军第二十二、第二十八、第三十六师等部共2万余人,在第十七师团中将师团长酒井康统一指挥下,对盐阜区进行大规模"扫荡"。

2月11日,日军第三十五师团一部及伪军第二十二、第二十八师分别进入湖垛、射阳、宝应一线;独立混成第十二旅团一部等集中于兴化、东台;第十五师团一部集结于淮安、淮阴及其附近地域;日军第十七师团一部进至涟水、泗阳地区的陈师庵、王集、梁岔间及官荡、老张集、大兴集间;第十七师团另一部及伪军第三十六师进至新安镇和响水口一带。沿海海面有日海军快艇日夜巡逻。

在日伪军大军压境之前,黄克诚就指示坚壁清野,党政军"大鱼化小鱼",机关精简,学校停办,工厂物资秘密埋藏,转移群众和抗日名人、知识分子等,做好一切反"扫荡"准备。

在战术上,他根据敌强我弱的态势发出指示:动员一切抗日力量,开展独立自主的游击战,机动作战,歼敌有生力量;内线坚持,外线配合,伺机反攻,彻底粉碎日伪军"扫荡"。

这次反"扫荡"的部署是:副师长兼第八旅旅长张爱萍率第八旅、第七旅第二十一团及盐阜独立团共五个主力团,在地方武装配合下,坚持在盐阜区内线作战;黄克诚率师直属分队及地方党政机关转移至盐城东部与苏中交界地区指挥反"扫荡"作战;第七旅主力和第八旅第二十二团在淮海地区积极打击敌人,策应内线作战。

17日,中共盐阜地委和行署分别发表了告共产党员书和告人民书,号召全区党政军民坚定信心,加强团结,坚持斗争。

2月17日,日军"扫荡"开始。分为三个阶段。

2月17日至26日为第一阶段。日军在"扫荡"韩德勤部后，集中主力，兵分五路，向东坎、八滩包抄合围，旋占领阜宁、东坎、八滩。遂又兵分十余路，深入海边沿线搜寻。此时，在黄克诚的指挥下，第三师外线部队发动攻击。袭击沭阳钱集据点，击退增援之敌，共毙伤日伪军800余人，接着，攻克高家舍，全歼守敌70余人。根据军部的统一部署，第一师、第二师、第四师同时在与苏北邻近地区的如皋、淮阴、泗阳等地发动攻势，牵制敌人。在新四军内外线部队打击下，日伪军于26日被迫收缩兵力。

2月27日至3月13日为第二阶段。日伪军先后对涟、阜、淮地区、射阳河东、串场河西和盐城地区进行分区"清剿"。采取突袭包围，梳篦搜缴的战术，并实行野蛮的"三光"政策，有的村庄敌人"扫荡"之后，残垣断壁，尸横遍野，火光冲天，惨不忍睹。同时，在占领区，大力修筑公路，安设据点，组织维持会，实施各项伪化措施。

这期间，黄克诚率师机关转移至盐东一带指挥外线部队作战。当时他只带一个特务营、两部电台。黄克诚行军主要靠坐自行车。他有一匹枣红马，很少骑，不是驮东西，就是给病号骑。常骑车载他的是作战参谋王扶之、侦察排长惠汉良，都是身强力壮的小伙子。有时遇到紧急情况，黄克诚就坐在自行车上边行军边了解情况，发出指令，有些干部开玩笑说：自行车就是黄师长的司令部。王扶之回忆说：1943年春的这次反"扫荡"，我们骑车载着黄师长转移，在阜宁县芦堡外旧黄河堤附近同日军遭遇。特务营依托旧黄河堤与敌激战，指挥部就设在离堤不足200米的芦堡村。营长陈金保、营政委黄励华请求师指挥所立即转移，然而黄老就是不肯走。他说："师指一撤就会动摇军心，后果严重，不能撤，伤亡再大也要顶住。"后因伤亡太大，无力反击，在万分紧急的情况下，经大家苦劝，黄老才同意转移。转移途中，他坐在自行车上，命令我们作战科立即调单家港附近的第八旅一个营增援特务营，并掩护该营撤退。危急之际，黄老泰然处之，指挥自如，真是大将风度。

坚持内线斗争的第八旅和地方武装，在张爱萍的指挥下，密切配合，袭击日伪防守薄弱的据点。黄克诚率领外线的第七旅等部与地方武装，在涟水、伍佑、沙沟等地打击日伪军。先后袭击范集、鲁公祠、夏庄、海河镇、沈庄、东沟、八滩等敌人据点，使日伪军顾此失彼，日夜不宁，疲惫不堪。

3月14日至4月14日为第三阶段。3月14日，"扫荡"之日伪军逐步撤退，黄克诚指挥所部实施全面反击，战斗异常激烈。[①]

当日，第八旅第二十三团5个连队在张爱萍指挥下，激战位于阜宁县西南的陈集，全歼日军89人，清除了楔入阜宁地区的这颗钉子。

3月16日，日军第十七师团驻淮阴、涟水的步骑兵1700多人，分11路突然合击在淮阴县六塘河沿岸地区的淮海抗日根据地党政军领导机关，企图一举摧

_____

①《新四军战史》编委会：《新四军战史》，解放军出版社2000年版，第250页。

1944年，黄克诚（左）同张爱萍在一起。

毁。为掩护领导机关和主力部队转移，第七旅第十九团第二营第四连奉命在刘老庄阻击敌人。这是淮阴北部的一个普通村落。18日，第四连与1000余敌人在这里展开激战，先后打退敌5次冲锋，敌遂用重武器猛轰第四连阵地，阵地上烟尘滚滚，烈火熊熊。第四连遭受重大伤亡。黄昏时分，敌人又向四连阵地疯狂地压来。此时，四连仅剩20多人，且弹尽援绝。指导员李云鹏大声呐喊："同志们，和鬼子拼了！"四连的勇士们应声端起刺刀，跃出交通沟，冲入敌群，一时间刀枪撞击，杀声震天，然而这场激烈的白刃格斗战，终因敌我悬殊太大而失败。四连82名勇士都壮烈牺牲。敌人在四连阵地前也留下了170多具尸体，另有200多人受伤。

战后第三天，十九团隆重举行追悼大会，淮阴县党政机关和人民群众参加了公葬仪式，安葬了烈士英灵，并立起高达五丈的纪念碑，碑上刻上了他们的英名。

黄克诚悲痛不已，称赞82勇士"为国尽忠、为民族尽孝的精神可歌可泣"。朱德称赞"全连82人全部殉国的刘老庄战斗，是我军指战员英雄主义的最高表现"。为继承烈士遗志，黄克诚命令重建第四连，并命名为"刘老庄连"。他亲笔为四连题词：

英勇战斗，壮烈牺牲，军人模范，民族光荣。

3月19日，日军400余人、伪军600余人进犯阜宁县单家港，第八旅第二十二团迅速占领制高点，予敌迎头痛击，连续打退敌人3次冲锋，战至黄昏，主动撤出战斗，毙伤日军267人，伪军80余人。第二十二团副团长童世明壮烈牺牲。

3月30日晚10时，第八旅向有日军117人、伪军100余人驻守的阜东重镇八滩发起进攻，战至31日上午8时许，击退日伪军4次反冲锋，击毙日军50余人、伪军20余人，伤日军29人。第八旅第二十四团团长兼政委谢振华等100余人负

■ 新四军刘老庄战斗八十二烈士墓

■ 1943 年 3 月，黄克诚为"刘老庄连"八十二烈士题词。

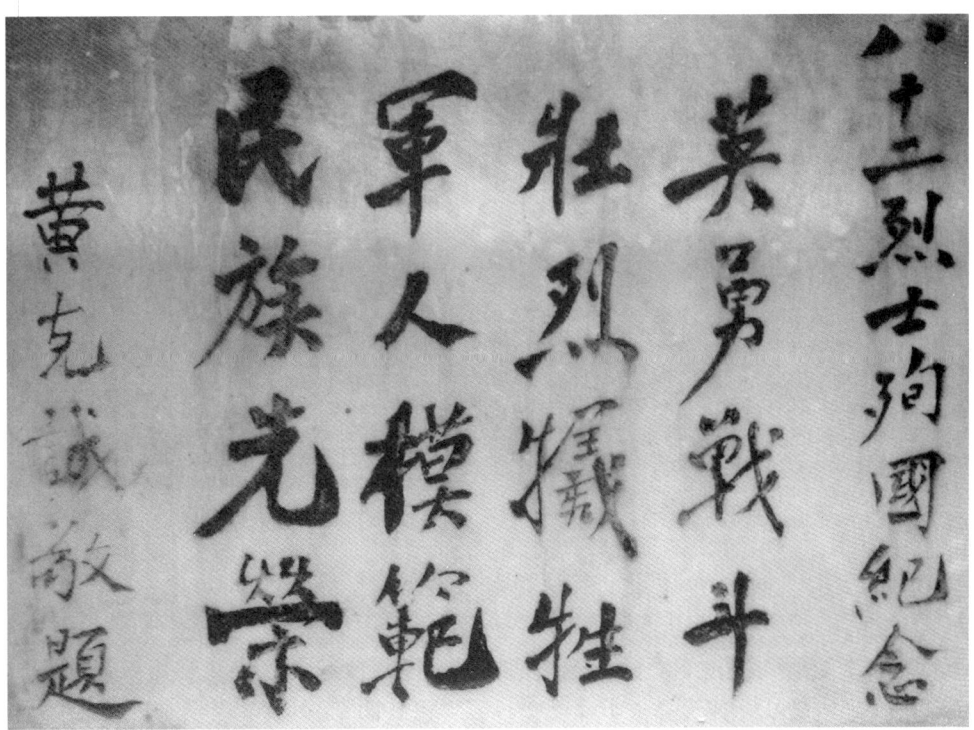

伤，副营长以下 24 人阵亡。

4 月 14 日，参加"扫荡"的最后一批日军从阜宁撤走，历时 50 余天的大"扫荡"终被粉碎。新四军在反"扫荡"作战中毙伤日伪军 1070 余名，俘 780 余名，收复据点 50 余处。

7 月，黄克诚在《一九四三年盐阜区反"扫荡"的总结》中高度赞扬盐阜区军民同心同德、英勇顽强的精神，并指出，这是取得反"扫荡"胜利的根本保证。

至 8 月中旬，第十旅兼淮海军分区部队共歼灭与瓦解伪军 2700 多人，重建了 60 多个乡政权，恢复和巩固了淮海抗日根据地的原有态势。至此，淮海、盐阜军民同仇敌忾、浴血抗战，取得了反"扫荡"斗争的全面胜利。

这次反"扫荡"的胜利再次证明，黄克诚在运用毛泽东的军事理论组织指导部队和广大群众开展游击战争方面，达到了很高的水平。这一点也为日军所承认。1943 年 2 月 22 日，日本的《读卖新闻》报道说："原第八路军第五纵队改编的新四军第三师（师长黄克诚）。其所盘踞的地区受皇军打击较少，因而被认为是新四军中最优秀的部队。该部以阜宁为据点，将有力部队派到东坎镇、七套集、北沙镇等地，为加强惯用的游击战，以图扩大民众自卫力量，甚至动员老人、儿童、妇女均按其能力担任岗哨、传令、救护队、运输队、慰问队等，以所谓'人民武装'作为最高任务，采用七分政治、三分军事的方针，避开我肃清讨伐战，频繁改变驻地，同时在其区域内建立共产党组织及各县乡中心的行政组织'抗敌协会'、'抗日救国会'等各种民众团体，尽力推进其活动。"

在反"扫荡"的战斗中，抗日根据地军民也遭受了重大的损失。尤其是师参谋长彭雄、第八旅旅长田守尧的牺牲，更令黄克诚终生痛惜不已。

为纪念在反"扫荡"中光荣牺牲的第三师官兵，苏北军民在阜宁县修建了一座纪念塔。根据黄克诚的提议，在纪念塔的西北角，专门加修了两块半人高的纪念碑，分别刻上彭雄、田守尧的名字，黄克诚还为两人撰写了挽联：

彭雄、守尧千古
十余年甘苦共尝患难相处破浪失忠贞遥望云天哭战友
数万里山河犹碎水火益深卧薪期素志誓除贼寇慰英魂

在苏北同敌伪顽的斗争中，黄克诚也经历了生与死的考验。1943 年冬天一个深夜，黄克诚正在煤油灯下看书，一颗罪恶的子弹朝他射来。这是日伪特务的暗杀活动，但枪打偏了，未遂敌所愿。

四、有理有利有节斗韩顽

皖南事变后，国民党顽固派不断地挑起摩擦，掀起反共浪潮。韩德勤在苏北地区继续坚持反共方针，寻衅生端、袭扰、夹击新四军。

黄克诚在率领根据地军民粉碎日伪军大"扫荡"的同时,坚持"有理、有利、有节"的方针,与顽固派韩德勤等开展反"磨擦"斗争,或进行和平谈判,或实施武力反击,以两手打击国民党顽固派的反共气焰,维护了抗日民族统一战线,稳定和发展了苏北抗日局面。

韩德勤部在黄桥决战、曹甸战役遭新四军和八路军痛击后,实力锐减,元气大伤,稍稍老实了一段时间。但其反共本性未变,一有风吹草动便趁机兴风作浪。

1941年8月,韩德勤部乘日军大举向盐阜根据地"扫荡"之机,令保安第三纵队王光夏部先后侵占了泗阳西北的程道口、仰化集、史家集,并在程道口构筑坚固据点;令第一一七师第三四九旅由刘立卓、余士梅率两个团进至涟水西北大兴庄、新渡口和张官荡处构筑据点,并和灌东向西侵犯的徐继泰部相呼应,企图以程道口为中心,控制运河两岸,构成一道横贯淮北、淮海抗日根据地的东西走廊,切断苏北抗日根据地和皖东北根据地的联系,尔后再向根据地中心推进,并接应豫皖苏地区的第三十一集团军汤恩伯部东进苏北制造摩擦。

针对韩德勤部的动向,新四军决心争取战略先机,发起程道口战役,攻占程道口据点,粉碎顽军东进反共的企图。

10月中旬,第三师第七旅第十九团、军独立旅、第四师骑兵团、独立团及第二师一部共7个团于14日进入集结地点。

10月15日,在陈毅指挥下扫清程道口外围据点,完成对程道口的包围。20日下午5时许发起攻击,至21日晚8时许,攻占程道口。接着,参战部队继续扩大战果,打击徐继泰部。

程道口战役共毙、伤、俘顽军1400余人,缴获大批武器弹药。这一胜利,扩大了淮海根据地区域,新四军开始掌握了反顽斗争的主动权,也获得了根据地建设的有利环境。

1943年春,在日军万余人对盐阜抗日根据地和韩德勤部所在的淮安以东地区发动大"扫荡"前夕,韩德勤派员到新四军第三师,提出两点请求:

(1)希望在阜宁益林镇设立商业机构,消除韩总部与大后方交通联络的限制;(2)苏北国共两军共同配合反"扫荡"。黄克诚认为:苏北国共两军平时虽然势不两立,但彼要求共同抗日,我方应以积极态度对待,这对搞好局部地区的国共合作,推动苏北地区团结抗战、巩固抗日民族统一战线都有积极作用。遂热情款待来者。黄克诚修书一封致韩德勤,表明新四军团结抗日的愿望与立场,并说新四军真诚希望苏北国共两军团结抗日,两军反"扫荡"中的配合问题,可以进一步商量。

送走了韩德勤的来使,黄克诚立即电告军部。陈毅、饶漱石于8日电示黄克诚:此次韩派员前来,当视为纯属试探性质,但仍应表示积极而诚恳的态度。来电明确指出:(1)敌"扫荡"时,韩部可转进我区,但不得对我作任何破坏活动,彼此以友军相待,共同担负抗战任务,我方则给以粮食、民力和通报敌情等便利;(2)目前准其在益林设转运站,但以不得作特工活动、遵守我区民主政府法令为条件;(3)彼此在宣传上互相停止攻击,军事上互不侵犯,并实行抗敌互助;(4)我方保证不破坏韩与大后方之交通，但要求韩方能设法向重庆交涉，解除我与大后方的交通障碍。同时，要尽可能探明韩之态度是否真诚，有关谈判条件亦应早做研究。

2月8日，韩德勤部又派潘良甫、梁国栋、徐义丞三位代表到第三师，并带来一封韩德勤致黄克诚的亲笔信，除了几句客套话外，实质性内容并不多。

看罢韩的来函，黄克诚微微一笑。潘良甫说，副总司令口授事项多条，主要之点是：日伪即将"扫荡"曹甸、车桥，我们希望取得新四军的谅解，如果敌人"扫荡"，韩总部和省府机关能否在必要时转移到新四军防区。

黄克诚再次急电军部报告详情。

2月10日，陈毅、饶漱石来电指出：你们一方面以宽大诚恳的态度与他们谈判，并表示若日伪"扫荡"时，我们当尽力帮助作战与韩部联络，使韩对我无顾虑，以专心对敌作战，扩大敌与韩之矛盾。但另一方面，对他们所提各种要求条件及求援等事，则应慎重对待，韩方代表要求在敌人"扫荡"时其机关等转入我地区，我方当提出对等要求。

2月12日，陈毅、饶漱石致电黄克诚："指定你代表军部"，"全权负责和他们谈判"，并争取"成立协定"。

根据军部指示和授权，黄克诚派师政治部干部与潘良甫等三位代表谈判，就合力反"扫荡"互相援助等问题草拟了若干条款。12日晚黄克诚与潘良甫等进行了详谈，表明新四军立场。最后，双方签订了协议。协议内容，黄克诚在致韩德勤的信中作了详述：

一、如敌人仅向钧部地区"扫荡"

（一）职部当配合作战，牵制敌人。

（二）副总部与省府机关于困难时，可向阜宁职部地区转移。

（三）钧部其他部队必要时可向建阳以南、湖垛以西、东夏庄、楼夏庄一带职部地区机动。

（四）并负责转报职军军部。如钧部有必要时，须向宝应一带职部地区机动。

二、如敌人向钧部与职部地区同时"扫荡"

（一）职部当配合作战牵制敌人。

（二）副总部及省府机关在困难时可向苏咀以西，涟水、淮阴城以南机动。

（三）钧部其他部队必要时可向东夏楼庄后、宝应地区机动。

以上各点，谨当尽其忠诚，负责保证。

当蒙潘先生等表示，不论"扫荡"到何程度，均负责保证如下各点：

1. 如敌人向职部地区"扫荡"，钧部仍驻原防不动。

2. 如敌人向钧部地区"扫荡"，钧部向约定地区转移时，对地方政府机关、民众团体不加侵害，并予保护。

3. 敌人"扫荡"停止，钧部向约定转移之机关、部队即返原防。

4．不论如何“扫荡”，钧部部队不得向苏咀、东沟以东，淮阴、涟水城以北地区转移，以免妨碍职部部署。

以此各点，要在实行联合对敌，巩固团结，双方竭诚遵守，必能粉碎敌人“扫荡”也。

新四军第三师与韩德勤部的成功谈判，对缓和苏北三角斗争严重局面有重要意义，也有助于促成国内时局进一步好转。2月15日，黄克诚将谈判情况及给韩德勤的信，电报陈毅、饶漱石和毛泽东、刘少奇，得到了军部和中共中央的充分肯定。

韩谈判代表返回之日，日伪已对韩驻地发起进攻。韩部一触即溃，全线败退。

根据双方协定，新四军第三师信守承诺，向敌伪频频出击，有力地支援了韩部。韩、霍溃部先后进入新四军第三师控制区，第三师以礼相待，助其休整。黄克诚还指示，调拨一批粮草和经费接济韩德勤部。

新四军这种以民族抗战大局为重的举动，博得了各阶层舆论的好评，韩部下层官兵也大受感动。韩德勤本人给陈毅写信表示：千恩万谢，永世不忘恩德。

然而，当日军转向“扫荡”新四军盐阜地区时，韩德勤却背信弃义，恩将仇报，从3月1日起，乘机向新四军淮北根据地大举进攻。

陈毅当即决定实施武力反击，驱逐韩德勤。

3月17日，新四军第二师、第三师、第四师各一部，发起山子头战役。激战15个小时。全歼韩德勤总部、独立第六旅、保安第三纵队，生俘韩德勤以下官兵千余人，击毙王光夏和独立旅旅长李仲寰。战后，将韩德勤礼送出境。

第十二章　巩固和建设苏北抗日根据地

一、根除匪患

黄克诚自从 1940 年 9 月率部挺进苏北以后，在半年多的时间里，部队一直处于流动作战状态，尚未建立起巩固的根据地。他意识到：苏北是整个华中抗日根据地的战略大后方，只有发展巩固苏北，才能稳定华中，新四军才能有更大的发展，苏北地区部队的部署和根据地的巩固发展，应有一个明确统一的方针和部署。他经过深思熟虑，于 1941 年 3 月 1 日，给刘少奇发了一份电报，就巩固盐阜区及五纵队的军事方针提出如下建议：

一、我们五纵队必须有一个坚定的军事行动方针，这个方针应是巩固盐阜、淮海与开展皖东北区，打通与山东和雪枫区联系，而主要是巩固盐阜区。

二、我们占领盐阜、东台之后，由于我们对顽军及地方反共派力量估计不足，对土匪力量的轻视，致犯了急性病与贪多病，致使主力部队东打西拖半年余，没有时间进行部队的补充扩大（除俘虏少数部队外），没有很好地进行一个月的整训，没很好进行根据地建设工作，造成五纵队全部没有一个充实连队，没有一个巩固的区，甚至一个乡（没有土匪，没有反共活动，群众真正拥护我党我军）。如果我们继续东打西拖，我们将遭受更大的损失甚至失败。

三、根据上述方针，部队的部署，我建议：一支队全部巩固盐城；二支队全部巩固阜宁、涟东，开展灌云工作；三支队巩固并开展皖东北工作；五旅部[①]不西进，巩固淮海区。纵队总直属队驻阜宁，我往来各区游击指挥，巡视工作。这个部署半年内不作基本改变，除掉国内政局掀起大变以外。新四军一师则全力巩固盐城以南地区。如何，请考虑，并用绝密复示。

---

① 指八路军第一一五师教导第五旅，旅长梁兴初，政委王凤鸣，1940 年 11 月编成，12 月南下洪泽县等地，皖南事变后，改称为新四军独立旅，1942 年 12 月返山东。

这是一份颇具战略眼光的电文，也是第三师在相当长时间内的军事行动方针，对于创建苏北抗日根据地影响深远。两天后，刘少奇复电黄克诚并报毛泽东、朱德、王稼祥：

一日电悉，同意你们的意见。

一、第三师即五纵队全部负全责巩固盐阜区、淮海区、皖东北区，打通山东及雪枫区联系，加强与皖东区联系并与一师配合，在长期斗争中解决顽韩。

二、具体部署同意五旅梁、吴到淮海区，三支队张、韦到皖东北，二支队田、吴及七团到阜宁。但二支队第六团应仍留皖东北，因皖东北目前需要多一点队伍，并在必要时可拨归三四四旅。

三、纵队部暂驻淮海区，布置皖东北及淮海区工作以后再来阜宁。

四、上述部署应即下令执行，我们通知梁旅在新南集附近待命。

大政方略既定，巩固发展苏北抗日根据地斗争拉开大幕。当务之急，就是扫除匪患。

苏北在历史上是有名的土匪出没地。新四军到后，国民党顽固派更利用土顽、匪特纷起作乱。他们互相勾结，打砸抗日政府，杀害共产党干部，抢劫残害群众，为非作歹，无恶不作。

从1941年上半年开始，黄克诚调集第三师主力及地方部队，大力清剿镇压土匪顽劣。陈克天[①]回忆当时的情况说：

"苏北的武装斗争，首先是剿匪和平定反动刀会的暴乱。大规模的动作有两次：第一次是1941年2月，在盐阜平息大地主、大土匪顾豹岑、顾敦扬两股土匪制造的暴乱；在淮海平息了泗阳、沭阳、涟水和沭西4起由反动地主和反动刀会掀起的大暴乱。还有一次是1942年下半年，在淮海、盐阜地区实行军事清剿和政治瓦解相结合，很快把明清以来一直存在的苏北匪患基本解决了。"[②]

据淮海、盐阜地方志记载：

阜宁东部陈铸乡新联村沙二截左姓五户大地主，纠集方圆数十里内的中小地主，联合抗缴公粮，并组织阜东县北小刀会徒1600多人准备暴乱。黄克诚派第八旅第二十二团前往镇压。该团一营以迅雷不及掩耳之势，包抄合围，猛烈攻击。五大门被攻破，参与暴乱的反动地主及惯匪陆续被搜捕镇压。

1940年12月6日，阜宁县八滩大恶霸、大土匪顾豹岑，纠集60多名匪徒，突然袭击八滩区署，枪杀该区指导员，绑架区长徐锐，残杀并肢解干部战士11人，制造了震惊苏北的八滩暴动。黄克诚获悉后极为震怒，当即命令第二支队给予严厉镇压。"老五团"连续三次攻击匪巢季家圩，经3天激战，击毙匪首顾豹岑，

---

① 陈克天，时任八路军苏皖纵队陇海支队第八团副团长。

② 中共江苏省委党史工作办公室、江苏省新四军研究会编：《黄克诚与苏北抗日根据地》，中共党史出版社2002年版，第141页。

歼灭土匪 2000 余名，缴获长短枪千余枝，稳定了阜宁东北部局势。

三打季家圩的胜利打出了八路军的军威，恶霸、土匪闻风丧胆，惶惶不可终日，一些零星土匪也纷纷作鸟兽散。

在淮海地区沭阳县，黄克诚派第六八七团镇压了沭阳八区小店乡"小刀会"的暴乱。

在清剿土匪的斗争中，黄克诚还注意军事打击和政治瓦解相结合，从而收编了一部分土匪武装和沿海盐警，扩大了主力部队。

至此，苏北地区长期流传的"捉不完的虱子，剿不完的匪"的俗谚被彻底打破，苏北根据地匪患得到彻底根治，百姓生活生产秩序得以恢复，民众打心眼里拥护、支持共产党，苏北区形势日益趋向稳定。黄克诚大刀阔斧地除匪反霸，深得刘少奇赞赏。他对黄克诚说："没想到，你这位看上去文弱的人还蛮厉害，这么短的时间硬是把局面稳定下来了。"至 1942 年底，淮海区成立淮阴、泗阳、涟水、沭阳、宿迁、宿北、灌云、潼阳、东海 9 个县级政权及运河办事处，区政权 33 个，乡政权 277 个。盐阜区共辖盐城、盐东、阜宁、阜东、淮安、涟东、建阳、滨海、射阳 9 个县，区政权 49 个，乡政权 393 个。

二、为民众抢修海堤

黄克诚率部到苏北不久，就遇到一次海啸灾难，情景惨不忍睹。黄克诚在《自述》中说："还在我率八路军第 5 纵队刚进入苏北的时候，就遇到海啸成灾，疮痍满目，难民遍野。在此之前，国民党政府曾迫于当地群众和士绅的一再呼吁，勉强拨了一点经费，修了一道海堤。但因国民党各级官员层层克扣，偷工减料，海堤修得极不牢固，海啸到来，一冲即垮。我们到了此地，目睹人民群众离乡背井、苦不堪言的凄惨景状，决心重新修筑海堤，帮助群众战胜水灾，渡过难关。"

盐城地区地处黄海之滨，沿海人民饱尝海啸之苦。《阜宁县志》记载：抗战前的近百年间，阜东沿海先后发生灾难性海潮啸涌、咸水倒灌达数十次之多。1939 年 8 月 29 日，黄海沿岸地区遭罕见的海潮侵袭，飓风暴雨交加，从山东到长江口，沿海地带发生大海啸，滔天巨浪，铺天盖地，吞没了良田、荡平了村庄、淹毙了人口。苏北沿海数百里，纵深尽成泽国，若干万沿海人民的生命财产毁于一旦。潮水退后，伏尸满野、遍地哀鸿，光是阜宁一县，死亡人口就达一万余众。

数百年前，宋代范仲淹曾在这里带领民众修筑了绵延数百里的捍海长堤，护卫着广袤的苏北平原。受惠良多的苏北人民怀念范仲淹，称这条海堤为"范公堤"。后来，随着数百年潮汐变化影响，近海泥沙淤积，陆地向黄海不断延伸，这条海堤逐渐演变成平原大道，失去了捍海作用。

海啸袭击成了苏北沿海百姓的心腹大患。然而，历届地方当局对民众生计漠不关心。国民党地方政府的官吏更借修堤为名，趁机搜刮民财，中饱私囊。

为了防御海啸灾害，造福百姓，黄克诚多次在会上强调：抗日民主政府一定要代表人民利益，从改善民生着手，解决老百姓的切身利益问题。重新修筑海堤，这是一件大事，再困难也要修筑，这不仅仅是修一道海堤，也是筑起共产党领导的人民军队、新政权同广大人民群众联系的坚不可摧的连心堤。

此事得到了刘少奇、陈毅的全力支持。刘少奇明确指示："海堤是否修筑，应从政治影响上决定，经济问题次之。"

然而，修筑捍海大堤工程浩大，人力不足，经费奇缺，困难重重，黄克诚与时任阜宁县长的宋乃德等人采取了三条对策：（1）发行修堤公债集资；（2）以工代赈，万民上阵；（3）第三师在人力和财力上尽力支持。

在阜宁县召开的参议会上，宋乃德代表阜宁县政府宣布：修堤全部费用不由人民负担，以盐税作抵，发行公债，由政府偿还。会议通过了修筑海堤的提案，成立了以宋乃德为主任的修堤委员会，发行修堤公债 100 万元。

1941 年 5 月 15 日，空前浩大的治海工程破土动工，工地上民工如潮，牛车滚滚，劳动号子此起彼伏。黄克诚与张爱萍、曹荻秋、宋乃德等来到工地视察工程情况。黄克诚边走边询问工程总指挥宋乃德："7 月 10 日前完成有把握吗？"

"从群众的情绪来看，只会提前，不会推后。"宋乃德信心十足。

张爱萍感慨地说："我们的人民是勤劳勇敢的，只要有好的领导，就能平山填海，创造奇迹。"

黄克诚见到一位老人也在挥锹挖土，便走过去关切地说："老人家，你偌大年纪了，歇歇吧。"

老人一抬头，见问话者虽身穿灰粗布军装，但戴着眼镜，料想可能是一位领导，便说："长官，我家是海潮受害者，老伴死于海潮，至今未见尸体。我幸亏抱到一棵树，否则也早葬身鱼腹了。多亏黄师长关心穷人，既打小日本，还要领导我们修海堤，真不知怎样报答他的恩情……"

黄克诚一听忙说："老人家，对黄克诚没有什么要报答的，他只是按照共产党、毛主席的意思去做的，共产党、毛主席才是人民的救星，要报答就报答共产党、毛主席的恩。"

"长官，是呀，是呀！听说黄师长从陕北过来，为我们苏北人操心，他叫地主开仓借粮，还搞减租减息，处处为穷人着想，这些恩不小啊。我要是能见到黄师长，一定要给他磕个响头！"老人动情地说道。

"那倒不必了，他也只是人民的一个勤务员，再说我们的干部，不叫长官，而叫同志，与大家是一样的。"黄克诚很和善地说。

随行者试图向老人介绍黄师长，但被黄克诚用眼神制止了。随后，黄克诚和其他几位领导把袖子一卷，拿起铁锹融入工地人潮之中……①

开工不久，由于运输困难而造成工地上缺粮。情况报告了黄克诚，他当场拍板：

---

① 中共江苏省委党史办公室、中共盐城市委党史工作办公室编：《跃马挥戈——抗战时期的黄克诚》，长征出版社 2002 年版，第 108—109 页。

全师新近购进的 12 万元的军粮全部无偿接济民工，解决了工地缺粮的燃眉之急。

仅 15 天时间，北堤竣工。南堤修筑却历经坎坷，屡屡受挫。

6 月 19 日，南堤开工。时逢夏季，天气炎热。当地有俗语："寒不挑河，夏不打堆。""夏不打堆"，意指此时正处于多雨季节，加上卤潮泛滥，所筑堤堆易遭水淹雨浇，极不牢固。南堤开工后正逢梅雨季节。工地上，蚊虫飞舞，病疫流行，许多民工病倒了，不少人开始打退堂鼓。关键时刻，军人出身的宋乃德毅然决定：为了确保夏秋汛期沿海民众安全，工程必须一气呵成！

南堤大坝合龙时，水流湍急，数百车土包倒入水中，霎时没了踪影。危急之时，第三师第八旅第二十三团官兵紧急赶赴抢险现场，与地方干部、管理人员、民工一起跳入河中，肩并肩、手挽手，用身躯构成坚固人墙，挡住汹涌的潮水，南堤大坝如期合龙了。

至 7 月 5 日，一条高 3 米、长 90 里的大海堤终于胜利竣工，共挖土 200 万立方。

新堤建成数日后，恰逢海啸翻腾而至。高大坚实的海堤任凭海啸冲击始终屹立不动。沿海百姓万民欢呼、额手称庆，他们从心里感激共产党和抗日民主政府。地方人民群众和开明士绅要求把新海堤命名为"黄公堤"。但黄克诚坚决不答应。他反复解释说：

"这不是我个人力量所为，是共产党和抗日民主政府的领导，况且我们共产党不搞个人崇拜，绝对不能这么干。"

但是老百姓认为只有命名"黄公堤"才能表达大家的感激之情。为了避免伤害民众的感情，黄克诚提议说："新海堤是在阜宁县长宋乃德的直接领导下修成的，他既能代表我们部队，又能代表新政权，就叫'宋公堤'吧。"

众乡亲心悦诚服，一致同意以"宋公堤"命名。

海堤筑成后，阜宁民众特立"宋公堆碑"一座。

在苏北沿海一带，广大人民群众至今还传颂着当时的一首民谣：

> 由南到北一条龙，
> 不让咸潮到阜东。
> 从此不闻冲家祸，
> 每闻潮声想宋公。

共产党、新四军为造福人民修筑海堤的壮举，为创建苏北抗日革命根据地奠定了坚实的基础，在广大人民群众中筑起了一座军政军民团结的丰碑。

三、大力发展地方武装

黄克诚把发展地方武装作为巩固根据地，扩大主力部队的重要措施，抓得很紧、很细。他率第五纵队初进淮海区时，当地仅有淮河大队和滨海大队两支地方抗日武装，共 1000 多人。部队到达后，随着抗日民主政权的建立，又相继组建了沭河、沂河、东海、泗阳、淮阴和涟水等县大队，黄克诚从第三师抽调部分干部到县大队担任领导。1941 年 3 月成立了淮海军区（后改为军分区）。全区兵力达到 3500 余人。随后，盐阜根据地各县，也建立了县大队。9 月，又成立了盐阜军区。

地方武装组建之初成分比较复杂，纪律松弛，干部也缺乏带兵和作战经验。为建设一支有战斗力的武装力量，黄克诚采取了一手抓主力部队地方化，一手抓地方武装主力化。

他下令将第八旅、第十旅等四个主力团分散编入地方各部队。通过带领他们打仗、训练、锻炼提高其战斗力；或者以主力部队一部与县大队合编，一起组织战斗、训练，进行日常管理，迅速加强和巩固了地方部队，使不少地方部队升级为主力部队，然后又组建起新的地方部队。

主力部队地方化和地方部队主力化的结果，不仅提高了部队的战斗力，使主力部队和地方部队发展壮大起来，也巩固了地方政权，加速了地方建设。

例如，第十旅抽出两个主力团与淮海军分区的 8 个县大队合编为 4 个支队（每支队 3 个小团的建制），经两年多的艰苦斗争，该旅的主力部队由原来的 3200 人，发展成为两个旅（即十旅和独立旅）共 1.5 万人。在盐阜区，第三师第七旅、第八旅各有 1 个团实行地方化，不仅地方武装大发展，主力部队也因此扩大了 2—3 倍。

黄克诚率部创建苏北抗日根据地五年时间，主力部队和地方武装由原来的 2 万人发展到 7 万人，作战 4700 余次，歼敌伪顽 6 万余人，胜利完成了清匪反霸斗争、各次反"扫荡"和反顽作战任务。到 1945 年日本投降时，苏北开辟了有 4 万平方公里土地和 800 多万人口的解放区。

四、繁荣和壮大根据地经济

在艰难困苦、烽火连天的抗日战争年代，黄克诚不仅善于指挥打仗，而且十分重视繁荣和壮大苏北根据地的经济。1942 年 3 月，刘少奇离苏北回延安时，称赞黄克诚在开辟与巩固苏北抗日根据地中，"掌握政策很稳"，是"经济学家"。

1. 开展减租减息斗争

减租减息，是中国共产党在抗日根据地实行的土地政策。一方面减租减息，一方面交租交息。这是中共根据抗日民族统一战线的需要，向国民党作出的一个经济上和政治上的让步。这种让步是必要的、正确的。没有它，就不会有全民抗战新局面的形成。

1941 年，苏北抗日根据地开始实行这一政策。但群众心有疑虑，往往白天减了租，晚上又偷偷给地主送去，一度出现明减暗不减的问题。黄克诚得知这一情况后，立即派出得力干部组成工作组深入乡、村调查，摸清真实情况，并采取有效措施。

根据黄克诚的指示，盐阜、淮海两区抗日民主政府制定了法规条例，用立法形式规范和推动减租减息运动。

1942年5月，淮海行政公署公布了《淮海区重订减租条例》和《淮海区修正减息条例》。6月，盐阜区公布了《盐阜区减租条例》和《盐阜区减息条例》。

这些条例受到了开明地主和士绅的拥护，他们在减租减息运动中，与政府配合，主动减租减息；但也遭到不少地主士绅的抵制。

对此，各级抗日民主政府根据统一战线的原则，坚持联合地主抗日的方针，对多数地主，用和平谈判说理斗争的方式解决问题。对少数顽固地主，则与之进行面对面的算账斗争，迫令其同意减租减息和增加雇工工资。

减租减息斗争，使根据地广大农民在经济上得到了利益。据不完全统计，盐阜区在1942年夏秋季减租运动中，11777户地主减了租，减租粮合计727.9万斤；淮海区夏季减租粮5290.4万斤，增加工资粮食434.9万斤，使832630户佃农和雇工在经济上得到了实惠。

广大农民收入增加，生活改善，劳动热情高涨，农业生产有了较快发展。同时，也大大激发了广大人民群众抗日保家的政治热情，涌现出一大批抗日积极分子，农村抗日政权得到进一步扩大和巩固。

2．开办银行，扶持保护根据地经济发展

1941年4月，在新四军领导关怀下，江淮银行成立，发行的抗币在苏中、盐阜地区广为流通。

1942年初，黄克诚邀请盐阜区行政公署财经处长骆耕漠等，讨论创建盐阜银行的问题。他在听取大家意见后，明确指示：

（1）要想长期坚持敌后斗争，扶持民族工商业，恢复和促进农业生产，同日伪顽有效地开展货币斗争，盐阜区创办一个银行，不仅很有必要，而且势在必行；（2）我们银行的任务和货币政策，应当是独立发行抗币（抗日民主政府的货币），限制法币（国民党政府的货币），排斥伪币（汪伪汉奸政权的货币）；（3）根据地银行应当是依靠人民、服务人民和取信于民。人民信得过抗币，币值就会稳定，就会很快成长为根据地里唯一合法的货币。

黄克诚同意骆耕漠提出的用精制的木刻制版作印模，用桑树皮作纸张原料印制抗币的建议。[①]

几个月之后，根据黄克诚的提议，苏北军区党委研究决定，成立苏北财经委员会，黄克诚兼任书记，骆耕漠为副书记。

1942年4月，盐阜银行成立，骆耕漠任行长。8月，又成立淮海银行。抗币也顺利发行，虽发行量不大，但币值稳定，信用很高，深受欢迎，甚至在敌占区上海、南京等地都能流通使用。老百姓说："苏北的抗币最值钱！"

在苏北抗日根据地，抗币战胜了法币、伪币，取得主动地位，保护了人民的利益，保卫了根据地的经济建设。

---

①《黄克诚纪念文集》编委会编：《黄克诚纪念文集》，湖南人民出版社2002年版，第443页。

3．自力更生、发展生产

苏北地区由于日伪军的残酷扫荡和经济掠夺，生产力遭到很大破坏，抗日军民的生活极度困难。在这艰难困苦的环境下，黄克诚率领第三师官兵与人民群众艰苦奋战，支撑着苏北抗日大局。

1941年5月，新四军军部在盐城召开各师供给部长会议，刘少奇在总结讲话中说："全军7个师，第3师人最多，花钱却最少，应该学习他们的经验。"第三师供给部长刘炳华向黄克诚作了汇报。他当即指示说："你们应当认真总结经验，找出差距，防止骄傲自满。"①

1942年10月1日，中共中央、毛泽东指示各根据地："党政军民，男女老幼一律实行伟大生产运动，增加粮食与日用品，准备与灾荒斗争。"1943年2月13日，刘少奇致电华中局和新四军领导人，介绍了陕北、华北解放区开展生产运动的经验和成绩，要求华中党政军领导"集中注意在生产问题上，凡是军队机关所需用的一切东西，都设法自己动手及动员人民生产"。②

根据党中央、毛泽东和刘少奇的指示精神，黄克诚等于1944年1月20日向全师发出《关于开展生产运动的训令》，指出：

> 发展生产是我师当前中心工作之一，是克服困难，减轻人民负担，继续坚持抗日根据地的物质基础。全体主力及地方部队，在不妨碍战斗的条件下积极开展生产运动，普遍进行种菜、种麻、种黄烟。种菜是用以改善伙食，要做到供给本单位三分之二的白菜；种麻是供打草鞋之用，补充鞋子之不足；种黄烟以供给战士吸烟之用。……各团及总队可开磨坊、豆腐行、粉行等，流动性较少的机关或部队可以养猪喂羊等；各旅可以开合作社、油坊、碾米坊等，大批养猪，以供部队吃油、盐、菜等之需；各级首长要负责推动，亲自动手，提高生产积极性，研究改进生产方法，注意爱护群众利益，不得对群众有所妨害。

苏北区党委、淮海行署、盐阜地委也相继发布了关于开展生产运动的指示。

苏北抗日根据地的大生产运动轰轰烈烈地开展起来。

在生产运动中，黄克诚身体力行，率先垂范，带头捡粪积肥，开荒种菜。第三师、苏北军区所属各部队积极行动，开垦荒地，种菜、麻、黄烟，养猪、羊、鸡、鸭，磨面、榨油、制粉、做豆腐等。部队种的菜吃不完，还送给附近的老百姓。

全区群众也动员起来，踊跃投入生产运动。

大生产运动取得了丰硕成果。仅苏北根据地党政机关和部队一年中就减少了约10亿元（法币）的开支。盐阜区主力部队1944年夏自给半套衬衣裤，10月后

---

① 《黄克诚纪念文集》编委会编：《黄克诚纪念文集》，湖南人民出版社2002年版，第195页。

② 中共江苏省委党史工作委员会编：《苏北抗日斗争史稿》，江苏人民出版社1994年版，第143页。

油盐和干部菜金自给。地方干部及武装 1.1 万人，夏衣只领 200 匹布，冬衣只领 950 匹布，其余均通过生产、节约来解决。淮海区部队 2.5 万人，1944 年夏全部衬衣衬裤自给，节约了全年菜金、油盐，大部分生活所需皆生产自给。部队和党政机关生产自给所减少的经济开支，占总支出的三分之一，大大缓解了根据地财政拮据的状况。[①]

在发展生产的同时，还提倡厉行节约，反对贪污浪费。党政军机关干部，都十分注重爱惜人力物力，节约一分一厘。一张白纸两面用，一个信封用两次，自制墨水，个人日用品和津贴也都尽量节省使用，节约交公。

1943 年部队发放夏季服装时，棉布不能满足部队需要。黄克诚提议，改革制服，减掉军帽翻沿、军衣翻领和两只口袋，不发绑腿布。这样一改革，整个苏北部队就节约服装面料万余米。

光着脚打篮球，是黄克诚对第三师官兵提出的特别要求。有一次，第三师政治部主任吴法宪穿着布鞋打篮球，黄克诚看到了，毫不含糊地当场叫他脱下鞋子再打球。

此外，党政军机关规定节约口粮的标准，脱产人员开会自带粮票，一律不予报销，提倡吃糙米杂粮，以菜代粮；一切军用器材、卫生用品和人员编制都有严格限制，违反必究。

以上种种勤俭节约的规定、措施，作为苏北根据地主要领导人的黄克诚与各级党政军领导干部带头执行，对苏北根据地勤俭节约良好风气的形成，起了表率作用。

1944 年 1 月 20 日，黄克诚等再次发出爱惜民力的训令规定：

> 平时食粮、柴草在三十里以内者一律自运，在三十里以外者尽量自运，但可呈经政治机关允许请民夫运送。
>
> 各部队机关买菜，由采买或上士等自运（自备小车或借老百姓小车），不得请民夫运送。
>
> 各合作社等贸易机关做生意不得征用民夫运货（但可雇工人给工资），违者严办。
>
> 个人行动不得雇请民夫背行李。
>
> 凡请民夫，按三十里为半天，六十里为一天计算。三十里路除供民夫吃饭外，并给二斤包谷；六十里给四斤包谷，余类推。
>
> 师政特制定民夫证印发各旅、团、总队政治机关，以后一切部队或机关，凡须请民夫者应呈报团（或总队）政治处核准，领取民夫证始能向地方政府请得民夫；无民夫证者，地方政府一律不派给民夫。各旅、团（或总队）政治机关应按月将所用民夫证存根交回师政治部以便查核。[②]

---

① 中共江苏省委党史工作委员会编：《苏北抗日斗争史稿》，江苏人民出版社 1994 年版，第 144 页。

②《黄克诚军事文选》，解放军出版社 2002 年版，第 257—258 页。

在黄克诚的亲自倡导和模范行动影响下，新四军第三师和苏北军区各部队自力更生、艰苦奋斗、勤俭节约、爱惜民力蔚然成风，受到中共中央华中局的通报表扬。

经过几年的建设和大生产运动，苏北抗日根据地的经济得到了全面复苏和进一步发展。

4. 发展纺织等工商业，恢复海上贸易

为解决因日伪军经济封锁造成的苏北根据地军民衣着用布发生困难的问题，抗日民主政府决定利用当地的棉花资源，组织群众纺纱织布。在政府的号召之下，出现了纺纱、织布的群众性纺织热潮。至 1942 年，仅阜宁县就制作了 500 架纺纱车，并设立 8 个纺织合作社。淮阴县在一年之中增加纺车 850 架，并配有织布机，每月生产土布 400 余匹，用布基本自给。

盐阜区成立了盐务管理局，对盐区内的人、财、物实行统管。自 1940 年到 1945 年抗战胜利前夕，五年苏北盐区共产盐 750 万余担。除自用外，大批上交军部。当时，两淮盐场素有"华中金库"之称，而淮北盐区的新滩盐场则是苏北根据地大盐的主要产地，是重要财源。

当时，益林、东沟两镇是苏北根据地的经济中心和物资集散地，是较为繁荣的工商业区。在 1943 年的日军大"扫荡"中，遭到严重破坏。反"扫荡"胜利后，抗日政府鼓励发展工商业，盐阜银行在两镇发放了 70 多万元贷款，以帮助恢复和发展榨油、生猪加工等商品生产。同时组织了商会，促进工商业的发展。

新四军第三师还在益林创办了东海烟厂，生产金狮、鹰球等近十种牌号的香

苏北根据地的淮阴光华化学厂生产的肥皂形似砖头，在当地军民中享有较高的声誉。

烟。由于物美价廉，深受根据地军民的喜爱。如今，经过几十年的发展，当年这家小烟厂，已成为全国闻名遐迩的淮阴卷烟厂，生产的"一品梅""华西村"等名牌香烟畅销全国各地，成为淮安地区的经济支柱产业、税收第一大户。

苏北根据地有 200 多公里的海岸线，可以发展渔业和海上贸易。为保护渔民生产，发展苏北与上海、青岛等地的海上贸易，盐阜行署建立海防武装和民兵，打击海匪，保护渔业生产和运输，使沿海地区的居民得以安居乐业。渔业产量从年产 10 万担提高到年产 20 万担左右，渔民生活得到改善。

海上贸易也开展起来，海船运出根据地的食盐、棉花和猪肉等土产，换回布匹、火柴、药品、医疗器械及武器弹药。这样，既增加了根据地的收入，又解决了抗日军民急需的一部分生活用品和军需物品等。新开辟的海上交通线还将根据地的一些干部秘密转送到上海，随时搜集日伪的军事、政治、经济方面的情报。这条交通线成为苏北根据地与上海、山东之间的重要海上通道。

总之，抗战中后期的苏北根据地在华中局和黄克诚等领导下呈现出百业兴旺、生机勃勃的初步繁荣景象。当时，被人们誉为"江北小延安"。

五、坚持发展抗日民族统一战线

黄克诚认真贯彻中国共产党的抗日民族统一战线的方针、政策，为建立和巩固苏北根据地的抗日民族统一战线作出了贡献。

黄克诚为人谦和，胸怀开阔，有胆有识，广交朋友，注意团结一切可以团结的力量，在苏北地区爱国人士中享有很高的威望。

苏北根据地是华中抗日民主政权建设中最早贯彻"三三制"原则的地区之一。1941 年，淮海区即成立了参议会，随后，苏北根据地各县，都成立了参议会，吸收各界代表参政议政。

1942 年 10 月 21 日，盐阜区临时参议会成立，黄克诚被选为参议长，宋泽夫、庞友兰为副参议长。

黄克诚在会上发表了热情洋溢的讲话，他说："中国共产党在全中国的任务，就是坚持抗日民族统一战线，坚持国共合作，驱逐日本帝国主义出中国。现在我们抗战虽已五年多，但是还没有取得最后胜利，这就要求我们进一步加强团结，继续奋斗。"

"参议会是抗日民族统一战线组织，是按照'三三制'的原则产生的。我们每一个共产党员，只有与党外人士实行民主合作的义务，而无丝毫排斥他人和垄断一切的权利。只有充分发扬民主，集中人民群众的正确意见，调动广大人民群众的积极性，才是做好我们政府工作的根本保证。"[①]

黄克诚的讲话博得一片热烈掌声。全体参议员都表示，要用实际行动，在党

---

① 《黄克诚纪念文集》编委会编：《黄克诚纪念文集》，湖南人民出版社 2002 年版，第 269 页。

的领导下为民谋利，为抗战贡献一切力量。

黄克诚坚决反对关门主义，坚持任人唯贤，充分发挥参议会的统一战线作用，大胆吸收和重用开明士绅、知识分子，团结他们共同抗日。

他登门拜访各界知名人士，邀请他们召开座谈会，消除他们的疑虑，把知名人士和开明士绅团结在中共的抗日旗帜下，积极参政、议政，为抗日事业献计献策，出现了团结抗日的新局面。

第五纵队进入盐阜区之初，黄克诚就指示部队和地方政权各级领导要针对苏北士绅名流的特点，积极稳妥地开展工作，千方百计地联络感情，与开明士绅、社会名流团结一心，共同抗日。

1940 年 12 月，阜宁县政府在东坎召开地方士绅名流大会。数十名士绅名流应邀而至，济济一堂。会议由阜宁县县长宋乃德主持，黄克诚讲话。他说：

"今天热诚欢迎各位前来！你们中间，有清末举人因不满官场腐败而弃官归里的庞友兰先生，有曾在北洋政府任过高官的杨芷江先生，有率部维持沿海治安、抗日杀敌的计雨亭先生，也有曾任阜宁县国民党党部书记长、为人正直刚强的李继南先生，还有长期主持县教育工作拒绝出任伪职的田厚斋先生……"

谁也没有想到，威震四方的八路军第五纵队司令员黄克诚，竟对阜宁县的人和事如数家珍。乡绅们不由得心头一热，会场气氛顿时活跃起来。

黄克诚接着说："你们各位，在阜宁可谓是德高望重，共产党、八路军和新四军初来乍到，各位父老了解还不多。但随着时间的推移，你们将会发现共产党

■ 在苏北期间，黄克诚（左二）正确贯彻中共中央制定的抗战统一战线的政策与策略，团结各方面的进步势力，使苏北抗战力量不断增强。图为黄克诚与著名统战人士合影。

是真正为人民谋利益的，共产党没有任何私利，想的是人民的利益；共产党不仅会努力照顾工农利益，也会关心地主士绅和社会各界人士利益；共产党不会像历届县府那样巧取豪夺，光吃饭不管事，抗日无能。共产党会尽量少打扰人民，更不会横征暴敛，而且会竭力把阜宁地方的事办好，把根据地建设好，把人民的生命财产保护好！"

黄克诚继续说：共产党不会仅依靠自己孤军奋战，更希望而且一定也能够得到地方各阶层人士的支持和帮助。但是，如何建设好阜宁，如何坚持抗日，阜宁乡亲父老心中最有数，也最有办法，希望大家献计献策，贡献智慧……

一番真诚坦白的话语感人肺腑，使与会者喜形于色。及时消除了地方士绅对八路军的抵触情绪，他们对共产党、八路军的认识焕然一新，纷纷表示衷心拥护共产党，支持抗日斗争。从而大大提高了八路军和新生抗日民主政权的声望。

韩紫石，江苏海安县人，前苏北省省长，苏北士绅领袖人物，拥护共产党团结抗战主张，陈毅誉他为"民族抗战的楷模"。

1941 年冬，85 岁高龄的他不幸陷于日军之手。日寇威逼他出任伪江苏省长，他横眉冷对，坚辞不就，于 1942 年 1 月 23 日忧愤而死。

5 月 15 日，盐阜区为他隆重举行了追悼大会。黄克诚发表讲话，给韩紫石以高度评价，他号召苏北军民化悲痛为力量，积极投身于抗敌救国的运动之中，坚决打击日军、汉奸，巩固苏北根据地，以实际行动纪念韩老。

在坚持抗日民族统一战线中，黄克诚反对为发动基本群众而采取打击士绅的做法。他在 1942 年 1 月华中局召开的扩大会议上说，盐阜区不用打击地主发动群众的这个方针，"不一定要打击地主才能发动群众运动"。

为什么不采取这样的方针？时任射阳县县长的陈克天回忆说：

当时我对此讲话吃不准，于是去请教黄师长。他呵呵一笑说："我讲这个话是作过调查研究的，有根有据的。"打虎用枪，打狼用棒。采取什么样的具体斗争形式不能离开我们的实际情况。盐阜区的实际情况是：广大群众对日伪恨之入骨，稍加启发，就有抗日要求。对当地的地主阶级、士绅我有一个基本估计：

第一，他们力量相当大，有必要团结争取他们参加抗日；第二，一些地主为保护自己的生命财产，支持抗日，在抗日问题上，同基本群众有共同点，我们应该创造一定的条件，团结他们，调动他们的积极因素，以壮大抗日力量，这符合党和人民的根本利益。

所谓创造条件，就是要有正确的政策，减租减息要适量，既保证农民得到实惠，又使地主生活过得去，执行政策不走样，督促地主减租减息，教育农民交租交息；要讲究方法，向农民讲清楚团结争取地主抗日的道理，减租减息要同他们商量，诚恳接受他们的正确意见，对不恰当甚至是错误的意见，要耐心做解释；对他们说话和蔼但又不失庄重，严肃但不是摆架子。在民主政府和参议会里，要给他们的代表人物安排适当地位，给他们面子，通过他们做其他地主士绅的工作。

黄克诚还特别强调，在任何情况下都不能放弃党的原则和阶级立场。"不一定打击"，不是"一定不打击"，对鱼肉百姓、破坏抗日的恶霸地主和匪首，坚决镇压、毫不留情。

黄克诚讲话精神的贯彻收到了明显的效果，他在《盐阜区反"扫荡"总结》一文中说：

地方士绅在反敌"扫荡"中表现亦很好。平日与我们关系较密切的帮助极多，保护干部，保存资材，甚至与我们埋伏同志同生死共患难。寄存的经费，敌人到时，自己背着走，保护公物如自己的一样。各县均有很多例子……有些地主士绅，虽对我们没有直接帮助，但均表同情。过去对我们不满意的一部分地主士绅，也没有起来帮助敌人，反对我军。民运干部看到"扫荡"中地主士绅没有危害自己，且有许多帮助，没有当汉奸为敌人做事，也很高兴，使整个根据地各阶层关系起了基本变化。①

阜东杨庄开明士绅杨芷江，是一位经历不凡，颇有声望的爱国人士。黄克诚多次邀请他到师部做客，促膝长谈。杨芷江被黄克诚礼贤下士的风范和人格力量所倾倒，表示将衷心拥护抗日民族统一战线，支持和帮助新四军。阜东滨海盐场就是他建议开办的，并在他帮助下，成立了盐警大队。

1943年春，日伪军对盐阜区进行大"扫荡"时，黄克诚率第三师机关、地方党政领导机关及主力部队向"扫荡"圈外阜东转移，必须经过射阳河北岸华成公司的区域。该公司总经理张仲惠，掌握着一支武装队伍，同日伪军、国民党和我军三方面均有联系，在三方之中周旋应付，却不从属于任何一方。

黄克诚派作战科参谋王扶之去争取张仲惠的支持。

黄克诚对王扶之说，张总经理是爱国的。你去见他时，必须申明抗日爱国大义，解释我党的抗日民族统一战线政策；宣传我军爱护人民，为民族、为人民的解放而斗争的宗旨和秋毫无犯的铁的纪律；明确表明我们一定维护他的利益，保护他的公司的态度，希望他能同我军合作，保证我军此次转移时顺利通过他的防区，不走漏风声。②黄克诚拿了两枝最好的德国造二十响驳壳枪让王扶之转送给张仲惠。

王扶之做通了张的工作，张同意第三师从他的防区通过，并痛快地收下了两支驳壳枪。当第三师部队通过张的管区时，华成公司的武装开了一个大口子，并沿路放岗哨，保护第三师顺利过境，安全转移至阜东地区。

黄克诚还劝说开明士绅计雨亭将所掌握的500余人的武装编入第三师主力部队。

射阳县参议长邹鲁山，家有良田1200亩。在新四军和黄克诚的感召下，积极响应共产党的号召，投身抗日，先后捐献良田近1000亩，并带头减租减息，支持抗日。《盐阜报》刊登了邹鲁山事迹后，盐阜区开明士绅、知识分子纷纷献田、献

①《黄克诚军事文选》，解放军出版社2002年版，第229—231页。
②《黄克诚纪念文集》编委会编：《黄克诚纪念文集》，湖南人民出版社2002年版，第413—414页。

枪、捐资，掀起了参军拥军热潮。

黄克诚在处理同国民党军的关系上很注意照顾抗日大局。1941年春天，蒋介石从鲁南调第十七军——二师霍守义部（原东北军）南下增援顽固派韩德勤部。根据军部的指示，在霍部途经淮海区时，第三师部队不仅让开道路，还供应粮秣和担架，并派员向其晓以大义，真诚希望他以团结抗日为重，不要助韩肇事、闹摩擦。霍部未与第三师发生摩擦事件，解除了盐阜区的后顾之忧。

在创建和巩固苏北抗日根据地的战斗岁月里，黄克诚模范地执行中国共产党的抗日民族统一战线政策，与党外各界士绅名流肝胆相照，赤诚相待，荣辱与共，鱼水相依，结下了深厚、真挚的情谊，实现了苏北根据地一切抗日力量的广泛的政治联盟。

六、重视和加强宣传文化工作

在苏北，黄克诚始终把宣传文化工作当做根据地建设的一个重要组成部分，十分关心，大力支持，全面推进，使苏北根据地的宣传文化工作呈现出百花齐放、欣欣向荣的繁荣景象。

苏北根据地出版许多报刊。较有影响的有：中共盐阜区委机关的《盐阜报》、中共淮海区委机关的《淮海报》、中共盐阜区委主办的通俗报《盐阜大众》；第三师政治部主办的《先锋报》，第七旅政治部主办的《前线报》，第八旅政治部主办的《战斗报》，第十旅政治部主办的《战旗报》等。

其中第三师的先锋系列报刊颇具特色，除《先锋报》外，还有《先锋杂志》《先锋画报》等。黄克诚亲自为杂志定名，并请陈毅题写了刊名。深受盐阜大众欢迎的《盐阜报》和《盐阜大众》，黄克诚基本上是每期必读。他还结合形势、任务，为报纸题词，撰写文章，宣传党的方针政策，亲自指导和教育办报人员办好报纸。

他在一次为《盐阜报》《盐阜大众》以及新华社盐阜分社三个新闻单位的编辑记者作时事报告时说：

"我黄克诚今天和你们讲话，也就这么几十人、几百人。你们当编辑、记者的，写的文章，编的报纸，要给几千人、几万人看。你们记者责任重大，工作可要慎重啊！你们要把自己的心和工农群众连在一起，要真心实意为人民办事，不要高高在上当新闻官。"

之后，《盐阜大众》报社编辑部的大门就贴上了这样一副对联："从大众中来，到大众中去。"

凡是与黄克诚接触过的新闻工作者，都感到：如沐春风，如逢甘露。

当地人民群众喜爱看戏、听戏。黄克诚对此非常重视，他主张利用戏剧的形式宣传抗战、宣传中国共产党的政策。在他大力倡导下，盐阜区、淮海区各县和部队的旅，都成立一个30人左右的专职文艺团体。各种类型的剧团陆续成立，并演出了一些内容健康、形式活泼的节目，仅盐阜地区就有农村剧团685个，此外还有儿童剧团、妇女秧歌队等。他们活跃在各自的舞台上。

黄克诚提出，文艺为工农兵服务、为抗战服务、为党的政策服务的方针。指示师政治部，把毛泽东《在延安文艺座谈会上的讲话》和中宣部编印的《党的文艺政策》一书，下发各级领导和文艺团体，组织学习。

1944 年元旦，新四军第三师兼苏北军区举行了庆祝元旦"同乐大会"，部队与地方近万人参加，盛况空前。

在为期两天的盛会上，举行了内容丰富、形式多样的文艺演出。阜宁县文工团的《照减不误》，第八旅文工团的《丁赞亭》，阜宁县中队的《怪哪个》；战士演出队自编的歌剧《参军》，师直演出队的舞剧《回头是岸》，以及师卫生队的舞剧《妇女解放之路》等，使这次军民同乐会成为苏北抗日根据地的一次文艺大会演、大检阅。

黄克诚与张爱萍等三师领导、地方领导刘彬与曹荻秋自始至终与民同乐，和战士、群众融为一体，观看演出，并给予热情的鼓励。特别是对《照减不误》[1]，尤为赞赏。黄克诚在《苏北抗战》一文中写道：

"《照减不误》，在群众中进行演出之后，收到很好的效果，为配合和推动减租减息工作的顺利开展，起到了很大作用。"

为此，黄克诚特地奖给剧作者一支贵重的金笔，以示嘉勉。第三师政治部赠给阜宁县文工团一套幕布和部分道具，以资奖励。黄克诚还在师部亲切接见县文工团负责人陈亚夫、王博夫、王东凡、编剧黄其明和主要演员，热情地鼓励他们继续努力，多写多演好戏，为抗战事业服务，为根据地部队和群众服务。

1945 年 4 月 1 日，盐阜区第二届临时参议会开幕。

会议开得有些枯燥，对此参议员们有些意见，他们建议与会人员自行组织文艺节目，活跃大会气氛。黄克诚当即表示支持。

第二天开会前，参议员们有的唱起了京剧《打渔杀家》《金沙滩》选段，有的演唱南调和歌，会场气氛热烈、活跃感人。海南中学校长唐采庭别出心裁，即席编唱了《卖梨膏糖》民歌小调。他摇头晃脑地唱道：

> 黄师长吃了我的梨膏糖啊，
> 指挥三师打胜仗啊，
> 呜哩呜哩哐啊。
> 王老先生吃了我的梨膏糖啊，
> 瘦弱体质会变强啊，
> 呜哩呜哩哐啊……

唐校长的小调尚未唱完，会场上早已哄堂大笑。

---

[1]《照减不误》的作者是阜宁县文教科长黄其明，该剧反映农民群众与地主张百万破坏减租减息作斗争的故事。

此时，其他与会人员也按捺不住心头的激动，都在跃跃欲试。新安旅行团[1]顾问汪达之，抖动着长长的胡须，健步扭起了秧歌舞，真有点儿飘飘欲仙的样子。

主席台上的邹鲁山顺水推舟，提议凡留有长须的参议员组成"胡子秧歌队"，应声报名者竟多达 30 余人。于是"胡子秧歌队"便由盐阜行署副主任、著名民主人士、有"美髯公"之称的计雨亭领头，正式组成。

胡子秧歌队成员越扭越显得欢快活泼，精神焕发，好像又回到了美好的青年时代。站在一旁观看的部队首长和其他参议员也跃跃欲试。戴着一副深度近视眼镜的黄克诚，挥手号召戴眼镜的站到一起，组成"眼镜秧歌队"。盐阜地委书记刘彬、行署主任曹荻秋和另外一些戴眼镜的参议员都云集到黄克诚的麾下。就这样，"眼镜秧歌队"和"胡子秧歌队"摆开了竞赛的架势。

黄克诚与参议员们一块儿扭秧歌，成了这次参议会的轰动新闻，《盐阜报》对此作了专题报道。这一唱，这一扭，就把抗日根据地内民主、自由欢乐的气氛充分显现出来；也把许多文化名人和革命知识分子与共产党、新四军"扭"到一起了。当时，苏北抗日根据地成立了许多文艺团体，它们积极宣传党的抗日主张。名扬中外的新安旅行团，足迹踏遍全国的许多省市，1943 年，他们从广西艰苦跋涉 7000 多里，也回到苏北。

许多著名文化界人士和革命知识分子，如邹韬奋、范长江、阿英、沈其震、薛暮桥、贺绿汀等，纷纷来到苏北，参加抗日革命工作。这不仅繁荣了根据地内的文艺宣传活动，而且还为我党培养了一大批革命文艺战士，为中国革命事业作出了很大贡献。

黄克诚对来苏北的文化界人士热诚欢迎，并给予无微不至的关怀。

著名进步文学社团太阳社创始人、中国左翼作家联盟发起人之一阿英[2]，应陈毅之邀，从上海来到盐阜区。阿英的到来，对苏北根据地的文化工作起到重要的促进作用。黄克诚非常高兴。他详细地向阿英介绍了鲁迅艺术工作团[3]的历史以及人员等情况，希望阿英给予指导。阿英愉快地答应了。不久，第三师文工团排演了阿英帮助改编的《郑家父子》。

第三师取得陈集、八滩、单家港等战斗重大胜利后，阿英骑马奔驰 50 多里，赶到阜东侉庄的第三师师部，向黄克诚表示热烈祝贺。

1945 年 3 月，阿英应张爱萍之邀，写成五幕历史话剧《李闯王》。全剧突出以"反骄破满"为主题，在赞颂李自成领导农民起义取得胜利的同时，又尖锐地批评

---

[1] 新安旅行团，中国共产党领导的少年儿童革命文艺团体，1935 年 10 月 10 日，由淮安县新安小学校长汪达之带领 14 名小学生组成，以抗日救国为宗旨，在南京、上海、北京、包头、西安、武汉、长沙等大城市及广大农村宣传中共抗日的主张，到苏北后发展成有 18 万儿童团员的组织，成立了总部，参加了抗日战争、解放战争。1952 年改为华东人民艺术剧院。

[2] 阿英，原名钱杏邨，安徽芜湖人，1900 年生，1926 年加入中国共产党，1930 年参加左联，赴苏北后主编《江淮文化》等。解放后任华北文联主席，全国文联副秘书长等职，1977 年病逝。

[3] 鲁迅艺术工作团，又称新四军政治部文艺工作团，1941 年 8 月在阜宁周门成立，设有音乐组、文学组、戏剧组、美术组等，贺绿汀负责音乐组。1942 年 12 月下旬撤销。

了李自成及其部将进京后，骄傲自满、忘乎所以、骄奢淫逸的行为，深刻地揭示了农民起义的历史局限性和最后导致失败的根本原因。该剧由第八旅文工团演出，获得极大成功。

黄克诚抱病观看《李闯王》的演出。他非常高兴，第二天，写信给阿英，充分肯定和高度赞扬剧本的创作和演出的成功。他在信中写道："该剧的演出对正在整风的干部有很好的影响。"他还指示把《李闯王》作为干部参加整风学习的形象化辅助教材。

随后，根据黄克诚、张爱萍的意见，第八旅文工团又到苏北各部队巡回演出，剧中人物李自成、刘宗敏、牛金星给广大指战员和干部群众留下非常深刻的印象。"刘宗敏思想"成为专有名词，谁要是有骄傲自满情绪，就会被告诫"要记住李闯王的教训"，"你有点像刘宗敏，要警惕啊！"云云。

黄克诚向阿英详细地介绍了反"扫荡"的情况。晚上，黄克诚又将自己的狗皮褥子和新缝制的白洋布衬衣送给阿英。阿英感动不已。

著名爱国民主人士、新闻出版家邹韬奋来苏北考察，黄克诚在阜宁隆重举行欢迎大会。

邹韬奋患有耳疾，黄克诚指示师卫生部积极为他治疗，并精心安排他到环境较为安定的乡村养病。黄克诚曾多次去看望、慰问他。对此，邹韬奋异常感激。他曾动情地说："我遇到的许多老革命家中，黄克诚同志朴实诚恳、平易近人，给我印象极深。我病愈后一定要大书特书黄克诚同志的忠诚、忠厚。"

邹韬奋抵苏北不久，即遇日军对盐阜区的大"扫荡"。为确保韬奋先生安全，黄克诚决定将邹韬奋送到阜东大杨庄杨芷江先生处隐蔽。并派参谋杨绪亮带一班人前往护送。与邹韬奋一起在杨芷江家中打埋伏的还有音乐家贺绿汀、作家车载等。

黄克诚对文化人士的关爱换得他们的敬重、佩服。

在盐城县益林镇商会会长陶锦扬举办的家宴上，苏北著名画家杨幼樵即兴挥毫，泼墨丹青，赠送黄克诚两幅国画：一幅画上是展翅的雄鹰一爪独立于地球上，书题"英雄独立"四字，寓意新四军为当代英雄；另一幅画面上是张牙舞爪的螃蟹，蟹壳上面画着"膏药旗"，题曰："看你横行几时。"画成，举座赞扬。

1945 年 9 月，黄克诚率部进军东北前夕，杨幼樵闻讯又专程赶来送行，他饱蘸深情画了一幅《雄师北上图》，再赠黄克诚。画面上是：三只雄狮，带着群狮奋勇向前，势不可当。画面狮子身上都着了黄色。三只雄狮代表三师，黄色代表黄克诚部队。其深刻的内涵和敬佩之情不言而喻。

第十三章 杰出的政治工作领导人

一、在华中局扩大会作政治工作报告

为总结华中三年来，特别是皖南事变以来华中局和新四军的工作，分析形势，部署任务，1942 年 1 月 20 日至 3 月 5 日，中共华中局在阜宁县城西北的一个小村庄——单家港召开第一次扩大会议。

会议由刘少奇、饶漱石、陈毅、曾山、刘炎、罗炳辉、黄克诚、邓子恢、刘子久组成主席团。会议分两个阶段。1 月 20 日至 2 月 9 日为预备会议，汇报和讨论各战略区的党、政、军工作情况。2 月 11 日正式会议开始。刘少奇作《目前形势，我党我军在华中三年工作的基本总结及今后任务》的报告；陈毅作关于军事建设的报告；饶漱石作关于党的建设与群众工作的报告。在刘、陈、饶作报告之前的 2 月 10 日，黄克诚受中共中央华中局的委托作了《政治工作》报告。

报告分为四个部分：（1）部队政治工作；（2）根据地政治工作；（3）友军政治工作；（4）敌军政治工作。其中第一部分在华中局主办的党内刊物《真理》1942 年 7 月 15 日第 8 期上，作为新四军政治工作的指导性文件正式发表。

关于部队政治工作，黄克诚在报告中紧密联系当时的形势、任务和部队实际，明确阐述了政治工作的地位、作用、指导思想和基本要求。

在讲到政治工作的重要性时，他说：今天，我们面前是强大而又狡猾的敌人，我们所处的是长期残酷斗争的敌后游击环境，我们的物质供应是极度困难的；我们的武装配备、部队编制以及军事技术的提高都有严重的限制；可是我们掌握了真理正义，并且凭此团结部队与敌后广大人民在与敌人展开激烈的斗争。这就说明了在敌占军事优势、我占政治优势的斗争条件下，必须尽量发扬我军我党的政治优势力量，以求与军事优势的敌人抗争，政治工作的作用必须更加提高。政治工作的建设是目前军事建设的重要组成部分。离开了政治工作建设，则军事建设将是不完备的，甚至军事建设本身将受到严重的损失。

黄克诚紧密联系新四军面临的军事建设任务指出：目前军事建设的任务，是伟大而又艰巨的。这个任务的完成，必须经过一段相当的斗争过程。如中央军委指出的，运动战可能已经减少，主力部队的紧缩与精兵主义，主力军、地方军、民兵数量的比例，以及兵工建设方向等问题，都是崭新的带转变性质的问题。这些方面的转变与否和转变的程度，都关系于今后斗争的成败得失。今后必须迅速地从政治方面进行深刻的说服与教育，务使每一个同志特别是负责同志深刻了解，才能够正确地实行转变。而在工作转变中，在新建设的发展过程中，必然还有许多问题、许多困难。所有这些，都需要坚强而又有力的政治工作的保证。所以，目前军事建设任务的完成，必须依靠政治工作作保证。他进一步指出："军事建设的任务也是政治工作的任务；政治工作建设又是军事建设的重要组成部分。而军事建设任务的完成，更必须依靠政治工作的保证，则政治工作应当担负起这个重大责任来，保证军事建设中的政治工作建设和全部军事建设任务的彻底完成。"

黄克诚着重阐述了如何进一步巩固和加强党对军队绝对领导的问题。他说："我们军队是共产党领导的军队，在政治领导上，军队制度与组织上，没有也不能有任何统一战线的成份；必须保持共产党领导的单一性与绝对性。……政治工作的首要任务，就是巩固党的单一绝对领导。"

政治工作怎样巩固党对军队的领导呢？黄克诚讲了三条："第一，要巩固提高政治委员制度及其威信。"他说："政治委员制度是保证党对军队领导的基本条件。""特别是在今天民族敌人与其他方面危害分子严重威胁破坏根据地；军队分散、隔绝上级领导、不易集中等情况下，更显得特别重要了。"

"第二，加强党的组织工作，把军队中的党建设成一个坚强有力的组织，成为保证一切任务完成的武器。"他从发展、巩固党的组织，发展和教育党员，建立党员干部向支部报告工作制度、定期改选制度、党管干部制度以及加强党支部工作、青年工作等方面说明加强党的组织建设的内容。

"第三，加强锄奸工作，保卫党的领导。"他说，目前敌寇、汪伪以及投机分子、异化分子、叛徒等"正在采取一切卑鄙无耻、阴险毒辣的方法和手段……破坏我党对军队的领导。因此，必须加强锄奸工作，击破各种敌人对我的破坏阴谋，保卫党对军队的领导"。

黄克诚还就提高干部的党性和知识分子独立工作能力、加强政治教育和军事宣传，加强连队与地方独立部队的政治工作、加强后勤政治工作，完成后勤政治工作建设问题等，作了明确阐述。

黄克诚还特别强调要加强政治工作本身的建设，对健全政治机关、增强政治干部党性、改进工作作风等提出了明确要求。

黄克诚这个报告发表在皖南事变一年之后。他深刻地阐明了党领导军队的绝对性和政治委员制度的重要性，起到了正本清源、端正新四军政治工作方向的作用，为丰富和发展军队政治工作作出了具有深远影响的理论贡献。同时，报告紧密联系了新四军的实际，提出了加强部队政治工作的任务、方法和要求，具有很强的针对性和可操作性。在华中抗日根据地和新四军各部队中，引起了很大的反响，华中局、新四军要求各地把这个报告作为政治工作指导性文件学习、贯彻。

二、实事求是抓整风，不搞"抢救运动"

中国共产党自 1942 年起在全党范围内开展了以反对主观主义、宗派主义、党八股，树立马克思主义作风为主要内容的整风运动。

根据党中央指示和华中局的统一部署，新四军第三师和苏北军区的整风大体分为三个阶段。1942 年 6 月至同年冬，为第一阶段。这一阶段主要是学习整风文件，提高对整风的认识，弄清整风的必要性和重要性。1942 年冬至 1943 年春，日伪先后对淮海区和盐阜区进行大"扫荡"，整风学习暂时停止；1943 年 6 月以后，又重新开展整风学习。1945 年 3 月至 8 月为总结阶段。

黄克诚坚决执行中共中央决定，确定整风学习为各级党组织的中心任务之一，做到整风、打仗两不误。师成立中干队，轮训营以上干部；各旅成立轮训队，轮训连、排干部；战士进行正面教育。

为加强对整风运动的组织领导，第三师及苏北军区各级建立健全了整风学习委员会。第三师的整风学习委员会由黄克诚、吴法宪、洪学智等七人组成，黄克诚任主任委员；淮海区整风学习委员会由李一氓、张彦、杨纯等八人组成；盐阜区整风学习委员会由刘彬、曹荻秋、喻屏等九人组成。黄克诚多次召集负责干部商讨整风计划的落实问题，检讨总结过去的经验教训，强调此次整风学习贯彻"惩前毖后，治病救人"的方针，坚持自我教育，开展批评与自我批评，着重思想方法和思想改造，做到"既要弄清思想，又要团结同志"。

整风开始后，身兼数职的黄克诚日夜操劳，非常繁忙。他亲做动员、授课，注意掌握整风的情况，把握运动的大方向。

在黄克诚的直接领导下，第三师及苏北根据地党政机关的整风健康地向纵深发展。

经过一段时间的学习、整顿、自我检讨和开展相互批评帮助，广大干部、党员的政治理论水平和思想认识水平普遍提高了。

（1）对自身的弱点和歪风，有了初步的认识。如过去小资产阶级意识特别浓厚的，思想上、行动上都有了转变；过去有主观主义、地位观念的，现在克服了；过去认为抗战胜利了就可以回家的，现在知道这是错误的。

（2）有问题的干部卸下了思想包袱。如被国民党欺骗加入过复兴社的，过去不敢讲，现在坦白了；过去当过伪军或参加过伪政府工作的，以及改名换姓的、卖粮食买自行车贪污的、私卖子弹的，一一都向党坦白了。

（3）工作态度和作风有转变。工作不安心，得过且过的，现在有了纠正；过去在管理教育中的军阀主义习气有了转变；干部的工作积极性提高了，以身作则、埋头苦干的越来越多。

由于干部思想和作风纪律大有转变，军政军民团结得到了加强。民主精神发扬了，下级敢批评上级，自由主义的倾向减少了，自我批评精神发扬了，上下级

1942 年 4 月，三师教育工作会议于孙河庄召开。从右至左：程国璠、王潭、张爱萍、席庶民、黄炜华、胡继成、彭雄、田文扬、黄克诚、洪降、金冶、余增林。

干部都能诚恳地检讨自己。

这次学习整风，是第三师和苏北军区自创建以来，对干部进行的一次最广泛、最深刻、最系统的马克思主义教育运动，为抗日战争的全面大反攻奠定了胜利的思想基础。

1943 年 11 月，即整风运动第二阶段后期，新四军根据中央的指示，要开展"抢救失足者运动"。

一天上午，黄克诚接到去军部参加紧急会议的通知。到军部才知道是新四军政委饶漱石主持会议部署开展"抢救运动"。饶漱石表情非常严肃地说，中央对这次"抢救失足者运动"十分重视，由康生具体指导，采取群众运动和自我反省相结合的办法进行。各部队要按照中央指示把它作为一件大事抓好。

饶漱石讲完之后，会议室一片沉寂，各师领导谁也没有讲话，只有黄克诚慢条斯理地说：

"我看这个'抢救运动'咱们新四军就不要搞了吧，以避免发生逼供信、伤害无辜之类的事。其他地区到底有多少人需要抢救我不敢说，但新四军的情况我们大家应该是清楚的。刚刚搞过'整风运动'，现在大家的革命积极性都很高，党政军民形成了空前团结的局面。"

黄克诚秉持他一贯的作风，在接任华中局书记的饶漱石面前，也每每直言表达自己的意见。此前，军部机关整风时，饶漱石下部队去了，机关同志给他提了不少意见，他听说后赶回机关，认为是陈毅整他，便发动一些人攻击陈毅，说他在中央苏区就反毛泽东。陈毅奉命离开华中。到延安学习[①]后，饶漱石又给陈毅列举了十大罪状并在华中局扩大会议上大讲特讲。而黄克诚不赞成把别人已检讨的事再翻出来，会下坦率地对饶漱石说："无论如何，让陈毅军长离开华中，是个很大的损失，这对华中整个工作，对敌斗争，都很不利。"黄克诚回忆说：当时"饶漱石始终两眼盯着我，很用心地听，没有反驳，但心里明显很不舒服"。

这一次，饶漱石瞪着眼睛打量了黄克诚好一阵，最终一句话也没有说。

这次的"抢救运动"是中央布置的，黄克诚的建议当然不会被采纳。城府颇深的饶漱石还是按照中央的指示认真地布置了这次"抢救运动"。

军部会议结束后，黄克诚陷入久久的沉思和回忆之中。在土地革命战争时期，中央根据地发生过打"AB团"、致使大批好同志蒙冤甚至被错杀的情景又一幕幕浮现出来，多么沉痛的教训啊！

他刚到华中时还听说过，1939年在苏鲁皖交界的湖西地区发生过"湖西肃托"事件。在极"左"路线的指导下，把一大批干部说成是托派，被错杀的党政军干部多达三百余人，直到1939年4月在罗荣桓等领导下才得到制止。思来想去，黄克诚心里有了主张：第三师不能搞什么"抢救运动"，即便是自己被撤职查办，也

■ 1943年冬，黄克诚（二排左三）同淮北地区参加整风学习的军政领导干部合影。

---

① 1943年11月25日，陈毅离开新四军去延安。

不能搞那种滥杀无辜的事。

同时，黄克诚也考虑到"抢救运动"是中央指示，直来直去的硬顶显然是不妥的，他决定采取积极稳妥的办法：

一是办培训班，把"抢救运动"往后拖一拖；二是在第七旅小范围进行"抢救运动"试点，看看事实到底怎么样，以取得经验。他随即通知各旅派人来师部学习中央和新四军首长关于搞"抢救运动"的指示。

在师干部会议上，黄克诚作了题为《深刻反省 向党坦白》的报告，动员大家从思想上、政治上、组织上和工作上进行自我检讨，自我批评。

他说："为什么要反省呢？因为我们同志多半是农民、小资产阶级出身，仅占少数的工人出身的同志，也严重地受了小资产阶级的坏影响；同时在党内斗争历史和锻炼还很不够，思想还没有得到很好的改造。而且我们又处在中国这样龌龊、复杂、黑暗的社会里，到处容易给我们很多坏影响。因此，犯错误是不可避免的，事实上，我们的同志任何人都犯过不少错误。""要纠正错误必须先找出错误；要找出错误，一方面靠党和全体同志的揭发帮助，而最主要靠自我反省，自我检讨。整风是为了治病救人，我们反省是为了找出病状、病源。只有深刻地反省找出错误、纠正错误之后，我们才能健康愉快，才能进步发展，才能做一个好党员。"

如何反省呢？黄克诚指出：

第一，要从思想上反省。反省过去和现在认识问题、处理问题的立场和方法对不对，反省过去对每一个问题的解决有没有错误，有没有片面性、狭隘性，有没有自私自利思想，有没有唯心观念、主观主义，有没有旧社会统治阶级思想等。

第二，要从政治上反省。反省入党前及入党以来，做没做过破坏党、损害革命的事情；是否破坏过党的政策、路线，对现在党的十大政策认识如何，有没有错误观点；对群众的基本观点如何，有没有破坏群众纪律的事情；对各个时期的时局认识上有没有错误；有没有贪污、堕落、腐化错误，做过什么亏心害党的事？

第三，要从组织上反省。主要反省是否参加过反动党派或其他社会团体、敌特伪特组织，向党报告与否，现在还有无联系。还要反省入党后，有没有违反组织原则，在组织观念上，在处理同志关系，及上下级关系上有哪些不正确的地方，有没有自由主义、个人英雄主义、闹独立性、极端民主、绝对平均、欺骗组织等问题。存在这些问题的思想来源都可反省。

第四，要从工作上、学习上反省。反省工作态度是否认真、积极，工作方法和效果如何；负责同志特别要反省在工作中有否官僚主义，有没有不调查研究就乱订计划、乱提口号及强迫命令等主观主义作风。要反省学习上是否有教条主义或经验主义，是否理论联系实际等。

对于学习反省的宗旨，黄克诚指出：这次学习、整风的宗旨是"惩前毖后，治病救人"，掌握了这一基本精神，才不致"讳疾忌医"，才能坦白地深刻地反省自己的毛病；要将文件精神与实际生活联系起来；要虚心，对自己责备要严，不要存在原谅的念头；"不管过错千万，认真纠正就没事了"；自己反省，大家漫谈，小组检查，大会讨论。

关于"坦白"，黄克诚说：从入党的一天开始，即以全身许党，党不仅是我们的先生，而且是我们的父母。同志之间，同生死共患难，并肩作战，相依为命，远胜过同胞兄弟的亲切可靠。只要是党的需要，我们虽死不辞，难道还不能对党坦白吗？难道还有什么话不可以在同志们面前来谈吗？对党坦白，是我们党的任务，是党员的美德，同时也足以看出我们对党对人民负责的态度。真正的共产主义者，什么事都可以向党报告的。党还敢在人民面前承认错误的，何况我们个人。"但是，也有很多困难。""我们多半是农民知识分子、小资产阶级出身，怕羞、爱面皮，要坦白时，一定扭扭捏捏，吞吞吐吐，讲一部分留一部分，藏尾巴，不敢赤裸裸的。"

"坦白要打破一切顾虑，不要以为坦白之后会丧失政治信用，不要以为坦白后有损于自尊心，不要怕坦白后会招来危险。""只要你向党真诚的报告，痛改前非，决心进步，党可以保证绝无危险，党不会摈弃任何一个肯于进步的同志。""党在坦白运动中，要更加了解干部，信任干部，帮助干部改造思想，帮助干部进步。"

报告的最后，黄克诚号召大家："切切实实地彻底反省，对党坦白，不要有所顾虑，不要隐瞒丝毫，要以布尔什维克精神，以整风精神，深刻反省，向党坦白，才能克服主观主义，才能改造思想、推进工作，才能揭发缺点、纠正错误，使整风收到实效。每一个同志都改造了，党就可以真正布尔什维克化，伟大的胜利局面就要到来。党正需要大批的优秀的能够单独支撑局面的干部，来推动革命工作的发展，争取最后胜利到来！"①

黄克诚的讲话严肃恳切，贯穿着自我检讨、自我坦白、自我教育的精神。

因此，当其他师已经在数以十计、百计地"抢救失足者"时，第三师的学习班还在办着。

黄克诚在《自述》中这样回忆：

"按我当时的想法，'抢救'运动不应该搞。但是上级有布置，又不能不执行。为了稳妥起见，我先抽调一批干部办训练班，同时在第7旅小范围内试行'抢救失足者'。我亲自到第7旅去实地考察，掌握动向。

"第7旅被'抢救'的几个人，开始在软逼的情况下就表现有点不正常，后来被抓起来一审讯，就乱供一气了，简直不着边际。我一看这种情况，就知道不对头了，看来老毛病一下子是改变不了的。我让第7旅立即停止搞'抢救'，把被'抢救'的人统统释放，做好善后工作。"

此时此刻，黄克诚的心里反而踏实下来。事实证明了搞"抢救运动"这种办法行不通。他心里有了底，决心也铁定了。黄克诚从第七旅返回师部（区党委）机关，立即通知苏北各地党委和第三师各部队，一律不开展"抢救运动"。如发现可疑情况，可按照正常工作程序，由主管部门调查处理。

此后不久，黄克诚又遇到曾希圣的爱人被错抓的事，更坚定了他抵制"抢救

---

① 载《先锋》杂志，1943 年第 7 期。

运动"的决心。那是在华中局召开会议时，黄克诚和第七师政委曾希圣住在一个房间。黄、曾俩人可谓老相识、老战友。大革命失败后曾希圣帮他在上海找到了党组织，后来又一起参加长征，抗战开始后，先后都到新四军，见面无话不谈。这一次，曾希圣却好像有什么心事，不怎么讲话。这是怎么回事？

晚上黄克诚对曾希圣说："希圣，你有点不对头啊，出什么事了？"

"没有什么，没有什么。"

"你骗不了我，有什么事尽管说，能帮忙的我一定会帮忙。"曾希圣还是不肯说。

黄克诚推心置腹，反复询问，曾希圣才说出了实情。

原来，曾希圣的爱人余舒被人揭发，说她是特务，正在接受审查。

"余舒会是特务吗？"黄克诚问道。

曾希圣不说话，只是抽闷烟。

"你信不信？"

"人证、供词都在，我不信又有什么办法？"

"是什么人供出来的？"

"第二师政治部一位女干部。"

"她怎么知道？"

"她们在上海的时候是同学，当时都很年轻，那个女干部不仅供认自己是特务，还供出余舒也是特务……"

黄克诚摇摇头，对余舒他有所了解，直觉告诉他：这件事情不太靠谱。于是，他对曾希圣说："别人不了解你的老婆，你还不了解她吗？这样吧，我把那个人找来问问。"

会议休息期间，黄克诚找到第二师政委谭震林，请他通知二师政治部把那个女干部叫来。黄克诚单独与她谈话，详细了解情况。

那是一个长相清秀的年轻女干部。黄克诚心平气和地对她说："你谈谈你是怎么加入特务组织的？"

"那是一个漆黑的晚上，我到校参加我们一个同学的聚会……"

她滔滔不绝，绘声绘色地讲了一大套如何加入特务组织，如何进行特务活动……神乎其神。但凭着多年革命斗争锻炼起来的判断力，黄克诚一听，就感到不太可靠，疑点很多。最后，黄克诚问她："你说的是真话还是假话？"

"真话，千真万确！"

"这就好。我问你，你说的这些话，是不是有人要你这么说的？"

"不是……"

黄克诚已经看出她说话的态度口气与前几句不一样了。于是，他又耐心细致地做思想教育工作。告诉她，要向组织讲实话，不能有半点虚假。否则，既对革命事业不利，又害了自己和同志。

听着听着，这个女同志忽然放声大哭起来。

黄克诚又安慰她，不要哭，只要说真话还是来得及的。

她哭着说："我说的那些都是假话……"

"那你为什么讲那些假话？"

"刚刚搞抢救运动时，我讲的是真话，可人家不相信，大会小会斗争、逼供。我被他们整得没办法，只好瞎说一气，而且说得有鼻子有眼的。这样一来，反而受到表扬、欢迎和优待。于是，索性胡编乱造起来……"

黄克诚把谈话的情况告诉了谭震林，并对他说："谭老板，这种抢救办法真是害死人啊！连曾希圣的老婆也被抢救了。"

谭震林听了也感到十分吃惊，问："真是这样子吗？！"

"你们二师搞出来多少特务啊？！"

"一个团大概有百十人的样子。"

"哎呀，这怎么得了哇！一个团要有那么多的特务，你们离敌人那么近，你们又把他们反复审查，那部队还不乱了套，人不早就跑光了？！"

谭震林说："一个也没有跑！"

黄克诚有些激动了，说："老谭啊，我们那样整人家，人家一个都不跑，天底下哪里有这样的特务啊？！"

谭震林一听，对啊！是这个理，他赶快回去采取善后措施。

随后，黄克诚又把情况向饶漱石做了汇报，饶也觉得这种搞法有点问题。黄克诚还建议：对"抢救"的干部进行甄别平反，饶漱石最后也同意了。[①]

黄克诚开完会回到师部不久，又接到华中局电报，让他立即将第三师政治部保卫部长扬帆逮捕，押送华中局，并说明是延安有人供出扬是特务，需要逮捕审查。

扬帆（原名石蕴华）曾就读于北京大学文学院，1937 年入党，任记者、编辑，参与领导过文艺界抗日救亡运动，在上海电影界也有名气。到苏北后先任盐阜军分区保卫部长，后调任第三师保卫部长。他工作热情高，有才华，但有些狂傲，又偏于浪漫，不拘小节。黄克诚一方面信任重用他，同时对他的弱点缺点进行批评点拨，对他说："你这种人在古代叫名士，在旧社会叫狂人，在党内来说叫党性不强。皇帝老爷要杀掉你，蒋介石也要杀掉你，只有在毛泽东领导的共产党里你还不要紧，如不改正，亏总是要吃的。"当被告知扬帆是特务时，黄克诚并不相信，且因情况未经证实，觉得不便贸然执行逮捕，就告诉扬帆说华中局让他去开会，并派几个人护送他前往。扬帆一到华中局驻地，就被关押起来。后来查清他确是受了冤枉，饶漱石在释放他时，向他道了歉。

解放以后，扬帆任上海市公安局局长。饶漱石、潘汉年出了问题后，扬帆再次被捕入狱，一直到中共十一届三中全会以后，扬帆与潘汉年才得以平反。扬帆晚年回忆与黄克诚相处的那段时光时感慨地说："黄克诚是我的知己，对我的教诲既诚恳又深刻。"[②]

---

① 《黄克诚自述》，人民出版社 2004 年版，第 206 页。

② 扬帆口述、丁兆甲执笔整理：《断桅扬帆：蒙冤二十五年的公安局长》，群众出版社 2001 年版，第 95 页。

黄克诚在《自述》中这样写道：

"康生在中央主持搞的'抢救运动'，真不知害了多少好同志。幸而毛泽东虽支持搞'抢救运动'，但他汲取了打'AB团'的教训，坚持了'一个不杀，大部不抓'的政策，使许多蒙冤的同志后来还能有机会得到平反。否则，这种'左'得要命的运动方式，不知道要整掉多少人了。"

苏北军区各分区和新四军第三师部队、地方党委在整风中，没有搞"抢救"运动。当年黄克诚这个石破天惊的决定，是冒了一定政治风险的。但使苏北和第三师的许多干部和党员未受其害。后来，经过抗日战争和解放战争的考验，证明广大党员干部确实都是好的，没有发现什么大的问题。谈及这段历史，当年苏北地区和新四军第三师参加过整风的许多干部、党员对黄克诚无不肃然起敬，念念不忘他对革命同志政治生命的关爱之情，感佩他对开展党内斗争的正确理解和把握。

三、言传身教作表率

黄克诚带兵注重言传，即以多种形式教育干部，忠于党，忠于人民，团结抗战，同时是一位弘扬人民军队政治工作优良传统的模范实践者。他以身作则、清正廉洁、关心部属、爱护人民的优良作风在苏北、在第三师都是有口皆碑的，并以此教好了部队，带好了地方，影响了几代人。

原第三师第七旅第二十四团政委宋维栻曾饱含深情地撰文回忆，黄克诚如何教他当政委。他说：

"1942年我被调任新四军三师七旅二十团政委。一天，黄老到二十团视察，我向他汇报工作时请教如何当好政委。黄老微笑地看着我说：政治委员是党的全权代表，是总揽军政工作的负责人，不但军政素质要求高，并且必须对党的事业、对党的政治路线无限忠诚，政治上绝对坚定。"

"我们政治工作的任务就是要巩固党对我军的绝对领导，就必须巩固提高政治委员制度及其威信。抗战开始时，八路军也取消了政治委员制度，没两个月，就发生了许多严重问题。历史教训我们，我党要保持对军队的绝对领导，非坚持政治委员制度不可。"[①]

宋维栻回忆说，黄克诚还告诫我：政治委员在思想意识上、行动上、工作上、战斗上、生活上，必须作全体军人的模范。政治委员必须善于领导各部门的工作，既要负责又不包办，要善于掌握原则问题，善于运用自己的权力，善于尊重和采纳军事指挥员的各种工作意见。要注意工作方法、坚持民主集中制的原则。要注意选拔、培养和爱护干部，主力部队的连队要保持30%至40%的党员。要注意群众工作，教育部队保护和爱护群众的利益，严格遵守三大纪律八项注意，树立好

---

① 《黄克诚纪念文集》编委会编：《黄克诚纪念文集》，湖南人民出版社2002年版，第422页。

的形象，广大人民群众是从部队身上看到党的形象的。

在讲到要爱护士兵时，黄克诚给宋维栻讲了一个拿破仑的故事：一次战斗中，拿破仑在夜间查哨时，发现一名哨兵倚着树睡着了。他没有去唤醒哨兵，却拿着枪替哨兵站了半个小时的岗。当哨兵睡醒时，认出替他放哨的司令官，十分惶恐，跪倒在拿破仑面前。拿破仑却和蔼地说："孩子，这是你的枪，你们艰苦作战，又走了那么长的路，你打瞌睡是可以理解的。我正好不困，就替你站了一会儿，下次可要小心。"一句话拉近了士兵和统帅之间的距离。这个故事在法国、在欧洲被传为佳话。我们是共产党、毛主席领导的人民军队，可以做得更好，官兵一致、团结友爱是我军的光荣传统。

古人云："圣人者，不失其赤子之心。"黄克诚视人民为父母，视官兵为手足，把人民群众的利益放在第一位，处处关心人民，关心部属；他严于律己，率先垂范，给人民群众和广大官兵以极深刻的影响。

时任新四军第三师参谋长的洪学智回忆说：

"黄老一贯惜民力，重民生，珍惜人民的一针一线。他教育部队与人民同甘苦，反对脱离群众。阜宁战役祝捷大会，参谋人员原来把会场选在老百姓的麦田里。黄老知道后说：'要不得！'后来把祝捷大会改在了东沟南面的乱石滩上举行。为了节约布料，他决定3师的军服上衣去掉翻领，帽子去掉围圈，裤子由宽大的中式裤腰改为西式小裤腰。这样积少成多，节约了不少布匹。当时，3师的部队从服装上一眼就看得出来。那时候，军队财政比较困难，但从维护人民群众的利益出发，他坚决反对滥发钞票。这样做，党政机关和军队的生活虽然苦一点，但有利于根据地的经济繁荣。人民能够休养生息，反过来又激发人民群众全力支援抗战。"[①]

1943年2月下旬，日伪军在飞机大炮的掩护下，向黄海边的八滩、六合庄及大淤尖地区实行梳篦式的反复"清剿"，妄图聚歼新四军主力及党政领导机关，先后占领东坎、五汛港等地，并企图占领八滩建立据点。此时的八滩，是新四军的后方基地之一，军械库、医院、大批后勤人员及伤病员都在八滩区内。所以，黄克诚决定要保卫八滩，决不让敌人在八滩立足。

韩培信当时担任八滩区委书记，黄克诚把他找去，当面交代任务，命令他动员群众坚壁清野、做好反"扫荡"的准备工作。为了避免敌人利用现有的建筑作为据点，他命令韩培信迅速将八滩拆光。以王桥为指挥中心，准备战斗，抵抗进攻八滩的敌人，保卫后方根据地。

要拆光享有"金东坎、银八滩"盛誉的八滩镇，地方干部和群众想不通，韩培信自己也很犹豫。黄克诚得知后明确地告诉韩培信，要向群众说明，为了抗战的需要，为了长远利益和根本利益，小局必须服从大局。他坚定地说："韩培信，你必须坚决执行命令，现在拆你一个银八滩，等革命胜利后还你一个金八滩！"

这掷地有声的命令，容不得韩培信再犹豫。他带领干部群众，在三天的期限

内，把八滩镇全部拆为平地。刚刚拆完，日伪军就从东坎向八滩进攻，占领八滩后，住无片瓦，吃无粒米，还不时受到根据地军民的袭扰，真是一日数惊，坐卧不宁。

3月30日夜，第三师参谋长洪学智指挥第八旅第二十四团进攻八滩，韩培信率领区民兵队配合作战并做好后勤支前工作，经8小时激战，击毙日军中队长以下73人，俘日伪军200多人，八滩遂告收复。不久，东坎日军也被第八旅逼退。

十年动乱之后，黄克诚出任中纪委第二书记。韩培信担任了江苏省委书记。有一次，韩培信到北京开会，听说黄克诚住院了，就到医院去探望。一见面，黄克诚就关切地询问盐阜老区的建设和人民生活，并准确无误的回忆起40年前关于"金八滩、银八滩"的往事。

黄克诚拉着他的手，殷切风趣地问："当时叫你拆银八滩，说等革命胜利后还你一个金八滩。你现在当了省委书记，金八滩还了没有？"韩培信回忆起当年为了反"扫荡"拆光八滩镇的情景，惭愧地回答："现在八滩地区还没有根本改变面貌，我一定要实现你当时的诺言，建成一个金八滩，让八滩人民富裕起来，让盐阜人民和全苏北人民都富裕起来。"

1942年秋天，根据地开展生产运动，师部驻板湖孙西舍，大家开荒种菜，黄克诚每次必到，有的同志劝他说："师长！你很忙，就不要参加劳动了吧？"可黄克诚却说："上有毛主席，下有炊事员，大家一齐动手，就能渡过难关，丰衣足食，我有什么理由不参加呢？！"

黄克诚和师参谋长洪学智合种一块地，他们每天利用休息时间将土开出来，然后种上青菜、番茄，每天抽空浇水、施肥、除草。番茄成熟了，他们还将番茄送给村上老百姓，群众都高兴地说："吃了番茄甜在心，黄师长和我们一家人！"

1943年春天，日伪疯狂"扫荡"盐阜区，采取分进合击、铁壁合围、拉网梳篦的战术，形势异常严重、危急。然而，黄克诚临危不惧，镇定自若，始终没有离开过盐阜区。有一次，日军追击部队和群众，在老黄河口地方，河面仅有一座桥，大家争着过桥，拥挤不堪。黄克诚立即下令部队涉水过河，抢占对岸河堤，用火力阻击敌人，掩护群众过桥。在子弹横飞的危急情况下，他面无惧色，站在河边指挥部队，招呼别人，直到群众全部过完，他才率警卫员从容离去。

一次，黄克诚到益林镇上去，街窄人挤，不好通行。好心的警卫员上前开道，边喊边用手推了一下群众。他立即严肃批评说："挤一点怕什么？街道又不是让我一个人走的！"1944年春节，黄克诚同指战员、驻地群众一起观看踩高跷，观众围了一层又一层，不少人站到凳子上看，挡住了黄克诚的视线。警卫员叫群众让一让。他立即制止说："要人家让开干什么！难道他们就不要看吗？"

黄克诚穿着朴素，没有架子，从不特殊，因此还闹了不少笑话。至今流传着一些故事。

一天清晨，有个身着褪色旧军装、其貌不扬的老头子来到了第十旅驻地，门口的哨兵挡住他问道：

"老同志，你找谁？"

老头子回答："找你们旅长。"

"谁让你来找的？"

"我自己让我来找的。"

"我们旅长恐怕不认识你。你知道我们旅长姓什么？叫什么？"

"你们旅长姓刘，叫刘震！"

……

门口的声音惊动了旅长刘震。他走出来一看，便"唰"的一声标准地向老头子敬了个礼。此时，这个刚入伍不久的哨兵这才知道，原来这个老头子就是大名鼎鼎的黄师长。

哨兵惊呆了，一时不知所措。黄克诚此时面带笑容，拉着哨兵的手说："好啊！执行任务就要认真负责，哨兵眼里无贵贱！哈哈……"实际上黄克诚那时并不老，才41岁。只是由于长相较老，平常总是穿着一套旧军装，又没有一点首长的架子，看上去确实像个普通的老头子。那时候黄克诚就有了"黄老头子""黄老""黄瞎子"等几个雅号。

黄克诚生活上从不特殊。那时中央有指示，对师以上干部要给予特殊照顾，可以吃小灶。黄克诚的爱人唐棣华当时也在师部工作，但她和孩子从不参加吃小灶。1943年春天，日伪军大"扫荡"开始，师部转移到阜东县六垛，管理员一时筹不到粮食，就弄些盐蒿子煮后充饥，但又不想送给黄师长。正在为难之时，黄克诚走过来了，还笑嘻嘻地说："大家都能吃，我就能吃嘛！反正填饱肚皮就行。"说着，自己动手盛一碗，大口大口地吃起来。当地有士绅过年过节给他送些烟酒、水果，他都要跟干部战士们一起分享。这一件件小事，赢得了指战员们的衷心爱戴。第三师师部评选"模范党员""节约标兵"的时候，大家不约而同一致推选黄克诚！

黄克诚关心、爱护指战员，同大家情同手足。他热情帮助部下包括犯错误的干部，沉痛悼念阵亡将士，无不为人称道。师部有个干部长征途中立过功，可他到盐阜区后犯了贪污腐化错误，被撤职、罚苦工，每天挑几十担水。有一天，黄克诚问他："你这样干累不累？"他回答："我犯了错误，只有吃点苦，才能得到教训。"黄克诚点点头，又鼓励一番。过了一段时间，黄克诚见他确有悔改表现，就让他担任管理员。后来，那位干部表现很好，还担任营、团级干部，一直到解放战争中献出了自己的生命。

第三师有不少知识分子出身的干部，如教育科长朱鸿、保卫部长扬帆、《先锋》杂志主编李恩求等。他们大都是从国民党统治区来到新四军的爱国抗日的热血青年，且早就秘密参加了中国共产党，并进行抗日宣传等活动。黄克诚很重视对这些知识分子干部的培养使用，关心他们的进步。

朱鸿是上海交通大学的学生，曾参加国民党，抗战开始后担任国民党陆军大学校长蒋百里的秘书，并于1938年秘密参加中国共产党。他不满国民党统治的腐败之风，经党组织同意，来到华北敌后，辗转到黄克诚率领的八路军第五纵队，即后来的新四军第三师。十分遗憾的是，因党的组织介绍信在接转中出了差错，失去了组织关系，引起很多人对他的怀疑。朱鸿跟着黄克诚从河南到苏北，一路做群众工作，调查社情民情。黄克诚对他考察了解了一段时间，觉得此人作风严谨又颇有文才，便告诉朱鸿："一个真心信革命的人，党是不会把他关在门外的。"朱鸿后来在师政治部工作期间重新申请入党。机关党支部讨论同意，但因关系复杂，不敢确定，报到师党委，黄克诚毫不犹豫地说：朱鸿这个人可信，我们不能把这样的人拒之党的大门之外，并表示，愿作他的入党介绍人。同时，政治部主任吴法宪、敌工科长王安公和一位副指导员梅殿良都表示愿当介绍人。这样，朱鸿便成了有四个人介绍入党的党员。朱鸿跟随黄克诚由苏北转战东北，新中国成立后任空军政治部宣传部部长多年。"文革"中为那段历史又遭多年迫害，后经黄克诚出面证明得以解决。幸运的是，"文革"后找到了1938年介绍他入党的马彬和地下党领导人李琦，入党时间被确认了。在黄克诚的关心下，工作也重新得到安排。94岁的朱鸿在回忆此事时，十分感慨地说："我跟随黄老多年，最为敬佩的是他对党、对人民、对同志的那种敢于负责、敢于担当的精神。"①

---

① 朱鸿访谈记录，2011年10月2日。

第十四章　指挥三师反攻作战

一、首战高杨

1944 年，世界反法西斯战争取得转折性的重大胜利。希特勒法西斯军队在苏德战场上全面溃退，苏联红军把战争推进至德国本土及其占领区。日军在太平洋战争中惨遭失败，处于穷途末路的境地。困兽犹斗的日军从中国占领区抽调兵力南下，加紧对国民党正面战场的进攻，企图打通平汉路、粤汉路，加强同印支半岛和南洋日军的联系，挽回颓势。

在中国广大敌后战场，八路军、新四军频频向日伪军出击，大量歼灭敌军有生力量，扩大抗日根据地，壮大抗日武装力量。

苏北战场的形势也发生了新的变化。

新四军第三师及苏北抗日武装经过四年多的"反扫荡"和"反摩擦"斗争，彻底扭转了被动局面，抗日根据地得到了进一步的巩固和扩大，日伪军在苏北地区的机动作战能力大大削弱，被迫龟缩在少数城镇和工事坚固的据点内。这就为苏北新四军举行局部反攻造成了有利条件。

1944 年元旦，黄克诚发布文告，号召全区军民"动员与组织根据地一切力量，粉碎敌伪'扫荡'，准备反攻敌人"。

当年初，第三师为了粉碎日伪军"第二期治安肃正"，在淮海区发动了春季攻势。经过三个月的战斗，先后攻克塘沟、史集、王集、钱集、徐溜等日伪据点 30余处。最后，粉碎了伪淮海省的"治安肃正"运动。收复了 1942 年冬季日伪大"扫荡"时占领的大部分地区，为尔后的全面战略大反攻奠定了基础。

3 月上旬，新四军第一师兼苏中军区在淮安东南发动了车桥战役，取得了重大胜利，揭开了华中局部反攻的序幕。为策应车桥战役，第三师第七旅攻击了涟水、淮安之间的朱圩子据点，牵制日伪兵力，保障了第一师部队北侧的安全。

为了扩大淮海解放区，进一步打通淮海、盐阜两区的交通线，黄克诚指挥第三师，把局部反攻的矛头首先指向淮海区、盐阜区结合部的高沟、杨口敌据点群。

高沟、杨口是淮海区的大集镇，为伪军第三十六师第七十二旅及保安团等共

2000 余人所盘踞。

高沟由 7 个连环据点构成，大小炮楼 48 个，驻有伪军第一四四团及保安团 1 个营共 1000 余人。杨口街、新宅子、王行庄驻有伪军第一四三团 2 个营及保安第五大队共 1000 余人，有大小炮楼 29 个，外壕宽深各 2 米，周围有掩蔽部，据点坚固，弹药充足。

高杨战役的作战部署是：集中淮海军分区第一、第四支队各 3 个团，第二支队第六团，第七旅第二十团及涟东、淮安总队，共 10 个团的兵力，采取中央突破战术，以第四支队先行解决高沟据点，以第一支队钳制杨口、葛集、王行、汤圩据点伪军，并相机拔除杨口外围据点，孤立杨口，以便高沟打下后继续扩大战果会攻杨口。

4 月 19 日晚，战斗打响，第四支队第十一团攻克高沟西南角张庄伪据点。20 日晚，突入高沟，攻下伪警务局、办事处、区公所等大小炮楼 10 余个。21 日晨，第四支队主力进入高沟东南巩固张庄既得阵地，并于当日黄昏攻克高沟南门据点。22 日 11 时，新安镇日军 50 余人及丁头庄、大伊山、灰墩伪军 600 余人来援，第十团、第十二团经过两天激战，打退日伪军 3 次增援。至 25 日，攻占高沟和王行，高沟战斗结束。

26 日，第三师部队分路向杨口进攻，战至 28 日黄昏前，将大圩伪军全歼。同时击退由新安镇丁头庄来援日军 100 余人、伪军 400 余人的增援。30 日 10 时许，丁头庄日伪军 300 余人又在飞机掩护下进行反扑，被第三师击退。

5 月 1 日 10 时，丁头庄日军 300 余人、伪军 500 余人，沿六塘河北岸分三路再次攻击第三师阵地。阵地一度被日伪军占领，第三团、第六团等部及时赶到，将援敌击溃。3 日 8 时，从新安镇增至丁头庄日军 200 余人、伪军 700 余人，沿六塘河南岸向吴二圩第二十团阵地攻击。第二十团英勇反击，毙日军 70 余人，日伪军退去。

5 月 3 日黄昏，黄克诚下令：第七旅第二十团接替兄弟部队担任主攻。4 日 5 时，第二十团在猛烈炮火的掩护下，奋勇冲向敌阵，一举攻克杨口。驻守杨口之伪军全部缴械投降。

高沟、杨口战役历时 16 昼夜，此役共攻克据点 14 处，击退日伪军 8 次增援，歼日伪军 2500 余人，其中毙伤增援日军 140 人，收复了六塘河两岸地区，解放人民群众 8 万余人，使淮海、盐阜两个根据地连成一片，大大改善了苏北抗日斗争的局面。

参战部队凯旋，沿途村民举着小红旗，站满村头热烈欢迎人民子弟兵。

为庆祝这一重大胜利，黄克诚签署通令，嘉奖作战有功部队和指战员。淮海地委、行署、军分区，于 5 月 16 日召开了军民祝捷大会，并在《淮海报》上发表了告淮海军民书。

黄克诚撰文总结了高沟、杨口战役的成功经验：

（1）情报工作确实及时，对胜利有极大保证。

（2）守敌纯系伪军，情况无大变化，坚决打就可成功。

（3）战术动作要灵活，不死守成规，更不使我军的规律被敌掌握。

（4）动作勇猛，顽强坚决，必能成功。敌火下犹豫停滞怕死，必然失利。

（5）我火力能占绝对优势，则白天（黄昏前）攻据点为有利。但攻击前的准备要非常周密。冲锋出发地愈接近愈好。以坑道接敌，20米至30米开辟几条冲锋道路。

（6）炮兵与自动火器相配合，火力与运动相配合，靠恰当紧凑及火力不间断，运动冲锋均易完成。

黄克诚还分析了运动战与攻坚战的特点，提出了相应的作战原则和方法，并要求部队加强对敌陆空一体作战的研究，进行防空教育。

二、沿海大反攻

为配合高沟、杨口战役，黄克诚命令第八旅和第七旅一部，在盐阜区沿海地域展开一系列反攻作战。战斗首先在陈家港打响。

陈家港位于响水口东北部，灌河入海口南侧，是滨海县境重要城镇之一，又是苏北沿海的重要港口和物资集散中心，其战略位置十分重要。陈家港还拥有丰富的海产资源，又是重要的海盐生产基地。日军自1939年占领该镇后，构筑据点，在各盐圩子上修筑炮楼，控制苏北盐业资源、盐税收入和海上交通。陈家港驻有伪中央税警团海洲分团第四大队、第七大队，保安大队，警察局及伪海防大队刘九功部共800余人。

黄克诚决定：拔除这颗长期钉在盐阜根据地的钉子，阻止日军对苏北沿海海盐资源的掠夺，解决盐阜根据地军民的吃盐问题。部署是：

战斗由第三师副师长兼八旅旅长张爱萍指挥，第八旅第二十二团、旅特务营和滨海县总队担任主攻，第二十四团及第七旅第十九团分别攻打庆日新盐场和大源盐场，涟东、阜宁县总队设伏于陈家港以西，担任打援任务。

5月3日凌晨3时，第二十四团从西北、东北两个方向，第八旅特务营及滨海县总队和第二十四团特务连从西南、东南两个方向，向敌人发起围攻。经过3个多小时的激战，税警团保安队、警察局的伪军全部投降，攻击部队迅速占领了陈家港镇。

与此同时，第二十二团一部迅速向陈家港东南的盐圩子出击。伪第七大队大队长郭克勤率部弃圩向海边逃去，结果被追歼。防守十排头圩的伪第四大队迫于强大的军事压力和有力的政治攻势，缴械投降。

陈家港战斗击毙伪军一部，生俘伪军大队长以下官兵430余人，缴获迫击炮3门，轻机枪2挺，长短枪400余枝，各种子弹4万余发，伪币100万元，食盐48万吨。新四军将大批食盐分给群众，老百姓一人扛回20斤盐，军民欢天喜地，日伪封锁造成的严重盐荒解决了。

黄克诚为陈家港战斗的胜利亲笔写了一篇新闻稿，交新华社苏北支社播发。

陈家港战斗后不久，黄克诚又命令第七旅旅长彭明治、政委郭成柱组织发起合顺昌（今射阳县大兴镇境内）战斗。合顺昌原为射阳农业资本家杨镜清创立的垦殖公司，后被海匪陈浩天盘踞。抗战初期，陈浩天曾任国民党军队的营长，不久投敌，成为伪三十三师副师长。6月28日战斗打响，经40分钟激战，歼灭了伪军陈浩天部，消除了该敌对射阳一带抗日民主政权形成的威胁。

此后，黄克诚命令所部频频向日伪军发动攻击，苏北局部反攻不断取得胜利。

8月，第八旅及盐阜地方武装攻克了射阳通洋港、青龙港等七个较大的日伪据点；9月，第十旅兼淮海军分区攻击宿（迁）泗（阳）水陆交通要道林公渡，一举将设在林公渡的敌据点拔除，继而扩大战果，先后拔除了灌云与新安镇之间的三里沟据点和新安镇与响水口之间的三岔口据点；10月19日，第八旅第二十二、第二十四团向已沦陷六年之久的合顺昌以西的合德镇发起攻击，激战至21日，战斗胜利结束，共歼日伪军300余名，击毙伪军少将司令顾景班，解除了盐阜区腹背受敌的威胁，摧毁了日军赖以掠夺苏北棉花资源的战略基地，使盐阜区的重要出海口射阳港置于抗日军民的控制之下。

令黄克诚痛心的是被他誉为"虎将"的第二十二团团长陈发鸿在合德之战中牺牲。噩耗传来，黄克诚悲愤挥笔，撰写了一副挽联："痛一弹无情夺吾勇将，愿三军用命歼彼顽凶"，表达了对这位爱将的沉痛哀悼。

第三师及苏北军民在黄克诚指挥下，局部反攻取得了一个又一个胜利，苏北解放区不断扩大，日伪军顾此失彼，惶惶不可终日，最后不得不将兵力龟缩在几个较大的据点之中。苏北军民的下一步任务是拔除这些大据点，争取苏北抗战的全面胜利。

三、收复阜宁

自1945年春季以后，世界反法西斯战争形势继续向着胜利的方向发展。苏联红军已迫柏林城下；英、美、法联军于3月间渡过莱茵河，攻入德国腹地；亚洲太平洋战场，2月的雅尔塔会议后美军攻势凌厉，日军节节败退。

4月23日，中共七大召开，制定了"放手发动群众，壮大人民力量，在我党的领导下，打败日本侵略者，解放全国人民，建立一个新民主主义的中国"的政治路线。华中局和新四军军部要求各师为贯彻七大政治路线积极行动起来，向日本帝国主义发起新的进攻。

在此形势下，4月24日，第三师兼苏北军区调集第八旅、第十旅第一、第四支队、师特务团及阜宁5个县的独立团，发起阜宁战役。

阜宁，地处黄海凸角和陇海线东段的左翼，为苏北军区军事要地，盐阜区的经济、军事要津。长期盘踞这个要地的是汪伪第二方面军孙良诚部的第五军，号称"老中央"，辖第四十二师和暂编第三十三师，共7个团，5200余人，加上地方军警400余人，共计5600余人，成为苏北抗日根据地中心腹地的一颗钉子。黄克诚决心拔掉这颗钉子。

时任第三师参谋长的洪学智回忆说：

"黄师长以稳重著称，决策事情都有充分的依据，决不打无准备、无把握之仗。对于攻打阜宁的有关问题他反复思考，并召集作战会议听取各方面意见，认真研究部署"。"因黄师长在会上说：'打阜宁，既是群众的愿望，又符合形势要求，还是我们3师发展壮大的需要。7旅、8旅各缺一个团，装备这两个团的武器，也只有从敌人手中夺取了。'" [1]

在研究作战部署的会上，黄克诚强调：这次战役是苏北地区的第一次攻城战，意义非凡，不可轻敌。一定要集中优势兵力。主力部队只有第八旅参加不行，要把第十旅主力两个团从淮海区调来，两个旅要协同配合好。第十旅不是"志愿军"，要当战役的主人。另外，要集结盐阜地区各县的独立团参加，主力部队与地方部队协同配合好。同时，动员大量民兵、民工、人民群众全力支援。

为了充分做好战役准备，黄克诚和洪学智把供给部长、卫生部长和敌工部长找来，详细布置后勤保障、战时抢救伤员和秘密情报工作的任务。当时，第三师的敌工工作可以说是呱呱叫。秘密工作人员仇学元1942年打入敌人老巢，收集了大量情报，连阜宁县的伪警察局长田焕也成了我军隐蔽的内线。

黄克诚指定洪学智为攻打阜宁的前线总指挥，并研究确定整个战役分为肃清外围和攻城两个阶段。先打城北外围据点，待扫清外围后再攻城，并部署打援；对坚固设防之敌，集中火炮突击，加强步炮协同；预先在射阳河南岸布下伏兵，歼灭突围逃窜之敌。

4月22日下达作战命令。第三师主力和地方兵团共计11个团的兵力，即悄悄地向阜宁城外围各个据点迅速集结。1万多民工也积极参战支前。

战前，黄克诚亲自带参谋人员逐团检查作战准备工作。

24日天黑后，参战部队急行军到达阜宁城边缘，第八旅在路西包围了头灶、七灶、掌庄3个据点，第十旅在路东包围了大、小顾庄据点，随即开始扫清外围据点的战斗。激战不到10分钟，便突破围墙防线，1个中队的伪军全部做了阜宁战役的第一批俘虏。

但是，七灶战斗打得很艰苦。敌第四十三师的1个独立大队负隅顽抗，攻城部队受到较大损失。激战至清晨5时，守敌230余人全部被歼。

25日10时许，第十旅第四支队歼灭大顾庄伪军200余人。15时，掌庄据点在第二十四团一、二营攻击下，敌营长率200余人缴械投降。

阜宁守敌见此情景慌了手脚。25日中午，1000余敌人从北城门冲出，向攻城部队反扑。第十旅第四支队予以迎头痛击。第八旅第二十二团、盐阜独立团、第十旅第一支队也像一把利剑朝敌人背后插进去。敌人一看到新四军欲断其后路，惊恐万状，扭头就往回跑。

---

① 北京新四军研究会第三师分会编、黄炜华主编：《新四军第三师》，军事科学出版社2001年版，第231页。

第二十二团一部乔装成伪军的一个连，即尾随溃敌冲进北门，乘势夺取北门的制高点北门大炮楼，把敌人坚固的城防打开了缺口。

至此，阜宁战役第一阶段战斗任务胜利结束。

25日下午，黄克诚亲临前线观察敌情，了解战况，指示部队决不给敌人以喘息之机，立即对阜宁守敌发起总攻！

下午3时，总攻开始。

第八旅、第十旅主力和盐阜独立团先后从北门冲进阜宁城，按照各自的攻击方向，以排山倒海之势，向城内伪军发起全面攻击，并与敌展开巷战。

经过2小时激战，城内中心街市已全部被攻城部队占领。敌人伤亡惨重，大部被歼，残敌退入大浦桥、水龙局、天主教堂等少数几个据点内。

25日22时，第十旅第四支队向水龙局守敌发起猛烈进攻。敌人依仗其坚固工事和有利地形拼命顽抗。第四支队在火炮支援下乘机冲上圩墙，与伪军展开了激烈的白刃战。激战到26日拂晓，残敌缴械投降。至此，坚守碉堡的伪军4个连全部被消灭。

第二十二团进攻伪第五军主力一五八团驻守的大浦桥受阻后，重新调整部署，于26日凌晨向守敌展开猛攻。伪第五军军长王清翰及第四十三师师长孙建言见大势已去，乘大雾茫茫，先后率残部千余人偷渡射阳河南逃。结果，进了攻城部队早已布好的伏击圈，遭到猛烈痛击，被截成数断。此役激战3个多小时，毙敌150余人，俘敌近千。仅王清翰、孙建言等几十人逃至盐城。

此时，只剩下大浦桥据点的敌人还在负隅顽抗，企图拖延时间，等待援兵。

"必须打破敌人的幻想，如不投降就坚决消灭它！"黄克诚当机立断，下达命令。参谋长洪学智和第八旅旅长张天云随即赶到大浦桥，一面将部队所有的火炮集中起来准备轰击，一面喊话："你们打死我们一个，我们打死你十个，阜宁城里的部队已经被消灭了，你们还打什么？"据点里的敌人开始动摇了，坚持到上午10时，见来援无望，遂放下武器投降。至此，阜宁战役胜利结束。

整个战役，从4月24日22时发起，到26日10时止，历时36小时。全歼伪五军军部和2个师部、7个整团，并歼灭了伪阜宁县政府、保安团等反动组织和反动武装。共毙伤伪军官兵339人，生俘伪三十三师副师长邓立东以下官兵2073人。攻克阜宁城及其外围据点22处，平毁炮楼143座，收复村庄560个，沉重地打击了伪军孙良诚部。

阜宁战役是第三师第一次攻城战斗大捷，也是全华中对日军进行战略反攻的一个大胜利。这一战役，标志着新四军第三师从战略相持转入战略反攻，从长期的游击战转向规模较大的运动战和攻坚战，从单一步兵作战开始进入大兵团的步炮协同作战。

阜宁战役的胜利，切断了通榆线和运河线敌人的联系，威慑两淮和盐城守敌；阜宁、射阳、涟水和盐东4县的全部解放，使整个盐阜抗日民主根据地连成一片。进而掌握了苏北战场的主动权，并为尔后的两淮战役等一系列战略反攻积累了经验，创造了条件。

阜宁战役胜利后，新四军首长立即发来了嘉奖电，其中特别表扬第八旅第二十二团"善于机动扩大战果进占阜宁城"。

延安新华社和《解放日报》，专门报道了第三师收复阜宁的消息，高度评价了阜宁战役的胜利意义及其基本经验。

阜宁战役后，第三师兼苏北军区部队继续发动攻势。5 月 13 日，在盐阜地区相继攻克淮安以东石塘、赵徐庄伪军据点，毙伪军大队长以下 197 人。7 月 28 日，又攻克盐城以东的中川子等据点。至此，解放了盐城、阜宁以东全部地区。在淮海地区也攻克了蒋庵、张渡、洪荡、高巷等据点 20 余处，肃清了涟水城外围据点，控制了东（海）淮（阴）公路和盐河，使淮海根据地扩大 1 倍。

1945 年 4 月，黄克诚奉命抽调第十旅第二、第三支队和一部分地方武装编成独立旅，旅长覃健、副旅长冯志湘、政治部主任石瑛。随即率独立旅开赴皖江抗日前线。

就在黄克诚指挥部队向日军发动反攻之时，在数千里之外的延安，中国共产党第七次全国代表大会于 4 月 23 日至 6 月 11 日胜利召开，从而开启了中国革命的新篇章。在这次大会上，黄克诚被选为候补中央委员。

四、发起两淮战役

1945 年 8 月日本投降前后，国共两党争夺抗战胜利果实的斗争迅速白热化。八年抗战中一直躲在"峨眉山"的蒋介石"要下山了，要下山来抢夺抗战胜利果实了"。抗战胜利果实应该属于谁？答案是很明白的——当然应该属于人民。但是胜利果实究竟落到谁手，能不能归于人民，这是另一个问题。共产党的方针是"力争"，力争那些能够争到手的大小城市和农村，造成三、四、五、六个大于江西中央苏区的革命根据地，中国革命的形势就很可观了。[①] 为此，8 月 9 日，毛泽东发表《对日寇的最后一战》的声明，号召"八路军、新四军及其他人民军队，在一切可能条件下，对于一切不愿投降的侵略者及其走狗，实行广泛的进攻，歼灭这些敌人，夺取其武器和资财，猛烈扩大解放区，缩小沦陷区，制止内战的危险"[②]。

8 月 10 日、11 日，朱德连续发布《延安总部发布受降及配合苏军作战等七号命令》；10 日、12 日、22 日，中共中央连发指示，要求八路军、新四军坚决打破国民党利用合法地位垄断受降权，夺取更多的大小城市和乡村。

毛泽东和朱德还先后指示八路军、新四军"用军、师首长的名义，就近令各敌伪军投降，违者则坚决解除其武装"。

8 月 15 日，黄克诚等以新四军第三师兼苏北军区司令部、苏北行政委员会的

---

① 《毛泽东选集》第 4 卷，人民出版社 1991 年版，第 1123 页。
② 《毛泽东选集》第 4 卷，人民出版社 1991 年版，第 1119 页。

名义联合向苏北日伪军发出通牒：

一、日本已接受无条件投降，朱总司令已发布告伪军投降改编条件。

二、本师本委会特通牒苏北各处伪军组织：

甲、应即限期（十日内）向附近本师部队或专署、县政府接洽改编，本部可保证其生命及部队建制。

乙、如拖延时日，负隅顽抗，本师当即以武力解决后，伪军官佐，当不给予战争俘虏之待遇。

丙、如伪军小部队，对其上级之逆顽，加以反抗，自行举义反正投入本军者，当特加奖励。

丁、伪组织人员，应将典守资财及相关文件，向附近县政府接洽缴出等命，当予宽大。如肆行破坏，乘机窃取定行严办。

三、时机急迫，希即猛醒，求取自处之道，言出法随，毋遗后悔，特此通牒。①

通牒发出后，黄克诚正准备指挥所部扫清苏北境内拒不投降的日伪军、解放苏北全境之际，接到军部命令，要第三师向淮南津浦路西出击，与第二师会合后，准备共同阻击桂系顽军东犯。扫清苏北的计划遂暂时搁置。黄克诚对部队作了如下部署：他亲率第七、第八两旅主力进至淮南津浦路两侧，与第二师会合；将第十旅留置于临近两淮的高良涧、蒋坝地区，以便既能西进作战，又便于回师东返，相机歼灭淮阴、淮安之敌。西进途中，他又派师参谋长洪学智返回苏北，相机组织准备攻取两淮作战。

黄克诚的这个部署是缜密而富有预见的。第三、第二师在津浦路两侧等了十余天，未见桂顽动静。黄克诚判断国民党军正忙于抢占大城市及交通要道，一时还不大可能向抗日根据地进攻。他认为，与其旷日持久地集结部队待机，不如将第二、第三师主力调回路东和苏北，迅速消灭盘踞苏中、苏北中心县城的日伪军，消除隐患。他与共同指挥路西作战的第二师政委谭震林研究后，于9月3日，与谭联名给华中局、军部并中共中央发电建议："2、3师调回铁路东，夺取铁路一段，牵制桂顽，策应徐州作战。主力一部回师肃清苏北、苏中各城市伪军，创造大块区域造成一片，作尔后长期作战之战场。"5日，刘少奇复电张云逸、饶漱石等，指出："请你们考虑黄、谭意见，将3师部队（或再加2师之一部）抽调集中，扫清苏北敌伪据点，造成将来作战的有利条件，似乎是必要的。否则主力部队将陷于无事可做的地位，以前黄克诚主张3师部队首先肃清苏北敌伪后再西调的意见也是对的。"② 据此，黄克诚立即率第三师主力回师苏北，发起两淮战役。

---

① 《黄克诚军事文选》，解放军出版社 2002 年版，第 310 页。

② 中国人民解放军历史资料丛书编审委员会编：《新四军·文献》（5），解放军出版社 1995 年版，第 157 页。

黄克诚决定先攻取苏北战略要地淮阴，消灭守敌潘干臣。待第七旅、第八旅等部回师后，再解决淮安、响水口、灌云之敌。

淮阴是一座历史古城，是苏北政治、经济、文化中心，水陆交通枢纽，战略要地，1939 年 2 月，被日军占领，成为长在苏北根据地的一块毒瘤。铲除这块毒瘤，早已成为苏北军民的痛切渴望。

这里由伪军第二十八师驻守，约有正规军 3 个团 7000 人，另有淮阴保安团、常备旅等地方军 2000 多人。伪师长潘干臣被蒋介石收编为国民革命军陆军第六军第二十八师后，迅速进行了整编，将主力收拢城区，加强防御，修建了大量工事，形成纵横十余里的城垣防御。

黄克诚根据淮阴、淮安守敌相对孤立无援的态势，决心采取集中优势兵力，分割包围，各个击破的战法。先以第十旅 3 个团和师特务团、射阳独立团、淮阴与涟水警卫团共 7 个团的兵力攻取淮阴，同时急调第七、第八旅东返两淮地区，支援淮阴作战并攻取淮安。

8 月 26 日，第十旅旅长兼政治委员刘震与师参谋长洪学智遵照黄克诚的指示，指挥第十旅向淮阴城郊开进。27 日晨 6 时战斗打响，前卫第二十八团迅速歼灭距淮阴城南 5 公里的高兴桥守敌，并击退了淮阴城内两个营的反冲击。第二十九团在西门外 3 次打退伪军的疯狂反扑，抵近西城门外。从东、北两面攻击淮阴的射阳独立团和淮阴、涟水警卫团，消灭了板闸的守敌，切断了淮安伪军增援的通路。至 31 日，攻城部队夺取了淮阴外围的杨庄、王营、西坝、码头等 10 余个卫星据点，将守敌严密围困在淮阴城内。

此时 5 万余人民群众组成担架队、运输队、工程队踊跃支援前线，汇成了人民战争的海洋。

8 月 31 日，攻城部队根据守敌布防情况和地形条件，确定以守敌较弱的城东北角为主攻方向，由第二十八团担任；守敌较强的南门为助攻方向，由师特务团担任；第二十九团主力位于城东南，担任第二梯队；城西北配置适当兵力，配合主攻部队分割歼敌。

具体任务下达后，各团指战员斗志高昂，请战书、决心书纷纷送到各级指挥员和机关。各级指挥员勘察地形，制定攻城方案。并发动战士和支前民工修筑了 10 多座高于城墙 2 米的火力点；挖掘了 55 米长的地道，将一枚重达 1000 磅（1 磅约合 0.4536 千克）的炸弹，从地道运至城东北城墙底下；制作了大批浮桥和登城云梯。

为争取守城伪军投降，在总攻发起前，攻城部队发动强大政治攻势敦促伪军放下武器。然而，冥顽不化的潘干臣拒绝投降。

9 月 6 日下午 2 时许发起攻城战斗。隐蔽在淮阴城四周的火炮一齐怒吼起来，主攻团首先在东北角成功地引爆了埋在城墙底下的重磅炸弹，将城墙撕开一个数米宽的口子，守敌 1 个连全部被震昏。第二十八团二营四连乘机奋勇突击，仅 5 分钟即将红旗插在东门城头上。接着全团突入城内，展开激烈巷战。

从南门进攻的第三师特务团，虽遭到很大伤亡，仍前仆后继，奋勇登城。

淮海新二团和射阳警卫团从西门发起冲锋，迅速扫清突破口残敌，冲入敌教导营部，活捉了敌教导营营长"赵老虎"，俘教导营所有官兵。

15时许，第二十八团二营直捣敌指挥部，歼灭了敌警卫部队，击毙敌伪师长潘干臣，城内守敌投降，淮阴解放。

从发起总攻到战斗结束，总计不足2小时，全歼淮阴伪军第二十八师等部共8600余人，其中俘8300余人，击毙300余人。日伪军苦心经营6年余、吹嘘为"固若金汤"的淮阴城，回到了人民的怀抱。

陈毅从延安发来嘉奖电："淮阴之战赖我指战员奋勇用命，于短促时间内突入敌伪坚固城防据点，击毙敌酋，解放淮阴城，使我苏北、苏中、淮南、淮北打成一片，殊堪嘉慰。仍希继续扩大战果，并给负伤指战员致慰问。"

黄克诚亲自签署命令，授予第十旅第四支队"清江①部队"光荣称号。

9月21日，中共中央华中局和新四军军部由淮南盱眙县境移驻淮阴城。从此，这座苏北历史古城，又成为华中军民保卫抗战胜利果实、反对内战维护和平团结的指挥中心。

淮阴战斗结束后，第十旅主力于9月13日开抵淮安城外，与原在该地监视的各县武装，将淮安城紧紧包围。15日，黄克诚率第七、第八旅从淮南东返进至淮安城下，接替第十旅任务，并调射阳、淮安、阜宁、盐城等独立团参加攻歼淮安之敌。

淮安古城位于运河东岸，离淮阴只有16公里。自古为"水陆要冲，南北咽喉"，是军事重镇。抗战时期，日军派重兵驻守，加修坚固防御工事。

日军投降后，驻守城内的5000余名伪军，摇身一变成为国民革命军淮安独立旅，旅长吴漱泉（又称"吴独膀子"），抗战开始后就依附反共顽固派韩德勤，后来投降日寇当了伪军，在苏北地区犯下滔天罪行。这股伪军凭借城高水深、工事坚固，吹嘘为"铁打的淮安"，妄图顽抗到底。

黄克诚和师参谋长洪学智研究确定了作战部署：避开敌防御重点地带，将主攻方向选择在敌防御薄弱的城南。以第七旅第十九、第二十团和第八旅第二十二团分别从城东南、城南和城西南实施主攻，以射阳、淮安、阜宁、盐城独立团分别从城西、城北和城东实施助攻，第八旅第二十四团在城西北进攻，9月22日8时发起总攻。

各部受领任务后，积极做好战前准备。同时，对守敌展开政治攻势，发出通牒。守敌拒不投降，并于9月21日拂晓，组织敢死队百余人，由西城墙坠下，偷袭我攻城部队，被第八旅第二十四团一营全歼。

22日8时，攻城部队按预定计划发起总攻。实施炮火袭击后，第八旅第二十二团在城西南角将500磅炸药引爆成功，将城墙炸开了一个大缺口。各突击

---

① 当时淮阴城区称清江市。

分队在制高火力点掩护下，迅速排除障碍，发起冲击。第二十二团第三营仅用 9 分钟时间就登上城头，歼灭城上守敌。第二十二团第一营、第二十四团第三营相继夺取了南门和西门。第七旅第二十、第十九团从城东南和城南突破城墙后，迅速向纵深扩张。射阳、淮安、阜宁、盐城独立团也从各个方向突入城内。各部迅速穿插，将敌分割包围。战至 10 时，守敌大部被歼。残敌仅剩 200 余人，在吴漱泉胁迫下，继续顽抗。第八旅在旅长张天云指挥下，集中主力，多路攻击。经过 30 分钟激战，将敌全部歼灭，吴漱泉被击毙。当日 15 时，号称"铁打的淮安"即告解放。此役毙敌 300 余人，俘敌 4350 余人。

两淮战役是新四军第三师在苏北地区进行的最大的一次战役，共歼守敌伪师长潘干臣、伪旅长吴漱泉以下 1.5 万余人，缴获火炮 15 门、轻重机枪 180 余挺及大量军用物资。第三师得到了大兵团攻坚作战的宝贵经验。[①]

两淮战役及以后的胜利，使苏北、苏中、淮南、淮北解放区连成一片，为华中人民解放战争准备了广阔的战场和巩固的大后方。

两淮战役期间，黄克诚抓住战机于 9 月 14 日命令第十旅一部挥师向北，配合地方武装，对伪军徐继泰部发起攻击，攻克了响水口（今属响水县）、陈家港、大伊山（今属灌云县）、新安镇（今属灌南县）等重要城镇，歼灭伪军近千人，控制了灌河、盐河两岸地区，解放了苏北地区运河、串场河沿线除盐城以外的所有地区。至此，苏北除陇海路外，南部只剩下盐城这座孤城。

---

① 《黄克诚自述》，人民出版社 2004 年版，第 219 页。

第十五章 向东北进军

一、建议中央调精兵十万到东北建大战略根据地

日本投降后，中国人民迫切需要一个和平安定的环境，休养生息，重建家园。中国共产党从人民的这一根本愿望出发，主张团结一切爱国民主力量，把中国建设成为独立、自由、民主、统一、富强的国家。但是，国民党统治集团则企图依靠美国政府的支持，在中国继续维持其一党专政的统治。这样，中国共产党领导的人民大众和国民党统治集团，展开了一场复杂而激烈的斗争。中国进入一个两种命运、两个前途决战的新的历史时期。

蒋介石集团在美国的支持下，一方面，命令退避在西南和西北的国民党军向华北、华中、华南等地开进，向长期在这些地区坚持敌后抗战的八路军、新四军等抗日武装进击，抢夺大城市和主要交通线，同时收编伪军，指令各地汉奸政权控制城市，命令日军拒绝向八路军、新四军投降。另一方面，蒋介石发动大规模内战还面临许多困难，因此，又利用人们普遍企盼和平的心理，电邀毛泽东赴重庆"共商国是"，举行国共"和谈"。针对蒋介石的反革命两手，中共中央决定，采取"蒋反我亦反，蒋停我亦停"，以斗争求团结，"有理、有利、有节"的方针，同国民党展开新的斗争。根据这一方针，8 月 28 日，毛泽东毅然飞抵重庆，与蒋介石进行谈判；同时指示全党全军做好充分的准备，以自卫战争击破国民党军的进攻。当时的国内形势可谓是波诡云谲，和战不定。

在这个关键的历史时刻，黄克诚以成熟的战略家眼光，洞观时局，着眼发展，坚定地迈入新的历史时期。

自从 8 月 9 日毛泽东发出"对日寇的最后一战"的号召和朱德 9 月 10 日、11 日连续发布向敌伪发动进攻的七道命令以来，黄克诚一面指挥部署新四军第三师主力和地方武装积极向苏北敌伪发起进攻，解放被敌伪占领的城镇，一面关注着国内形势的动向。他一天工作十几个小时，除了开会、找干部谈话、审阅处理来往文电外，每天坚持收听新闻，翻阅所能收集的报刊，同师机关一些领导干部交流看法。

黄克诚认为，蒋介石的和谈毫无诚意，国共两党之间的较量不可避免。黄克诚把很大精力集中于对国共两党力量对比、未来形势发展和斗争方略的研究上。他认为：一方面，中共领导的革命力量还不足以制止蒋介石发动内战。抗日根据地还散处于长城内外、大江南北、东南沿海，如不收缩集中，形成一片大的战略根据地，就很难坚持长期、大规模战争。另一方面，如不对来犯的国民党军队进行大规模决战，坚决粉碎其进攻，就不能粉碎其反动阴谋，也不足以保卫连成一片的大战略根据地。在这样的形势下，如何确定我们的战略方针，部署我们的力量，是摆在全党全军面前的首要议题。他在同一些师旅领导干部探讨这方面的问题时，特别提到应尽早占领东北。时任第三师参谋长的洪学智回忆说："早在8月份，苏军解放东北时，他就考虑我党必须尽快占领东北的重要性。关于占领东北的战略意义，他同我谈过多次，讲得非常深刻。"黄克诚分析说，东北北靠苏联，西邻蒙古，东接朝鲜，南与山东青岛隔海相望，西南连接冀热辽根据地，这里人口有几千万，工业较发达，又产粮食，同时抗日联军在这里也有一定的群众基础，如果我们占领了东北，就抓住了胜利的关键。[1]

黄克诚从淮南东返途中，于9月11日到达盱眙千棵柳，专门前往驻在那里的华中局和新四军军部，向华中局书记、新四军政委饶漱石等汇报了部队情况和下一步作战计划。在军部，黄克诚听取了饶漱石关于近期有关情况的介绍，阅读了近期中央和军委发来的电报。黄克诚从中知道，东北的哈尔滨、长春、沈阳、大连等大中城市和主要交通线均被苏军占领，冀热辽军区李运昌的八路军一部已进入东北，配合苏军作战；而远在大后方的国民党军由于距离东北太远，又正忙于抢占大城市和交通要道，一时还来不及接管东北。此时此刻，黄克诚禁不住兴奋起来。

黄克诚不仅是一位具有战略眼光的高级将领，更是一位全局意识和责任感都极强、又敢于建言的人。他认为，中央虽然对出兵东北作了部署，但派的兵力不够多，动作不够快，目前也还没有看到一个全面的部署电。黄克诚立即找到饶漱石，向他谈了自己的想法。他说：目前中央已派部队赴东北，这是一着妙棋，但我认为部队少了不行，步子慢了也不行，要多派部队进去，要抢时间，建议中央在政治上与国民党谈判，军事上加紧调整部署，加强长江以北，建立连成一片的大战略根据地，尤其要抓紧抽调大批部队进军东北。如果你同意，我建议以华中局名义向中央发个电报。

饶漱石以战略方针性的问题需开会讨论为由予以敷衍。见饶漱石不温不火的态度，黄克诚说，如果你觉得以华中局名义向中央发电不方便，那我就以个人名义发吧。饶漱石表示同意。

回到住处已是晚上八九点钟。黄克诚坐在煤油灯下立即展纸疾书。因早有一个腹稿，所以电文很快起草出来。14日一早便将电文交机要员迅即发出。

---

[1]《洪学智回忆录》，解放军出版社2002年版，第217页。

这是黄克诚在国内形势复杂多变的历史时刻，向中共中央和中央军委呈送的一份极重要的电报。

黄克诚首先阐述了对目前局势及发展趋势的看法。他说："蒋介石对我党谈判，毫无诚意，只以和平谈判作欺骗人民、麻痹我军、拖延时间之手段。而在军事上积极进占大城市和交通要道，并控制我军可接近之山脉（大别山、黄山、天目山、陕南等）防我向其背后挺进。估计顽军到达指定之城市交通要道后（华北、华东），仍将构筑铁路封锁线，甚至纵深封锁线，以分割孤立我军各战略区，使我军不能自由调动。到适当时机，和平压力无效后，即以大军向我进攻，以收各个击破之效"。"我军数量虽大，但精干坚强之主力不多，占领地区大，我主力分散，各大战略根据地，除山东外，突击力量均欠强大"，"各根据地相互联系做得不好，很难独立长期支持大规模战争"。

黄克诚认为，鉴于上述情况，在和战问题上，目前我们方针有三个：

"（一）以极大让步取得和平（削弱军队与地区到极大限度）。

"（二）有利基础下让步，长期和平谈判，争取和平，保持力量。

"（三）有决心的、主动的放弃一些地区（游击坚持），集中主力进行决战，创造联系一片的大战略根据地（有铁路有城市），在全国范围内开展游击战争，逼迫蒋介石向我让步，取得和平。"

黄克诚说：我们若执行第一项方针，将走希腊路线[①]，造成严重失败。第二项方针，目前很少有实现可能，时间拖延对我极端不利。因此，我们应采取第三项，政治上仍进行谈判，而军事上应集中主力进行决战，在决战胜利之下，取得联系一片的大战略根据地，有利进行长期斗争。

在军事具体部署上，黄克诚建议：

"1. 东北既能派队伍进去，应尽量多派，至少应有五万人，能去十万人为最好，并派有威望的军队领导人去主持工作，迅速创造总根据地，支援关内斗争。

"2. 以晋、绥、察三地为关内第一战略根据地，应集中十万主力，进行消灭傅作义、阎锡山、胡宗南[②]之决战，达到控制整个察、绥与西北部和太行山全部。

"3. 以山东为关内第二战略根据地，应集中十五万主力，待敌人缴枪之后，在济、徐、胶[③]，徐海[④]铁路线，进行决战，达到控制整个山东。

"4. 其他各地区，则成为二大战略根据地之卫星，力求争取局部决战之胜利，不可能时，即以游击战争长期周旋。"

为执行上述方针，黄克诚具体提出："山东应调三万人到五万人去东北，华中

---

① 希腊路线，指1944年10月，流亡伦敦的希腊政府在英军帮助下回到希腊，使坚持抵抗德国侵略的希腊人民解放军被迫解散。

② 傅作义、阎锡山、胡宗南，当时分别是国民党第十二战区司令长官、第二战区司令长官、第一战区司令长官。

③ 济、徐、胶，指山东省济南至江苏省徐州和山东省青岛铁路。

④ 徐海，指江苏省徐州至海州铁路。

应调三万到六万人去山东，在河南和平原主力的一部，应调山西。"为了全局，黄克诚也不避讳对兄弟部队的建言，他说："江南一个师主力应调回江北，只以一部留在江南活动。一师为新四军之坚强部队，目前向顽作战，毫无希望，估计将来被截断之后，会被迫打游击，以坚强主力去打游击，极为不利，故应迅速北调。"

电报最后说："我对各方面材料了解甚少，可能有片面之处。但我认为目前我党若没有联系一片的大战略根据地，就不会有大的胜利，也没有大规模决战的胜利，就不会有联系一片的大战略根据地。故集中兵力进行决战，当为当前之急，如依靠谈判或国际干涉，均带有极大危险性。是否有当请考虑指示。"

电报发出之后，黄克诚顿觉了却心头一件大事，便继续策马东返，指挥部队围歼尚在负隅顽抗的淮安伪军吴漱泉部。

就在黄克诚发出电报的同一天，远在几千里之外的延安，主持中央工作的刘少奇，也在召集政治局会议，讨论把战略重点放在东北，力争尽快建立东北根据地的问题。

9月14日这天上午，苏军派驻东北的前线总司令马利诺夫斯基的代表贝鲁罗索夫乘一架小型飞机到达延安。他的任务是向总司令朱德转达马利诺夫斯基对八路军进驻东北的意见的。搭乘该机到达延安的还有时任东北人民自治军沈阳卫戍区司令的冀热辽军区第十六分区司令员曾克林，他奉命率领一支部队于9月6日到达沈阳，并组成沈阳卫戍司令部。因为电台功率太低，无法向中央发报，于是搭乘苏军便机来向中央当面报告情况。

当天下午，刘少奇主持召开中共中央政治局会议，首先听取了曾克林的汇报。曾汇报说：东北各地秩序混乱，到处堆积着武器和物资，无人看管，只要不打八路军和中央军的旗号，都可以进东北。在东北扩兵也比较容易，我们带去的四个连进驻沈阳，已看守了沈阳的重要仓库和工厂，枪有几万支，还有许多大炮……曾克林看到那么多中央领导听他的汇报，比较兴奋，讲得也详细。

在曾克林汇报之后，政治局接着开会，讨论答复苏联方面的意见和把战略重点放在建立东北根据地的问题。

政治局会议一直开到深夜。经过反复深入地讨论，政治局委员们一致同意把战略重点放在东北，力争在东北建立战略根据地。会议根据刘少奇提议，决定：

（1）成立以彭真为书记，陈云、程子华、林枫、伍修权为委员的中共中央东北局，乘苏联派来的飞机去东北代表中共中央全权领导东北开展工作，处理一切问题。

（2）关于苏方要求，按照中苏签订条约办理，进入沈阳、大连、平泉的单个部队撤出，转入乡下，但冀热辽军区所辖的热察是抗战以来八路军的活动区域，不能撤出。由山东派四个师到东北去。为照顾苏联与蒋介石的关系，组织武装名义可不用八路军。

翌日晨，中央收到了黄克诚的电报。刘少奇、朱德、任弼时、彭德怀等政治局领导人立即传阅。他们称赞黄克诚有战略眼光，对总的部署调整考虑得很细，同党中央想到一起了。刘少奇后来在同一位领导干部谈到黄克诚时说：我们对黄克诚的认识比较迟，像他这样能以战略高度思考问题并向中央提出建议的高级干部太少了。

9月17日，刘少奇为中共中央起草给在重庆与国民党谈判的毛泽东、周恩来的电报，提出"向北推进，向南防御"的战略方针。他写道："我们全国战略必须确定向北推进，向南防御，否则我之主力分散，地区太大，处处陷于被动，提议新四军江南主力即转移到江北，皖南皖中新四军第七师也可向北撤退，从山东、华中抽调10万至15万人北上，以控制冀东、热河。"刘少奇在电报中特别提道："黄克诚提议陇海路以南兵力北调，以热、察、东北为全国第一战略根据地，以山东、太行为第二战略根据地，其余为卫星，他认为，如此可以长期坚持，一切不怕。"①9月19日，毛泽东回电表示"完全同意"。同一天，中共中央向全党发出《目前任务和战略部署》的指示电，明确提出了"向北发展，向南防御"的战略方针。并指出："只要我们能控制东北及热察两省，并有全国各解放区及全国人民配合斗争，即能保障中国人民的胜利。"②

从中央发出的指示中不难看出，黄克诚的建议被采纳了。紧接着，中共中央根据这一战略方针调整加快了向东北进军的部署，包括黄克诚领导的新四军第三师在内的各路人马，迅即从陆路、海路向东北进发。同时，中共中央采纳黄克诚的建议，于10月将孤悬江南、生存困难的新四军第一师调往江北，这不仅加强了苏北和山东的力量，而且将陷于国民党重兵包围的粟裕率领的新四军第一师主力解救出来。

9月20日，刘少奇以中央书记处名义亲自起草给华中局转黄克诚的复电："你的提议中央同志都看过，并在原则上同意你的意见。中央关于目前战略部署电谅已收阅。望你以后多提意见。"③

二、周密进行北进准备

1945年9月23日，也就是淮安解放的第二天，全城军民正走上街头，敲锣打鼓，载歌载舞，欢庆胜利。而作为苏北地区党政军的主要领导人，黄克诚却心中清楚，国民党绝不会让根据地人民安居乐业，休养生息，经过八年抗战、浴血奋斗的抗日根据地，很快将成为国民党军向我进攻争夺的战场，根据地人民还将作出新的牺牲。全国人民正面临着一场新的严峻的斗争。正当他在刚刚搬进城里的一间办公室里来回踱步，思谋着部队下一步的行动时，机要秘书送来一份华中局转发的中共中央、中央军委的电令："调三师全部四个旅，补足每旅七八千人，于

① 中共中央文献研究室编，刘崇文、陈绍畴主编：《刘少奇年谱》，中央文献出版社1996年版，第494页。
②《刘少奇选集》上卷，人民出版社1985年版，第372页。
③ 中国人民解放军历史资料丛书编审委员会编：《新四军文献》（5），解放军出版社1995年版，第310、311页。

二十日内到山东蒙阴待命。"同一天,新四军副军长张云逸、政治委员饶漱石也电令第三师,至迟于 10 月 1 日出发。25 日,又接到中央军委电示:"黄克诚所率主力三万五千人应开赴冀东,归林彪指挥。"①

黄克诚原来计划,两淮战役之后,立即集中三师主力,收复苏北被伪军盘踞的最后一个城市盐城。在解放淮安的当天,他就指示参谋长洪学智、政治部主任吴法宪率主力先行东进,围攻盐城,他自己在参加完华中局召开的会议后,将立即出发,赴盐城前线指挥作战。现在,中央和军委决定调第三师进军东北,解放盐城的任务只好暂时放下,由兄弟部队承担了。

对于中央和军委调第三师开赴东北,黄克诚衷心拥护。他认为,第三师是华中新四军主力之一,驻地靠近山东,便于最快地向北机动,从华中抽调部队北进,第三师应为首选之一。

军情紧急,不容迟缓。黄克诚立即致电洪学智、吴法宪,命令部队停止行动,接受新的任务,并要他们迅速赶回师部开会。

洪学智是个得知有新任务就立刻兴奋的人,看完电报后对吴法宪说:"胖子,新任务肯定比打盐城重要,咱们赶紧回吧!"

洪、吴两人策马赶回师部,顾不上吃饭,便径直到了黄克诚的办公室。黄克诚把中央军委和华中局的电报递给洪学智,说:"你们先看看,咱们再研究怎么准备。"停了片刻,黄克诚接着说:"苏联出兵东北后,中央已令万毅部开往东北,延安的两个团和冀中、冀鲁豫各一个团也赴东北。又令山东抽调四个师去东北。现在又确定我三师北进。这是党中央的战略决策,意义十分重大。这是一次大转移。给我们的时间不多,编制要调整,人员要配齐配强,留下来的部队怎么编也要一并拿出方案,还有物资装备、思想政治动员,都要想得细一些。工作要往前赶。"说罢,黄克诚吩咐警卫员准备饭。三个人边吃边讨论,很快就以上问题统一了意见,拟出了方案。接着,一边向华中局和军部报告,一边召集旅以上干部作部署。

在旅以上干部会上,黄克诚说:我们第三师这次北进东北,是中共中央、中央军委作出的重要战略决策,是整个战略部署的一部分。顺利实现这次战略转移,对于我军将来的长远发展,争取战略主动权,意义深远。我希望我们领导干部要充分认识这一点,自觉地,坚定地认真组织完成好北进的任务。黄克诚针对抗战胜利后部分干部战士中反映出来的"革命到头""地域观念""害怕吃苦"等思想,要求领导干部要保持清醒的头脑,认清国民党反动派的本质,千万不能对蒋介石的和平阴谋放弃警惕。第三师在苏北浴血奋战五年多,同苏北人民结下了深厚的感情,基层干部战士很大部分是苏北人,现在要离开这片养育自己的土地,肯定有些难以割舍,但我们是共产党人,要牢记我们的使命。请大家搞好动员教育。

① 中国人民解放军历史资料丛书编审委员会编:《新四军文献》(5),解放军出版社 1995 年版,第 310、311 页。

考虑到这次行动对外需要保密，同时，苏北的气候和生活条件较好，远离家乡去寒冷的东北，肯定会有一些人产生思想波动。因此，黄克诚确定，在进行北上动员时，对北进的最终目的地东北，采取分阶段逐步传达的办法。在苏北，先传达到团级以上干部。"营连基层干部和其他人员是逐步传达的。"

为对全师人员动员教育时确保对任务有一个统一明确的口径而又不致泄密，黄克诚在下达北进命令时，对北进的主要任务作了精妙而简练的概括："奉军委命令，我师北进收缴敌伪枪械，扩大解放区及随时打击顽军向我进犯。"命令虽隐去了最终目的地，但明确了进军的依据、方向和主要任务。事后证明，上述做法是必要的，也是成功的。三四万人的一支队伍，仅经过几天的动员准备，就顺利出发，踏上千里征程，开往陌生而寒冷的东北战场，最终比较顺利地到达了东北。后来一位领导干部问黄克诚："你们是怎么把这么大一支队伍从富庶的苏北平原动员到荒芜而严寒的东北的？"

黄克诚幽默地回答说："骗来的！"

对方不解地问："此话怎讲？"

黄克诚说："三师基层干部战士大部分是苏北人，当时抗战刚刚胜利，打了七八年仗，谁不希望过和平安定的日子，谁愿意远离父母妻儿从鱼米之乡到东北去吃高粱米？！而北进的准备时间只有几天，又是一次机密性较强的战略行动，来不及也不必要大张旗鼓地进行动员教育，有些东西，如最终目的地，在一定时间内，只能少数领导掌握，不能影响士气呀。所以，我们开始说是去山东，到山东后又说是去河北，直到河北玉田时，我们才向全体人员说是要抢占东北，建立东北根据地。这中间尽管有些意志不坚定、家乡观念严重的人逃跑回家，但数量不多。这些人中有人说我们骗了他们，也不能说人家没一点道理。不过，我们是领着他们将革命进行到底。"

事实上，出发前根据黄克诚的指示，第三师各级抓紧时间普遍进行了深入的动员教育，克服了日本宣布投降后一度出现的"革命到头""幻想和平""地域观念"等思想，广大干部战士纷纷表示决心，积极做好准备，听从组织决定。

黄克诚还在苏北区党委会议上作了动员部署。他要求各级党的组织和抗日民主政府搞好拥军优属活动，帮助部队做好干部战士亲属的思想工作，对主力部队战略转移给予积极支持，积极动员优秀的地方干部、共产党员和青年自愿报名参军。

在进行动员教育的同时，黄克诚组织师旅领导部署实施北上的行动准备。

为探明行军道路，筹集粮秣，保证大部队顺利开进，9月25日，黄克诚即命令师参谋处长沈启贤、第八旅副旅长胡继成率先遣队先行出发。先遣队由师侦察队、第七旅骑兵连、第八旅和第十旅侦察分队组成。这是一支机智勇敢、装备较好的精干队伍，除骑兵连外，其他人员均配备了自行车、短枪。行前，黄克诚向沈启贤和胡继成交代说：你们先遣队的任务一是为全师探路、设营，侦察敌情，可说是开路先锋，要及时同兄弟部队和根据地领导沟通联系，求得他们的帮助。二是筹集粮食、被服、武器。这第二项任务尤其要紧，东北天气冷，没有厚棉衣过不了冬天，没有粮食就要饿肚子。还有，日军遗留下不少武器，要尽量收集，越多越好。

先遣队不负重托，在十分困难的情况下，积极工作，为后面的大部队顺利开进创造了不少便利条件。

由于在抗战时期实行主力地方化，部队编制不够统一。这次北上，黄克诚决定，要统一整编，旅以下按三三制，做到齐装满员，配齐配强各级干部，使一批地方武装升级为主力，并规定了集中整编补充的地点。确定第七旅在淮阴、第八旅在淮安、第十旅在胡集镇补充兵员、装备。各旅均恢复了团建制：建阳独立团改编为第七旅第二十一团；射阳独立团改变为第八旅第二十三团；配合第二师执行任务的独立旅在淮海区里仁集归建；阜宁独立团改编为特务第二团；淮安独立团改编为特务第三团。经过改编，全师共4个旅、3个特务团，总计3.5万人。

黄克诚考虑的另一个重要问题是领导干部的配备。张爱萍调走后，一直没配副师长，他这位师长兼政委只有两个助手，即参谋长洪学智、政治部主任吴法宪。为适应下一步指挥作战任务的需要，经再三考虑，他向华中局和中央军委建议，由资历较老、军政皆优的刘震和足智多谋、雷厉风行的洪学智任副师长，善于指挥作战的彭明治任师参谋长。军委批准了对刘、洪任职的建议，彭明治到冀东后另有任用，参谋长一职由洪学智兼任，旅团领导还作了部分调整。这样，第三师北进的编制序列就正式确定下来了：

师长兼政治委员黄克诚，副师长刘震，副师长兼参谋长洪学智，政治部主任吴法宪；供给部部长刘炳华，政治委员苏焕清；卫生部部长吴之理，政治委员张化一。

第七旅旅长彭明治，政治委员郭成柱，副旅长王东保，参谋长黄炜华，政治部主任刘锦屏；供给部部长郑善庚、政治委员林庆希；卫生部部长王成旭、政治委员沙居光。下辖第十九、第二十、第二十一团，团长、政治委员依次分别是：张万春、魏佑铸，彭风、宋维栻，马仁辉、吴盛坤。

第八旅旅长张天云，政治委员李雪三，副旅长胡继成，参谋长庄林，政治部主任陈志芳；供给部部长沈东、政治委员张百川；卫生部部长牛步云。下辖第二十二、第二十三、第二十四团，团长、政治委员依次分别是：王良太、姚书梅，李荣泗、于辉，刘岱、沈铁兵。

第十旅旅长钟伟，政治委员刘彬，参谋长黄忠诚，政治部主任贺大增，供给部部长肖志贤，卫生部部长刘德茂。下辖第二十八、第二十九、第三十团，团长、政治委员依次分别是：郑全高、罗友荣，王凤余、田养泉，肖志松、晁福祥。

独立旅旅长兼政治委员吴信泉，副旅长冯志湘，参谋长杨启轩，政治部主任石瑛，供给部部长张德胜，卫生部部长高良。下辖第一、第二、第三团，团长政委依次分别是：喻和坦、蔡永，吴大林、吴书，张竭诚、李少元。

3个特务团团长、政治委员依次分别是：郑贵卿（后陈念保）、黄励华，高昆峰、陈友仁，何文清、杨宝生。

经过统一整编，在对日顽作战中涌现出的一大批骨干，被选拔配备到各级领导岗位，兵员按照编制得到了充实，特别是经过广泛深入的思想教育，部队士气高昂。黄克诚到就近的几个团进行了检查，了解部队行动前的各项准备工作进展情况。看到部队秩序井然，干部战士精神饱满，他十分高兴。但也发现，部分领导干部对困难估计不足，比如，认为抗战胜利了，供应会得到改善，行军不必带那么多衣物，有的领导干部听说东北遍地都有日军遗弃的武器，可以随便拿，现在装备的老旧武器干脆都留给地方武装。当时新四军军部也发出通知，"进军东北的部队可将武器留给地方武装和民兵，到东北后可向李运昌部更换获得新式武器"。但黄克诚认为，这样做欠妥。他在旅以上干部会上明确地指出：我们要把不利因素尽量想得多一点，做到有备无患。情况瞬息万变，几万部队开到东北，万一拿不到武器怎么打仗？而且，千里行军，路上遇到情况，没有武器行吗？该带的武器不能留，要全副武装上路，多余的可以留下。后来的事实证明，黄克诚的决定是完全正确的，所谓东北到处堆积着武器物资的说法，显然是被夸大了。第三师如果不是全副武装到东北，就吃大亏了。

另一项准备工作是筹集棉衣、棉被。当时已进入秋季，黄克诚计算了一下时间，赶到东北至少要一个多月。冬季一到，这么多人没有棉衣挨冻怎么办？他指示供给部加紧赶制部分棉衣棉被，旧的棉衣棉被也要带上。在苏北，9 月的白天还有些闷热，而且大多数干部对北方特别是东北的严寒没有实际体验。听说要赶制棉衣、棉被，颇不以为然。11 月部队赶到辽西时，就遇到了一场大雪，天气骤冷，这时，干部们才体会到黄克诚想得周到，有预见性。

9 月 28 日，黄克诚向全师下达了北进的命令。命令指明了北进面临的情况，提出了任务，明确规定了进军部署、路线，定于 10 月 3 日出发，要求北进部队做好充分准备。

命令还对行军联络、保守机密、军容卫生、群众纪律等注意事项，作了明确规定。各部队据此对准备工作进一步作了检查督促，真正落实到每个指战员。

黄克诚对亲手创建和领导的苏北根据地和留在根据地的战友们充满深厚的感情。为了保证第三师主力北进后，能继续坚持和发展根据地，在干部和地方武装的编配上，也反复酝酿，并多方征求意见，最后报请新四军首长批准，确定留下覃健（任淮海军分区司令员）、谢祥军（任盐阜军分区司令员）、曹荻秋（盐阜地委书记兼军分区政治委员）等一批高级军事干部和地方武装，共约 3.5 万人。后组建为 2 个纵队（军）。

临出发前，黄克诚逐个找领导干部谈话，深情地指出："主力一走，你们肩上的担子更重了，既要发展壮大根据地，还要反蒋侵蚀，压力不小，但我相信你们能干好。"[1] 他还找到留在盐阜军分区担任副政治委员的杨光池和参谋长陈克天，对他们说："现在和平空气很浓，你们留在盐阜，仗还是有得打的，民兵不能放松，

---

[1]《黄克诚纪念文集》编委会编：《黄克诚纪念文集》，湖南人民出版社 2002 年版，第 372 页。

地方武装不能放松，一个县至少再扩一个营。还有，要给你们提一个任务，准备复员的同志，很多是晋察冀的老八路，还有一些老红军，出生入死，连家也没有成，你们一定要想办法帮他们成个家。好在我的区党委书记的职务还没有免，用区党委的名义要地方办好这件事，那我就安心了。"①

留在苏北的这批干部，在艰苦的抗战岁月里，与黄克诚结下了深厚的友谊。如今，这位宽厚大度、深孚众望的师长就要与大家分别了，干部们都觉得有些依依不舍。但为了革命发展的需要，又都表示听从组织安排，不负老师长的嘱托，做好工作。他们都知道黄克诚身体较弱，有气管炎，对他能否承受住东北的严寒表示担心和忧虑，要他千万保重身体，还特别叮嘱管生活的供给部长和管理人员照顾好老师长。原政治部副主任杨光池，手捧一件半新的毛绒衣深情地对黄克诚说："黄老，天气已凉，你把它带上，多少能挡些风寒。"北进开始后，黄克诚一直穿着这件毛绒衣。淮安市委还请当地裁缝赶制了一件带毛领的蓝呢子大衣，代表当地群众送给黄克诚。这件大衣黄克诚一直没有穿过，现在被第三十九集团军军史馆收藏。

那时，黄克诚的妻子唐棣华身体很差，尿糖四个"+"号；大女儿黄楠三岁，因是早产儿，营养又跟不上，体质较弱；儿子黄煦才一岁半，他们母子三人怎么办？黄克诚歉疚地对妻子说："部队去的地方，又是去打仗，恐怕不能随军。你带着两个孩子有很多不便。这样好不好：你带着孩子回家看看老人，跟老人家商量商量，能不能放在她那里，等革命胜利了，我们把孩子一同接来。"

唐棣华同意了。她带着孩子离开部队到了上海，一边治病，一边设法与家人联系。得知逃难的母亲回到了武汉，就带着两个孩子前往武汉，将他们寄养在母亲家里。

三、率三师兼程北进

经过近10天紧张有序的准备，黄克诚率领第七、第八旅和两个特务团，按预定时间于10月3日从淮安出发，第十旅从胡集出发，向北挺进。独立旅因部队组织改编，赶制棉衣，于10月10日出发，并作为师后卫部队跟进。师供给部、卫生部、军工部和特务第一团及地方干部两千余人为后梯队，于10月18日启程。自此，这支同苏北人民并肩作战结下深厚情谊的队伍，告别了苏北的父老乡亲，踏上了进军东北的千里征程。

为了不惊动驻地群众，各部的出发时间都定在黎明时分。但老百姓还是知道了部队移防的消息。他们早就准备了欢送的礼物，有的提着煮熟的鸡蛋鸭蛋送给战士们路上吃，有的杀鸡宰鹅送到连队，驻地政府和妇女会还组织做了一批军鞋、鞋垫，买了毛巾、袜子、手套等用品送给部队，充分体现了苏北军民对这支子弟兵的深厚情谊。

---

① 《黄克诚纪念文集》编委会编：《黄克诚纪念文集》，湖南人民出版社2002年版，第409页。

■ 1949年10月初，新四军第三师在黄克诚率领下，告别苏北根据地，向东北进军。图为苏北人民欢送子弟兵。

当时，山东八路军主力正向东北出动。根据中共中央9月19日指示，山东局改为华东局，陈毅、饶漱石到山东工作，华中局也在做北移的准备。华中局担心国民党军乘机入鲁，造成损失，指示第三师"在山东停留一时期再行北进"。黄克诚认为，华中局的担心不无道理，但在山东停留势必影响中央的整个战略部署。一定要同国民党抢时间。为此，黄克诚向华中局建议，第三师不宜在山东停留。

10月4日，黄克诚致电中央军委，陈述了自己的意见和建议："战略方针既已确定，应不顾部分情况变化，悉力求得主要方向达成任务，部分有损失亦不会危及全面。否则，局部情况轻易改变战略行动，并因部队疲于奔命，且可能造成不利之局面。""3师到山东后立即北进，不应停留。为防敌扰乱，可从苏中调一个旅接替东海赣榆地区。"①

中央军委6日复电黄克诚、刘震、洪学智并告罗荣桓、黎玉、张云逸、饶漱石："为了达成战略任务，三师部队在到山东后应兼程北进，不能在山东担负战斗任务。"

黄克诚命令部队加快行军速度。

从苏北到山东，沿途都是共产党领导建立的根据地，除过陇海路多用了一点时间，一直比较顺利。特别是进入山东老解放区，地方党和政府安排非常周到，在部队休息的地方都设置了茶水站，筹集了粮草，安排了住房。驻地的老百姓十

_____

① 《黄克诚军事文选》，解放军出版社2002年版，第380页。

分热情，他们为部队摊煎饼，煮小米粥，送花生、红薯，帮助战士们烧热水烫脚，大大激励和提高了干部战士的情绪，尽管不少人脚上打了血泡，崴了脚，但行军速度未受影响，没有掉队的。

10月11日，部队到达临沂地区后，师部驻临沂县城。这里是山东分局和山东军区机关所在地，第三师在这里安排休息两天，补充粮食。此时，从延安参加中共七大后来到这里的新四军军长陈毅，正根据中央指示，接替即将赴东北的罗荣桓的工作。黄克诚率部进军途中与陈、罗等领导相见，格外高兴。

黄克诚先向陈毅汇报了部队情况和下一步安排，陈毅向黄克诚介绍了七大的会议情况和中央对抗战胜利后形势的分析和斗争方针。陈毅对黄克诚说：你向中央建议迅速大举进军东北、建立战略根据地的事，我听说了，很有远见，完全符合中央的战略意图，中央领导很重视。向北发展的部署已定。你们第三师是我军主力之一，在苏北立了大功，到东北一定能取得更大胜利。

黄克诚说部队从苏北出发时，考虑到保密等因素，对进军东北的问题，只在团以上干部中作了传达动员，未向部队公开解释，营以下只是跟着走。有些同志有和平幻想，有些人不愿离开家乡。现在要继续北进，必须在更大范围内作一次再动员教育，让干部认清形势，明确进军东北的目的和战略意义。建议陈军长同第三师的营以上干部见见面，传达党的七大精神，讲讲形势，鼓鼓士气。陈毅慨然应允。

12日上午，在临沂城南的一个天主教堂里，陈毅接见了第三师营以上干部，发表重要讲话。

陈毅首先传达了党的七大精神。接着讲为什么要进军东北。陈毅说：同志们晓得不？东北可是个好地方哟！有啥子呢？有重工业，有丰富的矿藏，有大豆、玉米、高粱三大宝呢！所以嘛，蒋介石要抢喽。抢是不行的，人民不答应，共产党和八路军、新四军不答应！

陈毅分析了当前形势后说：东北可以成为中国革命胜利的基地，争取东北是党的七大提出的任务。毛主席预言，今后中国革命的胜利是先北后南，由北向南发展。这里我还要告诉大家，在进军东北这个重大问题上，你们的黄师长早就给中央发了电报，建议要派十万人出关，建立战略根据地。你们别看他眼睛近视，但那副近视眼镜可厉害了，是千里眼，看得远哩！

陈毅又说：我离开延安时，党中央和毛主席让我告诉同志们，我们是力争和平的，但不能抱有幻想，反动派是不会真心诚意和谈的。他们已磨好刀，准备向我们杀来。美国正帮助反动派从天上、地上、海上向东北运兵，内战不可避免，我们要做好充分准备，要与国民党抢时间，赶快进军东北，收复失地，不要错过时机。三师是我军主力，你们肩负重任，在执行伟大的战略任务。全党都寄很大希望于你们。希望你们轻装兼程，立马关外，在东北一展我新四军的军威！……

陈毅讲话铿锵有力，风趣幽默，博得大家热烈的掌声。

陈毅讲话结束后，黄克诚作了简短的讲话。他强调要坚定不移地贯彻党中央的决策和指示。他要求营以上干部，首先要认清形势，提高认识，打通思想，丢掉和平幻想，克服地域观念，带头克服困难，做好部队思想工作，加快行军速度，保证进军顺利。

经过短暂休整，10月14日，第三师指战员离开临沂，继续分左、右两路纵队北进。左纵队第八旅、第十旅归刘震指挥，右纵队第七旅、师直属队归洪学智、吴法宪指挥。黄克诚随师直属队行动。因出发不久他的腰扭伤，行动很不方便，有时骑马，有时坐担架，但他依然跑前跑后，了解行军情况。

部队很快走出重峦叠嶂、连绵起伏的沂蒙山区，进入广阔的华北平原。此时秋高气爽，视野开阔，十分适宜行军。为抓住这大好时机，黄克诚命令部队加快行军速度，由原来的每天平均60里，增加到80里。考虑到体力消耗增大，黄克诚找来师供给部长刘炳华，交代他每天给每个战士的伙食增加2两猪肉、1两油。油水足，热量大，士气旺，行军速度果然加快；一些轻病号和体弱的人又得到照顾，掉队的不多。

进军途中总体顺利，但铁路沿线仍有些伪军依靠坚固的防御工事同八路军对抗，等待国民党军来接收，并阻碍第三师的行动。黄克诚命令部队绕过去，继续前进。有的参谋人员不大理解，黄克诚说："消灭他们易如反掌，可你知道要耽误我们多少时间？不能因小失大，这点肉还是留给山东的同志吃吧！"

10月29日，部队刚刚走出山东到达河北景县，即接到中央军委来电，指示黄克诚率领第三师"先机控制山海关"。黄克诚命令部队以每天90里至100里速

1945年10月，新四军第三师部队向东北挺进。

度前进。经连续三天的急行军，不少人支持不住，生病和掉队人员增加。到达献县时，黄克诚决定休息一天。11月3日继续北进，跨过永定河，穿越（北）平（天）津路，于11月10日，抵达冀东三河、玉田一线。由于连日降雨，道路泥泞，部队又没带雨具，黄克诚决定就地休整两天，补充粮食，确定出关路线。

在部队穿越平津路以后，气氛已感到有些紧张。"天上的飞机很多，国民党在用飞机运兵"，"平津公路上不时有美国兵的汽车来往"。当时，国民党军几乎是与共产党的军队齐头并进，争夺东北。蒋介石用美国军舰将汤恩伯所辖的第十三军和五十二军共5万多人，分别从香港和越南出发，于10月30日运至秦皇岛登陆。11月1日即开始向守卫山海关的李运昌部发动进攻。3日，杨国夫率领的山东第七师赶至山海关，共同迎击国民党军的进攻。第三师到达玉田时，山海关保卫战正在激烈进行。

11月7日，中央军委致电黄克诚，指示他率第三师避开国民党军，取捷径从山海关以西离作战地带以外的地区，隐蔽进入锦州以西，并指挥山东梁兴初率领的第一师一同前进。9日，黄克诚致电中央军委，报告说，梁兴初师11日向喜峰口、平泉前进，新四军第三师各旅跟进。黄克诚建议军委电示东北局在沿线准备粮草，到平泉后乘火车前进。因无密码，黄克诚同林彪和东北局尚未沟通无线电联络，他还不知道，此时平泉铁路已被国民党军破坏，沿线土匪横行，秩序很乱，刚成立不久的东北局还没有控制局势，东北人民自治军总司令林彪刚到东北，还未建立起自己的司令部，通讯联络暂靠李运昌部队的电台。

11日，中央军委复电黄克诚：不要走喜峰口、平泉线，应走冷口及界岭口，取捷径赴锦州，并告诉黄，由冀东经冷口、界岭口到锦州路上，全靠你们自己办粮草，不要希望坐火车。

12日，黄克诚又接到中央军委转来的林彪和彭真的电报，要他率部直趋山海关，配合杨国夫等部歼灭向其进攻的国民党顽军。13日，再次接到李运昌和中央军委转来的林、彭电报，指示黄克诚部暂勿向锦州、义县前进，改而向义院口、驻操营前进，并要黄统一指挥新四军第三师和山东梁兴初第一师集结于抚宁地区，待机歼敌。而此时黄克诚正率部向冷口进发，第七旅和主力团14日即日可到达冷口出关，梁兴初率领的山东第一师已出冷口，如果梁师全部集中到抚宁需六天时间。两天之内，收到两种不同的命令，任务也不同，究竟如何执行，黄克诚很是踌躇。为慎重计，黄克诚于14日将上述情况电告军委，请求指示。当日，即收到中央军委来电，命令黄克诚率三师与梁兴初师迅速平行前进，限24日到达锦州地区休整。15日，又接到军委来电，命令黄、梁两部仍照原定路线，迅速向锦州前进，"集中锦州，消除疲劳，准备消灭敌人"。

遵照中央军委的命令，黄克诚要求部队以每天80里的速度行军，迅速从冷口出关。这一段都是山路，蜿蜒崎岖，山势陡峻，又遇上一场早来的小雪，道路十分难走。胡继成率领的先遣队，不得不用心爱的自行车跟当地老百姓换成马。马车不能通过了，就把粮食等物品分给战士背。战士们踏着积雪负重疾行，尽管天气已冷，但个个累得气喘吁吁，汗水浸透了薄薄的棉衣。这一地区由于长期受日伪统治，加之土地贫瘠，老百姓很穷，而土匪却很猖獗，刚过长城不久，第八旅就在一个叫文家子的地方遭遇 600 余土匪袭扰。黄克诚指示部队不要与土匪纠缠，加紧赶路。至 25 日，第三师主力部队先后到达锦西江家屯（今钢屯）地区，后卫部队也陆续到达。至此，新四军第三师 3 万多人，在黄克诚率领下，徒步行军 1500 多公里，跨越江苏、山东、河北、热河、辽宁五省，历时 50 多天，胜利完成了进军任务。

在奉中共中央命令进入东北的各部队中，新四军第三师是路途最远、人数最多的部队。他们坚决执行党中央和中央军委的命令，在 50 多天里，发扬红军长征精神，战胜疲劳、伤痛，忍受饥饿、寒冷，风雨兼程，长途跋涉，与国民党军赛跑，确是一件值得称颂的革命壮举。毛泽东在提到八路军、新四军向东北的大进军时评价说："这是有共产党以来第一次大规模的军事调动。""是又一个几千里的长征。"[①] 这次战略部署的完成，为建立东北根据地，打破国民党独占东北的企图，争取了先机，也为此后与国民党军决战，争取东北及全国的解放创造了有利条件。

---

①《毛泽东军事文集》第 4 卷，军事科学出版社、中央文献出版社 1993 年版，第 73 页。

第十六章　再三建言建立巩固的东北根据地

一、力陈避免仓促决战、及早建立根据地

黄克诚率领新四军第三师到达东北前后，由于国民党加快了争夺东北的部署和行动，东北的形势变得复杂而紧张。中共中央关于东北的部署不断调整，迭次发出指示，要求歼灭国民党军。而当时环境条件恶劣，社会混乱，黄克诚率领的部队处于极端困难之中。他直面现实，冷静思考，一方面服从大局，执行命令，准备在林彪指挥下打击敌军；一方面又实事求是地致电中共中央、东北局，如实反映遇到的困难，建议避免决战，把发动群众、建立根据地作为当务之急。

按照中共中央和毛泽东11月15日的部署，新四军第三师和山东第一师开至锦州、锦西、兴城三角地区，先休整部队，消除疲劳，补充枪弹，熟悉地理民情，创造战场，演习夜战，俟敌进至绥中地区或兴城地区待疲劳消耗至相当程度时，集中最大兵力，由林彪或罗荣桓指挥，举行反攻，分作几个战斗，歼灭北进的国民党军，"从战略上解决问题"，挫败蒋介石抢夺东北的锐气。①

但形势变化急剧。11月16日，国民党军第十三军、第五十二军凭借其优势兵力和美械装备，攻占山海关，并乘虚沿北宁路向锦州方向突击前进。与此同时，国民党政府向苏联政府发动外交攻势。经交涉，苏联允许国民党空军在苏军撤退前五天空运部队接收东北各大城市，有苏军之处不准东北人民自治军与国民党军作战，并要求东北人民自治军退出铁路沿线若干里以外，以便国民党军接收。

在上述形势下，中共中央决定，改变原来"独占东北"的方针，退出大城市和主要交通线，"让开大路，占领两厢"，以控制中长路以外中小城市、次要铁路和广大乡村为工作重心，建立群众基础，作长期打算。同时继续向东北局、林彪和黄克诚等发出命令，指示要打击北进的国民党军，迟滞其前进，寻机消灭敌人。

11月17日，中央军委致电黄克诚、程子华、李运昌、沙克等并告林彪、彭真："筱（即17日）蒋军开始空运沈阳；蒋为陆空配合，主力必沿北宁路猛进。

---

① 《毛泽东军事文选》第4卷，军事科学出版社、中央文献出版社1993年版，第143页。

我必须尽量消耗、疲劳迟滞顽军前进。""黄、梁两师迅速集结锦西县城以西山区，待敌深入锦西、兴城线，从敌左侧后突然攻击，求得消灭其一二个师。"

21日，中央军委又电示黄克诚、林彪："黄师、梁师，在林彪命令下，坚决打击由山海关向锦州前进之顽军，力求歼其一二个师，控制铁路一段，截断顽军后路，以煞顽军威势，阻止前进，以掩护我从沈阳、长春等大城市有秩序地撤退。"

接到中央21日的电令时，黄克诚率领第三师主力刚到乾沟一带。这里距锦西县城以西还要三天多的路程。黄克诚命令部队加快行军速度。

自出关以来，部队顶风冒雪，翻山越岭，已跋涉七八天了。黄克诚的腰伤还未痊愈，平路上挂根棍子走，遇到山路只好坐担架。他一边匆匆行军，一边了解沿途社情民情和部队行军情况，思考如何把这支3万多人的队伍尽快安顿下来，投入作战。这时，部队除了因连续行军十分疲劳外，所带经费越来越少，而沿途老百姓很穷，土匪又多，派出的不少先遣人员征不到粮食，还遭土匪袭击；有时花钱也买不到东西，物资供应十分困难，病号不断增加。向东北局发报请示不见答复。黄克诚一路上思考着一个急需解决的问题：这么多部队涌进东北，后勤保障怎么办？伤病员怎么安置？在哪里落脚、建立根据地？

11月22日下午，黄克诚致中央军委电报，报告了第三师的行军路线、沿途情况和到达地点。电报说，锦州、兴城、绥中线以西土匪甚多，旧政权瓦解，县区新政权无法推行政令，村级政权尚未建立，无大部队打土匪掩护，后方无法建立。他建议军委"尽快明确在何地建立根据地"。

第三师出关以后，因没有这一地区的地图，全靠边走边问，部队走了不少弯路。而且，未同林彪直接沟通无线电联络，有关事宜，只能通过军委和东北局接转。究竟在哪里落脚，如何作战，只有同林彪见面后才能确定。

22日晚，黄克诚终于接到了东北局转来当日16时林彪签发的电报。他才知道，从山海关沿北宁路北进的国民党军，已占领绥中、兴宁，突进至锦西以北，也就是说，军委原定的绥中阻敌计划已不能实现。林彪在电报中要求黄克诚率领的第三师主力开至江家屯附近，到那里再找他们。据此，黄克诚决定派副师长兼参谋长洪学智立即骑马赶往江家屯，当面向林彪汇报部队情况，帮助解决困难，受领作战任务。洪学智回忆说：黄克诚师长把我叫到他的担架旁，说："3师困难太大了，不及时解决，无法完成毛主席、中央军委交给的作战任务。林彪从沈阳到了北宁线，你带一个先遣队，到锦州西南的江家屯找到指挥部，向林彪汇报3师的困难，请他指示解决。"黄克诚特别吩咐洪学智报告林彪："3师部队到东北后，完全听林总指挥，在林总指挥下，坚决完成任务。"①

林彪听了洪学智的汇报以后，知道新四军第三师三个主力旅已到达锦西地区，加上山东的第一师、第七师和冀热辽军区的部队，共有四五万兵力，便决定在锦西高桥以西打一次大规模歼灭战。他在11月23日给黄克诚、杨国夫并军委、东

---

① 《洪学智回忆录》，解放军出版社2002年版，第228页。

北局的电报中，命令黄克诚师、梁兴初师迅速到江家屯地区一带休整，恢复体力，鼓舞士气。同时派出高级干部侦察地形，提供作战意见，并控制大小虹螺山，构筑据点；令冀热辽军区参谋长沙克部在高桥附近抗击牵制敌人；令杨国夫部队一个团接近铁路，逼近与吸引敌人，其主力立即到杨家杖子、毛家屯一带。

林彪在电令中强调：此战关系全国政治形势，关系东北前途，必须以最高度的积极性与勇敢组织进行这一战斗，尽可能求得部队足食足睡，蓄养精力，以便猛冲敌人，同敌人肉搏。

黄克诚赶到江家屯后，立即按林彪指示，命令各旅就地安排部队抓紧休息，并派出领导干部侦察地形，抽调得力人员筹集粮食，整理枪支弹药，待命投入战斗。这时，林彪正在锦州附近的一个村子指挥部队准备在高桥以西侧击北进的国民党军。但由于国民党军是机械化行军，走的是公路，装备精良，气势正盛，在占领锦西后，继续北进，于25日分路猛攻锦州，林彪只好命令守城的李运昌部撤离。26日，锦州被国民党军占领。

黄克诚原打算部队到江家屯地区之后，先组织休整几天。江家屯是个大屯子，距锦州约50公里，黄克诚决定把师后方和医院设在这里，准备在此收容伤病员，在附近征集补充粮食和棉衣、棉鞋、棉帽。

这时的第三师太需要休整了。经过50多天的长途跋涉，因伤病、逃亡掉队，已减员4000多人。干部战士疲惫不堪，寒冬已至，衣被单薄，特别是先遣部队，只带了单衣；携带的药品已基本用完。原指望到东北以后供应会很快得到改善，但没想到出关以来，情况越来越糟。地方政府和部队不知去向，土匪横行；本来山区就人烟稀少，老百姓又关门闭户或四处躲避。部队派出的征粮队常遭土匪袭击，从苏北出发时中央通报所说的"东北各地，武器物资甚多，可以随便拿到"的情况并未出现，所幸带了部分武器，但都比较陈旧。黄克诚深深感到，目前情况下应暂时避免与气势正盛的国民党军决战，先打土匪，建立根据地，站稳脚跟。否则，后果不堪设想。

11月26日，黄克诚拟就一份急电发给远在延安的毛泽东，电报说：

> 部队五十多天行军，极疲劳。因自华中起，沿途动员均从乐观心理出发，说沿途坐火车、汽车及东北装备好等，现遇到极为困难之情况，无党、无政权、无粮食、无经费、无医药、无衣服鞋袜等，部队士气受到极大影响，锦州、山海关以西北地区土匪极多，少数人不能通行，战场极坏，而敌人已占锦州，将直到沈阳、长春。
>
> 我提议：我军应暂不作战，进行短期休整，消除疲劳，再进行作战，并以一部主力去占中小城市，建立乡村根据地，作长期斗争之准备。
>
> 我与林彭罗[1]初见面，特向你提议，是否有当，请考虑。

---

[1] 林彭罗，指林彪、彭真、罗荣桓，当时分别任东北人民自治军总司令、东北局书记兼第一政治委员和第二政治委员。

11月27日晨，根据林彪命令，黄克诚率部队向翻车沟开进，准备在高桥、塔山一带继续侧击国民党军后续部队。出发前他又给中央军委发电，略谓："从锦州溃散下来的李运昌（原冀热辽军区司令，时任东北人民自治军副司令）部队甚多，这些部队多数是由伪军改编的，被国民党军俘虏及自动缴械者为数很多。同时，东北国民党特务、土匪甚多，部队少数人外出常受到袭击，如不早着手建立根据地，主力在东北很难应付。"

中共中央对黄克诚反映的情况和意见很重视。11月28日，毛泽东和中央军委复电黄克诚，"直接向东北局请示和提出建议。关于部队编制、干部配备、活动地区和作战等问题，可与林彪坦白商谈，并由你和林向中央提出意见解决"。就在这一天，李天佑[1]不期而至。

两人分别已近10年，战地重逢，分外亲热。但军情紧急，来不及长谈，李天佑说：受林总委托，我已找了你们好多天了，今天才赶来，一是欢迎你们这支最大的主力顺利到东北，二是向你报到。

原来，11月15日黄克诚即接到军委转来的林彪、彭真、罗荣桓署名的电报，派李天佑任新四军第三师第一副师长，刘震任第二副师长。这个安排，让黄克诚感到很难办。因为刘震、洪学智的任职命令已宣布，如果李天佑来，可能引起误会，不利于工作。李天佑的能力黄克诚自然了解，是完全胜任的。但刘震、洪学智均在三师工作多年，能力也相当不错。当时正在行军，为避免引起误会，影响团结，所以，黄克诚暂时把电报压下来未宣布。这次与李天佑见面后得知，林彪的驻地就在相距二三十里路的李家屯时，黄克诚决定立即到林彪处当面作一次汇报，请示解决有关问题。他即随李天佑策马赶往李家屯。

林彪正坐在一把椅子上，聚精会神地看地图，见黄克诚来了，遂站起来握手让座。这是黄克诚到东北后第一次见到林彪。其实，黄克诚与林彪早在中央苏区时就认识了。黄克诚年长林彪4岁，对林彪的军事指挥才能是很佩服的。林彪也知道黄克诚是一位文武兼备、能开创局面的高级干部，他率领的新四军第三师又是一支人数最多的主力部队，对黄克诚很尊重。他一边招待黄克诚吃油炒黄豆，一边仔细听黄克诚汇报。

黄克诚说：第三师从苏北出发两个多月来，兼程北进，一直未得到休整，途中因病、逃亡、掉队等，减员很多，目前人员得不到补充；武器装备还是从苏北带来的，很陈旧；干部战士衣着单薄，冻伤不断增加，而东北土匪猖獗，进入东北的部队还未得到老百姓理解和支持。我们是疲惫之师，且无根据地作依托，而敌人是乘轮船、飞机而来的精锐之师。"策疲乏之兵，当新羁之马"，是不可取的。当前最重要的是利用冬季不利作战这段时间，发动群众，建立后方，站稳脚跟，逐渐发展壮大自己，待明年春季再作战为好。

---

[1] 李天佑，广西临桂人。1929年参加百色起义。1931年以后在红三军团历任副团长、团长、师长。1936年5月红军西征时和黄克诚搭班子。他比黄克诚小12岁，是一位优秀的年轻高级将领，1945年从苏联陆军大学毕业后回国，10月底与林彪一起到东北，暂在前总指挥部工作。

此前，林彪已看过黄克诚发给东北局的部分电报，到锦州附近的这段时间也了解了其他一些部队的情况。从关内刚刚到东北的各部队，大体与黄克诚谈的情况差不多，有的还不如三师，如山东来的梁师、杨师连棉衣也未带，武器也带的很少。所以，林彪对于黄克诚所说的情况和建议，表示赞同。

就在这时，林彪、黄克诚收到了中共中央的来电。来电指出：近两个月来我在东北有极大发展，但主力初到，且甚疲劳，不能进行决战，而因国民党乘虚突入，占领锦州等，将进占沈阳等地，东北问题又引起中美苏严重的外交纠纷。苏联由于条约限制，长春路沿线各大城市将由蒋介石接收，我企图独占东北已无可能，但应力争我东北之一定地位。"目前你们应以控制长春路以外之中小城市次要铁路及广大乡村为工作重点。"电报还指出：你们部队如不能进行胜利的战斗，则应避免作战，免被敌人各个击破。应将一部分主力分配去控制中小城市次要铁路和广大乡村，有重心地建立根据地，作长期打算。但林彪在北宁路，罗萧（指罗舜初、萧华）在东满均各须组织一支野战军，作为机动突击力量。[1]电报还对部队部署调整作出了指示。

对中央的决定，无论黄克诚还是林彪，都十分赞成。

接着，黄克诚就李天佑等干部任职调配、部队编组等问题谈了自己的想法，林彪也原则表示同意，并建议他向东北局反映。

当时进入东北的部队来自山东、华中、冀鲁豫、冀热各根据地，领导干部各个"山头"的都有，黄克诚认为，干部的配备，部队的整编，应取十分慎重的态度，要统一衡量，综合考虑干部的德才资，并照顾各个"山头"，以有利于团结，有利于调动干部的积极性。28日当天，他致电彭真、罗荣桓和东北局，阐述了自己的意见和建议。

黄克诚说：李天佑同志到第三师任副师长，我认为不适宜。刘震、洪学智两个副师长均在第三师工作很久，能力相当，李来等于使刘、洪降级使用，会影响刘、洪情绪，并容易引起下面干部误会。

黄克诚对进入东北的部队整编和干部配备提出了建议：已进入东北之5个师与第三师4个旅可编成3个纵队，以第三师七旅和山东第七师合编为1个纵队，由李天佑、彭明治、杨国夫统率；以山东第一、第二、第六师合编为1个纵队，由陈光、梁兴初等统率；以第三师第八旅、第十旅和邓克明旅合编为1个纵队，由邓克明、洪学智、吴法宪统率。黄克诚在电报中说：如不能照上述建议改编而必须派李天佑同志来加强第三师军事领导时，则解除我的师长职务，以天佑任师长，我专任政治委员，因我身体不好，特别是腰部脊骨跌伤，经常发作，指挥战斗甚感困难，解除我的军职，由天佑担任，既可加强军事领导，又可免除刘（震）、洪（学智）工作变动，较为适宜。此足见黄克诚的坦荡胸怀。

黄克诚的建议因东北战局变化等原因未立即被采纳，但为此后部队编组和干

---

[1] 中共中央给东北局并告林彪、黄克诚、萧华电，1945年11月28日。

部调配提供了重要参考。

关于李天佑到第三师任职问题，中共中央未予批准。

11 月 29 日，黄克诚又致电彭真、罗荣桓、林彪，明确提出了给主力部队划分地区建立根据地的建议。

黄克诚认为：已进入和将进入东北的主力及新组成的部队，数目甚大，力量强大，但若无党政民之支持，无粮食经费之充分供给，无兵员之源源补充，必将大大减弱原来之强大力量。目前东北大城市为国民党军占领，乡村被土匪占据，我则处于既无工人又无农民之中小城市，这样下去不仅影响作战，且有陷入不利地位之危险。因此，运用冬季不能进行大规模作战之五个月期间，发动乡村群众，肃清土匪，建立党与政权，应成为当前之急务，求得五个月建立根据地初步基础，便于明春之大规模作战。

黄克诚提出：发动群众需要干部，鉴于从关内各地调来的干部不易赶到，东北局又无干部，可立即划分主力师（或旅）的补充熟悉地区，作为该师之根据地，每师（或旅）划三个县至五个县。由该师（或旅）立即派遣地方工作干部前往规定地区，开辟工作，建立政权，发动群众，建立地方武装；派出兵力，负责肃清土匪，恢复社会秩序；在规定地区内收集粮食、资材，建立医院、工厂、扩大新兵，源源补充主力部队；被规定地区如已有党委、军区，则派干部接受党委领导，如无党委，则须有军队派得力干部组织临时党委、政权、分区，领导工作之进行。主力部队集结作战，伤病员则送该地休养。

黄克诚特别提出："上述建议如整个部队不能实施，则请划十个县的地区，给第三师各旅建立后方，开辟工作，以免伤病员随队，妨害主力行动与作战。我认为，二十多万军队没有千万以上群众支持，是不堪设想的。"[①]

黄克诚是在当时中国共产党及其领导的军队进入东北初期面临困难和混乱局势下，最早提出避免决战，建立根据地及怎样创建根据地的高级将领之一，他的建议受到中共中央和东北局的重视，随后陆续被采纳，并得以实施。

二、阜新会议统一全师思想

国民党军占领锦州后，根据林彪的命令，新四军第三师和山东第一、第七师等人民自治军各部，沿北宁路两侧与国民党军平行前进，继续寻机作战。12 月 1 日，获悉国民党军第十三军第八十九师进至义州以南上下齐台地区，林彪命令新四军第三师第七旅和山东第一师发起攻击。但由于通信联络不灵，部署缺乏重点，没有切断第八十九师的退路，仅将其击溃。第三师第七旅和山东第一师伤亡数百人，于当晚撤出战斗。

此前获悉国民党第十三军第八十九师两个团进到义州后，黄克诚命令第十旅

---

① 《黄克诚军事文选》，解放军出版社 2002 年版，第 389 页。

旅长钟伟迅速赶至义州。钟伟是一员骁将，他率第二十八、第二十九团跑步前进，经一夜急行军，先敌到达义州，截住了敌第八十九师的先头部队。敌第八十九师连续两天向第十旅守城部队发动猛烈进攻，第十旅指战员英勇顽强进行阻击，战斗十分激烈。

12月6日拂晓，根据林彪的命令，第三师第七旅、第八旅、师直属队，分别由驻地出发，沿铁路线向阜新前进。按照计划，进至阜新以南及以北地区集结休整，准备作战。第十旅则留在义州，监视敌人，掩护全军北进。

天气已进入严冬，山风呼啸，冰冷刺骨。所幸出发前东北局令热辽部队调拨的一部分布面皮帽子已紧急运到，发给大家，战士们颇为高兴。数量有限，没有发到的，就用毛巾、衣服等把头裹上，防止冻坏耳朵。

林彪、黄克诚和第三师的几位领导，林彪带领的小型指挥部和第三师司令部作战科的参谋人员，共乘一辆闷罐车向阜新开去。在闷罐车里，林彪静静地坐着。他本来就不爱讲话，由于连续打了几仗，均未消灭敌人，部队还遭到了损失，他有点闷闷不乐，不同大家交谈。黄克诚则思考着下一步的安排，不时向洪学智等交代如何抓紧解决部队棉衣、粮食等问题。

到达阜新以后，第三师师部安排在市内的一座院内，林彪和他带的前总指挥部与第三师师部住在一起。第七旅部署在阜新东南，第八旅部署在阜新西北，第十旅仍在义县担负阻击任务。

国民党军北进至沟帮子后，暂时停止了前进。经过了前一段时间的试探、较量，国共双方都基本了解了对方的实力和意图。国民党东北保安司令长官杜聿明知道，继续向北推进不容易，已占城市需要巩固，他下令休整一段时间，招收当地地主和土匪武装，巩固国民党在东北的统治。这样，国共双方在辽西形成了一段时间的对峙局面。

林彪开始只考虑作战，曾打算在锦州东的沟帮子伏击敌人。黄克诚等向他提出，部队极疲劳，给养缺乏，经费困难，武器弹药得不到补充，铁路线沿线许多青壮年都跑了，打起仗来伤员无人抬。建议休整后再打。林彪接受了黄克诚的意见，决定各部队立即在驻地及周围地区一边清剿土匪，开展群众工作，征集粮食，补充棉衣和武器弹药，一边安排部队理发、洗衣、增加睡眠，恢复体力，并开始出操、上课，组织射击和投弹训练，整饬纪律，准备迎接新的作战任务。

当时集中在辽西的主力部队主要是黄克诚率领的新四军第三师3万多人，还有山东梁兴初率领的第一师、罗华生率领的第二师等，共四五万人。由于进入东北较晚，武器装备未得到补充改善；已是隆冬季节，冰天雪地，很多干部战士依然是从关内带去的单衣薄被，冻伤的人不断增加；部队带的经费少，吃粮全靠向老百姓征集。对此，林彪也很着急。12月3日，他向住在本溪的东北局书记兼东北人民自治军政治委员彭真和罗荣桓发出告急电："部队数万之众，每日拥挤于狭小的地域，向老百姓无代价索取粮、菜、柴及拉牲口、大车，概无钱付，故群众对我甚不满。反动分子乘机挑拨，土匪乘机活跃。故我军除一部分做群众工作外，急需送钱来。"

黄克诚率领的新四军第三师，虽然从苏北出发时做了些准备，但那套薄薄的棉衣难以抵挡零下二三十度的严寒；粮食全靠临时征发；武器大多是旧式步骑枪。从江家屯到阜新的 20 多天里，除了行军就是作战。11 月 26 日黄克诚给毛泽东报告中所说的"七无"状况没有改变。东北局虽拨了一笔经费，但只是杯水车薪，支持不了几天。时任第三师副师长的刘震回忆说："当时新区根据地还未建立，群众尚未发动，伤病员无处安置，住房吃饭都很困难。10 旅向王爷庙转移时，旅部住在一个只有 3 户人家的小山沟里，旅长政委和司令部挤在一间房里，政治部住一间，为了照顾年纪大的主任贺大增让他躺下，其他同志只好蹲着休息，搞不到粮食，大家只能吃高粱米稀饭。"① 这种状况对部队士气影响很大。

另一个问题是新老部队之间的矛盾比较突出。李运昌所率冀热辽军区的部队8 月即奉中共中央命令向辽宁、吉林进军，沿途收编了大批起义伪军，成立了 3 个旅。由于部队到达早，接收了不少日伪军遗留的武器和物资仓库，很快更新了武器装备。新成立的部队成分复杂，其中流氓、土匪、宪兵、伪军甚多，又来不及进行教育整顿，不少人打起仗来往后跑，还祸害老百姓，损害人民军队的声誉。而新四军第三师和山东第一师等部队，由于进入东北较晚，缺衣少粮，武器陈旧，得不到补充，还要作战，所以，每看到新成立的部队穿着皮衣、皮鞋，戴着皮帽，肩扛新式武器路过时，不少人是"既羡慕，又嫉妒、生气"。当时第三师派出几名干部带着介绍信到冀热辽部队物资供应站要物资，有的由于态度生硬，发生了争吵。同时，由于国民党特务大肆宣传，加之部队过于集中，新老部队都有纪律不好的，老百姓负担又重，对部队印象不好，有的说："八路军和中央军都一样。"旧政权和旧武装也纷纷跟国民党接头。

上述困难和混乱状况，严重影响了部队的士气和稳定。

黄克诚对部队因无根据地造成的困难处境十分忧虑。洪学智回忆说："我们师部几位领导多次议论这些问题。黄克诚对我说：'这一带不毛之地，类似当年西路军在河西走廊，我们绝不能重蹈西路军覆辙。'他多次谈的都是开辟根据地的问题，说：'如不赶快着手建立根据地，主力在东北很困难。'他说他是中央委员，有责任向中央反映前线的真实情况。"②

12 月 17 日，黄克诚致电中央军委，如实反映了当前部队情况和存在的问题。他说：第三师和梁师全部已休息 10 天，除部分部队外，疲劳大体恢复。唯部队因遇各种困难不能解决，情绪不高。因持久方针未定，临时救济，干部感觉苦闷，落后分子则表现悲观，有带枪逃走现象。现正进行建立根据地，提高胜利信心的教育。

黄克诚在电报中还说：第三师到东北已一个多月，仅领到满洲伪币 200 万元，

---

① 《刘震回忆录》，解放军出版社 1990 年版，第 203 页。
② 《洪学智回忆录》，解放军出版社 2002 年版，第 233 页。

够伙食 16 天之用。一切经费均停发，对人民强迫使用 500 元、100 元之边币，造成物价飞涨，商店关门。粮食除一部分吃日本存粮外，其余到一处吃一处，吃空烧尽，有如蝗虫，人民怨声载道，因情况混乱，地区未划定，火车被破坏，乡村被割据，各地部队各自为政，无法统一支配。驻地虽有粮食，仍感严重恐慌。

黄克诚还提到，一些干部战士对新部队装备完善，老部队破破烂烂极为不满。

此电发出前，黄克诚征求了林彪的意见，林彪表示赞成。实际上，他也很着急，希望黄克诚多向上反映真实情况。在阜新这段时间，黄克诚多次向林彪建议，应以散开主力打击土匪、建立根据地为战略方针，并统一整编部队，划分区域剿匪。林彪采纳了他的意见，并于 12 月 14 日致电中共中央和东北局，就部队现状、剿匪建立根据地和部队改编问题提出了意见。其中，关于西满方面，他提议："以吕正操为司令，李运昌为副司令，黄克诚为政委，担任山海关、锦州、沈阳、长春、哈尔滨以西之整个指挥。"

中共中央和中央军委对林彪、黄克诚反映的情况和建议十分重视。12 月 20 日，中共中央致电林彪、黄克诚、李运昌并东北局等，指出：为迅速改变西满地区的混乱状况，形成统一的领导中心，创造西满根据地，中央决定"加强西满分局，以李富春为书记兼西满军区政委，以黄克诚为副书记，以林彪兼西满军区司令，吕正操、李运昌为副司令。由李、黄、林、吕、李再加张平化组织西满分局常委"，西满分局全权统一指挥与领导哈尔滨、营口以西，哈尔滨、昂昂溪以南及热河东北地区之一切党政军民工作。中共中央指示，尚在抚顺的吕正操、李富春立即到林、黄处工作，组织分局机关，在吕、李未到前，由林、黄召集会议，立即部署法库、彰武及热河地区的工作。明确提出，西满分局当前的紧急任务是建立西满根据地，统一合编西满一切部队，有计划地肃清土匪，统一筹措给养经费，划定军区、分局。要求各部队互相学习，增强团结，着重自我批评。

同一天，中共中央还专门给黄克诚复电，就他 17 日给中央的电报作出指示，指出："你处的混乱现象是由于尚未建立统一领导中心，统一部署工作而来的。中央本月已有决定告诉你们，望迅速执行。"电报对黄克诚关于迅速建立根据地的建议给予充分肯定，指出："关于建立根据地，你是有经验的，望你就全盘工作提出部署意见，在取得林彪、运昌及分局同意后执行之。"电报指示黄克诚：告诫部队干部，对先到东北的干部和本地干部要热情团结，引导他们，少批评多建议。

其实，黄克诚在向中央军委和东北局连续发报反映部队情况并提出抓紧建立根据地的建议的同时，已做了大量工作。

首先是加强部队的思想教育。黄克诚深知在极端困难和混乱的形势下，必须十分冷静，把稳定部队情绪，振奋部队士气，坚定战胜困难的决心和信心当作主要职责。而最重要的环节是统一领导干部的思想，明确今后的斗争方针和任务。他请示林彪后决定，立即召开一次第三师旅以上干部会议。

12 月中旬，会议在阜新的师部召开。除几位师的领导外，各旅的政治委员、政治部主任、旅长或一位副旅长参加。这是自苏北出发两个多月以来，旅以上干部第一次集中开会。会议开始时，黄克诚先请大家汇报部队休整情况。

因为进入东北以来仗打得不顺利，遇到的困难又未得到及时解决，参加会议的领导干部们大都情绪不高，虽然都谈到休整以来部队的精神面貌有改观，但谈到问题和困难时，仍暴露出急躁情绪、埋怨情绪、悲观情绪等。有的提出，部队不能老是往后撤，要集中兵力同国民党军打一仗，煞煞它的威风；有的说，东北的老百姓觉悟太低，分不清好人坏人，很多人同国民党特务和土匪搞到一块对付我们；有的说，新部队武器装备那么好，老部队的武器却破破烂烂，这个问题不解决，思想工作不好做，仗没法打。大家最担忧的是，如不赶快建立根据地，解决粮食、棉衣，这个冬天很难熬过去。

黄克诚边听边思考。他联系两个多月来的情况，拟了一个提纲，在会议上作了长篇讲话，讲了三个方面的问题。关于作战方针问题，黄克诚说：这个问题许多同志还没有一致。有人认为部队既然到了，为什么不打一下？我们看问题应该从现实出发。打一下消灭敌人自然是好的，但现在的情况是：锦州已经被国民党军占领，沈阳、长春、哈尔滨已经允许国民党军着陆，我们已经退出。这个时候再决战，战略意义是很小的。打得好，消灭敌人一两个师，但基本战略形势没有变，沈阳、长春、哈尔滨仍是敌人的；打得不好，我们要受损失。先机已失去，被动作战是要吃亏的。黄克诚还从战术上分析了与国民党军决战的不利条件：侦察派不出，情况不明；地形不熟悉，没有地图；群众不了解出关部队的性质；士气不高，部队疲劳；天气寒冷，御寒衣帽不全。在这样的条件下决战，胜利的把握是不大的。同时，集中三四万人打大仗，粮、菜、草没准备，伤病员没有人抬，衣、被、鞋、帽还没有解决，而土匪还在猖獗，前面打起来，他们又在后面捣乱，又怎么办？所以，为长期斗争着想，为了多争取将来的主动着想，如果把队伍摆到锦州去打，找敌人去决战，是不适宜的。我们今天应该采取稳扎稳打的办法，不侥幸以求功，务万全以制胜。因此，当前以建立根据地为主。

说到这里，黄克诚话锋一转，提高声音问道：但是，我们现在还打不打呢？他把拳头往下一砸说，打！主要是打土匪。它是少数的，我们有把握坚决消灭它，只要我们把土匪肃清了，把根据地建好了，把党政工作建立好了，明年春天是有大仗打的。不经过大仗，根据地是建立不起来的。

黄克诚指出，现在要拼一下的思想是失望中的愤激。这些同志是好同志，他们的勇气是好的。但是他们是感情用事，打得好，侥幸得些胜利，打得不好，吃了亏就要更失望。至于作战的具体部署，要听从东北局和总部的最后决定。

关于如何对待李运昌领导的冀热辽部队的问题。就在这次会议之前，林彪、黄克诚和李运昌在阜新召开了一次会议，研究了分兵建设根据地和部队改编等问题。黄克诚对李运昌和冀热辽部队有了进一步了解。

黄克诚说：李运昌同志是很老的党员，在艰苦的冀东作长期斗争，赤手创造了冀东根据地，这次到关外，以他的部队为基础，扩大了 10 万人。因为扩大太快，新成分过多，打仗的时候许多人向后退，驻军的时候有人纪律不好，这是事实。但是我们设身处地地想想，如果我们的部队也是由一个排就扩大成一个营，由一个连就扩大成一个团，如果我们自己是李运昌同志，我们有什么方法掌握得好？我们有这么多的老干部，有这样老的基础，还没有把部队带好，他们才成立一两个月，两三个月，怎样能搞好呢？至于他们部队东西多些，有些同志说他们藏着没有拿出来，这一方面是因为他们到得早，得到的多些，一方面是部队有本位主义思想，但这也是"滔滔者天下皆是也"。现在总部已派人到各地清查物资，第三师也要派人参加。黄克诚还特别提到，有些事情是李运昌同志本人允许而没有办到的，他举例说，我们第三师要布，李运昌亲自批了1万匹，可是只领到3500匹。他再次提醒大家说，我们要设身处地替人想想，向部队好好作解释，说明情况。

黄克诚的一席话，说得旅长、政委们暗暗称是。

关于如何对待和解决当前面临的困难的问题。他首先肯定了大家把困难提出来是好的。接着对如何解决困难，逐条作了回答。

他说，现在向上级要装备的思想不要想，新部队合并抽一部分的思想也不要想，干干脆脆从斗争中去取，从打土匪、从战斗中去缴获。土匪的武器装备都是日本人的东西，举手之劳可以得到，为什么不干？只要方针确定了，一两千枝枪，三五千枝枪是不成问题的。

黄克诚还谈了部队的棉衣、棉鞋、皮帽子和粮草、货币的筹集情况和兵员补充问题。他提醒大家，在艰苦条件下，干部要作模范，要把思想转过来，从享乐的思想变为艰苦为人民服务的思想。"向最好的方面努力，向最坏的方面准备，这要成为我们的方法论。"

黄克诚针对有的部队出现了少数人怕艰苦，个别人开了小差的现象，要求共产党员，特别是团以上干部，不要在困难面前低头，唉声叹气。要更积极更紧张，更要以身作则，带领部队战胜困难。他语重心长地说：我们面前是有困难的，但是在困难面前要更紧张，更积极，更负责，干部决定一切。我本来是应该退伍的人了，但是在困难面前，还是要和大家一道干下去，希望大家团结起来共同努力！

黄克诚的讲话，不仅澄清了部队中存在的一些模糊认识，明确了今后斗争的方向和工作任务，而且像炉火一样，温暖了这些年轻将领的心，激起了他们带领部队战胜困难的满腔热情、勇气和决心。"黄克诚师长亲自做扭转干部思想的工作，很见效。那时大家叫他'老头'，什么事情老头一讲，大家就信了。"[1]

黄克诚还请林彪到会讲话。林彪表示很赞同黄克诚的讲话。他指出：当前还是敌强我弱，按照中央的决定，部队目前不宜进行大规模作战，最重要的是尽快建立后方，站稳脚跟，使后勤供应和兵员能得到源源不断地补充，伤病员有地方安置，为将来打仗创造条件，打好基础。

林彪还谈到重庆谈判问题。他说，蒋介石邀请毛主席去重庆和谈只是个阴谋，目的在于拖时间，以从关内调兵到关外大打。因此，必须立足于打，立足于消灭

---

[1]《洪学智回忆录》，解放军出版社2002年版，第237页。

敌人有生力量。没有自卫战争的胜利，就不会有真正的和平。

林彪在会上结合进入东北以后的几次作战重点讲了"一点两面""三三制"战术。[1]他解释说："这些战术经部队演习与运用，效果极好。你们三师部队是我军主力，要认真实行这样的战术。要组织排以上干部好好学习与运用。"12月25日，林彪又在阜新的营以上干部会上，讲了"忍、等、狠"的作战指导方针，就是在敌强我弱的形势下，对敌人的猖狂进攻坚持忍耐的方针，避免过早地使用主力与之决战，而应诱敌深入，等其分散后再寻找有利战机，集中优势兵力，狠狠打击，各个彻底歼灭。他还进一步阐述了"三三制"和"一点两面"的战术原则。

黄克诚认为，林彪讲的"忍、等、狠"的方针，特别是关于"一点两面""三三制"战术原则的概括很精炼，对指导作战很管用，他要求部队在休整期间好好学习这些战术思想。第三师干部要首先熟练掌握。

休整中，黄克诚还积极想办法，派出得力干部，恢复整顿铁路秩序，恢复交通；四处筹集武器弹药、布匹、棉花，号召部队自己动手做棉衣。

当时，西满地区已有多条铁路支线，但秩序很乱，从关内调集的部队，各自为政，强占车头、车厢，强迫工人开车，对工人生活管理差，铁路运输几乎处于停顿状态，尤其承德至新立屯一带最为严重。由于铁路秩序混乱，东北局批准调运的物资调不动，从内地调入东北的几千干部进不去。林彪和黄克诚都十分着急，决心改变这种状况。12月19日，黄克诚向林彪提议，可由副师长兼参谋长洪学智抓这件事，但要给他个名分（职务），并授予他权力。林彪很干脆，20日，以林、彭、罗名义给冀察热辽军区司令兼政委程子华和东满临时指挥部（辽东军区）司令员兼政委萧华发出电令："目前决定实行铁路统一管制，兹委任洪学智同志兼任铁路司令，开展新立屯至承德之铁路工作。已告各地之铁路局及沿途护路部队，皆由洪学智司令指挥，各地区皆不得阻挠。凡不听从指挥自行扣车，经洪司令交涉仍不交出车辆者，将当地予以枪决。"

洪学智受领任务后，先打电话给铁路局长，要他把林彭罗的命令通知各站，交出占用车皮。同时把这个命令印刷后在沿线各站张贴、宣传。然后，他带一个警卫连乘火车到叶柏寿、朝阳等沿线检查督促。铁路很快全线畅通。因交通阻隔滞留在承德地区的大批干部，顺利地到达沈阳分配工作，调整的一部分武器装备和军需物资，也运到了第二师等部队。

此前，黄克诚派出的由胡继成率领的先遣队这时也回到了阜新。搞来一批物资装备，包括枪支弹药，棉衣棉布、皮鞋等共装了十几个火车皮。

说起收集这批物资装备，几十年后胡继成仍感慨万端。他说：我带着林彪写的条子，在国民党军到达前赶到了锦州，向城防司令要求支援，但无论我怎么述说困难，对方就是说没有，他要我们自己去缴获。我很生气，又很无奈，于是带

---

[1] 所谓"一点"，就是先集中力量攻击敌人的一点；所谓"两面"，就是包围好，截断敌人的后路。所谓"三三制"战术，就是把一个班分成三个组，每组三至四个人，在战斗中充分利用地形地物，以疏散的队形前进，从而避受敌人的火力击伤，减少自己的伤亡。

着先遣队到处找。我们在火车站附近发现有仓库，又有空车皮，就找管事人说明我们的身份，要求支援，但答复说要请示，又说找不到人。我一想，现在兵荒马乱的，不能按常规办事了，于是就找工人装车、找火车司机。当时虽然说八路军占领了锦州，但看守车站、仓库的大多是收编的伪军，看我们五十多人，荷枪实弹，不敢说什么。无钱付工人工钱，就每人给一匹布，火车司机给两匹。就这样，就把十几车皮物资装备，辗转押到了阜新。①

部队经过十多天的休整，疲劳得到恢复，衣服鞋帽大部分得到补充，特别是经过思想教育，部队的精神面貌有了明显改变。但处境仍然困难。

旅以上干部会议之后，黄克诚陆续接到中共中央、东北局关于在东北建立"长期永久根据地"、"必须派必要的老部队和干部去开辟工作，建立后方"等指示，以及关于发动群众创建根据地的方针、政策和部署安排。

12月28日，中共中央发出由毛泽东起草的给东北局的《关于建立巩固的东北根据地》的电报。电报指出了东北斗争的艰苦性，提出了把东北的工作重心放在距离国民党占领中心较远的城市和广大乡村方面，"让开大路，占领两厢"，以便认真发动群众，建立巩固的根据地，逐步积蓄力量，准备将来反攻。毛泽东特别提醒说："必须使一切干部明白，国民党在东北一个时期内将强过我党，如果我们不从发动群众斗争、替群众解决问题、一切依靠群众这一点出发，并动员一切力量从事细心的群众工作，在一年之内，特别是在最近几个月的紧急时机内，打下初步的可靠的基础，那末，我们在东北就将陷于孤立，不能建立巩固的根据地，不能战胜国民党的进攻，而有遭受极大困难甚至失败的可能；反之，如果我们紧紧依靠群众，我们就将战胜一切困难，一步一步地达到自己的目的。"指示要东北人民自治军："迅速在西满、东满、北满划分军区和军分区，将军队划分为野战军和地方军。将正规军队的相当部分，分散到各军分区去，从事发动群众，消灭土匪，建立政权，组织游击队、民兵和自卫军，以便稳固地方，配合野战军，粉碎国民党的进攻。"指示还强调"在西满和热河，坚决地有计划地粉碎国民党的进攻"。②

看到中共中央关于建立巩固的东北根据地的指示那样明确、那样恳切、那样具有远见；看到自己关于建立根据地的多次建议被中央采纳，黄克诚一个多月来那颗悬着的心终于放了下来。他后来说："毛泽东的这一指示，指明了东北工作的正确方向，对统一大家的认识，坚定信心，为最后夺取解放东北的胜利，奠定了思想基础。"③

随后，黄克诚根据中共中央和东北局的指示，率部队开始了艰苦的创建根据地的斗争。

---

① 访问胡继成谈话记录，2007年5月19日。

②《毛泽东选集》第4卷，人民出版社1991年版，第1180、1182页。

③ 黄克诚：《从苏北到东北》，见辽沈战役纪念馆管理委员会《辽沈战役》编审小组合编：《辽沈决战》上册，人民出版社1988年版，第192页。

三、领导创建西满根据地

东北人民自治军与国民党军在阜新和锦州一线的对峙局面，只维持了半个多月。国民党军为保障从锦州向热河方向进攻的第十三军的侧后安全，从 12 月 23 日开始，向黑山、北镇、义县、阜新等地发起进攻。

敌人攻势猛烈。人民自治军兵力分散、薄弱，又值天寒地冻，棉衣不足，黄克诚向林彪建议，不与敌人决战，可边打边撤。林彪采纳了黄克诚的建议，以部分兵力实施机动防御，掩护主力主动撤出上述地区。

12 月 28 日，国民党第十三军第八十九师分三路向义县进攻。林彪和黄克诚命令副师长刘震在义县一线指挥阻击。国民党军于夜间乘火车向义县进发，于凌晨逼近义县火车站。第十旅第二十九团从义县南 10 公里处的七里河子开始，节节抗击，向北转移，下午 3 时，撤至义县城下。二营指战员依托城墙，与数倍于己的敌人激烈拼杀，顽强进行抗击，直至全城军政人员安全撤出后，才开始后撤。第十旅主力从义县北撤后，在义县北二道沟一线继续阻击敌人，并给敌以重大杀伤。

12 月 29 日，国民党第十三军第八十九师由义县继续北犯。第十旅第二十八团在清河边门展开阻击。激战 3 个多小时，打退敌人多次进攻，予敌以打击后于黄昏主动转移。第十旅在旅长钟伟的率领下，英勇顽强，节节抗击，并给敌以重创，有力地掩护了其他主力北撤。

在国民党军向义县、阜新发动进攻之前，林彪、黄克诚和李运昌在阜新开会。会议根据中共中央、东北局的指示，分析了敌我形势，就部队部署和行动等问题进行了研究，决定：分兵建设根据地，不打沿北宁路攻沈之敌；驻辽西的冀热辽部队，编为热辽纵队，划归冀热辽军区指挥；李运昌回热河工作；林彪率新四军第三师和山东第一、第二、第七师主力部队开赴西满。

在国民党军 12 月 29 日从义县向阜新发动进攻时，黄克诚建议林彪率前总先撤离阜新，并主动提出，彭明治率领的第三师第七旅是一支善于野战的老部队，战斗力强，可由林彪直接指挥。黄克诚还与林彪一起研究了部队的行动路线和部署；第七、第十旅在完成阻击任务后，撤至康平、新民、法库一线待命；第八旅、独立旅和特务团并至西满腹地，打击土匪，发动群众，开辟西满。林彪和前总于 29 日当天离开阜新到达法库。黄克诚率第八旅、独立旅和 3 个特务团于 1946 年 1 月初撤出阜新北上，开辟西满。

中共东北局和各路大军进入东北后，为便于组织领导，根据中共中央指示把东北划为东满、西满、南满、北满四区，以中长路两侧的深远地区分别称东满、西满，哈尔滨以北以东为北满，辽东为南满。

西满是指山海关、锦州一线至沈阳、长春、哈尔滨以西地区，包括热河（今河北、内蒙古、辽宁各一部分）在内，即中长路以西地区，包括阜新、通辽、开鲁、洮南（洮安）、扶余、三肇（肇东、肇州、肇源）、安达、齐齐哈尔、嫩江、白城等地。西满地区地域辽阔，人口稀少，分布有许多少数民族，土地贫瘠，大部分是中小城镇和农村，多为草原、沙漠和丘陵，地势较为平坦，适合于大兵团机动作战。在西满建立巩固的根据地，极具战略意义。

此时，西满的形势相当严峻。根据12月27日东北局决定成立的西满军区和西满分局，刚刚撤出沈阳到达郑家屯，开始部署工作。西满分局书记、军区政治委员李富春和司令员吕正操在1946年1月4日给东北局和中央转黄克诚的电报中说：我们退出沈阳后，布置了七个县的工作，目前我们能控制的只有七个县，勉强能用的兵力只有四个新团，均不充足，分驻各地整训、剿匪，掩护地方工作。我们带的第十团不满千人。第二十四旅三个团，两团不充足，纪律差，无战斗力，极需整理。现在新民、法库、铁岭、辽源、双山、开原、昌图，初步开展了群众运动，其余开鲁、通辽、长岭、乾安等均为顽特和土匪所盘踞，无力恢复，双山茂林以北情况不明，亦无力接收，蒙古工作尚未开始。

李、吕分析国民党军进占北票、黑山、彰武、阜新和义县以后，很可能与四（平）郑（家屯）线土匪会合，进占四（平）洮（南）、昂昂溪等路。现在热辽边各县城铁路全已失掉，如国民党军西侵热河，则热河与西满只有靠热北蒙人地区维持交通，但此区工作尚未开始，如联络被隔断，热河与西满的侧背将受严重威胁，东北与华北陆上交通亦将被阻。如果国民党军北进，而我军主力不能赶在他们之前来清剿土匪，控制各城市及铁路，西满形势将造成很大困难。他们建议：主力不与国民党军决战，要力争迅速展开主力与干部，控制法库、康平、开鲁、通辽、辽源、八面城、四平街。

接到东北局转来的这个电报时，黄克诚和刘震、洪学智正率领部队，顶风冒雪沿铁路北进。李富春、吕正操的意见与他们的看法完全一致。黄克诚令吴信泉率独立旅在哈尔套、库伦、彰武地区剿匪，发动群众，建立根据地；他和刘震、洪学智率师直、第八旅和三个特务团继续北进，攻占通辽。

通辽是哲里木盟的中心城市，是东北战场西翼的重镇。日本投降后国民党在这里公开组织党部，收罗伪警、宪兵和土匪武装，建立县党部、县政府。10月，中共控制的辽北专署派部队和干部驱逐了反动武装，接管了通辽县。12月7日，国民党组织的先遣军第七师师长张绪武，率领由伪宪兵、警察、土匪、红枪会组成的杂牌军，突然袭击通辽。14日，将在通辽地区长期坚持抗日、东北解放后被当地人民拥戴为保安总队长的郭亚臣、民选县长徐永清等29名共产党员和革命群众杀害。通辽陷入白色恐怖之中。当地群众对这支土匪武装恨之入骨。黄克诚决定彻底歼灭这支土匪武装，攻占通辽，并以此为中心，向开鲁、奈曼旗等地扩展。

得知打通辽，歼土匪，补充武器装备和衣物，战士们情绪非常高涨。

莽莽雪原，人烟难觅，鸟兽匿迹，空旷寂静。气温已降至零下30多摄氏度，战士们踏着厚厚的积雪沿着铁路艰难前行，刺骨的寒风，穿透了薄薄的棉衣。出发前虽然赶做了一些皮帽、棉帽，不少战士还是冻伤了脸。地上的冰雪又冷又硬，许多战士仍穿着布鞋，必须连续不停地走，否则脚就被冻坏。旅、团干部虽大都有马骑，但因天太冷，时间一长腿脚就冻僵了，于是下来同战士们一起步行。风雪严寒中连续行军，除了寒冷还有疲惫、饥饿，部队情绪自然会受到影响。这时，政治思想工作发挥着特有的作用。第八旅政委李雪三一边行军一边用红军长征爬雪山过草地的经历教育身边的干部，他说："出关以来我们虽然遇到许多困难，但还比不上长征时艰苦。只要按黄师长说的那样，赶快创建根据地，我们就什么都有了。"几句话，就把大家的希望之火点燃起来。他还一边同大家一起快速地行军，一边带头唱起文工团新编的歌曲，鼓舞士气：

> 风梳头，雪洗脸，进军通辽迎新年；
> 日里走，夜里行，胡茬上面挂冰凌；
> 人家问我为什么？解放东北老百姓。

经过连续一个星期的行军，1946 年 1 月 7 日，第八旅和特务第一团进至西满重镇通辽。黄克诚立即下令四面包围，并派出侦察人员了解敌情，察看地形。守敌张绪武为长期控制通辽，利用城市建筑设防，环城有两米多高的土围子，并设置了电网，准备凭借有利地形和优势装备负隅顽抗。黄克诚召集刘震、洪学智和第八旅旅长张天云、政委李雪三等研究决定，趁夜暗分别从城东门和城东北部、西北部同时发起攻击，迅速突破，向纵深发展，力求全歼。

11 日午夜，部队冒着严寒进入阵地。12 日凌晨 2 时，第八旅特务营、第二十四团、第二十二团和师特务一团，分别从城东门、东北部、西北部发起攻击。至拂晓，全歼张绪武以下 1400 余人，缴获重机枪 14 挺、长短枪 1270 支，马 438 匹。通辽解放的当日，黄克诚立即向林彪、彭真、罗荣桓和中央军委发电报告了战况。

通辽虽是一个县城，但向东向西向南均通火车，是一个物流中心，且粮食较多，可供黄克诚指挥的 3 万多人吃一年。城里还有小型的鞋厂、被服厂和皮衣厂。城外村庄较多，部队有房可住。这里的条件令黄克诚和部队干部战士十分高兴。黄克诚和师的几位领导商量后决定把通辽作为西满的后方基地来经营，并以此为中心，迅速向北向南扩展。

黄克诚召集师旅干部，对下一步的行动作了部署。

他要求，立即抓紧解决干部战士们的衣帽鞋袜问题。师供给部门和旅、团采取收缴、购买、自己动手制作等办法，很快给每人配齐了皮帽子、棉鞋，加厚了棉衣，给作战干部配发了皮大衣。

他指示，要想办法安排好部队生活，多搞些羊肉，增加热量，增加营养，增强体力，过好到东北后的第一个春节。第三师各部队，春节期间都吃上了热腾腾的饺子。吃饱穿暖的年轻战士们，欢声笑语，情绪更高涨了。

进驻通辽的第二天，黄克诚就召集旅以上干部开会，部署了巩固扩大根据地的问题，他要求，要乘胜向西南，重点是向北发展，剿灭土匪武装，占领中小城市和广大乡村，控制铁路线，发动群众，建立农村政权，发展地方武装。副师长刘震率领第八旅立即行动。14 日，第八旅第二十四团即解放了开鲁，击溃张念祖匪部 1000 余人。26 日、28 日，第二十二团与洮南支队、东蒙自治军一部相配合，围剿洮南"光复军"等匪部 2000 余人，歼匪大部，活捉匪首李贵，解放了开通（今通榆）、洮南。2 月，又相继解放了镇来、安广、景星等县。还组建了骑兵部队。

西满是蒙汉杂居地区，特别是通辽地区，蒙古族人居多。黄克诚十分重视党的少数民族政策。早在阜新期间，他就收集研究西满地区和蒙古族情况。12 月 22 日，他就此专门致电东北局和中共中央说："西满蒙古民族，估计在二百万左右，日本投降后，蒙古王公有些受苏军打击和特工胁迫，目前已骑上马打游击；另有些蒙古寺庙要求建立旗政府和武装，我们对蒙古族的政策，需要具体规定。"黄克诚要求各部队要尊重蒙古族风俗习惯，保护蒙古族群众利益，处理好同蒙古族武装的关系。进驻通辽后，他随即指定由副师长兼参谋长洪学智、政治部主任吴法宪等参加蒙古族工作委员会。该委员会对外称蒙古族联谊部，由了解蒙古族情况的方知达任部长。委员会本着"扩大党的影响，争取蒙人合作，实行民族自治，共同对付国民党的原则"，确定"联络（团结）上层，培养（组织）青年，通过进步分子接近（发动）基本群众"的工作方针，并以进步的蒙古族干部、青年知识分子为主，组成蒙民自治协会及蒙古青年协会，协助政府开办蒙古族青年学校，培养蒙古族青年干部，扩大党和军队的影响。

与此同时，黄克诚部署了建立政权的工作。成立了通（辽）（开）鲁地区临时工作委员会，以随第三师北上的原苏北区党委组织部长喻屏、原苏北盐阜行署主任宋乃德及原冀鲁豫支队第二大队政委刘汉为委员。下设办事处，喻屏为书记，宋乃德为办事处主任，主持通鲁政府工作，并从部队抽调四百多干部与当地干部一起，组成工作队，发动群众，建立各级地方政权。喻、宋均具有丰富的党政工作经验，工作搞得有声有色。当时部队供应需要花钱，钱从哪里来？要以税收为后盾。于是，他们抽调一批在苏北搞过经济工作的干部到政府任职，同当地干部一起组织发展生产，活跃市场，繁荣经济。当时东北地方流通的还是满币（绵羊票）与苏联红军票，货币不统一，为了稳定市场，弥补货币不足，他们还利用在阜新搞到的一台印钞机，印制发行了"通鲁地方救济券"。这对于回笼货币，保证地方财政收入、保证供应起到很大作用，同时也安定了民心，扩大了党和军队的影响。随后这批干部大部分又随军北进，为发展西满经济，保证部队供应，做了大量工作。

进驻哈尔套、库伦地区的独立旅，也按照黄克诚的指示，积极主动地开展打匪、建立政权等工作。

这期间，在美国的调停下，国共两党的和谈形势趋好。1 月国共签订停战协定①，宣布从 13 日午夜 12 时起国共双方停止一切战斗行动；一律停止军事调动。

---

① 《国共停战协定》，包括 1 月 5 日《国共双方关于停止国内军事冲突的协议》，1 月 10 日《国共双方关于停止国内冲突的命令和声明》和《国共双方关于建立军事调处执行部的协议》。

在重庆召开的政治协商会议上，蒋介石承诺保障人民自由，保障各党派的合法地位，实行普选等。会议还通过了《和平建国纲领》《关于军事问题的决议》。一时间和平呼声甚高。中共中央也认为"和平民主新阶段已经到来"。

黄克诚对时局走向并不乐观，他根本不相信蒋介石的和平承诺。他对副师长刘震、洪学智说：蒋介石是不会履行承诺的，他要控制东北的根本目标是不会改变的，我们党同国民党争夺东北的决心也不会改变。作为前线指挥员，我们一定要清醒，作长期斗争的打算，建立巩固的根据地，站稳脚跟，发展自己。谁胜谁负，最终要靠实力。

事实正如黄克诚所分析的那样，蒋介石在停战令下达后并未停手，反而利用中苏条约，坚持认为东北是接收主权，不包括在停战协定内容之内。在接收主权的掩护下，国民党继续向东北大举增兵，并在苏军同意和引导下，从1月份开始，第五十二军进驻沈阳，第十三军相继接收新民、彰武，并继续向西推进，直逼通辽等地。

1月24日，黄克诚接到东北局书记彭真的电报，电报说：苏联红军军官要带国民党军官来接收通辽，你们应转移其他地区。看罢电报，一向冷静的黄克诚很是气愤，刘震、洪学智同样着急，说绝对不能交，并建议向上面反映。25日晨，黄克诚先以黄、刘、洪名义给林彪发电，提出通辽不能交。林立即复电同意，要他们向东北局和中央反映。黄克诚立即要秘书找来参谋处长沈启贤。沈启贤回忆说：黄老一脸怒气，把电报递给我看，接着说："真是岂有此理！要我们撤到哪里去，难道让我们到蒙古吃沙子？！立即给彭真同志和中央发报，你去拿纸，我说你记。"黄克诚看完口述记录，稍做修改后即以黄、刘、洪三人名义发出。

电报说："通辽苏军已撤走数月，我从土匪手中夺回，为西满全区之后方。三师现有伤病员三千人及工场、手榴弹、鞋、袜、被服均在通辽，已无地方可退。我们决死守通辽，任何军队来接坚决抵抗到底，请同苏军司令部力争。西满西部没有多少村落，尽为蒙古民、沙漠，如不力争过来，三师三万部队只有向热察撤退。否则，我们为生存决在此地拼死一战，即使苏军来亦坚决抵抗，全部战死在所不顾，我们将主力集中通辽拼命。"[1]

黄克诚对认为正确的事，历来坚持自己的意见，从不放弃。1月26日，他又以个人名义给彭真发报，陈述不能撤出的理由。27日，他再以个人名义给中共中央和彭真发电报，进一步陈述了控制通辽对将来作战的极端重要性。

中共中央知道，据守通辽对第三师和东北全局来说都很重要，因此，对黄克诚拒绝交出通辽的坚决态度非常理解。但停战协定公布不久，为顾全中苏关系与和平大局，决定对通辽问题采取稳妥处理的办法。26日复电黄克诚并东北局："我控制通辽十分重要。如苏军只带少数国民党人员来接收，不带兵来，你们应很好招待，允他接收，向他提出要求，和他合作，暂不要生硬赶走，免引起外交纠纷。但如果国民党带大兵来接收并向你们开火，你们应在自卫条件下坚决打败顽军。"

---

[1]《黄克诚军事文选》，解放军出版社2002年版，第398页。

彭真随即将黄克诚的电报和中央复电的意见转告苏军，要他们慎重研究。苏军负责人听后摇摇头说："那就算了，我们不去了。"

通辽这一西满重镇总算保住了。2 月，又成立了包括开鲁在内的通辽中心县委、通辽警备区；随后，第三师独立旅进驻这一地区。通辽成为第三师和西满部队重要的后方基地。

四、提出集中兵力作战与分散建立根据地的原则

进入通辽站住脚以后，黄克诚很快把注意力集中到分散兵力建立根据地与集中兵力打胜仗的问题上。当黄克诚看到中共中央 1 月 26 日发给东北局、林彪和他本人的电报后，更促使他深入地研究思考这个问题。中央的电报说："我党目前对东北的方针，应是力求和平解决，力求国民党承认我党在东北一定合法地位的条件下与国民党合作，实行民主改革，和平建设东北。"为了实现上述方针，在军事上"力求巩固自己，建立巩固的根据地，打下长期坚持的基础，在完全自卫的条件下打一二个大胜仗"。

看完中央的电报，黄克诚的思绪由东北战场回到了中央苏区，回到了太行山和苏北。他认为，总结内战和抗日战争时期军事斗争的历史经验，中国共产党和毛泽东领导红军和八路军、新四军之所以取得胜利和发展，最重要的就是分散兵力发动群众，创造根据地；又集中兵力，打破敌人的进攻，来掩护创造根据地。他认为，与国民党争夺东北，面对敌强我弱的形势，要取得胜利，在军事上依然要靠建立巩固的根据地，靠战场上集中兵力战胜敌人。"没有根据地很难打胜仗，但没有胜仗又建立不起根据地"，"二者很难兼得，二者又必须兼得"。但东北的情况与内战和抗战时期相比，均发生了变化，必须研究新的对策。

经过反复思考，黄克诚就集中兵力作战和分散兵力建立根据地问题写了一份建议，于 1 月 29 日用电报发给彭真和林彪。

电报说：我们在东北军事上的一个困难问题是兵力集中与分散的矛盾。东北地区辽阔，部队没有现代交通工具，分散后不易集中，集中后又不易分散；而敌人据有铁路、公路，集中分散都比较灵活。我们在内战、抗战时期集中分散对付敌人的办法，已不能完全适应东北的情况。

面对当时既要集中兵力粉碎敌人的进攻，歼灭敌人的有生力量，又要分散兵力发动群众，创建根据地两个方面的任务需要，黄克诚建议划分地区，采取分散与集中相结合使用兵力的办法，解决创建根据地与作战之间的矛盾。他提出：以西满、北满、东满为单位，划分为决战地区、游击坚持地区、政治攻势地区。在兵力使用上，以主力集中于决战地区，执行打歼灭战任务；以次要部队在游击区消耗疲惫敌人，牵制敌人兵力，配合决战区的歼敌和政治攻势区的群众工作；以小部队在政治攻势地区发动群众，创建根据地。这样的区分和兵力使用，兼顾了歼敌与创建根据地两个方面的任务，解决了分散与集中的矛盾。

他的上述建议和随后关于部队部署等方面的意见，大都被采纳并运用到实践中去。

在通辽过完春节，安排好通辽的工作，黄克诚即赶往郑家屯与李富春会合。当时西满分局机关和军区司令部就设在这里。

为了更有利于动员和组织广大群众与人民军队共同战斗，1946 年 1 月 14 日，经中共中央批准，东北人民自治军改称东北民主联军（其总部简称东总），林彪任总司令，彭真任第一政治委员、罗荣桓任第二政治委员。与此同时，各部队和各军区组织机构也作了相应调整，组成东满、南满、西满、北满 4 个大军区，重新调整了省军区和军分区，实行新老部队合编。

西满军区司令员为吕正操，政治委员为西满分局书记李富春，黄克诚为副政治委员、西满分局副书记。黄克诚由通辽到达郑家屯后不久，即改任军区司令员，吕正操回民主联军总部工作。此后，黄克诚即和李富春一起领导开辟和建设西满根据地。

李富春是黄克诚的老领导、老战友，黄克诚很敬重他。李富春也很尊重黄克诚。在西满，李富春主管党政方面的工作，黄克诚主管军事方面的工作。实际上从郑家屯会合后，一直到 1947 年 3 月李富春离开西满分局到东北局工作，这期间，有关党政军方面的大事，两人都随时商量，很快拿出一致的意见。上报、下发的文件、电报，除特殊情况外，均以李、黄或黄、李名义联署发出。两人工作配合十分默契。

当时的西满军区辖辽西、嫩南两个军区，辽西军区由邓华任司令员，陶铸任政治委员；嫩南军区由倪志亮任司令员，郭述申任政治委员。主力部队有新四军第三师 4 个旅、3 个特务团，还有晋绥第三十二团和冀热辽第十五团扩编而成的保安第一旅。黄克诚仍兼任第三师师长、政治委员。

为便于实行集中作战和分散建立根据地相结合，有利于统一指挥，黄克诚建议，并经东总同意，第三师师部与西满军区机关合并。此前，西满分局和军区机关人员很少，与第三师师部合并后，机关的领导和指挥保障能力得到了加强。黄克诚和李富春还报请东北局同意，对西满的行政区划作了调整，将吉江省划为嫩南和吉江两省，除需独立领导游击战的地区可设地委分区外，其他地区不设地委，其干部充实到县区一级，改变分区头重、腰肿、脚轻的现状，并应东北局的要求，从西满精简下来的干部中抽出 200 多名，支援北满和乐满。

同时确定，由副师长刘震率领第八旅和 1 个特务团，到长春以西的扶余、农安、前郭旗、怀德、三肇（肇东、肇州、肇源）、大赉、甘乾等地，进行剿匪，开辟根据地，并以师机关为基础，成立吉江省委，由刘震任省委书记；副师长洪学智、政治部主任吴法宪分任辽西军区副司令、副政治委员，协助指挥在辽西的第十旅、独立旅等部队；第七旅归民主联军总部指挥。

黄克诚一直重视后勤保障。他专门召集第三师供给部长刘炳华、副部长翁徐文、政治委员苏焕清等开会，分析当时东北形势和部队供给面临的困难。他说：第三师三四万人要吃饭、穿衣，要补充武器弹药，伤病员要有地方救治、休养，而地方政府刚刚建立，困难很多，不可能给部队解决全部供给问题，我们要靠自力更生，积极解决困难。他当场决定：政治委员苏焕清带几个人，并拨给部分经费，到大连办商行。一则了解敌情，二则挣点钱，弥补经费不足。刘炳华去黑河，任务是建立第三师留守处，将第三师从苏北带来的"家当"运到黑河保管起来，以备急用，并负责安排干部疗养，与苏联打通贸易关系，搞些买卖，赚点钱解决部队困难。会后不久，他们即分头行动，落实黄克诚的指示。

就在民主联军根据停战令调整部署、展开根据地建设的时候，国民党却抓住停战命令中附加的"对国民政府军队，为恢复中国主权而开入东北九省境内或东北九省境内调动并不影响"这一条，加紧向东北增调军队，抢占战略要点，阴谋扩大东北内战，达到以武力独占东北的目的。停战令生效后，在美国支持下，国民党军五大主力中的2支主力新一军、新六军调入东北，使国民党在东北的部队达到6个军21个师，加上特种部队、保安部队，到1946年2月底，增加到28.5万人。

2月上旬，国民党军集中第五十二军、新六军、第十三军共6个师的兵力，分三路沿北宁路向沈阳进犯，企图驱逐民主联军，维护铁路运输，为其后续部队北进和进占沈阳创造条件。其北路第十三军第八十九师，分由阜新、彰武出动，向法库方向攻击前进，其第二六七团相继占领广裕泉、鹜欢池；第二六六团与第二六五团第一营、师山炮连、输送连进至法库县西南秀水河子。

东总分析认为，秀水河子一线之敌兵力不多，且又集中，离主力较远；而民主联军经初步休整，士气高昂，兵力上占优势，遂决定集中兵力，歼灭进占鹜欢池和秀水河子的国民党军。

2月10日，国民党军第二六七团第二营，进至阜新至彰武之间的鹜欢池地区。黄克诚即令独立旅旅长兼政委吴信泉和第十旅旅长钟伟为正副指挥，率部迅速向鹜欢池周围奔袭，围歼该敌。12日黄昏，第十旅完成了对敌的包围，并乘夜暗向敌发起攻击。经一夜激战，至拂晓前，歼敌大部。阜新之敌闻讯增援，13日5时被独立旅阻击在鹜欢池南之广裕泉。战斗至14日晨结束，共歼敌480余人。

11日，国民党军第二六六团、第二六五团1个营进至秀水河子，处于孤立突出态势。根据林彪的统一部署，以第三师第七旅旅长彭明治和山东第一师师长梁兴初为正副指挥，集中4个团的兵力，于13日黄昏突然向其发起攻击，战至14日晨，将该部国民党军4个营、2个连全部歼灭。与此同时，第七旅第二十团等部还歼灭国民党第五十二军援军一部。此战共歼国民党军1600余人，缴获大批武器、汽车。

14日，独立旅侦悉泡子火车站有国民党军第八十九师1个加强连百余人。该敌离彰武主力较远，比较孤立。吴信泉遂令第一团由广裕泉奔袭泡子车站，第三团担任阻击任务。15日夜发起攻击，至16日下午，将该敌歼灭，毙敌88人。

秀水河子战斗和鹜欢池、泡子站战斗，是黄克诚率领的新四军第三师进入东北后，在林彪的统一指挥下，在山东第一师配合下打的第一个歼灭战。它不仅打击了国民党军的嚣张气焰，而且振奋了士气，鼓舞了斗志，坚定了战胜敌人的信心。

第十七章 在四平保卫战前后

一、抢占先机，连克三城

1946 年 2 月 22 日，国民党当局利用"张莘夫事件"[①]煽动不明真相的群众两万多人，在重庆举行反苏大游行。参加者多为青年学生。他们在游行中高呼"苏军必须立即退出东北！""国土不容分割，主权不容侵害！"等口号。在散发的文件中骂共产党"助杀政府接收大员，蹂躏东北同胞"。一群国民党特务还捣毁了重庆《新华日报》营业部。随后，许多学者、教授也发表联合声明，要求苏军撤出东北，归还工厂设备与资源。

国民党当局掀起的反苏浪潮，令斯大林十分恼火，遂下令苏军从东北各大城市撤出。自 1946 年 3 月初，苏军开始收拾行装，准备回国。

国民党政府原来要求苏军延缓撤军，是为其调兵遣将进占东北赢得时间。此时，苏军突然宣布撤走，反而使其措手不及。因为当时国民党军在东北的主力全部集中在锦州至沈阳一线，它的机械化部队重装备多，要靠火车、汽车运输，一时无力进占各大城市。国民党东北行辕只好派遣地方官员领着他们收编的原满洲国伪军、警察和土匪组成保安队，作接收大员，来接管苏军原来驻守的大城市和广大地区；同时，苏军不再因顾忌《中苏友好条约》而限制东北民主联军的行动，而且事先通报撤军日期等情况，这就给中国共产党领导的东北民主联军提供了发展的有利时机。

3 月 4 日，中共中央致电林彪、彭真并李富春、黄克诚，指出："十旅在开原作战给了顽军以阻止和打击，十分必要。七旅仍应尽力阻止顽军进入四平，给顽以打击。""不论四平能否保住，对顽军进攻，均须给予打击，比不战而退要好。"

接到中央的电报，黄克诚随即开始谋划攻占四平的问题。

四平地处东北平原中部，具有独特的战略地位。它居于沈阳与长春之间，是

[①] 1946 年 1 月 7 日，国民党东北行营经济委员会成员张莘夫，随苏军代表从长春出发，接收抚顺煤矿。16 日晚 8 点多，火车开到抚顺西郊李石寨，一队武装人员将张莘夫一行八人拉下火车，带到一个小山岗用刺刀杀死。

中长路（包括以哈尔滨为中心，西至满洲里，东至绥芬河，南至大连的铁路线）和平齐（四平至齐齐哈尔）、四梅（四平至梅河口）三条铁路的交通枢纽，连通东、西、南、北满，又是著名的粮食集散地，控制了四平，几乎等于控制了长春、哈尔滨。黄克诚认为，应抓住苏军撤兵的有利时机，在组织剿匪、开辟乡村根据地的同时，集中主力部队，放开手脚夺取四平以北的大中城市和战略要地，这样，既可迟滞国民党军的进攻，又可使部队得到物资和装备的补充，即使攻占后守不住再撤出来，也是有利的。他把自己的想法告诉了李富春，得到了李的赞同与支持。

3月10日，苏军开始从四平撤退。同日，黄克诚、李富春请示东北局，提出"即派部队进占四平"的建议。与此同时，黄克诚命令活动于彰武、法库地区的第十旅向四平开进待命。随后，黄克诚、李富春在郑家屯召集辽西军区司令邓华、辽西省委书记兼军区政委陶铸和辽西省二地委所辖县区主要领导人开会，对攻占四平作了部署。黄克诚指定由邓华负责，立即组织进行攻占四平的各项准备，做到一声令下，立即出动。

然而，黄克诚和李富春进占四平的建议未立即得到答复。原因是，3月4日，参加国共和谈的美国总统特使马歇尔和国民党代表张治中飞赴延安，与毛泽东等领导人会谈，会谈气氛较好。马歇尔强调停火的必要性。为顺应当时大多数人希望和平的形势，中共中央于3月13日给中共东北局和林彪发出指示，指出："东北问题有和平解决之可能，苏军退出沈阳后，我军不要去进攻沈阳城，沈阳到哈尔滨沿线在苏军撤退时都不要去占领。""只有国军向我进攻时，我们应在防御的姿态下组织有力的回击。"

就在13日这一天，最后一批苏军撤离沈阳。驻在沈阳郊区的国民党军立即开进市区。紧接着，部署11个师，向北、向南、向东推进。鉴于这种形势，彭真于3月16日致电中共中央，并复黄克诚、李富春，同意夺取四平。黄克诚和李富春随即命令邓华攻占四平。

苏联红军是1945年8月进驻四平的。11月，东北局派干部到这里通过民主选举，组成中共领导下的辽北省自治政府，成立了自卫武装。不久，为谋求东北和平，中共采取忍让方针，省政府撤离四平市区。1946年1月8日，国民党接收大员刘翰东率近万名官员到四平，成立了国民党辽北省政府和四平市政府，刘翰东任省政府主席。刘上任后与省保安司令张凯，勾结伪满靖安军"铁石部队"和土匪武装等3000余人，乘苏军撤退之机袭占四平，盘踞市内，构筑了不少防御工事，准备守住这一战略要地，等待国民党主力来接收。

邓华遵照黄克诚、李富春的命令对攻占四平作了周密部署。他指定新四军第三师第十旅旅长钟伟为总指挥，保安第一旅旅长马兴仁为副总指挥。17日凌晨，第三师第十旅第二十八团、第七纵队第九十六团、保安第一旅、第二十四旅第七十团、辽西军区第二军分区第十六团等共6000余人，从东西南北4个方向同时发动进攻。当日14时，将国民党辽北省政府包围。刘翰东、张凯等接收大员，怎么也没想到共产党军队来得这么快，在四平的屁股还没坐稳，就和他们收编的土匪武装 3000 余人当了俘虏。邓华请示怎么处理他们。黄克诚答复他：那帮国民党官员我们不养活，送他们回沈阳；对土匪武装，按惯例，愿留的暂收编，愿走的发给路费，让他们走。

攻占四平之役，民主联军共毙伤土匪武装 500 余人，缴获轻重机枪 50 余挺，长短枪 2000 余枝，击毁装甲汽车 2 辆，还收缴大量军用物资、器材，更重要的是，攻占四平这一战略要地为阻止国民党军北进创造了有利条件。

首战四平的胜利，使黄克诚十分高兴。由此，他对东北问题的解决和同国民党的和平谈判问题进行了分析和预测。3 月 18 日，也就是攻占四平的当日，他就和李富春联名向东北局和中共中央发报，阐述了他们对解决东北问题的意见。

黄、李认为：东北问题的解决大体要经过两个阶段。第一阶段以战斗为主，和平谈判为伴奏曲；第二阶段以和平谈判为主，而以战斗为伴奏曲，但前提是国内外形势无大变化。未经过重要战斗的和平谈判，是不会有好结果的。但谈判又必须进行，并表示让步，以争取政治优势，让步的限度估计在我一二个月内战斗中极大可能失掉之地区，如长春以南及抚顺、营口、本溪、郑家屯等。一二个月之内的战斗，我将失掉一部分地区，国民党则丧失一部分有生力量，那时，他们感到武力解决不可能，必须和平解决，我们再协力争取比较有利。并准备再让出一些地区，如哈尔滨、齐齐哈尔。但这是不得已时的最后限度。

黄、李在电报中提出：目前东北应集中一切精力于战斗及通讯、国民党统治区的工作。谈判中可同意让出一些地方，但交换条件则为军事停战，承认民选县政府，改组省政府。在作战上应以待敌疲劳分散，集中优势兵力消灭之。

黄、李的上述见解是符合东北实际的，是有远见的。为中共中央对东北问题的决策提供了重要参考。

进占四平之后，黄克诚又把目光转向长春、哈尔滨、齐齐哈尔等几个大城市。3 月 22 日早晨起床后，他就把头天夜里起草的一份电报交给机要科长，要他立即发出。电报是发给彭真和林彪的，电报说："顽军不停战，如得辰兄（即苏军）默认，我们可先机消灭长春、哈尔滨、齐齐哈尔等城市中之顽匪，并建议北满攻哈尔滨，东满攻长春，西满攻齐齐哈尔。"

此时，东北局和中共中央也正在考虑下一步的行动。就在黄克诚发出上述建议电的第二天，中共中央电示林彪、彭真和黄克诚、李富春等，要求："长春、哈尔滨、齐齐哈尔等地，你们必须在苏军撤退后一二日内控制之。"

3 月 29 日，东北局作出苏军撤退时以敏捷手段进占长春、哈尔滨、齐齐哈尔的部署。

遵照中共中央的指示和东北局的部署，黄克诚一面部署第三师主力阻击国民党军北进，一面抽调主力，攻占长春和齐齐哈尔。

3 月 30 日，黄克诚、李富春命令刘震率第三师第八旅第二十三团、旅直山炮连及特务第一团向长春进发，指示其在东满军区司令员周保中统一指挥下，夺取长春。

同日，黄克诚、李富春又致电周保中和东满军区副司令兼参谋长陈光、副政治委员张启龙并东北局，向他们介绍了进攻四平的经验，建议在攻占长春时，"在军事上必须有统一的领导，预先有充分的政治动员与精密的组织工作；战斗部队与卫戌部队对重要物资必须统一收集，合理分配，严格阻止乱抓及秩序紊乱。"

与此同时，黄克诚、李富春命令嫩南军区司令倪志亮、政治委员郭述申指挥特务第二团向齐齐哈尔接近，与嫩江军区配合，在倪志亮统一指挥下，夺取齐齐哈尔。

攻打长春的战斗在苏军撤出前东满军区领导人就做了周密计划。参战部队编为西南、东北、东南三个纵队，刘震和新四军第三师第八旅旅长张天云率领的部队编入西南纵队。4月14日上午，苏军最后一辆火车驶离长春。下午2时周保中就下达攻击命令，部队迅速扫清外围，15日向市区发起总攻。

长春曾是伪满洲国的首都，日本关东军大本营所在地。日本投降后，苏联远东军指挥部和国民党的东北行辕、东北保安司令长官部也都设在这里。长春防御设施坚固，明碉暗堡星罗棋布，易守难攻。当时，西满纵队分配的作战目标是西郊飞机场、西安桥陆军医院、伪国务院、伪交通部、伪司令部、市中心的伪警察局、广播电台等建筑物。刘震、张天云靠前指挥，充分运用步炮协同的战术，组织部队攻击前进。全体指战员英勇顽强，奋力拼搏，与兄弟部队密切配合，于17日攻占原伪满治安部、伪国务院、宫内府、广播电台等要地。18日下午，向守军最后据点市府大厦和中央银行发动总攻。伪中央银行大楼十分坚固，张天云指挥炮兵火力，并用爆破筒和炸药包攻击。守军支持不住，向南逃窜，被攻城部队歼灭于市区。在攻坚战斗中，第八旅部队也付出了一些伤亡，第二十三团副团长郑本炎负伤。

攻克长春之役，毙伤匪伪军2500余人，俘敌长春卫戌司令、国民党中将陈家桢以下1.4万余人（其中有日军200人）。伪吉林省代理主席王滨华、伪长春市长赵君迈、伪警察局长张炯等同时就擒。缴获各种炮50多门、轻重机枪430余挺、长短枪1.5万余枝，以及其他大批军用物资。

长春解放后，黄克诚、李富春命令第三师特务第一团乘火车北上，参加攻占齐齐哈尔的战斗。

齐齐哈尔地处嫩江中游，为东北北部的军事重镇。"齐齐哈尔"系达斡尔语，为边城、边地之意。日军宣布投降时，东北抗日联军即派王明德等一批干部随苏军进驻该市。10月以后，随着冀东八路军和中共中央派出的刘锡伍、于毅夫、朱光等一批干部到达，成立了嫩江省委、省政府、省军区。齐齐哈尔成为嫩江省省会。刘锡伍任省委书记，于毅夫任省政府主席，王明德任省军区司令，并建立起一支4000多人的正规部队，将国民党所依靠的"光复军""先遣军"驱逐出齐市。12月初，国民党派遣的接收大员彭继群等人，接收了齐齐哈尔市政权。中共领导的嫩江省党、政、军领导机关及部队撤出。

彭继群等一套人马进驻后，分散于嫩江地区的大大小小的土匪武装纷纷投靠，国民党则一律收编加委，其中被封为"团长""旅长"者，大都是汉奸、特务、伪满军队骨干。"光复军"司令尚其悦，恶霸地主出身，日军投降后，在纳河一带拉起土匪队伍，与彭继群勾结在一起，当上了齐齐哈尔市国民党卫戍司令。嫩江地区的地主土匪武装、地痞、流氓在遭到民主联军打击后，纷纷逃往齐齐哈尔，投靠"光复军"。当时盘踞齐市的"光复军"号称万众，发誓与民主联军决一死战，在齐市周围加修防御工事和碉堡，企图长期据守。

黄克诚、李富春决定，以绝对优势兵力攻占齐齐哈尔。并命令嫩南军区司令倪志亮率部前往，与嫩江军区组成联合指挥部，倪志亮任总指挥，嫩江军区司令王明德任副总指挥，嫩江省委书记刘锡伍任政治委员，统一指挥山东第七师第十九旅、第二十一旅第六十二团、新四军第三师特务第一团等部和嫩江军区部队，对齐齐哈尔形成合围之势。

为确保胜利，4月下旬，黄克诚和李富春由白城乘火车赶往昂昂溪，听取了攻城准备工作汇报，视察了部队。黄克诚要求攻城部队听从指挥，密切协同，机智迅猛，全歼守敌，并保护好城市设施。4月23日，苏军最后一批人员撤离齐市。攻城指挥部当日晚即下达总攻命令。24日凌晨，各部队按预先部署，从南、东、北三面同时发起攻击，守敌防线很快被突破。部队进入市区后，采取"掏麻雀"的战术，用炸药包、手榴弹，炸毁一个又一个碉堡。"光复军"被打得溃不成军，四散逃窜。当日晨结束战斗，攻城部队占领齐市。此役，俘匪首袁大衡、张伯泉及伪市长以下1500余人，缴获坦克15辆，机枪11挺，步、手枪1000余枝。国民党省主席彭继群、"光复军"司令尚其悦及1000多名土匪夺路逃走。

齐齐哈尔解放以后，该市成为西满地区政治、军事、经济、文化中心。

4月27日，苏军从哈尔滨撤离完毕。早就集结在哈尔滨郊区的东北民主联军第三五九旅和北安、松江军区部队，在北满军区参谋长李天佑统一指挥下，于28日晨，以迅雷不及掩耳之势，顺利进占哈尔滨。

长春、齐齐哈尔、哈尔滨三大城市的解放，大大加强了民主联军在东北的地位，消除了北满的心腹隐患。至此，中长铁路开原以北段已全部为东北民主联军所控制，形成了背靠北满、依托内线迎击大举北上的国民党军队的有利战略态势，部队的物资装备也得到了改善。

二、全力支持在四平阻敌北进

西满军区主力部队攻占四平以后，遵照中共中央"动员全力控制四平街地区，阻敌北进"的指示，在东北局和林彪的统一指挥下，进行了一场艰苦激烈而又持久的防御战。黄克诚虽未直接参与指挥，但作为西满军区司令员、参战主力部队新四军第三师师长兼政治委员，作出了独特贡献。

在民主联军攻占四平的第二天，即3月19日，国民党军即以新一军、第七十一军（欠八十八师）从沈阳出发，分两路向四平推进。新一军24日占领铁岭，从正面进攻四平；七十一军则向法库攻击，企图从侧面迂回四平。国民党军计划于4月2日前进占四平。

为阻止国民党军北进，黄克诚根据林彪的统一部署，即命钟伟率第十旅在铁岭至昌图间阻击国民党军。第十旅在开原与新一军第三十师激战六天后北移。部署于昌图至四平间的第七旅在彭明治指挥下与第十旅配合，采取运动防御的战法进行抗击，消耗疲惫敌人。第七、第十两旅节节抗击，并主动出击，至4月上旬，先后消灭沿中长路北进的新一军2000余人。新一军受创后，调整部署，分两路向四平进攻。

24日，黄克诚、李富春接到东北局转来中共中央的电报，指示他们"利用全力控制长哈两市及中东线，不惜任何牺牲，反对蒋军进占长哈及中东路"。"动员全力坚决控制四平街地区，如顽军北进时彻底歼灭"；25日又接到东北局转来的中共中央关于苏军撤离后迅速控制长春、哈尔滨、齐齐哈尔等地的电报。黄克诚对着地图反复地计算着、思考着。他明确意识到，新四军第三师作为东北的主力部队，必须也应该集中置于四平、长春一线阻击国民党军；同时，西满、北满又是四平的后方，必须分出一部兵力剿除匪患，巩固后方，伺机夺取长春、哈尔滨、齐齐哈尔。而中央关于坚决在四平街地区阻击国民党军的任务，非西满军区部队所能完成，应建议东北局和林彪统筹指挥，尽快部署。26日，黄克诚、李富春致电林彪并东北局："我们已令7、10两旅死守四平，阻击顽军北进。""建议林总到长春线上指挥。"[①]

4月4日，林彪率指挥部移至四平前线——梨树县城。同日，林彪用小功率电台致电黄克诚、李富春并转东北局和中共中央：决心"集中6个旅的兵力，拟坚决与敌决一死战"，要求参战部队"以种种方法振奋军心，一定要争取胜利，以奠定东北局面"。

5日早晨，黄克诚、李富春接到林彪发来的电报。随即电示在前线的邓华、洪学智、吴法宪、袁升平："林总已到四平街，决心在四平地区决一死战，打垮顽军进攻。""四平街地区的战斗，是决定现在和将来局势变化的关键，必须动员全体军人在林总司令决一死战的决心下，以最高度的勇气和牺牲精神来进行作战，不惜任何牺牲和疲劳，来达成争取决战胜利的光荣任务。"部队和地方要保证粮食供给、伤员转运、救护和治疗，保证战斗的全部胜利。

电报发出后，黄克诚从郑家屯乘火车赶往梨树县，当面向林彪汇报了部队动员和部署调动情况以及剿匪作战情况，表示坚决支持集中兵力在四平地区与国民党军决战。黄克诚说，钟伟的第十旅、彭明治的第七旅，自3月下旬以来，已投入作战，分别在铁岭至昌图、昌图至四平间，节节抗击北犯的国民党军；张天云的第八旅和吴信泉的独立旅，除留少量部队剿匪、准备参加夺取长春、齐齐哈尔等城市外，均可投入四平作战。为便于集中统一指挥和调度，黄克诚主动建议，

---

① 《黄克诚军事文选》，解放军出版社2002年版，第403页。

西满所属新四军四个主力旅，均由林彪直接指挥。

林彪对黄克诚在关键时刻所表现出的大局意识十分满意。林彪征求黄克诚对下一步作战的打法。黄克诚建议说：敌军分三路向我进攻，我可选择三路中较弱的敌军左翼打，在四平西南部歼敌比较有利，一是地形条件便于机动；二是群众基础较好，后方支援有力。林彪在随后的作战中采纳了黄克诚的意见。

4月8日晚，林彪部署山东第一、第二师，第七纵队，新四军第三师第十旅、第八旅主力、独立旅第一团等共12个团，向兴隆泉、柳条沟、兴隆岭之新一军三十八师反击，歼该师4个整连。第三师第七旅第十九团和第二十团一部向朝阳堡国民党军第五十师反击，歼其一部。两次战斗共歼灭新一军1200余人，使号称"天下第一军"的新一军首次受创。

与此同时，新四军第三师第七旅自4月5日起在四平以南泉头火车站，顽强阻击国民党军第五十师七天七夜。在完成迟滞、消耗敌人的任务后，主动撤离泉头阵地北移。

国民党军向四平发动进攻的另一路是第七十一军。该敌第八十七师于4月10日进至四平西南之金家屯，企图经八面城迂回四平。根据东总命令，第三师独立旅第三团节节抗击，诱敌深入，掩护第八旅、第十旅和山东第一师、第七纵队等部队迅速西移至大洼、金山堡一带设伏。林彪决定在此集中兵力，给敌人以歼灭性打击。

黄克诚在后方也时刻关注着四平前线的情况，关注着东北以至全国形势的发展。他一再叮嘱报务人员，所有来电要尽快译出送给他看，一刻也不要耽误；他还经常打开那架从苏北带来的收音机，全神贯注地收听广播，分析判断形势，随时作出决定，或向上级提出建议。

4月13日，黄克诚从广播中得知美国特使来华"调处"的消息，随即和李富春联名给正在四平前线指挥作战的林彪发电，电报说：据旧金山广播，负责"调处"国共关系的美国总统特使马歇尔今天下午来华，东北问题可能在此后一周内是决定的关头（或者可能迅速取得和平，或还要打），为着增加谈判资本，有利将来发展，提议在四平要抵一时期，准备消灭七十一军之一部，以停止其前进。[①]

黄克诚并不知道，远在延安的中共中央和中央军委主席毛泽东同一天也以中共中央名义给林彪发来同样内容的电报："马歇尔于文日（即12日）动身来华谈。马至华后东北可能停战，国方必于数日内攻夺四平、本溪，望注意在可能条件下击退其进攻，守住四平、本溪，以利谈判。"[②]

两封电报的时间、内容如此一致，看似巧合，实则正反映了当时黄、李两位高级将领与最高统帅对四平之战同样高度关注，对形势有着同样的认识，对争取和谈朝着有利于人民利益的方向发展做着共同的努力。

[①]《黄克诚军事文选》，解放军出版社2002年版，第405页。
[②]《毛泽东军事文选》第3卷，军事科学出版社、中央文献出版社1993年版，第165页。

4月15日中午，国民党军第八十七师进至大洼以南一带，东距新一军约25公里，进入东北民主联军的伏击圈。山东第一师，新四军第三师第十、第八旅和独立旅第一、第二团，第七纵队3个团，共14个团的兵力，将国民党军第七十一军第八十七师压缩至大洼以南的十几个村子里，分割包围，激战至次日晨，共歼国民党军第八十七师4400余人，师长黄炎率残部南逃。此役共缴获汽车30余辆，各种炮31门，机枪136挺，步枪1200余枝，以及大量军用物资，给刚进入东北的国民党军第七十一军以沉重打击。

大洼战斗将第七十一军1个师击溃，但新一军受损不大。新一军是抗日战争时期远征缅甸的一支劲旅，列为国民党五大主力之首，全部美式装备，进攻的气势正盛。该军收缩靠拢，齐头并行，继续向四平逼近。民主联军已无在运动中各个歼灭敌人的机会。林彪遂以保安第一旅第一团、第七纵队第五十六团共6000人担任正面防御，坚守四平城区；以小部兵力坚守四平正面，消耗国民党军；大部分主力部署于四平侧背的八面城、梨树等地，作为机动突击力量，支持守城部队，待机歼灭进攻之敌。

4月18日上午，国民党军新三十师1个团在飞机、坦克掩护下，向四平南部的海丰屯、玻林子和鸭湖泡等民主联军守军发起进攻。主要阵地每分钟落炮弹35发，大部分工事被炸毁。守军指战员用钢板构成空心堡垒工事组织交叉火力，英勇顽强地进行阻击，打退了敌人进攻，坚持守住阵地。

4月19日、20日，中共中央给东北局和林彪连续发电，要求在四平以南地区举行几次大战役，必要时把四平变成马德里[1]。21日，中共中央又致电林彪并李富春、黄克诚，将长春部队划分为城防与野战两部分，并招募志愿兵，补充前线。

根据中共中央指示，东北局和东北民主联军总部（简称东总）不断调整兵力，加筑工事，进一步动员部队，坚决保卫四平。

21日，国民党军新三十八师迂回四平西北三道林子北山，企图占领北山制高点，与新三十师对四平形成南北夹攻态势。为确保北山阵地，新四军第三师第七旅奉命迅速进军至三道林子侧后，并派出第二十一团进入三道林子。新三十师向北山阵地连续发动猛烈进攻，第二十一团与保一团奋力阻击。次日，阵地曾一度被新三十八师突入，后又将其击退。

新一军的猛烈进攻，使四平守军受到严重威胁。为确保四平安全，东总令参加解放长春的山东第七师、新四军第三师第八旅等部星夜南下，令参加本溪保卫战的第三纵队第七、第八旅迅速北上。同时组织第七纵队、保一旅、第三师等部队采取昼停夜袭的战法，顽强抗击，反复争夺。

23日晚，第七师赶到四平前线，与第七旅共同守备三道林子。25日，新一军以猛烈炮火轰击北山阵地，主要阵地平均每分钟落炮弹400余发，工事掩体被

---

① 马德里，西班牙首都。1936年7月，德、意法西斯支持西班牙独裁军阀佛朗哥发动内乱，并武装干涉西班牙内政，西班牙人民在西班牙政府的领导下，坚持保卫马德里的反侵略战争。

炸毁。指战员们抱定与阵地共存亡的决心，连续打退敌人多次进攻，虽伤亡严重，当晚仍主动出击，给新三十八师以打击。最终守住了阵地。

在玻林子阵地的战斗也异常激烈。国民党军第五十师自 20 日开始，四天时间里，集中大小火炮 100 余门，先后多次轰击玻林子阵地，以掩护步兵冲击阵地。守军保一团，在伤亡过半的情况下，击退了敌人进攻。

24 日，国民党军第一五〇团和新三十师 1 个团，向民主联军在四平东南的小高地迂回，并以猛烈炮火轰击。阵地火力点和堑壕大部被炸塌，造成阵地堵塞，联络中断。敌军以营为单位向守卫阵地的第七纵队第五十六团第一、第二连阵地发起冲击。敌人接近时，战士们跃出战壕，与敌展开白刃格斗。国民党军虽有现代化武器，但拼刺刀不行，只得节节败退。激战 2 小时，守军以伤亡 100 多人的代价，消灭国民党军 200 多人。

到 26 日，国民党军东北保安副司令郑洞国见进攻进展不大，兵力不足，原来的那股锐气丧失，遂下令停止进攻，暂时转入防御。

27 日，毛泽东收到四平前线报告后立即以中央军委名义致电林彪："四平守军甚为英勇，望传令奖励；请考虑增加一部分守军（例如一至两个团），化四平街为马德里。"[①]30 日，中共中央致电林彪："时局正在变化，明日可能签订停战协定"，希望东北民主联军"死守四平，寸土必争。"

为坚决贯彻执行中共中央"死守四平"的指示，保障四平侧翼安全，阻止国民党军迂回，在国民党军停止进攻时，林彪即调整部署，在东起火石岭、西到八面城 50 公里的战线上，部署了 6 个师（旅），并增调 1 个团守城，组织加修防御工事；指示西满、北满、东满等地支援弹药、食品、医药、被服等。

西满军区有 5 个旅参加四平保卫战，占参战主力部队的一半多，战场又在西满，西满军区承担着极其繁重的后勤及兵员保障等任务。弹药、食品、医药、被服的筹划、供应，伤员的转运、救治，兵员的补充，都需要组织落实。而当时长春、齐齐哈尔、哈尔滨刚解放不久，大批土匪流窜西满地区，加上原有土匪，已达 1 万余人。剿匪任务一刻也不容放松。作为军区司令员的黄克诚，夜以继日地忙碌着，要及时阅处各方面来的电报，了解剿匪进展情况，督促检查支援四平前线工作的落实情况。凡前线提出的要求，他指示军区机关都要想办法，尽量满足，决不能推诿拖延。有些难以处理的问题，他就亲自协调处理。

一天上午，一位年轻干部急匆匆赶到驻白城子的西满军区司令部找黄克诚。随着一声响亮的"报告"，青年人推门进入黄克诚的办公室。黄克诚习惯地扶了扶眼镜，端详一下，便招呼说："噢！你是小张，快坐下，你是怎么来的？"

小张名叫张桂森，是新四军第三师第七旅第十九团的一名干部。张桂森见老师长居然认识自己，不禁一愣，觉得有些奇怪。黄克诚见状便笑着说："有什么奇

---

① 中共中央文献研究室编、逄先知主编：《毛泽东年谱》下卷，人民出版社、中央文献出版社 1993 年版，第 73 页。

怪的，我们是老朋友了，你忘了，我还点名批评过你呢。"

怎么能忘呢！张桂森的脸不禁一下子红起来。原来，在苏北时，张桂森曾奉命带领一队民工运送军用物资，由于天气冷，没有安排好民工的生活，冻伤了几个人，黄克诚在一次干部大会上点名批评了他。这件事张桂森自己不会忘记，令他没想到的是，事情过去几年了，日理万机的黄师长仍然记得。

见张桂森有点窘，黄克诚把倒满茶水的杯子往他面前推了推说："喝杯热茶，缓缓气，有什么事，你就边喝边说吧。"

张桂森见黄克诚平易近人，像是自己的兄长，一下子放松下来，简要地说明了自己的来意。原来，由于四平保卫战减员过大，部队缺少战斗骨干，便从后方医院动员可以出院的伤病员归队。张桂森就是奉命来带这批出院基层骨干回前线的。但是，他带领五十多人集结到白城子准备到四平前线时，所带经费已所剩无几，连吃饭都成了问题。张桂森急得团团转。这时有人提醒他："你怎么不去找黄老头子？他现在就在白城子。"张桂森立刻转愁为喜，便赶到了军区司令部。

黄克诚仔细地询问有关情况，问张桂森共有多少人，每天开支多少粮食，大家身体状况怎么样等，张桂森一一作答。黄克诚边听边随手记在纸上。

听完情况汇报，黄克诚说："这样吧，拨给你们 1 万元（当时苏联红军币），每人 200 元左右，基本伙食、营养补助，都有了，足够你们花上半个月。不过，可得注意节约噢！"说着，他写了一张条子递给张桂森："去供给部领取吧！"

张桂森领了钱，高兴地来向黄克诚辞行。张桂森没想到，黄克诚又递给他一封信说："你拿这封信找郑县长，他会给你想办法解决粮食的。"

还想什么办法呢？不是有了钱嘛！张桂森不解，忙打开信看，几行工整的毛笔字映入眼帘。

郑介民同志：
    请想法拨给七旅十九团六十个人半个月的粮食，以应急需。由来者（张桂森同志）负责和你接洽。
    敬礼
    他们都是负过伤的有功之臣，粮宜细，不宜粗。
    又及。

张桂森看完信，再看看面前这位脸庞瘦削、旧军装洗得发白的军区司令员，眼睛立刻湿润了。他万万没想到，老首长把问题考虑得这么周到。

黄克诚看着张桂森激动的样子，和蔼地叮嘱说："去吧，好好照顾这些同志，他们身体刚恢复不久，要让他们吃好，休息好，养兵千日，用兵一时噢！"

西满军区各级机关、部门在黄克诚的影响和带领下，把支援前线作战当做头等大事，把一批又一批弹药、药品、物资送往前线；把一批又一批兵员送往参战的主力部队。从 3 月中旬国民党军进攻四平以来，至 5 月初，西满军区共向新四军第三师 4 个旅和山东第一师补充地方武装新兵 9000 余人。

三、审时度势，连电建议撤出四平、长春

蒋介石发动内战的阴谋已经暴露，国民党军继续发动大规模进攻的准备已近完成，四平前线，敌人倾巢出动，攻势猛烈，而民主联军兵力、装备均处劣势，战斗牺牲严重，主力元气大伤，难以坚守，如再硬拼下去，后果不堪设想，因此，黄克诚向林彪和中共中央建议速从四平、长春撤出。

在四平战局处于对峙阶段，国民党军新一军整天加修工事，白天则用大炮轰击民主联军守军阵地，等待援军到来。民主联军则组织小分队，在夜间摸出去袭击敌军。5 月 6 日，第七师的一个团还集中九门炮摧毁国民党军的两个堡垒。在此形势下，林彪为摆脱困境，打开局面，报经中共中央军委和毛泽东同意，在四平以南之昌图、开原地区开辟第二战场，向国民党军发动进攻。由程世才、萧华指挥的第三纵队第七旅、第八旅，先后对昌图至平顶堡之间的铁路、公路展开大破袭，并以一个团的兵力向开原车站发动攻击；新四军第三师独立旅一部于 5 月 10 日攻占开原、昌图间的马千总台车站；保安第三旅一部于 5 月 9 日一度攻占开原以南之中固车站。民主联军第二战场的开辟给国民党军以一定的威胁。

对峙阶段所取得的一些胜利，给部队带来不小鼓舞，当时后方的气氛更显乐观。中共东北局主办的《东北日报》一再刊登"四平前线固若金汤"的消息，长春、哈尔滨、齐齐哈尔民主政府组织慰问活动，向四平前线运送物资、补充兵员。给人一种感觉：四平保卫战一旦结束就迎来了东北和平的新局面。

然而，黄克诚却乐观不起来。令他忧虑的主要有两点：一是一个多月来四平前线部队减员很多，其中第八旅的一个团伤亡过半，而且大部是骨干。由于无后备兵力，补充遇到严重困难。而当时国民党军的实力明显占据优势，黄克诚认为，对峙局面不会持久，一旦国民党援兵到来，势必向四平发动更大规模的进攻，那时再撤就被动多了。二是后方形势也不容乐观，许多地方反动武装依然猖獗，剿匪兵力不足，根据地仍不巩固。

自进入对峙阶段，黄克诚一方面遵照中共中央和东北局的指示，组织动员一切力量支援前线，一方面如实报告匪情严重和补兵困难等情况，以引起上级注意。

4 月 26 日，即齐齐哈尔解放的第三天，他和李富春在给中央和林彪、彭真的电报中在报告了剿匪战果以后，同时指出："逃窜之顽匪约 5000 人，多数为骑兵，将为西部之大患。"

5 月 3 日，黄克诚和李富春在给东北局和林彪的电报中说：（1）西满第三师 4 个旅及保一旅一部均已参加到前线作战，第三师 4 个旅和梁兴初师曾补充了 9000 地方武装新兵，而新的地方武装尚未完全建立。（2）长春、哈尔滨、齐齐哈尔流窜的土匪约 4000 人及嫩江北部宋国夫土匪 1000 余人，均已窜到嫩南、吉江地带，连原有土匪已达万余人，非积极剿除不可，在土匪未肃清前暂不能成立野战旅。

（3）现在补充前线，只能将苏联红军在满洲国之俘虏及攻齐市俘虏清出后，有1800人补充前线各旅。

林彪决定在四平以南开辟第二战场以后，东北局给李富春、黄克诚发出指示，要西满军区再抽调2个团支援四平作战，黄克诚很无奈。他和军区司令部研究来研究去，找不到办法，只得如实报告。5月11日，他和李富春在发给彭真、谭政、吕正操的电报中说：西满过去组建的新部队均调北满东满，其他小部队补充给了梁兴初师和第三师的几个旅，现西满仅有4个团，兵力4000人。因主力全部使用于四平及长春方面作战，没有部队打匪。因土匪到处窜扰，干部缺乏，地方群众工作与政权工作无法开展，地方武装不能建立，地方治安尚无法确立，若不加紧剿匪，开展群众工作，到青纱帐起则城市交通要道亦难保持。

黄克诚深知"得地失人，人地皆失；得人失地，人地皆得"的道理。此前，关于四平作战，他已给林彪发电报建议适可而止，不能与敌硬拼。他说：敌人一开始进攻的时候，打他一下子，以挫敌锐气，是完全必要的。现在的情况是敌人倾巢出动，与我们决战，而我军暂时尚不具备进行决战的一切条件。因此，应把四平及其他部分大城市让出来，让敌军进来，我们则到中小城市及广大乡村去建设根据地，积蓄力量。等到敌军背上包袱沉重得走不动了的时候，我们再回过头来逐个消灭之，那个时候我们就主动多了。

黄克诚接连给林彪发过好几封这样的电报，建议从四平撤退。但林彪既不回电，也不撤兵。这使黄克诚百思不解，十分着急。他觉得，这样死守下去，形势对己方愈来愈不利，必须将四平前线的真实情况向中共中央反映。

5月12日，黄克诚给中共中央的电报发往延安：

> 一、由关内进入东北之部队，经几次大战斗，战斗部队人员消耗已达一半，连、排、班干部消耗则达一半以上。目前虽尚能补充一部新兵，但战斗力已减弱。
>
> 二、顽九十三军到达，如搬上大量炮兵及部分坦克用上来，四平坚持有极大困难。四平不守，长春亦难确保。
>
> 三、如停战短期可以实现，则消耗主力保持四平、长春亦绝对必要。如长期打下去，则四平、长春固会丧失，主力亦将消耗到精疲力竭，不能继续战斗。故如停战不能在现状下取得，让出长春可以达到停战时，我意即让出长春，以求得一时期的停战也是好的，以求得争取时间，休整主力，肃清土匪，巩固北满根据地，来应付将来决战。[①]

黄克诚给中央的这个电报，既如实反映了东北战局和民主联军的实际情况，又提出了破解危局的建议。局势的发展证明，黄克诚对形势的判断是正确的，所

[①]《黄克诚军事文选》，解放军出版社2002年版，第411页。

提建议是积极的，具有战略眼光的。

但黄克诚给中央的电报亦未得到回复。黄克诚是一个责任感和组织观念都极强的人，他认为对党和人民有益的意见和建议，一定要反映，要坚持；但在未被采纳时，一定要维护大局，服从大局。

他时刻关注着四平战局的发展，时刻牵挂着前线指战员们，不停地询问督促为前线补充的粮食和兵员的落实情况。遵照黄克诚的指示，5月15日，吉江军区筹集的53万斤粮食运往四平前线；齐齐哈尔经过审查淘汰后选出的俘虏兵1200人派人带往前方，分别补送到第七旅和第十旅；他还与李富春向辽西军区和吉江军区领导人发出指示，要求他们派兵堵击由北向四平方向窜扰的土匪武装，解除四平后方威胁。

而此时四平已处于国民党军更加猛烈的进攻之下。

5月上旬，由关内增援的国民党第九十三军已到达东北，由南满地区北调的新六军和第七十一军第八十八师已到达四平以南地区。至此，四平地区的国民党军已达10个整师。

5月14日，国民党军分为3个兵团重新向四平全面进攻。左翼兵团第七十一军2个师，向四平以西八面城、老四平以北攻击，企图由西面迂回四平；中央兵团新一军3个师，仍向四平正面进攻；右翼兵团新六军及第七十一军1个师，沿开原至西丰、开原至叶赫车站两条公路进攻，企图由东面迂回四平；还有1个师作预备队。

对国民党军的全面进攻，民主联军进行了英勇顽强的抗击。至18日，左翼和中央两路进攻之国民党军未取得大的进展，且伤亡不小。但右路新六军，凭借其机械化装备的优势，以小部队与民主联军第三纵队在阵地上对峙，而以大部队搭载600余辆汽车相继向西丰、平岗、哈福车站以东迂回，16日攻占叶赫车站，17日攻占火石岭子、平岗，并向四平东北赫尔苏急进。18日，担任国民党军预备队的第一九五师投入战斗，攻占了哈福车站，配合新一军对四平东南高地塔子山构成东、南、西三面包围的态势。

塔子山位于四平东南10公里处，居东部群山之首，为守城防线的最东端，可俯瞰四平守军全部阵地。国民党新六军和新一军以猛烈炮火向塔子山轰击，继而以飞机反复轰炸扫射，然后集中步兵在飞机和坦克配合下由东面发起进攻。守卫塔子山的第三师第七旅第十九团奋力抵抗，不顾重大伤亡，与敌军展开英勇的肉搏战，阵地失而复得，但终因伤亡过大，增援部队又未赶到，无力继续坚守，于18日下午奉命撤离阵地。

塔子山阵地失守，造成了国民党军从左侧迂回四平城、完全封闭市内守军退路的严重威胁。民主联军若再投入兵力继续坚守，势必使主力陷于被动地位，且部队已连续作战月余，伤亡严重，再无足够力量确保四平。为摆脱被动局面，保存实力，诱敌分散，林彪果断决定撤守四平。他找来作战处长和情报处长，口述命令："七师于三道林子北山、七旅于四平东南高地掩护全线撤退。"

从晚间 8 时 30 分开始，各部队开始撤出阵地。由于组织严密，又是夜间行动，国民党军虽近在眼前，却未察觉，还打了一夜的枪和炮。

当晚 9 点多，林彪亲自拟电，报告中共中央和东北局："敌本日以飞机大炮坦克车掩护步兵猛攻，城东北主要阵地失守，无法挽回，守城部队处于被切断的威胁下，现正进行退出战斗。"

5 月 19 日，毛泽东以中共中央名义致电林彪、彭真，指出："四平我军坚守一个月，抗击敌军十个师，表现了人民军队高度顽强的英勇精神，这一斗争是有历史意义的。"电报最后说：究应采取何项方针，由林彪根据情况决定。

中央的电报发出时，部队已有序地撤出四平。

19 日下午，即民主联军撤出四平的当天，国民党军即进入四平市内。欣喜若狂的国民党军发现这里已是一座空城，随即分三路向北进击。林彪命令第三师第十旅担负掩护任务。机智多谋的钟伟，指挥第十旅一边抗击美式装备的国民党军，迟滞其追击速度，一边向东向北撤退，胜利完成了掩护主力转移的任务。

同日，林彪与彭真、罗荣桓在公主岭附近的范家屯会合，讨论下一步的作战方针。

最后决定，退出长春向松花江以北撤退。这个决定与黄克诚 5 月 12 日给中央的电报指出的"四平不守，长春亦难确保"的看法不谋而合。遗憾的是，撤守四平、长春的决定显得晚了些。

这次撤退，是东北民主联军最为艰难的一段日子。从四平撤退尚有计划，到长春撤退已有些混乱。部队疲劳，人困马乏，急需休息，一些部队减员严重，元气大伤，普遍情绪低落，个别干部动摇厌战。就在决定撤退时，民主联军总司令部作战科长王继芳[1]投敌叛变。老部队中逃亡、新部队叛变的情况也时有发生。罗荣桓后来在提到四平保卫战后的撤退时，痛心地回忆说："从长春撤退到哈尔滨时思想很乱，全军无所措手足。无政府无纪律现象非常严重。"[2]

西满军区参战部队多，从四平撤退的情况通过各种渠道迅速汇集到军区司令部。黄克诚对各部队报来的情况及时地梳理、综合、分析。

5 月 24 日，黄克诚向中央做了比较详细的报告，讲了第三师和东北部队部分情况及地方的情况：

从 3 月下旬国民党进攻起到长春撤退，我军除南满外，总伤亡 1.5 万人，仅西满 4 个旅及一部分地方部队伤亡 7000 人左右，七、十旅连排骨干大部换了 3 次，部分营级干部亦换 3 次，团级干部伤亡尚小。有些部队元气受到损伤，不经整训已难作战。

部队从四平撤退尚有计划，长春撤退则已有些混乱。部队非常疲劳，有些战

---

[1] 王继芳，四川人，曾参加红军长征，上过抗日军政大学。投靠国民党后被授予少将军衔。1949 年重庆解放后被人民政府逮捕，经公审后处决。

[2] 罗荣桓 1949 年 3 月在四野高干会议上的讲话，见辽沈战役纪念馆管理委员会、《辽沈战役》编审小组合编：《辽沈决战》上册，人民出版社 1988 年版，第 38 页。

士撤退时走不动，不愿跟着走；干部同样长期作战，亦极疲倦。

干部中一般情绪不高，特别是营以下干部有厌战情绪，有些干部则装病到后方。但干部在长春撤退前逃跑的尚少，在战场上一般均积极勇敢。

地方工作在西满只有法库、康平、昌图、通辽几县比较普遍的有初步基础，其他各县除县城外，乡村中有些有了点工作，有些则完全没有工作。土匪问题尚未解决，长、哈、齐占领后，西满散匪达一万以上，因为集中兵力于四平，亦无较多部队进剿，地方武装有部分尚不巩固。地方工作进展迟缓，是由于时间短、干部少、土匪多及干部恋着城市不肯下乡，工作作风亦有毛病等。分配土地农民情绪很高，但提得较迟，一时难普遍开展。故从西满说，我们尚无广泛的、有组织的群众基础。

整个军队与地方干部，除一部先进者外，一般渴望和平而厌战。

黄克诚在报告中还说：

上面是我对东北部队情况及部分情况的了解。我是一个从坏处着想的人，所看到的现象亦是坏的方面较多，故或有片面之处，但都是事实。

一位研究东北解放战争史的专家说："在当时各方面给中央的报告中，黄克诚的汇报是最详细的，也是最真实的。"

黄克诚在对形势作了简要分析后，提出了建议："在目前情况下我们的作战方针，不能再死守城市，因在近代炮火坦克、飞机攻击下，我军技术是无法守住一个城市的。……应以消灭敌人为主，应避免被动的守城战，争取主动的歼敌。而目前争取一个时间来整理部队，消除疲劳，提高士气，肃清土匪，发动乡村群众最为有利。待敌分散后，即使失掉一些城市，这样做亦较稳妥。"①

5月27日，毛泽东在以中共中央名义致电东北局及林彪的电报中指出："目前军事方针，除以一部与敌保持接触，给以扰乱及破坏外，主力应不怕丧失地方，脱离并远离敌人，争取时间休整补充，恢复元气，再行作战。"②同一天，毛泽东起草的以中共中央名义给各战略区的电报中指出："四平防御战为一时特殊条件所致，不能成为我一般的作战方针。目前我力守大城市则许多中小城市将被失掉，许多运动战各个击破敌人的机会不能利用，敌如继续增兵对我守军进行包围攻击，则我必然仍要放弃大城市。"③

此后十多年里，黄克诚再未提到过对四平保卫战的看法。但对四平保卫战中牺牲那么多人，在面临有可能全军覆没的情况下才决定撤出，想起来总觉得心痛。他一直认为，自己当时向林彪和党中央的建议是对的，是适时的，如果早几天撤，损失肯定会少一些，而且不会影响大局。令他长期不能理解的是，自己发给林彪和中央的电报，为什么始终未见回音，为什么不早一点撤守。这个谜直到1959年庐

①《黄克诚军事文选》，解放军出版社2002年版，第414—416页。

② 中共中央文献研究室编，逄先知主编：《毛泽东年谱》下卷，人民出版社、中央文献出版社1993年版，第86页。

③《毛泽东军事文选》第3卷，军事科学出版社、中央文献出版社1993年版，第234页。

山会议上才得以解开。那年的 7 月 30 日，毛泽东约黄克诚、周小舟、周惠和李锐到他的住地谈话，当说起当年的四平保卫战时，毛泽东说："保卫四平是我的决定，难道也错了？"黄克诚说："即使是你的决定，我认为那场消耗战也是不该打的。"

经过这次谈话，黄克诚才明白，当时林彪既不撤兵又不回电报的原因所在。一位同黄克诚交往密切的老干部回忆，黄克诚在同他说起四平保卫战时曾说："从四平撤退后不久，我问林彪，我发了那么多电报建议撤退，你为什么既不回电，也不撤退？当时我的情绪很激动，完全是质问的口气。但他只是静静地听着，就是避而不答。这次经毛主席点破后，我才认识到林彪当时那样处置的原因。"

据史学家考证，毛泽东在世时，关于四平保卫战，除了黄克诚，再没有人敢当面这样说毛泽东的决定不对。即使林彪，对四平保卫战的评价也一直是很谨慎的。1971 年"9·13"事件后，很长一段时间里，四平保卫战以至东北解放战争，更是很少有人研究评说。直到 20 世纪 80 年代中央军委决定编写《第四野战军战史》时，四平保卫战才又被提出来研究。编写过程中关于四平保卫战得失的争论颇为激烈，一批当年参加四平保卫战的高级将领，大都表示了与黄克诚相同或相近的意见。四平保卫战时任纵队副司令员的韩先楚的发言颇有代表性，他说："在我军处于劣势的情况下，过多地看重一城一地的得失，与敌进行不利条件下的作战，在战略上是失策的。"[①] 一些权威著述，也对四平保卫战作出评说，指出：

"四平保卫战是中共中央从全国战略出发在特定历史条件下决定进行的一次大规模城市防御战。此战历时月余，共毙伤国民党军 1 万余人，加上在此期间歼灭长春地区反动武装近 2 万人，打击了国民党军的嚣张气焰，配合了同国民党的谈判斗争，使国民党军在占领长春、吉林后，无力进攻哈尔滨，赢得了东北地区四个月的休战局面，这就为东北局和东北民主联军深入发动群众，建立巩固的东北根据地争得了宝贵时间。四平保卫战还显示了东北民主联军的力量，取得了阵地防御战的经验，提高了指挥员同有美械装备的国民党军作战的胜利信心。"[②] 从这个角度看，四平保卫战是有战略意义的。"四平保卫战是属于城市防御战性质，这并不是中共领导的军队的长处所在，而且在当时条件下也不可能达到成建制地消灭敌人的目的。在四平保卫战中，东北民主联军伤亡达八千多人，其中绝大部分是从关内调赴东北的骨干，使参战部队不得不撤向远离敌人的地区，以较长时间进行整补。从这个意义上说，又是有所失的。"[③] 所以，中央军委及东北局、东北民主联军的领导人事后指出："四平保卫战为一时特殊条件所致，不能成为我一般的作战方针。"

黄克诚一方面从全局出发，全力支持保卫四平，一方面在察觉战局不利无力

---

① 韩先楚：《东北战场与辽沈决战》，见辽沈战役纪念馆管理委员会、《辽沈战役》编审小组合编：《辽沈决战》上册，人民出版社 1988 年版，第 88 页。

②《第四野战军战史》编写组编：《第四野战军战史》，解放军出版社 1998 年版，第 99 页。

③ 中共中央文献研究室编，金冲及主编：《毛泽东传》（1893—1949），中央文献出版社 1996 年版，第 763 页。

坚守时再三建议尽快撤出，充分体现了他的全局观念和过人的胆识。沈启贤[1]将军在他的军事笔记中写到四平保卫战时说：黄克诚虽不在前线指挥四平作战，却时刻操心着前线情况，身居一隅，心忧全局，他有胆有识，无私无畏，敢于犯颜直谏，敢于讲真话。"黄克诚是人民解放军的魏征（唐朝宰相）式的军师。"[2]

四、力主坚守哈尔滨

国民党军推进到松花江以南，哈尔滨危在旦夕。林彪主张放弃。黄克诚致电毛泽东，力主坚守，在此与国民党军决战。

东北民主联军主力撤出四平以后，一面抗击国民党军的追击，一面转移。至5月下旬至6月初，安全转移到松花江以北及东西满地区。中共东北局机关迁到了哈尔滨。而国民党军气焰嚣张，紧追不舍，其新一军5月23日占领长春后，28日占领吉林；第七十一军沿中长路以西急进，25日占领郑家屯；新一军主力进至公主岭，第五十师28日占德惠，30日进至松花江南岸。国民党军东北保安司令长官杜聿明打算乘胜越过松花江占领哈尔滨，进逼齐齐哈尔。

形势异常严峻，哈尔滨、齐齐哈尔均处在危急之中。是弃是守，必须尽早决断。

哈尔滨位于中长、中东铁路的交汇处，它是通向苏联和连接整个北满的门户，具有极其重要的战略地位，是北满第一大城市。它和齐齐哈尔成为连接西满、北满根据地最重要的战略基地。4月20日，中共中央在给黄克诚、李富春并彭真、林彪的电报中曾明确指出："应用一切力量，不惜重大牺牲，保卫长春、哈尔滨，巩固对于北满的占领；建立起全国最大的北满战略根据地。"黄克诚认为，中共中央的这一指示非常重要，在当时的形势下，如果不建立起北满、西满这一战略根据地，民主联军将很难在东北站稳脚跟，而在地广人稀的北满、西满，如果放弃哈尔滨，齐齐哈尔也难以保住。两个重要基地一旦失去，已被压缩北移的北满根据地，将进一步缩小，给部队的生存发展带来极大困难。作为西满地区的主要领导人之一，黄克诚十分着急。

哈尔滨能否保住呢？黄克诚分析认为，对民主联军来说，当前形势的确严峻：守军力量较弱，其他主力部队分散需要集中，疲劳未得恢复等。但国民党军占领四平、长春、吉林等城市后，其战线拉长，兵力也分散开来，而且南满的民主联军也牵制了敌人，经过前一段的英勇阻击，敌人对哈尔滨的进攻也不会毫无顾忌。只要民主联军加强组织指挥，发挥自己的优势，守住哈尔滨是可能的，万一守不住撤出来，对下一步的斗争也是有利的。他决定向上级建议坚守。

5月28日，黄克诚以个人名义致电毛泽东，明确地建议集中最大兵力与敌决战于哈尔滨附近，并提出了决战部署的建议。

---

[1] 原新四军第三师参谋处处长，从苏北到东北，多年跟随黄克诚工作。
[2]《沈启贤军事笔记》，工人出版社2007年版，第91页。

黄克诚在电报中首先阐明了坚守哈尔滨和齐齐哈尔的重要性和必要性。电报说："长春撤退后，不让出哈尔滨、齐齐哈尔，没有停战可能，让出该两地来停战，我在东北不可能有大作为，且敌将继续压迫我军甚至将我军主力完全消灭。"东北农村人口太少，60%人口在城市，因地方工作基础太差，分散游击战很难持久，小的运动战消灭小股敌人不能转变局势，站稳脚跟。接着，黄克诚分析了战胜敌人的可能性：我除一部主力丧失了元气外，大部兵力稍加休整即可能作战；敌人兵力分散，交通线延长，骄傲轻敌，如我能集中全力进行决战，指挥得法，必能消灭敌人，转变局势。最后，他提出了决战部署的建议：（1）三师除留一个旅守昂昂溪之江桥外，和北满其他部队均全部集中到哈尔滨附近；（2）梁师、罗师、万师[①]邓克明旅除留小部阻击敌人由吉林北进外，全部集中哈尔滨附近；（3）在松花江边阻敌前进，掩护主力集中在哈尔滨附近构筑坚固阵地，右边依据大松花江边，突击主力集结于阿城地区，待敌攻击我阵地疲惫后，即以全力反击；（4）南边程世才、吴克华[②]全部调到长春路东侧，破坏长春路，断绝敌人交通；（5）除齐、哈外，松江以南城市，全部准备丢掉，待决战胜利后，再逐次收复，松花江以南全面开展游击战；（6）松花江上游铁路全部炸毁。

黄克诚的电报最后强调认为：如决战失败，则以后准备完全进行游击战争，如不以全力在哈尔滨进行决战，亦将被迫进行全面游击战争，那样吃亏更大，此着为我们在东北之生死斗争。[③]

黄克诚用兵一向沉稳持重，考虑周密。他深知，在国民党军步步向北逼近的形势下，能坚守住哈尔滨、齐齐哈尔是上策。但也要做守不住的准备。保卫和巩固中小城市和农村根据地，保护人民群众，依然是根本所在。他召集军区领导干部和作战部门，一面部署迎接敌人进攻的准备，一面指示各军区、军分区，组织兵力坚决打击乘机破坏的土匪和地主武装，保护群众，巩固根据地；并派游击队，组织群众破坏铁路、公路，迟滞敌人进攻。

国民党军在进占四平、长春等大城市后，继续向民主联军控制的中小城市发动进攻。此时，民主联军收编的一些地方武装，在国民党特务的策动下，成班、成排甚至成连在叛变，投向国民党，有的重新为匪，袭扰民主政权，祸害百姓。农安、长春、怀德、梨树等县尤为严重。在这些地区工作的干部大都撤了出来。黄克诚得知后，立即指示特务第三团派出一批骨干组成游击支队，打击土匪，保护群众和地方干部。黄克诚估计，东北其他失地都会出现类似情况。随即致电东北局，建议：（1）立即以干部为核心，组织武工队进入失守地区，坚持打击敌人的残余分子与特务暴动，保护群众。（2）发动逃出的积极分子参加武工队，没收屠杀、压迫群众之反动地主土地财产，分给群众，提高群众情绪，发动群众斗争。他的建议很快被东北局采纳。

---

① 梁师，指梁兴初师；罗师，指罗华生师；万师，指万毅纵队。
② 程世才、吴克华，分别为东北民主联军第三、第四纵队司令员。
③《黄克诚军事文选》，解放军出版社2002年版，第417页。

毛泽东对黄克诚的建议和阻敌北进的部署很满意。5月28日，以中共中央名义复电黄克诚："（一）迭电均悉，布置甚好；（二）敌愈前进愈分散，后路愈空虚，我应以一部缠绕敌人，主力休整恢复元气。"

当时，东北民主联军主帅林彪带前总暂驻哈尔滨以南的五常县。对于坚守哈尔滨，林彪是不同意的。6月1日，林彪给中央并周保中等发电，提出"目前无法集中兵力作战"，"准备游击放弃哈尔滨"。6月2日，东北局亦致电中央并林彪：鉴于自长春撤退后，完全处于被动，主力未集中起来，目前很难作战，准备放弃哈尔滨，摆脱被动，准备休整。6月3日，中共中央复电东北局、林彪及黄克诚、李富春，同意作放弃哈尔滨之准备，采取运动战与游击战之方针，为在中小城市及广大乡村建立根据地而斗争。同日，林彪指示各兵团：诱敌进入哈尔滨扶余之线，放敌前进，以利今后反攻。

中共中央虽同意了林彪放弃哈尔滨的意见，但同时对于黄克诚坚守哈尔滨的建议也很重视。毛泽东、彭德怀等军委领导人对黄克诚用兵沉稳持重、关注全局的谋略思想是十分熟悉的，深知他对坚守哈尔滨的建议是经过认真考虑的。时任东北民主联军副总司令的吕正操也向中央提出了集中兵力坚守哈尔滨的建议。这时的国民党军方面，不仅遭受重大损失不能迅速补充，且因占领许多地区，兵力分散，战线延长，弱点日益暴露，困难日益增加，也难以继续发动进攻，长驱直入。6月5日，毛泽东收到周恩来关于蒋介石已同意马歇尔在东北停战15天进行谈判的报告，当即为中共中央起草致东北局及林彪的电报，明确指示："立即部署坚守哈尔滨十天，至要至要！"次日，又致电东北局、林彪并黄克诚等："十五天停战协定七日起实行，至二十一日为止，东北民主联军各部应利用此十五天时间，休息补充，提高士气，准备再战。"

包括哈尔滨、齐齐哈尔在内的北满、西满根据地保住了。黄克诚长长舒了一口气，他坚信，只要抓住停战的有利时机迅速休整部队，发动群众，加强后方建设，就能挫败国民党的进攻，争取局势的转变。

第十八章　建设巩固的战略后方

一、作长期斗争打算，全面部署战备及各项工作

四平、长春被国民党军占领后，中国的政治局势发生了明显的变化。蒋介石因一时胜利而更加咄咄逼人，进一步加紧备战，随时准备向各解放区发动进攻。在中国共产党积极争取实现和平解决的努力下，1946 年 6 月 5 日，国共两党就东北问题达成停战 15 天的协议。蒋介石虽然发表从 6 月 7 日起在东北停止进攻 15 天的声明，但实际上，他是在召开军事会议，准备在休战后大打。

6 月 7 日，周恩来从南京飞返延安，向中共中央汇报谈判情况，并立即研究下一步的对策。中共中央讨论决定的方针，仍是在不丧失基本利益下实现和平。13 日，毛泽东以中共中央名义电告林彪、彭真等：“我党方针是竭力争取和平，争取十五天内保持平静，争取延长停战时间，变暂时停战为长期停战。”“同时我东北全军应积极准备再战，并应准备长期战争。”①

周恩来从延安回到南京后继续同国民党进行谈判。国民党自认为局势对其有利，傲慢地提出种种苛刻条件，要求共产党退出察哈尔、热河两省，山东的烟台和威海，东北的哈尔滨、佳木斯、牡丹江、安东等地，只能驻齐齐哈尔、海兰泡和延吉三地。这些苛刻条件理所当然地遭到中共拒绝。这样，国共的全面破裂就势所难免，全面内战也就一触即发了。中国历史又到了一个转折时刻。

6 月 22 日，毛泽东以中共中央名义致电东北局并李富春、黄克诚：“南京谈判，蒋介石只许兴安、齐齐哈尔、北安、延吉四处由我党驻兵，白城子、哈尔滨、佳木斯、牡丹江、安东均由蒋驻兵，我们认为不能接受。”②

同一天，毛泽东又以中共中央名义致电东北局并各分局、各省委、各纵队，指出：“蒋介石为着完成进攻准备，延长休战时间八天至三十日止。如我党不能承

① 中共中央文献研究室编、逄先知主编：《毛泽东年谱》下卷，人民出版社、中央文献出版社 1993 年版，第 91 页。

② 中共中央文献研究室编、逄先知主编：《毛泽东年谱》下卷，人民出版社、中央文献出版社 1993 年版，第 95—96 页。

■ 解放战争时期，西满军区在齐齐哈尔时军区机关旧址（齐齐哈尔永安大街 66 号）。

认其苛刻条件（例如东北只能给旧黑龙江，其余一切不给），七月初将向东北及全国进攻。你们现在即应准备于谈判破裂时，动员全党全军克服任何动摇犹疑恐惧心理，利用各项有利条件，紧紧依靠群众建立根据地，粉碎国民党进攻。在我党取得大的胜利之后，必能实现国内和平。"①

一天之内连接中央两次来电，而且后一个电报一直发到纵队一级，黄克诚自然知道电报的分量。他认为，在和谈面临破裂、大战即将来临的转折时刻，中共中央号召东北全党全军克服撤离四平、长春以来部队人员存在的动摇犹疑和恐惧心理，树立长期斗争的思想，紧紧依靠群众建立根据地，这是非常正确、非常及时的。事实上，作为西满军区最高军事领导人，自接到停战休整指示以来的半个多月里，黄克诚的主要精力几乎全部放在了调整战备部署、准备长期作战上。

黄克诚总是把自己的关注点放在那些对他指挥的全局来说最重要、最急迫、最有决定意义的问题和动作上。

在接到 6 月 3 日中共中央和东北局"作放弃哈尔滨之准备"等的指示后，黄克诚立即同李富春一起分析了西满地区将面临的形势，而最急迫、最重要的是西满机关、部队放在哪里对将来的生存发展更为有利。

---

① 中共中央文献研究室编、逢先知主编：《毛泽东年谱》下卷，人民出版社、中央文献出版社 1993 年版，第 95—96 页。

黄克诚、李富春一致认为，在以运动战为主，不固守城市的方针下，在国民党增兵后将继续进攻的情况下，哈尔滨和齐齐哈尔将被其占领，中东路如被占领，西满地区将被切为南北两块。而嫩江北部只有 6 个县，地区虽大，人口不多，人力物力均不能供给较多军队生存；两洮周围各县，地广人稀，土匪遍地，铁路交通最容易为敌分割，且群众少，条件极差，均为荒凉游牧地带，缺人、缺粮，嫩江难为主力生存发展之地，大机关（后勤、医院、工厂）亦难安置。

6 月 5 日，他们向东北局发电请示，决定以通辽、开鲁、奈曼旗、鲁北为根据地，背靠热河，以彰武、阜新、法库、康平、郑家屯、梨树、怀德等为机动作战地区，部队、机关即向该地区转移。白城子、洮南线有地方武装控制，如敌大举进攻，以游击战坚持。在组织领导上，分局与辽西省委合并，直辖地委、分区，另组一纵队指挥机关，指挥主力机动作战。

这是一个周密而完整的方案，也是一个有利于长期斗争的方案。虽因为上报后的第二天即接到中共中央关于蒋介石将宣布停战 15 天的通知而未实行，但它为下一步调整战备部署提供了一个很好的预案。

6 月 16 日，东北局确定了各军区建立根据地的区域，其中规定：西满军区以兴安岭为门户，面向齐齐哈尔，背靠满洲里，在中长铁路的博克图、牙克石和海拉尔、扎兰诺尔、满洲里一线，及在北安、德都、嫩江、纳河建立根据地。

17 日，收到东北局关于西满建立后方的指示后，黄克诚和李富春立即商讨如何执行。黄克诚认为，根据地的建设必须从坚持长期斗争着眼，必须从有利于部队机动作战，有利于兵员和物资的补充，有利于伤员的转运、安置等综合条件考虑，而东总指示西满后方设于海拉尔、博克图一线，则有诸多不利：这一带除铁路沿线外，只有少数牧民，一旦齐齐哈尔、扎兰屯被占，部队将被隔断；而且铁路两侧无人、无运输力，无法接济前线；海拉尔城小人少，已定为兴安省省会，蒙民省府决定移该地，将来如国民党军打通中长路，机关、部队将无活动余地，嫩江、纳河后方也无法转移到该地。显然，在这里建立根据地意义不大。

黄克诚和李富春都认为，无论将来情况如何变化，主力部队将长期活动于中东路北安、纳河以南地区，因此，研究决定，将第一根据地设于纳河、嫩江、德都等地；第二根据地设于黑河、瑷珲地区；各旅、纵队后方设于活动地区之农村，这样做，后方与主力之间才能不被割断，物资可源源供给前线，伤病员才能保证及时后运。为此，黄克诚和李富春向东北局建议，将原属北满分局管辖的黑河省[①]划归西满管辖。

在敌强我弱、和战未定和国民党军随时可能向北发动大规模进攻的形势下，黄克诚和李富春所提部署方案，进可攻，退可守，回旋余地大，对人力、物力的保障有利，可以说是最佳选择，上报后立即获得批准。西满分局和军区依此作了应急部署和准备，迅速派出得力干部赴嫩江、纳河、黑河地区，加强领导，剿除

---

① 现黑龙江省北部，当时也称黑龙江省。

匪患，建设后方基地、医院等。

在部署北部后方根据地的同时，黄克诚谋划保卫辽吉根据地的问题。辽吉根据地位于松花江以南，沈（阳）锦（州）铁路西侧，南为医巫闾山，北为科尔沁大草原，中部为松辽腹地，包括现在的辽宁、吉林、内蒙古各一部分，境内铁路纵横交错，是联结东北与华北的枢纽。而且这一区域，人口相对较多，兵源充足，物资较丰富。黄克诚深知，保住辽吉根据地，对保证北满、西满根据地的巩固和发展，对今后东北的整个战局，都至关重要。

6月中旬，黄克诚乘火车从齐齐哈尔赶往白城子，召集辽吉军区司令员邓华、省委书记兼军区政治委员陶铸等，研究部署发动群众、发展自卫武装，开展敌后游击战的问题。并决定，将独立旅留在通辽、康平、法库地区，在辽吉军区统一指挥下，抗击国民党军的进攻，清剿土匪。鉴于国民党军占领四平、郑家屯等城市后，不断向根据地蚕食，黄克诚明确授权辽吉省委和军区，在目前敌人向我蚕食之地方，只要有胜利把握，即坚决给予打击，不必等待命令。凡在停战后被敌侵占之土地，均可量力收回。黄克诚指出，辽吉地区地位特别重要，国民党军必然要拼命争夺，这里将是重要作战区域，你们要储备足够的粮食和物资，建立后方，以应打大仗之需。

这段时间，黄克诚还连续致电中共中央，就在东北与国民党军作战、国共和谈、形势与和战等问题，提出了自己的见解，为中央判断形势、决策和战大计提供参考。

6月7日，在周恩来从南京飞返延安、中共中央正讨论下一步同国民党谈判的对策时，黄克诚致电中央，陈述了他对在东北进行长期战争的有利条件和不利条件的看法。

6月13日，黄克诚与李富春联名致电中共中央，就东北问题与国民党和平谈判提出四点意见：（1）准备打，争取和；（2）如能和即保持牡丹江、佳木斯、北安三点在我手亦和；（3）不论真和假和长和短和，能利用谈判争取二三个月时间从思想上、政治上动员，全力加强群众与整军工作，站住脚即对我有利；（4）如全国和平无望，非打不可，东北单独打不如全国打，以免被各个击破。上述意见与中共中央同一天发给林彪、彭真等的电报指示完全一致。

6月26日，黄克诚与李富春致电中共中央，就蒋介石提出在哈尔滨、安东、佳木斯、牡丹江、白城子等驻兵问题提出意见，认为"可让点，不可让面。不可被约束在一个狭窄地和失掉行动自由，保持面的县区行政权和地方武装，则点让出是可以的"。"自动让出取得半年停战来整理内部对我有利，准备半年后再打。"这个意见是符合当时东北战场实际和中央争取和、准备打的方针的。

此时，国共和谈仍在继续，和平的大门尚未关死，而军事形势总体上不容乐观。中共在东北、热河、察哈尔等许多地方都还明显处于守势，并失掉了一些地方，而得到美国大力援助的国民党军看上去要强大得多。党内的和平空气也仍旧很浓。面对复杂的时局和中共中央征询意见的来电，黄克诚与李富春多次讨论形势，从全局上探讨今后斗争的方针与策略。6 月 28 日，由黄克诚执笔、李富春与黄克诚联名给中共中央发电，就国际国内形势提出了他们的看法、疑虑和不成熟的建议，一方面供中央参考，另一方面希望中央作出判断。

关于国际形势，黄、李认为，目前反动势力，特别是美国的反动势力，采取全面的扩张政策；世界人民革命力量，特别是苏联则采取防御巩固的状态。估计这个基本形势可能持续 3 年或 5 年。此后，苏联元气恢复，美国经济大恐慌，英、法与战败国恢复元气，已解放各国全面巩固之后，世界形势才能发生基本变化。

关于国内形势，黄、李认为，经过八年抗战，人民的势力得到空前发展与壮大，但没有形成几个省区连成一片的根据地，尚缺少一个更有实力、更坚强的中心区，目前也不可能得到来自国际革命实力援助。中国反革命势力在抗战中削弱了，但反革命的中心势力蒋介石、CC 派反而在抗战后加强了，嫡系军队增多，特务网遍布全国，官僚资本有所发展，又得到美国空前的军事、政治、经济援助。反革命势力也面临着严重困难，如经济恐慌、内部矛盾、人民不满，但目前还不足以致其死命。今后数年内，在美国的强大援助下，反革命派还可能克服困难，加强军事、政治、经济各方面的力量。但是，随着中国更殖民地化，人民群众灾难更加深重，反抗运动也将更有组织地不断兴起。

基于上述形势的分析，黄、李建议，我党应采取力求保存力量，等待时机的方针，并提出三种对策供中央考虑：（1）让步以达和平；（2）拖延以待时机；（3）坚决打下去，以分胜负。他们认为，目前和战已到最后关头，拖下去的可能性已很少，只有一两条路可走。如采取第一个让步以达和平的方针，若能求得全师而退，保存干部、保持部分军队与部分解放区，求得全国范围的民主改革，还是以让步求和平为宜。但蒋介石不会因我党让步就放下屠刀，相反，他会把屠刀拿得更稳，随时可能发动大屠杀，杀得鸡犬不留，铲草除根而后已。这样，则不如采取打下去的方针。

黄、李给中央的电报所提出的观点和所反映出的疑虑在当时带有普遍性。据毛泽东当时的政治秘书胡乔木回忆，"毛主席读了报告，并立即作了批示。毛主席指出：报告提出的许多观点是合乎实际的，是好的；但缺点是对美帝国主义和蒋介石的困难估计不足，对国内人民民主力量所具备的顺利条件也估计不足"。"对美蒋的压力与要求，我们应当有所让步；但主要的政策不是让步，而是斗争，如果我党既有相当的让步，而对其无理压迫与无理要求又能予以坚决斗争，其结果比付出更多更大让步反而要好些；如无坚决斗争精神，结果将极坏。"[1]

黄克诚和李富春给中央的报告是在东北战场形势极端不利、全面内战爆发在即的时刻发出的。它对中共中央制定决策、指导全局起到重要参考作用。

6 月下旬，蓄谋已久的蒋介石，以围攻中原解放区为起点，陆续向山东、苏皖等解放区发动大规模进攻，拉开全面内战的序幕，企图在短时间内首先消灭关内

---

[1]《胡乔木回忆毛泽东》，人民出版社 1994 年版，第 343 页。

的人民军队和解放区，然后集中力量解决东北的问题。

在东北战场上，国民党军自占领四平、长春、吉林等城市后，因战线拉长，兵力分散，原准备从关内抽调的援军暂时难以抽出。东北保安司令杜聿明自知兵力不足，又受到民主联军重重阻击，损失不小，需要休整补充。在这种背景下，蒋介石于 6 月 21 日又宣布，将东北停战时间延长至 6 月 30 日，后又宣布无限期延长。实际上，至 10 月之前近 4 个月，东北战场没有发生大的战事。东北局和民主联军总部利用这段时间，根据中共中央关于放手发动群众，建立巩固的东北根据地的总方针，作出了一系列重大决策。

为了统一领导，1946 年 6 月 16 日中共中央决定，以林彪任东北局书记、东北民主联军总司令兼政治委员；以彭真、罗荣桓、高岗、陈云任东北局副书记，兼东北民主联军副政治委员；以林、彭、罗、高、陈组成东北局常委。

7 月上旬，东北局在哈尔滨召开扩大会议。会议以中共中央去年 12 月关于建设巩固的根据地的指示为指导，深入总结进入东北以来创建根据地和阻击国民党军进攻的经验教训，重点讨论了今后的方针任务。这是东北局和民主联军进入东北以来一次规模空前的会议。参加会议的有林彪、彭真、罗荣桓、高岗、陈云、李富春、李立三、张闻天、蔡畅、林枫、黄克诚、谭政、王首道、程子华、云泽（乌兰夫）、萧劲光、万毅、吕正操、古大存等 20 名中央委员和候补中央委员，还有不是中央委员的东北部分党政军高级干部，可谓群雄毕至，将星云集。会议经过讨论，于 7 月 7 日通过了委托陈云起草的《东北的形势和任务》的决议（史称"七七决议"）。

"七七决议"指出：根据地是我们工作的第一位。我们所要创造的根据地，是包括中小城市和次要铁路在内的。必须认识到，创造根据地的主要内容是发动农民群众。

关于作战方针，"七七决议"指出：在敌强我弱的条件下，我军的作战原则，不在于城市和要点的一时得失，而是力求消灭敌人。一般地不作阵地战，广泛地运用运动战和游击战。

"七七决议"号召广大共产党员和干部走出城市，丢掉汽车，脱下皮鞋，换上农民衣服，不分文武，不分男女，一切可能下乡的干部要统统到农村中，完成发动农民的中心任务。[①]

在进入东北以后的八个多月里，黄克诚根据自己掌握的情况，多次向中共中央、东北局建议，把建立巩固的根据地作为首要任务，并率领部队，在西满地区组织剿匪，发动群众，建立农村政权，使西满根据地不断扩大和巩固。但由于形势多变，党内在认识上不够统一，根据地建设受到影响。现在东北局作出决议，把发动群众建设根据地作为第一位的任务，使他十分高兴和欣慰。他在会上表示，坚决拥护这个决议，并认真贯彻到实际中去。

---

①《陈云文选》，人民出版社 1984 年版，第 230—234 页。

东北局会议一结束，黄克诚和李富春即赶回齐齐哈尔，传达决议精神，部署下一步工作。

7月中旬，西满分局召开了党政军高级干部会议。陈云专程到会作了《发动农民是建立东北根据地的关键》的报告。陈云指出：东北形势，目前仍是敌强我弱。改变敌我力量对比，主要办法是发动群众，改变我们的力量。要站住脚就得有群众。有了群众，一切好办，可以有军队，经费供给有来源。没有群众，一定失败，死无葬身之地。他要求军队每个团要抽三分之一指战员下乡。①

李富春在会上着重讲了如何搞好农村斗争。他分析了西满领导的77个县、旗开展群众斗争的情况，阐述了农村斗争的政策和策略，表扬了开展群众斗争好的铁岭、法库、康平、肇东、甘南地区，要求开展较差的二、三类地区迅速赶上来。

黄克诚讲话中首先分析了面临的形势，提出：蒋介石已调集大军围攻我中原、苏皖和山东等地区的部队，并有调动东北部队进攻热河，打通锦（州）承（德）铁路和承（德）北（票）铁路的企图。国民党同意在东北停战，只是因兵力不足，不敢冒险进攻而已，一旦补充休整完毕或其援军一到，就会向我们大举进攻。

黄克诚重点讲了剿匪、整训和战备问题。他说，剿除匪患是当前主力和地方兵团的一项重要任务，土匪不除，群众就发动不起来，后方不能安定，根据地就难巩固，打起仗来就没有充足的兵员补充和粮食供应。他要求，主力兵团和部队都要全力剿匪，达到彻底歼灭。

黄克诚要求各部队特别是主力兵团，要继续深入进行思想整顿，坚决丢掉和平幻想，树立长期斗争的思想，振作精神，增强战胜敌人的勇气和信心。同时，他还对扩充兵员，加强军事训练、储备粮食和筹措经费等提出了明确要求。

7月22日，根据"七七决议"精神和东总指示，黄克诚、李富春联名向西满各省委、各军区、各兵团下达紧急战备指示，要求：

参加剿匪之主力及地方兵团，应以全力，不顾疲劳，积极打匪，应采取穷追、诱歼、围歼各种战法，达到歼灭土匪，安定后方。

各主力兵团在整顿思想之后，应积极进行军事教育，新兵主要学射击、散兵动作，老兵学攻城动作。

辽吉军区应在二、三、四分区准备2.5万人吃两个月的粮食，待命集中使用。龙江、嫩江、辽吉省各准备战费1000万元苏满币②。

指示再次明确，辽吉省对于敌人在停战后侵占的地区，可量力主动收回。

二、悉力剿匪，安定后方

西满地区是东北土匪活动最严重的地区之一。黄克诚率领第三师进入东北以

---

① 《陈云文选》，人民出版社1984年版，第237—241页。
② 苏币，指苏联币，即卢布；满币，指伪满洲国货币。

后，一直把清剿土匪作为最急迫的任务。在他的统一指挥下，主力兵团与地方部队密切配合，运用政治瓦解、收编、武装进剿、围歼、运动歼击等办法，严厉打击土匪，至 1946 年 5 月，共歼匪 1.5 万余人。先后解放了通辽、开鲁、通榆、洮南、安广、泰安、景兴、塔子城、瞻榆、怀德、农安等 10 余座县城和四平、齐齐哈尔，同东满部队相配合，解放了长春。西满地区的大股土匪基本被歼灭，根据地比较巩固，在四平保卫战期间，为支援部队作战作出了很大贡献。

国民党军进占四平、长春以后，继续向西、向东扩张。原来遭到民主联军打击后潜伏、流窜的土匪，在民主联军北移后，在国民党的煽动和扶持下，死灰复燃，乘机蜂起，成股的土匪大肆活动；原来被民主联军收编的土匪武装有不少也接连叛变。据 1946 年 6 月不完全统计，散布在东北的土匪还有 3 万多人，其中西满地区近 1.3 万人。

黄克诚对土匪活动的新动向十分重视。他指示各部队收集掌握土匪活动的情况与特点，研究打匪办法，并及时上报。5 月 31 日、6 月 1 日，他连续向中共中央、东北局和在哈尔滨开会的李富春发电报报告匪情。电报说：白城子、镇东、安广、大赉四县，共有土匪 50 余股，人数多者百余人，小的 20 余人，均为骑兵，进攻则窜，围攻则散，行动迅速。他们地形熟悉，名目众多，情报灵活，大都与国民党有联系。四（平）洮（南）线、长（春）大（连）线两侧及中间地区的土匪蜂起，反动地主与分散的土匪紧密勾结，组织暴动，残杀干部，区乡武装大部叛变，县大队也部分叛变。国民党派人沿铁路线协同土匪、地主专门打击支持民主改革的积极分子，动员中间分子向反动派靠拢，"敌占各县乡村已成混乱与黑暗世界"。黄克诚一面从部队和地方抽调骨干组织武工队进入失守地区打击敌伪残余和暴动分子，保护群众，一面建议东北局尽快就剿匪问题作出部署。

6 月 12 日，东北局和东总作出关于剿匪工作的决定，决定指出：根据目前斗争形势的发展，充分证明，北满为我党在东北最根本的战略根据地。必须争取在最短时间内，坚决彻底地肃清土匪，发动广大农民群众，建立巩固的后方，以支持长期斗争。民主联军主力北移后，东北局与北满分局合并，将原属北满分局领导的黑龙江、嫩江划归西满分局领导。决定要求，黑龙江地区的剿匪由西满军区负责，并要求西满军区派一批军事干部，配备几个老连，作为黑龙江部队的骨干，建立几个拳头部队，分配在几个战略要点，巩固加强黑龙江现有部队。

黑龙江及嫩江、兴安三省，紧邻中苏、中蒙边境，大小兴安岭森林密布，受到民主联军打击的残匪，有不少流窜至此，与当地土匪结合，啸聚山林，继续作恶。根据东北局和东总的指示，黄克诚决定，把剿匪的重点放在嫩江和黑龙江地区。

5 月下旬，国民党支持的"光复军"残余及地主恶霸，以匪首王乃康、杨化泉等组成"挺进军"3000 余人，窜扰嫩江边沿地区。黄克诚命令嫩江军区坚决歼灭这支土匪。嫩江军区指挥骑兵部队和步兵，采取围剿、追剿、驻剿和政治瓦解相结合的办法，将这支土匪大部歼灭。少数残匪在王乃康等匪首带领下，流窜至黑河地区，与那里的土匪勾结互应，继续作乱。

黑河地区是土匪活动最猖獗的地区之一。这一地区处于北满最北面，沿黑龙江与苏联隔江相望的漠河、呼玛、瑷珲、孙吴、逊克（奇克）等县，都是北满的战略要点。盘踞黑河地区的土匪大小有上百股，他们之中有的是在苏军进入东北、伪满洲国解体后，由国民党搜罗并任命了头衔的伪军、警、特和一些日本人；有的是日本统治时期抓的劳工，日本投降后成为散兵游勇，纠合在一起，乘机抢走武器，占山为匪的；有的则是长期盘踞一方的惯匪；也有的是群众自发组织起来保卫家乡和财产的自卫武装。土匪中最大的一支是以匪首刘山东为旅长的国民党混成第六旅，约1500人，盘踞在逊克、呼玛、孙吴一带。其他还有国民党特务关作舟组织的第七旅约700人，盘踞在黑河大岭和嫩江一带。国民党支持的大股土匪，武器装备充足，地形熟悉，到处袭扰，十分猖獗，对刚刚建立的民主政权和地方武装威胁很大。6月12日，中共黑河地委书记兼军分区司令员王肃，从省会北安开会返回时，同省军区派往黑河担任军分区政治部主任的刘光烈及妻子王燕，坐汽车到獾子洞附近时，遭土匪突然袭击，壮烈牺牲。黄克诚得知后，甚为震惊和愤慨，决定迅速派得力干部带部队赴黑河地区，彻底歼灭这一地区的土匪，以巩固后方，并在该地区收缴武器。

当月中旬，黄克诚即派第三师副师长兼参谋长洪学智率第三师后勤部长刘炳华和师特务第一团（9个步兵连和4个骑兵连）进入黑河地区剿匪，团长为毛和发、政治委员黄励华。黄克诚还让洪学智从司令部选了几名经验丰富、办事干练的参谋。

部队出发前，黄克诚检查了动员和准备情况，特别察看了骑兵连队的马匹、装备。随后又找洪学智等谈话。黄克诚说："蒋军占领四平、长春以后，气焰嚣张，企图继续北进。北安、黑河、嫩江、牡丹江是我们的大后方。现在这些地方土匪蜂起，严重危及我们后方根据地的安全。我们必须做最坏的打算，让出哈尔滨、齐齐哈尔。所以北安、黑河是我们最后的根据地。有一个可靠的后方，是有战略意义的。你们必须赶紧去，把土匪清除干净，把群众发动起来。"

黄克诚特别嘱咐洪学智："要注意掌握政策，特别要正确对待少数民族栖林人（鄂伦春族），因为他们以狩猎为生，穿兽皮，吃兽肉，并以山禽、兽皮同汉人交换粮食，生活习俗与汉人不同。他们当中，有一部分人受土匪利用，这要和土匪区别对待。"[①]

洪学智先是任黑河军分区司令员，后来又任黑龙江军区司令员，在他和原司令王均的统一指挥下，特务一团协同地方武装，攀山涉水，迂回截击，奔袭围追，经过两个多月的连续作战，歼灭国民党东北"挺进军""光复军"等土匪武装2000余人，并缴获了一大批武器和物资，受到东总和西满军区的表彰。

西满其他地区的剿匪斗争也取得了很大成绩。6月至8月，三肇（肇东、肇州、肇源）军分区与第三师第八旅骑兵部队相配合，共歼灭"桑老九"、张氏基匪

---

① 《洪学智回忆录》，解放军出版社2002年版，第257页。

部 1000 余人，百人左右的股匪 2 股。第十旅在大赉、海伦各毙俘土匪 100 多人。独立旅派出第二团及警卫营、山炮营南下，配合辽吉第一军分区拔除国民党 1 个营及土匪据守的孤家子据点，毙伤敌匪 170 余人，俘 100 余人。

黄克诚十分重视剿匪进展情况，及时审阅各部队上送的报告，亲自听取前线来人的汇报并作出指示。为推动和指导各地剿匪工作的深入进行，根据他的意见，西满分局和西满军区于 9 月 20 日发出关于剿匪工作的指示。《指示》在简要回顾和肯定了 8 个月来西满地区剿匪取得的成绩后，指出了存在的问题，进一步明确提出了打匪方针：斩草除根，彻底歼灭，放弃利用幻想。解决土匪问题的主要办法是：从政治、群众、军事各方面同时着手，包括：用群众工作摧毁匪窝（根据地）、匪溜子（即行动路线）；组织人民防匪自卫联防运动；发动群众开展检举运动；为保障人民利益，在人民拥护赞成之下，对于匪头、匪溜子、匪汉奸、匪特务分子处以严刑，对于被迫参加土匪的青年知识分子、工人、农民和因被清算而逃入匪群的富农、小地主，在自愿悔过条件下，采取宽大政策。

《指示》从军事方面作出了新的部署：要选择重点，集中兵力，严密搜索，彻底摧毁，并将该地人民组织起来，武装起来，使土匪无法存在；划分会剿区，组织会战，统一指挥。《指示》强调，要把追剿、堵剿、驻剿有机结合起来；打匪部队全部使用骑兵，堵剿部队亦配属一定数量骑兵。

10 月 15 日，西满军区政治部又发出了关于剿匪政治工作的指示，对如何加强部队自身的政治思想工作，如何发动群众开展群众的组织与宣传，如何正确掌握对土匪的政策等，提出了明确具体的要求。

两个文件下达后，西满地区各省委、各军区、各主力兵团，都根据指示对剿匪斗争作了进一步动员和部署。在广大群众的积极配合下，大股土匪相继被歼，小股土匪在党的政策感召下纷纷自首。

在黑龙江，剿匪部队贯彻军事打击与政治攻势相结合的方针，正确地执行俘虏政策和少数民族政策，发动当地群众和土匪家属相配合，造成强大的声势；连续作战，打掉土匪耳目，使其得不到喘息机会，得不到消息和补给。在强大的政治攻势和军事攻势下，在 9、10 两个月，仅黑河地区就有 100 多股土匪向民主联军自新悔过。10、11 两个月中，黑龙江军区部队出动剿匪 62 次，共毙匪、伤匪 200 余人，俘匪 500 余人，活捉匪首 37 人，缴获一大批枪支、马匹。曾在嫩江地区作恶多端的大匪首、国民党东北"光复军"第一军副军长、嫩江东北总指挥王乃康于 11 月间化装潜入瑷珲县一个村子里，剿匪部队在当地群众密切配合下，一举将其擒获。

在嫩江及兴安、辽吉等剿匪区，主力部队与地方武装配合，歼灭了国民党扶持的多支土匪武装。9 月 26 日，第二纵队第四师（原第三师八旅）第十、第十一团与兴安县部队配合，攻克伏龙泉，歼灭土匪 500 余人。10 月 26 日，第六师（原第三师独立旅）与地方部队配合，围歼哈尔套土匪、国民党保安团第十六团 1 个营约 500 人。11 月下旬，第二纵队第四、第五 2 个师围歼靠山屯土匪，歼国民党正规军和土匪 700 多人。

自 9 月西满分局和西满军区下达指示至 12 月下旬，西满军区各部队共毙俘王乃康及其他匪首、匪徒 5000 余人。

其中罪恶昭彰、民愤极大、又屡教不改的王乃康，经嫩江第二军分区审讯后，于 12 月 21 日在纳河公开处决。当地群众拍手称快，感谢共产党、民主联军为他们除了一大害。

长期流窜于黑龙江地区的匪首、国民党第六混成旅旅长刘山东，匪首李亚洲和国民党特务陈多山、沈锡福等也在人民群众的协助下，被合江和龙江军区的剿匪部队活捉，并击毙匪副旅长刘汉臣、团长李可臣以下 350 余人。长期为患于黑河地区的土匪被肃清。在黑龙江上游的呼玛、漠河地区，西满军区特务第一团与黑龙江军区地方部队又歼灭刘山东残部第二十三团。至 1947 年春，先后解放北方重镇呼玛、鸥浦（今属呼玛县）、乌云（今属逊克县）、漠河 4 个边境县城。

据统计，西满军区 1946 年全年剿匪作战 825 次，歼国民党军及其土匪 23884人（毙 8714 人，伤 6104 人，俘 9066 人），缴获各种枪支 23392 枝，各种炮 110门，马 5100 多匹，以及大量军用物资。

至 1947 年 2 月，西满地区土匪被彻底肃清。剿匪斗争的胜利，粉碎了蒋介石妄图利用各类地方武装破坏根据地的阴谋，为发动群众、进行土地改革扫清了障碍。饱受国民党军和土匪之害的广大贫苦农民，看到共产党、民主联军为他们剿除了匪患，使他们翻了身，分了地，更加拥护共产党，支前参军的积极性很高。原来一些对"中央军"有幻想的人，也改变了态度。这就为建立巩固的东北根据地奠定了坚实的基础。

三、整训整编，增强部队战斗力

遵照中央军委和东北局的指示，参加四平保卫战的各主力部队，边打边退，至 6 月中下旬，陆续撤至指定地域进行休整、训练和剿匪。西满军区所属的第三师第七旅撤至松花江以北的陶赖昭地区；第八旅撤至安达、肇东地区；第十旅撤至海伦地区；独立旅主力由东满根据地西返通辽归建。辽吉军区所属的保一旅等部队，也向西向北撤退，辽吉军区司令部与省委由郑家屯移至白城子。

由于连续作战，部队伤亡很大，基层骨干减少，少数连队失去战斗力，特别是撤离长春后，敌人追着打，出现慌乱现象，少数干部战士反应出悲观失望情绪、埋怨情绪。收编的一些伪满部队和土匪武装，在国民党军的进攻面前，成班成排地叛变。

停战协议公布后，黄克诚根据中共中央和东北局的部署，于 6 月中下旬，先后发电指示各部队首先要抓紧思想整顿，加强党的建设，坚决克服悲观失望情绪，并安排好战士的休息、生活，消除疲劳，振作精神，振奋士气，尽快转入正常的军事教育训练。

在 7 月中旬召开的西满高级干部会议和 8 月召开的军区参谋会议上，黄克诚多次阐述对形势的认识，教育大家正视困难，树立信心。他说：目前在军力、经济力等方面同国民党相比，我们尚处于劣势，但千万不要忘记我们的优势，光在东北我们就有十几万正规军，我们有广大的中小城市和乡村，有党中央的正确领导，有老百姓的大力支持，夺取战争胜利的日期不会很远。他对第三师派往军事调处执行部[①]第 36 小组参加调处工作的作战科长程国璠说：目前的谈判很重要，你们要耐住性子同国民党周旋，这样我们可以争取时间发动群众，消灭土匪，建立政权，巩固后方。东北目前正处于困难时期，但我认为，大约再有一年的准备，我们就可以反攻了。[②]

黄克诚还多次到部队检查教育整顿落实情况，利用一切机会讲解形势，号召部队搞好整训，准备迎战。6 月下旬，第十旅主力移防路经齐齐哈尔，黄克诚亲往火车站迎接，并召集连以上干部讲话。他表扬第十旅出关以来打了不少硬仗，在担任阻击任务中，英勇顽强，不怕牺牲，对保证其他部队顺利撤出四平立了很大功劳，东总首长和西满军区首长都很满意。他说，国民党军看起来气势汹汹，占了四平，占了长春等大城市，但他们占的地方越多，战线就拉得越长，包袱就越重。而我们有广大农村和中小城市，有群众支持，要不了多久，形势就会好起来。他要求干部要组织部队休息好，整顿好，训练好，继续发扬英勇善战的作风，迎击国民党军的进攻。

西满军区各部队认真贯彻东总和黄克诚的指示，普遍进行了全面整训。

整训首先从政治思想教育入手。各部队普遍深入地组织传达学习中共中央关于《建立巩固的东北根据地》的指示和东北局"七七决议"，教育广大干部正确认识形势，树立长期斗争的思想，把建设根据地作为第一位的工作。根据东总的指示，各部队还进行了"忍、等、狠"的教育。"忍"就是在敌强我弱的情况下，在敌人强大攻势面前，为了分散敌人，要忍耐，忍痛让出大城市和交通要道，诱敌深入，各个歼灭，同时争取时间，掩护根据地建设。"等"就是放手发动群众，剿匪反霸，等敌我力量发生根本性变化。"狠"就是在形势有利于我之变化中，抓住时机，狠狠地消灭敌人。这个教育，内容通俗易懂，简便易记，对广大指战员深刻理解党的斗争方针，增强长期斗争观念，树立胜利信心，起到了很好的作用。

当时部队中新成分不断增多，其中解放官兵（即俘虏的国民党军官兵及伪满人员）有相当一部分人对国民党的反动本质缺乏认识，认为"抗战胜利了，国民党、共产党谁占东北都可以，不应再打仗了"。针对这种认识，各部队普遍开展了

---

① 军事调处执行部，是 1946 年 1 月 10 日国共双方正式签订停战协定并颁发停战令后，为贯彻实施停战令而建立的一个军事调处机构，军调部设在北平（今北京），各地有派出机构。根据协议规定，军调部设委员三人，分别代表国民党政府、中国共产党和美国政府，美方代表被邀请充任主席，中共代表为叶剑英。三委员各有否决权，一切事宜均须经三人一致通过。经三委员同意的正式训令，以中华民国国民政府主席的名义公布。全面内战爆发后，该机构随之撤销。

② 程国璠：《烽火岁月》，春风文艺出版社 1997 年版，第 221 页。

"为谁当兵为谁打仗"的教育。组织干部宣讲国民党消极抗战，放弃东北和共产党坚持领导八年抗战的历史，紧密联系抗战胜利后的实际，指出：过去伪满军警、汉奸、地主、恶霸效忠日本侵略者，残酷压迫掠夺贫苦的劳动人民，抗战胜利后，他们立即改头换面，成为国民党的帮凶，继续残害、剥削老百姓。历史和现实一经摆明，战士们很快地认识到，国民党是代表大地主和伪满汉奸利益的，不打败他们穷人就不能翻身解放。各部队还都开展了"忆苦"教育，动员新参军的东北籍战士和解放兵忆苦。联系本人和家庭实际忆饱受地主剥削压迫之苦，忆在旧军队遭受迫害之苦，等等。为配合忆苦教育，根据黄克诚的指示，西满军区和各旅的文工团、宣传队到各部队演出《白毛女》《血泪仇》《挖坏根》等剧目。经过忆苦教育，广大指战员阶级觉悟大大提高，树立了为东北解放、为穷人翻身而战的决心，各部队士气高昂。

在进行阶级教育的过程中，还通过自我检查、互相揭发、组织审查等程序，分别不同情况，对混入部队的流氓、地痞、特务、警察、宪兵和土匪投机分子进行了认真清查和处理。

黄克诚亲自到部队巡视检查，要求各部队对进入东北以来工作积极、作战勇敢、表现优秀的干部战士，要大力表彰奖励，该立功的要立功；对那些害怕艰苦，贪图享受，工作消极的人，要严厉批评、教育；对已经查实的极少数腐化变质、给革命队伍造成恶劣影响的人，要严加惩处，决不能姑息。某团有一个营长，把作战缴获的一笔公款和贵重物资隐匿起来，任意挥霍，还包庇地主恶霸，乱搞女人，影响极坏。经军区党委研究，决定执行枪决。当时还发现有伤兵吃馆子不给钱，看戏不买票，甚至有的砸戏院，影响很坏。为整顿军纪，在明水就地处决了两个带头闹事的伤兵，将接兵团一个有不端行为的营长撤职当挑夫，整顿了因疲劳作战等带来的涣散状况，打击了歪风邪气。当地群众得知后，对人民军队严格执行军法军纪无不表示敬佩。

整顿中还将一批经受战斗考验表现好的干部战士吸收入党，配齐了各级干部，恢复了连有党支部、排有党小组、班有党员的传统。各部队还以团营为单位，组织连队党支部书记、小组长、连、排、班长进行了短期集训，由旅、团、营干部现场教学，现身说法，介绍经验体会，从而使基层干部和党组织恢复了生机和活力。

在思想整顿的基础上，各主力部队集中时间组织了军事训练。按照东北民主联军总部和西满军区的要求，军事训练的重点是攻城训练，包括爆破、步炮结合、巷战等内容。新战士重点是散兵技术训练，即投弹、射击、刺杀、土工作业、格斗等。

经过思想整顿和军事训练，部队的精神面貌为之一新，求战的热情和胜利的信念迅速高涨起来。

在部队整训期间，为统一部队的编制和指挥，东北民主联军总部对野战部队和地方部队统一进行了一次整编。野战部队编为5个纵队、3个独立师，共12万人。军区也重新划分和调整，并扩大了地方武装。

这次整编，西满军区所属部队调整变动比较大，涉及的面比较宽。根据东北民主联军总部批准的整编方案，以原新四军第三师第八旅、第十旅、独立旅为基础，编为第二纵队；以第三师第七旅和山东的第七师为基础编成第六纵队，同时还要从第三师抽调一部分干部和部队，组建新的野战部队；还要组建一批地方武装。

关于西满军区编野战纵队的问题，早在四平保卫战之前黄克诚就向林彪建议过，并提出了初步方案，后因战事紧张，未能实施。这次东总决定在休整期间整编部队，黄克诚认为时机很好，编配方案等也基本采纳了他的意见。黄克诚深知，搞好整编关键的问题是调配安排好各级领导干部，做好他们的思想工作，使他们愉快地走上新岗位，勇敢地负起责任。

当时第三师的干部都拥护整编，希望整编，特别是旅一级。从关内到东北的部队，一直保留着原来的番号，如山东第一、第二、第七师等，南满的部队则称纵队，下面有师、团，而新四军第三师下面编的是旅，就人数讲，山东的1个师是7000多人，新四军三师有3万多人，下辖的4个旅都有7000多人，所以旅一级要求升格的呼声一直较高。但相当一部分干部对整编也有顾虑，主要是怕离开老部队，人地生疏，搞不好关系；也有的为自己能否得到升迁重用担忧。

对于部分干部的思想反映，黄克诚很重视，也能理解。他知道，整编涉及一部分干部的升迁调整，首先必须把每个人特别是领导干部的思想搞端正，一切服从大局，有利于提高部队战斗力。整编动员时，他召集第三师旅以上干部开了一次会，针对反映出的一些思想认识和需要防止的问题讲了话。黄克诚说：第三师的老底子有中央红军的，有红四方面军的，有陕北红军的，是一支基础很好的老部队，经过八年抗战的艰苦斗争，更加团结，更有战斗力了。进入东北以来，不怕艰难困苦和流血牺牲，一切听从指挥，团结协作，仗打得不错，剿匪、建立根据地都有成绩，东总的领导很满意。这次整编，编制的等级和规格要提升，有些领导干部职务也要提升，同时，有些部队要调出去，还要抽调一批骨干支援兄弟军区和部队，变动比较大。但有三条必须把握好：第一，一切服从命令，听从指挥，像朱老总教导我们的，点到谁谁就上场，不讲价钱，不计较个人名利；第二，领导带头顾大局，讲团结，克服本位主义，向外调的部队和人员要选好的；第三，战备和训练一刻也不能放松。

在第三师和西满军区干部眼里，黄克诚是一位德高望重的首长，他公正无私，顾全大局，关心部属，平易近人。从晋冀豫到华中，从苏北到东北，这支部队分分合合，多次改编、扩编，他都教育干部听从党的指挥，从大局出发，一切服从全局需要，而且自己带头做出样子，深受干部敬重。在这次整编中，他的指示得到很好的贯彻。

整编期间，东北民主联军总部指示西满军区抽调一批干部组建扩编主力部队。黄克诚指示承办人员一定要选优秀的，决不允许敷衍应付，而且要做好这些干部的工作。选调工作进行得很顺利，数百名干部很快选调完成。东总独立第二师两个团的班以上干部基本都是第三师调去的。

整编开始前，东总首长曾担心有的领导干部不听招呼，影响团结和整编工作。东北局扩大会前后，罗荣桓找部分师旅干部谈话，嘱咐他们步调一致，搞好团结。罗荣桓在同第十旅旅长钟伟谈话时说：在目前敌人向我们进攻的情况下，我们内部一定要团结，步调要一致，指挥要统一，只要我们团结一致，战胜敌人并不难。钟伟说："我们一到东北，黄克诚师长就下了死命令，叫我们绝对听从东北局和东总指挥。"罗荣桓说："我知道的，黄克诚大公无私，顾全大局。一到东北就主动把部队交给东总指挥，是个好榜样。"①

经报请东总批准，原第三师第八旅、第十旅、独立旅于9月正式编组为第二纵队，刘震为纵队司令员，吴法宪为纵队政治委员兼政治部主任，第三师领导机关改编为第二纵队领导机关，下辖第四、第五、第六等3个师，依次由第八旅、第十旅、独立旅改编。第四师师长张天云、政治委员李雪三；第五师师长钟伟、政治委员王凤梧；第六师师长兼政治委员吴信泉。在排序时，有人曾向刘震提出第十旅老底子是八路军三四四旅，是第三师最老的部队，应排为纵队的第一个师。刘震说："这不符合老师长讲团结的精神，不予采纳。"

为保证部队齐装满员，黄克诚、李富春于7、8两月先后下达命令，为各师补充兵员，每师员额达到一万人，并配齐了装备。东总又为第二纵队配了一个炮兵团。第二纵队在随后的三下江南作战以至整个东北解放战争中，成为一支攻守兼备、战无不胜的劲旅。②

10月，第三师第七旅与山东第七师合编为第六纵队，第七旅编为第六纵队第十六师，师长王东保，政治委员郭成柱。洪学智于翌年初任该纵队司令员。

休整期间，为有利于统一作战指挥和组织根据地建设，经报请东北民主联军总部批准，西满军区所辖军区、军分区及地方部队等，也作了相应的调整。原属北满军区领导的嫩江军区、黑龙江军区划归西满军区领导。嫩南军区撤销，所属部队划归嫩江军区。原辽西军区改编为辽吉军区，撤销驻前郭旗的吉江军区，将已划给嫩江军区领导的3个支队划归辽吉军区，原隶属松江省的三肇地区划归嫩江军区成立第三军分区。整编后，西满军区辖：辽吉军区，司令员邓华、政治委员陶铸，下辖3个军分区、路西支队，保安第一旅、第二旅，通鲁联合司令部、蒙古骑兵第二师3个支队；嫩江军区，司令员倪志亮、政治委员刘锡五，下辖4个军分区和警卫第一旅、第二旅，齐齐哈尔卫戍司令部；黑龙江军区，司令员叶长庚、政治委员王鹤寿，下辖3个军分区和警卫第一旅、第二旅、第三旅。

黄克诚从通辽到郑家屯，从郑家屯到白城子，从白城子到齐齐哈尔，一直把发展地方武装作为一项重要任务，先后从第三师和其他主力部队抽调一批又一批干部到军分区以至县大队担负领导工作，协助发展地方武装，领导剿匪作战，并从收缴和缴获的武器中拨出一部分，装备地方兵团、东蒙自治军骑兵部队和辽西

①《罗荣桓传》编写组：《罗荣桓传》，当代中国出版社1991年版，第402页。

② 1949年，第二纵队整编为人民解放军第三十九军。在解放平津、进军中南，以及在随后的抗美援朝作战中，都立下赫赫战功。

多支地方部队的建立和发展。休整期间，地方部队也都进行了扩编补充和整顿。他们在剿除匪患、保卫地方政权、发动群众和配合主力作战中，发挥了重要作用。同时，通过升级、输送兵员，不断地壮大和补充主力兵团。

12 月，根据东北民主联军总部准备向南作战的设想和部署，黄克诚决定，再组建一个野战纵队。随后，以西满军区特务第一旅、第二团和嫩江军分区步兵第二旅、第三团为基础，很快编成西满军区独立师。1947 年 3 月 4 日，该师在昂昂溪宣布正式成立，吴富善为师长兼政治委员，全师编 7000 余人，并补充了一批武器装备。编组完成后，随即开往瞻榆地区。4 月，成立了以邓华为司令、陶铸兼政治委员的辽吉纵队（也称西满纵队），下辖第一师（保安一旅改编）、第二师（保安二旅改编）、第三师（西满军区独立师）。该纵队成立后，随即参加了夏季攻势作战，攻打四平。8 月，改编为东北野战军第七纵队，成为东北野战军又一支劲旅。

四、全面动员，积极配合和支援反攻作战

蒋介石发动全面内战以后，倾其全力向各解放区进攻。但由于遭到解放区军民的有力反击，至 1946 年 9 月的三个月中，国民党军虽占领 100 多座城市，但其正规军有 25 个旅被歼，同时，由于所占地区扩大，战线延长，守备兵力增加，作战兵力减少，不能从关内抽调兵力增援东北，更无法实现其 3 至 6 个月解决关内问题、然后解决东北问题的计划。9 月，蒋介石召开军事会议，谋划继续对各解放区进攻的策略。会后，参谋总长陈诚直飞沈阳，与杜聿明等商讨部署向东北民主联军发动进攻的计划。他们根据东北国民党军兵力不足，无力对南满、北满同时发动进攻的现实，制定了"南攻北守，先南后北"的作战方针与计划，即在南满采取攻势，在北满采取守势，首先消灭东北民主联军南满主力，占领南满解放区，切断华北与东北的联系，解除后顾之忧，等候关内能抽兵增援东北时，再全力转兵北上，夺取北满解放区。

10 月初，国民党军首先以 3 个师的兵力向辽东军区部队发动大规模进攻。同时，在西满以第六十军暂二十一师、新一军第八师等部向郑家屯、洮南线进攻，以配合南满地区作战。

东北战场在休战 4 个月之后，国民党军又将战火重新点燃。

针对国民党军的战略企图，东北局和东北民主联军总部提出了坚持南满、巩固北满，南北紧密配合，集中兵力放手打击国民党军的作战指导方针。8 月 29 日、9 月 19 日，东北局先后发出指示，要求东北全党全军百倍提高警惕和努力，加速根据地创造，大量发展群众武装，巩固地方部队，充实主力兵团，组织交通运输，保证前线供给。

从 10 月初开始，在东总的统一指挥下，南满部队先后在通化、安东地区，同进犯的国民党军展开激战，并取得了新开岭战役的胜利。11 月初，北满及西满主力，在西满及长春以北地区打击进犯敌人，配合南满作战。1947 年 1 月至 3 月，

又组织举行了三下江南四保临江战役①。随后转入反攻。

黄克诚一直关注着战局的变化，并对战备工作抓得很紧。在休战的 4 个月时间里，他根据中共中央、东北局的指示，结合西满地区的情况，在抓紧剿除匪患、巩固根据地的同时，对战备动员和教育、战备训练、兵员补充、情报侦察、物资保障、交通运输、伤员转运和医疗等，都及早做了部署，并组织有关领导和机关检查落实。

10 月初，国民党军向南满解放区和西满的郑家屯洮南线发动进攻。为动员广大军民迅速行动起来，粉碎国民党军的进攻，10 月 28 日，西满分局和西满军区在齐齐哈尔召开党政军干部大会。

西满分局、西满军区、嫩江省和齐齐哈尔市共 500 余名机关干部到会。黄克诚在会上作动员报告，他首先分析了敌我形势和发展趋势。他指出：近几个月来，国内形势的发展已充分证明，中国人民民主力量必能战胜蒋介石的反动统治及其所发动的内战。其基本原因是蒋介石政府在政治经济上存在着严重危机和困难。蒋政权目前机构腐烂，已较历史上任何一个统治阶级的没落时期为甚，其主要表现之一就是贪污腐化，官员对前途丧失信心。其经济也出现危机，其主要表现是官僚资本垄断；美国货倾销，造成几百万工人失业。经济危机愈严重，蒋介石就愈要对人民残酷剥削，就愈要依赖美国打内战。由此做下去，经济就愈要破产，政治就愈要腐败，循环发展，愈陷愈深。

黄克诚接着从军事上分析了蒋介石的矛盾与困难。他指出：主要是战线太长，兵力不够。蒋军共有 253 个旅，实际用于前线的已达 180 至 190 个旅，约占其全部兵力的四分之三。3 个月来，我军已歼其 25 个旅，约占其总兵力的七分之一。现在蒋军用于内战的部队，一半要守据点，一半作攻击部队，今后为再继续进攻，就必然迫使其留下更多守备部队，而机动兵力愈来愈少。我军 3 个月来虽放弃一些城市，但今后在敌战线延长、兵力更分散的情况下，更有利于我们歼灭进犯之敌，失地将可一一收复。

讲到这里，黄克诚提高声音，庄严而自信地指出："一切问题决定于自卫战争的胜利，我军必须再接再厉，连续消灭其有生力量到一定程度，即可停止蒋军之进攻，进而发动进攻，收复失地。"

黄克诚还综合阐述了中央军委和东北局关于集中优势兵力歼灭敌人的作战方针，对支前、部队训练，解决农民土地问题和发展民兵、游击队，开展游击战争等提出了要求。他说："要一切支援前线，保证主力有充分供给，能丰衣足食。后方同志更应该吃点苦，让前方部队生活好一些，一切生产均为着前线。"

他强调指出，要大力发展民兵、游击队、武工队，在蒋军所到之处，开展广泛的游击战争，以配合主力的运动战。干部必须有充分的信心与决心，勿为敌人

---

① 三下江南四保临江战役，是 1946 年 12 月至 1947 年 4 月，东北民主联军为保卫南满根据地，在安东省（今吉林省南部、辽宁省东部地区）临江、通化地区和松花江以南对长春、吉林以北地区对国民党军进行的防御和进攻相结合的作战。历时三个半月，民主联军共歼灭国民党军 4 万余人，保卫了南满根据地。

来势汹汹所吓倒。

黄克诚号召大家勿为"和平空气"所蒙蔽，彻底打消和平幻想，不为花言巧语所欺骗，准备应付最艰苦之情况，在自卫战争中来锻炼我们自己，取得胜利。[①]

黄克诚的报告精辟地分析概括了当时国内政治、经济和军事形势，明确回答了广大干部最关注的问题，传达并阐明了中共中央关于同国民党斗争的方针和策略，具有极强的针对性和指导性。

为了加强西满地区的集中领导和统一指挥，保障作战需要，根据李富春的提议，11 月 12 日西满分局正式作出决定：西满军区的军事政治后勤工作均归黄克诚同志领导，军区各种经常的临时的经费预决算概归其审核批发；西满铁路局及护路司令部由黄克诚同志领导。

11 月 21 日，李富春又在西满分局和军区直属机关干部会议上作了《目前形势与西满半年任务的报告》，号召后方党政同志要配合前方打仗，加强地方工作，发展生产，巩固后方，支援前线的胜利。

根据东北局和黄克诚、李富春的指示，西满各级党政军机关、工厂、学校、街道和广大乡村，都很快行动起来，以保卫后方、支援前线为中心的各项工作深入展开。

前线作战需要补充大量兵员，西满各级政府和机关、团体积极动员青年参军参战，一批又一批优秀青年补充到主力部队。据统计，仅 1946 年底至 1947 年夏季攻势之前，为配合三下江南四保临江作战，嫩江省在 3 个月之内补充主力 8000多人；黑龙江省组建了 3 个独立团开赴前线；辽吉地区仅二、四 2 个分区，就动员了 1.5 万人参军。西满分局和军区机关所在的齐齐哈尔，有 1400 多名优秀青年被输送到主力和地方部队。他们提出的口号是："穷人翻身坐天下，自愿参军来保驾。""参加主力，保卫家乡"。在 1947 年夏季攻势[②] 开始后，根据东北局和东总的指示，西满地区又组建了一批二线兵团。黑龙江省有 4.1 万人参军，先后组建了 6个独立团；嫩江省组建了 9 个独立团。

战勤保障工作也做得及时有力。三下江南作战期间，驻北满的第一纵队、第二纵队、第六纵队和独立师第一团、第二团、第三团及 3 个炮兵团共十几万人投入战斗。时值隆冬季节，天寒地冻，不仅需要大量的物资支援，而且人员战伤、冻伤很多，战勤保障工作十分繁重。黄克诚亲自了解粮食、鞋子、伤员救护、转运等情况，督促落实。大批军用物资源源不断地送往前线，支前人员踊跃完成任务。仅三肇地区在 2 月至 6 月就出民夫 1400 余人，担架 250 余副，大车 200 余辆。齐齐哈尔市政府发起做军鞋运动，对尺码、质量和完成时间作了明确规定。市民紧急行动，不到半个月，赶做出军鞋 32073 双。驻齐市的陆军医院、铁路医

---

① 《黄克诚军事文选》，解放军出版社 2002 年版，第 426—428 页。

② 夏季攻势，是指 1947 年 5 月 13 日至 7 月 11 日，东北民主联军对国民党军发动的进攻作战。此役历时 50 天，共歼灭国民党军 4 个师另 2 个团，共 8.2 万人，扩大解放区 16 万平方公里，解放人口 1000 万。使南、北满主力胜利会师，彻底改变了东北民主联军被分割的不利局面。

院和市立医院，都接收了前方转来的伤病员，并给予了最快、最好的治疗。地处临战区的辽吉省第二、第四军分区，在几天内即出动民工2万多人，仅前郭旗和大赉、安广两县，就出动大车740多辆，担架800多副。大赉动员7000多群众参加后勤工作。

黄克诚和李富春都十分重视军工生产。为了充分利用现有条件解决前线对军用物资及武器弹药的急需，西满分局和军区机关进驻齐齐哈尔后，立即指示第三师供给部派人接管了齐齐哈尔修械厂。这个厂是日本关东军设在这里的一座武器制造修配厂。军代表进驻后，很快召回了工人，恢复了生产。该厂在三年解放战争期间共造出各种炮弹5万多发，手榴弹8.3万枚，六八炮386门，修理各种枪炮7500多（枝）门。对其他相关的军工部门和工厂，也都派得力的干部实行军事接管，并迅速组织恢复生产。如齐齐哈尔铁路工厂（后来的车辆厂），1947年初即恢复生产，当年即修复机车50台，客车51台，货车620辆，保证了兵员和物资的及时转运。他们还号召和动员所有公私企业为前线需要服务，如制铁厂为前线生产了大批军用锅，制鞋厂为前线生产十几万双军鞋。

在发展军工生产的同时，西满分局和西满军区积极贯彻毛泽东提出的发展生产、保证供给、改善人民生活的方针，发出了开展生产运动的指示，要求做到使人民有衣穿，有饭吃，人民军队的供给得到保障。黄克诚和西满军区机关干部带头开荒种地，并组织部分人员专搞农业，生产粮食、蔬菜、烟叶。部队在不影响战备的情况下，抽出部分人员、马匹，帮助驻地农村春耕生产。

为了减轻人民负担，开辟财源，解决部队经费不足的困难，黄克诚还派西满军区供给部长刘炳华到黑河恢复金矿，开采黄金。1947年2月，任命刘炳华为黑龙江省金矿管理局局长。刘炳华从军区后勤部（原三师留守处）抽调了几名干部，带上黄克诚批给他的一笔经费和警卫分队，于3月份赶往嫩江县矿区。他不负重托，在当地政府的支持和参与下，很快组织工人恢复生产。开始产量只有几两，至1948年，黄金产量达1.5万两。李富春高兴地说："一两黄金一个兵啊，你们贡献很大。"

1947年3月，李富春调东北局工作，黄克诚兼代西满分局书记，全面负责西满地区的工作。在前段工作的基础上，他继续发动干部和群众，广泛深入地进行土地改革的扫尾工作和扩军、组建地方武装，发展经济，大力支援前方作战。

黄克诚在一些重要会议上反复强调，要不断加强政治建设和组织建设。在1947年1月召开的西满分局第二次高级干部会议讲话中，他针对西满地区存在的问题明确指出：要大力做好巩固群众的工作。这是生根工作和除根工作。生根就是生自己的根，除根就是除敌人的根。所谓生自己的根，一是培养本地干部，二是发展党员，三是发动群众。这三种根都生下去了，党、政权、军队等，才能枝叶茂盛。除根，一是除封建根，二是除特务根，三是除土匪根。这三根不除，我们的根生不下来。

西满各省、地、县党委的领导，认真贯彻黄克诚和西满分局的指示，改进作风，深入基层，在组织土地改革、剿匪反特，扩军支前等工作中，选拔培养了一大批当地干部，发展了一批共产党员。这些干部和党员，由于根植于广大人民群众，衷心拥护中国共产党的政策，在他们的带领下，保证了根据地的巩固，有力地促进了各项任务的完成。

经济的发展是社会稳定和发展的基础，是战争胜利的基本保证。2 月 7 日，黄克诚在出席嫩江省和龙江省联席会议时讲话指出："民主政府的任务，不仅是使人民获得民主、自由，更主要的是提高人民经济生活，否则一切都是空谈。"如何提高人民生活呢？黄克诚提出：第一是发展生产，而发展生产的基础是改革土地政策，使耕者有其田，调动农民的生产积极性。第二是政府机关从省到县、区、村，提倡节约，以减轻人民负担。第三是严格禁止区、村擅自派款，及监督军队违反制度的现象。第四是对公教人员生活，政府应当照顾，改善他们的待遇。①

三下江南四保临江作战后，辽吉根据地被国民党占领的怀德、梨树、昌图、通辽、辽源等先后被收复，5 月 27 日，黄克诚致电辽吉省委书记陶铸，要求加强恢复区的工作，各县区猛烈发展武装，每县应发展 1000 人以上，二、四分区主力团应发展为一个大团；在可以进行土改的地方，坚决进行土地改革，坚决动员群众反报复；维持城市秩序，严格纪律。

黄克诚多次在分局和军区召开的会议上强调，要继续深入贯彻东北局和西满分局关于土地改革的一系列指示，抓紧改造"夹生饭"②，切实搞好土地改革，实行耕者有其田。无论战争情况如何，均应抓住这一中心环节，解决农民土地问题。针对部分地区群众尚未完全发动起来，根据地尚未建立的情况，黄克诚主持研究了关于如何进一步发动群众、开展土地斗争的问题。7 月，西满分局发出了《关于农民土地斗争的指示》。《指示》分析了西满贯彻东北局"七七决议"以来开展

■ 解放战争期间，西满分局和西满军区部分领导人合影。左一为黄克诚。

————————————

① 《黄克诚军事文选》，解放军出版社 2002 年版，第 434 页。

② 指土地改革不彻底，"半生不熟"。

农民群众运动的形势和农村的主要特点，指出：农民对敌伪残余和地主胡匪与反动武装的仇恨极深，迫切要求翻身，要求土地，要求武装，而且敢于斗争。各地方党委必须坚决动员 80% 至 90% 的干部，深入到农民群众中去，带动农民自己动手，进行改天换地的斗争，以实现农民的要求，取得土地，取得武器，取得政权。斗争的政策总的是紧紧依靠雇农、贫农、中农，照顾富农与分化地主阶级，集中力量打击地主恶霸。

《指示》对没收地主的财产的分配，建立农会、民兵、基层党组织和干部的培养、农村斗争的方法等，都作了具体规定和要求。

规定农民土地斗争中没收的土地、房屋、牲畜和农业粮食等财产，均应按人口分给无地少地的农民，对地主经营之工商业则不能没收分配。还特别规定，土地的分配要优待革命军人及工作人员的家属。

农村要建立以贫雇农为骨干的农会，组织农民武装。农民武装的主要形式是民兵，民兵的基本任务是防匪除奸，巩固后方，支援前线。

在土地斗争中大量发展党员，建立党支部；积极培养当地干部，注意培养农民领袖，并进行共产主义启蒙教育。

开展农民土地斗争必须走群众路线，反对"清官断"的包办恩赐办法，不能硬干而脱离群众。要创造典型，总结经验，正确指导。

为了指导土改，正确地掌握政策，8 月 29 日，西满分局又通过了《农村中几种主要阶级成分的分析》，指出："规定阶级时应以剥削方式（封建的或资本主义的）为主要标准，以土地、房产、牲畜、家具等生产工具之有无多少，生活状况之贫困或富裕为辅助标准。"并对雇农、贫农、中农、富农、地主及工商业者、自由职业者（教员、职员、医生、律师等）、手工业者、工人等成分，分别作了规定。

这两个文件贯彻了中共中央和东北局关于土地改革的政策，紧密联系了西满地区的实际，对正确指导土改运动起到重要作用。随后各省委、地委均相继派出大批干部，开展了轰轰烈烈的土地改革运动。广大无地少地的农民分得了土地，打倒了地主恶霸，翻身做了主人，发展生产、支援前线的积极性更加高涨。

黄克诚经常教育党政军各部门的干部，要深入基层，深入群众，关心和了解他们的生产、生活情况，虚心听取他们的批评和意见，用于改进自己的工作，使群众真心拥护共产党，跟着共产党走。对于不正确的意见，要作出解释。他自己常找各方面的人士谈话，了解情况。7 月 6 日，西满分局专门召集党外人士的代表座谈，征求对党、政府和军队的意见，他们中有开明士绅、文化工作者、工商业者、教员、科技工作者以及工人、农民代表，还邀请了解放军官代表。黄克诚亲自参加，认真听取代表发言。

代表在发言中称赞党、政府和军队为人民群众做了许多大好事，也提出了不少意见、建议和批评，如土地改革中基层群众组织混进了一些"二流子"；基层政权有些还未真正实现民主选举，有所谓"三朝元老"；部分工人不安心工作；军队中有个别违纪现象等等。对代表们提出的意见、建议，黄克诚当即在会上代表西满分局表示欢迎和感谢，并逐条作出了答复，发表了意见。他说，凡应实行和改正的，立即实行、改正，暂时有困难的要积极创造条件。

座谈会上，黄克诚还回答了解放军官代表提出的问题。民主联军进入东北以后，在同国民党军作战中俘虏了成千上万的国民党军官兵。他们当中的大部分人出身贫苦，爱国爱家，不少人在抗日战争中立过功。黄克诚一向重视党的俘虏政策，关心解放官兵的生活和思想教育，在白城子、齐齐哈尔等地区，专门成立了解放军官团，派得力干部管理他们的生活和政治学习，对愿意回去的，大部放了回去；愿意回家的，发给路费回家；愿意留在革命队伍的，欢迎他们留下，并很快分配工作，还把多批表现好的送往前线与国民党军作战。在这次召开座谈会时，黄克诚同意邀请解放军官派代表参加，对他们提出的问题，包括政治性很强、带挑衅性的问题，黄克诚都心平气和、开诚布公地作了回答。

有人提出："我们中部分人放了回去，有些人仍未放，是否把我们当做战犯来办？"

黄克诚回答说：为什么不把你们放回去呢？过去有很多次，我们把解放的官兵放回去，不久反动派一压迫，他们又来打人民，虽然他们不想干，但也没有办法。如新一军的一位团长被放回去，不几天又带兵打人民了，这就增加了人民的痛苦，也使朋友增大了生命危险。因此，请你们忍耐一下，到一定时机就可以一批批回去。

有人说："解放官兵生活不好，像是在集中营。"

黄克诚回答说："生活不好，那是限于我们的财力。实际上你们的生活和我们的干部是一样的，至于所谓集中营，那只是法西斯压迫人民的东西，人民自己是用不着它的。"

有位解放军官劝共产党放下武力革命，用政治革命解决问题。

黄克诚以自己参加北伐革命以来的亲身经历，历数蒋介石背叛革命、屠杀共产党和工人农民的罪行，揭露蒋介石在八年抗战中继续打压浴血奋战在敌后战场的八路军、新四军，抗战胜利后又一面以和平谈判为幌子，一面以武力向共产党领导的解放区发动进攻，抢夺胜利果实。他说，历史说明，中国人民只有打倒反动派，才能获得独立、自由、幸福。黄克诚的回答坦诚直率，用事实说话，用亲身经历说话，真诚感人，参加座谈会的人拍手拥护，发言的解放军官代表也为之感叹。

三下江南作战结束之后，接着是攻打四平，随后又开始了夏季攻势作战。战争规模不断扩大，激烈残酷程度更加严重。在大量杀伤敌人的同时，东北民主联军自己的伤亡也在增加。从四平保卫战到三下江南作战，以及剿匪作战，西满地区牺牲的指战员就有数千人，在一年多的剿匪作战中，有 1200 多人牺牲。其中不少是跟随黄克诚多年的优秀的营团干部。他在长征中收留的一个十多岁的男孩，后来成长为新四军一位营长，这位营长就是在征粮路上被土匪残杀的，黄克诚亲自为他举行了葬礼。黄克诚沉痛地说，我本来要为他举办婚礼的，怎么也没想到这个愿望却永远成为遗憾。

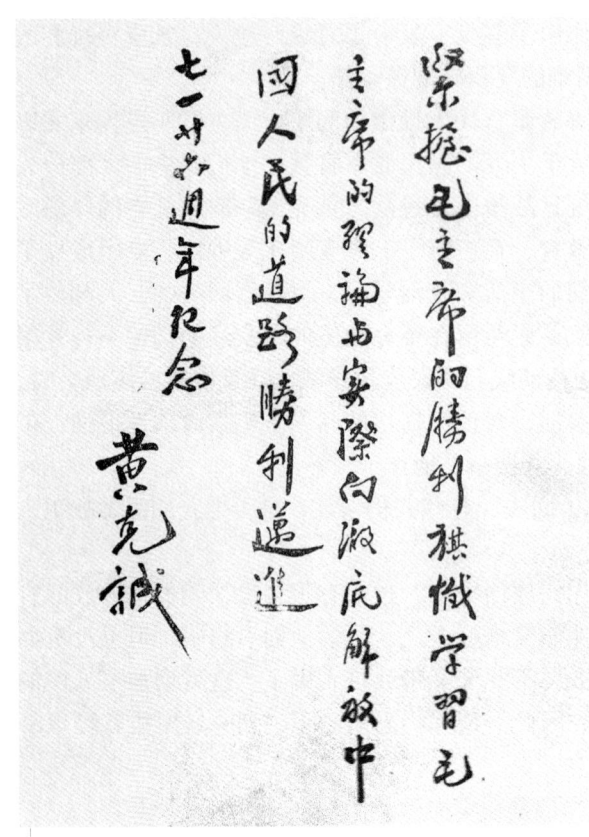

紧握毛主席的胜利旗帜学习毛

主席的理论与实际向澈底解放中

国人民的道路胜利邁进

七一廿六週年纪念

黄克诚

1947 年七一前夕，黄克诚在《西满日报》发表题词，纪念中国共产党诞生 26 周年。

6 月初，黄克诚接到新华社转给他的一份电报，电报是以江苏淮阴各界联合会的名义发给他的，内容是反映 1943 年第三师第七旅第十九团四连在刘老庄与 1600 多日军喋血鏖战，全连 82 名指战员全部壮烈牺牲后，该县人民随后为他们修建的碑亭陵墓，竟在 5 月 16 日被国民党军平毁挖掘。人民群众目睹抗日烈士遭此侮辱，莫不义愤填膺，决心配合正面战场开展游击战争，并盼第三师在黄克诚指挥下大量歼灭蒋军，为烈士复仇，伸张民族正义。黄克诚接电后，随即于 6 月 7 日通过新华社给淮阴各界联合会复电，介绍了东北战场局势，告知他们：等东北蒋军消灭干净之后，坚决打回关内，打回苏

北，消灭全部蒋军，为八十二烈士复仇，与你们会合，重建烈士墓，以慰英灵。复电指出："蒋军之惨无人道，正表示其穷途末路，死亡之日不远。"

此电经新华社转到淮阴及各解放区，引起很大反响。广大人民群众进一步认清了国民党的反动本质，也更激起了对革命先烈的崇敬，增强了胜利信心。

此时，东北民主联军及关内各解放区已由战略防御转为战略进攻，西满已先后收复开鲁、通辽、郑家屯，解放了康平、库伦、后新秋等地，辽吉和内蒙古东部也陆续被解放。为纪念和缅怀在抗日战争和创建西满根据地的自卫战争中牺牲的革命烈士，教育后方人民继承先烈遗志，黄克诚和一些党政领导，一致提议建设西满革命烈士陵园，并随即成立了陵园建设委员会。

8 月 16 日，西满革命烈士陵园建设委员会及黑嫩省、齐齐哈尔市各界追悼抗日战争及爱国自卫战争中牺牲烈士大会及陵园奠基典礼大会，在城西的大乘寺隆重举行，党政军领导人、机关团体代表、驻军代表和观礼群众 2.5 万人参加。巨大的灵台上供着辽吉纵队第一师师长马仁兴等多位烈士的灵位和遗像，庄严肃穆。黄克诚主祭并致辞，他说："烈士们的牺牲是人民无可补偿的损失，由于他们的牺牲换来了伟大的胜利。"他号召"未死者勇敢作战，歼灭敌人，为烈士复仇！"

经过七个多月的建设，陵园于翌年 4 月清明节前落成。黄克诚题写了"西满革命烈士陵园"门额。纪念堂挂着毛泽东为西满烈士陵园落成的亲笔题词："星星之火，可以燎原！死难烈士万岁！"朱德题词："浩气长存"。纪念堂设有两百多位革命烈士的灵位，并陈列着他们的生平事迹。这座陵园在东北是建立最早、规模最大、安放革命烈士数量最多的陵园之一，在整个东北地区影响很大。

三下江南作战和夏季攻势作战中，大批伤病员转送到后方，如何安排好他们的治疗，如何安置好那些因严重战伤、冻伤而不能再回前线的荣誉军人，是黄克诚最关心的问题之一。他多次指示，除了军区医院要安排伤病员之外，地方医院也要优先安排前线转来的伤病员，并要请最好的医生、用最好的药为他们治疗。黑龙江、嫩江和辽吉省还根据他的指示，陆续成立了荣军管理机构、学校和休养所，为安置在战争中伤残的荣誉军人服务，使他们尽快地重返前线，或就地参加工作。齐齐哈尔的毅诚铁工厂就是在黄克诚的直接关怀下建立起来的。1947 年秋，西满分局和西满军区撤销前，黄克诚决定，从新四军第三师带到东北尚余下的资金中抽出一部分，在齐齐哈尔为原第三师的荣誉军人办一座铁工厂，任命从苏北随第三师来的财经干部朱文慕为厂长。工厂筹建起来了，厂名叫什么呢？朱文慕等研究确定，用新四军军长陈毅、第三师师长黄克诚名字中的最后一个字合成。毅诚铁工厂在朱文慕和一批荣誉军人的努力下很快投入生产。

1947 年 8 月，黄克诚奉命上调东北民主联军总部工作。

从 1946 年初率新四军第三师开辟西满根据地，主持领导西满地区军事工作至离开，黄克诚在西满这块广袤的黑土地工作了整整一年零八个月。其间，他坚决贯彻执行党中央、中央军委和东北局的战略方针和部署，以他的远见卓识，着眼长远，立足现实，对根据地建设、作战部署和指挥、战场建设、后勤支援，以至国共和谈等，及时提出了深刻的见解和很好的建议，为党中央、中央军委和东北局制定决策提供了重要参考依据。同时，在他和李富春的领导下，西满地区党政军民上下团结，干群关系好，剿匪彻底，土地改革深入，经济发展迅速，顺利地完成了把西满建设成为巩固的战略后方的任务，有力地支援了东北解放战争。黄克诚后来在回忆这段历史时充满感情地说：经过一个时期深入细致的群众工作，人民群众对我们有了实际的了解，党群关系、军政和军民关系就密切起来了。人民群众把我们的干部战士看做是自己的子弟兵，问寒问暖，照顾得非常周到热情。人民群众翻了身，部队的日子也好过了，生活逐步得到了改善，翻身群众踊跃参军支前，部队得到发展壮大。部队的兵员和我们的各种物资就得到了保证。

第十九章 从东北民主联军总部到冀察热辽分局

一、统管东北全军战勤工作

1947 年春，经过三下江南四保临江作战之后，东北战场敌我双方的力量对比发生了重大变化，局势向有利于中国共产党及其领导的民主联军发展。此时，根据地进一步巩固与扩大，进行战略反攻所需的兵源、粮源以及后勤保障都可解决。国民党军则已处于战略守势。

针对当时的形势，东北局于 5 月 5 日作出了《目前形势与任务》的决议，指出东北全党面临的新任务是："积极组织力量，全面准备大反攻，大量歼灭敌人，大量收复失地，巩固和扩大解放区。"并要求继续加强主力部队，提高战斗力；继续以人力物力支援前线。这时西满分局所管辖的黑龙江、嫩江两省，经过剿匪、土改，已建成巩固的战略后方；地处斗争前哨的辽吉省，经过艰苦斗争，不仅扭转了敌进我退的局面，而且主力与地方部队相配合，积极向当面敌人进攻。在军区司令员邓华指挥下，于 3 月至 5 月，先后收复开鲁、康平、通辽、郑家屯，并很快解放了哲里木盟全境。经过夏季的战略反攻作战，失地已经恢复。这样，"整个西满地区已完全打通，成为连成一片的巩固的根据地"。黄克诚认为，作为西满分局和西满军区的历史使命业已完成，根据东北战局的发展，为了有利于集中统一领导和组织支援反攻作战，黄克诚向东北局和中共中央建议，撤销西满分局和西满军区，原来由西满分局和西满军区领导的各省的党政军等工作，归东北局和东北民主联军总部直接领导。东北局研究同意了这个建议，并指定黄克诚作结束的准备工作。5 月 7 日，东北局就撤销西满分局问题和黄克诚等下一步任职意见向中共中央发电请示。

8 月 18 日，东北民主联军总司令部发出通报，奉中央军委电令，任命黄克诚为东北民主联军副总司令。

同日，东北民主联军总司令兼总政治委员林彪等发布命令，撤销西满军区，其所属之龙江、嫩江、辽吉军区归总部直辖。中共中央批准撤销西满分局。

撤销工作进行得很顺利。命令下达前，黄克诚已向西满分局和西满军区的领导干部打了招呼，并对干部去向、机构的调整、物资的调配、档案资料的保管和移交以至后方基地的管理等，都进行了专题研究，作出了相应的安排和规定。他在分局和军区机关干部大会上讲话时强调，撤销西满分局和西满军区，既是形势稳定的标志，更是形势发展的需要。现在，北满、西满已经建立起稳定的后方，应该精简和归并一些机构，把节省下来的人力、物力用到支援反攻作战上去。他说，随着反攻作战的大规模展开，新收复的解放区将不断扩大，对干部的需求将越来越多，一切有理想、有作为的干部，要勇于到前线、到新解放区去战斗，去努力工作，绝不能贪图后方安逸的生活。黄克诚还交代在后方留守的负责人，照顾好伤病员、照顾好家属子女的生活、学习。

9 月初，黄克诚结束了他在西满近两年繁忙紧张的工作，离开齐齐哈尔，到东北民主联军总部驻地哈尔滨报到。

此时，东北民主联军总部正在谋划向国民党军发动秋季攻势，黄克诚立即投入到秋季攻势的准备工作中。

为适应大规模攻势作战的需要，加强后勤工作，东北局决定，建立一个集中统一和强有力的后勤体制，并分工黄克诚统筹整个东北全军的战勤工作。黄克诚随即组织民主联军原后勤部的领导人和有关部门，就后勤的编制体制和机构调整等问题，研究提出了方案。9 月 27 日，东总正式发布命令，将原有的东北民主联军总后勤部扩大为总后勤司令部，下辖供给部、卫生部、兵站部及军械部，并任命了主要干部：黄克诚兼任总后勤司令员兼政治委员，钟赤兵、贺诚为副司令员，杨至成为副政治委员，李聚奎为司令部参谋长，陈沂为政治部主任。

考虑到秋季攻势作战民主联军主力要深入到国民党占领区作战，这样，前线与后方基地距离将拉长。战役规模的扩大，作战地域的广阔，部队长距离的行军，都需要强有力的后勤支援，原有的一套兵站组织机构已不适应大规模作战的需要。为加强后勤工作的机动性与主动性，东北局和东总决定，在民主联军总后勤司令部之下，又以原东北民主联军总后勤兵站部及西满军区、辽东军区后勤部为基础，分别组成东线和西线两个后勤司令部。东线后勤司令部驻朝阳，司令员周纯全，政治委员谷广善；西线司令部驻郑家屯，司令员李聚奎。两线后勤司令部均编有一套比较完整的组织机构，设有司令部、政治部、供给部、卫生部、兵站部、军械部、警卫团、汽车团、辎重团、医院。为增加运输的机动性和对付残匪，西满还编有骑兵团。东西两线后勤司令部驻地朝阳镇、郑家屯，均是交通枢纽地带，使前方和后方的连接十分方便。同时，根据黄克诚等提议，东总规定，东西两线司令部均有权处理本线方面的一切战勤工作。两线的后勤工作是对原来基地后勤工作的一个发展，它大大增强了后勤工作的机动性与主动性，较好地解决了后勤跟不上部队的问题，适应了民主联军集中东西两线作战对后勤工作的需要。

与东西两线后勤司令部建立的同时，东北地方党政机关均派出负责干部组成各级战勤委员会，加强对支援战争工作的领导，建立和完善了各级支前组织，省有战勤支队，县有战勤大队，区有战勤中队，战勤队伍随军行动。这样，与东北民主联军部署在北满、西满、南满广大地区的兵站线，以及各纵队的运输分队形成两条绵长的运输干线，加上以哈尔滨为总后方的铁路运输保障系统，火车、汽车和数以万计的骡马大车、担架，日夜不停地往返于前线和后方，前送粮食、被装、弹药，后运伤员和缴获的物资，有力地进行了战役后勤保障。

秋季攻势自 9 月 14 日开始从西、东两线先后发起，至 11 月 5 日结束，历时 50 余天，歼灭国民党军 6.9 万余人，缴获各种炮 1051 门、各种枪 7.7 万多枝，收复和一度攻克的城市 15 座，扩大解放区 3.8 万余平方公里，解放人口 260 余万，控制了东北境内的大部分铁路。

秋季攻势作战后，国民党军被迫退守长春、吉林及四平至大石桥，沈阳、锦州、山海关铁路线两侧的狭小地区内，虽然还占据着 30 多座大、中、小城市，但都处于东北民主联军的分割包围之中，兵源、粮源、财源均陷入困境。而东北民主联军主力部队已达 42 万余人，加上地方武装 31 万人，总兵力 73 万余人，已超过国民党军。东北局和东北民主联军总部根据东北战场的形势决定，利用江河结冰便于大部队行动的有利条件，集中兵力展开冬季攻势。

考虑到冬季作战严寒的气候条件将是对部队指战员最大的威胁，而且战争规模大，战线长，对后勤供应也是一个巨大的考验。为此，黄克诚除建议东总下发指示，要求各部队深入进行战胜严寒的思想教育外，还指示各级后勤部门，积极行动，迅速筹集发放适应严寒气候的冬装，包括皮大衣、皮帽子、靰鞡[1]等，并指示卫生部门组织传授防寒防冻的经验和救治措施。

为解决深入新区作战后，补给线延长、后勤供应发生困难的问题，东总还根据黄克诚等领导人建议，拟制颁发了在新区征收粮、菜、柴、草、牲口、车辆支援战争的政策、指示，要求各师、团组织群众工作队，随主力进入新区开展工作，宣传中国共产党和东北民主联军的政策，配合地方工作团领导新区人民群众开展反霸斗争和翻身运动，发动与组织新解放区人民，以人力、物力直接支援前线部队作战。

冬季攻势作战于 12 月 15 日首先在北宁路与沈阳以西、以北的广大地区展开。广大指战员冒着零下 30 多度的严寒，在千里雪原上勇猛奔袭，破袭铁路、桥梁，迂回分割和包围孤立据点之国民党军。这种在严寒条件下的大规模的快速运动和攻坚作战，对物资、弹药的需求量大，时间要求急，运输速度要求快。为了能及时把部队急需的物资、弹药运送到前线，使伤员及时得到救治和向后方转运，从东西两线后勤司令部的领导到各级后勤部门的干部，特别是在前方兵站部工作的干部，在极其艰苦危险的条件下，昼夜奔忙，与地方支前领导机构紧密配合，组织各方面的力量，战胜风雪严寒等严重困难，保障前线作战的胜利。

冬季攻势第一阶段正处于东北最冷的时候，作战开始不久又下了一场大雪，尽管战前做了大量御寒准备，许多人仍难以抵御严寒，数千名战士被冻伤不能作

---

① 指东北地区冬天穿的鞋，用皮革制成，里面垫乌拉草。

战，前线民工也有不少被冻伤。黄克诚得知后，立即指示卫生部组织各医院，全力收治伤员；责成供给部，迅速补充防寒服装，防止新的冻伤。黄克诚还派出后勤政治部主任陈沂等带工作组到东、西两线后勤部门进行检查，听取部队对战勤工作的意见。

经调查了解，冻伤大量发生的主要原因之一是配发的部分冬服质量太差，靰鞡有20%不能穿，尺码太小，穿上行军打烂了脚，有的皮子太薄，一戳就破。再就是棉服太瘦，穿上扣不拢；做工差，扣子一拉就掉，裤子一跪就被扯破。检查还发现，在后勤系统的少数干部中思想混乱，存在着一些不良现象，如官僚主义，贪污，浪费资财，还有的干部闹地位，闹待遇，不安心后勤工作等。

黄克诚对因冬装质量问题而造成大批战士冻伤的事十分震怒，他严令供给部门查明责任，对责任者给予严厉惩处。

少数干部中存在的思想混乱、官僚主义作风，以及部分单位成分不纯的问题使黄克诚感到不安。他认为，上述问题必须从根本上解决，否则就不能完成繁重的后勤保障任务。

从何抓起呢？这个问题黄克诚在兼任后勤司令和政治委员之后就在不断地进行调查研究，听取来自各方面的意见，并紧密联系东北战场后勤方面存在的实际问题，深入学习中共中央、中央军委发出的指示，思考加强后勤建设的问题。

10月10日，中国人民解放军总部发表了毛泽东起草的宣言，响亮地提出"打倒蒋介石，解放全中国"的口号；重新颁布了三大纪律、八项注意的训令。同日，中共中央颁发了《中国土地法大纲》，明确规定废除封建性及半封建性剥削的土地制度，实行耕者有其田的制度；并随即对普遍开展整党运动做了部署。黄克诚意识到，中国共产党领导的革命战争到了一个伟大的历史转折关头，要继续发展解放战争的胜利成果，彻底在政治上、军事上、经济上打败蒋介石，最重要的一条是整顿好党、整顿好军队。他联系后勤系统发生的问题，打算召集后勤党委领导专门研究整顿问题，但因为忙于筹划和组织冬季攻势作战的后勤保障，抽不出时间来。12月下旬，冬季攻势第一阶段作战即将结束，黄克诚决定利用这个间隙集中一段时间，先召开一次东北总后勤部各部领导参加的党委扩大会，学习贯彻党中央关于整党的指示，转变思想，统一认识，联系后勤实际，进行一次以加强党的领导、反对官僚主义为主题的整风。然后，再集中时间研究调整组织，建立规章制度，使后勤建设走向统一化、正规化的问题。

会议于12月底召开。黄克诚代表东北民主联军后勤党委在会上作报告。他首先根据中央土地会议精神讲了"转变问题"。他说：中央土地会议中提出的转变问题，在实际行动上，我们转变很久了，但由于未很好地传达讨论，许多同志在思想上认识上还没有完全达到转变。现在正式提出来了，过去我们是和蒋介石合作，现在是推翻蒋介石；过去是减租减息，现在是打倒地主阶级，平分土地；过去民族敌人是主要的，今天要打倒的则主要是国内敌人——蒋介石反动统治集团和地主阶级。虽然仍是枪杆子作战，但敌人变了，形势与任务变了，过去是以游击战为主，今天是以运动战为主。这是一个极其重大的转变。因此要求我们在思想上、作风上、组织上、工作上各个方面都必须随着形势的转变而转变。黄克诚说：为了彻底完成土地改革，打倒蒋介石及其反动统治，保证取得爱国自卫战争的胜利，党中央提出首先必须整顿党。现在的问题就是要把这一思想和精神贯彻到各个方面，贯彻到最具体的问题中去。

接着，他根据毛泽东1947年2月作的《目前形势和我们的任务》的报告，介绍了全国战局形势和东北战场的形势与今后的任务。

黄克诚报告的重点是关于后勤工作问题。他简要概括了东北后勤工作的成绩后，对存在的缺点错误进行了剖析，给予了严厉的批评，并提出了改进的根本措施。黄克诚说：总部移到哈尔滨后在去年7月、8月才正式建立后勤工作，一年多来我们支持了三下江南、夏季攻势和秋季攻势作战。在后勤运输、战时医疗、后勤组织机构建立、干部培养等方面都有成绩。在根据地还不巩固、气候严寒、物资缺乏等极困难条件下，保证了前方的供给任务，建立了近4万人的一套后勤机构，医治了几万伤病员归队，给后勤工作打下了初步的基础。

黄克诚着重指出了后勤部门存在的主要问题：对前线供应不好，使战争部分受到影响；浪费资财、损坏资财、虚领假报隐瞒、打埋伏的现象严重；浪费民力、滥用民夫，对民工关心不够，单纯使用较多；有一部分干部受资产阶级思想的影响，追求享受，计较名誉地位，摆老资格，不安心后勤工作；官僚主义作风严重；个别干部损公肥私，投机倒把，贪污腐化。

发生上述现象的主要原因是后勤队伍思想上混乱，部分干部小资产阶级个人主义、自由主义严重；组织复杂，新成分中混进了坏人；有些领导干部官僚主义严重。

他从主客观两方面探求了产生思想、组织、作风不好的基本原因。他认为，从客观讲，一是战争规模大，集中、连续进行，因此后勤任务繁重，没机会研究整理内部；二是大规模后勤工作还是草创，缺乏经验和知识；三是领导机关不健全，长期分散，没办法深入了解情况，解决问题。主观上，最基本的原因是各级党委未形成有力的领导，政治工作太弱，组织表现无力。

今后怎么办？黄克诚讲了四条，第一条是整党，建立健全党委制，加强政治工作；第二条是整坏思想，树立为无产阶级为工农为前线的思想；第三条是整组织，吸收人员要经过审查，要建立组织生活，严格党的纪律，清理党的队伍；第四条是整作风，主要是整官僚主义。他强调，后勤整党必须集中力量反对官僚主义，建立认真、负责、实际、仔细的作风，反对敷衍塞责的作风。具体是：建立对任务严格执行、贯彻到底的作风，反对马马虎虎、稀稀拉拉、苟且偷安的作风；建立老老实实、真诚不欺的作风，反对虚领假报、颠倒是非、转弯抹角的作风；建立大公无私、按原则办事的作风，反对徇情碍面、营私舞弊的作风；建立了解情况深入研究、抓紧检查落实的作风，反对主观命令主义；建立缜密计划、精密计算、高度组织的科学作风，反对粗枝大叶、简单化的作风。

黄克诚作报告之后，与会干部紧密联系本部门本单位存在的问题，谈认识，论危害，查原因，检讨党委和领导自身的责任，还开展了批评与自我批评。

会议结束前，黄克诚作了总结讲话。他在针对会议讨论中反映出的一些错误认识和不良现象给予了严肃而中肯的批评，作出了明确的指示。

黄克诚特别强调在党内开展批评与自我批评。他指出"自我批评是对阶级对人民是否负责的标志"，而我们有些同志对这样的重要问题没有弄通，或弄通了但实际不做，有错误自己不自我批评，别人批评时总是想用麻布袋遮一遮，甚至用烂布把尾巴扎起来，想把自己的错误掩盖一下。黄克诚点名批评供给部的领导把工作中的毛病推之于客观，强调没有干部，上边不给钱。他说，客观论是不对的，应该检讨我们自己，比如今年的轨鞍有 20% 不能穿，这能说是财经委给钱少吗？工厂有几千张牛皮不能用了，还有的干部贪污几百万（东北地方币），这样严重的问题还能采取妥协、调和的态度吗？

黄克诚还点名批评卫生部的主要领导发言中对成绩讲得多，对工作中的缺点毛病则讲得少，而且还说有自满情绪是对的。黄克诚说，这种自满情绪对我们今后的工作是没有好处的。

黄克诚对后勤部门一些干部不安心工作的问题提出了批评。他指出：不安心后勤工作的同志，大都是从个人利益出发，从个人的享受、名誉、地位等不正确的想法出发，不是从党的需要出发。后勤工作是革命工作中的重要组成部分，应该安心于这项工作，而且必须干好。

针对后勤系统政治工作比较薄弱的问题，黄克诚重点强调了加强政治工作的重要性和如何提高政治工作的威信问题。他说：我们是党领导的军队，是政治军队，从没有枪支子弹干起，到现在这样大的规模，是从哪里来的呢？主要是从政治工作来的，政治的军队没有了政治工作，是一步也不能走的。大家看看蒋介石，天天下命令杀人，那样硬，但还是天天打败仗。毛主席只颁布了三大纪律、八项注意，我们天天打胜仗，陕北每天只发出一些新闻消息、社论、文章，又不给大家老婆、钱、房子，但几百万党员就这样自觉地干下去了，这是什么道理呀？就是坚强的政治工作。黄克诚强调，政治干部的主要责任是做政治工作，提高群众、战士、党员的觉悟，提高和组织他们的积极性，保证行政任务的完成，不能完全陷于行政事务里去。在提到政治工作的威信问题时，黄克诚说："要使群众信任我们的政治工作，主要依靠政治工作本身能及时了解情况，深入群众解决问题，以及政治人员本身以身作则，做模范。"

黄克诚还强调要严格执行纪律，对犯官僚主义错误造成严重后果的，贪污腐化的，要查明情况，问题严重的要使他们受到纪律制裁。他还对有些入党早、军龄长的干部爱摆老资格，计较地位、待遇的现象提出了批评，告诫他们："老资格摆不得"，要接受新事物，光摆老资格，不接受新事物，就会变成"木乃伊"。

黄克诚主持召开的这次后勤党委扩大会，是在冬季攻势第一阶段作战即将结束、第二阶段作战尚未开始的间隙召开的。因战事紧张，工作繁忙，会议只开了十天。作为整党整风，时间显然紧了些，但紧密联系了东北后勤工作的实际，抓住了加强后勤党的领导和政治工作、反对官僚主义这几个根本问题，揭露矛盾，开展批评，贯彻了党中央关于整党整风的精神，对统一思想，加强后勤系统党的领导和政治工作，改进机关作风，起到很大推动作用，也为随后召开的后勤工作会议作了准备。

黄克诚的这个报告于 1948 年 1 月 12 日发往团级以上单位，成为东北人民解放军后勤系统整党的主要文件。

二、提出建设统一的正规的后勤工作

1948 年 3 月，东北人民解放军发动的冬季攻势胜利结束。东北国民党军被分割压缩于长春、沈阳、锦州等孤立地区，已无力转守为攻。而东北人民解放军迅速壮大，总兵力已超过国民党军，再举行几次大的作战，即可解放东北全境。在此形势下，中共中央、中央军委要求东北人民解放军彻底歼灭国民党军，争取东北解放战争的首先胜利，把东北变成支援全国解放战争的基地。

为贯彻中共中央、中央军委的指示，适应新形势和新任务的需要，东北人民解放军总部决定，冬季攻势结束后，全军转入休整，在此期间，开展新式整军运动，全面提高指战员的政治素质；以"大兵团、正规化、攻坚战"为指导思想，加强司令部建设，开展军事大练兵运动；扩建部队，加强特种兵建设；适应大兵团作战需要，建设统一正规的后勤工作。

根据东北局和东北军区的统一部署，黄克诚决定，于 3 月 10 日开始，用一个多月的时间，召开有纵队后勤部长、卫生部长参加的东北人民解放军后勤工作会议，总结近两年来的后勤工作，结合东北解放区财经情况和后勤工作中存在的问题，讨论解决统一思想、统一制度、统一标准、统一开支等问题，以推动后勤建设，保障大兵团作战的胜利。

东北局、东北军区兼东北野战军领导人都很重视这次会议。东北财经委员会主任、东北军区兼东北野战军副政委李富春，政委罗荣桓先后到会作重要讲话。

作为主管东北全军后勤工作的领导，黄克诚自知责任重大，对开好这次会议倾注了全部精力。1 月的党委扩大会后不久，他就指示后勤各部门和东西两线后勤部门，深入作战部队和工厂、兵站、医院、学校，了解后勤保障遇到的问题，研究解决问题的办法。他自己除每天阅读各部队上送的有关报告外，还经常找后勤的一些领导干部和做实际工作的一般干部交谈。有一段时间他因病住在军区医院，就利用住院机会调查了解医院的管理情况，医生的培训、待遇、思想状况等，并听取他们对改进医疗工作的意见和建议。

在这次会议上，黄克诚做主报告。报告分四个部分：（1）目前情况；（2）后勤任务；（3）组织和工作；（4）结语。

黄克诚首先分析了东北人民解放军夏、秋、冬三大攻势作战的五个特点：一是战争规模大。冬季攻势中有 30 多万部队集中作战，这在人民解放军战争史上是空前的。二是战斗空间集中。冬季攻势中，一段时间内 8 个纵队加几个独立师，集中在法库、彰武、新民、新立屯之间一块狭小地区内。集中兵力作战确实好，但吃饭成了大问题。三是作战时间连接紧，冬季攻势连打了 3 个月。部队可轮换着打，后勤却不能轮换休息。四是战争的运动机动性增大。五是战争的消耗大，物力消耗更大。这些特点，给我们的供给、卫生、兵站、工厂等部门，都提出了新的更高的要求。

他接着介绍了目前东北的财政经济情况。他指出，东北物产丰富，是个很富庶的地区，但生产力水平很低，贸易不发达。财政的主要来源靠收税、收公粮。看起来，财政收入多，公粮的数目字不小，有几万万斤，但供应今天这样的消耗还是有困难。他提醒后勤人员和前线战士，要体念民情、爱惜民力，既要全力保障战争的胜利，又要注意节约财力物力，减轻人民负担。他说：本来，毛主席规定脱离生产的只能占人口的 0.2‰，可是今年我们脱离生产的人员已经是 0.5‰ 至 0.55‰。人民负担占其全部收入的 25% 至 30%。征收的钱粮 80% 到 85% 是用在前方的。他通过算细账说明战争的消耗很大。他说：一个军人一年的衣服鞋袜用粮食合算起来，1 吨粮不够用。造一颗子弹等于 12 斤高粱米，一颗手榴弹等于 20 斤高粱米，造一个山炮弹就要 200 斤高粱米，一个野炮弹就要 300 斤高粱米，一个榴弹炮弹就要 400 斤高粱米，关里则要 1500 斤高粱米。打一发炮弹等于打掉一个中农一年的收入。这是多大的消耗！而许多同志大手大脚，不知爱惜，随意浪费。有一次，仗已打完了，有些同志又步枪、机枪一齐放，乱打了三四个钟头。"这都是人民的血汗钱哟！"黄克诚告诫大家："我们是为人民而当兵打仗的，不能'当兵三年不认亲'，不能只知道向老百姓伸手，不顾老百姓死活。我们要体谅群众这个母亲的困难，凡事要为人民着想！"黄克诚说："我们军事上能打败蒋介石是确定了的，我们也有这个本事，现在仅是时间问题；但后方的力量——财力物力，能否支持到军事最后胜利则是一个问题。今天的矛盾是战争发展消耗大，生产力低，如果这方面搞不好，虽然打了很多胜仗还是可能失败的。"

在分析了战争的特点，介绍了东北的财政经济情况后，黄克诚把话题转到了后勤本身。他指出，东北广大根据地里有城市、有工业、有铁路公路，粮草较充足。后勤机构比较健全，有一批有经验有技术的干部。这对保障作战是有利的。但后勤本身还有不好的一面。他一连列出了 10 个方面的问题，这些问题主要是：思想政治领导差，后勤干部多埋头于事务工作，后勤工作直到现在还没有一套有系统的东西拿出来；严重的分散独立的游击主义习气，到处设摊摊，不听招呼，不服从命令；本位主义严重；制度很混乱，执行制度不严格；部分老干部保守主义严重，不研究新情况，凭老一套办事；重财轻物；不少人贪污腐化。黄克诚严肃地指出，这些问题不坚决克服、不解决，我们的后勤工作就做不好，就会受到损失。

在谈到后勤工作的任务时，黄克诚对此作了明确而简要的概括，这就是：建设统一的、正规的后勤工作，提高后勤工作能力和作用；在现在的物质基础上，保证前线的最低的物资需要；保证部队健康，保证伤病员的救护、治疗、归队，配合各方面争取东北解放战争的胜利。此后，黄克诚提出的"建立一个统一的、正规的后勤工作，来保证大规模战争的胜利"，成为东北后勤工作的指导方针和行动口号。

黄克诚在报告中强调，为实现上述总任务，要从思想上、组织上、工作上解决一系列的问题。他说：首先要解决思想问题。要建立统一的整体思想，互相协助、互相调整的思想。后勤的同志不仅要看到本身一部分，而且要看到东北人民解放军，还要看到全中国解放军，看到东北解放区的老百姓，全中国的老百姓。不能各自为政。

要建立确立制度、遵守制度、运用制度的观点。现在战争规模大了，队伍多了，还像过去那样应付不行。如果没有制度，那些手长三丈的人就不得了，就会到处抓，到处抢。廉洁奉公的人则什么也没有。

要建立研究、创造、进步的观点。他说：后勤工作是比较专门的工作，光靠过去狭隘的经验不够用了。要多用脑筋，经常不断地研究、改进和提高，创造出许多新办法，摸索出新规律。应提倡接受苏联的和资产阶级一部分好的东西，就连国民党好的办法也应该学习。

黄克诚再次强调要建立反对浪费、节约物资的思想。他说，就全国来讲，目前东北解放区最大、物资也多，除了保障东北的部队以外，还要帮助关内，帮助中央。而东北的税收保证自己还很困难，不大力提倡节约怎么支援关内？一定要重视节约物资，抠得紧一点。后勤人员要认识到那些浪费的人是犯罪的，自己要做节约的模范。这样做可能有人骂你是"守财奴"，那我就当守财奴，我们的任务就是守财，为革命守财是好的，是负责的。

当时后勤系统的干部同军事和政治部门相比，从农村出来的更多些，基本没受过近代科学教育，到部队后又每天忙于具体事务，缺乏计划性。针对这一状况，黄克诚提出，要学习科学的组织性和科学的计划性。改变过去农村的作风和习惯，建立近代无产阶级的作风和习惯，物资怎样保管、使用，装车怎样装得多、装得快又不会掉，衣服、鞋子怎样做得结实、合体、舒服，都要细心研究出科学的方法来。

对于后勤的组织建设和工作问题，黄克诚在报告中也提出了明确而具体的原则。组织机构要精简统一；生产和供给分立，生产由政府或由后勤建立军需机构专门负责；纵队不管生产，生产经营机构交地方，师、团一级不准留后方机构；按工作需要，本着精简的精神确定各级后勤机关的编制。

加强对后勤干部的培养教育。办法是军需学校扩大招生；举办训练班加强在职干部教育；提高后勤干部的政治待遇，前后方后勤干部实行交流。

关于后勤负责的粮秣、军需、财政、军械、运输等工作，黄克诚按其工作过程，从生产、保管、运输、分配、使用五个环节上分别提出了要求。如要求生产上，要"料好工精，坚固耐用"；保管上，要做到收发数目明确，手续迅速，摆放有序，防火、防潮、防虫、防鼠、防窃；运输上，要准确、及时、不损坏；供给上，确定开支支配的原则是：把需要和可能同节约开支统一起来，前方第一，后方第二，优先照顾伤病员等。

黄克诚对拟制供给标准十分重视，他提出了三条原则：（1）一般的供给标准要统一讨论规定，不能自行其是。（2）从排、连、营到团、师、纵队各级干部的待遇差距不要太大，避免官兵悬殊。（3）对医生、技师、专家等应该照顾。黄克诚说：我们的国家需要技术，让技术人员待遇好一些，一方面可以培养干部，另一方面可以提高工作效率，减少浪费。针对一些同志不赞成留用并优待日本博士（战俘）的错误思想，他特别强调说，我们在东北的专家大概不够500人，专门的博士100人也不到，我们应该尊重他们，爱护他们，对他们的要求只要是"不反革命，能好好替我们工作"两条就行了。至于政治学习，思想信仰，都可以让他们自由些。

黄克诚在报告中还提出，结合整顿，立即着手制定各种条例和规章制度，如节约奖励条例，贪污、盗卖公物惩罚条例；预决算制度、领发制度、收旧制度、缴获上缴制度。

黄克诚在讲话结束时强调要加强各级党委的领导，提高大家的政治觉悟，同时要采取群众路线的方法。要搞好团结，后勤各部门之间，后勤与司政机关之间，都要团结。这是我们做好工作的保证。

黄克诚主持召开的这次东北后勤工作会议，在东北以至全军后勤历史上都具有重要意义。会议统一了东北全军后勤人员的思想，明确了后勤工作中亟待解决的问题，以及解决问题的原则和方法，为以后建立统一的正规的后勤打下了良好的基础。

会后，东北军区和东北野战军后勤系统立即组织贯彻落实会议精神，在加强思想作风整顿的同时，调整了后勤的组织机构，特别是加强了制度建设，先后颁发了《野战后勤的组织与任务草案》《东北野战后勤各线编制》《东北军区供给标准草案》《卫生法规》《兵站运输工作细则草案》等，对各种经费支出、各级各类人员的供给标准，各级卫生部门的职责及兵站运输的各项工作，都作了明确规定，使后勤各项工作有章可循，逐步建立健全了一套有效的工作秩序。中央军委曾将这套规章制度印发关内其他解放区后勤部门参考。黄克诚在他的《自述》中说："在此期间，东北我军后勤工作基本走上了正规化，对于保证以后的辽沈决战对后勤的需要起了很关键的作用。"

黄克诚要求下级勤俭节约，对自己更是一丝不苟。他廉洁奉公、生活简朴在东北的广大干部中是有口皆碑的。当时，东北的物质条件比关内要好得多，高级干部以至一般干部都配发了皮大衣、皮帽子、皮鞋，穿着比关内部队较讲究，而黄克诚依然是那件出关后配发的褪了色的黄棉衣、布棉鞋。为照顾总部领导身体，后勤管理部门有时给他和一些领导干部发点烟、酒、糖和肉类等物品，他总要再三盘查,问清是不是其他领导都有,是不是符合制度,否则他是不收的。他还告诫搞管理的干部,不要破坏制度,不要"溜沟子"(溜须拍马)。东北后勤工作会议后期,他因鼻部疾病住进哈尔滨市立医院。这座医院的院长是朱仲丽(王稼祥的夫人)。医院有不少专家,还有留在这里的日本医生。黄克诚在住院手术期间,生活节俭,还细心地询问医务人员的工作、生活状况,鼓励他们好好工作。出院时,将东北局给他的医疗保健费,全数转交给这座医院。嘱咐他们照顾好重病号,特别是在前线负伤的人员。事情虽小,却在医院和后勤干部中传为佳话。

黄克诚的讲话和行动,在干部中产生了深刻的影响。一个真正对党、对人民负责的强有力的领导人,最可贵的是善于学习思考,能在关键性的时刻及时正确地分析判断形势,立足全局,从实际出发,抓住并提出解决关键性问题的办法。黄克诚就是这样的领导人。当东北解放战争转入反攻以后,有些人往往囿于自己原有的认识,不能及时察觉转折时刻的到来和随之带来的问题,而当意识到转折和问题时又有些手忙脚乱。而黄克诚却能较早地从中央的指示和战局的发展中看出转折,而且为应对这一转折,对全局和自己所负责的工作提出了可行的建议和一整套解决的方针、办法,往往使人茅塞顿开。他那些发自肺腑的批评和忠告,由于能切中要害,令人振聋发聩,令人折服。这正是黄克诚的过人之处。

三、出任冀察热辽分局书记兼军区政治委员

解放战争进入第三个年头,全国的军事政治形势发生了更加有利于人民解放军而不利于国民党的重大变化。在东北战场上,人民解放军更是处于占压倒优势的地位。1948 年 3 月冬季攻势结束后,在东北地区 97% 以上的土地和 86% 以上的人口已获得解放。人民解放军的总兵力已达 103 万人,部队经过较长时间的休整和军政训练,广大指战员的政治觉悟和军事素质有了很大提高。而国民党军连遭打击,处境困难,总兵力 55 万人已被分割压缩于长春、沈阳、锦州 3 个孤立地区。

遵照中共中央、中央军委的战略方针和作战计划,东北野战军领导人决定,发起大规模的秋季攻势,继续将战线向南推进,将攻势作战发展成为全歼东北国民党军的战略决战。为保证战略决战的胜利,进一步加强对冀察热辽这一战略要地的领导工作就成为东北局考虑的首要问题之一。

冀察热辽地区包括热河省、辽西走廊、冀东和察哈尔的一部分,地处东北、华北之间,是两大地区的通道和作战枢纽。这一地区共有 69 个县、市、旗,面积 27.7 万余平方公里,人口约 1600 万。境内有富庶的平原及盐滩盐地。锦古、北宁、平绥三条铁路贯穿其间,并有秦皇岛、葫芦岛诸海港与山海关、喜峰口、张家口、古北口等要隘。中心地区热河省则有松岭、燕山、苏克斜鲁等山脉,北靠蒙古,东连松辽平原,南越长城与华北平原相接,海拔千米左右,南下华北,有居高临下之势。从这里,攻,可以直接威胁华北的心脏平津;守,又是东北的南大门。这一地区自古以来就是兵家必争之地,战略地位十分重要。抗日战争胜利

后，中共中央就对控制这一地区格外重视。1945 年 9 月 19 日中共中央决定，成立中共冀热辽分局和冀热辽军区。1946 年 10 月冀热察地区划归冀热辽分局和军区领导，成立了冀察热辽分局和军区。在分局和军区直接领导和指挥下，根据地不断扩大，经过 1947 年夏、秋、冬三大攻势之后，这一地区除主要铁路线和几个重要城市外，已大部被人民解放军控制。

随着东北的战争逐步由北线向南线转移，冀察热辽成为人民解放军向南发展、进军关内侧翼的重要基地，中央军委早在 1947 年东北夏季攻势开始前，就在运筹南下冀察热辽的问题。5 月 20 日，毛泽东致电林彪、高岗：在南满作战结束，建立强大的南满根据地之后，"还要解决冀热辽地区的根据地问题"。热河、冀东两区为将来夺取长春、北宁两路，长、沈、平、津四城必不可少之条件。根据毛泽东的指示，东北局随即开始了大军进入冀察热辽地区作战的战场准备。8 月 22 日，东北局发出《关于冀察热辽分局当前任务的指示》，指出：今后半年内的任务应当是尽全力充分动员和组织该区力量，配合全国各个战场的作战。

1948 年 4 月 3 日，东北局致电中共中央：因为野战军作战需要，拟任程子华为东北军区第二前方指挥所（9 月改称东北野战军第二兵团）司令员，常随野战军行动。又因为冀察热辽是今后作战的要地，需要做好群众工作，负责繁重的补给基地与战勤任务，又要指挥地方兵团作战。因此，我们一再考虑的结果，认为派黄克诚到冀察热辽任书记兼政委比较适当。4 月 12 日，中共中央复电同意。

接到中央的电报，刚刚因鼻部疾病手术出院的黄克诚，先是参加了东北局召开的土地改革会议，随后，经过简单的准备，同参加土地会议的冀察热辽分局常委胡锡奎一起，于 4 月下旬离开哈尔滨赶赴热河，就任中共冀察热辽分局书记兼冀察热辽军区政治委员，同时兼任东北军区前方第二指挥所政治委员。一路上，黄克诚边走边作调查研究，同胡锡奎一起分析形势，研究下一步打算。到分局驻地后，又同领导干部交谈，很快掌握了情况。当时，冀察热辽军区司令员程子华和参谋长黄志勇、政治部主任刘道生在前方指挥部队作战；分局日常工作由分局副书记兼组织部长黄火青主持。那时的冀察热辽分局和军区，下辖热河省委和省政府、冀东区党委和行署、冀热察区党委和行署，依次设热河、冀东、冀热察军区，其中热河军区由冀察热辽军区机关兼。下面共有 15 个地委、专署和军分区，4 个独立师，1 个骑兵师。

在东北人民解放军连续发动的攻势下，至 1948 年春末，冀察热辽大部地区已粉碎了敌人的军事分割，冀热辽三省已连成一片，在解放较早的基本地区，根据地已比较巩固与安定。但面临的困难和问题也十分严重。

当时在军事上，冀察热辽境内的国民党军尚未完全消灭，东西两面的重要城市和铁路仍被其控制，接敌区仍处于敌我拉锯状态，国民党军与特务土匪仍频繁发动袭击与骚扰，民心不稳。

在政治上，共产党和人民解放军虽然在已解放的基本地区居于优势地位，但由于 1947 年下半年开始的土地改革运动中犯了"左"的错误，片面强调满足贫雇农的要求，严重侵犯了中农和工商业者的权益。接敌区、游击区和蒙古族地区也受到"左"的影响，有些地方出现了乱打乱杀现象。在这些地区，中农情绪不安以致恐慌，生产情绪低落，对扩军和战勤工作持消极态度，并直接影响到一些出身富裕家庭的干部，致使党在农村的基本群众优势的建立受到影响。在城镇，一些资本规模较大的工商业因被侵犯而停业或倒闭，未被侵犯的也因恐惧而停业或缩小营业。东北局发现后派高岗来这里指导，进行纠偏，并开展整党，情况有所改善。但整党中又出现了"左"的偏向，缺乏耐心教育，惩办过多，伤害了一些干部和党员。结果在许多地方党内领导与被领导之间、新老干部之间、农村党支部与贫雇农之间、贫雇农与中农之间、城市贫民与工商业者之间、蒙汉之间隔阂未完全消除。

财政经济状况很差。由于国民党的掠夺，战争动员的消耗和连续两年的歉收，加之财政经济工作缺乏计划，脱离生产人员比例大等原因，农业生产下降；商业贸易衰落；物价波动大；灾荒严重，灾区达40余县，灾民200余万，1万余人因饥饿而死亡。宁城、赤峰、赤西等地区人畜饿死的现象尤为严重。

上述问题的存在，直接影响了广大干部和群众争取胜利的信心，影响了支援战争的积极性。黄克诚深深感到，这些问题关系到民生和战争胜负，党的领导机关必须制定明确的切合实际的政策。7月9日，他致电毛泽东，就有关问题请求中共中央作出规定：（1）人力动员最高峰以达人口百分之几为宜。动员时间可能延长到何时。（2）农民负担最高时，以农业为主的农民以达农民的百分之几为宜。（3）脱离生产人数，抗战时中央规定不超过3%。目前农业经济为主地区，主力军不能生产的情况下，区以上党政军脱离生产人数以占总人口百分之几为宜。黄克诚说，上面三个问题，因战争与人力物力的矛盾，我思索半年，未从思想上得到统一解决，特请中央予以指示。毛泽东看到黄克诚的来电十分重视。8月11日，专门致电东北局，指出："我们认为，东北脱离生产人数超过全人口百分之三供给标准较高，是具有某种危险性的。此事值得注意。"毛泽东同日复电黄克诚："所提问题甚为重要，已电复东北局提出意见。"

为彻底改变局面，消除土改运动中"左"的影响，改善党的领导，正确执行党的政策，动员广大干部和群众支援解放战争，黄克诚于7月下旬召开了一次地、县委书记会议，传达中央政策，集中解决土改中存在的问题，作出思想检讨，统一认识，纠正错误，积极开展各项工作。

会议共开了7天，到会的有地委书记、县委书记、县长、土改工作团负责人。因为会前已作了调查研究，会议开始就直议主题，解决以中农为中心的政策问题，暴露侵犯中农利益的事实，检讨思想。到会的领导干部都发了言，敢于暴露问题，并诚恳地进行自我批评。

黄克诚在会议讲话中首先肯定了冀察热辽地区各级党委、政府的工作成绩。他指出，在土地改革和整党中出现的偏差责任主要不在下面，首先是分局检查指导不力，同时，有些政策研究得不够，又没有经验，出了偏差，受了损失。发现后，各级都在积极纠正，各方面的关系正在调整，生产救灾工作已作了部署，情况正在好转。他说，现在全国各战场的形势发展很快、很好，我们在东北的军事力量和经济力量都已超过国民党，下一步将发动更大的攻势，彻底歼灭国民党军，取得军事上的完全胜利，这是决定性的。冀察热辽特别是辽西走廊是主要战场，支前任务是中心任务。为了保证前线的胜利，必须坚决贯彻执行中共中央及东北局的指示，加强党的团结，加强各阶层人民的团结，迅速地全面地恢复经济，发展生产，土改纠偏和整党均应围绕这一中心目标，而恢复与建设工作又必须服从于战争。这是我们当前的基本任务与工作方针。

黄克诚号召各级党政干部特别是县区以上领导干部，要身体力行，经常深入基层，整顿思想，整顿作风，纠正错误，发扬正气，保持和发扬党的优良传统。黄克诚要求，会后各地委、县委、区委，根据自己的力量，都要分工掌握一两个重点方面的工作，领导干部均分工掌握一个重点村，了解运动规律，总结经验，指导面上的工作。要抓紧春耕春种，把目前的土改团改为土改生产工作团。

会后，黄克诚还亲自带一个工作团在北票西南的坤头坡领导土改和生产自救。黄克诚了解到一些地区饥荒严重后，立即指示，从储备的战备粮中拨出一部分救济饥民，不能饿死人。

为了改进党风，减轻人民群众负担，黄克诚提出，要精简机关，把精简下来的人员充实到基层去；要加强纪律性，一切行动听指挥；要厉行节约，减少开支。他还要求，从分局和军区领导，到县委、区委的负责干部，都要以身作则，身体力行，与群众同甘共苦。

那时，为照顾分局和军区领导干部的生活，机关设有一个单独的小食堂。分局秘书长看到黄克诚等身体虚弱，就吩咐管理员弄了些大米、鸡蛋，打算给首长补充些营养。吃饭时黄克诚看到桌上摆的米饭和炒鸡蛋，把秘书长批评了一顿："农民现在没饭吃，你却叫我们吃白米饭、炒鸡蛋，这是共产党员干的事吗？"黄克诚指示，取消小灶，干部一律到大灶就餐，并立即实行；分局个别有肠胃病的领导干部适当照顾，可吃点细粮。他说，后方的干部要多吃粗粮，把节省下来的细粮送到前线，让前线的战士们和伤病员吃得好一些，多打胜仗。

根据黄克诚讲话和分局讨论意见，冀察热辽分局又于8月下发指示，要求在基本区：（1）用极大努力停止生产下降，并使之恢复与发展。土改后，把农村工作的基本方向转到团结各阶层人民恢复发展生产方面去；继续纠偏，保护土改中各阶层分得的土地、财产，确定地产，颁发土地证；宣布借贷自由；宣传"劳动发家，生产致富"；改进农业税；提倡变工互助等。大力发展工业、交通运输业和商业，加强金融管理。在发展生产的同时，大力节流，实行精简，厉行节约，消灭浪费。（2）按照中共中央指示，继续纠正土改中侵犯中农的问题，被斗的应予适当补偿；正确划分阶级成分。（3）继续搞好整党建党工作，对于处理错了的党员和干部要予以纠正；在整党中发展新党员，基本地区做到每村有党支部；重视培养提拔本地干部，包括蒙民干部；加强纪律性，坚决克服经验主义、游击主义、本位主义，增强团结，在中央统一意志下行动。（4）在军事斗争上，除要求前线积极作战外，在基本区继续剿匪锄奸；在群众自愿基础上大量扩军；完成战勤动员，全力支援战争。

在可以巩固的占领的新解放区，集中力量，消灭国民党军、土匪、地主武装，建立人民地方武装，维护社会秩序，建立民主政府。

《指示》要求全区开展学习运动，分局和区委党校要组织干部轮训，学习中央文件和有关政策规定，改进工作作风，深入实际，加强调查研究，正确掌握政策。根据黄克诚的指示，分局研究室创办了《党内通讯》。该刊紧密联系实际，刊登指导性文章和县以上党委与领导干部撰写的工作情况，以及土改、生产、救灾、支前等方面的经验等。

在黄克诚和分局领导下，经过几个月思想作风整顿，土地改革和整党中"左"的偏向得到纠正，生产和救灾工作有序展开，党政关系、干群关系进一步改善，党政建设进一步健全。随着前线的胜利，解放区迅速扩大，人民群众对共产党和人民解放军更加信任。这就为此后的战略决战中大规模支前工作提供了可靠的保证。

根据中央军委的战略部署，辽沈战役于9月12日在北宁路打响。黄克诚深知，与国民党军在东北的战略决战其规模是空前的，战勤保障工作对战争的胜利至关重要，粮食、被服、弹药等军需物资的供应，新兵的补充，伤病员的救护、转运等，都需要有充分的强有力的保证，必须周密组织、全民动员。

辽沈战役发起之前，冀察热辽分局向全区的共产党员提出了"一切为了解放战争的胜利"的口号，并要求各级干部深入乡村，结合土地改革工作，发动群众积极参军参战，鼓励翻身农民为保卫胜利果实多做贡献。

为了支援部队作战，冀察热辽军区1948年春就成立了后勤司令部，后勤司令是张令彬，统一领导军队和政府的后勤工作。9月以后，战争规模不断扩大，战勤任务日益繁重，为了便于统一动员和组织人力物力，保证战争的需要，黄克诚决定，热河省成立支前委员会，冀东军区成立战勤司令部，分区、县、区都先后成立了战勤委员会，党政主要领导人担任委员会主任。分区和县级战勤委员会下设人民武装动员部和供应站；区级设担架队、运输队、民兵队和供应站；村里由生产和战勤委员会负责，将人员、牲畜、车辆进行编队，平时生产、战时支前，轮流出动，编队后配备武器，进行政治军事训练，使之适应战斗要求。各专区还成立了军用被服厂、鞋袜厂，供应部队和支前民工。

锦州战役是整个辽沈决战的关键一役。战役期间，黄克诚每天都工作十几个小时，有时饭都顾不上吃。新组建的部队要武器、要棉衣、要鞋子；过路的部队要汽油、要粮食；前线的伤员多，医务人员不够，需要抽调……纷至沓来的电报、电话、报告接连不断，需要他作出指示、答复，再告知张令彬等组织落实。战勤工作有条不紊、扎扎实实地开展起来。

各级战勤委员会动员的浩浩荡荡的支前大军，在敌机不断轰炸扫射下，川流不息，出色地完成了任务。冀东区在5个月内除动员大批青年参军外，有1.5万余民兵担架队随军远征。在后方的运输队、担架队连续转运，车水马龙，日夜不停。

大反攻中，冀东区十几天内，抢修公路 700 多公里，动员民工 39 万人次，运粮 160 万斤。丰润县一个区两天中缴公粮 300 万斤。

辽沈战役中，东北人民解放军的汽车、大炮等装备越来越多，为保证部队顺利通行凡大部队所过之处，均动员了大批群众抢修和拓宽公路、桥梁。1948 年仅冀东区就先后动员民工 200 多万人，修垫、拓宽公路近 5000 公里，修架桥梁 500 余座，还在公路两侧挖了防空洞、隐蔽壕。公路沿线设立兵站，充分准备各种物资。这就为大兵团作战创造了良好的条件。

担架队是战勤工作的重要组成部分。从 1948 年 9 月 12 日开始，在一个半月之内，热东地区出动参战担架 2.27 万副、11 万人；冀东地区 3 万副担架、15 万人，先后开赴辽沈战场。许多县委书记、县长、部长、区委书记、区长都带队上前线，有的亲自抬担架，有的亲自上火线救伤员。为了及时把伤员救下来，担架队员们夜以继日地运送，有时冒着敌机轰炸扫射运送，常常一天只能吃上一顿饭，鞋破了就打赤脚走，没丢下一个伤员。人民群众给伤员喂水喂饭，接屎端尿，无微不至地照顾。

锦州战役期间，锦州地区除组织担架、车辆、畜力、民工运粮运草、抢救伤员外，还发动妇女写慰问信 1000 多封，送慰问袋 3900 多个，有的妇女把陪嫁物装入慰问袋，送给解放军，大大鼓舞了军队士气。锦西县每天有 8700 多人站岗放哨，巡逻查获国民党军官兵 700 多人。塔山阻击战中，当地人民政府为帮助部队构筑防御工事，迅速筹集大量木材、钢材，驻地群众把自家的门板、炕沿木、柜子拆下来运到阵地上。塔山村的 200 多名群众，帮助部队筑起一条东起打渔山、西至白台山的交通壕，全长 8000 多米。

锦州战役中大量伤病员需安排救治，当地无力承担。黄克诚决定，将在冀察热辽军区的第四军医大学四分校 2000 余名学员，全部调到前线，在朝阳一带组织临时医院，并组成 12 个医务所，每所接收 1000 多伤员，从治疗到护理一包到底，在 100 多天中，治好伤员 1 万多人。

冀察热辽军区前线剧团随军进行战地演出，宣传城市新区政策、俘虏政策、土改政策、大生产运动等，给新区人民群众和人民解放军指战员以很大鼓舞。

黄克诚晚年回忆这段工作时说："记得我刚到冀察热辽时，人们一度对困难估计得过于严重，甚至害怕战争。我们经过召开各种会议进行动员，深入做群众的思想工作，号召大家节衣缩食，实行领导干部带头吃粗粮等措施，把广大干部和群众的士气鼓起来了。""在整个胜利形势的鼓舞下，局部地区士气一鼓起来，一切困难都容易克服了。这样，冀察热辽地区形成了万众一心，全力以赴支援战争的局面。"[①]

对于黄克诚在冀察热辽的工作，当时的冀察热辽军区副司令员李运昌、第十八军分区政治委员王国权给予了很高的评价，他们说：1948 年夏，黄克诚同志

[①]《黄克诚自述》，人民出版社 2004 年版，第 245 页。

由东北局调到分局任书记兼军区政委，多次召开干部会议，号召全体干部坚决执行党中央的路线政策，一方面精简机构，充实基层；另一方面与群众同甘共苦，带头以身作则，并经常深入基层检查工作，整顿思想，整顿作风，发扬正气，纠正错误，保持和发扬了延安精神和老八路的优良传统，使解放区迅速扩大，不断取得新胜利。①

11 月 9 日，东北最后一批残余国民党军政人员仓皇乘船离开锦西、葫芦岛。至此，东北全境解放。东北成为全国的战略后方，东北野战军已成为人民解放军强大的战略机动力量。

此时，华北、华东、中原、西北战场也节节胜利。其中盘踞华北的国民党军傅作义部已退守以北平为中心，东至山海关、西至张家口的狭长地带。中央军委正筹划发起平津战役，并已命令集结于锦西地区的东北野战军第二兵团司令员程子华、参谋长黄志勇率第四、第十一纵队以及独立第四、第六、第八师和骑兵师共 10 万人，作为东北野战军入关先遣兵团前出冀东，威胁北平，策应华北作战。

作为冀察热辽分局书记兼军区和第二兵团政委的黄克诚认为，冀察热辽分局和军区机关此时已完成其历史任务，应立即撤销，并改变组织形式，以适应新形势新任务的需要。11 月 13 日，冀察热辽分局根据他的提议，正式向东北局和中共中央发电建议：撤销冀察热辽分局、政办及军区机构，另成立热河、辽北两省，直属东北局一级管辖。

11 月 20 日，中共中央复电东北局，同意冀察热辽分局的建议，并指示：冀察热辽分局（党政军民）之架子除必须用以配合热河、辽西两省者外，由黄克诚同志率领南下，将派往平津城市工作……并请黄克诚以尽快速度结束工作，率干部随东北野战军南下，黄并准备担任天津军管会主任兼天津市委书记。

黄克诚得知中央决定后很高兴，他决心不负重托，悉心准备，迎接崭新的历史使命。

---

① 辽沈战役纪念馆管理委员会、《辽沈决战》编审小组合编：《辽沈决战》续集，人民出版社 1992 年版，第 351 页。

第二十章　接管天津

一、胜芳集中

1948 年 11 月 18 日，辽沈战役刚刚结束 16 天，中央军委就命令东北野战军（简称东野）立即结束休整，以最快的速度入关包围天津、唐山、塘沽三处的国民党军，会同华北军区部队发起平津战役。11 月 21 日，林彪、罗荣桓、刘亚楼发布入关命令，23 日，东北野战军主力 10 个纵队及特种兵共 70 余万人，按预定部署分两路由冷口、喜峰口向关内开进。30 日，林彪、罗荣桓、刘亚楼、谭政率东野领导机关由沈阳出发，于 12 月 7 日进抵河北蓟县以南的孟家楼（1949 年 1 月 12 日移至通县东北之宋庄）指挥平津战役。大部队也于 12 月上旬到达蓟县、丰润、建昌营、迁安等地区。

此时，黄克诚正在沈阳参加东北局一个会议。会议一结束，他即刻动身，昼夜兼程返回冀察热辽分局所在地——原热河省宁城县一处偏僻的乡村，迅速交代了分局和军区的工作，留高自力处理善后事宜，准备和黄火青①等率一批干部入关。

1948 年 12 月 13 日，黄克诚召开随行干部会议进行思想动员，他说：我们要南下了，去参加平津战役，和华北军区的部队共同解放北平、天津。我们具体任务是接管天津市。但是，我们的目的地不是天津，我们只是在天津路过，停留的时间不会太长，完成天津的接管任务后，还要继续南下，将天津的工作全部交给华北的同志们去做，他们要在天津长期干下去。因此，大家要特别注意和华北干部的团结，要特别尊重他们。②

大家听了非常激动，欢欣鼓舞。这时，从热辽、热中抽调的干部也迅速赶到分局集中。进行了一天的准备，15 日黄昏，黄克诚、黄火青乘坐吉普车，其他参加天津军管工作的干部分乘在辽沈战役中缴获的 5 辆崭新的大卡车，离开

---

① 黄火青，时任中共热河省委书记、热河军区政委、冀察热辽中央分局副书记兼组织部长、冀察热辽军区副政委兼组织部长。

② 根据黄克诚秘书姚书梅回忆。

分局所在地，踏上征程，开始了夜行军。到达平泉县城时，已是万家灯火。在此稍事休息后，又出发了。他们穿越锦（州）承（德）铁路，进入燕山山脉。这里山高、坡陡、沟深、道隘、路险，天又黑，令人提心吊胆。所幸驾驶员技术高超，有惊无险，50多公里的夜路，车队颠簸了15个小时，16日清晨到达宽城，大家才松一口气。黄克诚迎着东方的曙光，回首向翻过的燕山望去，不由得心生感慨：1945年的11月底，他率部3万余人就是从冷口出关，翻越这座燕山，进入东北，同国民党军抢夺地盘，谋求发展的；如今，他又率部从这里入关，但形势完全不一样了，这是去组织胜利，巩固胜利，迎接新中国的诞生！时间，仅仅3年，历史的瞬间，却是天翻地覆"换人间"的变化！黄克诚心潮澎湃，浮想联翩！

黄克诚一行在宽城稍作停留，吃罢早饭又登程了，过了冷口，直奔冀东的玉田县。到达玉田时，东野的几位领导已在路边迎候。黄克诚、黄火青等急忙下车，同他们亲切握手。他们是特意由蓟县以南的孟家楼赶来迎接黄克诚一行的。

黄克诚一行在玉田城南的范庄安营待命。在这里，他们收听到了新华社广播的毛泽东1949年《将革命进行到底》的新年献词，以及中共中央军委于12月13日发布的命令：任命聂荣臻为平津卫戍司令，薄一波为政治委员，彭真为中共北平市委书记，叶剑英为副书记、北平军事管制委员会主任兼市长；黄克诚为中

1949年，东北、华北两军会师将领合影。左起：黄克诚、谭政、聂荣臻、萧华、罗荣桓、刘亚楼、高岗、林彪。

共天津市委书记兼军事管制委员会主任，黄敬①为天津市市长。命令要求他们率干部于本日或明日分别进入平、津附近，随时准备接管北平、天津，务必做到如同沈阳、济南那样的接收及管理成绩。同时，还接到了中共中央于 15 日批准的由黄克诚、黄敬、黄火青、许建国、张友渔、王世英等 9 人组成中共天津市委员会，黄克诚任书记，黄敬任第一副书记，黄火青任第二副书记的通知，以及中共中央根据中共华北局的建议，决定天津市军管会全体人员到河北省胜芳市集中待命的指示。

　　黄克诚意识到，天津解放在即，必须尽快赶往胜芳。他派一名干部到唐山找到铁道运输司令郭维城，从不久前国民党军逃离唐山时丢弃的大量汽车中又挑选了四辆十轮卡车和两辆中吉普，开到玉田。黄克诚高兴地说："我们有了这些'风火轮'，向天津开进就更快了！"

　　1949 年元旦后的一个滴水成冰的雪夜，黄克诚率领部分军管会人员和警卫部队乘车离开玉田，浩浩荡荡地向胜芳开进。零下 20 多度的低温，寒风夹着雪花向他们袭来，冻得大家发抖。他们把棉被打开，从头到脚裹了起来，仅露出两只眼睛。乘坐敞篷车的人员，个个成了雪人。有一位干部开玩笑说："我们这副扮相，如果放在庙里，活像尊尊玉佛，香客们定会给我们三叩九拜的！"大家听了哈哈大笑。警卫员紧挨着黄克诚，用棉被把他裹得紧紧的，生怕他冻着。

　　车队从北平天津之间通过时，黄克诚告诫大家"敌情严重，不可大意，要时刻提高警惕"。他们顺利地通过平津铁路后，又走了大半夜，第二天上午到达胜芳，与黄敬率领的那部分军管人员会合。黄敬等先期到达的干部已早在镇外等候。身躯魁梧的黄敬握着黄克诚冻得冰冷的手说："严冬腊月，你们一路翻山越岭，劳顿辛苦，大家早就盼望着你们来了！"黄克诚感觉像回到家一样温暖，说："还是你们先到的同志们辛苦！我们接到通知后，稍作准备就匆匆动身了，真是快马加鞭呀！"

　　在这里，黄克诚看到一片沸腾忙碌的景象：随黄敬先期到达的军管人员已在紧张地进行着各项准备工作；大街上支前的群众赶着一辆辆送给养的马车急驰而过，一组组担架队奔向前线……黄克诚非常兴奋地说："这是一场真正的人民战争，这样的战争是战无不胜的。"

　　各地奉命参加军管的人员也陆续报到，总共 7400 多人。这些人来自冀察热辽区、中共华北局、天津地下党、华北人民政府、中共石门市委，还有少数工人积极分子和一部分来自敌占区的大中学校的青年学生。这是一支完成接管天津任务的革命生力军。他们正抓紧时间了解天津市国民党政权组织机构的情况、主要负责人的姓名、机关地址等。

　　黄敬向黄克诚一行介绍了胜芳情况：

　　胜芳是一个大镇，原属河北胜霸县，1948 年 12 月 2 日分出，成立胜芳市，隶

---

　　① 黄敬，此前任中共华北局委员、华北军区后勤司令部政委、华北人民政府企业部部长等职。

属冀中十区（今属霸州市）。地理位置优越，物产丰富。它地处天津以西 45 公里处，交通便利，只要攻津部队的炮声一响，军管会的人员就可神速地前出至天津城下。

这里有 76 所大四合院，其中以王家大院、张家大院、杨家大院为最大。这些大院为军管会的工作人员提供了较好的住宿和工作条件。军管会培训班设在张家大院，军管会领导人住在与张家大院仅一墙之隔的王家大院，很便于他们指导培训班的工作。

胜芳是革命老区。1945 年 8 月，霸县全境解放，中共胜芳市委和胜芳市人民政府成立，党的基层组织也相继建立。内战爆发后，胜芳曾一度被国民党占领，1948 年 11 月 16 日再次获得解放，并迅速恢复了党的组织和政权机构。为支援即将打响的平津战役，中共冀中区十地委发出《关于胜芳市工作的指示》，开展起热火朝天的支前准备工作。12 月中旬，中共华北局城工部与冀中区城工部在胜芳合并，组成新的华北局城工部，刘仁任部长，总部设在胜芳，直接指导军管会的准备工作。

黄克诚十分高兴地说：好地方！好地方！胜芳为军管会的准备工作提供一个难得的环境。选择胜芳作为军管会的集中地，不论从地域、经济、政治及住房条件上，都不失为一个明智之举。

时间就是胜利。天津解放在即，紧迫的接管任务不允许黄克诚有任何懈怠。他一到胜芳就马不停蹄地投入到指导紧张的接管准备工作中去。

建立健全三大领导机构。这项工作在黄克诚到胜芳之前，在黄敬等组织领导下，已着手进行。黄克诚到后，又根据中共中央的命令，进一步完善健全了军管会、天津市委、市政府三大领导机关：

军管会是解放天津实行军事管制的最高权力机关，下设办公厅、行政部、接管部、文教部、市政接管处及塘大（塘沽、大沽）军管分会、纠察总队，以及具体负责接管财经的 13 个处（金融、对内对外贸易、仓库、交通、铁道、水利、农林、摩托、卫生、电讯、工业、不管处等）；接管文教的 3 个处（新闻出版、教育、文艺）；接管市政的 7 个局（公安、卫生、教育、民政、工商、公用、财政）。

中共天津市委机关下设秘书处、组织部、宣传部（与军管会文教部为一套机构）、总务处、天津日报、党校等。

天津市政府下设秘书、人事等处和公安、民政、财税、工商、工务、教育、卫生及市法院等。

上述各机构工作人员相继配齐，只待一声令下，进入天津。

领导班子也进行了分工：黄克诚作为第一书记、军管会主任，全面主持市委和军管会工作；黄敬、许建国、吴观农主管市政府工作，其中许建国任公安局长，吴观农任市政府秘书长；市委日常工作由黄火青、杨英主管，黄火青兼市委组织部长，杨英为副部长，黄松龄任市委宣传部长兼天津日报社社长。

这是一套完整的政权班子，是指挥接管天津的"司令部"。

各接管机构所要接管的具体部门也作了明确地划分和确定。

制定方针政策，培训干部。在完善各级组织，明确各部门职责分工后，刻不容缓的任务就是制定方针政策和培训干部，领导全体军管人员在思想上、方针政策上、组织上及物资上积极做好接管准备。

他们组织有关人员认真学习研究中共中央 11 月 15 日向各中央局、分局和野战军前委发出的"关于军事管制问题的指示"① 和已解放的城市的接管经验，特别是沈阳、济南的接管经验②，制定符合天津实际情况的方针政策。

黄克诚说，中央 15 日的指示，是我们制定接管天津方针政策的重要依据，沈阳等城市的接管经验是我们最好的借鉴。但是，天津是北方最大的工商业城市，情况非常复杂，如何做好天津的接管工作，迅速开展生产，发展工商经济，支援全国的解放战争，仍面临许多新的问题。我们一定要结合天津的实际，抓住天津的特点，提出正确的接管方针，研究拟定出切实可行的具体接管方案来。

他们夜以继日，紧张忙碌，制定了《关于接管天津的任务和方针》《天津市军事管制委员会工作纲要》《关于接管工作中几个原则问题的决定》《交接注意事项》《移交守则》等方针政策性文件，以及军管人员入城纪律、入城须知等规定。

黄克诚、黄敬还拟定了军管会组成人员名单呈送总前委③审批。

军管会根据中共中央和中共华北局的指示，举办了军管干部培训班，组织学习中共中央制定的《约法八章》《三大纪律八项注意》，华北军区印发的《入城纪律手册》《城市政策纪律教材》和军管会拟定的各项政策、规定等，从政策、思想、纪律、作风上武装军管干部。黄克诚、黄敬等亲自到训练班宣讲文件并讲话，阐明进城的任务、工作的方针与步骤，宣布纪律，讲解各项具体政策，如职工运动政策、工商业政策、外交政策、文化政策等，以统一军管干部的认识。他们强调指出，天津实行军事管制的任务和目的是，肃清一切残余敌人、散兵游勇及进行武装抵抗的分子，接收一切公共机关及其产业、物资，并加以管理，恢复、维持正常的社会秩序，消除一切混乱现象，收缴一切隐蔽在民间的反动分子的武装及其他违禁物品，解散国民党、三青团、民社党、青年党及一切反动党派、团体，没收其反动证件，登记其成员，对其中的少数反动分子实行管制，逮捕战争罪犯和罪大恶极的反动分子，没收官僚资本，建立系统的革命政权机关、警察、法庭、监狱，建立物资管理机关，对群众进行党的城市政策宣传和教育，建立工会、学

---

① 指示共九条：（1）肃清一切残余敌人；（2）接收一切公共机关和产业物资；（3）恢复社会秩序；（4）收缴一切反动武装；（5）解散一切反动党派和团体；（6）逮捕战犯及反动分子；（7）建立革命政权；（8）建立进步团体；（9）整理和建立共产党组织。

② 沈阳经验七条：（1）自上而下原封不动的接收；（2）恢复电力、稳定物价、收缴敌警武器让其徒手服务、稳定人心，妥善解决物资；（3）迅速处理俘虏，疏散弹药；（4）军管内部不扯皮；（5）对易出乱子的事须有充分准备；（6）对入城部队有良好的纪律教育；（7）有称职的干部。

③ 1949 年 1 月，中共中央决定，以林彪、罗荣桓、聂荣臻组成总前委，林彪为书记，统一领导夺取平津地区的一切事宜。

生会、青年团、妇女会等，作为城市革命政权可靠的群众基础，召开各界代表会议；整理城市党的秘密组织，建立党的组织等等。要做好这些工作，必须不折不扣地贯彻上述文件规定的各项政策，严格执行纪律。

掌握好政策，顺利完成接管任务，高级干部是决定性的因素。因此，在干部集训结束后，黄克诚和黄敬等商量决定，专门召开高级干部会议。可以说，这是军管会、市委和市政府第一次联席会议，三大机构的领导和各部门的负责人参加。会议一开始，先由黄克诚讲话。他很风趣地说："我这个人脾气不好，爱批评人，你们小心点，也请大家谅解。我和在座的许多同志没共过事，今后我们在一起时间长了，你们就知道了，我是个好人……"一席话逗得大家哄堂大笑。

接着，他阐述了"进入天津的任务""分清敌我界限""工作原则与接收方针""纪律"四个问题。这是避免李自成进北京历史悲剧重演的四个问题，是能否"变官僚买办统治所腐蜕的天津为人民的商埠，建设一个新的天津"的关键问题。

关于"进入天津的任务"，黄克诚说：到天津去做什么呢？一是"肃清敌人"。"不要认为天津一解放就没有敌人了；相反的，隐蔽的敌人还未肃清，这是一件首要而长期的任务。"二是"进行接管"。"就是要把所有在天津的一切国民党反动派的行政的、文化的、军事的机构及公营企业、国家财产全部接管过来。"三是"彻底改造"。天津长期被封建反动势力和帝国主义统治，非常糜烂。"我们要从生活上、思想上、组织上、作风上予以彻底改造。"四是"建设生产"。除肃清敌人、接管改造外，"主要的就是建设、生产。这对二百万天津市民，对全中国人民，对解放战争的最后胜利，有着重大的作用。全体同志均须共同为着这一光荣的任务而奋斗，其他一切与此相抵触的情绪必须纠正"。黄克诚一手抓对敌斗争，一手抓生产建设的思想非常明确。这是稳定社会，巩固新生政权最重要的两手。

对于"分清敌我界限"，黄克诚说，解放后的天津，最大的敌人是"入侵天津九十余年的帝国主义势力，北洋军阀和国民党特务及其反动组织。要消灭这些有相当基础的反动势力及其影响，需要一年至三年之久。要警惕这些敌人扮装成'美人'诱惑我们"。

他说，在与敌人作斗争的同时，必须处理好"中间力量"和"依靠力量"的问题。"对于一切中产阶级与小资产阶级，我们目前的政策方针不是消灭，而是联合。这一方针还要保留一个相当长的时间。"但是，一定要看到，"这部分中间力量与敌人接近，易受敌人的影响，所以，我们在争取合作中进行必要的斗争"。黄克诚说：天津的工人、劳苦市民和学生是我们的基本群众，"其中又以十万产业工人和分散的手艺工人为基础"。我们一定要依靠他们"去团结广大的贫苦市民和青年学生"。他批评过去有许多同志一进城就忘记了基本群众，这是不应该的。"我们应该认清，为工人阶级的彻底解放而奋斗到底是我党千古不变的既定方针。我们必须依靠先进的工人阶级，去改造和建设天津。"黄克诚把"谁是我们的敌人，谁是我们的朋友"这个革命的首要问题说得明明白白。

关于"工作原则与接收方针"，黄克诚提出"避免乱，必须稳"的工作原则。

他说："乱，就增加了困难，就影响大了。避免乱的前提是不要急，急了必出乱子。"所谓"稳"，他说："立场要站稳，政策要掌握稳，步骤要踏稳，做到稳步前进。"要做到"稳"，"就必须准。首先对问题要看准，这就要进行周密的调查研究，深思熟虑。其次要把握准，就是要抓住问题的本质，准确地处理（这里指的是对待一切有关于党的政策、工作步骤等震动面较大的原则问题，并不包括接管的具体工作，而处理日常具体问题则须迅速）"。

黄克诚指出，接收的方针应该是"完整接收，免遭破坏"。他解释说，所谓"完整"，"是指文件、房屋、档案、物资等"。但敌人的"组织机构不能原封不动，而应按性质分别对待，采取保留、解散和摧毁的方针。凡对社会有益的，应保留改善；凡属敌人的政权组织（如市政府），则必须解散；对直接破坏革命的警特组织，必须摧毁，并逮捕主要人员"。关于旧职员的任用，黄克诚指出，也不能原封不动，"而应甄别后分别处理"。但各级政府机关、团体中的科长以上的人员不准录用。下层职员、技术人员，在政治上对革命直接危害较小，可选好的留用。"当然，无论保存、解散、摧毁，均须采取适当的步骤来进行。"

黄克诚非常重视、也十分担心进城后的纪律问题。他知道，军管会的干部大部分成长在农村，并长期在农村环境中工作，对城市、特别是大城市比较陌生。由"落后"的农村进入先进发达的天津，灯红酒绿，难免产生"刘姥姥进大观园"的感觉。但是，他们不是"刘姥姥"，是胜利者，手中有权。对这些胜利的掌权者，如果没有铁的纪律约束，那是非常危险的。李自成进北京的历史教训不可不汲取。因此，他讲话的最后，特别强调了纪律。他说，我们制定的纪律"任何人不得有违反的特权"。"进城后，军管期内实行集中制，一切没收、逮捕、杀人或外交事项，权力都要集中在市委，任何部门或个人不准机动处理，独断专行。……大家要束缚一下，不准擅作主张，不准擅自行动。"必须做到："言行谨慎，不准乱说乱做，要按报纸和文件作宣传；艰苦朴素，不准腐化贪污，要保持在农村的优良作风，短期内，任何人不准换衣服，抓物资；紧张工作，不准游荡玩耍，要牢记李自成进城后因蜕化而失败的历史教训；深入群众，不准官僚习气，要深入到工人、劳动市民中去。"这就是黄克诚提出的"入城五不准"。

黄克诚的这个讲话，既从政治上进一步阐明了政策，又从思想作风上击鸣了"警钟"。

通过一系列学习，接管干部统一了认识，明确了任务，掌握了政策。各部门还根据天津地下党提供的情报制订出具体的接管计划。

天津人民广播电台、天津日报社也在这里诞生。入城后发布的布告、条例、封条、宣传口号等也已在这里准备齐全。

所有这些，都为天津解放后有条不紊地顺利进行接管打下良好的基础。

万事俱备，只等炮声！

二、完整接管

1948 年 12 月 30 日，东北野战军 5 个纵队 22 个师共 34 万人在特种兵部队配合下，由参谋长刘亚楼统一指挥，将天津 13 万国民党军包围。1949 年 1 月 3 日，攻津部队开始扫清外围据点战斗。13 日，林彪下达攻击天津的命令。此时，黄克诚、黄敬率领军管会主要接管人员到达杨柳青附近，"二黄"进入刘亚楼的前线指挥所。黄克诚根据战事进展情况，命令留在胜芳待命的军管人员做好随时进入市内进行接管的准备。

14 日上午 10 时许，攻城部队对天津发起总攻，千万发炮弹倾泻在敌人阵地上，攻城部队杀声震宇。

入夜后，黄克诚走出指挥所，和军管会一些人员挤在一棵大树下，向天津方向望去，那里电闪雷鸣，夜空被烧红了。他看看表说："总攻已经开始了，部队突破城垣，很快攻入市区，大家准备好吧！明天我们就入城开始接收工作。"

15 日 15 时，战斗胜利结束，天津回到人民手中。

在战斗还在激烈进行的时候，军管会先遣队和一部分军管干部已经冒着炮火，随攻城部队向市区挺进。他们在地下党成员带领下，直奔接管的地区和部门，并在攻城部队配合下，首先接管了国民党天津市政府、警察局、电台、报社、电厂、水厂、银行等要害部门。当日 18 时许，在接收的国民党广播电台基础上建立起来的天津新华广播电台开始播音，向全市人民庄严宣告天津解放，号召全市人民严格遵守军管会各项规定，各安生产。

16 时许，一身戎装的黄克诚、黄敬出现在硝烟未散的天津街头。他的座车在地下工作人员引导下，沿着大街向军管会所在地——鞍山道原敌警备司令部（今天津市人民图书馆）驶去。黄克诚看到，部队正在打扫战场，炮击留下的残垣断壁和街头碉堡还在着火冒烟，战死者的血和残雪交融在一起，把大街上的冰雪染红，尸体正在清理，远处还不时传来零星的枪声……让黄克诚欣慰的是，整个城市基本没有大的破坏，许多建筑和民宅依然完好，特别是有名的高大建筑安然无恙。一位地下工作者对黄克诚说："天津市的居民说，解放军的炮弹长了眼睛，不打工厂、学校和高大建筑，也不打老百姓，专打国民党军队，神了！"黄克诚笑笑，很自豪地说："这就对了！我们的指战员都明白是为解放天津人民而战的，炮弹当然长了眼睛！"

1 月的白昼是比较短的，夜幕降临时分，黄克诚到达军管会驻地开始办公；市委、市政府的领导和机关干部都已到位。纠察部队连夜到达市内指定位置维持社会秩序。当日夜间黄克诚接到总前委林彪、罗荣桓、聂荣臻三人署名的电报，略谓：除黄克诚、黄敬已经中央指定为天津市军事管制委员会正副主任外，同意以黄火青、张友渔、李聚奎、钟伟、袁升平、王世英等同志为天津市军管会委员。

1 月 16 日一大早，天津街头出现了军字第 1 号布告：《天津区军事管制委员会

■ 天津市军事管制委员会旧址

布告》[1]，向全市宣布：

案奉中国人民解放军前线司令部、政治部电令："天津市及其近郊国民党军业已肃清，塘沽、大沽国民党军亦将就歼。为着保障全体人民的生命财产，维护社会治安，确立革命秩序，着令在天津市并东至塘沽、大沽，南至静海，西至杨柳青，北至杨村所辖区内，实行军事管制。成立在中国人民解放军平津前线司令部指挥之下的天津区军事管制委员会，为该区军事管制时期的权力机关，统一全区军事、政治、文化等管制事宜。任命黄克诚、谭政、黄敬、黄火青、王世英、许建国、李聚奎、钟伟、袁升平为天津区军事管制委员会委员，并任命黄克诚为主任，谭政、黄敬为副主任。"本会遵命即于一月十五日宣告成立。本主任暨各委员亦于该日到职视事，奉行共产党制定的城市政策，遵照中国人民解放军平津前线司令部的约法八章，实施军事管制。

特此布告周知。

主　任　黄克诚

副主任　黄　敬

一九四九年一月十五日

---

① 天津市军管会根据中央军委的命令于 1948 年 12 月 13 日成立。此为军管会对外正式布告的时间。

1949 年，天津各界民众集会热烈庆祝平津解放。

同时，还发布了《天津市人民政府布告》，宣布天津市人民政府正式成立。

（一）完整接收

16 日，所有军管干部到达接管岗位后，开始按照"各按系统，自上而下，原封不动，先接后管"的方针，分财经、文教、市政三大系统进行接收工作。每天晚上都开汇报会，各部门汇报当天接收情况，布置第二天的工作，相当紧张劳累，黄克诚说："接收刚开始的那几天，我们都没时间睡觉，几天没煮饭，吃干粮。"①

关于接管的情况，1949 年 2 月 25 日，黄克诚给总前委并中共中央写了报告，全面汇报了进入天津前的准备工作、天津情况与各阶层的动态、接收工作的经过、迅速完成完整接收的原因、存在的问题和几点教训等。

进城前的准备工作，黄克诚总结了四项：一是进行思想动员，统一认识，明确任务，宣布纪律；二是组织接管机构；三是划分和确定各部门接管对象；四是拟制布告、条例。

接收工作进展比较顺利。黄克诚说："原国民党机关人员（包括政权、文教、党部、企业），除政权、党部、特务机关留少数看守办公地点外，其余人员大部分已分散回家。企业部门除战斗激烈遭受炮火威胁之单位的人员分散回家外，其他均在各单位未动。各机关、企业均有移交之精神准备，有些单位还进行移交演

---

① 黄克诚：《天津接管工作综合报告》，1949 年 2 月 25 日。

习。"所以，当军管人员召集他们开会时，他们都"乖乖"地到会，听军管人员讲解共产党接管天津的方针政策和清点移交方法，并限令他们三日内报到上班，原主管人员负责办理移交手续等。这些人员之所以表现得如此"积极"，是他们已经看到国民党即将全面崩溃的大趋势已不可逆转，共产党的政策甚得人心。

他说，军管人员在接收过程中基本上严格执行了政策，对不同性质的对象采取不同的方法。

对国民党的政权机构及党、团、特等组织，所有各级政府、军队、警察、宪兵、法院、监狱等予以彻底摧毁，宣布解散；没收官僚资本，对其工厂企业边接收边复工；对民族工商业实行保护；对技术部门，一面接收，一面继续开展业务；对学校"暂维旧制，迅速复课，废除反动课程及反动训导制度"等。

由于正确执行各项接管政策，接收工作进展很顺利，除个别部门遭敌特破坏或战争毁坏外，大部分单位接收工作在 3 天至 5 天内基本完成，至 2 月中旬全部完成。共接收 1263 个单位，其中，官僚资本银行有：中国银行、中国农民银行、中央银行、交通银行、邮政储金汇业局、中央信托局、中央合作金库等在津设立的分行、局、库，以及河北省银行、天津市银行等，在接收这些银行的基础上建立起了新的国家银行；官僚资本工厂有：天津钢厂、天津机器厂、天津机械厂、天津橡胶厂、天津化工厂、天津耐火器材厂、中国盐业公司、大沽化工厂、塘沽化工厂、冀北电力公司所属 3 个发电厂、中纺公司所属 7 个厂、东亚烟草厂等 115 个企业，这些企业均改变为新中国直接管理的全民所有制企业。其余还有仓库 165 处，机关、医院 316 处，大专院校 7 所，中学 12 所，小学 122 所。接收物资中数量较大的有布匹 150 万匹，粮食 3000 万斤，汽油、机油约 4 万桶，各种军衣约 30 万套等。

对官僚资本企业和银行的职员，除个别、坚持反动立场外，一律实行原职、原薪、原制度的政策，同时号召职工立即复工生产。

接收工作进展顺利的原因，黄克诚说，一是借鉴了沈阳、济南的接管经验；二是攻城部队纪律严明，"派部队严密看管所接收的单位，不准任何人进入，使得机关、工厂、仓库等保管完好"；三是"事先比较充分的准备和周密地调查研究"；四是"进城干部一般认识统一，昼夜不停的工作"；五是党的地下工作者的有力协助；六是国民党"大厦将倾"的崩溃大趋势和我党政策的深入人心，"使大多数敌伪机构人员未逃匿，等待接收。这对完整接收有很大帮助"。

黄克诚在这两个报告中用了较大篇幅检讨了存在的问题，总结了经验教训，提出了以后接管城市应注意的问题。

黄克诚说，我们接管天津的经验教训，一是进城干部对地下工作人员"缺乏热情，不了解他们的处境和情绪，态度有些冷淡，没能迅速按照他们的能力分配工作，致使地下工作人员大失所望，热情降低"。地下工作人员对完成接收任务起了很大作用，因此，必须对进城干部加强教育，使他们了解地下人员的作用、处境、情绪，认识"地下党员一般的都很好，他们城市工作的能力比农村干部强"，应适当地安排地下人员参加接管工作。

二是接管人员与部队的关系。接管工作开始后的前两三天，接管人员与部队关系协调得不太好，一度影响了接收工作的进展。因为部队攻占天津后，国民党政府机关以及重要工厂、仓库等单位均在攻城部队掌控之中。军管人员在没与部队领导部门联系的情况下前往接收，遭遇了许多麻烦。我们发现这个问题后，立即进行了纠正，才使接收顺利进行。因此，凡是由部队掌控的单位，接管干部前往接收时必须与该部队领导部门取得联系，由他们通知有关部队或派人带领接管干部前去接收。理顺关系是顺利接收的保证。为避免接收时出现上述问题，还应该在战前对攻城部队进行必要的接收教育，使部队了解与接收人员之间的关系，支持接收人员的工作；同时，接管人员事前应掌握攻城部队的代号，以便及时找到他们的上级。

三是"进城接收干部要重质量不重数量。完全在农村工作的区乡农民干部，一般不宜做接收城市工作；接收企业的干部一方面要懂得政策，另方面要有业务知识，否则起不了作用反闹出笑话。这次天津接收中许多干部看不懂人家的会计账目，看不懂英文簿籍，让旧人员看不起我们，说我们没有人才"。

四是派往企业的军事代表如同军队的政治委员，是"党的政策和优良作风的体现者。接收和管理工作做的好坏他们起决定的作用。故人选必须慎重"。

五是天津军管会之干部来自许多单位和部门，彼此不很了解，有的不服从命令，不听从指挥。"今后城市接管干部应从一个地区征调配备并与原单位割断建制，以免内部互相牵掣互相抵消。"

六是此次天津接收，军队一般是遵守纪律的，看管的物资保持比较完整。但我们允许敌军师以下单位的物资由军队接收，结果引起了误会。由此我们认为，接收的物资应由"军管会统一管理，统一分配为好。攻城部队除收集战场上的武器弹药和零碎物资外，集中的物资军队不要接收，这样更有利于地方、军队和军队内部的团结，军队需要增加的补充也好解决"。

毛泽东对黄克诚的这个报告很感兴趣，因为他总结的这些经验教训对以后新解放的城市搞好军管很适用。

（二）停止《大公报》出版发行

接管城市是中国共产党的工作重点由农村转移到城市的开始，绝大多数干部、包括高级干部在内，都缺乏城市工作经验。入城后，面对千头万绪、错综复杂的工作，很难得心应手，应对自如。对某些事情处理失当是难免的。勒令《大公报》停刊就是一例。

天津市原有两家颇具影响的大报，一家是《益世报》，它是天主教办的，宣传耶稣救世的学说，共产党不信这一套，当然在封杀之列。另一家是《大公报》，全国有影响的报纸之一，对它采取的政策，就不能像封杀《益世报》那样简单了。

黄克诚说："我们对天津市实行军事管制时，曾研究了对这两家报纸如何办的问题，需要马上作出决定。《益世报》不能允许它再出版发行，这是没问题的。但对《大公报》怎么办？我考虑在刚刚解放的城市里，对报纸还是控制得严一点为好，以免出乱子，于是就决定《大公报》也停止出版发行。"①

黄克诚在胜芳高干会上的讲话曾提出"避免乱，必须稳"的工作原则。此次对《大公报》来个"急刹车"，是为了"避免乱"。他没想到，这个不大不小的"错误"给报社带来混乱。报社领导不知下一步该怎么办；报社内的中共地下党员因都是单线联系，暂时得不到党组织的具体指示，也不知怎么办；两百多名职工无工作，饭碗成了大问题……停止《大公报》出版，有些"急"了。这虽不是什么大乱子，但影响不小，惊动了中央。

1948 年 11 月 8 日，中共中央曾作出《关于在新解放城市中中外报刊、通讯社处理办法的决定》，按照决定的精神，像《大公报》这样有影响的私营报纸，是"不得没收，亦不禁止其依靠自己的力量继续出版。在出版时令其登记"。黄克诚没有完全吃透中央的这个精神，所以采取了简单的方法处理了《大公报》。他说："为此我受到中央的批评，说我不该不经请示而擅自决定天津《大公报》停刊。"

后来他还在回忆此事时说："我在天津任市委书记兼军管会主任约半年，一切工作均遵照中央和毛主席规定的政策执行，没有出大问题。唯对《大公报》停止出版，事先未请示中央批准，犯了无组织无纪律的错误，我向中央和毛主席作了当面检查。"②

1949 年 1 月 18 日，中共中央发出《关于不要命令旧有报纸一律停刊给平津两市委的指示》，19 日又发出《关于天津旧有报纸处理办法给天津市委的指示》，23 日再次发出《关于天津大公报、新星报、益世报的处理办法的指示》。根据中央指示精神，天津市委决定，《大公报》可先行出版，"待审查后再发许可证"。此时，中央派杨刚、宦乡等一些共产党员到大公报社工作。

1949 年 2 月，《大公报》改名为《进步日报》。同时成立临时管理委员会，宦乡任主任兼总编辑，李纯青任副总编，杨刚任主笔，成立了中共党组织，杨刚任党组书记。2 月 26 日，军管会主任黄克诚、副主任黄敬签署给《进步日报》的通知："《大公报》进行改革，出版《进步日报》，以站在人民立场上从事新闻事业为宗旨，一切言论记事业务，均以最大多数人民利益为依归，并以民主集中制原则进行内部组织与管理，……经本会审查，认为尚属可行，准予登记出版。"

至此，《大公报》停刊的风波得到了解决。

然而，对于舆论战线的疏漏可能给新政权带来的危害，黄克诚不敢掉以轻心。他在《自述》中说，报纸复刊后，"我除了忙于军管会和市委的日常工作之外，还得过问报纸工作。我恐怕报纸会出什么差错，要求报社将每天报纸的大样都要送我审阅，我天天半夜都要起来看报纸大样，搞得相当疲劳"。

---

① 《黄克诚自述》，人民出版社 2004 年版，第 250 页。

② 黄克诚自传，1968 年 7 月 3 日。

（三）抓管理，"恢复治安，安定人心"

"得人心者得天下。"黄克诚在抓接收工作的同时，用很大精力从几个方面抓恢复社会治安、安定人心的工作，并取得一定成绩。2月26日，黄克诚在《关于天津情况与工作简要报告》中向总前委和中共中央汇报了这方面的工作情况。

第一，消除不安定因素。黄克诚说："天津刚解放时有五个不安定因素：反动党派和特务；散兵游勇；青红帮、黑旗队；流亡地富、流亡学生和灾民；军队和地下工作者中的违法乱纪者。"这些不安定因素，从矛盾的性质看，可分为两类，一类属于敌我矛盾，另一类属于人民内部矛盾。两类不同性质的矛盾虽然都是不安定的因素，但表现的形式不同，处理的方法也不同。

前三种人，特别是反动党派和特务分子，属于敌我矛盾性质。这部分人，在天津刚解放的前几天内，"由于受我军事胜利的威胁，又摸不清我们的底，表现得相当恐慌、动摇、藏匿，一般没有进行有组织的破坏活动。半个月后才在市民中散布谣言，煽动工人学生利用事故制造不满，鼓动失业失学青年请愿。我们除对主要分子逮捕外，对组长以下分子采取少捕方针，利用自首分子和被捕分子向特务进行劝解投案。此种方法颇为有效。半月内，捕获组站长以上60余人，投案者160余人。中统、军统组织大部查清。民社党、青年党亦大体弄清楚，但均无力量控制。我们没有在特务分子恐慌动摇时，迅速进行登记，加以控制，致使某些特务逃走，有些特务重新恢复组织进行活动，这是我们的失策。散兵游勇，主要是国民党军被俘人员，他们的大部分已由部队带出城外，留在城内的是伤病俘虏，约1万5千人，其中一部分由公安局送出城，剩余者得到安置和治疗，故未闹出什么乱子。青红帮、黑旗队在天津刚解放的几天内未敢大肆活动，虽有数次聚群抢劫，稍加镇压即告平息。但十几天后，活动增加，一个月内计发生抢劫案60余起，偷窃案200余起，虽少于国民党统治时期，但仍严重。对这些人非发动群众长期教育改造无法根本解决"。

后两种人，即流亡者、灾民和部队中违法乱纪者，属于内部矛盾性质。黄克诚说："流亡者除在饭馆吃饭不给钱，打人外，未发生其他事故。我们给予他们安置和教育。对灾民迅速给予了救济，故未出事故。"

第二，严明部队纪律，在天津市树立人民军队的光辉形象。在这方面，尽管在入城前进行了严格教育，但入城后，陌生的新环境，花花绿绿的世界，再加上在农村、山沟养成的习惯和游击习气，以及胜利者的傲气等，使一些人忘记了人民军队铁的纪律，违纪、违法的事件不断发生。军队仅进城几天，"军车就撞死群众5人，撞伤30余人，影响很坏。还发生过个别军队人员敲诈抢劫事件，借东西不还，买东西少给钱或不给钱等"。1949年2月3日一位署名河畔的干部，就他亲眼看到的军人违法乱纪的情况，给黄克诚等写了一个报告，开头几句是："部队进入天津后，破坏军纪的事件层出不穷。长此以往，对我党我军之声誉有莫大损失，且有负人民长期对我党我军之热望。"报告举例说，他亲眼看到军车轧死一妇女一小孩；军人乘车、看电影、洗澡……不买票；强买强卖或买东西不给钱，甚至打人；执行巡逻任务的战士看到一穿翻毛皮大衣的妇女就骂"你这德性活像一只狗！"妇女羞愧不已，愤愤而去；见一打口红的妇女，马上找来一盆凉水，说："你洗了再走！"报告说："现在妇女视上街为畏途。"黄克诚看了这个报告很生气，怪不得群众骂我们是些没见过世面的"土包子"！他批示严查这些事件，并严肃处理。从查处结果看，多数为解放战士所为，他们在国民党军队染上的坏习气未及时教育克服。

为此，军管会秘书处专门办了《各方对我军入城纪律的侧面反映》小刊物，绝密，供领导参考。每一期黄克诚都仔细阅读。

当日晚12时许，有人在军管会门前喊冤。此时，黄克诚忙碌了一天，正准备就寝，闻听喊冤声，很是惊奇，即派两名科长前去调查。据了解，事件是由某军某师政治委员程某引起的。其妻子在民生路17号高洒涵家居住，因生活不检点，引起房东高家的不满。程得知后，即对高和高妻大发脾气，高家据理辩驳。程某即将其妻搬走后，又返回高家寻隙，程借口高家态度不好，将高殴打。当高之子出来拦挡时，程称高家还手，遂令警卫员带来一班战士，将高家三口捆绑打伤带走。问明情况后，两位科长即到军政治部作了反映，军政治部给程某写了一封放人的信，两位科长持信去见程某，程避而不见，还发话："无论如何不要放人，一切由我负责。"第二天，黄克诚又派人前往处理，找到军副政委谭甫仁，谭把程某找来狠撸了一顿，才把人放走。黄克诚对此事件非常痛心："我军的高级干部，居然动手打群众，军阀作风！"遂向总前委写了关于《程某打人捆人查究报告》：要求"如此高级干部此种行为应严予查究以严军纪。"

黄克诚觉得，战斗已经结束了，大量战斗部队还在市内占据着许多民房、工厂和学校，这不仅不利于城市恢复正常生活，还会惹出许多乱子，必须尽快撤出市区。

一天，两位军长应召来见黄克诚。黄克诚问："部队怎么还没撤出市区啊？"

一位军长说："黄主任，我们的准备工作还没有就绪。"

黄克诚严厉地说："已经通知你们一个礼拜了，为什么还不行动？不管有什么困难，限你们两天以内必须离开天津。"

两位军长有些窘，刚要开口，黄克诚不容分说："没有二话可讲，毛主席的指示和三大纪律八项注意，你们可不要忘了！"二位军长不敢再吭声。

黄克诚批评说："你们不是当了几天军长、几年军长了，为什么推诿，讲什么困难？"一位军长怯生生地说："下面的师长、团长讲有难处，……"黄克诚毫不含糊："谁不执行命令，军法处置。"一阵难堪的沉默之后，两位军长喊了一声"是，敬礼！"退了出去。

为整顿纪律，1月22日，黄克诚、黄敬等联名向本市驻军政治机关发布《天津市军事管制委员会关于加强军纪的通告》："本军此次进入天津，战斗意志坚决，政治纪律严格，全市人民均极称赞。但近两日来，已有数处人民报告驻军侵犯人民的利益，蛮不讲理的事情。各级政治部须知，我军在东北胜利后补入许多解放战士，他们未经过整训，即进关作战。他们带来很多国民党军队之不良作风，如果领导上不认真教育改造，认真检查，可能影响我军老战士和干部。因此，各级政治部应即召集各种会议，进行教育，并严密巡察，派出工作人员询问驻地人民，如有损失应即赔偿，并加强管理，不准任意外出，以保持本军优良纪律，不致因战后入城而松懈，造成与人民隔阂。本会已派纠察队沿街巡察，各部队人员须听从纠察队之干涉，不得妨碍纠察队执行任务。特此通告。"

1月27日，黄克诚、黄敬又发出《关于禁止军人随便进入戏院影院等场所的通令》。

各部队接到通告后，立即进行了教育，规定了制度，加强了纠察巡逻。对一些较大的违法违纪事件进行了处理。

3月27日，第四野战军①在北平召开师以上高级干部会议，传达中共七届二中全会决议，整顿无政府、无纪律现象，布置南下行军事宜。黄克诚参加会议回津后，同黄敬联名于4月11日发布了《天津市军事管制委员会关于检查驻津部队纪律的命令》。检查结果表明，部队贯彻1月22日"通告"和1月27日"通令"是好的，群众满意。

第三，尽快地清除战争的痕迹，迅速恢复水、电、交通。天津解放的第二天，部队和工人群众就开始平毁碉堡，收缴武器弹药，拆除路障，清理街道垃圾，扑灭因炮火和电线破坏不断引发的火灾，至1月底，市容基本恢复。天津解放后仅48小时，"水、电、电话、邮政、公交等全部恢复"。军管会还抽调大批干部专门进行救灾工作，先后两次拨出200万斤粮食救济灾民30.2万人；帮助郊区灾民修盖被毁房屋2453间，解决1734户、8430人的住房问题。

第四，迅速复工，让大多数人进入工作岗位。官僚资本企业是边接收边复工的，工人的生产热情一般地说是高涨的，职员的情绪也比较稳定。黄克诚报告说："公营工厂接收后即组织生产。截至2月25日，复工照常生产者，已有大小单位70个，占公营的67.5%，包括纺织、钢铁、玻璃、造纸、被服、医药、火柴、机械、电力……其他工业则因缺乏原料及工厂破损，正在准备复工中。已复工生产的工厂生产率部分已恢复到解放前的水准，个别已超过解放前的水准，大部分则尚在解放前水准上下，这种情况是不能令人满意的。主要原因是：新的生产秩序尚未建立，旧的生产秩序已被动摇瓦解；工人误解'解放'，职员不敢管理，高级职员、厂长存着观望心理，没有积极负责。"黄克诚认为，要恢复和提高生产力，急待解决资金周转、原料供应、机构庞大腐败、工人工资等问题。

民族资本主义工商业的复工就没那么简单了，急需解决劳资关系问题，消除私人资本家重重顾虑。

天津解放时，许多私人资本企业因受帝国主义和官僚资本的压榨，已濒临倒

---

① 根据中央军委命令，1949年3月东北野战军整编为第四野战军。

闭、破产、停工，中小企业更是困难。这给广大工人、店员带来失业之苦，他们急切希望早日复工，全家有碗饭吃。因此，尽快复工也就成为当务之急。但是，资本家由于受反动派的欺骗宣传和谣言的影响，对复工顾虑重重，"最显著者为怕工人起来搞清算斗争。他们对劳资关系、税收政策、贸易政策等也摸不清底"。他们还以缺少资金，货无销路，"工人难管"等为借口，而采取推、拖、观望的态度。工人对资本家这种消极态度极为不满。针对这种情况，军管会和各区派出多个工作组，在资本家和工人中宣传中共中央提出的"发展生产，繁荣经济，公私兼顾，劳资两利"的方针，讲清开工生产对国家、人民和私方本人的利害关系，以及必须坚持的"两利"原则，动员资本家安心复工，号召工人报到上班。经过耐心细致地说服工作，到 1949 年 2 月，已有 89.5% 的私营工厂复工生产，商业基本恢复营业。①

复工后，工人的生产积极性很高，大大地提高了生产效率，资本家获得不少利润，但是，工人的工资依然较低。于是，工人们提出增加工资，改善生活的要求。这种要求是合理的，当然也有部分要求过高。这在刚刚复工的情况下，是难以做到的。军管会、市委、市政府根据中共七届二中全会的精神，抽调许多干部加强对工人运动的领导，分行业成立了工会，对工人进行阶级教育和政策教育，讲明中国共产党的经济政策和对私营工商业的政策，并联系工人思想上存在的具体问题，组织讨论，使他们认识到在目前经济十分落后的情况下，在国营经济正在建立、还很不完善、很不健全的情况下，私营工商业的存在和发展对发展生产、维持就业有一定的作用。党的政策很快被工人们所接受，他们自觉地放弃过高的要求，以主人翁的姿态积极地投入到复工复业中去。同时，军管会和市委、市政府也加强了对资本家的宣传教育，并积极采取措施，帮助私营工商业主在原料供应、银行贷款、产品销路等方面给予可能的照顾。对这些，资本家都看在眼里，他们逐渐从动摇、犹豫、恐慌中摆脱出来，转变态度，维持生产经营。当然，黄克诚认为，让资本家完全恢复生产，军管会应该尽快颁布一系列具体法令政策，正确处理劳资关系。这方面还有一系列具体工作和许多政治思想工作要做。

第五，稳定金融市场，平抑物价。天津解放的第二天，黄克诚、黄敬联署发布天津市军事管制委员会"金字"第 1、第 2、第 3、第 4 号布告，宣布"本会为稳定物价，保障人民权益，对于蒋伪政府所发行之一切货币（包括金圆券、东北流通券、台币等），自即日起，一律为非法货币，商民人等可以拒用。""中国人民银行所发行之钞票，是全国解放区统一流通之本位币，自即日起，为本市一切公私会计、交易计价单位"，并具体规定了金圆券与人民币的比价。随即组织大批人力进行收兑。收兑工作从 1 月 17 日开始，至 2 月 4 日，历时 19 天，设兑换机构 276 个，参加兑换工作的人员 3250 人，共兑换金圆券等 3.48 亿元，完成预期任务。

---

① 中共天津市委党史资料征集委员会编：《天津接管史录》上卷，中共党史出版社 1991 年版，第 18 页。

布告还宣布，严禁一切外币、金银、银币计价流通或私相买卖，初步打击了倒卖金银的黑市活动，稳定了人民币市场。

关于物价，黄克诚说，"天津解放后物价均有高涨"，燃料涨价 20 倍，布纱涨价 5 倍多，粮食涨价 2 倍多。……市场极为混乱，不法私商以粮食纱布为主要对象，进行投机倒把活动。为保证市场的基本稳定和人民生活的需要，新建立的国营商业部门，如天津市贸易公司及其下属机构，专门设立了一些商品零售点，以稳定零售市场物价；在工厂、机关、学校发展消费合作社，以供应人民生活的需要；开办委托私商代售的粮、布代销点，争取正当经营的私商共同为稳定市场物价服务。对人民生活必需的粮、油、盐等，实行按片定点、按户凭证供应的办法，使 80% 的居民能买到生活必需品。即使采取这些措施，物价也很难控制。黄克诚分析说："物价高涨的原因，一是受冀中、冀南物价高涨的影响；二是大批解放区商贩和公营商业机关拥进天津买货；三是商人对货币巩固缺乏信心，对前途持观望态度，存货不卖。我们对物价问题，除粮、油、炭可稍加调剂外，其他物价尚无能力控制。但估计将来大军南下后，货币在本地减少发行，乡村和东北交流打通，对外贸易恢复，物价可能避免猛烈高涨。"

据参与创办天津日报社的朱九思回忆："我是跟着黄老和黄敬进天津的，在天津只待了五个月，就继续南下了。这五个月里，我从报社角度看，接管天津没发生什么问题，社会秩序也很稳定，应该说，军管会、市委和市政府的工作是很成功的。"

三、对刘少奇在天津讲话提出两点意见

1949 年 4 月，中共华北局第二书记薄一波给毛泽东和中共中央写了一个《平、津财经情况报告》，其中谈到天津解放后，社会秩序恢复很快，但生产恢复缓慢，公私关系、劳资关系处理不好，有部分工人要求和农村土改贫下中农分土地那样平分工厂和资本家的财产，资本家很紧张，存在怕清算、怕共产党只管工人利益、怕工人不服管的"三怕"顾虑，情绪不稳，生产形势不好。[1]毛泽东看了有些着急，一个傍晚，他走出双清别墅来到不远的来青轩——刘少奇的住处。二人再次讨论起城市接管、经济建设等当务之急的问题。

毛泽东说，解放的大城市越来越多了，全国也快解放了，城市工作怎么搞，工业怎么抓，你要多研究研究。我的意见，你到天津去看看，传达党的七届二中全会的精神。我们的经济"都是社会主义性质的"，但名字还是叫新民主主义经济好，新民主主义中有社会主义的因素[2]。我们的经济政策是很明确的，去年 9 月的中央政治局会议和今年的七届二中全会已经定了的，可以概括为一句话：处理

---

① 薄一波：《若干重大决策与事件的回顾》，中央党校出版社 1991 年版，第 51 页。
② 毛泽东在中央政治局会议上的报告记录和结论记录，1948 年 9 月 8 日、9 日。

好"四面八方"①。所谓"四面"，即公私、劳资、城乡、内外，其中每一面都包括两方，共八方。四个关系中，公私、劳资关系是基本的。"四面八方"缺一不可，缺了一方我们就犯大错误。我们将建立的是工人阶级领导的，以工农联盟为基础，包括小资产阶级和民族资产阶级在内的国家。在很长一个阶段，我们要团结资本家，但许多同志不敢讲这个话。

4 月 10 日下午，刘少奇偕夫人王光美乘专列从北京出发，晚 9 时抵达天津。随行人员有熟悉贸易、金融的龚饮冰、卢绪章，北平市委的工作人员张文松，中央政策研究室的杨黎群，新华社记者计惜英，刘少奇的秘书吴振英，警卫李树槐等。黄克诚、黄敬、黄火青等到车站迎接。从安全考虑，刘少奇一行被安排在近郊小刘庄德国租界的两座小洋房住下。因时间已晚，"三黄"②与刘少奇就他在天津的活动作了研究安排后便告辞了。

4 月 11 日下午，刘少奇听取"三黄"的汇报。参加汇报会的除刘少奇的随同人员外，还有天津市的主要领导和部门负责人。会议室不大，座无虚席。黄敬主持会议。刘少奇先开言说，他来天津的目的十分明确，就是解决恢复生产，发展经济。他关切地说："你们辛苦了！中央对你们完整接收天津是满意的，你们的工作是有成绩的。我来天津是向你们学习的，有问题大家共同研究，共同商量解决……""三黄"听了很感动。

黄克诚首先详细汇报了天津接收工作的情况及经验教训。刘少奇边听边插话说：接收城市只是工作的开始，今后的任务是如何管好城市。只有将城市的生产恢复起来，发展起来，把消费城市变成生产城市，人民政权才能巩固。

接着，黄克诚汇报了天津资本家的情况。他说：资本家对国民党愤恨入骨，但用他们的话说，"并不是认为中共如何好，而是认为国民党太坏了"。天津解放时，资本家害怕打掉他们的盆盆罐罐，很注意维持秩序，像宋斐卿③还参加护厂。我们进城后，开始资本家很想找我们，可是我们先见工人，而对资本家很冷淡，害怕说右了，干部都有戒心。

黄敬插话说，我第一次到宋斐卿的东亚公司时，他要和我握手，我都没伸手。

黄克诚接着说，面对共产党的复工要求，资本家不敢不复工，但又不情愿，就以无资本为借口而不开工，因此，相当普遍地要求政府贷款。如李烛尘④要求贷款 7000 万，实际上他们都存有很多金条。有的资本家想拖过年关，目的是想逃脱年赏；有的想用新工人替代老工人；有的则在观望；也有实在开不了工的。到 3 月上旬，复工的有 80%。这 80% 中情况也很复杂：有的是正常开工的，有的是怕斗争而复工的，也有的资本家不开工而工人自己开工的。而复工的工厂工人在工

---

① 1949 年 4 月，毛泽东提出"公私兼顾、劳资两利、城乡互助、内外交流"的经济政策，被概括为"四面八方"，写进 9 月 29 日通过的《政治纲领》。

② 指黄克诚、黄敬、黄火青。有人戏称他们三人主持天津工作是"三皇治世"。

③ 宋斐卿，东亚毛纺公司总经理，天津知名人士。

④ 李烛尘，久大盐业公司总经理。

资上出现了要求过高的问题：国民党时期有些工人的工资每天只有一两斤玉米面，最高的才5斤。现在是工人代表说了算，定工资违背我们原来定的原则，没有了标准，各厂都向高的看齐。资本家很顾虑地说："这要涨到什么时候为止呢？"对许多在解放前失业的工人，工人代表要谁复工谁就复工。资本家都很害怕，很恐惧，认为"让工人粘上就不得了"。资本家不仅管不了工厂，有的资本家的财产也被工人冻结或分掉了。劳资矛盾很大。

刘少奇听了黄克诚的汇报，便皱起了眉头，严肃地说："这是'左'的自杀政策。根据今天中国的实际情况，劳资双方不能斗争太激烈，不应该是你死我活的斗争问题。"

黄克诚还把宋棐卿的一些意见讲了：他认为政府对他们的态度太冷淡；顾虑将来是否会像土改消灭地主一样，也把资本家消灭；对共产党到底是什么政策，心里没有底。

黄克诚又讲了资本家对几个具体问题的看法：一是对剥削的认识，他们不认为自己有剥削，认为自己干的是"社会实业"，谈不上剥削；他们也不承认是资本家，应该是"民族工业家"；认为"节制资本"不妥；认为政府在挑拨工人和职员的对立，使职员都很不安心。

刘少奇听后说："我们有自己的看法和一套语言，现在应该注意他们的语言。"

黄克诚汇报后，黄敬就当时天津的经济所面临的问题，即贸易、复工、复业、劳资关系、工人失业等，又作了详细全面的汇报。

黄火青补充说：工人认为共产党来了，什么问题都能解决了，"有饭吃，有房住，这就叫共产。"但是，我们来了只是照旧发薪。工人问："为什么不和农民分土地那样，也分工厂、分商店呢？"资本家对此很害怕。有一个资本家说："我就是怕工人开会，工人一开会我的骨头就发酥，我怕流血斗争。"黄火青还说，"劳资两利"政策，过去我们对干部解释得不够深刻。两利没有把发展生产作为前提，只为工人着想，不为资本家着想。刘少奇听到这里，插话说：要站在无产阶级的基本立场上为资本家找利益；要使资本家最低限度有利可图，一二年内让资本家多得点利润是可以的，不要一见资本家赚钱，我们就眼红；要清除干部和工人头脑中"左"的思想。

"三黄"的汇报，使刘少奇对天津的基本情况有了初步了解，对如何解决天津问题有了一个初步想法，即处理好"四面八方"的关系，特别是公私、劳资关系，坚定了他解决天津问题的信心。

刘少奇在天津调查研究25天，非常繁忙，很少有文娱活动，仅看过一次京剧，还是自掏腰包买票看的，夹杂在观众之中，也没引起什么人注意；去"起士林"吃过一次西餐，是黄敬设的便宴，也仅仅这么一次。

在20多天里，他的足迹遍及全市重要的国营、私营企业和政府主要机关。先后参观了天津自行车厂、电灯泡厂、久大精盐厂、永利制盐厂、天津新港，以及几大私营企业，如仁立公司、东亚公司等；会见了工人代表、资本家代表，以及市委、市政府各级领导干部；调查了工交、财贸、外事、文教等十几个行业和单位，召开干部、工人、职员、私营工商业家等各类座谈会。听取了 20 多次汇报，作了 10 多次讲话。刘少奇的这些讲话，围绕着恢复生产，发展经济这个中心，重点阐述了中国共产党的"四面八方"政策，强调要处理好公私关系、劳资关系、内外关系、城乡关系，组织好工人阶级队伍，转变农村方式，以促进国民经济的恢复和发展。他还批评了当时对待民族资产阶级的某些"左"倾情绪，指出，在当时中国经济十分落后的情况下，私人资本主义的存在与发展是需要的，有意义的。

刘少奇在天津活动的全过程由黄敬陪同，因为黄敬是"老华北"，对天津情况比较熟悉，中央的安排是下一步让黄敬接替黄克诚，主持天津的工作。同时，对黄敬进一步熟悉天津的情况，掌握和贯彻中央的政策，用刘少奇的讲话精神化解当时存在的各种矛盾，恢复和发展生产，建设新天津，是很必要的。

黄克诚对刘少奇在天津的活动很关心，很重视，并亲自聆听了刘少奇的几次讲话。对刘少奇这些讲话的基本精神，黄克诚是赞成和拥护的，但他也有两点不同的看法。黄克诚说："我认为，当前对资方是要团结，但不能放弃斗争，应该是又团结又斗争，在斗争中求团结；解放后，共产党掌握了政权，首先应该发展社会主义生产力，建立国营经济为主体的国民经济基础。"[1]黄克诚的意思很清楚，不赞成刘少奇对资本家只讲团结，不讲斗争；只讲发展私人资本主义经济，不讲发展社会主义性质的国营经济的观点，并当面向他提出了意见，但刘少奇未予理会。这表明，刘少奇对黄克诚提出的这两个问题没有认可。因为从他讲话总的精神来看，这两个问题阐述得比较全面、清楚了，也基本符合中央的政策。黄克诚的意见也是对的。总的来说，他们之间的差异主要是在一定时间内的侧重点不同，主导思想基本一致。

如关于和资方的团结斗争的问题。刘少奇在 4 月 18 日、24 日、28 日的讲话中都讲到"工人阶级和民族资产阶级之间是有斗争的，而且是不能避免的。这斗争不是要不要的问题，而是天生的，不能不斗争的问题。所以对民族资产阶级有斗争的一面，有联合的一面。在政治上要联合他们，和帝国主义、封建主义、官僚资产阶级作斗争。在经济上要联合他们发展生产，但在联合中不能缺少斗争。因此，只斗争不联合是错误的，只联合不斗争也是错误的。今天来讲，重点是联合不是斗争"，在相当长的时期内，这个重点还不会变。他回北京后还提醒防止右的倾向出现。他说，对某些调皮捣蛋的资本家，要进行批判，要进行适当的斗争。"在客观上，劳资阶级对抗不独仍然存在，而且在根本上是无法融洽的，即无法在根本上调和的。"[2]

刘少奇在讲同民族资产阶级的关系时，强调联合的一面多了。这是因为当时政治、经济形势的需要，不这样讲，不足以纠正干部和工人中的"左"的倾向，

---

[1]《黄克诚自述》，人民出版社 2004 年版，第 251 页。

[2] 刘少奇对"私营生产"一稿的批示，见中共中央文献研究室编，金冲及主编：《刘少奇传》（下），中央文献出版社 1998 年版，第 637 页。

不足以消除资本家的顾虑，调动他们的积极性。

黄克诚认为，对资本家光讲联合，不进行必要的斗争，公私、劳资之间的矛盾难以解决，对资本家没有一点压力，反倒对恢复和发展生产不利。他这个认识是符合当时天津实际情况的。事实上，天津市在恢复和发展生产过程中，也遇到一些调皮捣蛋的资本家制造麻烦，解决这些麻烦的手段就是"软硬兼施"，既团结又斗争。

关于发展私营经济的问题。刘少奇在5月2日召开的资本家座谈会上说："今天中国资本主义还在年青时代，正是发挥它的历史作用、积极作用和建立功劳的时候。"[①]"资本主义在一定程度上的发展有其进步性"，是一个不可缺少的部分，它的适当发展对于国民经济是有利的。

黄克诚则认为"首先应该发展社会主义生产力，建立国营经济为主体的国民经济基础"[②]，确立国营经济的领导地位。他这个认识，从发展方向和长远利益考虑，没有错！《新民主主义论》和七届二中全会决议都作了明确地肯定。问题是，天津的资本家"抱着消极等待、观望的态度，甚至跑去香港"，"当时天津私营企业开工的不足30%。"有上百万人口生活没有着落，怎么解决？"有步骤地有计划地妥善地复工，这一问题得到解决，则万事皆通。否则，一切均谈不到。"[③]所以，刘少奇讲话的中心放在了调动资本家的生产积极性，发展私人资本主义经济上。后来，他在6月对天津工作的指示中，除继续讲发展资本主义经济外，还特别提出"城市发展生产，第一是发展公营企业的生产，第二是发展私营企业的生产，第三是发展手工业生产"[④]。

刘少奇回到北平当天晚上向毛泽东汇报了天津之行的情况。毛泽东肯定了他在天津的工作，并建议他就城市管理和对资产阶级的政策问题，向干部们讲一讲。刘少奇据此，先后向全国青年第一次代表大会和北平干部作了天津调查报告。这个报告对正确执行党的城市政策，防止干部犯"左"的错误，起了很大很好的作用。

四、应召晋见毛泽东

1949年5月的一天下午，一辆卧车驶出北京西直门，向西北方向的香山驰去，25公里的路程，不到半小时就到了香山的东宫门。车门打开，天津市委书记兼军管会主任黄克诚从车上下来。

香山，因其最高峰香炉峰有一块巨大乳石，时时喷出云雾，形似香炉，故称

---

① 刘少奇5月2日在天津工商业家座谈会上的讲话记录，见中共中央文献研究室编、金冲及主编：《刘少奇传》(下)，中央文献出版社1998年版，第631页。

②《黄克诚自述》，人民出版社2004年版，第251页。

③ 薄一波：《若干重大决策与事件的回顾》，中央党校出版社1991年版，第51、50页。

④ 黄敬1949年6月20日传达刘少奇对天津工作的指示，见中共中央文献研究室编、金冲及主编：《刘少奇传》(下)，中央文献出版社1998年版，第630页。

香炉山，简称香山。面积 1600 公顷，是一座历史悠久、富有自然情趣的山林公园，主要景点有勤政殿、香山寺、西山晴雪碑、玉华山岫、昭庙、见心斋、来青轩、双清别墅等。

中共中央、中央军委于 3 月 25 日从西柏坡迁至北平，进驻香山。毛泽东住双清别墅，朱德、刘少奇、周恩来、任弼时等住离双清别墅不远的来青轩。

黄克诚是接到中共华北局转达的毛泽东要他汇报天津接管情况的电话，急忙赶来北平的。

4 月中旬以来，毛泽东不断接见各路"诸侯"，如陶鲁笳、方志纯、邵式平、陈正人、曾希圣等，黄克诚是被接见者之一。可以看出，这时毛泽东的工作重点已不是放在指挥军事斗争上，而是放在领导新生政权的建设上了。因为，推翻旧王朝，夺取革命战争的最后胜利，毛泽东已有绝对把握。万里长征快要走完第一步，第二步即将开始，怎样完成这一伟大历史使命，这些"诸侯"们可是关键人物。所以，他用去很大一部分时间和精力找各路"诸侯"谈话。

香山戒备森严。等候多时的工作人员见黄克诚下车，便快步迎了上去："黄老，您好！主席让我来接您！"黄克诚听了心里热乎乎的，急忙跟着工作人员进了大门，步履匆匆，来到香山南麓半山腰的一座高台住宅门前。沿途的翠柳、青松、山花、绿水，5 月的风光，黄克诚也顾不上多看一眼。

这是一座面东坐西的豪院，门前高台阶两边站着几名哨兵，很是威严；台阶下左边立着一块大石头，上刻着四个大字："双清别墅"，这就是毛泽东指挥千军万马"追穷寇"的临时"大帐"。

黄克诚拾阶而上，在工作人员热情地引导下，来到一间宽敞的客厅，正面和两侧摆着宽大的沙发，这是中央主要领导经常碰头的地方。客厅左侧是毛泽东的卧室，右侧是毛泽东的办公室，陈设很简单。黄克诚还没坐下，毛泽东就从隔壁办公室走了出来，高兴地大声说："黄克诚啊，今天我们不是'老乡见老乡，两眼泪汪汪'，应该是'老乡见老乡，两人喜洋洋'啊！"毛泽东的幽默似乎让黄克诚有些局促的样子放松了许多，也拉近了二人的距离。黄克诚毕恭毕敬地向毛泽东敬礼："主席，您辛苦了，身体好吧？"随之赶紧向前一步，紧紧握住毛泽东伸过来的大手，激动得两只眼睛紧盯着毛泽东，生怕这一难得而又幸福的时刻消失。这是黄克诚第一次近距离接触毛泽东，也是毛泽东第一次和黄克诚面对面谈话。毛泽东很和蔼地答道："身体还好，就是睡眠有点问题，老毛病了！""主席为党为民太操劳了！"毛泽东看看瘦弱的黄克诚，关切地说："你在第一线，百事扰心，更辛苦啊！也正是因为有了我们的辛苦，才换来今天的胜利，值得！"黄克诚频频点头。这时工作人员走过来说："主席，请坐下说吧！"毛泽东这才放开紧握着的黄克诚的手，笑着说："见了老乡就忘请坐了。"

二人坐下后，毛泽东从烟盒里抽出一支烟点上："抽烟吗？"黄克诚答道："我的气管不好，也是老毛病了，不敢抽烟了。""你们接管天津的工作搞得不错嘛！少奇同志作了全面调查，已向中央作了汇报。今天再请你来谈谈。随着战争的胜利,解放的城市越来越多,需要接管城市的经验;再说,我们过去许多熟悉的东西现在已经闲置起来了,需要虚心学习新的东西。天津先走了一步,有经验,也有教训,都很宝贵,谈谈吧!谈完了这个题目,再谈谈你下一步的工作安排。……"缕缕青烟从毛泽东口中冒出,看得出,毛泽东的情绪很好。

黄克诚从文件包中取出准备好的材料和笔记本,很从容地谈了起来。他把接管前的准备,接管的经过,遇到些什么问题,怎么解决的,还有什么问题和困难,以及取得的经验教训等,作了全面汇报。当黄克诚汇报到《大公报》停刊犯了错误,并当面作检讨时,毛泽东说:"我听说了,不是很快复刊了吗?出点问题难免,处理得有些急了。"

几个小时过去了。看得出,毛泽东对黄克诚的汇报很感兴趣,也感到新鲜,听得津津有味,并不断插话、提问,黄克诚一一作答。二人谈话的气氛亲切、热烈。毛泽东听完汇报,高兴而又关切地说:"你们辛苦了!仅四个多月的时间,就把一个大天津完整地接收过来了,成绩不小啊,中央是满意的。你累瘦了,好好休息一下,中央已经决定让你去主持湖南的工作,有什么意见吗?你有天津的经验,又是去我们的家乡,风土人情熟悉,你去我放心。"其实,黄克诚在此之前就已知道他在天津任职只是个过渡,不久将去湖南主政。今天听了毛泽东这番话,深感中央又把一项新的重要使命托付给了他,这是党中央和毛泽东对自己的信任。他想到就要回到阔别二十余年的故乡工作,有一种游子还乡的兴奋。但这位献身人民解放事业的革命者,想得更多的是回到那片生身的土地后,怎样和家乡父老一起,在党中央和毛泽东的领导下,轰轰烈烈地干一番"敢教日月换新天"的大事业,让桑梓之地的山山水水变得更美好,让父老乡亲的日子过得更幸福。想到这里,黄克诚有些激动,并向毛泽东作了保证。毛泽东开心地笑了:"多请示,多汇报,联系实际情况执行政策,探一条新路子。"

红日西沉。毛泽东似乎话犹未尽,遂留这位老乡吃晚饭。这是领袖赐的"盛宴"啊!是关爱,也是荣誉,不能不吃。说是"盛宴",太夸张了!餐桌上仅摆了四菜一汤,菜肴也极简单,只是多放了一些辣子。就这样,已经算特别招待了。黄克诚知道毛泽东一向艰苦朴素,吃饭很不讲究。黄克诚也是这样一个人,四菜一汤对他来说,已经很"奢侈"了。两位同乡边吃边聊,毛泽东心情极好,谈笑风生,时而发出爽朗的笑声。突然间,他停下筷子,很认真地问黄克诚:"你认为今后工作的主要任务是什么?"对毛泽东这一突如其来的提问,黄克诚没有任何思想准备,毫不犹豫地回答说:"当然是发展生产。"毛泽东很严肃地摇摇头说:"不对!主要任务还是阶级斗争,要解决资产阶级的问题。"黄克诚一听此言,方知自己的想法与毛泽东所考虑的问题有很大差距。"我当时的思想则认为,解放以后,主要应抓生产,搞经济建设;在经济建设中虽然也会有阶级斗争,但这并非主要矛盾。"黄克诚这个认识是正确的。

若干年后,黄克诚才认识到:"毛泽东在解放以后,仍以阶级斗争为主要矛盾的思想有其一贯性，所以他总是一个一个地搞运动。"①

毛泽东曾说过："中华人民共和国成立，标志着新民主主义革命的基本结束，社会主义革命的开始。"社会主义革命究竟包括哪些内容？革谁的命？毛泽东认为，新中国成立后，经过一段时间的过渡，无产阶级和资产阶级的矛盾上升为主要矛盾，社会主义革命就是革资产阶级的命，解决资产阶级的问题。

当然，毛泽东也认为，由新民主主义向社会主义转变之间，有一个过渡时期，在这个时期，应该"为争取国家财政经济状况的基本好转而斗争"。因此，当时他虽然也强调抓阶级斗争，但阶级斗争的对象还不是资产阶级，他说："民族资产阶级将来是要消灭的，但是现在要把他们团结在我们身边，不要把他们推开。"②他还批评"有些人认为可以提早消灭资本主义实行社会主义，这种思想是错误的，是不适合我们国家的情况的"③。

在这个时期，毛泽东也很重视抓生产、抓经济建设。他特别强调处理好公私关系和劳资关系，"使各种社会经济成分，在具有社会主义性质的国营经济领导下，分工合作，各得其所，以促进整个社会经济的恢复和发展"④。

对毛泽东的这些思想，当时黄克诚不可能有更全面更深刻地理解。但他明确表示，要在今后的工作实践中，不断地学习、思考，紧密联系实际，贯彻党中央、毛泽东的指示。

---

①《黄克诚自述》，人民出版社 2004 年版，第 251 页。

②《毛泽东选集》第 5 卷，人民出版社 1977 年版，第 23 页。

③《毛泽东选集》第 5 卷，人民出版社 1977 年版，第 19 页。

④《毛泽东选集》第 5 卷，人民出版社 1977 年版，第 19 页。

第二十一章　主政建设新湖南（上）

有人说，黄克诚是开创新局面的一把"刀"。因为他是一位既能独当一面又能统揽全局的人物。中共中央和毛泽东之所以看中这把"刀"，并委以重任，原因就在这里。天津解放前夕，毛泽东就决定派他去接收华北这个最大的城市。黄克诚不负党中央和毛泽东的重托，到任仅仅四个多月，利刀斩乱麻，很快把天津稳住了。接着，他又衔命去了湖南。

湖南地处江南腹地，近代有"得湖南以挽天下"之说。它是毛泽东、刘少奇、任弼时等一大批无产阶级革命家的摇篮；又是百万大军解放大西南和两广必经的要道；它也曾是近现代革新与守旧、革命与反动搏斗的主战场，是土匪最多、反动势力最强的地区之一……中共中央和毛泽东当然要把最得力的领导干部放在这里。黄克诚就成了党中央和毛泽东最满意的人选，把这把"刀"放在湖南，他们最放心。黄克诚决心不负党中央和毛泽东的信任和重托，殚精竭虑，团结和带领家乡人民建设一个崭新的湖南。

一、提出开头一段时间内，应把工作重点放在农村

1949 年 5 月，黄克诚在北京香山向毛泽东汇报了接管天津的情况后，回到天津。他为受到毛泽东的召见而兴奋，也为毛泽东对他主持接管天津工作的赞许而欣慰。当他想到即将回到生他养他的故乡主持党政军工作时，更是激动不已。担子重啊！压力大啊！5 月 28 日，他收到中央给他和罗荣桓来的电报："华中局①已同意中央意见，你们应休息数月。"黄克诚一看电报就知道这是毛泽东为中央起草的。因为毛泽东在听取黄克诚汇报时，看到这位爱将瘦弱有病，十分关爱，一再叮嘱黄克诚要注意劳逸结合，不能太劳顿。他知道，这是毛泽东让他养精蓄锐，

---

① 1949 年 5 月 12 日，中共中央决定成立中共华中局，林彪为第一书记、罗荣桓为第二书记（未随军南下，留京津养病），邓子恢为第三书记。黄克诚、王首道等 16 人为委员。年底，中共华中局改称中南局，组织机构和人员不变，辖河南、湖南、江西、广东、广西等 6 省委，机关驻武汉。12 月 26 日，华中军区改为中南军区，由第四野战军兼。

搞好身体，准备迎接新的战斗。

黄克诚是一个不知劳累的人，生活上也不讲究。他去湖南，接收的是旧政府留下的一个烂摊子。收拾这个烂摊子，建设新湖南，让乡亲父老过上好日子，这是黄克诚朝思暮虑的问题。重担在身，他怎能安心养病呢？

黄克诚抓紧时间向继任天津市委书记、军管会主任的黄敬和副书记黄火青等领导交代了天津的工作。随后，他一边养病，一边琢磨新解放的湖南应执行什么样的大政方针的问题。他反复学习七届二中全会的决议，觉得从湖南当时的实际情况看，工作的重点应暂时放在农村。

5月底，王首道、金明、高文华等根据中央的指示，率一批南下干部，从东北、山西、河北等地到达天津与黄克诚会合。此前，中央已指定黄克诚任湖南省委书记，王首道、金明、高文华分任省委第一、第二、第三副书记。黄克诚把他们召集起来开会。这是新湖南领导班子的主要成员第一次会议。会上，黄克诚首先传达了中共中央关于组建湖南省委的决定。接着，他们根据七届二中全会的决议精神，研究了湖南解放后在一段时间内执行的方针政策问题，黄克诚谈了自己的看法。他说：

"中共中央七届二中全会决议指出：党执政后，工作重心要移到城市，这当然是完全正确的。但从湖南的具体情况来看，我认为在开头一段时期内，工作重点还应放在农村。"他提四条理由：

"第一，湖南刚解放，人口近百分之九十在农村，城市人口比例很少。"这就是说，工作的着眼点应放在大多数人身上。不做好 90% 以上的农村人口的工作，新湖南不可能稳定。

"第二，我方上百万大军要经过湖南去解放华南的广东、广西和大西南的四川、云南、贵州等地。湖南必须发动广大农民群众，大力支援前线，解决大军的粮食供应、运输和人力补充等问题。"这主要依靠广大农民。

"第三，湖南山区土匪多，湘西是历史上著名的从来没有被肃清过的匪区。还有国民党残余势力与土匪合流勾结。我们急需进行清匪、反霸斗争，必须依靠农民支持"，清匪反霸才能取得胜利。

"第四，要发动农民，就必须做好减租、退押和土地改革工作。这需要花大力量才能完成。农村搞不好，农民积极性起不来，清匪、支前工作都会发生困难。"发动农民，依靠农民，必须解决农民最迫切的土地等问题。[1]

黄克诚强调说："这些任务是紧迫的，繁重的。所以我认为进入湖南后，开始一个阶段还应把领导重心放在农村。"他提醒必须注意干部中留恋城市，不愿到农村做艰苦工作的倾向。省委首先必须明确这个方针。

黄克诚讲的这四点，既是大政方针，也是首先必须认真抓的具体工作。

黄克诚没有照搬七届二中全会决议中关于工作重点转移到城市的决策，这是

---

[1]《黄克诚自述》，人民出版社 2004 年版，第 256—257 页。

因为他对湖南的情况有一定的了解和分析，对中央的方针政策有深刻的理解。

会前，黄克诚向刘少奇汇报工作时曾汇报了上述意见，刘少奇认为这是违背七届二中全会决议精神的，是"右倾机会主义"。黄克诚听了这话，感到压力很大。他在自传里说："湖南省委决定在天津集中时，我到刘少奇那里谈湖南新区工作问题，我向他提出，湖南的实际工作重点目前应放到农村。刘批评我这是右倾机会主义。我说暂时把实际工作重点放在农村可不可以？刘少奇说，暂时把工作重点放在农村也是机会主义。我当时认为这个问题对湖南新区工作关系极大，……处理不当将对以后工作造成极大被动。"① 此后，黄克诚在北京见到中共华中局书记、顶头上司林彪，当林彪问及黄克诚对新区工作的意见时，黄克诚向林彪汇报了上述想法，林彪表示赞同。黄克诚说："这一下，我如释重负。"7月，林彪率四野南下途中，以华中局名义发出指示，特别提出："华中各省当前工作重点，还应放在农村。"②

黄克诚同时认为，工作重心虽然暂时放在农村，但城市工作也不能有任何放松。长沙等城市解放后，应立即做好接管城市、安定社会、稳定金融和物价、发展生产等工作，否则，我们在城市站稳脚跟就很困难了。

王首道、金明、高文华完全同意黄克诚的意见，并表示到湖南后按照黄的意见开展工作。他们初步研究了各级人事安排和具体工作后，决定由王、金、高等组成南下省委随大军之后南下。

几天后，王首道一行到达河南开封，中共华中局也暂时设在这里。第三书记邓子恢向王首道等公布了中共中央6月5日同意华中局于5月28日呈报的关于湖南省委委员名单的批复，湖南省委正式成立，省委工作在黄克诚未到职之前由王首道主持。此时，大批南下入湘干部已抵达开封地区待命。省委经过周密而紧张的安排，王首道召集入湘领导干部开会，公布了省委机关和地（市）、县级接管机构及领导班子。

随后，王首道等率省委机关和入湘干部分多路先后继续南下，6月中旬到达武汉。此时，华中局和第四野战军总部已迁来武汉。省委机关和入湘干部在这里集中进行了整训。

黄克诚留天津养病，并准备参加新的政治协商会议，但他时刻关心着湖南的动向和王首道一班人的工作情况。

7月，中共湖南省委发出《关于接管工作的通知》，强调："第一步把城乡接管好（特别要把城市接管好），解决支前及城市的粮食供应问题，然后迅速将全党重心放在乡村，开展农村工作，造成发展城市的前提条件，再用大力直接发展城市。"③

王首道、金明、高文华、袁任远、谭余保等一班人在武汉进一步研究了入湘

---

① 黄克诚自传，1968年7月3日。

②《黄克诚自述》，人民出版社2004年版，第257页。

③ 中共湖南省委党史研究室编：《南下入湘干部资料选编》第1卷，2006年，第23页。

后的工作安排，他们认为，首要的任务是在中共华中局领导下，坚决贯彻中共中央关于和平解放湖南的方针政策，争取国民党长沙绥靖公署主任兼湖南省政府主席程潜及第一兵团司令陈明仁起义；然后有条不紊地接管城乡，恢复和稳定社会秩序；消灭反动武装；征借粮草，支援百万大军过境。7月5日，湖南省委召开干部大会，进行了深入动员。

1949年8月4日，程潜[①]、陈明仁[②]在中共中央和平解放湖南的方针政策感召下，在中共湖南省工委具体帮助下，挫败白崇禧的裹胁，毅然偕唐星、李默庵、李觉以及军、师长，全省绥靖副总司令、保安师长、宪兵团长等30余名军政要员联名签署起义通电，宣布接受国共《国内和平协定》，率7.7万人起义，"正式脱离国民党政府。今后当以人民立场，加入中共领导之人民民主政权，以人民军队为伍"。

5日，毛泽东、朱德复程潜、陈明仁4日长沙起义通电："此次先生及陈明仁将军毅然脱离伪府，参加人民革命，义旗昭著，薄海欢迎。南望湘云，谨致祝贺。"[③]

8月5日由唐生智、周震鳞、仇鳌[④]领衔，率湖南各界人士100多人发出响应起义的通电。晚10时许，四野第四十六军第一三八师进入长沙，受到长沙10万余群众的夹道欢迎。

毛泽东在修改新华社时评《湖南起义的意义》一文中说："程潜、陈明仁两将军在湖南起义，严重地震撼了华南、东南、西南、西北的国民党军残部。湖南的起义告诉他们，对于人民解放军的抵抗是没有前途的，唯一的光明前途，就是脱离蒋介石、李宗仁、白崇禧集团，接受中国共产党的领导，……"[⑤]

8月9日，中央军委决定湖南军区以四野第一五九师、第一六〇师、第一六二师为骨干组成，军区机关由第十二兵团部兼，萧劲光任司令员，黄克诚兼政治委员，陈伯钧、陈明仁、韩先楚、文年生任副司令员，刘道生、罗舜初、金明、唐天际任副政委，解沛然（解方）任参谋长，黄志勇任政治部主任，潘朔端、何振亚任副参谋长，辖长沙、益阳、常德、衡阳、郴州、零陵（今永州）、邵阳军分区，并指挥第四十六、第四十七军剿匪作战。8月30日湖南军区正式宣布成立。

8月11日，中共湖南省委进入长沙，王首道、金明等和长期在湖南坚持地下斗争的湖南省工委领导人周里等见了面。他们连续召开会议，研究会师后的工作，特别是如何贯彻中央关于对待程潜、陈明仁及所部的政策，做好统战工作问题。

8月19日，长沙军事管制委员会成立，萧劲光任主任，王首道、陈明仁任副

---

① 程潜，字颂云，湖南醴陵人，曾参加辛亥革命，国民党元老。时任长沙绥靖公署主任兼湖南省主席。

② 陈明仁，字子良，黄埔军校第一期毕业，时任第一兵团司令。

③ 中共中央文献研究室编、逄先知主编：《毛泽东年谱》下卷，人民出版社、中央文献出版社1993年版，第542页。

④ 仇鳌，即仇亦山，湖南知名人士，时任湖南人民军政委员会委员。

⑤ 中共中央文献研究室编、逄先知主编：《毛泽东年谱》下卷，人民出版社、中央文献出版社1993年版，第556页。

主任，委员 14 人，即黄克诚、萧劲光、王首道、陈明仁、唐星、周里、袁任远、李明灏、王劲修、解沛然、李英、阎子祥、宋乃德、陈赓。军管会的任务是确立革命秩序，迅速恢复生产，巩固新生的革命政权。

军管会成立后，立即进行和平接管、清匪反特、救济灾民、安定社会秩序等工作。

8 月 20 日，经中共中央批准，中共湖南省委与中共湖南省工作委员会合并，成立新的中共湖南省委，并正式发出《关于湖南省委领导班子的通知》，黄克诚（仍在天津养病）任书记，王首道、金明、高文华为省委副书记，黄克诚、王首道、萧劲光、金明、高文华、周里为常委；黄克诚、王首道、萧劲光、金明、高文华、周里、袁任远、谭余保、唐天际、刘型、曹瑛、周小舟、武光、乔晓光、徐启文、宋新怀 16 人为委员。

同日，王首道给中共中央写了《我入长沙情况的报告》，简述了程陈起义、解放军入城以及几天来的社会和工作情况。报告说："我军入城后社会秩序良好，日夜市面如常，几乎听不到枪声，除白崇禧部队造成的破坏外，没有大的破坏，电厂完好，交通恢复；军队纪律好，群众热情高；起义部队除部分叛变外，大体已稳住；长沙区 8 个县、益阳区 6 个县已解放，并开展了工作，其他地区有待解放。已有 3 个师地方化，即一五八师（原属四十六军）已归长沙分区；一六〇师（原属四十七军）已归常德分区；一六二师（原属四十九军）已归益阳分区。主要问题是，北方南下的干部和本地干部结合还没解决。农业受灾，粮食欠收，各地土匪及冒牌杂军甚多，秩序混乱。地方工作的重点是剿匪安民。"报告建议："目前，陈明仁的省主席职务确不宜改换。在军管会已经成立，并已接管市政府及省政府之财政、工商、交通等部门后，暂时维持现状，等到军事进一步发展，收复衡（阳）邵（阳）后解决更为有利。"

8 月 24 日，毛泽东在王首道的这个报告上批示"欢迎此类简单明了的报告"。养病中的黄克诚看到这个报告非常高兴，他为灾难深重的湖南人民获得解放而庆幸，为新湖南的诞生而振奋。他急盼着赶快养好病，回到阔别二十多年的家乡，在新的岗位上同王首道等一起建设一个新的湖南。

8 月 29 日，中国国民党湖南人民临时军政委员会改组为湖南军政委员会，程潜为主任，黄克诚为副主任。

8 月 30 日，毛泽东致电程潜、陈明仁："新政协召开在即，拟请我公及仇亦山、陈子良出席，共商国事，倘能命驾，无任欢迎。"[1]

9 月 7 日晚，北平前门火车站的站台上，聚集着新中国深孚众望的领导人，他们是毛泽东、刘少奇、朱德、周恩来、林伯渠、刘伯承、陈毅、叶剑英和许多民主人士共百余人。其中有黄克诚，他是毛泽东钦定的。

---

[1] 中共中央文献研究室编，逢先知主编：《毛泽东年谱》下卷，人民出版社、中央文献出版社 1993 年版，第 561 页。

这么多领导人是来迎接程潜到北平参加新政协会议的。这是毛泽东等亲自到车站迎接的第二位重要人物。第一位是宋庆龄，她是8月26日到北平的。

站台上灯火通明，一条横幅十分耀眼："欢迎程潜将军"。领导人之间互致问候，握手，谈笑风生，抑制不住胜利的喜悦。

人群中的黄克诚突然看到毛泽东向他走来，他赶紧迎上前去敬礼："主席，您好！"毛泽东伸出那只大手紧紧握住黄克诚的手，问道："怎么样？身体好些了吗？看你气色，比5月份见面时好多了……快养好病，新政协会后，你就去湖南上任了，王首道他们几次来电催你呢！""谢谢主席关心！我也很着急！"黄克诚有些激动。毛泽东又说："根据中央决定，湖南军政委员会已组建，程潜任主任，你是副主任。怎么样，有意见吗？"黄克诚回答得很干脆："没有！"

"这是个过渡，中央已决定颂公和子良不久就到中央任职。"毛泽东补充说。

毛泽东的眼神中流露出对黄克诚的信任和期望。他进一步叮嘱黄克诚说："我们应当摒弃前嫌，广泛团结各界爱国人士，同他们真诚合作，目的只有一个，共同建设新湖南，建设繁荣富强的新中国！"黄克诚坚定地说："我一定尊重颂公和子良，搞好团结，请主席放心！"

夜10点多钟，火车徐徐进站。车刚停稳，程潜的身影便在车门出现了，欢迎的人群中响起热烈的掌声。当程潜发现人群中有毛泽东时，疾步向他奔去。他紧握着毛泽东的手说："您那么忙，不应到车站来接我，我应当到府上拜访您呀！惭愧，惭愧，怎能劳您大驾！"毛泽东笑哈哈地说："您是有功之人，我岂有不迎之理！"程潜激动不已，流下了感动的眼泪。他怎么也想不到毛泽东如此谦恭，礼贤下士！他想，我从1904年加入同盟会，跟随孙中山先生闹革命，曲曲折折，奋斗了40余年，到今天，路才走对了。他心中升起了阳光。

毛泽东陪同程潜，一一会见主要领导人和著名民主人士。当他们来到黄克诚面前时，毛泽东介绍说："这就是即将到湖南任职的黄克诚，希望你们竭诚合作建设新湖南。"程潜打量了一下黄克诚，见他身体虽然不甚好，但深度近视眼镜后面透着一派儒将的气质，他是一位很刚毅的高级将领！遂说："幸会幸会，久闻大名，久仰了！"黄克诚握着程潜的手说："欢迎欢迎！颂公是老前辈，主政湖南，实行开明政治，令人称颂。建设新湖南，还请颂公多多赐教！"程潜谦恭地说："哪里哪里，我们共勉共勉！"

黄克诚非常敬重程潜。他在湖南主政3年和程相处很融洽。

9月10日，陈明仁抵达北平，北平市长聂荣臻和黄克诚到车站迎接。同日，毛泽东在中南海颐年堂为程潜、陈明仁举行盛宴，中共高级领导人刘少奇、朱德、周恩来等全部出席。黄克诚也遵命陪同。9月19日，毛泽东邀请程潜、陈明仁同游天坛公园，刘伯承、陈毅、粟裕、黄克诚、罗瑞卿、李明灏、陈叔通、张元济等陪同。他们谈天说地，谈笑风生，气氛异常热烈，轻松和谐。

9月21日，全中国人民期待已久的中国人民政治协商会议第一届全体会议在中南海怀仁堂隆重举行。参加会议的代表来自54个单位或地区，共662人。其中有作为中南地区的代表黄克诚。

这次会议是中国共产党同各民主党派和各阶层民主人士代表协商决定的，1948年11月，由中共和赞成中共号召的23个单位的代表组成新政协筹备会。1949年6月15日至20日，筹备会在北平召开第一次会议，出席会议的各方代表134人。会议通过了《筹备会组织条例》《参加新政协单位和代表名额的规定》等文件，选举毛泽东为主任，周恩来、李济深、沈钧儒、郭沫若、陈叔通等为副主任。9月17日，筹备会又召开第二次会议。

筹备会议经过了3个多月浩繁的工作，制定了新中国的典章制度，决定了国旗、国徽、国歌。

黄克诚参加了筹备会的两次会议。

当天晚上7时整，黄克诚随同其他代表步入中南海怀仁堂。毛泽东庄严地宣布："全国人民所渴望的政治协商会议现在开幕了。"此时全体代表起立，热烈鼓掌长达5分钟之久。场内奏起《中国人民解放军进行曲》，场外鸣礼炮54响。这54响礼炮象征着参加会议的54个单位和地区。毛泽东操着高亢的湘音向全世界宣布："占人类总数四分之一的中国人从此站立起来了。""我们的民族将再也不是被人侮辱的民族了。"毛泽东气势磅礴的讲话，使会场风雷激荡，掌声一阵高过一阵，经久不息，许多代表眼眶挂着泪花。

前仆后继，不屈不挠，腥风血雨斗争了几十年，黄克诚那一代人从青年时代起就追求的梦想，今天终于实现了。毛泽东这个讲话是中国人民压抑了几代人的心声，是新中国不朽的宣言，它表现出中国人民的伟大力量，预示了中国人民光辉灿烂的未来。

■ 1949年9月21日，黄克诚（右）在中国人民政治协商会议第一次全体会议开幕式上。

9月29日，会议通过《中国人民政治协商会议共同纲领》，共7章60条。它是一个建国纲领，是全国人民在一定时期内共同奋斗的目标和统一行动的政治基础。在宪法产生前，它具有临时宪法的作用。

9月30日，政协第一届全体会议召开最后一次会议，黄克诚出席。会议选举政协第一届全国委员会委员，中央人民政府主席、副主席。选举结果是：政协委员为毛泽东等180人，毛泽东为主席，周恩来、李济深、沈钧儒、郭沫若、陈叔通为副主席；中央人民政府由63人组成，毛泽东为主席，朱德、刘少奇、宋庆龄、李济深、张澜、高岗为副主席，周恩来、陈毅、董必武等56人为政府委员会委员。

当公布选举结果时，会议进入了最高潮，掌声、欢呼声、"毛主席万岁"声连成一片，经久不息！

大会通过了由毛泽东主持起草的《中国人民政治协商会议宣言》。宣言指出："中国的历史从此开辟了一个新的时代。""中华人民共和国已宣告成立，中国人民业已有了自己的政府。这个政府将遵照共同的纲领在全中国境内实施人民民主专政。它将领导全国人民克服一切困难，进行大规模的经济建设和文化建设，扫除旧中国所留下来的贫困和愚昧，逐步改善人们的物质生活和提高人民的文化生活……"黄克诚拿着这个宣言，感觉沉甸甸的，建设新中国的担子更重，困难更多，比战争年代同敌人作战更复杂、艰巨。他在思索着去湖南上任后应该怎样落实《宣言》和29日会议通过的政协《共同纲领》的精神，建设好新湖南的问题。

下午6时，天安门广场夕阳如血，红旗招展，出席政协会议的全体代表和北京各界代表3000多人，齐集在这里举行人民英雄纪念碑奠基典礼。毛泽东和出席会议的各单位首席代表执锹铲土，为纪念碑奠基，表示对先烈的崇敬。

会议结束后在怀仁堂举行了盛大国宴，共庆新中国的诞生。

10月1日，天安门城楼上挂着巨大的"中华人民共和国中央人民政府成立典礼"横幅标语，广场上已成为人的海洋，到处是鲜花、彩旗，到处是欢声笑语，一派勃勃生机。观礼台上站满了政协会议的代表和各界的代表，黄克诚也在其中，他们兴奋无比，互致祝贺！

下午3时整，毛泽东等新中国的领导人出现在天安门城楼上，广场上30万人欢呼雀跃，掌声雷动，"毛主席万岁！""中国共产党万岁！""中华人民共和国万岁！"的口号声响彻长空。毛泽东宣读政府公告，宣布新中国成立，"本政府为代表中华人民共和国全国人民的唯一合法政府！"接着他按动电钮，一面五星红旗冉冉升起，军乐队奏响雄壮的《义勇军进行曲》，108门礼炮齐鸣28响，这炮声犹如婴儿降临人世的弘啼，显示着中国共产党奋斗28年的历程。受阅部队列成方阵，由东向西通过天安门，接受新中国领导人的检阅；游行队伍像海涛一样从天安门前涌过。

28年前，黄克诚还是风华正茂的青年。在28年漫长而艰苦的岁月中，他和革命前辈、革命先烈们贡献出了自己的青春甚至生命、全部的才智，付出了极大的代价，才有了今天，才有了中国历史的进步。他在观礼台上听着激励壮心的国歌和轰鸣的礼炮声，凝望着广场上走过的解放军方阵和人海旗涛，激动、喜悦、自豪。然而，他时刻记着毛泽东在七届二中全会上那句话："夺取全国胜利，这只是万里长征走完了第一步。……但革命以后的路程更长，工作更伟大，更艰苦。……我们不但善于破坏一个旧世界，我们还将善于建设一个新世界。"

晚上的焰火五彩缤纷，映亮了夜空。

这一天，永远铭记在黄克诚的脑海里。

二、儒将还乡，打响"稳定粮价"第一炮

1949 年 10 月下旬，黄克诚率领一批干部乘一列混编列车告别天津，向湖南进发。

列车由 3 节客车厢、5 节平板车组成。客车厢由黄克诚等及警卫人员乘坐。平板车上紧紧绑扎着满载辎重和黄克诚的福特牌座车。这辆福特牌轿车是国民党天津警备司令陈长捷用 500 两黄金从美国购买的。天津战役，陈长捷成了俘虏，这辆车也成了解放军的战利品为黄克诚所用。

天津车站几百人为黄克诚一行送行。黄敬、黄火青等市委、市政府领导人，依依不舍地同黄克诚握别。黄敬很动情地说："我是不想让你走啊，中央决定了，没有办法，只有服从。"黄克诚和他们紧紧握手："我在湖南等待你们建设新天津的好消息！"

黄克诚一行经几天的颠簸，终于到达武汉。

他在武汉会见了四野和华中局的领导人，听取了他们的指示，并到岳母家接回了 1945 年进军东北时寄托在这里的两个孩子——大女儿黄楠和儿子黄煦，10 月 31 日抵达长沙。省委领导人早已在车站迎候。王首道紧握着黄克诚的手说："黄老身体可好？我们急盼你早日到任，湖南的问题很复杂，任务很艰巨，等着你来，我们一起建设一个新湖南呀！"黄克诚有些愧疚地说："我也很着急啊，身体不争气！……"言罢，和萧劲光、金明等亲切握手问候。当时，黄克诚才 47 岁，年长王首道 4 岁，正当年富力强。应该说他们是同龄人了。但大家已习惯于称黄克诚为"黄老"了，是出于对他的尊重！

黄克诚下榻长沙的蓉园，程潜、金明也住在这里。黄克诚稍作安顿，便连续召开省委会议，听取前一阶段的工作汇报，分析当前湖南的形势，研究下一步的工作部署。

黄克诚到湖南之前的两个多月中，中共湖南省委和军管会，在王首道、萧劲光、金明等主持下，贯彻中共中央和中共华中局的有关指示，做了大量的工作，取得很大成绩。

但是，解放两个多月的湖南，社会情况仍然相当复杂，形势非常严峻。匪特猖獗，旧政权的社会基础还没有彻底摧毁；经济凋敝，生产萎缩，物价飞涨，大

1949 年 10 月，参加开国大典后，黄克诚即赴湖南就职。不久，又兼任湖南省军区司令员和政治委员。图为 1950 年黄克诚（左）与陈正人（中）、张玺在湖南。

黄克诚（后排左四）在湖南任职之初，在武汉同中南局领导合影。前排左二为中南局第一书记林彪，左三为中南局第三书记邓子恢。

批失业工人和灾民需要赈济，新生的政权很不巩固。

对这种形势，黄克诚早就预料到了。他对王首道等说："同志们很辛苦！经过你们两个多月的努力，现在已经有了一个好的开端。目前虽然困难很大，问题很多，但是，只要我们领导班子团结，认识一致，思想统一，把群众发动起来，上有中央的政策，下有群众支持，问题不难解决。我们这一班人都是党中央和毛主席点的将。中央和毛主席信任我们才把我们放在湖南，相信我们一定会把新湖南建设好，我们一定也能把新湖南建设好。"

爱迪生有句名言："伟大人物的最明显的标志，就是他坚强的意志，不管环境变换到何种地步，他的初衷与希望仍不会有丝毫地改变，并能终于克服障碍，达到期望的目的。"用这句话来说明黄克诚的性格是比较恰当的。在他的历史上是如此；现在，到刚解放的湖南，他这种性格又凸显出来。

面对这一大堆问题，怎么解决？从哪里入手？黄克诚认为，当务之急是，抓人民群众的吃饭问题，抓稳定物价，让人们有饭吃，"民以食为天！"这是头等大事。他说："我们不先解决吃饭问题，则一切无从谈起。我们必须以解决湖南人民的吃饭问题为一切工作的出发点。"①

怎样解决人民的吃饭问题，黄克诚来湖南之前就考虑成熟了。从根本上讲，解决人民群众的吃饭问题，当然是尽快地恢复和发展工农业生产，让失业大军回到生产岗位；实行土地改革，让广大贫苦农民得到土地，实现"耕者有其田"。但是，刚解放的湖南，这些目标眼下还实现不了，迫在眉睫的是稳定物价，特别是粮价。这个问题不解决，人心不稳，社会不稳，人民政权不稳。

粮价暴涨，当时相当严重。黄克诚说："我一到湖南就碰到饥荒。那年湖南遭到水灾，讨饭的很多。加上有些私商垄断粮食，囤积居奇，使得粮价飞涨，市场紊乱，人民生活困难，人心不稳。"②250万人遭受水灾，120万亩良田颗粒不收，是粮价上涨的原因。但是，最主要的是投机商趁机垄断粮食，囤积居奇，哄抬粮价造成的。从1949年10月至1950年3月，投机商先后刮起两次涨价风潮，粮、油、纱布等价格暴涨，粮价在1949年底至1950年2月的两个月内暴涨348%。2月13日是春节，长沙大米暴涨至每石24万至30万元。粮食暴涨带动了棉、纱、布、食盐、食油等人民生活必需品价格的猛涨。据统计，此间，长沙市50多种主要商品批发价指数，如果以1949年12月底平均价为100，则1950年1月、2月、3月分别为130.47、215.55、246.48。

物价暴涨造成人心惶惶，社会动荡。反动分子也趁机大肆散布谣言，什么"共产党借粮、征粮造成缺粮、粮价上涨""共产党打下天下，治不了天下"等。

然而，投机商和反动分子打错了算盘。他们小视了新生的人民政权和带着在天津同不法商人作斗争经验来到湖南的黄克诚。黄克诚决心把稳定物价的突破口

---

① 《黄克诚纪念文集》编委会编：《黄克诚纪念文集》，湖南人民出版社2002年版，第56页。
② 《黄克诚自述》，人民出版社2004年版，第260页。

放在打击投机商、稳定粮价上。

这是一场没有硝烟的战斗，总指挥就是黄克诚。在他指挥下，一系列措施出台了。

黄克诚说：解决粮食问题，不能用武力逼迫私商平价卖粮，必须掌握对粮食市场的控制权。这就是说，必须夺取粮食市场的"领导权"。

尽管湖南的接管工作进行得比较顺利，但是，并不是一切权力都已为新政权所掌握。市场的管理权还没有抓到手。平抑粮价，稳定市场，实质是经济领域的一场夺权斗争。管理大权到手，稳定粮价就不成问题。

为此，中共湖南省委经中央财委批准，发出一系列关于稳定物价的指示，制定多项得力措施：

（1）地、市、县成立粮食交易所，管理粮食市场。规定谷、米、面粉、杂粮一律进入交易所交易，严禁买空卖空，投机倒把，造谣哄价，欺骗瞒混等不法行为。违反者屡教不改，依法处理。

（2）将行商和牙行[①]置于人民政府管理和人民群众监督之下。对行商，工商行政部门或颁发许可证，规定其经营范围和方式；对牙行进行整顿，废除其封建恶习，清洗坏分子。

（3）工商部门召集米商成立议价会，商议谷米购销价格，实行议价购销。

（4）对米商存粮一律实行登记，只许按牌价出售，违者严惩。

（5）控制粮源；控制粮食加工；选择适当时机，抛售粮食，打击不法私商。

（6）加强金融管理。规定人民币为通用的唯一合法货币；取缔金融黑市，处理私人钱庄。

（7）禁止各机关、部队、学校、团体私自购销谷米和从事商业经营活动。

以上措施收到良好效果，至 1950 年 4 月中旬，全省 8 个重点城市的粮、油、盐、布等 24 种主要商品较 3 月 15 日涨价高峰时，平均价格下降 36.3%。粮价回落，沉重地打击了投机商的不法行为，迫使他们赔本抛售存货。投机商们无可奈何地说："人民政府真有办法！自认倒霉吧！"

此后，黄克诚曾向中央财委提出在湖南实行控制粮食采购的建议[②]。这个建议和 1953 年中央实行的粮、油、棉等统购统销政策是一致的。

30 多年后，黄克诚回忆这场没有硝烟的战斗时说："我们实行这些办法，效果很显著。粮食被私商操纵、囤积居奇的状况立即改变；党和人民政府在粮食的购、销方面，都掌握了主动权；市场供应没有问题，粮价稳定，人心稳定。对于新解放区取得社会安定局面，这是至关重要的一着。我们经受住了这个考验，证明共产党人并不是只会打仗，而且能治国安民。"[③]

---

① 牙行，旧时提供场所、协助买卖双方成交而从中取得佣金的商号或个人。

② 黄克诚自传，1968 年 7 月 3 日。

③《黄克诚自述》，人民出版社 2004 年版，第 261 页。

三、主持召开中共湖南省第一次代表会议，确定三大任务

1950年1月5日至19日，中共湖南省第一次代表会议召开，出席代表266人，黄克诚作了《湖南的基本情况与我们一九五〇年的任务》的报告。

1. 湖南解放后四个月来的基本情况

报告说：我们入湘以来，在铺开工作、接收城市、清剿土匪、完成支前及初步贯彻秋征工作中，取得一定成绩，这为今后工作建立了相当有利的因素。但是，因为解放时间短，全省仍处在相当混乱和极不牢固的情况中。主要表现在以下几个方面：

第一，首先是相当数量的游杂武装，加上许多老土匪首领及野心家乘机而起，组织武装，其数目在20万以上。虽经过三四个月来的清剿、改编，仍有10万人左右。这些土匪武装与地方恶霸特务分子相结合，进行反革命活动，成为目前湖南人民的最大敌人，巩固革命秩序的最大障碍，妨碍与影响一切工作最突出的严重问题。

第二，基层势力的地主阶级未受到打击，控制着农村保甲政权，威胁农民，与敌特党团相结合，制造谣言，为非作恶。

第三，生产萎缩，工商业破坏，农业歉收，广大工人、农民、知识分子失业。粮食及各种物资缺乏，新政府经济上十分困难。

第四，基本群众尚未发动与组织起来，下层政权还未改造，人民政权极不牢固，而反革命尚有社会基础。

2. 1950年的三大任务

黄克诚说："基于上述情况，我们在湖南的总任务是建立巩固的属于人民的新湖南。"在这个总任务下：

第一，"坚决地彻底地肃清反革命的残余匪特武装。"他说："10余万的匪特武装如不彻底干净地消灭，则任何社会改革、生产建设都无从谈起。"他要求"必须在一年内动员军队、政府及群众的力量，用军事打击、政治瓦解、群众捕捉的办法，将土匪、特务武装全部歼灭。在某些基本区，要求三个月到半年歼灭；在湘西则要求一年内基本消灭，以树立巩固的人民民主的社会秩序。"处理匪特的政策是"首恶必办，

1950年黄克诚在湖南。

胁从不究，立功受奖和劳动改造；对罪大恶极不愿悔悟的惯匪及首领必须坚决惩办；对群众捕捉之匪特，应拘留审查，不得随便释放，罪恶重大者必须按罪惩办；乱打乱杀和无原则的宽大均是完全错误的"。把全省人民动员起来，打一场"人民战争"。

第二，"有步骤地消灭封建势力，消灭封建势力的政治统治与封建的经济剥削。""发动农民，经过反霸、取消保甲制、减租减息及土改等彻底消灭之，以确立农民在农村的优势，为促成生产的发展创造条件。"他要求"把反霸与减租结合起来，把行政的力量与群众的斗争结合起来，把斗争约束于合法范围之内，反霸的打击面宜缩小在县区性质的大恶霸"。"约束在政治斗争的性质内，以避免社会秩序的过大波动。"

减租退押是消灭封建剥削的重要手段和措施。黄克诚说："减租则应普遍进行，某些自由职业者、教员、孤独小地主在征粮后无力减租者，则应说服农民免减，而集中精力减大地主的租额。在减租中只减今年，不算旧账。但湖南租地押金剥削极重，广大佃户对退押金极为迫切，故在减租中押金仍需退还。"

第三，开展生产救灾备荒运动。黄克诚说：为克服目前的各种困难，"我们不仅在城市中以全力搞生产，把城市工商业逐步迅速恢复到原有水平，并求得发展；即使在农村亦应与清匪反封建同等看待，以保明年灾区人民因为生产收入，而能避免灾荒的发生与发展。这样，才能更主动地进行反匪反封建的斗争，而达到完全的胜利"。

黄克诚为走好"全盘棋"，防止顾此失彼"单打一"问题的出现，还阐明了肃清匪特、消灭封建、开展生产这三大任务之间的关系。他说：这三项任务是目前湖南党的中心任务，"是整个地区互相联系、互相结合的三位一体的任务。不解决土匪问题，则任何社会改革、生产建设都无从谈起；不消灭封建，树立农民在农村中的优势，则土匪不能得到彻底消灭，农村生产亦不能得到长足的发展；不搞好生产则广大人民不能度饥荒，而将有更多的人参加土匪，封建势力亦将利用饥荒，鼓动农民闹事，作垂死挣扎，亦不能更好地发动群众与消灭封建势力"。这三项任务在执行时，可以因地区、季节的不同，在步骤、时间上，有先后轻重缓急之别，但全省每一地区均须作为中心任务是一致的。

黄克诚认为，在抓三大任务的同时，必须做好下列九项工作。

一是"把工人组织到工会，农民组织到农会与防匪自卫队中去，以树立群众的组织基础"，我们的政权才能有可靠的支柱，才能真正巩固我们的胜利，才能镇压地主、特务、土匪的反抗。

二是"必须严肃地进行建党工作，发现、教育贫苦的、正派的、积极的工人、农民与知识分子，个别地、有选择地吸收其中先进分子入党，并用各种方式培养他们成为干部，成为我们党联系群众的桥梁。但是，不要大发展，乱拉夫；要注意伪装的反动分子、地主、富农与流氓分子混入党内与政权中，混入群众团体的领导位置中"。

三是"迅速分遣主力部队，务须做到主力真正地方化、工作队化；吸收可靠的工农分子，建立精干的地方武装，建立真正群众性的人民武装"。

四是"注意统一战线工作，注意团结知识分子，团结工商业者，团结地主阶级中的开明人士；大胆运用人民代表会议的组织形式，宣传政策，通过决议，以团结各阶层的人士来推行任务"。

五是"注意出身地主富农家庭的青年的思想改造，特别是中小学教员的思想改造。反封建斗争，特别是土改，是要侵害他们的自身利益的。如果我们对他们没有必要的教育，我们的任务就要受到阻碍；反之，如果取得他们的同情和帮助，则工作收效大而费力少"。

六是"必须彻底摧毁地主阶级的乡保政权，代之以人民的乡村政府"。只有广大农民把政权掌握在自己手中，"才能更积极参加反匪、反封建斗争，形成更大力量，以压倒地主、特务、土匪的反抗与阴谋诡计"。

七是"必须建立公安工作，健全公安系统的组织，使之成为保卫政权、巩固社会治安、巩固胜利的有力武器。在湖南，国民党的特务组织复兴社、CC 等有相当强的基础；有数量庞大的退伍军官，有各地的帮会组织，他们有甚多的枪支弹药，因此，必须加强公安工作，保障三大任务的完成"。

八是"要注意财政的整理与公债的推销，保证财政任务与公债推销任务的完成，保证统一财政的各种法令制度的贯彻。目前特别注意公粮、税收的整理，地方财政的整理，以增加收入；整理编制，防止任何扩大编制人员，建立各种正规的财务制度，以杜绝浪费贪污；开源节流，以达到度过财政困难，保证供给之要求"。

九是"注意党内干部的思想倾向与不良作风的滋长，及时克服错误思想（如衣锦还乡思想，两年北归思想，地位、享乐、贪污腐化等思想）与错误作风（打人、骂人、骄傲、以统治者自居等）"。为此，必须加强对干部的教育，开展批评与自我批评，加强纪律。

会议以 6 天的时间对黄克诚的这个报告进行了认真深入的讨论。一致认为，这个报告很符合湖南当前的实际情况。会议通过了这个报告，但也提出许多具体政策性的问题。黄克诚在会议最后一天作总结时作了答复。

他说，贯彻三大任务是一场尖锐的战斗，是湖南历史上空前的、大规模的剧烈战斗，我们有条件取得完全的胜利。但我们要避免打乱仗，少走弯路。为此，必须明确阶级观点，克服存在的和可能发生的可怜地主，甚至保护地主阶级的思想和错误做法；必须切切实实地防止流氓、地痞、地主、富农、反革命分子占据农会的领导地位，扰乱我们的阵线，破坏我们的斗争；必须放手发动群众，按照群众运动的正常规律，领导群众进行"正确的斗争"。

关于政策问题，黄克诚说：政策问题在运动里面有决定的意义，政策愈正确，运动发展愈快而彻底。执行政策的要求，是稳当而准确，打倒最坚决的敌人。许多具体政策，要在运动过程中，随时研究，随时补充。

接着，黄克诚就"恶霸的定义，反霸的范围""减租问题""退押问题""减息问题""清理公产问题""果实处理问题""对农村土匪、特务问题""地方武装问题""关于地主、富农工商业问题"等一系列政策问题，都根据中央的有关规定，作了说明。

在总结报告中，黄克诚强调了以下几个问题：

第一，三大中心任务必须"互相结合，互相渗透"进行，否则"将有顾此失彼，东抓西抓，陷于被动，一事无成的危险"。因此，党委、政府、军队要有明确分工，谁负责生产领导，谁负责肃清武装匪特，谁负责领导群众斗争，由书记负总责，把三大任务结合为一个整体。

第二，"各级党委必须重视城市工作。""二中全会把全党工作重心由乡村转到城市，这是全党的方针。我们初到湖南，因为支前、清匪、征粮，农村改革的需要，把大部分干部放在农村，进行上述工作，只是一个时期的，短时期的，是具体的工作部署，不能解释为我们工作的重点在农村不在城市。"

1949年5月，黄克诚在天津召集王首道等领导人开会时，曾明确提出，在湖南解放初期一个时期内，工作的重点应放在农村。在这里他又提出，不能因具体工作的部署，"解释为把工作的重点放在农村不是放在城市"。应当看到，湖南解放后经过四个多月的斗争，形势有了变化，黄克诚的认识也在逐渐深化。他说："目前湖南农村情况已稍呈安定，支前征粮任务基本已告结束，而城市生产工作、工人运动急需我们加强领导，以加速生产的发展。因此，各级党委必须重视城市工作，特别是城市的生产工作与工人运动，地委、县委指定专人管理城市工作，必须在今年之内，摸熟湖南各城市的情况，在生产、工人运动、城市管理方面取得初步经验，促使我们在土改完成后，工作具体部署的中心转到城市时，能够更有把握地开展城市工作。"这说明，黄克诚正在思考工作的重点由农村转向城市的问题，并在积极做准备。在这种情况下，如果再单纯地认为工作重点放在农村，而忽视城市工作，甚至看不到即将到来的这种转变，那是十分有害的。这很说明黄克诚具有深邃的政治远见，走第一步，就看到第二步、第三步。

第三，教育农民，提高农民的觉悟。黄克诚说："真正的群众运动必须建筑在群众政治自觉的基础上。"提高农民群众的政治觉悟，不能强迫命令，不能包办代替，不能靠少数积极分子的叫喊，"必须有耐心艰苦地说服教育工作"。具体地说，培养正派的积极分子和先进农民，让他们充分发挥骨干作用，去影响广大农民；善于运用农代大会的方式去教育农民；不搞大轰大嗡，以防止流氓、地痞、特务等反动分子混入革命组织的领导机关中，制造混乱；建立农民的组织，帮助他们提出具体的斗争纲领；不能性急，不求速效，不追求数字，一步一步地提高农民群众的觉悟。

第四，"生产问题"。黄克诚说："革命的要求就是提高生产。因此，在发动群众进行社会改革中，必须抓紧生产的动员和领导。"他希望在1950年内，把各地区的手工业恢复起来；各县、各专区也可办手工业，增加些生产收入；各级党委、政府要加强对本区内的国营企业生产和省营企业的领导，督促检查，帮助他们解决困难，使生产迅速恢复起来。

对农业，必须抓紧水利建设，滨湖区各县已决定修复的堤坝，必须动员力量按期完成；各县要把原有的水车全部修好；有计划地恢复石灰窑的生产；做好病虫害的调查和预防工作。全区内开展厉行节约运动，反对浪费，"提倡少吃、少穿、少用，把钱挤出来投入生产"。

第五，"干部作风问题"。湖南全省有新老干部4万余人，其中新干部约80%。老干部有经验，政治觉悟高，但某些人存在个人主义享乐思想；新干部有热情，上进心强，但缺乏阶级斗争锻炼和系统的思想教育。因此，黄克诚说："干部的这种思想状况，说明我们加强干部的思想教育和思想领导的迫切性，随时切实地进行检查、监督。……新干部加强思想锻炼，树立为人民服务的人生观；老干部克服经验主义和官僚主义。"黄克诚告诫湖南全党干部要牢记毛泽东提出的"三大作风"，理论联系实际，密切联系群众，认真开展批评与自我批评。他批评当时湖南党内某些干部存在的坏作风：动辄捕人、打人、骂人；报喜不报忧、说好不说坏，喜欢捧场，拒绝批评；骄傲自大，事前不请示，事后不报告，自以为是，自干一套，不听招呼，无组织无纪律等等，"这些都必须坚决加以纠正和克服，树立共产党人的作风，达到湖南全党高度的团结与政治上的一致，这是贯彻与执行三大任务，争取胜利的最基本的保证"。

黄克诚的报告充分显示了他的战略眼光和脚踏实地的精神，既站得高，看得远，又抓得实，正确地分析了形势，把握住了大局，提出了任务，制定了方针政策。他到湖南仅仅两个月的时间，就作了这样一个符合湖南实际情况的、纲领性的报告，让与会者听了心明眼亮。他不愧是一位能够独当一面的大将。

在这次会议上，金明、王首道就清匪反霸、消灭封建势力、开展生产救灾运动等问题作了专题报告。

这次党代表会议是一次动员大会，是统一认识、明确任务、制定方针政策、确定大方向的会议。会后，省军政委员会、省政府、湖南军区、省工会以及各地委、县委等单位，分别召开会议，贯彻省党代会议精神，部署工作。很快在全省掀起剿匪、反特、反封建，进行民主改革的运动。

四、剿灭土匪做好三件事

湖南解放初期，各种性质的土匪，都在国民党的羽翼之下，成为反对共产党、推翻新生的人民政权的一股强大的反动武装力量。因此，剿匪，实质是人民解放战争的继续，不消灭土匪，湖南各族人民不可能获得真正解放。为此，黄克诚提出了剿匪的"三要"标准："一要发动群众；二要捉尽匪首；三要建设好政权。"

湖南是全国匪患最严重的地区之一。据统计，解放之初，湖南全省境内共有各种土匪18万至20万人，百人以上的股匪170多股。

这些土匪大多数盘踞在湘西、湘南、湘北和湘中山区，其中以湘西最为突出。他们凭山据险，占山为王，称霸一方，打家劫舍，烧杀掠抢，无恶不作。良民百姓居无宁日。例如，湘西名匪头目之一瞿波平，最多时竟有1.9万余人，1.2万多支枪，以龙山为中心，控制湘、鄂、川、黔4省边区16个县，被国民党收编委任为暂编第十师师长。

解放战争后期，国民党在节节溃败的形势下，为阻挡人民解放军南下，确保大西南半壁山河，加快了收编游杂和土匪的步伐。

他们把一批地方武装潜留山林落草，准备配合反攻；一些残兵败将也纷纷投靠在国民党麾下。对这些土匪，国民党大搞"绥靖""怀柔""封赏"。1949年4月，人民解放军渡江攻占南京后，蛰居家乡奉化的蒋介石指示华中军政长官公署副长官兼第十四兵团司令宋希濂将湘西地区的大股土匪收编为暂编军、暂编师，将匪首委为"司令""军长""师长"等职。至7月共收编3个暂编军12个暂编师。8月上旬，白崇禧在芷江召开会议，决定进一步收编湘西各路游杂、土匪武装，企图组成"千里人防长城"，阻止人民解放军进军，并与帮会头目、匪首砍香拜把，歃血结盟。与此同时，国民党中统、军统组织相继派特务以特派员身份前往掌握这些土匪武装。

潜入湘西的特务还把土匪武装组织起来，成立所谓"湘粤桂边绥靖司令部""华南反共救国军"等反动组织。

一些散兵游勇、退伍军人见投靠国民党是升官发财的最好捷径，也纷纷利用这一特殊的政治环境，竖杆立旗，啸居山林，落草为匪。于是，打着各种"旗号"的大大小小"司令"多如牛毛。

1949年12月，湖南军区在一个材料中把全省土匪分为5类：一类是政治土匪，主要是国民党溃散时潜留下来的一部主力与地方部队，以及收编并授予各种番号的大股土匪。这是土匪中最反动、危害最大的部分。他们肩负配合国民党军队反攻的政治任务。二类是封建土匪，主要是恶霸地主、反动富农的武装，他们立寨为王，抗粮、抗税，威胁、欺骗群众，维护本阶级利益。三类是经济土匪，主要是地痞流氓、无业之徒组织的三五成群的武装。四类是惯匪或称"世袭匪"，主要是无家无业者，他们辈辈为匪，专以抢掠为生。五类是未被收编的游杂武装，主要是退伍军人和被裹胁部分贫苦农民。这五类土匪虽然性质和规模有很大差别，但都是严重危害人民群众利益、破坏党的政策，扰乱社会秩序，威胁新生政权最大的障碍。

黄克诚说："不消灭这股反革命力量，我们什么事情也干不成。"

消灭土匪，必须用"铁拳"。"铁拳"就是组建一支特别能战斗的地方武装力量。

湘东、湘北、湘中解放后，四野主力继续南下作战。同时留下第四十六、第四十七军镇守湖南，完成解放全湖南的任务，并抽出3个野战师实行地方化，作为湖南各军分区的建制部队。这些部队和解放前坚持敌后游击战争的若干地方武装，共同担负起消灭反动武装，保卫人民政权的任务。

1949 年 10 月 21 日，湖南军区司令员萧劲光、政治委员黄克诚命令："奉华中军区命令，决定原一五九师（原属第十二兵团第四十六军）、一六〇师（原属第十三兵团第四十七军）、一六二师（原属第十三兵团第四十九军）全部拨归湖南军区建立分区，取消原番号，不列入野战军序列，原所属各团已分散者，即拨归各分区建制。"

同时，省委和湖南军区还提出"建设一支为党绝对领导的，以工人农民为骨干的为人民服务的地方武装"的方针。在此方针指导下，随着湖南的解放，长沙、益阳、常德、衡阳、邵阳、零陵、郴县、沅陵、永顺、会同 10 个军分区相继建立，这些军分区大部分由野战师兼。同时组建了 22 个独立团，37 个县大队，地方武装总计 6.06 万余人。每个军分区辖 2 至 4 个团和若干县大队不等。10 月中旬，四野第四十七军①军部进驻沅陵，10 月 26 日奉命成立湘西军区②，军区机关由四十七军兼，担负湘西剿匪任务并经营湘西。11 月 18 日成立湘南剿匪指挥部③，由第十二兵团第四十六军兼。这样，剿灭土匪的"铁拳"很快形成，剿匪战斗也随之打响。

1950 年 1 月后，湖南军区以第四十六军、第四十七军和第三十八军一一四师，以及地方武装共 20 万兵力投入全面剿匪作战。具体分工是：第四十六军并指挥衡阳、邵阳、零陵和郴县军分区部队负责剿灭湘南土匪；第四十七军全力投入湘西剿匪作战；湖南军区直接指挥湘东北长沙、益阳、常德军分区的部队作战。

全面进剿的重点放在湘西。使用兵力约 5 个师、20 个团、22 个县大队，从 1 月至 3 月，先后追歼盘踞在崇山峻岭中的匪暂编第一军陈子贤部、暂编第二军第七师石玉湘部、暂编第十一师张平部以及"反共救国军湘鄂区司令部"张绍武、朱际凯，"湘黔边反共救国军"杨永清，暂编第二军张玉琳部等。

同时，湖南军区还以一部兵力对湘东、湘北地区的散匪进行了清剿和驻剿，歼匪万余。

这次全面进剿，共歼灭土匪 2.38 万余人，打击了主要股匪，解放了乾城（今吉首）、古丈、麻阳、凤凰、会同、靖县、绥宁、通道 8 个县城，保障了征粮任务的完成，掩护了几十万大军过境向西南进军。

但由于没有经验，对匪特的特点认识不够，大部队出击，如同"雄狮扑鼠"，

---

① 湘西军区，为三级军区，受湖南军区领导，军区机关驻沅陵县城，司令员曹里怀，第一政委周赤萍，第二政委武光。辖沅陵、会同、永顺三个军分区，主要担负湘西地区剿匪任务。1951 年 3 月 1 日，第四十七军入朝作战，湘西军区撤销，同时成立湘西指挥所，担负剿匪和地方武装建设。4 月 23 日，在指挥所基础上重建湘西军区，司令员由湘西行署主任晏福生兼任，政委由中共湘西地委书记周小舟兼任。1952 年 8 月撤销。

② 1949 年 8 月长沙解放后，第四十六军第一三八师留长沙担负警备任务；第一三六、第一三七师相继南下作战。10 月初分别解放耒阳、衡阳。11 月 12 日，该军奉华中军区命令，留驻湘南担负剿匪和建政任务，随即成立湘南剿匪指挥部，司令员由军长詹才芳兼任，政委由李中权兼任，指挥部设在衡阳市，1951 年第四十六军调出湖南，指挥部随之撤销。

③ 1949 年 10 月底，第四十七军第一三九、第一四一师奉命配合第二野战军入川作战，一四〇师留湘西剿匪。1950 年 1 月上旬，第一三九、第一四一师完成入川作战任务后，奉命返回湘西，担负剿匪和经营湘西任务。

■ 1950 年，黄克诚（左三）在湖南同部队同志在一起。

费力很大，摸不着敌人，斩获有限，多是打击溃战。

黄克诚说："我军在湘西剿匪，开始由于摸不清情况，缺乏有效对策，虽然部队用了很大力量，成效却不显著。"[1]

用 20 多万兵力，打了 3 个月，土匪还依然猖獗，黄克诚着急了。他找来省委副书记金明，要他亲自深入湘西，检查剿匪情况，找找原因。一个月后，金明回来对黄克诚说："我军兵力分散，没有重点。土匪到处跑，我军随后追。军队来，匪就走；军队走，匪又来。所以军队很疲劳而收获不大。"黄克诚立即主持省委开会，"专门研究剿匪问题，决定新的方针、对策，并发指示给全省剿匪部队，要求：集中兵力打歼灭仗；先剿重点，围而后剿；断其逃路，彻底歼灭。对土匪实行一点点地吃，一块块地吃，吃一块就吃光，搞得干干净净，然后再吃另一块。……我们要求湘西剿匪部队，由东到西，由南到北，照上述方针，认真执行"。[2]

1950 年 4 月 4 日，湖南军区召开了剿匪工作会议，认真总结了春季全面剿匪的经验教训，找出 3 个月全面剿匪成绩不大的原因：一是一元化领导的思想未彻底树立，在领导指挥上缺乏核心，致使党政军协同不够。二是对剿匪工作是压倒一切的中心任务之一在思想上不够明确，某些部队主动出击的积极性不高，政治责任心不强，思想麻痹，动作疲沓，将驻剿变为等剿，有的部队 1—2 月份仅俘 2

---

[1]《黄克诚自述》，人民出版社 2004 年版，第 263 页。
[2]《黄克诚自述》，人民出版社 2004 年版，第 263 页。

名土匪,有一个团一个月仅歼匪 8 名,有一个师 1 月份仅剿匪 117 名。三是在战术上拙笨与生疏,指挥缺乏经验,办法不多,主力部队乐于打轰轰烈烈的运动战、正规战,不习惯小部队的剿匪游击战,因而战法上不机动灵活,常常被动挨打。四是兵力分散,不能集中优势兵力给股匪以致命打击。五是在执行政策上,存在右的偏差,对首匪、匪霸过于宽大,释放多,镇压少,该杀的没杀,致使匪首更加猖狂,增加了群众的顾虑。六是发动群众不够,没有摧毁土匪的社会基础。

会议提出了新的方针:集中兵力,重点进剿,剿匪与发动群众相结合,军事进剿与正确执行政策相结合,克服单纯军事观点,剿匪与群众性反匪反霸相结合。会议还制订了新的"收缩兵力,重点进剿"的剿匪计划,决定以湘西的中心区,常德以西的太浮山区、邵阳以西的武冈、龙山、板子山地区为进剿重点,集中兵力,于 6 月底以前肃清上述地区的土匪,然后再进剿边缘地区的土匪。

从 4 月中旬开始,全省剿匪进入重点阶段。

湘西的重点进剿,由第四十七军军长兼湘西军区司令员曹里怀指挥。湘西军

湖南军区剿匪部队张贴宣传标语——"土匪不肃清,大军不收兵"。

区为集中兵力，决定暂时放弃与湖北、四川、贵州、广西接壤的一些边缘地区；以少数兵力沿桑植、永顺、永绥、凤凰、麻阳、晃县、会同构成一条半圆形边缘防线；主力则集中于大庸、永顺、保靖以南，会同、黔阳以北，凤凰、麻阳以东的中心地区，由东向西、由北向南，有步骤地进行清剿。

战前，黄克诚亲自来到沅陵，检查四十七军重点进剿土匪的部署，军长曹里怀向他作了详细汇报。黄克诚对他们的部署比较满意，鼓励一番之后就下到剿匪部队，看看战士的情绪，鼓鼓士气。

一天，他来到驻扎在雪峰山大坪的第一三九师第四一五团三营，战士们正准备吃饭。他们看到一位戴着高度近视眼镜的"老头"向他们走来。这位"老头"不修边幅，头上顶着发白的军帽，穿着一身皱皱巴巴的旧军装，裤腿卷至小腿肚上，光着的脚拖着一双已经裂了口的布鞋，背着手走进军帐。战士以为是团部后勤处长下来体验生活的，便热情地请他吃辣椒饭，让他尝尝战士生活的味道。调皮的侦察班长张勇见这位"老头"很和蔼慈祥，就挑了几个很红的辣椒叫他品尝。这位"老头"笑笑，接过来蹲在地上就津津有味地嚼了起来。战士们哈哈地笑了："辣不辣？够劲吧！……"不约而同地围了上来。"老头"说："香！香！很有味道。吃辣子和打敌人一样，你不怕它，它就不辣了。"战士们听口音断定他是湖南人，又是一阵笑声、掌声。团长听说三营来了个"老头"，匆匆赶来，一看是黄克诚，大吃一惊，心想："老首长怎么摸到我的部队来了？"他赶紧上前敬礼报告。战士一听是省委书记、军区司令员黄克诚，不好意思起来。团长训道："你们胡闹！怎么能让司令员吃辣椒饭？"黄克诚笑着说："没得关系的，官兵一致嘛！"战士听了非常高兴。黄克诚又说："国民党几百万军队将被我们彻底消灭，就剩眼前这些土匪了。我们要争取在今明年彻底肃清这些匪特，让湖南人民真正得到解放！"战士们回答："是！请首长放心。"事后，他们兴奋地到处说："司令员和我们一起吃辣椒饭啦！鼓励我们努力剿匪！"

4月15日，重点进剿作战首先由永顺军分区部队打响。接着，湘西军区直属队和沅陵军分区5个团，会同军分区3个团也相继投入战斗。同时，发动群众开展减租和反窝匪斗争。由于群众发动充分，战术灵活，兵力使用得当，至6月底，湘西中心区的股匪基本消灭，共歼灭土匪1.5万余人，缴获各种枪支1.5万余支。匪首、暂编第一军军长陈子贤、暂编第四师师长罗文杰、暂编第三军第二师师长陈策勋、"人民民众救国军"司令宋官荣、"人民自救军"第三方面军第五纵队司令陈通焕等被活捉或投降。

对常德太浮山区的进剿由湖南军区副司令文年生指挥，投入兵力共14个连队，4月初开始，至6月10日结束，歼灭股匪侯宗汉部1340余人，基本肃清了太浮山地区的匪患。同时，在桃源县以南地区，还歼灭股匪郭和尚、刘彪等部1200多人，活捉匪首郭和尚、刘彪等。

第四十六军军长兼湘南剿匪指挥部指挥詹才芳指挥1.3万余人的兵力，从4月初开始，对邵阳地区之武冈、龙山、板子山的土匪进行重点围剿，至6月底，共歼匪 7500 余人。

在重点进剿的同时，湖南军区指挥郴县、零陵、衡阳、长沙等军分区部队对散匪进行了搜剿，共歼匪 7400 余人。

6 月底全省重点进剿胜利结束，共消灭土匪 4 万余人，湘西中心区和湘东 7 个地区的土匪基本被消灭或击溃。

这一阶段隐蔽战线上的斗争，也取得好的成绩，破获匪特地下组织 100 多个，抓捕地下军组织者和骨干分子 1000 多人，其中包括湖南游击队少将司令刘俊侯、湘粤赣边区第三军中将军长王琦、"反共军"少将副军长夏步云、"湘桂边区反共义勇纵队"少将副司令唐峰龙、"救国军第十二师"少将师长赵辉祥等大匪特 100 余人，大部匪特地下军被消灭。

但是，此次重点进剿，还留有"夹生"区，大军一撤，土匪又猖狂起来。

1950 年 5 月 26 日至 6 月 4 日，中共湖南军区召开第一次代表大会，再次部署肃清土匪的工作，决定，7 至 9 月继续清剿中心区和夹生区的土匪，同时结合发动群众，建设地方武装，以巩固中心区；然后再将主力部队转移到边缘区会剿股匪。

8 月，黄克诚到芷江视察，并在会同召开地委、县委书记会议，就剿匪反霸问题作了重要讲话。接着他到了黔阳县剿匪前线，对指战员说："剿匪要做好三件事，一要发动群众；二要捉尽匪首；三要建设好政权。做好了这三件事，剿匪才算大功告成。"这三条就成了检验剿匪成败的标准。各剿匪部队按照这三条标准，更加

1950 年，湖南军区司令员兼政治委员、中共湖南省委书记黄克诚在长沙举行的庆祝八一建军节大会上讲话。

■ 在中共湖南省委和湖南军区领导下，人民解放军在湘西剿匪。

积极地进行剿匪斗争。

　　根据黄克诚的指示和军区的部署，中心区的剿匪部队组成多支武装工作队，深入农村发动群众，深挖潜散土匪，挖匪根，摧毁土匪的社会基础，取得明显成绩，仅湘西和湘东两个中心区又消灭土匪 1.5 万余人。

　　进入夹生区的剿匪部队，展开全面拉网式搜剿，搜山清洞，清查户口，使潜匪无处躲藏。同时，加强政治攻势，把传单送到山头、洞口，张贴悬赏捉拿匪首布告；发动群众建立"规劝小组"，"父劝子，妻劝夫，亲友劝亲友，自首土匪劝土匪"；并召开"匪属会"等各种形式的群众会议，造成很大声势，争取了大量土匪投降自首。由于群众大力协助侦察匪情，带路围山搜索，到 9 月上旬，夹生区的残匪基本肃清。

　　1950 年 10 月中旬，剿匪部队主力转移至湘西边缘区。在北起湘鄂边界的来凤，南至绥宁，长 400 余公里的湘、鄂、川、黔、桂五省的接壤区向匪特展开进攻。

　　边缘剿匪开始后，黄克诚再次来到第四十七军军部，视察剿匪进展情况。

　　一天晚上，黄克诚正在和军长曹里怀等分析朝鲜战争的形势和土匪的动态，侦察分队突然送来情报说，他们捉到的匪首易朗照的副官易大娃供说：易朗照正在筹划重阳节这天在雪峰山的铁山庙老巢举行百桌人宴，庆祝他 40 诞辰和荣升师长，其周边匪首将亲往庆祝。黄克诚一听就火了："这帮家伙，不知死期将到，还这么猖狂！"他觉得这是乘其不备而歼灭之的大好机会，遂心生一计：剿匪部队佯装撤离，并发布前往参加抗美援朝的消息，以诱敌聚而歼之。曹里怀等认为："战阵之间，不厌诈伪"，这是一个好计。

　　重阳节前三天，雪峰山剿匪部队果然"撤离"了，并发布了消息。实际上悄悄地设伏在附近，封锁消息待机。

　　重阳节当天，洞口、绥宁、怀化、溆浦等地的匪首尽数来到铁山庙，霎时间，雪峰山又群魔乱舞，弹冠相庆。一阵狂欢滥饮，个个酩酊大醉，有的酣睡不醒。

湘西剿匪胜利纪念塔

四更时分，突然间 3 发信号弹划破夜空，潜伏在周围的第四一五团等部共 18 个连队，直捣匪穴。匪兵顽抗，经激烈战斗，歼灭匪首 20 多人，仅老奸巨猾的易朗照凭着熟悉地形，从潜道逃走。此战剿匪部队攻占了号称"小台湾"的铁山庙，解放了熟坪、龙船塘、罗翁、钟镛界等地。

各部队对散匪的清剿也取得很大战果。

边缘区会剿至 12 月底胜利结束，共歼匪 2.3 万余人，缴获各种枪支 1.5 万余枝。至此，湖南境内的股匪全被消灭，匪患基本肃清，大规模的军事进剿结束。

从 1951 年初起，全省转入肃清残余匪特的斗争。

至年底，全省共歼残余匪特 1.91 万余人。至此，湖南省以部队为主的剿匪斗争即告结束。剩余的残匪由公安机关解决。

湖南剿匪自 1949 年 8 月开始，至 1951 年 6 月基本结束，共歼灭匪特 257993 人，缴获各种炮 2607 门，枪支 15 万余枝，基本上达到了黄克诚提出的"三要"要求。

湘西民间有一种说法：黄克诚和第四十七军是湘西百年匪患的"根绝者"。当然，打破"湘西土匪永剿不灭"的神话，黄克诚功不可没，但他认为功在人民群众和广大指战员。1951 年 1 月，湘西人民在沅陵建起一座"湘西剿匪胜利纪念塔"，黄克诚题词：消灭土匪恶霸，功在湘西人民，牺牲的烈士永垂不朽！

永绝湘省匪患，造福桑梓，是这位湖南人民的儿子几十年来的夙愿！当他看到一份份剿匪捷报飞来时，一直关注着剿匪斗争进展情况的他终于长舒了一口气，开心地笑了！

五、正确领导镇反运动，避免扩大化

"湖南镇反运动，起先是推不动；后来慢慢动了，以后越动越快。……我们密切注视着运动，一看有过头迹象，立即刹车，这才免于发生扩大化。"[1]

这是黄克诚对湖南镇压反革命运动全过程的概述，透过这几句话，看到黄克诚在领导这一运动中清醒的政治头脑。

湖南是国民党长期经营的中心地区之一，多数地区又是和平解放的，因此，反革命基础相当雄厚，潜力很大，尤以湘西最甚。据统计，国民党政权被赶出湖南后，仅潜留的反动党团骨干分子和军统、中统系统的特务分子，就有 6 万多人。此外尚有一批反动会道门头子、流氓恶棍、帮会把头、恶霸地主等。

这股反革命势力，错误地理解了解放初期共产党的宽大政策，"以为我们被军事胜利陶醉了，不注意他们了。于是一有机会就活动起来，而且越来越猖狂"[2]。

1950 年 1 月 22 日，一批反动地主、特务分子，利用反动的保甲长、封建会道门，胁迫 4000 余名群众，向南县县城进攻；2 月 8 日，安化县东坪发生反革命暴乱；3 月 29 日，以国民党反动军官郑元赞等为首的反革命组织"中国国民党华南灭共总司令部"517 人在宁远县发动反革命暴乱。……这些暴乱对新政权构成很大威胁，给人民群众的生命财产造成很大损失。据统计，从 1949 年 8 月长沙和平解放，至 1950 年 5 月，全省被反革命分子杀害的干部、战士和群众 1000 多人，抢走、烧毁粮食 1000 余万斤。

朝鲜战争爆发后，反革命分子错误地认为第三次世界大战即将爆发，国民党反攻大陆的时机已到，因此，他们更加猖獗，焚烧工厂，抢劫物资，造谣惑众，暗杀干部，组织反革命地下军，发动反革命叛乱。

尤以零陵县城纵火案最为骇人听闻：

1951 年 2 月 20 日上午，匪特乘城关召开军民联欢大会之机，在县城多处纵火，烧毁房屋 512 栋 1032 间，省立医院全部烧光，死伤居民 19 人，受灾商民 632 户（占全城 1/7），受灾人口 2077 人（占全城 1/10），直接经济损失 159 亿元。事件发生后，黄克诚极为痛心，立即指示，坚决镇压反革命的破坏活动，吸取教训，做好善后工作。

此时，全国的镇压反革命运动已轰轰烈烈地展开，湖南也正酝酿"开杀戒"。然而，反革命分子的破坏活动并没有因此有所收敛。

4 月 20 日，汉寿县西港区以周克传为首的"宗教哲学研究社"，以迷信家族为基础，以"枪打不死，真命天子出世"等为号召，蛊惑暴民 200 余人，发动武装暴动，包围乡政府，袭击派出所，捕杀干部和积极分子、民兵 19 人，抢走全部枪

---

①《黄克诚自述》，人民出版社 2004 年版，第 267 页。
②《黄克诚自述》，人民出版社 2004 年版，第 264 页。

支，开监放走罪犯 70 多人。同时，常德区也发生暗杀案 3 起，多名干部被杀。衡山、衡阳等县的敌特分子从广州偷运枪支，企图策动更大的武装暴动。

敌情是相当严重的。黄克诚在 1950 年 1 月中共湖南省第一次代表会议上在提出"三大任务"时，就明确提出"镇压匪特"的方针，要求全省在巩固政权中枪毙一批匪特、恶霸，认为这是完成"三大任务"的必要保证。会后，各地开始行动，处决匪特，"自一月到十月底，破获政治性匪特案 1562 起，缴获电台 57 部，枪毙了一批匪特，集训了土匪万名"①。这些镇压在一定程度上打击了敌人的气焰，但敌情仍很严重。然而有相当部分干部认为反动政权被摧毁了，人民政府建立了，"泥鳅"翻不起"大浪"。因此，在执行镇压反革命的政策上，没有正确理解"宽严相结合"的方针，对匪特、恶霸等反革命分子寄希望于教育改造多，对他们的危害认识不足，打击不力，有的干部甚至于一听到"杀人"就害怕起来，怕犯错误，怕出现混乱局面不好收拾，因此，该抓的没抓，该杀的没有杀。有些县对捕获的匪首、特务、恶霸不分首从轻重，大都教育释放，引起广大群众的不满，认为"政府宽大无边"。这在某种程度上助长了匪特们的反革命气焰。

1950 年 10 月 10 日，中共中央发出《关于镇压反革命活动的指示》，从 12 月起，一场大规模的镇压反革命运动在全国范围内开展起来。这场运动的打击重点是：土匪、特务、恶霸、反动党团骨干和反动会道门头子五个方面的反革命分子。

但是，"湖南有个别同志仍还迟疑不决，不相信中央有这个决定"②。湘西军区政委、区党委书记周赤萍就是其中一个。10 月，黄克诚到湘西督促镇压反革命时对他说："湖南反革命最多的地方是湘西，开杀戒的命令是中央决定的；根据湘西情况，我们估计总得杀掉相当数量的反革命，才能控制住局面。你下决心干吧！"③周赤萍一听"开杀戒"，顾虑很大。他甚至不相信中央有镇反的决定，并亲自跑到武汉找到中南局第三书记邓子恢（代理第一书记）问个明白，当得到邓子恢明确答复后，他才回到湘西干起来。

此时，黄克诚意识到必须解决干部中"怕"的问题，镇反运动才能开展起来。

1950 年 11 月初，在黄克诚主持下，湖南省委召开扩大会议，学习中央的有关指示，批判右倾偏向，并对全省镇反运动作出全面部署。黄克诚在讲话中，要求在全省迅速地、大张旗鼓地把镇反运动开展起来。运动中，各级党委、政府坚决贯彻"党委领导，全党动员，依靠群众"的路线和"严肃谨慎"的方针，实行"争取多数，孤立打击少数"，"不树敌过多"的政策。会议要求在运动开展起来以后的前五个月要坚决杀掉一批罪大恶极的反革命分子，以打击敌人的嚣张气焰，消除群众的顾虑。

"到会同志均同意中央和中南局坚决镇压反革命的精神，并决定以破案镇压现行犯为主，凡进行反革命组织与行动的地主、恶霸、特务、土匪、会首、退伍军

---

① 《黄克诚军事文选》，解放军出版社 2002 年版，第 531 页。
② 《黄克诚自述》，人民出版社 2004 年版，第 264 页。
③ 《黄克诚自述》，人民出版社 2004 年版，第 264 页。

官，均逮捕枪决或判徒刑；加入反革命组织之工人、农民、青年学生则分别情况处理。过去有罪恶应该惩办现在无活动材料之人员（如国民党党团员、特务、军官、会门、土匪等）则暂不追究。"①

会后，全省镇压反革命运动轰轰烈烈地开展了起来，11、12 月份在不到两个月的时间内，全省判处一批反革命分子死刑、死缓、无期或有期徒刑。

这些反革命分子都是浮出"水面"的罪大恶极者。

黄克诚说："这两个月的镇压，打掉了敌人的气焰，鼓舞了群众的斗志，清醒了干部的头脑。"②他在向中南局和中央报告初战情况时又说：经过镇压，敌人的"谣言大致停息，地主破坏、疏散减少，特务活动更转入地下，社会上恐怖情绪增长。工人农民则表示满意。有些地主向香港、广州、上海、长沙逃亡（长沙捉送1600 余人）。过去的叛徒、杀人犯（平江）则上山逃跑，民主人士则因在许多会议上进行动员，不敢喊叫，亦不敢反映情况"。黄克诚估计，下一步逃亡的人数会更多，上山当土匪的亦难免。

黄克诚从镇反运动一开始，就密切注视着运动的发展。运动开始不久，他就发现，杀戒一开，干部和群众的情绪高涨起来，出现了很难控制的局面。"个别地区出现处理过急，杀的过猛，过于集中，甚至于错杀"的问题，引起了社会某些恐怖和紧张。③

1950 年 12 月 7 日，黄克诚将上述情况向中南局和中央作了报告，并提出建议。他说："湖南反动人员太多，必须采取长期有计划、有步骤的斗争方针，不可急躁、鲁莽从事"，否则，"将造成不可收拾的混乱"。

12 月 19 日，毛泽东看到黄克诚的这个报告，复电黄克诚："12 月 7 日的综合报告收到，很好！你们的方针是正确的。对镇压反革命分子，请注意打得稳，打得准，打得狠，使社会各界没有话说。"

1950 年 12 月 31 日，湘西第四十七军将湘西镇反情况的报告送黄克诚审阅后呈报中南局并中共中央。毛泽东看了这个报告非常高兴，批示说：四十七军杀了匪首、恶霸、特务是很必要的，只有如此才能使敌气焰下降，民气大伸。如果我们优柔寡断，姑息养奸，则将遗祸人民，脱离群众。批示中，对稳、准、狠作了精辟解释："所谓打得稳，就是要注意策略。打得准，就是不要杀错。打得狠，就是要坚决杀掉一切应杀的反动分子（不应杀的，当然不杀）。"④只要我们不杀错，就不怕资产阶级叫唤。

在毛泽东这些指示之前，黄克诚稳妥地处理了是否杀、抓湖南起义军中的反动军官的问题。

---

① 黄克诚：《湖南省最近几件工作的综合报告》，1950 年 12 月 7 日。

②《黄克诚自述》，人民出版社 2004 年版，第 266 页。

③《中共湖南省委关于镇反工作的指示》，1950 年 12 月 27 日，见中共湖南省委办公厅编：《中共湖南省委文件汇编（1949—1951）》第 1 辑，第 247 页。

④ 毛泽东关于对反革命分子必须打得稳打得准打得狠的电报，1951 年 1 月 17 日。

华中军政大学湖南分校有一批国民党军起义军官在"洗脑子"。镇反开始后，中南局决定杀一批，抓一批反动分子。黄克诚接到命令后非常不理解，遂于1950年12月9日给中南局第三书记邓子恢和毛泽东发报，提出了自己的意见：

"军大有千多旧军官，大部系陈明仁部及其他起义的军官，其中有各种各色人员，也有坚决的反动分子。据何校长（何长工——引者注）谈：中南规定要枪毙一百多，逮捕一百多，其余管制。我认为对这批学员不宜采取急躁处理，除其中个别特别反动分子应逮捕惩治外，其他仍在校中管教，不宜逮捕惩罚过多。因为他们的罪恶都是过去的，解放后并无罪恶，如果大批逮捕枪决，对湖南将引起大惊乱，因湖南统战人物几乎无一个是过去没有罪恶的，兔死狐悲，那样做影响的人太多了。我认为这个问题很重要，特提出供考虑，并请指示。"

黄克诚的考虑完全符合毛泽东"稳、准、狠"的指示精神。

毛泽东很同意黄克诚的意见。1951年1月4日，他致电邓子恢并告黄克诚：12月9日黄克诚同志关于湖南军大旧军官中反动分子的处理意见我认为是正确的，不知你已回答否，如未回答，即照黄电意见处理为宜。

黄克诚的意见，挽救了许多人的生命，避免了扩大化的错误，对稳定湖南政治局面大有益处。

1950年12月底，黄克诚主持召开湖南省委会议，研究湖南镇反运动中如何贯彻毛泽东"稳、准、狠"的指示，防止镇反犯扩大化的错误。27日，省委发出《关于镇反工作的指示》，指出：

镇反开始后，已处决的反革命分子一般是符合党的政策的，给了反革命活动以严重打击，广大工农群众表示满意，支持了目前的土改斗争。但在个别地区处理过急，引起社会某些恐怖与紧张。

指示要求湖南全党要做到两个"必须"：一是"必须明确认识湖南反革命基础雄厚，反革命分子数量甚大，彻底解决全省反革命问题，要经过比较长期的有计划有步骤的斗争，短时间是解决不了的。性急、过猛是不行的，错杀反而会增加反革命活动的资本，增加我们更多的麻烦"。二是"必须坚决执行毛主席打得准、打得稳、打得狠的指示，分别轻重缓急，首先处决那些国人皆曰可杀的匪特恶霸，对那些可杀可不杀的人则留着以后处理；错杀必须一律避免"。指示强调，"在坚决执行镇压反革命方针下，应注意运用宽大政策。镇压，是杀掉坚决的反革命；宽大则是争取动摇的反革命。如果只有镇压的一面，而没有宽大，则会逼使动摇的反革命变成坚决的反革命，这对人民是不利的"。为此，指示规定："对一般工人、农民、学生加入反革命而不是首领的，应宽大；对过去参加反革命的非首要分子，今天已不参加反革命的应宽大；对不属恶霸而解放后未做反革命活动的普通地主应宽大。必须分清是非轻重，分别对待，切戒一切皆杀，用杀来代替一切的做法。"杀人应"把手稍为握紧点，批准权应由地委、专署掌握；不要委托个人任意批准。……该杀则杀，该关则关，该放则放"。

在镇反中，黄克诚特别关心知识分子的命运。

这个指示下达后，杀人的问题还一时难以止住。"收缩也不是那么容易的，杀戒一开，有点停不住了。"[1] 为此，黄克诚有些着急。他一方面下决心"刹车"，另一方面再次向中南局和中央请示报告。

1951 年 3 月 23 日，黄克诚向中南局并毛泽东报告：

"目前个别地区已发生逮捕范围扩大，处理方式简单的情况。……公开暴露的反革命（土匪、恶霸、血手）已杀掉许多。今后主要将对付隐藏的反革命，……我们拟即收缩，停止大捕大杀，转入经常工作，逮捕范围加以限制，更有计划有步骤地进行斗争。是否妥当，请示。"

黄克诚在这里提出一个重要意见，即从 3 月底起，在湖南实行收缩方针，停止大捕大杀，转为更细致、更有计划、有步骤地对付隐藏的反革命。黄克诚这个建议提出得非常及时，经过前一阶段轰轰烈烈地镇压，公开暴露的反革命分子基本镇压下去了，他们嚣张一时的气焰打下去了，社会安定了，新生的人民政权巩固了。在这种情况下，如果杀戒不收，杀人多了，会引起不安，甚至会丧失社会的同情。大捕大杀阶段应该结束了，转入细致地、更有计划地、有步骤地处理积案、清理内部阶段。

毛泽东对黄克诚反映的情况和提出的建议十分重视。

3 月 30 日，毛泽东复电黄克诚并告各中央局负责人邓子恢、饶漱石、邓小平、叶剑英、习仲勋、薄一波、高岗：

"我认为黄克诚同志三月二十三日的意见是正确的。镇压反革命，无论何时都应该是准确的、精细的、有计划的、有步骤的，并且完全应由上面控制。捕人要仿照天津专区发拘捕证，照证捕人，不能乱捕。其他各地如有黄克诚所说'逮捕范围扩大，处理方式简单'的情况者，应立即加以收缩。……请你们掌握好，不要出乱子。"

黄克诚在向中南局和中央报告的同时，主持召开省委会议或省委扩大会议，研究如何加强控制、收缩范围的问题。会议决定，镇反工作从 3 月下旬开始，进入侦破和清理积案阶段，争取 5 月以前清理完毕。

这一阶段主要做哪些工作，执行什么政策呢？黄克诚在几次会议上作了明确阐述：

第一，贯彻 1951 年 2 月 21 日中央人民政府公布的《中华人民共和国惩治反革命条例》，"扩大宣传教育，使所有工人、农民都知道，使未参加反革命活动者有所戒慎"[2]。并根据条例具体规定的处理反革命案件的原则，"罪恶该杀，时机又到了的即杀，罪恶该杀，时机未到的可以缓一下"。"土改已完成的地区，不是必须惩办的地主可以放了；土改未完成地区，抓错的富农、中农必须放了；小地主可以放了；匪首、特务、恶霸有些可以判徒刑，可杀可不杀的关起来，应该杀的

---

① 《黄克诚自述》，人民出版社 2004 年版，第 266 页。
② 《黄克诚军事文选》，解放军出版社 2002 年版，第 534 页。

选择时机杀掉。"①

第二，严格审批制度。"不许乱杀人，没有省委批准，一个人也不许杀。"②"对工商界、民主人士、教育界反革命分子的镇压，有些要中央批准，有些要省委批准。"

第三，"积极侦破敌人地下军、特务组织及继续捕捉漏网的大恶霸、匪首、老特务等罪恶重大的反革命分子。……坚决反对逼供信的错误办法。"

第四，初步清理工矿、党政、群众团体、机关中暗藏的反革命分子。……机关应由上到下，由点到面，由要害到一般清理，除现行的和罪恶特重大的反革命分子以外，一般的历史问题可做内部问题处理，只要真正坦白，真心转向人民，可以不咎既往；参加革命的干部的家属，凡罪恶不很大，可杀可不杀的不要杀。工厂、矿山由点到面清理，混入工厂、矿山冒充工人、职员的土匪、恶霸、特务，材料充实可靠的应即捕、法办，没有充分材料证据的不要抓；历史罪恶不大，无现行活动的分子给予清理，确实无法生活进了工厂、矿山又安分劳动的，可保留工作。逮捕工程技术人员要经省委批准，他们是我们目前和今后建设的急需人才。

1951 年 5 月 7 日，根据《中华人民共和国惩治反革命条例》之精神，王首道、黄克诚以湖南省政府主席、湖南军区司令员名义联合发出布告，警告残余匪特必须真诚悔过投诚，主动自赎。布告说："湖南匪患在我全省军民清剿下，业已基本平息，社会秩序日趋安定。但至今仍有极少数残余匪特执迷不悟，或潜伏城乡，或流窜边境，继续其各种反革命破坏活动。本府部为彻底肃清残余土匪、特务，巩固人民政权，以利生产建设，决本既定政策，采取更强大之行动，并号召我全省军民，再接再厉，为根绝匪患而努力。"

自 1951 年 5 月起，毛泽东和中共中央决定实行谨慎收缩方针，集中力量处理积案。为实行这一方针而采取的措施，是收回原来下放给下级的捕人批准权和杀人批准权。

5 月 7 日，毛泽东为中共中央起草一个批语，指示全党："兹定于 6 月 1 日起全国除现行犯外捕人批准权一律收回到地专一级，杀人批准权一律收回到省级，离省远者由省级派代表前往办理。各地一律照此执行。"同时规定，清理积案时间，亦即停止捕人，有少数要犯须逮捕者须请示中央局批准。③

5 月 10 日至 16 日召开的全国第三次公安工作会后，全国镇反工作进入谨慎收缩阶段。

湖南侦破和清理积案工作，根据中央的指示精神和黄克诚一系列的政策性讲话，严格区分首恶与胁从、自首与顽抗、历史与现行、罪恶与民愤大小等不同情况，加以处理，工作进行得比较顺利。运动后期，又成立了有各民主党派、民主

---

① 《黄克诚军事文选》，解放军出版社 2002 年版，第 539 页。

② 《黄克诚自述》，人民出版社 2004 年版，第 266 页。

③ 中共中央文献研究室编，逄先知、金冲及主编：《毛泽东传》（上），中央文献出版社 2003 年版，第 198 页。

人士参加的清理积案委员会，对积案进行了全面检查，运动发展比较健康，取得了重大胜利。

湖南的镇反运动至 1953 年上半年基本结束。据统计，全省共清查处理反革命分子 28.79 万人，缴获电台、电话机 756（台）部，各种枪支 11.54 万支，反革命活动经费 22 亿余元，黄金 2.69 万两，银元 54.39 万元。与此同时，全省农村和城市以及各机关单位普遍建立了治安组织和保卫制度。

黄克诚回忆说："湖南下决心这么一镇压，杀了一大批反革命，治安情况完全改观。肃清了土匪，镇压了反革命，湖南就太平了。连湖南这个历史上最不太平的地方，也从此平安无事；政府可正常工作，法令通行无阻，人民可以安居乐业了。"① 镇反运动有力地促进了土地改革、抗美援朝和生产建设等各项工作顺利完成。

大张旗鼓地镇压反革命，是在新中国成立之初敌我矛盾还很突出的情况下进行的一场尖锐的对敌斗争。由于当时司法制度和审判程序不够健全，镇反工作中出现过错捕、错杀等偏差。黄克诚说：湖南的镇反运动 "杀人稍多了点，杀了些可杀可不杀的人"②，但在他的领导下，总的来看发展是健康的。黄克诚在这场人命关天的群众运动中始终保持着清醒的头脑，认真地、仔细地观察和掌握着运动的发展、变化，及时地阐明政策并给予指导和控制，一看到有过头现象，立即刹车，避免了发生扩大化。黄克诚在回忆领导湖南镇反运动的体会时说："对发动群众运动，决不可掉以轻心。领导一定要紧紧掌握对运动的控制权，始终保持主动。"③ 领导不能做群众运动的尾巴，要做龙头。

---

① 《黄克诚自述》，人民出版社 2004 年版，第 266—267 页。

② 黄克诚自传，1968 年 7 月 3 日。

③ 《黄克诚自述》，人民出版社 2004 年版，第 267 页。

第二十二章　主政建设新湖南（下）

一、征收富农多余土地，完成土地改革

1950 年冬至 1952 年下半年，湖南省进行了大规模的土地改革运动。

这在湖南省是一场具有伟大历史意义的、消灭封建剥削制度和地主阶级、满足广大贫苦农民土地要求、改变农村生产关系的深刻的社会革命，是继续完成中国新民主主义革命基本任务的激烈的阶级斗争。

在解放战争中，1.6 亿人口的老解放区和半老解放区实行了土地改革，消灭了封建制度，农民获得了 3.75 亿亩土地。

新中国成立后，拥有 3.1 亿人口（其中农业人口 2.64 亿）的广大新解放区尚未进行土地改革。为争取新中国经济状况的基本好转，巩固新生的人民政权，在战争已基本结束的形势下，中共中央和毛泽东把注意的重点逐渐转移到经济建设上来，决定迅速地在新解放区进行土地制度的改革，解放农业生产力，发展农业经济。

1950 年 6 月 30 日，中央人民政府正式公布《中华人民共和国土地改革法》。规定土改的总路线和总政策是：依靠贫雇农，团结中农，中立富农，有步骤有分别地消灭封建剥削制度，发展农业生产。

从 1950 年冬季开始，一场大规模的土改运动，在新解放区的广大农村轰轰烈烈地展开。中共中央要求，在二年半或三年的时间内完成这一任务。

湖南的土地改革是从 1950 年冬开始，分期分批进行的，到 1952 年冬基本结束。

在土地改革之前，即 1950 年春，湖南各地农村进行了减租退押，至 4 月基本结束，这为进行土地改革打下了基础。

湖南省委为全面开展土地改革，做了许多准备工作：成立了省土地改革委员会，省委副书记金明任主任委员；召开省第一届农民代表会议，选举金明为省农民协会主席，周小舟为副主席，通过了《关于积极准备土地改革和秋后实行土地改革的决议》；先后选择了长沙、益阳、常德、邵阳、衡阳、零陵 6 个专区共 167

■ 1950 年 10 月，在中共湖南省委领导下，全省农村开展了土地改革运动，广大农民翻身成了主人。图为岳阳农民在烧毁旧土地契约。

个不同类型的乡进行土改试点；先后抽调 4.7 万多名干部进行培训。

8 月 7 日至 9 月 1 日，中共湖南省第二次代表会议在长沙召开，出席代表 446 人。这次会议为湖南土地改革在政策上作了准备。黄克诚作了《湖南一年来工作检查》和会议总结；金明作了关于今冬明春实施土地改革的报告。

黄克诚的报告和总结阐述了湖南土地改革的若干政策及注意的问题。

他说："今天的形势不同了，战争已基本结束，我们已取得基本胜利，我们的总任务已不是解决战争问题，而是争取国家财政经济状况的基本好转。今天的土地改革，已不是从战争的需要出发，而是从争取国家财政经济状况的基本好转出发。"因此，在土改的具体政策上，同解放战争时期的土地改革有许多不同。今天的土改政策要改变。怎么改变？黄克诚说：

一是对地主，要从过去彻底平分土地、没收地主的全部土地、财产的做法，"改变为只没收地主的土地、农具、牲畜及多余的粮食和房屋，不没收地主的浮财和底产"。

这就是说，土改的对象是消灭地主阶级，这是不能改变的。但是，在具体做法上要改变过去一些"左"的做法。

解放战争时期的土改实行的"彻底平分土地"的基本原则。按照 1947 年 10 月 10 日正式颁布的《中国土地法大纲》明确规定："乡村中一切地主的土地及公地，由乡村农会接收，连同乡村中其他一切土地，按乡村全部人口，不分男女老幼，统一平均分配，在土地数量上抽多补少，质量上抽肥补瘦，使全乡村人民均获得同等的土地，并归个人所有。"

这种"彻底平分土地"的政策，调动了广大贫雇农的革命积极性，打碎了几千年来套在农民身上的封建枷锁，改变了农村旧有的生产关系，贫雇农获得了政治上、经济上的解放，并由此迸发出巨大的革命热情，支援解放战争。

但是，这一政策在一定程度上反映了农民在小农经济基础上形成的平均主义思想。解放战争时期的土改，在这种平均主义思想指导下曾出现扩大打击面的"左"的偏向。例如没收地主、富农兼营的工商业；不给地主生活出路，甚至"扫地出门"和乱打乱杀；把部分劳动阶级（主要是中农）定为地主或富农等等。这些偏向，严重地妨碍了土改运动的健康发展，影响了农业生产的正常进行和社会秩序的稳定。

这次土改就是要改变彻底平分土地的做法。

二是对富农的政策，要从过去平分富农的土地，征收其多余的牲畜、农具、房屋、粮食的做法，"改变为保存富农的政策"，"保护富农所有自耕和雇人耕种的土地及财产，不得侵犯"。

中国的富农，一般带有很重的封建和半封建的剥削性质，同时，又有一些资本主义的经营方式。他们人数虽然不多，在农业中也不占重要地位，但在土地改革中对其实行什么政策，对农村其他阶层，主要是中农，影响很大。

基于富农在农村中这种特殊地位，中国共产党在民主革命的过程中非常重视对富农的政策，党内也曾对此发生过分歧。1946年5月4日，中共中央发布的关于土地问题的指示（通称《五四指示》），规定"一般不变动富农的土地"，"应使富农和地主有所区别"。但是，这个规定很快被发动起来的农民冲破了。《土地法大纲》规定的"彻底平分土地"的方针实施后，富农的土地被平分了，其多余的牲畜、农具、粮食等也被征收了。

全国基本解放后，新形势、新任务，要求改变过去对富农的政策。但是，这个改变也不是轻而易举的。从1950年初起，中共党内高层领导就对富农的新政策问题展开了长达半年的研讨。黄克诚作为湖南土地改革的指挥员，参与了这一重要政策的制定。

黄克诚在他的《自述》中说："如何处理富农的土地问题，我和饶漱石发生了争论。我主张湖南要征收富农多余的土地，饶漱石反对，刘少奇当时未作结论。"

那是1950年3月，刘少奇主持讨论土地改革法草案时发生的事情。

会议参加者有华东的饶漱石，江西省的陈正人，湖南的黄克诚等多人。讨论会中，黄克诚同饶漱石在关于对待富农的政策问题上，发生了激烈争论。饶漱石坚持"不动富农的土地财产"。他认为华东地区的地主占有大量土地，只要没收了地主的土地，就可以基本上满足农民对土地的要求，因此，没有必要征收富农多余的土地了，这样有利于农业生产的恢复。黄克诚根据湖南的情况，则认为："像湖南这样的地方和那些土地非常集中的地方差别很大。这里大小地主一共也没有多少土地，而贫下中农人数却很多。只靠分地主的土地，解决不了问题，达不到土地改革的目的。……你主张土改法怎么写，我不管，但湖南必须征收富农多余的土地，否则，贫雇农就分不到什么土地了。"[①] 黄克诚要求刘少奇在中共七届三中全会的报告中"给湖南一个动富农多余土地的合法地位"[②]。

饶漱石和黄克诚都是从本地区的实际情况出发提出对富农的政策的。

湖南可耕地少，无地、少地的农民多，仅没收地主的土地而不征收富农多余的土地，确实难以满足贫困农民的土地要求。这就是黄克诚提出征收富农多余土地的依据。

对黄、饶的争论，刘少奇在会上没有表态。

在6月6日至9日召开的中共七届三中全会上，针对这个问题又进行了热烈讨论。黄克诚参加了三中全会，并再次发表了自己的看法。

但问题并没有完全解决。中共三中全会结束以后，毛泽东和党中央采取十分慎重的态度，在广泛征求党内外的意见后，最终对这项重大政策统一了认识。

毛泽东于6月21日，在土地改革法草案上作了完整的表述：

"保护富农所有自耕和雇人耕种的土地及其它财产，不得侵犯。

"富农所有之出租的小量土地，亦予保留不动；但在某些特殊地区，经省以上人民政府的批准，得征收其出租土地的一部或全部。

"半地主式的富农出租大量土地，超过其自耕和雇人耕种的土地数量者，应征收其出租的土地。富农租入的土地应与其出租的土地相抵计算。"[③]

到这时，对富农的政策才完满地解决。对此，黄克诚是有贡献的。

三是对"小土地出租者不当作地主看待"。这样，"打击面更缩小了，具体做法也比较缓和"。

黄克诚还说：我们的眼睛不能仅仅盯在农民分得的土地的多少上面，必须引导农民"明确土地改革的基本目的，是使农村生产力从封建剥削的束缚之下解放出来，进一步发展农业生产，从而为工业化开辟道路，……走上社会主义的道路，农民的贫困问题才能最后解决，才能真正满足农民的要求。仅仅实行土地改革，只能部分地解决农民的贫困问题，而不能解决农民的一切贫困问题。"

黄克诚告诫与会者千万不要忘记："没收地主的土地，消灭地主阶级，这是广大农民与地主阶级一场最激烈的阶级斗争，是中国几千年历史上一次最大的社会改革。"这样一场伟大的社会变革，斗争必然是尖锐的，激烈的，你死我活。"地主阶级必然以各种不同的形式，来抵抗土改，地主阶级内部坚决反动的部分，必然与残余的匪特结合起来，向我们进行垂死的斗争。"因此，认为"土改没有斗争"是十分有害的，也是危险的。我们"必须把广大农民特别是贫雇农发动起来，组织起来，和地主阶级的反抗进行坚决的斗争"。否则，土地法不能贯彻，土改不能取得彻底胜利。

---

①《黄克诚自述》，人民出版社2004年版，第269页。

② 黄克诚自传，1968年7月3日。

③ 中共中央文献研究室编，逄先知、金冲及主编：《毛泽东传》（上），中央文献出版社2003年版，第91—92页。

黄克诚提醒与会干部，土改工作中既防"左"又防右，警惕犯违反政策的错误。

1950年10月15日，湖南省首届各界人民代表会议在长沙召开，会议通过了《中华人民共和国土地改革法湖南省实施细则》。细则把黄克诚上述讲话精神更加具体化。

1950年冬，湖南的土地改革正式启动。经过训练的4.7万多名干部（包括中央和中南局派来的土改工作团）组成工作队（组），深入农村，发动群众进行土改。由于湖南的情况比较复杂，地区各异，土改先后分为三期进行。

第一期，从1950年11月起，主要在条件比较成熟的长沙、湘潭、平江、浏阳、湘阴、岳阳、益阳、沅陵、衡阳、衡山、湘乡、常德、华容、安乡、茶陵、攸县、邵阳、武冈、零陵、祁阳等33县，5479个乡（全省共13274个乡），1300多万农业人口的地区进行，至翌年4月基本完成。第二期，从1951年6月至9月，共有2108个乡，占全省总乡数的15.88%。第三期，从1951年10月至1952年4月，主要是湘西地区，共有4892个乡，占全省总乡数的36.85%。剩余乡的土改和已完成土改地区的复查工作，于1952年冬至1953年春全部完成。

土地改革运动一开始，就遭到了反动地主的顽固反抗和破坏，他们藏匿地契，转移财产，腐蚀拉拢干部下水，破坏财产，杀害干部和农民积极分子，甚至勾结匪特组织暴动等。但都被组织起来的农民击退，罪大恶极的分子受到镇压。

土地改革是一场千百万农民参加的空前广泛的群众运动，领导这样大规模的农民运动，难免出现各种偏差。

湖南土地改革开始不久，就发生许多问题。

首先是发动贫雇农、团结中农、解除贫雇农的各种思想顾虑不够，出现了包办代替，靠少数积极分子或利用旧组织去搞的现象，把土地改革这场激烈的阶级斗争，变成了"和平分田"（或称"和平土改"），结果是，"封建势力打不倒，群众觉悟提不高，形式走过场，田地分不好，不能实现土改的政治目的和发展农业生产的目的"[①]。

针对这个问题，1951年1月5日，黄克诚在省地委书记联席会议上强调说："我们必须依靠贫雇农，深入地充分发动贫雇农，拿这股政治力量来镇压地主，完成土改。"他要求，迅速地把百分之八九十的农民群众发动起来和地主进行斗争，培养运动骨干分子，"但不要流氓、狗腿子、富农。骨干应该是贫雇农加上点中农"。为提高土改干部的思想水平和政策水平，他要求各工作队（组）必须经常地总结工作，检讨问题，"使自己懂得哪个做法对，哪个方法好"；地委的领导每人写两篇关于指导土改的文章，"一篇是好的经验，一篇是坏的经验，省委把它印成《土改干部必读》单行本，每人一册"；"组织土改干部到做得好的点去参观学习，交

---

①《中共湖南省委关于继续发动群众开展土改运动的指示》，1951年12月，见中共湖南省委办公厅编：《中共湖南省委文件汇编（1949—1951）》第1辑，第351页。

流经验。"

其次是，斗争地主发生逮捕范围扩大化、吊打逼供、不能区别对待的问题。许多地区发生了"不分对象的滥捕现象"，甚至把小地主、小土地出租者、富农、有特殊情况的地主（如烈、干属，民主人士）等不加区别地予以逮捕，一度引起社会的动荡。对这些做法，黄克诚提出严厉批评。他说：对斗争地主，我们不能再犯1947年土改时的错误。"大地主、恶霸抓起来是对的，对一般小地主，逃不脱的可不抓，让农民监视，已抓的老的、小的要放回。富农则不准抓。""对大地主、恶霸应给予重大打击，在政治上搞垮他们，在经济上差不多就算了。……对小地主、旧军烈属、干属、民主人士、自由职业者等，应按土地法规定办理，不抓不押。""杀人问题，要照顾社会的各方面，宽大、镇压一定要结合好。"

黄克诚还警告说："土改不准破坏工商业，不要搞乱城市的秩序。""不准侵犯中农利益（富裕中农在内）。""要保存富农经济。"

根据黄克诚上述讲话精神，结合第一期土改两个多月来进行的情况，1951年1月22日，湖南省委发出《关于继续深入发动群众，坚持由点到面的结合的做法，正确开展土改运动的指示》。这个指示长达近万字，详尽地阐述了当前土改抓什么、怎么抓等六个问题。1月27日，中南局在这个指示上批示：湖南省委的这个指示"所提出的问题在目前均是切要的，各项意见与办法都是正确的，来件已转各地参考，望即作为正式指示，并告各级党委与土改工作有关的一切同志讨论实施"。

黄克诚的讲话精神和省委的指示逐步贯彻下去后，打破了农民的命运、良心、八字、祖坟、宗族、情面、派别观念及怕变天的落后思想和顾虑，群众很快发动起来。全省的土改基本上沿着健康的轨道向前发展。

1951年9月7日至27日，在第二期土改即将结束，第三期土改即将开始之际，中共湖南省第三次代表会议在长沙召开。黄克诚在会上作了《为彻底完成两大改革，准备长期建设而斗争》的报告。

报告在总结第一、第二期土改的经验和存在的问题之后，指出："彻底完成未土改地区的土地改革和已土改地区的土地改革复查，成为今冬明春最突出的中心工作。"土改复查是土改运动不可缺少的阶段，但不是再一次土改，而是在已有的工作基础上进行复查。"土改复查的目的是，进一步压服地主阶级，进一步提高农民的觉悟和组织性，巩固农民队伍。复查内容是查敌人，查队伍，查政策，查土地和果实分配，查生产。同时还必须在复查中组织生产，进行乡的民主建设，整顿民兵、青年团与妇女组织。"复查中，"对于地主，只要遵守法令，规规矩矩，安心生产，就要让其在生产中获得改造，而不要因为还有一些生产资料和生活资料而再没收、斗争，那样做对人民是不利的"。他重申了对富农、中农的政策。

这次会后，第三期土改以湘西为主，在4892个乡逐步展开。同时在已完成土改的地区，开始土改复查。

湘西是土家、苗、侗等少数民族主要聚居地，旧社会形成的民族矛盾很深。

在这里掌握好政策难度更大。

在湘西土改开始前，黄克诚率领一批干部到湘西指导中共湘西区党委做好土改运动前的准备工作。在他的指导下，中共湘西区党委决定：凡批斗地主、恶霸，需经县土地改革委员会批准；杀人需经湘西行署批准；对民愤极大的匪兵、打手，由人民法庭审理，不作地主恶霸进行斗争；对已靠拢人民的上层人物，不进行面对面的斗争，在让农民吐尽苦水后，保护他们过关；教育农民克服宗族、亲友、私人恩怨等观念，严格按照政策划分阶级，对劳力少、人缘好的小地主可适当地划为小土地出租者或小土地经营者；对富农出租的土地，如果未超过自耕与雇人耕种之和，则不征收其出租部分；可将部分中农划为贫农，以壮大贫雇农队伍。这些政策规定，使湘西的土改避免了混乱。

区党委还特别强调，土改工作队要和少数民族搞好关系，尊重少数民族的风俗习惯，与少数民族交知心朋友，同甘共苦，密切党群关系，政府和人民的关系。

湘西土改仅用一年时间，就比较顺利地完成了，较好地满足了少数民族地区农民对土地的要求，稳定了湘西的局势。

此后，剩余的581个乡的土改也相继展开。至1952年冬，湖南全省的土地改革基本完成，比中央的要求提前了一年。

湖南的土地改革在省委和黄克诚领导下，发展是健康的，没有发生忽"左"忽右的大动荡。经过土改，全省农村发生了翻天覆地的变化。地主阶级被消灭了，广大农民成了土地的主人。据统计，12085个乡共没收、征收土地2487万亩，耕

1952年，黄克诚在湖南省群众集会上讲话。

牛 28 万余头，农具 209 万余件，房屋 451 万余间，粮食 18.38 亿多斤。分到土改果实的农民约占农村总人口的 68%。农民的觉悟有了很大提高，农会会员达到农村人员的 40% 以上，近 20 万农民积极分子提拔为乡村干部，农村人民政权在土改基础上更加巩固，农村生产力解放了，农民的生产积极性空前高涨，农业生产迅速恢复和发展。这些，为国家财政经济状况的基本好转，为即将到来的社会主义建设和社会主义改造奠定了基础。

二、从实际出发搞好"三反"、"五反"

1951 年 12 月，正当湖南的土地改革紧张地进行之际，又一场急风暴雨式的群众运动呼啸而至。中共中央连续发出"反贪污、反浪费、反官僚主义"的"三反"紧急指示。说它是"紧急"指示，是因为毛泽东看了东北局书记高岗等人关于在开展增产节约运动中揭发出的许多贪污事件的报告，特别是 11 月 29 日来自华北局第一书记薄一波、第二书记刘澜涛的报告，提到天津地委书记刘青山、副书记兼天津专区专员张子善贪污巨款的事件，极为震惊、气愤，也非常着急，他十分严厉地指示："应把反贪污、反浪费、反官僚主义的斗争看作如同镇压反革命的斗争一样的重要，一样的发动广大群众包括民主党派及社会各界人士去进行，一样的大张旗鼓去进行，一样的首长负责，亲自动手，号召坦白和检举，轻者批评教育，重者撤职，惩办，判处徒刑（劳动改造），直到枪毙一批最严重的贪污犯。"他估计，"全国可能须要枪毙一万至几万贪污犯才能解决问题"①。这表明，毛泽东对贪污腐败的深恶痛绝和反腐败的决心。他绝不能容忍这类丑恶现象侵蚀刚执政的中国共产党的肌体。

中央指示下达后，一个大规模的以反贪污为主的"三反"运动迅速在全国展开。

黄克诚接到中央和中南局的指示后，认为，根据湖南的情况，来一个"三反"是及时的，必要的。因为湖南解放后不久，已经发现了"全省贪污、浪费、腐化堕落的事件不断发生，特别是贪污现象是相当普遍的，也是极为严重的，且有逐渐滋长之势"②。例如，1950 年至 1951 年 5 月间，"仅粮食贸易、税务、银行、财政等部门贪污人数即有 1300 余人，贪污款项达 70 余亿元。"党政、公安机关亦有大小不同的贪污现象。安华县一名党员干部贪污 17 两黄金和百余元光洋；乡干部贪污现象几乎无乡不有。贪污分子绝大多数是留用人员或参加革命不久的新干部。据法院处理的 631 名贪污犯统计，1949 年参加工作的占 98.25%，1948 年以前参加工作的只占 1.75%。由于工作上的官僚主义和缺乏经验，在经济建设上浪费现象也

---

① 毛泽东为中共中央起草的《关于反贪污斗争必须大张旗鼓地进行的指示》，1951 年 12 月 8 日，见中共中央文献研究室编，逄先知、金冲及主编：《毛泽东传》（上），中央文献出版社 2003 年版，第 207 页。

②《中共湖南省委关于开展反贪污浪费反官僚主义运动的报告》，见《中共湖南省委文件汇编（1949—1951）》第 1 辑，第 347 页。

比较严重。

但是，因主要精力放在支援抗美援朝、镇反和土地改革等中心工作上，对贪污浪费现象未作严重地系统地揭发，贪污分子也未受到应有的清算。

中央"三反"指示下达后，湖南省委立即行动。尽管湖南的土地改革正进入高潮，城市的民主改革已经开始，但是，黄克诚认为必须处理好土改、民改和"三反"的关系，开辟"第二战场"，取得各项运动的全面胜利。

12月8日晚，即中央下达"三反"指示的当天晚上，黄克诚连夜召开省委和省政府领导人全部出席有各部门负责人参加的紧急会议，传达中央的指示、毛泽东的批示和中南局的要求，研究情况，为全省开展"三反"做准备。19日，黄克诚再次主持省委开会，研究全省的"三反"部署，全体省委委员，省委各部委，省政府各厅、处及银行、贸易、税收等有关财经部门负责人参加，与会者向会议作了情况汇报。从各部门汇报情况看，贪污现象确实"相当普遍，也极为严重"。

黄克诚听了汇报后说："三反"运动虽然主要是整顿我们内部，但应该把它看作是"我们向资产阶级进攻的反攻，是我们党和资产阶级进行严重斗争的开端"，领导"三反"运动必须决心大，"不要怕群众在运动中火力大，批评太厉害"，"在对待老干部贪污问题上，中央对待几十年党龄的老干部毫不容情，我们也应该为整个党、整个国家的前途着想，不要为了个别同志的利益着想，不讲情面，应坚决为保持党的纯洁，将蜕化变质的人清洗出去"。当然，"在这样大的运动中，所有问题都将爆发出来，群众的火力也很猛。但要注意不要盲目的打击，要善于根据一个人的出身、生活、经手银钱出入的多少和资产阶级的关系等各方面具体地分析研究，防止乱打"。他还要求"土改和'三反'必须结合，土改仍然不能放松，明年4月中旬必须搞完，并抓好生产。省委研究确定县以下目前坚决不搞'三反'，待土改完成后再搞。省、专、市必须拿出最大力量来领导这一运动，明年5月、6月搞完"。

根据黄克诚的讲话精神，会议决定"三反"运动首先在省、专区、县机关和财经企业部门展开；明年1月组织10万人广播大会，发动群众，展开群众性的反贪污斗争。

会议分工王首道负责抓增产节约和"三反"运动，金明负责抓土改，刘型负责抓城市民主改革。黄克诚作为省委第一把手，是湖南三大运动的总指挥。

1951年12月底，"三反"运动在省、地、市、县机关展开。学习文件，广泛动员，开展坦白和检举，组成六万多人的群众队伍，由各级领导亲自督战，运动轰轰烈烈，形成强大的社会威慑力，贪污分子纷纷落马。1952年4月12日，处决了违法乱纪、敲诈勒索、投机倒把、腐化堕落给国家利益造成重大损失的长沙市公安局长王丕敏，人民拍手称快，盛赞"共产党清明、无私"。"三反"进入高潮。

"三反"运动中，把犯有贪污1000万元以上的人叫作"老虎"，因为这些人吸的是人民的血汗。所以"三反"运动又称"打虎运动"。开展"三反"的单位普遍组成了"打虎队"。

"三反"开始几天后，黄克诚发现：

一是，打"老虎"出现了变相逼供信。运动开始时，中南局分配给湖南省打8000只"老虎"的任务，省委把这一任务分了下去。下面为完成分配的"打虎"任务，有些单位出现了逼供，甚至有逼死人的现象。对分配任务的做法，黄克诚是很不赞成的，他在《自述》里说："'镇反'是敌我矛盾，目标明确，根据情况可以估计一个大约数字。在国家和党的内部打'老虎'，目标和数字都不容易搞清楚；采用限定数字的办法，会使一些单位，一些群众，为了完成任务，硬找对象，搞变相的逼、供、信。这样就会搞得扩大化，搞出冤、假、错案。"

二是，县一级搞"三反"影响了基层干部的情绪，出现了不稳定。黄克诚在省委会议上曾明确地说："县以下目前坚决不搞'三反'，待土改完成后再搞。"可是，运动开始后，有些县以下单位还是卷入了"三反"的大潮，出现不少问题。

针对上述问题，黄克诚召开省委会进行研究，并发出实事求是、严禁逼供的指示。为避免失控，省委决定，县以下停止"三反"，并专门向中南局和中央作了请示报告，经中央批准后，省委下达了县里不搞"三反"的通知。黄克诚回忆说："决定县里不搞'三反'，以免控制不住，搞出许多错误来。我们报告中央，中央批准，我们就这样办了。县里和区、乡不搞运动，基层就稳定了。基层稳定，十分重要，大面上就不乱了。'三反'只在上层搞，省委比较容易控制。"[1]

就因为黄克诚及时发现运动中出现的问题，并采取正确果断措施，使湖南的"三反"运动避免了更多的冤假错案，而且没有影响到土改运动的进行。

正当湖南的"三反"运动蓬勃展开之际，1952年1月26日，中共中央发出《关于在城市中限期展开大规模的坚决彻底的"五反"[2]斗争的指示》。

中央之所以发出"五反"指示，是因为从"三反"运动中揭发出来的大量贪污案件中发现，大的贪污案件无不与不法资本家的腐蚀拉拢有密切关系：不法资本家普遍用回扣、送礼等方式勾引国家工作人员贪污，共同盗窃国家财产、偷税漏税、偷工减料，对公家高价卖出低价买进等等。这种情况让毛泽东看到资产阶级的进攻太猖狂了，"尾巴翘的很高"，目无国法，"必须打下去"。[3]于是，他于1952年1月又作出一个决策：在大中城市开展"五反"运动，向资本家的进攻进行反击。

湖南省委根据中央的这一指示精神，决定"三反"、"五反"结合起来进行，但是主要还是搞"三反"。黄克诚说："'五反'运动，由于湖南工商业不太发达，较易处理，这方面问题不多。问题较多的是'三反'运动。"因此，他召开省委开会研究决定，"五反"首先在长沙发动，总结经验；然后在衡阳、湘潭、邵阳、洪江等市有控制地开展；常德、益阳、株洲等市在"三反"追赃时附带搞一下。1月28

---

① 《黄克诚自述》，人民出版社2004年版，第268页。

② "五反"即反行贿、反偷税漏税、反盗骗国家财产、反偷工减料、反盗窃国家经济情报。

③ 中共中央文献研究室编，逄先知、金冲及主编：《毛泽东传》（上），中央文献出版社2003年版，第223页。

日，省政府和长沙市政府、省市政协召开联席会议，王首道作《关于开展反行贿、反偷税漏税、反诈骗国家财产的斗争》的报告。黄克诚作结论性发言说：所有大贪污犯和较大贪污犯都与不法商人的"五毒"行为息息相关，因此，"三反"运动在第二阶段（指4月以后的清理、定案、追赃阶段），必须把反贪污推到社会上去，特别是推到工商界中去。2月2日，黄克诚又在省市机关大会上要求全体干部都要站在爱国、爱党的立场上，坚决同贪污分子作斗争。2月27日，省委发出《关于城市五反问题的规定》，明确所有县城包括专署所在地之县城，一律不搞群众性的"五反"运动，已发动者一律逐渐收缩；捕人、没收一律报省委批准；对个别危害国家经济严重的不法资本家，用法律手段处理，不作大规模群众运动处理。

这样，"五反"运动在湖南打击面不宽，震动不算太大，这对于城市稳定，发展经济，工人就业是有利的。

从1952年5月起，毛泽东开始着手部署结束"五反"斗争，他认为，"打击要适可而止，不要走得太远"，并提出"三反"、"五反"定案的原则。因为，当时的中心任务是迅速恢复和发展国民经济，毛泽东担心运动过火、时间过长，影响中心任务。

1952年6月5日，湖南省委根据中央的指示精神和湖南"三反"、"五反"的实际情况，发出《关于结束三反、五反做好定案工作的指示》。指示强调："不许草草收兵，也不要固执成见，一定要大刀阔斧地进行清理"，在定案时，既不要漏掉一个"老虎"，但更不能冤枉一个好人；不要从打"老虎"数量和赃款数字上来看"三反"的成绩，要从实事求是上来看成绩；对犯错误的干部和旧人员的处理要慎重；不要靠"五反"来解决"三反"的问题，即不能以资本家的检举揭发材料作为给"三反"中犯错误的干部定案的依据；判刑要特别慎重，一定要按中央《关于处理贪污浪费问题的若干规定》[①]办事，特别是千万元以下的更要慎重，不要轻易给刑事处分。指示特别强调"三反"、"五反"结束后，尽快恢复正常经济活动，稳定经济。

黄克诚要求抓紧查证落实，既要查清贪污的来龙去脉，又要划清贪污与违反财经制度的界线，不能夸大，也不能缩小，争取不冤枉一个好人。

6月初，省委又确定，地辖市凡未开展"五反"运动的一律不再搞，已开展的，打击面（严重违法户和完全违法户）一定限制在1‰以下。为保护大多数工商业者的利益，鼓励他们继续为国计民生服务，省委重申中央的规定：工业从轻，商业从重；多数从轻，少数从重；坦白从宽，抗拒从严。并指示，在定案时，吸收工商界上层人士参加定案评审委员会，反复核实，实事求是；长沙市打击面不得超

---

① 该规定1952年3月6日发出，规定了对贪污浪费问题处理的方针和对贪污分子的处理办法。凡贪污100万元以下者，一般不以贪污分子看待，免予行政处分；凡贪污100万元以上，1000万元以下者为小贪污分子，一般不予刑事处分，只给行政处分，追回赃款；凡贪污1000万元以上，10000万元以下者为中贪污分子，可酌情给予适当刑事处分或行政处分，追回赃款赃物；凡贪污10000万元以上者为大贪污分子，一般给予刑事处分，追回赃物赃款。规定对浪费问题也作了明确的界定。

过 1%，衡阳 1% 以下，其他各市为 0.1%—0.5%。

6 月底，湖南全省的"五反"运动基本结束。据长沙市统计，守法户、基本守法户、半守法户占全市工商户总数的 99%，严重违法户和完全违法户仅占工商户的 1%。

全省"三反"运动于 8 月底基本结束。

省委在一份报告中说，省专两级参加"三反"的人数为 58906 人，"暴露贪污分子 21762 人，占总人数之 37%，其中党员 1420 人，占参加运动党员人数之 25.7%。贪污分子中，贪污 1 亿元以上 170 人，贪污千万元以上、亿万元以下者 5283 人，百万元以下者 13820 人。总共贪污款项 984 亿余元，退 610 亿元。县区干部贪污尚无完整统计……在三反以前，是谁也不会相信的，只有经过三反才能彻底揭发出来，使我们大吃一惊。三反也暴露了铺张浪费、官僚主义以及违法乱纪等严重缺点"[①]。

1952 年 7 月，黄克诚在省委机关党代表会议上的报告中，对湖南的"三反"运动作了总结。

关于"三反"运动的重大意义，黄克诚说："三反运动对我们党和国家来说，是革命在全国取得胜利之后，不可缺少的一次伟大的运动。……要巩固人民的胜利和人民的政权，就要从事两方面的斗争：一方面是对付外部敌人的破坏；一方面是防止革命内部的腐化。……外部的敌人要来破坏我们是很困难的（当然也应该有高度的警惕），危险的是在内部。三反运动即是打败我们内部的腐败因素，是一次思想的、政治的、经济的综合性的革命运动，其意义是和抗美援朝、土地改革、镇压反革命以及过去的革命战争一样的。运动是极其猛烈、深刻、广泛的，对于干部和群众的影响之大，教育之深也是空前的。可以设想，如果没有这样一个运动，内部的腐败将会发展到何等严重的地步，将会影响到国家经济建设任务的实现，影响到革命内部的团结一致，影响到党和人民群众失掉密切的联系。总之，将会影响到人民的胜利和人民政权的巩固。"

接着，他从四个方面论述了"三反"的重大收获：

第一，暴露了革命队伍内部腐败情况，警惕了领导。"'三反'暴露了我们党内的严重缺点。以前人们都担心共产党是否会腐化，事实证明，如果没有三反，光有马列主义理论是不行的。"

贪污腐败是人类社会的毒瘤，任何国家、阶级、政党都不同程度地存在，它不只是生长在资产阶级身上，革命队伍内也会滋生这类毒瘤，而且随着社会的发展，有越来越严重的趋势，问题在于敢不敢动大手术切除之。黄克诚说："三反运动是马列主义理论和实践的结合，共产党敢用三反的手段对贪污、浪费、官僚主义、违法乱纪等坏现象作严重斗争，将这些歪风压了下去。这就使领导警惕起来了，警惕到我们必须像防止敌人、特务的破坏一样防止内部腐败。"

---

① 中共湖南省委关于《湖南省三反运动的基本总结》，1952 年 9 月 3 日。

第二，"提高了干部的思想水平，挽救了大批干部"。黄克诚说："三反"前"有些干部不以贪污、浪费为耻，倒以搞得钱多、大手大脚浪费人民血汗为荣，而且竞相学习那种铺张浪费、讲究排场的坏作风。经过三反，全体干部都知道了哪些是可耻的，哪些是对的、光荣的，使我们党与非党干部的思想水平都大大提高了。如果没有三反，将会有更多的干部贪污腐化起来，而且有的人已经走到了贪污腐化的边缘，三反挽救了他们。有些同志贪污不多，被打成了'老虎'，感到委屈，心怀不满，这可以理解，但这种想法是错误的。应该知道，如果不是三反，再过几年你就可能成为'大老虎'，三反把你从边缘拉了回来，党挽救了你，你就应该感谢党，感谢毛主席，感谢三反运动。"

第三，"密切了党与人民群众的关系"，提高了党的威信。"人们过去怀疑我们取得了政权后是否会腐化，是否会走李自成的老路，有的人甚至在等待我们烂掉。经过三反，人们看到我们党是清正廉明的，是能铲除腐败的，称赞我们'不姑息养奸，从自己做起'，因此，打消了他们的种种怀疑，使人民群众对党的信任和信心大大提高了，我们在国际间的威信也大大地提高了。"

第四，"提高了干部的经济业务知识"。刚解放时，搞经济我们是外行，因此，"我们在银行、贸易、合作社等经济部门重用了很多旧人员，三年来，他们大部分贪污浪费，使我们的经济受到很大损失。在三反运动中，我们将他们从领导岗位上撤了下来，将经济管理大权完全掌握在我们手中，这不仅纯洁了我们的国家机关，也迫使我们尽快地学习经济业务知识，从外行转为内行"。他用学游泳作比喻说：学习经济业务知识好比学游泳，学游泳必须下水，过去我们是光看不下水，当然总是外行。三反迫使我们不得不下水了。现在同志们都下水了，因此，会逐渐学会"游泳"，掌握经济管理知识。

总之，三反运动无论在政治上、经济上、思想上都有伟大的收获。整个运动一般说来，是按中央政策进行的，是正常的，健康的。但也有缺点，主要是：

"逼供现象普遍严重。"由于逼供，全省在"三反"中自杀者170多人；全省共打出"老虎"7237人，经核实，只有2659人；完全没有贪污而被冤枉成"老虎"的219人。军区系统打出的"老虎"有92%是假的。对这些被冤枉的人，黄克诚深感内疚，对不起他们。他在《自述》中很动情地谈到把省工业厅副厅长陈钧错误地打成"贪污"分子的遗憾。他说："湖南省工业厅副厅长陈钧，是上海的工人出身。我一向认为，他为人正派，是个好同志。在'三反'中，他被告发为贪污分子，省里决定他离职审查。审查结果证明告发不实，完全是冤案。本人虽在查清后宣告无罪，但一经离职审查，他就难于回到原单位工作了。这给我们的教训是：对政府和党内干部被揭发时，应不忙于令其离职审查。要先进行调查，掌握一定的证据之后，再停职，进行审讯，否则就有可能伤害一些无辜的好同志。这对我们的事业是一种损失。……他不能回原职工作，完全由于我们失于慎重，行动轻率过失。我是书记，首先负这个责任，理应当面见陈钧认错、道歉，但因我这时正奉命调离湖南，行前匆匆，未顾上向陈钧同志赔礼道歉，此事未办，心中颇有不安。"但是，黄克诚并未因离开湖南而忘掉陈钧的问题。他到北京后，立即向中央组织部副部长安子文反映："过失在我，希望中组部在给陈钧分配工作时，照正常调动处理，将弄错了的所谓'贪污'问题，不存档案，不留痕迹，以免影响他的将来。"在他的建议下，陈钧分配到纺织部或轻工业部任局长。1977 年黄克诚复出后，听说陈钧死于"文化大革命"，他为未能见陈钧一面向他表示歉意而感到遗憾。

历次政治运动都造成许多冤案，错整许多人。像黄克诚这样负责任、勇于承认整错人的错误，并一直关心被整干部的命运的领导人不是很多的。黄克诚的部属都反映他最关心干部，从他对待陈钧问题的态度可见一斑。

"三反"、"五反"运动是继镇压反革命和土地改革之后，进行的一次社会改革运动；是中国共产党在执政后长期坚持反腐败斗争的第一次成功的尝试。黄克诚在指导这场斗争中，始终注意把群众运动的消极影响缩小到最低限度，以维护社会的稳定和社会经济生活的正常运行；始终注意贯彻中央"斗争从严、处理从宽"等一系列政策，尽量缩小打击面，防止出现大的偏差或错误；始终注意运动不能影响生产和经济建设。这场斗争，为荡涤贪图奢靡之风，树立艰苦奋斗、勤政廉洁的优良作风，起了积极作用，为湖南的经济建设创造了良好的社会环境。

三、始终把经济建设作为工作的重点

黄克诚的子女们说过这样的话："爸爸认为他不是一个纯粹的武人，因为他特别喜欢抓经济建设。他说过，中国那么穷，只有抓好经济建设，国家才能强大，有底子才行！他在湖南干得最痛快的是抓经济建设，中央调他到北京，他有些舍不得离开，牵挂着刚刚起步的湖南的经济建设。"

解放前的湖南，工农业发展缓慢，经济落后。湖南刚解放时，通货恶性膨胀，工商业急剧衰败，工矿业纷纷倒闭，全省 1182 家民营矿山绝大部分停产，1/5 的商店倒闭；农业生产凋敝，号称粮仓的洞庭湖区 991 个垸子有 441 个溃决，淹没耕地 430 万亩，造成 120 万灾民流离失所。全省 40% 以上的土地荒芜，粮食减产 1/3 以上，经济作物大幅度减产，铁路、公路严重破坏，交通堵塞，大批工人失业，广大群众处于水深火热之中。

黄克诚就是抱着"收拾这个烂摊子，建设新湖南"的壮心回到湖南的。

（一）"革命的要求就是提高生产。"

只有造反没有建设的革命，不是真正的革命，不是胜利的革命。他一踏上三湘大地就在抓安定社会、稳定人心的同时，狠抓恢复和发展生产。他在各种场合恳切地告诫干部："如果生产搞不好，经济不发展，则严重困难就无法克服，将使我们脱离群众，而处于极端被动的地位。""建设新湖南"就成为一句空话。[1]

---

①《黄克诚纪念文集》编委会编：《黄克诚纪念文集》，湖南人民出版社 2002 年版，第 23 页。

"革命的要求就是提高生产。"这是黄克诚在中共湖南省第一次代表会议上提出的一个论断，是马列主义关于"革命就是解放生产力"理论的具体运用。在这个论断指导下，他要求各级党委和领导干部"在发动群众进行社会改革中，必须抓紧生产的动员和领导"。同时"开展厉行节约运动，反对浪费，提倡少吃少穿少用，求得挤出钱来投资生产"。

4月16日，黄克诚又在湖南省人民政府全体委员会议上的讲话中提出"不饿死一个人，不荒废一亩田"①的口号。

8月7日，他在中共湖南省第二次代表会议上批评忽视恢复和发展工商业的错误。他说："恢复和发展工商业有同等重要性。……我们对这个问题的认识，开始是模糊的，致使在实际工作中发生了许多缺点，如在公私关系上，对私营工商业照顾不够；在公营企业上轻视原有工厂的恢复、整理、改造，使老厂长时期赔本，……对私人矿山没有进行工作帮助维持生产，不了解私人矿山目前对维持劳动人民的生活有相当重要的作用，五百人的矿山可以养活一万人。"今后我们的任务，就是动员人民，组织力量，为实现毛主席在七届三中全会上提出的为争取国家财政经济状况的基本好转而斗争。具体地说，就是土改"不能丝毫损害农业生产，保证不出大的偏差、不损害秋冬耕种和明年的春耕生产"；"已恢复生产的国营厂矿，在民主改革的基础上，统一党、政、工、团的领导，改善工人与职员的关系，密切技术人员与工人的合作，组织生产竞赛"；"继续扩大公营商业网，在乡村建立商业机构，以保证城乡物资的流通"；"帮助私营工矿及手工业恢复生产，改善劳资关系，改进经营状况，从原料、销路上给予可能的扶助，使之正常的发展"。

12月，黄克诚在首次召开的全省国营厂矿计划会议上，提出1951年国营工业要以开矿为主，办厂为辅。开矿着重小规模地开办有色金属矿和非金属矿；办厂要采取"由无到有，由小到大，由落后到先进的方针"，②目前要办所需资金不大和易办的小型矿产品加工厂。

1951年4月中旬，黄克诚在省委召开的第二次城市工作会议上要求各市和各专区节省一切资金兴办小型厂矿企业。

此后，全省兴起了办小型厂矿企业的热潮，一批小型厂矿应运而生。

黄克诚经常深入农村、工矿企业调查研究，了解生产情况。

湖南新化锡矿山是1897年开办的老矿山，以产锑闻名世界。黄克诚决定到这个情况复杂而又有代表性的矿山去看看，找出一些带政策性的问题，指导全省的工业建设。

1950年5月的一天，他轻车简从，带着几位工作人员来到锡矿山，一住就是五天。矿上的人们听说有一位共产党的"大官"来了，很惊奇。当黄克诚出现在

---

①《黄克诚纪念文集》编委会编：《黄克诚纪念文集》，湖南人民出版社2002年版，第38页。

② 黄克诚自传，1968年7月3日。

他们面前时，有些人愣住了：不论怎么看，他不像个"要人"，倒像个"老农民"，瘦小的躯体，朴实的装束，也不修边幅，没有一点"威风凛凛"的派头，倒是慈眉善目，和蔼可亲的样子。他和矿领导亲切握手，和工人热情打招呼，那么自然质朴。当得知来者就是省委书记、大名鼎鼎的黄克诚时，人们发出赞叹："这就是共产党的大官啊，和国民党的官就是不一样！"

黄克诚多次听取矿领导的汇报，不时提出各类问题，问得很细，特别是政策上，生产上的问题。他深入矿工家中，促膝谈心，了解工人的思想，关心他们的生活。他下井看望工人，了解井下作业情况。矿领导劝他说："井下作业条件差，也很危险，首长还是不要下去了吧！"黄克诚却说："如今工人当家作主了，我应

■ 1951，中共湖南省委书记黄克诚在衡阳铁路局视察。

该下去看看他们。他们能够去的地方，我也应该去。有危险，尽快排除嘛！保护工人的生命，安全生产第一的观念一定要在大家头脑中扎根！"为落实黄克诚的这一指示，矿方在资金缺乏的情况下，挤出钱来，想尽办法排除不安全因素，改善生产条件，一度成为全国有色金属矿安全生产的一面旗帜。

黄克诚谢绝了矿上对他的一切特殊招待。准备好的小灶，他不吃，坚持在工人食堂就餐。一角二角一份的小炒，他不要，只吃五分钱一份的大众菜。每当就餐，他都带着随从人员和工人一起排队买大众菜，和工人们一起大口大口地吃起来，工人们看在眼里，热在心上。有见过国民党官员的老工人说："解放前，国民党的官也来过不少，官不大，但没有一个看得起我们，更咽不下我们的饭菜。黄书记一省之长，和我们同吃，真是为人民的好官！"

黄克诚听矿领导说，这个矿的南炼厂有一名工程师，名叫苏学坡，是本省醴陵人。他父亲是恶霸地主，民团头目，曾参加1927年5月的马日事变，屠杀共产党人，民愤极大，镇反运动中被枪毙了。醴陵的乡农会多次派人到矿上，非把苏学坡要回乡里处死不可，矿领导有些顶不住了。黄克诚听说后，特别指示：苏学坡的父亲罪大恶极，苏学坡没罪，要把他与他父亲分开；要把历史问题同现实表现分开。像苏学坡这样的技术人员，我们要团结他，改造他，让他成为新人，成为我们的可用之才。矿领导根据黄克诚的指示正确处理了苏学坡的问题。黄克诚

将苏学坡的情况向全省工业战线发出通报，要求凡有类似苏学坡情况的工矿企业，一定要按照"两个分开"的政策办，坚持团结、改造、使用的方针。

黄克诚到锡矿山时，正值湖南的镇反运动开展得轰轰烈烈。他就杀人问题对该矿指示："杀人必须慎之又慎。人头落地，不像割韭菜，杀了不能再生出来。杀人越少越好，表明我们强大。"在他指导下，锡矿山的镇反搞得比较稳妥，生产建设也比较顺利。

1951年春，黄克诚到洞庭湖区的常德、益阳、岳阳视察，了解受灾情况和农业情况，鼓励群众一定要把堤垸修好，战胜天灾，争取农业生产丰收。接着，他又到了邵阳、零陵等地农村，指导春耕生产，组织社会力量抢修塘坝，疏通渠道，扩大旱涝保收面积。

黄克诚在一个政治运动接一个政治运动的年代始终保持着清醒的头脑。他先后提出搞运动几个不准：不准丝毫损害生产；不准消灭富农经济；不准侵犯中农利益；不准破坏民族工商业；不准搞乱农村和城市秩序；不准随意抓人，特别是民主人士、专家教授、工程技术人员。

正是有这几个"不准"，湖南的经济恢复和建设工作受到政治运动的冲击较小，做到了政治运动既开展得轰轰烈烈，生产建设又得到较快恢复和发展。

到1951年上半年，湖南的经济形势有了较大改观。全省地方国营工矿企业已发展到350多个，职工总人数5.5万人，资产总值6000多万亿元，年产值2000万亿以上，稻谷、棉花、烟草产量已超过战前。

黄克诚用两句话概括了当时的形势："旧的湖南已经消逝，新的湖南正在成长中。"

（二）"为准备进行长期建设而斗争。"

1951年9月7日至27日，中共湖南省召开第三次代表会议。黄克诚在会上作了《为贯彻完成两大改革，准备进行长期建设而斗争》的报告。

他在报告中说：经过一系列运动，反动派已被打倒，社会安定了，人民政权巩固了，工农业生产逐渐恢复了，各种物品产量超过解放前水平，"城乡出现欣欣向荣的景象。……从总的形势来看，湖南经济恢复时期到了一个重要转折点，即由搞运动带动生产建设为主转到以抓经济建设为主上来了"。

今后的经济建设怎么抓？

黄克诚说，首先，彻底完成农村的土改和城市、工矿企业的民主改革①，"这都是为着扫除生产障碍，为发展生产开辟广阔道路"。

他要求，今冬明春必须完成土改和土改复查。巩固农民队伍，城市、工矿的

---

① 湖南的城市、工矿民主改革于1951年7月开始，1952年7月基本结束。在这场斗争中坚持了"反封建不反资本，斗政治不斗经济"的原则，打垮了城市、工矿的封建残余势力，消灭了封建把头制度，扫除了生产障碍，建立了新型的工人当家作主的制度。

民主改革,"是不可跳越的一关,它和土地改革一样重要"。民主改革的目的是,在企业内消灭官僚资本主义的生产关系,肃清反革命分子和残余的封建势力,教育群众,建立起社会主义的生产关系。有四个方面的内容:(1)废除旧的管理制度和改造旧的管理机构,建立新的民主管理机构和责任制;(2)铲除封建残余势力和清除隐藏在企业内部的反革命分子;(3)消除职工队伍的对立,建立工人阶级内部的团结;(4)变革旧的分配关系,初步建立按劳分配制度。"全省各地必须依照中央和中南局的指示贯彻执行。"

其次是,把工作重心转到抓生产建设上来。

黄克诚说:生产建设首先是抓好农业生产。"在湖南,农民占人口的最多数,农村经济占湖南目前国民经济最大比重。农业生产的好坏,不仅影响农民的生活,而且影响工商、交通的发展,所以要尽心尽力地继续领导好农业生产,争取大丰收,这有决定的意义。"

他要求"农业生产和农业副产的主要产品在明年要达到战前水平,其他产品接近战前水平"。他说,洞庭湖区是粮仓,那里现有的堤坝应加固,有些废弃的旧坝要改成新坝;山区大力修塘、筑堤、建水库,蓄水防旱。动员农民大力积肥、改良土壤,冬耕翻地,消灭虫卵。这些做好了,明年丰收就有了保障。在作物种植方面,他提出多种棉、麻、烟、茶、桐树等,以供应工业原料,争取外汇。

"要保护森林,植树造林,封山育林。""凡过去属于地主和小公家所有的荒山、桐山、茶叶山,全部分给农民;树木按山林大小及历史情况,分给农民或由区、乡、村政府管理;大森林由省、专区农林部门管理;凡属于富农、中农、贫农之各种山林仍旧归原主,不得没收分配;荒山归乡、村政府所有,作为人民共同采樵或畜牧场所;大荒山由专区、县政府管理,作封山造林之用。"对林木"实行有计划的采伐,禁止政府、军队、群众团体、合作社等经营木材买卖。林业部门只负责护林、培林、组织采伐,不得经营木材业务。所有木材经营统由煤建公司负责",一切需要木材单位,均由煤建公司供应。"明春要动员全省人民大量栽植树木,为湖南人民造福。"

黄克诚不愧为精细的当家人。湖南的农林业怎么发展,抓什么,解决什么问题,都说得一清二楚,政策交代得明明白白。

关于工业建设,黄克诚说,建设新湖南没有一定的工业基础是不可能实现的,"发展工业是实现国家工业化,提高人民生活水平,增强国家力量,改变国家贫弱面貌的中心环节。没有工业则我们国家永远是贫穷的国家,受人欺压的国家。因此,改善现有厂矿的生产经营,建设新的厂矿是我们严重的任务"。

"我当时对办工业兴趣很高。"黄克诚在回忆湖南工作时这样说。①

湖南解放后,接管官僚资本工矿企业220个,职工2万多人,建立起了国营经济基础。这些企业在当时来看,大多数处在不良状态中。黄克诚说"必须以大

---

① 黄克诚自传,1968 年 7 月 3 日。

力帮助这些厂矿的恢复生产工作，加强干部领导，把这些企业培养成为本省工矿企业的核心，以推动地方工业和私营工业的进步"。

湖南在解放以后的一年多时间内，省、专、县地方小型工矿企业有了相当发展，已达300多个，职工近4万人。但财力缺乏，干部不足。黄克诚指示，对这些地方工矿企业必须加以整顿，调有工作经验、有一定文化程度、善于团结职工的干部进去。

对私营工商业和手工业的恢复和发展，黄克诚也非常关心。因为那是当时五种经济成分中的重要组成部分。他说："我们应帮助他们进行内部改革，改善经营。对准备转向工业的私人商业资本，应给予赞助，以配合整个国家工业的发展。""湖南手工业有较好的基础，……各级党委必须把恢复手工业当作主要工作，组织动员各种手工业者打破顾虑，大胆经营。大力帮助他们解决资金缺乏、劳资纠纷、原料不足、销路不畅等困难。"

交通是发展经济的动脉。黄克诚要求尽快整修现有公路、河道，加修桥梁，争取原有公路全部通车。必须准备修建新的公路，以便利物资交流。

为满足经济飞速发展的需要，黄克诚号召"大力压缩支出，一切非急需事业应停止开办，一切非急需支出应停止支出"。不准盖办公楼，不买小汽车，"在湖南三年中，省级党政机关未修建一间房子"[①]，将节约的资金全部投入工业建设。他还把从东北带到湖南的"革命家底"——一批黄金投入湖南的工业建设，受到毛泽东的高度赞扬。

黄克诚号召湖南"全党团结起来，努力学习，提高思想，端正作风，一致努力，为彻底完成土地改革与民主改革，为恢复与发展生产，为恢复发展教育，为增加抗美援朝的力量，为迎接湖南的伟大建设而斗争！"

第三次代表会议闭幕后，各级党委认真贯彻会议精神，湖南的经济发展开始出现新的势头。

（三）"生产事业得到了初步恢复和发展。"

从1949年8月湖南解放至1952年9月，三年间，在湖南省委和黄克诚等领导下，全省各族人民共同努力，国民经济得到较快恢复，工农业有了较快发展。

1. 农业

治理洞庭湖区水患，修复堤垸。洞庭湖区的耕地面积约占全省耕地面积的五分之一，每年的粮食产量约占全省粮食产量的三分之一，棉花、麻类产量约占全省的三分之一。但是，解放前的洞庭湖区，洪涝灾害连绵不断，群众饱受水患之苦。黄克诚到任伊始，立即提出必须抓紧水利建设，动员力量完成滨湖区修复堤垸的任务。

1949年11月12日，省临时政府发出《关于洞庭湖修复溃损堤垸的指示》，并

---

① 黄克诚自传，1968年7月3日。

拨出 8611 万斤大米，以工代赈，组织 27 万群众修堤复垸。计完成堵口复堤土方 3143 万立方米，堵溃口 709 处，修复溃垸 347 个，修大堤 3210 公里；对有碍行洪泄洪以及垸老田低的 43 个溃垸废弃还湖；在东口修了一道长 16.8 公里长的横堤，将大通湖①四面封闭，建成大通湖蓄洪垦区，并把大通湖 108 个小垸合并成一个面积达 63.3 万亩的大垸。

在治理洞庭湖区的同时，还在山区、丘陵共修复和新建山塘 90 余万个，水坝 10 万余座，小型水库 70 多座，使 1600 多万亩耕地免除或减轻了旱灾。

这些措施，使 1952 年的粮食播种面积比 1949 年扩大了 1300 多万亩，棉田扩大 112 万多亩。粮食产量由 1949 年的 128 亿斤增加到 1952 年的 206.41 亿斤，比 1949 年增长 61.14%，超过湖南历史最高水平的 1936 年 5.13%。

在发展农业生产的同时，农民开始组织起来。据统计，至 1952 年，全省试办农业生产互助组 15 万个，入组农民达全省农户的 12.8%。这是黄克诚关于土改后及时组织农民走合作化道路指示精神的初步落实。在土改中，黄克诚多次讲到，土地改革不仅仅是让农民得到几亩土地，最根本的是引导农民走合作化的道路，这是农民摆脱贫困，走向富裕的必由之路，是农村发展的方向，也是我们农村工作的方向，领导合作化是今后农村党组织的基本任务之一。

2. 工矿交通运输业

1949 年底，湖南人民政府拨款扶持停产或半停产的原官僚资本企业恢复生产。1950 年以后，省委、省政府加大了对工矿业的投资。以投资少、需要劳动力多的有色金属和非金属矿为重点，新建或扩建了金、锑、锡矿和电厂等 15 个工矿企业，解决了部分工人的失业问题。同时，扩建和改建了 3 座有色金属矿。已停工几年的湖南机械厂在长沙恢复了生产。中央也在湖南办起了 2 个钨矿和 1 个锑矿。

按照省委的要求，各地也办起一批小型厂矿。省委还开始筹建较大的湘潭纺织厂，并用黄克诚从东北带到湖南的资金和省委节约的经费兴建起湘江织布厂。

在发展国营工矿业的同时，人民政府还与民族资本合作，办了一批公私合营企业。到 1952 年底，全省各级地方政府投资兴办的公私合营企业达 118 家，产值 2057 亿元，占当年地方国营和公私合营企业总产值的 11.30%。

由于积极贯彻中央制定的"发展生产，繁荣经济，公私兼顾，劳资两利"的政策，私营工业得到较快的恢复，政府还通过加工订货，统购统销，发放贷款等方式给予私营工业以支持。从 1949 年到 1952 年，全省私营工业由 1376 户发展到 2121 户，产值由 6365 亿元增长到 1.3 万亿元。

对手工业，省政府采取加工订货、低息贷款、减免税收，组织手工业合作社等措施，鼓励和扶持手工业者恢复和发展生产。到 1952 年，全省共有手工业 20 万户，从业人员 47 万余人，产值达 30230.7 亿元。

全省交通运输迅速恢复。粤汉、浙赣、湘桂铁路省内线段于 1949 年底修复通

---

① 洞庭湖区除洞庭湖外，尚有若干小湖泊与洞庭湖相通。大通湖是其中之一，位于洞庭湖西南侧畔。

车，铁路货运量由 1950 年的 152 万吨增加到 1952 年 305 万吨。全省原有公路进行了全面整修，并在湘西修建了少量公路，通车里程由 3142 公里增加到 3790 公里。湘江、资江、沅江、澧水原有航道全部通航。

3. 商业

从省到县逐步建立起贸易、土产、医药、专卖、盐业、工业器材、茶叶、粮食、油脂、花纱布、百货、建筑器材、石油等国营商业公司，1950 年至 1952 年，全省国营商业零售额由 2524 亿元增长到 1.7078 万亿元，占全省商品零售总额的 10.5%。这对促进工农业生产的恢复和发展，满足城乡人民生活的需要，发挥了巨大的作用。

合作社商业也有一定的发展。到 1952 年底，全省共有县以上合作总社（或联合社）98 个，基层供销社 1168 个，社员 7.5 万余人，股金 861.3 亿元，当年零售额达 1.4994 万亿元，占全省社会商品零售总额的 15.4%。

外迁至香港、澳门、广州的工商界人士和工程技术人员纷纷回湖南恢复经营。1950 年 1 月中旬，长沙市主要私营商业行业增加了 579 户。"三反"、"五反"后，私商遇到暂时困难，歇业者增多，政府及时进行了两次调整，帮助私商渡过了暂时困难，得到了恢复和发展。从 1950 年至 1952 年，私营商业零售额由 6.2824 万亿元增加到 7.1764 万亿元。

1952 年 7 月，中央决定调黄克诚到中央工作时，湖南已经完成了恢复国民经济的繁重任务，工农业已获得全面恢复和发展，总产值达到 34.27 万亿元，比 1949 年增长 80.18%。粮食总产量和棉花、生猪、茶油等 10 种主要农产品产量，以及发电、煤、钨、棉纱、棉布等 8 种主要工业产品产量，已超过战前最好的 1936 年的水平，交通运输恢复，各项基本建设初见成效，市场活跃，物价稳定，实现财政经济状况基本好转的目标达到了。一个以国营经济为主导，全民所有制经济、集体所有制经济、国家资本主义经济、私人资本主义经济和个体经济 5 种经济成分并存的社会形态形成了。湖南已从半封建半殖民地经济的死胡同中走了出来，建立起了新民主主义的经济体系。

可以说，黄克诚走马上任湖南省委书记时"收拾烂摊子，建设新湖南"的抱负实现了。这是湖南全体干部率领各族人民万众一心，艰苦奋斗的结果。黄克诚作为省委第一把手，他领导全省人民战天斗地的丰功伟绩将永远铭记在这一段辉煌的史篇上。

四、注重提拔、使用和教育干部

黄克诚认为，建设新湖南，培养和造就大批干部是关键的环节，特别是本地干部，"这是我们在湖南生根、联系群众、做好社会改革与建设的根本"[①]。因此，他在湖南主政三年里，始终把培养提拔干部当成一项重要的战略任务，放在十分

---

① 《黄克诚纪念文集》编委会编：《黄克诚纪念文集》，湖南人民出版社 2002 年版，第 68 页。

重要的位置上，一刻也没有放松。

（一）破除"资格论"

湖南解放之初的干部主要是从老解放区成建制抽调随军南下的干部，7000 多人，加上招收的南下学员、军队留用干部和后勤人员，共计 1.741 万余人。这部分干部中，除新招的部分学生外，大部分经过长期革命战争的考验，政治素质强，经验丰富，入湘后，分别进入湖南省、地、县甚至区、乡各级党政机关领导岗位，成为建设新湖南的骨干力量、可靠保证。其次是湖南地下党的干部有 7000 多人。再就是旧政权留用人员，主要是技术人才，人数不多。

黄克诚说："湖南有将近三千万人口，社会情况又非常复杂，中央派来湖南的干部除军队外，一共只有几千人，如果单靠这几千干部来领导社会情况复杂、人口众多、地域广大的湖南的社会改革，进行千头万绪的建设工作，而不大批地提拔本地干部到各种工作岗位上是不可能的。"[1]大胆而又慎重地提拔和培养本地干部，成为当时最急迫的任务。

在黄克诚到任之前，即 1949 年 9 月 15 日，省委制定了《关于大量训练培养干部的计划》下发各级党委。要求在半年时间内，全省培养新干部 2.5 万至 3 万人。

1950 年 1 月，黄克诚在中共湖南省第一次代表会议上提出"三大任务"时，要求把贫苦的正派的积极的工人、农民、知识分子，有选择地吸收到党内来，并用各种方式尽快地培养成为干部，成为我们联系群众的桥梁，成为本地群众的骨干，"以领导群众进行斗争，更好地完成当前的任务"[2]。

由于各级党委认真落实省委计划和黄克诚讲话精神，到 1950 年 6 月，全省区以上脱产干部达到 4.2 万余人，较解放之初增加 1 倍。但是，这远远满足不了形势和任务的需要。当时，提拔新干部较突出地存在着论资排辈的问题。

对这些问题，黄克诚多次耐心地解释、批评、纠正。

他说，许多组织部门"在配备干部、提拔干部上不适当的强调了资格，对才、德条件不予重视。……必须把忠诚的、有能力的与人民群众有联系的人提到我们党和政府的负责岗位上来。如果只论资格不论才、德，就会妨碍工作，妨碍党的事业的前进"。就会使伟大的革命事业需要的人才，限于狭小的老干部圈子里，对革命事业是不利的。

关于提拔本地干部，黄克诚说：要知道，我们是在新区，我们华北来的同志都是外来干部，对于湖南情况是不熟悉的，与湖南群众是缺乏联系的。为了搞好湖南的工作，巩固人民民主专政，建立与巩固同人民群众的密切联系，就必须从湖南的工人、农民、贫苦知识分子中找出优秀的人物，培养成为群众的骨干。我们不仅不应该按照资格来提拔，而且不应该以老区提拔干部的方式来提

①《黄克诚纪念文集》编委会编：《黄克诚纪念文集》，湖南人民出版社 2002 年版，第 68 页。
②《黄克诚纪念文集》编委会编：《黄克诚纪念文集》，湖南人民出版社 2002 年版，第 25 页。

拔……我们华北南下的老干部数目是不多的，大多数都安置在负责岗位上，其中有少数资格虽老，但能力极弱，注意培养他们的能力是必要的，生活上加以照顾，政治上加以尊重也是必要的，但不能拿职务来照顾他们。要教育他们，不要因为提拔大批新干部而悲观、失望，而这正是我们党的事业兴旺发达和胜利的保证。①

黄克诚还批评了"先教育后提拔"的思想。他说，有的党委存在着先教育好了再提拔的思想，这是"资格论"的另一种表现。这种思想把教育干部与提拔干部对立起来了，对我们党的事业是不利的。他们不懂提拔干部与培养干部是统一的，教育固然重要，但绝不能待教育好了再提拔。在革命中学习革命，能力是在实际工作中锻炼出来的，绝不是有了能力再工作。只要提拔起来，受些教育，碰些钉子，能力就会培养出来的。我们现在党的干部最大多数是在实际斗争中锻炼培养出来的。对干部只强调教育，不提拔他们到实际工作岗位去锻炼，就很难提高他们的能力。这种先教育后提拔的思想妨碍我们大胆地提拔本地干部，妨碍我们联系湖南人民群众，妨碍我们在湖南人民中生根，妨碍我们伟大的社会主义改革与建设工作，因此是完全错误的，必须完全纠正。②

根据黄克诚的上述讲话精神，中共湖南省第二次代表会议闭幕后，省委立刻作出《中共湖南省委关于提高培养干部的决议》。

1951 年下半年，湖南进入"准备进行长期建设"的新时期后，干部的缺乏更凸显出来，各级政府以及工矿、农业、财经、文教等部门纷纷向省委组织部伸手要干部。同时，中共中央和中南局也向湖南要干部。省委组织部哪里有干部？黄克诚说，这种情况使我们的工作极大被动，"解决这个被动，要靠我们大量培养大胆提拔，舍此别无他途。""各地委、县委、区委必须坚决打破历史太短，能力不够，情况复杂的顾虑，大胆地提拔本地干部。"③

在"三反"运动开展后，湖南有一批干部"落马"，这更扩大了干部队伍的缺口，黄克诚要求各级党委拿出魄力来，认真贯彻中南局提出的"宁弱勿缺与宁缺勿滥相结合"的方针，大胆地把本地干部提拔到重要岗位上。他说："新时代必须要有新的人才，老的人在新时代中有些掉下去，新人要起来，这是辩证法的规律，必须懂得这一规律，不要害怕新的人起来。"④

（二）正确认识和使用地下党人员

地下党与南下入湘干部会师（合并）后，地下党成员有相当部分安排到各级领导岗位上任副职。但是，还有一些因某些政治背景暂时没搞清楚，或因某些领导人对他们"不放心"，而迟迟得不到正确使用。

---

① 《黄克诚纪念文集》编委会编：《黄克诚纪念文集》，湖南人民出版社 2002 年版，第 46—47 页。
② 《黄克诚纪念文集》编委会编：《黄克诚纪念文集》，湖南人民出版社 2002 年版，第 70—71 页。
③ 《黄克诚纪念文集》编委会编：《黄克诚纪念文集》，湖南人民出版社 2002 年版，第 142—143 页。
④ 《黄克诚纪念文集》编委会编：《黄克诚纪念文集》，湖南人民出版社 2002 年版，第 84 页。

黄克诚说，湖南有近万名地下党员和一大批在战争年代与党组织失去联系的人员。这些人员在白色恐怖中运用各种方式同反动派进行了卓绝的斗争，表现出不怕流血牺牲的大无畏精神。他们中的大部分对革命、对党保持有相当的感情，天天盼望着革命胜利。但是，由于省委对这个问题未能及时地给各级党委作出明确的指示，致使下级党委和一些老干部不能正确对待他们。让他们长期坐冷板凳，不敢使用，甚至排除他们。我们天天叫喊任务重，人手少，缺干部，却不识才，人才就在身边却视而不见。"我们老解放区来的同志不了解在敌人统治下坚持斗争的复杂性、残酷性和困难情况，不懂得他们不采用各种手段、各种形式进行斗争，就无法生存。"我们应该去理解他们，了解他们，敬重他们，大胆地使用他们。

针对这个问题，黄克诚提出了几项具体要求：

（1）在地下党员中选拔忠诚、积极的优秀分子进入区党委为委员。过去地下党的各级委员会的委员，经过一年工作的考察，证明忠诚、正派、有造就前途者，应安排到相当的党委为委员，参加党的领导工作。县、区政府各部门机关按照编制缺少的干部，应从地下党员、失掉联系的党员和新参加工作的知识分子中，选拔比较进步者为干部。

（2）对长期坚持斗争，间断失掉联系，独立工作，而无自首确实证据的党员，应吸收参加当地党委为委员。

（3）对长期脱离党的联系而未向敌人自首，在国民党统治时期未参加其他党派，只做文化教育或生产工作，而在解放前夕参加游击战争并与地下党取得联系，做了党分配的一部分工作的老党员或同情者，解放后又积极参加工作，应重新考虑他们的党籍，允许重新入党，再经过比较长期考察后，可吸收参加党的工作。

（4）过去是党员，在大革命失败后消极，不敢从事革命工作但未在国民党中从事军事政治工作，仅在社会上从事教育或生产工作，解放后积极参加工作者可按照其能力，吸收他们到政府、群众团体和教育机关中担任适当工作。

（5）在革命失败或白色恐怖严重时，怕死向敌人自首，但对党没有任何危害，也未在国民党中担任任何工作，解放后积极参加工作或积极要求工作者，可给予参加革命工作的机会。

（6）对自首叛变做过危害党的工作，在解放前又没有特殊功绩者，不得使用，罪行严重者应予惩处。

（三）关爱知识人才和党外民主人士

湖南有一批从国民党时期过来的知识分子，主要是科技人员、教育工作者、社会知名人士等。这些人，是湖南干部队伍的重要组成部分，是建设新湖南不可缺少的宝贵人才资源。

对他们，黄克诚十分看重。他常说，要正确对待和使用这些人，凡有一技之长者，都要发挥他们的作用，让他们为建设新湖南服务。

1951年7月，黄克诚在湖南省重点厂矿工作组干部会议上阐明了对他们的政策："对工程师、有本事的会计、教育工作者、确有经验的行政管理人员、技术工人等，应充分认识其宝贵性。他们是技术干部队伍。国家当前的中心任务是建设，最缺乏的是技术干部，这是现在及今后一定时间内最严重的困难。培养一个工程师要 20 年时间，我们一下培养不出来，又不能等，必须使用他们。"

有人问：对那些与共产党不一条心的技术人员怎么对待？黄克诚非常肯定地说："某些技术人员，明知是不可靠的，但必须用他们，今后十年、二十年还要用他们。"所以，我们对他们要耐心等待，不要性急，要采取人格上尊重、技术上信任、政治上帮助、物质上照顾、行动上团结的方针，以此来唤醒他们的良知。

对那些过去做了坏事的技术人员"总的是，从宽处理"。他们在旧社会都混了许多年，身上都有脏的东西。我们不要用共产党员的标准来要求他们，"只要他们拿出技术来，好好地为国家建设服务，不勾结帝国主义和蒋介石；历史上做过的坏事，只要进行检讨纠正，可不必与其他人员那样去追究"。处理他们的问题的原则是："思想问题、作风问题与政治问题分开，不要把他们的一些旧作风、旧态度、过失错误都牵扯到反革命问题上"；历史问题与现行问题分开，"历史罪行与现行活动应加以区别"。我们要保持清醒头脑，不做群众运动的尾巴，"不能片面地根据群众的要求来处理他们，不要在运动的风头上处理他们"，黄克诚还说："技术人员中最坏的，罪恶十分严重的，群众非常痛恨的，仍要惩办，但要经过一定手续，要经省委批准。"

黄克诚在土改、镇反、民主改革等运动中保护了许多技术人才。例如：湖南省工业厅有一位地主出身的总工程师，郴州地区人，父亲土改中被清算斗争。湘南行署得知其子在长沙省工业厅任职，便派两名警察来省工业厅抓人。省委副书记兼工业厅长高文华接待了这两名警察，说明这位总工程师是我们需要的人才，请他们回去向行署报告，此人不能随便逮捕处决。但警察非把人抓走不可。高文华即刻给黄克诚打电话说明情况。黄克诚二话没说，直奔高文华办公室，对那两名警察说："你们回去向你们的领导汇报，你们要抓的那名总工程师我黄克诚不准抓。……我们现在搞建设，正需要这样的人才。他将对我们湖南的工业建设做出大的贡献，你们想到没有？"黄克诚有些激动，便给这两名警察讲了一段十月革命中红军起用被俘白军将领打败全部白军的故事。"你们想想，红军尚且可以利用白军将领指挥红军打败白军，我们为什么不能利用地主出身的总工程师建设我们的国家呢？你们说，是杀了他好，还是让他为国家建设服务好？"两名警察被黄克诚说服了。

土改运动在全省铺开后，各地农民协会纷纷派人到城里抓人，而教育界的工作人员和教员中，出身地主家庭的人很多。这一抓，使学校，特别是大学、中学里的气氛顿时紧张起来。管宣传的周小舟将此情况报告了黄克诚。黄克诚立刻以省委的名义作出决定：不准农会到城里随便抓人，要保护好教员。这样，迅速安定了教育界。

在土改、镇反等运动中，这样的事黄克诚还亲自处理了多起。为避免这类事情发生，根据黄克诚的指示，湖南省委制定了一系列保护知识人才的措施，规定：在运动中，对专家、教授、高级技术人员、民主人士等必须保护。后来，省委做出明确规定：运动中高级知识分子、社会知名人士等，未经黄克诚批准，不得任意逮捕，不得擅自清算批斗。这一规定的实施，有效地保护了知识分子。黄克诚还指示统战部在各部门，包括省政府参事室、文史馆（文物保管会）、教育部门、财经部门等，安排了不少技术人才和党外人士，他们建设新湖南的热情也因此迸发出来。

中共中央指定湖南的统一战线工作由黄克诚亲自负责。黄克诚竭尽全力做好这一工作。在湖南，党外有一批饱学多才之士，特别是旧军政界的知名人士相当多，这是一大股非常重要的社会力量。黄克诚说，党外各界朋友对国事、省事有很多好的想法和建议，对我们工作中的错误和缺点往往比我们看得更清楚，更客观，我们应当洗耳恭听，择其合理和有益的内容，丰富我们领导的思想，改进我们的工作，提高我们的领导艺术。他在党外知名人士面前，从不以胜利者自居，不以位高权重而盛气凌人，总是以诚相待。

他和程潜同住一个大院，两家相距不到百米。黄克诚是程潜家的常客，经常上门请教，总以"颂公"称谓程潜，二人相处非常融洽。

时任省委副秘书长的杨第甫回忆说：为了做好政治协商工作，在经费紧张的情况下，黄克诚决定，不盖省委、省政府的办公大楼，而是先盖了省政治协商会议大院。

1952年，烈士公园举行奠基仪式，黄克诚决定由他和程潜共同主持，首先铲土奠基。当时干部中有不少议论，说程潜是国民党的人，手上有共产党人的鲜血，为什么请他奠基？黄克诚说，革命不分先后，程潜率部起义，保护了长沙古城，而且对云南的龙云、新疆的陶峙岳起义都有影响，这是立了大功。同时，烈士公园不仅是纪念共产党烈士的，还应该包括旧民主主义革命时期和新民主主义革命时期各党派的烈士，而程潜就是各民主党派的代表人士。黄克诚一席话把不服气的人说服了。

黄克诚在生活待遇上也给予程潜等人特别照顾。当时是供给制，给程潜安排的经费是每年4000万元，而黄克诚每月仅100多万元，不及程潜的三分之一。

黄克诚还常去看望唐生智、陈明仁、程星龄等知名人士，他的诚恳、宽厚、谦和、睿智，使他们心悦诚服。

黄克诚在湖南任内和旧军政界许多知名人士成了朋友，他万万没有想到15年后却成了他的"罪状"。

"文化大革命"中他被关押后，一再被逼交待在湖南任内"包庇"旧军政界"反动分子"的"罪行"。然而他"屈打不成招"。1968年7月29日，他在《湖南关于旧人员安排处理问题的交待材料》中说："我对旧人员的处理，从总的方面来说，是秉着当时党中央统一战线政策的，即按照中央包下来，统筹安排，各得其所，对一般旧人员采取宽大对待、量材录用的精神办的，也是根据当时湖南具体情况和实际工作需要办的，因而，可以说基本上是正确的。"……只能说工作中有某些片面性，或不严谨，不能说"包庇"，更不能说是"犯罪"。

各级党委认真贯彻黄克诚关于大胆提拔新干部的一系列指示，全省各级干部很快发展到 6.4 万余人，其中 5 万以上为新提拔的本地干部和留用的旧人员，老干部占少数，仅 1 万多人。他们在各自的工作岗位上兢兢业业，努力工作，为湖南的各项改革和建设发挥了巨大作用。

（四）建立党员、干部轮训制，对干部进行正规教育

黄克诚认为，"干部的称职与否是革命和建设事业成功的决定因素。"湖南解放初期，干部队伍的素质从总体上看是不高的。新干部多，未经过激烈阶级斗争的锻炼，革命人生观树立不牢；老干部虽经长期革命斗争锻炼和党的教育，觉悟高，有经验，但也存在这样那样的问题。

解决新老干部存在的这些问题，有效的办法是开展整风运动和办学校、轮训班，对干部进行正规教育。

1950 年 6 月，省委根据中央的指示，在全省干部中进行了整风，收到良好的效果，11 月结束整风运动。接着，黄克诚提出，要办党校、轮训班，对干部进行正规教育。他说，省委、地委（县委在可能时）要办党校或干部学校，轮训本地干部、党员和某些华北来的比较弱的干部，使他们接受正规训练。每期人数不要太多，时间不要太长，要使现在已经参加工作的干部和新入党的党员都受到轮流训练。因为已参加工作的本地干部和新党员，既无理论基础，又无实际锻炼，不经过系统地教育、改造、提高，将来会产生极大麻烦。故必须通过轮流训练，使他们初步懂得毛主席思想和党的政策、作风。让有阅读能力的老干部有机会阅读中央的政策文件、毛主席著作、中央指定的 12 本书[①]，以提高理论水平；办工农速成小学、中学和夜校，业余学校，让文化低的老干部努力学习文化，提高他们的文化水平，以打通学习理论的道路。省委办一所千余人的速成中学，把华北老干部训练一下，学两年文化，一年业务。

1951 年 8 月 3 日，中共湖南省党校在长沙创建，并开始招生，校长由黄克诚兼任，副校长周里。这是一所主要培养县级干部的党校，学员经常保持在 300 人左右，每半年为一期。到同年底，开办了两期县、区干部训练班。各地、县党校性质的训练班也相继成立，一般训练区级和某些县级干部，学习内容是联系工作实际学习理论知识，大体上 3 个月为一期，每期 100 人左右。在此以前各地成立的训练班也改为党校性质，继续招生。据统计，至是年底，全省有 2411 名干部在各级党校接受培训。

当时的湖南还有华中军政大学湖南分校、湖南人民革命大学、第十二兵团兼湖南军区军政干校等，其中以湖南人民革命大学为最著名。

湖南人民革命大学之前身为湖南政治大学，是 1949 年 6 月初，中共湖南省委

---

① 12 本书，指中共七届二中全会决定全党学习《共产党宣言》等 12 本马列经典著作。

南下途中在河南开封开始筹办的，是省委的直属机构。到达武汉后，筹建工作基本就绪，8月1日，正式定名为湖南人民革命大学。长沙解放后，该校迁入长沙。8月21日，《新湖南报》以黄克诚的名义发布革大开始正式招生的消息。9月26日，招生结束，共录取学生5095人，9月28日开学，暂定为3个月一期。课程设置以历史唯物主义为中心，学习《社会发展简史》《中国近代史》《人的阶级性》和毛泽东的著作《中国革命与中国共产党》《论人民民主专政》等。教学方法贯彻群众路线，自学与互学并重，讲授与辅导并重，联系实际，实事求是，开展批评与自我批评，强调"洗脑筋"，即改造主观世界。

省委把革大视为湖南干部的摇篮，调集460多名得力人员参加学校工作，黄克诚兼任校长。他在开学典礼上说：革命大学是一所短期训练本地干部的政治学校，我们办这所学校的目的是要在湖南本地培养一批为新湖南、为湖南人民服务的干部。希望同学们努力学习，弄清劳动创造世界、阶级斗争和国家学说等重大问题，初步树立劳动、阶级、群众、组织、唯物论等观点，去掉旧思想，建立新思想；除掉旧作风，树立新作风，把自己改造成真正的革命者和为人民服务的好干部。

黄克诚时刻关心着革大的建设。他在湖南期间，多次到革大指导教学，检查工作。

革命大学办学4年，共招生96个班，培训干部近2万人。

革命大学、省党校和各种训练班培养的干部，撒播湖南各地，解决了湖南解放初期干部不足的困难，这些干部成为湖南接管建政以及以后建设的重要人才。

黄克诚在湖南主政三年，"工作都是遵照中央、毛主席规定的政策和在中南局直接领导下进行的，没有出什么大问题"[1]。

这三年，是他革命生涯中最辉煌的时期之一。

他说："我在湖南工作了三年左右。在这三年中，除支前外，我们搞了：'清匪、反霸'、'土地改革'、'支援抗美援朝'、'镇反'和'三反'、'五反'运动。经常工作则是稳定社会秩序，恢复发展生产，调整城乡关系和发展文化、教育事业等。"[2]仅仅三年，湖南的党政军民在黄克诚率领下，消灭了封建势力，根绝了百年匪患，生产发展了，培养了大批人才，社会安定了，人民安居乐业了，一个崭新的湖南，展现在世人面前。

黄克诚是新湖南的奠基人！

1952年9月，黄克诚恋恋不舍地离开湖南到北京任职。离开湖南前，他在和继任者金明等人交接工作时殷切地表达他的嘱托与希望，他说：（1）大力抓建设，造福于湖南人民。（2）大胆提拔和培养本地干部。（3）"必须团结好，领导与领导之间要团结；领导与被领导要团结；党内党外要团结；新老干部要团结；外来干部与本地干部要团结；知识分子干部与工农干部要团结。"

---

① 黄克诚自传，1968年7月3日。

② 《黄克诚自述》，人民出版社2004年版，第259—260页。

第二十三章　统管全军后勤工作

一、赴京履任，打开后勤工作新局面

1952 年 7 月，黄克诚接到中共中央的电令，调他到北京担任中央军委副总参谋长兼总后勤部部长。

这一次调动，在他心中引起了小小的波澜。回到刚刚获得解放的湖南主持领导全省工作已近三年，看到这个曾经兵连祸结、民生凋敝的中南大省，经过全省上下的共同努力，社会秩序安定，经济得到恢复和发展，各项工作已走向正轨，人民群众正意气风发，准备开展大规模的社会主义现代化建设。此情此景，令黄克诚倍觉欣慰。原来他曾想继续带领家乡人民奋斗若干年，为建设新湖南做出更大的贡献。他一直认为，自己比较适合做地方工作，并向毛泽东和军委领导人谈过这个想法，但中央仍坚持让他回军队工作，何况他到湖南后又一直兼任着军区司令员和政治委员呢。既然中央作出决定，就不能再坚持个人意见了。遵照中央的指示，他先是按原定计划主持召开了湖南省委扩大会，安排部署了下半年的工作，然后又找省委领导分别谈话，交代工作，征求意见。

黄克诚自 1928 年 10 月离开家乡永兴后，一直未回老家，到湖南工作后虽有此打算，但由于工作忙，又怕熟人太多难以应付等原因，终未成行。他觉得，这次离开湖南，回去的机会可能更少了，便决定回老家看看。他一直惦记着养育自己的家乡父老，更惦记着在白色恐怖下冒死掩护自己进行革命斗争的哥哥嫂嫂。

8 月上旬，他终于回到阔别 24 年的家乡——永兴县油麻圩乡下青村。看到村后曾经为躲避敌人抓捕而藏身其间的龙山茂林修竹，看到曾以祭祖为名而聚会研究开展革命斗争的黄氏祠堂依然矗立，恍如昨日。下青村的乡亲们纷纷涌来看望这位从山沟里走出去的"大官"。黄克诚家的院子和住房都不大，天气又热，村里就把他和随行的几个人安排住在祠堂里。黄克诚的侄孙黄景平回忆说："爷爷这次回家只住了两三天，还开了好几次座谈会，他向村里年纪大些的人了解战争年代吃苦受害的情况，问大家现在生活怎么样，种几亩地，粮食够不够吃，孩子能不能上学，对政府有什么意见和要求等，边问边记。还亲自看望了几家生活困难和行动不便的老人。爷爷考虑很周到，生活困难的给几块钱，爱喝酒的送瓶酒，妇女和儿童们则送包糖。他说，我在外边参加革命斗争，家里人跟着受牵连，村里的乡亲们也担惊受怕，吃了不少苦，我感谢你们，代表全家感谢你们。共产党、毛主席领导我们彻底翻身解放了，我们要一起努力，走共同富裕的道路，把下青村建设好。"①

■ 1952 年 8 月，黄克诚回故乡探亲。图为他下榻的简易睡床。

　　哥哥嫂子为他做了一桌菜。哥哥殷殷地对黄克诚说：你到北京毛主席身边工作了，大家都为你高兴，但高处多风雨啊！自己要珍重。黄克诚连连点头。

　　9 月下旬，黄克诚离开长沙，赴北京履任新职，家人随之迁来北京，被安排住在万寿路总后勤部院内的一栋平房里。

　　代总参谋长聂荣臻、接替周恩来主持军委工作不久的军委副主席彭德怀，先后找黄克诚谈话，嘱其先了解一段情况，即正式上班，主持后勤全面工作。10 月，中央军委主席毛泽东签发命令，正式任命黄克诚为总参谋部第三副总参谋长兼总后勤部部长（1954 年 10 月又兼任总后勤部政治委员），同时决定，原总后勤部部长杨立三改任第一副部长，贺诚任第二副部长，张令彬任第三副部长。1954 年黄克诚正式出任中央军委秘书长以后，不再主持总后勤部的日常工作，但直到1957 年 5 月，一直兼任总后勤部部长、政治委员，后勤工作方面的重大事项仍向

――――――――――

① 访问黄景平谈话记录，2009 年 4 月 26 日。

他报告，经他批准办理或上报军委批准办理。

20世纪50年代初期，人民解放军的后勤保障工作正处于历史性转变时期。战争年代，人民解放军后勤供应实行的是分区筹措，取之于敌，即所谓"小米加步枪，仓库在前方"。新中国成立后，开始实施由国家统一筹划供应。为适应这个重大的历史性转变，在周恩来、聂荣臻等军委首长直接领导下，前任部长杨立三在后勤体制建设、基础建设和统一供应等方面，做了大量工作，奠定了一定基础。但是，集中统一的军队后勤工作正处于初创阶段，面临着一系列新的任务和课题：抗美援朝战争前线的战勤保障是建军以来首次遇到的急迫问题，一刻也不能停；全军后勤的组织体制还未完全统一和健全起来；后勤基础建设，如规章制度、保障机构、院校和科研机构刚刚起步；供应体制也在建立和调整之中。工作千头万绪，亟待解决的问题很多。而在领导层，由于习惯于分散环境下小局面的一套工作方法，仍存在着事务主义作风，"未能将组织健全起来，利用组织推动工作，没有明确工作范围，按级负责，形成'眉毛胡子一把抓'，造成上忙下闲，到处漏洞，拾了芝麻，泼了油"。[①]同时，在"三反"运动中，后勤系统揭露出不少严重问题需要处理解决。

黄克诚到总后报到后，通过同各部门以上领导和机关干部座谈了解，很快掌握了上述情况。他认为，面对如此复杂、繁重的后勤保障任务和迫在眉睫的后勤建设任务，作为全军后勤工作的领导机关，必须首先克服忙乱现象，掌握主动，把局面打开。黄克诚同杨立三、张令彬等多次研究，并征求各部门及苏军在总后的顾问的意见，很快提出了三项措施：第一，健全组织，运用组织，划清工作范围，发挥业务部门的积极性、主动性；建立上下级及各业务部门之间的联系和报告制度，及时指导，减少公文旅行，简化办事手续。第二，加强计划工作，按时提出年度、季度、月度工作进展计划表，并及时调整，使上下目标明确，步调一致。第三，加强检查工作，深入了解情况，根据实际情况，研究分析，调整工作计划。上述措施报经军委批准后，总后随即向全军各级后勤部门发出指示，要求认真遵行。

黄克诚对落实各项措施抓得很紧、很细。他要求，从1953年开始，总后机关各部、局领导要写出本部门的工作任务、职责及各有关方面的关系情况，在处以上干部中宣讲，每周一次，进行专业训练。

为了检查了解和指导全军后勤工作，从1952年10月开始至11月，总后先后派出由部门以上领导率领的检查组20个共200余人，分别深入到连队、舰艇、仓库、工厂、学校、医院、马场等单位调查研究，发现和解决问题。副部长张令彬等率领的3个检查组，分别到东北、华东、中南3个区进行检查，发现和了解了后勤建设中不少带共性的问题和好的做法，并进行了总结、推广。

随着上述措施的贯彻实施，使总后对全军后勤的领导工作很快由被动转为主

---

① 《黄克诚军事文选》，解放军出版社2002年版，第559页。

动。下面的情况能及时掌握，反映的问题能较迅速地得到答复和解决，领导的精力更多地放在了谋划运筹后勤的全面建设和急需处理的重大问题上。机关各部门的责任意识和主动性得到提高，对本部门的工作职责范围、工作方法更加明确，制度也逐步健全和完善。当时对保证志愿军的供应仍是后勤工作的第一位的任务，各部门积极筹措，均按志愿军后勤司令部的要求给予满足。

11月26日，黄克诚、杨立三、张令彬联名将三个月来的情况汇总后，向毛泽东呈送了专题报告。毛泽东看完后高兴地在报告上批道："后勤工作有进步"，并批给周恩来、朱德、刘少奇、陈云、薄一波、高岗传阅。

二、提出并确立"为国家负责、为部队负责"的指导思想

黄克诚刚到总后工作时，"三反"运动尚未结束。毛泽东对军队、特别是后勤系统开展"三反"运动十分重视，并多次作出批示。

1951年12月11日，毛泽东在转发华北军区后勤党委关于"三反"报告的批语中指出：军事系统各部门，特别是后勤部门，贪污、浪费和官僚主义的情况极为严重。很多党员，甚至负责干部，沉埋于事务工作，政治思想极不开展，党内生活极不健全，因此，许多人陷入了贪污、浪费和官僚主义的泥坑。"必须在整个军事系统，特别着重在后勤部门，展开整党整风，展开反贪污、反浪费、反官僚主义的严重斗争，并号召一切指战员参加这个斗争。"[1] 12月14日，毛泽东又写信给杨立三，指出：整个后勤系统"政治空气极不浓厚，党的生活极不健全；许多领导同志胸襟狭隘，思想不开展，作风不民主，只顾小局，不顾大局；后勤系统中贪污、浪费和官僚主义极端严重"[2]。1952年12月16日，毛泽东就海军党委反官僚主义的布置批示给彭德怀、聂荣臻、黄克诚、萧华："海军党委这种反官僚主义的布置是很必要的。请你们考虑先在军委各总部择期举行党委扩大会，其内容大体相同于萧劲光所规定的那样。"

黄克诚对贪污、浪费和官僚主义一向深恶痛绝。他认为毛泽东对总后系统的批评严厉，且切中要害。1953年1月27日，他根据检查发现的问题和各单位近期的报告，将总后系统物资损坏和基本建设方面浪费现象严重的情况，向毛泽东写出专门报告。报告列举了华东、中南、华北、装甲兵司令部下属有的单位木材遭水浸泡报废、油料变质、炸弹和水雷生锈、家具损坏和基本建设计划不周等造成的人力物力浪费等现象。黄克诚在报告中指出，产生上述问题的原因，主要是领导上严重的官僚主义，不深入检查，"既成事实"后处理不认真。其次是重财轻物思想严重。黄克诚提出，类似情况很多。已知道的将分别情况严肃处理，并准备

---

① 中共中央文献研究室编，逢先知、金冲及主编：《毛泽东传》（上），中央文献出版社2003年版，第208页。

② 中国人民解放军历史资料丛书编审委员会编：《后勤工作回忆史料》，解放军出版社1996年版，第260页。

召开会议，揭发后勤系统中的官僚主义，使后勤作风得到真正转变。

黄克诚的报告得到毛泽东等军委领导人的重视，毛泽东批示"报告很好"。中央军委随即转发各大军区、各军兵种、军委各部门和各院校，指导和推动全军特别是后勤系统反官僚主义斗争。黄克诚一方面继续抽调干部到各军区检查了解情况，一方面分出精力，亲自找后勤各部门的干部谈话，开座谈会，阅读各单位上报的有关材料，研究解决反浪费、反官僚主义运动中揭发暴露的问题，思考着下一步整改的措施。

就在反官僚主义过程中，总后卫生部的两件事震动了毛泽东和中央军委。

1953 年 3 月 27 日，总后政治部副主任、卫生部政治部主任白学光，给总后勤部副部长兼卫生部部长贺诚并黄克诚、总政治部副主任萧华写了一份关于部队卫生工作的报告。报告指出，过去部队卫生工作有很大成绩，但也存在着许多问题，主要是：摊子摆得太多，部领导忙于行政事务工作，对全军卫生业务缺乏指导，甚至根本没有指导；领导不集中，虽有分工，但形成分家的现象，对有些事推来推去；医疗卫生系统存在着严重问题，医疗事故多，严重浪费，干部领导水平低，许多干部不安心，缺乏政治思想工作。报告建议紧缩组织，开展反官僚主义，加强对卫生部门的政治工作。

报告转送给了毛泽东。毛泽东于 4 月 7 日阅后立即批转周恩来、习仲勋、胡乔木、彭德怀、黄克诚、贺诚，批示相当严厉："白学光同志这个报告，深刻地揭露了军委卫生部的领导方面所犯的极端严重的官僚主义。根据白学光的报告看来，军委卫生部对全军卫生工作可以说是根本没有领导，这是完全不能容忍的，必须立刻着手解决。提议（一）请彭、黄主持，在军委例会上讨论一次，……决定解决方案，付诸实行。（二）政府卫生部与军委卫生部的部长副部长不要兼任，另物色适宜同志（不一定要学过医的同志）充任军委卫生部部长副部长。以上，请彭、黄酌办。"毛泽东批评说："无领导，无政治，也不认真管业务部门——专门吃饭、做官、当老爷的官僚衙门，除军委卫生部外，可能还有别的部门，请你们在此次反官僚主义斗争中，撕破面皮，将这些彻底整垮，改换面目，建立真正能工作的机关。"①

也就在这期间，卫生部不顾军委领导的指示，擅自下发文件，要求全军搞卫生评比竞赛。

战争年代，卫生部隶属于中央军委，新中国成立后并入总后勤部。由于历史原因，卫生部的业务曾独立或相对独立于后勤业务系统。在这一惯性思维之下，卫生部门业务无意中表现出自行其是的倾向。1953 年初，卫生部起草了一个本年度全军开展卫生运动的指示，并提议以聂荣臻代总长名义批示发布。军委办公厅认为这个指示关系到全军工作安排，且内容毛病很多。当时聂荣臻已离京到外地疗养，主持总参、总后日常工作的黄克诚审阅报告后认为，本年度全军训练战备

①《建国以来毛泽东文稿》第 4 册，中央文献出版社 1992 年版，第 176—177 页。

等任务很重，不赞成在全军开展大规模的卫生评比竞赛活动。他随即就此事请示了彭德怀。彭德怀同意黄克诚的意见，说："今年下半年部队中心工作是军事训练，此外还有许多事情要做，不宜再搞一个卫生竞赛。"黄克诚据此于3月23日作出批示，将文件退回卫生部。卫生部收到批件后并未组织研究，只是把文件中"竞赛"二字删掉，便于3月25日以卫生部名义下发全军。彭德怀不知道卫生部的文件已经发出，在4月3日的军委会上告知贺诚、傅连暲①说：今年不必搞大规模卫生运动。并指示：今年的防疫工作不搞运动，不发动捕鼠、灭蝇竞赛，仅在春季进行打扫驻地、清理个人卫生，然后把此项工作变为部队经常性的工作。如遇敌人在个别部队驻地撒布细菌的情况，则临时作为个别问题处理。至于志愿军是否需要进行较大的卫生防疫运动，由志愿军司令部根据情况决定。上述指示未向下传达，卫生部又于4月5日把3月25日发出的文件刊载于《卫生建设》杂志上，并编发了社论。

上述做法显然违反组织原则，特别应指出的是，卫生部的指示中所提要求和指标，大都脱离实际，如"保证部队驻地一百米内无垃圾、污水及有碍卫生的杂草"，"厕所保证无蝇无蛆"，"城市部队每人捕鼠一至三只，驻乡村部队每人三至五只，并做到夏秋两季每人捕昆虫共五千到八千只，打捞孑孓四两至八两"等。此指示下发后，不少部队发动做洗脸器、牙具袋、碗盆架、痰盂，花样翻新，每项均要求统一，没有经费就发动战士"乐捐"，有限的津贴捐出大半，基层干部战士怨声不断。为完成捕鼠捕虫指标，战士们早起晚睡，影响操课，医护人员放弃照顾病员。清除周围杂草的行动，也侵犯了群众利益，受到老百姓的指责。上述情况通过各种渠道反映到军委和总政治部。毛泽东、彭德怀得知后很生气，批评卫生部闹独立性。随后免去贺诚兼任的卫生部长职务。

在卫生部揭发出官僚主义和严重浪费现象的同时，其他一些部门也陆续检查发现了这方面的问题。黄克诚认为，后勤工作虽然有进步，但是后勤部门存在的问题是很多的。他决定召开一次后勤党委扩大会，采取民主检查的方法，揭露存在的问题，开展批评与自我批评，引导后勤系统的全体人员，树立正确的指导思想，共同努力，彻底改变后勤工作局面。

1953年4月27日，总后勤部党委扩大会在北京召开，除总后党委委员外，总后各部局领导、各大军区后勤部长、卫生部长、计划局长和军兵种后勤部长参加了会议。黄克诚在会上作了报告和总结讲话。

黄克诚在报告中首先肯定了"三反"以后全军后勤系统取得的进步和成绩。然后，他以大量具体的触目惊心的事例，严肃指出了后勤系统存在的严重问题。

他痛陈一些单位和部门在基本建设、军工生产、物资器材订购和仓库存储等方面存在的严重浪费现象，如新建住房倒塌，军工产品包括药品不合格，盲目采购造成积压浪费，管理不善造成大量物品霉烂变质等。他特别指出：绝大多数部

---

① 傅连暲，时任卫生部副部长。

门造大预算，有些竟超过实际需要五六倍，这种预算各部门都有，积压、浪费主要是大预算来的。多要少发，这是后勤的老作风，下面很多问题未解决，我们却要了很多钱，存起来，浪费掉。黄克诚举例说，华东军区要挖水井，造了90亿的预算，我们后勤部门就是不批，而浪费损坏的东西却可以几千亿计。

黄克诚还对后勤供应工作上存在的问题，如标准一般化，不具体；办事机械，不懂得轻重缓急；不善于抓大放小、计算得失；办事拖延、推诿、被动；实物质量差等，提出了批评。

考虑到医疗工作反映出的问题比较多，也比较严重。除由贺诚代表卫生部在大会上作检查外，黄克诚责成卫生部专门开会，检查整顿，提出改进措施。

黄克诚全面分析了产生严重浪费现象和官僚主义的原因。他指出：我们的部队正处在发展时期，由简单到复杂、由分散到集中，由小规模到大规模，后勤任务很繁重，工作很庞杂，而从领导到一般干部都缺乏经验，没有知识，文化不高，组织不健全，未定形，职责不清。但主要原因还是要从主观方面来寻找，是工作上、作风上、思想上存在错误，综合起来就是官僚主义。

黄克诚明确提出了会后应该怎么办。

他反复强调，后勤工作人员要牢固树立"为国家负责、为部队负责"的思想。他说，我们的后勤工作没有做好，就是因为"一部分人还没有树立对部队、伤病员和国家负责的观点"。他阐释说：对部队、对伤病员负责，就是我们平常所说的保证供应和人马健康；对国家负责就是保证国家的资财不要在我们手里浪费掉。要进行思想教育，"使干部树立对国家对部队负责"的观念，要用"对国家负责、对部队负责"的思想，代替"多要少发的思想"。他强调说"对国家、对部队负责"的问题，这是立场问题，观点问题。今天的国家是党和人民的集中表现，后勤干部必须有高度的为国家为部队服务的决心。"无产阶级领导的国家，军队为国家服务，保卫国家，在整个任务下，我们为部队服务，同时为国家负责。就是说，不能使国家资财浪费，而又保证部队的供给和卫生医疗，必须把这两方面统一起来，作为处理问题的根据。"

黄克诚指出的第二个原因是主观主义，办事不从实际出发。他要求要树立从实际出发的思想，反对主观主义，办任何一件事之前先问问：部队需不需要？自己的条件能不能办得到？国家有没有力量？

第三个原因是，不调查研究，不用头脑，不了解国情军情，不了解下面的情况。他要求改进作风，特别要多下部队检查工作，了解情况，接受群众意见。

黄克诚在指出政治工作薄弱、思想领导差，组织不健全，职责不明确等方面的问题后，明确提出：我们的口号是："反对官僚主义，克服浪费，改善供应，改善卫生医疗。"

他要求继续开展反浪费教育，把清理仓库物资、搞好基本建设作为后勤工作的重点，并提出了清查仓库物资的时限和物资处理办法；规定了基本建设要纠正要求过高过多过急的做法，强调按国家基本建设程序施工。

关于改善供应，黄克诚提出，要修改供给标准，对边防、海防、学校、医院、海军、空军及西藏高原的部队分别订出适合实际情况的标准；适当调整款物的批发权限，适当给各级以机动；改进医疗卫生工作，整顿医院、学校，加强政治思想工作，明确医院以医疗为中心的方针，提高高级技术人员待遇，改善医院伙食，集中力量办好学校等。

讲话还对加强后勤政治工作，加强干部培养提出了措施。

会后，黄克诚根据他的两次讲话和会上讨论的意见，于 6 月 25 日给毛泽东和中共中央上报了《关于后勤情况分析和今后工作的报告》。7 月 15 日，中央军委向各大军区、志愿军、军委各总部、各特种兵转发了黄克诚的报告，军委批示说：该报告"已经中央批准，兹发给你们，作为目前全军后勤工作的指示文件，望予讨论并督促后勤各部门贯彻执行"。

黄克诚主持召开的这次后勤党委扩大会，是新中国成立后解放军后勤工作建设史上一次具有重要意义的会议。黄克诚提出的"为国家负责，为部队负责"的思想，"是人民解放军后勤历史上最有思想性的方针"[1]，它既是处理全局与局部关系、执行国家政策保障部队需要，也是正确处理后勤内部上下关系的基本准则。在长时间里，成为军队后勤建设的指导思想。即使在 1959 年庐山会议黄克诚遭受批判和罢官之后，这个方针在后勤的实际工作中依然发挥着积极的指导作用。

在这次总后党委扩大会之后，军队后勤系统按照"为国家负责，为部队负责"的思想，研究改进工作思路，明确本部门工作方针，提出了落实的具体措施：

一是在全军进行了清仓核资，挖掘内部物资潜力，充分利用库存。对清理出的大批物资、器材等，凡不能作正式军用和不能长期保存的，均移交地方政府。二是根据"军民两利、平战结合"的原则，至 1957 年，将 34 个工厂移交政府企业部门管理经营，以发挥更大经济和社会效益。三是在基本建设中坚决贯彻"以军工建设为主，就地取材"的方针，在营建中贯彻"节约资金，降低非生产性建设标准"的要求，逐步降低建筑费用。四是改进医疗卫生工作，整顿医院，在医院贯彻以医疗为中心的方针，提高医疗人员的服务水平和生活待遇。

后勤人员指导思想的确立和各项措施的落实，极大地推动了全军后勤建设的开展，促进了后勤保障水平的提高。

三、调整充实组织机构，健全完善规章制度

科学的体制编制，健全完善的规章制度，是后勤工作建设的重要方面，也是进行正规化、现代化后勤建设的重要保证。黄克诚主管后勤工作以后，把编制体制建设和规章制度建设作为重要任务，根据需要，或建立、调整，或修订、补充完善，权限之内的，他随时批准办理；重要的，及时报军委批准实施。

---

[1]《邱会作回忆录》（上），香港新世纪出版社 2007 年版，第 195 页。

在编制体制方面，1954 年至 1959 年先后进行了一些重大调整。

一是在后勤机关编设司令部。20 世纪 50 年代初，人民解放军各军兵种相继建立起来，逐步发展为诸军兵种合成军队，武器装备的现代化程度有了明显提高。与此相适应，军队后勤系统也发展成为多专业、多勤务组成的综合保障机构，后勤的工作量以及后方警卫、防护、战时人力物力动员等任务增加。这就要求后勤领导机关有一个综合协调后勤各项业务和组织指挥后勤部（分）队的机构。黄克诚在实际工作中已深切地意识到这一情况。为适应后勤建设的需要，他在同总后的几位副部长和机关多次进行研究，并征询苏联顾问的意见后，向军委提出了建立司令部的建议，其基本任务是：在后勤首长的领导下，根据首长和上级机关的意图，发挥参谋、组织、协同指挥的作用，把后勤各部门、各环节、各系统组织起来，形成综合保障能力；同时组织后方防卫、指挥战斗。上述建议获得彭德怀等军委领导支持。1954 年 2 月，经中央军委批准，在总后、各大军区和海、空军后勤部都编设司令部。同时，军委任命正在南京军事学院学习的志愿军副司令员洪学智为总后勤部副部长兼司令部参谋长。时值洪学智回京休假，黄克诚报请彭德怀同意后，遂找其谈话，要求他停止学习，立即到总后上班，组建司令部，并协助主持总后日常工作。随后，各军区和海、空军后勤司令部也很快建立起来。

后勤司令部的设置，是军队后勤工作向"指挥战斗、组织供应"阶段发展的组织措施，对加强军队后勤工作起到了重要作用。

二是财务部、军械部的变动。这两个部本属总后勤部。由于学习苏军经验，1954 年财务部升格为总财务部，归军委直接领导；军械部先是划归军委炮兵管理，后也升格为总军械部，归军委直接领导。这种体制给工作带来许多不便，尤其将后勤和财务分开后，给后勤工作带来许多不必要的麻烦。供应保障工作是后勤负责的，几乎天天需要钱，而财务部又不归总后管辖，只好一个星期申请一次，有些急办的事情常常被耽搁。洪学智等向黄克诚建议，财务部仍归总后管比较好。黄克诚认为，机构的设置是否科学合理，应以方便工作、有利于提高工作效率为标准，经过实践，大家认为不科学的，就应该调整修改。他为此专门找总后和总参一些业务部门听取意见，然后向彭德怀提出了建议。1959 年，总财务部又并入总后序列。

黄克诚主管后勤工作后，针对机关职责分工不明和标准、制度比较混乱的现状，抓紧组织建立统一、严格和完善的职责、标准和制度。

1952 年 10 月，黄克诚刚到总后上班不久，就要求总后各部局在认真讨论的基础上，拟制出本部门的职责范围、工作计划。经总后领导批准后，于 1953 年 1 月起，按职责、计划执行。之后，每年如此，并定期检查执行情况。

黄克诚在 1953 年总后党委扩大会的报告和总结讲话中指出：建设后勤工作，使之适应现代战争和现代军队的要求，要做的工作很多，要有科学的组织机构，要制定规章制度，首先是工作条例。因此，"要尽快编写出后勤工作条例来"。他同时指出，"明确职责制度只能是逐步的，要准备经常改动经常补充"。"要修订供给标准，使之适合兵种、地区、气候、任务的各种情况，克服一般化。"财务方面要修订健全审批管理制度，"专款专用制度要做必要改进，某些经费取消专用，采取包干办法"。

根据中央军委的统一安排部署，黄克诚还直接领导或授权总后勤部其他领导负责组织，于1955年全面修订了一批1954年以前实行的规章制度，如财务预算决算制度、给养实物定量供应制度，按气候区域供应被装制度，军队医疗体系制度，实物为主、经费为辅的车辆器材供应制度，油料限额分配供应制度等。与此同时，还制定修改了营房、仓库、物资等方面的管理办法。这次被审修的规章制度，曾对保障军队的各项需要和促进后勤工作的正规化建设，发挥了重要作用。但由于缺乏经验，有些制度搬用了苏军的一些条条，有集中过多、统得过死的偏向。

1956年4月，总后召开首届党代表大会。在这次会议上，黄克诚作了《发扬优良传统，学习新鲜事物》的讲话。他指出："学习外国的东西必须与我们的具体情况相结合。"中国的情况与苏联不同，人民解放军的编制、装备、传统、习惯等，也不同于苏军。应当结合中国国情和军队的实际和优良的传统，对规章制度进行修改和补充。会后，总后组织力量，采取上下结合的方法，深入调查研究，总结经验，对后勤的规章制度又进行了一次全面的审查修改。

四、提出并推行经费"包干"办法，大规模修建营房

新中国成立之初，许多部队还在执行围剿国民党残余和土匪的任务，接着是大批部队参加抗美援朝战争。几百万部队，除少量进驻接收的国民党军队的营房外，大部分借住民房。时间长了，老百姓有意见，部队训练管理也很不方便。1953年，志愿军开始陆续回国，剿匪任务也基本结束，住房问题成为急需解决的课题。同年8月，根据彭德怀指示和黄克诚的建议，中央军委作出了修建营房的决定。黄克诚主持领导这项工作。

大规模修建营房，当时面临两个难题，一是中央刚刚作出压缩军政费用的通知，国家拿不出足够的资金建房，而住房需要又迫在眉睫。二是全军正在学习苏军经验，要求一切建筑都要先做设计，批准预算后才能动工。搞设计要请工程技术人员来做，当时没有统一明确的建筑标准，差异大，不好平衡。预算就要详细列出各种材料、设备、工价等，审批起来相当麻烦，"审查没有力量，不审查又是失职；不批下面要骂，批了大家又吵不公平。本来好办的事，弄得非常难办。"这也是部队营建进度缓慢的重要原因。

为妥善解决营房建设的矛盾，加快营建进度，黄克诚带领副部长张令彬、营房部长范子瑜等到北京、沈阳等几个军区进行考察调研，了解情况。在此基础上，黄克诚作出了两项决定：确定建筑标准，实行经费包干。他对范子瑜等说：学习苏军先进经验只能作参考，最重要的是要从我们的国情军情出发，制定标准必须

考虑我们自己的经济条件和部队实际需要。经研究后提出的建筑标准和要求是：一个师建 20 万平方米，投资 800 万元，要能使用 20 年；要求在坚固、实用、节约的前提下，做到少花钱多建房子。在建筑结构形式上，除驻城市的部队可以修建楼房和配备卫生、暖气、上下水等设备外，其余部队基本建平房。

这个标准一公布，部队中有些领导干部不满意，认为太低。有位军长是黄克诚的老部下，直接找到他说："黄老，40 块钱建一平米房子，我怎么算也不够用，建议再提高点。"

黄克诚笑笑说："你这个同志打仗知道动脑筋，怎么不知道搞建设动脑筋呢。要发动群众。我们战士都是农村出来的，不少人会烧砖、烧瓦、垒墙砌石，做木匠活，人工钱你几乎可一分钱不花。"他又说："搞正规化、现代化建设，处处要用钱。国家拨的军费有限，而需要钱的地方又多，这就要求我们大家学会动脑筋，想办法，克服困难，自力更生。"黄克诚一席话使那位军长茅塞顿开，连连说："我回去就照您说的办。"

为调动各级建房的积极性，节省经费，保证质量，加快建房进度，黄克诚提出实行经费包干的办法，即按不同情况，规定营房每平方米的造价，提倡自烧砖瓦、自出人工；造价包干后，超过不补，节约归本单位支配。为保证质量，除包造价外，还有包质量，包使用年限。建房标准和包干的办法经中央军委批准后很快下发全军。大规模营建迅速展开。各单位建房积极性大大提高，进度大大加快。1954 年全军共完成营房建筑面积 1019 万平方米，接近 1950 年至 1953 年营建面积的总和。至 1959 年，全军新建营房 4686 万平方米，连同接收国民党时期留下的营房，按照当时军队员额和使用水平，除了一些设防海岛、边防和分散流动执勤的部（分）队还缺房外，全军基本上都有了固定营房，结束了大量租借民房的历史。

黄克诚主管全军后勤工作不久还遇到军队工厂管理转制的问题。他决定把经济核算制和责任制推广到军工企业。

革命战争年代，军队兴办了不少制作被服装具和修理军械的工厂。新中国成立初期，军队又建立了一批被装厂、汽车和机械修理厂。但军队工厂仍沿用战争年代的军事行政管理办法，生产经费实报实销，产品收入全部上交。国家进入经济建设时期以后，这种经营管理制度影响经济效益的提高，不适应生产发展需要。黄克诚同总后其他领导人研究认为，军队工厂必须学习苏联和地方工厂的经验，走企业化管理的道路。1952 年 11 月，黄克诚在总后勤部召开的全军第一次军需生产部长会议上提出：军需生产要结束战争年代实行的"供给制"的方式，军队工厂要实行企业化管理，推行经济核算制和责任制，开展增产节约运动，彻底改革旧的管理方式；工厂生产要做到"产量高，质量好，成本低"。

从 1953 年起，军队工厂生产逐步走上企业化的道路。总后军需生产部根据黄克诚指示，派出三分之一的干部深入各地检查指导。各工厂积极推行计划管理，制定各种技术经济定额，建立作业计划与生产调度制度；加强质量检验管理，设置专职质量监督机构；健全财务成本管理，实行工厂、车间、班组三级核算；建立设备维修制度等。到 1957 年，军队工厂管理水平有很大提高，自 1952 年至 1957 年，工业总产值每年递增 16.58%，利税平均每年递增 39.5%。1957 年同 1952 年相比，人均利税提高 2.13 倍。

五、推进后勤干部队伍建设

新中国成立以后，军队的后勤供应统一列入国家计划，后勤工作的组织形式、工作职能、物资筹措手段、补给方式等，也随之发生了很大的变化。其业务之复杂、要求之高，都非战争年代可比。黄克诚多次在总后召开的会议上讲话指出，后勤工作搞得好不好，对战争胜负关系极大，越是现代化战争，后勤的责任越重；军队正规化、现代化建设的水平愈高，对后勤干部的管理水平和政治、文化、专业技术水平也要求愈高。为了适应工作的需要，必须迅速培养、提拔大批优秀的、高水平的干部。

后勤是一门科学、一门专业，对后勤干部要不断进行专业训练。传统培训周期太长，远水难解近渴，黄克诚要求结合业务，加强干部在职学习。1952 年 11 月，黄克诚到总后上班不到一个月，就组织制订并签发了总后勤部《在职干部业务训练计划》。总后机关将 1646 名干部编为高、中、低三个班，进行每周四小时的业务训练。黄克诚提议请经验丰富、精通后勤业务的杨立三等总后领导亲自授课，还安排苏联顾问讲课，他自己也抽出时间带头参加学习。

1953 年 3 月，他又决定，在北京举办一期有各军区、军兵种后勤部领导参加的集训队，由总后领导和苏联顾问授课。他在集训队开学典礼上讲话时指出：我军在长期建军和战争过程中，后勤是有成绩的，但因过去人数少，处于分散环境、装备简单，一切物资和装备供应均靠取之于敌或就地筹集，所以后勤也很简单。现在情况变了，再不是小米加步枪了，而是全国统一供应，人数多、装备复杂，各军、兵种都建立了，需要的东西品种多了，交通运输情况亦起了变化。因此，过去那种简单分散的办法已不适用，老一套的观点必须克服，要具备各种知识。怎么办？一是学习外国先进经验，二是紧密联系实际，总结我们过去的好经验、学习抗美援朝战争中后勤保障的经验。集训队结业时，他在讲话中再次要求后勤领导干部要学习先进经验，紧密联系实际总结自己的经验。在总后领导和机关的带动下，全军后勤干部的学习热情逐渐高涨，专业训练深入开展。

为了适应现代后勤建设需要，培养后勤各类专门人才，在黄克诚等领导人的积极倡导和筹备下，报经军委批准，1953 年开办了后勤学院，陆续建立了财务、军需、油料、运输等专科学校，还筹建起相当规模的陆军总医院和医学研究机构。

黄克诚还十分关注学校学员和医院伤病员的生活。他听到下面反映学校学员和医院伤病员供应标准偏低，很快决定适当提高标准，所有医院伤病员每人每天伙食按（普通灶）三人份计算，由自己调剂生活；学校自 1953 年 7 月 1 日起，提高学生生活标准。他说，我们在办学校、建医院方面花一些钱是必要的，于军队建设有利，于官兵的健康有利。

黄克诚认真贯彻党的知识分子政策。总后是军队知识分子最多的单位，各大学、医院、设计院等单位专家、教授成堆。其中相当一部分人社会关系复杂，有的曾是国民党、三青团的骨干分子。黄克诚多次在总后的重要会议上强调，对于这些人，政治上要看他们的现实表现，一般历史问题不作追究。1955年军队开展肃反运动，清理内部。黄克诚在听取总后清理工作汇报时说："对知识分子的清理工作要认真进行。这批知识分子是我们很好的财富，要建设现代化的后勤离不开他们。对他们复杂的国内、国际关系怎样处理？这个问题不是三言两语可以说清楚的，还有待很好研究。我今天向你们提出一个基本政策是：知识分子只要不是现行反革命就是好人，我们就要信任和大胆使用。因为有这样或那样的复杂关系，就不信任、不大胆使用是错误的。""总后系统肃反中没有抓一个假反革命，这是最大的成绩。"

关心高级技术人员的生活，注意团结改造他们。当时有些国民党统治时期的高级技术人才待遇较高，其中少数人思想作风不大好。对此，有些老干部不大满意，背后发牢骚。黄克诚了解到这一情况后十分重视。他在总后党委扩大会上说：在物质生活待遇上对他们高一些是必要的；高级技术人员既然到我们这里来，是想靠近我们，愿意为我们服务。只要有本事，教授、工程师等人员的津贴可以给多一些。"要改造他们有两个条件，一个是进步的教育，一个是生活要比资产阶级更好。"黄克诚还对军需部门发给军事学院教员的衣服不好和不给教员发皮鞋的做法提出了严肃批评。根据他的指示，供给、卫生等部门很快制定下发了有关规定。那些对高级技术人员有看法的人也有了转变，技术干部的积极性进一步提高，工农干部和知识分子之间的团结得到加强。

黄克诚主张，要大胆提拔新的、年轻优秀的干部。他在1953年6月15日给毛泽东和党中央的报告中提出："后勤干部老的很多，但因为历史原因，政治文化水平较低，进步很慢，除对这些干部调学校提高外，应大胆提拔新干部，克服目前怕新的起来和以资格作提拔标准的现象，克服不在自己部门选拔优秀分子，专希望上级派干部来的等待思想。"[1] 6月21日，他又就总后勤部干部问题给毛泽东写信，重申了上述观点。他提出："后勤部门工作很复杂，任务亦重，在现代战争中极为重要。依靠我和现有干部基础，要建设一个有能力的现代后勤没有把握。""后勤系统干部须加强。"[2] 他在信中还就选调总后领导干部的人选等提出了具体建议。

在干部的提拔任用上，黄克诚一再强调，要打破论资排辈的思想。当时后勤系统有些领导干部不愿提比自己年轻的人。他在1953年5月召开的总后党委扩大

---

① 《黄克诚军事文选》，解放军出版社2002年版，第604页。
② 关于加强总参、总后干部问题给毛泽东的信，1953年6月21日。

会上，对此进行了严厉的批评。他指出："这种现象是后勤部门没有生气的主要原因。""革命工作不能世袭，不能论资格，论资排辈就会把我们的事业搞垮。""人只能在一定历史阶段起作用，在全部历史上起作用的只是极少数人。因此要欢迎新干部，选拔优秀的新干部，替下老干部可以再学习，学习以后再考虑安排新的工作。"这次会议后，总后机关和各军区、军兵种后勤部门，先后提拔了一些优秀的干部，安排了一批老干部入学校学习文化和专业知识。

黄克诚主管后勤工作前后五年时间，他呕心沥血，精心运筹，从提出和确立后勤建设指导思想，加强思想政治工作，到健全完善后勤工作规章制度，加强干部队伍建设等，使各方面工作得到全面提升。他领导全军后勤系统干部积极探索，为实现后勤工作向现代化，做出了重要贡献，奠定了良好基础。这期间曾任总后勤部副部长兼副政委的邱会作在他的回忆录中说："黄克诚出任总后部长的影响很大，他改变了后勤领导干部的形象，后勤机关地位提高了。"①

---

① 《邱会作回忆录》（上），香港新世纪出版社 2007 年版，第 195 页。

第二十四章 在军委秘书长和 总参领导岗位上（上）

一、协助彭德怀、聂荣臻主持军委、总参日常工作

1952 年 12 月下旬，代总参谋长聂荣臻找黄克诚谈话，要黄到总参上班，协助他主持总参谋部的日常工作。黄克诚问聂："总后的工作交给谁？"聂说："总后的工作仍由你继续兼管。这个决定我已报告了毛主席和彭德怀同志，是经他们同意的。"

此前，黄克诚已得知，聂荣臻因工作紧张繁忙，多年来得不到休息，积劳成疾，患上了高血压、心脏病。1952 年秋季的一天，因劳累过度，昏倒在办公室。医生曾多次建议休息疗养一段时间，但由于工作离不开，他一直坚持着。那时总参领导人的情况是，总参谋长徐向前因身体不好，一直未履任；第二副总长粟裕也有病，9 月随周恩来出访苏联回国后即去青岛疗养；第四副总长张宗逊兼军校部长，主管教育训练；1953 年 1 月新任命的第五副总长李克农，负责总参情报部和联络部的工作，他还是外交部副部长，不到总参上班。在当时的情况下，代理聂荣臻处理总参日常工作的任务，自然就落在了黄克诚的肩上。黄克诚不便推辞。

1953 年元旦前夕，在总后上班刚刚三个月的黄克诚，向杨立三、张令彬等总后领导传达了聂荣臻的指示，安排了总后当前的工作，即开始到总参谋部上班。办公地点在中南海居仁堂。最初两个月，聂荣臻在家中半休，总参经办的大事，黄克诚都向聂荣臻请示汇报。3 月初，根据毛泽东的指示，聂荣臻决定离京到华东休养，遂将总参的日常工作交给黄克诚主持。聂荣臻 9 月初回到北京，因健康状况恢复较慢，而第二副总长粟裕也因病常到外地休养，1954 年初，聂荣臻正式向军委写出书面报告，提议黄克诚负责后勤、财务、通信、动员、军务、军事交通、军械工作，并代理总参谋长职务。此建议获中央批准。这一代理又是半年多。

1953 年 1 月下旬，黄克诚到总参上班不久，主持军委日常工作的彭德怀，率工程兵司令员陈士榘、海军副司令员罗舜初等赴华东检查战备工作，预定需一个多月时间。彭德怀外出期间军委的日常事务，毛泽东决定由黄克诚代理。

1月30日，毛泽东召集黄克诚、张宗逊、萧华[①]、萧向荣[②]开会，宣布：聂荣臻病休、彭德怀外出期间，彭、聂负责的日常工作由黄克诚代理，并指示：此决定由张宗逊向总参传达，萧华向总政传达，萧向荣向总干部部、总后勤部和各军兵种传达，以便开展工作。自此，刚调总部工作三个多月的黄克诚，肩负起了三副重担：主管全军后勤工作，代聂荣臻主持总参日常工作，协助彭德怀处理军委日常事务，并在彭外出时代理其工作。

黄克诚深知，总参谋部是中央军委的核心部门，是人民解放军的总司令部，它担负着协助中央军委领导和指挥全军进行作战和军事建设的重任。他时时提醒自己，重任在肩，必须兢兢业业，勤勉工作，不负重托，代好班，当好军委的参谋。按照分工，他同其他几位副总长相互配合，充分发挥总参各部门的作用，及时研究处理军事工作方面的问题，向军委提出意见和建议，保证最高军事统率机构的正常运转和各项工作的顺利进行。

那时，军委未设秘书长，协调各总部的工作、处理军委的日常工作的业务，一直由代总长聂荣臻在军委办公厅主任协助下承担着，聂荣臻休养外出后，这项业务也就顺理成章地由黄克诚承担起来。中央军委的工作一般由彭德怀召集军委例会讨论解决。经常参加会议的有朱德、聂荣臻和总参谋部、总政治部、总干部部、总后勤部等总部领导人，重大事项报毛泽东和中共中央批准后执行。彭德怀外出时，黄克诚即依循过去的办法，受命以召集总部和军兵种联席会议的形式协调研究，提出处理意见，报毛泽东等领导人批准后执行。彭德怀身兼数职，外出较多，这样一来，中央的一些涉及军事方面的会议就要黄克诚代表军委参加，毛泽东和中央的有关重要指示也由黄克诚组织传达。

军委主席毛泽东对军队工作十分关注。1953年5月27日，他亲笔写信给彭德怀和黄克诚："在中央会议中，每月或每两月，应有一次军委的议程。例如早几天克诚同志要和我谈的后勤会议的情况，即可向中央会议作一次报告，其办法是用文字简明地写出来，交杨尚昆同志印发各同志，列入议程，开会时由黄再作简单说明。其他各部门重要事项，准此类推。如同意，请照办。"[③]根据毛泽东指示，此后，军委例会讨论的重大问题和向中共中央的报告，也常由黄克诚组织承办，再经彭德怀报毛泽东和中央军委。毛泽东有关作战和军队建设方面的一些重要指示，也都批给彭德怀和黄克诚。黄克诚成为实际上的中央军委秘书长。

黄克诚刚到总参上班时，抗美援朝战争尚未结束，中共中央和毛泽东提出的方针是"边打边建"，军事工作正继续沿着由战时转向平时的方向推进，军队建设处于由初级阶段向高级阶段转变的时期。黄克诚说：那几年，军队同地方一样，百事待举，军委、总部的工作千头万绪，比较乱。最初的两年是我最紧张繁忙的

---

① 萧华，时任解放军总政治部副主任。

② 萧向荣，时任中央军委办公厅主任。

③《建国以来毛泽东文稿》第4册，中央文献出版社1990年版，第239页。

一段时间。

早在 1952 年 7 月,毛泽东就明确指出:我们现在已经进到建军的高级阶段,要掌握现代技术装备,部队建设要正规化,实行统一的指挥,统一的制度,统一的编制,统一的纪律,统一的训练,要实现诸兵种密切的协同动作。同月,经毛泽东批准,以中央军委名义下达了由总参组织拟制的《一九五三至一九五七年军事计划纲要》,明确了军事建设总的指导原则,提出了各军兵种部队建设的具体目标,还要开始组织大规模的国防工程建设。

12 月,聂荣臻在全军参谋长、主任联席会议上提出,1953 年全军要贯彻军委"边打边建"的方针,围绕抗美援朝这个中心任务,制订军事工作的方针和计划,进行军事建设,并要求各单位将军事建设计划于 2 月之前报军委审批。

1953 年元旦刚过,彭德怀即接连主持召开军委例会,就军队实行义务兵役制、薪金制、兵工生产、国防工程建设等进行讨论,并作出部署。

3 月初,为推进正规化、现代化建设,做好建立和实行正规化制度的准备工作,中央军委正式发布命令,决定分别成立编制、军衔、薪金、兵役法、勋章奖章条例及《队列条令》《内务条令》《军官服役条例》《政治工作条例》等委员会,聂荣臻任编制、兵役法、军衔委员会主任,黄克诚任上述三个委员会的副主任,同时被任命为薪金委员会主任。

根据军委的上述部署和要求,总参谋部一方面要对正规化、现代化建设的各项任务加强组织领导,督促检查,狠抓落实;一方面要继续研究指导和保障抗美援朝作战,促进朝鲜停战的实现。同时,还担负着组织指导援越抗法[①]的任务。在国内,盘踞台湾等岛屿的国民党军不断对大陆进行袭扰,东南沿海的军事斗争依然紧张,战备工作一刻也不能放松。审批文电、听取汇报、参加各种会议,黄克诚每天的日程都排得满满的,晚上加班是常事,遇上急需处理的突发事件,有时连饭也顾不上吃。

据黄克诚身边的工作人员回忆和查到的资料记载,1953 年 1 月至 8 月,因聂荣臻病休,总参的大量日常工作都需黄克诚牵头处理。其间,彭德怀先是赴沿海检查战备工作,6 月至 8 月又赴朝鲜指挥作战、签署停战协定、视察部队,前后共 3 个月,军委的日常事务亦由黄克诚主持承办。据不完全统计,这期间,黄克诚主持召开的总参谋部部长会议和总部、军兵种领导人参加的联席会议就有 30 多次,至于因处理作战等紧急事宜而召开的临时性会议和个别谈话,则难以计数。一些重大的事项,他还要亲自起草文字报告,上报军委主席毛泽东和其他军委领导。大量的文件、电报,必须随时阅办,否则就会积压。对于那段时间黄克诚工作紧张繁忙的情况,秘书郭志恒在 40 多年后回忆起来,仍记忆犹新,感慨不已:

---

① 应越南民主共和国请求,1950 年至 1956 年,中共中央和中国政府先后派出代表和军事顾问团,协助越南人民军进行军队建设和抗击法国侵略者的斗争。其间,向越南提供各种枪 15.5 万支,各种炮近 3700 门,枪弹 5785 万发,炮弹 108 万发,以及大量的通信、工兵、后勤器材和其他军用物资。中国的援助有力地保证了越军作战的胜利和建设的需要。

"那段时间，黄老实在太忙了。他白天坚持在中南海居仁堂的办公室处理文电或召集会议，晚上回到西郊万寿路的居所，还经常要安排总后领导开会或听取汇报。毛主席习惯夜间办公，他的秘书罗广禄常常在夜间一两点钟打电话找黄老，或通知他到中南海议事，周总理也时常晚上找他开会，汇报工作。有时通宵开会，回到家打个盹儿，吃点早餐接着赶到办公室办公。为了方便工作，减少上下班路上的时间，1953 年夏天，黄老把家从万寿路搬到了北海后边的恭俭胡同 52 号。离办公室近了，仍是白天晚上地忙。那时我住在黄老家里，白天接待来访，处理一些事务，晚上就是接电话，总后的领导多安排在晚上来汇报工作，我要接待。我那时刚 20 多岁都觉得很疲劳，黄老已 50 多岁了，仍不知疲倦地工作，我们老担心他累倒了。"①

此时的黄克诚健康状况并不是很好。工作紧张、身体疲劳时，鼻部疾病就发作，诱发长期头痛、鼻塞，喉部也长期有病。他一直坚持边工作边治疗。医生多次劝他住院休养治疗，均被婉言谢绝。他早已戒掉的吸烟习惯，此时又恢复了，而且烟瘾很大，思考问题、起草文件时吸烟尤其厉害。他除了工作读书之外，唯一的业余爱好是下围棋，星期日只要不开会，他都会抽几个小时到北海找老棋友下几盘，称之为换换脑子。他喜欢散步，但没有时间。从中南海搬到旃坛寺办公以后，他就穿上便装每天步行上下班，他称之为一举三得：炼了身体，省了汽油，接触了群众。

军队正规化、现代化建设开始阶段，需要拟制各种文件，如"三大制度"及各种条令、条例、军委的重要指示等，因此，重要文件的起草、审查、修改，成为黄克诚日常工作的重要内容之一。

那时，军委的重要文件（包括上报下发的报告、指示、首长的重要讲话等）起草工作有三种途径：一是黄克诚亲自起草。他要写东西时，一般是头一天晚上构思，第二天一上班把想好的内容一口气写出来，交给秘书誊清，这个过程中他批阅文件，处理其他事务。秘书誊清后，他再在稿子上一遍、两遍以至多遍地修改，直到满意为止。他给党中央、毛泽东的报告，在一些重要会议上的讲话，如在总后党委扩大会、党代会的报告，在全国人民代表大会上关于兵役法制定和修改的报告，在报刊发表的多篇重要文章，大都是他亲自起草的。二是组织几个人集体起草，他召集军委办公厅主任萧向荣、朱德的秘书曹全夫、彭德怀办公室主任王焰、聂荣臻办公室主任唐永健等，他们被称之为大秘书，黄克诚向他们交代意图，而后集体讨论，再分头收集材料，或各写一段，或指定一个人来写，写成后集体讨论修改。三是业务性较强的，由他指定有关业务部门在规定期限内写出来。以上三种途径形成的文件，首先交军委例会讨论，经过一稿、二稿、三稿……最后修改定稿，上报中央批准。

黄克诚工作上不仅严谨细致，而且效率很高。他无论晚上睡得多晚，"每天也

---

① 访问郭志恒谈话记录，2001 年 4 月 1 日。

都按总部机关规定的时间上下班，他的文件、电报等，除节假日、夜间有急件需要送到家里外，一般都在办公室批阅处理，从不积压或让秘书代劳，只有文字较长的文电，嘱秘书作出摘要"①。

黄克诚驾驭全盘工作的能力很强。尽管工作千头万绪，纷繁复杂，他总能冷静思考，按中央军委总的方针和要求，分别轻重缓急，周密组织，精心研究，提出建议，并注重抓落实。

他注重调查研究，善于听取各方面的意见和建议。各总部和各军兵种的领导人有事找他汇报，只要有时间，从不推脱，能定的事立即决定；他批阅文电有需要询问和商量的问题，马上找有关人员了解情况，再决定如何批办。他主持召开的总参各部部长办公会或军兵种参加的联席会议，讨论问题时，往往因有不同意见而发生争论，他则细心倾听，然后心平气和地作出说明或解释，摆情况，讲道理，引导大家把意见集中统一起来，有时一次统一不起来，就安排第二次、第三次讨论，特别是那些涉及面大、情况复杂的重要事项，诸如组织编制的调整问题、装备发展规划问题、军费分配问题、重大制度的改革问题等，都反复研究。经过反复地讨论、研究，情况更明了，认识更统一了，提出的计划、方案、措施、要求也就更切合实际。正因为如此，黄克诚主持经办的诸多重大事项，大到作战指挥、保障，军事、政治、后勤建设方面一些重大方针、原则和制度的拟制，援外物资的调拨、筹措，小到支援地方高校的教学器材、飞行员伙食标准的调整等，他所提的建议几乎都得到毛泽东和彭德怀的认可、赞许。

1954 年 9 月 28 日，中共中央政治局召开会议，作出关于重新成立党的军事委员会的决议。决定由毛泽东、朱德、彭德怀、林彪、刘伯承、贺龙、陈毅、邓小平、罗荣桓、聂荣臻、徐向前、叶剑英 12 人组成中共中央军事委员会。毛泽东任中共中央军委主席，彭德怀主持中共中央军委的日常工作。

10 月 31 日，中共中央决定黄克诚任中共中央军委秘书长，萧向荣任副秘书长，在中央军委领导下，负责协调各总部的工作，处理中央军委的日

■ 1954 年 10 月，黄克诚被任命为中央军委秘书长、国防部第一副部长。

---

① 张柱山：《高风亮节育后人》，见《从延安到中南海——中共中央部分机要人员回忆录》，北京出版社1994 年版，第 354 页。

■ 1956 年 9 月，黄克诚（左一）在党的第八次全国代表大会上。左二为彭德怀，左三为林伯渠。

常工作。同月，黄克诚被任命为国防部第一副部长、总后勤部部长兼政治委员。国防部长为彭德怀。这就正式明确了黄克诚为彭德怀主持军委日常工作的主要助手。1956 年，在中共第八次代表大会上，黄克诚当选为中央委员、中央书记处书记。同年，又增补为中央军委委员。

1958 年 6 月 21 日，毛泽东在军委扩大会上讲话时指出了军队存在的问题，同时肯定军队工作基本上是搞得好的。毛泽东还指出：讲责任，第一是我，第二是彭德怀，第三恐怕是黄老（指黄克诚），因为他是秘书长。[①]毛泽东的这段话，既明确了黄克诚在军委工作中所负的责任，同时也看出他所处的地位。

二、精心谋划组织，确保前线作战的胜利

1953 年 7 月以前，即朝鲜停战协定签订前的半年多时间里，战备工作，特别是防敌冒险登陆和朝鲜前线的后勤保障问题，仍是总参、总后的工作中心，黄克诚以很大精力负责组织落实中央军委和毛泽东的指示，保证战争的需要，并及时提出建议。

朝鲜停战谈判从 1951 年 7 月开始，经过反复较量，交战双方已达成停战协议，但由于美国方面在遣返战俘问题上制造事端，争执不休，又使谈判拖延下来。1952 年 12 月，刚当选美国总统的艾森豪威尔到朝鲜前线视察，他从朝鲜回国后宣

---

① 引自 1958 年 6 月军委扩大会议简报，原件存解放军档案馆。

称，要以行动，而不是言语，来打破僵局。朝鲜半岛的局势再度紧张起来，"联合国军"①频繁地举行登陆作战和空降作战演习。从种种迹象分析，美军很有可能在1953年发动大规模攻势，以结束朝鲜战争。采用的办法很可能是借助海空优势，在朝鲜东西海岸登陆。

毛泽东根据志愿军司令部的报告，连续召集中央书记处会议，讨论朝鲜局势，并批准了聂荣臻关于防敌在侧后登陆及各项战备工作的报告。12月20日，中共中央正式下达关于准备一切必要条件坚决粉碎敌人登陆冒险的指示。25日，毛泽东又写信给黄克诚，指示他全力做好应付美军冒险登陆的后勤供应工作。

接到毛泽东的指示后，黄克诚立即通知东北军区后勤部部长罗成德来京，与总后有关部门一起研究制订具体计划。黄克诚详细了解目前物资储存、供应状况和存在的困难，认真分析可能遇到的问题，并提出了解决的办法。1953年1月5日，黄克诚起草了给毛泽东的报告，就粮食和副食供应问题、运输问题、伤员医疗问题的现状及下一步的工作部署作了汇报。

黄克诚是一位十分注重抓落实的领导人。为检查供应计划落实情况，3月上旬，他派出总后军需部长、运输部副部长、计划局长、卫生部副部长及卫生部顾问赶赴朝鲜，参加志愿军后勤部及卫生部召开的会议，听取意见，检查各项工作的准备及落实情况。工作组回京后，他立即听取了汇报。

3月23日，他将检查落实情况及相关问题向毛泽东作了书面报告。报告说：经过两个多月来前后方的一致努力，准备工作已按计划顺利完成，主食可吃到10月，副食可吃到8月，运输油料可用到7月，前方已掌握了四个月以上的足量物资。部队生活一般尚好，许多部队每顿能吃到两菜一汤，今年过年也是最好的一次。为准备解决伤员医疗问题，经过努力，已空出六万余张床位，准备了充足的药品。报告对前方提出的一些要求和注意的问题，诸如坑道部队的照明和防潮，前线军、师、团后勤部门通讯联络工具不足、战场救护力量弱，汽车和汽车司机不足等问题，也提出了解决办法。志愿军指战员对后勤供应的改善非常满意。毛泽东得知后十分高兴。彭德怀看到黄克诚的报告后则批示："告克诚同志，主食目前不应再往前运。"

与此同时，黄克诚召集总参谋部作战部就防空问题作了部署。1月17日下达加强防空战备的指示，要求各防空部队加强战备，进一步加强现有防空力量的作用，适应防空作战需要。

2月4日，他又召集空军司令员刘亚楼、副司令员王秉璋和总参作战部的领导开会，听取了王秉璋到安东（今丹东）与空军联合司令部研究空军配合志愿军反敌登陆作战的建议，并就空军配合作战的时机问题，关于敌人轰炸第一线机场

---

① 所谓"联合国军"，是以美国为首的16个国家的军队组成。除美国、南朝鲜（今韩国）外，先后派兵参加"联合国军"的国家有：英国、澳大利亚、菲律宾、土耳其、泰国、荷兰、法国、希腊、加拿大、新西兰、比利时、卢森堡、埃塞俄比亚和南非联邦，多数国家只是象征性地派出了军队。

的安全问题，关于轰炸敌人水源、金浦机场问题及参战部队休整转换问题进行了讨论，提出了具体部署意见。5 日，黄克诚向毛泽东作了书面报告。毛泽东批示"照办"。

2 月 6 日，他又根据毛泽东的指示，主持召开军委例会，讨论上海、无锡地区的防空问题，要求空军严密部署、侦察，照毛主席指示办，"敌机来即坚决打，下海即追。炸敌军舰要经过批准"。

随着防敌登陆及各项战备工作的落实，前后方的防御体系更加巩固，中朝方面在战略上进一步取得主动。美国方面为摆脱困境，不得不回到谈判桌上来。1953 年 4 月，双方在板门店重开谈判。但美国人不甘心接受朝中方面的提案，又在遣返战俘问题上制造麻烦。遵照毛泽东的指示，5 月 13 日，中国人民志愿军发起夏季反击作战，志愿军攻势凌厉、猛烈，战至 25 日，美国被迫接受了朝中方案。但南朝鲜的总统李承晚反对允许志愿军留在鸭绿江以南的任何协议。于是，志愿军从 5 月 27 日发起夏季反击作战第二阶段攻势，以打南朝鲜军为主，歼其 4 万余人。美国虽敦促南朝鲜接受停战协议，但南朝鲜仍拒绝。中朝军队决定发起规模空前的金城战役。7 月 13 日，中朝军队以猛烈的炮火向南朝鲜军阵地轰击，突破南朝鲜军的全部前沿阵地，一直打到停战协定签字为止，共歼灭南朝鲜军 7.8 万余人，收复失地 167 平方公里。南朝鲜政府被迫发表声明，同意接受停战协议。

1953 年 7 月 27 日，朝鲜停战协定在板门店签字。历时三年的抗美援朝作战终于结束了。同全国人民和全军官兵一样，黄克诚沉浸在无比喜悦和自豪之中。在得知停战协定签字的那一天夜里，他整夜未眠。

在组织保障朝鲜作战的同时，黄克诚参与指挥了东南沿海的军事斗争，命令部队给大规模进犯东山岛的国民党军以最严厉的打击，胜利地保卫了东山岛。

东山岛是福建第二大岛，面积 165 平方公里，人口 8.3 万，是闽南的海上屏障。1953 年，退踞台湾的国民党蒋介石集团和美国，紧锣密鼓策划进犯东山岛，并进行了陆、海、空协同演练，企图与朝鲜战场遥相呼应，破坏停战谈判。

7 月 16 日拂晓，也就是朝鲜战场上的金城战役正在激烈进行时，金门国民党军集中 4 个团、2 个突击大队、2 个伞兵中队，共 1.3 万余人，在金门防卫司令官胡琏的指挥下，向东山岛发动进攻，妄图以诸兵种协同的优势，"以大吃小，速战速决"，一举歼灭解放军守岛部队，在 4 至 8 小时内占领该岛。当时，守岛部队仅有公安第八十团 2 个营和 1 个水兵连、1 个盐警中队。在团长游梅耀指挥下，部队坚守要点，顽强进行抗击。

华东和中南军区先后于当日上午 9 时多向总参报告了守岛部队抗击敌人的情况和军区抽调部队增援的部署。接到报告后，黄克诚随即以中央军委名义复电华东、中南两军区，同意他们的反击部署，指示他们迅速增调部队，搞好侦察，紧密协同，并指示有关部门紧急抽调一部分橡皮舟支援作战部队。19 时，黄克诚向毛泽东、刘少奇、朱德、周恩来等报告了华东、中南军区和总参谋部对歼灭登陆之敌的部署。报告说，他已指示情报部门严密掌握敌情变化，通信部门确实保证中南、华东军区电话畅通；增援部队到达后，应即投入战斗，坚决消灭登陆之敌。毛泽东17日晨5时批示："退黄克诚同志，处置很好。"①

从接到报告到作战结束的两天里，黄克诚一直守在中南海的办公室，不时了解作战情况，或与作战部的领导和参谋们研究分析可能出现的各种问题和对策，及时地向前线发出指示。从16日20时至18日8时，作战部三次传达黄克诚的指示，他要求：要有长时间的战斗准备，备足粮弹；要准备打一个大的战斗，增调高炮部队做好防空作战准备；追击撤退之敌时，要迫使其坦克与步兵分开，猛力追击其步兵。17日7时，毛泽东指示：对东山岛登陆之敌要采取慎重方针，不可轻敌，应再增调1个师和1个炮兵团准备支援作战，要切实把握时机进行反攻歼敌，不要让敌跑掉；如敌在其他地方登陆，由当地部队抗击，不要动摇歼灭东山岛敌人的决心。

华东军区遵照毛泽东和黄克诚的指示，迅速调集2个师又1个步兵营和1个炮兵团、5个高炮连火速增援，对登岛国民党军展开猛烈反击，岛上的民兵和群众也给予有力配合。激战至17日18时，人民解放军各路反击部队，逼近湖尾沙滩。国民党军纷纷拥向海边，夺船逃命，来不及逃走的只好缴枪投降。19时，战斗胜利结束。共毙伤俘敌3379人，击沉登陆艇3艘，击落飞机2架，炸毁坦克2辆，缴获大批武器弹药。人民解放军参战部队伤亡、失踪1250人。

此役是大陆军民打击国民党军登陆窜犯活动中取得的一次最大的胜利。毛泽东看了东山岛保卫战的战报后指出：东山保卫战的胜利，不光是东山的胜利，也不光是福建的胜利，而且是全国的胜利。②

国民党军进犯东山岛正好发生在南朝鲜军在金城以南反扑时，这引起了中央军委和黄克诚的重视，他和作战部的领导分析认为，这肯定是美国和蒋介石共同策划的，必须引起高度重视，提醒全军加强防范。黄克诚要求作战部立即研究，提出战备措施。军委作战部遂以中央名义起草了关于加强海防边防战备的指示，并于7月22日报经毛泽东签发各军区和志愿军司令部，要求各部队必须提高警惕，加强战备，拟制作战预案，构筑防御工事，搞好通信联络，防敌伞兵空降。

三、在全国军事系统党的高干会议前后

黄克诚对于毛泽东提出的"边打边建"的方针有深刻的理解。他深知，打是为了和平、为了建设。国家富强了，军队强大了，和平才有保障。在朝鲜战争接近尾声的时候，他就把关注点更多地集中到了贯彻落实军委关于军队建设的规划上。但在百业待举、万事待兴，而经费紧张、领导经验缺乏的情况下，作为全军最高统率机关，应该重点抓什么，怎么抓，这成为黄克诚时常思考的问题。他注

---

① 《建国以来毛泽东文稿》第4册，中央文献出版社1990年版，第281页。
② 《当代中国军队的军事工作》上册，中国社会科学出版社1989年版，第334页。

重从纷繁复杂的事务工作中发现问题，抓住主要矛盾，从全局上研究探索解决问题的办法。这期间，他提出了关于加强总参、总后和全军正规化、现代化建设的许多重要建议。

1953年初，根据毛泽东指示，军委各总部、军兵种开展反官僚主义斗争，集中检查机关工作中的官僚主义作风。彭德怀于3月间，多次主持召开军委例会，听取各总部、各军兵种领导对军委工作的意见，解决机关的忙乱现象。在3月31日的军委例会上，黄克诚紧密联系总后的情况，冷静而客观地分析了忙乱的原因，提出了解决的办法。他说：大家反映上面工作乱，到了军委工作才真正了解了。这种乱还要继续几年，我们各方面发展得快而猛，人力物力赶不上，这不是短期能解决的。我主张把积极性放在"宁肯少些，但要好些"方面，采取巩固发展的方针，不要贪多冒进。他举例说，统计了一下，光军委直属单位就要车床4000多部，要组建10个大机械厂，我们有这个条件吗？

在谈到克服忙乱现象，提高工作效率问题时，黄克诚提出：要逐渐走向首长负责制，军委组织要增加几个人，每人分管几个部；要依靠各部门发挥部门的积极性，军委主要把控方向、原则；要大力培养干部，提高干部的军政文素质，抗美援朝战争结束后，我主张抽3万人出来学文化，进军事学校，毕业出来工作几年再进军事学校，一步步提升干部的水平。黄克诚的上述意见，从实际出发，针对性很强，受到毛泽东、彭德怀等军委领导人的重视，并逐步被采纳，得到实施。

6月21日，他给毛泽东写信，建议加强总参谋部、总后勤部干部建设，要选拔一些能力强、年纪轻的干部担任总参、总后的领导，他推荐邓小平任总参谋长，还推荐他认为可到这两个总部担任领导职务的人选。他的建议受到毛泽东等中央和军委领导的重视。从1954年开始，中央陆续调整加强了两总部的班子建设。

7月21日，他根据与赵尔陆[①]、王铮[②]交谈的意见，给毛泽东、周恩来写报告，建议加快培训电信工程技术人员，以适应电信工业的发展。周恩来批准了这个报告。随后，一批通信工程技术人才被集中起来，开办学校和集训班，培训人才，并以他们为骨干，建立了大批通信工厂，为全国、全军电讯事业的发展创造了条件。

8月中旬，彭德怀在参加了签订朝鲜停战协定和视察部队后回到北京。随后，聂荣臻经过半年多休养后也从外地回京。黄克诚向他们汇报了近期军事工作的情况，特别是存在的问题，并提出了今后工作的建议。

黄克诚汇报说：现在各总部、各军兵种、各军区的领导同志，搞现代化的积极性都很高，根据毛主席、中央军委批准的《五年军事建设计划纲要》《国防工程建设规划》等作出了预算，正在组织实施。但看来预算还是太大，我们没有那么多军费。我在前不久召开的全国财经会议上了解到，本年度国家财政出现25万亿

---

① 赵尔陆，时任第二机械工业部部长。

② 王铮，时任总参谋部通信部部长。

元赤字，正在研究弥补措施。毛主席已明确提出，军政费用开支占国家财政总支出的比例不能超过30%，就是说，朝鲜停战后，国家为了集中财力发展经济，军费还要减少。现在600多万军队，一要吃饭，二要穿衣，大多数部队还没有营房，志愿军回国后这个问题更突出。我在总后党委扩大会上要求确立为国家负责、为部队负责的观念，搞基本建设要反对大预算，反对浪费，提倡节约，自力更生，这只是一方面。但吃、穿、住的钱是必须花的。同时还要更新武器装备，建立军事工业，搞国防工程建设，办学校……

下一步怎么办？黄克诚在一次军委例会上说："又要建设一支优良的现代化革命军队，又要使国家机构费用（包括军费）不超过总支出的百分之三十，这是一个尖锐的矛盾，一个很大的难题。可这是毛主席提出来的。现在军队就得要从这种矛盾中找出最合理的方案。"[①] 黄克诚建议军委开会对前几年工作进行总结，在此基础上，使全军高级干部进一步统一认识，明确今后军事建设的方针、任务和工作重点。军委早就确定精简部队，但因抗美援朝战争没有实现，现在停战了，要尽快组织精简，把总员额压下来。这是第一件大事。第二，装备现代化要坚持有步骤、有重点地搞，不能胃口太大。还有国防工程建设，不能太急太快，要量力而行。第三，有些同志提出建议，短期内大仗打不起来，部队平时要以训练为主，特别是要加强干部训练。再有，目前在学习苏军经验中仍有忽视我军优良传统、忽视政治工作的现象，应引起重视，重申坚持党委集体领导的原则。

对黄克诚反映的情况和建议，彭德怀十分重视，他正在思考着朝鲜停战后军队建设的大计，黄克诚的许多想法他们之间早有交流和共识。聂荣臻也很赞同黄克诚的想法。聂在讨论军委工作安排时说："国防工程建设是百年大计，要根据人力物力而进行，不要太急，黄克诚同志建议作适当延长是对的。精简问题要抓紧调研，尽快确定总员额，着手拟制精简方案。"

8月28日，中共中央发出了《关于增加生产、增加收入、厉行节约、紧缩开支、平衡国家预算》的通知，要求军事系统（包括公安部门）应在整顿组织、精简机构和冗员、加强训练、提高部队质量的基础上，大力缩减军费开支。彭德怀历来雷厉风行，中央通知正式下达前一周，即8月21日，他就向总部领导人传达了中共中央的指示精神，8月28日、9月4日，又连续主持召开军委例会，讨论修订军队五年建设计划。会上，彭德怀分析了国际环境、国内形势，提出了军队建设的设想。他指出，军队要逐渐正规化，要统一装备，统一编制，统一训练，统一制度。进口武器装备的数量要压缩，要发展军事工业，自己生产武器装备。军队的员额要减少，今明两年减到350万，把节省下来的钱发展装备，改善部队供给。他还提出，1953年要集中力量解决部队营房问题，并要求建营房要做到降低标准，自己动手，因地制宜，就地取材。他还就部队训练、实行兵役制、薪金制、军衔制的时间和步骤提出了要求。

---

① 转引自《张震回忆录》上册，解放军出版社2003年版，第478页。

　　军委例会根据彭德怀的设想和军队情况进行了讨论，就精简方案和措施及军队若干制度改革及实施步骤，形成了一致意见。9 月 8 日，彭德怀书面报告毛泽东。报告提出：建议修改五年军事计划，全军总定额 350 万，各技术兵种 5 年内不再扩大，实行兵役制、薪金制、军衔制及勋章奖章等问题，为此，拟于 11 月召开一次有各大军区、各军兵种领导同志参加的军事会议，讨论解决上述问题。毛泽东批准了这个报告。

　　为领导开好这次全军性会议，彭德怀提议并报毛泽东批准，成立了会议主席团。主席团由朱德、彭德怀、刘伯承、贺龙、叶剑英、罗荣桓、徐向前、聂荣臻、黄克诚组成。

　　在会议筹备阶段和会议进行中黄克诚协助彭德怀做了大量工作。对会议名称、议程、开会的方法、会议文件的起草和审查修改等重要议题进行深入地研究讨论。

　　比如会议名称问题就是根据彭德怀和黄克诚商量的意见提交军委例会讨论定下来的。因为根据《共同纲领》规定，当时中央人民政府人民革命军事委员会统一管辖和指挥全国武装力量。军事委员会由毛泽东任主席，朱德、刘少奇、周恩来、彭德怀、程潜任副主席，1951 年又增补林彪、高岗为副主席，委员中除中共党员占多数以外，也有一定比例的党外人士。这种体制，从领导成员上看，虽然坚持了中国共产党对全国武装力量的领导，但从新中国成立到 1954 年 9 月，中国共产党没有设立中央军事委员会。在这种情况下，"为使到会的同志发言不受会议形式拘束"，决定将会议名称定为"全国军事系统党的高级干部会议"，参加人员为军队党的高级领导干部。

　　关于会议的开法，彭、黄决定在发出会议通知的同时，将会议要讨论研究的问题列一个提纲，供各单位党委研究讨论，并于会前将讨论情况摘要报军委，再到会研究。毛泽东对此表示赞同，指示"照办"。

　　黄克诚还受彭德怀委托，主持起草会议报告。他找人座谈、翻阅文件，很快列出了提纲，并在 10 月 16 日的军委会上作了中心发言。经军委讨论后，由军委办公厅主任萧向荣组织整理成文。随后，军委又作了讨论修改，正式形成彭德怀在大会上作的报告。

　　会议筹备期间，黄克诚由于连续工作，紧张疲劳，时常头痛头晕。11 月中旬，他到北京医院进行检查。经医院组织京、沪医学专家会诊，认为需手术治疗。为此，中央卫生部副部长兼总后卫生部副部长傅连暲向彭德怀写了专题报告，建议休息一段时间后进行手术或赴苏联治疗。黄克诚说："高干会马上就要召开，还有一大摊子工作要处理，手术的问题明年春天再说吧，先药物治疗。"他在医院只住了几天就出院了，继续投入会议的筹备工作。

　　经过 3 个多月的准备，全国军事系统党的高级干部会议于 1953 年 12 月 7 日顺利召开。朱德致开幕词，彭德怀代表中央军委作了《四年来的军事工作总结和今后军事建设上的几个基本问题》的报告和总结，聂荣臻、萧华分别就军队的组织编制和政治工作问题作了报告。

朱德在开幕词中要求与会人员以党在过渡时期总路线和毛泽东关于"建设我军为世界上第二支最优良的现代化革命军队"的指示为指针，明确认识现代化革命军队的方针任务，研究和解决军队面临的诸多具体问题。

彭德怀在报告中回顾了新中国成立四年以来，军队工作的主要成绩和问题，重点论述了关于今后军事建设的几个基本问题。他根据党在过渡时期总路线的要求和当时的国际国内形势，明确指出，"在这个历史时期内，在现有基础上，有步骤地把我军建设成一支强大的现代化的革命军队，就是摆在我们面前最根本的任务"。彭德怀根据军队建设的总的原则和要求，提出了当时军事建设需要解决的十个主要问题，并从历史与现实、理论与实践的结合上，阐明了应该采取的方针原则与基本措施。会议围绕彭德怀的报告进行了充分的讨论，进一步统一了思想，对报告进行了补充、完善。

会议制定的人民解放军建设的总方针、总任务是："在我军现有的基础上，积极地有步骤地把我军建设成为一支优良的现代化的革命军队，解放台湾，防御帝国主义侵略，保卫我国社会主义建设，保卫亚洲与世界和平。"

会议确定军队的总员额为350万，规定各特种兵部队以在现有基础上继续巩固提高为主；明确国防建设要服从国家经济建设，在发展本国工业的基础上适当引进外国的技术装备，减少国外订货，选择重点建设，依靠发展中国自身的工业，特别是重工业来建设现代化的军队。

会议决定，军队在现代化建设中长期的、经常的中心工作是训练部队，特别是训练干部；确定要以条令的规定把全军各方面统一起来，实行正规化；确定学习苏军经验要与人民解放军特点结合起来，与人民解放军的战争经验特别是抗美援朝战争经验结合起来，并加以发展；要加强党对军队的绝对领导，坚持党委集体领导下的首长分工负责制。

会议还就军队的体制编制、司令部机关、政治工作、后勤机关等建设作出了规定。还研究了实行义务兵役制、薪金制、军衔制等重大问题。

这次会议共开了50天，在人民解放军建军史上是一次划时代的会议，为人民解放军全面进行革命化、现代化、正规化建设确立了一系列重大方针原则。对于统一全军思想，完成军队建设由低级向高级阶段的转变，具有决定性的历史意义。毛泽东对这次会议十分关心，亲自审阅修改会议文件。

高干会结束后，在研究总参1954年工作安排时，黄克诚向聂荣臻提出：军队建设的方针任务和工作重点已进一步明确，许多工作逐步进入正轨，又鉴于现在您和粟裕同志身体情况已有好转，建议对总参领导同志的分工重新明确一下，总参的工作还是您来主持，您不在时由粟裕同志代理，我仍主管后勤方面的工作，从我的能力和精力考虑这样好些。他还向聂荣臻、彭德怀提议，要尽快加强总参、总后的干部队伍建设，选拔一些年纪轻、能力强的优秀干部担任副总长、副部长。其实，这个意见他在1953年6月21日给毛泽东信中就提到"建议调年轻同志来总部负责。我则只担任后勤部的工作（按我的情况，适宜做地方工作，中央要我做后勤，我还是做下去）"。因未见毛泽东的回复，事过半年之后，黄克诚再次就领导分工、干部建设问题向彭、聂提出建议，这不仅反映出他对军队建设的高度关切和负责精神，同时可以从中看出他的谦虚谨慎，对个人职位问题的坦荡、淡然。

黄克诚关于只主管后勤工作的建议，仍未被采纳。聂荣臻对黄克诚说：总参和总后这两个摊子，你还得兼管，我的身体不太好，粟裕也时常犯病。在2月12日总参领导人会议上，聂荣臻明确说：我还需要休养一段时间。为使粟裕不负担过重，经报告彭德怀同志同意，各总部的协调工作仍由黄克诚负责。聂荣臻组织观念很强，考虑问题很细，随即就上述问题向主持军委工作的彭德怀写了书面报告。关于副总长的分工，聂荣臻在报告中说：粟裕仍负责掌握各军兵种及作战、测绘工作，黄克诚负责后勤、财务、通信、动员、军务、军事交通、军械工作，并代行总参谋长职务；张宗逊负责军训、军校、出版工作；李克农负责情报、技术侦察、联络工作。[①]彭德怀批准了这个报告。

黄克诚不便再推辞，继续兼理总参、总后两总部工作，并协助彭德怀处理军委日常事务。令黄克诚宽慰的是，军委于高干会开过不久，即任命志愿军后勤司令部政治委员周纯全为总后勤部副部长兼副政委、志愿军副司令员兼后勤司令员洪学智为总后勤部副部长兼参谋长。洪学智刚满40岁，年富力强，干练果断，在朝鲜战争中积累了丰富的后勤工作经验。黄克诚指定他主持处理后勤经常性事务。黄克诚自己则只管重要事项的决策研究，这就减轻了他很大负担，可以分出更多精力考虑和处理军事建设方面的大事了。

2月6日至10日，黄克诚出席中共七届四中全会。

3月初，黄克诚根据军委的统一部署，首先主持召开了总后勤部党委扩大会议，传达贯彻全国军事系统党的高级干部会议和中共七届四中全会精神，并部署安排了1954年的工作任务。黄克诚在会上强调，党的团结是革命胜利的保证，也是军队现代化建设的保证，大家对此必须有充分的认识。要坚决反对和克服居功自傲和个人主义，树立正确的同志关系。要以四中全会决议和高干会议决定为指针，团结一致，齐心协力，搞好后勤现代化正规化建设。

在此期间，黄克诚又召集总参各部门联席会议，部署了总参1954年的工作。

全军高干会之后，军事建设的各项工作进展加快。其中，军官薪金制、军衔制、义务兵役制三大制度的拟制和实施成为军委工作的重点之一。彭德怀对此抓得很紧。黄克诚则以很大精力进行组织协调，听取汇报，研究审修。兵役法的起草修改，历时近3年，进行了大量调研工作，起草工作完成后，在全国广泛征求意见，修改达16次之多。1955年7月，第一届全国人民代表大会第二次会议讨论通过了《中华人民共和国兵役法》，黄克诚亲自起草了兵役法制定和修改情况的报告。中国人民解放军由志愿兵役制改为义务兵役制。实际上，这一制度已在1954

---

① 中国人民解放军历史资料丛书编审委员会编：《总参谋部大事记》，蓝天出版社2009年版，第354页。

年 11 月开始实施。

1954 年 11 月 9 日，经中央军委、国务院批准，国防部长彭德怀命令公布了《中国人民解放军薪金、津贴暂行办法》及其 7 个附件。该办法自 1955 年 11 月开始实施，从而结束了实行多年的供给制。黄克诚主持了这项工作。他说："薪金似乎是个具体的小问题，但又是个最容易引起意见的大问题。所以决定这个薪金制的办法（先是暂行办法），也颇费了些斟酌。"① 他在 1954 年 12 月召开的军委扩大会议上就此专门作了详细的说明。

军官服役条例经彭德怀多次主持讨论修改，于 1955 年 2 月经第一届全国人大常委会讨论通过，正式公布实施。军衔制评定工作实际上从 1954 年即开始进行，1955 年 1 月军委发布《关于评定军衔工作的指示》后，进展加快。评衔工作艰巨复杂，按照中共中央规定，元帅和大将的授衔，由中央书记处提名，经政治局审议确定，最后由人大常委会讨论通过；上将以下，军委讨论确定。经过紧张细致的工作，评衔工作于 9 月初顺利完成。9 月 27 日，在北京举行了隆重的授予元帅军衔及勋章典礼大会。毛泽东将授予中华人民共和国元帅的命令状授予朱德、彭德怀、林彪、刘伯承、贺龙、陈毅、罗荣桓、徐向前、聂荣臻、叶剑英。同日，国务院举行授予将官军衔和勋章典礼大会，周恩来把授予大将、上将、中将、少将军衔的命令状分别授予粟裕等在京的将官，黄克诚被授予大将军衔，在 10 位大

■ 1955 年 9 月 27 日，周恩来在北京为黄克诚（右二）、粟裕（右一）等颁发授予中国人民解放军大将军衔的命令状。

①《黄克诚军事文选》，解放军出版社 2002 年版，第 289 页。

■ 1955 年 9 月 27 日，黄克诚（左二）同粟裕（左一）、谭政（左三）、萧劲光（左四）、王树声（左五）等在授军衔仪式上。

将中位居第三。各大军区也先后举行了授衔仪式。全军获得少尉以上军衔的军官共 53.1 万余名。

义务兵役制、薪金制、军衔制的实施，使人民解放军在正规化、现代化建设的道路上迈出了坚实步伐，展现出新的面貌。

四、"管家理财的行家"

在军委和总参、总后常务工作中，军费的分配和管理是最重要的内容之一。黄克诚说这是他"刚到总参工作时感到最伤脑筋的问题"。主要原因是供需之间的矛盾太突出。

1952 年 9 月，在研究拟制 1953 年军费预算时，根据军委批准的《军事建设五年计划纲要》提出的建设目标和 1952 年国家规定的军费指标，总后勤部经过综合平衡，提出了一个 58 万亿的方案，而各部门、各军兵种上报的计划总计是 75 万亿，比总部的预算超过了 17 万亿。预算怎么定，需要进行协调研究。还没有协调好，中央已于 9 月 10 日开会，研究 1953 年的军费预算。会上毛泽东明确指示：军费不能超过 1952 年的预算标准，即以 50 万亿元为好。这比总后提出的预算还少了 8 万亿。在 1953 年 7 月全国财经会议上，毛泽东又提出，今后的军政费用在国家财政支出中不得超过 30%。如何在不超过军费总定额的前提下，把钱用好，成为军委面临的大问题，也是黄克诚要思考解决的大问题。

新中国成立初期，各军兵种和部门领导人，都是身经百战的将军，个个雄心勃勃，魄力很大，工作积极性很高，都想在工作岗位上创建新的功绩。他们纷纷向军委、总参、总后写报告或找上门，强调本部门工作的重要，要求多拨一些经费，多给一些物资，多进口一些机械装备。还常常在黄克诚主持的联席会议上争得面红耳赤，不可开交。

面对各军兵种和一些部门领导人争着要钱、要物、要外汇的激烈要求，黄克诚坚持采取公开透明的方针。每次研究军费分配，都先把预算和分配情况全部摆出来，使各军兵种、各部门领导了解全貌，再据此作出说明。先讲国家的困难，讲军队顾全大局的重要性，强调不能再向国家伸手，把矛盾上交，只能在国家批准范围内自行调节，安排处理。他鼓励大家要有克服困难的决心，把艰苦奋斗的精神拿出来，打一个"少花钱，多办事"的胜仗、好仗。同时指出，要考虑军队全局，只强调某个局部是不行的；平均主义的分配也是不行的，要统筹兼顾，区别主次缓急，妥善配合。讲完之后，再把分配计划发给大家，充分让各军兵种和有关部门领导人发表意见。随后，他再耐心作出说明和解释。对于合理的意见，凡应采纳的立即采纳，对于从长远看应当解决但限于财力近期不能马上解决的，则暂缓解决。比如，当时有的提出要建设海军舰队，他说，这个意见是合理的，但花钱太多，财力暂时难以达到，只好作为长远目标，近期先发展那些建设较快、费用较低的海防建设，如潜艇部队、快艇、小型舰艇等。他还提出，大力发展空军，加强空防建设是当务之急，同时花钱较少，容易办到，这也是中央军委确定的方针。他说，根据抗美援朝战争的经验，军委还决定要拿出一定的财力物力加强国防工程建设，各方面都需要钱，因此，只能区分轻重缓急，统筹安排。

当时就是这样，把整个经费的分配计划向与会者公布出来，尔后逐项加以说明，使大家了解全局和重点，再根据会上提出的意见，加以补充、修正，直到多数领导人都比较满意，对计划表示理解。对于个别坚持己见，争吵不休者，黄克诚则耐心说服，个别做工作，但决不妥协。

经过这样反复研究、讨论、修改，使得经费的分配方案既突出重点，又照顾到了军队建设的各个方面，统一了各部门领导的认识，提高了执行计划的自觉性和主动性。军委领导审批时很快通过。

黄克诚非常重视军队基本建设计划的执行情况，严把建设质量关，并及时提出修正意见。对那些耗资巨大、建设周期长的工程尤其重视。1953年，大规模国防工程建设开始后，他指示总参作战部和总后基建部门派出工作组到各军区检查执行情况。检查人员回来后，他认真听取汇报，对发现的问题，立即采取改进和修正的措施。关于修改国防工程建设计划、推迟完成期限的建议，就是黄克诚提出的。

1952年7月，彭德怀主持军委常务工作以后，根据朝鲜战场的经验和中国海防工事简陋、基本上是"有海无防"的状况，向党中央和毛泽东正式建议，在海防第一线修筑永备国防工程。这项重大建议得到毛泽东、朱德、周恩来等军委领导的支持。毛泽东要彭德怀立即组织开展这项工作。彭德怀多次率总参谋部和工程兵、海军领导人到沿海地区勘察，同军区领导人共同研究设防方案。8月，中央军委作出了关于建筑国防工事的决定。10月，总参根据彭德怀的指示，代军委起草了关于辽东、山东半岛设防的决定，分别就兵力部署、工事建筑计划、守备部队营房修建、工程领导的分工、交通及通信建设等问题作了规定。辽东半岛的一级永备工事要求于1955年完成；山东半岛地区的工事建筑于1956年完成。同时还安排了海南岛的设防工程建设问题。除此之外，军委还决定在朝鲜战场和东北、华北、华东、中南几个方向的有关地区分期重点设防。随后，军委又决定成立军委军事建筑部，领导国防工程建设。

各级领导和施工部队积极执行军委的决定，工作热情很高，工程建设于1953年初陆续展开。黄克诚知道，这是一项宏大的、关系国防安全的建设任务，他要总参、总后必须加强检查指导。经过半年多考察了解，总参、总后和军事建筑部发现，国防工程建设存在着计划过大、要求过急，而准备不足等问题。黄克诚听取汇报后十分重视。7月11日，黄克诚综合各方面意见，就国防工事修建情况向毛泽东写了专题报告，报告开门见山地提出：军委原来计划，五年内完成辽东、华北、山东半岛、上海、舟山岛、海南岛等地区国防工事修建任务，经过最近几个月的摸索，感觉工程浩大，所需各种器材甚巨，技术人员缺乏，领导干部和施工部队均无筑城经验，如果筑起来不合实用则损失甚重；上述地区工程建筑费共需20万亿，按目前财政情况，五年内拨出这笔巨大数字，亦甚困难，"因此，拟采取稳步修建的方针，即前三年少修，求得锻炼干部取得经验，发生国际变化，即突击抢修。如无情况，则逐年加多，把计划延长到一九六〇年完成，甚至延长到一九六二年完成，是否妥当，请批示"。黄克诚在报告上还特别说明，彭德怀在京时"亦感工程太大，用钱太多，亦曾考虑修改计划，延长时间，但尚未作决定"。7月11日当天，毛泽东即对黄克诚的报告作了批示："黄克诚同志：赞成你的缩减计划，这是很必要的，望照此部署。"7月14日，总参和军委军事建筑部召开全军第三次国防工程会议。黄克诚到会传达了毛泽东的指示并讲话。与会人员一致拥护军委决定，并结合前一段工程进展情况，总结了上半年的经验，研究调整了建设计划，提出了解决问题的措施，确定加强技术培训、组织试点和经验交流。

这个建议和决策十分及时，对保证国防工程建设的健康发展，避免和减少人力物力的浪费，都起到关键性的作用。

对于涉及国防安全需要及早上马的战略性工程建设项目，虽然经费紧张，但黄克诚还是主张应及早安排。

1953年7月朝鲜停战后，彭德怀责成总参谋部在10月之前制订出攻击金门的作战计划，并根据毛泽东的指示，要求在1955年1月底之前完成解放金门的一切准备工作。总参根据华东军区上报的攻击金门作战方案和毛泽东、彭德怀的指示，于10月初拟出了攻击金门的作战计划。经彭德怀批准，上报毛泽东，下发华东军区。12月9日，毛泽东看了彭德怀转呈的总参作战部部长张震上报中央军委的信。信中列举了目前攻打金门的不利因素，诸如金门地下工事比较坚固，一般炮火很难摧毁；美国第七舰队增援等，还特别提到，后勤保障存在不少问题，所需作战物资16万吨，运输困难，而且，经费预算将近4万亿元，为数巨大。张震建议，将攻打金门的战费先修江西至福建的铁路，使今后攻取金门和台湾时的运输有可靠保障，也利于国家的经济建设。黄克诚对张震的建议十分重视。

此时，总参、总后根据彭德怀和黄克诚的指示，拟制出击金门的经费概算，总计约5万亿元。彭德怀对概算做了批示，认为攻金门问题耗费巨大，经和陈毅商定，暂缓进行。随即报毛泽东审批。毛泽东审时度势，同意彭德怀、陈毅等人的意见，果断地下令暂缓攻打金门的作战准备。但陈毅和黄克诚等向彭德怀建议，其他准备工作可以暂缓，江西至福建的铁路则应该修。黄克诚认为，修一条至福建的铁路既利战备，又利经济建设，一举多得，应早动手。随后，军委向中央写了专题报告，建议由铁道兵承建这一艰巨的筑路任务。毛泽东欣然同意。随后，西起江西鹰潭东至福建厦门的铁路破土动工，1957年实现全线通车，使交通闭塞的福建有了第一条铁路，战备物资运输有了可靠保障。

军队基本建设费用开支巨大，黄克诚对这项开支的使用、管理十分重视。他主张，要严格审批程序和建设标准。对违反要求的，要提出批评，限期纠正。

军委规定，营房建设必须严格执行先报上级审核批准再开工建设的程序，对军以上机关建设项目要求尤其严格。1958年总后检查发现，广州军区未经批准就开工修建各省军区宿舍，违反了国家和军队的制度，并有挪用其他经费物资的现象。为此，黄克诚亲拟电报，对广州军区进行了通报批评，并要求："尚未动用的款应即冻结；已备材料而未动工的，立即停止开工。"

黄克诚在一些重要会议上强调，全军各级都要严格执行上级批准的预算，专款专用，不能擅自挪用军费。他要求财务部门要严格检查控制，对开支超预算的要查明原因，挪用的要通报批评。财务部门严格执行规定，引起一些领导人不满意，他们指责财务部"太机械"。黄克诚在一次各总部和军兵种领导人参加的会上说："财务部机械一些是必要的，不然就会乱来。不能解决的可以直接找我。"为了既堵住挪用开支的口子，又给下边一定机动权，他在会上提了一个原则：大军区5亿元以内可以自行调节开支，特种兵1亿元可自行开支。经军委讨论，原则同意他的意见，规定，军区、军兵种在预算内有5亿元以内的审批权。超过要报军委、总部审批。

对于涉及干部战士的生活和健康等问题，黄克诚很重视，即使原来没有制度规定，只要合情合理，又能够办得到的，下面报上来，他就毫不犹豫地作出批示或建议军委讨论。1955年，空军党委给中央军委写报告提出，飞行员目前伙食费标准偏低，影响健康，请示适当提高给养标准。黄克诚看完报告，立即作出批示，同意空军建议，并指出："飞行员人数不多，培养费用浩大，不要因为节约伙食费而降低体质。试行后加以检查，如不适用，即时改正。"

黄克诚认为，涉及军费开支方面的一些重要制度，都是经过反复酝酿、讨论才确定下来的，一定要严格执行，不能随意变更，要有全局观念，从国家和军队的整体利益考虑。1954 年实行薪金制后，子女多的干部生活水平有所下降，有人建议军委规定一项补贴制度，黄克诚坚决不同意。他说："少数同志的困难可以根据实际情况给予补助，如果形成一项制度，增加时容易，情况变化时想改变就难了。"据此，军委作出规定，有特殊困难的可酌情给予救济。

针对有些人对提高生活水平要求过高过急的思想倾向，黄克诚多次严肃地指出："当人民的温饱问题还没有解决，国家还有困难的时候，如果只顾个人享受，那不是人民军队应有的作风。"1957 年，军队有人建议取消家属看病收费、私人用车交钱和军服交旧换新制度，他在一次讲话中严肃批评这些人是"只顾减少个人开支，不顾给人民增加负担"。

黄克诚长期担任军委秘书长兼总后勤部长、政治委员，又主管全军经费分配，权力很大，批些钱改善一下自己的生活条件在有些人看来应该是容易的。但他一直对自己要求十分严格，为给国家节省经费，宁肯个人和家庭作出些牺牲。他在北海恭俭胡同的住房，房子小，又年久失修，夏天漏雨，冬天漏风，暖气不好，秘书和管理部门几次提出整修，黄克诚说，这要花不少钱，先简单维修一下将着住吧，比战争年代好多了。这一住就是三四年。直到 1956 年才搬到条件较好的西城大水车胡同 4 号。

黄克诚被中央领导人称赞为"管家理财的行家"，说他不但会打仗，对经济工作也很内行，而且勤俭节约，精打细算，会用钱。周恩来有一次同一些领导人谈话时说："黄克诚这个人我了解，你给他一万块钱，他能当十万块钱用。"他到军委工作不久，即经常参加中央财经工作会议，参与讨论国家财政预算，对发展经济和国防建设等提出过许多建议。1957 年 1 月，中共中央作出决定，成立由陈云、李富春、薄一波、李先念、黄克诚组成的五人小组，在中央政治局领导下，统一领导国家的经济工作。他对国家经济建设更加关注，对军费的预算、分配、使用和管理更加重视，千方百计厉行节约，保证国家和军队需要，力求做到保障重点、照顾平衡。

从 1953 年抗美援朝战争结束，到 20 世纪 50 年代末，在国防费不断减少的情况下，除保障了军队正常的战备、训练等任务外，中国很快地建立了一套军事工业体系，扩建新建了一批军事工厂，仿制和自行研制的飞机、坦克、各种火炮开始装备部队；同时，还建立了国防科研系统，开始研制核武器；沿海地区陆、海、空军的国防骨干工程大部完成，后勤建设不断发展，部队供应逐步改善。所有这些，与黄克诚协助军委精心谋划运筹、合理调配使用军费、充分发挥军费效益是分不开的。

第二十五章　在军委秘书长和
总参领导岗位上（下）

一、贯彻"以我为主"学习先进的方针，推进军队建设

新中国成立前夕，毛泽东号召全党，为建设新中国，"我们必须学会自己不懂的东西"，"苏联共产党就是我们的最好的先生，我们必须向他们学习。"[1]刘少奇、周恩来等中央领导人也作出指示，并亲自与苏联政府商谈，请苏联派遣高级专家来中国帮助建设。从此，向苏联学习开始了一个新时期。

军队系统在向苏联学习方面是走在全国前列的。从 1949 年下半年开始，即有大批苏联军事顾问和专家受聘来华；到 1953 年，从总部到各军兵种、院校，都已聘有苏联军事顾问。从苏联购买的大批武器装备和军工设备开始陆续到达，同时购置了一批图书资料，如军队的条令、条例、技术资料等。中国还派遣留学生、考察团赴苏联学习、观摩。黄克诚认为，毛泽东关于向苏联学习的决策和中央军委的上述举措，对于由战争转入和平，正规化、现代化程度很低的中国军队来说，是十分明智的，其意义是毋庸置疑的。

他刚调任总参时，北京正根据中苏两国商定，在十月革命节开展中苏友好月活动，苏联派文艺、科学代表团来华参加。毛泽东于 10 月 20 日指示：在开展中苏友好月活动期间，凡有顾问的单位，都要检查同顾问的关系，征询他们的意见，进一步加强团结，密切双方关系，并将检查结果上报党中央。主持军委日常工作的彭德怀也据此作出指示，强调学习苏军经验的重要性、必要性，批评骄傲自满、故步自封的倾向和少数干部知识浅薄、不肯钻研的现象。

当时主持总后工作的黄克诚立即传达贯彻毛泽东和彭德怀的指示，先主持召开总后党委会，进行了内部检查，接着又召开苏联顾问参加的座谈会，听取意见。他在总结讲话中要求：教育全体干部树立学习苏联的坚强思想，了解学习苏联先进军事科学的重要性。虚心学习，反对经验主义、保守思想、骄傲自大的现象；

---

[1]《毛泽东选集》第 4 卷，人民出版社 1991 年版，第 1481 页。

顾问提出的各项建议，凡是可行的，都应组织力量贯彻实施；工作计划、完成情况，随时通知总顾问，并请他提出意见；讨论重要问题的会议，如编制、工作计划、工作汇报等，请顾问参加；各业务部经常保持与顾问的联系，交换情况及意见。会后，黄克诚给毛泽东并军委、总参写了书面报告。报告得到了毛泽东、彭德怀的肯定。

1月30日，毛泽东召集黄克诚、张宗逊、萧华、萧向荣研究军事工作时说："利用朝鲜战争和苏联顾问两个动力，使我们迅速进步。同顾问关系不融洽已基本解决，六七月间再检查一次。学校用苏联教材，过去反对，不要乱搬，是讲政治，指那些教条主义者而言。'七大'以后情况改变，无教条主义了。顾问有军事思想、业务、技术，向顾问学习，又向十二本书学习。"毛泽东还在彭德怀上报的一个报告上批示："继续团结所有顾问，认真地向他们学习，永远不要骄傲自满，一定要将苏联的一切先进经验学到手，改变我军的落后状态，建设我军为世界上第二支优良的现代化的军队。"①彭德怀及时向各总部传达了毛泽东的批示。

黄克诚认真学习贯彻毛泽东等中央领导的指示，在实际工作中十分重视学习借鉴苏军的经验。在参与领导军衔制、薪金制、兵役制和各种条令、条例的拟制修改中，在编制、装备建设中，他多次强调：搞现代化我们缺乏经验，要虚心向苏军学习，借鉴他们的经验，吸收引进他们的先进科学技术。同时，要十分重视总结我们自己的经验，保持我们自己的优良传统，抵制和反对照抄照搬的教条主义，积极提倡从本国的国情和军情实际出发，提出建设革命化、正规化、现代化的方针和办法。在军队领导制度上"实行党委集体领导下的首长分工负责制"就是黄克诚提出的。

20世纪50年代初，人民解放军准备实行义务兵役制、军衔制、军官薪金制，着手正规化建设，编写各种条令、条例和规章制度。当时苏军顾问一再宣传一长制的优越性，说这是列宁的遗教，苏军实行这一制度，在卫国战争中保证了庞大复杂军队的集中和统一指挥。军队有些人也认为："搞正规化建设，苏军有现成的条令条例，我们翻译过来，照着做就行了，不必再强调党对军队的绝对领导，可以按苏军的做法，取消政治委员，实行单一首长制。"

黄克诚还听总政治部反映，部队在学习苏军经验中出现忽视、削弱党的领导和政治工作的严重情况。有的竟说什么"马列主义上不了天"（不能飞行），"政治工作不能开坦克"，"过去是打政治，现在是打技术，指导员当妈妈的时代过去了！"在一段时间内，否定和削弱党对军队的领导的种种谬论到处流传。党委集体领导和政治工作受到削弱，群众路线和民主作风受到限制，官兵关系、军民关系紧张，训练、管理教育松懈，不良倾向滋长，思想一度混乱。据此，总政治部主任罗荣桓建议重新起草政治工作条例，把党对军队的绝对领导、政治委员制度和政治工作制度以及营政治教导员、连政治指导员的行政地位用规章制度的形式

---

① 转引自彭德怀传记组：《彭德怀全传》（三），中国大百科全书出版社2009年版，第1091页。

固定下来。

1953 年上半年，也就是在总政起草的《政治工作条例（草案）》征求意见时，军委某机关一位干部给总政领导写信，对征求意见稿提出不同意见。焦点集中在关于人民解放军领导制度、政治委员制度、政治机关性质及党通过何种组织领导军队等重大原则问题上。此前，这位干部还曾给萧华写信提出，人民解放军应学习苏军经验，实行一长制。总政领导对他的意见很重视，指示条例起草小组对此信作了答复，阐述了坚持党的领导、坚持政治委员制度，加强政治工作等主要依据和意义。由此，在相当范围内引发了新中国成立后一场关于军队领导制度的争论。

当时，在高级领导干部中，对于坚持党的领导，加强思想政治工作，保持人民解放军优良传统等提法并无不同意见，但在军队领导制度问题上受苏军顾问的宣传和条令、条例的影响，有相当一些人认为，苏军的一长制更适合军队的特点，有利于集中统一指挥，包括彭德怀本人，在 1953 年上半年就曾考虑部队实行单一首长制，第一步先取消营教导员、连指导员。一向重视党委领导和政治工作的黄克诚不赞成这个意见，在同彭德怀个别交谈时明确表示，单一首长制不可取，要十分慎重，现有政治工作制度是我们在长期艰苦斗争中创造、总结出来的宝贵经验，只能不断充实提高，不能轻易变动。他建议多讨论几次。彭德怀很快和他取得共识。

8 月，彭德怀从朝鲜回到北京。在筹备召开全国军事系统党的高级干部会议时，黄克诚和彭德怀都认为，军队领导制度问题是一个重大原则问题，必须提出来加以明确。他们通过回顾人民解放军在党中央和毛泽东领导下的发展成长历史，联系自己的亲身经历，一致认为，集体智慧和个人负责都必不可少，党委制、政委制和首长制都不可或缺，要把三种制度的优点综合起来、集中起来，继续保持下去。如何把这一制度加以精炼概括，黄克诚经过良久思考，明确提出：我军一直实行的是党委领导，部队是双首长制，军事干部和政治干部各负其责，适合我军情况，我认为："应该是党委集体领导下的首长分工负责制。"彭德怀听后一拍大腿，欣赏地说："措词准确，很好！"

9 月 19 日，彭德怀听取东北军区副政委周桓汇报工作时，首次明确提出：我军的领导制度应当是党委集体领导下的首长分工负责制，军事工作由军事首长决定，政治工作由政治首长决定。同月，军委办公厅主任萧向荣根据彭德怀的指示，着手起草发各大单位党委的讨论提纲，为高干会做准备，其中提到军队领导制度时指出：目前我军同时存在的党委制、政委制和单一首长制，应根据我军的历史传统、建军经验及目前的具体条件，明确规定为"党委集体领导下的首长分工负责制"。这个提纲于 10 月 5 日报送毛泽东，即获批准。

10 月 9 日，军委例会讨论《政治工作条例（草案）》。有的领导主张立即颁布实行。黄克诚认为，颁发政治工作条例是人民解放军政治工作建设的一件大事，应持十分慎重的态度，充分进行讨论。他说："我军正在变动转折时期，既然马上要开会了，不如再进一步讨论，多听听意见，等到成熟了再颁布。"军委采纳了他的意见。在全军党的高干会上，结合讨论彭德怀的报告，对《政治工作条例（草案）》进一步进行了审议修改，于 1954 年 4 月 15 日颁发全军执行。其中，党委领导下的首长分工负责制以条例的形式被固定下来。自此，搬用苏军一长制的主张被否定。尽管苏联顾问直至 1956 年仍写信表示不赞成党委集体领导下的首长分工负责制，并反对人民解放军实行的民主制度和群众路线，但围绕这一根本制度的争论结束了，认识统一了。

在涉及党和军队根本领导制度的争论中，黄克诚冷静地思考，抵制一长制，坚持党的领导，将党和军队的传统领导制度进行科学概括，提出"党委集体领导下的首长分工负责制"，是对党和军队政治工作的一大贡献。

从 20 世纪 50 年代初到 1955 年，特别是全军党的高级干部会议之后，军队在向苏军学习，进行正规化建设方面已取得重大进展，军衔制、军官薪金制、兵役制已顺利实施，各项条令、条例陆续颁发，军兵种建设已初具规模，院校体系已经建立起来，基本完成了由战时向平时的战略性转变，奠定了现代化的基础。

这期间，黄克诚在协助彭德怀主持军委日常工作中，从了解到的大量事例中，日益察觉到，在学习苏军经验的过程中，由于过多地强调了学习借鉴的一面，在颁布的制度和共同条令中，在院校教育、组织编制等方面，也存在一些照抄照搬的现象，脱离国情军情；一些单位过多地依赖苏军顾问，相信洋教条，工作缺乏自主创新意识，生活上追求享受、待遇等。体现人民解放军本质的许多优良传统，在不同程度上受到忽视和削弱，而军队中相当一部分干部对此在认识上模糊不清。他认为，必须引起高度重视，紧密联系实际，认真解决，以领导军队建设沿着正确的方向健康发展。他多次向彭德怀以至毛泽东反映过这方面的意见和想法。彭德怀多次出访苏联，同苏军高层接触，就军队和国防建设上一些重大问题进行交流，一方面学习了解了苏军的先进军事科学和建军经验，另一方面也察知了苏军领导人在交往中所表现出的大国主义行径和推销旧军火的利己主义，了解了在战略方针等方面两国存在的分歧，对如何学习苏军的经验，如何保持人民解放军自己的优良传统，祛除外来消极影响，更有一种迫切感和责任感。他为此深入院校、部队调查研究，多次召开军委会、军委扩大会，就恢复发扬人民军队的优良传统作出部署，提出要求。他提出的对苏军经验"要有分析有批判地学"，"要反对教条主义"，要坚持"以我为主"的方针；他对积极防御的战略方针的阐释，和贯彻积极防御战略方针必须进行的各项准备工作提出的要求，都得到了毛泽东和党中央的肯定。黄克诚坚定地贯彻中央和军委领导的指示，为恢复和发扬人民解放军优良传统，学习外军先进经验、祛除消极影响，大力推进军队现代化、革命化建设做了大量工作，提出了许多切实可行的意见和建议。

1. 积极倡导全军发扬优良传统，紧密联系实际，学习新鲜事物

1956 年 3 月 6 日至 15 日，中央军委召开扩大会议，彭德怀作《关于保卫祖国的战略方针和国防建设问题》的报告，对积极防御的战略方针作了阐释，并对贯彻这个方针提出了明确要求。

大会结束后，彭德怀、黄克诚于 16 日邀请参加军委扩大会议的各大单位领

■ 1955年，黄克诚（前左四）同邓小平（前左三）、贺龙（前左二）、陈毅（前左一）等在全军射击运动会看台上。

■ 1955年，在全军射击运动会上，黄克诚（前左三）向优胜单位和个人授奖旗。

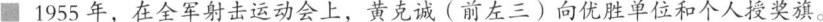

■ 1955 年 7 月，毛泽东（前排左三）等党和国家领导人与第一届全国人民代表大会第二次会议代表合影，六排右四为黄克诚。

■ 1958 年 10 月，总参谋长黄克诚（前左）出席庆祝匈牙利人民军建军节招待会。图为黄克诚向匈牙利驻华大使致节日祝贺。

导人座谈，征求对军委领导的意见。座谈会上，黄克诚传达了毛泽东、邓小平的指示。他说：主席和小平同志担心我们军队实行军衔制度等一系列正规制度之后，不能很好地保持优良传统，如官兵关系、军民关系、政治工作、群众路线、党委领导等，指示我们，应该引起严重警惕。请各军区、各院校、各部门加以检查。

随后，黄克诚根据军委扩大会议精神和毛泽东的上述指示，紧密联系军队实际，加强了对人民军队优良传统的宣传教育和军队建设的指导。

4月27日总后勤部召开首届党代表大会，黄克诚作了题为《发扬优良传统，学习新鲜事物》的报告。第六期《八一》杂志发表了黄的这篇讲话，供全军学习。

黄克诚指出：我军长期以来行之有效的党委集体领导下的首长分工负责制，集体领导下的民主制度，军民一致、军政一致、官兵一致的关系，群众路线的工作方法，以及艰苦朴素、英勇奋斗、克服困难的作风等，都是尽人皆知的我军的优良传统。这些优良传统反映了人民军队的阶级本质，体现了党中央和毛主席制定的正确的建军路线。正是这些优良制度和作风，保障了我军各级党委和领导干部集体智慧的发挥，保障了领导与群众的结合，保障了我军高度自觉的纪律，保障了我军的巩固和发展。我们必须很好地领会和贯彻。

黄克诚同时旗帜鲜明地提出："在保持和发扬我军优良传统的同时，还必须学习新鲜事物。不如此，就不能实现建设现代化的任务。""现在我们正处在原子时代，世界科学技术正在一日千里突飞猛进地发展，无疑的，这又将给军队的组织、装备、训练、作战提出一系列新的问题。因此，我们必须认识这种情况，必须通过刻苦钻研的学习来掌握现代科学技术，并运用到实际工作和斗争中去。"

向谁学习？学什么？怎么学？黄克诚在讲话中作了明确的回答。他说："首先是到实际工作中去学。"军队建设每天都有大量新事物新经验出现，领导机关要经常注意发现、总结和推广这些新经验。"苏联和兄弟国家的科学技术是先进的，特别是苏联，它是最先进的社会主义国家，我们首先应向苏联学习；同时我们对于资本主义国家的科学技术和经验也要和它们的社会制度区别开来，凡是对我们有用的技术和经验，我们就应学习，而不应一概排斥。"

在说到怎么学习时，黄克诚提出，必须采取正确的态度。第一，必须采取群众路线的方法和深入实际的态度，必须反对官僚主义和事务主义的态度。第二，必须从实际出发，必须反对主观主义的思想和"懒汉"态度，特别是在学习外国经验的时候是这样。他提出，几年来在学习苏联的先进科学方面有很大成绩，但有一部分同志在学习中犯了教条主义毛病，忽视了学习外国的东西必须与我们的具体情况相结合的真理，盲目地不加分析地把外国经验照搬过来。

针对有些军事院校在进入正规化建设后，仍缺乏自主创新意识，要求增聘苏军顾问、专家的现象。黄克诚指出："各院校提出要聘请顾问、专家，应该肯定一个原则，属于技术的必须聘请，可不请的应该不请。大家在工作中要有不怕犯错误的精神，即亲自动手，从实际工作中锻炼。不能依赖顾问。今后不论战备训练、部队训练，都应亲自动手，即使错误了，也不要紧，可以重来，以便锻炼。"黄克诚的这个建议得到彭德怀的肯定。1956 年 5 月底，彭德怀同苏军总顾问商定了顾问专家的编制，根据商定意见，将苏联在军事系统的顾问、专家从原有的 592 名，减为 422 名。毛泽东批准了这个方案。

黄克诚还尽力摆脱繁忙的公务，轻车简从，深入机关、部队和院校调查研究，倡导党的紧密联系实际、联系群众的优良作风。

1957 年 5 月 24 日，黄克诚只带两名工作人员，来到哈尔滨军事工程学院。他谢绝学院为他安排的高级宾馆，住在学院招待所，一住就是二十多天。其间，他除听取学院领导的工作汇报和开过几次座谈会之外，大量时间是同院、部、系领导干部、教授个别谈话。他着一身便装，穿一双布鞋，一个人以散步的形式，到学员宿舍、食堂，到军人服务社，同学员、工人、战士亲切交谈。傍晚时分还一个人到学院门外的街上同市民交谈。除院、系领导和老教授外，其他人都不知他的身份，又看他亲切和善，所以黄克诚问到什么，他们都如实回答。后来，很多人主动找他反映情况。他了解的情况全面、具体。比如有些老干部意志衰退、官气严重，作风不深入；干部、教授配自行车不公平；干部子女搞特殊，看电影留座位，骑车撞人、骂哨兵……黄克诚都知道得很清楚。

离开哈尔滨之前，应学院领导要求，黄克诚在几百名党员领导干部会上发表了讲话。他在肯定了学院取得的成绩后，严肃指出了存在的问题，他说，办好学院第一要发挥党对学院的领导作用；第二要发挥老干部即党的骨干作用，带头发扬我军的光荣传统；第三要发挥老教授的作用，信任他们，给他们创造条件。临别时，他还对送行的院领导说：你们要紧紧抓好教学，政治运动嘛，尽量少搞点。

在哈军工的历史上，作为中央领导人长时间住在学院里，深入细致地调查研究，广泛地联系群众，对学院的工作给予具体指导和切中要害的批评，以自己的高风亮节为广大干部和群众做表率，黄克诚当属第一人。

2. 参与建立军战史编写机构和军事科学研究机构，推动军战史研究和条令条例的修订

1955 年 7 月 23 日，彭德怀主持召开军委会，讨论并批准军事学院院长刘伯承关于在军事学院建立战史系的建议。会上，彭德怀说：战史是要整理的，要由近及远，先整理抗美援朝的，再整理以前几次战争的。学习苏联要与我军的经验结合，不要只看现在，不看过去；也不要只看过去，不学新的东西。要建立我们自己的军事科学。搞战史，军委下面可成立一个战史委员会。请黄克诚同志和有关同志研究，必须得到中央批准。[①]

黄克诚完全赞成建立军战史委员会，以统一领导，开展军史、战史的编写研究；赞成建立军事科学研究机构，开展军事学术和理论的研究。他知道，新中国成立后，军委虽部署全军在总参谋部领导下，编写军史、战史，并收集整理了一大批珍贵史料，但军委尚无专门机构组织领导。而整理总结人民解放军的军史、

---

① 王焰主编：《彭德怀年谱》，人民出版社 1998 年版，第 600 页。

战史，是一项十分复杂、艰巨的任务，没有强有力的领导人和专门的领导机构是不能胜任的。

他先就领导人选问题与谭政、萧华等进行研究，然后又听取了彭德怀、聂荣臻、叶剑英等军委领导的意见，经过反复酝酿，于1956年春向军委提出了一个初步方案。他建议由长期担任人民解放军总参谋长、熟悉人民解放军历史、军事理论素养很高的叶剑英负责牵头，训练总监部副部长李达，总政副主任甘泗淇及韩练成、陶汉章①组成筹备委员会，由他们提出编撰委员会名单。同年4月，军委讨论批准了这个方案。随后军事学院新成立的战史系，从各大军区抽调了五十余名学员进行培训，他们成为编写人民解放军军战史的骨干。1958年军事科学院成立后，专门组建了军战史部，军战史编写工作进一步加强，全军编写军战史的工作进一步展开。通过编写军战史，比较全面系统地总结了人民解放军的成长发展史，对毛泽东军事思想、军事理论和人民解放军在历次战争中的战略战术有了新的认识。这对于继承和发扬人民解放军历史上形成的优良传统和作战经验，增强全军的荣誉感和战胜一切敌人的信心，都具有重要历史意义。

针对许多单位反映部队使用的条令大都是搬用苏军的，不适合人民解放军，黄克诚指示不适合的可以修改。他说，条令修改要把握两条，一是人家好的东西要学，但不要脱离我们的实际，照搬照用；二是把我们的好的经验、做法要写进

1953年3月，总参谋部在中南海居仁堂召开全军战史工作会议。4月1日，朱德总司令（前右九）、黄克诚副总长（前右十）接见与会人员时合影。

---

① 韩练成、陶汉章，时为解放军训练总监部科学和条令部副部长。

去，特别是解放战争、抗美援朝时期的。他还亲自审阅修改了一些重要条令。

与此同时，军事科学研究机构也迅速建立。

4月成立了以聂荣臻为主任的航空工业委员会（国防科委的前身），领导国防科技主要是尖端武器装备技术的发展。为推动科技发展，又成立了以聂荣臻为主任的科学技术委员会。黄克诚任上述两个委员会的第一副主任。黄克诚不仅积极协助聂荣臻在领导干部的选拔配备、经费物资的保障等方面做了大量工作，而且积极倡导在学习苏联先进科学技术的同时，坚持自力更生原则，大力培养自己的科技人才。

黄克诚亲自抓军队后勤科学的研究、发展规划的制定和科研机构的建设。无论兼管全军后勤工作期间还是免兼之后，他对后勤科研机构的建设、方针任务等，都有过明确指示，提出过具体建议。1956年3月，他遵照周恩来的指示，四次召集总后卫生部部长兼政委饶正锡、副部长宫乃泉、张汝光，国务院卫生部副部长徐运北、张凯、崔义田等，研究提出了《军事医学研究工作十年规划》，把防治原子武器及细菌、化学武器伤害及战场救治列为军事医学科学研究的重要内容之一。规划对军队医学研究的内容、研究力量的调整、医务技术干部的培养提高、在北京建立解放军总医院等问题，向周恩来提交了专题报告，经批准后逐步实施。

3. 提出要根据实际情况不断调整组织编制

科学合理的组织编制是军队现代化正规化的重要标志，也是贯彻积极防御战略方针的重要方面。黄克诚在主持领导这项工作时，一方面支持借鉴苏军经验，指导军队整编工作；另一方面多次强调，要结合中国实际，不断改进，使之精干合理，适合于训练和作战。在1956年3月的军委扩大会上，黄克诚代表军委作了《关于整顿组织编制和改进领导方法的报告》。在谈到组织编制应注意的问题时，黄克诚说："过去我们没有组织编制现代化军队的经验，我们现在部队、机关、学校的组织和编制，都是苏联专家帮助我们制定，经过调查颁发的，基本上是适用的。我们经过几年的学习和摸索，应该有一些知识，总参谋部组织编制部对部队、学校、机关现行的组织编制要重新研究，特别是要到各部队、各部门去与中下级干部研究，根据实际情况经过深刻钻研之后，拟出修改方案，使我们的组织编制更进一步合理和精干，达到平时适合训练，战时适合作战要求的目的。"

1957年军委扩大会上所确定的整编方案，正是根据上述指导思想，经过黄克诚和总参谋部在深入调查研究的基础上提出的。如军队的统率机构，由解放战争后期形成的总参、总政、总后三总部，到20世纪50年代中期，根据苏军顾问的建议，按苏军的模式，扩建为总参谋部、总政治部、总干部部、总后勤部、总财务部、训练总监部、武装力量监察部、总军械部，共八大总部。黄克诚在报告中说："根据几年来实践证明，这种组织形式和我军的装备状况、干部状况，是不相适应的，不仅好处不多，而且增加了工作上的混乱。"经军委讨论决定，到1958年，又恢复到原来的三总部。空军和防空军的合并也是经过认真调查研究，紧密结合中国军队的实际情况决定的。

4. 参与制定维护军队双重领导的决定，密切军政军民关系

军队同人民之间的亲密团结，是中国共产党领导下的人民革命胜利的根本保证之一，是人民解放军的优良传统。但是，20世纪50年代中前期，随着大规模国防建设的开始和一些新的军事制度的建立，在军民军政关系方面出现了一些矛盾和问题，如修建机场、港口、码头、训练场、仓库等军事设施，建设军队营房等要占用土地，划一部分军事禁区，往往要涉及一部分群众的利益；军队派驻工厂的军事代表、各地方建立的兵役机关，仿效苏联的做法，都实行军事系统垂直领导，在实施过程中，经常产生一些矛盾。问题反映到彭德怀、黄克诚那里，他们曾多次作出指示，要求各地军事单位要加强同地方党委的联系，尊重地方政府的领导，照顾大局，加强军民团结，密切军民关系，军委总部也针对某些问题作出过一些规定，但关于各地军事单位受军队党委和地方党委双重领导问题，中共中央尚未出台一个完善的、专门性的文件，这对加强党的一元化领导、协调军地关系很不利。据此，彭德怀代表军委在1957年9月、10月间召开的中共八届三中全会上提出，以中央名义作一个完善和加强双重领导的规定。中央表示同意。随后责成解放军总政治部代中央起草实行这一制度的文件。

文件初稿起草后，总政治部主任谭政邀请黄克诚和杨成武一起审定修改文件的初稿。黄克诚对此早有提议。他首先发言阐述他的观点。他指出，对军队实行双重领导是我党我军的优良传统，新的历史时期，应继续坚持，并根据遇到的新情况，新问题，联系实际，作出更明确具体的规定。他接着说，军队工作现代化、专业化加强以后，容易使我们和地方党和政府疏远，和人民群众疏远。军队在划分军事禁区、修建营房、机场、训练场地和仓库中，在涉及迁移居民、靶场射击、军车肇祸，以及海边防警卫制度中，存在着损害群众利益的问题，对此，军队要扩大眼界，关心全局，不能单纯从军事需要出发来考虑和决定问题。黄克诚指出，军队要在保持军事系统垂直指挥关系的原则下，接受地方党委、政府的领导和群众团体的监督。他还从军党、军政、军民关系的高度，提出了若干具体政策和措施。①

黄克诚的发言既有方针原则，又有具体措施，为文件的充实修改提供了重要依据。

经过黄、谭、杨协商敲定的文件讨论稿，于1958年1月提交在广州召开的全军政治工作会议讨论通过，报经中央书记处批准后，于1958年4月8日以《中央关于加强地方党委对军队的领导和密切地方党委同军队关系的指示》为题，正式下发全党全军执行。

中央的这一文件包括六项组织制度和方针政策。

---

① 阎稚新：《黄克诚对我军政治工作的重大贡献》，见《黄克诚纪念文集》编委会编：《黄克诚纪念文集》，湖南人民出版社2002年版，第495页。

文件明确规定："省军区、军分区、直辖市和县兵役局三级军事机关，除保持军事系统的垂直领导与指挥关系以外，在党的关系上，同时成为同级地方党委的军事工作部，受同级地方党委领导"，并重申"由地方党委书记兼同级军事机构的政治委员。"

文件对军区和驻各地的部队、军校、仓库、驻工厂的军事代表的领导关系也作出了相应的明确规定。

文件明确规定：在有关地方工作的兵役、治安、国境斗争，军队参加工、农、交通运输生产建设，防汛抗旱、抢险救灾、兴修水利、护航护渔，以及军事需要迁移居民、征用土地、动员民工、设置禁区等方面，必须尊重地方党委的意见。

文件还规定，"各级地方党委定期讨论和检查军队工作"，"应吸收当地驻军负责同志参加地方党委会"，军队负责同志向地方党委汇报军队有关情况。

这是一个在新的历史条件下，继承发扬中国共产党和人民解放军优良传统、保证党对军队的绝对领导、密切军民关系的法规性文件，继承至今，为后世所遵行。

黄克诚晚年在他的《自述》中以欣慰而自豪的语言概括了这段历史。他说："毛主席号召我们学习苏联先进经验。我们很懂得不学习科学的、先进的经验，就不可能实现军队现代化。但对如何学习苏联经验，我们还是有自己的考虑，并不一律照搬。我们不会不考虑自己的国情和历史，决不轻易丢掉自己的好经验、好传统。对苏联的经验，我们从实际出发，或采用，或不用，或修改后再采用。我们的方针是：以我为主，学习先进。"[1]

二、主持大规模精简整编

新中国成立时，人民解放军总兵力已有 550 万人，主要是步兵，并拥有一定数量的炮兵、工兵和少量通信兵、铁道兵、装甲兵部队。在 20 多年革命战争中成长起来的这支以步兵为主体的军队是强大的，但同现代作战的要求是不相适应的。毛泽东在 1949 年 9 月 21 日召开的全国政治协商会议第一届全体会议上明确提出："我们的国防将获得巩固，不允许任何帝国主义者再来侵略我们的国土。在英勇地经过了考验的人民解放军的基础上，我们的人民武装力量必将保存和发展起来，我们将不但有一个强大的陆军，而且有一个强大的空军和一个强大的海军。"[2] 根据这个总的目标和国家经济建设、国防建设的需要，经中共中央、中央军委决定，从 1950 年至 1958 年，人民解放军在周恩来、彭德怀、聂荣臻和黄克诚领导主持下，先后进行了四次大的精简整编，缩减了陆军（主要是步兵部队）数量，加强了海、空军和特种兵部队建设，建立健全了合成军领导体制。

---

① 《黄克诚自述》，人民出版社 2004 年版，第 291—292 页。
② 《毛泽东选集》第 5 卷，人民出版社 1977 年版，第 6 页。

第一次精简整编始于 1950 年。遵照毛泽东"人民解放军应在 1950 年复员一部分，保存主力"的指示精神，确定复员转业 100 余万人。到 1950 年底，陆军部队作了较大压缩，全军精简 17.1%；海军、空军和炮兵、装甲兵、工兵和公安部队、防空部队先后成立了领导机关，所属部队有了较大发展，总兵力增加到 61 万人。这年 10 月，中国组成志愿军参加抗美援朝，精简工作未能继续进行，因作战需要，又进行了扩编，到 1951 年 10 月，全军总人数增加到 624.6 万人，这是解放军历史上兵力最多的时期。

1952 年 1 月，根据抗美援朝战争的形势，中央军委作出了继续进行军事整编的计划。第二次精简整编经过一年多的工作，本着"去弱留强"，继续减少步兵、加强技术兵种和院校建设的原则进行。经过精简整编，军队总人数由 624.6 万人，减到 406.4 万人。

1953 年朝鲜停战后，中央军委决定军队继续进行精简整编。第三次精简整编从酝酿到 1955 年结束，共两年多时间，黄克诚参与主持和领导了这次精简整编工作，他认真贯彻执行中央和军委的决定，妥善处理精简整编中遇到的问题，并提出积极可行的建议。

1953 年夏，黄克诚在参加全国财经会议时，即知道国家财政出现了 25 万亿元赤字，中央正研究弥补措施。毛泽东提出，今后军政费用在国家财政支出中不得超过 30%。原准备要在会议之初发言时要求适当增加军费的黄克诚，意识到已无可能，并开始考虑如何在军费减少的情况下加强军队建设。8 月中旬彭德怀从朝鲜回到北京后，黄克诚即向其提出要继续精简机构和冗员的建议。8 月 28 日，中共中央发出《关于增加生产、增加收入、厉行节约、紧缩开支、平衡国家预算》的紧急通知，决定军费缩减 3 万亿元，要求军事系统（包括公安部队）应在整顿组织、精简机构和冗员、加强技术训练、提高部队质量的基础上大力缩减军费开支。

为贯彻中共中央和毛泽东的指示，彭德怀连续主持军委例会讨论精简问题。会上有两种意见，一种是主张多减，以腾出人力、物力、财力加强经济建设，增加应付大战的潜力；另一种意见认为不能减得太多，台湾和印度支那地区形势还不平静，必须加强海、空军建设，以应付突然事变。彭德怀综合讨论意见后指出：目前国际形势，短期内不至于爆发大战，但以美国、苏联为首的两大阵营国家又都为大战做准备。常备军过大，不利于国家经济建设；过小，又不利于应付突发事变。我国交通状况近期难以改变，各大战略区部队相互机动调遣难度大，我们不得不保持一些常备军。彭德怀提出，平时全军（包括公安部队）保持在 350 万人的总定额，然后根据国际局势发展再做增减。黄克诚赞成彭德怀的意见。这个意见上报毛泽东后，很快获得批准。

总定额确定之后，彭德怀、聂荣臻指定由黄克诚主持研究提出精简方案，提交全国军事系统党的高级干部会议讨论。黄克诚随即在总参谋部部长会议上传达了军委决定，并责成军务部在调查研究的基础上提出精简的初步方案。

黄克诚十分清楚，精简员额的分配、特别是编制的确定，是一项严肃、科学且政策性很强的工作，一定要做深、做细。他多次组织总参有关部门开会，听取意见，研究落实军委精简整编指示。在召集军务部长苏静等拟制全军精简方案时，他明确指示，一是要服从国家经济建设大局，坚决按毛主席、党中央已批准的总员额，把数量减下来；二是力求把编制搞得科学合理，做到有利于提高战斗力，有利于集中统一领导；三是要精简机关，想办法提高干部业务素质，同时还要考虑平战结合的问题。黄克诚说，要多听听各军兵种、各部门的意见，多做些调查研究，好好总结前两次精简的经验。军务部的初步方案上报后，他又组织讨论、修改，尔后发各军区、军兵种征求意见。在此基础上，黄克诚主持为代总长聂荣臻起草了在全国军事系统党的高级干部会上《关于组织编制问题的报告》。报告提出，这次精简整编，应本着"精简机构和冗员，加强技术训练，在提高质量的基础上，大力缩减军费开支"，以及有备无患、平战结合、有利于统一指挥等原则进行。确定：全军总员额由目前的419.6万人缩减至350万人。同时，对军兵种人员比例、大军区保留干部名额问题、步兵师编制、海边防任务区分、公安部队管理等作出了规定。

在实施精简过程中，对遇到的一些政策性很强的难题，黄克诚在处理时十分慎重。新中国成立初期，为加强边防工作，防止青年外逃，云南军区在保山区和德宏傣族景颇族自治区组建了一支民族武装，至1953年已发展到3500多人。这支武装在组织边境少数民族青壮年教育、防止向缅境逃跑、支持人民政府工作等方面起了一些作用，但其中人员成分复杂、混进不少坏人，还发生过成建制的暴乱；纪律性很差，缺乏战斗力。西南军区准备撤销，但也有不同意见。事情反映到中共中央。是否保留，难以决策。黄克诚认为，这支武装的裁减涉及民族、外交和边境政策问题，不能简单处置。根据邓小平（时任政务院副总理）指示，他亲自邀集中央民族委员会、三总部有关部门的领导开会研究，听取云南军区的汇报，还在会前电话征求了中共西南局、西南军区和云南省委的意见。他综合各方面意见后认为，这支武装从军事上作用不大，但对防止外逃、加强当地民族和群众工作、开展对敌斗争还是有作用的。据此，他提出暂予保留，不再发展，不穿军装，归云南军区领导，并由地方党委调配得力干部进行群众工作和政治工作。7月28日、31日，他向邓小平和中共中央连续写了两个报告。中央采纳了他的意见。

这次精简整编还涉及一批年老体弱的老干部如何安置的问题。有些人提出统统退伍，交地方安置。黄克诚在1954年6月召开的各大军区和总部领导参加的座谈会上就此指出："老干部年纪大、身体差，可以留到部队安置处理，不要推来推去，要为他们着想。如有的愿意回家，可按退伍办理，发薪金；不愿回家的，可组织成立养老院；有慢性病的，尽量不送地方医院。"随后，总干部部据此研究制定了相关政策规定。

第三次精简整编到1955年底基本结束。这次精简整编，全军总兵力与1954年初相比减少了近40万人。其中陆军中的步兵精简比例最大，陆军各特种兵和海军、空军、防空军都有扩大。但1955年秋，根据对当时国际形势的分析认识和毛泽东关于为准备应付突然事变、要搞民兵训练、成立预备师的指示，总参谋部拟制了一个组建40个预备师的方案，经军委讨论决定，第一批组建10个预备师。这样一来，经过两年精简，在即将实现350万人的总定额目标时，到1956年又超过了30万人，达到了380万人。当1956年中共第八次代表大会决定继续降低军政费用、裁减军队时，彭德怀、黄克诚已意识到组建预备师的决策欠妥。为此，两人先后在军委会和军委扩大会上作了自我批评，主动承担责任。在1958年军委扩大会上，黄克诚说："一九五四年高级干部会议决定我军总定额是350万，经过五四年到五五年的裁减，已经将要实现这个定额指标，但是，在1955年底，由于我对形势估计有缺点，建议军委建立预备师，又多招收了一批青年知识分子进入各种学校，反而超过了30万。这是一个错误。"不掩盖失误，不推卸责任，主动检讨自己，这是黄克诚一贯的风格。

1956年9月15日至27日，中共第八次全国代表大会在北京召开。

这次大会的主要议题之一是讨论周恩来总理《关于发展国民经济的第二个五年计划的建议的报告》。就在这次会议上，中共中央决定，把军政费用在国家财政开支的比重，从第一个五年期间的32%，降低到第二个五年期间的20%左右，以节减军政费用，加强国家的经济建设。根据中央的指示，在20%左右的军政费用中，国防费用只能占国家财政开支的15%左右。这时，军队总人数共计380多万人。如果保持这样巨大的军队，武器装备和国防重点建设就必然受到削弱。彭德怀多次主持中央军委会进行讨论，将方案报告毛泽东同意后，决定在两年内将军队现有的总员额由383万人，裁减至250万人或者更少些，争取减到220万人。中央军委责成黄克诚主持实施这项工作，拟制具体精简方案和实施步骤。

在10月军委召开的中共八大的军队代表座谈会上，黄克诚提请代表就军队精简整编问题发表意见，对机构的调整合并、部队的编组、院校的撤并和编余人员的安排等，分别提出建议。座谈会上发言涉及的工作问题较多，大家虽对中央军委关于精简

1956年10月28日，黄克诚（左）同朱德在一起。

紧缩的方针表示拥护，但对如何精简未展开讨论，一时也难以提出具体建议。

座谈会后，黄克诚和主持总参工作的副总参谋长陈赓又多次召集各总部，各军种、兵种领导人进行座谈，然后又分为五个小组就统率机构和军兵种区分、军区划分、学校调整等进行讨论，提出了具体精简改革方案，在此基础上，由总参谋部和军委办公厅进行了综合整理。12月2日，黄克诚和陈赓联名向军委报告了精简方案的起草情况和编制体制调整方案，提请军委领导人审议。黄、陈还向军委建议，为统一全军思想，提高对精简整编重大意义的认识，明确任务，提请召开一次中央军委扩大会议进行讨论。军委采纳了他们的建议。接着，黄克诚主持为大会起草报告和《决定》。

1957年1月7日至26日，中央军委扩大会议在北京召开。会议由彭德怀主持，黄克诚在第一天的会上代表中央军委作了《关于裁减和整编军队问题的报告》，首先阐述了这次精简整编的目的和依据。他说："党的第八次全国代表大会提出的任务是，要动员一切积极因素，尽快把我国从落后的农业国变为先进的社会主义工业国。实现这个任务需要有很多条件，而其中最重要条件之一，就是要集中足够的资金投入经济建设中去。在我国的条件下，集中资金最有效的而没有副作用的方法，就是节减国防和行政费用的开支。""党的第八次全国代表大会提出，把军政费用在国家财政开支中的比重，从第一个五年期间占32%，降低到第二个五年期间占20%左右，这是完全正确的，我们应当坚决执行。"

黄克诚说：军费降低之后，军事建设面临着一个新的矛盾，就是保持目前状况和改善装备、加强重点建设的矛盾，或者是对我军现有员额进行大量裁减，从而加强我军的重点建设和改善装备；或者是仍然保持现有员额而放弃重点建设和改善装备，两者不可兼得，我们必须选择其中的一条，权衡利弊，我们认为可以采取而且必须采取的乃是第一条道路。必须在裁减军队数量加强质量的原则下，把军队员额裁减三分之一，即从383万人员裁减133万人左右，保持250万人或更少一些的常备军。

黄克诚联系实际，深刻分析了军队实行精简的有利条件和精简的重要性、必要性和迫切性，他特别强调要处理好军队建设与国家建设、军队质量与数量的关系。他说：在我国当前条件下，只有裁减军队数量，我们才有可能节省出大量经费来加强国家的工业建设和军队的重点建设，才有可能为我军装备的改善和技术兵种的加强提供物质基础。"减少了的一般兵员，我们在战时可以得到迅速的大量的补充，而如果使国家丧失了建设工业的时机，军队丧失了改善装备、建设技术兵种的时机，却是无可挽回的"，"削减军政费用以加强国家工业建设，裁减军队数量以加强质量，是我们军队建设的目前唯一途径"。他同时指出了当前军队机关分工过细、组织庞大复杂，互不协调；院校过多，干部培训存在盲目性等弊端。他还提出了加强质量建设的措施，要求要加强政治工作，提高干部军事素质，大力开展军事科学和技术研究。报告对精简的方案作了明确阐释，对实施步骤、干部战士的安置，作了具体部署。

与会人员对黄克诚的报告表示坚决拥护，并在统一认识的基础上，讨论通过了《关于精减军队数量加强质量的决定》，确定将人民解放军员额裁减三分之一，并精简调整全军组织编制，把原来的陆、海、空、防空、公安五个军种改为陆、海、空三个军种，防空军与空军合并，公安军撤销，统率部恢复三总部体制。会后，精简整编工作随即展开。

精简工作总体进展不错，但并不是很顺利。按照原来的设想，1957 年春季复员老兵 65 万人，后来军委讨论时又确定为 80 万人。黄克诚通过调查了解后认为，这个要求偏急。理由是，确定复员的主要是 1953 年前入伍的老志愿兵，他们和军队建立了深厚的感情，习惯了军队生活，"现在要结束军人生活，特别是回到农村生产中去，这是一个急剧的变化，感情上、家庭生活上的问题，回家怎么办的问题，都是摆到他们面前的实际问题"。深入进行思想教育需要一定时间，安排好他们的工作和生活也需要时间。考虑到可能遇到的困难，军委根据黄克诚等的提议研究决定，将春季复员由 80 万人改为 65 万人。尽管如此，当复员安置数目下发后，仍然出现多数老兵不愿离队的情况。有八个省委也向中央和军委写报告，怕安排不好出事，要求推迟处理。3 月 7 日，黄克诚在主持军委会讨论 1957 年国防费预算时，通报了这一情况，并确定全军 1957 年底总定额下降到 320 万人的时间向后推迟，继续深入细致地做好这项工作。黄克诚说：这 65 万多人，都是解放战争和抗美援朝时期参军的老兵，他们对革命事业贡献很大，一定要安置好。在军委同年 6 月发出的《关于改进兵役工作的指示》中，又对复员军人的安置、管理、训练作了明确要求。

撤销防空军，将防空军与空军合并，这是一个比较大的改革和变动，虽然会上大家都表示拥护中央军委的决定，但会后有些领导干部还是流露出不同意见，认为防空军经过多年建设已有相当规模和基础，担心并入空军后影响防空建设，担心搞不好团结。黄克诚得知后十分重视，他主动找防空军的领导做思想工作。1957 年 3 月，空军召开党委扩大会，黄克诚又亲自到会作了长篇讲话。他在阐述了国家的经济形势和加强空军建设的重要性后，特别就空军与防空军合并问题提出了要求。他指出：几年来空军和防空军之间有些问题不很熨帖，经过实行联合指挥，统一指挥，还没完全搞好。现在两个军种合并了，空军的责任更加重大了，防空作战的担子你们今后要全部担起来。今后团结的问题主要在空军，合作得好坏，主要由空军负责。合并后技术更复杂，空军的担子更重，一定要好好团结。空军同志要主动，在干部安排上要照顾防空军同志，安排适当。当然要按照德、才、资的要求来安排，但空军同志要准备吃点亏。经过各级领导的共同努力，空军和防空军的合并工作进展很顺利。

公安军的撤销工作也比较复杂，涉及撤销公安军领导机关和改变部队领导关系，因此专门成立了由邓小平、黄克诚、罗瑞卿、谢富治等组成的领导小组，领导此项工作。

■ 1959 年 1 月，黄克诚（挥手者）在北京西直门火车站欢送转业军人去北大荒工作。

■ 1958 年 2 月，黄克诚（前左二）、谭政（前左一）和陈明仁（前左三）在第一届全国人大五次会议军队代表小组讨论会上。

在精简整编工作中，黄克诚多次强调，各级领导干部、领导机关必须从全局利益出发来考虑组织编制。"指挥机关和业务机关是现代战争机器的主要组成部分，没有这些机关，就不能设想能够组织现代战争。但这些机关不应庞大臃肿，而应精干有力；不要求干部人数多，而是要求发挥干部潜力，提高工作效率"，"要提倡加强领导，反对扩大编制"①，黄克诚自己在这方面也是一个表率。1955年，总参颁发一个编制表，一是各位元帅、军委秘书长、总参谋长及副总参谋长均设办公室，二是在军委办公厅建制内成立总参谋部办公室，设主任、副主任。黄克诚一直拒设办公室，只配两个秘书，一个管文件，一个管行政。有位副处长想通过黄的秘书推荐自己任黄的办公室主任，黄克诚说：他当秘书处副处长不是一样可以配合我工作吗？他来了，又要提一个师职干部，增加一个师职干部要增加很多开支，这些钱要养活几十个老百姓。直到1958年他兼任总参谋长，仍是原来两个秘书。根据他的指示，还撤销了总参办公室。

1957年开始的这次精简整编，经过两年艰苦细致的工作，到1958年底基本结束。全军成建制地集体转业或移交地方的有1个军部、46个师、30余所医院和30余所院校，全军总人数在1956年的基础上精简36.8%，由383万人减少到242万人。这是新中国成立后人民解放军人数最少的时期。解放军的统率机关也由八大总部恢复合并为总参谋部、总政治部、总后勤部三大总部。新的合成军队体制得到加强，陆军中的步兵大大减少，炮兵、装甲兵、工程兵、通信兵、防化兵得到加强，空军、海军进一步发展，特别是空军的比例占到全军总人数的12.2%。至此，人民解放军完成了从以陆军为主体向诸军兵种合成军队发展的初步转变。

从朝鲜停战到1958年，人民解放军进行的两次大规模精简整编，特别是1957年之后的精简整编，是在人民解放军刚刚由战争转入和平时期以后，根据中共中央决定减少军费开支、加强经济建设的大背景下进行的。裁减员额数量之多，整编范围之宽，工作难度之大，在历次精简整编中是不多见的。精简整编工作所取得的重大成果已被历史所肯定。黄克诚作为军委领导人的重要助手、精简整编工作的主要组织者，其贡献是不可磨灭的。他个人以及和彭德怀等军委领导人共同提出的许多建议和主张，如确定军队的总员额，既要考虑国家财政经济的可能，又要考虑国防的需要；要从整体上考虑军队编组，经过反复论证，对部队（军种、兵种）、机关、学校的定额作出恰当分配；要从实际出发，着眼应对现代战争需要，逐步减少步兵，大力加强海、空军和陆军特种兵建设；要储备应付突然事变的预备力量，既要保持常备师，又要搞些简编师；全军的组织编制工作必须由总参谋部统一掌管，增加编制和人员要严加控制；精简整编要在充分调查研究和科学论证后确定，等等。上述主张，以及黄克诚在组织领导精简整编工作中的实践活动，不仅在当时保证了精简整编工作的顺利进行，促进了军队向诸军兵种合成化和现代化的发展，对于此后军队组织编制建设和精简工作，有很强的借鉴和指

---

① 《黄克诚军事文选》，解放军出版社2002年版，第613页。

导意义。

三、协助聂荣臻领导发展先进武器装备

黄克诚自 1953 年到总参主持日常工作开始，直到 1959 年庐山会议被罢官，长达七年多的时间，协助彭德怀、聂荣臻领导军队武器装备向现代化发展，做了许多实际工作，提出了不少好的建议，并受命直接领导"两弹"（导弹、原子弹）基地试验场选址和初建。这期间担任总参装备计划部部长、具体组织武器装备发展的万毅在 1958 年 5 月召开的一次军委扩大会上发言说："黄老对建立新装备一直是很支持的。"

1953 年黄克诚到总参谋部主持日常工作后，根据聂荣臻的指示，把军械和装备计划工作列为其分工主管的主要部门之一。黄克诚在接触这项工作不久即发现，军队武器装备的领导管理体制还比较分散。当时，全军的枪炮和弹药归总后军械部统管，通信装备由总参通信部统管，各军、兵种归类管理自己的武器装备，这种体制虽然相对集中，但军委缺乏一个统一归口的部门。这种体制与武器装备的发展和管理不相适应。他向聂荣臻和彭德怀建议改进。同年 5 月，彭德怀主持中央军委例会讨论决定，在总参谋部设立兵器装备计划部（后改称装备计划部），负责对全军武器装备实行统一计划、统一筹措、统一管理，万毅为部长。随后，根据中央军委的决定，装备计划工作由各大单位司令机关统一归口管理。这一体制对保证中央军委对军队武器装备的集中统一领导、加强计划管理，推进国防工业的建设和武器装备的现代化，具有重要意义。

20 世纪 50 年代中后期，中国的国防工业已颇具规模，建成大中型企业 100 多个。武器装备的仿制工作加紧进行，不仅能生产各种制式轻武器和弹药，而且具备了生产大口径地面火炮、高炮、中型坦克及牵引车等重型武器装备的能力。航空工业作为"一五"计划期间的重点，1954 年仿制成功"初教 –5 型"初级教练机，1956 年仿制成功"歼 –5 型"飞机。海军专用装备在 50 年代也基本完成了苏联提供的鱼雷快艇、鱼雷潜艇、护卫舰、猎潜艇、扫雷舰等舰艇的转让制造和半成品装配，并仿制了其中部分舰艇。在仿制过程中，如何保证武器装备的质量、尽快装备部队以供使用，是中央和军委领导人最关注的问题。

为适应武器装备试验定型工作的需要，1956 年 6 月，国务院、中央军委批准成立由军队及国防工业部门负责组成的国务院军工产品定型委员会。聂荣臻任主任，黄克诚任副主任，协助聂荣臻工作，委员会下设军械、航空、海军装备、无线电设备器材四个组，均以万毅为组长，分别负责产品的定型和审批工作。聂荣臻多次主持召集各有关部门领导听取汇报、研究武器装备试制和生产情况，还深入兵工厂进行调查研究，对装备计划工作抓得很紧。黄克诚很敬重聂荣臻，工作上配合很好。他经常向万毅等了解武器装备研制工作的进展情况，与他们一道研究解决工作中遇到的一些问题，并及时向聂荣臻汇报。有些会议聂荣臻不能参加

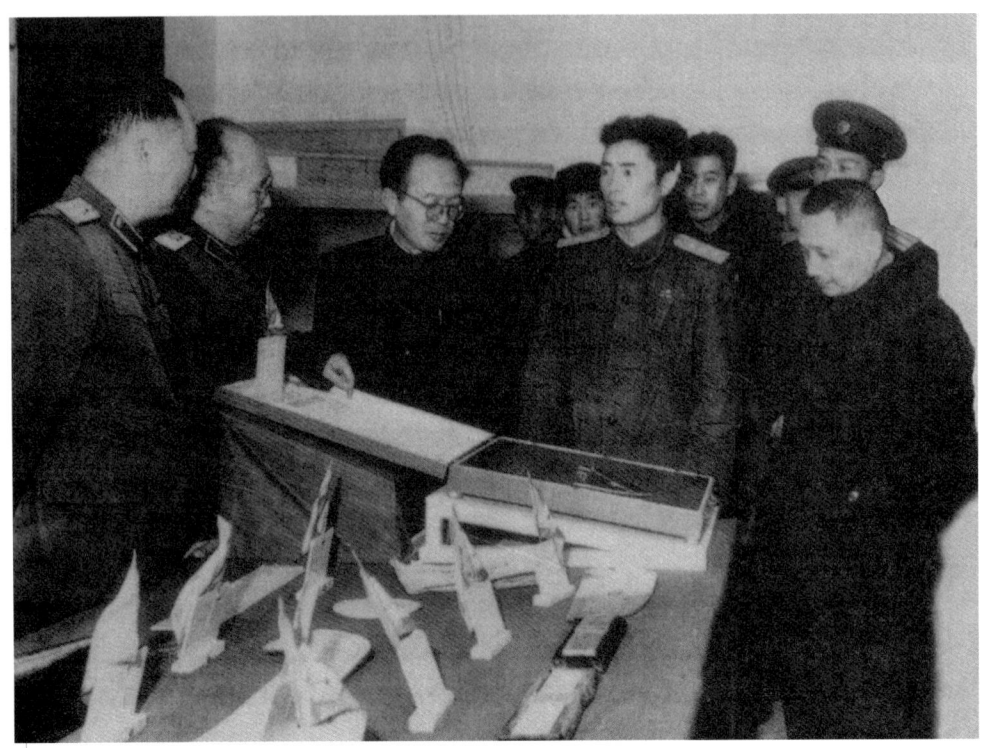

■ 黄克诚（左三）同邓小平（右一）、罗荣桓（左二）、聂荣臻（左一）等参观防空部队器材
  展览。

时就委托黄克诚主持。黄克诚对有些大型装备如飞机、舰艇以及其他一些先进的
重要装备器材的试制情况尤其重视，仔细了解新装备的性能、质量、生产能力、
生产成本等及技术方面的问题。定型委员会成立以后，积极开展军工产品的定型
试验和鉴定工作，取得了很大成绩。1958 年至 1959 年，一批仿制的装备，包括飞
机、舰艇、中型坦克、各种火炮、轻武器以及通信、工程、防化装备、雷达器材
等在内，有 160 多项定型生产，陆续装备部队。

在积极发展常规武器装备的同时，为了打破帝国主义的核威胁和核垄断，保
卫国家安全，维护世界和平，中央军委早在 20 世纪 50 年代初就酝酿要发展特种
武器。20 世纪 50 年代中期，中国的国防工业、基础工业和科学技术都有了一定
发展。在尖端技术领域，汇集了包括钱学森、郭永怀、钱三强、王淦昌、赵忠尧、
彭桓武在内的一批高水平科学技术专家。同时，苏联政府也表示愿意在原子能及
导弹技术方面给予援助。中共中央、中央军委和毛泽东高瞻远瞩，不失时机地把
发展国防尖端技术提上了国家的议事日程。

1955 年 1 月 15 日，毛泽东主持召开中共中央书记处扩大会议，听取了科学家
李四光、钱三强和地质部副部长刘杰的汇报，讨论分析了中国的资源、科技人才、
工业基础等条件，随即作出了发展中国原子能事业、研制核武器的重大决策。主
持军委日常工作的彭德怀早就积极倡导发展原子弹、导弹，1953 年他向国家科委

提议先建一个试验性原子反应堆和一个回旋加速器，1954 年中苏谈判前他又和李富春等研究提出了具体建议，他说："宁可削减别的项目，这个堆一定要争取尽早建起来。"

黄克诚支持彭德怀的主张，很赞成发展原子弹、导弹，在和彭德怀、聂荣臻等讨论这个问题时，黄克诚说：搞原子弹、导弹虽然花钱多，但这个本钱很值得投，有战略意义，对中央的决策我举双手拥护。黄克诚建议将此事列入军委工作规划，建立相应的机构，加强领导，逐步开展工作。

1955 年 2 月，彭德怀在向毛泽东报告年度工作时，正式提出逐步研究和争取生产核子武器的建议。

同年 10 月，钱学森从美国归来，彭德怀十分高兴。他在会见钱学森时，讨论了研制近程导弹问题，并应军事工程学院院长陈赓的要求，请钱学森到该院同一些懂航空、火箭的专家见面座谈。12 月，哈尔滨军事工程学院教授会的任新民、周曼殊、金家骏，向国防部写信，对研制火箭武器和发展火箭技术提出建议。彭德怀和黄克诚看后十分重视，立即委派总参装备计划部部长万毅与钱学森详细分析任新民等三人的建议，并就研制导弹武器的有利条件和需要解决的问题提出意见。万毅将他和钱学森交谈的意见向黄克诚作了汇报，黄克诚对万毅说：此事关系重大，立即整理一个给中央的报告，交军委讨论。1956 年 1 月 20 日，彭德怀主持军委会议，讨论万毅提出的《关于研究制造火箭武器的报告》。彭德怀在会上说："同意向中央提出报告，要解决火箭防空、海上发射火箭问题，目前即使苏联不帮助，我们也要自己研究。"[1]

1956 年 2 月 27 日，钱学森也提出了《建立我国国防航空工业意见书》，对中国发展航空及火箭技术，从领导、科研、设计、生产等方面提出了建议。28 日，周恩来即在报告上批示："印发军委各委员和黄克诚。"3 月 14 日，周恩来召开专门会议，听取了钱学森关于在中国发展导弹技术的设想。会议讨论决定，成立领导导弹航空科学的领导机构——国防部航空工业委员会（简称航委），以聂荣臻为主任，黄克诚、赵尔陆为副主任，钱学森、安东（兼秘书长）、刘亚楼、王诤、李强、钱志道、王士光为委员。聂荣臻在病体未愈的情况下毅然挑起了这副重担。黄克诚作为第一副主任，则一如既往地协助聂荣臻组织开展这项全新的工作。他积极参加聂荣臻主持的会议，有时受委托出面主持，就研究机构的建立、人员的调配和人才培养、工作规划的拟订、与苏联签订有关协定、导弹和核武器试验靶场建设等重大问题进行讨论，提出建议，再上报中央、军委审批。

4 月 17 日，也就是国务院、中央军委正式批准成立航空工业委员会的第二天，黄克诚参加了聂荣臻主持召开的委员会首次会议。会上就航委的工作方针、任务及工作程序等问题进行了讨论。黄克诚就上述问题发言说：航委主要是研究提出任务，掌握工作方向并检查监督；关于科研和行政管理方面的工作应尽快把机构

---

[1]《当代中国的国防科技事业》（上），当代中国出版社 1992 年版，第 29 页。

■ 1955 年 10 月 1 日，黄克诚（右）同宋任穷在天安门城楼上。

建立起来，并抽调得力干部领导；在工作上，应先易后难，先把重点放在中近程导弹的研究上。他还就人才培养和学习引进苏联技术问题发表了意见。根据聂荣臻的指示，会后随即将讨论情况综合整理，向周恩来、中央军委并中共中央写了报告。5 月又向国务院、中央军委提出《建立我国导弹研究工作的初步意见》，对基本任务、组织机构、干部培养等问题提出了具体建议。

5 月 26 日，周恩来出席军委会，主持讨论聂荣臻提出的报告，并作了明确指示："1. 导弹的研究方针是先突破一点，不能等一切条件具备了，才开始研究和生产。2. 研究导弹所需要的专家和行政干部，同意从工业部门、高等院校、科研机构和军队中抽调，由宋任穷组织一个小组，负责联系人才和收集技术资料，要说服更多的人，为研制导弹努力。军队要起模范作用，要人要钱首先拿出来。3. 同意组建导弹管理局，由钟夫翔任局长；同意钱学森为导弹研究院院长，局、院的副职干部由总政治部、总干部部配备；调人、组建机构等，由聂荣臻主持，召集有关部门开会，研究解决。4. 电子技术方面，可以先从培养人才开始，在西安建立通信学院。"①周恩来和彭德怀指定由聂荣臻组织落实。随后，在聂荣臻领导下，黄克诚参与领导了组织机构的筹建、工作规划的拟制等。

黄克诚还多次参与研究中国政府与苏联政府就导弹等新式武器谈判与签订协议问题。1957 年 10 月 15 日，聂荣臻在莫斯科代表中国政府与苏联政府代表签署了《关于生产新式武器和军事技术装备以及在中国建立综合性的原子工业的协定》（简称国防新技术协定），苏联答应在建立综合性的原子工业、生产与研究原子武器、火箭武器、作战飞机、雷达无线电设备以及试验火箭武器、原子武器的靶场等方面，对中国进行技术援助。聂荣臻回到北京时，黄克诚前往机场迎接。黄克诚高兴地对聂荣臻说：这下好了，下一步就是如何把各方面的力量组织调动起来，

①《聂荣臻传》编写组：《聂荣臻传》，当代中国出版社 1994 年版，第 545 页。

尽快使协定得到贯彻落实。聂荣臻说：你说得对，办好这件大事，最重要的是组织领导，请你同粟裕、陈赓等同志一起研究一下如何加强领导问题。

黄克诚对"两弹"研究的领导体制建设特别重视。他认为"两弹"的研制涉及兵器工业、基础工业、科学技术等军队和地方的诸多部门，必须集中人力、物力、财力、科技力才能完成，这就必须有一个合适的组织领导体制，把关系搞顺，以便于统一调度，集中使用力量。10月30日，他遵照聂荣臻的嘱托，同粟裕、陈赓一起，召集有关人员对导弹研究工作的领导关系和机构的组织形式等问题进行了研究，均认为必须对国防部第五研究院和军事电子科学研究院的工作实行统一领导，以便集中现有人力、物力。一致同意以第五研究院为总院，军事电子科学研究院作为一个分院，党政工作、物资保障、行政管理等均由总院统管。11月2日，黄克诚、陈赓等将讨论意见向聂荣臻作了汇报。会上，又进一步研究了导弹控制系统的研究机构与各方面的工作关系，尤其是与第二机械工业部（简称二机部）的协作等问题。

当时在领导体制问题上发生了争论。二机部部长赵尔陆等提出，五院应合并到二机部，理由主要是武器装备生产归二机部。而第一机械工业部（简称一机部）部长黄敬则提出，一机部与二机部合并为一个机械工业部。为此，聂荣臻多次找黄克诚、赵尔陆、黄敬交谈。聂荣臻表示，五院不能并入二机部，五院要成为国防科学技术发展的一个拳头，并入二机部会削弱"两弹"的发展。黄克诚完全赞成聂荣臻的意见，他说：五院不仅不能并入二机部，对五院的领导还要加强，赋予它更大的权力和职能。在讨论第一、第二机械工业部合并的问题上，黄克诚、赵尔陆则同一机部部长黄敬展开了争论。黄敬主张，把第一、第二两个机械工业部合二为一，在下面除了导弹、飞机、无线电工业工厂之外，其他（包括坦克、仪表、枪及弹药）打乱混编。黄克诚主张，在第二个五年计划期间，两个机械工业部维持现状，不合并，这有利于加强现代化先进武器装备的发展，并兼顾民用产品生产。黄克诚认为，战争危险依然存在，必须积极准备，同时，现代武器装备技术水平要求高，必须集中领导，不能分散力量。聂荣臻赞成、支持黄克诚的意见，认为将这两个部打乱混编是不适宜的，遂将上述意见上报周恩来。周恩来同意聂荣臻和黄克诚的意见，并指示将原子能工业和导弹的研究制造等工作由国防部下设一委员会统一领导。实践证明，将导弹研究院放在军内，和原子能工业划归军队领导，在当时中国科学技术比较薄弱、导弹技术完全处于空白的情况下，对导弹机构的建设采取"集中力量，形成拳头，组织全国大协作"的方针是完全正确的。

研制导弹和原子弹，必须建立大型的试验基地。基地需要安装大量技术复杂、精密度极高的仪器设备。同时，由于试验这两种武器的特殊要求，试验基地必须建在没有人烟或人烟稀少的大漠戈壁地区。从一定意义上说，建设试验基地的复杂性、艰巨性，不亚于研制"两弹"。

1958年1月、2月间，彭德怀、聂荣臻、黄克诚等三次开会，听取苏联专家盖杜柯夫少将关于建设试验基地的组成、任务、规模、场址选择条件等方面的意见，研究选址方案。最初，彭德怀指定黄克诚协助聂荣臻负责这方面的工作。3月、4月间，聂荣臻、黄克诚多次召集宋任穷、赵尔陆、刘杰、万毅、陈锡联、陈士榘以及海军、空军、总后有关负责人参加的会议，研究综合导弹试验基地、核武器试验基地和仓库的建设问题，商定提出并上报了如下建议：（1）成立特种工程指挥部，由工程兵司令员陈士榘任司令员兼政治委员；从基地选址到设计施工都由这个指挥部负责。（2）核武器试验基地和仓库设计由二机部负责，勘察、定位和施工由特种工程指挥部负责，建成后由军队管理。（3）综合导弹试验场（后称基地）定位于甘肃酒泉东北的额济纳旗地区。上述建议上报中央和军委后，均获批准。6月，中央和军委作出决策之后，大量的具体工作需要有一个专门的组织机构负责组织执行。中央军委决定成立以黄克诚为主任的靶场委员会（副主任为陈锡联、陈士榘、张令彬），统一领导"两弹"试验基地的建设。

勘察选址工作是试验基地建设的第一步，也是十分重要的一步。1958年4月，陈士榘率领由刚从朝鲜回国的志愿军第二十兵团、空军、工程兵、铁道兵、总后勤部等单位领导干部组成的勘察委员会成员，在苏联专家的帮助下，到选定地区进行了为期一个多月的详细勘察。他们跋涉于渺无人烟的戈壁深处，克服狂风沙暴、严寒缺氧等困难，踏勘了数万平方公里的戈壁荒漠，选定了地地、空空导弹试验区及配套设施的位置。5月、6月间，陈士榘一行30多人又对敦煌以西地区进行了详细踏勘，在研究水文、气象等资料的基础上，提出了核试验中心区放在敦煌以西160公里处的建议。

7月1日，黄克诚召集靶场委员会听取了陈士榘和苏联专家的汇报。会上，他对勘察委员会的工作表示满意，对参加勘察的同志和苏联专家的辛勤工作表示感谢。黄克诚对选定靶场中心试验区的依据问得特别仔细，如移民多不多，对工农业生产有没有影响，地形条件如何，修筑铁路、公路是否方便等等。在得到肯定的回答后，他说：我们都要为国家负责，为人民负责，既然都认为可以了，我们就上报党中央审批。工程开工前如觉得有问题还可以再研究，千万不能留下遗憾。

7月5日，黄克诚向彭德怀并党中央、毛泽东写了书面报告，建议选定哈密以南、敦煌以西地区作为试验中心。军委批准了他的报告。苏联专家还是很负责任的，他们回国后研究分析了所掌握的与中国毗邻地区的气象资料，并推断已选定的试验场中心区的高空风向自西北吹向东北，敦煌地区正处在其下风方向，建议把核试验场移到新疆罗布泊地区。根据黄克诚指示，陈士榘、万毅多次主持研究苏方来信，并进一步组织查阅整理有关气象资料，证实了苏联专家的判断是正确的。为切实保证敦煌地区居民的安全，1959年初，陈士榘、万毅又组织勘察组对罗布泊地区勘察，在罗布泊以北地区选定了一处合适的地区。经报请黄克诚并中央军委批准，将建场位置从敦煌地区改到了罗布泊地区。这个改动，保证了人口相对密集的敦煌地区的安全。

　　试验基地所需各类干部不但数量多，而且政治条件和科学文化水平要求高，怎么办？当时负责此项工作的万毅找到黄克诚。黄克诚说：这件事不要再麻烦地方了，统一由军内解决。你根据需要拟一个规定，把所需各类干部数量、政治条件和文化程度、专业水平分别列出来。由军队有关单位负责选调。万毅很快拟制了一个方案，经黄克诚批准后，以国防部名义将各类专业人员和警卫部队的选配任务下达给炮兵、空军、总后勤部、通信兵、铁道兵、总参谋部。同时致电各大军区、军兵种和总后、总参等，为基地选调一批机关干部、勤务保障干部和医务干部。至 1958 年 9 月，从全军选调的领导干部和各类专业技术人员以及从军队和地方高等院校选调的一批优秀毕业生全部到达基地。

　　为了保证大量各种物资器材的供应，黄克诚决定，由总参谋部、总后勤部等单位组成试验场工程物资供应联合办公室，由总参装备计划部副部长杜屏负责，统一组织筹措和落实。

　　一切都按照计划和部署紧张进行。试验场工程建设在特种工程指挥部的领导下，认真贯彻中央军委"多快好省、突出重点、保证质量"的方针，十万大军筑地窝、架帐篷，冒着戈壁滩的寒冬酷暑，开山凿石，修桥筑路，精心施工，千方百计地加快工程建设，至 1960 年底，试验场的地地、地空、空空导弹试验区，各种勤务、保障设施及弹着区工程全部竣工，交付使用。1959 年底至 1960 年初，试验场的工程技术人员在苏联专家帮助下，按照要求把各种发射、测量、通信设备安装在了各个场号上。

　　1959 年是新中国成立 10 周年，国人都期盼国防力量的强大。同年 5 月，黄克诚根据毛泽东的指示，起草了一个在国防委员会会议上的报告提纲，在提到特种装备的研制情况时，黄克诚说："随着我国科学技术的发展，我们对于特种技术武器已经开始研究，有些项目已经取得很大进展。不要很久，我们就可能把某些研究成功的特种武器投入试制生产，我国在几年内就有可能拥有最现代化的新武器，到那时我国国防将空前强大，国防将空前巩固。"

　　黄克诚原拟在工程即将竣工时到戈壁大漠深处的试验场去看望为试验场建设艰苦奋斗的干部战士和工程技术人员，令他始料不及的是，1959 年的庐山会议使他的这个计划永远化为了泡影。

　　1964 年 6 月，第一发改进试验后的中近程地地导弹在综合导弹试验基地进行飞行试验，获得圆满成功；10 月 16 日，中国自行研制的第一颗原子弹在核试验场爆炸成功。此时，被撤职在家赋闲五年多的黄克诚为之欣喜不已，他把酒独酌，祝贺试验成功，也为自己所付出的心血而感到欣慰。晚年，他在回忆这段历史时感慨地说："我国不但自制先进的常规武器，自制飞机、舰艇，而且设立了国防科研系统，开始研制国际上先进的尖端武器。为此，军委决定建立国防科委，由聂荣臻元帅负责领导国防科委的工作。我国有许多热爱祖国的、高水平的科学技术专家，为了建设新中国，不少人抛弃了国外的良好条件和优厚待遇，甘愿在祖国困难的条件下，从事国防科研工作。他们和一大批从事这方面工作的同志作出了巨大贡献，使我国在短期内就能屹立于两个超级大国之间，这方面的成就曾使世界震惊。"① 这里，他对中国尖端武器研制所取得的成就充满无比的自豪，对元帅聂荣臻、对那些科学家充满敬意。而他对自己为此所付出的努力和倾注的心血却只字未提。

四、协助指挥炮击金门

1958 年 8 月 23 日 17 时 30 分，中国人民解放军福建前线炮兵 400 多门火炮，随着一串串红色信号弹升空，逐群发射，成群成串的炮弹准确地落到金门北太武山国民党军阵地上。炮击持续 2 个多小时，共发射炮弹 2.9 万余发，金门岛顿时被淹没在浓浓烈焰之中，国民党军被打得晕头转向，四处逃窜。大规模炮击金门作战自此拉开了帷幕。至 1959 年 1 月 7 日，根据斗争形势的需要，又进行了 6 次大规模炮击。此后，军委命令转入隔时打炮和零炮射击。

炮击金门是毛泽东精心决策、直接指挥的集政治、军事与外交于一体的重大斗争。黄克诚参与了炮击金门作战的组织和指挥，是毛泽东和周恩来、彭德怀的重要助手。对于毛泽东和中共中央决定炮击金门的目的和结果，黄克诚概括说："声援中东人民，惩罚蒋介石，引起全世界人民注意台湾问题。""炮击的结果很好，我们的预定目的达到了。"②

炮击金门有一个历史发展过程，毛泽东和党中央、中央军委的决策也有一个过程。

金门岛位于福建厦门以东 8 海里，1949 年蒋介石集团逃往台湾以后，在这里大量驻兵，长期据守，以此为前哨阵地，不断对大陆进行袭扰。1954 年 9 月，为了打击盘踞金门的国民党军，反对台湾当局同美国签订《共同防御条约》，中央军委命令福建前线部队于 3 日和 22 日，分两次开始连续多日炮击金门，从而揭开了中国人民反对美国干涉中国内政斗争的序幕。此后，在美国支持下，台湾当局继续对大陆进行袭扰挑衅。从 1957 年开始，国民党军飞机深入大陆内地，先后到达云南、贵州、四川、青海等地，空投特务，散发传单，甚至出动飞机轰炸福建沿海城镇。蒋介石还在金门、马祖一线增兵，到 1958 年夏，国民党军在金、马驻兵达到近 9.5 万人，占其地面部队的 1/3。美国对台湾当局对大陆和沿海的袭扰破坏，则持纵容态度，美国国务卿杜勒斯在 1957 年 4 月的一次记者招待会上说："在一定情况下我们将会去防守沿海岛屿；那就是，如果这些岛屿的防守看来同台湾和澎湖的防守有关。"③ 摆出在必要时将把共同防御的范围扩大到金门、马祖等岛屿的姿态。

---

① 《黄克诚自述》，人民出版社 2004 年版，第 285 页。

② 《黄克诚军事文选》，解放军出版社 2002 年版，第 678 页。

③ 中共中央文献研究室编，逢先知、金冲及主编：《毛泽东传》（上），中央文献出版社 2003 年版，第 849、850 页。

　　面对上述形势，毛泽东和党中央、中央军委决定针锋相对，加强对美、对台斗争，在已充分准备的条件下，择机大规模炮击金门。

　　时机终于到来。1958 年 7 月伊拉克爆发革命，美国、英国支持的费萨尔王朝被推翻；黎巴嫩反动政权下台。7 月 15 日，美国以此为借口，出兵干涉。而此时的蒋介石想趁火打劫，伺机扩大事态，准备反攻大陆。7 月 17 日，他下令陆海空三军处于特别戒备状态，并加紧军事演习。侵驻台湾海峡的美军也随时准备在东南沿海登陆。美国和台湾当局的一系列活动，使台湾海峡的局势骤然紧张起来。毛泽东洞悉全局，决定抓住这个时机，举行大规模炮击作战。

　　7 月 15 日至 18 日，毛泽东连续召集中共中央、中央军委领导人开会，分析情况，研究对策，正式作出炮击金门的决策。

　　18 日晚，毛泽东召集中央军委、总参谋部、海军、空军、炮兵等单位领导人会议，对炮击金门作出明确指示。他指出：金门炮战，意在击美，对阿拉伯人民的反侵略斗争要有实际行动的支援，打金门、马祖惩罚国民党军是中国的内政，对美帝国主义有牵制作用。毛泽东设想，以地面炮兵实施主要打击，准备打两三个月。两个空军师于炮击的同时或稍后转场到汕头、连城。当日晚，彭德怀主持军委会议，决定空军要在 27 日转场，炮兵准备 25 日炮击金门国民党军舰艇，封锁港口，断其海上交通。19 日，总参谋部据此进一步作了具体部署。

　　20 日，毛泽东主持召开政治局扩大会议，讨论目前国际形势和人民解放军准备问题。黄克诚参加了会议。他认为，毛泽东对目前形势特别是对中东局势的估计和加强战备的指示，是统一军队高级干部思想、搞好战备工作的重要依据。会后，他立即将毛泽东的讲话要点向正在参加军委扩大会议的会议主席团成员作了传达。

　　遵照毛泽东和中央军委的命令，福建前线部队战胜酷暑炎热和因连降暴雨造成的道路泥泞、拥堵等严重困难，迅速集结，有条不紊地进行炮击准备。

　　就在按原定计划准备开始大规模炮击的时候，毛泽东于 7 月 27 日上午写信给彭德怀、黄克诚："睡不着觉，想了一下。打金门停止若干天似较适宜。目前不打，看一看形势。""中东解决，要有时间，我们是有时间的，何必急呢？暂时不打，总有打之一日。彼方如攻漳、汕、福州、杭州，那就最妙了。这个主意，你看如何？找几个同志议一议如何？政治挂帅，反复推敲，极为有益。一鼓作气，往往想得不周到，我就往往如此，有时难免失算。你意如何？如彼来攻，等几天，考虑明白，再作攻击。以上种种，是不是算得运筹帷幄之中，制敌千里之外，我战则克，较有把握呢？不打无把握之仗这个原则，必须坚持。如你同意，将此信电告叶飞，过细考虑一下，以其意见见告。"①

　　彭德怀、黄克诚看了毛泽东的信后，即于当日用电报通知福建前线总指挥叶飞推迟炮击，准备工作继续进行。28 日，彭德怀主持召开军委会传达了毛泽东的

---

　　①《建国以来毛泽东文稿》第 7 册，中央文献出版社 1992 年版，第 326 页。

指示。

炮击时间推迟以后，台湾当局继续叫嚣反攻大陆，不断派飞机到大陆窜扰。在中东，美国在世界人民反对声中虽然答应从黎巴嫩撤军，但又不想快撤全撤。在北戴河主持召开中央政治局扩大会议的毛泽东分析研究了形势和福建前线准备情况，决定开始炮击金门。8 月 20 日，毛泽东召集周恩来、林彪、彭德怀、邓小平、黄克诚、叶飞、萧劲光、陈锡联、王秉璋、王尚荣等开会，部署炮击金门作战。毛泽东指示：立即集中力量，对金门国民党军予以突然猛烈的打击（不打马祖），把金门封锁起来；经过一段时间后，对方可能从金、马撤兵或困难很大，还要挣扎，那时是否考虑登陆作战，视情况而定，走一步，看一步。

21 日，中央军委命令福建前线部队，从 23 日开始，对大小金门实施大规模炮击，着重打指挥所、炮兵、雷达阵地和停泊在料罗湾码头的国民党军舰艇。当时调入福建前线参战的陆海空军部队，共有 459 门大炮，80 多艘舰艇，200 多架飞机。军委一声令下，各路部队于 21 日当晚已全部进入阵地或指定位置。

8 月 23 日 17 时 30 分，第一次大规模炮击正式开始，炮击持续 2 个多小时，发射炮弹 2.92 万发，毙伤国民党中将以下官兵 600 余人，有 2 名美军顾问在炮击中毙命。金门岛上的有线通信、炮兵和雷达阵地、机场、码头等设施被摧毁。为迅速扩大战果，24 日，经彭德怀批准，福州军区前线指挥部又组织炮兵和海军进行了联合打击，发射炮弹 8800 余发，施放鱼雷 12 条，击沉国民党军舰艇 1 艘，击伤 2 艘。

随后，福建前线又根据彭德怀的指示，调整了部署，加强了对大小金门，大担、二担和金门机场的火力封锁，巩固了炮击成果，实现了对整个金门的封锁。国民党守军的军需物资只能维持 30 天，士气低落。

大规模的炮击和严密封锁也震惊了美国。它紧急调动太平洋第七舰队主力和地中海第六舰队的兵力，于 9 月初在台湾海峡集结舰艇 70 余艘，其中航空母舰 5 艘，各型飞机 450 余架，总兵力 20 余万人。美军进驻台湾海峡，给台湾当局壮了胆。蒋介石集团叫嚣要同美国协同防守金门、马祖，并准备派飞机对大陆沿海地区进行轰炸。台湾海峡地区的局势更加紧张，世界的舆论顿时由中东转向台湾海峡。

8 月 31 日，中共中央政治局已决定免除粟裕总参谋长职务，调任国防部副部长和军事科学院副院长。黄克诚接任总参谋长一职。9 月 16 日，聂荣臻在军委会上正式宣布了这一决定。黄克诚表态：由我任总长本来就不合适，既然中央决定了，只有服从。

黄克诚深知，炮击金门作战是一种特殊的作战，他一再指示作战、情报等部门，一定要认真领会毛主席、党中央的指示，及时掌握报告有关情况，为毛主席、党中央决策提供可靠依据。在此前后，他一面在北京处理军委和总参的日常事务，一面来往于北京和北戴河之间，协助毛泽东、周恩来，为炮击金门作战而进行大量艰苦细致的工作。总参谋部和外交部、新华社，昼夜不停地工作，随时将收集整理的有关动态和信息，送到党中央、中央军委。毛泽东特别关注美国的反应，他连续召集政治局常委开会，分析研究形势，运筹决策。

"按照毛泽东的最初预想，是要通过炮击来封锁金门，最终迫使蒋介石集团放弃金门，达到收复金门的作战目的。这是充分估计到美国插手阻挠解放台湾的可能性，利用美蒋在协防金门、马祖等沿海岛屿问题上的矛盾，不给美国以武力干涉的借口，而采取的一种非常措施。"毛泽东在 8 月 25 日的一次政治局常委会上说：从这几天的反应看，美国人很怕我们不仅要登陆金门、马祖，而且准备解放台湾。其实我们向金门打炮是火力侦察。我们不说一定登陆金门，也不说不登陆。我们相机行事，慎之又慎，三思而行。因为登陆金门不是一件小事，而是关系重大。问题不在那里有九万五千蒋军，这个好办，而在于美国政府的态度。美国同国民党订了共同防御条约，防御条约是否包括金门、马祖在内，没有明确规定。美国人是否把这两个包袱也背上，还得观察。打炮的目的不是要侦察蒋军的防御，而是侦察美国人的决心。他还说：我们宣传上目前不直接联系金门打炮。现在要养精蓄锐，引而不发。①

当时，在参与指挥的军事领导层中，对毛泽东和党中央的作战意图并不是都很明了。因而在对外宣传上发生了一件令毛泽东不悦的事。自 8 月 27 日起，解放军总政治部用前线指挥所的名义，连续播发了一篇广播稿，并印发了一批传单，敦促防守金门的国民党军官兵放下武器，其中说到"我军登陆，迫在眉睫"等语，引起外电关注。毛泽东从外电报道中得知这一情况，严厉批评这是违反集中统一原则。

8 月 30 日，周恩来从北戴河打电话，要黄克诚及乔冠华②、雷英夫③，立即从北京赶赴北戴河，参加毛泽东召集的会议，研究炮击作战和领海线划分问题。

黄克诚到北戴河后，连续在毛泽东住处参加了两天的会议。彭德怀因去哈尔滨检查工作，未出席。会议对第一阶段的炮击作战进行了总结，分析了国内外对炮击作战的反应，对第二阶段作战方案进行了研究。会议再次对划定领海线问题、护渔护航问题进行了研究，外交部还从北京请去刘泽荣等三位国际法专家，征询他们对领海线划分的意见。会上，毛泽东对福建前线对金门广播、散发传单问题提出批评，并责成黄克诚调查清楚，向他报告。为集中统一对台湾和沿海蒋占岛屿军事斗争的指导，毛泽东指示，由黄克诚代中央军委组织起草一个指示性的文件。

黄克诚赶回北京，于 9 月 2 日一早，先主持召开军委临时会议，向在京委员传达了北戴河中央政治局扩大会议精神，传达了毛泽东关于炮击金门和解放台湾军事斗争方针的指示。当天，他即主持起草了中央军委《对台湾和沿海蒋占岛屿军事斗争的指示》。《指示》草稿拟出后，黄克诚即送请在北京主持中央日常工作的邓小平审阅修改。2 日当天晚上，黄克诚又从北京赶到北戴河，此时已是深夜 12 时。考虑到毛泽东已经休息，黄克诚立即赶写了一个书面报告，一是汇报了

---

① 中共中央文献研究室编，逄先知、金冲及主编：《毛泽东传》（上），中央文献出版社 2003 年版，第 858、859 页。

② 乔冠华，时任外交部部长助理。

③ 雷英夫，时任总参谋部作战部副部长。

《指示》稿起草修改情况；二是讲到，他请作战部根据过去发布的有关规定和毛泽东的指示，起草了一个海军、空军对付敌机敌舰沿海活动的几项规定，拟作为军委《指示》的附件下发执行；三是报告了关于福建前线对金门蒋军发传单和口号称"我军登岛，迫在眉睫"的调查情况，说明此事是由总政治部经办，总政领导和彭德怀同志曾看过，另有专题报告。报告还汇报了总参谋部部署福建前线空军打击蒋军向金门空投装备器材的问题。①

黄克诚主持起草的《对台湾和沿海蒋占岛屿军事斗争的指示》以毛泽东和党中央的指示为依据，分析了形势，对今后斗争作出了明确的指示。《指示》稿指出："台湾和沿海蒋占岛屿是目前国际阶级斗争最严重最复杂的焦点之一。""解放台湾和沿海蒋占岛屿，虽然属于我国内政问题，但实际上已变成一种复杂严重的国际斗争，我们不要把这个斗争简单化，而要把它看作是包括军事、政治、外交、经济、宣传上的错综复杂的斗争。台湾和沿海蒋占岛屿问题的全部彻底解决，不是短时间的事，而是一种持久的斗争，我们必须有长期的打算。"《指示》稿强调了四点：（1）继续炮击封锁金门，但目前不宜对金门、马祖及附近岛屿进行登陆作战。（2）炮击封锁活动必须有计划、有步骤、有节奏地进行，掌握有理、有利、有节的原则，打打看看，看看打打，有利则打，无利则停。（3）目前海军、空军不进入公海作战。蒋机不轰炸大陆，我也不轰炸金马；蒋军轰炸大陆，我轰炸金、马，但不轰炸台湾。（4）不主动攻击美军，如美军侵入我领海、领空，必须坚持打击。《指示》还指出：一切重要的行动和宣传（文告、谈话、口号、社论、新闻、广播），都必须遵守集中统一的原则。"附件"主要明确了对侵入我国领空的外国飞机的处置原则，对侵入或进入中国领海的外国军用船舶的处理原则和海空军对国民党军斗争应遵循的原则等。

9月3日上午，毛泽东看了黄克诚的报告和随报告送来的中央军委《对台湾和沿海蒋占岛屿军事斗争的指示》及附件《关于海军、空军对付敌机和敌舰沿海活动的几项

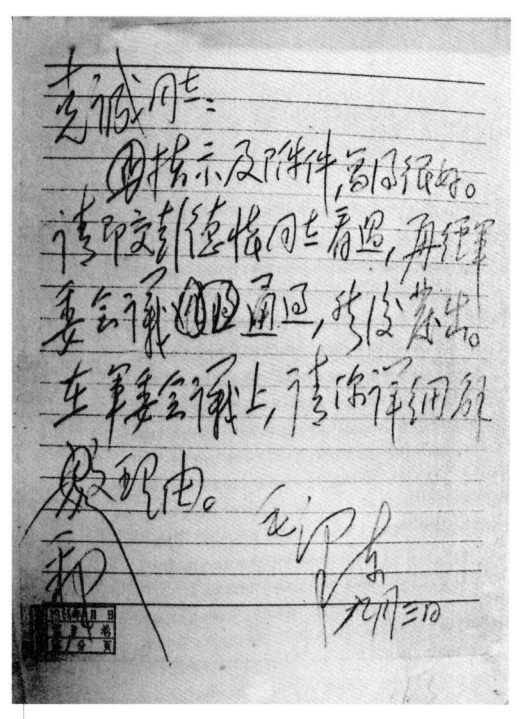

■ 1958年9月2日夜，黄克诚将代军委主持起草的《对台湾和沿海蒋占岛屿军事斗争的指示》及附件呈送毛泽东。图为毛泽东的批示手稿。

① 见1958年9月2日24时黄克诚给毛泽东的报告手稿。

规定》，很满意，阅后批道："克诚同志：指示及附件，写得很好。请即交彭德怀同志看过，再经军委会议通过，然后发出。在军委会议上，请你详细解释理由。"毛泽东还对《指示》发送范围作了规定。

这个指示及附件，于9月5日发出。它使炮击金门的斗争有了更加明确的指导原则和规定。

这期间，黄克诚还根据毛泽东和周恩来的指示，参与主持起草了中国政府关于划定领海问题的声明。

当时，面对美军集结在台湾海峡的70余艘军舰和400多架飞机，在继续炮击金门中，如何应对美军护航成为毛泽东和中央军委考虑的重要问题。因为这涉及领海划定。

炮击金门前，中国对自己的领海范围只有一个内部规定。"8·23"炮击前后，根据毛泽东、周恩来的指示，黄克诚组织总参作战部和外交部进行了专题研究，提出了中国领海宽度以12海里为宜的建议，起草了相关文件。

9月4日，美国国务卿杜勒斯发表声明，公开威胁要把美国在台湾海峡地区的所谓"防御"范围扩大到金门、马祖等沿海岛屿。随后，他又在备忘录中透露准备重新考虑对中国的政策，说：国民党可以自己同中共交战，美国保护运输；希望中共不会认真打起来；美国不放弃和平谈判的希望。毛泽东、周恩来等中央领人早就分析判断美国人怕打仗，美国政府不想用战争来解决台、澎、金、马问题，他既不能助蒋"反攻大陆"，也不可能"协防金门"。弄清了美国底牌，党中央决定实行毛泽东提出的"绞索政策"，即把台湾当作拉住美国的绞索，一步步拉紧，进而对美国施加压力，相机行事，并决定采取宣布中国领海宽度为12海里的办法，迫使美国军舰不敢靠近属于中国领海的金门岛。9月4日当天，中国政府发表声明，声明宣布：

中华人民共和国的领海宽度为12海里；"一切外国飞机和军用船舶，未经中华人民共和国许可，不得进入中国领海和领海上空。""台湾和澎湖地区现在仍然被美国武力侵占，这是侵犯中华人民共和国领土完整和主权的非法行为。台湾和澎湖等地尚待收复，中华人民共和国政府有权采取一切适当的方法在适当的时候，收复这些地区，这是中国的内政，不容外国干涉。"①

遵照毛泽东的指示，福建前线部队从9月4日起暂停炮击3天，目的是观察各方动态。在停止炮击金门的3天中，美国军舰为国民党军护航，不断侵入中国领海，企图打破金门被封锁的状态。6日，周恩来发表《关于台湾海峡地区局势的声明》，严正指出：中国政府完全有权对盘踞在沿海岛屿的国民党部队给予坚决打击和采取必要的军事行动。任何外来干涉，都是侵略中国的罪恶行为。美国如果继续对中国进行侵略和干涉，必须承担由此产生的一切严重后果。

然而，美国无视中国政府的声明，继续派军舰为国民党军护航。为打击美军

---

① 1958年9月5日《人民日报》。

的气焰，惩罚国民党军，7 日，中央军委决定，以打击国民党军的方式，来反对美国军舰的护航活动。当日，黄克诚签发军委命令（彭德怀 9 月 7 日赴东北视察，军委日常工作由黄克诚主持），要求福建前线部队，于 8 日对金门的重要军事目标进行惩罚性炮击，要打得准、打得狠。福建前线部队遵照命令，对停泊在料罗湾的国民党军舰和金门岛的重要军事目标，进行第三次大规模炮击，发射炮弹 2 万多发，击沉击伤国民党军登陆舰 2 艘。在猛烈的炮火打击下，美国军舰丢下国民党军船队，仓皇逃至料罗湾以南 5 海里至 12 海里处，徘徊观望，未敢妄动。

通过前一段炮击作战封锁台湾海峡，显示了中国人民一定要解放台湾的决心，迫使美国作了让步，准备恢复中美大使级谈判。中央决定采取缓和政策。9 月 8 日、9 日两天，黄克诚参加了毛泽东在中南海颐年堂召集的会议，研究商谈关于中国政府缓和台湾海峡地区紧张局势的方案。

金门国民党军在遭到福建前线部队 8 日大规模炮击后仍负隅顽抗，9 日炮击厦门大学。11 日，美国军舰继续为国民党军护航。中国政府提出严重警告，并决定给予金门国民党军惩罚性打击。11 日 14 时，福建前线部队对强行靠岸卸载的国民党军舰和金门岛重要军事目标进行第四次大规模炮击，发射炮弹 2.5 万余发。

经 8 日和 11 日两次炮击，台湾对金门的运输补给再度发生困难。美国军舰的护航行动及军事冒险政策受到国内外舆论的强烈谴责。

9 月 13 日，黄克诚看到正在武汉巡视的毛泽东给周恩来和他的来信。来信中关于炮击金门作战的指示是："除照你们命令规定路线执行以外，白天黑夜打零炮，每天二十四小时，特别是黑夜，特别是对料罗湾三里以内，打零炮（每天二三百发），使敌昼夜惊慌，不得安宁，似有大利，至少有中利小利。"[1]据此，黄克诚随即召集总参作战部传达了毛泽东的指示，研究了下一步安排。当日，经周恩来同意，黄克诚签发军委电报，向叶飞、刘亚楼、福州军区、空军、海军原文转发了毛泽东的这封信，并对打零炮作了具体部署。

在福建前线炮兵的严密封锁下，台湾当局为挽救金门危局，采取空运方式昼夜向金门投送物资。黄克诚于 14 日指示作战部研究对付的办法，提出：可考虑扩大空军巡逻区，增调炮兵，在确保不误击美舰原则下，于黄昏后使用快艇出击。15 日，周恩来和黄克诚又召集空军副司令员王秉璋、成钧和总参作战部长王尚荣、副部长雷英夫等研究对付的办法。决定：发现敌机出动准备空投时，空军飞机到厦门、镇海、围头等地上空巡逻，使其不敢空投；坚决打击进入大陆上空掩护空运的敌战斗机，必要时可进到金门上空作战；在确无误击美舰和不吃亏的原则下，快艇、高速炮舰夜晚可出海作战，打击进入料罗湾的国民党舰艇；增调炮兵，改进技术，封锁料罗湾。

就在 9 月 15 日这一天，在炮击金门的隆隆声中，中断了九个月的中美大使级会谈在华沙重新恢复。

---

[1]《建国以来毛泽东文稿》第 7 册，中央文献出版社 1992 年版，第 416 页。

由于毛泽东和中共中央正确运用"边打边谈""打而不登、断而不死"的方针，国际舆论对美国军事挑衅的谴责和美国国内人民的反对呼声渐高，美国政府不得不进一步调整对台政策。9 月 30 日美国国务卿杜勒斯在答记者问中声明：我们没有保卫沿海岛屿的任何法律义务。杜勒斯的声明暴露了美国想以放弃金、马等沿海岛屿换取长期霸占台湾和台湾海峡，企图制造两个中国的野心。这不仅遭到中国人民的反对，也引起蒋介石的不满。美蒋之间由此发生尖锐矛盾。毛泽东和中共中央反复研究，审时度势，决定改变原来先收复沿海岛屿再解放台湾的两步走的方针。"要解决，台、澎、金、马一起解决。中国之大，何必急于搞金、马。"① 中共中央关于台、澎、金、马"一揽子解决"的方针，目的就是要使台、澎、金、马仍留在蒋介石手里，不使其完全落到美国人手里。

为进一步扩大美蒋之间的矛盾，争取和蒋介石在这个问题上共同反对美国，10 月上旬，中共中央政治局连续开会，分析形势，研究新的斗争策略。

10 月 5 日，毛泽东给彭德怀、黄克诚写信说："不管有无美机美舰护航，十月六、七两日，我军一炮不发，敌方向我炮击，我也一炮不还。偃旗息鼓，观察两天，再作道理。空军必须防卫，但不出海。"②

同一天，根据毛泽东和政治局常委的指示，黄克诚组织总参谋部以中央军委名义起草了关于当前对金门、马祖等沿海岛屿军事斗争的指示，随即报刘少奇、周恩来、朱德、邓小平、彭真、彭德怀审阅，最后由毛泽东批准签发。指示指出：8 月 23 日炮击封锁金门的斗争取得重大胜利。在军事上，给敌以严重打击，使海空军得到了实战锻炼，吸引了美国海空军约 20 万兵力，减轻了对中东地区民族解放斗争的压力。在政治上，美国的侵略政策和战争政策空前暴露，遭到全世界人民的空前反对。蒋介石依然困难重重，惶惶不安，但由于美国的军事援助掩护，仍企图坚守金、马，并用各种办法拖美国下水，越陷越深。有迹象表明，美国正试图改变现行做法，玩弄有条件撤退金、马的阴谋。指示分析了美国可能采取的方针：第一，玩弄停火阴谋，争取国民党从金、马撤退，或只从金、马撤退一部分；第二，要国民党撤退金、马，退守台湾，达到制造两个中国的阴谋；第三，不得已时，掩护和强迫国民党撤退。为粉碎美国停火撤军阴谋，使其不能解脱绞索，加强和扩大美蒋矛盾，目前是收复金、马还是仍由国民党占据金、马，孰较有利，是当前必须考虑的问题。现在让美国摆脱这个绞索，让国民党撤出金、马，退守台湾，对我们来说，反而不如国民党留在金、马较为有利。目前减轻对金、马的军事压力，使金、马国民党军能够生存下去，是必要的。为此确定，从 6 日起，暂以七天为限，停止对金门各岛（包括大担、二担岛）大规模炮击，只作袭扰性的零炮打击。一般情况下，每天打几十发，或者一二百发。6、7 两日一炮不发，空军积极加强防卫，不到金门和领海上空作战。海军执行正常护航护渔任务，

① 中共中央文献研究室编，金冲及主编：《周恩来传》，中央文献出版社 1998 年版，第 1430 页。

②《建国以来毛泽东文稿》第 7 册，中央文献出版社 1992 年版，第 437 页。

不出海作战，让国民党军获得一定补给，促其守而不撤，使其处于紧张状态，拖住美国不得脱身。必要时，可组织过去那样的大打，灵机应变，主动在我。

6日，《人民日报》发表毛泽东起草的、以国防部长彭德怀名义发表的文告《告台湾同胞书》。《告台湾同胞书》见报前，毛泽东于凌晨2时写信给彭德怀、黄克诚，嘱黄"请福建前线广播电台多播几次"。黄克诚立即电话通知了韩先楚、叶飞。

《告台湾同胞书》开门见山地指出：

"我们都是中国人。三十六计，和为上计。"接着，指出国共双方在一个中国问题上的共识："台、澎、金、马是中国领土，这一点你们是同意的，见之于你们领导人的文告，确实不是美国人的领土。台、澎、金、马是中国的一部分，不是另一个国家。世界上只有一个中国，没有两个中国。这一点，也是你们同意的，见之于你们领导人文告。""美国人总有一天肯定要抛弃你们的，你们不信吗？历史巨人会要出来作证明的。"

《告台湾同胞书》驳斥了杜勒斯的所谓"停火"建议，再次重申早日和平解决台湾海峡两岸关系的倡议，说："中华人民共和国与美国之间并无战争，无所谓停火。无火而谈停火岂非笑话？台湾朋友们，我们之间是有战火的，应当停止，并予熄灭。这就需要谈判，当然，再打三十年，也不是什么了不起的大事，但是究竟以早日和平解决较为妥善。何去何从，请你们酌定。"文告宣布："从十月六日起，暂以七天为期，停止炮击，你们可以充分地自由地输送供应品，但以没有美国人护航为条件。如有护航，不在此例。"①

这份文告的发表，震动了全世界，粉碎了美国提出的停火阴谋，堵住了国际干涉的借口，扩大了美蒋之间的矛盾。

这段时间，毛泽东、周恩来等中央领导昼夜工作，密切关注着形势的发展，十分谨慎地运筹指挥着这场集政治、军事、外交于一体的斗争。而作为军委日常工作的主持者（彭德怀外出视察）和总参谋部主要领导人，黄克诚既要准确地领会、及时地传达贯彻最高统帅的指示和意图，又要随时掌握各方面的情况，随时报告，参与谋划、指挥，还要组织保障前线的作战需要，他自知情况错综复杂，责任重大，不敢稍有疏忽。

10月13日，毛泽东又以国防部长彭德怀名义起草，并在《人民日报》发布了给福建前线部队的第一个命令。命令说：金门炮击，从本日起，再停两个星期，使金门军民同胞得到充分补给，包括粮食和军事装备，以利他们固守。命令解释说："兵不厌诈，这不是诈。这是为了对付美国人的。这是民族大义，必须把中美界限分得清清楚楚。"命令重申："呆在台湾和台湾海峡的美国人，必须滚回去。他们赖在这里是没有理由的，不走是不行的。"命令重申不准美国军舰护航的原则：

---

① 《建国以来毛泽东文稿》第7册，中央文献出版社1992年版，第439、440页。

"金门海域，美国人不得护航。如有护航，立即开炮。"①

当时，全军上下，对于毛泽东和党中央、中央军委关于炮击金门的决策是积极拥护的，特别是《告台湾同胞书》及《给福建前线的命令》公开发表后，引起强烈反响。但也有部分干部，包括少数高级干部对炮击金门的意义理解不深，尤其提出与蒋介石和谈，允许其继续占据金门不大理解。黄克诚十分重视这个问题，他认为，总参谋部作为全军的统率机关，对毛泽东和党中央、中央军委炮击金门的决策，必须有深刻的理解和认识，要抓住两个文告的公开发表这个时机，进行宣传教育，把认识统一到毛泽东和党中央的英明决策上来，以凝聚力量，提高执行党中央和中央军委指示的自觉性，增强胜利信心，克服急躁情绪。

10月17日，黄克诚在总参谋部团以上干部大会上作报告，这是他担任总参谋长后第一次对总参团以上干部讲话。他首先讲了台湾问题。

黄克诚讲话，开门见山。他说："同志们都看了报纸，关于台湾问题，各种消息和文件都在报纸上发表了。有一个《告台湾同胞书》，一个对福建前线部队的命令。在那个命令里有这样几句话：'有些共产党人可能暂时还不理解这个道理，怎么打出这样一个主意呢？不懂，不懂！同志们，过一会儿，你们就会懂的。'"

黄克诚对毛泽东起草的《告台湾同胞书》十分赞赏。他钦佩地介绍说："这两个文件是毛主席亲自写的，其他同志提了一些意见，在个别地方提了修改意见，但主要是主席写的。第一个文件是在纪念'十一'时几十分钟里写出来的。"

黄克诚用三句话概括了中央关于"8·23"开始炮击金门的目的：一是配合中东反对美英侵略，牵制美国，声援中东人民；二是惩罚蒋介石对大陆的骚扰；三是叫一叫台湾问题，打打炮，引起大家的注意，对国内有影响，对国际也有影响。他总结道："声援中东人民，惩罚蒋介石，引起世界人民注意台湾问题，就是为了这个打炮的。"

讲到炮击的结果，黄克诚说：我们预定的目的达到了。把美国的舰队从地中海调到了东方来；蒋介石受到严厉打击，政治上损失很大；我们一打，引起全世界舆论反对美国。对我们来说，起了练兵的作用，起了动员和教育全国人民的作用。

黄克诚对金门炮击斗争的复杂性、对解放台湾斗争的复杂性有充分的认识，对毛泽东及周恩来等党中央领导人关于对美对台斗争的方针、策略有深刻理解。

他说：金门、马祖斗争是一个很复杂的斗争，是一个三角斗争。这就是我们同蒋介石的斗争，我们同美国的斗争，美国同蒋介石的斗争。这三个方面相反相成，扯在一起。黄克诚说：蒋介石和美国一致，就是控制住台湾，控制住金门、马祖。我们同蒋介石一致，就是说台湾是中国领土，只有一个中国而没有两个中国，蒋委员长自己有一个中国，我们自己有一个中国。他是要他的中华民国，我们是要我们的中华人民共和国。两者性质不同，但是说法一致，都说"只有一个

---

① 《建国以来毛泽东文稿》第 7 册，中央文献出版社 1992 年版，第 454、455 页。

中国"。不让台、澎、金、马落在我们手里，这一点美蒋一致。"一个中国"，这一点蒋介石同我们一致。不要一次大战，这一点我们同美国一致，美国人怕引起大战，我们不怕，但是不愿意引起大战。我们同蒋介石不一致，他要大陆归他，我们就要台、澎、金、马统一到我们这里来。我们同美国人不一致，就是你美国人占了我们的台湾、澎湖，你给蒋介石护航，我们与美国有根本上的利益冲突。蒋介石同美国不一致，就是蒋介石要拖美国下水，一心一意要引起大战，把金门、马祖当作导火线叫美国人上钩，美国人不干。这三个方面有一致，又有不一致，斗争很复杂，有一点掌握不好，就容易出问题。

黄克诚特别指出：解放台湾的斗争是复杂的斗争，长期的斗争，这个问题短时间里是解决不了的。解决的方式，一个是和平解决，一个是武力解决。"就我们来说，不论和平解决还是武力解决，不论跟美国谈判解决，还是跟蒋介石谈判解决，都要准备长期斗争。华沙谈判[①]就是这样。我们要谈就谈，要打就打，打打谈谈，谈谈打打，又打又谈，边谈边打。就这个样子，这样搞法，时间可能要长一些。"[②]黄克诚的报告，以通俗简练的语言阐明了毛泽东和中共中央、中央军委对台斗争的方针策略，对于澄清当时少数干部对台斗争上存在的模糊认识，加深对中央关于炮击金门和对台斗争方针的理解很有意义。

就在黄克诚作报告的第二天，美国宣布，国务卿杜勒斯21日到台湾同蒋介石会谈。19日夜，美军又恢复了金门海域的护航活动。毛泽东判断说：杜勒斯到台湾，企图第一步压蒋减少金、马军队数量；第二步压蒋撤退金、马，这我们就不好打炮了。我们的目的是要用绞索套住美国。我们打炮后蒋介石会借口说，共产党又打炮了，金、马不好撤。根据毛泽东的意图和周恩来的指示，为挫败杜蒋会谈，黄克诚报请周恩来同意后，签发中央军委命令，确定10月20日下午炮击大小金门，大担、二担的炮兵阵地，雷达阵地及料罗湾停泊的国民党军舰只，并规定，不打美国军舰和各岛房舍，海空军不出动。炮兵以1小时左右时间猛烈炮击，然后，除压制敌人炮火外转入零炮射击，日夜不停。

这是"8·23"以来的第五次大规模炮击。从10月20日开始，连续几天里，黄克诚除参加毛泽东召集的会议外，一直守在办公室，不分昼夜，随时了解前线情况和情报部门的反映，多次到作战室听取汇报，发出指令。10月23日零时10分，黄克诚在作战室亲自给福建前线部队副司令员张翼翔打电话，告诉他：杜勒斯与蒋介石谈得不好，弄翻了，杜要蒋从金门撤退，蒋不干，杜的意图是在金门、马祖搞非军事化，产生了严重分歧，要少打炮，送杜勒斯回老家去。

10月25日，毛泽东以国防部长彭德怀名义起草的《再告台湾同胞书》公开发表，着重揭露了美国政府搞"两个中国"的图谋，宣布逢双日不打金门的飞机场，料罗湾码头、海滩和船只，使大小金门，大担、二担等岛屿军民得到充分供应。

---

① 华沙谈判，指1958年9月至1970年2月中国驻波兰大使与美国驻波兰大使在波兰首都华沙的谈判。

②《黄克诚军事文选》，解放军出版社2002年版，第679—681页。

但以不准美国人护航为条件。

10 月 31 日，毛泽东又致函周恩来、陈毅、黄克诚："应将双日不打的地方加以推广，就是说，逢双日一律不打炮，使蒋军可以出来活动，晒晒太阳，以利持久。只在单日略为打一点炮。"①

此后，遵照党中央、中央军委的指示，为揭露美国的战争边缘政策、惩罚金门国民党军对大陆岛屿滥施轰炸，黄克诚又参与部署福建前线部队，于 11 月 3 日、1959 年 1 月 7 日进行了两次大规模炮击。

金门国民党军遭到七次大规模炮击后，气焰大为收敛，对大陆只维持零炮袭扰。美中在台湾海峡的武装力量也逐步恢复到"8·23"炮击金门前的状态。根据形势的变化，1959 年 1 月 9 日，中央军委作出规定："今后逢单日，不一定都打，可以采取隔一或两个单日打一次的办法，不要形成规律。但敌向我打炮时必须立即予以还击。"此后，随着时间的推移，炮击次数逐渐减少。主要是示威性炮击。

"炮击金门，是毛泽东纯熟地运用政治斗争、军事斗争、外交斗争和舆论宣传攻势，并将他们交融于一体的一次重大行动，尽管炮击金门未能也不可能从根本上解决台湾问题和中美关系问题，但对于蒋介石反攻大陆的嚣张气焰，特别是对美国搞'两个中国'的企图，都是一个沉重的打击。"②在这场斗争中，黄克诚自始至终，正确地领会、贯彻毛泽东和周恩来等中央领导人的策略思想和指示，在协助党中央、中央军委研究拟制作战方针、组织作战保障、调整作战部署和及时综合汇集作战情况等方面，进行了大量卓有成效的工作。他受命组织拟制的中央军委关于对台湾和沿海蒋占岛屿军事斗争的指示，发出的指令，他关于对台斗争的长期性、复杂性的论述等，都表明，在台海斗争和两岸统一问题上，他既有坚定的信念，又有冷静的思维，充分贯彻体现了毛泽东和党中央的策略思想和斗争方针。

黄克诚十分敬佩毛泽东洞察、驾驭形势的能力和高超的指挥艺术，但在炮击作战的具体指导上，也提出了自己的建议。他认为在已作出"打而不登、封而不死"、暂不收复金门、马祖等岛的决策后，炮击主要目的是示威，表示态度，不应再过多打炮，以减少消耗。那时前线使用的大炮及炮弹，绝大部分是从苏联进口的，经几次大规模炮击显示，现有大炮射程和威力不十分理想，炮弹供应也趋紧张。10 月 1 日，福建前线指挥部急申，请求向国外订购一三〇加农炮及一〇〇以上高射炮，调补加农炮弹。黄克诚一面部署调补，一面给彭德怀写报告，提请向苏联紧急订购，并提议适当减少发射炮弹数量。福建前线指挥张翼翔也提醒炮兵指挥员要注意节约炮弹，不要乱打，并心疼地说：购一发大口径加农炮弹，要花四两黄金的钱啊！

---

① 《建国以来毛泽东文稿》第 7 册，中央文献出版社 1992 年版，第 479 页。

② 中共中央文献研究室编，逄先知、金冲及主编：《毛泽东传》（上），中央文献出版社 2003 年版，第 884 页。

1959 年庐山会议期间，毛泽东在同黄克诚谈话时提到炮击金门作战时，黄又当面向毛泽东提出："至于炮轰金门、马祖，稍打一阵示示威也就行了。既然我们并不准备真打，炮轰的意义就不大，打大炮花很多钱，搞得到处都紧张，何必呢？"①

自 1960 年 6 月以后，为稳定台海局势，中央军委再未下达大规模炮击的命令。1979 年 1 月 1 日，中国和美国建立外交关系，美蒋《共同防御条约》终止。国防部长徐向前发表声明：停止对大小金门，大担、二担等岛屿的炮击。

五、在"反教条主义"和"大跃进"中

1958 年 1 月和 3 月，毛泽东先后在南宁和成都召开有部分中央和地方领导人参加的工作会议。南宁会议上，联系 1957 年经济计划制定的争论，毛泽东严厉批评"反冒进"，提出了"不断革命"的思想，发动"大跃进"。成都会议上，他强调要破除迷信，解放思想，学习与独创相结合，提出批评八年经济工作中的教条主义。并提出，军队也要开整风会。同年 5 月，中共八大二次会议又提出了"鼓足干劲，力争上游，多快好省地建设社会主义"的总路线。"左"的思想开始膨胀。正是在这种背景下，军队开展了"反教条主义"的斗争，军事工作受到"左"的影响。作为中央书记处书记、军委秘书长的黄克诚，这是在当时必须面对的问题。

1958 年 3 月 22 日，在成都参加中央工作会议的彭德怀，给在北京主持军委日常工作的黄克诚传达了毛泽东在会上的讲话要点，主要是：（1）军队要继续缩减，要提出精简方案，军费减至 35 亿元，军队减到 200 万，节余的钱搞经济建设，搞新装备。（2）要好好总结八年来的工作，工业、文化中的教条主义最多，军队中的教条主义是不少也不多的中间状态。中央感觉，军队干部的思想比地方落后，思想认识不一致，要军委开一次整风会。3 月 24 日，黄克诚主持召开军委会，传达了上述指示。4 月上旬，彭德怀报请党中央和毛泽东批准，决定于 5 月 27 日在北京召开军委扩大会议。

这次军委扩大会议共开了 57 天，至 7 月 22 日结束。全军 1400 余名高级干部参加了会议。会议的主要任务是整风和研究整编，方法是大鸣放、大辩论。会议由彭德怀主持，黄克诚协助，实际是在中共中央领导下进行的。当时有个不成文的会议领导核心，人们称为毛（泽东）、邓（小平）、彭（德怀）三人小组，主管会议进程。黄克诚不断到毛泽东处报告，听取指示，向主席团会议传达。此前，就有人写信向军委和彭德怀反映军队有教条主义，特别是军事训练方面教条主义严重。1957 年彭德怀到军事学院视察时听到反映，曾对此提出过严肃批评，并就此给毛泽东写了报告。这次会议开始不久就把主题转向批教条主义。毛泽东对这

---

① 《黄克诚自述》，人民出版社 1994 年版，第 308 页。

次会议十分重视，会议简报他都仔细阅读，并随时作出批示。

6 月 5 日，毛泽东委托邓小平召集各位元帅和黄克诚开会，研究会议的开法。邓小平指出，军委扩大会"温度"不够，暴露问题不够；还提出，会议可采取机关小整风的方法，只开小组会和大会。出大字报、小字报配合大会，小会发言，争取一周内造成鸣放的紧张气氛。次日下午，黄克诚向会议传达了这个讲话。会议气氛骤然紧张起来，并很快把批判的重点集中到训练总监部领导人。21 日，毛泽东到会讲话，他讲了军队历史上和当前存在的教条主义问题。在召集主席团和组长座谈时，他指出：这次会议主要是"打倒奴隶思想、埋葬教条主义"，大鸣大放，破除迷信，解放思想，吸取教训，着眼于全党全军。此后，会上整风、反教条主义的声势越来越大。会议夸大了 20 世纪 50 年代初期学习苏军经验中出现的难以避免的缺点，并把一些已基本解决的问题重新提出来作为现实的错误加以批判，把一些单位实际工作中存在的某些缺点夸大为全军性的系统的教条主义加以反对，特别是把本属于工作中思想认识方面的问题，上升到反对党的军事路线的原则高度加以追究，对负责训练和院校工作的刘伯承和萧克、李达等领导人进行了错误的批判和斗争。总参谋长粟裕也受到批判。

由彭德怀主持讨论通过的大会决议中还提出：为了坚持正确路线，克服错误路线，目前的斗争必须在全军展开。这就一度把"反教条主义"作为全军的一场政治运动展开了，致使这次会议"左"的偏向扩大到全军，打击伤害了一大批从事教育训练的干部，给军队建设带来不利影响。

1959 年庐山会议彭德怀被罢官之后，回首此事，曾对身边工作人员懊悔地说："这是一个错误，当时对刘伯承、粟裕、萧克等一批同志的批判处理太过火，言过其实，使他们受了委屈。虽然不是我的本意，但我是会议的主持人，我有错误啊。"[①]

20 多年后，大约在 20 世纪 80 年代初，黄克诚约见当年受到批判和斗争的萧克、李达，就 1958 年那次"反教条主义"斗争谈了他的个人意见。他说：那时的做法肯定是错了，彭总的讲话迎合了当时"左"的思潮，把一些不赞成或抵制"批判地学习苏军经验"的思想夸大为教条主义、资产阶级军事路线，并进行了严厉批判，伤害了许多干部，你们二位首当其冲。彭总是会议主持者，应负主要责任。但他人已经死了多年，又受到那么重的迫害，我劝你们原谅他。我当时协助他工作，也有责任，我代他向你们道歉。黄克诚同时指出，这件事的背景和原因是多方面的，不宜过多地追究某个人的责任。

黄克诚是赞成开会整风的，也认为有教条主义。早在 1957 年 5 月召开的全军整风座谈会上，他就号召全军认真贯彻中共中央决定，学习毛泽东《改造我们的学习》和《关于正确处理人民内部矛盾问题》的讲话，开展以反对官僚主义、宗派主义、主观主义为主要内容的整风，并指出："我们现在教条主义很多，学校教育、组织编制等都有教条主义，大家都有一些，不仅是军事学院。军委有很多文

---

① 彭德怀传记组：《彭德怀全传》（三），中国大百科全书出版社 2009 年版，第 1159 页。

件是经我手批的，要整教条主义就要先整我。"在这次军委扩大会议上他又作了检讨发言，会上提出的对军委及总参、总后工作的批评，他主动承担责任。他说："组织编制、动员和复员工作以及装备等，大多数是我主持处理的，其中组织编制、动员工作上也有机械搬运苏联经验的教条倾向。"

但是，这次反教条主义斗争声势那么大，毛泽东和中央如此重视，是黄克诚和彭德怀都始料不及的。黄克诚后来说："我们未能领会中央精神，所以主持会议显得很被动。"他分析说："这可能是毛主席在匈牙利事件之后，开始担心我军领导出问题。也许这就是庐山会议的先兆。"①

1958 年"反教条主义"斗争，是在党的指导思想出现"左"的错误，开始把两个阶级、两条道路的斗争作为中国社会主义主要矛盾的情况下进行的，当时把不赞成或抵制"批判地学习苏军经验"的思想认识夸大为"教条主义""资产阶级军事路线"，进行严厉的批判、斗争，当然是错误的。"错误地开展'反教条主义'斗争和批判'资产阶级军事路线'给我军建设和政治工作造成很大损害。"②

与此同时，这次会议肯定了彭德怀提出的"以我为主"的方针，并得到毛泽东的支持，因此，使这一方针在全军广大干部的思想上逐步确立起来。而这一思想的确立，对于后来全军以"独立自主，自力更生"的精神，推动军队建设和整个国防事业的发展，起到了长久的积极作用。特别是两年后在面临苏联撤走专家、

■ 1958 年 5 月，中央军委秘书长黄克诚（站立者）在军委扩大会议上讲话。

① 《黄克诚军事文选》，解放军出版社 2002 年版，第 295 页。
② 《中央军委关于新时期军队政治工作的决议》，1987 年 1 月。

撕毁合同所造成的困难时，在全军思想上所体现的积极指导作用尤其明显。

开展"反教条主义"之后，中共中央轻率地发动了"大跃进"运动和轰轰烈烈地开展了人民公社化运动，以高指标、瞎指挥、浮夸风、共产风为主要标志的"左"倾错误严重地泛滥起来，并直接冲击到军队。

有些高级干部听说北戴河会议提出要逐渐恢复供给制，很高兴，并要求军队率先实行，总参有位部长直接给黄克诚写信，建议1959年1月就开始。黄克诚一度也曾为中央的决策所鼓舞。在10月的一次会议讲话中，他兴奋地说：现在许多人民公社实行了供给制，这是比薪金制更接近共产主义的分配制度。农民实行了，乡干部、县干部也要实行。地方实行了，军队也要实行。他要求大家对实行这种革命转变做好思想准备。

但黄克诚也保持了冷静的态度。那次讲话之后，《解放军报》记者根据他的讲话编写了一篇新闻稿，送给他审批，建议在军报发表。他说，涉及重要制度的改变要调查研究，不能头脑一热就变，军委也没讨论。不同意军报发新闻。那期间，他每天都要挤时间阅读关于生产、经济方面的消息，通过多种渠道了解部队干部战士的反映。11月，他又到济南军区调研，在第六十八军找干部战士座谈。随着对情况了解的深入，他对"左"的倾向开始有所警惕，并对军事工作中出现的一些错误倾向，如忽视军事训练，把部队抽出去搞生产，脱离实际，搞瞎指挥等，提出严肃批评。

为总结部署军事工作，1958年12月至1959年1月，黄克诚主持召开了全军参谋长会议。针对反映出的问题，发表了长篇讲话。

那时有些人提出，军队应该用更大的力量搞生产，不应搞训练；有的建议一半时间搞生产，一半时间搞训练；有的军区甚至整师整团地拉出来搞生产、炼钢。对此，黄克诚从军队的基本任务说起，深刻阐述了战斗队与生产队的关系，他说：人民解放军首先应该是战斗队，不是搞生产，不能把这两个任务平列起来，过去是这样，现在是这样，将来也是

1959年，黄克诚（右）与彭德怀（左）在一起。

1959年5月5日，黄克诚（左一）在国防委员会全体会议上作报告。

这样。他斩钉截铁地说："把最大的力量拿去搞生产，我认为这样不妥当。""军队不能拿出主要力量搞生产，只能加强训练，加强作战准备。"他明确提出，除抢险救灾外，帮助地方生产每年不能超过一个月。他再三强调，要抓干部训练，抓司令部训练，干部知识面要广，专业水平要高。会议据此形成了《1959年部队军事训练纲要》，经军委批准下发执行。

黄克诚在讲话中，还针对一些地方出现的共产风、浮夸风等问题，批评有些地方干部空想蛮干，海阔天空，想入非非。他提醒军队干部要实事求是，脚踏实地地干；破除迷信不能破掉科学，打破迷信要与相信科学相结合。他还说，我们反对教条主义，但不能把苏联的那些好东西当成教条主义，不要把科学也反掉了。

黄克诚得知各总部机关都抽出人来组织大炼钢铁，他明确表示不赞成搞。他说，土办法炼的钢不成材，浪费人力物力，总后炼钢赔了一千多万元，军队不要炼钢。

对于总路线中的"多、快、好、省"，黄克诚也有自己的理解。1959年初，他在召集几位高级干部讨论国防工程建设问题时说：工程建设要快、好、省，对总路线要根据具体情况运用，军队要特别强调好和省，如果一味强调多快，往往形成浪费，忽视质量。

所有这些，在1959年庐山会议之后，都成了黄克诚反党反社会主义的"罪行"，成了批判的靶子。

第二十六章　庐山蒙冤（上）

一、奉命上庐山

1959 年 6 月 13 日，中央政治局决定 7 月初召开政治局扩大会议，会址暂定在郑州。后来，中央考虑到与会者大多数在第一线指挥"大跃进"，很辛苦、疲劳，让他们趁开会之机休整放松一番是很必要的，因此，决定会议改在风光秀丽的庐山举行。

6 月底，中央决定 7 月 2 日在庐山召开政治局扩大会议的通知先后发到政治局委员，各省、自治区党委第一书记，中央和国家机关一些部委负责人手中，他们积极做好了参加会议的准备。

1959 年中共中央庐山会议旧址

然而，彭德怀接到开会的通知后却沉思良久，实在不想参加这次会议。因为从 4 月 21 日到 6 月 13 日，他率领中国军事代表团先后访问了苏联和波兰、罗马尼亚、保加利亚、匈牙利、捷克斯洛伐克、德意志民主共和国，历时 50 多天，很是疲劳，想休息一下；许多文件、报告和军务大事等待他阅批和处理；在 4 月上海会议上，因顶撞毛泽东，被毛泽东狠狠批了一顿，至今不甚痛快。因此，他想让黄克诚去参加会议。他认为黄克诚是书记处书记，又是军委秘书长兼总参谋长，对地方和军队情况都熟悉，且处事沉稳老练，敢讲真话，让他去参加这次会很合适。当彭德怀向黄克诚表明这一想法后，一向稳重的黄克诚没有立即表态。他知道彭德怀因在上海会议上受到毛泽东的批评，心中的谜团和不快仍然没有解开、消除。黄克诚也很了解毛泽东的性格，他想，如果彭总不去参加庐山会议，毛主席会有什么想法？会不会产生误解？想到这里，黄克诚关切地说："彭总，这是政治局扩大会议，你是政治局委员，你怎么能不去呢？"黄克诚又问："你是不是因上海会议上受了主席的批评心里还不舒服？"彭坦诚地说："感情上觉得别扭。"黄克诚宽慰了几句之后又说："还是我留下来值班你去开会的好。"

这两位相知甚深的老战友，毕竟很容易沟通。彭德怀接受了黄克诚的劝说，同意参加庐山会议。

7 月 1 日，毛泽东乘车上了庐山，住美庐别墅，门牌为 180 号。美庐是庐山千座别墅中比较高大和豪华的一座，两层楼房全部用花岗石砌成。毛泽东就是在这里指挥庐山会议的进程。

毛泽东上山之前，巡视了河北、河南、湖北、湖南等省，看到"大跃进"出现的问题得到不同程度的纠正，很感快慰。6 月 25 日，当他荣归阔别了 32 年的故乡——湘潭县韶山冲时，激情满怀，写下七律《到韶山》："别梦依稀咒逝川，故园三十二年前。红旗卷起农奴戟，黑手高悬霸主鞭。为有牺牲多壮志，敢教日月换新天。喜看稻菽千重浪，遍地英雄下夕烟。"这首诗充分展现了毛泽东对革命胜利和"大跃进"、人民公社化运动的大好形势的喜悦。此次初登庐山，他甚被这里的秀水青山、古迹名胜、神话传说、清风云涛所陶醉。他陶情自然，忘情物外，诗情勃发，于 7 月 1 日奋笔疾书七律《登庐山》："一山飞峙大江边，跃上葱茏四百旋。冷眼向洋看世界，热风吹雨洒江天。云横九派浮黄鹤，浪下三吴起白烟。陶令不知何处去，桃花源里可耕田？"在 6 天内，毛泽东连赋七律两首，可见当时他的心情是多么轻松愉快！

7 月 1 日，彭德怀抵达庐山。其他与会者亦先后到达，共 70 余人。

7 月 2 日，毛泽东召集常委刘少奇、朱德、周恩来和各协作区主任开会。会议决定将毛泽东提出的 19 个问题交政治局扩大会议讨论。这 19 个问题是：(1)读书；(2)形势；(3)今年工作任务；(4)明年工作任务；(5)四年的任务；(6)当前的宣传问题；(7)食堂问题；(8)综合平衡；(9)群众路线；(10)国际形势；(11)生产小队的半核算单位问题；(12)基层党组织领导作用问题；(13)粮食三定政策（定产、定购、定销三年不变）；(14)如何过日子；(15)团结问题（中央至县委）；

（16）农村初级市场的恢复问题；（17）体制问题，即收回财权、人权、工权、商权，由中央和省市两级控制，反对无政府主义；（18）协作关系问题；（19）加强工业管理和提高产品质量问题。[①]

会上，毛泽东对去年形势的估计概括了三句话："成绩伟大，问题不少，前途光明。"毛泽东的精辟概括，与会者听了很受鼓舞，对开好这次会议充满了希望。他们对第一句和第三句话基本是认同的，没有大的分歧，包括彭德怀等人。关键在对"问题不少"的认识上。是什么问题？大问题还是小问题，每个人心里都有一本账。毛泽东认为，基本问题有四个：综合平衡、群众路线、统一领导、注意质量，其中根本问题是综合平衡没有搞好，所以出了许多问题。他还认为，"问题不少"主要是指过去，现在已步入"前途光明"的境地了，因为盲目性、共产风、浮夸风、主观主义等问题已基本纠正；平衡问题有了一套解决的办法，"现在形势又好转了"，争取明年五一节前彻底好转。他对最根本的问题，即指导思想上的"左"倾和盲目发动"大跃进"、人民公社化运动没有认识到；相反，他仍肯定八大二次会议的方针是对的，"要坚持"；赶超英国也要坚持；"供给制不能否定"；"缺点是一二三个指头的问题"；对"大跃进"、人民公社化运动不能怀疑等。毛泽东的意图是想通过这次政治局扩大会议，贯彻他的讲话精神，统一高级干部，特别是高级领导干部的认识，让他们继续鼓起劲来，沿着他指示的航向"大跃进"。

7月3日，会议按6个协作区分6个小组传达、讨论毛泽东提出的19个问题和他7月2日的讲话。大家摆情况，谈看法，提意见，一致同意"成绩伟大，问题不少，前途光明"三句话。会议议论的问题主要是形势问题、农业特别是粮食问题、综合平衡问题等。议论中已出现不同的声音。但会议之初的气氛是热烈的、轻松的、融洽的。大家晚上看戏，看电影，跳舞，会隙之间漫步山间小道，赏景赋诗，特别是毛泽东《到韶山》《登庐山》两首七律，经"秀才"周小舟和胡乔木订正传出后，与会者争相传诵，诱发善诗者的诗兴，一首首赞美庐山美景的诗作油然而生：

"京畿六月酷难忍，匡庐清凉风阵阵。长怨春色无觅处，悄然转入此山隐。""望江不见云涛遮，时隐时现'好汉坡'。剪刀峡谷难谋面，忽然骤雨当头泼。"真乃是"借得名山避世华，群贤毕至学仙家。出门总是逐风景，无日能忘餐晚霞。漫步随吟古今句，高谈且饮云雾茶。"毛泽东称赞会议开得"有点神仙会的味道"，故史家又称这一段为"神仙会"。

然而，这种"神仙会"的气氛没有维持几天。随着讨论的深入，认识上的差异和分歧逐渐显现出来。前几天那种轻松愉快的气氛开始淡化，冲突发生了。

分歧原因是对"问题不少"有两种截然不同的认识。一部分人认为，1958年的"大跃进"和人民公社化运动的伟大成绩必须充分肯定，缺点和错误仅仅是"一

[①] 中共中央文献研究室编，逄先知、金冲及主编：《毛泽东传》（下），中央文献出版社2003年版，第958、960页。

个指头"或"不到一个指头"的问题，就这"一个指头"的问题，经1958年下半年一系列会议采取措施后，已基本解决。持这种观点者，是"大跃进"的积极拥护者和领导者。他们不允许别人谈"大跃进"和人民公社化运动的缺点和错误，谁谈，就认为这是否定"大跃进"和人民公社化运动的伟大成绩，给群众运动泼冷水，是立场问题。他们甚至压制别人揭发问题。

另一些人认为，"大跃进"和人民公社化运动取得了伟绩，但暴露出许多严重问题。这些问题虽然在贯彻中央制定的一系列正确方针政策中得到一定程度的解决，全国城乡情况也有所缓和，但形势没有根本好转，纠"左"工作很不彻底，根本问题没有彻底解决。例如，一再修改的工农业生产指标仍然偏高；人民公社仍保留"供给制"和公共食堂；共产风、浮夸风和干部的特殊化、简单粗暴、强迫命令的作风还不同程度的存在，有些地方仍很严重等。这些人，有的是原来就对"大跃进"、人民公社化运动有疑虑，有不同程度的保留；有的开始是"大跃进"、人民公社化运动的热烈拥护、积极参与者，但经过一段实践，改变了自己的看法。但他们都是敢于坚持实事求是、正直不阿、作风踏实的干部。

从7月3日至10日，彭德怀在小组会上七次发言或插话，开门见山地谈出自己的看法：

"解放以来，一连串的胜利，造成群众的头脑发热，因而向主席反映的情况只讲可能和有利因素。在大胜利中，容易看不见、听不进反面的东西。"

"吃饭不要钱，那么大的事，没有经过实验。""要找经验教训，不要埋怨，不要追究责任。人人有责，人人有一份，包括毛泽东同志在内。我也有一份，至少当时没有反对。"

"人民公社我认为办早了些。高级社的优越性刚发挥，还没有充分发挥就公社化，而且没有经过实验。如果实验上一年半年再搞就好了。""北戴河会议以后，搞了个'左'的东西，'全民办钢铁'这个口号究竟对不对？'全民办工业'，限额以下搞了13000多个，现在怎么办？"

"我们党内总是'左'的难纠正，右的比较好纠正；'左'的一来，压倒一切，许多人不敢说话。"

"去年成绩是伟大的，缺点是一个短时间（9月至11月）发生的，而影响不只三个月。换来的教训是宝贵的，要把（认识）问题搞一致，就团结了。"

"好多省都给毛主席修别墅，这总不是毛主席让搞的。"

"政治与经济各有不同的规律，因此，思想教育不能代替经济工作。"

"毛主席与党中央在中国人民心目中威信之高，是全世界找不到的。但滥用这种威信是不行的。去年乱传毛主席的意见，问题不少。"

"什么'算账派'、'观潮派'，……帽子都有了，对广开言路有影响。有些人不说真话，摸领导的心理。"

"现在是不管党委集体领导的决定，而是个人决定，第一书记决定的算，第二书记决定的就不算。不建立集体威信，只建立个人威信，是很不正常的，危险的。"①

　　彭德怀坦率、深刻、尖锐的话，持不同意见者听了很刺耳，毛泽东听了也不舒服；同意或基本同意彭德怀观点的人不少；认识到问题严重性的也不乏其人。但针对全国性、全局性问题提出尖锐批评的只有彭德怀。

　　随着讨论的不断深入，批评"三面红旗"的意见越来越多。

　　毛泽东一直没有参加各组讨论，忙于批阅文件。但他通过看会议简报、听取汇报等渠道，及时了解会议的情况、密切注意着会议的动态，牢牢把握着会议的方向。他为大家认识不统一而焦急、不安。会议开了10天了，分歧依然很大。认识不统一怎能团结？不团结怎能领导全国人民继续"大跃进"？毛泽东思来想去，觉得该出来讲话了。

　　7月10日下午，毛泽东召集政治局常委刘少奇、周恩来、朱德及李先念、李富春、彭德怀、谭震林、柯庆施、李井泉、张德生、林铁、欧阳钦、陶铸、王任重、康生、陈伯达、杨尚昆、胡乔木、吴冷西、田家英等开会，并作长篇讲话。他先讲了会议最后阶段的安排，接着，着重讲了对形势的看法，"大跃进"的成绩和错误的问题，人民公社问题，党内团结问题等。对党内越来越多的不同意见表现出忧虑。

　　毛泽东说："对形势的认识不一致，就不能团结。要党内团结，首先要思想统一。""有些同志缺乏全面分析，要帮助他们认识。得的是什么？失的是什么？"

　　他批评说："有人说总路线根本不对。所谓总路线，无非是多快好省，多快好省不会错。"有这么一些中国人，说美国的一切都好，月亮也比中国的圆。

　　关于成绩和缺点，毛泽东说：1959年搞3000万吨钢，基建1900项，粮食增产1倍，办人民公社中刮"共产风"。这四件事搞得很被动。经济建设缺乏综合平衡。为了3000万吨钢，引起各方面不满……要说缺点，确实有，都承认。"世界上的将军没有一个没打过败仗的。在三仗中打两个胜仗、一个败仗就是好的，有威信。两败一胜就差一些。打了败仗可以取得经验。要承认缺点错误。从局部来讲，从一个问题说，可能是十个指头，九个指头，七个指头，或者三个指头、两个指头。但从全局来说，还是九个指头和一个指头的问题。……但从总的形势来说，就是这样：九个指头和一个指头。"我是好大喜功的，好大喜功有什么不好？

　　关于偏听偏信，毛泽东说：偏听偏信，就是要偏，……同右派作斗争，总得偏在一边。中国人民、中国共产党没有一点志气还是不行的。还是要偏听偏信，要偏听无产阶级的，而不能偏听资产阶级的。

　　毛泽东认为：路线正确与否，不是理论问题，而是实践的问题。要有时间，从实践的结果来证明。……党的方针政策正确与否，不在制定之时，而在执行之后。……现在的建设路线，要看十年。

　　关于得失，毛泽东说："从具体事实来说，确实有些得不偿失的事。但总的来

---

①《彭德怀传》编写组：《彭德怀传》，当代中国出版社1994年版，第588—590页。

说，不能说得不偿失。取得经验总是要付学费的。"①

毛泽东这个讲话，对会议所讨论的和党内外普遍议论的重大问题，一一表了态。他最关心的是对形势的估计。讲话有一个明显的迹象，就是不再提纠"左"了，却提出"同右派作斗争"的问题。

毛泽东是想用他这个讲话来统一大家的认识。当时，尽管他对一些批评和不赞成"大跃进"、人民公社化运动的发言不满，但讲话的态度还是平和的，轻松的，说理的。他还说，不论谁批评，都不要给批评者戴帽子，不要一骂了之。

他打算会议再用几天时间，让大家根据他这个讲话的精神进行一番讨论，统一认识后，由杨尚昆、胡乔木、陈伯达、吴冷西、田家英五人起草一个《庐山会议诸问题议定记录》，通过一下，于15日左右结束。

但是，他的讲话并没有消除存在的严重分歧。

彭德怀听到会议将于15日前后结束，有些着急。他认为，会议开了十多天，不少人不敢讲真话和心里话，对缺点和错误揭得不深不透，经验教训也没有很好总结，发动"大跃进"的"左"的思想根源还没挖深，还有人护短，会议怎么能匆忙结束？不把问题解决好，今后工作怎么干？"来年日子怎么过？"他忧心忡忡，彻夜难眠，经过反复考虑，并征得周小舟等人的意见后，遂奋笔疾书，于14日给毛泽东写了一封信，并于当日下午5时左右送达毛泽东。

这封信显透出彭德怀对党、对人民、对毛泽东一颗善良的心。当他得知信已送到毛泽东手里时，连声说："好！好！送到就好！"他轻松地舒了一口气，似乎看到了解决问题的希望。

彭德怀在信中首先肯定了"三面红旗"的正确和取得的伟大成绩。

接着着重讲了如何总结经验教训和纠正"左"倾错误的问题。他说："现时我们在建设中所面临的突出矛盾是由于比例失调而引起各方面的紧张。就其性质看，这种情况的发展已经影响到工农之间，城市各阶层之间和农民各阶层之间的关系，因而也是具有政治性的。""在我们思想方法和工作作风方面，也暴露了不少值得注意的问题"，这主要是："1.浮夸风较普遍地滋长起来，……吹遍各地区各部门，一些不可置信的奇迹也见之于报刊，确使党的威信蒙受重大损失。当时从各方面的报告材料看，共产主义大有很快到来之势，使不少同志的脑子发起热来。……产生这种浮夸风，是有其社会原因的，值得很好地研究。""2.小资产阶级的狂热性，使我们容易犯左的错误。在1958年的大跃进中，我和其他不少同志一样，为大跃进的成绩和群众的热情所迷惑，一些左的倾向有了相当程度的发展，总想一步跨进共产主义，抢先思想一度占了上风，把党长期以来所形成的群众路线和实事求是的作风置诸脑后了。在思想方法上，往往把战略性的布局和具体措施，长远性的方针和当前步骤、全体和局部、大集体和小集体等关系混淆起来。"

---

① 中共中央文献研究室编，逄先知、金冲及主编：《毛泽东传》（下），中央文献出版社2003年版，第971—975页。

彭德怀在列举了一系列"左"的表现之后说："政治挂帅不可能代替经济法则，更不能代替经济工作中的具体措施，……纠正这些左的现象，一般要比反掉右倾保守思想还要难些，这是我们党的历史经验证明了的。"

彭德怀在信的最后希望"系统地总结一下我们去年下半年以来工作中的成绩和教训"，达到明辨是非，提高认识，进一步教育全党同志的目的。"一般不去追究个人的责任。"

彭德怀自信发出后，就期待着毛泽东找他谈谈，因为信是"给主席自己作参考的"，或者在常委会上议一议也好。

彭德怀怎么也没想到这封信竟然招来一场大祸，更没想到这封信会触发中共历史上又一次大的政治风暴，让许多干部蒙难于这场政治风暴之中。

毛泽东沉思两天之后，于 7 月 16 日在彭德怀的信上加上《彭德怀同志意见书》的题名，批示"印发各同志参考"，还对几位常委说：要评论这封信的性质，并指示通知在北京的彭真、陈毅、黄克诚、安子文及若干部长，国家经委、计委、建委等三个委员会的若干副主任，赶来庐山开会，会议再延长一周。

同一天，毛泽东突然提出，要把原来按 6 个大区编的 6 个小组打乱重新分组。

重新编组，调北京的一些重要干部上山开会，延长会期……为什么？当时除几位常委外，连各组组长都不知道。彭德怀似乎隐隐有一种不祥的预感，他那封信可能会带来一些麻烦。但"水"到底有多深，他摸不清底了。

17 日上午，《彭德怀同志意见书》发到与会者手中，并被告知，在讨论《庐山会议诸问题议定记录》的同时，讨论彭德怀的信。

一石激起千层浪。原已沉寂下来的"神仙会"骤然活跃了起来。小组讨论中，不少人受到信的启发，开始谈出自己真实的看法。总的情况是：完全赞同和坚决反对者都是极少数，绝大多数基本上同意信的看法，但认为有些问题提法和文字表达欠妥。但在 7 月 23 日毛泽东讲话以前会议的气氛还是正常的，大多数发言者的态度是真诚的，也没出现一边倒的局面。

这期间，李锐也曾问周恩来对彭德怀"意见书"的看法，周恩来说："那没有什么吧！"[1]

在北京守摊子的黄克诚接到上山开会的通知很感突然。他原来一直把庐山会议当成一般地研究当前工作的政治局扩大会议，根本没想到会出现什么问题。他在《自述》中说："庐山会议开了半个月后，中央通知我去开会，我有点意识到会议上分歧严重。""我对有关党和国家命运的重大问题确有很多意见，……很希望有机会向中央提出。"

1959 年初，黄克诚曾到湖南衡阳、邵阳等地区一些工矿企业和农村进行调查，看看这些地方"大跃进"、人民公社、大炼钢铁的情况。所到之处，他先听取干部的汇报，然后深入工矿区和农村田间，与生产现场的工人、农民交谈，再加上他

---

① 苏维民：《杨尚昆谈新中国若干历史问题》，四川人民出版社 2010 年版，第 75 页。

1959 年的黄克诚

到驻河南、江苏的一些部队视察，前后近两个月的时间。

在调查中，黄克诚看到共产风、浮夸风、瞎指挥风以及强迫命令风给湖南生产建设带来的严重破坏，看到社员过着"喝清汤的共产主义"日子，以及群众饥饿的面孔，他难过、气愤，也在思考。这是为什么？思来想去寻找着答案：指导思想"左"了，要求急了，步子大了？快了？……

这样看来，黄克诚说的"有关党和国家命运的重大问题"，大概就是这些；他"有很多意见希望有机会向中央提出"大概也是指这些问题吧。他在庐山会议上作一番中肯地发言也势在必行了。纵然没有彭德怀的那封信，他也会讲讲真话的。

然而，黄克诚毕竟不知道会议上发生了什么分歧。因此，他还是按照自己的思路匆匆作了参加会议的准备。他说：准备了两个有关工业工作的文件，打算送中央考虑。第一个文件是关于钢铁工业的，主要是说：我国现已有 1000 万吨钢的产量，目前应着重质量，不要追求数量，并举了苏联和日本的例子。苏日这两个国家在第二次世界大战期间，钢的产量都不高，在战争中都显示了很大的威力。这说明有一定的数量后，就应特别重视质量。第二个文件是关于无线电工业的，现称电子工业，但当时尚无此称谓。军委非常重视军事工业，国家设二机部专管军工。开军工会时，陈毅、聂荣臻、贺龙等几位元帅都主张不能削弱军事工业的领导。我就根据会议精神起草了一个加强对无线电工业领导的文件。

7 月 17 日，黄克诚同彭真等一起抵达庐山。他和彭德怀同住在河南路一侧的 176 号别墅。这是一座设备齐全的美式平房，进门是一间大厅，两边各有一套居室，一套彭德怀住，另一套黄克诚住。庭院树木茂盛，花草葱葱，环境幽静。不远处是毛泽东住的美庐别墅。黄克诚还没来得及欣赏这庭院的美景，了解周围的情况，刚一住下，彭德怀就拿着他写给毛泽东的信走了进来。二人没有寒暄，没有客套，没等坐定，彭德怀就单刀直入地问："我给主席的信你看了吗？"黄克诚答："刚住下，还没看到。"彭德怀把信递了过来，黄克诚接过信仔仔细细看了一遍，坦率地说："这封信提的意见我赞成，但信的写法不好，语言中有些提法有刺激性，你何必这么干呢？"彭德怀说："实际情况那么严重，会上没人敢说尖锐的话，我就是要提得引起会议重视。"黄克诚带着批评和埋怨的口气说："你总是感情用事。你和主席共事多年，应该互相了解甚深了，这些话何不与主席当面交谈，何必写信呢？"这是两位老战友敞开肺腑之言。如果彭德怀在写信之前和黄克诚通通气，征求一下这位老战友的意见，可能就会是另一种情况。可惜，情急之下彭德怀没能想得那么周到。

■ 1959年，庐山会议期间黄克诚的住处。

　　18日一早，湖南省委第一书记周小舟、副书记周惠、水电部副部长、毛泽东的兼职秘书李锐，到176号别墅看望黄克诚。他们三人谈起这次政治局扩大会议情况时，感到有不能多说缺点的压力，不能畅所欲言，并认为，中央不改变"左"的方针是不行的。一向沉稳的黄克诚因刚上山，不了解会议情况，不便正面表态，便说："在一次书记会上我曾说过，我黄克诚算一个敢讲话的人，但现在也不好讲了。"黄克诚安慰他们说："不要急，先看一看。"他们还谈起彭德怀给毛泽东的信。黄克诚说：这封信"有漏洞，有问题，有刺。照实际情况，还可以说得重一点。但这话不能对彭总说。"

　　随后，黄克诚去看望了李先念和谭震林。在和李先念交谈时，李先念说："我们必须切实汲取经验教训，采取有力措施纠正过去的错误做法。"[1]但在和谭震林交谈中，二人发生了激烈争论。

　　谭震林是政治局委员，分管农业的副总理，是"三面红旗"的积极拥护者。在抗日战争时期，谭、黄二人在华中结下了战斗友谊，相知甚深，感情甚笃。黄克诚深知谭性格爽直，凡事态度鲜明，有话当面说，有不同意见当面吵，但从不往心里去。谭震林也深知黄克诚胸襟坦荡，大公无私，刚直不阿，敢于坚持真理。因此，二人不管发生多么激烈的争论，从不伤感情。这次争论双方火气很大，谭震林指责黄为什么不先来看他而先去看李先念，并说黄受了李的影响。黄克诚说，"我和先念有些看法相同，但不能说是受他的影响"，并坦诚地阐明了自己的意见。谭震林看到难以说服黄克诚，也只好暂时作罢。这是他们二人在庐山发生的第一次争论。

　　[1]《李先念传》编写组、鄂豫边区革命史编辑部编，王维澄主编：《李先念年谱》第3卷，中央文献出版社2011年版，第166页。

二、我不是"救兵"

黄克诚参加第五组讨论。这时他已经意识到彭德怀的信"捅了娄子","娄子"有多大，他心中没有底。但他不肯为明哲保身而委屈真理。因此，19 日，他在小组会上作了两个多小时的发言。这是黄克诚一生中最痛快的发言之一。他发言时，有四名记录员作记录。但因他乡音太重，讲话又快，记录员不能把他的发言全部记录下来。会后记录员要求黄克诚整理一个书面发言稿，但因会议形势突变，黄克诚已没时间和精力补写这份书面发言稿了。记录员只好根据不完整的记录整理出一份简报上送下发。这就是作为庐山会议被批判的主要对象之一的黄克诚，为什么没有一个完整、全面的发言稿的原因。这不能不说是历史上的一个很大遗憾。

黄克诚的发言有以下几个方面的内容：

1. 对"大跃进"的成绩与缺点、错误的认识

他认为，从全面来看，成绩是 9 个指头，缺点错误是一个指头，成绩是主要的；从局部或具体来看，有些地区或某一件事上错误可能是 9 个指头或 7 个指头。这与毛泽东的看法基本是一致的。

但是，黄克诚特别强调是"成绩讲够，问题讲透"，对讲缺点错误不应有"怕"字。他说，"有缺点不可怕，可怕的是有缺点不讲"，讲缺点不是泄气，是有勇气的表现；正确对待缺点可以鼓劲，"讲成绩同时讲缺点，同鼓干劲是一致的"，讲了缺点更可心情愉快，"检查缺点会使我们前进，不会使我们后退。……我们就会更健康，就会干劲更足，更扎实"。

黄克诚对当时盛行的只准讲成绩，不准讲缺点、错误，丢弃党的优良作风的状况非常不满。他批评说，"某些地方只讲成绩，不讲缺点"，"讲好的高兴，讲缺点不愉快"，这是丢掉了党一贯坚持的批评与自我批评的作风。黄克诚在这里批评的虽然是"某些地方"，其实是针对当时从中央到地方一批为"三面红旗"唱赞歌的人。这些人以"左"的面目，猛烈抨击对"大跃进"和人民公社化运动缺点和错误提出批评的人，给他们扣上"算账派""观潮派""右派"等政治帽子。黄克诚上山时，这股扣帽子风已刮起，他已嗅到了"左"的味道，也感觉到了有些风声鹤唳。这时他完全可以缄口不言，但这不是黄克诚的政治品德，也不符合他的性格。他顶住压力，挺身直言。

关于"大跃进"缺点、错误的性质，黄克诚认为"是执行总路线中的缺点，具体工作中的缺点"，即是说，不是路线、方针方面的问题，总路线还是对的。这说明他当时认识的局限性。

2. 认为会议《议定记录》所讲的"大跃进"的三条缺点①是不够的

因此，他又补充了三条："第一，对农业生产成绩估计过高；第二，比例失调；

---

① 三条缺点是：（1）国民经济发展的某些比例失调；（2）公社化运动中的"共产风"；（3）命令主义作风和虚夸作风发展。

第三，1959 年计划指标过大。我认为头一条是主要的，后两条与头一条有联系，头一条起主要作用。"

黄克诚说的头一条，即"对农业生产成绩估计过高"，确实切中了问题的要害。

对农业生产成绩估计过高，主要是指对粮食、棉花等，特别是粮食产量估计过高。1958 年 11 月武昌会议期间，为公布当年的粮食产量展开了争论，这个问题本应该是很明确的，产多少就公布多少。然而会议却围绕着到底公布多少为宜展开了争论。有人说"一万亿斤以上！"也有人说"至少九千亿斤，棉花六千到七千万担"。还有人说"粮食不成问题，要多少有多少。现在是工业落后于农业"。1958 年的粮棉产量到底是多少，与会者心中谁都没有一个准确的数字，凭着估计瞎说一通。最后毛泽东拍板说：向外公布粮食产量为 7500 亿斤。即使这个数字也较 1957 年的粮食产量 3900 亿斤高出近一倍。根据当时中国农业生产能力，在一年的时间里实现粮食翻一番是不可能的。更何况 1958 年中国农村出现了"谷撒地，薯叶枯"的情景呢？黄克诚说："把粮食产量数字调整为 7000 亿斤，说是 6 亿人口，人均产量超过千斤，粮食过关了。我说，不对！这个数字不符合实际情况。"[1] 更盲目的是，这次会议竟然确定 1959 年粮食生产的指标为 1.05 万亿斤。这真是梦幻般的奇想。

就是这个错误的估计冲昏了人们的头脑。许多地方竟然在研究粮食多了怎么办的问题，媒体也大量作这方面的报道；"放开肚皮吃饭"的口号和做法出现了，食堂吃饭不要钱了；"农业战线的伟大胜利要求工业迅速赶上去"的问题也提到了日程上来。于是，一个以钢铁工业为中心的"大炼钢铁运动"开展了起来，随之各类"大办"像雨后春笋般出现。由于对粮食产量估计过高而出现的高征购，使许多本来就缺粮的省份情况更加严重。黄克诚说的"最担心的粮食问题"和"几亿人民缺粮吃可不得了"的问题出现了，许多地区出现饿死人的严重现象。

3. 肯定"公社制度是优越的，是进入共产主义的好形式"

1958 年 8 月，北戴河会议通过成立人民公社决议时，他曾对陶铸、周小舟等人说过：公社挂个牌子算了。意思是：牌子先挂出去，究竟怎么搞，经过试点以后再说，不要急于大步行动。但是，决议通过后，人民公社在全国一哄而起，到 9 月仅仅一个多月的时间，全国共建人民公社 2338 个，加入公社的农户为 1.1 亿多户，占全国农户的 90%，到 10 月底，全国农村人民公社化全部完成，原有的 74 万多个农业合作社，改组成 24 万个人民公社，参加的农户 1.2 亿多户，占全国农户的 99%。

黄克诚确实也为人民公社的大潮所席卷，兴奋了一阵子。他当时没有看到，人民公社化运动是在"左"倾思想指导下，在媒体的狂躁煽动下进行的一次冒进的社会变革，是在错误估计中国农业生产力发展水平和"大跃进"取得"辉煌"

---

[1]《黄克诚自述》，人民出版社 2004 年版，第 250 页。

成绩下，急剧变更生产关系的盲动。因此，他在 10 月中旬的一次干部会上为人民公社唱了赞歌。他说，人民公社化运动"是一个社会大变革，是一个比合作化运动更深刻地革命。它要完全消灭生产资料私有制；在分配制度上也开始打破按劳取酬的原则，许多公社实现了供给制和半供给制。我们多少年一直为实现共产主义而奋斗，现在看到共产主义萌芽在迅速生长，当然很高兴。但是，在每一个革命转变关头，总有一些人过不了关。人民公社化运动带来的一系列革命的转变，也是一关，是共产主义的关，一定会有少数人不能很好地过这个关。这个革命，是共产主义思想革私有观念的命，实际上就是一项激烈地阶级斗争"。"我们是自觉地共产主义者，要自觉地适应这种革命的转变。"最后，黄克诚断言："实行这种革命地转变，会促使生产的大发展，生活的大提高。"①

黄克诚是智者，也是常人，对任何事物的认识需要一定的时间，也有一个过程，只不过他需要的时间可能少一些，过程短一些。1959 年初，他在湖南等地进行考察时，看到农业合作化运动后期出现的要求过急、工作过粗、改变过快等问题还没有解决好，人民公社成立后又产生了严重矛盾。老问题新矛盾严重地挫伤了人民群众的积极性，阻碍了生产力的发展。这时，他对人民公社化运动的认识开始有了变化。他在 7 月 19 日的发言中，尽管仍然肯定公社制度的优越性，但他内心深处已认为"全国的公社化运动是主观的产物，不是广大群众的迫切要求"，对草率推行这一制度忧心忡忡。他提出人民公社什么时间搞适宜的问题。他认为："从暂时说，不搞更主动些。"因为人民公社没有成立的基础，中国农业生产力的发展还远远没有达到如此大规模地改变生产关系的水平。不顾生产力的发展水平而一味改变生产关系的盲动，要受到经济法则的惩罚。

黄克诚还指出，公社化运动初期，指导这一运动的不是中央的决议、政策，而是被《人民日报》等媒体鼓吹起来的河北徐水、河南遂平的那些"左"的所谓经验。这些"经验"是被中央肯定的。毛泽东看到这些"经验""如获至宝"。而黄克诚却看到了这些"经验"带来的严重后果。

人民公社一哄而起后，中央的决议、政策，不被重视了，而徐水、遂平嵖岈山的做法却成了指导人民公社的样板。

北戴河会议通过的关于人民公社的决议，尽管有许多"左"的东西，但它明确规定"人民公社成立时，对于自留地、零星果树、股份基金等问题，不必急于处理"；"不要忙于改集体所有制为全民所有制，在目前还是采用集体所有制好"，"由集体所有制向全民所有制过渡，是一个过程，有些地方可能快一些，三四年内就可完成；有些地方可能慢一些，需要五六年或更长一些时间"。"也不必忙于改变原有的分配制度，以免对生产发生不利的影响。"

然而，徐水、遂平的"经验"背离了这些政策，更"左"。例如，《河南遂平县嵖岈山卫星人民公社试行简章（草案）》规定："各农业社入公社后，根据共产

---

① 《解放军报》理论宣传组编辑的黄克诚一次讲话，1958 年 10 月 20 日。原件存解放军档案馆。

主义大协作的精神，应该将一切公有财产交公社"，"社员转入公社，应该交出全部自留地，并且将私房基地、牲畜、林木等生产资料转为全公社所有"。公社实行工资制，粮食供给制，组织公共食堂。公社的宗旨是巩固社会主义制度，并创造条件准备过渡到共产主义，逐步由按劳分配过渡到按需分配。[①]

它们的"经验"经中央批准在《人民日报》发表后，一平二调的"共产风""浮夸风"越刮越烈。社员的自留地、果树和猪鸡等畜禽交到公社。公社可以无偿地调用生产队的土地、社员的房屋、农具等，造成农民的惊恐和不满，农村生产力受到很大的破坏。

黄克诚清楚地看到这些"经验"把党的政策扭得更偏了，也把农村的经济生活和社员的思想搞乱了，所以他在发言中对徐水、遂平的"经验"提出批评。这在当时的形势下，是需要有相当的胆识、勇气和高度的革命责任心的。

4. 反对铺张浪费的作风。铺张浪费之风，不是微不足道的小事

从陈胜、吴广起义到太平天国运动，各次农民起义无不是打天下、坐天下、吃天下，最终吃垮台。

黄克诚懂得这些历史的教训，所以他在发言中批评说："去年铺张浪费之风增长。地方情况我不了解，就拿中央开会来说，也很铺张。我虽然也吃了，玩了，但很不舒服。带戏班子的办法不好。对群众讲勤俭持家，下命令几个月不杀猪，我们吃那么好，影响不好。"特别是在当时许多地方缺粮，吃不饱，饿死人，群众生活非常困难的情况下，这个问题具有重要的政治意义。湖北省委第一书记王任重在会上说："湖北省在59年春已有500万人每日只有几两粮食，吃稀饭；已有1500余人死亡，15万人浮肿。"[②]形势如此严峻，困难如此严重，庐山上却是歌舞升平。参加会议的70多人，有多少人认识到这个问题的严重性，直率地提出批评？只有心中真正装着人民的人，关心群众疾苦的人，才会提出这样的批评。黄克诚就是这样的人。杨尚昆在追悼黄克诚的悼词中说："他关心群众疾苦，艰苦朴素，廉洁奉公，处处以身作则，坚持党的优良传统。"这是党中央对他的评价。这样的一个人，看着铺张浪费，怎能缄口不语呢？

5. 对"大跃进"造成的不良影响以及产生缺点的原因做了审慎的分析

他对造成的不良影响提出了三条；而对产生的原因，他仅作了同意会议《议定记录》所说的"由于经验不足，部分的是由于主观片面性"的表态，未作深入分析，更没指出"左"的根源。这一方面表现出他的时代局限性；另一方面他不能不考虑会议已出现的紧张的政治气氛和与会者的情绪，避免言辞过激引发冲突。

纵观黄克诚19日的发言，从总的精神看，是同意彭德怀的观点的，但没有提到彭的信，也没有公开表明支持的态度。他把对彭德怀的深切同情和一致的观点藏在了内心深处。

---

① 林蕴晖、刘勇、史柏年主编：《人民共和国春秋实录》，中国人民大学出版社1992年版，第428—433页。

② 湖北省委第一书记王任重在1959年庐山政治局扩大会议小组会上的发言。

即使如此，黄克诚的发言仍然遭到少数人的猛烈反对。他们不时地打断黄克诚的发言，进行无理批评和指责。黄克诚据理反驳，争论很是激烈。

据杨尚昆回忆：对这种情况，当时黄克诚有些"懵了"，当天晚上，黄克诚跑去找杨尚昆，问这是怎么回事。杨尚昆把前一段会议的情况向他作了简要介绍，他这才明白，但他表示："不管怎么样，有些话我还是要说的。"①

7月20日，黄克诚去周恩来住处开会，又和谭震林相遇，二人又针锋相对地争了起来。谭震林发火了，说黄克诚："你是不是吃了狗肉，发热了，这样来劲？你要知道，我们找你上山来，是搬救兵。想让你支持我们的。"谭震林说的"我们"是指的哪些人？这是不言自明的。黄克诚爱领袖，更爱真理。他很不客气地回击谭震林说："那你就想错了。我不是你的救兵，是反兵。"这"反兵"二字的真意是针对谭震林所说的"救兵"而言的，是二人激烈争论中脱口而出的相击之言，仅仅表明黄克诚的观点与谭震林相反，没有任何其他意思。然而，让黄克诚没有想到的是，这句话竟然闯了大祸，在被别人曲解后当成了他蓄意反党的"罪证"，长时间进行批判。

三、不太过分的违心检讨

7月19日，周小舟在第二组小组会上发言，他说，基层干部强迫命令、搞浮夸风，与上面的计划偏高偏大有很大关系。他明确表示："我认为彭总给主席的信总的精神是好的，我同意。至于某些提法、分寸、词句，我认为可以斟酌的。"②

7月21日下午，张闻天在第二组会上发言，长达3小时，讲了13个问题。他用丰富、确凿的材料，论证了"大跃进"的严重后果，深入分析了造成严重后果的主观原因，并针对当时还存在的问题，探讨了在中国建设社会主义的根本指导思想和重要理论问题。对彭德怀的信，他公开表示了支持的立场。

张闻天的发言又是一颗重磅"炸弹"。本来已经紧张的会议气氛又添加了一催化剂。

毛泽东认为，张闻天这个发言"有方向性问题"。在毛泽东看来，"大跃进"和人民公社化运动虽然是群众创造的，但是，是在他积极倡导和热情支持下发动起来的。这是中国建设社会主义、过渡到共产主义的正确路线，尽管眼下出现许多问题，但他决不承认从根本上搞错了，更不允许"攻击"它、否定它。因此，彭德怀、黄克诚、张闻天等人的忠言，他不仅听不进去，反而认为这是右倾的代表。毛泽东还感到，会议开了二十多天了，耳边的声音从来没有和谐的时候，有那么些人老是扭着问题不放。党外人士的讥讽诋骂，姑妄听之；部分基层干部言之过激，听听也无妨大局。但眼下政治局会议上出现两种声音，彭、黄、张带头

---

① 《杨尚昆谈新中国若干历史问题》，四川人民出版社2010年版，第78页。

② 周小舟传记组编：《周小舟传》，湖南人民出版社1985年版，第67—68页。

"发难"，他们洋洋万言，侃侃而谈，犀利尖锐，咄咄逼人。毛泽东彻夜难眠。他苦苦思索之后，决定召开全体会议，发表讲话。

7月23日早晨，与会者早早地来到会场。刘少奇、周恩来、朱德等领导人到了；彭德怀、黄克诚等也到了，他俩表情严肃。毛泽东带着严峻的面容和倦意来到会场主席台入座。

毛泽东开始讲话了。他没有了笑容和以往谈古论今的幽默，说："你们讲了那么多，允许我讲点把钟，可不可以？吃了三次安眠药，睡不着。"①

毛泽东肩负着人民的江山，来自各方面的诸多矛盾经常使他难眠。

他接着说："现在党内外夹击我们。……不论什么话都让讲，无非是讲一塌糊涂。这很好，越讲的一塌糊涂越好，越要听。我和这些同志讲过，要顶住，硬着头皮顶住。为什么不让人家讲呢？神州不会陆沉，天不会塌下来。因为我们做了些好事，腰杆子硬。我们多数派同志们腰杆子要硬起来。"

这是毛泽东给一些人打气、鼓劲，让他们沉住气，站稳脚跟，准备反击。

"说我们脱离群众，我看是暂时的，就是三两个月，春节前后。群众还是拥护我们的。我看现在群众和我们结合得很好。小资产阶级狂热性，有一点，并不那么多。……搞共产主义，这股热情怎么看法？小资产阶级狂热性吗？我看不能那么说，无非是想多一点、快一点。三个月当中，三个三十万，九十万人朝山进香，对这种广泛的群众运动，不能泼冷水，只能劝说。……这些干部，率领几亿人民，他们要办公社，办食堂，搞大协作，非常积极，你说这是小资产阶级狂热性？这不是小资产阶级，是贫农、下中农，无产阶级、半无产阶级。"

毛泽东这些话显然是针对彭德怀信中"小资产阶级狂热性"的提法而言的。他对这个提法非常反感和气愤。

有人在批判这个提法时分析说：如果承认是小资产阶级狂热性，就等于承认犯了路线错误。路线错了，其他就都错了，就要撤换中央领导。

这是一个很有分量的分析。联系党内几次犯所谓"路线错误"撤换中央领导的历史，这个分析不能不震动毛泽东的心弦。这可能是毛泽东十分恼火并抓住这句话不放的重要原因之一。

关于共产风，毛泽东说：一个多月我们就刹住了这股风。"他们（指省和省以下地方各级干部——引者注）不晓得作了多少次检查了，从去年郑州会议以来，大作特作。……你们没有听到？我就劝这些同志：人家有嘴巴嘛，要人家讲嘛，要听听人家的意见。……我说就是硬着头皮听，无非是骂祖宗三代。这也难。我少年中年时，也是听到坏话就一股火。人不犯我，我不犯人；人若犯我，我必犯人；人先犯我，我后犯人。这个原则，我现在也不放弃。"

毛泽东这个批评严厉、激烈、冷峻，竟然把抗日战争时期中国共产党对付国

---

① 中共中央文献研究室编，逄先知、金冲及主编：《毛泽东传》（下），中央文献出版社2003年版，第983页。

民党顽固派的策略原则，搬用到党内来。

"我劝另外一部分同志，在这样紧急关头，不要动摇。据我观察，有一部分同志是动摇的。他们也说大跃进、总路线、人民公社是正确的，但要看讲话的思想、方向站在哪一边，向哪个方向讲。"

毛泽东把党的干部分为"完全正确；基本正确但部分不正确；基本不正确但部分正确；完全不正确"四类。但他说："有些人在关键时刻就是动摇的，在历史上大风大浪中就是不坚定。历史上有四条路线，立三路线，第一第二两次王明路线，高饶路线。现在又是总路线。站不稳，扭秧歌。他们忧心如焚，想把国家搞好，这是好的。这叫什么阶级？资产阶级还是小资产阶级？我现在不讲。"……这次他们不讲冒了，可是有反冒进的味道。比如说"有失有得"，"得"放在后边，是经过斟酌的。如果戴帽子，这是资产阶级的动摇性，或降一等是小资产阶级的动摇性，是右的性质，受资产阶级影响，屈服于帝国主义压力下。

毛泽东虽然没点名，但与会者都知道是针对谁的。

毛泽东最让与会者吃惊的话是："假如办十件事，九件是坏的，一定灭亡，应当灭亡。那我就走，到农村去。你解放军不跟我走，我就组织红军去，另外组织解放军。我看解放军会跟我走。"

这话一出，会议气氛几乎凝固起来。

"我劝一部分同志讲话的方向要注意。……这些同志，据我看不是右派，是中间派，不是左派。……可是自己把自己抛到右派边缘去了，距右派还有三十公里了，……不相信，将来看。"

"距右派还有三十公里"是毛泽东全篇讲话中最严厉的一句。显然这是他给这次斗争的定性。所以，与会者听了深感这次斗争的严重性。彭德怀、黄克诚、张闻天、周小舟等人的压力更大了。

毛泽东在讲了公共食堂、大炼钢铁等问题之后，以反语讥讽地说："我有两条罪状：一个是1070万吨钢，是我下的决心，始作俑者是我，主要责任在我。一个是人民公社，人民公社我没发明之权，有推广之权。北戴河会议决议是我建议写的。"① 我去河南调查，发现嵖岈山这个典型，得卫星公社章程，如获至宝。你讲我是小资产阶级狂热性，也有一点，不然为什么如获至宝呢？要上《红旗》杂志呢？

所谓"两条罪状"，毛泽东是正话反说。其真意是在告诫与会者，大炼钢铁没错，人民公社也没错，要坚持下去，不要被彭、黄、张、周一"搅和"就犯"糊涂"，迷失了方向。

毛泽东这长达三个多小时的出人意料的讲话，没有经过中央常委讨论，有的常委成员也无思想准备。他们都感到很震动、惶恐。

毛泽东这个讲话是庐山会议由纠"左"转为反右的转折点。

---

① 中共中央文献研究室编，逄先知、金冲及主编：《毛泽东传》（下），中央文献出版社2003年版，第983—988页。

　　散会后，与会者三三两两离开会场，走向自己的住处，没有了轻松，也没有了笑容，很多人心情很沉重。不过，他们都明白，毛泽东这番讲话是冲着彭德怀、黄克诚、张闻天以及与他们有共同看法的人来的。

　　彭德怀、黄克诚等挨了闷头一棒，有遭五雷轰顶的感觉，压力难当。黄克诚满腹疑惑：有错误不让批，有意见不让提，党还有战斗力吗？党的战斗力从哪里来？不就是敢于揭露矛盾，敢于开展批评与自我批评吗？他拖着两条沉重的腿，默默地回到176号，午饭、晚饭都不想去吃。黄克诚后来回忆说："主席的讲话对我们是当头一棒，大家都十分震惊。……我对主席的讲话，思想不通，心情沉重；彭德怀负担更重，我们两人都吃不下饭；虽然住在同一栋房子里，但都避免交谈。我不明白主席为什么忽然来一个大转弯，把'纠左'的会议，变成了'反右'；反复思索，不得其解。"[①]

　　周小舟、李锐、周惠等人的心情也不比彭德怀、黄克诚轻松，紧张、忧虑、激愤搅和在一起，特别是周小舟非常激动。当天晚上，他们三人在一起，把满肚子意见发泄出来。周小舟怀疑毛泽东这篇讲话是否经过常委讨论。他认为，如果按照讲话精神发展下去，很像斯大林晚年，没有真正的集体领导了，只有个人的独断专行，这样终将导致党的分裂。李锐说："明明讲的纠'左'，一夜之间又变成反右，这样的讲话不是翻云覆雨是什么？"周小舟激动地补充说："180度大转弯，我可转不过这个弯。"他建议："我们再去找主席谈谈，辩论一顿，争吵一番也好。"周惠怔住了："什么？"他不知这位湖南省委第一书记是秀才不谙世事，过于天真，还是因给毛泽东当过秘书，关系甚深而忘乎所以。李锐摇摇头说："不行！现在去不合适，主席正在气头上，去也没法谈。"周小舟耐不住，说："那就去找黄克诚，找他谈谈。"周惠不同意："现在不合适，不要去！"李锐也认为，现在去找黄克诚有"小组织活动"之嫌，会"授人以柄"。"横直不过如此，去，怕什么？"周小舟按捺不住激愤，准备豁出去了，执意去找黄克诚，遂拨通了黄的电话。黄克诚拿起电话，听到周小舟激动的声音，说他们要来谈谈。此时的黄克诚也在心烦意乱之中，当即表示"你们不要来，现在是敏感时期，行动应谨慎。"但周小舟执拗着非要去不可。黄克诚再三思量，只好勉强说："你们要来就来吧！"他放下电话，沉思着：来了谈什么？自己也正处在"思想不通，心情沉重，……反复思索，不得其解"之中啊！但他毕竟是久经政治风暴的老将，老练沉着。他想，这几位"秀才"敏锐、热情、正直，受不得委屈，遇大事沉不住气，让他们来谈谈也好，规劝他们，让他们冷静下来。但他万万没有想到这是一步"错棋"。

　　他们一进门，周小舟就冲着黄克诚大声地嚷："我们都快成右派了，只差30公里，……"黄克诚急忙摇摇手说："请坐，别急！别急！冷静些。主席支持'左'的，也不会不要右的。"周小舟控制不住情绪，又问："主席这样突变，有没有经

①《黄克诚自述》，人民出版社2004年版，第305—306页。

过政治局常委讨论？""主席有没有斯大林晚年的危险？"这是一个重大而尖锐的问题，也是一个很难回答的问题。黄克诚凭着对毛泽东的信任，只好说："中央集体领导很好，主席不会成为斯大林晚年。"周小舟又说："前一阶段鼓励进言，让把问题讲透，现在一下180度转变，这不是钓鱼吗？"这句话勾起李锐的情绪："他不能一手遮天！"黄克诚见他们激愤之下说话出了格，有些急了，不能让他们再这样嚷嚷下去，遂严肃高声地说："主席又不是慈禧太后，怎能这么说？有意见应该找主席当面谈谈，现在这么议论，不好嘛！"黄克诚此时虽然已身处逆境，但毛泽东在他心目中的领袖地位毫无动摇，他仍在极力维护毛泽东的威信和最高领导人的形象。

周小舟见黄克诚有些生气，奔泻的情绪也闸住了。周惠政治上比较成熟，他也担心这样背后议论会出格，不符合党内生活原则，后果也不好，遂把话题引到湖南抗旱问题上。周小舟也已冷静下来，顺着周惠的话题，谈了些湖南抗旱的情况。李锐看看表，已过10点钟，建议离开。黄克诚又宽慰他们几句："不要激动，事情会弄清楚。要相信主席，主席是不会错的……"他们刚要离开，彭德怀拿着一份电报走了进来，很突然，也很意外，三人都立身起来，周小舟又激动起来："老总啊，我们离右派只有30公里了！"彭德怀说："着急有什么用！30公里也不用急。"其实，彭德怀比他们更急，更气，只不过在下级面前不便显露出来。三人又说了几句便告辞而去。

彭德怀拿的是军委转来的西藏军区要求增派车辆的电报，他和黄克诚商量完处理的办法就回去了，没有谈及上午毛泽东的讲话。

三人离开黄克诚的住处，李锐和二周分手，匆匆向住所走去。他没走几步，就听见周小舟说话："哟，是罗部长啊！"李锐回头一望，见是罗瑞卿与二周迎面相遇，不由得有几分不安，二周也很不自在。

罗瑞卿是公安部长，负责会议的保卫工作，又是坚定的"左"派。他见他们从黄克诚住处出来，非常注意，似乎嗅出了什么。他顿生疑窦。果然如此，十几天后，他在8月8日的八届八中全会第二组的发言中说：23日晚上，"我从含鄱口看月亮回来，晚上10点半了，碰着你们，老实说，我是怀疑的"。

这件事很快传了出去，毛泽东也知道了。黄克诚得知后，已很沉重的心情更加痛苦了。本来这是在党内民主生活很不正常，正确意见受到压制的情况下，几个思想不通的高级干部在一起谈谈对一些问题的看法，表露出一些对党的最高领导人错误的不满，是可以理解的，不应大惊小怪。可悲的是这竟然成了八届八中全会上追逼黄克诚等人交待问题的重要内容，并被当成"反党阴谋"进行清算。黄克诚回忆说："谁想到，这次谈话竟成了'反党集团'活动的罪证呢！"

7月23日下午，六个小组分别讨论毛泽东上午的讲话，会议开始集中批判彭德怀的"错误"，但在26日前，多数人还"不识庐山真面目"，没有从毛泽东讲话的震惊中明白过来，发言时态度比较冷静，语气比较缓和，会议气氛还算正常，对彭德怀的批评虽然有轻有重，但基本上没离开信的内容。有些人还作了自我批评。只有一部分人高兴，感到毛泽东的讲话给他们撑了腰。

对于这种状况，毛泽东很不满意。话讲了，性质也定了，但会议的火力并不猛烈。联系到已传开的黄克诚和"秀才"们"碰头"并与彭德怀接触的事，他疑心加重。

25日，毛泽东召集常委和各组负责人会议，他说：（1）会议要继续开，有什么意见都讲完，敞开来讲；（2）事是人做的，现在要对事也要对人，问题要讲清楚，不能含糊；（3）前一阶段主要是纠"左"，现在要反右，因为现在右倾抬头了；（4）要划清界限，要跟动摇的、右倾的划清界限。①

26日，各组传达了毛泽东的上述指示。同一天，毛泽东又指示将《李云仲的意见书》②和他三千余字的批示《对于一封信的评论》印发给与会者。

毛泽东在评论中说："现在党内外出现了一种新的事物，就是右倾情绪、右倾思想、右倾活动已经增长，大有猖狂进攻之势。这表现在此次会议印发给各同志的许多材料上。这种情况远没有达到一九五七年党内外右派猖狂进攻那种程度，但是苗头和趋势已经很显著，已经出现在地平线了。这种情况是资产阶级性质的。"他严厉批评那些对克服当前困难信心不足、紧要关头不坚定、摇摇摆摆的中间派："我们不怕右派猖狂进攻，却怕这些同志的摇摆。"③他最后说："反右必出'左'，反'左'必出右，这是必然性。时然而言，现在是讲这一点的时候了。"④不讲于国不利，于党、于个人都不利。他错误地估计：庐山这一争论，可能会被证明是一次意义重大的争论。如同我们在革命时期各次争论一样。

毛泽东的批语是作为他对7月23日讲话补充发给与会者的，目的是借题发挥其反右倾的思想，以指导庐山会议按照他既定方针向前发展。

既然是"对事也要对人"；既然是"右倾情绪、右倾思想、右倾活动"在增长，且"有猖狂进攻之势"，是"资产阶级性质的"；既然是一次意义重大的争论，谁还敢摇摆？谁还敢不听？于是，原来徘徊观望、摇摆不定、沉默不言的人"猛醒过来"，迅速"一边倒"，坚决与彭、黄划清界限。"批评的火力大大加强，而且目标集中在人了"⑤，会议出现了"墙倒众人推"的局面。发言者纷纷指责彭、黄等"不仅是立场问题，动机不是为了党的利益，而是别有用心，要在党内掀起一场斗争。反对总路线，攻击毛主席，向毛主席和党中央算账"；他们的信和发言"都带

① 吴冷西关于庐山会议的回忆，转引自中共中央文献研究室编，逄先知、金冲及主编：《毛泽东传》（下），中央文献出版社2003年版，第989页。

② 李云仲，时任东北协作区办公厅综合组副组长。1959年6月9日，他直接给毛泽东写了长达1万余字的信，以大量事实说明，大炼钢铁和人民公社化运动造成重大损失，认为1958年第四季度以来，党犯了"左"倾冒险主义、机会主义错误。

③ 中共中央文献研究室编，逄先知、金冲及主编：《毛泽东传》（下），中央文献出版社2003年版，第990页。

④ 中共中央文献研究室编，逄先知、金冲及主编：《毛泽东传》（下），中央文献出版社2003年版，第991页。

⑤《黄克诚自述》，人民出版社2004年版，第306页。

有反党纲领性质，锋芒指向党中央和毛主席，是向党的挑战书"。什么"里通外国""湖南集团""军事俱乐部"等政治帽子纷纷扣在彭、黄等头上。23 日晚黄克诚与周小舟等人的会面也成了重点追查的问题之一。

曾经表示过赞成或基本赞成彭、黄观点的人也受到严厉批判。

在这种高压的政治形势下，彭、黄、张、周等人不得不作检讨。

经过激烈的思想斗争，一向忍辱负重的黄克诚于 26 日在第五小组作了检讨，主要讲了四个问题：一是关于 7 月 19 日的发言。他说，这个发言的缺点，还不在于多讲了已经过去的缺点，而在于对当前党内的主要危险完全没有涉及，根本原因是嗅觉不灵。听了毛主席的讲话，受到极大地、深刻地启发和教育。去年具体工作中的那些缺点，应由全党来负责，绝不能由毛主席负责。"我是中央书记处的一员，有我应负的责任。"二是关于彭德怀的信。他说，上山后才看到彭德怀的信。我同他说：你有意见写信告诉毛主席是好的，但信中对某些问题的提法和用词不妥当，特别是关于"小资产阶级狂热性"的提法很不好。对信中所述意见的错误性质认识则不明确，没认识到其思想具有当前开始露头的右倾代表性，总的精神是错误的。三是关于建设速度的问题。他说，我曾经反复考虑过建设速度的快慢的问题，认为在没有掌握建设经验的时候，慢一点可能少出些乱子，快一点可能会多出些乱子。但根据主客观形势和条件，宁可承担些乱子，把速度放快一点比慢点好。四是关于自己的思想方法。他说，我的思想方法有一个极大的毛病，一个问题或一个事物到我面前的时候，常常把困难和不利方面想的多，对有利方面想的不够，因而在实际行动中，往往谨慎有余，进取不足。这也是对党内发生某些"左"的现象比较敏感，对右倾偏向嗅觉不灵的主要原因。

对于他这个检讨，黄克诚后来回忆说："这当然也有违心之论，但还不算太过。"[①]哪些是违心之论？他没解释。

黄克诚此时的违心之论很有分寸。他的检讨仅仅停留在"嗅觉不灵""认识不明确""思想方法有毛病"上，也就说，自己的"错误"是认识问题，不是立场问题，更不是什么有组织、有纲领的政治问题。

四、毛泽东召见时的辩白

7 月 30 日一早，黄克诚、周小舟、周惠、李锐四人接到通知，毛泽东亲自找他们谈话。

谈话是在毛泽东的住处——美庐小楼二层客厅进行的。

谈话一开始，毛泽东很轻松地点上一支烟，边抽边说，口气平和，态度松快，给四人以亲和之感。

---

① 《黄克诚自述》，人民出版社 2004 年版，第 307 页。

毛泽东把谈话的重点放在黄克诚身上。他谈了红一军团和红三军团的一些历史情况后说，过去不很了解你黄克诚的历史，也不太了解你这个人，不了解你和彭德怀之间的关系，并表示"这些疙瘩要解开"（指弄清楚黄的历史及其与彭的关系——引者注）。接着他提出一连串的问题：小组会上为什么很多人说你对彭德怀是唯命是从，彭德怀对你是言听计从，惯言你们是"父子关系"？还有人说，你是彭德怀的"政治参谋长"，是这样的吗？你们是不是"湖南小集团"？是不是"军事俱乐部"？

显然，这是毛泽东借用"别人"的话表达他对黄克诚的认识，黄克诚也很明白这是毛泽东的意思。他在回忆这次谈话时说："这次谈话，主席给我扣了几顶帽子。说我：一是彭德怀的政治参谋长，二是湖南集团的首要人物，三是'军事俱乐部'的主要成员。还说我与彭德怀的观点基本一致，与彭德怀是'父子关系'。"[①]

黄克诚对毛泽东的敬重和钦佩是真实的，发自内心的，任何情况下都是坚定不移的，并把维护毛泽东的崇高威信当成自己的使命。应该说，庐山会议前毛泽东对黄克诚也是很信任的。黄克诚怎么也没想到这位伟大领袖今日竟然给自己扣上这三顶帽子。对于这三顶政治帽子，黄克诚不服，也甚知它的分量，所以，他据理进行了辩解。

关于与彭德怀观点一致的问题，黄克诚说：我和彭德怀观点基本一致，只能就庐山会议这次的意见而言。过去我和彭德怀争论很多，有不同意见就争，几乎争论了一辈子。不能说我们的观点都是基本一致的。但我们争论是为找到真理，从不伤感情。黄克诚曾有这样的回忆："没有人敢惹彭总，毛主席都让他三分。过去我们在国防部大楼办公时，只有我敢跟他吵，我们坐在办公桌上吵。我们吵了一辈子，是诤友。"

关于和彭德怀的关系，黄克诚谈了 1931 年冬，江西苏区开展镇压"AB 团"的肃反运动中，彭德怀救他一命的情况。因此，黄克诚同彭德怀的私人感情始终很好。但是，黄克诚说："说我和彭总的关系是'父子关系'，这是对我的侮辱。我们的关系是正常的，是同志关系。我长期在他领导下工作，当然服从他的领导，但谈不上什么'父子'关系。"毛泽东解释说，政治和思想感情是统一的东西，我自己的理性和感情总是一致的。

政治家在认识和处理严肃的政治问题时，最忌把感情掺杂进去，否则，会犯感情用事的错误。有一位哲人说过这样的话："无理智的情感，是无鞍镫的野马"，"情感压倒理智，这就是人间产生罪恶的原因"。毛泽东和彭德怀几十年在政治上、认识上的分歧，结下了"感情"上的恩恩怨怨。

黄克诚后来曾说："毛主席建党、建军、建国的伟业，彭德怀身经百战的功勋，都是昭昭卓著的。两个人都十分忠诚于革命事业。谁能料到：他们竟因某些观点的分歧和性格的差异，发生了一系列的矛盾，形成颇深的成见。加以庐山会议时，

---

① 《黄克诚自述》，人民出版社 2004 年版，第 307 页。

上述种种因素，以至发展到不能相容的地步。庐山会议这一场悲剧有偶然的因素，但实非偶然。"①黄克诚这段话清楚地说明，毛、彭之间多年来发生的一系列矛盾，使他们结下了感情的疙瘩，这在一定程度上影响到他们在政治上的一致。

政治归政治，感情归感情，二者必须严格区分开。

关于"政治参谋长"问题，黄克诚不失礼貌地力辩："我当彭的参谋长，是毛主席你要我来当的。我那时在湖南工作，并不想来；是你一定要我来。既然当了参谋长，政治和军事如何分得开？彭德怀的信是在山上写的，我那时还没有上山，怎么能在写'意见书'一事上当他的参谋长？"②黄克诚的说理，使毛泽东一怔，这话是不好反驳的。毛泽东立刻把话题转到"湖南集团"问题上。

毛泽东说：现在有人叫你们"湖南集团"。但他对此说法未置可否，显然是把话题留给了黄克诚等四人，看他们如何反应。毛泽东又说：我同你们几个不通心，同小舟尤其格格不入。他朝周小舟投去一瞥："实迷途其未远，觉今是而昨非。小舟啊！希望你不远而复，及早回头。"③周小舟的嘴巴仅嚅动了一下，不知如何回答。黄克诚接过话题说："主席，我在湖南工作多年，和湖南的负责同志多见几次面，多谈几次话，多关心一点湖南工作，如何就成为'湖南集团'？至于'军事俱乐部'，更是从何谈起呢？"④周惠插言："黄克诚这个话有代表性。不然老熟人的往来就都成问题了。要抓多少集团、多少俱乐部？人人自危，只好老死不相往来。"周小舟也说，"湖南集团"的提法有压力，希望主席给予澄清。毛泽东表态说："可能是有点误会，你们不要介意。"⑤他在"安慰"他们，似乎并不同意这个说法，但以后的事实并非如此。

谈话中还涉及1946年4月上旬至5月18日的四平保卫战问题和1958年8月23日开始的长时间的炮击金门问题。黄克诚认为，当时在敌强我弱的形势下，四平保卫战开始阻挡一下可以，但不应死守，同敌人拼消耗。毛泽东很惊奇地问："'保卫四平'是我决定的，难道也错了？"黄克诚直率地说："即使是你的决定，我认为那场消耗战也是不该打的。至于炮轰金门、马祖，稍打一阵示示威也就行了。既然我们并不准备真打，炮轰的意义就不大，打大炮花很多钱，搞得到处紧张，何必呢？"对于黄克诚的直言，毛泽东笑笑说："看来，让你当个'右'的参谋还不错。"⑥

最后，毛泽东又谈起长征途中的一些旧事。遵义会议前他是怎样实施"担架上的阴谋"争取张闻天、王稼祥的，否则，遵义会议开不成；张国焘如何逼迫属下图谋不轨，幸亏叶剑英收到电报，先报告中央等。毛泽东谈这些的目的是在告

---

① 《黄克诚自述》，人民出版社2004年版，第317页。

② 《黄克诚自述》，人民出版社2004年版，第307—308页。

③ 权延赤、黄丽娜：《天道——周惠与庐山会议》，广东旅游出版社1997年版，第271页。

④ 《黄克诚自述》，人民出版社2004年版，第308页。

⑤ 权延赤、黄丽娜：《天道——周惠与庐山会议》，广东旅游出版社1997年版，第271页。

⑥ 《黄克诚自述》，人民出版社2004年版，第308页。

诚黄克诚、周小舟、周惠、李锐，迷途还不算远，赶快学习当年的张闻天、王稼祥，"不远而复"，同彭德怀划清界限，同"中央"保持一致。但是，毛泽东的期望落空了。

这次谈话，毛泽东尽管有批评，但不很严厉，总的看始终是安抚的姿态，平和的调子。他的用心是显而易见的。黄克诚回忆说："这次谈话，尽管主席对我的指责颇重，但空气不紧张，能让我们说话感不到压力；即使说的话让主席不满，他表示不同意时，态度也不严厉。所以我们的心情较好。我甚至还有点轻松感，到底有机会把话直接向主席说了。"

事实上，这次谈话，没有解开毛泽东所说的"疙瘩"，毛泽东也未说服黄克诚等四人；黄克诚等人的辩白也没有改变毛泽东对他们的看法。

7月31日，毛泽东又在鞍山市委一个报告中作了集中力量进行反右倾，鼓干劲的批示："必须抓紧八、九两个月，鼓足干劲，坚决反对右倾松劲情绪，……反右倾，鼓干劲，现在是时候了。机不可失，时不再来。看不到这一点，是瞎子。在庐山会议上提出反冒进，大泼其冷水，简直是罪恶。"①

这个批示是为批判"右倾机会主义"，开好中共八届八中全会做准备的。

五、列席旁听中共中央政治局常委会

7月31日和8月1日，中央政治局常委召开两次同彭德怀的谈话会。这两次会都没有正式记录。据当年列席会议的李锐说，会议由毛泽东主持，参加会议的政治局常委为刘少奇、周恩来、朱德、林彪；政治局委员为彭真、贺龙、彭德怀。黄克诚、周小舟、周惠、李锐作为争取对象列席旁听。

会上，大都是毛泽东讲话，其他常委也讲了意见。彭德怀也有不少对话，直率地讲出了自己的想法，对一些不能接受的意见，表明了态度。会议很大一部分内容是讲彭德怀的历史旧账。

毛泽东说，他与彭德怀的关系合作与不合作是"三七开"（即三分合作，七分不合作），彭德怀不同意，说是"对半开"。毛泽东坚持"三七开"。毛泽东说，彭德怀他们是要瓦解党，是有计划、有组织、有准备，从右面向正面路线进攻。上次（指7月23日讲话）说的不正确，说是无计划、无准备、无组织，跑到右派旁边。他又说，彭德怀出身劳动人民，感情站在革命方面，对群众有感情，问题是经验主义。

经过两天非同寻常的常委会，彭德怀似乎明白了，毛泽东发动这场斗争，目的已很明确，远远超出了他那封信的范围。但他仍表示：这两天谈话，很感谢，不抵触，不会自杀，不会当反革命，不能工作可以种地，自食其力。毛泽东很宽

① 中共中央文献研究室编，逄先知、金冲及主编：《毛泽东传》（下），中央文献出版社2003年版，第993页。

容地说：一下改不可能。洗脑问题，照顾他的特点，不能急于求成，不能急功近利，包括黄老，有缺点，慢慢改。这是两天会议中，毛泽东第一次点黄（克诚）的名，这表明，毛泽东已完全把黄克诚"划"到彭德怀那边去了。

毛泽东讲话的间隙，刘少奇、周恩来、朱德、彭真、贺龙都有不少插话。这些插话多是讲一些具体问题或对毛泽东的讲话作些补充。只有林彪的发言火药味很浓。

林彪说：不少人说你讲假话，有野心，个人野心，政治方向，灵魂深处没有脱胎换骨，危险在此；说你是张飞，实际并不是张飞，平时以二杆子、张飞出现，……是假张飞，不是真张飞，老奸巨猾，老于世故……他的结论是："彭德怀是野心家、阴谋家、伪君子、冯玉祥。中国只有毛主席是大英雄，谁也不要想当英雄。"他的发言给彭德怀的问题升格、定性了。为即将召开的八中全会批彭定了调子。

在这两天会上，黄克诚不能不表态说几句，主要是规劝彭德怀和谈自己对彭德怀的认识。他说：常委会上的发言这都是赤胆忠心的帮助。我们相处久了，被另外一种感觉模糊了。也看到些毛病，提过意见。今天这样讲，谈及个人品质，使我认识更全面，回去好好想想，非一下子能解决的；个人英雄主义，有感觉，也感到想表现自己，华北同志意见很多；我们之间谈话交心扯过很多问题，如历史上中央苏区的问题，关于主席的问题没有谈过，谈过请主席领导，中央苏区后期，他说过还是请主席来领导，我认为他不是不能辨别正确和错误的；常委这样苦口婆心，应当感动，不是主席领导，多少年来采取组织决定，怎么能有今日局面？这样教育、帮助，应当感动，是帮助。

在毛泽东讲到彭德怀有可能改和不改两面性时，黄克诚曾插话："好好检查，已六十多岁了。"

这是黄克诚一个表态性质的发言，没有激愤和尖刻，没有"大帽子"，没有自斥，也没有"反戈一击，划清界限"的表示，主要是：（1）对常委的发言的表态和对彭德怀的规劝。（2）对彭德怀的认识，虽感觉有"个人英雄主义""想表现自己"，但他的本质是否像毛泽东、林彪说的那样，要"回去好好想想，非一下子能解决"。就是说，对彭本质的认识持保留看法。（3）交代与彭德怀接触中谈过的问题。虽然二人之间交心谈过许多问题，但没有谈过毛泽东的问题，没有非组织活动。（4）坦陈彭德怀在中央苏区说过请毛泽东出来领导问题，这也是为彭德怀开脱。（5）不同意林彪给彭德怀扣的"野心家、阴谋家、伪君子"的帽子。

会后，毛泽东把黄克诚等四人留下来，又谈了一阵，告诉他们，让他们列席会议，是为了受教育，别再受彭德怀影响，赶快"迷途知返"，现在还不算晚。特别是周小舟不要走远了，"不远而复"嘛！毛泽东对他们还抱有"浪子回头"的企望。黄克诚回忆说："主席要教育和争取我们回头。虽然我被认为是彭的亲信，绝对脱不了身，但那时似还没有要定为'反党集团'的迹象。"[1]

---

[1]《黄克诚自述》，人民出版社 2004 年版，第 311 页。

第二十七章　庐山蒙冤（下）

一、中共八届八中全会通过处理"彭黄集团"的决议

8 月 2 日下午，八届八中全会在庐山举行。出席会议的中央委员和候补中央委员 147 人，列席会议的 15 人。这次会议是前一阶段中央政治局扩大会议的继续。会议的议题是修改生产指标和路线问题两项，但重点是后者，即反右倾，批判彭德怀、黄克诚等。

会议开始，毛泽东讲话。他简言"重新立一个合乎实际的指标"后，迅即切入路线问题。

他说："我们的路线究竟对不对？现在有一些同志发生怀疑。去年八大二次会议所定的这条路线发生了问题。庐山政治局扩大会议已经一个月了。初上庐山还不清楚，有些同志要求民主，说我们现在没有民主，说话不自由，有一种压力，压得他们不敢讲话。当时就不晓得是什么事情，摸不着头脑。……后来才了解，……他们要攻击这个总路线，想要破坏这个总路线。他们要言论自由，是要破坏总路线的言论自由，要批评总路线的言论自由，批评去年下半年、今年上半年这一年的工作（重点在去年）。……他们感觉到需要有一种空气，需要有一种民主，并且认为过去就是不民主，许多问题没有彻底讨论。因此我们感觉政治局扩大会议不够了，这个民主还小了，现在就请同志们，大家来开中央全会，这个民主大一些。他们还可能要求扩大，我们还有一个办法，有党代表大会，准备明年春季开党代表大会。……现在要求民主，又是 1957 年那个要求大民主，大鸣大放大辩论，这么一种形势。"①

接着，毛泽东又讲了开会的方法："应该是历来为大家所赞成的一种方法，就是从团结的愿望出发。总要有一种希望。我们是希望团结，还是希望分裂呢？……我们应当团结。现在有一种分裂的倾向。……我看不行，不应该分裂，

---

① 中共中央文献研究室编，逄先知、金冲及主编：《毛泽东传》（下），中央文献出版社 2003 年版，第 996—997 页。

我们应该团结。那么，对于犯错误的同志怎么办呢？从团结的愿望出发，经过批评或者斗争，在新的基础上达到团结的目的，惩前毖后，治病救人，只有这个方法。"① 他还告诫与会者，不要学《阿 Q 正传》中的假洋鬼子，不许别人革命。

毛泽东最后说："一上山，我就讲了三句话：成绩很大，问题不少，前途光明。……问题不少是可以的，看是什么问题。现在改换的叫右倾机会主义向党猖狂进攻的问题不少，而不是那些别的问题。……我们反了九个月'左'倾了，现在基本上不是这一方面的问题了，现在庐山会议不是反'左'的问题了，而是反右的问题了。因为右倾机会主义在向着党，向着党的领导机关猖狂进攻，向着人民事业，向着六亿人民的轰轰烈烈的社会主义事业进攻。"②

毛泽东的讲话给八届八中全会定了基调。十多天的八中全会就是按这个基调进行的。

会议最初分为 6 个组，中间曾合并为 3 个临时小组，彭德怀在第四组，黄克诚在第五组。8 月 3 日起，各小组开始揭批彭、黄、张、周的"军事俱乐部"。

8 月 4 日晚，根据毛泽东的指示，由刘少奇主持，几位常委参加，向没有参加前一阶段扩大会议的中委和候补中委介绍扩大会议的情况，特别是 7 月 31 日和 8 月 1 日两天常委会同彭德怀谈话的情况。会议于晚 7 点半开始，至 11 点结束。林彪首先讲话，长达一个半小时。他说：彭德怀的信过细一读，有很严重的错误，总的方面是右倾的，是反对总路线的，反对"大跃进"的，反对人民公社的，攻击的目标非常明确，就是毛主席，反对党的领袖。他有另外一种世界观，他有另外的政治纲领、政治路线，另外的革命方法，另外的搞社会主义的办法，另外的建党办法。他想当英雄，总想做大英雄，他觉得他也是个大英雄。毛主席才是真正的英雄。自古两雄不能并立，因此，就要反毛主席。毛主席这次对他的问题，他的思想，看得很重。他的这一套，在这次会上暴露出来，是我们党内一种右倾的政治危险，发展下来是极其危险的，那会动摇、破坏我们的总路线、"大跃进"。另一方面，从长远来说，他是我们党里面的一个隐患。

周恩来也作了比较长的发言，介绍了庐山会议前一阶段情况。刘少奇、朱德都作了简短的发言。

这些讲话都是中央常委向后上山的中委和候补中委交底，也是批判彭、黄、张、周的动员。

这之后，各组对彭、黄、张、周的批判进入高潮。批判的目标集中在"军事俱乐部"上，即所谓的彭德怀、黄克诚、张闻天、周小舟"反党集团"的问题上。批判的方法基本上是质问、追逼和大帽子压人。批判者没有长篇大论的发言，没有和风细雨的批评帮助，尖刻的语言，上纲上线的武断，难堪的人身攻击，无中

---

① 中共中央文献研究室编，逄先知、金冲及主编：《毛泽东传》（下），中央文献出版社 2003 年版，第 997—998 页。

② 中共中央文献研究室编，逄先知、金冲及主编：《毛泽东传》（下），中央文献出版社 2003 年版，第 998 页。

生有的假设和追问，让彭、黄、张、周难以招架和忍受。黄克诚在《自述》中回忆当时的感受说："我平生受过无数次斗争，感到最严重、使我难以支持的还是庐山会议这一次。我一向有失眠症，经常吃安眠药，但最多不过两粒，这时每晚吃六粒，还是不能入睡。"

他还曾对子女说："过去我总挨批，但庐山那次批斗是最紧张、压力最大、最不讲理的批判，不允许反驳，有口难辩。"

然而，黄克诚还是很强硬地顶着。有人骂他是彭德怀的走狗，他气得发抖，回击说："你杀了我的头，我也不承认。"对于无理批评，黄克诚据理争辩，寸步不让。8月6日和9日，黄克诚两次在小组会上作检讨，都因没有"触及灵魂"，没有揭发彭德怀的问题，不仅没有过关，反而遭到更大的责难。后来，他慢慢地意识到，他的任何讲理、辩论都没有用，这是中央定的调子，批判者激烈陈词，抓住不放，穷追不舍，也是可以理解的。于是，他采取"尽可能多听少说，多沉默少争论"的态度。然而，这并没减弱批判的"火力"。

有人说：这次事件，彭德怀同志是主帅，黄克诚、张闻天两同志是两相，兴师动众，向着以毛泽东同志为首的党中央猖狂进攻，这是一次非常恶毒的篡党阴谋。黄克诚同志对彭德怀同志的活动一直向党保守秘密。黄对彭的情况是了解的，彭反对毛泽东同志的具体事实知道得多，但未向中央报告。

有人说：黄克诚与彭德怀的关系很深，正如毛主席所指出的，他们是"父子关系"，在思想上反对总路线的立场、观点，我认为和彭德怀是一致的。

有人断言：黄克诚我不相信你和彭德怀同志的观点彼此都是孤立的，互不影响。彭德怀同志的意见书是第一颗炸弹，黄克诚同志在19日小组会上的发言是第二颗炸弹，张闻天同志的发言是第三颗炸弹。

有人质问黄克诚："你有什么野心？说彭德怀同志是野心家，你黄克诚不是？我不相信。"

沉默少言是有力的对抗。黄克诚的这种态度使会议领导人认识到，光靠会上的追逼，不能拉黄克诚"回头"，必须会上会下结合，软硬兼施。

于是，有的常委再次找黄克诚个别谈话，劝黄克诚对彭德怀"反戈一击""落井下石"，黄克诚说："落井下石得有石头，可是我一块石头也没有。"黄克诚决不做诬陷别人、解脱自己的事。平时和黄克诚关系较好的人也进行劝说。

8月5日，陶铸给黄克诚写信："彭德怀同志的错误已明若观火。你为何不断然说出来与之划清界限？帮助德怀同志挖掘思想，切实认识错误，改正错误！我以为这种帮助即使你与德怀同志的友谊决裂，也并不表示你对德怀同志'落井下石'，而是'君子爱人以德'，真正站在党的立场上给他以同志式的帮助。你我都读过一点所谓古圣贤之书，一个人立身于世，不讲究操守是可悲的。尤其是我们作为一个党员，对党的忠诚等于旧社会一个女人嫁了人一样，一定要'从一而终'，决不可'移情别恋'，否则不能称为'贞节'之妇。"

黄克诚终于禁不住这些人"耐心的帮助"，承认自己成为右倾机会主义分子，绝不是偶然的。他说:"我的右倾机会主义思想,对周小舟、李锐等同志有较深的影响……他们卷入军事俱乐部,实际上我是起了桥梁作用的。"

会议追逼的另一个重要问题是7月23日晚在黄克诚住处会面的事。

与会者认为,7月23日晚周小舟等去黄克诚住处活动的内幕还没有揭开,这是追查"反党集团"的重大突破口。

8月10日,黄克诚所在的第五组抓住这件事穷追不舍,逼问:23日晚周小舟、李锐等三人在你那里到底谈了什么?周小舟、李锐等同志谈话中间彭德怀同志来了,是不是?有人还不断给黄克诚施加压力:"防线守不住了,已有材料可以做结论了。现在看你们的态度,你趁早痛痛快快讲了算了"。"你们不保护党,就只想如何保护你们那个小集团,这样对你们有什么好处?你们想订攻守同盟,自以为很巩固,其实哪能守得住!不信,就看吧。"

黄克诚被逼得进退维谷。他知道,23日晚最关键的问题是议论毛泽东像"斯大林晚年"那句话。他在《自述》中回忆当时的情况说:"我深知他们(指周小舟等三人——引者注)当时很冲动,又都是一些忠于革命事业的正直诚实的人,所以并不认为这话有什么了不起。但后来会议情况变紧张、严重,我也明白这话必被误解。早些时,我曾劝过周小舟:23日晚你们出门便碰见罗瑞卿,定会引起注意,你们说过的这句话很容易被认为是反对毛主席,最好你们自己先向主席坦白说明情况。小舟说:不行了,晚了,现在去说,只会惹出祸来。因此,我也只能保持缄默。但这件事在我心里是个疙瘩。说不得,说了会加害无辜;不说,又是在隐瞒,作为一个中央委员,也觉得良心上不安。而且,越拖得久,不是越觉得'心虚',显得事情严重么?"

就在黄克诚思绪翻腾的时刻,罗瑞卿带着李锐突然走进第五组会场,黄克诚立刻紧张起来,并产生了错觉。他认为李锐一定把23日晚他们说的话和盘托出来了。"组里正在穷追此事,我想,人家指明问那天晚上的事,我是中央委员,怎能对组织隐瞒?只好如实说了那晚的前后经过",并把"斯大林晚年"问题捅了出来:这话"彭德怀没有同我说过,别的同志说过"。"是谁说的?"这一问把黄克诚问住了。他看看李锐,似乎是他说的,并认为凭李锐的为人,一定会自己承担责任的。于是说:"可能是李锐说的。但记不准了。"黄克诚还解释说:"我认为说话人并无不良用心,只是一时冲动失言。"[1] 然而,任凭黄克诚怎样解释,都毫无用处了。小组会像爆炸了一颗炸弹,全组哗然。"保卫毛主席"的口号喊得更响了。

其实,说毛泽东像"斯大林晚年",无非是说他多疑、不够民主,没有什么别的意思。然而在当时的情况下,这成了"反党、反毛主席"的重大政治问题。会议像烧开的水一样,沸腾起来了。指责、帽子铺天盖地而来。罗瑞卿质问道:"你们是不是把彭德怀、黄克诚那里变成了反党司令部,变成了搞阴谋活动的地方?……黄克诚同志,你是党中央书记处书记,你听到把毛泽东同志看成'斯大

---

[1]《黄克诚自述》,人民出版社2004年版,第313页。

林晚年'这样的话，为什么不气愤？为什么不臭骂你们'军事俱乐部'的成员？为什么不反映？你们究竟要搞什么鬼？……你的党性哪里去了？"

问题严重了，似乎"反党集团""湖南集团""反毛主席"由此得到了确证。黄克诚前一天在小组会上那种理直气壮地辩论，现在看来，都成了瞪着眼睛说瞎话，证明他"非常不老实"，完全不可信任。于是，"阴谋家""野心家""伪君子"的帽子也都给黄克诚戴上了。此时，他百口莫辩，跳进黄河洗不清了。他内心的痛苦无法形容。此后他一次又一次的检讨，都过不了关。

"斯大林晚年"不是李锐所说。据陈正人当时到第一组找周小舟核对，周小舟承认"我说了，我心地坦然"。其实在此之前，张闻天对彭德怀也说过这样的话。

是谁说的已不重要，反正事情发生在黄克诚的住处，他当然脱不了干系。这件事可能是毛泽东从根本上改变对黄克诚看法的重要原因。黄克诚曾说："毛主席在党内的威信崇高，得到大家衷心拥护。到此时，那些在批'右倾'时内心里还对我们抱有同情的人，也改变了态度。毛主席当然更加重了'党内有阶级斗争'的看法。他以前着重在批评彭德怀的右倾，还对我们做了许多争取工作。到这时，就完全认定我们是个'反党'集团了，只把周惠区别出来，说是他沾了点边。按党内地位，我应排在张闻天之后，但我既是军事俱乐部的主要成员，又是联结'湖南集团'的纽带，罪状严重，所以把我名列第二，放在张闻天之前，说成是'彭、黄、张、周'反党集团。"

"主席这时已确认我们是有组织、有目的、有计划地进行反党活动。常委也同意这个判断。"[1]

黄克诚说对了。"斯大林晚年"问题揭出后，毛泽东火气更大了，他气愤地说："苏联鞭死尸，我们这里闹分裂的人要鞭我的活尸。"[2]此后，他的批示和讲话，用词更加犀利，上纲上线达到一个新的高度。

毛泽东照例不参加各组的会议。致开幕词后，他回到美庐，一面注意各种渠道传来的会议动向，一面通过长篇指示，不断给会议加温，指导会议沿着他既定的方向发展。会议期间，他批示的几个报告中，以8月10日在安徽省委关于张恺帆下令解散无为县食堂给中央的报告的批示最为严重。批示说："右倾机会主义分子，中央委员会里有，即军事俱乐部的那些同志们；省级也有，例如安徽省委书记张恺帆。我怀疑这些人是混入党内的投机分子。他们在由资本主义到社会主义的过渡时期中，站在资产阶级立场，蓄谋破坏无产阶级专政，分裂共产党，在党内组织派别，散布他们的影响，涣散无产阶级先锋队，另立他们的机会主义的党。这个集团的主要成分，原是高岗阴谋反党集团的重要成员，就是显明证据之一。"[3]

---

① 《黄克诚自述》，人民出版社2004年版，第314页。

② 中共中央文献研究室编，逄先知、金冲及主编：《毛泽东传》（下），中央文献出版社2003年版，第1001页。

③ 中共中央文献研究室编，逄先知、金冲及主编：《毛泽东传》（下），中央文献出版社2003年版，第1001—1002页。

8月12日，毛泽东又在辽宁省执行中央反右倾指示的报告中作了批示："看来各地都有右倾情绪、右倾思想、右倾活动存在着，增长着。有各种程度及不同情况，有些地方存在着右倾机会主义分子向党猖狂进攻的情况，必须按照具体情况加以分析，把这歪风邪气打下去。"①

8月11日，毛泽东带着难以掩饰的怒气，在八届八中全会全体会议上讲话。这次讲话的显著特点是从哲学的角度，从世界观和阶级立场方面，对彭德怀、黄克诚等作分析。他说："今天允许我讲一点，可不可以？不是讲言论自由吗？要求民主吗？"接着，他大讲世界观、人生观问题，并把话题引向彭德怀、黄克诚等人，认为这些人的世界观、人生观是经验主义，几十年都没有解决。他们"是以资产阶级民主主义者的资格参加共产党的"；他们的"资产阶级立场没有变动过"。他说："我们跟彭德怀同志个别地谈过一次，跟黄克诚同志等几位谈过几次，常委会又跟彭德怀、黄克诚以及其他几个同志，周小舟、李锐这些同志，还有周惠，一起谈过两次，统统交心，我们的心交出去了，他们也交了一些。"这些人参加资产阶级民主革命是积极的，但在方法上也常常搞错。到无产阶级革命阶段，没有精神准备，无产阶级社会主义革命对他们来说，是突如其来的。他们是"马克思主义者在资产阶级民主革命阶段的同盟者"，这些就是彭德怀、黄克诚等这一次"迫不及待挂帅，组织派别，进行分裂活动"的由来。②

毛泽东在这以前的讲话中，都没有点黄克诚的名。这次讲话却把黄克诚同彭德怀并列提了出来，说明毛泽东对黄克诚的态度有了重大变化。由于这个变化，黄克诚被"提升"为"反党集团"第二号人物。

最后，毛泽东提出会议怎样收场的问题。他说："要用团结合作收场，双方都交心通气，一看二帮，或者一批二帮，一斗二帮。现在不是批评吗？批过之后就变成一看二帮了，看你改不改，还要帮。……要实行批评从严，处理从宽，团结—批评—团结、惩前毖后、治病救人的原则。"③

毛泽东这个讲话很长，讲了十几个方面的问题，主要内容是批判彭德怀、黄克诚等人的"错误"观点，提出处理他们的原则。这个讲话是为后几天的会议指路子。他说：今天是11日，下午休会，明天休会一天，后天开大会，请同志们准备讲话，我就不讲了。因为我今天讲过了，好使你们精神有个准备，告诉你们我心里想些什么东西，以便你们"俱乐部"同志去准备讲演稿。"俱乐部"的同志们，13日开大会时，最好你们不要写，那么谨小慎微，那么怕人家抓小辫子？

毛泽东的批示和讲话，犹如一道道作战命令，不仅"战鼓咚咚"，催促会议要

---

① 彭德怀传记组：《彭德怀全传》（四），中国大百科全书出版社2009年版，第1405页。

② 中共中央文献研究室编，逄先知、金冲及主编：《毛泽东传》（下），中央文献出版社2003年版，第1000页。

③ 中共中央文献研究室编，逄先知、金冲及主编：《毛泽东传》（下），中央文献出版社2003年版，第1001页。

再掀批彭、黄的高潮，而且，把与会者对这场斗争的认识引导到一个更新的高度，让与会者认识这场与彭德怀、黄克诚等"反党集团"的斗争，是"革命者与同路人""无产阶级革命派"与"资产阶级民主派"两条路线、两个阶级的斗争。因此，下一步会议的批判，不要再纠缠"大跃进"、人民公社的缺点和错误等具体问题了。他说：总路线、"大跃进"、人民公社所有问题，其实是鸡毛蒜皮。要从哲学的角度，从世界观和阶级立场上去批判彭、黄、张、周。

在毛泽东督促和鼓动下，批判如暴风骤雨，异常激烈。

黄克诚说："这时，我们的主要任务就是认罪了。"

为了让彭、黄等"缴械投降"，除会上展开更严厉地批判外，会下又派人做彭、黄的"劝降"工作。"请几位老帅做彭的，又让陶铸来做我的工作。"①

陶铸三次奉命找黄克诚谈话。第一次谈话，黄克诚认为陶铸能理解他，于是毫无隐瞒地把上山前后的种种情况都和他讲了。黄克诚说，我们只是对当前的情况看法相同；对毛主席 7 月 23 日讲话感到震惊；个别人在冲动中说了错话，又因怕被误解而不敢坦白交代；根本不存在反党活动，我无法认账。陶铸表示理解黄克诚的解释，也没有很多有说服力的道理回答他，第一次谈话没有成功。第二次谈话，陶铸劝说黄克诚：不管你们主观怎么样，但客观上表现出来的是有组织的反党活动，大家看法一致，你否定有什么用呢？陶铸这话，有肯定黄克诚主观上是善意的，只是客观效果不好的意思。即使如此，黄克诚仍然不服，他反驳说：如果形迹可疑就能定罪，那何必要我承认呢？陶铸无言以对。于是他又第三次找黄克诚谈。他深知黄克诚一贯深明大义，具有为了党和人民的利益忍辱负重的政治品德，于是他责以大义对黄展开工作。陶铸说：你总得为党、为国家大局着想才是。现在中央领导，各部门、各地区的主要领导都聚集在此，7 月开了一个月的政治局扩大会议，8 月开中央全会也半个月了。再拖下去，对工作大大不利。目前事已至此，你不承认，大家通不过，最后还是得承认，何必再拖下去呢？陶铸这几句话撬开了黄克诚锁闭甚紧的心扉。

中央常委个别领导以及与黄克诚关系较好的人也不断找黄克诚谈话，要求他从维护党和国家的利益，维护领袖威信的高度，揭发彭德怀和检讨自己的问题。

黄克诚被逼得没有退路了。他们用党、国家、人民利益高于一切的道理来说服他"低头认罪""缴械投降"，这对黄克诚来说压力实在太大了。因为他们几个人的问题，把中央、各省领导都拴在山上，谁都下不了山，影响就大了。再说，事已至此，毛泽东需要有个台阶下，他们不检讨，不"认罪"，会议怎么收场？毛泽东怎样下台阶？难道让毛泽东认错？黄克诚明白这是不可能的。他说："我反复思考，现在处境确实困难，主席性格之强，我所深知。而且中央全体，除我们几个人外，都站在主席一边。个人受委屈，被冤枉毕竟是小事。听说彭德怀表示，

---

① 《黄克诚自述》，人民出版社 2004 年版，第 315 页。

他想通了，要什么，就给什么。我也只好照陶铸说的，'顾大局'吧。"①

二、硬着头皮违心地认账

一个人不可能永远居于事业的高峰。当你从高峰跌落下来的时候，选择妥协、退让就是一种智慧，一种胸怀。

黄克诚"顾全大局"的选择，显示出他聪灵的智慧、博大的胸怀。

彭、黄、张一个个被"劝降"后，在大会上都作了检查。13日上午，张闻天作检查，下午彭德怀作检查，他们对几天来会议上对他们的批评，包括毛泽东那些尖锐的批评，基本上都接受下来。14日，黄克诚作检查。

黄克诚在检查前做了些收集"炮弹"的准备。因为与会者都认为，黄克诚与彭德怀关系最密切，一定知道彭德怀很多"反党、反毛主席"的"罪行"。作检查时不交代清楚是过不了关的。黄克诚为此十分苦恼。交代吧，没有事实，和彭德怀交往几十年，深知他坦荡无邪，有松柏之节，冰雪之操；不交代吧，又过不了关。万般无奈之下，他不得不找到彭德怀的秘书，希望他提供点"炮弹"，然而什么也没得到。黄克诚又怀着复杂的心情去找彭德怀。他对彭说：我要揭发你了，揭发些什么呢？你能不能给我提供点"炮弹"？你提供了，我才好去揭发。彭德怀以苦笑回答了这位老战友，他很理解黄克诚的困境和做法啊！

黄克诚找不到彭德怀反党反毛泽东的材料，也万般想不通自己有什么反党的"罪行"，然而又必须"顾全大局"，遂决定用毛泽东和林彪定的调子对彭德怀进行揭发批判和检讨自己。

14日上午和15日上午，全会召开大会，黄克诚以极沉重和矛盾的心情，向大会作了检讨。

他说："二十多天来，我在毛泽东同志和中央常委同志的耐心教育下，在同志们的批评和帮助下，逐步认识自己所犯的严重错误，逐步认识彭德怀同志的错误与野心家、伪君子的真面目。我曾在小组作了几次检讨，再就现在的认识水平把小组会上检讨的内容综合起来向全会作深刻检讨，请同志们批评指正。"②

他的检讨分"自己的错误和对彭德怀错误及面目的认识"两个内容。

对自己的错误，黄克诚首先承认："我7月19日的发言是一个右倾机会主义的发言。发言中的观点与彭德怀同志信中的许多观点是一致的，不管我的主观愿望如何，实际上是配合彭德怀同志的信，向党的总路线，向毛泽东同志和党中央进攻。"他列举了发言中右倾机会主义的表现："对大跃进的伟大成绩估计不足；对大跃进中暂时的局部的缺点以及缺点所引起的后果看得过重；把人民公社和共

---

① 《黄克诚自述》，人民出版社2004年版，第315页。

② 根据黄克诚在党的八届八中全会上的发言稿，这个发言稿没有具体时间，据《杨尚昆日记》（见中央文献出版社2001年版，第419页），应是8月14日上午。

产风混淆起来，把整顿后的人民公社和原来的高级合作社的性质等同起来，因而说人民公社迟点办也可以。""这个右倾机会主义的发言，表面看来，是对总路线、大跃进、人民公社的动摇，实际上是在配合彭德怀同志的信向党的总路线，向毛泽东同志和中央的进攻。"

黄克诚这段发言，无奈地接受了两顶政治帽子：犯了"右倾机会主义"的错误；向党的总路线、向毛泽东和中央进攻，即"反党"。

接着，他检讨了自己的"右倾"思想根源："自从搞社会主义革命，特别是搞社会主义建设以来，我内心一是怕急，一是怕猛（怕刮台风），总想搞得四平八稳，稳步发展，对猛烈的群众运动害怕产生副作用，怕出偏差。"为什么？他说："我是一个带着激进的资产阶级民主革命的思想和有着模糊的社会主义倾向而入党而参加革命的人。在民主革命时期，有一定的积极性，多数时期还能跟着毛泽东同志和党中央的正确路线走。对社会主义革命则缺乏真正的思想准备。当革命要消灭资产阶级、小资产阶级，消灭个体经济，特别用猛烈的群众运动，急风暴雨的办法来消灭这些阶级的经济基础和精神阵地的时候，我就动摇、彷徨、害怕、担忧，甚至到睡不着觉的程度。这完全是资产阶级和富裕中农的精神状态在我头脑的反映。我的发言实际成为资产阶级和富裕中农在党内的代言人。"

"我的宇宙观和方法论是经验主义，是爬行论，特征是按经验办事，平时看问题、处理问题的时候，往往过于重视不利条件，重视困难和缺点，对于有利条件估计不足。……我的右倾机会主义的思想方法，在本质上是资产阶级的。"因此，"我成为右倾机会主义分子，成为庐山'军事俱乐部'的重要一员，决不是偶然的"。①

他这些话是按毛泽东给他们定性时讲话的调子讲的，显然是言不由衷地全盘否定自己，是表示接受毛泽东批评的一种姿态。

后来他回忆这个检讨时深有感触地说："冤枉自己也是不容易的事。叫我承认右倾，我可以心甘情愿，因为我心里从没赞成过总路线、大跃进、人民公社运动。但要我承认反党，而且是有组织、有目的、有计划的反党，可太难了。实逼处此，硬着头皮违心地认账后，心中耿耿，无日得安。"②

黄克诚检讨了他和彭德怀的关系："我对彭德怀同志的私人感情代替了对党的感情和组织原则，不是按党性办事，而是私人感情起了支配作用，不是党内正常的组织关系，而是有如毛泽东同志批评的'父子关系'。"对"他内心所怀有的不满，在个别问题上，我也抱有同情态度……而不认为是阴谋诡计，……久而久之，就丧失了警惕，在政治上对他毫无戒备。"这说明，"我对彭德怀同志……个人感情超过对党的感情，是严重缺乏党性的表现"。

黄克诚检讨的另一个重要内容是同高岗、饶漱石反党事件的关系。他说："在未察觉到高岗反党活动前，对他有好感。我是高岗拉拢的重要对象之一，虽未替

---

① 黄克诚在党的八届八中全会上的发言稿。
② 《黄克诚自述》，人民出版社 2004 年版，第 315 页。

他进行过什么活动，但与高岗的几次谈话没向中央报告。"

黄克诚对彭德怀的揭发和批判发言 6400 多字，调子虽然很高但没什么新内容，都是用会议上揭发出来的那些"事实"和中央领导人的讲话精神，只不过经过他梳理、取舍后，再由他表述一番而已。

他说："这次会议彻底揭发和批判了彭德怀同志的右倾机会主义错误和野心家、伪君子的真面目，是一个伟大的胜利。……他那封信，是反对总路线、反对大跃进、反对人民公社，反对毛泽东同志和党中央领导的反党纲领。……是有准备、有计划、有组织、有目的地向总路线、向毛泽东同志和党中央的进攻。""我认为他写信的目的最低限度是逼毛泽东同志作检讨，损害毛泽东同志在全党的领导威信，造成党内思想混乱，破坏党内团结。"

"彭德怀同志是伪君子，表面上装着正直无私的样子，实际上是野心勃勃；表面上装得艰苦朴素，实际上是骗取群众拥护，言行不一。他口头上常对我说，对毛泽东同志服了，实际上他内心不服。"

关于彭德怀和高岗的关系，黄克诚说：在"高饶反党事件中，高彭结成联盟，曾经有过什么具体阴谋计划和活动，我确实不知道。"

黄克诚把彭德怀"大骂"一通，这并不能表明他对彭德怀的认识有了实质转变，只不过是在当时那种重压下的违心之言。他"揭发"的"事实"和上纲上线扣帽子，基本上是与会者说过的话和毛泽东、林彪讲话精神的翻版，是当时重压之下的违心之言。

黄克诚复出后，他的秘书曾就他在庐山会议上揭批彭德怀的事实问过他。他说：没什么事实，我是受了某位同志的启发，把别人批彭德怀的东西收集起来，喊了一阵，放了一通了事。不然收不了场啊！毛主席也下不了台。

三、"春天"始终没有到来

8 月 15 日和 16 日，会议将毛泽东在一份文件上先后写的两个长篇批语印发给与会者，题目分别为《关于如何对待革命的群众运动》《机关枪和迫击炮的来历及其他》。

他在第二个批语中写道："庐山出现的这一场斗争，是一场阶级斗争，是过去十年社会主义革命过程中资产阶级与无产阶级两大对抗阶级的生死斗争的继续。在中国，在我党，这类斗争，看来还得斗下去，至少还要斗二十年，可能要斗半个世纪，总之要到阶级完全灭亡，斗争才会止息。""资产阶级的政治家说，共产党的哲学就是斗争哲学。一点也不错。不过，斗争形式，依时代不同而有所不同罢了。""党内斗争，反映了社会上的阶级斗争。这是毫不足怪的。没有这种斗争，才是不可思议。这个道理过去没有讲透，很多同志还不明白。一旦出了问题，例如 1953 年高、饶问题，现在的彭、黄、张、周问题，就有许多人感觉惊奇。""特别是有一些党内斗争，例如高饶、彭黄这一类斗争，具有复杂曲折的性质。昨天还是功臣，今天变成了祸首，怎么搞的，是不是弄错了？人们不知道他们历史的变化，不知道他们历史的复杂和曲折，这不是很自然的吗？"

毛泽东这段讲话，一是把党内的分歧和矛盾，直接说成是阶级斗争，这在中国共产党历史上还是第一次。这就把1957年反右派运动中阶级斗争扩大化的错误，进一步延伸到党内来了，使党的民主生活和民主集中原则遭到严重损害，影响深远，致使造成"文化大革命"的严重后果；二是把彭德怀、黄克诚称为"祸首"，这就注定不管他们怎样检讨，怎么"低头认罪"，此后不会有好日子过。"首恶必办"，他们定会受到残酷的打击。

毛泽东接着说："处理这类事件，不可以用简单的方法，不可以把它当作敌我矛盾去处理，而必须把它当作人民内部矛盾去处理。必须采取'团结—批评—团结'，'惩前毖后，治病救人'，'批判从严，处理从宽'，'一曰看，二曰帮'的政策。不但要把他们留在党内，而且要把他们留在省委员会内，中央委员会内，个别同志还应当留在中央政治局内。这样，是否有危险呢？可能有，只要我们采取正确的政策，可能避免。"他们"有两个可能性：第一，改过来；第二，改不过来。""他们有两面性，一面，革命性；另一面，反革命性"。"我们对待他们的态度和政策，一定要是符合情况的马克思主义的态度和政策。改不过来的可能性是有的，无非是继续捣乱，自取灭亡。那也没有什么了不得。""但是，我们相信一切犯错误的同志……在一定的条件下，积以时日，总是可以改变的。这一点，我们必须有坚定的信心。""为了帮助犯错误的同志改正错误，就要仍然把他们当作同志看待，当作兄弟一样看待，给以热忱的帮助，给他们改正错误的时间和继续从事革命工作的出路。必须留有余地，必须有温暖，必须有春天，不能老是留在冬天过日子。"

尽管毛泽东反复讲团结，讲"团结—批评—团结"，讲"惩前毖后，治病救人"，表示他宽宏大度，但是，由于他"左"的错误理论和对形势作出错误的估计；由于他对党内矛盾和意见分歧作出错误地判断并采取错误的方针；由于他对彭、黄、张、周"错误"性质作出错误的结论；还由于……因此，在党内政治生活遭到了严重破坏的情况下，他呼吁的"党内团结"也就成了一句好听的口号。在毛泽东有生之年，彭德怀、黄克诚等人的"春天"始终没有到来。

周恩来、彭真主持草拟的关于以彭德怀为首的"反党集团"错误的决议写成后，送彭、黄、张、周签字承认。这是一份"判决书"啊！黄克诚拿着它有千钧之重，有锥心之痛，尤其"反党集团"几个字，自思不通。黄克诚革命几十年，枪林弹雨，舍生忘死，为了党；昭昭忠心，无私进言，为了党。怎么到头来落得个"反党"罪名呢？二十多年后黄克诚沉痛地说："这字好难签！但我们已经是不得不签了。""等我冷静下来时，我认识到：违心地作检查，违心地同意'决议草案'，这才是我在庐山会议上真正的错误。使我后来一想起就非常痛苦。"[①]他接受了这个沉痛的教训，在"文化大革命"中，毅然面对造反派的辱骂、诬陷，大义

----

① 《黄克诚自述》，人民出版社2004年版，第316页。

凛然地同他们对着干，虽然被打得休克，血流满面，不仅没说一句违心的话，没承认任何莫须有的罪名，而且严厉地痛斥了他们。

经二十多天的揭发批判，与会者能说的话都说了，彭、黄、张、周的"罪行"也都列出来了，他们也都"认罪"了。8 月 16 日下午，八届八中全会闭幕。在闭幕会上，毛泽东以胜利者的轻松姿态再次讲话。

他说，这次会议解决了一个大问题，就是右倾机会主义问题。会议取得了很大的成功，一是揭露了多年没有解决的矛盾，并把当前的形势搞清楚了；二是彭德怀、黄克诚、张闻天三位同志对于他们的缺点错误有了认识。毛泽东再次估计彭德怀、黄克诚等"无非是两个可能，一是能转变过来，二是不能转变过来。我们极力争取第一个可能，使他们转变过来"。"人总要有一条出路，不要逼得人家没有出路。……我们马克思主义者把人的路绝了是不好的，要留有余地，要有保护、关怀、帮助。"①

会议以举手表决的方式通过了一个公报和《为保卫党的总路线、反对右倾机会主义而斗争的决议》《关于以彭德怀同志为首的反党集团的错误的决议》《关于撤销黄克诚同志中央书记处书记的决定》等四个文件，彭、黄、张、周也不得不和其他与会者一样，举起了手。这是四双表示"投降"的手。

"反党集团"的决议是一个错误的判决书，也是对历史和现实的歪曲。全文大约 4500 字，分 5 个部分：（1）我们党内出现了以彭德怀同志为首，包括黄克诚、张闻天、周小舟等同志的右倾机会主义反党集团反对党的总路线、反对"大跃进"、反对人民公社的猖狂进攻。"坚决粉碎以彭德怀同志为首的右倾机会主义反党集团的活动"，是完全必要的。（2）"以彭德怀同志为首的反党集团进行分裂党的活动，由来已久。"……他们在庐山会议期间的发言和谈话，"是代表右倾机会主义分子向党进攻的纲领"。他们"所犯错误不是个别性质的错误，而是具有反党、反人民、反社会主义性质和右倾机会主义路线的错误"。（3）彭德怀、黄克诚、张闻天、周小舟"在庐山会议期间和在庐山会议以前的活动，是有目的、有准备、有计划、有组织的活动。这一活动是高饶反党联盟事件的继续和发展"。（4）"彭德怀同志这一次所犯的错误不是偶然的，它有深刻地社会的、历史的、思想的根源。彭德怀和他的同谋者、追随者，本质上是在民主革命中参加我们党的一部分资产阶级革命家的代表。"（5）"以彭德怀同志为首的右倾机会主义反党集团的由来已久的反党活动，是党和人民的社会主义事业的严重危险。"因此，全会认为"把彭德怀和黄克诚、张闻天、周小舟等同志调离国防、外交、省委第一书记工作岗位是完全必要的。但是他们的中央委员会委员、中央委员会候补委员、中央政治局委员、政治局候补委员的职务仍然可以保留，以观后效"。《为保卫党的总路线、反对右倾机会主义而斗争的决议》提出："右倾机会主义已经成为当前党内的

---

① 中共中央文献研究室编，逢先知、金冲及主编：《毛泽东传》（下），中央文献出版社 2003 年版，第 1008 页。

主要危险。团结全党和全国人民，保卫总路线，击退右倾机会主义的进攻，已成为党的当前的主要战斗任务。"

8 月 17 日，毛泽东主持召开了中央政治局的工作会议，会议决定撤销彭德怀国防部长、军委委员的职务，任命林彪为国防部长；撤销张闻天外交部副部长职务，另行分配工作；撤销黄克诚总参谋长、军委秘书长职务，任命罗瑞卿为总参谋长；撤销周小舟湖南省委第一书记职务，任命张平化为湖南省委第一书记。保留彭、黄、张、周在中央委员会的职务。

庐山会议在中国共产党历史上是一个严重错误，是一场历史悲剧。无论对彭德怀、黄克诚、张闻天、周小舟，还是对中国共产党、对中国人民，以至毛泽东本人都是一场悲剧。这场悲剧表现在政治上，破坏了党内正常的民主生活。从此，"党内失去敢言之士"，民主空气、敢讲真话的人更少了，对毛泽东没有人敢批评了，一些说假话、见风使舵的人有了可乘之机；不敢坚持原则，不敢讲真话，明哲保身，但求无祸的不良风气也滋长起来。黄克诚在评论庐山会议时说："庐山会议这不是一个人或几个人的悲剧，而是党的悲剧。从此，党内失去敢言之士。"在经济上，错误的反右倾运动使得前一阶段的纠"左"成果付之东流，以"五风"为主要标志的"左"倾错误在继续开展的"大跃进"中更加严重泛滥，给工农业生产造成严重破坏，使人民群众蒙受了巨大灾难，造成千百万人口非正常死亡，从而造成 1959 年至 1961 年连续三年严重经济困难的局面。在理论上，错误地将党内矛盾和社会上的阶级矛盾等同起来，使党内越来越多的干部接受了党内矛盾就是阶级斗争反映的错误观点，为"无产阶级专政下继续革命理论""党内走资本主义道路的当权派"理论的形成和推行奠定了思想理论基础。

庐山会议之所以演成一场悲剧，原因是多方面的。党的民主集中制原则遭到严重破坏，党内民主生活不正常，党的最高领导人的权力过大是重要原因，也是最沉痛的教训。如果党内民主生活健全、正常，党的最高领导人民主观念强，且谦虚谨慎，能够听取不同意见，特别是少数人的意见；如果对最高领导人有一套完整的监督和制衡机制，使他的权力得到必要的制约；如果与会者民主意识强、不唯上，敢于坚持真理，实事求是，庐山会议的错误就可以避免。

历史再次证明，中国共产党的民主制度，应随着滚滚的历史潮流不断地改善、加强；共产党的干部、特别是高级领导干部的党性更需提高。后人应从庐山会议这段历史中汲取教训。

1981 年，中共中央通过的《关于建国以来党的若干历史问题的决议》指出："八届八中全会关于所谓'彭德怀、黄克诚、张闻天、周小舟反党集团'的决议是完全错误的。"

8 月 17 日，黄克诚抱着一肚子冤枉，戴着"右倾反党"的帽子回到北京。8 月的北京，尽管酷热难耐，但黄克诚的心是凉的。

第二十八章　军委扩大会议扯出
所谓"贪污黄金案"

一、乱哄哄的批斗会

　　1959 年 8 月 17 日下午，几辆轿车由南苑机场驶出，向北京城里驰去。不一会，其中一辆在白塔寺对面的大水车胡同 4 号南门前停下。卫兵赶快开门，轿车缓缓地开了进去。

　　唐棣华听到汽车的马达声，知道黄克诚进院了。她急忙出来迎接。黄克诚看到迎上来的妻子，愧疚、委屈、痛苦一起涌上心头，感到无颜面对十余年相濡以沫的妻子。唐棣华见黄克诚疲惫憔悴的样子，心疼地问："身体怎么样？"黄克诚没有回答，径直走进书房，唐棣华也紧跟了进去，关上门，急迫地问："怎么回事呀？"黄克诚一言不发地递给夫人一个小文件箱，让她自己去看文件。唐棣华很惊讶，因为黄克诚是从来不把党内文件交给她看的。

　　唐棣华急匆匆地把文件看个大概（包括大量的简报和八届八中全会决议等），知道了大致情况。此时，她的心情极为矛盾。她认为，彭、黄的意见没有什么不对！该肯定的肯定了，只是怀着忧国忧民的情怀说了真心话，揭露了"大跃进"中的问题，特别是盛行的虚假浮夸风和"全民大办风"。为此，罢他们的官也就够了，为什么还戴上"右倾机会主义""反党""反毛主席"的帽子？黄克诚是十分忠诚于党，崇敬毛主席的，他怎么会"反党""反毛主席"呢？然而，她又怎么能不相信组织呢？中央全会已作出了"决议"！她两难地对黄克诚说，我真不知道相信你还是相信组织了！黄克诚回答："当然相信组织。"唐说："那也是罚大于罪。"她深深地叹了口气，想不出更贴切的话，只好说"想开一点吧"。

　　晚饭，黄克诚未吃几口就推开饭碗去了书房，沉默地坐在沙发上，脑子里全是庐山上的事。唐棣华也匆匆跟到了书房，相对而坐，一阵沉闷过后，唐棣华还是忍不住地问："老黄，你是怎么搞的，捅了这么大的娄子？"语气中有点埋怨。黄克诚看了看妻子，似有自责地说了句："现在还说什么呢？""你说说是咋回事嘛！"在妻子的追问下，黄克诚简要地说了庐山会议上的情况。

听罢丈夫的叙述，唐棣华未再说什么，她开始琢磨下一步怎么办的问题。她明白，以丈夫的性格，在他没有真正认识到自己的"错误"之前，是不会求饶的。

他们在书房坐了一会儿后，黄克诚说要早点休息，准备明天参加军委扩大会，再次接受批判。黄克诚怎能睡得着！一直离不开安眠药的他，剂量已用得很大，依然难以入睡。"反党集团""军事俱乐部"的问题，紧紧缠绕着他；纷乱、痛苦、茫然的情绪折磨着他；军委扩大会又是一场批判在等待着他，他无法抗拒。

翌日，黄克诚按时到怀仁堂，出席军委扩大会议，接受更严厉地批判。这是一场更加残酷地批斗。

召开这次会议，是中央和中央军委在庐山会议结束前的 8 月 11 日决定并发出通知的。通知说：为传达讨论和贯彻执行八届八中全会关于保卫党的总路线，反对右倾机会主义而斗争的决议和其他决议，中央决定自 8 月 18 日起在北京召集军事委员会扩大会议。出席此次会议的人员为：各军区、各军兵种的司令员、政委、副司令员或参谋长、副政委或政治部主任；各高级军事院校校长、政委、副校长或教育长、副政委或政治部主任；军、省军区和相当这一级的单位（包括陆、海、空军）各来两人（司令员、军长和政委）；陆、海、空军的师长、政委；厦门前线部队，西藏、甘南、昌都、青海地区平叛部队及云南边防部队的军师级单位，各来一人（党委书记或副书记）；总参、总政、总后的负责同志及下属的各部长。

为开好这次会议，在北京的留守人员根据林彪从庐山打来的电话指示，做了充分准备。所以，彭德怀、黄克诚一回到北京，不等他们喘息，就"趁热打铁"拉开了会议的大幕，似有"剩勇追穷寇"的味道。

8 月 18 日，会议正式开始。参加会议的人员，按中央通知的规定，最初到会的有 100 余人。毛泽东没有到会[①]，刘少奇出席会议。

大会主席台上，坐着刘少奇，还有 9 位元帅、8 位大将[②]，他们是大会主席团成员。主席台上没有了彭德怀和黄克诚的位子，他们二人坐在"被告"席上，面对许多老熟人、老部下，很窘迫，但表情严峻中似乎比较平静。这可能是因为经过庐山会议"千锤百炼"般地挨批斗，已经练就了适应"寒冷"的本领吧！在庐山会议上，莫须有的"罪名"全给加上了，大帽子都给扣上了，"乌纱帽"也丢了，自己也违心地表示"接受"了，现在还能把他们怎么样呢？

会议由林彪主持。新任总参谋长罗瑞卿首先传达庐山会议的情况。刘少奇、林彪等讲了话，无非是说，庐山会议上出了个以彭德怀为首的四人"右倾机会主义反党集团"，他们组成"军事俱乐部"，疯狂地向党中央和毛泽东"进攻"，他们有野心，想夺权；号召大家立即行动起来，彻底批判彭、黄的"反党罪行"，肃清他们在军队的影响。主席台上的其他人有的也发言表态，拥护中央对彭、黄的处

---

①　庐山会议闭幕的第四天，毛泽东下山到南昌。之后，他乘专列到了杭州，休息了两天，后经上海、徐州、济南、天津，于 1959 年 8 月 27 日回到北京。

②　徐海东因病没有参加会议。

理决定，拥护林彪主持军委工作。

参加会议的人员因情况来得突然，一些人一时转不过弯来，所以发言有些冷清。为加强"火力"，大会主席团决定，将会议总人数增加到 1061 人，列席 508 人。有些人是连夜用飞机接到北京参加会议的。这么大规模的军委扩大会议，在解放军历史上实属罕见。

从 8 月 22 日起，会议分 15 个小组阅读、讨论庐山会议的文件，主要是《关于以彭德怀同志为首的反党集团的错误的决议》以及 8 月 7 日中共中央发出的《关于反对右倾思想的指示》；彭德怀、黄克诚在庐山会议上的检讨也发给了与会者。目的是用文件的精神来统一和提高与会者的认识，为下一步揭发批判打好思想基础。因为这次批斗的不是一般"牛鬼蛇神"，而是为大多数与会者心目中敬仰的、且对他们有重大影响的"彭大将军"和倍受部属敬重的黄克诚。不充分做好统一认识的工作，要肃清彭、黄在军队的影响是很不容易的。

当与会者听到关于彭德怀、黄克诚是"右倾机会主义反党集团"的传达时，都震惊了，会议气氛骤然紧张起来。别看参加会议的都是些高级干部，他们中有明白的，也有糊涂的，也有观风向、摸水深的；当然，在那个历史环境下，还有不少带着投机心态，以"左"的面目出现，积极表态支持批彭、黄"反党集团"的人；也有一些不理解的人，他们以为耳朵出了毛病，听错了，疑惑起来，觉得几十年如一日对党、对革命忠心耿耿的彭老总和黄老怎么会成为"反党集团"呢？

阅读文件期间，在怀仁堂开了两次批斗彭、黄的大会。第一次人数不多，主要是军以上干部参加，声势不大，温度不高。彭、黄态度也很硬。第二次批斗大会是在人员扩大并经过充分动员后召开的，声势浩大，气氛"热烈"。不少人不顾事实，瞎说乱斗。对此，彭、黄一反在庐山会议上忍辱负重的态度，"对会上许多'揭'、'批'的不实之辞，就不认了。"他们据理抗争，"彭答辩，我也答辩，……一件一件的和人们争论，甚至于吵起来"[①]。

会议乱哄哄的开不下去了。于是，会议主持者宣布：将彭、黄分成两个会场进行批斗。

从 8 月 29 日开始，会议将 15 个小组编成第一、第二两个综合大组，彭德怀在第一组，黄克诚在第二组。了解彭的人参加第一组，了解黄的人参加第二组。会议地点第一组仍在怀仁堂，第二组移至紫光阁。

第二组对黄克诚的批斗非常猛烈。许多人为了表示自己与"反党集团"和"反党分子"划清界限，争先恐后地揭发批判黄克诚的"罪行"，但没有一个像样的发言，只是追查、逼问。更有甚者，有些人拍桌子、挥拳头、跺脚、骂娘、把会议搞得乌烟瘴气。只有极少数人一言不发。参加第二组的原第三十九军军长吴信泉回忆说："会议上许多人发言，都是众口一词，什么'胆小鬼''杀人犯''贪污犯'，揭发离谱，造谣捏造，扣帽子，打棍子，上纲上线言辞激烈，使人感觉非常

---

①《黄克诚自述》，人民出版社 2004 年版，第 317 页。

丑恶。""会议气氛糟糕的很，与其说是斗争会，不如说是辱骂更确切。吴法宪带头跳起来破口大骂，另一个人发言也是假话连篇，骂不绝口。其实这些人对黄老都是了解的，可是，为了显示自己与'反党集团'和'反党分子'划清界限，不顾事实，肆意污蔑。……作为党的高级干部怎么能讲假话，造谣呢？还骂人！党的高级干部会议怎么能开成这个样子？"[1]

黄克诚尽管有一定的思想准备，但没想到有些人竟然这么野蛮，骂娘的脏话都出来了，这让他非常伤心和愤怒。更让他意外的是，一些并肩战斗、相知相助多年的老战友、老部下居然一反常态，颠倒是非，无中生有，乱扣帽子。例如，吴法宪，是黄克诚的老部下，关系一直不错的。武汉刚解放时，他在武汉养伤，曾多次到黄克诚岳母家看望黄克诚的两个孩子。但在这次会议上，他表现得既无知、无情，又无理、无德。对此，黄克诚大感不解，非常难过。他想：我和吴法宪有什么深仇大恨？没有！此后，黄克诚曾对子女们说："吴法宪那么恨我，可能是因为1955年没评上上将而迁怒于我。他认为自己是中央红军'出身'，根正苗红，有资格评上将，是我没帮他说话，所以评了个中将，为此，他耿耿于怀多年！"

黄克诚有"虎落平阳"的感觉。

然而，黄克诚的"态度"依旧强硬。他给恶毒攻击者以愤怒痛击；对歪曲的事实和不实之词据理辩驳；对骂娘者嗤之以鼻："你有理说理，为什么骂我娘？我娘有什么错？"他每次争辩和发言，几乎都被那些起哄者打断，说他"放毒""狡辩""不老实"。在这种乱哄哄的"一边倒"的形势下，根本不允许黄克诚辩解。即使他再有理，纵有一副"铁嘴钢牙"也无能为力啊！

会议对黄克诚的揭发范围之广泛，大大超过了庐山会议。大会秘书处根据揭发的"事实"，整理了一份《黄克诚同志右倾机会主义反党活动材料摘录》，共32页2.1万多字，发给大家。该"摘录"列举了黄克诚九大"罪状"：（1）"反对总路线、大跃进、反对人民公社、反对毛主席"；（2）"军事俱乐部"的"参谋长"；（3）高、饶反党联盟的漏网分子；（4）执行第二次王明路线、对抗中央和华中局的领导；（5）分裂党、分裂军队，挑拨一、三军团的关系；（6）作战中右倾逃跑贪生怕死；（7）宗派主义、军阀主义、敌我不分的干部政策；（8）伪君子的作风；（9）假公济私、贪污公款、违反财经政策。

这九大"罪状"中除反对"三面红旗"比较确切外，其他都是无限上纲、乱扣帽子、无中生有的不实之词。

例如，有一个人指责黄克诚是"杀人犯"，是挑拨破坏红一、红三军团团结，搞分裂活动的"罪魁祸首"。他说，是黄克诚下令打死几个走不动的同志，杀了开小差的杨兴仁，而把责任嫁祸于红一军团派到红三军团担任领导工作的干部身上。

那是红军长征后期发生的事。1935年9月12日，中共中央在四川俄界召开

---

[1] 俞惠如口述，吴淮阳执笔：《我和信泉——俞惠如回忆录》，2008年，第140页。

政治局扩大会议，决定将红一军团、红三军团和中央纵队（军委纵队）合编为中国工农红军陕甘支队。9 月 18 日，红军攻占哈达铺后，部队在此进行整编，红一军团、红三军团和中央纵队分别编为第一、第二、第三纵队。整编中，第一纵队（红一军团）干部较多，根据毛泽东决定抽派了几名干部到第二纵队（红三军团）担任领导职务。部队在向陕北进军途中，第二纵队有的人经不起艰苦环境的考验，开了小差。这对当时处境十分危急的红军来说，是很严重的。为杀一儆百，制止逃亡现象，第二纵队处决了个别逃跑的干部。此事在第二纵队被纷纷议论，怀疑这是从第一纵队派来的领导干部干的。本来第二纵队一些干部对第一纵队派来的几名干部在生活上搞特殊化和工作作风就有些意见，再加上部队刚刚整编，互相还不了解，所以红一军团、红三军团的关系紧张了起来，出现了不团结的现象。这是误解造成的，是政治思想工作不到位的结果，不是哪一个人的责任。当时，黄克诚任陕甘支队第二纵队政治部裁判所所长，处决人应该是经过他审批的。但当时的黄克诚因此前反对采取过激方式整肃部队已被剥夺职权，仅随队行军。所以，处决逃兵与他没关系。指黄克诚是"杀人犯"，是无中生有，欲加之罪！黄克诚说："我没有杀人，说罗瑞卿杀人也是错误的。"

黄克诚回答"杀人"问题的话音刚落，性格刚烈、耿直的北京军区参谋长钟伟突然站起来，对着那位揭发人大声地说："不对！你瞎说，这事我知道，根本不是那么回事！部队离开哈达铺以后，是我带着一个营在后面担任收容任务。当时部队很疲劳，减员大，掉队多。你说的处决卫生部的杨兴仁，根本不是黄克诚同志决定的，而是上边给我的命令，我敢不执行吗？这事 ×× 同志都知道嘛！"[①]

与会者都震惊了，钟伟立刻遭到围攻。有人大喊："钟伟是彭黄的死党，包庇、掩护'彭黄反党集团'……"有人质问说："钟伟这几天提出的问题，都是转移目标的，是什么目的？"还有人说："我觉得钟伟和黄克诚也是父子关系，到处挑拨党内关系、军队和地方关系，犯上，贪污……"[②]

在那样的政治高压环境下，钟伟不会不知道在会议上叫阵，为黄克诚辩解的严重后果。然而，这位共产党人的正义感和忠诚，促使他这样做。会议主持人杨得志宣布："钟伟同志的问题交由北京军区小组负责解决。"[③]两名士兵把钟伟押出了会场，随后进行了批斗、处理。他从此离开了军队。

吴法宪在回忆录中说："说实在的，我当时真的很佩服钟伟的这份坦诚和勇气。其实，钟伟讲的这件事，我也知道。那还是在抗日战争时期，在苏北根据地，黄克诚在一次和我闲谈中，就说起过。这次会上，处于当时的压力，很少有人有钟伟这样的勇气来为黄克诚辩解。当然，在那个年代，讲真话往往是要付出代价的。这之后，钟伟就被解除了北京军区参谋长的职务，发配到安徽省去当农业厅副厅

---

① 《彭德怀传》编写组：《彭德怀传》，当代中国出版社 1993 年版，第 643 页。

② 军委扩大会议《会议情况》，1959 年 8 月 31 日。

③ 会后，钟伟下放到安徽省农业厅任副厅长，后被扣上"阴谋策划反革命武装暴乱"的罪名，入狱五年。1979 年 3 月 26 日，中央军委予以平反，恢复名誉，1981 年 12 月离休，1984 年 6 月 24 日病逝。

长去了。"① 不管吴法宪说的是否是真心话，但从这一个侧面反映出，说黄克诚"杀人"，挑拨红一军团、红三军团的关系，纯属捏造。

受牵连的当然不止钟伟，还有洪学智、邓华、万毅等人。

批判彭、黄小组再也搜寻不出他们新的"罪行"之后，从9月5日起，会议又分出5个小组，除第五小组外，第一至第四小组分别批判洪学智、邓华、万毅、钟伟4人。

第一小组批判邓华。他和彭德怀共事时间长，关系密切，感情较好，和黄克诚也有来往。因此被当成"军事俱乐部"成员进行批斗。

第二小组批判万毅，因为他发言中曾表示同意彭德怀的意见书，而且对批彭、黄"反党集团"一直想不通，且有包庇彭、黄之嫌。

第三小组批判洪学智。他是黄克诚领导下的一名得力干将，甚受黄克诚的赏识，个人的关系也较深。任志愿军副司令员时，与彭德怀的关系也很密切。

第四小组批判钟伟。他的"罪过"就是"胆大妄为"，竟敢直面某个"权威"人物，说出事情的真相，为黄克诚开脱"罪责"。

此外，朱德也受到了批判。因为他发言坚持实事求是，因而被扣上"和稀泥""袒护彭黄"等帽子。他被迫在会上作了检讨。还有一些了解黄克诚而又缄口不语的人也受到牵连，如吴信泉、李雪三等人。

就这样，会议一斗再斗，一直斗到彭德怀、黄克诚再次低头认"罪"，身体几乎斗垮方才准备收场。

人间有"七情"：喜、怒、忧、思、悲、惊、恐。从庐山会议至这次军委扩大会议，一个多月来，黄克诚除与"喜"无缘外，其他"六情"的滋味他都饱尝了。用"水深火热"来形容他的处境似乎有些过分，但说他在凛冽寒风中瑟瑟度日应当不为过！那些污蔑之词，那些压得他透不过气来的政治帽子，那些谩骂，……让他寒透了心！

8月22日，黄克诚给毛泽东写了一封信：

主席：

我自知罪恶深重，无面目见人，更无面目见您。读您8月18日给洛甫同志赠言及批语，一片热情，跃然纸上，反复诵读，感人肺腑。您不弃罪人，热情欢迎犯错误的同志改邪归正，我才有了勇气向您写这封信。

我虽顽钝，尚有知觉。多次蒙您诚挚教育，拯救危溺，当时竟不觉悟。少奇和许多同志都给我极其热情开导帮助，我非木石，岂不知感，无奈当时鬼迷心窍。现愧悔交集，寝食不安，丧魂失魄，日夜彷徨。目前我正在挖掘自己犯罪的根源，准备作进一步检讨，谨向您表示一定悔改的决心，坚决改造自己，洗心革面，重新做人，老老实实，忠诚于党，听您的话，做党的驯

---

① 《岁月艰难——吴法宪回忆录》，香港北星出版社2006年版，第536页。

服工具。

　　此致

敬礼!

黄克诚

八月二十二日

　　信发出后，黄克诚并未抱太大希望。没想到，毛泽东看到信后很快回了一信。

克诚同志:

　　信收到，很高兴。你的那种态度很好。我表示热情的欢迎。错误并不可怕，只要能改就好了。错而能改，出以真诚老实，就能逐步地见信于人，变为一个好同志。这样一想，忧愁就可以减轻了。顺复。

　　祝你大进步。

毛泽东

八月二十四日①

　　关于写这封信的经过，黄克诚在《自述》中有较详细的叙述:"这时中央转发了一封张闻天给主席的信，主席批字鼓励。我看后没有表示。我老伴就使劲催我也写一封认罪悔过的信给主席。我说难写，空话无用。老伴不死心，就替我起草了一封，说些什么'罪过深重，寝食不安，痛悔莫及'之类的话。我向来不喜欢空话，这信虽言词甚切而无实际内容，我也不愿写。但我老伴在庐山会后吃了不少苦，被人批斗，几乎也戴了右倾机会主义的帽子，最后受了党内严重警告处分。她无故受害，又没有经过党内斗争的实际锻炼，有一段时间精神都有点失常。我看她把这封信看得那么重，为了照顾她的情绪，就照抄一遍，把信发了出去。想不到，主席竟亲笔回了一信，意思是:1.欢迎认罪改过;2.要求有实际表现。主席一眼就看出了问题所在。说空话是不中用的，但无法有什么实际表现，也就没有再写信。"②

　　可以看出，毛泽东虽然回信了，表示了"欢迎"的态度。但是，黄克诚很明白，他的问题，远不是毛泽东一句"欢迎"的话所能解决的。毛泽东"错而能改，出以真诚老实"这句话的意思，特别是在"真诚老实"几个字下面加了着重号，显然是对他能否改正"错误"有怀疑。在这种情况下，就是写多少信，毛泽东也不会轻易相信他的，他要看行动。人"靠边站"了，还能有什么实际行动?在庐山会议后不长的时间内，张闻天先后给毛泽东写了六封信，三番五次作深刻检讨，

---

　　① 中共中央文献研究室编，逄先知、金冲及主编:《毛泽东传》(下)，中央文献出版社2003年版，第1005—1006页。

　　②《黄克诚自述》，人民出版社2004年版，第320页。

坚决表示悔过，毛泽东也回了信，但并没有得到"恩释"。所以，黄克诚感叹地："我无法有什么实际表现"，因为没有表现的机会。因此，也很难得到毛泽东真正的宽恕。

毛泽东的回信并没减缓会议对黄克诚的猛烈批斗。他仍挺立"寒风残杀"之中！

9月9日，军委扩大会议在怀仁堂举行全体会议，听取刘少奇讲话。他根据庐山会议决议精神，首先表示支持这次军委扩大会议，认为这次会议开得很好、很成功。他在讲话中系统地批判了彭、黄的错误，认为清除彭、黄"反党集团"是一个很大的胜利。

9月11日，再次在怀仁堂举行全体会议。毛泽东到会讲话。他重复庐山会议上讲话的观点：彭德怀等几个人，据我看，他们从来不是马克思主义者，一直到现在，他们从来就没有成为马克思主义者，是什么人呢？是马克思主义的同路人，是资产阶级革命家混进了共产党，他们的资产阶级世界观，他们的立场，没有改变，这样的同路人，在各种紧要关头，不可能不犯错误。

接着，林彪讲话。他说，这次会议揭发了彭、黄"反党集团"的问题，基本肃清了他们在军队的影响，取得了很大的胜利。今后，中国人民解放军一定要紧跟毛主席、紧跟党中央，团结一致，争取更大的胜利。他极力鼓吹对毛泽东的崇拜。他说，我们军队离开毛主席就不行。战争时期，每一个战役都是毛主席亲自和直接指挥的。我们怎么学习马列主义呢？我向同志们提议，主要是学习毛泽东同志的著作，这是学习马列主义的捷径。这不仅仅是因为他全面地、创造性地发展了马列主义，而且也因为我们学习毛主席著作比较容易，学了马上就可以用。

会议期间，周恩来遵命到会作了《关于彭德怀同志历史问题的报告》，谈了彭德怀和毛泽东历史上所谓"三分合作七分不合作"的情况。

会议即将结束时，彭德怀给毛泽东写了一封表示"继续彻底反省自己的错误"的信。

毛泽东在彭的信上批示："我热烈地欢迎彭德怀同志这封信，认为他的立场和观点是正确的，态度是诚恳的。……我建议，全党同志都对彭德怀同志此信所表示的态度，予以欢迎。"[①]

黄克诚向大会交了一份书面检讨。

9月12日，会议通过《中共中央军事委员会扩大会议决议》后结束。

这次军委扩大会议和通过的"决议"是庐山会议的"再版"，完全是错误的，对军队建设没有任何积极意义。

会后不久，中共中央发出通知，决定把中国共产党八届八中全会《关于以彭德怀同志为首的反党集团的错误的决议》和《为保卫党的总路线，反对右倾机会主义而斗争的决议》，传达到全体党员，随后传达到党外。朱德在军委扩大会议上的检讨，也印发到县、团以上党组织。全军接通知后，各大单位都召开党委扩大

---

① 彭德怀传记组：《彭德怀全传》(四)，中国大百科全书出版社2009年版，第1460页。

会议或团以上干部会议，军、师、团也召开排以上干部会议，贯彻庐山会议和军委扩大会议精神，继续揭发彭、黄的"反党罪行"，开展"反右倾斗争"，并联系本单位情况，批判所谓"右倾机会主义分子"。到 11 月底，全军共划"右倾机会主义分子" 1848 人。据 1980 年平反时统计，全军被戴上"右倾机会主义分子"和其他政治帽子的多达 17212 人，军队建设受到很大影响。

二、又一份违心的检讨书

1959 年 8 月 14 日，黄克诚在中共八届八中全会上违心地作过一次全面检讨发言。这次军委扩大会议把他那个检讨作为会议的第 33 号文件发给了与会人员。

在军委扩大会议即将结束之前，黄克诚根据主席团的要求，拖着几乎被斗垮的身躯，又违心地写了一份《在军委扩大会议上的书面检讨发言》交了上去，全文共 26 页 1.8 万多字。

这个书面检讨，是在八届八中全会上那个检讨的基础上写成的，内容基本上一致。但在"反党集团"、同高饶反党联盟的"关系"、红一、红三军团团结、在军委工作期间的"错误"等问题上，都比 8 月 14 日的检讨更"提高"了一步。会上强加的那些莫须有的"罪名"，例如，"是以彭德怀同志为首的反党集团的主要成员之一"；"以彭德怀同志为首的反党集团的活动是有准备、有计划、有组织、有目的地向党进攻"；和彭德怀"形成一种如毛泽东同志所批评的'父子关系'"；"参加了高饶反党联盟的反党活动，成为高饶反党联盟的重要成员之一"；等等。这些，在庐山会议上黄克诚是不认账的，而在这个检讨中却被迫全包揽下来了。但会上揭发他贪污黄金的问题，他始终没有承认。

黄克诚为什么这么做呢？他是效仿彭德怀"只要不违背党和人民的利益，要什么给什么"的做法，把别人的"欲加之罪"加以归纳整理，交上了事。

古人云："登山耐侧路，踏雪耐危桥。"就是说，有志之士要胸怀一个"耐"字。世间人情阴邪险恶，世道坎坷难行，如果没有一个"耐"字支撑，就会掉入荆棘丛生的深涧之中。黄克诚把一切"罪名"接受下来，也是用"耐"的精神来顾全大局的！他说：在庐山会议上，我"认罪很慢"，"在这次会议上还纠缠某些具体问题，思想不通，态度不好"。但经过冷静的思考，还是"耐"住了，表示"我竭诚欢迎同志们的揭发和批判"。

但是，黄克诚通过认罪检讨，对一些重大问题进行了一些辩解，说出一些真相。

第一，和彭德怀的关系。黄克诚首先和在庐山会议上的检讨那样，违心地把彭德怀骂了一通，然后说："我和彭德怀同志关系的形成开始于 1931 年秋天肃反的时候。彭德怀同志告诉我说，有人主张逮捕我，是他不同意才只是调动了工作；再加上后来长期在他领导下工作，关系越来越深，感情愈来愈厚。他一贯的信任我，看重我，就使我常怀感恩知己之情"，因此，对他敢说不满的话，看作是他的个性，并当作发牢骚原谅他。"我们的世界观和方法论都是经验主义的，因而对许多问题的看法就有一致性。例如，对个人和组织关系，对人事问题，对待群众运动，对待生活细节和个人的生活作风，都有共同之处。……对农业合作化的速度问题，对1956年反冒进问题，特别1958年大跃进以来，对于生产建设指标，对于人民公社运动，对于大跃进中所发生的具体工作缺点，和由于缺点所产生的后果，都有基本一致的看法"。

会上，彭德怀也交代了他同黄克诚的关系。他说，我和黄克诚"有私人感情"，这是长期在一起工作中建立起来的；我们的"右倾"观点也常常一致，工作作风有共同之处。"我的意见遭到别人反对时，我就发火，而遭到黄克诚反对时，则比较容易重视他的意见。有的同志说，我对黄是言听计从，黄对我是唯命是从。我和黄之间，不是每件工作上都这样，但在大部分工作上是如此。"彭德怀对黄克诚非常信任，1956年以后，彭每次外出，都让黄克诚主持军委日常工作；他曾想过早点退位，让黄当国防部长。在彭德怀眼里，黄克诚忠诚耿直，实事求是，不溜须拍马，而且善于思考，深谋远虑，处事沉稳严谨，这在某些方面弥补了彭性格上的不足。同时，二人工作上配合相当默契。彭说："黄克诚对我的错误和缺点总是背后提出劝告，而在公开场合又替我打圆场。"

一位老干部回忆了亲自经历的这样一件事：那是1955年9月，彭德怀带领黄克诚、许光达、陈士榘、谭家述等到沿海各军区检查工作，先后到了济南、福州、广州等军区，各军区以比较高的规格热情招待，吃、住都很高档。特别是福州军区，他们到达的当天，军区给他们安排了高级住所，餐桌上摆了一些名菜。一向俭朴的彭德怀看到如此豪华，非常不满，他把脸一拉，很严厉地批评司令员叶飞：你们把我们当成封建皇帝了，住的像皇宫，吃这么高级的菜，要花多少钱？我们是共产党的干部，人民的勤务员！国家正在建设，还有许多困难，老百姓还很穷，你们忘了吗？这么铺张浪费，很不应该！

这一番批评，让叶飞等军区领导很尴尬，有点下不了台。黄克诚觉得，彭总的批评很对，但太严厉了，有些过分，于是，便开玩笑说："我们不是封建皇帝，就住一天'皇宫'吧，享受一顿'皇宴'吧，不然就浪费了，还得另给我们做饭吃，下不为例就行了！"此话一出，气氛立刻缓和下来。许光达也说，对！对！盛情难却嘛，就此一次吧。这样，黄克诚给彭德怀打了个圆场，也给了军区领导台阶下。

和彭德怀开这样的玩笑，只有黄克诚才敢这样做。

彭德怀知道黄克诚历来以节俭而著称的，今天他既然这么说，气也消了。

从黄克诚关于和彭德怀的关系的检讨可以看出，他们之间感情是深厚的，这种感情，不论从政治上、组织上、思想上都是正常的、纯洁的，没有离开党性原则搞拉拉扯扯。黄克诚在蒙难期间用三句话精辟地概括了他和彭德怀的关系："相待以诚，相争以理，言不及私。"

尽管如此，黄克诚还是接受了"我是以彭德怀同志为首的反党集团"和"军事俱乐部"的主要成员之类的"罪名"。因为这是会上追逼的主要问题之一，也是中央全会的定论，不承认过不了关。

接着，他检讨了和周小舟、李锐、周惠的关系。他说："我在湖南担任省委书记三年期间，他们三人都在湖南工作，我的右倾思想对他们有较深的影响。我到北京工作后，与周小舟仍有一些联系，他告诉我一些地方工作情况，我也向他反映自己家乡的一些情况。周小舟同志来北京开会，也来我家谈谈工作上的问题。我们庐山开会期间的接触也是谈的一些湖南情况和毛泽东同志在湖南视察的情况，以及家乡农民的反映。"可以看出，黄克诚和他们三人的关系，是很正常的同志之间的友情和工作关系。

关于 7 月 23 日晚他们在黄克诚处议论毛泽东的问题，黄克诚在重复了庐山会议上的说明后，坦言了他当时的心情："我内心是有斗争的，在逐渐认识到问题的严重之后，心情随之紧张，既感到问题严重，又没有勇气揭发，执迷不悟，担心揭发之后加重自己的罪过，以至迟到 8 月 10 日才被迫交代。"

第二，无奈承认自己"是一个一贯有右倾思想的人"。黄克诚历数自己"一贯右倾"的表现：在长征的一个时期，"有右倾思想"；"在苏北工作期间，有严重的军事保守主义……只知道保存军事力量。在发动群众工作中，小手小脚，不敢大规模地放手发动"；"刚进入东北时，在义县给中央的电报中曾说，不发动群众建立根据地，就有西路军的危险"；"在湖南工作期间，清匪反霸、镇反、土改，是按照中央指示执行的，但对'三反运动'中规定打老虎的数字，虽然坚决执行了，内心却有抵触情绪"；"对于社会主义建设，我认为可以从容不迫地、有计划、有步骤地进行，不必那么太急；我也认为建设工作要依靠群众，要发动群众，但认为不必采取革命时期那样猛烈的群众运动。害怕猛烈的群众运动会影响生产，产生副作用，总想搞的四平八稳，稳步发展。因此，对社会主义时期猛烈的群众运动表现动摇。感觉高级合作化搞的太快，怕出偏差；对 1956 年跃进时发生的某些缺点看得很严重，对某些'反冒进'的言论是同情的；对 1958 年的'大跃进'总感觉搞的太急太猛，太急太猛了许多问题不好解决，怕刮'台风'，怕出乱子。我在 5 月底军委扩大会议上讲过'中国的工人农民好，主席和党的威信高，否则可能出乱子'的话。"

黄克诚说的这些"右倾"的表现，从另一个角度看，恰恰是他在认识和处理重大问题上冷静、沉稳性格和政治远见的体现，也反映出这位老练的政治家的思想和政治水平。但在那个"左"的年代，是非被扭曲，正确和错误被颠倒了，在高压下，黄克诚不得不承认自己"右倾"！

黄克诚还从家庭出身、历史根源、阶级本质、世界观等方面剖析了犯"右倾错误"的原因。

他说："我出身于一个农民家庭。农民的革命的、保守的两面思想我都接受下来了，而保守思想接受的更多。……虽然读了一点马克思主义著作有所改变，但保守消极的思想并没有得到根本的改造。"

黄克诚还说："大革命失败后，我参加湘南农民起义斗争，因'左'倾盲动的行动，使农民遭到了严重地摧残，自己也受了许多痛苦，'左'的行动所引起的后果对我的印象非常深刻。因此，在以后的革命斗争中，总害怕发生 '左' 的现象。所以，在党内发生 '左' 倾路线或 '左' 的偏向时，我总是站在反 '左' 的一边；党内发生右倾现象时，我绝大多数时期站在右的一边，特别是社会主义革命和社会主义建设时期更是如此，这就是我一贯右倾保守的历史根源。"

黄克诚所说的 "右倾保守的历史根源"，正应了毛泽东 "历史的经验值得注意" 那句话，从历史的教训中汲取了政治营养。

黄克诚在检讨思想根源时说了这样的一段话："我是一个先有爱国思想、孙中山思想而后学了一点马列主义著作的人，……在民主革命时期，有一定的积极性"，到社会主义革命和社会主义建设时期，"因我生性迟钝，接受新生事物很慢，而对自己已经形成的观念又很固执，不易放弃改变，当六亿人民在党的领导下，进行伟大变革、一日千里地发展的时候，我没有办法跟上，就只有动摇、害怕、担忧，以致担忧到睡不着觉的程度。" 经验主义的片面性，使我看不到事物的本质、全局和主流。对 "大跃进"，"看实际工作的缺点是很多的，一件件积累起来，装满了自己的头脑。这样，正面的主流——成绩，在我脑子里只是一个轻飘飘的概念，压不住阵，而反面的、非本质的、现象性的缺点却十分具体，又多、又结实，沉沉地压住我的心。既然如此，那么，对于党所领导的伟大的群众运动，党的总路线不可能有全面的正确的反映，不可能采取客观的分析态度，不可能得出正确的结论。结果就总是抽象地肯定成绩，具体地否定成绩。这就是我的右倾机会主义思想在认识论上的根源。"

第三，和高岗、饶漱石的关系。这个问题黄克诚在庐山会议上已经作了交代。但仍是这次会议追逼的重点之一。黄克诚不得不用较大篇幅再作检讨。

解放初，有 "东北王" 之称的高岗身兼中央政治局委员、中央人民政府副主席、中央军委副主席等要职，随之其野心也膨胀了起来。1952 年底，他调中央工作后，抓住这一时机，和中央组织部部长饶漱石联合起来，反对刘少奇、周恩来，搞起分裂党中央的活动，企图取刘少奇、周恩来而代之，攫取更大的权利。他们在高层领导人之间穿梭般地游说，散布对刘、周的不满，挑拨离间，封官许愿。黄克诚也成为高岗拉拢的重要对象之一。

黄克诚和高岗有六次见面，这六次见面都是在高岗家里。前三次是和其他人一起去的，是拜访性质或谈一些工作什么的，没发现高岗有什么不轨。后三次是自己一个人去的。黄克诚较详细地交代了后三次和高岗谈话的情况。

第一次，高岗向黄克诚谈了两方面的内容，一是吹嘘自己，二是挑拨离间。黄克诚说：高岗 "先谈了自己在西北挨整的情况，吹嘘他在东北建设的成绩，如何在莫斯科见斯大林，斯大林叫他张作霖等；其次讲了刘少奇、周恩来、彭真、薄一波、安子文的坏话，……""我当时表示，……你应当向主席谈，不应该向我谈。他说，已经向主席谈过了。"

第二次，高岗利用所谓 "政治局人选名单" 进行煽动。黄克诚说："高岗他对我说，政治局名单中有薄一波，没有林彪同志。我当时认为这样不公平，然后，他又污蔑少奇同志搞宗派，我表示不相信。他还拿出中央委员补选名单问我的意见，我表示这些人可以考虑。"

第三次，高岗向黄克诚封官许愿，企图拉他。高岗对黄克诚说：政务院将要改组为部长会议，要以林彪同志当主席。黄克诚当时表示："林彪同志在养病，他年纪还轻，现在怎能当？过几年等他身体好了再当也不迟，何必急于现在要他当主席？他又说，我有当政治局委员的资格，我当面骂他胡来。这时我才发现高岗是在进行分裂党的活动，很危险！以后我就再也没去过他那里。"

同志之间正常的来往，是允许的，在一起谈谈工作，交换对某些问题的看法也是可以的。但是，拨弄是非，挑拨离间，私下谈论党的人事问题是违反党的政治纪律的。从黄克诚交代的三次在高岗家谈话的情况来看，他是作为正常的来往到高家的，坦坦荡荡，没有任何思想准备，更不了解高的阴谋。当他发现高岗的不良动机，认识到危险时，果断地和高断绝了来往。

高岗在进行阴谋活动中，还先后游说过邓小平、陈云、林彪、罗瑞卿、陶铸、陈正人等人，但他们都及时向中央作了反映。陈云说：我把高岗和我讲的话向党说出来，高岗可能觉得我不够朋友。但我讲出来，是党的原则，不讲出来，是"哥老会"的原则。

黄克诚在检讨中称自己的错误主要是没及时向中央和毛泽东报告。为什么？因为：一是，高岗曾对黄克诚说，他对刘少奇的意见已向毛泽东谈过。既然毛泽东已经知道，黄克诚认为自己就不必多此一举了。二是，黄克诚还不知毛泽东的意向，一向稳重的他，不敢贸然行动。三是，顾虑涉及的人比较多，弄不好冤枉了好人。四是，"本人患得患失，存在侥幸心理，以为可以搪塞过去"。

但他及时向中央副主席陈云作了汇报。之后不久又向毛泽东作了汇报，毛泽东指示他"向一些同志透露党内有人在阴谋搞分裂党、篡党的活动"，黄克诚遵照毛泽东的指示去做了，并在中共七届四中全会上作了检讨和揭发。

1980 年 7 月 28 日，中共中央批转的《关于黄克诚同志的复查结论》写了这样一段话："关于黄克诚同志与高岗的关系问题。1953 年高岗确曾向黄克诚同志谈过一些问题，黄克诚同志察觉到高岗所谈的问题有些不正常，曾向中央领导同志反映过，并报告了毛主席。根本不存在黄克诚同志参加高、饶反党联盟的问题。"[①]

三、所谓"贪污黄金案"

会上揭发的黄克诚的大量"问题"中，以所谓"黄金"问题最耸人听闻。这是庐山会议上根本没有涉及的问题。

首先提出这个问题的是吴法宪。他揭发说："1946 年，部队在郑家屯整顿时，黄克诚同志将原三师的'小家当'都带走了，计金子 440 余两，银洋 21222 元，

---

① 中共中央文件中发〔1980〕58 号。

鸦片42斤，还有各种钞票几亿元。在整个解放战争期间，黄克诚派苏焕清同志去大连做生意，把钞票变成金子，另将金子和银圆交翁徐文带到齐齐哈尔。黄克诚表面上说，用这些金子去救济老幼，不需要的就交西满分局。实际上一直没交。后来，这些金子就统统由他带到四野后勤部。黄克诚到湖南任省委书记时，又带到湖南，下落如何至今还不知道。"

　　吴法宪揭发的那么具体，可以看出，他是有充分准备的，并不像他在回忆录中说得那么"仁慈"，那么"被动"，那么"君子"。

　　吴法宪在回忆录中说："批斗黄克诚的过程中，一开始我没有发言，后来有人看我不发言，就对我说：'你跟他在一起工作了那么长的时间，了解他的事情不少，怎么不讲啊？'我一看，大家都在积极发言批判，我如果什么话也不说，肯定是过不去的。于是，我就说了关于他的三件事。

　　"第一件事，是说黄克诚打仗有点往右偏，有点保守。由于他的这一指导思想，抗日战争时期新四军三师在苏北有些仗打的就不是太好。到东北后，他又认为没有前途，一定要在平原地区建立根据地。

　　"第二件事，是说黄克诚有'本位主义'思想。这件事说的是，他把新四军三师的一些剩余的黄金，走到哪里带到哪里。他先把'小金库'带到东北，继而又带到天津，最后竟带到湖南去了。

　　"第三件事，是说黄克诚任用自己侄子的事。我们在苏北的时候，黄克诚有一个侄子叫黄楚三，原在国民党军李明安的部队里当情报科长。来到三师不久，就由黄克诚和洪学智介绍，在齐齐哈尔入了党。入党后，就当了师特务团的参谋长。我认为，黄楚三的职务提升的太快了，不妥当。

　　"那次会上，我对黄克诚就揭发了这三件事。对庐山上黄克诚的所谓错误，我一句也没说。不过，受当时会场气氛的影响，说到最后，我也对黄克诚拍了桌子。

　　"我当时想，这几个问题都是鸡毛蒜皮的小事，揭发出来，既能让我安全过关，也不会对黄克诚有什么大的损害。我万万没有想到，我所说的第二个问题，竟然被人利用，成了黄克诚十分痛心的事情。"[1]

　　实际上，吴法宪在会议上表现得很不好，军委扩大会议情况简报均有记载。据当年参加扩大会议的人回忆，吴法宪在揭发黄克诚"贪污"黄金问题时有些"激昂"，好像他与黄克诚有什么世代冤仇。然而，他在回忆录中很为自己打扮了一番。当初批斗黄克诚的那股"英雄"气概在他的回忆录中不见了。

　　当然，吴法宪在回忆录中也向黄克诚表示了"忏悔"。他说："当然，我必须承认，我当时在会上的'揭发'，不论我自己出于什么样的目的，事实上都给黄克诚带来了较大的伤害，使他蒙受了不应有的屈辱。在此，我再次向他表示深深的歉意，愿他的在天之灵，能原谅我在他生前曾对他有过的不敬。"[2] 这可能是吴法宪

---

①《岁月艰难——吴法宪回忆录》，香港北星出版社2006年版，第532—533页。
②《岁月艰难——吴法宪回忆录》，香港北星出版社2006年版，第534页。

"落马"后在监牢里"反省"的结果吧！

吴法宪这一炮引起极大的轰动，许多人震惊，感到意外，会上一片哗然！大帽子也劈头盖脸而来，甚至有人污蔑说这是黄克诚"为军事政变准备的经费"。

一向被人们认为廉洁奉公、艰苦朴素的黄克诚，忽然间成了"伪君子""贪污犯"。林彪是很了解黄克诚的，他听了吴法宪的揭发后说："调黄克诚到北京是我向毛主席建议的。我看他常穿一身褪色的旧军装，扎一条旧皮带，生活很朴素，没想到是一个贪污犯。"

但了解黄克诚的人怎么也不相信吴法宪的瞎话！

黄克诚像挨了当头一棒，懵了！他痛心、气愤、羞辱难当。后来他谈到当时的心情时说："斗争会上对我的揭发中最耸人听闻的是莫须有的'黄金'问题。提出此事的是空军的吴法宪。这一来又像是爆发了一颗炸弹，会上一片哗然。我一向被认为是清廉、克己的，忽然间似乎成了大贪污犯，人们都感到意外，但了解的同志都不信。……军委斗争会揭发了这个问题以后，我真担心起来了。我怕的是翁徐文[①]年纪大了，记不清来龙去脉，又怕他已经将账目销毁。万一翁徐文死去，我就百口难辩了。我尽管已经背上'右倾反党'的罪过，但实在耻于'贪污'的名声。为此，写信给代替彭主持军委工作的林彪，要求迅速派人查清此案。"[②]

所谓"黄金"问题指 1945 年 9 月，黄克诚奉命率新四军第三师从苏北进军东北时带的一部分经费。

新四军第三师在苏北经营五年的时间里，艰苦奋斗，生产自救，节约了一笔经费。这笔经费一直由时任供给部副部长的翁徐文管理。在第三师进军东北前，翁徐文根据黄克诚的指示，将这笔经费除兑换一些国民党的法币外，又把仅限于在苏北地区流通的货币换成黄金并带到了东北。

大军千里挺进东北，中央是不拨发经费的，也没有钱给第三师，全靠第三师自己解决。第三师省吃俭用节约的这笔经费，可以说派上了大的用场。到东北后，第三师在"七无"[③]的艰苦条件下，建立根据地、部队整编、补助困难干部、救济伤病人员等等，都动用过这笔款项。黄克诚任西满军区司令员时，经上级批准，把剩余部分带到了西满军区。1947 年底，为保管方便，西满军区供给部将这些金子炼成金条，经黄克诚请示时任东北局财经委员会书记的李富春批准，派专人将金条送交东北银行保管。

1949 年 1 月，黄克诚任天津市委书记时，这笔款项仍保管在东北银行。3 月，中央确定黄克诚任湖南省委书记后，一直经手这笔款项的翁徐文写信给黄克诚，

---

① 翁徐文，1901 年出生于湖南醴陵县一个贫苦农民家庭，1926 年参加革命，1927 年入党，先后参加秋收起义、五次反"围剿"、二万五千里长征及抗日战争、解放战争。抗日战争时期，任新四军第三师供给部副部长，一直掌握着第三师的财权，却"两袖清风，一尘不染"。

②《黄克诚自述》，人民出版社 2004 年版，第 319 页。

③ "七无"指 1945 年 11 月新四军第三师到东北后"遇到极为困难之情况，无党、无群众、无政权、无经费、无医药、无衣服鞋袜等"。

询问这批黄金怎么处理。黄克诚考虑到湖南刚刚解放，有不少暂时困难；同时，湖南又是革命的发源地之一，有许多革命烈士的遗属需要救济，所以，他又请示李富春，要求将保管在东北银行的那批金条带到湖南。李富春批准了。翁徐文等四人从齐齐哈尔来到沈阳东北局，找到李富春，打了领条。东北银行造了出库黄金清单，用两个保险柜装上黄金，外加木箱封好，在武装警卫下，由翁徐文、陈烨、王之庆、吴子昌四人护送到长沙，救济了不少军烈属等。待湖南经济情况好转后，剩余部分上交到湖南财政厅。

这个问题，黄克诚在这次会议上交代得清清楚楚。他说："抗战结束，三师北上东北郑家屯后，部队分给各省军区领导指挥，师领导干部分散工作，师部剩下一笔经费（包括黄金、现洋、烟土和各种货币），经原三师领导干部讨论决定，把这笔经费保存起来，准备作为三师伤病员、烈士家属和干部困难补助之用。同时派苏焕清同志把全师所带北海币收集起来，到大连、胶东兑换成黄金，并在大连做了一年的生意。黄金、现洋和其他货币等则由翁徐文同志掌管保存。以后，西满结束，我到东北后勤部工作，这笔钱仍由他保管。1949年，我到天津并准备去湖南的时候，翁徐文同志给我来信，问我这笔钱如何处理，并要求到湖南工作。我一方面给他回信，要他请示李富春同志，同时我也给富春同志写了信，内容大致是：翁徐文同志可否到湖南工作；翁负责保存的一笔钱，可否允许翁带到湖南作新区建设之用。后来，富春同志同意翁回湖南，并同意翁带这笔钱到湖南使用。于是，翁徐文同志就把这一笔钱带到了湖南，交给了湖南省委（或省财委）作了建设投资。这就是这笔钱的来龙去脉。这笔钱我自己一直未经手，从始至终是由翁徐文、苏焕清同志经营的。'三反'时，曾有人向中南军区检举过这件事，我当时曾给中南军区政治部写信作过说明。"

黄克诚还检讨说："在西满军区结束时，本应把这笔钱上交东北财委，而我没有这样办。""在本位主义思想支配下，企图作为新工作单位的家务，……这是破坏财政制度，违反财政纪律的。……在这笔钱中，我批发过一些钱给烈士家属、残废军人、伤病员和补助干部。""我在这个经费问题上犯了严重错误。但我确实没有贪污这笔巨款。请求军委彻查清楚。"

1994年10月出版的《黄克诚自述》再次申明了这个问题。这时黄克诚已经逝世八年了。这是他生前对后人作的又一次郑重地交代。

从黄克诚讲述的上述情况可以看出：（1）黄克诚虽然掌控着一笔钱财，但这批款项始终由翁徐文管理，他没有直接经手，仅有批用权；（2）这笔经费是经过管财经的东北局常委、副书记李富春批准留用的，不是黄克诚私藏"小金库"；（3）这笔经费是为了解决部队急需之用的，黄克诚没"中饱私囊"；（4）剩余部分上交湖南省财政，没有私分。在处理这笔款项中，黄克诚始终秉承一个"公"字。

然而，在当时那种局面下，有几人能听得进黄克诚的真言呢？又有谁会站出来主持公道呢？这种情势迫使黄克诚不得不要求军委进行查实，还他一个清白。

军委扩大会议结束不久，中央军委决定组织工作组进行调查。经过严格审查筛选，最后从总政治部检察院、法院、保卫部、组织部、干部部抽调九名得力干部组成三个小组，对黄克诚进行全面调查。第一小组组长是总政治部保卫部长蔡顺礼；第二小组组长是最高人民检察院军事审判厅厅长钟汉华；第三小组组长是最高人民检察院副检察长兼解放军检察院检察长黄火星。总负责人是萧华。

1959 年 10 月下旬，三个小组分头行动。调查先从北京开始。他们找了在中央各部委、军委各总部任职的原新四军第三师的干部，他们有的说"记不清"，有的说"不知道"，更多的人表示"不相信"。他们说：当时确实有一个"经济摊子"，叫"革命家务"，和现在说的各单位的"小金库"差不多，但性质完全不一样。这是历史的产物，也是有传统的，在那个时期是很光荣的。战争年代，没有统一的中央财政，各根据地自力更生，因此，各根据地、各部队、每个单位都有自己的"革命家务"，是为解决本部一些问题用的，走到那里带到那里，否则就不能生存。第三师从苏北出发时，确实带有一批黄金、银圆、烟土和法币，这是部队开进必备的经费。黄克诚一向清廉、节俭，这是有名的，说他是"贪污犯"，我们不相信！

接着，调查组又到东北、湖南进行了调查。

在东北，他们先后到了郑家屯、齐齐哈尔、黑河、大连、沈阳等黄克诚及第三师战斗过的地方，查账、访问，都没发现问题。

在湖南，调查组首先提审了首要"嫌犯"翁徐文，让他交代"伙同黄克诚贪污的问题"以及黄金的来龙去脉。

对调查组的传讯，翁徐文很坦然。因为战争年代的重要收据和往来账目，他都完好无损地保存着。例如，当年送交上级主管部门 74 根金条（每根 10 两，共 740 两）经手人写的签名盖章的收据；财产移交时李富春给翁徐文的电文；1949 年 9 月湖南省财政厅收点黄金给经手人的收据："陈烨同志交来黄金 867 两，银圆 2133 元。经手人：王之庆，引证人翁徐文"；等等，这些都是最直接、最可靠的证据。

这上交湖南省财政厅的 867 两黄金比吴法宪揭发出来的 440 两多出近 1 倍，比上交主管部门的 740 两也多了 127 两。如果把部队整编、补助困难干部、救济病残人员所用也算在内，那么，这个数目就更大了！

这多出部分是哪里来的？据有关人员说，那是黄克诚在西满组织生产和派供给部长苏焕清等在大连经商一年多的积累。尽管当时黄克诚对苏焕清说："你们到大连的主要任务是打着经商的幌子搜集情报"，但还是赚了一些钱。苏焕清根据黄克诚的指示将现金兑成黄金带回西满。因黄克诚用得很省，所以，直到 1949 年 9 月上交湖南省财政厅时还有 867 两。这个数字足以说明黄克诚的清廉。

调查组还传唤了当时押运黄金的西满军区供给部警卫班长张正鸿[1]，他详细地介绍了 1947 年底押送黄金交东北银行的经过，并由翁徐文的秘书付景毅和会计周利予以证实。

---

[1] 时任湖南嘉禾县税务局长。

　　经过半年多时间的查证，到 1960 年 4 月，一切都清清楚楚，什么问题也没有，应该作结论了。然而，尽管铁证凿凿，谁又愿为一个"反党分子"主持公道和"拍板"呢？所以，这次审查就不了了之。此后，又对黄克诚进行全面审查。

　　1962 年 1 月中央召开的七千人大会，决定给前几年错整的干部平反，但错误地决定不给最大的冤案"彭德怀反党集团"平反。中共八届十中全会后又对黄克诚进行专案审查。这个任务交给了彭德怀、习仲勋专案委员会。这是一次对黄克诚的全面审查，"黄金案"是审查的重点问题之一。

　　参加"黄金案"调查的人员又被召集起来，还是由黄火星和钟汉华负责，办公室设在北京翠微路总参谋部招待所。他们分为几个小组，分别到东北、湖南等地进行了更周密细致的调查。特别是去湖南的工作组，三番五次找翁徐文、付景毅、张正鸿等谈话，交代政策，并反复核实账目。翁徐文等"始终坚持原来的说法，离开账本就不轻易讲话"。最后，工作组在一个会上宣布："经过多方面的查证，问题基本搞清楚了。"

　　据参加这次专案调查的张英华回忆说："在湖南，我们住在省委招待所。这次调查比上次更详细，所有能找的线索都找了，能找的人也都找了，该查的档案和资料都查了，开了不知多少座谈会，都证明所谓'黄金案'是一个假案，是一个影子！1966 年 6 月我们调查'黄金案'的同志写了一个报告，结论是没有贪污这件事。黄克诚只是用部分黄金救济了一些人，他既没有贪污，也没有违反规定。"

　　1966 年 7 月 12 日，专案委员会给党中央、毛泽东写的《关于黄克诚反党问题的审查报告》中，对所谓"黄金案"，只写了两句话：黄克诚"长期把持经济摊子，是个大贪污犯"。既没具体事实证明，又不否认是假案。显然是欲加之罪！

　　张英华说了这样一段话："为什么我们作的那个结论没写入《关于黄克诚反党问题的审查报告》里？那时，我还以为是因为有'案件审查必须服从政治的需要'这个原则框着，如果案件的结论与政治相悖，即使弄清楚的、应当作出结论的问题也拖着不办。'文革'开始后我遇到一件事，那是 1968 年 10 月，我在'罗瑞卿专案'组当副组长，有一次，军委办事组的吴法宪找我们几个人谈话，他拍着桌子问我：'张英华，我问你，你是搞彭黄专案？还是为彭黄翻案？……'把我臭骂一顿，说我不能搞专案，就让我回部里了。我这才明白，原来这个'黄金案'之所以翻不过来的根子在吴法宪这些人。提供证据的翁徐文等人员也因涉此案丢了官，'文革'中被抄家，遭批斗，关牛棚。黄老这个案子折腾了四年，跑的路，花的钱比那批金子多得多。"[1]

　　"文革"中又对黄克诚进行了两次全面审查，对于黄克诚所谓"贪污黄金"问题均一字未提，这实际是对此案予以了否定。1980 年 6 月，中共中央批准的总政治部《关于黄克诚同志的复查结论》中说："关于把持经济摊子（即所谓贪污黄金

---

　　[1] 采访"黄金案"专案组成员张英华录音，2007 年 7 月 12 日。

案）的问题。庐山会议后，经反复清查账目，证明，黄克诚同志没有任何贪污问题，这纯属对黄克诚同志的污蔑。"

至此，淹没污泥中长达二十多年的所谓"贪污黄金案"，终于洗刷干净。

第二十九章　赋闲的六年

一、"摘掉纱帽更自由"

庐山会议后，黄克诚无奈地过起了"寓公"的生活。除政治待遇基本取消、行动受到一些限制外，生活待遇没变。工资照发，原住所不变，"吉姆"座车仍然保留，身边还有几名工作人员"服务"。但是，这种生活，对任何一个一生都在火热地生活中战斗、奔忙的人来说都是一个考验，黄克诚也不例外。然而，他很快从痛苦中走了出来，接受了眼前"失败"的严酷现实，获得了"自由"。他静下心来，读书、看报、听新闻、散步，依然静观着党和国家的命运，人民的疾苦。就这样，他度过了6年的时光。

黄克诚居住的大水车胡同4号院有四进，看格局像是在一处原有的三进院门外另圈了一个院子构成。前院有车库和锅炉房，住着几名警卫班战士和锅炉工，有一门墩、石阶和穿堂的旧式大门通向中院。中院和门洞通连的倒座南房住着管理员、司机两家。再往里是原宅的正院和后院，西侧有小花园，内有假山、小亭和不少树木。黄克诚的寝室和办公室在正院北房，东厢房是厨房和餐厅。后院北面临另一条胡同，有后门。再隔着一条胡同就是阜成门内大街。距北海公园和月坛公园都不远，交通很方便。

大院闹中取静。大门总是关着，除人、车出入外，很少开启，附近的群众都知道这里住着一位"大官"，但谁都不知道这位"大官"是黄克诚。他在位时，因工作繁忙和身体的原因，很少出门走动；罢官后为避嫌，接触邻里更不方便了。

俗话说，无官一身轻。此时的黄克诚，虽然被罢了官，但他却没有一身轻的感觉。"官"没了，对黄克诚来说，这无所谓，但千钧重的政治帽子压在头上，能有一身轻吗？

戴着"反党、反毛主席""右倾机会主义"等政治帽子的黄克诚陷入苦痛之中，一时难以自拔。他寝食难安，常常独自一人闷坐在书房内，眉头紧锁，神色凝重。

看到丈夫这样，唐棣华不仅没有了当初的埋怨，而且还不时说几句宽慰的话，尽管没有什么用，但可让黄克诚冷透的心感到一丝的温暖。其实，此时唐棣华的痛苦也不比黄克诚小。唐棣华是个"三八"式老干部，又担任过一段黄克诚的秘书，丈夫成了"反党分子"，自己也在劫难逃，孩子们怎么办？她不相信黄克诚反党、反毛主席。但党中央作了决定了，那就好好认错，争取宽大处理吧。

赋闲对黄克诚来说，并不轻松。几十年来，他为新中国的诞生和建设，舍生忘死，废寝忘食，紧紧张张、步履匆匆、夜以继日地奋斗。现在突然从顶巅跌落下来，没有了工作，看不到文件，参加不了会议，也没有了朋友，日子实在难熬，很不习惯。据黄克诚身边工作人员回忆："当时黄老除发工资外，所有的文件都没有了，只有'内部参考'①，每天两本。生活待遇也很差，管理员买菜用一个破包，来了客人连一个喝水的杯子都没有。当然，也没有客人来了，如果有，也只有一个叫夏如爱②的。他和黄老的关系很好。黄老罢官后，他不避嫌，成为黄老的唯一常客。黄老开始不适应这样的生活，这并不是因为穷，而是认为无奈退出火热的战斗岗位，失去了人生的价值。"还有一个黄时碧，他是黄克诚老家人，同辈同村，在京汉、粤汉线火车上任餐车主任，过一段时间他就来看黄克诚，有时还带一些荔枝等水果。官员们就没人上门了。他们不来看他，黄克诚也不去看别人，他那个处境，人家忌讳，黄克诚也忌讳。

雪上加霜的是，唐棣华虽然有了一定的精神准备，却仍然几乎被随之而来紧锣密鼓的批判压垮。

唐棣华在工作单位——中国科学院哲学社会科学部文学研究所不断地受批判、写检讨。她的检讨书不幸被康生看到并批字说：丝毫不触及黄克诚勾结彭德怀阴谋篡党这个要害问题，不是对黄克诚错误的认识，而是包庇。于是，犯"包庇"之罪的她又受到新一轮更升格的批判和检查，精神和身体都濒临崩溃，曾一连多日卧病不起。最后，她被定论为"严重右倾"，受到党内警告处分（1962 年 4 月该结论、处分撤销）。

有好心人劝她："你还是替孩子们想想，与黄克诚离婚自己带着孩子过吧，一是表明立场，二是可使自己和孩子少受些连累。"当时唐棣华只苦涩地笑笑。她明白，离婚和不离婚一样，总难逃一劫。后来，她听说彭德怀夫人浦安修打了离婚报告，加之其他一些因素影响，她还是提出了离婚请求。

政治斗争的冲击波深深撞击着整个家庭。对于离婚这个势必两面俱伤的举措，孩子们尚懵懵懂懂，但长女黄楠却不得不开始分担父母双方的痛苦。她曾亲聆含泪的父亲向她叮嘱大姐姐的责任，还曾在夜深人寂之时依稀听到母亲和外婆的对话，当听到母亲哽咽着述说被不断逼迫交代的处境时，黄楠觉得自己一下子长大了。

---

① 新华通讯社编辑出版的内部参考资料，专供高级干部和有关人员阅读，分上下午版。
② 夏如爱，江苏省淮阴县人，1932 年参加中国共产主义青年团，1942 年加入中国共产党，1949 年 7 月南下，10 月到达邵阳，任中共邵阳地委书记兼邵阳军分区政委。1952 年以后先后任湖南省政府财经贸易办公室副主任、省委委员、副省长等职。1957 年调国务院工作，任国务院农产品采购部办公厅主任、第二商业部研究室代主任，国家工商局副局长等职。

唐棣华于 1961 年向工作单位提出申请，分配到一套三居室宿舍，带着在东城读书的二儿子黄晴搬了过去。时光点滴流逝。唐棣华的离婚报告一直没有得到上级批准。于是，这个准备自我切割的家庭没有真正碎裂，只是形成了新的格局。唐棣华每到周六便回到大水车胡同住一天，看望黄克诚和另外几个孩子。

爱迪生有句名言："伟大人物最明显的标志，就是他坚强的意志，不管环境变换到何种地步，他的初衷与希望仍不会有丝毫地改变，并能终于克服障碍，达到期望的目的。"黄克诚就是这样的人。经过激烈地思想斗争和苦难的磨砺，他终于明白了"水虽平，必有波；衡虽正，必有差"的道理，自己是对是错，历史会有明断，自己何必纠结？跌倒了爬起来，丢弃乞求，在逆境中活下去。他说："彭德怀在庐山曾表态说：不管如何处理，我一不自杀，二不叛党……我当然也是这样。因此，不管心里感受如何，还得把日子过下去。"①

想通了，心气也就顺了。他的心情逐渐平静下来。不久，他赋七律一首：

> 少无雄心老何求，摘掉纱帽更自由。
> 蛰居矮屋看世界，漫步小园度白头。
> 书报诗棋能消遣，吃喝穿住不发愁。
> 但愿天公勿作恶，五湖四海庆丰收。

诗词谈不上华美，但朴实直白，是他摆脱苦恼，走上"新"生活——赋闲心得体会最真实的写照。诗的内容有三个方面：一是，他对丢掉的"纱帽"不仅不再留恋，而且感到"自由"了，他的认识有了升华，能够面对现实，这对一位犯"错误"的"高官"来说是一个很好的解脱。二是，满足于"蛰居矮屋""吃喝穿住不发愁"的日子。黄克诚罢官后，开始工资没有降，1965 年取消军衔定级时，本应按大军区级定为四级，结果被降为兵团级，定为行政六级，每月 325 元。全家七口人，加上照管着两名上大学的至亲，他的日子是不宽裕的。但他从不与人比待遇，罢官后更是如此了。所以有三百多元度日，他已十分知足。三是，心中仍然装着黎民百姓，为民祈祷丰年。

随着时光流逝，黄克诚的赋闲生活也走上了"正轨"。他根据季节的变化安排自己的活动。一般是早晨 6 点半起床，然后出去散步一小时左右回家，洗漱、早餐、收听新闻。8 点左右读书、看报，思考。午饭后休息一会，下午卜棋，晚饭后听新闻联播、散步，10 点左右就寝。周而复始，几年中，他就是这样打发日子的，但并不感到寂寞。

每天早晨和晚上都听新闻，是他多年养成的习惯。赋闲后，这更成了他生活中不可或缺的内容。他通过听新闻看世界，了解国内政治、经济等各方面情况。据他身边的工作人员说，黄克诚听新闻，常常是根据新闻作一些分析、判断：国

---

① 《黄克诚自述》，人民出版社 2004 年版，第 320 页。

际国内有什么问题，党中央、中央政府可能出台一些什么政策，采取一些什么措施。他只能用这个办法关注着国家大事、百姓的利益。

每天的报纸，从头版至最后版，他都详看。公家停止给他订报后，他自掏腰包订了《人民日报》等报纸。因他仍是中央委员，新华社印发的《内部参考》，成为他必读的材料，且读得津津有味。黄克诚从这些报刊中，了解国内外动态，时事民情，把握时代脉搏，努力不使自己成为被社会抛弃之人。据当时的管理员回忆说："黄老看报纸，爱从报纸缝里找问题。那个时候，报纸从来不公布工农业生产情况，但他基本上都知道每年工农业生产的大概数字，知道增长百分比。这些都是从报纸缝里分析出来的。"

黄克诚算是儒生出身，酷爱读书。长征到陕北后，他就自备了一个书箱，走到哪里带到哪里。无论是战争年代多么紧张，还是新中国成立后，工作多么繁忙，书总相伴着他。在位时，忙于工作，读书的时间相对少一些；罢官后赋闲在家，读书时间就多了。几年中，他先后读了《马克思恩格斯全集》《列宁全集》等马列著作，其中一些经典名著，如《共产党宣言》《国家与革命》等，也不知读了多少遍。犯"错误"前，他读书总是边读边画道道、圈圈、点点，作点批注；犯"错误"后他谨慎了，再也不作批注。他还读了《二十四史》《资治通鉴》，以及《隆美尔战争回忆录》《丘吉尔战争回忆录》《朱可夫回忆录》等名将著作。

因他不作批注，所以，他读了这么多书，有什么收获，有何感想，不得而知。这是让本传作者感到很遗憾的。但可以肯定，读这些书，一方面帮他消磨了时光，一方面丰富了他的生活，既可以从马克思主义理论中得到一些新的启迪，引起他对一些问题的深层思考，又抚慰他受伤的心灵。可以说，读书，对黄克诚是一剂良药。他把自己融入书中字里行间，忘了苦恼，忘了伤痛，从书中寻找到乐趣，汲取营养和智慧，也在书中获得一些解脱。

黄克诚也谈古诗词、散文。一天，女儿黄楠走进了黄克诚的书房，看到他正在读范仲淹的《岳阳楼记》。见女儿进来，黄克诚心情很好，遂与她讨论起《岳阳楼记》来。他一边同女儿讲感受，一边问："你知道我喜欢哪几句吗？就是这几句：'不以物喜，不以己悲。居庙堂之高，则忧其民；处江湖之远，则忧其君。是进亦忧，退亦忧。然则何时而乐耶？其必曰：先天下之忧而忧，后天下之乐而乐乎！噫！微斯人，吾谁与归！'"

《岳阳楼记》是一篇记述洞庭湖浩瀚气势，记事、写景、抒发作者胸怀的散文，全篇共 368 个字，分为 5 段。黄克诚念给女儿听的是《岳阳楼记》的第五段，即最后一段。这一段表述的是范仲淹处处为国为民着想的崇高思想境界。范仲淹的高论深深地触动了赋闲中的黄克诚的心灵。范仲淹写此文时，正被贬官在外，"处江湖之远"。这与黄克诚此时的处境相似。贬官后的范仲淹本来可以采取独善其身的态度，落得个清闲快乐。可是他不肯这样，仍然惦念着百姓、朝政，以天下为己任，用"先天下之忧而忧，后天下之乐而乐"来勉励自己。这正合黄克诚的心境。因此，黄克诚读《岳阳楼记》最后一段时，倍感亲切，如同找到了"知己"。女儿黄楠看到老爸那么津津乐道，感觉到父亲尽管丢了"乌纱帽"，但他"不以物喜，不以己悲"，仍然以"先天下之忧而忧，后天下之乐而乐"来鞭策自己，时刻惦念着党、国家和人民，唯一不同的，就是过去在岗位，手中有权，现在在家赋闲。

据家人回忆：常常看到黄克诚读书时，脸上浮现出难得一见的笑容，家人们也感到宽慰，家庭气氛也不似当初那么沉闷了。

黄克诚锻炼身体和休息的方式主要是散步。每天早晚各一次，每次都有警卫人员或管理员跟着，去的最多的是北海公园和月坛公园。

1959年前，黄克诚家住北海公园附近的恭俭胡同时，他和孩子们都是北海公园的常客。他们都喜欢北海仙境般的风光和清新的空气。当时，在北海公园静心斋任中央文史馆办公室主任的刘道豫，是黄克诚的老友。他比黄克诚年长十岁，黄称他为"刘老"，是中共地下党老党员，在湖南曾与黄克诚共过事，下得一手好围棋。而黄克诚唯一的业余爱好就是下围棋，这是他1929年在白区找党时学会的。对黄克诚来说，和这位老友对弈一番，乃是人生一乐。因此，黄克诚只要不出差，几乎每个周末都到北海散步，必找刘道豫下围棋。

1959年罢官以后，黄克诚再也没有这种享受了。虽然有了许多闲暇，虽然每次再去北海散步，总想去看看老棋友，再找回对弈的快乐，然而，一想到自己的处境，怕给刘带来不必要的麻烦，所以，抬起的脚步又退了回来，过门而不能入，心中很不是滋味。为此，他很感叹地写了一首七律《有感》：

> 居近北海偶一行，景物依旧时势新。
> 花木枯荣犹有律，人事起伏竟无凭。
> 仰望高天百感集，俯视残躯一叶轻。
> 欲访故人行复止，无言相见何为情。

黄克诚有时也到住地附近的街上转一转，感受街面风情，观察百姓的生活。星期日，唐棣华和住校的孩子们都回来了，黄克诚常常带上一家人到颐和园或八大处等地踏青、赏花，呼吸清新的空气，有时还带上围棋，和工作人员博弈一番。此时的黄克诚抛开一切烦恼，享受着天伦之乐。

罢官后的黄克诚依然牵挂着黎民百姓的苦乐。那时，他在北京地区的活动不受限制。所以，常常到北京郊区看看。美丽的田野，质朴的农民，让黄克诚胸襟大开。他找农民攀谈了解民情，庄稼长势，收成好坏。每次下雨，他在家拿个盆子接雨，估量雨水大小。雨后，他常坐车到郊区，看看有没有灾情。特别是顺义县，地势低，经常闹灾，每次大雨过后，他都去查看一番。北京的郊区他都跑遍了。他总希望"天公勿作恶，五湖四海庆丰收"。

黄克诚身边还保留了几名工作人员，司机张福祥、管理员娄成兴、锅炉工老阎、炊事员曹顺华，他们都带着家属与黄家同住一院。他们和黄家的生活统由管理员管理。在他们眼中，黄克诚虽然罢官了，但仍然是首长，是"大官"。可是，这位"大官"没有"官架子",和蔼可亲。

在那段寂寞的日子里,有一个"重要人物"来访。他就是挑着书箱送黄克诚到县城上学、"白色恐怖"时把黄克诚藏在猪圈里躲过敌人追杀的大哥黄时玑,地地道道的老实农民。

黄克诚任湖南省委书记时,黄时玑仍在乡下种他的地,没有沾过"一人当官,鸡犬升天"的光。黄克诚调北京任职后,他也从不上门。1959 年庐山会议黄克诚丢了官,他才赶来看望。见到黄克诚身体无恙,连声对黄克诚说:"这样就好,这样就好!过去你当那么大的官,多危险哪。我都替你担心。"

大哥没有同情的眼泪,也没有慷慨激昂的词句,他的话却饱含着普通农民的是非判断和人生哲理。这对黄克诚是很大的安慰和启迪,使他不论是当着官,还是"落了难",始终保持着坚韧的平常心。

二、天安门城楼见到毛泽东

1960 年 1 月的某天,黄克诚从报纸上看到 1 月 7 日至 17 日,中共中央在上海举行政治局扩大会议的消息。消息说,会议研究、制定的 1960 年国民经济计划规定当年度钢产量为 1840 万吨,粮食产量为 6000 亿斤,并提出了 8 年完成人民公社从基本队有制到基本社有制的过渡的设想。会后,各省响应党中央的号召,为继续"大跃进",为创造向共产主义过渡的条件,纷纷大办县、社工业,大办水利,大办养猪场等。黄克诚看了这个报道,更加忧心忡忡。他担心随着这些"大办"、共产风、浮夸风更严重地泛滥起来,会产生更大的恶果。让他担心的事果然出现了:"到了 1960—1961 年,大跃进等政策的恶果已全部显露。经济上比例失调,生产下降,供应匮乏,尤其是缺粮严重,城市减量供应,农村死于饥荒者甚多。"[①] 当他听大哥说,家乡村子里饿死不少人,农活没人干,也没力气干时,他有切肤之痛!

1961 年 1 月 14 日至 18 日,中共中央八届九中全会在北京召开,依然保留中央委员身份的黄克诚出席了这次会议,他很激动,罢官一年多了,什么会都不让参加。今天出席会议,不管别人还有什么看法,他有一种"春风拂面"之感。

会议听取和讨论了李富春《关于一九六〇年国民经济执行情况和一九六一年国民经济计划主要指标的报告》,正式通过对国民经济实行"调整、巩固、充实、提高"八字方针,强调 1961 年全国必须适当缩小基本建设的规模,降低重工业发展速度,集中力量加强农业战线,以农业为基础,全党全民大办农业、大办粮食,会议要求深入贯彻农村人民公社"十二条"[②],进行整风整社。毛泽东再次号召全党

---

① 《黄克诚自述》,人民出版社 2004 年版,第 322 页。

② "十二条",指 1960 年 11 月 3 日中共中央发出的《关于农村人民公社当前政策问题的紧急指示信》,简称"十二条"。指示信核心是,要求全党用最大的努力,坚决纠正农村人民公社化初期产生的一平二调"共产风"。重申"三级所有,队为基础,是现阶段人民公社的根本制度。"

大兴调查研究之风，一切从实际出发。

这次会议标志着中共党的指导方针的重要转变，对恢复党的实事求是传统作风，纠正"大跃进"的错误，促进国民经济建设由"大跃进"转入调整起着决定性的作用。黄克诚对这次会议的决定，十分高兴，由衷地拥护，这符合他的认识，也印证了他在庐山会议前后的看法是正确的。

会议期间，黄克诚见到了时任中南局第一书记的陶铸。陶铸是庐山会议上对黄克诚积极"劝降者"之一。这次碰面，黄克诚以一种十分复杂的表情看着他，又不便主动上去搭话。陶铸看出了黄克诚的心事，便快步迎上去和黄握手。两位老战友一年多没见面了。今日会上见面，两只手又握到了一起，互致问候后，陶铸还是很关切地再三对黄克诚说："给主席写封有点内容的检讨信吧！""以使毛主席对庐山会议的事放松些。"黄克诚仔细琢磨陶铸这个劝告的用意：他是不是认为毛主席要转弯了，让我写封有实际内容的信，促使毛主席转弯？黄克诚点点头，表示感谢老战友的关心。

或许陶铸的关心起了点作用，一向认为"写信也没用"的黄克诚心眼活动了起来。1961年1月27日，也就是八届九中全会结束后的第九天，黄克诚给毛泽东写了一封信。这是他犯"错误"后给毛泽东写的第二封检讨信[①]：

主席：

我犯右倾反党错误以来，已经一年多了。在此期间，我曾不断反省自己所犯的严重错误。反省的结果，认为自己最根本的错误是对主席——党的领袖缺乏最坚定的信任和应有的忠诚。我没有认真切实学习主席的思想，深刻体会主席思想的实质。在革命迅速发展时，自己的思想不能跟上主席思想的发展，没有把主席的思想变成自己的思想，没有树立一心一意听从主席召唤，随地随时维护主席威信的明确观念，因此，在庐山会议党内斗争的紧要关头，我离开了党的正确路线。不是拥护主席坚决与彭德怀同志的错误作斗争，相反，我作了右倾机会主义的发言，响应了彭德怀同志的进攻，并且为彭德怀同志的错误作辩护。

我从1926年在广州听主席的农民问题讲课起，就在主席直接教育下参加革命斗争。主席对中国革命的英明伟大正确的领导是中国人民获得新民主主义革命的伟大胜利，继之又获得社会主义革命和社会主义建设的伟大胜利。这些我都是亲身经历的。

主席在九中全会上号召犯错误的同志改正错误，我现在向主席表示：积极响应主席的号召，坚决改正自己所犯的严重错误，誓向主席保证：有生之年不再犯同类性质的错误，全心全意团结在主席和中央的周围，全心全意拥护九中全会对当前国际国内问题有关的各项决定以及所采取的各项具体措施。

---

① 此为摘录。

最后请求主席对我继续给予教育。

敬祝主席身体健康

黄克诚

1961 年 1 月 27 日

黄克诚写这封信的动因，除接受陶铸劝告之外，很重要的是他参加八届九中全会，看到了希望：毛泽东和党中央看到了"大跃进"中出现的严重问题，并提出了切实可行的方针政策。因此，因反对"大跃进"而被打成"右倾机会主义分子"的黄克诚受到了鼓舞，由此推断，毛泽东在庐山会议上燃起的莫名"怒火"应该熄灭了。黄克诚抓住这个时机给毛泽东写信表态是适时，也很恳切。

信发出后，黄克诚还像以往一样，一日三餐，早晚散步，听广播，读书、看报，下围棋，几乎天天如此度时光。然而，一连数月，未见毛泽东有批复，黄克诚当然有点失望，但他依然十分严谨、毫不失态地生活着。每天读书，看报，写毛笔字，不时下下棋，偶尔也到郊外看看小麦的长势、秋粮的收成，此外就在宅院中长久地、无言地走着，思索着——没有诉苦、没有感慨、也没有解释。①

1961 年国庆节快到了。9 月底的一天，黄克诚突然接到通知，让他上天安门参加国庆观礼，这使他十分激动。10 月 1 日，他早早地登上天安门城楼，坐在休息室等待。当毛泽东出现在他面前时，他赶快站起来向毛泽东问好，毛泽东很热情地和他握手，说："你的信看到了，很好！我已批示中央各领导同志阅。"随后二人在休息室谈了起来。这是庐山会议后，黄克诚第一次见到毛泽东。毛泽东和他谈话的内容，黄克诚在《自述》中这样写道："我坐在休息室时，毛主席自己坐过来和我谈话。他告诉我，他收到我的信，很高兴。又说，蒙哥马利和斯诺来华谈了什么话等等。我乘机问主席，可以给我分配一点工作么？主席说：可以、可以。他又问：还想回军队么？我说，不回军队了，做点调查研究工作，供领导作参考吧！"

黄克诚的回答非常冷静和清醒。

黄克诚没想到，这是他有生之年和毛泽东最后的一次见面。

这次谈话时间不长，但黄克诚心情轻松了许多。他回到家，即把毛泽东的谈话告诉了妻子，家人都为此高兴。

三、浙江之行

天安门城楼上毛泽东的一席话，让黄克诚感觉到庐山会议引发的紧张气氛有了缓和；中共八届九中全会确定的方针及随后召开的七千人大会，让黄克诚看到

---

① 《黄克诚纪念文集》编委会编：《黄克诚纪念文集》，湖南人民出版社 2002 年版，第 691 页。

形势"确实像是有转机"①。此时，他萌生了走出家门，到京外各地看看的想法。

1962 年 3 月底他向中央写了报告，要求准许到外地走走，中央很快批准了他的请求。

黄克诚自 1952 年 9 月离开湖南，就没有再回去过。他牵挂着家乡的父老乡亲，牵挂着湖南的生产建设，很想回趟湖南。解放初他在湘主政时，百废待兴，各种任务繁重，而且湖南是诸多党和国家领导人的故乡，黄克诚不想兴师动众更不愿造成不良影响，所以虽然是近在咫尺，却不曾回过老家，只在即将赴京上任时，才回家乡看看，已相距十年之久了。此刻得到准许离京，年近六旬的他不由得一时思乡情切。他把这一想法告诉了常来看他的夏如爱。夏如爱认为此举不妥。理由是，湖南的干部队伍中，许多是黄克诚主政湖南时培养起来的，去湖南不是更有"湖南集团"之嫌嘛？当时主政湖南的第一把手是在庐山会议上积极批判"彭、黄、张、周"后上台的，黄克诚去湖南不好应对；彭德怀在湖南调查一个多月②，刚离开湖南不久，黄克诚就接踵而去，别人会有什么想法？鉴于以上几点，夏如爱觉得还是回避为好。黄克诚认为很有道理。尽管当时的形势有所缓和，黄克诚的行动仍是很敏感的问题。经过一番考虑，他决定去浙江看看，并报告了中央，中办迅即给浙江省委打了招呼。当时，浙江省委第一书记是江华，战争年代他和黄克诚多次相处共事，二人关系不错。自庐山会议后，黄克诚的情况江华一点都不知道。突然得知黄克诚要来浙江，他和省里有关部门根据中央的指示，作了迎接黄克诚的安排。

4 月初，黄克诚一行到达杭州，陪同者只有管理人员。浙江省委按照中央委员的规格接待了他，安排他住在西湖附近的省委招待所。接待人员和黄克诚一起研究了具体活动安排。黄克诚说，除看看浙江的山河外，还想到农村走走，了解一些农业生产和农民生活情况。接待人员建议先游览一下西湖，以消除乘车的劳顿，然后再到各地转转。

黄克诚在位时，从来没有利用工作之便游山逛景，每次休假也都在北京"猫"着。他常说，我也希望游历祖国的大好河山，但是我休假外出，屁股后头必定跟一帮人，这要花国家多少钱呀，我心痛！这次来浙江，他要求一切从简，不扰人，不奢侈，有吃有住就行了。

黄克诚到杭州，正值阳春三月。这时的西湖，桃柳夹岸，水波潋滟，青山吐翠，游船点点。在这里，"不饮美酒人自醉！"

黄克诚情不自禁地陶醉在这湖光山色之中，感受到许多不曾有过的轻松、宁静、清新和愉悦，他那些难以自遣的烦恼和郁闷不知不觉地消融在这秀丽的山水之中，纯净无杂的大自然，又将他那颗受了伤的心激发起来。

他漫步苏堤时，怀古之情油然而生，遂兴致勃勃地对陪同者讲起了苏轼。

---

① 《黄克诚自述》，人民出版社 2004 年版，第 322 页。

② 彭德怀曾于 1961 年 11 月 1 日到湖南调查，12 月 26 日离开湖南回到北京。

他说:

到杭州,特别是踏上苏堤,不能不想起苏轼。人们都知道他是北宋的大文学家、大诗人、词人,其实,他也是一位好官。他在朝为官时,看到宰相王安石的变法损害了百姓的利益,便上书反对,愤然离朝自请外任,约 1071 年到杭州任通判三年,官不大,大约与"知州"同一级别。后他又因写诗讽刺新法,坐牢 103天。对王安石的变法,苏轼的认识是不全面的,甚至带有个人意气。他的思想和眼光与一代名相王安石是不能相提并论的。但他凭着对下层民众的深切同情,敏锐地发现了变法中的弊端。宋哲宗即位后,新党倒台,旧党重新得势,苏轼看到新党旧党同为一丘之貉,不愿同流合污,遂再次自请外任,1089 年任杭州太守两年。这两年,他为杭州百姓做了许多好事,永垂青史的就是兴修水利,疏浚西湖,把挖出的淤泥筑起一道堤坝,百姓为纪念他,就把这道堤坝取名"苏堤",就是今天我们漫步的这个大坝子。西湖有今日之美,苏轼功不可忘!

接着,黄克诚又谈起了苏轼的诗词。他说:苏轼留下了许多赞美西湖的诗篇,学生时代我读过一些,至今记得住的有两首:第一首是《望湖楼醉书》:"黑云翻墨未遮山,白雨跳珠乱入船。卷地风来忽吹散,望湖楼下水如天。"这首诗大约作于他到杭州任通判时。此诗写出西湖的夏日骤雨骤云之貌,其中"白雨跳珠"一句最为精彩。第二首是《饮湖上初晴后雨》:"水光潋滟晴方好,山色空蒙雨亦奇。欲把西湖比西子,淡妆浓抹总相宜。"这首诗以淡妆浓抹咸宜的越国美女西施,来比喻风雨晦明俱美的西湖。

黄克诚游兴极佳,他的一番高论令陪同者频频点头。

品尝西湖醋鱼后,黄克诚一行来到雁荡山灵岩寺。

黄克诚为灵岩寺的风光所陶醉,为这座古刹规模宏大而感叹。他有幸在灵岩寺住了一夜,"这时心情较好"。他赋词一首《临江仙——游灵岩寺》:

> 石峰如笋环寺立,
> 两涧合抱东行。
> 春水隆隆如雷鸣,
> 扰人警夜梦,
> 倚枕听涛声。
>
> 壮丽江山人民有,
> 亿众锐意经营。
> 但祈国泰民安平,
> 从此皆盛世,
> 再无巨变生。

诗言志,词言情。黄克诚在这首词里表达了一个"情"字,即对祖国壮丽山河之"情"，关心人民疾苦之"情"。全词分上下两阕。上阕写灵岩寺之秀美，石峰、峡涧、春水、涛声，以显示他对祖国壮丽山河之爱；下阕写人民锐意奋斗和希望"不折腾"，显示他对国泰民安的盛世出现的向往。通篇贯穿一个"情"字。

离开灵岩寺，黄克诚来到杭州西南部建德市西的新安江水电站参观。

新安江属钱塘江水系，居该水系上游，源于皖省黄山，流经浙江的淳安县、建德市、桐庐后，入富阳市境，改称富春江，最后注入钱塘江。

新安江具山区河流特征，坡陡、流急、碧水透迤。其淳安、建德段，水量充沛，流量大，一般每秒在 357 立方米左右，自然条件很适宜水力发电。1957 年 4 月，新安江发电站开工建设，1960 年 4 月投产，年发电量 18.61 亿千瓦小时。

新安江发电站是新中国成立后第一座自行设计、自制设备、自己施工建造的大型水力发电站，是中国水利电力事业史上的一座丰碑，中国人民勤劳智慧的杰作，也是"长江三峡的试验田"。

黄克诚到来时，电站已运行了两年之久。电站领导向他介绍了建设电站的经过及两年来运行的情况，并陪同他参观了库容量为 220 亿立方米的新安江大水库，高达 105 米，控制流域面积 10480 平方公里大坝以及新安江水力发电厂。黄克诚很兴奋，很自豪，很受鼓舞，新中国成立才几年，就自力更生建起这么大规模的工程，这说明，如果不瞎折腾，社会主义制度完全能够集中力量办前人所不能办的大事。当介绍到前几年工人们因粮食定量少，吃不饱仍坚守岗位时，黄克诚有些动情，他说，中央已制定出扭转不利形势的政策，形势会很快好转的；工人是国家的主人，顾全大局的精神值得发扬。

黄克诚还游览了电站大坝以西的千岛湖，这是因建新安江水电站而形成人工湖。

当日晚上，黄克诚住在了电站招待所。此时，有山东渤海区一名干部到招待所来看他。这名干部毫无顾忌地谈起前三年困难时期，粮食大减产，群众吃不饱，饿死不少人等。黄克诚担心别因此再惹是非，只是听他说，自己不答话，最后说了一句："我们吸取过去的经验教训，更好的工作吧！"①

离开新安江后，黄克诚来到万山重叠、群峰争雄、悬嶂蔽日、飞瀑凌空的天台山。这是"活佛"济公的故乡，王羲之、李白、苏东坡、陆游、徐霞客等人都在此留下足迹。这里香火极盛，善男信女络绎不绝，烧香拜佛，纷纷祈求赐福、赐子、增禄、增寿。黄克诚看到群众迷信思想的市场如此之大，心中很不是滋味，也很担心。他认为："这恐怕与党犯错误、人民生活发生困难、党的威信下降有关。"②在"阶级斗争为纲"那个年代，竟然有那么众多群众敢求神拜佛，这种怪现象，说明群众精神的迷茫，透过这种怪现象，黄克诚看到了背后的原因，且很忧心。

在绍兴市，黄克诚怀着敬仰的心情参观了鲁迅故居、三味书屋和鲁迅生平事迹展览。他对鲁迅的著作虽然读得不多，但对鲁迅战斗的一生和精神世界是了解

---

①《黄克诚自述》，人民出版社 2004 年版，第 324 页。
②《黄克诚自述》，人民出版社 2004 年版，第 324 页。

的。"横眉冷对千夫指,俯首甘为孺子牛",是鲁迅一生的真实写照,也是黄克诚做人的座右铭。

黄克诚在浙江"跑了一大圈,看了十几个县"。他看到农村贯彻中央《关于农村人民公社当前政策的紧急指示信》和八届九中全会精神后,形势大有好转,"心中很是安慰"。特别是看到食堂解散,农民锅灶开始冒烟,他非常高兴,早该如此啊!当农民反映粮食调出过多,吃不饱肚子,甚至饿死人时,黄克诚心情很沉重,但又不便表示,只好说:"你们支援国家克服困难,是光荣的事情。"显然,这是一向关心群众疾苦的黄克诚言不由衷的官话,当时他也只能这么说。为此,他深有感触地"觉得我们的人民群众真是太好了。经过三年困难,尽管不免有点怨言,但仍能照顾大局,克服困难,多么难能可贵啊!"[①]

4月底,黄克诚回到北京。

四、政治风云又起变化

自1961年后经常去看望黄克诚的王世英[②]听说黄克诚从浙江回来了,便再次登门看望,他郑重地对黄克诚说:情况变了,我不能再来看你了,你要做思想准备。果然,五一节纪念大会没有让黄克诚参加。

北京的政治形势又发生了变化。

事情的起因是刘少奇1962年1月27日在中共中央召开的扩大的中央工作会议上的讲话中说,庐山会议的这场斗争是完全必要的,"是由于长期以来彭德怀同志在党内有一个小集团","同某些外国人在中国搞颠覆活动有关",因此,"所有人都可以平反,唯彭德怀同志不能平反"。毛泽东还插话说:"只要不是里通外国。"

听到这些话,彭德怀很激愤,忍不住要为自己辩护,把庐山会议以来对他的过去和现在的指责一一说清楚,"把他一生的历程、缺点、错误、是非曲直,通通写给党审查"。[③]1962年6月16日,彭德怀将他长达八万字的信送达毛泽东和党中央。这是一部刷洗他"里通外国"罪名的申辩书。

一石激起千层浪。彭德怀的信又触动了毛泽东"阶级斗争"的神经。他把这封信视为"翻案书"、以彭德怀为首的"反党集团"向党"新的进攻"。已松动的政治气氛再次紧张起来。毛泽东甚至认定七千人大会后神州大地刮起了一股"黑暗风""翻案风""单干风"。8月,他在同华东、中南两大区负责人谈话时,再次重申了"不能给彭德怀平反"。1962年7月25日至8月24日召开的中央工作会议,以及9月24日至27日召开的八届十中全会,彭德怀被拒之会议之外,黄克

---

①《黄克诚自述》,人民出版社2004年版,第324页。

② 王世英,1925年2月参加中国共产党,黄埔军校第四期。曾在阎锡山部从事秘密兵运活动,长期在国民党统治区从事情报工作。中共七大代表。天津解放后任军管会参谋长兼警备副司令,与黄克诚共事天津。解放后任山西省委书记兼省长等职。1962年任中央监委专职委员,"文革"中受迫害,1968年逝世。

③《彭德怀传》编写组:《彭德怀传》,当代中国出版社1993年版,第680页。

诚虽然最初出席了，但会议开到一半就让他退出了。会议决定成立专案组对彭德怀和黄克诚进行审查。

对黄克诚来说，这是第二次全面审查，历时整整四年。直到"文化大革命"开始以后专案委员会才于 1966 年 7 月 12 日给党中央、毛泽东写了一个《关于黄克诚反党问题的审查报告》，说他"1. 一贯反对毛泽东思想，竭力阻挠毛泽东思想的传播；2. 反对党的社会主义革命和社会主义建设总路线；3. 反对毛主席和无产阶级军事路线，推行彭德怀的资产阶级军事路线；4. 在高、饶反党联盟的阴谋活动中，充当急先锋；5. 同彭德怀一道把持军委领导，阴谋篡夺军权；6. 同彭德怀一起在庐山向党猖狂进攻，阴谋再次发动反革命政变；7. 利用职权，包庇反革命分子，进行非法活动；8. 历史上一贯反对以毛主席为代表的党的正确路线，一贯进行宗派分裂活动"。

专案组报告提出四点建议："1. 撤销黄克诚的中央委员；2. 将黄克诚清除出党；3. 将这个报告在全党公布；4. 在报纸上点黄克诚的名，肃清他的影响。"但是毛泽东没有批准。

对于这些内幕，黄克诚当时一无所知。他只是在没有下文的等待中，严谨地度过每一天。他恢复了去浙江之前的生活节奏，读书，看报，散步，沉思。客人更稀了，除了少数亲戚间或登门，只有夏如爱依然不时造访。

随着政治风云的变幻，1963 年，黄家住地也有了变化，原来的管理员老娄被调走，一个三十多岁的陌生人走进了黄克诚的家。

黄克诚的子女回忆说："大约在 1963 年，黄家'驻地'发生了一个变化，原来的管理员老娄被调走了，一位三十多岁的陌生军官被领进了黄克诚的家。带他来的人是总参管理局服务处的马处长，他向黄克诚与唐棣华介绍说：'他叫丛树品，今后负责管理黄克诚同志的生活。'丛树品分别与唐棣华、黄克诚握了手。给他的第一印象是这两个人非常谦和，是'反党分子吗？不像！'"

丛树品来之前，领导找他谈话说："现在黄克诚身边的人都是他犯错误前用的人，和他都太熟了，我们几乎得不到黄克诚的活动情况。"丛树品明白了，他是被当作"钉子"放在黄克诚身边的，是想了解黄克诚每天都在干什么。丛树品原是警卫师第四团的保卫股干部，他必须服从命令，二话没说就上任了。

黄克诚显然明白丛树品的来历。但是他经的事多了，因此对丛如同对待其他工作人员那样，平等，平静，和蔼。

丛树品没有发现什么"情况"，反觉得黄克诚可敬可亲。他带领工作人员担起了改善"驻地"环境的责任，把脏乱的院子整理得干干净净，整修水管，栽种果木，等等，给黄克诚创造了一个良好的生活条件。每天清晨，他跟随黄克诚出门长途散步，几乎天天下午陪他下围棋。

"你的任务不是管这些，注意别让自己跌进去。"有人好心地劝着丛树品。

唐棣华也说："丛管理员，你不用忙了，我们一直这样生活，已经习惯了。"

简简单单一句话，让丛树品生出了几丝感慨。

新派来的丛树品被黄克诚感动了，连同他的家属，渐渐融进了那一处并不很大的宅院，成了黄家的"大当家"。黄克诚非常信任他，孩子们也都很喜欢他、尊重他。他来时带来一个儿子，后来又有一个女儿在这里出生。

丛树品回忆说："我去黄老身边当管理员是总政保卫部长史进前找我谈的话，交代的任务是照顾好黄老，把黄老的情况随时向他或审查组汇报，我服从了组织的安排。一到黄老身边，就感觉到他是一位可敬重的老前辈，很可亲，我应以全力照顾好他。我在言语和行动上，从来没有监视黄老的意思或对他有不利的做法，他想到哪去，我没限制过他。我陪他散步、下围棋。我为照顾好黄老，学会了下围棋，这点很重要，满足了黄老的业余爱好。有时到颐和园游玩，也带上围棋对弈一番。我的家属也与黄老同住一院，我有两个孩子，黄老视为己出，有什么好吃的，夏天买了西瓜，都把我的孩子叫去，和黄老家人同食。我们和黄老相处一直很好。我很尊重他，他很信任我，形同一家人。"[1]

黄克诚赋闲在家与工作人员的接触时间比在位时更多了，除了和他们下围棋、散步，偶尔也一起喝点酒，聊聊家常。但他从来不谈自己蒙冤之事，党史资料征集办公室的工作人员几次找他，想从他口中得到一些东西，黄克诚总是不开口。说假话他不会；说真话他不能，只能"无可奉告"。他不发牢骚、不讲怪话，生活还是那么严谨。

院里有几棵枣树、桃树和葡萄，空地上还种了一些花草和瓜果蔬菜。工作人员浇水、施肥时，黄克诚常在旁边观看，有时也搭个帮手，共同享受劳动的快乐。蔬菜种子，都是黄克诚自掏腰包买的。收获时节，管理员将劳动成果一分为四，黄家与司机、锅炉工、管理员各家一份，大家共同分享收获的喜悦。每每谈及此事，丛树品总是感慨地说："这是一个和谐的大家庭。"

此时黄克诚的次子黄晴和小女儿黄梅都在小学读书，加上外婆和其他亲戚，全家八九口人过着准军营式生活。他们的衣服主要由外婆缝制，大孩子穿过再给小的穿，直到实在不能穿了，便由外婆拆成布片打袼褙做鞋底。孩子从小就明白：父亲的车是办公用的，他们不能坐。因此，孩子上学或外出无论刮风下雨，无论路途远近，都是走路、骑车或挤公共汽车，看病也往往是雇一辆三轮车。男孩子爬树上房算正当娱乐，但若是干了更出格的事情，就会受到惩处，被塞进车库里"关禁闭"。

庐山会议的政治地震波也映及孩子们。黄晴多年后回忆说，当时他"一下子就懵了，有种无法存身的感觉"，甚至曾不安地问母亲："我们会不会被赶出学校？"不过，过了一段时间，他惊讶地发现，他就读的主要以招收军队干部子弟为主的北京军区八一小学非但没有将他驱逐出校门，还接受了原本西城就近走读的妹妹插班。那时，不论黄克诚还是唐棣华，都已经没有精力去看顾孩子了。极少为私事提要求的黄克诚，为黄梅转学住校的事亲自给当时的北京军区领导杨勇写了信。

学校非世外桃源，难免会有个别同学从家长那里听到关于黄克诚犯"错误"

① 采访丛树品谈话记录，2007 年 1 月 16 日、23 日。

的只言片语，说不准什么时候就在游戏和争吵中冒出一句"你们家是反动派"这样刺人的话，但总的来说，黄晴和黄梅得到了学校和教师的关怀、呵护和鼓励。

黄梅是在上初中申请入团时才确切地了解了父亲的"问题"。作为一名刚刚加入组织的共青团员，她对顶着那么多骇人听闻罪名的父亲抱着警惕之心。有一次，黄克诚说：他们家人的生活在中国算是很好的，如果拿到美国去，只是一般中等生活水平。黄梅觉得这番话有美化美帝国主义之嫌。又有一次，黄克诚谈到了陈独秀。他说：陈独秀是犯了错误，但这种错误是由于党那时没有经验造成的，责任不能由陈独秀一人承担。这样的话，这样的判断，与黄梅当时在学校读到的听到的有很大差距。她觉得父亲真的有"问题"了。

当然黄梅心里也充满矛盾，有时也会对父亲萌生同情。一天，她无意中走进父亲的书房，看见桌上摊放着一本《唐宋名家词选》，翻开的一页上，有一首词被圈圈点点打了许多记号。黄梅一看，原来是南宋词人朱敦儒写的《卜算子》：

> 旅雁向南飞，风雨群相失。
> 饥渴辛勤两翅垂，独下寒汀立。
> 鸥鹭苦难亲，矰缴忧相逼。
> 云海茫茫无处归，谁听哀鸣急！

靖康元年（1126 年）十一月，金兵渡过黄河，入侵中原，进逼洛阳。朱敦儒不得不离开故土，加入南逃的难民队伍，过着颠沛流离的生活。这首词就是南逃时身心交瘁之作。

黄克诚在这首词下圈圈点点，有什么感想，不得而知。但可以肯定，这首词作在他内心深处产生了共鸣，也可以看出他当时的痛苦处境，不比那只"孤雁"好多少。

对古诗词刚刚有点感觉的黄梅静静地在书桌旁停了好一会，沉思着，回味着父亲蒙冤以来的处境，感觉到胸口一阵窒闷、刺痛。一霎间，古人的词句沟通了两代人的心。她这才窥见了父亲所从不言及的个人情感，也约略地领会到黄克诚所承受的巨大痛苦。父女俩从此拉近了距离。

当然，即使在那几年里，黄克诚也有快乐的时刻。国家建设的重大成就，特别是 1964 年中国第一颗原子弹试爆成功，真让他一时有"漫卷诗书喜欲狂"之感。这是当初他曾亲身参与的国防大项目，所以，他为第一颗原子弹试爆成功激发出的欣悦，超过目睹壮丽的新安江电站的欢喜。

还有一些令人欣慰的消息来自孩子们。1961 年，黄楠以全校前十名的成绩被北京大学物理系录取。1963 年，黄梅小学毕业考入姐姐曾就读的北京师大女附中。1964 年，黄晴考上了北京男二中高中，同年，黄煦遭遇政审波折后最终由蒋南翔[①]

---

① 蒋南翔，时任高教部长、清华大学校长兼党委书记。

亲自拍板批准录取，进入清华大学自动控制系学习。

每周六是全家相聚的日子。在大学住校的孩子们回来了，住东城宿舍的唐棣华也回来了，全家人围坐在一起，打桥牌，讲故事，说笑话，开侃神聊，山南海北，上天入地，学校里的新鲜事，世界上的重大事变，最新的科技成果等统统一网打尽。在这种时刻，黄家是一个有很多青年人聚集的热热闹闹的普通人家，洋溢着乐观向上的气氛。黄克诚虽不多介入谈话，但他也很珍视这样的时刻。

第三十章 任山西省副省长

一、赴任山西

黄克诚在经历了六年多漫长的批斗和专案审查后，1965 年处境终于有了变化。

这年 3 月，美国发动侵越战争，严重威胁中国的安全。4 月 12 日，中共中央发出《关于加强战备工作的指示》，号召全党、全军和全国人民保持高度警惕，做好应对最严重局面的一切准备。10 月 12 日，毛泽东发表谈话，提出了"备战、备荒、为人民"的口号。①

在这种形势下，毛泽东觉得，彭德怀、黄克诚、习仲勋等人不宜留在首都北京，应尽快地分配到外地去。因此，在北京一些犯"错误"的高级干部先后被分配到外地。黄克诚被分到山西。

这年 9 月的一天，黄克诚桌子上的红机子突然响了，他一阵惊奇。红机子是他在位时为他安装的一台保密电话机，没有机密要事，一般是不启用的。黄克诚被罢官后，这台红机子没被"撤职"，仍给黄克诚保留着，然而，黄克诚赋闲六年，它也六年没"叫"了。如今它一响，确实让黄克诚有些愕然了。他抓起话筒，电话的那一头传来一个温和的男人的声音：黄老吗？我是安子文，你好！……黄克诚一听是中央组织部部长安子文，心中闪过一些猜测，赶忙回答：是安部长啊，你好！有什么指示？安子文说，你如有时间，请马上到中组部一趟。黄克诚放下电话，对丛树品说，安部长来电话，让我们马上去，不知有什么事。

车出南门十几分钟，便到了西单北大街灵镜胡同西口南侧中组部大楼。安子文已在办公室恭候，见黄克诚进来，快步迎上去，拉着黄的手坐定，很关心地问起黄克诚的起居饮食和身体状况，有什么困难等。年长安子文七岁的黄克诚说，谢谢安部长的关心！一切都还好，就是闲着，虚度时日，有些难熬啊！安说，黄

---

① 1965 年 8 月 23 日，在国务院第 158 次全体会议上，周恩来把毛泽东提出的"注意战争，注意灾荒，注意一切为人民"这三句话概括为"备战、备荒、为人民"，从此，这三句话成为当时全党、全国人民的行动口号。

老有好消息，毛主席、党中央决定让你到山西去任副省长，今天请你来，就是正式通知你。黄克诚一听，心中升起一缕阳光！罢官六年了，无时不在盼望着为党和人民鞠躬尽瘁的那一天的到来，特别是 1961 年国庆节毛泽东在天安门城楼会见黄克诚时，承诺给他分配工作后，这种期待更是强烈。这一天终于到来了。当安子文说到，这次安排工作的还有彭德怀、谭政等时，黄克诚不免有些猜测，这可能是兑现六年前毛泽东在八届八中全会上关于给犯错误的同志"继续从事革命工作的出路，……必须有温暖，必须有春天"的讲话精神吧！安又说，黄老几十年来，党无论安排什么工作都是不讲价钱，坚决服从的，这次也希望黄老尽快屈驾成行。黄问，过了国庆节再去上任行吗？安子文说，中央决定国庆前必须到任，你在太原和山西人民共度国庆不是也很好吗？

为什么这么急？黄克诚"略感奇怪"，但没有多想，也不便多问。革命几十年，工作频繁调动，他在任何情况下都服从组织的安排。黄克诚表示，准备一下，尽快成行。

在回家的路上，黄克诚高兴地对丛树品说，中央决定我去山西任副省长，国庆节前报到，你帮我准备一下。你能跟我去最好。丛树品说：我在你身边工作了两年多了，你关心我，信任我，我当然愿意继续在你身边工作，但我是独生子，父母年龄大了，需要照顾，孩子也小，实在离不开；再说，我也不想脱军装离开部队……黄克诚很理解人，体谅人。他笑着说，"父母在，不远行"，你还是留在北京吧，我一个人去山西。丛问：唐棣华同志和孩子们怎么办？黄说，我想，她暂时不去为好，孩子们都在上学，需要她照顾，等我安排好了再说吧！

谈话的第二天是星期六，唐棣华和孩子们都回来了，黄克诚把去山西任职的事告诉了他们，全家都很高兴。黄克诚试探着问唐棣华："你和我一块去山西吗？"唐轻轻地摇了摇头："北京的教育条件相对好一些，我在北京照顾孩子吧，等他们上了大学，我就去山西。"黄克诚觉得妻子的话有道理，便点头表示同意。

几天后，杨尚昆代表毛泽东看望了即将赴任的黄克诚。此前，杨尚昆曾几次看望黄克诚。

黄克诚在《自述》中回忆说："我长期无所事事，渴望工作，只要允许做工作，干什么都是高兴的。"[1]高兴之余，他写七律《抒怀》一首：

> 京华荏苒十三年，半是辛劳半是闲。
> 愧无建树对祖国，却有遗恨留史篇。
> 回思往事皆成梦，纵观万物尽争妍。
> 衔命西去无别念，愿尽余生效薄绵。

---

[1]《黄克诚自述》，人民出版社 2004 年版，第 327 页。

9 月 11 日，黄克诚提笔给毛泽东写了一封信 ①：

　　主席：

　　　　没有见到主席，已近四年。只从报纸登载的照片上，看到主席身体健康，精神矍铄，感到这是中国人民的最大幸福，内心非常高兴。

　　　　承蒙主席和中央关怀，分配我去山西工作，使我重获为革命效力的机会，深为感激。我准备不久即赴山西工作，当秉主席教导，努力工作，以补前过。惟长期脱离工作，思想上毛病又多，恐有负主席期望。

　　　　……

　　　　我自从追随主席参加革命以来，虽长期在主席领导下工作，但未能认真学习主席著作和体会主席的精神实质，未能把主席思想贯彻到实际工作中去，特别在庐山会议上，犯了严重的错误，真愧对主席长期的教导和培养。今当重新工作之际，再次向主席表示悔改，请求主席不弃愚顽，仍然赐予指教。

　　　　临书神驰，不胜依依。祝主席万寿无疆！并祝少奇同志和常委同志健康！

　　　　　　　　　　　　　　　　　　　　　　　　　　　　黄克诚
　　　　　　　　　　　　　　　　　　　　　　　　　一九六五年九月十一日

　　黄在信中用一长段文字概说了中国几年来"在国内外极端复杂艰巨的斗争中，各方面都取得了伟大的胜利""主席思想"和中国共产党在国际共产主义运动中取得的领袖和先锋地位以及他本人为此感受的"振奋"，语言接近当时报刊上的标准表述。接下来他表示对当时"正在开展的高举毛泽东思想红旗、全党全民大学毛主席著作运动、社会主义教育运动、开办半工半读教育、培养革命接班人、取消干部特殊"等的拥护。而后，他再次承认自己的"严重的错误"并表示悔改。

　　如果不计 1959 年 8 月 22 日唐棣华为他草拟的信稿，这是黄克诚在庐山会议后写给毛泽东的第二封信。这封信，表达了黄克诚对毛泽东和党中央的敬重和感谢之意，歌颂了党和毛泽东的伟绩和功德，并再次"表示悔改、努力工作，以补前过"。信中有些话虽有违心之处，使用的语言和对问题的认识，由于受那个年代的限制，也留下浓重的时代烙印，但他维护党的领导和领袖威信的心是真诚的。与他多年后在大相径庭的社会氛围中发表的关于正确评价毛泽东和毛泽东思想的重要讲话所持的基本立场是一致的。

　　9 月 15 日，毛泽东将此信批转刘少奇、周恩来、朱德、林彪、邓小平、贺龙、罗瑞卿、彭真、康生阅，没作任何批示。

　　同时，赴山西的准备工作也已就绪，黄克诚的书籍和衣物、用品等装满了几个木箱子。黄克诚还把别人赠送的若干幅字画和自己保存多年的革命文物，如苏

---

① 此信为摘录。

区的货币等，送给中国革命历史博物馆（今国家博物馆）收藏；把多年来节余的一千多斤军用粮票上交。

准备工作是在总参保密局工作人员严格检查下进行的。黄克诚所带的物品均经过检查，他们拿走了不少材料和黄克诚的笔记本。

9月27日晚，黄克诚在管理员丛树品陪同下，乘火车离开北京。到车站送行的只有家人和几位亲朋好友。第二天早上8时许，黄克诚抵达山西太原，省委派人到车站迎接，安排在离省政府不远的迎泽宾馆住下。约一个月后搬至省政府东院（省领导居住的地方）。

当时的省委书记是卫恒，省长是王谦。黄克诚的资历比他们深，威望比他们高，因此，尽管黄是"负罪"之身，他到太原时，省领导还是去看了他，并给予各方面的关怀。

黄克诚赴山西不久，他的家人就从大水车胡同4号搬出，全家人挤住在乾面胡同唐棣华单位分给的一处三居室的单元房。家里除了外婆有一床一柜等少量家具外，其他几乎一无所有。从大水车胡同搬出时，军队管理部门拒绝了唐棣华照价购买部分家具（比如书柜）的要求。此时家里七口人（包括唐正在读大学的异母弟弟），人均使用面积不足十平方米，拥挤简陋。"文革"开始后，又被另一户挤占去一间。但黄家没有人嫌挤或叫苦。

1965年国庆节，黄克诚参加了太原的庆祝活动。

黄克诚到后一段时间暂时没安排具体工作，他的副省长身份还有待省人代会正式确认，不能参加省委、省政府的会议。因此，省里安排人员陪他先后参观了太原钢铁厂（简称太钢），山西汾酒厂、化肥厂，还游览了晋祠公园、杏花村等地。

太钢给黄克诚留下了特别深的印象。这是中国特大型钢铁联合企业之一，是全国最大的特殊钢基地，也是全国最大的不锈钢生产厂家和全国唯一批量生产电工纯铁的厂家。黄克诚主政湖南时，对发展工业产生了极大的兴趣，他认为这是强国必由之路。他看到太钢这样大的钢铁企业，非常自豪，对建设社会主义强国充满了希望。

黄克诚还到酒都杏花村参观了汾酒厂。这是一座有几百年历史的老酒厂，以生产中国名酒——汾酒、竹叶青为主。黄克诚对酒文化没有研究，对饮酒也没有特别的嗜好。但他久闻盛名，现在身在酒都不能不饮。他高兴地品尝了竹叶青，这是由十余种名贵中药材及冰糖等精制陈酿而成的保健酒。黄克诚杯酒下肚，虽没有"一杯竹叶穿肠过，两朵桃花上脸来"，但却有入口绵，落口甜，饮后余香，回味悠长的感觉。

黄克诚还到晋南临汾地区的洪洞、安泽、浮山、翼城、曲沃、绛县、闻喜等共11个市、县的许多公社，了解农业生产情况和农民生活。当他看到农村已从前几年的灾难中逐渐恢复，干部群众从失误中总结了教训，中央提出的"调整、巩固、充实、提高"的八字方针在落实中取得实效，心中颇为欣慰。

12月8日，黄克诚出席了山西省人民委员会第十次会议。他只是听听情况而已。

12月10日至14日，山西省第三届人民代表大会第二次会议召开，确定在第三个五年计划期间建设两个1500万亩稳产、高产田的任务，以改变山西省农业生产的落后面貌。黄克诚出席了这次大会，并被增选为副省长（第九副省长）。同时被增选为副省长的还有刘格平、贾冲之，王谦被补选为山西省省长。

黄克诚分管农业。省三届二次会议结束后，他即启程南下，到运城地区搞调查研究，前后一个多月，奔走在运城、新绛、稷山、河津、万荣、临猗、永济、芮城、平陆、夏县10县市之间，到了许多公社、大队，深入田头，与农民交谈，看庄稼长势。此时的黄克诚已63岁，但他不顾年龄大，不辞辛苦，马不停蹄，一个多月里，走了10个县市，元旦都未顾上休息，回到太原时已临近春节了。

二、在第一线指导抗旱

山西省地处黄河中游，境内河流众多，但大多为流域窄、流量小的季节性河流，夏秋两季水量较大，冬春两季往往变成干涸的河滩。全年降水多集中在7月、8月、9月三个月，冬春两季少雨，有"山西十年九旱"的说法。《当代中国的山西》卷有这样的记载："从一九四九年至一九六五年的十六个年头中，全省有四个丰年、六个平年、六个灾年；而六个灾年又都是旱灾，在平年和丰年中也有不同程度的旱灾。旱灾成为制约山西农村经济发展的主要因素，使全省农业生产长期徘徊不前。"[①]

黄克诚到任的1965年，山西再次遭遇旱情，并延续到第二年春，地里干土已达一尺厚。这年8月30日，山西省委、省人委向党中央、国务院和华北局报送的"关于生产落实问题"的报告中就提道：全省旱灾面积达3820万亩，15条较大河流有8条断流，36座大型水库有13座干枯，许多地方水井水位下降，发生人畜没有水吃的问题。

旱情就是命令。1966年2月中旬，黄克诚到春旱十分严重的高平县指导抗旱。

高平，位于山西省东南部，地处太行山麓，东西北三面环山，中为平川，整体地貌状如簸箕，境内地势北高南低，境域周边为侵蚀剥蚀低中山区，内侧为绵延起伏的黄土丘陵，中部为冲洪积的带状平川。山区面积占39.6%，丘陵占36.2%，平川占24.2%。

对高平的地形地貌，黄克诚一点也不生疏，这里曾是他在抗战期间战斗过的地方。当年为配合八路军第一二九师反"扫荡"作战，黄克诚率第三四四旅在高平一带山区分散游击，打击日军。他对高平有着一种特殊的感情，在那里领导农民抗旱，一干就是3个多月，直到5月底才返回太原。

---

①《当代中国的山西》（上），中国社会科学出版社1991年版，第138页。

　　黄克诚到高平的第二天，中共高平县委召开县社两级干部会议，动员全县人民全力以赴向干旱展开坚决斗争。黄克诚出席会议，作了重要指示。

　　这是一次抗旱动员会议，高平县委指导思想十分明确，就是要用毛泽东思想统率抗旱斗争，彻底丢掉靠天幻想，全省党政、军民动员起来，把抗旱作为一项战略任务，大抓，狠抓，长期抓，抓到底，直到抓出一个彻底摆脱"十年九旱"的新局面来。当前的任务是战胜干旱，保麦保种，争取丰收。会议提出抗旱要紧紧抓住五个环节：一是充分挖掘旧有工程潜力，加紧新老工程配套建设，千方百计扩大受益面积。二是依靠群众，特别是发挥贫下中农的积极性和"水利迷""土专家"的智慧，不断挖掘新水源，大力发展小型水利，多浇一亩是一亩，多浇一分是一分。三是注重土法上马，实行土洋并举，在合理布局、提高质量前提下，大挖旧井，大打新井，打一眼成一眼。挖水工具因陋就简，辘轳、撑杆有啥用啥。四是各社队很快整顿健全水利专业队伍，并注意根据受益面积多少，合理抽调。五是平田整地是水利配套的一个重要方面，各地要因地制宜，抓紧进行，坚决做到水到渠成地平，把水用在刀刃上。

　　会议上，黄克诚讲话强调指出：当前最主要的问题是，必须克服一切侥幸等雨的依赖思想，要下定决心，拼命干，冲锋陷阵，抗旱到底，"一万年太久，只争朝夕"，抓紧时间，迅速行动起来，向干旱展开坚决斗争。

　　会后，县委抽出一批干部，同长期蹲点的干部和公社干部共计416人，深入全县各大队，推动各地抗旱斗争。

　　黄克诚在县里动员会后，立刻投入到抗旱第一线，他的足迹，踏遍全县23个公社，400多个生产大队。同当地干部、社员一道，找水源，打土井，搞备耕，和高平的干部社员打成一片，肩并肩奋战在抗旱现场。

　　一天，黄克诚来到石末公社，为找水源，他步行爬山，一上午察看了多条山沟。临近中午，陪同人员劝他先到公社歇歇，吃完饭再继续察看，他婉谢了，告诉陪同人员，据说附近还有一条山沟，看完再去公社吧。老天不负有心人，就在这条山沟里发现了一块湿地，大家喜出望外。第二天一早5点，公社派人去湿地挖井，终于挖出了一眼水井。

　　黄克诚在和公社干部去永录山上找水源时，车在山腰被荆条圪针拦住，随行人员即对他讲："黄省长，算了吧，这里路不好走，咱们到别处看看吧！"黄克诚下车看了看说："没关系，冲！"车辆顺利通过。

　　2月21日，当地下了一场雪，黄克诚指示县里领导，通知群众一定要把雪利用起来。县委及时下达通知，要求各公社、大队，抓紧雪后良机，大力开展群众性的积雪运动，无水地方把雪尽量积到旱井、旱地里，首先解决吃水问题；有水地方先往麦地积，然后往白地积。不管是无水地区还是有水地区，都要把山上、路上、村里的雪，想尽一切办法全部积起来。要组织力量突击进行耙耧保墒工作，坚决不留一块坷垃地。为了打好积雪和耙耧保墒这一仗，县委还指示：把能够停的副业生产和非生产建设，暂停下来，所有劳、畜力一齐出动，各个学校、厂矿都要尽量组织干部、学生开展积雪运动。由于全县上下抓得紧，积雪对缓解旱情起了一定作用。

2月底，黄克诚下到城关公社察看旱情，顺道去了位于城北的凤和村，那里是他1938年5月率八路军第三四四旅旅部驻扎过的地方。他还清楚地记得，抗日战争中，村民拿出最好的粮食，缝制最好的衣裤鞋袜，支援前线，曾多次受到上级表彰。黄克诚一路上热情地向村民打着招呼，看了当年旅部驻地公家院和自己的住所祁家院。他思绪万千，往事历历，仿佛又回到了战争年代。他同围拢来的村民亲切交谈，向村干部询问了村中情况，他感谢当地人民群众对革命战争的支援和作出的贡献，鼓励村民战胜旱情，夺取粮食丰收。

黄克诚在高平还同县委一起组织干部和群众学习毛泽东自力更生、艰苦奋斗的指示，鼓励群众坚持抗旱，确保丰收。他被人民群众奋力抗旱的精神所感动，遂作《打井》词一首：

> 天公惯作恶，连续闹干旱。
> 泉涸库竭流断，问君怎么办？
> 夫妻兄弟姐妹，奋向地球开战，
> 逼它献水源。立下愚公志，
> 人力必胜天。
>
> 在沟底，在山上，在平川。
> 君见人潮似海，干劲冲天，
> 不管石坚土硬，不怕地冻天寒，
> 直把地球穿，频报潺潺响，
> 远近尽开颜。

4月的一天，黄克诚来到野川公社，看到干部、社员热火朝天打土井，颇为欣慰。这是他当年率部曾经战斗过的地方。故地重游，触景生情，想起了抗战时曾和彭德怀在这个地区一起部署反摩擦斗争的情景。如今不知这位老总身在何方。思念之余写下《江城子》词一首：

> 久共患难自难忘，
> 不思量，又思量；
> 山水阻隔，
> 无从话短长。
> 两地关怀当一样，
> 太行顶，峨嵋冈。

> 犹得相逢在梦乡，
> 宛当年，上战场；
> 军号频吹，
> 声震山河壮。
> 富国强兵愿必偿，①
> 且共勉，莫忧伤。

一句"不思量，又思量"道出了两位身经百战的革命军人之间的战斗友谊。他们很少流连于个人情感——"不思量"是他们的一贯风格，很可能也是庐山会议以来两人遭到污蔑后的一种不自觉的规避反应；但也正因如此，触景生情之际那压抑不住的"又思量"沉甸甸地表达了战火淬炼出的割舍不断的同志情。

黄克诚在领导抗旱过程中遇到这样一件事。一次，县农办向县委汇报全县抗旱进度时说："有一个大队抗旱进度很快，领导挂帅，全民上阵，措施得力，干劲冲天，一下打成八眼抗旱井……"黄克诚听到这个消息，随即叫人打电话让农办负责人晚上来一趟。吃罢晚饭，农办主任来到黄克诚住处，黄问他："听说有个大队一下就打了八眼井，是吗？"来人答："是呀，他们的劲头可大啦！"黄说："好，明天上午咱们一块去看看。"这位主任一听黄副省长要和他一块去看现场，有点坐不住了。改口说："黄省长，是这样，八眼井，可能有的还不大成功。"黄坚定地表示："咱们明天去看看，不是就清楚了吗？"农办主任觉得推托不了，只好向黄克诚连解释带认错地说："这八眼井的事，我也是听说的，可能是才掘开口，也可能还是计划，请黄省长原谅，咱们明天就不要去看吧。"听到这话，黄克诚很不高兴，当场严厉批评了这位农办主任。这件事传开后，群众敬佩黄克诚反对说假话，坚持实事求是的精神。

高平人民经过几个月的抗旱斗争，到5月间，已取得很大成绩，打出的水井和兴建一些水利配套工程，降伏了"旱魔"，基本解决了缺水问题。

抗旱期间，黄克诚还先后去了沁水、阳城、晋城、平顺、长治、壶关等县，查看抗旱斗争和农业生产的情况。他从报纸上看到平顺县西沟人在李顺达带动下，冲破当地"无水论"的老框框，艰苦奋斗，一鼓作气，挖出数眼泉水，全大队两个多月共挖出三十多眼泉水，用活生生的事实打破了"西沟无水论"的事迹，非常高兴。他专程去看望了李顺达。李顺达时任平顺县西沟公社西沟大队队长，全国农业劳动模范。1950年，参加全国工农兵劳动英雄代表大会，受到毛泽东亲切接见。1954年荣获中央人民政府农业部颁发的金星奖章，成为农业战线上的一面旗帜，"走社会主义道路的光辉典范"。黄克诚与李顺达促膝交谈，赞扬他在抗旱中干得好，无愧全国农业劳动模范，农业战线上的好带头人。李顺达说，西沟出

---

① 彭德怀曾对黄克诚说：我这个人一辈子就是想搞"富国强兵"的，除此之外，没有别的想头。故黄克诚在词中提出"富国强兵愿必偿"。

了水，才能从根本上改变西沟农业生产面貌。西沟人就是敢与天斗，敢与地斗，才有了今天。

4月间，黄克诚还到了离平顺不远的河南省林县参观了红旗渠。抗日战争期间，黄克诚率第三四四旅在林县驻过，那时林县还是个有名的穷困县，人多地少缺水。现如今，林县人在改天换地治山治水的斗争中，创造了惊人的奇迹。他们以"建设要为子孙后代着想"为战斗口号，从1960年开始，劈开太行山，从山西平顺县截断漳河，建成一条水渠，命名为"红旗渠"，引漳河水入林县。

红旗渠是"人定胜天，改造自然"的人间奇迹。林县人民经过四年多的奋战，穿越50多处悬崖绝壁，40多个山洞，胜利地建成一条长达70多公里的渠道。这是了不起的水利工程，造福人民，造福子孙。黄克诚边参观边赞叹，夸林县人有志气，是当代活愚公，夸时任林县县委书记杨贵"实在是做了一件好事"[1]，后人会永记他的好。

5月底黄克诚返回太原。此时，"文化大革命"已在全国全面发动，每个人都将在这场政治风暴中接受新的考验。

三、被押回北京

黄克诚5月底返回太原之前，已在高平听到中共中央《五一六通知》[2]精神的传达。他感到茫然。中央又发生了什么问题？黄克诚百思不得其解。不过，他预感到，一场大的政治动荡又要开始了。

"文革"刚开始，山西的局势还算稳定，尽管省委常委中已出现两种不同声音，个别人反对省委下达的《关于开展学术批判的通知》，但还未能掀起恶浪。6月3日，尚能压得住阵的省委还召开了大专院校负责人会议，宣布了八条规定，其中明确提出，大字报不许上街，不许随便点名批斗，不许泄漏国家机密，不许上街游行等。然而，运动来势之汹涌，省委领导始料不及，几个"不许"根本无济于事，大字报上街越来越多。

黄克诚常到街上走走，看看大字报，心情还比较平静。6月初的一天，他在街上突然遇见杨尚昆，真是又喜又惊，喜的是，在远离京城的地方，遇到老朋友，而且黄克诚来山西前，杨尚昆还代表毛泽东去家中看望过他；惊的是，"文革"刚开始，杨尚昆怎么来山西呢？两个人拉拉手，仅说了几句相互问候的话，杨尚昆告诉黄克诚他住在太原饭店，不要去看他，尔后匆匆道别。黄当时十分愕然，不过他敏感地觉察到：杨尚昆的"处境定有为难之处"，"我去看望，恐怕只会给他添麻烦，就依照他的话办了"。[3]几天后，他从山西省委送阅的中央5月24日下达

---

① 《黄克诚自述》，人民出版社2004年版，第329页。

② 《五一六通知》是1966年5月16日，中共中央政治局扩大会议通过的由毛泽东主持制定的《中国共产党中央委员会通知》的简称，是发动"文化大革命"的"左"倾错误论点系统化的一个纲领性文件。

③ 《黄克诚自述》，人民出版社2004年版，第330页。

的一份文件^①中，获悉杨尚昆也犯了"错误"的消息，这才明白杨尚昆当时为什么不让去看他的原因。

为什么发动"文化大革命"？这场运动怎么搞？黄克诚很不理解。他还天真地认为运动不会搞到自己头上呢！他在《自述》中所说："那时还没有揪斗我，也没有批我的大字报，我自以为和彭的问题已经受过长期审查，这次可能不再搞我们了。"他的这一想法很快被妻子唐棣华的一席话点破。

6月上旬，唐棣华从江西参加"四清"回京，有几天假期，她即刻赶到山西看望黄克诚，老夫妻相见，有说不完的话，谈到当前的"文革"，妻子免不了替黄克诚担忧，她说："文化大革命"首先抓了批判《海瑞罢官》的文章，"山雨欲来风满楼"，大的运动还在后面，你们恐怕在劫难逃啊！

黄克诚摇摇头说："彭德怀和我们几个人的问题已经审查了这么多年，现在已让我们出来工作，这一次不该有什么问题了吧。"

唐棣华不以为然："我看还是不会放过你们，最近舆论界风声鹤唳，《海瑞罢官》首当其冲，说吴晗为彭德怀翻案，可见你们还是脱不了干系。"

黄克诚一时无话。唐假期有限，在山西只住了3天即返京。

黄克诚不愿虚度时光，即使"文革"已造成机关乱象，感觉形势不对，他也不愿偷闲，又跑到农村了解农业生产情况去了，在近一个月的时间内，先后到了晋西的离石、中阳、临县、方山等几个县考察，无论是在公社，还是在农民家里，总是仔细地听情况，聊家常，针对存在的一些问题，同干部、群众一起研究办法解决。他还到离石县贺昌^②老家看看。当年贺昌和黄是上下级，是论争对手也是亲如手足的战友，他们每天一道在枪林弹雨中出生入死，还要在行军途中和宿营之际相跟相随不依不饶地争吵"左"和"右"，彼此狂扣"帽子"。那是怎样的一支队伍！那是怎样的一个时代！

黄克诚回到太原已是7月中旬了，太原街头大字报已很多。8月，太原部分院校造反派的头头把驱赶工作组的大字报贴到太原市委大院里了，街上的大字报更是铺天盖地。黄克诚天天上街看大字报，有时也和同院的另一位副省长下下棋，消磨时光，不问院外事，也不议论大字报，因为实在弄不清楚。一晃两个月过去了，社会上越来越乱。9月17日，《红旗》杂志发表了《掌握斗争的大方向》的社论："集中力量打击一小撮资产阶级右派分子，打击党内走资本主义道路的当权派，这是斗争的大方向。"再联系9月5日《人民日报》发表的《用文斗，不用武斗》的社论，黄克诚脑子里出现了一连串的问号。他对"文化大革命"实在摸不着头脑，只觉得奇怪，运动发展成什么样子，心中完全无底。

---

① 1966年5月24日，中共中央下发《关于陆定一同志和杨尚昆同志错误问题的说明》，其中列举了杨尚昆的所谓主要"错误"。

② 贺昌，山西离石县柳林镇人，1921年参加社会主义青年团，1923年转为中共党员，参加南昌起义、广州起义等，历任中共中央北方局书记、红军总政治部副主任、代主任、红三军团第五军政委等职，1935年3月率部突围时，在江西会昌与敌作战牺牲。

临近国庆，黄克诚接到不让他参加省里召开的国庆庆祝会的特别通知。他预感到唐棣华担忧的事可能要真的发生了。

12月初，山西省委根据华北局的指示，建立一线、二线两套班子，一线应付各路造反派围攻，二线负责面上工作和生产，班子名单中已没有了黄克诚。

1967年1月，厄运再次降到黄克诚头上。

3日早饭后，黄克诚住处闯进了一群不速之客，他们是来自北京航空学院、清华大学和北京地质学院的红卫兵造反派，共二十多人。黄克诚问这群莽撞的年轻人："你们要干什么？"他们凶声恶气地说："要你黄克诚跟我们走！""为什么？"红卫兵撂出一句："你自己难道不明白？"黄克诚看着面前这群无法交流的年轻人，只好对他们说：你们一定要让我跟你们走，那得通知我的秘书，报告省委、省政府。说罢随手抓起电话机要打电话。怎奈年轻人动作很快，一下摁住黄的手，不许黄打电话，而且逼着黄跟他们走。

此时的黄克诚深知寡不敌众，看得出来者不善，遂故意把话机摔到地上，并大声叫："你们不能这么不讲道理么！你们到底是干什么的？"来者没有想到，面前的瘦弱老头会有这么大的嗓门，先是一怔，接着与黄克诚争吵起来。这一吵闹很快引来院里许多人看热闹。本来这是一所很安静的省领导家属院，一座座小楼相距不远，吵闹声惊动了左邻右舍。看到楼外围了不少人，黄克诚觉得自己搞出的大动静已达目的："有这么多人看见，就不会没人知道我的去向了，再和他们争吵无益。"[①] 于是，黄克诚对这群年轻人说：你们不讲道理哩，外面围了那么多人看，多不好，现在我可以跟你们走了。

上午9时许，黄克诚被红卫兵造反派挟持带离省政府家属院，先在太原市一所校园内关了一天，由几名红卫兵轮流看守，晚上睡在地板上。4日晚上坐火车，于5日晨抵达北京。

4日夜里12时，山西省委向中央并中央文革小组发电报："首都赴晋造反大队以第三司令部的名义，于3日上午9时许将黄克诚从山西人委带走，于4日晚乘88次快车赴京。"

黄克诚到山西任职是做了长期打算的，以为余年将在那里度过，没想仅一年多又被政治风暴卷回京城，从此失去了自由，再遭磨难。

---

① 《黄克诚自述》，人民出版社2004年版，第331页。

第三十一章 "文革"中再遭磨难

一、被关押批斗

红卫兵把黄克诚押到地质学院，关在一间屋子里监视起来。黄克诚看到这些年轻的学生对他似无太大的敌意，便同他们聊天，试图了解些情况。一个学生说："薄一波也给抓起来了，是我们抓的。"很洋洋得意地夸耀他们的"革命"行动。黄克诚原想通过闲谈劝这些学生不要头脑发热的念头，立刻打消了。

在那些学生看来，黄是只"死老虎"，庐山会议已被打倒了，把他揪回来不值得炫耀，而且成了一个包袱。黄克诚听到监视他的人议论说：上面不肯收容他。"上面"指哪里？不得而知。

红卫兵大概与有关部门联系好了，1967年1月10日夜，把黄克诚送到京西五棵松附近北京卫戍区的一个"监护点"，彭德怀、薄一波等人也被关押在那里。

被关押者一人一间屋，屋内极其简陋，有一张单人床，一张三屉桌，一把木椅子，门外有士兵持枪看守。黄克诚转来这里的第二天，看守战士帮他买来了一些生活用品。这些战士在那个年代不可避免地受到"左"的思潮影响，有的人表现得很激进，对被关押人员"横眉冷对"，甚至有推搡、打人的举动。黄克诚常常和看守士兵发生冲突。他在《自述》中写道："我常常和看守我的人吵架，他们对我有侮辱行为时，我就也还手。我明知自己年老体衰，和年轻小伙子打架是自找倒霉，但打不过也要打，不能白受侮辱。"黄克诚的激烈反抗，使他们有所收敛，悻悻地说："这老家伙不怕死，动不动就拼命。"

开始黄克诚并不知道对他"监护"的意思，因此抵触情绪很大。据一些同监的老干部回忆：黄克诚在狱里是吵骂得最凶的一个，骂起来语言也不那么美。一次，黄克诚因一件事不听话，看守人员呵斥他"你知道你是什么人吗？"意思让他明白，你是"反党分子"，放老实些。他却高声回答："无产阶级革命家！"后来，黄克诚因病住院，从一个奉命看望他的人口中知道，在卫戍区"监护"，是一种不得已的"保护"，尤其是当他听说张闻天在外面不断被造反派揪斗，实在吃不消，自己请求"监护"之后，他的抵触情绪才有所缓和。不过，失去自由的"监护"，滋味实在不好受，黄克诚只能忍受着。

1月26日夜里，黄克诚突发前列腺炎，疼痛难忍。哨兵向上级报告，派来一名医生，检查发现黄排不出尿，便插了一根导尿管。但病情没有减轻。黄克诚遂给中央文革小组的负责人陈伯达写信，要求住院治疗。中央文革小组派三〇一医院的医生前来核实。几天后，他被送到二六七医院，经过治疗，黄克诚的病症逐渐缓解，3月10日出院。

黄克诚病愈快出院时，他提出了想见见家人的要求，经上级同意，在医院里见到了妻子唐棣华。

"文革"开始后，唐棣华被作为"走资派"揪斗并抄家。她向机关租借的几张床和书架等生活必需品被造反派全数收回，家庭存款被抄走封存，工资减扣（按人头发生活费）。四个子女都回家的时候，就得有人钻壁橱里睡觉——这份"荣幸"大半落在大儿子黄煦身上。唐棣华拖着患有心脏病、类风湿和长期失眠症的身躯应付批斗，被罚打扫院子、厕所、楼道等，但她表现得异常平静而坚毅。她对孩子说："如果我死了，绝不会是自杀，你们一定要追查。"这表明她对事态发展做了最坏的精神准备。她重新安排了全家的收支和日常生活，尽可能地关心呵护孩子们。小女儿黄梅在中学遭同学围攻；两个儿子因为在家鼓捣无线电竟被诬告成私设电台，抓走送进公安局。唐下班回家发现两个儿子都不见了踪影，忧心如焚。

黄克诚和唐棣华在这样的境遇中重逢，却没有激动，也不露悲伤，只是握握手，沉默片刻，相对一笑。黄没有多说被揪来京的遭遇，唐也不提家里遭遇的困难和波折。两人只是坐下来谈谈黄的病情，谈谈孩子们的大致情况。在场的医生向唐棣华介绍了黄克诚患前列腺炎的情况，说不是癌症，让家属放心。

探视时间不长。家人知晓了黄的下落，都感宽慰。

黄克诚出院后，没有回到原来的关押地，而是被转移到了玉渊潭附近的卫戍区某部驻地。彭德怀等人也关押在这里。据黄克诚回忆：新的关押地，坐落在一个小山坡上，被监护者每人住一间小屋，相互隔离。小屋仅有九平方米，除一张木板床外，只有一个小桌，一个木凳，其他一无所有。

北京的3月，天气依然很冷，小屋没有暖气，看守人员让被关押人员自己生炉子。煤的质量不好，黄克诚经常烧得满屋是烟，因小屋的门是紧闭的，窗户也被钉死，只是门上有一小方孔，所以，烟跑不出去，黄克诚无奈地在乌烟瘴气中过日子。

一天，黄克诚收到了他在山西的秘书给他邮寄来自订的报纸和资料。这是黄克诚向关押方争取到的权利。家人也通过专案组给他送些衣服、食物和书籍。有了书报，黄克诚感觉日子好过多了。开始一个多月，似乎无人过问他，他除了读书看报，就是在小屋里转圈散步，"尽可能保持健康"。在这段日子里，黄克诚的心情还算平静，自娱自乐写了七律"纪实"一首：

　　　　无端入狱亦寻常，

且把牢房作学房。
日习楷书百余字，
细研经典两三章。
粗粮淡菜情偏好，
板床薄被睡也香。
尚有闲情觅闲趣，
斗居旋转乐洋洋。

4月仲春，身居囚室的黄克诚看见窗外一株桃树花红似火，灿若云霞，但不久即为狂风所袭，花瓣零落不堪，不免引起些感慨，又吟词一首"蝶恋花"：

满树桃花红烂漫，
一阵狂飙，吹掉一大半。
落地残红何足美，
且待来年看新瓣。

人间变化千千万，
升降起落，犹如急流泛。
天翻地覆大转换，
英雄转瞬成坏蛋。

相对平静的日子十分短暂。4月、5月间，专案组开始责令黄克诚写自传，要求"从小到老写出一份简要而全面的材料"。黄克诚斗室奋笔，写出了他革命的大半生。

随着"上海一月风暴"刮起的夺权歪风，全国很快又掀起了批斗浪潮。5月28日，《人民日报》在社论《革命的批判精神万岁》中大肆煽动：当前开展的大批判、大斗争"是一场更全面、更深刻的大破大立"，号召"把大批判、大斗争的目标，对准党内最大的一小撮走资本主义道路当权派"。7月24日又在社论《把革命的大批判进行到底》中鼓吹："被揪出来的这伙反革命修正主义分子，是落水的恶狗，是受伤的老虎，是感到冬天威胁但还未冻僵的毒蛇。"号召亿万群众"以痛打落水狗的彻底革命精神"，"展开革命的大揭发，大批判，大斗争"。

在这样的"大批判、大斗争"的恶浪里，被关押的黄克诚自7月开始先后被批斗达二十次之多。每次批斗的对象主要是彭德怀，黄克诚被拉去当陪斗。第一次陪斗是7月19日，地点在航空学院。被押上台的是彭德怀、黄克诚、谭政、张爱萍、杨勇等。黄、谭被安排在彭德怀左右。批斗会上，黄克诚时不时抬头看看彭，担心年长的彭德怀身体吃不消，可每次都被造反派狠狠地把头按下去，训斥他"不老实"。

黄克诚还先后被拉到总参谋部、总政治部、总后勤部，以及空军、海军、各兵种、驻京各军事院校和国防科委等重要军事机关进行批斗。军事系统的批斗会调门很高，无中生有，夸大其词，胡编乱造，脏水泼人。直到 9 月间中共中央发出"在革命大批判的高潮中实现革命的大联合"的号召，要求各派群众回本单位，搞好本单位的"斗、批、改"后，这种跨单位的大规模批斗会，才渐渐停了下来。随即开始对黄克诚进行专案审查。

二、接受专案审查

大批判会高潮过后，黄克诚等在押人员有了放风时间。黄克诚挺高兴，尤其是放风时，见到了不少熟悉的人，如彭德怀、谭政、郑天翔、林枫、徐冰、叶子龙、吴自立等，尽管不准说话，但相互间能用眼神或点头表达问候之意。一次，黄克诚与彭德怀不期而遇，趁监管人员稍有松懈，说了几句。他在《自述》中说："有一次我碰见彭总在散步，左右监视比较松懈，忍不住悄悄地问他：天气已很冷了，你为何不穿棉鞋？彭总说：棉鞋带来了，是我没穿。又说：别说话了，免得麻烦。我知道彭总的处境比我们这些人都困难得多，他性格又那么刚烈，忍受这些侮辱折磨更加不易。我虽极想多知道一点他的情况，但怕给他添是非，也只好闭口不问了。"

9 月以后，专案组加大了对黄克诚的审讯力度。

审讯人员先从黄克诚的自传中找矛盾，尔后让他一件事一件事地交代，有时还要写成书面材料。为了弄清情况，专案组还派人到黄的家乡和黄战斗、工作过的地方，一一进行调查。审讯、调查，再审讯，黄克诚无法休息，重复地写经历，回答问题，然而黄克诚交代的实情，审讯人员听不进去。

11 月，黄克诚案件移交到中央专案组第二办公室（简称中央二办）掌管。二办主任先是杨成武，后为黄永胜，副主任吴法宪，下属彭德怀（包括黄克诚）、贺龙、罗瑞卿等三个专案组。

1968 年新年后，专案组把审讯黄克诚的重点放在他的入党问题上，穷追猛打，逼黄克诚承认自己是假党员。黄克诚说我参加革命出生入死已四十多年，怎么会是假党员呢？"你们有什么证据？"

"当然有证据，你说的入党介绍人蒋元斋说，他不记得介绍你入党。这就是证据。"

黄克诚怒视审讯人员："他不记得是他忘了，我没忘。"

在那战火纷飞的年代，党组织处在秘密状态，复杂环境下的入党手续极其简单。黄克诚清楚地记得自己的入党过程。在他的《自述》中说："我入党时，能证明我是党员的同志，都在年代久远的残酷斗争中牺牲了，只有一个介绍人活着"，"此人确实是当时湖南第三师范学生运动的负责人之一。但因我入党情况较为特殊，是和另一位同志先与特委接头，得到同意后，再请第三师范的同志担任介绍人的。我入党时和我们谈话的同志是由特委派来的，入党后又由特委和我们直接联系。所以和第三师范的介绍人反而没有多少接触，也没有在学校过组织生活。他们忘记了，也不足为怪。但根据这一点判断我为假党员，可就真是不通事理了。"

可是审讯人员就是不信，认为黄克诚在编造历史，对他大搞"逼、供、信"，采取车轮战法，通宵达旦地审问不许休息，逼黄承认是假党员。个别人甚至采用打、骂、侮辱等手段折磨黄克诚，但他始终不承认是假党员。

3月中旬的一天，审讯室内突然来了二十多个人，个个似凶神恶煞，摆出打人的架势。审讯刚开始，两个彪形大汉抓住黄克诚的胳膊高高提起，然后猛压他的手腕使他动弹不得。黄克诚使劲挣脱出一只手，抓起桌上的茶杯狠砸自己的头，鲜血直流，出现休克。审讯者没有想到黄克诚如此刚烈。审讯无法进行下去了，只好暂时收场。

休克的黄克诚，很长时间才慢慢苏醒过来。他对审讯人员非人道的做法气愤异常，再也无法忍受，遂提笔给林彪写信[1]：

> 林副主席：
>
> 杭州见面后，已快六年，从报纸登载的照片，知您身体越来越健康，内心万分高兴！
>
> 我被红卫兵逮捕关入监牢已近一年三个月，被中央专案审查小组审讯，亦近八个月。在这期间，我精神上受到从未受过的压力，经受不起这种长期的精神压力。三月初起，自己感到有些精神失常，开始表现为胡说妄动，自己在精神恢复正常时意识到，我已走上危险的道路，继续发展下去，会完全丧失控制，不可收拾。故自己以全力控制自己，避免向更坏的方面发展。当我离开审讯室回到监房，精神恢复正常时，我感到我已陷入被催眠的状态中，这也是一种精神失常的状态，继续下去后果也是不堪设想的。
>
> 我自己感到我精神失常的状态，可能继续发展，直到自己完全丧失控制。同时我感到我已陷入痛苦深渊中，而且已丧失自拔的能力。我又不敢打扰毛主席，只有向您求救之一途，特将我目前的情况直向您报告，请求您解救！
> 最后敬祝
> 您永远健康！
>
> 黄克诚
一九六八年三月十七日

这是一封"求救"信，希望林彪能"解救"他；这也是一封控诉信！控诉对他采取非人道的审讯。

信是悄悄地托哨兵送走，交由北京卫戍区司令员傅崇碧、政治委员黄作珍

---

[1] 此为摘抄件。

"代为送交"林彪的。但没有得到回音。

黄克诚伤势好转后，新的一轮围攻又开始了，24小时连轴转，再逼他承认是假党员。黄克诚筋疲力尽，再也无法保持冷静。一个审讯干部骂他"是混进党内的反革命"，黄克诚怒火中烧，破口回骂：你他妈的懂个屁！这引来更猛地围攻，被扣上"现行反革命"的帽子。不管扣上什么帽子，黄克诚已不在乎："我骂了你，你们看着办吧！"围攻人员见黄克诚豁出去了，只好暂时罢手。

当审讯人员再逼黄克诚承认是假党员时，他当即宣布："我要声明，从你们开始对我逼供的那一天起，所有你们逼我写的检查材料、交代和讲话中被迫说的话，一律无效。今后，你们逼我再讲、再写的东西，也同样一概无效。特此当着你们大家，郑重声明。"

黄克诚的声明，大大出乎专案组人员的意料，审讯已无法进行下去。追问：为什么写信给林副主席不经过我们？黄克诚说："经过你们，这信就转不到了，我对你们有意见，写信给你们的上级领导，为什么一定要经过你们？"审讯人员哑口无言，只好草草收场。

自黄克诚发表声明后，或许加上黄给林彪写信"告状"的作用，专案组人员的态度有所改变，再搞"提审"、批斗时，改用说教、劝供之类的方式，参与围攻的那些彪形大汉们也不见了。

3月24日发生"杨余傅事件"①，负责领导"二办"的杨成武被抓，专案组的态度进一步发生了变化，对黄克诚审讯的力度减弱了。黄克诚说："这件事使那些起劲搞逼供信的造反分子们大受影响。也许是看到了人事变化的无常吧，他们的劲头变小了，连诱供也不那么卖劲了。"

此后一段时间里，黄克诚的"任务"就是更详细地写自传。

8月下旬，黄克诚、彭德怀等人被转移到什坊院一座军营继续关押。

什坊院，地处北京西郊。院内有一幢二层小楼，小楼前后又分为两个小院子，前院驻有士兵，后院沿墙的平房就是监所，每间房子约10平方米，都有编号，一人居住，黄克诚住2号，彭德怀住4号，房内有一床一桌一椅，有一门一小窗，小窗都已钉死，而且糊上了报纸，窗子下方留有一个小洞，挂着巴掌大的布帘，供哨兵观察。

在转移过程中，黄克诚写的《桃花》词被监管人员发现，专案组以为这一下可抓到了他的把柄。他们一方面要求"监护"单位更加严密监视黄克诚的一举一动，杜绝类似事件的发生；另一方面则说黄克诚的词是讥讽时事，对他进行批斗，逼他交代词中所指为何人何事。黄克诚如实相告：写词是自己的一种心情，表达对"文化大革命"的认识，没有什么特指。专案组对黄克诚的回答不满意，三番

---

① 杨指杨成武，余指余立金，傅指傅崇碧，系林彪、江青制造的诬陷杨、余、傅武装冲击中央文革小组，为所谓"二月逆流"翻案事件，又称"3·24"事件。1968年3月24日，林彪宣布了中央命令：撤销杨成武代总参谋长、军委常委等职务，撤销余立金的空军政治委员等职务，撤销傅崇碧的北京卫戍区司令员职务。

五次地追逼黄克诚的动机，也问不出想要的结果，只好不了了之。

诗词风波之后，黄克诚的笔、墨、纸均被没收了。没有了纸、笔，黄克诚也不用再写检讨之类的东西了，专案组找他交代问题的次数也明显少了，一时间，黄克诚的日子也"冷清"了。

关押生活日复一日。自1967年初和唐棣华一别，黄克诚再没有和家人见过面，完全与家人失去了联系的他，无时无刻不在记挂妻子儿女，有时也会想起老母亲和老家的亲人。他在《自述》中写了当时自己孤苦凄凉的心境和殷切的思亲之情："我在押的时间已久，进行强烈对抗的阶段已经过去。我的情绪似乎也由当时的高度亢奋转为低沉。这时期又作了两首词，无纸笔记录，就记在脑子里。其中有'卧床时听蝉声鸣，彻夜不眠辗转到天明''分飞小雏今何在''老病手足（指我的哥哥）入梦来'等字句"。遗憾的是这两首词未能完整地留下来。

母亲的形象也时常出现在他眼前。一天夜里，他梦见母亲在埋怨他，骂他把她忘了。梦醒后黄克诚作一首顺口溜记在脑子里，在有了纸笔后，他就把这首顺口溜写了下来：

> 梦归故里看亲娘，
> 亲娘见我惊倒床。
> 欲哭无泪望眼穿，
> 欲言无语思断肠。
> 面沉怒色示指责，
> 为何更早不还乡。①

在那段日子里，专案组依然在审查黄克诚的"历史问题"。有些监护人员的蛮横恶劣态度常常使黄克诚难以忍受，他就与监护人员争吵、甚至对打。他在《自述》中说："这个时期，我经常因为监管人员的蛮横态度和无理干涉而和他们争执。他们对我早就不满了。其中有一个人指着我说：你别这么猖狂！你知道你现在是什么身份吗？我说：我当然知道，我是马列主义者，是无产阶级革命家。他们气极了，有人动手打我，我也和他们对打。但他们到底不能真把我打伤、打死，也有些无奈，以后便不再和我为难。此后再也没有发生打架的事。"监管人员也有比较正直的人，他们态度比较平和。

监房冬天没暖气，气温很低，室内结冰，黄克诚手臂冻得僵痛。为了抵御寒冷，减轻疼痛，他不停地在室内走动，并尝试自我按摩，每日不辍，收到一定效果。解除监护后，他也一直保持着自我按摩的习惯。

黄克诚本人不知道的是，此时审查已经告一段落。1969年6月康生提出彭、黄案要重新查。根据他的指示，彭德怀专案小组同时担负起对黄克诚的第三次审

---

①《黄克诚纪念文集》编委会编：《黄克诚纪念文集》，湖南人民出版社2002年版，第641页。

查。因为有以前审查材料作基础,这次审查仅用一年多时间就结束了。1970 年 7 月 23 日专案小组完成了《关于反党分子黄克诚罪行的报告》,并于 8 月 15 日上报军委黄永胜、吴法宪、叶群、李作鹏及周恩来。这个报告概述了黄克诚"右倾反党"、"利用职权,包庇叛徒、特务、反坏分子"以及"文革"期间写"反动黑诗"为"刘少奇为首的资产阶级司令部鸣冤叫屈"三个问题。报告最后"建议予以结案,永远开除党籍,撤销党内外一切职务,长期监押。"中央没有批准。

1970 年冬,黄克诚终于得到了家人的消息,这是很大的安慰。实际上,早在 1968 年秋冬唐棣华下放河南某干校之前,她就曾经请专案组转交一封信和一包衣物、用品、食物等给黄克诚,告诉他孩子们已都分配去外地或下乡插队,自己也要离京等等情况。然而黄克诚始终没有收到这封信。1970 年唐棣华所在的干校传说黄克诚已死,唐棣华半信半疑,写信给周恩来,试探性地说长女要结婚,想从山西取一点黄克诚的私人物品。周恩来批示将信转给了黄克诚,说东西可以给家属,并让黄克诚写信告之山西有关部门。通过这件事的操办,黄克诚才获悉了家人消息,家人也得知黄克诚依然健在。

1971 年"九一三"事件发生后,身在监房中的黄克诚凭他的政治敏感性,从监护人员态度的变化、监舍条件的改善,看出了发生重大事件的迹象。不久,黄克诚因高烧住院,他从医院哨兵的口中知道了林彪出走机毁人亡的事件,震惊之余,陷入了沉思。

政治形势突变,黄克诚满以为自己的问题很快会解决,可是他失望了,仍被继续关押。不过居住和饮食条件有了较大改善。

这时中央日常工作在周恩来主持下出现了转机,开始纠正"文革"中打击迫害老干部的做法,解放了一批老干部。对尚不能解放的,则设法改善他们的处境。

遵照周恩来的指示,公安部和北京卫戍区领导人到什坊院等监护点进行了检查,而后报告了检查情况。周恩来得知卫戍区各关押点的条件差,且分散,遂决定把全部监护对象集中到德胜门外监狱和政法干校两处。

1972 年 1 月 5 日,彭德怀等人被转移至政法干校。此时黄克诚还在住院,2 月病情好转后才被转移到那里。

政法干校位于复兴门外木樨地南侧(今公安大学)。关押的房屋宽敞明亮,每间约有 20 平方米,楼内设有卫生间和洗澡设备,被监护人员可以散步。他们的日子好过多了。黄克诚的监舍与彭德怀为邻,房间为 4 号。谭政、李井泉等也关押在这里。他们互相不见面,有时能听其声,不见其人,散步时偶尔也能远远地见个身影。

1 月 10 日,毛泽东抱病参加陈毅的追悼会。这一不寻常的举动,明确地发出一个强烈的信号:要尽快解放一批老干部。周恩来抓住时机,千方百计地推动解放老干部的工作,一大批老干部获得解放,重新走上工作岗位。这使黄克诚看到了希望。

但幸运之神没有马上降临到黄克诚的头上。他仍被关押审查,翻来覆去写检讨,但不像以前那样苛求了,监护人员对黄克诚的管制更加放松。

1972年5月，黄克诚在监护中第一次见到家人。这距上次见唐棣华已隔五年，与孩子们就暌离更久了。按照当时的探视程序，监护人员把黄克诚送到政法干校附近的一个部队驻地，在会议室等候，再由专案组用车把家属接来。大家围着一个长桌坐下。门口另放一套小桌椅，有监护人员坐在那里"陪伴"。

一家人坐下来，千言万语不知从何说起。

孩子们受到不少冲击。黄梅在中学挨了"斗"，黄煦在1967年底清华大学"团派"和"414派"①开始武斗期间，曾被一派抓去当人质、"战果"和"黑后台"，关了十几天，多次挨打。这时他们星散各地，或在农村插队，或在基层厂矿。不过这段艰难岁月也是一家人最团结互助共担命运的时光。由于特殊的家境，孩子们开始成熟，逐渐有了自己的判断。他们看到许多老干部无端遭到批斗、关押，社会上帮派林立的乱象，清醒地认识到："文化大革命"是一场错误，父亲被批判也是一场错误。他们的这种认识对唐棣华是一种精神支持。

由于有监护人员在场，有些话不便说。但是黄克诚看到孩子们身体健康，知道他们都自食其力地参加生产劳动，就放下了心，不谈自己也不多问家事了。黄晴在《遗范永怀——忆父亲黄克诚二三事》一文中记述了对这次探视的印象：

> 我发现，他精神上一点没垮，思想依然活跃，兴致勃勃。他急切地询问"外面"的情况，为祖国建设的每一点成就感到欣喜，也为当时社会的许多不正常状况担忧。从种种迹象看，他这些年来生活得很不轻松，但三个小时的谈话中，他语不及私。②

黄梅在《岁寒心》一文中也表达了同样的感受。她说，初看到父亲，"一个衰老的颤巍巍的老头儿站在一张蒙着蓝布的大桌跟前。面孔苍白而消瘦，头上是些稀疏花白的头发。一件黄色的旧呢军衣，里面露出一层一层的毛衣和衬衣"，她感到惊愕，甚至生出怜悯。

> 但是他开口说起话来，憔悴的神色奇迹般地褪去了，微笑浮上了弯弯的嘴角，眼睛也熠熠地闪出光亮。我在日记中只粗略记着他大大演说了一番如何改造世界观和学习马列著作以及他们当年如何背诵《共产党宣言》。我只觉他这个"反党分子""忠"得令人哭笑不得，却尚不理解这些被推销得贬了值的语言实际包含多少真挚的信念及用鲜血换取的经验。父亲还谈起他自创的按摩疗法，说起他如何借此战胜了牙疼，又开始向臂疼、鼻炎、气管炎等痼疾开战。他甚至想摸索出一条路子，可"对更多的患者有些益处"。他一本正

---

① "文化大革命"中清华大学的两个群众派别，前者自称为"28团"，故简称为"团派"，后者系前者的对立面，于1968年4月14日由250余个战斗组组成，时称"414串联会"，后简称"414"。

② 《黄克诚纪念文集》编委会编：《黄克诚纪念文集》，湖南人民出版社2002年版，第680页。

经的认真劲儿真叫人兴叹，直到今日清点往事，我才悟到了他这种思想方法背后的精神境界。当他得知我大哥在湘南小镇沱江工作时，便连连称赞沱江山清水秀好地方，他长征时曾从沱江附近走过；后来又谈起二哥和我插队的山西省，讲起抗日战争时到过的河边村。似乎祖国每寸土地上都留着他的足迹；而他的心也像爱亲人一样爱着每一处山河。他提起潇水的开发，并对湖南省那年粮产仅 300 亿斤出头颇为不满："怎么还不到 400 亿斤哪？"接着话题又转到了铁路建设，焦枝线啦，枝柳线啦。然后又是新油田。他兴冲冲地讲起李四光和板块学说，乐观地推测中原土地下恐怕还有大油田——"这些都是我从报纸缝儿里读来的"，他几乎像孩子般得意地说。在那一瞬间，从那与他的处境和形貌极不相称的笑意里，我第一次模糊地意识到了蕴藏在他心底里的一个共产党人的不屈不挠的精神力量。[①]

此后大体形成惯例，允许家属一年探视两次，特殊情况还可以提出申请。所以，以各种各样的理由打报告要求探视，成了唐棣华当时生活中的一件大事。通常家人接到探视通知便准备一些黄需要的物品，包括替他拆洗的衣物或合口味的咸菜等等，然后按规定时间前去会见。1974 年元旦期间那次探望，黄克诚还第一次见到了自己的孙辈，即黄楠才出生几个月的小女儿。

1974 年、1975 年，黄克诚因病又先后住了两次医院。这时专案组的态度有了很大变化，给黄克诚的感觉是，他们"如今似乎也是在应付差使"。有时让他写检查，由于翻来覆去还是那些事，黄便东拉西扯地敷衍，专案人员也只拿走了事，到后来甚至连问也不怎么问了。

三、解除监护，重返山西

进入 1975 年，解放老干部的工作有了新的转机。2 月 27 日，毛泽东指示在押的国民党战犯一个不杀，全部释放。纪登奎回忆说："把战犯释放后，党内外呼声强烈：战犯都放了，那些老干部革命一辈子，应该释放。主席在杭州，来电话催能不能快点办？""总理也催。那时受审查的干部还有二三百人，每人一大堆材料，要短期内结束，就是看材料也来不及。负责这件工作的是我、华国锋、吴德，我牵头。"[②]

3 月 7 日，根据毛泽东关于尽快结束专案审查，把人放出来的指示，江东兴、纪登奎、华国锋、吴德写了《关于专案审查对象处理意见的请示报告》，经周恩来阅改后上送中央。根据这份报告，中央作出决定：除与林彪集团有关的审查对象和其他极少数人外，对绝大多数被关押受审查者予以释放。其中属于敌我问题的，

---

①《黄克诚纪念文集》编委会编：《黄克诚纪念文集》，湖南人民出版社 2002 年版，第 687—689 页。

② 纪登奎谈话，转引自中共中央文献研究室编，逄先知、金冲及主编：《毛泽东传》（下），中央文献出版社 2003 年版，第 1723 页。

有劳动能力的分配工作或劳动，丧失劳动能力的养起来，有病的安排治疗。属于人民内部矛盾的，妥善安置，补发工资，分配适当工作，党员恢复组织生活，搞错了的进行平反。对于尚不能作结论的，问题在内部挂起来，分别由中组部和总政治部会同有关机关再作结论。这样被关押的三百多名高级干部先后释放出来，其中一些人陆续分配了工作。

这一年年初，中央专案审查小组对黄克诚又进行了审查，这是对黄克诚的第四次审查。5 月 8 日，中共中央专案审查小组向中央写了《关于黄克诚同志的审查情况》的报告，华国锋、汪东兴、纪登奎、吴德批准了这个报告。报告非常简单，不到 400 字，除再次肯定"黄克诚是高、饶反党联盟的重要成员和彭德怀反党集团的主要同谋者"外，认定他"隐瞒了 1927 年他在蒋匪二师政训处任图书管理员三个月的历史"，"解放后在湖南工作期间，他利用职权，包庇安置叛徒、特务、反坏分子"，对其他问题没有提及。报告最后说："鉴于中央对黄克诚同志的问题已作过结论和处理，仍维持原结论和处理，回山西省工作。"称黄克诚为"同志"是此前三次提交的专案审查结论中所没有的，但是与庐山会议决议提法一致。

7 月 4 日，中央审查小组将此报告送黄克诚。久违了的"同志"二字在他心里引起层层波澜。他对自己在庐山会议上认过错的问题没有再提出异议，但是因为报告里涉及了一些人和事且所述不尽属实，他仍不肯签字，与专案组人员反复争论。

黄克诚将此事告诉了唐棣华。唐棣华劝他说：这个材料其实和庐山会议的结论无大区别，将来如果庐山的冤案能解除，其他一些附加的无稽之谈不辩自清。听了夫人劝说，数天后黄克诚勉强地在审查报告上签了字。

黄克诚签了字，专案组人员也松了口气。几天后，专案组向黄克诚宣布：中央决定解除对你的监护，仍回山西工作。

当年秋，黄克诚离开政法干校，结束了长达八年多的监护生活，返回山西。

1975 年秋，解除监护后的黄克诚。

黄克诚回到太原，暂住迎泽宾馆。接待人员告诉他，先在宾馆住几天，等安排好住房，再迁往省领导大院宿舍。当时省委还有给黄克诚安排工作之意，但没几天就变了，说他身体不好，还需休养，市内不宜居住，搬到晋祠招待所（亦称晋祠宾馆）居住。黄克诚心里明白，肯定又出现了新情况。过了不久，全国展开了一场所谓"批邓、反击右倾翻案风"运动。复出不久的邓小平在主持中央日常工作期间，因对各方面的工作进行了卓有成效的整顿，纠正了"文革"中许多错误做法，结果遭到"四人帮"的疯狂反对，邓小平再一次被打倒，"四人帮"乘机兴风作浪，中国政坛再次浊浪翻滚，像黄克诚这样的老干部再次靠边站也就必然了。黄克诚在关注着时局的变化。

黄克诚向组织提出：自己年事已高，请求让长子黄煦夫妇来与他一起生活，以便照顾。这个请求获得批准，儿媳张小娴和儿子黄煦来到黄克诚身边。此间也有不少老干部，老熟人陆陆续续地来看望他。兰州军区司令员韩先楚到山西参观大寨时，专程去看望了黄克诚。国防科委主任张爱萍到山西办事，让夫人到晋祠看望黄克诚。还有不少年轻人慕名前来，看望这位传奇大将。

1976 年 1 月 8 日，伟人周恩来逝世，黄克诚从广播中听到这一噩耗，悲痛直袭他的心头，他担心起政局的变化，国家的前途。他为人民群众声讨"四人帮"的倒行逆施、痛悼人民的好总理的举动所感动。他在《自述》中道出了当时的心情：

周总理病逝，举国痛悼。送葬之日广大群众表示了深切的悲痛。从 3 月下旬开始到 4 月清明节，各方群众自发地来到天安门广场，追悼周总理。人们登上纪念碑，朗诵诗歌，发表讲话。一面追悼周总理，一面揭露"四人帮"，也表现出对毛主席任用"四人帮"的不满，同时表达了对邓小平的拥护和期望。人心向背，极为分明。刚过清明节，"四人帮"便连夜遣人驱散守护在场的群众，并撤除了全部花圈、挽联、悼词、诗歌。我虽僻处晋祠，也能不断地听到消息。我既为群众的觉悟感到高兴，也为毛主席、为党的过失和今后可能遇到的问题而忧虑、而难过。毛主席一辈子讲联系实际、联系群众，现在在这事上却如此失了民心，实在不仅是他个人的悲剧。

7 月 6 日朱德逝世，黄克诚伤心不已。他曾认为，朱老总身体一向健康，必能活过百岁。不料走得那么突然。

9 月 9 日，又一惊天噩耗传来，毛泽东逝世。一年内接连三位伟人去世，实在令他意外、难过。尽管他曾在庐山会议上受到毛泽东的误解和错误地打击，但他仍敬重毛泽东。他在《自述》中说："虽然我自庐山会议以来一直蒙冤，但我们这代人对他（指毛泽东）的感情是超越一切个人恩怨的。他是中国最早的马列主义者之一，他为创立中国共产党和人民的军队，为建立社会主义的新中国献出了自己的一切。他成功了，成了党和国家的领袖，全民爱戴的英雄。"

黄克诚请儿媳张小娴就地取材，用一种粉色的褶皱纸，扎成花朵，再做成花圈，尔后冒雨送到了省城举行的悼念大会会场，表达了自己对毛泽东的深切怀念。

■ 1976 年 10 月，黄克诚（前左一）和大嫂（前左二）及家人合影。

10 月 6 日，以华国锋为首的党中央当机立断，采取断然措施，一举粉碎了"四人帮"。消息传开，举国欢腾，人们奔走相告，举杯相庆。黄克诚一颗悬着的心放下了，他对党和国家的未来充满了信心。

黄克诚有了重新工作的希望。11 月、12 月间他给中共中央写信，一是表达自己拥护以华国锋为首的党中央继承毛泽东的遗志，一举粉碎"四人帮"；二是陈述自己的处境和痛苦，希望在有生之年还能为党工作。

第三十二章　在中纪委常务书记任内

一、复出并参与领导重建党的纪检工作

1976 年秋，黄克诚眼疾又一次复发。唐棣华给中央和陈云写信，请求批准黄克诚回京治疗眼疾。

陈云立即致信中央，提出请中央批准黄克诚回京治病。

中央很重视陈云的建议。华国锋主持政治局会议讨论批准了黄克诚夫人的请求，并通知山西省委让黄克诚返京治病。

年底，黄克诚回到北京，安排在万寿路的中组部招待所暂住。几天后入住三〇一医院，他的病床卡片上用的仍是化名，所在单位是山西省政府。

此时，黄克诚的眼疾已很严重。经过一段时间的医治，症状有所减轻，但右眼已无法复明，左眼仅保有一定视力。

住院期间，一些战友去看望他，向他谈到了不少社会新闻。更有一些关心黄克诚的人，对他受到不该有的处罚和不公平待遇鸣不平。他们劝黄克诚向中央申诉，要求彻底平反，恢复名誉和待遇。黄克诚总是淡然地说："一个共产党员在党内受点委屈，算不了什么了不起的事，在我们党的历史上，有不少好同志含冤死去，有些人连全国胜利都没能看到，比起那些同志，我是幸存者。彭德怀戎马一生，功高盖世，不也是没等到粉碎'四人帮'就含冤九泉了吗？比之彭老总，我已很知足，有什么委屈可言？"

经过一段时间住院治疗，黄克诚的眼疾有所好转。他出院了，依然住万寿路中组部招待所院内。这里地处京西万寿路地区，比较僻静。中组部来人告诉他，不用回山西了。

1977 年 7 月 16 日至 21 日，中共十届三中全会在北京举行。全会追认华国锋为党中央主席、军委主席；恢复邓小平党内外的一切职务。8 月 19 日，党的十一届一中全会公布新一届中央军事委员会组成名单。11 月 25 日，华国锋颁布命令，任命黄克诚为中央军委顾问。

蒙冤 18 年后，黄克诚在军队又有了职务。这意味着他摘掉了"反党"的帽子，

正式复出，获得完全的人身自由，有了相应的政治和生活待遇。不久，他的家从中组部招待所搬至翠微路总参第三招待所，王建安、谭政、王平等人也住在这里。后来他又搬到南池子的一处四合院，直至去世。

那时党中央和中央军委对军委顾问没有提出具体的工作任务，主要是先解决他的政治和生活待遇问题。长期没工作的黄克诚很珍视中央这个安排。对军队和各总部发的文件、资料，他都要秘书读给他听，军队系统的领导干部看望他向他谈起军队建设时，他很有兴趣地倾听，并不时插话询问有关情况，发表自己的看法，并针对存在的问题，主动提出建议。

比如，他针对当时部队反映出的有些人"向权看"，考虑车子、房子、孩子，没有崇高理想的问题和原则性差，纪律松弛等，主动让秘书给总政治部打电话，提出要恢复和发扬政治工作优良传统的多条建议；总政治部副主任兼干部部长朱云谦向他汇报军队干部队伍建设情况时，他又提出了干部队伍建设的六条意见，其中包括干部任免权要集中，师长、政委的任免权集中到总部；干部要实行任职期限和轮换制，制定相关条例；要选拔正派的人当干部部长等。他还对改革后勤、供应体制，保障和改善后勤供应问题提出了意见。

1978 年党的十一届三中全会召开之前，党中央在研究一批老同志的工作安排问题时，有人曾提议让黄克诚出任全国人大副委员长或全国政协常委等职。中央根据黄克诚刚正廉洁、铁面无私的品德，认为他到中纪委任职为宜。为此，胡耀邦亲自登门与黄克诚恳谈。

1978 年 12 月 18 日至 22 日，中共十一届三中全会隆重召开。全会决定从 1979

1978 年，黄克诚在三〇一医院治疗期间，夜读批文。

年起，把全党工作重点转移到社会主义现代化建设上来，这是一项具有深远意义的战略决策，解决了从1957年以来一直未能解决好的工作重点转移问题，也是中共在政治路线上最根本的拨乱反正。全会还就中共的思想路线、组织路线，乃至经济建设问题，进行了深入讨论，作出重要决策。在这次全会上，黄克诚被增补为中央委员。会议选举产生了由100人组成的中央纪律检查委员会，陈云为第一书记，邓颖超为第二书记，胡耀邦为第三书记，黄克诚为常务书记。1982年9月，在党的第十二次代表大会上又被选为中纪委第二书记。他衷心拥护和贯彻党的十一届三中全会的路线、方针、政策，协助陈云，领导中纪委，为拨乱反正，平反冤假错案、审理林彪、江青两个反革命集团，重建和健全党的纪律检查工作，进行了大量卓有成效的工作。

根据中共十一届三中全会平反冤假错案的精神，1980年，总政治部对黄克诚冤案进行了复查，作出《关于黄克诚同志的复查结论》的报告，总政治部领导韦国清等阅后，于5月31日送黄克诚征求意见，他表示满意，并说："我的问题起于庐山会议，这个问题不是总政治部能解决的。"6月25日，总政将结论报告呈报中央军委并党中央，在京的中共中央领导人华国锋、胡耀邦、赵紫阳及军委领导徐向前、聂荣臻等圈阅后，以中共中央中发〔1980〕58号文件发至县、团级，并批示："中央同意总政治部《关于黄克诚同志的复查结论》，现转发你们，望传达到全体党员干部。"

复查结论说：

> 1959年在庐山会议上，中央决定对黄克诚同志进行批判。并在党的八届八中全会作出决议，除保留中央委员外，撤销党内外一切职务，接着又在军委扩大会议上对黄克诚同志继续进行了揭发批判。1962年在党的八届十中全会上对黄克诚进行专案审查。1966年7月，彭德怀、习仲勋审查委员会写了《关于黄克诚反党问题的审查报告》(中央未批准)，给黄克诚同志强加上所谓"一贯反对毛泽东思想，竭力阻挠毛泽东思想的传播"，"反对党的社会主义革命和社会主义建设总路线"，"反对毛主席的无产阶级军事路线，推行彭德怀的资产阶级军事路线"，"在彭、高、饶反党联盟的阴谋活动中，充当急先锋"，同彭德怀一起在庐山向党猖狂进攻，阴谋发动反革命政变"，以及"把持经济'摊子'(即所谓贪污黄金案)等等莫须有的罪名。这些都是对黄克诚同志的污蔑。在文化大革命中从1967年1月至1975年4月，又被林彪、"四人帮"关押审查。1970年7月23日，彭德怀专案审查小组写了《关于反党分子黄克诚罪行的审查报告》(中央未批准)，1975年5月8日，中央专案审查小组办公室写了《关于黄克诚同志的审查情况的报告》。这两个报告，仍然认定黄克诚同志是"彭、高、饶反党联盟的重要成员"和"彭德怀反党集团的主要同谋者"。认定黄克诚同志"隐瞒了1927年他在蒋匪二师政训处任图书管理员三个月的历史"，"解放后在湖南工作期间，他利用职权，包庇安置叛徒、特

务、反坏分子"等问题。

根据党的十一届三中全会对冤假错案进行平反的精神，和中央组织部1980年1月30日的通知，经复查认为，1959年在庐山会议上，黄克诚同志实事求是地提出了一些意见，中央把彭、黄等同志定为反党集团，并决定对黄克诚同志进行批判和审查是错误的。给黄克诚同志强加的种种莫须有的罪名均属污蔑不实之词，应予推倒。

关于黄克诚同志与高岗的关系问题。1953年高岗确曾向黄克诚同志谈过一些问题，黄克诚同志觉察到高岗所谈的问题有些不正常，曾向中央领导同志反映过，并报告了毛主席。根本不存在黄克诚同志参加高、饶反党联盟的问题。

关于把持经济摊子（即所谓贪污黄金案）的问题，这纯属对黄克诚同志的污蔑。

关于黄克诚同志1929年在国民党第二师政训处任图书管理员三个月的问题。当时黄克诚同志已向组织报告过，并在自传中作过交代。

关于所谓"解放后在湖南工作期间，他利用职权，包庇安置叛徒、特务、反坏分子"问题。当时黄克诚同志在对待和处理旧人员问题上，采取区别对待，给予生活出路的做法，是符合党的政策的。

文化大革命中，对黄克诚同志再次进行批斗和关押审查，使黄克诚同志的身心受到严重摧残，纯系林彪、"四人帮"对黄克诚同志的打击迫害，应给黄克诚同志彻底平反、恢复名誉。撤销1959年庐山会议以来，历次对黄克诚同志的审查报告，按照中央有关规定彻底清理审查中的所有材料。对受株连的家属、子女和其他同志，均予彻底平反，恢复名誉，落实党的政策，消除影响，做好善后工作。

这个结论，推翻了自1959年庐山会议以来强加在黄克诚头上的一切不实之词，在四个重大问题上给黄克诚平反洗冤，背了21年的黑锅洗刷干净了，黄克诚终于熬过了严冬，迎来了春天！

"烈士暮年，壮心不已。"黄克诚复出后，仍怀为党为民鞠躬尽瘁之志。中央看中了"黄克诚"这个名字有它的影响力。有这样一件事：在给干部平反时，有一个做平反工作的干部无奈地找黄克诚诉苦说："有的干部拿到平反决定就是不签名，讲条件，要待遇，我们没办法，……"黄克诚说："你把他的平反决定拿来给我。"黄克诚有个狮子头印章，是战争年代下作战命令用的。黄克诚在那份平反决定上盖上狮子头印章后对那位无奈的干部说："你再去找他。"这位干部看到工作人员又来找他时，又要张口骂人，但当他看到平反决定上有黄克诚的大印，马上就签字了。工作人员问他：您还有什么话说？他说："黄老盖了大印，我还有什么说的，有意见也不提了。"

中纪委成立后，遵照中央指示，在陈云领导下，黄克诚与副书记王鹤寿等，首先抓了重建纪检机构和职责制度建设等方面的工作。

1979年1月4日，中纪委第一次全会在京举行。会议讨论和通过了《中共中央纪律检查委员会关于工作任务、职权范围、机构设置的规定》，以及《中共中央纪律检查委员会第一次全体会议通告》。中纪委第一书记陈云主持会议并讲话，他指出中纪委的基本任务，就是要维护党规党法，整顿党风，以帮助形成生动活泼的政治局面，只有这样，才能实现全党全国的安定团结，才能实现四个现代化。

1979年1月4日至22日，黄克诚（右一）出席中央纪律检查委员会第一次全体会议。右二为陈云，右三为王鹤寿。

黄克诚完全赞同陈云的讲话，并就纪检委怎么开展工作说："机构一建立，工作就来了，有不少案子要办。所有的案子都由我们去办不可能，但有些案子我们可以办，也必须办。"他告诫纪检干部，办案子决不可以推诿，要加强责任心。办案子是"同败坏党风的人、组织和现象作斗争。这种斗争，不是靠发个文件一下子就能够解决的，斗争还是很严峻的。过去毛主席要求我们有五不怕精神，不怕杀头，不怕坐牢，不怕开除党籍，不怕撤职，不怕离婚。我们有许多同志已经过了考验，不会成问题了。现在还要不怕撕破脸皮，不怕打黑枪。如果怕撕破脸皮，怕打黑枪，就干不好纪律检查工作"。

中纪委成立后，立即与中组部研究重建各级纪检机构的问题。1979年3月，中纪委和中组部联合发出两个通知。3月9日通知，要求省和县各级党的委员会，都设立纪律检查委员会。各级纪律检查委员会，由同级党委的委员会选举产生，报上级党委批准。地委成立纪律检查组，由地委提名，报省委批准。到1980年1月，除少数县一级的纪检机构尚未建立外，全国各省、地、县的纪律检查机构，绝大部分已经成立或正在筹建，约占应建总数的98%。3月17日通知，就中央和国务院各部、委、局成立纪检机构问题作出了规定。到1980年1月，国务院机关各部门，除不少新成立部门尚未建立纪检机构外，其他已建立或正在筹建纪检机构的单位，已达应建总数的75%。这就为加强党的纪律检查工作提供了组织基础。

1980年1月25日，中纪委召开第二次全体会议。这次会议在确定当年纪检工作中心任务的同时，进一步重申了纪委的任务、性质和工作范围。黄克诚在讲话中明确指出纪检委工作"要注意思想方面的问题，政治路线方面的问题，组织原则方面的问题"，"如果放弃政治路线、思想路线、组织路线、组织原则方面的斗争，不去管这方面的问题，任其发展起来，对我们党危害大得很"。

黄克诚强调，选纪检干部要特别注意政治品质，他说："选纪检干部就要问他是不是革命，是不是讲原则，是不是有战斗性，是不是对党的路线，对党的思想路线、政治路线、组织路线能坚决执行，是不是能同党一条心，而不要问他的资格多高、多深。只要他的思想对头，有能力，不搞阴谋诡计，就要培养提拔。"要多吸收一些优秀的中青年干部到纪律检查委员会中来。要建立一种制度，"干部到一定的年龄之后，就要离开领导岗位"，以便年轻干部"接替领导工作"，使纪检干部队伍永远充满活力。

他非常爱护那些一身正气、旗帜鲜明地同消极腐败现象做斗争的有战斗力的干部。当时中纪委调来一位很有办案能力也很有冲劲的女干部，多次承办并突破一些棘手的大要案，但也引来了一些非议，甚至造谣中伤。黄克诚及时肯定她的工作，排除非议，坚持把她提到更高的领导岗位，使她发挥了更大的作用。

他要求每个委员，每个工作人员，要起模范作用，不要把一些不好的作风、一些不好的风气带到纪检队伍中来。"我们做党的纪律检查工作的同志，要严于律己，对于党的纪律和党规党法以及国家的各项法律，都要模范遵守，以身作则。凡是不准群众做的，首先自己不做，凡是要群众执行的，首先自己要执行，一点一滴要注意到。"[1]他还用"保健护士"来形象地比喻纪检干部。他说，"保健护士自己身体应该健康"，纪检干部要像保健护士，不能自己带着病、带着很多细菌来做保健工作。

黄克诚要求纪检干部不仅政治上、思想上要同党中央保持一致，而且"都要知道自己的身份，有责任对党内不正确的倾向进行斗争"[2]，有勇气，"敢于斗争，刚正不阿。凡是怕字当头、回避矛盾、屈从压力、阿谀逢迎的人，不能做党的纪律检查工作。如果我们的同志连批评与自我批评的勇气都没有，怎么能设想他能够不惜牺牲自己的一切去同'大老虎'作斗争呢？怎么能够做好党的保健护士呢？"[3]黄克诚还告诫纪检干部："党把我们放到纪律检查委员会的岗位上，我们就

①《黄克诚纪念文集》编委会编：《黄克诚纪念文集》，湖南人民出版社2002年版，第196页。
②《黄克诚纪念文集》编委会编：《黄克诚纪念文集》，湖南人民出版社2002年版，第197页。
③《黄克诚纪念文集》编委会编：《黄克诚纪念文集》，湖南人民出版社2002年版，第198页。

必须负起责任，干好，将个人利害置之度外。绝不能像'混世魔王'一样在纪律检查委员会里马马虎虎，昏天黑地的混。要敢于处理棘手的问题。"①

黄克诚在党的纪检领导岗位上，以自己的言行树立了榜样。

二、参与领导平反冤假错案

中纪委成立后，面临的一项重大任务就是平反冤假错案。黄克诚积极协助陈云，会同中组部，从1979年2月开始，组织人员首先对刘少奇的冤案进行重新审理。

11月底，他派中纪委干部徐岚到河南了解核实刘少奇被武装监护及惨死在开封的情况。不久，黄克诚将初步了解到的情况向邓小平、叶剑英作了汇报，并对刘少奇的平反提出了详细的建议。他说：少奇同志是被诬陷的，事实清楚，但还有人突破不了这个禁区，这就不是实事求是，我们要主持正义。

中央经过一年多的调查及核实取证，报经中共中央批准，推翻了"文革"中强加给刘少奇的所谓"大叛徒、大内奸、大工贼"的罪名，为刘少奇彻底平了反，恢复了他伟大的马克思主义者和无产阶级革命家、党和国家主要领导人之一的名誉。1980年5月，中共中央在人民大会堂为刘少奇举行了追悼大会。随着刘少奇冤案的平反，因刘少奇冤案而受株连的数万人也得到了平反昭雪。

在党中央领导下，中纪委会同中组部经过卓有成效的工作，到中共十二大召开前，在三年多时间里，不仅平反了"文革"中的冤假错案，而且还纠正了不少"文革"前的冤假错案。

1979年1月4日，为陈丕显、曹荻秋、魏文伯、杨西光以及一大批受迫害的干部、群众平反；2月17日，为彭真平反；3月5日，为萧劲光平反；3月28日，为"杨余傅事件"中的杨成武、余立金、傅崇碧及受牵连人员平反；4月18日，为因"文艺黑线专政""三十年代文艺黑线""四条汉子""三家村""黑线回潮"等受审、被批判和被株连的人们平反；6月8日，为陆定一平反；9月5日，为陶铸平反；12月6日，为"华北山头主义"平反。

1980年1月10日，为谭震林平反；5月20日，为罗瑞卿平反；7月15日，为1966年前的中组部平反；7月24日，为萧华平反；8月4日，为杨献珍平反；8月26日，为李德生平反；等等。

一些蒙冤多年的中共早期领导人，如瞿秋白、张闻天、李立三等，也先后得到平反昭雪，恢复了名誉。

对彭德怀冤案的平反，黄克诚介入较早。

1978年春，彭德怀的侄女彭梅魁几经曲折找到黄克诚，反映彭去世前的境遇并提出为彭德怀平反的要求。黄克诚立刻让秘书修改了她的申述材料并转报中央。

---

① 引自《党风与党纪》，1981年第2期，第33页。

彭梅魁还将彭德怀托她保存的几个笔记本（其中有庐山会议给毛泽东的信、1962年写的"八万言书"和一些读书、报文件的笔记等）交给了黄克诚。黄克诚让身边工作人员详细地给他读了彭德怀的笔记，感觉到它的分量。他对彭梅魁说："自己保存难……我看还是上交党中央好，现在中央很忙，以后找个适当的机会再上交。"①黄考虑到这批手稿太珍贵，为防闪失，他让自己的女婿赵杰兵与彭梅魁的爱人张春一用复写纸全文抄录了一份，并照了一批相片，保存下来做备份。赵、张全靠手写，且他们都有本职工作，抄写延续了数月才完成。黄克诚到中纪委任职后，立即将彭德怀的手稿连同代彭梅魁拟定的一封短信交给刚任中央秘书长的胡耀邦。胡耀邦收到后亲笔写了回信："克诚同志并梅魁同志，今天上午，克诚同志交给了你要他转给我的彭德怀同志的一批手稿。计5个32开笔记本，一个22开笔记本，一封给中央的信的手稿，一份注有眉批的'庐山会议文件'。我当作为珍贵的历史文物转给中央。这封信是我给你的收条。胡耀邦，1979.1.4下午"。

为平反"文革"造成的大量冤假错案和甄别历史遗留的案件，黄克诚不顾年迈体衰，进行了大量艰苦细致的工作。他不仅听取案件汇报，而且亲自接待来访者，处理群众来信，对一些重要的案件，督促有关部门抓紧平反、纠正。他每听到一个错案得到纠正落实，某个干部的沉冤得到平反昭雪，总是欣慰地说："这就好了，这就好了！"有的老干部由于长期蒙冤，怨气难平，虽然平了反，但非要同经手案件的当事人争个是非曲直，有的对待遇不满，有的要求回原单位工作，……黄克诚总是耐心地开导他们，亲切地询问他们的生活和健康情况。这些老干部看到黄克诚长期蒙冤仍严格自律，胸襟豁达，便把准备要提的要求收了回去，高高兴兴地走了。

黄克诚不仅重视大案要案的平反甄别，对那些过去在政治运动中挨了整、受了委屈的一般干部甚至普通工人也很关注。沈阳白求恩医院的一名干部，在1959年反右倾和"文革"中受到批判，职级待遇长期受影响，生活困难，多次申诉无人解决，便给黄克诚和中纪委写信，要求帮助解决。黄克诚知道后，立即要秘书以中纪委和他个人名义给该医院领导写信，要他们认真复查。不久，这个干部的问题得到妥善解决。他复信给黄克诚说：自己是一位普通医务干部，当时完全是抱着试试看的想法把信发了出去，并未抱多大希望，没想到竟引起了您和中纪委的重视，我们全家将永世不忘，我要努力做好工作作报答。

还有一位上海纺织女工，因丈夫被判刑受到株连，1958年所在单位以支边为名，把她下放到甘肃敦煌的一个荒原小村。她拉扯着五个未成年的孩子，含辛茹苦，度过二十多年艰难岁月，眼睛几近失明。1982年4月，她的亲戚写信给黄克诚，请求帮助，希望让她回上海养老。黄克诚知道后很同情，他让夫人唐棣华接待了上访人，并以他的名义给上海市原公安局长杨光池写信给予证明和帮助。这位老妇人的问题得到落实。

---

① 聂力：《开国将帅和他们的儿女》上卷，当代世界出版社1999年版，第62页。

洪学智在悼念黄克诚时，谈到了一件十分感人的事："新四军三师有个女同志，带着两个没有见过生身父亲的烈士遗孤长大，过去吃了不少苦，但住房困难问题长期得不到解决。黄老在住院期间得知这一情况后，立即让秘书告诉有关部门帮助解决。当时，黄老已经双目失明，他把烈士遗孤唤到床前，用颤抖的双手将他们从头摸到脚，喃喃自语地说：'长大了，都长大了。你们的爸爸是为革命献出了生命，你们可要争气呀！'"[①]

三、在"两案"审查中坚持实事求是

中纪委另一项重大任务是审查处理林彪、江青集团（简称"两案"）。1979 年中共中央责成中共中央纪律检查委员会先对两案进行清理和审查。为此，由中纪委牵头，成立了有中纪委、中央组织部、最高人民检察院、最高人民法院、公安部和解放军总政治部的领导参加的两案审理领导小组，由时任中央秘书长兼中央宣传部长的胡耀邦担任组长；黄克诚负责对林彪集团的审查，王鹤寿负责对江青集团的审查。

两案审理领导小组成立之前，中纪委根据中共十一届三中全会精神，已临时设立了第二办公室，专门承接建国以来特别是"文革"所有历史事件的清查和审理工作。中纪委陆续调了一批精兵强将到办公室，黄克诚亲自点将，把解放军军事检察院检察长曹广化调到第二办公室担任办公室主任。

审理"两案"是一件极其复杂、特别重要的工作，需要组织一个强有力的班子。为此，总政治部抽调副主任黄玉昆和史进前于 1979 年 7 月底，组成了林彪、江青案件审理办公室，直接受中央"两案"审理小组指挥。

7 月 28 日，中央"两案"审理领导小组召开第一次会议，组长胡耀邦在讲话中郑重指出："两案"审理工作是非常严肃的，要向子孙后代负责，向全党负责，要经得起历史的检验！

8 月，全国"两案"工作会议在北京召开，"两案"的审理准备工作正式拉开序幕。

黄克诚对两案工作抓得很紧，他常去二办，当面听取情况汇报。他对曹广化说：现在我们力量有限，要调动各方面力量弄清详情、真情。我们办案，来不得半点虚假，要对得起子孙后代，要对历史负责，只有彻底弄清才能定案。

11 月 13 日，中央召开了第二次"两案"工作会议，在讨论、酝酿起诉书的内容和拟定罪犯名单的过程中，有人在发言中否定毛泽东，还有人主张多抓、多判、重判甚至多杀。黄克诚竭力纠正这种倾向。1980 年 1 月 28 日，他在第三次"两案"审理座谈会上明确地说："中央对我们审理林彪、'四人帮'两案的工作有原则上的指示，就是一个不杀，大部不抓，这是一个原则。关于判刑的面和开除党

---

①《黄克诚纪念文集》编委会编：《黄克诚纪念文集》，湖南人民出版社 2002 年版，第 301 页。

籍的面，中央的精神是宜窄不宜宽，人数宜少不宜多，这也是一个原则。也就是说，在处理两个案件时，采取宽大一点的政策，这是我们党历来的传统，是毛主席的一贯主张，我们现在还是要执行这条方针。林彪、'四人帮'两个反革命阴谋集团为首的一些人，按他们的罪恶来说，有的人是应该判死罪的，但还是要采取这样的处理方法。对中央的这些精神，两案领导小组的同志、耀邦同志都多次讲过了，我是完全拥护的。"他多次呼吁："两案"审判要"高抬贵手，刀下留人"。

"两案"的审理准备工作在有序地进行，至11月，一切准备就绪，20日开庭，经过两个月零五天的审理，1981年1月25日宣判，两集团主犯依法受到惩处。"两案"审判全部结束。

"两案"审判结束后，黄克诚本着人道主义精神，积极推动快速办理了黄永胜、吴法宪、李作鹏、邱会作等人的保外就医以及吴法宪家属提出的赴沪治病要求的落实工作。

四、正确对待"文革"中犯错误的干部

"文化大革命"绝非偶发事件，有其深刻的不容忽视的社会基础和历史背景。党的最高领导人遵循一条"左"的路线，采取大规模的群众运动的手段，企图解决新中国17年来积累下来的各种社会问题、党内矛盾，结果被少数野心家利用，造成天下大乱，把党、国家和人民群众推向灾难的深渊。在这场灾难中，为数不少的干部和群众陷入"左"的泥潭，犯下这样那样的错误，甚至罪行。不能否认，这些人，是一股不可忽视的社会力量，对他们的处理是否恰当，关系到社会的稳定，民族的团结，甚至关系到改革开放后的新的历史的发展。因此，中央在审理"两案"时决定，除林、江两个集团中的10名主犯外，其他犯错误的干部，不论错误大小，一律按人民内部矛盾处理，并提出"着眼大局，从宽处理"的方针。这个方针在黄克诚一系列讲话和对一些人的处理上，也有充分体现。

1980年1月28日，黄克诚在第三次"两案"审理座谈会上说："除了那些元凶首恶外，对其他的人，就要采取比较宽容的精神。照我的想法，对两案中判刑的、开除党籍的人越少越好，越少对我们党越有利。""文化大革命"给我们党、给我们的人民造成了很大创伤，带来了很深的裂痕。许多人本来是革命同志，但在那样的大混乱中分裂了，搞成了你死我活的仇人。特别是那些死了父亲、母亲、爱人、子女的同志，对直接或间接造成他们家庭悲剧的人，当然非常愤恨，这种心情是容易理解的，也是令人同情的。但是，要考虑当时的历史条件，犯错误的人，有些人品质恶劣，趁火打劫，为了向上爬；有些人投机自保，是风派人物；有些人盲目执行，跟着上边跑。"这种状况在很大程度上要由我们党当时的路线负责，由林彪、'四人帮'一伙负责，是当时的历史条件造成的。"黄克诚还指出：现在事情已经过去了，我们党经过大量的工作，这种民愤已经慢慢冷下来，即使有些民愤还没有消除，也应尽可能地说服他们。一定要把仇恨集中在林彪、"四人

帮"这伙罪魁祸首身上。

对犯错误的人，应根据他们的具体情况和所犯错误的事实，按党的政策，实事求是地作出结论。要赶快把他们放出来，让他们回到家里去，回到工作岗位上去。不要再把他们放在农场或什么别的地方改造了，不要那样做了。要知道，一个同志七八年都过那样的生活是不好受的。对那些交代好的，认错好的，确有悔改之意的人，要赶快把他们解脱出来。他还说：有些工人、农民、学生造反，搞打砸抢，现在全国已有八千多人判刑，希望大家考虑一下，当时有些还是小孩子，究竟能有多大罪呢？他们在党的号召下，干起来了！红卫兵满天飞，虽然他们犯了一些错误，甚至犯了罪，也要从轻发落，不要株连太多了，该解脱的要解脱。

1981 年 2 月 23 日，即"两案"审理宣判 29 天后，黄克诚在中纪委常委会上发言说："我曾多次说过，在'文化大革命'那样复杂的历史条件下，许多干部犯些错误是难免的。因此，对于在'文化大革命'中干坏事的人，除了极少数罪恶昭彰的要判刑或给予纪律处分外，对于大多数人，只能把他们当作犯了错误来处理，给他们改正错误的机会，不能统统都打倒。这个口子不能开得大了……只要他们认识和检讨了错误，现在真心实意地拥护党的路线，又积极工作，我们就应根据他现在的表现来确定对他们的使用，不能老揪住过去的错误不放。"

1981 年 3 月 19 日，他同总政领导人在谈到抓紧"两案"复查结论工作时说："对犯错误的人，我们应当以一种谅解的精神处理他们的问题。在那样一种背景和情况下，很难避免犯错误。除了打死人的，带来后果严重的，都应从宽从快抓紧解决。年纪大了，身体不行的要把生活安排好，年轻力壮能工作的还要安排工作，'三种人'① 和政治品质很坏、错误严重的人不能进班子，安排使用时要注意。"

据黄克诚身边的工作人员回忆，在"两案"审理期间，黄克诚曾多次讲，"文化大革命"是一场被若干野心家利用了的内乱，但从全局来看，终究是一场政治斗争。因此，除了对若干野心家作为敌我矛盾立案处理外，对其他有牵连的人，必须以政治斗争的性质来处理，必须以党的最高利益、长远利益为出发点来处理，从而使我们今后若干代共产党人在处理党内斗争中取得经验教训。他还说：斯大林名声不好，就是因为用刑事审判的方法处理党内矛盾，搞了扩大化，错杀许多同志，留下严重的后遗症。我们应该汲取他们的教训。

曾参与"两案"审理工作的原解放军检察院副检察长图们回忆说，黄克诚在一次"两案"工作会议上讲了这样一段话："路线斗争就是路线斗争，它不同于罪行，没必要大抓、重判，面越小越好，……我们党几十年，就是靠尊重事实、坚持真理才得以生存的。现在，拨乱反正、正本清源更要实事求是，万万不可感情

---

① 三种人，有三种不同说法，主要是：跟随林彪、"四人帮"造反起家、占据领导地位干坏事情节严重的人；帮派思想严重，粉碎"四人帮"后立场观点没有转变的人；行凶作恶、策划指挥武斗、打砸抢分子。清理三种人是"文革"后非解决不可的一个问题，是巩固拨乱反正成果，加强领导班子建设，保证现代化建设胜利进行的一件大事。

用事啊！"① 黄克诚这番话令人深思。

1981年8月1日，中共蒙古自治区第二书记廷懋致信黄克诚，代表自治区党委为民请命，要求对"文革"期间策划"新内人党"②冤案的原自治区革委会主任滕海清追究法律责任。9月23日，黄克诚复信：

廷懋同志：

来信奉悉，迟复为憾。

你提出对滕海清追究刑事责任的意见，从当时的情况和造成的恶果来看，是可以理解的。滕海清的错误确实严重，"新内人党"案给内蒙兄弟民族招致了人为的灾难，这个事实是令人难以容忍的。如果从民愤和单纯法律观点来衡量，追究刑事责任是应当的。但是，还有几点情况请你考虑。

一、现已查明，挖"新内人党"案是林彪、"四人帮"直接插手，康生、陈伯达，特别是康生授意和指使下进行的。滕海清等是实际领导执行者。

二、挖"新内人党"案是发生在"文化大革命"初期的特殊历史条件下的冤案之一。在那个非常时期，不只内蒙古自治区，就是在辽宁、广西、四川等省区也都有大量冤案和不少被迫害致死的无辜的人，有的地区比内蒙古情况还严重。考虑到当时的历史条件，不好过于追究个人责任。关于这一点，在"若干历史问题"的《决议》中，已经有了总结，并表明由党中央承担责任。

三、中央对"两案"的处理方针是，除了林、江等这些反革命阴谋集团的为首分子追究刑事责任，使其罪有应得，以平民愤外，对绝大多数跟着他们犯了错误包括有严重错误的人，仍然本着从宽的精神，作为人民内部矛盾从轻处理。当然，也是看在每个人的全部工作和全部历史，对他们本人和所犯错误都作历史的分析。就滕海清来说，他作为主要领导人和执行者，对"新内人党"案负有直接领导责任，造成的后果是相当严重的。但是，念其在

---

① 肖思科：《超级审判——图们将军参与审理林彪反革命集团案亲历记》，济南出版社1992年版，第135页。

② "内人党"，内蒙古人民革命党的简称，1925年国民党派员在内蒙古成立，得到中共北方局负责人李大钊支持和共产国际的指导。它的纲领是反帝、反封建、反大汉族主义，是一个民族主义的革命党。1927年"4·12"反革命政变后"内人党"发生了分裂，一部分右派叛变投靠蒋介石，加入国民党；一部分革命分子根据共产国际指示转入地下，蓄积力量，等待时机。1945年8月举事，迎接苏军解放，并发表《内蒙古人民解放宣言》。由潜伏转为公开，抵制国民党军进入内蒙古，从侧翼配合中共建立巩固的东北根据地。其成员中的先进分子在中共内蒙古工委书记、中共晋察冀中央局委员乌兰夫领导下，加入中国共产党，1947年5月1日内蒙古自治政府成立，乌兰夫为主席，此后，"内人党"就不存在了。但"文革"中，江青发表"挖黑线"讲话后，康生说："内人党是埋在我国北部边疆的定时炸弹，挖！决不能手软"；谢富治说："内人党明里是共产党，暗里是内人党，要把它搞掉。"在他们支持下，滕海清发动了挖"新内人党"事件。他认为1947年后，"内人党"转入地下，成为乌兰夫的"暗党"，60年代后，乘国内外阶级斗争的变化，配合了帝、修、反的反华大合唱，为实现其叛国投修猖狂起来。因此，1968年4月至1969年5月开展了挖"新内人党"活动，仅一年多的时间，有34万多名干部、群众遭诬陷、迫害，1.6万余人被迫害致死，8.7万余人终身残疾。1978年4月20日，中央和华国锋批示：所谓"内人党"是根本不存在的；挖"新内人党"是错误的，是几个主要领导人主观臆断，盲目蛮干，大搞逼供信造成的一大错案。因此，应完全予以否定。

长期斗争中，出生入死，为人民流血奋斗，做了不少有益的工作，所以还从宽，不拟再追究刑事责任。

四、最后，中央决定对原拟追究刑事责任在押未判的周赤萍、程世清等二十六人，也要分批解除关押，不再追究刑事责任。这个决定充分体现了中央对"两案"所涉及的人员的处理方针是从宽的。

我举出上述情况，是为了请你参酌。当然，贯彻从宽的方针，还需要大家共同进行大量的艰苦细致的工作，内蒙古自治区的工作更艰巨些。希望你同自治区党委及有关同志共同致力，说服同志们从大局出发，并实事求是的作好善后工作。

专此，顺致

敬礼

黄克诚

一九八一年九月二十三日

对黄克诚的远见卓识及政策思想，自治区党委领导一时还不理解，干部、群众要求惩办的呼声仍然很高。黄克诚亲自找廷懋交谈了三个多小时。他们最终服从了中央的决定。1994年，廷懋回忆这件事时，很有感慨地说：近几年国际形势风云变幻，苏联和东欧诸国的剧变，无不与它们处理历史遗留问题上的失误有关。党中央当年对滕海清等人的从轻处理的决策是英明的，具有深远的历史和战略眼光。

原成都军区司令员梁兴初是赫赫有名的战将，"九一三"事件后，被指责"参与反革命阴谋活动"，1971年11月遭隔离审查，1972年被定性为"上了林彪的贼船，犯了严重的方向路线错误和宗派主义错误"，1973年被下放到山西太原一化工厂劳动改造，同时接受没完没了的政治审查。梁兴初的夫人不服，进京申诉，材料转到黄克诚那里。此前不久，黄克诚曾看到成都军区司令员秦基伟向中央反映的关于梁兴初的审查材料不实的意见，头脑中产生了疑问。现在又看到梁夫人的申诉，觉得梁案有问题。1979年9月中旬的一天，他在中纪委的一次会议上讲正确对待老同志的问题时，点到了梁兴初的问题。他说：对待老同志，应有一个基本的看法。说梁兴初反对毛主席，上了林彪的贼船，成都军区审查了几年，竟拿不出一件站得住脚的事实。这是对老同志的不负责任。梁兴初一个打铁的出身，从小参加红军，负过九次伤，"身上打了好多洞"，打了那么多胜仗，他能反对毛主席吗？黄克诚讲话后，梁兴初的问题有了转机，当年就被解除劳动改造，离开工厂，暂时安置到山西省军区的干休所。1980年11月，搬到北京军区赵家楼招待所。1981年10月23日，中共成都军区委员会向党中央、中央军委呈报了《关于梁兴初同志的审查结论和处理意见》的报告，这份报告否定了梁与林彪集团的阴谋活动有牵连，撤销了关于梁"上了林彪的贼船，犯了严重的方向路线错误和宗派主义错误"的定性。梁兴初的问题得到彻底解决，恢复了大军区正职待遇。

"文化大革命"中，军队奉命执行"三支两军"①任务，参加"支左"的广大干部战士在极其困难复杂的情况下，做了大量工作，对于缓和紧张混乱的局面，维护社会秩序，保护一些老干部，减少工农业生产和人民生命财产的损失起了积极作用。但由于总体上执行"左"的一套东西，加上个别人员素质不好，在执行任务过程中，发生了不少这样那样的问题，有些人犯了错误。因此，有些单位揪住"三支两军"人员的问题不放，要求回"支左"单位检讨。

黄克诚认为在那种特定的历史条件下，中央的命令你能不执行吗？他说：应该看到，"三支两军人员大部分是好的，而且是部队中的好中选优，他们犯的错误不能算在他们个人的账上。除对个别作恶多端，民愤极大的人要处理外，其他的人一般不要追究。"黄克诚的谈话引起各方面关注，保护了一大批参加"三支两军"的人员。

1982年清理"三种人"开始后，黄克诚很慎重地处理了抄他家的涉案有关人员的问题："文革"初期，打砸抢成风，一名年轻的造反派头头带着一帮人冲进了黄克诚在太原的家，把他的大将军衔、礼服、勋章以及抗战时缴获的日军指挥刀等全部抄走。"文革"结束后，山西省委清查"三种人"领导小组把此带头人列为重点进行了隔离审查，并三次派人到北京求见黄克诚核实情况，黄都未见。山西省委清查领导小组又发函给黄克诚，调查那个人的情况。黄让秘书回函，只说什么时间被首都红卫兵押到北京，"其他的记不清了"。秘书说，这样回复他们没有用，黄说："年轻人在那个年代头脑发热，毛主席号召造反，他们就干起来了，这不是他一个人的事。如果我说了对他不利的话，会影响他一辈子。如果他是好人作了坏事，因为我的揭发影响他一辈子就不好了；如果他是坏人，肯定不会只有抄我家这一件事，还会有其他坏事，这就没有必要由我来揭发了。"黄克诚以心胸豁达、仁慈待人，不计个人恩怨，避免伤害别人，是他做人的一贯原则。

还有一位军队干部，"文革"中参加过黄克诚的专案审查。1980年前后，部队所在单位让他转业地方。他觉得自己没有干过出格的事，且佩服黄克诚的人格。他找到黄的秘书，要秘书跟黄克诚说说，想到中纪委工作。黄克诚说：此人表现可以，我同意接收，请按组织程序报办。这位干部仍留在部队工作。

黄克诚复出后，看望他的人也逐渐多了起来。一些当年批判和审查他时说过错话、做过错事的人，纷纷向他赔礼道歉。然而黄克诚并不介意，他总是坦诚地告诉这些人："在当时那种情况下，谁都难免犯错误。上边有指示，有决定你能不执行？你执行就犯执行的错误；不执行就犯不执行的错误。很难呀！你们也有压力，不向我开炮，你们也难以过关。现在事情已经过去，我们汲取经验教训吧！没有必要再去提它了。要注意保重身体，争取在有生之年为党再多做些工作。"黄克诚语重心

---

① "三支两军"，指1967年1月23日，中共中央、国务院、中央军委作出《关于人民解放军坚决支持革命左派群众的决定》和同年3月19日，中央军委作出《关于集中力量执行支左、支农、支工、军管、军训任务的决定》。全军先后派出280多万人执行"三支两军"任务，其中有5000余人担任了县以上革委会第一、第二把手。1972年8月后，参加"三支两军"人员陆续撤回部队。

长的话语，令一些人落下感动的热泪，更加敬重这位德高望重的老将军。

五、用历史唯物主义的观点评价历史人物

1978 年，国务院决定编辑出版《中国大百科全书》。1983 年 2 月，经中央军委批准的《中国大百科全书》人民解放军军事人物名单列入了林彪的名字，但不以元帅的身份对待。当时，对林彪、江青两个集团的公开审判结束不久，对林彪在历史上的功绩写不写，怎样写，编写人员有诸多顾虑。林彪条目的初稿写出后，编辑部连同其他一些重要条目，送给包括陈云、黄克诚等一些老的领导人审阅。这个条目的初稿除介绍林彪简历外，重点写了他历史上的错误。

陈云在编写辽沈战役回忆录时曾说："林彪作为四野的司令员，在当时正确的地方我们也不必否定。但不能只看到一方面的作用，还要看到其他方面的作用。"但陈云对林彪的一生并没有全面地评价。

黄克诚很认真地审阅了几个元帅和大将的条目释文，都提了一些有价值的意见。他听了秘书给他读的"林彪"条目释文后，决定跟编写组面谈一次。

1984 年 2 月 11 日上午，黄克诚请来了负责编写"林彪"条目的周之同、姚夫和李维民三人。黄克诚先听取了他们的汇报，接着谈了自己的意见。

他说，编写军事人物把林彪列上是应该的，这比过去实事求是多了。写这个条目有很多难处，轻了不行，重了也不行，是很费力的事。他提醒编写人员注意

1982 年 9 月，黄克诚（左）会见中共中央党史征集委员会的工作人员。

陈云在谈辽沈战役回忆录时讲的有关林彪的话。黄克诚说:"你们写人物志,要学习司马迁……你们现在要用历史唯物主义的观点,用历史学者的态度,去评价历史人物。不要用过去党内斗争中开斗争会的那种过火的语言,揪出一个人就把他的历史功绩一笔勾销了。不能只看一面,要看两面,要全面地观察,作出全面的评价,写出历史的真面貌。不要受'文化大革命'和'文化大革命'以前的一些传统说法的束缚,要打破这个束缚。"

黄克诚说:林彪虽然死了十几年了,但今天还要用历史唯物主义的观点去写他的历史。他说:"林彪在我军历史上是有名的指挥员之一,他后来犯了严重的罪行……但是在评价他的整个历史时,应当分两节,一节是他在历史上对党和军队的发展,战斗力的提高,起过积极的作用。另一节是后来他对党、国家和军队的严重破坏……两方面都写明确,不含糊,才符合历史事实。"

他接着说:"据我了解,毛主席和朱总司令在中央根据地指挥中央红军作战时,他们手下有几个著名的战将,一个是彭德怀,一个是林彪,一个是黄公略……红四军是毛主席、朱总司令创建的,成立红一军团后,红四军就是林彪指挥,他是红四军军长……林彪的确有指挥作战的能力。他生前我是这么说,他死了以后我还是这么说。有人说林彪不会打仗,这不是历史唯物主义的态度,不符合历史事实。

"在土地革命战争时期,他先当连长、营长、纵队司令,以后当红四军军长。在毛主席、朱总司令领导下,他指挥了不少战斗,在我们军队中,可以说他是一名战将,要承认这个事实。红一军团在我国革命历史上起的作用是很大的,打过很多仗,在红一军团基础上发展起来的部队也很多。当然主要是毛主席、朱总司令领导的,后来林彪是军团长。在写这一段时,我想可以写他指挥过红四军、红一军团,在一至五次反'围剿'和长征中,他指挥了渡乌江、腊子口等战斗。广西全州战役中,他在前线指挥红一军团和红三军团一部分作战。那时我是四师政治委员。我带部队到全州地区时,他指挥我们。我亲自找了他,他告诉我部队怎么摆法。土城战斗是他指挥的。不过那次战斗没有打好,没有消灭敌人。总之他是有战绩的。

"在抗日战争初期,林彪指挥了平型关战斗。平型关战斗胜利,对鼓舞全国人民的抗日信心,树立八路军在全国人民中的声威有重大作用。这个战斗是林彪和其他同志一起指挥的。他是一一五师师长,聂荣臻同志是副师长,罗荣桓同志是政治部主任。不过主要指挥还是他。毛主席、朱总司令当时都不在前线。后来有人说,平型关战斗打错了,这不是历史唯物主义的观点……

"解放战争时期,1945 年冬我们进军东北的部队是十万多点,经过三年,到1948 年 12 月部队进关时是一百多万人。带十万人进去,带一百多万人出来,建立了东北那么大的解放区。当然这不是林彪一个人的功劳,这是整个东北局和东北部队指战员和东北人民的功劳,但是林彪是主要领导人,也不能抹煞这一点。不然外国人会说我们写历史不顾历史事实。在'林彪'这条释文中,对他的成绩也需要稍具体一些,概括地写几句话。譬如他与陈云、罗荣桓、李富春等同志,共同领导了东北的解放战争，解放了整个东北。后来进关指挥平津战役，解放华北，以后又进军中南，直到中南地区全部解放，他才回来休息。"

黄克诚还特别强调指出，对林彪"历史上的错误"，譬如，写信给毛主席，提出"红旗能打得多久"的问题，其实不能算错误："在党内来说，一个下面的干部，向党的领导反映自己的观点，提出自己的意见，现在看来这是个好的事情；如果把自己的观点隐瞒起来，上面说什么就跟着说什么，这不是正确的态度。林彪不隐瞒自己的观点，尽管观点错误，但敢于向上级反映，就这一点说，是表现了一个共产党员的态度。在党内有什么意见就应该提出来，现在应该提倡这种精神。有些同志不敢提意见，生怕自己吃亏，这不好。提的意见不一定都正确，还可能是错误的，这不要紧，错了也可以批评。由于林彪提了这个问题，毛主席写了《星星之火，可以燎原》，如果林彪不提那个问题，毛主席那篇文章也写不出来。在党内不隐瞒自己的观点，按照组织系统提出自己的意见，我们应当提倡这种事情，不是批判这种事情。特别现在应当提倡这种作风。"

黄克诚谈了一个多小时。最后，他语重心长地说："总起来说，我的意见就是要按照历史唯物主义的观点，用科学的历史学者的态度来写林彪的历史，好的、坏的两方面都写，不要只写一面。我这个意见提供你们参考，最后还是请总政干部部、总政领导和编委会定。"

黄克诚的话后人听起来似乎"语不惊人"，但当时离"两案"宣判不过三年，对林彪的历史功绩尚无人敢讲或肯讲。黄克诚秉持他一贯实事求是的精神慨然直言，随后又得到军委领导的肯定。他的这次谈话在有关报刊上发表了。这不仅为当时《中国百科全书》"林彪"释文条目修改提供了参考，也为后人公允评价历史人物提供了重要的原则。

六、铁面无私抓党风建设

中纪委成立之初，黄克诚请示中纪委第一书记陈云：纪律检查委员会主要抓什么？陈云明确回答："抓党风"。1979 年 1 月，黄克诚在中纪委第一次全委会讲话时说："我赞成陈云同志的意见，纪律检查委员会要抓党风，要整顿党风，从思想上、组织上、作风上转变党风。"[①]"党风搞好了，党就有希望。"

他指出，现在许多党员和干部的脑子里不装马克思主义、不装革命、不装党的原则，而是装一些封建主义和资本主义腐朽的东西；有些党员和干部思想衰退、变质，争权夺利，贪图享受，贪污腐败。在他们的脑子里，共产主义的思想让了位，封建主义和资本主义坏的东西复了辟。在组织上，"四人帮"的帮派体系是被粉碎了，但在一些地方和单位的党组织里面，还有资产阶级派性，有一些有影无踪的力量吸引着一些人，他们窥风向、找靠山、垒山头、拉拉扯扯，不是按党的

---

① 《黄克诚纪念文集》编委会编：《黄克诚纪念文集》，湖南人民出版社 2002 年版，第 178 页。

原则办事，总是从个人利益考虑问题，使党的意志不能集中，不能形成一个拳头，严重影响了党的战斗力。

抓什么？黄克诚说："就是要用马列主义、毛泽东思想，用共产主义思想不断地改造党的队伍。具体地讲，就是抓共产党员的思想改造，克服非无产阶级思想，使我们党能保持旺盛的战斗力，保持工人阶级先锋队的纯洁性。"①

黄克诚在讲话中用了"改造"这个词，他说："共产党员改造不好，党风就搞不好。"不讲人的改造，就可能走偏方向；人的思想问题解决不了，建设工作就不可能沿着社会主义、共产主义的轨道前进。

怎么抓人的改造，黄克诚认为：要坚持不懈地用马列主义、毛泽东思想，用共产主义思想不断地克服党内各种错误思想，开展批评自我批评和必要的思想斗争。

思想教育本是中国共产党的强项。可是改革开放后的一段时间内放松了，招致出了不少问题。他认为思想教育虽然不是万能的，但少了思想教育是万万不行的，势必出现败坏党风的现象。在开展思想教育时，进行必要的思想斗争也是不可少的。黄克诚指出，如果各种坏思想在党内蔓延开来，就会使我们党的革命性减弱，战斗力减弱，因此，对错误的思想、行为不批评，不进行必要的斗争，要实现党风的根本好转是不可能的。黄克诚坚信：只要坚持不懈地进行思想教育，不断地开展批评，不断地进行斗争，党内错误的思想和行动就会得到不断的纠正，党的战斗力就会不断的提高。

有人认为，市场经济条件下，"思想改造""思想教育"的提法过时了，不灵了，没人听了。这是糊涂认识。"思想改造""思想教育"这个提法无非是以此为手段来净化人们的错误思想，它本身有什么错？过去错就错在做法上。事实上，改革开放后，市场经济条件下出现的贪污腐败等怪象，无不与削弱或放弃"思想改造""思想教育"有关。黄克诚这个提法虽然显得有些"过时"、逆耳，却是中国共产党在新形势下，更健康地立于不败之地的良方。

中纪委成立之初，接受了中央交给的起草《关于党内政治生活的若干准则》的任务。

《准则》草稿提交中纪委全会讨论后，广泛征求了全国各级党组织的意见，并征询了许多党外人士的意见，文件修改达七稿之多。为了这个《准则》能早日定稿，中纪委常委会在听取了起草小组关于送审稿的汇报后，集中一个多月的时间集体讨论，逐字逐句地进行斟酌、修改。黄克诚不顾年事已高，眼睛又看不见，仍倾注精力和智慧，坚持参加讨论，直到最后定稿，上报中央，在1980年2月召开的党的十一届五中全会上正式通过，颁发全党施行。

黄克诚还参与了组织起草《关于高级干部生活待遇的若干规定》。

这个《规定》是针对党内一些干部利用职权，谋求私利，贪污腐败，生活特殊，使党的威信受到损害而制定的。干部特殊化，已成为社会普遍关注的严重问

① 《黄克诚纪念文集》编委会编：《黄克诚纪念文集》，湖南人民出版社2002年版，第207—208页。

题，引起了群众的强烈不满，必须严肃处理，认真解决。

起草小组很快完成了《规定》的起草、定稿。《规定》对中央机关、国家机关和各人民团体的高级干部生活待遇，作出了十项规定。比如规定"一个高级干部的宿舍只能有一处，不得同时占用两处。调到外地工作时，应将原宿舍交回"；"高级干部外出视察和检查工作，不能携带家属子女和无关人员"；"除外事活动外不得在公共娱乐场为高级干部设特座"；"不准用公款请客送礼"；"不得以试用、借用等名义，无偿占有或低价购买国家和集体生产的产品"；等等。

十项规定，每项都很具体，易于操作，也便于监督。《规定》公布后，深得公众欢迎。对反特殊化，净化社会风气，起到很好作用。

在抓党风工作中，黄克诚从实际出发，把打击经济领域犯罪行为作为抓党风的重要环节。他看到，中国共产党实行改革开放政策以后，在不长的时间里，就有相当多的干部被腐蚀了，经济犯罪程度和人数已远远超过20世纪50年代初的"三反"、"五反"，而且这股邪风越来越猛。1982年初，中共中央批转了中纪委一份"关于打击经济领域犯罪活动"的简报，接着向全党发出紧急通知，开展这方面斗争。

1982年4月13日中共中央、国务院又发出《关于打击经济领域中严重犯罪活动的决定》，指出，这场斗争关系到我国现代化建设的成败，关系到我们党和国家的盛衰兴亡。

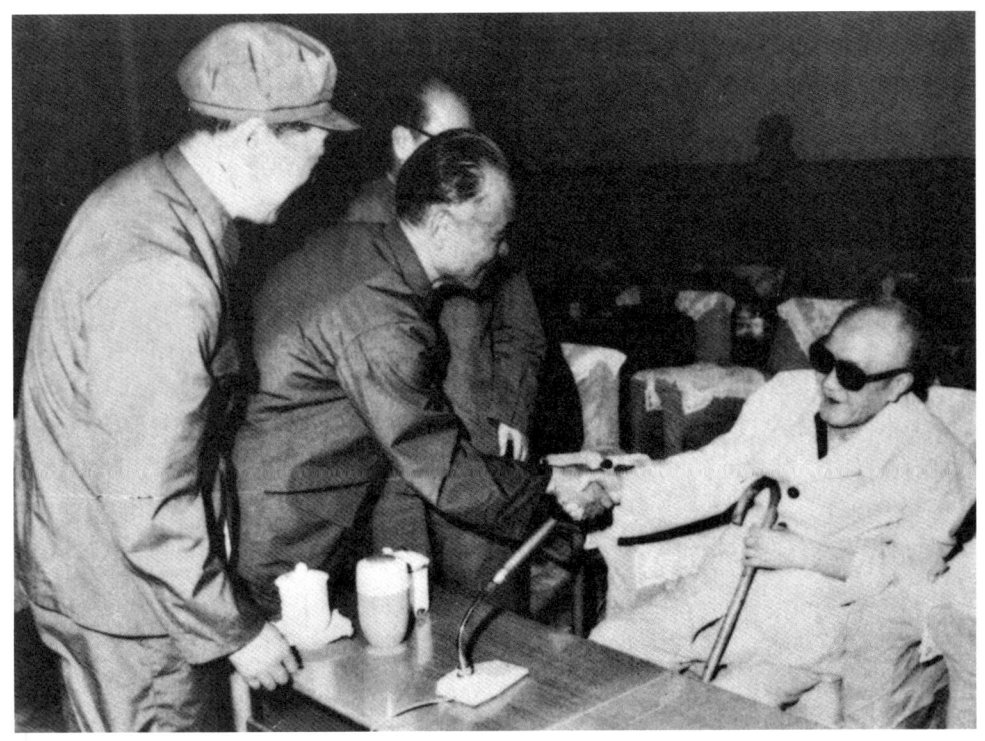

■ 1982年6月，黄克诚（坐者）参加军委座谈会。

根据中央紧急通知和《决定》的要求，中纪委迅速行动，很快派出中纪委司局级以上干部 154 名，分赴各地充实、加强打击经济领域犯罪活动的办案力量，直接参与大案要案的调查处理工作。两个月后的 8 月 17 日，黄克诚在中纪委第四次全会上讲话，专门讲到了打击经济领域里严重犯罪活动的斗争问题，他说，这场斗争半年多来，已取得了了不起的成效，沉重打击了一大批贪污盗窃、行贿受贿、投机诈骗等形形色色的经济犯罪分子，保卫了社会主义的经济基础和四化建设，保证了我们国家更好地沿着坚持四项基本原则的轨道前进。他强调，今后相当一段时间内，各级纪委仍要把很大的精力放在这项工作上，"抓这项工作也就是抓党风"。

他要求纪检部门，一是要下一点狠心，改变软弱的状况，拿出大无畏的精神来，不要怕得罪人；二是要改变执法失之于宽，使人民利益受到损害的倾向，以实际行动为抓好党风作出贡献。

抓党风，黄克诚"不怕撕破脸皮"，1980 年，连续抓了很有影响的几件事。

1980 年 1 月，主持总参工作的杨勇，为欢送调离总参的李达、张才千，欢迎调来总参工作的张震，在京西宾馆请他们吃饭花去 400 元。有人举报，黄克诚知道了，并没有因为杨勇、张震是老部下且事情不大而放宽要求。他严肃批评了这一做法，指示：要查，涉及到天王老子都要查，不仅要查，还要处理，"谁出主意谁出钱"。

杨勇、张震和黄克诚当年共同浴血奋战，结下深厚的战斗情谊。他们听说黄克诚要查这件事，杨勇认为是小题大做，心生不快，黄克诚即给杨勇打电话，说："你官大了，老虎屁股摸不得了。"杨勇放下电话，就赶到黄克诚那里，承认了错误，说不用查了，是我的主意。随后杨勇从自己的工资中拿出 400 元补上饭钱，并作了检讨，了结了此事。据当事人张震回忆，当时有不少人说情并要求共同承担责任，黄老不肯让步，他说："越是老部下，才越要严格要求，不然怎么服众？"原副总参谋长何其宗后来说，我刚调总参工作就碰到这件事，给我留下极深的教育，此后我在总参工作从未用公款请过客。

1980 年 10 月，商业部部长等人到丰泽园饭庄吃客饭，搞特殊化，少付钱。丰泽园有一位年轻厨师给中纪委写信，揭发这件事。中纪委立即派人调查，情况属实。根据黄克诚的指示，遂向全党发出通报，批评了这种不正之风，《人民日报》还发了报道。此事在高级干部中引起震动。事后，一位担任中央高级职务的领导人对这样处理有些意见。黄克诚在列席中央书记处会议时严厉地批评说："现在老百姓对领导干部搞特殊不满，不就是因为领导干部不自觉？搞特殊化吗？难道就不能批评了，不能见报了？有什么不得了？舆论监督，听听老百姓的声音有什么不好？"

1980 年初，"渤海二号"钻探船由于工作人员违规操作，造成钻探船翻沉、72 人死亡的特大事故。事件发生后，石油部很长时间未向上级报告，事发八个月后，死者家属们写信向中纪委告状。黄克诚知道后说：这事要管，这是人民群众生命财产安全的大问题，党委干什么去了？为什么拖着不报？一定要查。

中纪委查明情况后，立即给予了通报批评，石油部部长宋振明被解除职务。

分管石油工业的国务院副总理康世恩对这起事件负有领导责任，要不要给处分，政治局几次开会研究，黄克诚始终坚持要给处分，否则无法向全国人民交代。康世恩对革命事业忠心耿耿，对开发大庆油田，乃至对中国的石油事业作出过突出贡献。但功是功，过是过，赏罚要分明，政治局最后表决通过，给予康世恩记大过处分。此决定公布后，引起社会巨大反响，普遍反映党中央抓党风是动真格的。康去世前，提出撤销对他的处分的要求，纪委批准了他的要求。

1980年的某一天，群众来信向中纪委反映党中央主席华国锋的三件事：一是华国锋去江苏视察，外出沿途搞戒严，影响交通，造成上班族迟到，引起群众不满；二是中央党校的教授写信告发，有人把华国锋在中央党校作报告坐的椅子送到博物馆；三是山西群众写信反映，山西地方政府给华国锋交城的老家修故居，建纪念馆。

这三件事反映到黄克诚那里，他认为这是搞新的个人崇拜，应该"查！"他指示工作人员，先给华国锋写一封信，说明群众反映的这三件事，中纪委准备调查，请他对这三件事提出意见。接着，中纪委组成了调查组，准备分赴三地调查。黄克诚对调查人员讲：你们要大胆调查，一切后果由我黄克诚负责。黄克诚之所以要对调查组人员这样讲，基于两点考虑：一是此事涉及党中央主席，要消除他们的顾虑；二是黄克诚对华国锋有一定的了解，他50年代任湖南省委书记时，华先后任湘阴县委书记和湘潭县委书记等职，他为人忠厚，谦逊平和，作风务实，从不张扬，是一位可以沟通、听得进不同意见的领导人。再说，中共十一届三中全会已有"少宣传个人"的决定。查这三件事，华国锋会理解的。

黄克诚的想法很快得到印证。调查组尚未出发，华国锋就给中纪委回了信，说这三件事都有，并作了处理。第一件事，他给江苏省委打电话，批评他们这样做不对，今后不准那么做；第二件事，他给中央党校打招呼，让他们把椅子撤掉了；第三件事，他给山西省委书记王谦说了，交城现在没有他的房子了，修的是他哥哥的房子，请马上停工。华国锋态度明确，处理得当。

黄克诚见到华国锋的回信非常赞赏和欣慰。他指示：调查组可以不去了，但要在这件事上做文章。第一，把华国锋的信登在《党风党纪》刊物上。第二，建议中央发一封信，告诫全党要防止新的个人迷信。黄克诚的意见得到中央高度重视。

1980年7月30日中共中央发出《关于坚持"少宣传个人"的几个问题的指示》。《指示》作出五项具体规定："从现在起，除非中央有专门决定，一律不得新建关于老一代革命家个人的纪念堂、纪念馆、纪念亭、纪念碑等建筑，正在建设的和虽已建成但尚可改造的，应尽可能改造为其他社会经济文化福利设施"；"现尚在世的中央领导同志的故乡、母校和曾经活动的场所，一律不得进行任何形式的纪念布置"；"报纸上要多宣传马列主义、毛泽东思想，多宣传社会主义优越性和工、农、商、兵、知识分子为四化奋斗的成就，多宣传党的政策方针决议，少宣传领导人个人的没有重要意义的活动和讲话"等。10月20日，中央书记处会议又决定，今后二三十年，一律不挂现领导人的像，以利于肃清个人崇拜的影响。

同月 23 日，中共中央又下发《转发华国锋同志的信的通知》，指出，今后在公共场所不再悬挂华国锋同志的像和题词。

以上文件的下发，对于消除和防止个人崇拜，净化政治环境和人们的心灵具有重大意义。

黄克诚还抓了外事活动中接受礼品的问题。他认为，在外事活动中接受礼品有损国格人格。1982 年 7 月，化工部一位副部长、党组成员，是个年轻干部，在对外经济工作中，接受礼品，犯了严重错误。黄克诚坚持要作出处理，第一次给了这位干部党内警告处分。后经进一步核实材料，发现处理太轻。事隔半年，中纪委又作出第二次处理，给了这位副部长以留党察看两年和撤销党内一切职务的处分，并建议撤销其在党外的各种职务，另行分配工作。8 月 11 日，国务院撤销了这位干部的化工部副部长职务。

中纪委还狠刹了建房分房、党政机关和党政干部经商、办企业以及党员干部索贿、受贿、干部出国等方面的不正之风，并颁发了一系列重要的规定，要求各级党委、纪检部门，每个党员认真贯彻执行。

对于黄克诚本人，住房规定的第一个直接后果就是他要求妻子唐棣华交出自己的宿舍。黄克诚对妻子说："中纪委规定，各级领导干部只能享受一套由公家提供的住房。有了规定，我们总要带头按规定办。现在公家给我安排了住房，你的宿舍就归还给单位吧。"

位于乾面胡同的那套单元房曾在"文化大革命"中为一家人遮风避雨，度过最难忘的岁月。唐棣华对这套住房的特殊感情是不言而喻的。但她也是一位抗战初期参加工作的老干部，既然中纪委有了规定，不管别人执行得如何，黄家怎么能不带头？唐棣华二话没说，交出了宿舍。

关于黄克诚这一段时间里严苛治家，还有一些事例。比如，他家在南池子的住房已经很破旧，年年修顶仍年年漏雨，但是他坚决拒绝翻修盖别墅楼。对部属和家人，甚至包括对华国锋，他都采取了那种近乎"不合情理"的严格态度，其实都是着眼于大局。他希望开一个真正严格治党的头，使党内民主监督的机制能有效建立。

黄克诚是一个每每多看问题多看困难的人。改革开放风云初起之时，他也未敢轻率乐观。他深感：对于党组织来说，"文革"造成的思想、作风弊病和"溃疡"尚未治愈，党的工作重心已转到发展经济上来，八面来风，狂澜拍岸，犹如一个身有内伤尚未完全康复的人已经开始了高速度的新长征。在这种情况下，党的自身建设和对各级党政领导的监督管理将是成败攸关的。他明白，要想使党风有质的提高，要靠全党之力——上到中央最高层领导的一抓到底的决心，下至各级党员乃至普通群众的有效参与；尽管他已经明确意识到自己已年迈力衰，但是，作为一名老共产党员，他唯一的选项只能是竭尽全力。

第三十三章 以正确的态度评价毛泽东和毛泽东思想

一、两种倾向让他十分焦虑

从"牛棚"里走出来的黄克诚面对的是崭新的政治形势，一个大变动的时代。中共十一届三中全会决定把工作的重点转移到经济建设上来，并提出拨乱反正、改革开放的方针。在这个方针指导下，开始收拾"文化大革命"留下的烂摊子，纠正实行了二十余年的"左"倾错误，总结历史经验教训，处理大量历史遗留问题。任务之重，困难之多，矛盾之大，思想之乱，斗争之激烈，是前所少有的。这对黄克诚无疑是思想和政治水平的大考验，也是这位政治家发挥才干的好时机。

黄克诚尽管被赶下政坛 18 年，但他不是失意而归隐田园的晋代陶渊明："性本爱山丘"，"开荒南野际"。他蒙难期间，依然"羁鸟恋旧林，池鱼思故渊"。他虽然看不到文件，参加不了会议，门前也没有了车水马龙，但没有消沉，仍然时刻惦念着党、国家和广大人民群众。他从仅能看到的报纸、杂志的字里行间揣摩中国政坛的动向、国家的形势、人民的疾苦。他的脉搏一直随着时代的风云跳动着。所以，他复出后，并不显得那么"落伍""保守"。他的步伐很快跟上了这个大变动的时代，对党中央拨乱反正、改革开放的一系列措施表示了坚决支持的态度。

把毛泽东从"神坛"上请下来，回归到他应有的领袖位置上，即重新确立毛泽东的历史地位，是拨乱反正的重要的任务之一，也是当时急需解决的关乎国家政局稳定、前途命运的大问题。

然而，这绝非易事。粉碎"四人帮"后，广大党员干部和人民群众逐渐地从过去长期盛行的对毛泽东的个人崇拜和教条主义的精神枷锁中解放出来，开始思考，或者说重新认识新中国建国后中国共产党在对马克思主义理论的理解和运用方面，中国实现社会主义方面，评价毛泽东功过是非和长期存在的"左"倾错误方面等等，一句话，在重新认识中华人民共和国走过的道路方面，出现了思想活跃、生动活泼、民主和谐的新景象、新局面。其中，怎样让毛泽东走下神坛，是不能回避的首要问题，全党和全国人民都在议论和关注着这一问题。

中共中央为贯彻发展经济、改革开放的方针，正确评价毛泽东和毛泽东思想，组织了"实践是检验真理的唯一标准"的讨论等一系列重大政治活动，总结 30 年来的历史经验，正确认识 30 年来中国共产党走过的道路，正确分清毛泽东的功过是非，给他一个客观、公正的定位。在这个过程中，党内外存在两种不容忽视的政治倾向：一是来自"凡是派"的阻力。他们认为："凡是毛主席作出的决策，我们都坚决拥护，凡是毛主席的指示，我们都始终不渝地遵循。"否则就是"丢刀子"（指否定毛泽东），是"非毛化"，是"砍旗"（指否定毛泽东思想）。他们把毛泽东当作"神"供起来，把他的思想看成僵死的教条，并为毛泽东走下神坛设置重重障碍，其实质是企图把毛泽东晚年的"左"倾错误延续下来。还有一些在"造神运动"中中毒较深的人，他们虽然不是"凡是派"，但对请毛泽东走下"神坛"不理解，对中共十一届三中全会制定的路线和方针有怀疑，错误地认为背离了毛泽东思想的轨道。

二是一部分曲解"解放思想"精神实质的人。他们乘"拨乱反正，改革开放"之机，歪曲中国共产党的历史，夸大党的错误，否定党领导人民取得的成绩，否定毛泽东的历史贡献和历史地位，企图把毛泽东推上历史的审判台，把毛泽东思想尘封起来。

中共中央对这两种倾向非常重视，邓小平多次讲话批评这两种倾向。

黄克诚说："我对当时存在的两种倾向十分焦虑。"

他在一次"关于思想僵化"问题的讲话中说，我们目前正处在一个历史性的大变革的新时期，这是我党历史上的又一个战略性大转变。对这个大转变的深刻意义和影响，决不能低估。它比从红军转变为八路军的意义还要大，还要深刻，范围还要广。为完成这个大转变，我们必须清除"左"的"僵化思想"，来一个思想大解放。因为我们几十年来，都是按那一套"左"的路线干的，大家头脑里形成了一套"左"的框框。还要看到，毛泽东的"思想和理论"被陈伯达、康生、张春桥、姚文元等几个"理论"恶霸垄断了多年，任他们歪曲篡改，很多干部中毒很深。我们必须承认这个现状，下决心改变这个现状。"拨乱反正"就是要冲决束缚我们的框框，清除流毒，澄清思想理论是非，纠正"左"倾错误理论和"左"的思想，否则，我们就完不成大变动时代赋予的伟大使命，什么也做不成了。[1] 很显然，黄克诚这番话深切表达了他对纠"左"的明确态度，也是对第一种倾向地批判。

对第二种倾向，黄克诚根据邓小平关于认真总结新中国成立 30 年来党的历史经验，确立毛泽东的历史地位，坚持和发展毛泽东思想，引导全党和全国人民解放思想，实事求是，团结一致向前看的讲话精神，并结合自己了解的一些情况，在中纪委会议上作了长篇发言。

---

[1]《党风与党纪》，1981 年第 2 期，第 39 页。

在这个长篇发言以前，黄克诚就敏感地觉察到一些思想动向。1980年前后，在平反冤假错案，特别是平反在"文化大革命"中被迫害致死的某些中央高级领导人的冤假错案中，报刊、广播、电视等媒体对他们的丰功伟绩和遭受的残酷迫害进行了详细而深入的报道。对此，黄克诚非常欣慰和支持。但是，他感觉到，有些"过头"话的背后暗含着对毛泽东的"怨恨"。这是他很注意的一个"苗头"。

中共中央为总结新中国成立以来党的历史经验，于1980年10月至11月召开了四千余名党政军干部参加的座谈会，黄克诚虽然没有参加，但他密切注意着座谈会的动向。他让秘书把简报要来，一份一份地读给他听。有些与会者也向他汇报了会议的不少情况。他为座谈会上出现的"杂音"而担心；更为一些人声讨毛泽东的"罪行"等过激语言而吃惊。军队某些高级领导人在看望黄克诚时也向他倾诉对毛泽东的不满。有人说："毛主席错误严重，除了民主革命时期有些功劳外，再没有什么功劳了，毛泽东思想现在已经没有多少价值了。"有人还和黄克诚争论说："如果没有毛主席也会有红军，我们闹红军时也不知道有毛主席。"这话反映出一种幼稚的值得注意的政治倾向。

毛泽东领导创立红军，这是历史的选择。作为党的高级干部任何情况下都要承认这一历史事实。黄克诚听了这些"杂音"震惊不已，甚至问题严重。他说："像有些苦娃娃出身的干部，都是毛主席一手培养出来的，现在竟然这么看待毛主席，这对党、对国家和他本人都是很不利的。"他还在一次中央书记处会议上听到过一些对毛泽东不满的"杂音"。

诚言，以毛泽东为首的中共中央几十年领导中国革命和建设取得了辉煌的成绩，这在世界上也是奇迹。但是，由于没有经验，求成过急，也走了不少弯路，出现了一些问题，犯了一些错误，这是探索中难以避免的。毛泽东逝世后，有的人对新中国成立后探索社会主义道路中出现的问题，特别是"文化大革命"中身心受到摧残、甚至家破人亡的某些干部，心存怨恨，说些偏激过头的话，在情理之中，可以理解。但是，更重要的是，要认真总结历史经验教训，以期以后少犯或不犯大的错误。黄克诚作为老一辈革命家，抛开蒙受的磨难，心系党和国家的前途命运，敏锐地意识到，这种"怨恨"情绪如果任其扩散下去，后果非常严重。

黄克诚觉得，这个关乎党和国家生死存亡的问题，虽然邓小平讲过多次，似乎还有许多干部不知道或没有听进去，弄不明白里面的深刻道理，弯子转不过来。他认为，他以一个深受其害者的身份讲讲对毛泽东的评价问题，和邓小平关于这个问题的讲话精神相呼应，是很必要的，适时的，也可能有些说服力。

二、"不要对历史开玩笑"

在黄克诚的头脑中，毛泽东的历史地位早已确立。在几十年的革命生涯中，他认识到：毛泽东已不仅仅代表毛泽东本人，他是一个时代的象征；毛泽东思想是党、国家、军队和中华民族的灵魂。黄克诚这个认识在任何情况下都不会动摇。因此，当"非毛反毛"倾向出现时，他挺身而出，在全党和全国人民面前表明一个老共产党员的坚定态度。

在一次中央领导人碰头会上黄克诚曾就评价毛泽东发表过看法，但他认为没讲好，不系统，意犹未尽，所以总想再找一个适当的时机系统地讲一讲。

1980 年 11 月 14 日至 29 日，中央纪律检查委员会在北京京西宾馆小礼堂召开贯彻《关于党内政治生活的若干准则》第三次座谈会。会议由中纪委副书记王鹤寿主持，各省纪委书记、中央各部纪检组组长共一千多人参加。会议传达讨论了中纪委第一书记陈云关于执政党的党风关系党的生死存亡问题的讲话；第三书记、中共中央总书记胡耀邦到会讲话。中纪委常务书记黄克诚因病没参加会议，也没准备到会讲话。

会议开了十多天后，11 月 26 日早晨，黄克诚一起床就把秘书丛树品叫到身边说："请你给鹤寿同志打电话，我要参加会议，讲讲话。"讲什么他当时没对秘书说。秘书拨通王鹤寿的电话，转达了黄克诚的意思。

吃罢早饭，黄克诚对秘书说："昨晚没睡好觉，今天早早就醒了。我反复地思考着目前在一部分干部、特别是党的高级干部中存在的对毛主席一些过激看法的问题，觉得有在这个会上讲讲我的看法的必要。"他还给秘书讲了准备讲话的基本思路和主要内容，说："我讲话的时候，你就坐在我的身后，随时提醒我！"

27 日上午，黄克诚在会场一出现就引起与会者的注意，有的人感到惊奇。会议开了十多天了，他一直没露面，今天怎么到会了呢？是不是有什么话要讲啊！

王鹤寿宣布："今天黄克诚同志来参加会议，现在请他讲话！"黄克诚要讲什么，王鹤寿事前也不知道。大家立刻静了下来。只见黄克诚向前挪动一下身子，操着浓重的湘音说："同志们，我身体不好，联系干部和群众也很少，本来不准备讲话的。但是，我是一个心里有话就要讲的人。有些要说的话在今天的会议上向同志们讲一讲。我先讲讲对毛主席的态度问题[①]；再讲讲党风和思想僵化及经济问题。

"对毛主席的态度问题，我想了很久了，看起来与我们这次召开座谈讨论的问题关系不大，但是我认为，对我们党和国家来说，这是一个根本问题。我是一名老共产党员，有责任讲一讲这个问题。我的这个讲话，有的同志听了可能不痛快，请他们谅解！"

黄克诚要讲的这个怎样评价毛泽东的功过是非和要不要继续坚持毛泽东思想的问题，是中国进入改革开放的新时期后遇到的最重大的政治问题之一，牵动着全党和全国亿万人民的心。从中央到地方，从高层领导人到黎民百姓，都在关心着这个问题。毛泽东又是一位超越国界、有重大国际影响的一代伟人，1976 年 9

---

① 黄克诚这个讲话的全文，见《关于对毛主席评价和对毛泽东思想的态度问题》，《黄克诚军事文选》，解放军出版社 2002 年版，第 781 页。

月9日他逝世的消息公布后，曾引起全世界的震动。从那以后，世界各国一直密切关注着中国对毛泽东的评价。黄克诚深知，这个问题的正确解决，直接关乎着中国共产党和中国人民的命运和在世界的形象。

与会者听到黄克诚要讲这个最敏感的问题，每个人的神经都绷紧了，渴望听听这位老革命家到底怎么说。因为大家都知道，黄克诚是毛泽东"左"倾错误的严重受害者之一。

黄克诚的眼睛此时已完全失明。因此，他这个讲话没有稿子，也没有提纲，全凭脑子记忆，只有一名秘书坐在他的身后，时刻准备提醒他。然而，从头到尾，两个多小时的长篇发言，他没有"卡壳"，也没有"走火"，按照他的思路滔滔地讲下去。会场里鸦雀无声，尽管黄克诚的话很不好懂，大家还是全神贯注，如厕者跑去跑回，生怕漏听某些内容。

黄克诚这个讲话约1.3万字，主要讲了毛泽东的丰功伟绩和晚年所犯的错误，分析了他犯错误的原因，以及以正确态度评价毛泽东和毛泽东思想的重大现实意义和历史意义等内容。

黄克诚首先以无可辩驳的历史事实，讲述了毛泽东从大革命时期到解放战争时期建立的不朽功勋，特别是在几个重大历史关头，都是毛泽东"在危机中挽救了革命"：红军时期，他从理论和实践上回答了红色政权能不能存在和发展的问题；长征途中，在革命生死关头，他力挽狂澜，拨正了中国革命的航向；抗日战争时期，他顶住了右倾机会主义的压力，实行了战略转变，制定了抗日民族统一战线的一系列策略，使革命力量得到空前的大发展，为中国革命胜利奠定了基础；解放战争时期，他制定了正确的战略方针，指导中国革命夺取全国政权。黄克诚说："没有毛主席，就没有井冈山这面红旗"，"就没有长征的胜利"，"就没有党的独立自主的统一战线政策"和革命力量的大发展，就顶不住解放战争初期斯大林"交出武装，换取合法地位"的外来压力，提出"寸土不让"，"一条枪不交"的方针。"毛主席在这个时期的历史功绩谁能比得了呢？哪个人有这样的功劳呢？他作为我们党和国家的主要缔造者，多次在危机中挽救了革命，这是我们党和国家任何人都不能比拟的。如果硬说有人比毛主席更高明、功劳更大，那就是对历史开玩笑！"

对于毛泽东在新中国成立后的功绩，黄克诚仅仅说了"解放初期，搞土改、抗美援朝、解决所有制、搞社会主义革命和建设，毛主席的决策都是正确的"。也就是说，他仅肯定了毛泽东1949年至1956年间的功绩，至于此后20年毛泽东的功过是非，他难以评说。这是毛泽东的思想、理论和实践逐渐"左"倾直至犯"文化大革命"错误的20年。在这20年，黄克诚蒙冤18年啊！中共中央正在讨论新中国成立后的这一阶段历史，准备作出决议。在这种情况下，黄克诚以高度的党性原则与党中央在政治上保持了一致。

黄克诚非常赞同邓小平"没有毛主席，至少我们中国人民还要在黑暗中摸索更长时间"的讲话，认为"这决不是颂扬、溢美之词，而是对历史公正的科学的论断"。他还说，我这个讲话，是以小平这几句话为主导思想，是对他这几句话的解释和补充，是作注释。

黄克诚一贯敬重毛泽东，矢志不移地衷心维护他的领袖地位，即使在蒙难时也是"赤心不改"。但他从来不搞"个人崇拜"，也不是一味地赞美毛泽东。他在毛泽东面前以敢讲真话、敢提不同意见而著称。1959 年在庐山会议上，黄克诚作为所谓"反党集团"的 2 号人物，参与了中共党内第一次对毛泽东"左"倾错误的抵制。这次讲话，他不但没有隐讳毛泽东所犯的错误，而且对毛泽东所犯错误特别是晚年所犯的严重错误及其原因，进行了客观、公正、实事求是地批评和剖析。

他说："毛主席晚年有缺点，有错误，甚至严重错误"，主要是两条："一是在建立了社会主义政权、完成三大改造之后，没有及时地、明确地把工作的重点转移到社会主义建设上来，并且在具体的经济建设工作中犯了贪多图快的急性病错误；另一条是提出了一套关于社会主义时期阶级斗争的理论，混淆了两类不同性质的矛盾，把阶级斗争扩大化、绝对化，并且用对敌斗争的方式来处理党内矛盾，结果被坏人钻了空子，导致了'文化大革命'的十年浩劫。当然，如果细算起来，可能还有许多别的错误。但那些错误基本上是从这条错误派生出来的。"[1] 但是，毛泽东的这些错误，仍是一个伟大革命家犯的错误，一个伟大马克思主义者犯的错误。

在分析毛泽东犯错误的原因时，黄克诚认为，除"有着深刻的社会根源和历史根源"外，例如，"社会主义民主和法制不健全的状况，使广大人民群众和各级国家机关无法制止我们党在毛主席晚年所犯的错误"[2]，但就个人方面的原因，主要是：第一，"革命胜利了，不谨慎了，接触实际、接触群众少了，民主作风差了，听不进不同的声音，谁不听他的话，他就整谁"。第二，"年纪大了，固执了，没有及时引退。老人家如果及早引退，那就是世界上完美的大革命家了"。他不但不引退，"晚年的雄心壮志仍然非常大，想在有生之年把几百年才能办到的事情在几年内办到，结果出了许多乱子。"第三，身体不好也是一个重要原因，"毛主席为革命苦心焦虑，经常昼夜难眠的考虑问题，患了严重的失眠症，大脑经常处于高度的紧张状态。1958 年我和他接触时，就感到他虽然只有 60 多岁，但脑子已紧张过度了。脑子紧张过度，就要出乱子。我现在就有这个体会，脑子一紧张，说话就没有分寸了"。

毛泽东犯错误的原因是一个重大而非常复杂的课题。要搞清楚这个问题，需要史学工作者以至子孙后代长期地继续努力研究。黄克诚只能根据当时形势和政治的需要谈谈他的认识。

黄克诚认为，毛泽东犯错误的历史教训应当永远记取，这就是要很好地处理

---

[1]《党风与党纪》，1981 年第 2 期，第 16 页。

[2] 黄克诚：《对〈建国以来党的若干历史问题的决议〉（1981 年 8 月 11 日修改稿）的修改意见》。

领袖和权力的关系。他说，党的领袖是一个集体，这个集体必然有它的一些代表人物，对这些代表人物，全党赋予一定的权力并维护他们的威信。但必须坚决克服权力过分集中于个人或少数人手里的问题，必须反对个人迷信和个人崇拜。他们的权力要受到有效的制约，以保证他们能永远代表大多数人的利益。①

黄克诚讲话的目的，是要以正确的态度对待毛泽东和毛泽东思想。他曾对人说："我那个讲话的目的，就是扭转当时一部分人'非毛反毛'的情绪，平息对毛主席的争论。"错误已经犯了，损失已经铸成了，我们如何对待？揭发、批判，全盘否定？坚持两个"凡是"，全盘肯定？这都不是共产党人应有的态度，应该是历史唯物主义地、严肃冷静而又远见卓识地对待这个问题。

在对待毛泽东和毛泽东思想应持什么态度的问题上，黄克诚主要讲了以下几个方面。

第一，顾全大局，跳出个人恩怨的圈子。他说："在'文革'以及历次政治运动中，那些受到打击、坐过牢的同志有愤慨情绪很可理解。"但是，这种情绪"对我们党和国家是非常不利的"，应该尽快地调整过来②，"跳出个人恩怨的圈子，从整个党和国家的根本利益、十亿人民的根本利益出发，从怎样做才有利于我们的子孙后代、有利于社会主义革命事业出发"来认识自己蒙受的冤屈和苦难。他以自己遭受的痛苦告诫大家说："在毛主席晚年，我也吃了些苦头。""对这样关系重大的问题，决不能感情用事、意气用事。更不能从我们个人的利害得失、个人的愤懑不平出发。"毛主席是举世公认的"我们党和国家的领袖，是中国革命的象征。丑化、歪曲毛主席，就是丑化我们的党和国家。那样做，会危害党和国家的根本利益，危害十亿人民的根本利益"。如果妖魔化了毛泽东，谁敢保证敌对势力不会趁机起来控诉共产党，控诉社会主义，控诉共和国呢？

第二，"不能把一切错误都推到毛主席一个人身上"。黄克诚说："有些同志把建国以来我们党所犯的错误都算在毛主席身上，让他一个人承担责任。这样做不符合历史事实。……比如反右派扩大化，错整了许多人，就不能只由毛主席一个人负责。全国为什么划那么多右派？我看各级党委都要负责任。在"大跃进"中，许多做具体工作的人盲目地浮夸，将事实歪曲到惊人的程度，使错误发展到很严重地步，我们也是有责任的。"

黄克诚在私下还说过这样一段话："经济建设中的急性病，毛主席要负主要责任，但我们做具体工作的同志也有份。谭震林、李富春、少奇、周总理等同志都有责任。为什么向毛主席报告夸大了的情况？在一次中央书记处的会议上，刚从山东视察回来的谭震林说，山东的麦子产量如何如何高，全省亩产达到400多斤。我不相信他说的，他很生气，我们两个人就吵了起来，还拍了桌子。我说：'你说山东某个地区亩产达到400多斤，这我相信；你说全省都这样？你哄鬼去吧！'

---

① 黄克诚：《对〈关于建国以来党的若干历史问题的决议〉（1981年3月31日修改稿）的修改意见》。
②《党风与党纪》，1981年第2期，第19页。

还有一次,那是 1958 年'大跃进'刮'共产风'时,我和少奇同志在中央政治局会议上见了面,我对他说:'不能再刮风了,再刮就把我们刮跑了',他没理我。由此我猜到他对这个问题的态度,也就不便多说了。"

"同志们可以想想,反右派、'大跃进'、五九年庐山会议、提出社会主义时期阶级斗争理论、决定搞'文化大革命'以及错误地开除少奇同志的党籍等,哪一次不是开中央全会大家举手通过决议的?如果中央委员会多数同志都不赞成,各级领导干部都不赞成,毛主席一个人怎么能犯那么大的错误呢?如果我们抓具体工作的同志都能从实际出发,灵活地掌握党的重大政策,就不会犯全局性的错误。可是,我们一味地迎合上面,有的同志还想邀功,盲目地执行错误政策,这才使错误发展到严重地步。当然,毛主席要主要的负领导的责任,但我们也要负一定的执行责任呀!"

黄克诚针对某些人不赞成"错误大家有份"的认识说:"解放全中国、建设新中国,我们这些老共产党员都尽了一份责任,功劳大家有份。现在我们总结建国以来的经验教训,却把错误都算在毛主席一个人身上,好像我们没责任,这是不公平的!我认为,毛主席应该负主要责任,但大家也应该来分担自己该分担的那份责任,这才符合我党实事求是的精神,才符合历史唯物主义的思想。如果我们这样做了,毛主席的担子也就轻了。"

黄克诚这些入情至理的肺腑之言,打动了多数与会者。当然,也有人听着不入耳,不服气,甚至愤慨。这是黄克诚讲话前就预料到的。他说:"有一位同志曾经问我:'不让毛主席一个人承担错误的责任,你承担不承担?'我说:'我也要承担一些责任。但对文化大革命我不承担责任,因为那时我已不参加中央的工作,没有发言权了。'我认为,凡是我有发言权的时候,我没发表意见反对错误的决定,那么我就不能推卸对错误的责任。比如,反右派扩大化,错整了许多人。那时我是书记处成员之一,是有责任的,怎么能把这一错误全推到毛主席身上呢?"[①]

第三,毛泽东的"功绩远远大于他的过失。他的功绩是第一位的,错误是第二位的"。黄克诚说:"同志们要知道,毛主席为人民的事业操劳了一辈子,在大革命失败以后的几十年里,他总是苦心焦虑地、经常昼夜不眠地思考着把革命事业推向前进。由于思虑过度,他患上严重的失眠症,常常因睡眠不好而情绪烦躁,特别是到了晚年,病情加重了,脾气也越来越不好,有时甚至失态。"黄克诚说,他曾几次看到毛泽东大发脾气,很感意外:1956 年 9 月,在中共八大会议上,苏联代表团团长米高扬的发言惹恼了毛泽东,他气愤地躺在休息室的沙发上破口大骂米高扬。1958 年 1 月,在南宁召开的中央工作会议上,毛泽东狠批陈云、周恩来等和 1956 年的"反冒进",说"反冒进"是针对他的,是"政治问题","反冒进"的人离右派只有 50 米远了。1958 年 5 月至 7 月,中央军委召开扩大会议,反对所谓的"教条主义",黄克诚奉命去接毛泽东到会讲话。当他看到毛泽东精神恍

惚、面容憔悴的样子时，很吃惊，担心地问了一句："主席，身体行吗？"毛泽东叹了一口气说："百事缠身啊！能睡个好觉就好了。"黄克诚悄悄地问身边的杨尚昆，杨尚昆说："这几年主席就这个样子，操劳过度，很痛苦，一直坚持着……"

黄克诚说："毛主席为革命操劳一辈子，一辈子都在为人民着想。对他的错误，我们应该谅解，应该抱着爱护、尊重的心情对待他。"1981年3月30日，他在同总政治部领导人谈话时说："我们党和毛主席犯了错误，改了就行了，何必写那么多电影戏剧本子和歌曲揭这个伤疤呢？……毛主席已经过世了，他的错误纠正了就是了，不要扭着不放；不要搞过了火，出现恶果再回头，那样代价就太大了。"①

黄克诚还认为，谅解毛泽东就不能算他的细账。人非圣贤，孰能无过？毛泽东是人不是神。他56年的革命生涯，在历史的惊涛骇浪中力挽狂澜，不算他的大账而算他的"细账"会是什么结果？"势必给毛主席抹黑，也会算到少奇、周总理和我们这些人身上；抹黑了毛主席，也就抹黑了我们党、我们国家，也抹黑了我们这些长期跟随毛主席走的人，那就乱套了，非垮台不可。"

第四，扬弃毛泽东错误的理论和错误的实践，坚持他正确的内容；总结历史经验，吸取深刻教训，"不断丰富和发展毛泽东思想，在这面光辉的旗帜上写下新的篇章"。

黄克诚针对当时党内有些人存在的糊涂认识，中肯地批评说："现在有人要丢掉毛泽东思想这面旗帜，甚至把毛主席的正确思想、言论也拿来批判。我认为这样做是把中国引上危险的道路，是要吃亏的，是会碰得头破血流的。""毛主席根据马列主义的基本原理领导并总结了中国革命的实践，写了一系列的著作，形成了毛泽东思想，成为中国共产党人和全国人民的精神武器。毛泽东思想是我们千百万共产党员和亿万革命群众用血汗凝成的宝贵财富，……将长期指导我们的行动。"②

他发人深省地问道："我们这样大的一个党，这样一个十亿人口的大国，总要有个思想武器作指导。……如果丢掉了毛泽东思想，拿什么东西来代替呢？……难道要请孔夫子！请'三民主义'回来？那是过去的历史，中国革命已经证明过了时的和行不通了的！那么，是不是要把西方资本主义的那一套搬来呢？我看也是不行的！近代中国历史证明，只有马列主义、毛泽东思想才能救中国。……今天，我们要团结人民、战胜困难、聚精会神、同心同德地搞四化，还要靠毛泽东思想。……毛泽东思想的基本宗旨、原则将长期是我们党的指导思想。""丢掉了毛泽东思想，造成党和人民的思想混乱，我们的社会主义国家就可能变质，子孙后代就会受罪。"③

黄克诚认为，毛泽东晚年在理论和实践上所犯的错误，曾给党和国家造成

① 华楠整理：《黄克诚同志1981年3月30日谈话要点》。
②《黄克诚军事文选》，解放军出版社2002年版，第793—795页。
③ 黄克诚：《对〈建国以来党的若干历史问题决议〉（1981年3月31日修改稿）的修改意见》。

严重损失，给大批干部、特别是高级领导干部和广大人民群众带来很大痛苦。要坚持毛泽东思想，并继续在这面光辉旗帜上写下新的篇章，对毛泽东的错误"进行正确地实事求是地揭发和批评是必要的。"①没有揭发和批评就没有"坚持"和"发展"。

黄克诚认为，揭发和批评毛泽东的错误，不能"投鼠忌器"，必须实事求是，必须把握"度"，过了"度"就走向反面。那种"采取夸张、渲染的手段，丑化、歪曲、诅咒、诽谤我们党、社会主义和毛主席"的情况必须坚决阻止。只有这样，才能达到分清是非、总结经验、汲取教训、清醒头脑、明辨方向的目的。

在对待毛泽东思想的态度上，黄克诚还特别强调用发展的观点看待毛泽东思想："毛泽东思想作为一个科学体系，有一个不断丰富和发展的过程。我们不应苛求前人，只能通过我们后人的斗争实践纠正前人的错误，并不断丰富和发展毛泽东思想。"

黄克诚在讲话的最后，以诚恳而又谦和的态度说："我这个讲话就到这里。我的话可能对某些同志是逆耳之言。请同志们对于一个有几十年生活经历的老年人的这个讲话给予考虑，想想是否有几分道理。"②

黄克诚的讲话一落音，会场上立即响起热烈掌声。散会后，大家议论纷纷，大多数与会者为黄克诚坦荡的胸怀所折服，也为他如此大公无私、顾全大局，毫不计较个人恩怨，置党、国家和人民的利益高于一切的精神所感动。认为他的讲话是全党和全国人民急需听到的金玉良言，振聋发聩，心里亮堂了。当然，也有人表示不满，说："黄克诚老糊涂了，挨那么多整，几乎丢了老命，还在为毛泽东呐喊！"有的高层领导人对黄克诚也有了看法，认为他"左"了。

11 月 28 日上午，黄克诚又在会上讲了关于党风问题、思想僵化问题和经济问题。

三、"讲话"公开发表前后

黄克诚的这个讲话，中纪委指定专人根据录音进行了整理，整理出来后，黄克诚逐字逐句地听了几遍，反复斟酌全文。1981 年 2 月 4 日，中纪委刊物《党风与党纪》根据胡耀邦批示，在第 2 期刊登了讲话全文。各级党的组织先后在内部进行了传达。

《人民日报》拿到黄克诚 27 日、28 日讲话的全文后，根据胡耀邦批示，加上按语标题，于 1981 年 2 月 28 日公开发表。但删去了评价毛泽东的内容，理由是：党的领导层正在讨论这个问题，不要急于作结论；如果当时发表黄克诚评价毛泽东的讲话，就抢在了中央作结论之前，打乱中央的部署。

---

① 黄克诚：《对〈建国以来党的若干历史问题决议〉（1981 年 3 月 31 日修改稿）的修改意见》。
②《党风与党纪》，1981 年第 2 期，第 24 页。

1981 年 3 月，黄克诚的秘书到总政找到总政治部副主任华楠，把黄克诚在中纪委会议上的讲话送给了他。秘书说："这是黄老在纪委会议上的讲话，共三个部分，第二、第三部分《人民日报》已经发表了，第一部分是关于评价毛主席的，他们没有发表。黄老的意思是请你看看，是否可在军报发表。"华楠把讲话稿仔细看了一遍，认为"这是一篇内容翔实，感情真切，站得高，看得远，说服力很强，又特别符合小平讲话精神的好文章。正是当前政治生活中最重要的问题之一，也是广大党员干部和人民急需听到的声音。"[①]他为屡遭打击和迫害的黄克诚能说出这样顾全大局的话而感动。他立刻报告了总政治部主任韦国清和副主任梁必业，并征求了《解放军报》主要领导的意见，他们都认为是难得的好文章，同意在军报上发表。华楠将此情况报告了黄克诚。黄克诚说："谢谢你们！这个问题关系重大，请你们报告小平同志批准再发。"3 月 27 日，韦国清、梁必业和华楠向邓小平汇报工作时，将黄克诚关于评价毛泽东的讲话稿呈报给邓小平。邓小平看后同意发表，并批示："乔木同志，黄的讲话我看很好，可以见报，请你在文字上把把关。"胡乔木在毛泽东身边工作了 25 年，他才思敏捷，文笔犀利，善写政论文，是"中共中央第一支笔"。根据邓小平的批示，胡乔木对黄克诚的讲话进行了认真的审读，字斟句酌，文字上作了个别修改，加上了总标题和小标题，并且增加了一段关于"西安事变"的话："1936 年底西安事变，采取和平解决的方针，形成第二次国共合作的抗日民族统一战线。这是又一件具有历史意义的英明决策。"

为了慎重，华楠拿到胡乔木修改的讲话稿后，又一次征求黄克诚的意见。黄克诚说："可以了。修改稿中把称谓'毛主席'都改称'毛泽东同志'我不习惯，从感情上过不去，还是称'毛主席'好！"华楠接受了他的意见。

1981 年 4 月 10 日，《解放军报》首先以"关于对毛主席评价和对毛泽东思想的态度问题"为标题发表了黄克诚的这个讲话。第二天，新华社发了通稿，全国各大报纸都予以转载。《人民日报》也知道了这篇文章发表的背景，也于第二天转载了。广大党员和群众争相阅读黄克诚的讲话，许多单位组织学习，引起极大反响。中纪委和黄克诚收到很多读者来信和电话，其中大都是基层干部和普通群众，来信有几麻袋之多。黄克诚的秘书回忆说："有一位基层干部不知道从哪里弄到了黄老家里的电话号码，把电话直接打到家里。他在电话里说：'我们感谢黄老。他的讲话打动了我们的心，起到了稳定人心的作用。黄老不了解我们基层的情况，前一段，大家的思想很乱，议论纷纷，好像毛主席不行了，共产党也不行了，看不清方向了。黄老的讲话给我们吃了定心丸，眼睛亮堂了……'"

当然，有人反对，也有人谩骂。

黄克诚的讲话公开发表没几天，他就发烧住院了。他躺在病榻上仍然关心着来自各方面的反映。他问秘书："讲话发表了，一定会有些反映的，你注意及时把情况告诉我。"秘书料到他肯定会问这个问题，所以早就作了准备。他把已掌握

---

① 采访华楠记录，见华楠：《征途感录》，长征出版社 2007 年版，第 13 页。

的情况详细地告诉了黄克诚，当然多是拣些好听的话。黄克诚听了不以为然地说："这些没味道，不说这个。有反对的吗？"秘书知道，黄克诚有个"老毛病"，最不爱讲、也不爱听赞美之言。多少年来，他每次总结或汇报工作，总是先讲问题和缺点，后讲成绩而且很简单。这次，秘书也猜到他一定要问反对的意见，遂回答："有！我手上有四封信，有反对你的，也有骂你的。"黄克诚听了很平静的"噢"了一声，说："给我读骂我的那封吧！"

这封信是从重庆寄来的，写这封信的人可能是一名干部。他在信中质问黄克诚："你的讲话是站在什么立场上？你是站在跟人民群众敌对的立场上为当代秦始皇歌功颂德……"信中有些话很难听。黄克诚听了哈哈笑了，说："你以后就搜集这样的信，要给我全文读，其他正面的就不要读了。"

黄克诚出院后，一天，他问秘书："那天你读的那封信还在不在？我有个想法，你看能不能找到这个人，我想跟他当面谈谈。写这封的人，情绪那么激烈，可能有些实际情况：一是历史上有些问题，受了些打击；二是年轻人，不懂历史，一时糊涂；三是家庭出身不好，父母受到打击，本人受了牵连。你把他找来，给他安排好，吃住由我付钱。我想能和他谈通的。"

一个是"高官"，一个是"小民"。高官处置小民只要说句狠话或甩甩手，就可把他压在"五行山"下永世不得翻身，甚至要他的小命。这在历史上和现实生活中并不鲜见。黄克诚很"个别"。他懂得"人心不是靠武力征服，而是靠爱和宽容大度"。所以，他在这个小民面前一点"威严"都没有，挨了骂，不震怒，更没有"居高临下"，使用手中的权力给这位小民"一点颜色看看"；相反，还要自己掏腰包请他来当面谈谈。这是黄克诚一颗善良的"仁爱之心"，官民平等的亲民作风。

秘书见黄克诚对待这封信那么认真，便打算通过四川省纪委寻找这个人。然而，还没等秘书去办，黄克诚就问："办了吗？"秘书答："正准备办呢！"黄克诚说："不用办了。我又想了想，这样做不好。你想，通过组织去查这个人，会给他增加政治压力，他肯定很害怕，后果不好，算了吧！"黄克诚考虑得很周全。如果真的查下去，这位小民的命运将如何？难以预料，很可能会出现黄克诚不愿看到的结果。

黄克诚关于正确评价毛泽东的讲话，是他晚年政治生活中所做的最重要的、影响最大的一件事。他这个讲话至今已三十多年了。现在回首再来看这个讲话，仍让后人起敬慕之情。在那个"左"的年代，他虽遭受了严重打击，但仍以博大胸怀，对毛泽东作出令人信服的评价；粉碎"四人帮"后，在拨乱反正中出现错误倾向的关键时刻，他高瞻远瞩地"顶风"站出来，公开为正确评价毛泽东呼吁！他的人格魅力令人折服，他的讲话像洪钟震荡着人们的心灵，拨开了笼罩着人们心头的一片云雾，辨清了政治方向。讲话公开见报十天后，时任中共中央副主席的李先念在接见外宾时讲，黄克诚将军关于毛主席的讲话，是代表了中国现领导集团的一致意见。外电评论也认为这是对毛泽东的官方态度。华楠说："黄老的讲

话，对大家正确评价毛主席和
毛泽东思想，对于统一全党思
想发挥了极其重要的作用，也
为《关于建国以来党的若干历
史问题的决议》顺利出台起到
了舆论导向作用，有着很强
的指导意义和深远的历史意
义。"①

时隔 18 年后的 1998 年
12 月，《中流》杂志为纪念毛
泽东诞辰 105 年，重新全文发
表了黄克诚这个讲话，并加了
编者按，其中有这样一段话：
"通过黄克诚同志的这篇文章，
我们感受到一个名副其实的无
产阶级革命家，以坚定的革命
信念，高瞻远瞩，不计个人利
害，判断重要历史是非的原则
态度和高风亮节。这与当下某
些曾经投身革命的人，出于个
人得失，在新的历史条件下纷

1981 年 6 月 27 日至 29 日，中共第十一届六中全会通过《建国以来党的若干历史问题决议》。图为黄克诚（左一）在六中全会上投票。

纷进行'忏悔'，甚至对这场伟大革命及领袖进行诋毁、控诉，不是形成鲜明的对照吗？"它针对某些出版物在纪念十一届三中全会的名义下，任意歪曲历史，进一步"放肆地诋毁毛泽东思想，丑化毛泽东同志"的现实情况，指出："重读黄克诚同志此文，给了我们一件辨别真伪、提高思想认识的锐利武器。"

黄克诚是从激烈的阶级斗争和个人崇拜那个时代走过来的，尽管那个时代已经结束，但不可否认，他仍有那个时代的烙印，认识和处理问题难免带有那个时代的"惯性"。毛泽东和毛泽东思想还有许多方面有待人们进一步认识，更全面、更深刻地对毛泽东和毛泽东思想的评价需由史学工作者经过长期的努力来完成。而黄克诚在历史转折的关键时刻从党和人民的根本利益出发，从稳定政治大局出发，旗帜鲜明地阐明自己的观点，尽到了一名老共产党员的责任，这已经是高瞻远瞩，对党和人民作出了了不起的贡献，后人不应苛求他。

---

① 采访华楠记录，参见华楠：《征途感录》，长征出版社 2007 年版，第 130—131 页。

第三十四章　在最后的日子里

一、多次恳请引退

黄克诚自幼体质较弱，在衡阳三师读书时就患有慢性支气管炎。战争年代戎马倥偬，生活艰苦，尤其"文革"期间遭受残酷迫害，身患多种疾病。1977 年 12 月被任命为中央军委顾问时，双目几近失明，但他头脑清楚、思维敏捷，所以，接到任军委顾问的命令后，他觉得这个职务对自己是合适的。有人曾对他说，顾问是个有职无权的虚名，对你来说不太公道。而黄克诚却很不以为然地说："顾问，就是给军委当参谋，提建议，我相信，我这个老兵对军队建设还能发挥些作用，这个职务挺好。"他视力不行，就请秘书阅读文件、资料，天天听中央广播电台的新闻节目，了解国内外形势；军委总部领导人来看他，他就仔细地询问军队建设方面的情况，并针对存在的问题提出自己的看法和建议。

一年之后，中共十一届三中全会纠正了 1959 年庐山会议所作的错误决议，不久又为他彻底平反，恢复名誉。他为此感到欣慰，多次对人们说，他能活着看到这一天很幸运。然而他对自己在十一届三中全会上被选为中央纪律检查委员会常务书记却一直惴惴不安，担心身体不好，影响党的工作。会前，胡耀邦曾找他谈话说："黄老，中央确定让你出来当中纪委常务书记，主持工作。"黄克诚说："我已 76 岁了，视力很差了，上不见天，下不见地，中不见人，年老体弱，很难胜任，找谁出来工作都比我合适。再说，18 年身陷冤狱许多情况我不了解，很难开展工作，还是找年轻人吧！"胡耀邦说："让你出来主持中纪委工作是中央集体研究决定的，我是奉命跟你说的，就是要你的名字，你身体不好可以不坐班。"黄克诚仍担心难当此任，又找陈云请辞。陈云没多解释，只说："你最合适，就是要你的名字。"既然中央决定了，黄克诚不便再推辞，他表示"服从组织决定，尽力而为"。在主持中纪委常务工作的近四年时间里，他以对党的无限忠诚和强烈的使命感、责任感，呕心沥血，身体力行，做了大量卓有成效的工作。

黄克诚是一个把党的事业看得高于一切的人。他清醒地知道，他个人和一大批在"文化大革命"中受到打击迫害的老干部恢复工作，一些人担负重要领导职务，是拨乱反正、推动党的事业发展的需要。但要使党有战斗力、永远充满活力，从党的组织工作、干部工作讲，年老体弱的同志到了不能正常工作的时候，就应该从党的事业出发，主动从领导岗位、工作岗位上退出，引进年富力强的优秀的人接替工作。这个问题，在党处于执政地位的情况下，尤其重要。唯有如此，党的事业才能犹如黄河、长江，后浪推前浪，川流不息，奔腾向前。

重视年轻一代，重视培养选拔革命事业接班人，是黄克诚一贯的主张。

新中国成立初期他在担任湖南省委书记时，就明确提出，要大胆地任用青年知识分子，并选拔一批优秀的青年干部担任各级主要领导职务。他说：我在湖南提了好多县长、书记，有的就是1949年南下工作团的"娃娃"①。黄克诚说的那批"娃娃"中，就有后来担任党和国家主要领导人的华国锋。

在军委、总参、总后工作期间，他在多次重要会议讲话中强调，要加强干部队伍建设，要培养大批新优秀干部。1953年6月他给毛泽东写信，建议选拔优秀的年轻将领到总参谋部、总后勤部担任领导工作，并提出自己适合做地方工作。

新成立的中纪委安排了一批老干部。常委有39人，平均年龄74岁，委员也是老的多，对这样一个年龄结构，黄克诚担心有些年老的干部能否坚持工作。经过一年多的工作实践，他愈发感到必须尽快吸收一批年轻干部进来，接替老同志。

1980年1月，黄克诚在中纪委第二次全体会议讲话中，明确提出中纪委要吸收一批中青年干部。他说：开始，中央安排一些老同志到中纪委工作是必要的，作为党中央的重要部门，没有一批老同志坐镇是不行的。但自然规律不可改变，这些人已经老了，有些人身体有病，开常委会，人到不齐，但工作还要做，只好由副书记和能够到会的常委参加。这样决定问题不合法规。"中央纪委书记有三个（即第一书记陈云、第二书记邓颖超、第三书记胡耀邦），我是常务书记，年纪大了，身体不好，做工作很困难。第一次全会的时候我就说过，我是常务书记不常务，鹤寿同志（指副书记王鹤寿）不是常务书记，他搞常务。""我建议全会同志考虑吸收一批中青年干部到我们纪律检查委员会工作，还要补选一些年轻一点的人当委员。"

黄克诚在讲话中严肃批评了在选拔年轻干部到领导岗位的问题上存在的各种阻力和错误认识，特别是论资排辈的思想作风。他指出：选拔接班人的问题，关系到党的生死存亡。我们党现在好多老同志都老了，有的同志说是"危急存亡之秋"。这是诸葛亮《前出师表》的话。诸葛亮当时还不到50岁，为实现刘备匡扶汉室的遗愿，在率军北伐前，上书后主刘禅，提出忠告和劝诫，是很了不起的。1700多年前的诸葛亮尚有如此胸怀，我们共产党还不如古人吗？我们这些人都七八十岁了，不晓得哪一天就伸腿了！如果我们这个党和国家都是老头子占着位子，不离开领导岗位，不要年轻干部接替，那战斗力就不行了，就会慢慢衰退下去。在这一点上，我们这个党比资产阶级还落后。接着他提高声音说："我希望我

①《黄克诚军事文选》，解放军出版社2002年版，第596页。

们党要建立这样的制度，干部到一定年龄之后，就要离开领导岗位。"

黄克诚讲话所反映出的那种坦荡直率、那种期盼党的事业兴旺发达的殷殷之情，使委员们深受感动，会场里多次响起热烈的掌声。他在同一位领导干部谈到干部老化问题时说："我从班房里出来，就感到这是一个迫在眉睫的问题。老化不是办法，要及时考虑解决。""过去毛主席提出领导班子实行老中青三结合是对的；现在党中央提出要把培养造就一大批革命事业接班人作为全党、全国一项十分重要的战略任务来抓，很必要。"

1981年，中央为照顾黄克诚的身体健康，动员他住进了北京郊区的玉泉山。在这里，他一边工作，一边休息，老伴唐棣华和子女们时常去看他。

1982年9月，中共第十二次代表大会在北京召开。中共中央经过反复酝酿、准备，决定安排一批老同志离开领导岗位，退居二线或离休、退休，并选配一批年富力强的上来，以解决党的领导核心老化问题，中纪委的领导也决定更新。黄克诚对此衷心支持。他向中央表示，希望退出中纪委领导职务。然而，在这次代表大会上，黄克诚再次被选为中央委员，并当选为中纪委第二书记。

这时黄克诚已经满80岁了。他带病坚持听汇报、找人谈话，思谋大事，但从一开始就十分自我节制，意识到自身能力的局限，避免干预中纪委的具体人事安排和事务性工作。同时多次向中央提出辞去领导职务，让位于年富力强的同志。

1985年5月，他给中共中央写报告说：我再次恳请中央批准我从中央纪律检

1981年，黄克诚和夫人唐棣华在玉泉山。

1981年，黄克诚与夫人唐棣华及子女同身边工作人员在玉泉山合影。

查委员会常委、第二书记的位置上退下来，尽快由优秀的、年富力强的同志来承担这一领导工作。

同年8月，黄克诚等30位老同志给即将召开的党的十二届四中全会写信，请求不再担任中央纪律检查委员会委员。信中表示，坚决拥护四中全会准备根据干部队伍革命化、年轻化、知识化、专业化的要求，增选一批中央委员、中顾委委员、中纪委委员。这是他做的最后一个非常正确的抉择。

9月16日，四中全会讨论了黄克诚的请求，高度评价了他从党和人民的利益出发，积极促进中央领导机构成员新老交替的表率行动。自此，黄克诚退出了他在中央纪律检查委员会的所有领导职务。他再次以自己的模范行动，为促进中央领导机构成员的新老交替，促进党的事业的兴旺发达作出了榜样。

在中纪委的任职，是黄克诚为党担负的最后的领导职务，此时的他年事已高、体弱多病，且双目失明。他像一个长途跋涉的负重者，在60多年的征程中，为完成党交付的任务顽强地奋斗前行。此刻，他的心情就像挑夫终于卸下了重担。他在疾风暴雨中走过万水千山，有幸看到所献身的事业成就辉煌，还有什么样的人生能如此快意呢？

中共十二届四中全会给同时提出辞呈的叶剑英和黄克诚写了热情洋溢的致敬信，并在《人民日报》等大报刊载。这在党的历史上还是第一次。给黄克诚的致敬信在概括和评价了黄克诚参加革命60多年来光辉而曲折的斗争经历和所作出的重大历史贡献之后写道："您的历史功绩，将永远铭记在人民心中。""您具有坚强的无产阶级党性，不盲从，不苟同，坚持真理，刚正不阿，不论身居高位还是身陷逆境，都一心为公，无私无畏。您的崇高品德，永远是我们学习的榜样。"

黄克诚多次请求辞去领导职务，但他一刻也没有忘记作为共产党员和革命家的责任。即使没有了职务，仍关心着党和人民的事业，思考着国家如何长治久安，殷切希望党和军队的优良传统能得到发扬光大。

1983年9月的一天，从新疆来京参加会议的王扶之①到医院看望黄克诚。此时，黄克诚双目已失明。王扶之紧握黄克诚的手，操着浓重的陕北口音说："黄老，我看您来了，您还记得我吗？"黄克诚听出了这陕北口音，又习惯地伸手摸摸来者的高大身躯，便肯定地说："你是王扶之，多年不见了。"接着，他回忆了四十多年前在苏北抗战时王扶之用自行车驮着他指挥部队作战、与日军周旋的情景。黄克诚说："你当时年轻，身高体壮，骑自行车驮着我，跑遍了苏北战场，跑坏了两辆自行车，真是辛苦你了。现在我虽然看不清你的模样，但耳朵灵，一听说话就知道是你。"

黄克诚那天精神很好，谈兴很浓，话题转到了战争年代的许多往事和部队的优良传统。他说："1935年中央红军长征刚到陕北时已是极度困难了，毛主席写条子给徐海东求援，徐老虎慷慨解囊，真是雪中送炭啊！我是抗战开始红十五军团改编为八路军第三四四旅时，从红军总政治部调到这个旅当政委的。此后又编成第二纵队、第四纵队、第五纵队，皖南事变后又改编为新四军第三师，1945年又带这支部队到东北，1946年又改编为二纵，就是后来的第三十九军。东北解放了，这个军又南下，参加解放天津，解放中南，后来又折回东北，参加抗美援朝，打了很多好仗啊！"

王扶之说："之后，这个军一直驻防东北，现已成机械化集团军。"

黄克诚动情地说："根据发展需要，部队编制经常变动调整，这是正常的，但这个军的军部和主要部队是从红军一直延续下来的。过去红军成分多，有中央红军、鄂豫皖红二十五军、陕北红军，战斗骨干多，还为兄弟部队输送了许多骨干，战争中牺牲的也多呀！我们永远不要忘记他们！"他接着说："这支部队能打硬仗，很有战斗力，战绩辉煌呀！"

王扶之曾在这支部队工作多年。他向黄克诚汇报了部队建设情况。黄克诚听后深情地说："请你告诉这个军的同志们，在这个部队工作很光荣，一定要带好这支部队！"

1984年12月，黄克诚在医院接待了江苏盐城市委市政府领导的来访，仔细听取了他们关于在盐城兴建新四军重建军部纪念馆的规划。黄克诚称赞他们的规划和设想很好，并动情地说："战争年代盐阜区牺牲了很多人，光新四军第三师在抗日和反顽斗争中就牺牲了一万多人。我们这些人是幸存者，后人不能忘了前人付出的代价。这个纪念馆应该修，让后人永远记住先烈，永远不忘革命历史，永远

---

① 王扶之，时任中共十二届候补中央委员、乌鲁木齐军区副司令员。

保持和发扬革命的优良传统！"他还叮嘱说："你们纪念馆要多宣传刘少奇、陈毅，发展华中他们的贡献很大，还有粟裕、张云逸、彭雪枫、李先念等都应该宣传。"黄克诚还应约撰写了碑文《盐城会师记》。

在生命的最后一程，耄耋之年的黄克诚，思想与现实依然非常接轨。他对"文化大革命"结束后开创的崭新局面充满期待，也对诸多负面的苗头极为敏感、深深忧虑。他曾对家人说，一个好的基层领导最重要的素质是"时时放心不下"。在儿女们眼里，他基本上是个只身传不言教、"放任自流"的家长，但他对他们亲手开创的、为广大人民谋解放谋幸福的事业，却大事小事每时每刻都牵肠挂肚。比如，他对"让一部分人先富起来"的口号的后果心存疑虑，他认为共产党人不应争当"先富"的那一部分人；他认为当时治理腐败尚不够铁腕，会留下太多隐患；等等。又如，他针对西单"民主墙"搞自由化，对到医院看望他的胡耀邦说："你是总书记，要警惕有人搞鬼。"他认为对这类事态的处理要"釜底抽薪"。所谓，"抽薪"，是指从指导思想和执政能力上都必须保证局面不失控，从而维护国家安全，还要着力建设民意上达的畅通渠道，让群众合理的诉求得到倾听和解决。他曾用"日日焦思夜夜愁"形容自己的心境，和当年"大跃进"时为经济建设速度过快而睡不着觉如出一辙，实实在在是"进亦忧，退亦忧"。

不过，逐渐衰竭的体力使黄克诚终于充分承认，应对当今中国所面临的机遇、挑战、问题和考验，都已是后来者的责任。未来的光荣胜利或困境危局，都将取决于下一代的抉择和努力。他尝试说服自己："世事沧桑乃正道，何必常怀杞天忧"。

二、顽强地同病魔作斗争

困扰折磨黄克诚60多年的慢性支气管炎，到20世纪80年代初，最终发展成了肺心病。咳嗽排痰成为他天天需要面对的最大困难。后来靠自主排痰已十分困难。1983年秋，他再次住进了解放军总医院南楼5层第18号病房。从此再也没能离开，直至1986年12月去世。

在解放军总医院里的三年多时间里，黄克诚以超常毅力，乐观的心态，积极与医护人员配合，同疾病作顽强的斗争，并在那个方寸之间的病房里，以自己博大的胸怀和感人的柔情，关心着党和人民，关心着身边的所有工作人员。

解放军总医院的领导对德高望重的黄克诚十分关心，南楼临床部的医生和护士，医护水平都是一流的。他们对黄克诚的病有时也是既心痛又无奈。医务人员最心痛的是看着病人痛苦挣扎却并无良策。南楼临床部主任沈友竹回忆说：黄老每次咳嗽排痰都累得全身大汗，脸憋得通红。尽管高流量给氧，仍然心跳加快，呼吸困难，许久才能缓解。每当黄老咳痰时，我们在场的人都觉得自己的心肺即刻缩成一团。他尽管张大嘴巴，使劲地呼吸，还是咳不出痰来。药物已不起什么作用，只能用手叩他的背，帮一点忙。直到他咳嗽停止了，痰吐完了，气喘渐渐平息了，大家才轻松下来。身边的医生不由自主地说了句"这样的排痰方法太可怕了！"黄克诚知道周围的人在为他痛苦的样子而揪心，平静地安慰大家说："很可怕吗？你们以后习惯了就好了。其实这样咳嗽是我最好的锻炼身体的方法。"

黄克诚身体日渐衰弱，因心肺衰竭而窒息死亡随时都可能发生。在他病重期间，中共中央总书记胡耀邦、中央政治局常委、国家主席李先念、中央政治局常委、中纪委第一书记陈云等党和国家领导人多次到医院看望，鼓励他积极同疾病作斗争，祝他多活几年。陈云看望他的次数比较多。他们谈党的建设，谈经济改革，谈如何对待疾病等，陈云也劝他好好养病，配合治疗。陈云对陪同的医院领导说："黄老是我们党的楷模，一定要千方百计地给他治疗。"

黄克诚对于死亡已看得很平常。他在同到医院看望他的中央领导人和老部下、老战友，同医生、秘书、家人谈到这个话题时，坦然而淡定地说："我非常羡慕那种'猝死'。那样死，第一，自己可以少受罪；第二，可以为国家节约医药费用。""像我这样，都八十多岁的人了，又双目失明，不能为党工作了，死了有什么遗憾？"话语中有顿悟，有自我安慰，也饱含着对党和人民的眷恋之情。正因如此，他的心情始终平静。

1985 年初，黄克诚肺部感染突然加剧，肺部有效呼吸面积大量减少，出现了呼吸性酸中毒。医院立即组织专家进行抢救，切开气管，用吸痰器吸痰，体外接呼吸机辅助呼吸。尽管医护人员精心治疗护理，这对一个 83 岁的老人来说，恢复也绝非易事。但是，出乎专家们预料，当春暖花开的时候，黄克诚又能到室外散步了。

他依然像以往那样，坚持每天打开收音机，听中央广播电台的新闻联播，让工作人员给他读《人民日报》《解放军报》和《参考资料》，了解国内外发生的大事；依然坐在沙发椅上，两手相互掐捏手臂的一些部位，做他自创的那套保健操；依然同身边工作人员，包括相熟的医护人员谈古论今、讲故事、品诗词、开玩笑。

黄克诚喜欢历史，喜欢诗词。他的秘书李振墀、空军政治部原宣传部部长朱鸿等，都有较丰富的历史和文学知识，并协助他整理过回忆录。为减轻黄克诚的寂寞，他们常去医院陪黄克诚聊天，跟他谈历史人物，读古诗词。有一次，朱鸿给他背诵了几首党的领导人写的诗词，其中有一首是瞿秋白就义前写的："花落知春残，一任风和雨。信是明年春再来，犹有香如故。"朱鸿刚刚念完，黄克诚说："这首好。"那时正是中纪委对瞿秋白的问题进行审议作出公正结论的时候。黄克诚说：瞿秋白是个好人，是个文人，他在敌人威逼和诱降面前一直不屈服，没有说敌人一句好话，没有说党一句坏话，没有吐露一点秘密，最后唱了国际歌，喊了共产党万岁，慷慨就义了！红军撤离中央苏区时，不应该把他留在那里，结果那么年轻就被国民党杀害了，十分可惜。

黄克诚在人生的最后一站常常想起自己的母亲，同家人和身边工作人员谈起他对母亲的印象。有一次，还给一位护士背诵了他"文革"被关押期间梦见母亲醒来后吟就的打油诗。

　　黄克诚也不时和年轻的医务人员讨论问题，关心他们的生活与成长，喜欢和他们一起说说笑笑。这也往往是他最开心的时候。特护组有位护士，聪明好学，常向黄克诚问这问那，缠着他讲革命故事。黄克诚很喜欢这个女兵，对她的要求很少拒绝。一个春光明媚的早晨，她照例到病房拉开窗帘，打开收音机，然后给黄克诚服药。收音机里传来一首名叫《好好爱我》的女声独唱，正在谈恋爱的这位护士跟着唱了起来。黄克诚说："那都是靡靡之音，你们年轻人要少听。"她咯咯地笑着说："我不同意你的观点。歌嘛，每个人喜欢的是不一样的。像吃饭，有人喜欢咸，有人喜欢淡。"黄克诚笑了。她凑到黄克诚跟前说："黄老，你也来唱首歌吧。"黄克诚连连摆手："唱歌？我根本不会，特别是你们这种靡靡之音，一曲也不会。"小护士缠着他不放，黄克诚拗不过她，便说："好，那你们就见笑了。"说完，他沉吟片刻，就唱起了那首激励一代又一代共产党人前赴后继的《国际歌》。这首歌，他在战火硝烟中唱过，在"文革"时的监房里也唱过。他曾对孩子们说：任何时候，唱起这支歌，心里都充满力量。他声音低哑，曲调也拿得不准。年轻人在旁边笑，他也跟着笑。那一刻，他显得十分开心！

　　然而，谁也没有想到，新的打击又向他袭来。

　　1985年底，黄克诚被检查出患了直肠癌。医院的专家很快为他做了切除手术。这种手术，对心肺功能不全的黄克诚来说，风险极大。医疗组的专家们尽管经验丰富，医术精湛，还是做了最坏的打算。手术算是成功的，只是术后几天一直处于昏迷状态，病危报告一次又一次发出。但奇迹还是出现了，在医院的精心治疗护理下，黄克诚的病情再次逐渐有所好转。

　　根据病情的需要，黄克诚鼻子上要插呼吸机管、鼻饲管，手上要扎输液管，下身要接肠液引流管。黄克诚戏称自己"管道化"了。10月以后，黄克诚肾功能急剧下降，排不出尿。医院不得不进行人工动静脉血滤，以代替肾功能。身上又多了几根"管子"。

　　病重期间，黄克诚自知已完全失去工作能力，而且要忍受巨大的痛苦。他不愿这样活着，便拒绝治疗和服药。医务人员百般劝说，他仍执意不肯。他多次对医务人员和看望他的人说："我已不能为党工作了，请你们不必为我浪费国家钱财了，把药留给能工作的同志用吧。"大家深情地对他说："你对党和人民曾经作出了那么大的贡献，大家都衷心希望您多活几年，对您的治疗不是浪费，这是人民的心意啊！"黄克诚则回答说："我的病情你们了解，想根治是没有可能了，再工作更不可能了，这样活在世上，徒有何益？"他还以拉法格①晚年自己结束生命的事例，要求不要对自己进行抢救。但是，医院怎能看着他受疾病的煎熬而不予治疗抢救呢？注射、输液、输氧，他都不愿配合了。万不得已，只好找几个年轻的警卫员，强按住他的手脚才能操作。但一天24小时，难免有疏忽的时候。他常常

---

　　① 保罗·拉法格（1842—1911），法国工人运动领袖，马克思的女婿，曾参加巴黎公社起义，参与创建了法国工人运动史上第一个无产阶级政党——法国工人党。

趁人不备，突然将输液针头从身上拔掉。最后几个月，他虽然头脑还清醒，但已基本不能发声讲话，呼吸主要靠仪器。他常把呼吸机的管子拔掉。护士为他安上，他再次拔掉，直到他没有了拔管子的力气。

一个一辈子为了人民的利益呕心沥血、出生入死而自己终年过着简朴生活的人，到晚年病重时连吃药打针都感到是一种浪费，许多人难以理解。但黄克诚就是这样的一个人。

三、将星陨落，风范永存

1986年10月1日是黄克诚84岁生日。这天下午，黄克诚的夫人唐棣华和儿孙们带着蛋糕来到医院，为他过生日。

此时，黄克诚戴着呼吸机不能说话。夫人和儿孙们握住他的手，一一俯身贴近他的耳朵，轻声地祝愿他生日快乐。接着是医务人员和身边的其他工作人员向他祝贺生日。黄克诚脸上浮出笑容，握握每个人的手，是无声地感谢，又似向大家告别。然后用手势告诉夫人唐棣华，给大家切蛋糕。

这是黄克诚过的最后一个生日。

在此后的两个多月里，医院继续为黄克诚精心治疗、护理，曾几次抢救，但已无济于事。随着身体各器官逐步衰竭和多种医疗措施的使用，这位84岁的老人渐渐地清醒状态减少，被幻觉控制的时段日增。常常是，前一分钟他还在和家人说话，后一分钟却说起枪炮和"爆炸"。冷不丁地，他着急地说："我得赶快去朱总司令那里报告情况！"

总司令在一线指挥，那是红军时代。黄克诚在神智迷乱的日日夜夜，又回到了那支衣衫破烂、披荆斩棘的军队。

在"文革"结束后复出的几年里，黄克诚不曾对各方面都争议较少的朱总司令公开发表什么评说和议论。有人就他关于评价毛泽东的讲话指责他没有充分表述朱德的功绩。当身边工作人员把这个意见转达给他时，他只是微微一笑。"朱老总在红军中的作用，有谁不清楚！还需要更多的说辞吗？"的确在他已经不认识自己的家人和子女的时刻，他仍然记得自己是朱总司令的部下。人世间还有什么纽带比这更血肉连心？

去见总司令——一位矢志不渝的老红军战士最后"归队"的时候到了。

12月28日，那颗顽强的心脏终于停止了跳动，终生为党和人民事业而操劳的大脑停止了思索。

消息首先在医院传开。院长、政委，同黄克诚认识和许多不认识的医务人员，所有在黄克诚身边工作过的人员，听到黄克诚逝世的消息后，无不为之悲痛，纷纷赶到病房，向他告别。许多人因失去这位可尊可敬的老将军抽泣、痛哭！

12月29日，中国共产党中央委员会、中央纪律检查委员会、中央军事委员会发出讣告。讣告称誉他是久经考验的无产阶级革命家、党和军队卓越的领导人，杰出的无产阶级革命家、军事家。

黄克诚逝世的噩耗传出，一封封唁电唁函，从家乡永兴、长沙，从他战斗和工作过的江苏盐城、黑龙江齐齐哈尔，从天津、湖南、山西，从他领导指挥过的部队，从许多省市和中央党政军机关发来；发来唁电唁函的还有许多在他领导下一起工作过、战斗过的老同志、老战友、老部下，得到过他帮助、受过他教诲的普通干部、工人、战士。他们为失去这样一位好领导、杰出的共产主义战士而痛惜、悲痛。

1987年1月7日，黄克诚追悼会在北京人民大会堂隆重举行。邓小平、赵紫阳、彭真、聂荣臻、乌兰夫等党、国家和军队领导人同首都各界人士三千多人怀着沉痛的心情，参加了他的追悼大会，并向他的遗体告别。中共中央政治局委员、中央军委副主席杨尚昆致悼词。

■ 杨尚昆在追悼大会
上致悼词。

悼词高度赞扬了黄克诚在六十多年的革命生涯中历尽艰辛，屡经坎坷，鞠躬尽瘁，为中国人民的解放事业和社会主义建设事业建立的不朽功勋。对他的崇高品德给予了高度评价。

悼词说："黄克诚同志具有坚强的无产阶级党性，不盲从，不苟同，坚持真理，刚正不阿。他在历史上多次因为坚持正确意见而受到错误批判、打击，甚至被撤职降级，但始终保持刚直敢言，为人民无私无畏的高尚品德。……他以马克思主义者的宽广胸怀，对党、对共产主义事业保持着坚定的信念。

"黄克诚同志对党和人民无限忠诚,他一心想的是人民,是共产主义事业,从不计较恩怨得失。党的十一届三中全会以后,他已双目失明,年迈体弱,仍呕心沥血,为党的事业日夜操劳。为平反冤假错案,审理林彪、江青两个反革命集团,重建和健全党的纪律检查工作,端正党风,进行大量卓有成效的工作,受到了全党全军和全国人民的爱戴和尊敬。

"黄克诚胸怀坦荡,顾全大局,为了党的整体利益,总是不惜牺牲个人和局部利益。他不居功,不擅权,全心全意为人民的利益而奋斗。他谦虚谨慎、平易近人、作风民主、知人善任、关心群众疾苦,热忱爱护干部。他艰苦朴素、廉洁奉公,处处以身作则,坚持党的优良传统,严格教育子女和身边工作人员,堪称共产党人的楷模。"

追悼会之后,黄克诚的骨灰被护送到八宝山革命公墓骨灰堂安放。2005 年 10 月 10 日,黄克诚及其夫人唐棣华的骨灰安葬在北京八宝山革命公墓东北角一片松柏之中。

家中灵堂里还挂满了他的老战友、老部下及夫人和子女们写下的挽联和悼词。

与黄克诚长期患难与共的唐棣华,此时因劳累悲痛而卧床不起。她于病榻上亲拟一副挽联,书写了她对丈夫的追念与敬重:

一生复何求,少逢国危,坚信马列,青年从戎,毕生尽瘁,幸得见中华民族光荣屹立!

■ 邓小平(右一)亲切慰问黄克诚夫人唐棣华(左二)。

■ 1987 年 1 月 7 日设在人民大会堂内的黄克诚同志追悼大会会场。

即死无憾矣，仰不愧天，府不怍人，国运日兴，人才辈出，情不随全党同志再尽绵薄。

黄克诚永远地离去了！

千千万万的先驱者用热血和生命铸就了新中国的基石，黄克诚是他们中的一员。不论人们是否时时铭记，也不论祖国要经历怎样的曲折坎坷，那一代共产党员的努力永远地刻在中华民族乃至全人类的命运里。

他们的奋斗，他们的勇气和牺牲精神，他们走过的弯路，他们的个人选择所包含的历史必然性，他们执着地梦想着的世界大同的明天……这一切，将成为中华民族宝贵的精神财富并激励后来者坚韧前行。

大事年表
（1902—1986）

1902 年　诞生

■ 10 月 1 日　出生于湖南省永兴县油麻圩下青村一个贫苦农民家庭。

1907 年　5 岁

■ 秋　开始割草、砍柴、放牛等劳动。

1911 年　9 岁

■ 秋　入私塾读书，读了五年，由于不满死记硬背的教学方法，停学一年多在家务农。继而先后到邓、史两位先生处读书三年多。

1920 年　18 岁

■ 春　考入永兴县立高等小学。学习成绩优秀，连年获奖学金。

1922 年　20 岁

■ 夏　考入衡阳省立第三师范学校。

1923 年　21 岁

■ 3 月　参加三师学生运动领导人组织的反帝爱国学生运动。

1924 年　22 岁

■ 下半年　成立永兴县旅衡学友互助社，组织演讲会，阅读《向导》《新青年》等革命刊物和《共产党宣言》《通俗资本论》《唯物史观浅释》等译著，开始接受阶级斗争和社会主义思想。

1925 年　23 岁

■ 1 月　找到了由共产党人贺恕领导的国民党衡阳党部，加入国民党。

■ 10 月　由第三师范学校学生运动的领导人刘寅生和蒋元斋介绍加入中国共产党。

■ 12 月　由中共湖南省党组织选送，考取国民党中央在广州举办的政治讲习班，该班的主持人有：毛泽东、林祖涵（林伯渠）、李富春等。

1926 年　24 岁

■ 6 月　参加北伐战争，编入北伐军前敌政治部宣传队。

■ 7 月　调任国民革命军唐生智部第八军第四师第十三团政治助理员。

■ 10 月　任唐生智部第三十六军第二师第四团教导队政治教官。

1927 年　25 岁

■ 年初　调任第四团第三营政治指导员。

■ 6 月　任第四团政治指导员，转战河南、湖北。

■ 10 月　大革命失败后，离开唐生智部，先后赴武汉、长沙、衡阳、永兴等地寻找党组织。

■ 11 月　回到家乡永兴。联络到同党组织失去联系的八名同志，并与湘南特委永兴特别支部接上关系。

■ 12 月初　参加永兴县支部大会，讨论组织农民暴动问题。会上提出：立即暴动时机尚不成熟，应先做群众工作，积聚革命力量，为暴动准备条件，待机而动。因此而被斥为"右倾机会主义"，受到批评。

1928 年　26 岁

■ 1 月　朱德、陈毅率南昌起义军的余部发动湘南起义。黄克诚等闻讯决定积极响应，并立即着手组建农民武装，领导永兴暴动。

■ 2 月 3 日　夜袭板梁，消灭由宜章县逃来的一股民团武装，用缴来的武器将起义农民武装起来，组成红色警卫团。尹子韶任团长，黄克诚任党代表兼参谋长。

■ 3 月　反对"左"倾盲动路线的乱烧滥杀行为，被永兴县委指责为"右倾"。

■ 4 月　国民党军向湘南起义军大举进攻，朱德、陈毅率湘南特委与大部起义武装，撤往井冈山。永兴警卫团主力与湘南起义军的·个排，因未获县委通知，毫无准备，大部被冲散。剩下一部分编为永兴独立团，由黄克诚任团长，向井冈山进发。下旬到达井冈山的大陇。随后，永兴独立团被编为红四军第十二师三十五团，黄克诚任团长。

■ 5 月 3 日至 4 日　率第三十五团参加黄坳、五斗江战斗，与其他部队相配合，歼敌一个营，受到朱德军长表扬。

■ 5 月　率第三十五团参加拿山、宁冈、黄洋界等战斗。随后，第三十四、第三十五、第三十六团合编为第三十团，黄克诚任该团第二营党代表。

- 5 月 22 日　湘南五县的农民武装被编为四路游击队，奉命返回湘南开展游击战争。黄克诚任第二路游击队司令。在返湘南途中，部队因家乡观念重，被两位副司令擅自带离驻地，致队伍一哄而散垮掉。
- 6 月至 9 月　和李卜成两人返回家乡，靠兄嫂帮助，隐藏在山林之中，昼伏夜出，寻找党组织未果。
- 10 月初　和李卜成离开家乡，经衡阳、长沙、武汉、南京，于月底到达上海。在上海辗转奔波两个多月，寻找党组织。

1929 年　27 岁

- 1 月　在上海同曾希圣相遇，与党中央接上关系，中央派人给他送来中共六大会议的文件及生活费。
- 春　遵照军委关于个人自谋职业的规定，经党组织同意，去驻唐山的国民党军凌兆尧旅。由于开展党的工作被凌察觉，工作一直未能落定，数月后即离开该旅。
- 7 月　到达湖北，化名黄仕诚，到国民党军第二师训育科任少尉科员，以图书管理工作为掩护，进行兵运工作。

1930 年　28 岁

- 1 月　离开国民党军第二师，被中央军委派往红五军。
- 2 月　策动国民党军两名连长一起到达鄂南特委所在地大王店。在鄂南训练游击队。
- 4 月中旬　任红五军第五纵队第八大队政治委员。
- 5 月 14 日　红五军围攻修水县城。黄克诚因作战英勇，受到赞赏。攻占修水后，调任第五军第三纵队第二支队政治委员。
- 7 月　在红三军团前委、湖南省委、湘鄂赣特委举行的联席会议上，因反对攻打中心城市的意见，被指责是"严重右倾机会主义"，撤销了原定担任纵队政治委员的任命，决定仍留在支队工作。
- 7 月 27 日　红三军团攻占长沙。在晋坑战斗中负伤。
- 8 月上旬　红三军团撤出长沙，部队整编，任红三军团第五军第四师第三团政治委员。
- 12 月　参加中央根据地第一次反"围剿"作战。

1931 年　29 岁

- 1 月　任红三军团第四师政治部主任并代理政治委员。
- 3 月　任红三军团第三师政治委员兼政治部主任。
- 5 月　参加中央苏区第二次反"围剿"。和师长彭遨率三师在东固一带同兄弟部队配合，全歼国民党军公秉藩第二十八师 4 个团。

- 5月19日　率部赶至富田，兜住国民党郭华宗师尾部，歼其1个旅，俘敌3000余人。
- 5月22日　率部进攻中村，与兄弟部队配合，歼国民党军1个旅。
- 6月1日　率部参加攻打建宁县城，攻占建宁。此役歼敌4个团。
- 7月　参加中央苏区第三次反"围剿"。
- 8月上旬　参加莲塘、良村战斗，配合兄弟部队歼灭国民党军第四十七师大部、五十四师师部及两个旅。
- 8月11日　参加攻打黄陂战斗，歼灭国民党军第八师一个多旅。
- 9月　率部参加在高兴圩同国民党军第十九路军进行的战斗，后又在方石岭参加歼灭国民党军第五十二师的战斗，和兄弟部队协同作战，俘国民党军第五十二师师长韩德勤及旅长张忠颐以下万余人。
- 11月　任红三军团第一师政治委员。
- 12月　中央苏区在第二次肃反打"AB团"运动中，汲取第一次打"AB团"扩大化的教训，进行抵制。被肃反委员会怀疑是"AB团"分子，险遭逮捕，幸被彭德怀保护。但因此被撤销第三师政治委员的职务，安排在军团司令部任秘书。肃反扩大化问题得到纠正后，又被起用，派到第一师任政治委员。

1932年　30岁

- 2月　率红一师参加攻打赣州。战前黄克诚反对冒险攻打赣州；战役中发现局势不利又三次建议撤围，均未被采纳。战役自2月4日打响，至3月7日撤出，赣州未能攻克，部队伤亡很大。在部队陷于危险的情况下，果断指挥所部脱离险境。
- 3月中旬　在红三军团田村会议上，因此前反对攻打中心城市和"左"的土地政策，被批判为"右倾机会主义"。
- 6月　红三军团重建红五军军部后，于8月任红五军政治部主任。
- 8月20日　参加红三军团攻占宜黄的战役。
- 10月　调任红三军团第五军第三师政治委员。
- 10月至12月　因一直反对"左"倾冒险主义和攻打中心城市，在广昌召开的红三军团政治部干部会议上，被继续批判并撤销师政治委员职务，调任红三军团政治部宣传部部长，不久，又调任教导营政治委员。12月调回军团政治部任组织部部长。

1933年　31岁

- 1月至3月　参加中央苏区第四次反"围剿"作战。
- 4月　任红三军团政治部代理主任。
- 6月　红一方面军进行整编。红三军团编为第四、第五、第六三个师。任

第五师政治部主任。

■ 7 月　随东方军入闽作战，先后参加了朋口、归化、泉山、延平等战斗。途中患痢疾，坚持随军行动。

■ 9 月　随军西返，参加中央苏区第五次反"围剿"。

■ 10 月　任红三军团第四师政治委员。

1934 年　32 岁

■ 4 月　国民党军集中优势兵力进攻中央苏区的北大门广昌。红一、红三军团奉命在广昌一线固守，与国民党军展开阵地争夺战，浴血奋战 18 天，最后不得不放弃广昌。

■ 5 月至 9 月　在博古、李德的错误指挥下，部队伤亡与日俱增，根据地越来越小。对红军前途十分担忧，建议彭德怀向中央提议，请毛泽东出来指挥。

■ 10 月 10 日　中央红军退出中央苏区，开始长征。奉命与师长洪超率红四师从雩都出发，作为红三军团的先头部队，为后续部队开辟前进通路。

■ 10 月 21 日　红四师突破国民党军设置的第一道封锁线，迅即占领固城。师长洪超牺牲，由张宗逊接任。

■ 11 月 8 日　在湖南省汝城县率部突破湘军何键部设置的第二道封锁线。

■ 11 月 15 日　在郴县、宜章间突破国民党军设置的第三道封锁线。

■ 11 月 27 日　在湘江南岸与师长张宗逊指挥红四师浴血苦战两昼夜，突破国民党军第四道封锁线，完成了掩护任务。12 月 1 日，红军主力与中央、军委纵队等全部渡过湘江。4 日，率部撤离界首。

1935 年　33 岁

■ 1 月中旬　中央政治局在遵义召开扩大会议。听了传达后感到中国革命在危险关头出现了光明。

■ 1 月下旬　率部参加土城战斗。

■ 2 月 10 日　红三军团缩编，取消师的建制，共编四个团，由军团直辖，任第十团政治委员。

■ 2 月 27 日　与团长张宗逊率第十团参加攻占娄山关和第二次攻占遵义城的战斗。

■ 3 月　对部队遭受的重大损失感到忧虑，遂向军团领导和中革军委建议："当前保存革命力量十分重要，应该避免与敌人打硬仗……并应找出打开新局面的办法来。"被领导批评为缺乏信心，认为不宜继续担任领导工作，不久撤了他的团政治委员职务，任红三军团司令部侦察科长。

■ 5 月　会理会议后，部队进至德昌县，红三军团召开会议，黄克诚再次被批判并降职，改任三军团教导营政治委员。

■ 9月　中央俄界会议后，红一、红三军团与中央纵队改编为陕甘支队，辖 2个纵队。原红三军团改编为第二纵队，被任命为第二纵队政治部军事裁 判所所长。

■ 11月　中央红军长征到达陕北，中央决定将陕甘支队与红十五军团合编，恢 复红一方面军番号。被任命为红一方面军卫生部部长兼中革军委卫生部部长。

1936年　34岁

■ 2月　任红一方面军政治部组织部部长，参加东征战役。

■ 5月　被任命为第一军团第四师政治委员。

■ 6月　率部队参加西征战役，与兄弟部队配合，攻占曲子镇，俘敌旅长。

■ 11月　率部参加山城堡战役，配合兄弟部队全歼胡宗南部第七十八师1 个多旅，击溃敌第一师4个团。

■ 12月12日　张学良、杨虎城在西安实行"兵谏"，扣留蒋介石，促其抗战。 事变后的某夜，奉命到中央所在地——保安，参加中央召开的处理西安事 变的会议。

1937年　35岁

■ 1月1日　致电毛泽东，建议对亲日派作持久作战部署。排除国内和平抗 日空想。

■ 2月　奉调回军委总政治部任组织部部长。

■ 7月7日　驻北平日军向驻卢沟桥中国守军发动进攻，中国守军进行抵 抗，全国抗日战争开始。

■ 8月　红军改编为国民革命军第八路军，辖3个师。任八路军总政治部组 织部部长。

■ 9月　八路军第一一五师在平型关痛击日军。黄克诚到该师检查部队工 作，发现部队改编后因取消政治委员制度，政治工作明显削弱，军阀主义 开始抬头。回到总政治部，即建议部队恢复政治委员制度，加强军队政治 工作。总政主任任弼时采纳其建议，并责成其起草了关于恢复部队政治委 员及政治机关的报告，以朱德、彭德怀、任弼时的名义上报中央。

■ 10月22日　洛甫（张闻天）、毛泽东复电朱、彭、任等，同意八路军各 师恢复政治委员制度和政治部名称。

■ 10月　被任命为八路军第一一五师三四四旅政治委员。

■ 12月　与旅长徐海东率第三四四旅自晋东北开至冀西，沿正太路开展敌 后游击战，发动群众，建立抗日政权，扩大部队。

1938年　36岁

■ 1月22日　指挥部队在平山温塘地区伏击日军，歼敌500余人。此役，第六八七团团长陈锦华壮烈牺牲。其间，第六八八团在牛村歼敌 200 余人。

■ 3 月　与徐海东率第三四四旅进入太行山区，兼任太南军政委员会书记，坚持太行山南段抗日游击战。

■ 4 月　率第三四四旅配合第一二九师，在晋东南粉碎了日军 3 万余人的九路围攻。

■ 7 月 6 日　参与指挥第三四四旅 2 个团在晋城以西的町店地区截击西援日军的战斗，消灭敌 500 多人，击毁汽车 20 余辆。

■ 7 月中旬　在朱德的亲自指导下，在山西省沁水县的端氏镇组织部队进行学习整训，总结抗战以来的作战经验和教训，在战略思想和战术指挥上，实现了以打游击战为主的根本转变。此后，徐海东因病去延安休养，杨得志任代第三四四旅旅长。部队以团营为单位深入敌后，开展游击战争。

■ 9 月中旬　指挥第三四四旅第六八八团和第六八九团参加彰南战役，歼灭了苏启明、扈全禄部伪军，给予平汉路两侧地区的伪匪势力以沉重打击。

■ 12 月底至翌年初　第三四四旅第六八七、第六八八、第六八九团，陆续集中于长治、屯留一带驻训。

1939 年　37 岁

■ 1 月　向总部建议，将第三四四旅分成两摊子活动，一部留守晋东南，一部到平汉路东开辟新区。总部同意，并确定黄克诚在旅部留守；杨得志带少数人到路东开展工作，随后以第三四四旅独立团等为基础，组建冀鲁豫支队。

■ 2 月至 4 月　领导部队开展军政训练，并在高平主持召开旅党委扩大会，进行整风，克服山头主义，树立全局观念。做反"扫荡"准备。

■ 6 月至 7 月　日军先后对冀鲁豫和晋东南豫根据地进行大"扫荡"，第三四四旅配合第一二九师反"扫荡"作战，进至长治以东及高平一带山区分散游击。

■ 7 月 24 日　八路军总部批准建立太南军政委员会，统一领导党政军民抗日，黄克诚任书记。

■ 8 月下旬　第六八七团在高平以北两次伏击由河南博爱北犯的日军，歼敌一部。

■ 12 月　第三四四旅配合第一二九师发起邯长战役。反"扫荡"作战一直坚持到年底。第三四四旅各团英勇打击敌人，粉碎了日军的连续围攻、"扫荡"。

■ 12 月底至翌年初　国民党顽固派发动的第一次反共高潮达到高峰，调集十几万军队向太行、太岳、冀南、冀鲁豫进攻。在彭德怀和第一二九师首长统一指挥下，所部配合兄弟部队打垮了朱怀冰、鹿钟麟、张荫梧等部的进攻，鹿钟麟被第三四四旅活捉，因统战关系将其释放。

1940 年　38 岁

■ 1 月 1 日　致电毛泽东，建议在新形势下，政治上主要打击日本帝国主义，军事上打击卖国贼。并建议建立大块根据地，团结一切抗日力量，争取苏联帮助，粉碎日军与国民党联合进攻。

■ 2 月 6 日　第三四四旅奉命扩编为八路军第二纵队，被任命为第二纵队司令员兼政治委员。黄克诚提议，本人只任政委一职。15 日，朱德、彭德怀任命八路军副总参谋长左权兼任第二纵队司令员，黄克诚任政治委员，下辖四个旅。不久左权调回总部，由杨得志任代理司令员。

■ 4 月 20 日　率领第二纵队从太（太行山）南地区开赴冀鲁豫边区。

■ 4 月 30 日　第二纵队到达冀鲁豫边区的濮阳地区，奉八路军总部电令，与冀鲁豫支队等部统一整编。杨得志任第二纵队司令员，黄克诚任政治委员，下辖第三四四旅、新编第二旅、新编第三旅。同时组建冀鲁豫军区和军政委员会，黄克诚任军区司令员和军政委员会书记，统一领导冀鲁豫地区的工作。

■ 5 月 15 日　与杨得志共同指挥第二纵队对国民党顽军石友三部进行反击，歼灭顽军 3000 余人，巩固扩大了冀鲁豫边抗日根据地，粉碎了其与日伪军沿陇海铁路线封锁隔断八路军同华中联系的阴谋。

■ 5 月 20 日　根据中共中央"巩固华北，发展华中"的战略方针，奉八路军总部电令，第二纵队南下华中，并决定第三四四旅主力，由刘震等率领，作为第一梯队，从即日起南进至河南省永城和安徽省涡阳、亳县地区，与新四军第六支队会合。

■ 6 月上旬　奉命率第二纵队机关、新编第二旅，越陇海路南下，6 月下旬到达涡阳地区与第六支队会师。

■ 6 月 27 日　中央军委电示第二纵队与新四军第六支队彭雪枫部合编为八路军第四纵队，彭雪枫任司令员，黄克诚任政治委员。

■ 8 月 7 日　遵照中共中原局指示，率原第二纵队机关、新二旅及第六八七团等从豫皖苏越过津浦路到达皖东北。

■ 8 月 10 日　到达盱眙中原局驻地与刘少奇会面，研究苏皖地区各部队统一整编、统一指挥问题。

■ 8 月 16 日　中原局决定，将淮河以北，津浦路以东我党领导的抗日武装，统编为八路军第五纵队，下辖第一、第二、第三 3 个支队，黄克诚任纵队司令员兼政治委员、政治部主任，同时以黄克诚、金明、张爱萍等组成上述区域的军政委员会，黄克诚为书记。

■ 9 月 29 日　遵照中央关于"八路军到华中后坚决争取控制全苏北"的指示，率第五纵队直属队、第二支队第五团和第六八七团，进入苏北淮海区，与先期到达的第一支队会合。

■ 10月4日 遵照中央指示，率第五纵队主力兼程南下，支援陈毅所部进行黄桥决战。沿途歼灭顽军第十常备旅和独立第三旅等部，切断顽军韩德勤部之归路，威胁其大本营兴化，在战略上对进攻黄桥之顽军造成南北夹击之势。

■ 10月10日 第五纵队南下先头部队第一支队与新四军北上先头部队，在东台以北的白驹镇（今大丰县）地区胜利会师，完成了打通华北、华中联系的通道和打开苏北抗战局面的任务。

■ 10月15日 陈毅由海安乘汽艇到盐城，慰问南下的八路军指战员，黄克诚从东沟赶到盐城相迎。

■ 11月7日 与刘少奇由盐城抵达海安新四军苏北指挥部与陈毅、粟裕等会晤，商讨华中抗日根据地的建设及成立华中新四军、八路军指挥部等问题。

■ 11月19日 致电朱德、彭德怀、陈毅等，要求转告国民党当局，制止东北军第一一二师及韩顽第三十三师的进犯。

■ 11月中旬 中原局与华中总指挥部决定攻取韩德勤部盘踞的曹甸。黄克诚提出暂时不宜攻打曹甸的建议未被采纳。

■ 11月29日 华中总部下达攻击曹甸的命令。黄克诚将第五纵队主力交由华中总指挥部统一指挥。

■ 12月11日 提出攻打曹甸应采取持久战法的建议，仍未被采纳。由于敌工事坚固，部队初次配合，协调不够等原因，曹甸未能攻克。19日，总指挥部决定撤出曹甸战斗。

1941年 39岁

■ 1月6日 国民党顽固派制造了皖南事变。20日，中央军委发布重建新四军军部的命令。25日，黄克诚领衔华中八路军将领18人，致电八路军总部和中共中央，严厉声讨国民党顽固派一手制造的皖南事变，建议采取紧急措施反击国民党顽固派的进攻。

■ 2月18日 中央军委发布委任令，委任新四军所属各师师长、政治委员，黄克诚任第三师师长兼政治委员。

■ 2月下旬 八路军第五纵队编为新四军第三师，辖第七、第八、第九旅。

■ 2月至7月底 为帮助阜宁县沿海群众抵御大海潮，在上级与当地政府的支持下，组织发动群众，采取发行公债、以工代赈等办法，军民连续奋战5个月，构筑了一条90里长的海堤，有效地抗住了海潮袭击，深得群众的称颂，当地群众为此立碑纪念。

■ 3月1日 致电中原局书记刘少奇，建议三师必须有一个坚定的军事行动方针，主要应是巩固盐阜、淮海区，开展皖东北，打通与山东、淮北联系。刘少奇、赖传珠复电同意。

- 4 月 30 日　中央军委决定，第三师军政委员会由黄克诚、吴文玉（吴法宪）、彭雄、彭明治、朱涤新五人组成，黄克诚为书记。
- 7 月　日军出动 1.7 万余人对盐阜根据地发动大规模"扫荡"。华中局、新四军军部发出"保卫盐城，保卫苏北根据地"的号召，作了以主力阻击敌人的部署。提出撤离盐城，跳出敌人包围圈，到阜宁农村开展游击战，待机转入反攻的建议，未被采纳。盐城失守。指挥三师进行反"扫荡"作战，在新四军第一师配合支援下，至 8 月下旬，歼日伪军 3800 余人，粉碎了敌人的"扫荡"。
- 8 月　得知第四师第十旅（原第三四四旅）在反顽斗争中失利受损严重，黄克诚致电中央军委和新四军军部，提出用建制完整、兵员充实的第九旅与第十旅对调。建议获华中局和军部批准。第十旅到淮海区后最先实行地方化。两年后，该旅由 3200 人扩大到 1.5 万人。
- 9 月　命令第八旅第二十二团，对伪军固守的号称"模范工事"的郑潭口发起攻击，全歼守敌 600 余人，取得苏北攻坚战的首次胜利。
- 10 月　第七旅等部与兄弟部队在陈毅统一指挥下，发起程道口战役，攻克程道口据点，守敌王光夏率百余人逃跑，其余 1500 余顽军全部就歼。自此，使淮海、盐阜、淮北、淮南根据地连成一片。
- 11 月　在苏北阜宁县羊寨与唐棣华（阜宁县委书记）结婚。
- 12 月　军部从原抗大第五分校抽调部分干部组建新的抗大第五分校，划归新四军第三师领导，黄克诚兼任校长。
- 12 月　中央军委重新划分新四军各师活动范围。第三师活动区域东至黄海，西至运河，南至盐城，北至陇海路。

1942 年　40 岁

- 2 月　在华中局召开的扩大会上作政治工作报告，共四个部分。其中第一部分在《真理》杂志 1942 年第 8 期上发表。华中局要求各地把这个报告作为"华中我军政治工作的根据"。
- 3 月　为战胜敌人的经济封锁，克服财政经济困难，指示盐阜行政公署财政处处长骆耕漠主持开办银行，在阜宁、盐城、涟东、射阳等县和几个直辖区内发行盐阜币。保护了人民利益和根据地的经济建设。
- 5 月 7 日　主持召开盐城、阜宁等八县地主士绅及各界人士的座谈会，听取各界人士的批评意见，并邀请陈毅到会讲话。
- 5 月 17 日　根据在第八旅的调查，写了《希望第二十二团的工作来一个彻底的转变》的文章，刊登在第三师政治部主办的《先锋》杂志上。
- 5 月 26 日　在抗大第五分校第三期开学典礼上讲话，指出国际形势发展有利于我们，只要坚持抗战到底，就能夺取抗战的最后胜利。

■ 6 月　遵照党中央、华中局指示，领导第三师开展整风运动，正确贯彻执行了"惩前毖后，治病救人"和"既要弄清思想，又要团结同志"的方针。整风运动后期，华中局曾传达康生《抢救失足者》的报告，开展抢救运动。黄克诚吸取中央苏区打"AB 团"和历次肃反扩大化的教训，亲自搞了试点，确定在第三师不搞抢救运动，从而保证了整风运动的健康发展。

■ 10 月 21 日至 31 日　盐阜区首届临时参议员大会在阜宁农村正式召开。苏北著名民主人士庞友兰、杨芷江、计雨亭及各界代表 141 人出席会议。黄克诚参加会议并讲话，大会选举黄克诚为参议长。

■ 11 月初　为加强全苏北地区党政军的一元化领导，苏北区党委成立，黄克诚任区党委书记，金明任副书记。

■ 11 月 7 日　出席第三师在阜宁西南孙河庄举行的纪念苏联十月革命节检阅竞赛大会，并讲话。

■ 11 月 15 日　日军出动 5000 余人，发动对淮海区的大"扫荡"。淮海区部队，在地委书记金明、军分区司令刘震指挥下，以主力、地方武装、民兵相互配合，打破了敌人分进合击的战术，至 1943 年 2 月，粉碎了敌人的"扫荡"。

■ 12 月　贯彻中共中央指示，实行精兵简政，主力部队地方化、地方武装主力化，主力部队和地方部队都得到发展壮大。

■ 12 月　苏北军区成立，黄克诚兼军区司令员、政治委员。原盐阜、淮海军区分别改为军分区。

1943 年　41 岁

■ 1 月 15 日　为准备粉碎日军对盐阜区的"扫荡"，在阜宁县张庄主持召开第三师干部会议，作关于政治形势和坚持盐阜区斗争、反对右倾逃跑等问题的报告。

■ 1 月至 3 月　国民党江苏省主席韩德勤先后派代表携带信函，面见黄克诚。根据新四军军部指示，派代表与韩方代表进行谈判，双方临时约定关于团结抗战进行反"扫荡"的几项条件和措施。2 月，日军对韩部进行"扫荡"时，新四军第三师如约予以掩护接济。但韩背信弃义，该部在 3 月进入皖东北根据地山子头一带后，疯狂进行反共和破坏活动。在新四军军部统一指挥下，第三师第七旅配合兄弟部队进行反击，将其全歼，俘韩德勤，旋将其释放。

■ 2 月 17 日　日军在对淮海区"扫荡"失败后，又调集万余人及伪军八九千人，对盐阜区实行梳篦式大"扫荡"。第三师部队贯彻黄克诚拟定的部署，采取内线与外线、分散与集中相结合的战法，开展反"扫荡"斗争。至 4 月 10 日，共作战 568 次，毙伤俘日伪军 1800 余人，攻克敌伪据点 30 余处。

■ 3 月 16 日　新四军第三师参谋长彭雄、第八旅旅长田守尧等一行 51 人，奉中央命令赴延安学习，乘船由阜东出海，途中与日军巡逻艇遭遇。在彭、田指挥下，全船人员英勇奋战，毙敌 10 多人，终因寡不敌众，彭、田等 16 人壮烈牺牲。

■ 3 月 18 日　第七旅十九团二营四连与尾追的日军 1000 余人在淮阴刘老庄激战，击退敌人多次冲锋，毙伤日军 170 多人，在弹尽粮绝，与敌人展开肉搏战后全部为国捐躯。黄克诚为纪念 82 名烈士题词："英勇战斗，壮烈牺牲，军人模范，民族光荣。"

■ 3 月 19 日　第八旅第二十二团在单家港与 500 余名日军英勇作战，仅以伤亡 28 人的代价，取得了毙伤日寇 240 余人、伪军 80 余人的胜利。副团长童世明壮烈牺牲。为悼念和表彰他的革命功绩，黄克诚致送挽联："单港永留名，典籍流芳，抚墓碑追怀故旧；黄河长饮恨，烽烟尚炽，闻鼙鼓痛失忠良。"

■ 3 月 25 日　在副师长张爱萍指挥下，集中第八旅第二十三团、旅特务营、二十二团及地方武装，对陈集发起攻击。经过一整夜激战，全歼日军中队长岸畅也以下 89 人，收复陈集，缴获全部武器装备。

■ 3 月 30 日至 31 日　日伪军 300 余人，占领阜东交通要点八滩。黄克诚决定拔除这一据点。在参谋长洪学智指挥下，以第八旅第二十四团担任主攻，师特务营和阜东总队配合。经过 8 小时猛烈攻击，攻克八滩据点，击毙日军中队长山本以下 75 人，击伤多人，俘伪军 7 人。

■ 7 月　在华中局出版的《真理》杂志第 13 期，发表《盐阜区反"扫荡"》的重要文章。该文系统地总结了盐阜区军民反"扫荡"的基本经验教训，阐述了敌人失败的致命弱点和我军胜利的基本原因。7 月 13 日，在延安《解放日报》发表了《盐阜反"扫荡"光荣胜利》。

■ 9 月 20 日　命令第八旅主力及地方武装发起讨伐伪兴亚救国军第三军徐继泰的战役。战役历时 4 天，攻克据点 21 处，毙伤伪大队长以下 250 余人，俘 261 人，使盐阜区根据地的边缘地区逐渐巩固。

■ 9 月 25 日　为昭彰忠烈，第三师在阜宁芦蒲乡建造新四军第三师暨盐阜区抗日阵亡将士纪念塔。盐阜区各界人士 1 万余人，隆重举行纪念塔落成典礼暨追悼大会，黄克诚宣读祭文。根据其提议，为彭雄、田守尧加修了纪念碑。

■ 10 月 19 日　第三师第七旅第十九团，攻克北沙集，并强袭涟水县北林桥日伪军据点，毙伤日军 80 余人，伪军 120 余人。

■ 10 月 21 日　出席盐阜行署召开的财经扩大会议，并作政治报告。

■ 11 月　在第三师整风会议上，发表《深刻反省，向党坦白》的讲话。

1944 年　42 岁

■ 1 月 1 日　为《盐阜报》元旦特刊题词："动员与组织根据地一切力量，粉碎敌伪扫荡、蚕食，准备反攻敌人，是今年党政军民的光荣任务，也是报纸的宣传方针。"

■ 1月9日　组织第三师开展爱民月活动，具体规定：（1）开好军民联席会，形成制度；（2）实行借物证和借物牌；（3）不用老百姓的水，用水自己担；（4）20里以内，运粮草不派用民夫；（5）服从地方政府法令，尊重行政人员；（6）帮助地方办冬学。

■ 1月20日　签发《关于开展生产运动的训令》。指出：发展生产是三师当前中心工作之一，是克服困难、减轻人民负担、继续坚持抗日根据地的物质基础。黄克诚身体力行，带头参加生产劳动。

■ 4月19日　组织指挥第十旅和第七旅第二十团等部队，发起高沟、杨口战役。历时16天，攻克高沟、杨口及14处据点，全歼守敌第七十二旅及保安第五大队共2200余人，毙伤日军140余人。使淮海、盐阜区连成一片。

■ 5月3日　组织指挥第八旅、第七旅等部对陈家港实施多路攻击，经7小时激战，全歼守敌，俘伪大队长以下425人，缴获食盐48万吨及大量枪支弹药。

■ 6月28日至29日　第七旅主力在地方武装配合下，对大兴镇（今属滨海县）、合顺昌等地区日伪军分头发动攻击，消灭伪海防纵队，毙伤中队长小田大尉以下日伪军153人，俘日军警备队长柳青坂次郎以下6人、伪军196人。

■ 8月20日　美国驻华航空队B-29重型轰炸机一架，在轰炸日本时受伤，返回途中坠落在苏北建阳县（今建湖县）湖垛镇日伪军据点附近。湖垛据点日伪军倾巢出动，搜捕机组人员。新四军盐阜独立团和建阳县大队赶至坠机地点，在当地民兵、群众配合下，奋力援救，使美军飞行员萨沃埃中校等五人脱险。黄克诚、张爱萍等三师首长予以热情接待，并召开欢迎大会。萨沃埃中校代表飞行员向当地军民对他们的营救表示由衷感谢。

■ 9月9日　第十旅和淮海军分区部队，攻克日军在运输线上新设的苏北宿迁县东南据点林公渡，击毙日军中队长金井以下66人，俘5人，毙伤伪军90余人。

■ 10月19日　三师第八旅第二十二、第二十四团等部，攻克苏北日军占据的盐、棉出口重镇合德，毙伤日伪军128人，俘日军4人、伪军177人。第二十二团团长陈发鸿壮烈殉国。黄克诚拟挽联哀悼："痛一弹无情夺吾勇将，愿三军用命歼彼顽凶。"

■ 11月6日　视察淮海区，在军分区直属队干部大会上讲话，强调："要进一步搞好军民关系，进一步融洽官兵关系，克服骄傲自满情绪，加强练兵，迎接反攻的到来。"

■ 12月3日　组织指挥第八、第十旅与淮海地方武装、民兵配合，展开反"扫荡"，阻击伪军第二方面军孙良诚部南下，并袭击各分散据点之敌，历时 10 天，毙伤日军 147 人、伪军 622 人，俘日军 2 人、伪军 284 人。

- 12 月　参加盐阜区地委和行署在阜宁召开全区生产积极分子代表大会并给英模们颁奖。

1945 年　43 岁

- 2 月 12 日　第十旅主力，在淮阴、涟水、沭阳等县地方武装配合下，先后攻克叶圩子、王圩、周庙等日伪军据点，共击毙日军米森少尉以下 38 人、伪军团长以下 49 人，俘日军 9 人、伪军 422 人。

- 2 月　出席盐阜、淮海两区相继召开的隆重表彰民兵英雄、模范大会并讲话，对民兵、地方武装在根据地斗争中发挥的重要作用，给予高度评价，勉励英模们"再接再厉，争取更大的光荣"。

- 3 月 7 日　第八旅和淮海军分区武装，先后攻克苏北灌云县东南三叉口、张湾、郑家等据点 12 处，歼伪军徐继泰部 300 余人。

- 4 月 4 日　为支援新四军第七师，组建独立旅，南下皖江地区。

- 4 月 24 日　组织发起阜宁战役。由师参谋长洪学智指挥第八旅、第十旅、师特务团及 5 个县独立团，历时 3 天，攻克阜宁县城及其外围据点 22 处，歼灭伪第五军第四十一师等部共 2412 人（俘伪第三十三师副师长邓立东），解放了盐城、阜宁以东全部地区。

- 5 月 4 日　出席第三师和苏北区党委于东益市东沟镇召开的"红军解放柏林，我军光复阜宁城祝捷大会"并讲话："红军占领柏林，欧洲法西斯垮台了，远东的法西斯也要垮了，我们要学习苏联红军的战斗精神，迎接反攻，将来收复南京、上海、东三省。"

- 5 月 6 日　致信著名戏剧家阿英，赞扬他为配合整风学习，写了五幕历史话剧《李闯王》，并获得演出成功。

- 5 月 11 日　主持召开第三师政治工作会议，总结全师整风学习情况，讨论研究连队政治工作问题，历时 49 天。他在开、闭幕会上讲话，提出抗战进入反攻的新形势下政治工作的任务。

- 5 月 15 日　第十旅一部及师特务团，攻克苏北淮安县石塘、赵徐庄伪军据点，毙伪大队长以下 197 人，俘 660 余人。

- 5 月　出席盐阜区第二届参议会。

- 6 月 25 日　出席苏北财委召开的粮食工作会议并作指示。会后发布了关于节约、备荒、加强粮食工作的命令。

- 6 月　在党的第七次代表大会上被选为中央候补委员。

- 6 月　建议将盐阜、淮海两行政区合并为苏北行政区，获批准。

- 8 月 9 日　发布苏北军区命令，要求各地武装向日伪军展开反攻。

- 8 月 12 日　被新四军任命为江苏省政府主席，李方、李一氓为副主席。

- 8 月 16 日　第三师奉命免兼苏北军区，各旅免兼各军分区，另专门成立军区指挥机关。

■ 8月中旬　第七旅归还第三师建制，独立旅自皖江地区调回，归还第三师建制。

■ 8月底　奉命率师主力出师津浦路西阻击国民党顽军东犯。

■ 9月3日　与共同指挥作战的新四军第二师政治委员谭震林联名致电中央与华中局，建议将第二、第三师主力由津浦路西调回津浦路东，肃清苏北、苏中之敌，创造连成一片的大根据地，作长期斗争准备。中央复电同意。

■ 9月6日　第十旅和师特务第一团，在地方武装和民兵配合下，攻克苏北重镇淮阴县城，全歼伪军第二十八师等部，毙伪师长潘干臣以下300余人，俘伪师参谋长刘绍坤以下8328人。

■ 9月14日　在从路西东返途中，在华中局驻地向党中央和中央军委发电，提出了关于目前局势及战略方针的建议，提出："东北既能派队伍进去，应尽量多派，至少应有5万人，能去10万人为最好，并派有威望的军队领导人去主持工作，迅速创造总根据地，支援关内斗争。"中央于20日复电说："你的提议中央同志都看过，并在原则上同意你的意见。"

■ 9月18日　第十旅歼伪军徐继泰部300余人，收复响水、大伊山、新安镇等据点，控制了灌河两岸。

■ 9月22日　组织指挥第七、第八旅在苏北地方武装配合下，攻克淮安县城，全歼伪淮安独立旅等部，击毙伪旅长吴漱泉以下300余人，俘伪团长以下4354人。

■ 9月23日　接到中共中央关于率新四军第三师主力开赴东北的命令，开始部署和组织各项准备工作。

■ 9月28日　向各旅下达北进命令。

■ 10月3日　率第三师第七、第八、第十旅及3个特务团，从苏北淮阴地区启程，开赴东北。独立旅随后跟进。全师共3.5万人。

■ 10月4日　致电中央军委，不同意新四军军部要第三师到达山东后停留待命，而应急进东北。军委回电同意兼程北进。

■ 10月10日　在山东临沂组织召开第三师营以上干部会，请陈毅军长传达中共七大精神，作了进军东北的动员报告。

■ 11月7日　第三师抵河北霸县，中央军委电令黄克诚，第三师归东北局和林彪指挥。15日，军委电令黄克诚率部"集中锦州，消除疲劳，准备消灭敌人"。

■ 11月25日　因山海关已为国民党军占领，遂率部绕过山海关，经冷口、喜峰口出关，到达锦州附近的江家屯。

■ 11月26日　致电毛泽东，反映部队经过50多天行军，极疲劳，现遇到极为困难之情况，提议："我军应暂不作战，进行短期休整，消除疲劳，再进行作战。并以一部主力去占领中小城市，建立乡村根据地，作长期斗争之准备。"

- 11 月 27 日　致电中央军委，报告某些县政权由改编的伪军所控制的情况，并强调说："东北特工、土匪甚多，如不及早着手建立根据地，我主力在东北亦很难应付。"

- 11 月 29 日　致电东北局，建议利用冬季不能进行大规模作战的时机，发动乡村群众，肃清土匪，建立党与政权，求得 5 个月内建立根据地的初步基础，以便利明春之大规模作战。为此，提议每师划 3 个县到 5 个县，开展根据地的各项工作。并说："我认为 20 万军队没有千万以上群众支持，是不堪设想的。"

- 12 月 20 日　接中共中央给林彪、黄克诚及东北局电报：为加强西满分局，以李富春为书记兼西满军区政委，以黄克诚为副书记兼副政委，以林彪兼西满军区司令。

- 12 月中旬　第三师部队转移到义县、阜新一线后．立即召开全师旅以上干部会议，黄克诚作长篇讲话，对当前形势和作战方针、如何团结对待友军、克服暂时困难等问题，进行了深入的阐述，起到统一思想、鼓舞士气、明确前进方向的作用。

- 12 月　接到毛泽东向一些领导同志征求对东北工作方针意见的来电后，致电毛泽东和中央，反映了部队情况，提出了关于建设东北根据地的建议。28 日，党中央、毛泽东给东北局发出《建立巩固的东北根据地》的指示，为夺取东北的胜利奠定了坚实的思想基础，也是对黄克诚建议的肯定。

- 12 月 29 日　国民党军向阜新发动进攻。将第七旅交由林彪指挥，随后同刘震、洪学智率第八旅、独立旅和特务团撤离阜新，向通辽进发。

1946 年　44 岁

- 1 月 12 日　率第八旅与 3 个特务团攻占通辽，歼灭国民党收编的伪军 1000 多人和部分地主土匪武装。

- 1 月 29 日　致电东北局，就东北军事上集中与分散、作战与创建根据地的问题提出，以西满、北满、东满为单位，划分三种地区来使用力量，即决战地区、游击坚持地区、政治攻势地区。

- 2 月 12 日　命令第三师独立旅旅长兼政治委员吴信泉到彰武一线指挥第十旅、独立旅作战。先收复了鹜欢池，歼灭国民党军第十三军 1 个营；接着又在新立屯北的泡子车站歼敌 1 个营。

- 2 月　被任命为西满军区司令员。由通辽赴郑家屯西满分局，与李富春研究部署了区划调整与部队部署及任务。

- 3 月 18 日　致电彭真、林彪，报告进攻四平战况。第十旅 17 日攻占四平，俘伪军数千名，缴获了大量武器装备。

- 3 月 22 日　致电彭真、林彪：建议乘苏军撤离，先机消灭长春、哈尔滨、齐齐哈尔顽匪，予以占领。25 日，中央复电同意，指示"在苏军撤退后一、二日内控制之"。

- 3 月 30 日　命令刘震率第八旅在周保中统一指挥下夺取长春。4 月 18 日，攻占长春。

- 4 月 13 日　致电林彪，提议为增加与国民党谈判筹码，四平应抵挡一时期。

- 4 月中旬　国民党军兵分三路进攻四平。此前，与李富春致电林彪及东北局，建议林彪到长春线统一指挥。

- 4 月 18 日至 5 月 18 日　东北国民党军倾全力对四平猛攻，林彪指挥东北民主联军约 10 万人与敌展开激战。鉴于敌强我弱，人员伤亡严重，兵员补充困难，黄克诚连续致电林彪，建议"适可而止，不能与敌硬拼"。因无回音，遂于 5 月 12 日，又致电中央，建议撤出四平、让出长春。后因伤亡日益严重，为保存实力，林彪于 5 月 18 日下令撤出四平。

- 4 月 27 日　根据黄克诚的部署，西满部队占领齐齐哈尔，歼敌 500 余人。随后，西满分局和西满军区机关迁入该市。

- 5 月 24 日　向中央发电，报告东北民主联军的情况。认为，国民党军占领四平、长春之后，为了固守其已占据的地盘，不得不分兵把守，暂时无力向我进攻，建议民主联军抓住时机，休整部队，清剿土匪，放手建设根据地。

- 5 月 28 日　致电毛泽东，建议集中兵力，坚守哈尔滨。

- 5 月 31 日　致电东北局，建议组织武工队进入敌占区。

- 6 月 7 日　致电中共中央，分析在东北进行长期战争的有利条件与不利条件，供中央决策参考。

- 6 月 28 日　与李富春联名致电中共中央，就国际国内形势提出看法、疑虑和建议，认为我党应采取坚决打下去的方针。

- 7 月上旬　参加中共东北局扩大会议，根据中央对建立巩固的东北根据地的指示，讨论明确今后工作方针。

- 7 月 22 日　与李富春联名致电西满各省委、军区、兵团首长，要求主力及地方兵团，应以全力，不顾疲劳，歼灭土匪，安定后方，积极进行军事教育和战备工作。

- 8 月 27 日　在西满军区参谋工作会议上作《目前部队的任务》的报告，阐述了形势，对军队建设、剿匪、边区工作和战备提出了要求。

- 9 月　组织部队进行整编，以第三师（欠第七旅）为基础，组成东北民主联军第二纵队，并输送出一批干部。12 月又组建了西满独立师。

- 12 月 29 日　在庆祝朱德六十寿辰的大会上讲话，号召学习朱德同志的革命精神，把本职工作做好。

1947 年　45 岁

- 1 月 19 日　在西满高级干部会上讲话，强调要加强群众工作，巩固根据地。

■ 2月7日　在龙江、嫩江省联席会议上讲话，强调要发展经济，提高人民生活水平；提倡节约；改善公教人员待遇等。

■ 3月　代理中共西满分局书记（李富春调东北局工作），仍任西满军区司令员，全面负责西满地区的工作。

■ 5月27日　致电陶铸，对辽吉地区发展地方武装、土地改革、剿匪和维护城市秩序作出指示。

■ 7月6日　组织召开党外人士座谈会，听取意见，并代表分局讲话。

■ 7月　夏季攻势结束以后，整个西满地区完全打通，成为连成一片的巩固的根据地。向中央和东北局建议，撤销中共西满分局和西满军区，原由西满分局领导的各省工作，全部集中到东北局直接领导。东北局采纳这一建议，于8月18日下令正式撤销西满军区。

■ 8月18日　东总通报：奉中央军委电令，任命黄克诚为东北民主联军副总司令员。9月27日，又受命兼任东北民主联军总后勤司令部司令、政治委员，统管东北民主联军的战勤工作。

■ 12月下旬　主持召开东北总后勤司令部党委扩大会议。在会议讲话中要求，认真贯彻中央指示，从思想、作风、组织、工作等方面实行转变，完成"打倒蒋介石，解放全中国的任务"。

1948年　46岁

■ 3月10日至4月11日　主持召开东北全军后勤工作会议并作报告。报告根据大规模作战的要求，提出了建设统一正规的后勤工作的方针，对后勤工作的任务、干部建设，思想作风建设和组织机构建设等提出了明确要求。他领导制定的后勤工作各项规章制度，被中央军委转发全军参考。

■ 4月　被任命为中共冀察热辽分局书记兼冀察热辽军区政治委员、东北前方第二指挥所（9月改为第二兵团）政治委员。

■ 5月　主持召开冀察热辽分局和军区党委会，认真贯彻中央军委和东北全军政工会议精神，开展加强组织纪律性的教育，建立严格的报告制度。

■ 7月9日　致电毛泽东，认为目前东北农民负担过重，请示中央明确，人力动员、农民负担、脱产人员等规定多少比例较妥。毛泽东复电，指出：此问题很重要，已指示东北局尽快研究。

■ 7月至8月　召开各种会议，动员干部和群众，提高士气，尽一切力量支援前线，保证大军进攻作战的需要和辽沈战役的胜利。对土改和整党中的错误进行了纠正。

■ 11月13日　以冀察热辽分局名义致电东北局并中共中央，建议撤销冀察热辽分局及军区机关，另成立热河、辽北两省，直属东北局管辖。

■ 11月20日　中央复电东北局，同意冀察热辽分局意见，并指示请黄克诚尽快结束工作，准备担任天津市委书记兼军管会主任。

■ 11 月底　到沈阳参加东北局会议。

■ 11 月 25 日　致电中央，就天津军管会组织机构和干部配备问题作请示，"我尚在沈阳等候中央回示"。

■ 12 月 13 日　中央正式任命黄克诚为天津市委书记兼军事管制委员会主任。

■ 12 月底　率军管会部分人员抵达胜芳与黄敬会合。

1949 年　47 岁

■ 1 月 15 日下午 16 时许　带领天津市军管会人员进入天津市区，按照既定方针，开始接管天津市的工作。1 月 16 日，发布天津市军事管制委员会布告，宣布天津军事管制委员会成立，对天津实行军事管制。

■ 1 月 17 日至 2 月上旬　领导天津市军事管制委员会，发布治安、经济、金融、物资管理、外国船进港等一系列通告、命令，并按照"各按系统，自上而下，原封不动，先接后管"的方针，在不到一个月的时间内，迅速完成接管工作，使社会秩序很快稳定下来，工厂、企业迅速恢复生产。

■ 3 月　在中共七届二中全会上递补为中央委员。

■ 4 月 11 日　向到天津视察的刘少奇汇报接管天津情况。

■ 5 月下旬　在北京香山双清别墅向毛泽东汇报天津接管情况，并共进晚餐。

■ 5 月　向中共中央、华北局，作关于天津接收工作的综合报告。此次接收，工作具体细致，政策明确，取得了很好的成绩，为全国其他城市的接管，总结了好的经验。

■ 5 月　任中共湖南省委书记，经毛泽东批示，暂留天津休息数月，并出席即将召开的中国人民政治协商会议。

■ 5 月底　同王首道、金明等在天津会合，并举行会议，提出湖南解放初期工作重点应放在农村的意见，得到中南局同意。

■ 8 月 4 日　程潜、陈明仁通电起义，长沙宣告和平解放。

■ 8 月 9 日　组建湖南军区，第十二兵团机关兼该军区机关。萧劲光兼军区司令员，黄克诚兼政治委员。

■ 8 月 29 日　湖南省军政委员会正式成立，任副主任，程潜任主任。

■ 9 月 21 日　以中南代表团首席代表的身份，出席中国人民政治协商会议第一次全体会议。

■ 10 月 1 日　当选为中央人民政府委员，参加中华人民共和国开国大典。

■ 10 月 31 日　到达湖南长沙，会同先期到达湖南的王首道等领导人，研究制定建设新湖南的大政方针和当前工作任务等问题。

1950 年　48 岁

■ 1 月 5 日至 9 日　主持召开中共湖南省第一次代表大会，作《湖南的基本情况与我们 1950 年的任务》的报告，提出：肃清反革命残余武装、消灭封建势力、开展生产救灾三大任务。

- 3月29日　任湖南军区司令员兼政治委员。

- 4月16日　在湖南省人民政府全体会议上发表讲话，主要强调"实行人民民主专政是省人民政府的任务，也是各级人民政府和参加人民政府所有工作人员的任务""要用民主办法发动组织人民，成为国家社会的主人翁"。

- 5月26日　接中央通知赴北京参加中共七届三中全会，6月9日在会上发言。

- 8月7日　在中共湖南省第二次代表会议上作《湖南一年来工作检查》的报告。总结一年来的工作，指出存在的错误，分析原因，提出纠正的方法，部署任务："解决湖南人民吃饭问题"；进行土地改革；恢复和发展生产；坚决镇压匪特的破坏活动，争取国家财政经济状况基本好转。

- 8月25日　在中共湖南省第二次代表会议上作总结。着重讲了统一战线工作的政策与必要性、重要性，土改和生产结合问题；提拔本地干部等问题。

- 8月　到黔江县剿匪前线视察，提出剿匪要做好三件事："一要发动群众；二要捉尽匪首；三要建设好政权。"湖南的剿匪斗争在"三要"的指导下，从1949年8月开始，至1951年6月基本结束，共歼匪特257993人，根绝了匪患。

- 10月25日　领导湖南省委、湖南军区开始广泛进行抗美援朝的宣传教育工作，并积极组织动员人力、物力，支援抗美援朝战争。

- 12月7日　致电中南局和中共中央，报告湖南镇反运动情况，并提出"湖南反动人员太多，必须采取长期有计划、有步骤的方针，不可急躁，鲁莽从事，否则将造成不可收拾的混乱"。毛泽东批示：报告很好，方针正确。

- 同年冬至1952年下半年　领导湖南进行土改，因湖南地主土地少，而贫下中农人数多，只靠分地主土地解决不了问题，经报中央同意，征收了富农的多余土地。

1951年　49岁

- 1月5日　在省委、地委书记联席会议上作总结发言，提出搞好土改"总的讲要深入地发动贫雇农，团结中农，斗倒地主，防止运动中的偏向发生。"强调"不准破坏工商业""不要搞乱城市秩序""不准侵犯中农利益""保存富农经济"，区别对待大小地主和恶霸等。

- 3月23日　致电邓子恢并报中央，提出：湖南镇反运动已出现逮捕范围扩大，处理方式简单的现象，拟即收缩，转入经常工作，限制范围，更有计划、有步骤地进行斗争。中央同意这个意见。3月30日毛泽东复电："我认为黄克诚3月23日的意见是正确的。"

- 3月26日　出席湘西剿匪胜利功臣代表大会，为大会题词："发扬高度的爱祖国爱人民保卫祖国保卫人民而战的英雄主义气概！"

- 5月6日　在中共湖南省委扩大会议上作总结发言。在谈到财政工作时说："军事工作、经济工作、政治工作都需要财政工作支持，财政工作搞不好，即会影响到国防建设、经济建设和政权的巩固。""今后，省委、地委在开支上应很好掌握，做到取之合理、用之得当。"在保证文教费用的开支上，他说："中小学教员的薪金必须按月发给，国家需要大批知识分子，忽视教育要吃亏，将会影响祖国各方面的建设，没分田的地方可多留点学田，农民会赞成的。"

- 5月24日　赴北京参加全国土地会议。

- 5月　在湖南省第二次城市工作会议上作总结发言，对怎样搞好城市工作、怎样搞好生产等，提出明确的方针和任务。

- 6月24日　兼任刚成立的中共湖南省委纪律检查委员会书记。

- 6月　根据《中共中央关于在全党开展整风运动的指示》，领导湖南全党开始整风，至11月结束。

- 7月1日　为纪念中国共产党成立30周年，写了《加强理论学习，纪念党的三十周年》一文，在《新湖南报》上以代社论的形式发表。

- 9月7日至27日　出席中共湖南省召开的第三次代表会议，作《为彻底完成两大改革，准备进行长期建设而斗争》的报告，对两年来的土地改革、民主改革作了总结，部署恢复与发展工农业生产，加强文化教育，加强和改进党的领导等工作。

- 12月8日　主持召开有各部门参加的紧急会议，传达中央开展"三反"运动的指示，19日主持省委开会，研究部署"三反"，决定县以下不搞"三反"。

- 12月　在湖南省财经工作会议上作报告，提出：财经工作本来是为了和平经济建设，但在还有战争的情况下，采取国防第一，稳定物价第二，行政经费第三，这是完全必要的。要尽量节约一点钱，准备供应战争和办点企业。同时提出"扩大银行贸易网"，发展工农业生产增加财政收入，加强财经队伍建设等。

1952年　50岁

- 1月28日　在湖南"五反"运动汇报会上讲话说："五反"运动要与"三反"运动结合，以搞"三反"为主，由于湖南工业不发达，"五反"这方面的问题不多。

- 3月　在中共湖南省、地委书记联席会上作总结报告，提出如何贯彻中央关于对贪污、浪费、官僚主义的处理办法以及做好善后工作问题。湖南的"三反"和"五反"先后于8月基本结束。

■ 7月1日　在湖南省、市党员干部"七一"纪念会上讲话，回顾中国共产党 30 年的光辉历史，以及湖南党取得的成就，指出湖南党的工作存在的缺点、提出改进的方法。他强调：在今后的经济建设中，我们党的领导责任需要大大加强，每一个共产党员必须认识党的领导的重要性，必须仇恨那些在党内搞投机倒把、贪污腐化、违法乱纪、假公济私的分子，并坚决把他们清洗出去，使党从组织上和思想上更提高一步，以保证经济建设和文化建设的胜利开展。

■ 7月　在中共湖南省省级机关党代表会议上作报告，总结"三反"运动，强调指出"要巩固人民的胜利和人民政权，就要从两方面斗争：一方面是对付外部敌人的破坏；一方面是防止革命内部的腐化"。还指出：对付外部敌人，我们完全有办法战胜它；危险是在内部。

■ 7月　省委决定建立定期整风制度，轮训干部，克服执政后极易产生的官僚主义，对上敷衍应付，对群众强迫命令等缺点。要求精干组织，减少文牍和会议，多调查研究，多对基层检查帮助。

■ 8月底　离开湖南到北京任职。

■ 10月23日　任中国人民解放军第三副总参谋长兼总后勤部部长，主管全军后勤工作。

■ 11月15日　在全军第一次军需生产会议上讲话，提出军队工厂要实行企业化管理，推行经济核算制。

■ 11月26日　同杨立三、张令彬联名将到任后的工作情况报告军委和毛泽东。毛泽东批示："后勤工作有进步。"

■ 12月　代总长聂荣臻因病要求黄克诚到总参上班，由黄协助处理总参日常工作，仍兼管总后的工作。

1953 年　51 岁

■ 1月8日　向毛泽东作《对后勤系统浪费物资情况的报告》。军委批示"报告很好"，并转发全军。

■ 1月30日　参加毛泽东召集的会议。会上，毛泽东指示：聂荣臻病休、彭德怀外出期间，彭、聂负责的日常工作由黄克诚代理，并分别通知各总部、军兵种。

■ 2月5日　听取空军领导汇报空军配合志愿军反登陆作战的建议，并向毛泽东写出报告。毛泽东批示"照办"。

■ 3月23日　军委决定成立兵役法委员会，聂荣臻任主任，黄克诚、张宗逊、徐立清任副主任。

■ 春　为解决军队住房问题，经调查研究，提出并报经军委决定，采取"党委领导，首长负责，依靠地方党和政府的支持，以军工为主，就地取材"的建房方针和"经费包干，保证质量，降低造价，力求适应部队需要"的要求，领导全军进行大规模营房建设。至 1958 年全军部队基本上住进了自建的营房。

- 3 月　中央军委正式发布命令，分别成立编制、军衔、兵役法等委员会，黄克诚任上述委员会副主任及薪金制委员会主任，参与制定薪金制、兵役制、军衔制、勋章奖章制度以及新的条令、条例等工作。

- 4 月 27 日　组织召开总后勤部党委扩大会议并作《为建设全军统一、正规、现代化的后勤而努力》的报告，提出军队后勤工作建设"要适应现代军队的要求"，要确立"对国家、对部队负责的思想"，"要处理好军队正规化、现代化建设与国家大规模经济建设的关系"。

- 6 月　在研究人民解放军的领导体制问题时，针对当时学习苏军经验中出现的照搬苏军单一首长制的问题，明确提出："应该是党委集体领导下的首长分工负责制。"彭德怀认为这一提法"措词准确"，遂报告毛泽东，毛泽东批示："照办"。9 月，中央军委正式确定人民解放军的领导体制为"党委领导下的首长分工负责制"。

- 7 月 11 日　就国防工程修建情况向毛泽东写报告，提出，由于工程浩大，器材和技术缺乏，按期完成有困难，建议采取稳步修建的方针，前三年少修，待取得经验后，再根据需要突击抢修。毛泽东批示：赞成缩减计划。

- 7 月 16 日　金门国民党军 1 万余人，在飞机、舰艇支援下向东山岛守备部队发动进攻。接到报告后，迅即作出反击作战指示，并报告中央军委。战斗于 17 日结束，共毙伤俘敌 3379 人，击沉敌登陆艇 3 艘，击落飞机 2 架。

- 7 月 21 日　给毛泽东、周恩来写报告，建议加快培养电信工程技术人员。

- 9 月至 11 月　参与筹备召开全国军事系统党的高级干部会议的工作。

1954 年　52 岁

- 2 月 6 日至 10 日　出席中共七届四中全会，揭批高（岗）、饶（漱石）反党分裂活动。

- 2 月 12 日　出席总参领导人会议，聂荣臻明确，他还要休息一段时间，各总部的协调工作由黄克诚负责。15 日，聂向彭德怀报告，由黄克诚代行总长职务。

- 4 月 30 日　以军委名义复电韦国清，对越方提出的作战问题，应建议其抽得力部队控制交通线。

- 9 月　当选全国人大常委会委员，被全国人民代表大会任命为国防部副部长、国防委员会委员。

- 10 月 21 日　参加军委会议，讨论确定 1955 年 1 月 1 日开始实行义务兵役制、军衔制、勋章奖章制，被指定负责组织审查薪金制条例，并做准备工作。

- 10 月 31 日　根据中央军委通知，任军委秘书长，协助彭德怀处理军委日常工作。

■ 11月9日　由毛泽东任命为总后勤部部长兼政治委员。

■ 11月　组织拟制军委和总参联合办公会议的规定。

■ 12月　出席军委扩大会议,并代表军委作《关于解放军薪金、津贴办法的说明》。

1955 年　53 岁

■ 2月21日　受命在彭德怀外出视察工作期间,以组织召开各总部联席会议的方式处理军委日常工作。

■ 7月16日　在第一届全国人大第二次会议上作《关于兵役法制定和修改情况的报告》。

■ 7月　在第一届全国人民代表大会第二次会议上作《兵役法制定和修改情况》的报告。7月30日,大会通过了《中华人民共和国兵役法》,从而完成了人民解放军由志愿兵役制到义务兵役制的转变。

■ 8月27日　主持军委总部联席会议,讨论国庆观礼代表佩戴军衔问题。

■ 9月1日至25日　与彭德怀、陈赓等赴杭州、福州、上饶、厦门、广州、汕头、虎门、海南、长沙等地视察部队、勘察地形。

■ 9月27日　被授予中国人民解放军大将军衔,一级八一勋章、一级独立自由勋章和一级解放勋章。

■ 11月10日　主持欢迎捷克斯洛伐克国防部长访华。

■ 12月30日　与彭德怀一起听取总参装备部部长万毅关于军事工程学院教授任新民等关于研究发展火箭兵器的建议。同时,听取了钱学森的建议。随后,军委研究决定发展火箭武器。

1956 年　54 岁

■ 3月6日至15日　军委扩大会在北京召开。继彭德怀作关于保卫祖国战略方针的报告后,作《关于整顿编制和改进领导方法》的报告。会上,还传达了毛泽东、邓小平关于保持我军优良传统的指示,并就会议提出的一些问题发表了意见。

■ 3月25日　出席全军后勤部长扩大会并发表讲话。

■ 4月13日　任军委决定成立的航空工业委员会副主任,负责领导中国导弹、航空事业的发展和建设。

■ 4月18日　向周恩来作关于军队医学科学研究问题的报告,汇报关于医学科学研究规划,培养干部及协和医院交地方卫生部等问题。其中提到军队决定在北京建一个总医院,作为全军技术指导中心和解决部队中的疑难病症。

■ 5月4日　在总后首届党代表大会上作《发扬优良传统,学习新鲜事物》

的报告。

■ 6 月 20 日　任国务院军工产品定型委员会副主任，主任为聂荣臻。

■ 9 月 15 日至 27 日　参加中国共产党第八次代表大会，被选为中共中央委员；28 日，在中共八届一中全会上被选为中央书记处书记。

■ 10 月 11 日　出席军委会，研究裁减军队、节约经费开支、加强干部建设等问题。随后，军委确定，由黄克诚主持军队精简工作，研究提出具体方案。

■ 11 月　增补为中央军委委员。

1957 年　55 岁

■ 1 月 1 日至 27 日　出席军委扩大会议，代表军委作《关于裁减和整编军队问题》的报告。会议通过了《关于裁减军队数量加强质量的决定》，确定全军员额减少三分之一。

■ 1 月 10 日　被中共中央确定为中央经济工作五人小组成员之一，与其他四人一道在中央政治局领导下，统一领导国家的经济工作。

■ 3 月 1 日　在空军党委第五次扩大会议上作报告，着重讲了国家财政经济问题；思想工作问题；空军的工作和空防军合并问题。

■ 3 月　在全军干部部长会议上作报告，分析干部工作中存在的实际问题，提出了选拔、培养和安排干部的方针，要求全军要切实做好干部的思想工作。

■ 5 月 12 日　在全军整风座谈会上讲话，要求学习毛泽东在最高国务会议上的讲话，在团以上干部中进行整风，反对主观主义、官僚主义、宗派主义。

■ 5 月 26 日　到哈尔滨军事工程学院蹲点、调研，并就改进干部作风、加强学院建设讲话。历时二十多天。

■ 7 月 5 日　向中央军委报告，提出选择原子弹试验靶场的意见。

■ 10 月 30 日　与粟裕、陈赓等召集开会，研究导弹研究工作的领导机构与组织形式。

■ 11 月 11 日　在全军干部部长座谈会上讲话，提出保留和培养干部的三个条件。

■ 12 月 5 日　经周恩来批准，任国防科学技术委员会副主任，主任为聂荣臻。

1958 年　56 岁

■ 1 月 8 日　与彭德怀、聂荣臻等一起听取苏联专家介绍导弹试验靶场建设的建议。会议决定成立靶场建设委员会。由聂荣臻负责，黄克诚协助。

■ 5 月 5 日至 23 日　出席中共八届二次会议。会议讨论通过了鼓足干劲，力争上游，多快好省地建设社会主义总路线。

■ 5 月 27 日至 7 月 22 日　协助主持军委扩大会议，批判教条主义，并就工作中的教条主义错误作了自我批评。

- 6月 军委决定成立以黄克诚为主任，陈锡联、陈士榘、张令彬为副主任的原子弹靶场建设委员会。
- 7月5日 向中共中央、毛泽东上送《关于选择原子弹试验靶场的报告》。获中央、军委批准。
- 7月20日 向军委扩大会议传达毛泽东关于中东局势的估计，略谓有小打、中打、大打三种可能。
- 8月23日 遵照党中央、毛泽东的命令，福建前线部队大规模炮击金门。黄克诚协助指挥，并遵照毛泽东和中央指示主持起草有关文电。
- 9月16日 根据中央军委决定，任总参谋长。
- 10月17日 在总参谋部干部党员大会上讲话，着重阐述了中央在解决台湾问题上的斗争策略。
- 11月13日 接见罗马尼亚军事代表团。
- 11月25日 接见阿尔巴尼亚军事代表团。
- 11月 到陆军第六十八军及苏北泗阳、淮阴、阜宁等地考察调研。
- 12月3日 陪同毛泽东等接见匈牙利国防部部长。

1959年 57岁

- 1月7日 在全军参谋会议（1958年12月22日至1959年1月7日召开）上作总结讲话。针对当时有人提出军队要大力搞生产，忽视军事训练，片面强调敢想、敢说、敢干等情况，强调指出：军队的主要任务是战斗队，军队在不危害战斗队的原则下，要参加社会主义建设；要大力抓训练，主要不是搞生产；要从实际出发，脚踏实地，讲科学，反对主观主义、搞浮夸。会议据此形成文件：《1959年部队军事训等纲要》。
- 1月21日 在全军后勤工作会议上讲话，强调"说话办事要从六亿人民出发"。
- 2月27日 在陆军第四十七军视察，并在干部会上讲话，强调学习毛泽东著作，坚持群众路线。
- 3月25日 签发总参谋部关于西沙群岛对敌斗争的指示。
- 4月13日 向毛泽东呈报西藏《叛乱武装情况和平叛作战部署的报告》《平叛部队后勤保障情况的报告》《拉萨地区作战情况综合报告》等。
- 7月2日 中共中央政治局扩大会议在庐山召开。
- 7月17日 应召到达庐山，参加政治局扩大会议。
- 7月19日 在小组会上发言两个多小时，对"大跃进"、人民公社化运动中出现的问题提出批评。因此被列为主要批斗对象之一。
- 7月26日 在第五小组作违心检讨。
- 7月30日 应毛泽东召见，对扣的错误"帽子"进行辩白。
- 8月2日 中共八届八中全会在庐山召开。

- 8月14日下午　黄克诚在八届八中全会上作检查，违心地承认"错误"。
- 8月16日　八届八中全会结束，会议通过《关于彭德怀同志为首的反党集团的错误的决议》。被定为"反党集团"的主要成员，撤销中央书记处书记、军委秘书长、总参谋长的职务，保留中央委员。
- 8月18日至9月12日　参加在北京怀仁堂召开的中央军委扩大会议，接受无中生有的揭发和更严厉的批判。
- 8月22日　给毛泽东写信，检讨错误。这是庐山会议后给毛泽东写的第一封信。24日，毛泽东复信。
- 8月　根据主席团的要求，写了一份《中军委扩大会议上的书面检讨发言》。会后，在家赋闲，接受审查。

1960年　58岁

- 4月　自1959年10月下旬，军委组织专门人员开始对"黄克诚所谓贪污黄金"问题进行调查，经过半年多的查证，证实纯属无中生有，但由于"左"的影响，仍然不给作结论，还以清白。

1961年　59岁

- 1月14日至18日　参加中共八届九中全会。
- 1月27日　给毛泽东写信，再次表示改正"错误"。这是庐山会议后给毛泽东的第二封信。
- 10月1日　应邀参加国庆节观礼，在天安门城楼见到毛泽东并进行了简短的谈话。毛泽东答应分配工作。

1962年　60岁

- 4月初　经中央批准，到浙江巡察，在杭州见到林彪，当月底回到北京。
- 9月24日　参加中共八届十中全会，但中途让他退出，从此剥夺了他参加中央全会的资格。会议决定成立专案审查委员会对彭、黄、张（闻天）的问题进行专案审查。经过四年多的时间，1966年7月12日，专案委员会给中央写了一个《关于黄克诚反党问题的审查报告》。毛泽东没批准。

1965年　63岁

- 8月底　应中组部部长安子文约见，被告知中央决定到山西任副省长。
- 9月11日　给毛泽东写信，表示"承蒙主席和中央关怀，……深为感谢……努力工作，以补前过"。这是庐山会议后给毛泽东写的第三封信。
- 9月27日　离京赴太原上任。
- 10月1日　参加太原的国庆庆祝活动。
- 10月、11月间　到晋南临汾地区的洪洞、曲沃等11个市、县农村，了解农业生产情况和农民生活。

■ 12 月 8 日至 14 日　参加山西省人民代表大会。被选为山西省副省长。会后，用一个多月时间，去了晋西南运城地区新绛、稷山、河津等 10 个市、县考察。

1966 年　64 岁

■ 2 月至 5 月　到晋东南高平地区指导抗旱工作，并先后到沁水、阳城、晋城等六个县了解农村情况。5 月底返回太原。

■ 5 月下旬　在高平听到中共中央《五一六通知》精神的传达。

■ 6 月初　在太原街上突然遇见杨尚昆，又惊又喜，但杨告诉他不要去看他。后到省委看到文件，才知道杨尚昆犯了"错误"。

■ 6 月中旬　夫人唐棣华到山西看望，住了三天。

■ 6 月、7 月间　到晋西的离石、中阳、临石、方山等县农村考察，历时二十多天。

■ 12 月　山西省委根据华北局指示，建立一、二线班子，被排除在名单之外。

1967 年　65 岁

■ 1 月 3 日　在山西省政府家属院被北京的红卫兵挟持，押回北京。

■ 1 月 4 日夜 12 时　中共山西省委向中央文革小组发电报："首都赴晋造反派以第三司令部的名义，于 3 日上午 9 时许将黄克诚从山西人委带走，于 4 日晚乘 88 次快车赴京。"

■ 5 日晨　被押抵北京，关押在地质学院。

■ 1 月 10 日　经中央批准，进行监护审查，被关押在北京五棵松附近北京卫戍区一个"监护点"。

■ 1 月 26 日　突发前列腺炎住院。3 月 10 日出院后转到玉渊潭附近的卫戍区某部驻地关押。

■ 7 月 3 日　写自传交专案组。

■ 7 月 19 日　在航空学院批斗彭德怀的批斗大会上成为陪斗对象，此后连续被批斗二十多次。

■ 9 月以后　转入一次又一次地被审讯。

■ 11 月　黄克诚案移交中央专案组第二办公室管理。

1968 年　66 岁

■ 3 月中旬　面对专案组非人道的审讯，用自伤额头的行动进行抗议。

■ 3 月 17 日　给林彪写信，申诉"已陷入痛苦深渊中"，请求林彪解救，林彪未予回信。

■ 3 月　在伤势稍好后，面对新一轮的围攻、谩骂，与审讯人员对骂，并声明：以前凡是逼他写的检查材料、交代一律无效；今后逼他再讲、再写的东西，同样一概无效。

■ 8月下旬　同彭德怀等人一起被转移到什坊院一座军营继续关押。

■ 10月　中央军委办事组副组长吴法宪找调查"黄金案"人员谈话时，拍桌子说否定"黄金案"就是为黄克诚翻案。

1969年　67岁

■ 6月　康生提出彭、黄案要重新审查。根据他的指示，审查黄克诚的任务由彭德怀专案审查小组负责。这是对黄克诚的第三次审查。

1970年　68岁

■ 7月23日　专案审查小组给中央写《关于反党分子黄克诚罪行审查的报告》，污蔑黄克诚"右倾反党""有重大政治历史问题""利用职权包庇叛徒、特务、反坏分子"以及"文革"期间写"反动黑诗"为"刘少奇为首的资产阶级司令部鸣冤叫屈"等，并"建议予以结案，永远开除党籍，撤销党内外一切职务，长期监押"。

■ 8月15日　上述"报告"上报给黄永胜、吴法宪、叶群、李作鹏及周恩来。毛泽东、党中央没有批准这个报告。

1971年　69岁

■ 冬　因高烧住院，从哨兵口中获悉"九一三"事件。

1972年　70岁

■ 2月　因病再次住院，病情好转后转移至政法干校，继续被关押审讯。

■ 5月　唐棣华和孩子们被允许探视。这是"文革"开始后第一次被批准探视。

1975年　73岁

■ 4月5日　中共中央决定解除对黄克诚的监护。

■ 5月8日　中共中央专案审查小组就从年初开始的对黄克诚进行的第四次审查向中央写了《关于黄克诚同志的审查情况》的报告，称黄克诚为"同志"，但被扣的"彭德怀反党集团的主要同谋者"等政治帽子仍无改变。中央决定黄克诚"回山西省工作"。

■ 7月4日　在上述"情况报告"上签字。

■ 9月底　返回太原，住晋祠招待所。但未安排具体工作。

1976年　74岁

■ 9月9日　毛泽东逝世。自制花圈，冒雨送到省城举行的悼念大会会场，表达对毛泽东的深切怀念。

■ 11 月、12 月间　给中共中央写信，一是表达拥护以华国锋为首的党中央继承毛泽东的遗志，一举粉碎"四人帮"；二是陈述自己身心受到摧残，希望有生之年还能为党工作。

■ 年底　眼疾复发，经中央批准，回北京住进三〇一医院。病情好转后，中组部告诉他，不用回山西了。

1977 年　75 岁

■ 11 月 25 日　华国锋颁发命令，被任命为中央军事委员会顾问。黄克诚正式复出，并把家安排在翠微路总参第三招待所。

1978 年　76 岁

■ 1 月　在三〇一医院做白内障手术，住院十多天，出院回到翠微路家中。

■ 12 月　在中共十一届三中全会上被增选为中央委员，并当选为中共中央纪律检查委员会常务书记。

1979 年　77 岁

■ 1 月 4 日上午　将彭梅魁保存的彭德怀写的宝贵资料转交胡耀邦。

■ 1 月 4 日至 22 日　在中纪委第一次全体会议上讲话，指出：要同败坏党风的人、组织和现象作斗争。过去毛主席要求我们要有"五不怕"精神：不怕杀头，不怕坐牢，不怕开除党籍，不怕撤职，不怕离婚。现在还要不怕撕破脸皮，不怕打黑枪。
参与领导办理林彪、"四人帮"两个反革命集团案和处理平反冤假错案等工作。

■ 1 月　为悼念彭德怀，撰写《丹心昭日月，刚正垂千秋》的纪念文章，发表在 1979 年 1 月《红旗》杂志第 1 期上。

■ 1、2 月间　在《关于党内政治生活的若干准则》草稿提交中纪委全会讨论后，与起草小组的人员一起，在广泛征求意见的基础上，集体讨论，逐字逐句地进行斟酌、修改，历时一个月。

■ 3 月 28 日　总政治部通知：经中央、军委批准，黄克诚由行政六级改定为行政四级。

■ 11 月底　派中纪委干部到河南了解核实刘少奇惨死在开封的情况，并将所了解的情况报告邓小平、叶剑英，提出为刘少奇彻底平反的建议。

■ 11 月　组织中纪委起草《关于高级干部生活待遇的若干规定》。

1980 年　78 岁

■ 1 月 25 日　在中纪委第二次全体会议上讲话，提出纪委的任务、性质和工作范围，强调要健全纪律检查机构和加强纪检队伍建设，纪委检察机关工作人员在各方面要起模范作用，严格遵守和维护党的纪律。

■ 1 月 28 日　在第三次审理"两案"座谈会上指出：审理"两案"，中央的指示"就是一个不杀，大部不抓"，判刑的面、开除党籍的面宜窄不宜宽、人数宜少不宜多。除那些元凶首恶者外，对其他人，就是采取比较宽容的精神。

■ 5 月 31 日　对总政治部《关于黄克诚同志的复查结论》的报告，表示满意。

■ 6 月 6 日　撰写完成《无产阶级执政党的党员应具有的品德和风格》一文，从 15 个方面论述了怎样做一名执政党的合格党员。

■ 6 月 25 日　总政将《关于黄克诚同志的复查结论报告》呈报中央军委并党中央，华国锋、胡耀邦、赵紫阳、徐向前、聂荣臻等圈阅。

■ 7 月 28 日　中共中央批转总政治部《关于黄克诚同志的复查结论》，指出：给黄克诚同志强加的种种莫须有的罪名均属诬陷不实之词，应予推倒，彻底平反，恢复名誉。

■ 10 月 9 日下午　同彭德怀传记组工作人员谈当前部队一个值得重视的问题，即有些人对中央的现行政策和某些政治措施不太理解的问题，这是值得注意和解决的。

■ 11 月 27 日　在中纪委召开的第三次贯彻《关于党内政治生活的若干准则》座谈会上，作《关于对毛主席评价和对毛泽东思想的态度问题》的讲话，针对当时出现的对毛泽东、毛泽东思想的一些不恰当的认识、态度，以辩证唯物主义和历史唯物主义的观点，正确地评价了毛泽东的历史功过，提出了对毛泽东和毛泽东思想应有实事求是的态度。这一讲话于 1981 年 4 月先后在《解放军报》《人民日报》等各大报发表，引起社会上的强烈反响，对稳定当时全国局势起到重要作用。

1981 年　79 岁

■ 2 月 23 日　在中纪委常委会上提出正确对待"文革"中犯错误的干部问题，他说，在"文革"复杂条件下，许多干部犯错误是难免的。因此，除对极少数罪恶昭彰者要判刑或给予纪律处分外，对大多数人，只能当作犯了错误来处理，给他们改正错误的机会，不能统统都打倒。

■ 2 月 24 日至 3 月 4 日　主持召开中纪委第三次全体会议。

■ 3 月 19 日　同总政领导谈话时再次提出对"文革"中犯错误的干部，我们应当以一种谅解的精神处理他们的问题。

■ 4 月 25 日　与王鹤寿联名对《关于建国以来党的若干历史问题的决议》提出 60 多条修改意见。

■ 7 月 13 日　总政通知黄克诚，按军委常委发职务工资。

■ 9 月 23 日　复电内蒙古自治区党委第二书记廷懋：对犯错误的干部要作

历史的分析，要看他的全部工作和全部历史，就滕海清来说应念其在长期斗争中出生入死，为人民流血奋斗做了不少有益的工作，应从宽处理。

- 下半年　向总政领导提出了部队政治工作应注意的五个重要问题，即革命性、原则性、战斗性、组织纪律性、开展批评和自我批评。

1982 年　80 岁

- 5 月 14 日　在听取总政治部副主任朱云谦关于军队干部工作中的一些问题汇报后，提出：干部工作中究竟是"左"的影响大还是右的影响大，要从实际出发，具体分析，不要跟着空喊，要独立思考；干部任免必须严格起来，把这个权力分散了，不得了；要研究一个干部的任职期限和干部轮换制度；选拔使用干部光看表格不行，要把干部的政治、思想、作风、工作表现了解清楚，要任人唯贤；对退出现职的老干部，政治上要尊重，生活待遇上要照顾，不能对在职的照顾得很好，退出现职就变了。

- 8 月 17 日　在中纪委第四次全体会议上讲话，强调三个问题：一是要把搞好党风工作坚持不懈地长期抓下去；二是打击经济领域里的严重犯罪活动，要树立长期作战的思想；三是关于领导班子年轻化和注重培养青年干部的问题。

- 9 月 13 日　在中共十二大选举产生的中纪委第一次全体会议上被选为中纪委第二书记。

1983 年　81 岁

- 1 月 28 日至 2 月 7 日　在中纪委第二次全体会议上讲话。

- 3 月 28 日　为《保持共产党人的纯洁性》一书写序言，提出"只有更严格地要求自己，不降低水平，不松懈纪律，才有可能防止一部分党员被资产阶级腐化，防止某些党的组织变质"。

- 6 月 24 日上午　向中央整党文件起草小组谈对整党的意见。提出：整党主要整顿思想、反对个人主义，树立起为人民服务的思想；组织整顿贯彻民主集中制，破"关系网"，整坏人、坏事，正确对待"文革"中犯错误的干部。

1984 年　82 岁

- 2 月 11 日　同中国大百科全书军事卷编辑人员谈话，提出用历史唯物主义观点写历史人物。特别指出对林彪的评价，不能只写一面，应当正反两方面都写。还具体谈了林彪在历史上的功绩，解决了长期困扰编辑人员的难题。

1985 年　83 岁

- 年初　肺部感染住院。

- 8 月 26 日　免去中央军委顾问职务。

- 8 月　同 30 位老同志致信党的十二届四中全会，请求不再担任中纪委委员。此前，曾致信中共中央，表示因健康状况，请求辞去担任的一切领导职务。

- 8 月　向即将召开的中共十二届四中全会提出不再担任中纪委职务的请求信。9 月 16 日，四中全会同意他的请求，并发出《给黄克诚同志的致敬信》。对黄克诚在革命战争和社会主义建设以及巩固国防，加强军队的正规化、现代化建设和加强党的纪律建设所作出的重要贡献以及他的革命精神和高尚的思想品德给予高度评价。

- 年底　被查出患直肠癌，且肾功能急剧下降。患病期间，中央领导多次看望。

1986 年　84 岁

- 8 月　回忆撰写《我在红三军团的经历》，刊载于中共中央党史资料征集委员会编辑出版的《中共党史资料》第 22—23 辑。

- 12 月 28 日　病逝于北京解放军总医院，享年 84 岁。

后　记

　　《黄克诚传》是总参谋部2004年9月报经中央军委批准编写的。为完成编写任务，以原《黄克诚军事文选》和《黄克诚纪念文集》编委会为基础，成立了以国防大学副政委谭乃达为主任的《黄克诚传》编委会，并组织成立了编写组。

　　编写组在熟悉研究现有资料的基础上，拟出了撰写提纲，明确了撰写分工。尔后，有计划地到黄克诚的家乡，战争年代黄克诚率领部队工作战斗过的区域和他工作过的单位进行调研，收集素材，先后采访了50多位曾跟随黄克诚一起战斗过和工作过的人员。编写组还从中央档案馆、解放军档案馆，总后、军事科学院和有关军区、省、地市档案馆收集了2000多份史料，200多本各类参考书籍，150余幅图片。在此基础上展开了编写。经过8年的艰苦努力，《黄克诚传》终于在黄克诚诞辰110周年之际出版发行了。

　　本书的编写工作是在总参党委、总参政治部领导下进行的，始终得到总后勤部、国防大学的大力支持。在编写过程中，还得到了中央军委原副主席刘华清、张震的支持和关怀；有20多位高级将领和地方领导人应聘为编委会顾问，他们对编写工作中遇到的诸多问题、难题及时给予帮助、解决；沈阳军区、北京军区、南京军区、兰州军区、成都军区、广州军区和第二炮兵等大单位及第三十九等集团军，辽宁省军区、黑龙江省军区、湖南省军区、山西省军区、江苏省军区、重庆警备区，湖南省委、江苏省委、吉林省委、天津市委以及高邮、宝应县委、淮安卷烟厂、湖南京沪广列车文化传播有限公司和黄克诚工作战斗过的地、市、县的党史研究部门、档案馆等，给我们采访和资料收集工作提供了热情周到的支持，有的还提供了资助。

　　一批熟悉黄克诚的离退休干部，得知中央军委为黄克诚写传后十分支持。他们不顾年迈体衰，热情接受采访，积极提供资料。耄耋之年的宋维栻、胡继成、姚书梅、周旋、华楠、王扶之、工佐邦等抱病与编写组长谈，并提供了自己撰写的回忆录等书籍；朱鸿亲拟详细提纲，7次到编写组接受采访，对传记写作提出建议。丛树品、李振墀也多次接受采访。黄克诚的子女为编写组提供了许多鲜为人知的史实。

　　本书编写过程中还有不少同志给予了支持和帮助，他们是（按姓氏笔画）：马国文、马以芝、马盛林、马学义、邓天生、王平、王边疆、王伯诚、王贵勤、尹庆立、艾虎生、闫丰、李汉文、李兆书、李艳梅、朱成、刘坤、刘慎思、包国军、阴继壮、陈红海、陈才银、陈宝玲、陈韶丽、吴齐、吴洪东、张少华、张烈英、张德友、寿晓松、肖裕国、郑卫平、罗珍泉、周汉江、周光辉、林国治、范志成、郝广保、郭惠、高杏富、高殿成、唐伯固、莫俊科、贾卫东、葛成文、窦贵学、廖其良等。

计庆功、麻艳伟、付伟、隋显辉先后在编写组工作，付出了辛勤的劳动。在本书出版之际，我们对所有为编写工作提供支持和帮助的单位和个人，表示衷心感谢。

本书编写工作由谭乃达负责全盘组织领导。最初编写组由马长志、李柱江、刘建皋、刘清泉组成；此后，人员作了充实，具体分工是：常务副组长马长志除主持日常工作外，承担撰写第1章至第8章；编写组副组长李柱江承担撰写第9章、第15章至第19章、第23章至第25章、第34章；董文林承担撰写第10章至第14章；刘建皋承担撰写第20章至第22章、第26章至第28章、第33章；葛恒军承担撰写第29章至第32章；丁继东、杨永华参加了部分编写工作，提供了有关史料；刘清泉承担资料管理、行政和编务工作。2010年3月，写出本书第一稿，随后由马长志、李柱江、刘建皋、刘清泉组成统稿组，李柱江、刘建皋负责对全书进行统稿，葛恒军参加校对工作。经过3个多月修改、调整、充实，至2011年7月形成第二稿，共90多万字，印成上下两册，呈送给编委会顾问和委员、当代中国出版社责任编辑及其他有关人员。朱鸿、毕庶政、丛树品、李振墀等认真审阅了书稿，提出了许多很好的修改意见。根据出版要求和大家提出的意见，负责统稿的李柱江、刘建皋开始集中进行第二次统稿。主要是调整部分章节结构，精简文字，核对史实，删繁就简，充实重要资料，进一步规范体例。经过5个多月的努力，至2012年3月完成第三稿，篇幅压缩到70多万字。经编委会多次审议、修改后，于2012年3月上报总参、军事科学院和有关部门审批。

为黄克诚编写出版一部传记，全面、客观、真实、生动地记述这位无产阶级革命家、军事家的斗争经历和历史功绩，反映他的政治、军事才能和人格魅力，是编写组的责任，也是史学工作者特别是我军将士、黄克诚的研究者们的共同愿望。8年来，我们始终坚持以历史唯物主义和辩证唯物主义为指导，发掘素材，秉笔直书，力求写出一部经得起历史检验的信史。但由于受主客观条件局限，本书肯定仍有不少疏漏和不妥之处，敬请广大读者给予批评指正。

《黄克诚传》编写组

2012年6月